Dicionário Drummond

DICIONÁRIO
DRUMMOND

EUCANAÃ FERRAZ, BRUNO COSENTINO [orgs.]

À memória de Marlene de Castro Correia

11	**Apresentação**	125	***Boitempo*** Silvana Maria Pessôa de Oliveira
15	**Sobre este livro**		
19	**Edições referências** Carlos Drummond de Andrade	132	Brasilidade > ***Alguma poesia***

C

133 Camões > **"A máquina do mundo"**
133 **Candido, Antonio** Celia Pedrosa

A

27	*A falta que ama* > ***Boitempo***	143	**Capanema, Gustavo** Marcelo Bortoloti
27	**"A flor e a náusea"** Ivone Daré Rabello	147	**Carlito** Marcos Alconchel
36	**"A máquina do mundo"** Vagner Camilo	151	Cartas > **Correspondência**
		151	**"Caso do vestido"** João Pedro Fagerlande
45	*A Revista* > **Revistas**	155	Chaplin > **Carlito**
45	***A rosa do povo*** Vagner Camilo	155	Cidade > **Metrópole**
60	*A voz dos que não falam* > **Animal**	156	**Cinema** Marlene de Castro Correia
60	***Alguma poesia*** Eucanaã Ferraz	163	***Claro enigma*** Samuel Titan Jr.
		171	**Coleção** Maria Esther Maciel
68	**Amor** Mirella Márcia Longo Vieira Lima	177	Comunismo > **Socialismo**
		177	**Conto** Joca Reiners Terron
74	**Andrade, Mário de** Eduardo Jardim	181	**Correspondência** Marcos Antonio de Moraes
81	**Animal** Elvia Bezerra	191	**Crônica** Sérgio Alcides
84	**Antologia** Antonio Carlos Secchin		

D

87	Arquivo > **Coleção**	203	Dante > **"A máquina do mundo"**
88	**Arte** Júlio Castañon Guimarães		
94	Associação Brasileira de Escritores (ABDE) > **Associações de escritores**	203	Deus > **Bíblia**
		203	**Diário** Patrick Gert Bange
		210	**Dicionário** Maria Esther Maciel
94	**Associações de escritores** Humberto Werneck	217	***Dom Quixote*** Celia Navarro Flores
101	**Ateísmo** Antonio Cicero	224	Dphan > **Iphan**

B

E

103	**Bandeira, Manuel** Eduardo Coelho	225	**Erotismo** Mariana Quadros
112	**Belo Horizonte** Ivan Marques	234	*Esquecer para lembrar* > ***Boitempo***
115	**Bíblia** Maria Clara Bingemer		

234	**Estado Novo** Wander Melo Miranda	368	Melancolia > **Humor;** *Gauche*
		368	Mello e Souza, Antonio Candido de > **Candido, Antonio**
	F		
241	Família > **Mãe; Maria Julieta; Pai**	368	**Melo Franco, Afonso Arinos de** Jorge Chaloub
241	**Farmácia** Eduardo Coelho	377	**Melo Neto, João Cabral de** Antonio Carlos Secchin
250	Filha > **Maria Julieta**		
250	**Fotografia** Augusto Massi	385	**Memória** Viviana Bosi
		391	*Menino antigo* > ***Boitempo***
	G	391	**Metrópole** Betina Bischof
265	**Garbo, Greta** Eucanaã Ferraz	406	**Minas Gerais** Ivan Marques
273	*Gauche* Sérgio Alcides	409	**Mineração** José Miguel Wisnik
281	**Guerra** Murilo Marcondes de Moura	416	**Modernismo** Pedro Duarte
		422	**Morte** Marcelo Diniz
290	Guerra Civil Espanhola > **Guerra**		
			N
		431	**Nacionalismo** Vagner Camilo
	H	440	**Nava, Pedro** Ivan Marques
291	**Humor** Walnice Nogueira Galvão	443	**Neologismo** João Bandeira
		453	**"No meio do caminho"** Eduardo Sterzi
	I	460	**Noite** Sérgio Gesteira
299	Imprensa > **Crônica**		
299	**Iphan** Mariana Quadros		**O**
313	**Ironia** Marcelo Diniz	473	*O amor natural* > **Erotismo**
320	**Itabira** Felipe Cabañas da Silva	473	**"O lutador"** Wander Melo Miranda
	J	479	*O observador no escritório* > **Diário**
327	Jornal > **Crônica**		
327	*José* Gilberto Araújo	479	Oswald de Andrade > **Modernismo**
	L		
335	*Lição de coisas* Marcos Siscar		**P**
343	Lya Cavalcanti > **Animal**	481	**Pai** Leonardo Gandolfi
		489	Patrimônio histórico > **Iphan**
	M	489	**"Poema de sete faces"** Luisa Destri
345	**Machado de Assis, Joaquim Maria** Marcelo Diego	494	**Poesia de circunstância** Murilo Marcondes de Moura
353	**Mãe** Mirella Márcia Longo Vieira Lima	502	**Poética** Luiz Costa Lima
359	**Maria Julieta** Anélia Pietrani	512	**Política** Vagner Camilo

520 Portinari > **Arte; *Dom Quixote***
520 Primeira Guerra Mundial > **Guerra**
521 **"Procura da poesia"** Wellington de Almeida Santos
527 **Pseudônimo** Roberto Said

Q
537 **"Quadrilha"** Bruno Cosentino

R
545 **Repetição** Marcelo Diniz
551 **Revistas** Ivan Marques
554 **Rima** Marcelo Diniz
561 **Rio de Janeiro** Rachel Valença
567 Rodrigo M. F. de Andrade > **Iphan**
567 **Ruína** Mariana Quadros

S
577 **Sabadoyle** Elvia Bezerra
582 Segunda Guerra Mundial > **Guerra**
583 ***Sentimento do mundo*** Cris Pagoto
592 **Socialismo** Marcelo Bortoloti
598 **Soneto** Marcelo Diniz

602 Sphan > **Iphan**
603 **Surrealismo** Maria Silva Prado Lessa

T
611 **Tempo** Ivone Daré Rabello
622 **Tradução** Júlio Castañon Guimarães

U
633 *Uma forma de saudade* > **Diário**
633 União Brasileira de Escritores > **Associações de escritores**
633 União Soviética > **Socialismo**

V
635 Vargas, Getúlio > **Estado Novo**
635 **Velhice** Noemi Jaffe
642 *Viola de bolso* > **Poesia de circunstância**

644 **Referências bibliográficas**
667 **Lista de autores**

Apresentação

A publicação deste *Dicionário Drummond* representa a culminação do trabalho de pesquisa e reflexão sobre o legado poético de Carlos Drummond de Andrade que o IMS vem empreendendo há mais de uma década. Mais precisamente, desde fevereiro de 2011, quando a família Drummond nos confiou a guarda dos papéis que ainda conservava consigo: livros, cartas, fotografias e outros documentos.

Dentre as primeiras iniciativas empreendidas pelo IMS, é um prazer recordar a criação e a continuidade do Dia D, uma jornada de celebração do poeta a cada novo aniversário de seu nascimento, pensada de modo a inscrever o 31 de outubro no calendário cultural do país, seja por meio de leituras, recitais, vídeos, conferências, exposições e lançamentos, tanto nos locais do IMS como em parceria com outros atores culturais em todo o país.

A par do festejo anual, e já desde os primeiros momentos, o IMS entregou-se à exploração filológica e à divulgação editorial do acervo drummondiano. Os primeiros frutos foram três livros coordenados por Eucanaã Ferraz. O primeiro, *Alguma poesia: o livro em seu tempo*, é uma edição fac-similar do livro inaugural de Drummond, com as anotações e emendas manuscritas do autor, acompanhada de um panorama da recepção crítica dessa obra decisiva do modernismo brasileiro. O segundo, *Uma pedra no meio do caminho: biografia de um poema*, expande a coletânea de reações a "No meio do caminho" compilada por Drummond e publicada originalmente com prefácio de Arnaldo Saraiva. O terceiro, *Versos de circunstância*, reúne as dedicatórias em verso que Drummond meticulosamente anotava em seus cadernos, depois de inscrevê-las em exemplares de seus livros pertencentes a amigos e familiares. Além desses três tomos nascidos do mergulho nos papéis do poeta, dedicamos a Drummond um dos números dos *Cadernos de literatura brasileira*, organizado por Antonio Fernando de Franceschi, criador da série e primeiro diretor do IMS. Mais recentemente, o Dia D de 2015 serviu de ensejo para a publicação de *Drummond: jogo e confissão*, que reúne os ensaios de Marlene Castro Correia, grande intérprete do poeta e memorável professora da Universidade Federal do Rio de Janeiro.

Pouco depois da publicação deste último título, o IMS concebeu o projeto deste *Dicionário Drummond*. Estimulados na partida pelo entusiasmo de Flávio Pinheiro, então diretor do IMS, os trabalhos de pesquisa preliminar, organização da obra e edição de originais tomaram quase cinco anos, sempre aos cuidados de Eucanaã Ferraz e Bruno Cosentino, e não teriam chegado a bom termo sem a colaboração e a argúcia das dezenas de estudiosas e estudiosos de Drummond que assinam os verbetes do dicionário. A todas e a todos, nossos mais sinceros agradecimentos. Nossa gratidão vale também para a equipe editorial que, coordenada por Samuel Titan Jr. e Andressa Veronesi, conferiu a esta obra a forma que ora tem: Acássia Correia, Alexandre Carvalho, Denise Pádua, Flávio Cintra do Amaral, Huendel Viana, Lia Fugita, Livia Deorsola, Rafaela Biff Cera, Tomoe Moroizumi.

A alegria de ver publicado este livro deve, contudo, ser moderada por essa virtude proverbialmente mineira, a modéstia. Se nossa ambição sempre foi a de chegar a uma obra de referência duradoura e confiável, sempre tivemos igualmente presente a impossibilidade de esgotar uma criação tão complexa e tão viva como a de Drummond e pronunciar a última palavra a seu respeito. Se porfiamos numa empreitada enciclopédica que, a rigor, suspeitávamos ser impossível de concluir, nós o fizemos movidos pelo desejo de dar expressão editorial e mesmo gráfica a uma feição central da poesia de Drummond: a seu ímpeto totalizante de falar de tudo (o sujeito, o amor, a vida social, a natureza, a "máquina do mundo"), de dissolver tudo por meio da ironia, da dúvida e da reflexão, de recriar e refazer tudo por obra de uma invenção poética sem par. Essa feição totalizante da obra de Drummond, por sua vez, convida leitoras e leitores a lê-la e a vê-la como um todo, como um cosmos verbal, um universo cifrado. Um universo digno, justamente, dessa ordem de decifração minuciosa que ensaiamos – mas apenas isso – neste *Dicionário Drummond*.

João Fernandes, diretor artístico
Marcelo Araujo, diretor geral
Instituto Moreira Salles

Sobre este livro

É com grande alegria que somamos à vasta fortuna crítica de Carlos Drummond de Andrade este *Dicionário Drummond*. A atenção constante à obra de nosso maior poeta originou e vem originando teses, dissertações, livros, ensaios e adaptações; tamanho interesse dá a ver o apreço permanente do público leitor dentro e fora das instituições de ensino e pesquisa.

A abrangência de temas, motivos e formas na poética drummondiana, bem como o tecido histórico e cultural que se confunde com a biografia do autor, sugeriram-nos, há muito, uma reunião de estudos em forma de dicionário. Desse modo, o leitor encontrará aqui verbetes que, em conjunto, buscam apresentar um quadro abrangente do vasto mundo de Carlos Drummond de Andrade. Os estudos tratam de livros (*Alguma poesia*, *A rosa do povo*, *Claro enigma* ou *Lição de coisas*), de poemas ("Quadrilha", "Poema de sete faces", "No meio do caminho", "Caso do vestido", "A flor e a náusea" ou "A máquina do mundo"), de gêneros e formas textuais (soneto, conto, crônica, correspondência, diário ou poesia de circunstância), de procedimentos estilísticos (rima, repetição ou neologismo), de temas (ruína, amor, política, erotismo, guerra, Itabira, mineração, noite ou morte), quadros históricos e culturais (modernismo, nacionalismo, Iphan, associações de escritores, Estado Novo ou socialismo), aspectos constitutivos de um modo de ver o mundo (*humour*, ateísmo, ironia, memória), personalidades ligadas diretamente à biografia de Drummond (Pedro Nava, Mário de

Andrade, Manuel Bandeira, Gustavo Capanema, Antonio Candido ou Maria Julieta) e nomes que, por um outro tipo de aproximação, deixaram marcas na escrita de Drummond (Machado de Assis, Carlito ou Greta Garbo). Citamos apenas alguns exemplos a fim de evidenciar o espectro que este dicionário pretende abranger, e não há dúvida de que tal divisão é um tanto esquemática, na medida em que as categorias listadas se confundem e projetam-se umas nas outras. Foram elas, no entanto, que nos serviram como guia no trabalho de concepção e planificação do volume.

Há que observar também que muitos outros verbetes poderiam fazer parte do *Dicionário Drummond*: outros livros, outros poemas, outros temas, outros personagens etc. A admirável amplidão da escrita de Carlos Drummond de Andrade parece mesmo não ter fim. Justamente por isso, foi necessário, desde o início de nossa empreitada, ter em conta os seus limites: apesar da ambição que está na base de qualquer dicionário, o desejo da totalidade foi uma ilusão que abandonamos já na primeira hora. Conduzimo-nos pelo que nos pareceu essencial – coincidindo com o que a fortuna crítica drummondiana já consagrou ao longo do tempo – e avançamos aqui e ali em recortes menos explorados (caso de verbetes como "farmácia", "animal", "surrealismo", "Sabadoyle" ou "Bíblia").

Em vez de projetar um dicionário baseado principalmente na extensão, o que exigiria muitíssimos e breves verbetes, optamos por um número menor, mas de abordagens mais densas, propriamente ensaísticas. Ou ainda, renunciando ao programa editorial que visasse preponderantemente a um número extensivo de verbetes mais ou menos informativos, decidimo-nos pelo formato que garantiu aos colaboradores maior investimento crítico. Para tanto, convidamos professores, escritores e pesquisadores íntimos da obra de Carlos Drummond de Andrade, que responderam positivamente à solicitação com entusiasmo, a ele seguindo-se a dedicação necessária. Alguns convidados, por diferentes motivos, não puderam aceitar o convite. Nossa ampla gratidão endereça-se também a eles. Outros "drummondianos" poderiam estar aqui, mas seria inteiramente impossível trazer para o âmbito de um livro todos aqueles que se dedicam aos estudos da obra de Drummond. Acreditamos, porém, que este dicionário encontrará deles a melhor acolhida em forma de diálogo.

No processo de trabalho, foi exigida uma série de decisões editoriais. Em constantes e amplas discussões, chegamos às deliberações que consideramos as mais justas, e ainda assim surgiram imprevistos que demandaram correções e ajustes, e faz-se necessário agradecer a todos aqueles que nos trouxeram perguntas, dúvidas e esclarecimentos.

Com relação às referências bibliográficas, adotamos como critério geral as edições mais recentes da obra de Carlos Drummond de Andrade, a fim de que houvesse a maior padronização possível. Era preciso, por exemplo, evitar variantes, deslizes e mesmo a dispersão de fontes, indesejável para o formato dicionário. Também foi necessário adotar padrões e balizas por tratar-se de livro com muitos colaboradores, e que, por isso, e apesar da liberdade com que escreveram, exigiu forte ajuste de formatação. Como se trata de trabalho que aspira a ser uma referência para estudantes, professores e pesquisadores, julgamos desejável que as edições referenciadas fossem aquelas mais facilmente disponíveis no mercado no período de realização do projeto. Julgamos fundamental, no entanto, que o leitor tivesse acesso aos dados das primeiras edições, como se poderá ver nas informações bibliográficas que abrem o volume. Para todas as referências, usamos um padrão – sigla que identifica o livro acrescida do ano da edição.

Quando nos referimos à "primeira hora" do plano que hoje se concretiza nessas mais de seiscentas páginas, temos como data de saída o segundo semestre de 2017. É imprescindível, por isso, registrar e agradecer o apoio incondicional de Flávio Pinheiro, então Superintendente Geral do IMS. Seu entusiasmo tinha a ver com a admiração pela obra de Drummond, mas também por dicionários "temáticos", infelizmente raros no Brasil.

Na continuação de nosso empreendimento, encontramos o mesmo apoio no atual Superintendente Geral do IMS, Marcelo Araújo, e no seu Diretor Artístico, João Fernandes. Agradecemos a eles, mas também a Samuel Titan Jr., Coordenador Editorial do IMS, companheiro precioso nesta viagem ao livro, e a Andressa Veronesi, incansável em sua tarefa minuciosa de leitura e releitura dos textos.

Voltando ao início da caminhada: não podemos deixar de registrar que este trabalho contou com a colaboração de Victor Heringer, quando trabalhava no Setor de Literatura do IMS.

Por fim, é preciso observar uma importante presença-ausência neste dicionário: Marlene de Castro Correia, professora e ensaísta que consagrou a maior parte de sua vida ao estudo da obra do poeta de *A rosa do povo*. Marlene aceitou nosso convite para escrever dois verbetes; e enquanto escrevia um deles, faleceu, no dia 24 de agosto de 2021. Assim, resolvemos abrir uma exceção neste volume de textos inéditos: o verbete "Cinema" é um excerto do texto "Reinvenção de *topoi* modernistas", publicado em *Drummond: jogo e confissão*, coletânea de seus ensaios publicada em 2015 pelo IMS. Além disso, como o leitor verá a seguir, é à sua memória que dedicamos este volume. Porém, mais que preito a uma única pessoa, a dedicatória é uma homenagem – abraço – a todos os que se dedicam à poesia; especialmente aos leitores de Drummond.

Eucanaã Ferraz
Bruno Cosentino
Organizadores

Edições referências
Carlos Drummond de Andrade

AA   *Amar se aprende amando: Poesia de convívio e de humor*. Posfácio de Fabio Cesar Alves. São Paulo: Companhia das Letras, 2018. 1ª ed. Rio de Janeiro: Record, 1985.

AC   *O avesso das coisas: Aforismos*. São Paulo: Companhia das Letras, 2019. 1ª ed. Rio de Janeiro: Record, 1987.

AF   *A falta que ama*. Posfácio de Marlene de Castro Correia. São Paulo: Companhia das Letras, 2015. 1ª ed. (*Boitempo & A falta que ama*). Rio de Janeiro: Editora Sabiá, 1968.

AN   *Amor nenhum dispensa uma gota de ácido: escritos de Carlos Drummond de Andrade sobre Machado de Assis*. Organização e apresentação de Hélio de Seixas Guimarães. São Paulo: Três Estrelas, 2019.

AP   *Alguma poesia*. Posfácio de Eucanaã Ferraz. São Paulo: Companhia das Letras, 2013. 1ª ed. Belo Horizonte: Edições Pindorama, 1930.

AP2   *Antologia poética*, 14ª ed. Rio de Janeiro: José Olympio, 1980.

AP3   *Antologia poética*. Rio de Janeiro: Editora do Autor, 1962.

B   *Brasil, terra & alma – Minas Gerais*. Rio de Janeiro: Editora do Autor, 1967.

BA	*Brejo das Almas*. Posfácio de Alcides Villaça. São Paulo: Companhia das Letras, 2013. 1ª ed. Belo Horizonte: Os Amigos do Livros, 1934.
BII	*Boitempo – Menino antigo*. Posfácio de John Gledson. São Paulo: 2017b. 1ª ed. Rio de Janeiro: Livraria José Olympio Editora, 1973.
BIII	*Boitempo – Esquecer para lembrar*. Posfácio de John Gledson. São Paulo: Companhia das Letras, 2017. 1ª ed. Rio de Janeiro: Livraria José Olympio Editora, 1979.
BL	*Boca de luar*. Posfácio de Francisco Bosco. São Paulo: Companhia das Letras, 2014. 1ª ed. Rio de Janeiro: Record, 1984.
BV	*A bolsa & a vida*. Posfácio de Marcelo Coelho. São Paulo: Companhia das Letras, 2012. 1ª ed. Rio de Janeiro: Livraria José Olympio Editora, 1962.
C	*Corpo*. Posfácio de Maria Esther Maciel. São Paulo: Companhia das Letras, 2015. 1ª ed. Rio de Janeiro: Record, 1984.
CA	*Contos de aprendiz*. Posfácio de Ana Paula Pacheco. São Paulo: Companhia das Letras, 2013. 1ª ed. Rio de Janeiro: Livraria José Olympio Editora, 1951.
CB	*Cadeira de balanço*. Posfácio de Sérgio Rodrigues. São Paulo: Companhia das Letras, 2020. 1ª ed. Rio de Janeiro: Livraria José Olympio Editora, 1966.
CCM	*Carlos e Mário: correspondência entre Carlos Drummond de Andrade (inédita) e Mário de Andrade: 1924-1945*. Prefácio, organização e notas de Silviano Santiago. Pesquisa iconográfica de Lélia Coelho Frota. Rio de Janeiro: Bem-Te-Vi, 2002.
CE	*Claro enigma*. Posfácio de Samuel Titan Jr. São Paulo: Companhia das Letras, 2012. 1ª ed. Livraria José Olympio Editora, 1951.
CII	*Crônicas: 1930-1934*. Belo Horizonte: Secretaria de Estado da Cultura de Minas Gerais/ Banco de Desenvolvimento de Minas Gerais, 1987.

CJB   *Caminhos de João Brandão*. Posfácio de Paulo Roberto Pires. São Paulo: Companhia das Letras, 2016. 1ª ed. Rio de Janeiro: Livraria José Olympio Editora, 1970.

CM   *Confissões de Minas*. Posfácio de Milton Ohata. São Paulo: Companhia das Letras, 2020. 1ª ed. Rio de Janeiro; Americ-Edit, 1944.

CP   *Contos plausíveis*. Posfácio de Noemi Jaffe. São Paulo: Companhia das Letras, 2012. 1ª ed. Rio de Janeiro: Livraria José Olympio Editora, 1981.

DL   *Os dias lindos*. Posfácio de Beatriz Rezende. São Paulo: Companhia das Letras, 2013. 1ª ed. Rio de Janeiro: Livraria José Olympio Editora, 1978.

DP   *Discurso de primavera e algumas sombras*. Posfácio de Sérgio Alcides. São Paulo: Companhia das Letras, 2014. 1ª ed. Rio de Janeiro: Livraria José Olympio Editora, 1978.

DQ   *D. Quixote* (Glosas a 21 desenhos de Cândido Portinari). Rio de Janeiro: Diagraphis, 1972.

E   *Encontros: entrevistas*. Rio de Janeiro: Editora Azougue, 2011.

F   *Farewell*. Posfácio de Vagner Camilo. São Paulo: Companhia das Letras, 2016. 1ª ed. Rio de Janeiro: Record, 1987.

FA   *Fazendeiro do ar*. Posfácio de Silviano Santiago. São Paulo: Companhia das Letras, 2012. 1ª ed. no volume *Fazendeiro do ar* & *Poesia até agora*: *Alguma poesia*, *Brejo das Almas*, *Sentimento do mundo*, *José*, *A rosa do povo*, *Novos poemas*, *Claro enigma*, *Fazendeiro do ar*. Rio de Janeiro: Livraria José Olympio Editora, 1948.

FA2   *Fala, amendoeira*. Posfácio de Ivan Marques. São Paulo: Companhia das Letras, 2012. 1ª ed. Rio de Janeiro: Livraria José Olympio Editora, 1957.

FS   *Uma forma de saudade: páginas de diário*. Organização Pedro Augusto Graña Drummond. São Paulo: Companhia das Letras, 2017.

IB   *As impurezas do branco*. Posfácio de Betina Bischof. São Paulo: Companhia das Letras, 2012. 1ª ed. Rio de Janeiro: Livraria José Olympio Editora, 1973.

J   *José*. Posfácio de Júlio Castañon Guimarães. São Paulo: Companhia das Letras, 2012. 1ª ed. no volume *Poesias: Alguma poesia, Brejo das Almas, Sentimento do mundo, José*. Rio de Janeiro: Livraria José Olympio Editora, 1942.

LA   *A lição do amigo: Cartas de Mário de Andrade a Carlos Drummond de Andrade*. Posfácio de André Botelho. São Paulo: Companhia das Letras, 2015. 1ª ed. Rio de Janeiro: Livraria José Olympio Editora, 1982.

LC   *Lição de coisas*. Posfácio de Viviana Bosi. São Paulo: Companhia das Letras, 2012. 1ª ed. Rio de Janeiro: Livraria José Olympio Editora, 1962.

MG   *Moça deitada na grama*. Posfácio de Carola Saavedra. São Paulo: Companhia das Letras, 2020.

MJ   *Álbum para Maria Julieta*. Rio de Janeiro: Edições Alumbramento, 1989.

N&N   *De notícias & não notícias faz-se a crônica. Histórias – diálogos – divagações*. Posfácio de Eduardo Coelho. São Paulo: Companhia das Letras, 2013. 1ª ed. Rio de Janeiro: Livraria José Olympio Editora, 1974.

NA   *O amor natural*. Posfácio de Mariana Quadros. Companhia das Letras, 2013.

NR   *Nova reunião: 23 livros de poesia*. São Paulo: Companhia das Letras, 2015.

NR2   *Nova reunião: 19 livros de poesia*. Vol. 1. Rio de Janeiro: José Olympio; Brasília: INL, 1983.

OE   *O observador no escritório*. Posfácio de Humberto Werneck. São Paulo: Companhia das Letras, 2020. 1ª ed. Rio de Janeiro: Record, 1985.

P	*Poesia 1930-1962*: de *Alguma poesia* a *Lição de coisas*. São Paulo: Cosac Naify, 2012. Edição crítica preparada por Júlio Castañon Guimarães.
P2	*Poesias*. Rio de Janeiro: José Olympio, 1942.
PC	*Poesia completa*. Conforme as disposições do autor. Fixação de textos e notas Gilberto Mendonça Teles; introdução Silviano Santiago. Rio de Janeiro: Nova Aguilar, 2002 [3ª impr. 2008].
PC2	*Poesias completas*. Edição preparada por Tatiana Longo Figueiredo e Telê Ancona Lopez. Rio de Janeiro: Nova Fronteira, 2013, 2 vols.
PE	*50 poemas escolhidos pelo autor*. Rio de Janeiro: Ministério de Educação e Cultura/ Serviço de Documentação, 1956.
PI	*Passeios na ilha*. Posfácio de Sérgio Alcides. São Paulo: Companhia das Letras, 2020. 1ª ed. Rio de Janeiro: Livraria José Olympio Editora, 1952.
PM	*A paixão medida*. Posfácio de Abel Barros Baptista. São Paulo: Companhia das Letras, 2014.
PMC	*Uma pedra no meio do caminho: biografia de um poema*. Edição ampliada Eucanaã Ferraz, 2ª ed. São Paulo: Instituto Moreira Salles, 2010.
PP	*Poesia e prosa*. 8ª ed. Rio de Janeiro, Nova Aguilar, 1992.
PS	*Prosa seleta*. Rio de Janeiro: Nova Aguilar, 2003.
PTA	*Os 25 poemas da triste alegria*. Organização Antonio Carlos Secchin. São Paulo: Cosac Naify, 2012.
PU	*O poder ultrajovem: E mais 79 textos em prosa e verso*. Posfácio de Alcir Pécora. São Paulo: Companhia das Letras, 2015. 1ª ed. (*O poder ultrajovem*). Rio de Janeiro: Livraria José Olympio Editora, 1972.
R	*Reunião*. Rio de Janeiro: Livraria José Olympio Editora, 1983.

RP *A rosa do povo*. Posfácio de Antonio Carlos Secchin. São Paulo: Companhia das Letras, 2012. 1ª ed. Rio de Janeiro: Livraria José Olympio Editora, 1945.

SM *Sentimento do mundo*. Posfácio de Murilo Marcondes de Moura. São Paulo: Companhia das Letras, 2012. 1ª ed. Rio de Janeiro: Pongetti, 1940.

TVP *Tempo vida poesia: confissões no rádio*. Posfácio de Elvia Bezerra. São Paulo: Companhia das Letras, 2020. 1ª ed. *Tempo vida poesia: entrevistas à rádio MEC*. Rio de Janeiro: Record, 1986.

VP *Versiprosa. Crônica da vida cotidiana e de algumas miragens*. Posfácio de Leandro Sarmatz. São Paulo: Companhia das Letras, 2017. 1ª ed. Rio de Janeiro: Livraria José Olympio Editora, 1967.

VPL *A vida passada a limpo*. Posfácio de Luciano Rosa. São Paulo: Companhia das Letras, 2013. 1ª ed. no volume *Poemas*: *Alguma poesia, Brejo das Almas, Sentimento do mundo, José, A rosa do povo, Novos poemas, Claro enigma, Fazendeiro do ar, A vida passada a limpo*). Rio de Janeiro: Livraria José Olympio Editora, 1959.

DICIONÁRIO DRUMMOND

A falta que ama
ver *Boitempo*

"A flor e a náusea"
IVONE DARÉ RABELLO

"A flor e a náusea", de *A rosa do povo* (1945), é um dos mais conhecidos poemas de Carlos Drummond de Andrade, já comentado por importantes críticos, entre os quais Antonio Candido (CANDIDO, 1970), Iumna Maria Simon (SIMON, 1978; 2015), José Guilherme Merquior (MERQUIOR, 1976, pp. 104 e 105 especialmente) e Affonso Romano de Sant'Anna (SANT'ANNA, 2008). Quase todos eles, porém, não se dedicam a uma análise detida do texto drummondiano, uma vez que buscam a leitura do conjunto da obra ou, especialmente, de *A rosa do povo*, no sentido de compreender a importância do entrelaçamento entre a poesia social e a pessoal. Nesse enlace, o eu lírico, desde *Sentimento do mundo* (1940), questiona – quase sempre com culpa e inquietação – a exploração da subjetividade, como se o "sentimento do mundo" exigisse a renúncia ao individual, de acordo com Antonio Candido (CANDIDO, 1970, p. 100).

Levando em conta a importância do trajeto poético de Drummond, bem como a relevância de *A rosa do povo* – um marco incontestável em sua produção –, uma análise mais detida e imanente de "A flor e a náusea" permite que seja possível apreender a qualidade da expressão, da dicção e das técnicas de composição, bem como a força do tema e o engajamento do intelectual burguês num momento histórico em que as incertezas e os temores advindos da Segunda Guerra Mundial e da ditadura getulista, assim como a esperança revolucionária, ajudam-nos a entender a relevância indiscutível deste poema. "Preso à minha classe e a algumas roupas,/ vou de branco pela rua cinzenta./ Melancolias, mercadorias espreitam-me./ Devo seguir até o enjoo?/ Posso, sem armas, revoltar-me?// Olhos sujos no relógio da torre:/ Não, o tempo não chegou de completa justiça./ O tempo ainda é de fezes, maus poemas, alucinações e espera./ O tempo pobre, o poeta pobre/ fundem-se no mesmo impasse.// Em vão me tento explicar, os muros são surdos./ Sob a pele das palavras há cifras e códigos./ O sol consola os doentes e não os renova./ As coisas. Que tristes são as coisas, consideradas sem ênfase.// Vomitar esse tédio sobre a cidade./ Quarenta anos e nenhum problema/ resolvido, sequer colocado./ Nenhuma carta escrita nem recebida./ Todos os homens voltam para casa./ Estão menos livres mas levam jornais/ e soletram o mundo, sabendo que o perdem.// Crimes da terra, como perdoá-los?/ Tomei parte em muitos, outros escondi./ Alguns achei belos, foram publicados./ Crimes suaves, que ajudam a viver./ Ração diária de erro, distribuída em casa./ Os ferozes padeiros do mal./ Os ferozes leiteiros do mal.// Pôr fogo em tudo, inclusive em mim./ Ao menino de 1918 chamavam anarquista./ Porém meu ódio é o melhor de mim./ Com ele me salvo/ e dou a poucos uma esperança mínima.// Uma flor nasceu na rua!/ Passem de longe, bondes, ônibus, rio de aço de tráfego./ Uma flor ainda desbotada/ ilude a polícia, rompe o asfalto./ Façam completo silêncio, paralisem os negócios,/ garanto que uma flor nasceu.// Sua cor não se percebe./ Suas pétalas não se abrem./ Seu nome não está nos livros./ É feia. Mas é realmente uma flor.// Sento-me no chão na capital do país às cinco horas da tarde/ e lentamente passo a mão nessa forma insegura./ Do lado das montanhas, nuvens maciças avolumam-se./ Pequenos pontos brancos movem-se no mar, galinhas em pânico./ É feia. Mas é uma flor. Furou o asfalto, o tédio, o nojo e o ódio" (RP, pp. 13-14).

O poema, de nove estrofes, em que cada uma delas dá um passo no trajeto do sujeito pelas ruas da cidade, é construído com versos livres brancos, num tom predominantemente meditativo (estrofes I a VI) e, ao final, exortativo (VII), a que se segue uma contemplação (estrofes VIII e IX), surpreende pela diferença entre o campo visual que o eu observava (estrofes I a VI) e aquilo a que ele se dedica a olhar com comoção (estrofes VIII e IX). Assim, o conjunto pode ser apreendido como uma composição que ao movimento (estrofes I a VI) sucede a parada (VII a IX). Ao longo das seis primeiras estrofes, o eu reflete à medida que caminha – daí a importância do momento de virada (estrofes VII a IX), quando ele se detém e contempla um detalhe mínimo rente ao chão. Os versos, bastante heterogêneos, muitos dos quais longos e fora dos parâmetros usuais da métrica tradicional (que inclui até os versos de doze sílabas poéticas), dão configuração formal e estética ao pensamento que constata e reflete, sem sofrer os constrangimentos da medida métrica, ou, antes, sujeitando o ritmo às necessidades da expressão poética. A alteração métrica e rítmica da estrofe VIII indicia que ela terá importância semântica decisiva.

Importante lembrar que a tradição do poema meditativo aqui retomada e transformada por Drummond remonta aos pré-românticos franceses e ingleses (CANDIDO, 1993a, pp. 260--64). Precursor dessa tradição, o ensaio filosófico mesclado ao diário *Os devaneios do caminhante solitário* (publicado postumamente em 1782), de Jean-Jacques Rousseau (1712-78), é composto do registro de dez caminhadas meditativas do autor por bosques e campos, cada uma delas abordando experiências essenciais da existência humana. Já na poesia, os pré-românticos ingleses rompem com o conteúdo dissertativo e abstrato dos poemas meditativos neoclássicos, dissolvendo-o em uma experiência sensorial e afetiva, em um modo da sensibilidade que, ligada ao lugar solitário, dava expressão às reflexões subjetivas, como é o caso de Thomas Gray (1716-71) (CANDIDO, 1993a, pp. 260-64).

No caso da poesia brasileira, é Mário de Andrade, em "Louvação da tarde" (de *Remate de males*, 1930), que reatualiza a tradição da poesia meditativa. A reflexão do eu segue o movimento do corpo que se move, caracterizando o que Antonio Candido chama de "poesia itinerante" (CANDIDO, 1993a, pp. 260-64). Assim como o de Mário de Andrade, o poema de Drummond representa uma retomada não tradicional da tradição, quando o *Modernismo* propriamente dito passa à *modernidade* (CANDIDO, 1993a, pp. 260-64). No poema "Louvação da tarde", o eu lírico não está numa colina, estático, ou passeando a pé em cenário natural; em Mário, o eu dirige um automóvel por uma estrada próxima a uma fazenda e avalia o seu trajeto poético, seus sonhos de realização, em meio à visão da natureza que o cerca e num momento de ócio que permite o devaneio produtivo (CANDIDO, 1993a, p. 268). Já em Drummond, o eu lírico caminha pelas ruas da cidade contemporânea, com sua agitação de tráfego, negócios, jornais, trânsito ao final da tarde, bondes, ônibus, carros, polícia. É nesse ambiente que o estado do mundo se mostra ao eu, implicado no movimento de apreender a lógica alienada da cidade e sentir-se impotente. Desde o primeiro verso, essa sensibilidade irrompe com violência ao constatar o estado do mundo, de si mesmo e da vida dos homens.

Nesse primeiro verso, é a consciência da origem de classe que filtra o olhar do eu lírico e sua capacidade ou não de fazer algo. A importância rítmico-sonora de "Preso", que coloca o acento nas limitações de tal condição de classe, traz simultaneamente a culpa e a lucidez. Pode um burguês mudar o mundo? Pode fazê-lo sozinho? As respostas negativas a isso já estavam presentes em "Sentimento do mundo" e em "Elegia 1938" (ambos os poemas de *Sentimento do mundo*); agora tomam uma forma mais direta para explicar a culpa: "Preso à minha classe", mesmo que a força da enunciação inicial se atenue com um rasgo de ironia em "e a algumas roupas".

Também no segundo verso o olhar do eu retoma seu desajuste no mundo, presente desde *Alguma poesia* (1930), porém com tonalidade bastante diversa da que marcara a *gaucherie* do eu no livro de estreia, para quem a inadequação era um ganho para a consciência individual e poética. Aqui, em "A flor e a náusea", as roupas brancas contrastam com o cinzento das ruas, indiciando, com as cores, a diferença entre eu e mundo, a que não se atribui proveito algum ou, antes, marca a diferença culposa.

Na extraordinária renovação da poesia meditativa – em que a reflexão está diretamente relacionada ao lugar e ao momento histórico –, o sujeito lírico contempla um mundo governado por "mercadorias", que se associam com "melancolias" pela semelhança fônica. Há um mundo perdido – a melancolia supõe um luto internalizado (FREUD, 2011) –, e talvez se possa dizer, seguindo a relação possível entre proximidade sonora das duas palavras e sua associação semântica, que a perda se deva ao fato de que a transformação de tudo em mercadoria, inclusive e sobretudo a força de trabalho humana, é governada pelo tempo de um regime de produção, o regime do capital e o fetiche da mercadoria. O sujeito lírico se sente vigiado por isso, por esse domínio das coisas sobre os homens, pela transformação dos homens em coisas e pela imposição da tristeza que o espreitam e o aprisionam (como no encontro consonantal de preso/espreitam).

É com esse estado de espírito, que mescla a culpa pela origem de classe e a tristeza que vê a seu redor e em si mesmo, que, nos versos 3 e 4 desta estrofe I, a reflexão se torna ao mesmo tempo um convite à ação e uma suspeita sobre a possibilidade de influir no curso do mundo: "Devo seguir até o enjoo? Posso, sem armas, revoltar-me?". A pergunta, retórica, indicia que o sujeito lírico estranha a cidade (que pode provocar nele o "enjoo") e sabe de sua impotência: transformar o mundo exige a luta revolucionária, armada, e ele não tem o instrumento necessário para tanto, seja por estar só, seja por não dispor do que careceria ("sem armas"). O "enjoo" a que se refere o verso 4 mantém elo interno com o título do poema e com um sentimento do tempo: a "náusea", tal como apresentada por Sartre (1905-80) no romance *A náusea* (1938), bastante lido naquele momento histórico, supunha uma visão estranhada do mundo, um olhar que desautomatizasse o hábito, que fizesse ver o que se tornara na aparência reificado, uma espécie de segunda natureza – a vida tal como ela se impôs aos homens sob o regime capitalista.

É assim que essa primeira estrofe nos coloca diante da poesia política, num poema em que o eu se interroga existencialmente. Embora pareça, não há contradição entre poesia social e as inquietudes pessoais; em vez disso, temos a conjugação dos impasses do intelectual diante do tempo e sua necessidade de agir, embora se sinta impotente. Ao ritmo do caminhar do sujeito, torturado por sua impotência, solidão e ausência das ligações com grupos atuantes, ele reflete, ao rés do chão, sem idealizações.

E é do rés do chão que, então, na segunda estrofe, o poeta volta os olhos para cima e suas reflexões se tornam mais amplas. Eu e tempo se fundem como o momento *negativo* de sua meditação: "O tempo pobre, o poeta pobre/ fundem-se no mesmo impasse".

O sujeito e seu tempo histórico estão ambos sobredeterminados pelo regime que administra a vida e pelo que ele produz, a injustiça. Desprovido de recursos, tempo e poeta estão sem horizontes.

O sujeito lírico se dá conta de que perceber o ritmo histórico implica não sentir apenas culpa individual, como no início do poema. No belo deslocamento do adjetivo (a que se dá o nome de hipálage) e na metaforização do tempo, em "olhos sujos no relógio da torre", eu e tempo são identificados um ao outro, são apreendidos como similares. O tempo da injustiça e das "fezes" remete à escatologia, um tempo em que tudo se refere ao final, ao apocalipse; produz-se apenas a excreção do que não serve mais, tanto na vida comum como na vida do poeta: "maus poemas, alucinações". No entanto, o tempo escatológico pode trazer tanto a profecia do fim como o início de uma nova temporalidade. Ao sujeito lírico, cabe a certeza do momento em que vive, mas também a confiança de que algo mudará: "Não, o tempo não chegou de completa justiça./ O tempo é ainda de fezes, maus poemas, alucinações e espera". Como revelam os detalhes do tempo verbal, do advérbio e do substantivo sublinhados, a esperança move a meditação radical, negativa, sobre o presente. Mas o sentimento de confiança no futuro não desfaz a lucidez. E é no rigor da composição que isso se expressa poeticamente. Mesmo que ansiasse por um tempo em que suas inquietudes sociais e existenciais tivessem se resolvido com a superação histórica ("ainda"), nos versos "O tempo pobre, o poeta pobre/ fundem-se no mesmo impasse", o eu não apenas fala do enlace entre o tempo histórico e a produção do poeta, como dá forma poética a isso por meio das aliterações, assonâncias e repetições de palavras.

Na terceira estrofe, o olhar se volta para dentro do eu, que avalia sua atitude no mundo. O caminhar, implícito, faz avançar o pensamento e a justificativa do sujeito lírico para a ineficácia de sua ação. As tentativas resultam em nada, já que a explicação supõe a recepção e a compreensão do outro. Esse outro, porém, surge na metáfora dos "muros", que não apenas afastam um do outro como também são "surdos". No verso seguinte, o conflito se acirra ainda mais: se a explicação supõe as palavras (e os poemas), também elas estão codificadas de modo a se tornarem incompreensíveis: reduzidas a valores e a códigos, não estão disponíveis para que o homem comum descubra nelas o significado que se esconde e se revela por trás da expressão poética. É nesse sentido, parece-nos, que pode ser compreendido o verso "As coisas. Que tristes são as coisas, consideradas sem ênfase". "Sob a pele das palavras" e sob o "sol [que] consola os doentes e não os renova", tudo fica reduzido ao que atua de forma inessencial: ou limita e esconde seu significado ("cifras e códigos") ou entorpece sem revitalizar (o sol). A necessidade de "ênfase" para observar o mundo de modo a ter acesso ao que não é visível acentua a naturalização do olhar-sem-ver, que torna inacessível a percepção do que se esconde sob as aparências. Considerando que a subjetividade lírica, na sociedade moderna, deve sua existência ao privilégio, afirma Adorno que "somente a pouquíssimos foi dado, a despeito da pressão da necessidade, captar o universal no mergulho em si mesmos, ou, mesmo, simplesmente desenvolver-se como sujeitos autônomos, mestres da livre expressão de si mesmos. Os outros [...] [que] foram rebaixados à condição de objeto da história têm o mesmo ou maior direito de tatear em busca da voz em que sofrimento e sonho se acasalam" (ADORNO, 1980, p. 200). Em "A flor e a náusea", o caminho para essa comunhão das vozes, porém, está obstruído pela alienação geral; e é justamente por isso que a voz do poeta, identificado ao sofrimento de todos os homens, mas deles separado, percebe reduzido o alcance de sua ação; sabe que a poesia, por determinações objetivas que a separam da praça pública, não atinge a coletividade.

Isso provoca a evolução do "enjoo" (verso 4) à ânsia do vômito: "Vomitar esse tédio sobre a cidade" expande o mal-estar do sujeito, não apenas com o agravamento da sensação física e na exacerbação do sentimento moral, como também se estende para um desejo que se sobreleva acima do seu trajeto pelas ruas da cidade ("sobre a cidade"). O termo "tédio", mais que "melancolias" (verso 3), indicia o horror, o desgosto, o vazio que se estendem por um tempo longo demais. Ao menos desde *Charles Baudelaire: um lírico no auge do capitalismo* (BENJAMIN, 1989) o tédio se opõe ao ideal (cf. "Spleen et idéal", de *As flores do mal*, 1857). Drummond, o grande lírico que anseia elevados ideais, mas sempre com reservas quanto à possibilidade de sua realização (salvo nos poemas de guerra de *A rosa do povo*, o momento mais diretamente engajado de sua produção), aqui insiste na crítica negativa, com o domínio do tédio, que, paradoxalmente, pressupõe o profundo desejo da mudança. E, na sequência, no verso 16, novamente o eu se volta para si: "Quarenta anos e nenhum problema/ resolvido, sequer colocado". O uso do corte do verso resulta em um significado muito expressivo, por provocar estranhamento: a sugestão de "nenhum problema", positiva em uma primeira leitura, reverte-se em seu contrário na sequência "resolvido, sequer colocado". Só, o eu nem recebe nem escreve cartas: o obstáculo à comunicação fica interposto entre o eu e o outro. Os homens de um mundo avesso do ideal caminham mecanicamente, sem náusea, automatizados em seus passos e nos valores que reproduzem, buscando o refúgio de sua casa. Alheios ao espaço público, julgando-se protegidos na esfera privada, são contemplados pelo sujeito lírico como aqueles que se distanciam do mundo, como se não estivessem implicados nas injustiças e como se não fossem cientes de que delas são objetos. Eles "leem jornais", mas apenas "soletram o mundo", a distância, mediados por informações construídas pelos noticiários, mesmo que saibam "que o perdem", por sua inabilidade ou dificuldade para pensá-lo por si mesmos, com olhos desalienadores. Estão, de fato, "menos livres", mas apenas o eu se apercebe disso em sua meditação.

Diferentemente, o sujeito lírico sente e percebe que participa do mundo que comete crimes. Desde o início da estrofe IV, são os "crimes" que movimentam uma nova etapa da sua meditação, sem que se dê sentido específico às transgressões. O termo no plural ("crimes") e a amplitude em "da terra" implicam semanticamente a expansão do sentido literal de "crime" numa direção muito abrangente: as injustiças sociais de que todos participam, direta ou indiretamente. Nesse novo passo, não há possibilidade de perdão para o que se comete, nem sequer para as ações do eu: "Crimes da terra, como perdoá-los?/ Tomei parte em muitos, outros escondi". Um novo estranhamento se configura então, na relação entre crime/poesia: "Tomei parte em muitos, outros escondi.// Alguns achei belos, foram publicados". As transgressões de que o eu se acusa são a sua razão de existir, o seu modo de atuar: seus poemas. O eu está consciente de que a poesia deve sua existência à divisão social do trabalho e aos privilégios de classe, tal como formulado por Adorno (1980); daí a culpa por ser coparticipante dos "crimes" na sociedade moderna. O eu está consciente também de que a poesia é como um alimento para a vida do espírito, mas que se contrapõe à lógica social, feito uma mônade que pudesse ser salvaguardada do mundo. Sua força é essa, mas ela não atinge aqueles que dela precisam. O eu lírico de "A flor e a náusea" é, ao mesmo tempo, culposo e radicalmente lúcido quanto às determinações objetivas do lugar de classe do intelectual, ainda que, como ele, radical na sua crítica ao progresso tal como se desenvolveu.

Não é, porém, apenas a arte a responsável pelos "crimes"; antes, ela propicia uma possibilidade de comunicação – mesmo que difícil para quem apenas segue mecanicamente o ritmo alienado da vida. Ao contrário disso, ela, com a liberdade de que dispõe, entra em contradição com o estado geral de não liberdade, mesmo que a sua liberdade, na crítica à *práxis* dominante, a acorrente ao que ela sobrevoa (ADORNO, s.d., pp. 11-24). A "ração diária de erro", os "ferozes padeiros do mal", os "ferozes leiteiros do mal" são representação dessa *práxis*, que, como o "sol" do verso 13, anestesia, ilude, alimenta e governa a manutenção da ordem. Contra esses "crimes", a poesia e seu ideal pouco podem, seja porque a comunicação não se efetiva de fato ("os muros são surdos", do verso 11), seja porque ela está afastada da dimensão coletiva, fora da "praça dos convites". A esse propósito, é relevante lembrar que Drummond, numa entrevista de 8 de fevereiro de 1945, afirma que a guerra é apenas um prelúdio do que permaneceria, uma vez que "as contradições desse mundo se refletem na própria guerra em que ele se estorce" (DRUMMOND DE ANDRADE, apud BRAYNER, 1978, p. 32). Para que a humanidade tivesse algo benéfico, "seria preciso que nesse amanhã, de que estamos ainda num sombrio princípio de aurora, trouxesse melhores condições de vida, habitação, cultura, subsistência para todos os homens, sem distinções nem discriminações [...]. Que às bibliotecas fosse permitido o acesso aos que têm os pés descalços (ou antes, que não houvesse mais pés descalços no mundo...), mas, esquecidos das vísceras, têm fome e sede de saber. [...] Porque nas atuais condições econômicas vigentes na maior parte da superfície da terra, e apesar do que se diga em contrário, a cultura continua a ser um privilégio de classe e de casta" (DRUMMOND DE ANDRADE, apud BRAYNER, 1978, p. 32).

O novo passo, da estrofe VI faz explodirem a melancolia, o tédio, o nojo, em "ódio", esse afeto que, considerado negativamente, pode, porém, mover algo, mesmo que seja a "esperança mínima", o não conformismo, ou a superação da culpa que angustia o eu, sabendo-se privilegiado entre poucos. A referência propriamente biográfica ao episódio no Colégio Anchieta, da Companhia de Jesus, em Nova Friburgo, dá os contornos da rebeldia contra as verdades preestabelecidas que acompanha a consciência de Carlos Drummond de Andrade, desde pelo menos os seus 16 anos. Dessa experiência de discordância nasce o ódio, que lhe dá o ânimo para a luta e o redime de suas culpas – muito presentes em sua poética (CANDIDO, 1970).

Ponto máximo do trajeto, o ódio move à destruição do que há: "Pôr fogo em tudo, inclusive em mim". A possibilidade apocalíptica agora anuncia algo novo; não o fim dos tempos, mas o fim do tempo de "fezes" e "maus poemas", tal qual surge figurado em vários poemas de *A rosa do povo*, como "Carta a Stalingrado" ou "Cidade prevista".

É, porém, nesse ponto máximo, em que a ação incendiária se anuncia sem perspectivas de ultrapassar o limite do desejo para o ato, que o poeta deixa de caminhar. É também no momento em que a História parece não oferecer perspectiva teleológica, que o poeta invoca o mito do fogo purificador.

Mas a História vence o mito e um novo movimento meditativo se instaura. Sem a menor previsibilidade, algo se inicia, opondo a parada (estrofes VII a IX) ao movimento (estrofes I a VI). Mas esse algo surge como uma espécie de *deus ex machina*. Na Antiguidade greco-latina, esse expediente, dramatúrgico, consistia originariamente na presença de um deus, na cena, com a missão de solucionar o impasse que as personagens não eram capazes de resolver. Para Aristóteles (385-323 a.C.), em sua *Poética*, esse não era, porém, um recurso estético eficiente. O *deus ex machina* pode ser entendido, assim, como uma solução inverossímil dada a um conflito dramático. Daí porque, talvez, muitos críticos consideram as três estrofes que se seguem como um movimento súbito, arbitrário, sem considerar que, desde o título do poema, o início de um novo processo, com o termo "flor", se sobrepõe ao sentimento do eu lírico ("a náusea"). Tampouco levam em conta a estruturação do poema nos seus dois momentos, de movimento e parada. Em vez disso, certa crítica se refere ao que considera como "simbolismo fácil" (entre outros, MERQUIOR, 1976, pp. 104-05) ou, ainda, uma "retórica idealizadora" (MERQUIOR, 1978, p. 125), sem contextualizar nem qualificar essa dimensão utópica. Diferentemente dessa interpretação, Antonio Candido (CANDIDO, 1970, pp. 105-06) interpreta a "flor" como metáfora da revolução, ilusão objetiva daqueles tempos, ao mesmo tempo que ela dá função redentora à poesia. Nessa direção, e com mais particularidade, para Iumna Maria Simon (SIMON, 2015, p. 170) a flor é "saída mínima". Para Edu Teruki Otsuka, "a irrupção imprevista da flor parece exigir a suspensão do curso destrutivo da história, e o sujeito [que a contempla] a acompanha nessa ruptura do fluxo temporal" (OTSUKA, 2021, p. 143). A perspectiva de redenção vem do que brota do chão, imprevisivelmente: "Uma flor nasceu na rua!", e a comoção do sujeito lírico fica assinalada no único ponto de exclamação do poema, num poeta, aliás, pouco afeito à pontuação que expressa surpresa ou admiração. Essa flor exige a atenção de todos e, para isso, o poeta dirige-se aos outros – quando antes afirmara que "os muros são surdos". Neste instante em que a sublimidade é *humilde* (vem do chão, do húmus da terra), ele ordena que todos se afastem, no tom imperativo de "Passem de longe, bondes, ônibus, rio de aço do tráfego", nas belas metonímias que prendem os homens ao ritmo da velocidade e do trânsito, alheio à vida que brota.

Essa flor, que nada tem de ideal, pois "*ainda* desbotada" (grifo meu), pode vir a ser; venceu o que a reprimia, literal ("rompe o asfalto") e simbolicamente ("ilude a polícia"). Ela não é "a rosa do povo", mas nasceu, ainda sem nome, sem a redução a "cifras" e "códigos", aberta para o que virá, ainda desconhecido ("Seu nome não está nos livros").

O tom imperativo do sujeito lírico é retomado ("Façam completo silêncio, paralisem os negócios"), numa espécie de preito a uma dádiva simbólica, que anuncia a possibilidade do novo, que suspenda a agitação ruidosa da cidade e o ritmo da produção capitalista. O eu, agora seguro de sua possibilidade de comunicação direta, tem confiança no seu poder de dizer o que surpreendeu e suspendeu sua itinerante meditação, melancólica e irada. Afiança a veracidade dessa pequena esperança: "garanto que uma flor nasceu", em meio ao rio de aço e às camadas de asfalto. A certeza do eu não provoca nele a má consciência do privilégio de classe; antes, é um apelo esperançoso à percepção coletiva, aos olhos despertos.

Essa flor não tem nome, não é bela, não tem cor definida. Ela é uma possibilidade que desfaz o tédio e anuncia o ideal. Frágil, mas presente. Instala simbolicamente a irrupção de algo não previsto, que não é resultado de uma causa específica. Surge a surpresa de constatar simbolicamente que a História não é um processo automático, claramente discernível em seu movimento direcional teleológico. Na contramão do ritmo automatizado e alienado do mundo, o imprevisto pode surgir.

O eu, comovido, detém-se, inaugurando então um novo estado sensível: "sento-me no chão da capital do país às cinco horas da tarde". Em oposição ao movimento do sujeito lírico, que *caminhava*, distanciado ("preso à minha classe", "vou de branco") mas integrado ao ritmo da cidade, agora *senta-se no chão* daquela que era à época a maior e mais moderna cidade do país, na hora do *rush*, para verificar a realidade da flor. No contraste movimento/parada, é possível interpretar, na corporalidade do eu, não a simples rejeição ao progresso (literalmente um movimento de avanço para a frente, conotativamente similar ao ato de caminhar), mas a crítica a ele, na *suspensão* do ritmo desse progresso. Um freio. Mesmo que apenas solitária, essa parada, porém, exclama uma ordem para todos (veja-se o modo verbal do imperativo em "Passem de longe" e "Façam completo silêncio", "paralisem os negócios").

O sujeito lírico lança-se à frágil veneração ao que surge como perspectiva, mesmo que aparentemente insignificante e fraca: "lentamente passo a mão nessa forma *insegura*" (grifo meu). Contempla, então, a natureza, as montanhas e o mar, ambos em alvoroço, com nuvens que se avolumam e ondas brancas metaforizadas em "galinhas em pânico", anunciando uma tempestade que provocaria a agitação e a desordem necessárias para a transformação simbólica do mundo.

A flor é feia. É feia, mas é flor. A reiteração e a adversativa, que desqualifica a classificação simplória entre feiura e beleza, finaliza a meditação em contemplação. Assim, o eu lírico apreende aquilo a que seus passos o levaram, da náusea a um novo conhecimento; do olhar para o mundo para aquilo que dele pode brotar; da desesperança para uma possibilidade mínima de transformação: "Furou o asfalto, o tédio, o nojo e o ódio". O sentimento íntimo desse intelectual crítico do progresso e grande poeta está marcado pela confiança, mesmo que mínima.

Daqueles tempos sombrios como os da década de 1940 ao nosso tempo, em que as mercadorias continuam a nos espreitar e as melancolias se apossam de nós, em que os rumos da História parecem não permitir mais nenhuma ilusão objetiva quanto à possibilidade revolucionária, simbolizada no poema, na flor frágil, a literatura continua a denunciar o estado de não liberdade, configurando os antagonismos que a realidade não resolveu (ADORNO, 1980, p. 16). Os limites, do tédio, da náusea e do ódio, podem se tornar uma força viva, móvel da transformação para além da opacidade do cotidiano. E é nesse cotidiano, tão impenetrável, pleno de "cifras", "códigos" e "muros surdos", mas sobretudo do reinado das mercadorias, que, como diz Walter Benjamin, conseguimos decifrar o enigma, ao reconhecer que o cotidiano é impenetrável, e o impenetrável, cotidiano (ADORNO, 1980, p. 83).

"A máquina do mundo"
VAGNER CAMILO

"A máquina do mundo" designa um dos maiores poemas da obra drummondiana e, pode-se mesmo afirmar, de toda a tradição poética brasileira. Ele está incluído na seção final de *Claro enigma* (1951), livro de feição neoclássica na forma, linguagem e estilo, além dos temas e motivos. O poema em questão é um bom exemplo desse diálogo rico com a tradição clássica em todos os níveis, dada a abrangência universalizante do título, o alcance filosófico da reflexão, a gravidade do tom, a maestria no manejo dos recursos poético-formais e as interlocuções poéticas que ele estabelece.

O poema parece suscitar, de pronto, uma interpretação metafísica. De certo modo, Drummond contribuiu para isso ao incluir "A máquina do mundo" entre as "Tentativas de explicação e de interpretação do estar-no-mundo", conforme a triagem proposta por ele em sua *Antologia poética* de 1962. Entretanto, a associação imediata a conceitos a-históricos, como o Tempo e o Ser, implícitos nos versos, pode levar a perder de vista a "cadeia de situações existenciais", inscrita num tempo e espaço específicos indicados no poema que se desdobra em uma linha francamente narrativa (BOSI, 2013, p. 100). Afinal, a súbita e inaudita aparição da sublime Máquina do Mundo dá-se no meio de uma estrada pedregosa de Minas Gerais, província natal do poeta, que marcou decisivamente sua obra e o sujeito lírico que nela se constitui em uma contínua "referência desdobrada" entre ficção e autobiografia (COMBE, 2010, pp. 113-28).

A emergência dessa experiência do *maravilhoso* em contexto *local* tem sido mais e mais enfatizada pela crítica recente, que evoca a realidade específica de exploração acelerada e exportação em grande escala de recursos como os minérios de ferro itabirano, desde a criação da Companhia Vale do Rio Doce (1942) durante a vigência do governo Vargas (a que Drummond está atrelado, na qualidade de chefe de gabinete do Ministro da Educação, o amigo Gustavo Capanema), "quando da entrada do Brasil na Segunda Guerra Mundial, e com sua escavação recrudescida a partir dos anos 1950, visando o mercado mundial do aço" (WISNIK, 2018, p. 23). A obra drummondiana, incluindo este grande poema, seria a resposta reflexiva e melancólica resultante "do efeito traumático da visão concreta da intervenção mineradora sobre o pico do Cauê, em Itabira" (WISNIK, 2018, p. 10), incluindo a ação devastadora sobre terras da família com o avanço da mineração.

O argumento de "A máquina do mundo" pode ser sintetizado do seguinte modo. O eu poético se apresenta como um viandante que caminha vagarosamente por uma estrada pedregosa de Minas num fim de tarde, quando, ao soar rouco de um sino e com a dissipação das aves num "céu de chumbo", é surpreendido por um "clarão", qual uma aparição numinosa, que lhe obriga a deter o passo. Essa revelação epifânica é prontamente identificada como sendo a "majestosa e circunspecta" *máquina do mundo*, representação condensada da explicação maior da vida ou do sentido último do universo, abarcando História e Natureza: ela compreende "não só o domínio das coisas elaboradas, trabalhadas pela mão, materiais, industriais (pontes, edifícios, oficinas), como o domínio dos recursos da terra, ou ainda dos do mundo animal, vegetal e mineral, sem se esquecer dos próprios e complexos sentimentos humanos (paixões, impulsos, tormentos)" (SANTIAGO, 2002b, p. 23). Atente-se, ainda, ao *convite* que parte da máquina dirigido a todos para se debruçarem "sobre o pasto inédito da natureza mítica das coisas". Villaça afirma que a máquina do mundo se apresenta ao viandante como "a totalização de todos os mitos no Mito de si mesma, [...] de todas as razões na Razão de si mesma" (VILLAÇA, 2006, p. 101).

A máquina oferta essa verdade absoluta ou suprema ao eu lírico por imagens e palavras, mas sem voz e sem diálogo. E ela oferece o que o caminhante, mobilizado por verdadeira "pulsão reflexiva" (WISNIK, 2018, pp. 140 ss), sempre buscou alcançar de forma angustiada e sem sucesso. Mas justamente por causa da busca infrutífera desse sumo conhecimento é que o viandante, hesitando em atender ao apelo da máquina, por desconfiança diante da oferta extemporânea e gratuita, acaba por recusar o dom da revelação do enigma maior. Uma recusa tão formidável e poderosa quanto o objeto rejeitado, "tomando dele a magnitude e fazendo-a ressoar no vazio" (VILLAÇA, 2006, p. 100). O poema se fecha com o declínio da tarde e a imersão do eu na escuridão da noite – e, metaforicamente, do desengano. A máquina do mundo se recolhe e o caminhante segue, de mãos pensas.

Uma das questões que se coloca para a crítica drummondiana é a da *razão* ou *razões da recusa* (BISCHOF, 2005), que não se justifica apenas, segundo os intérpretes, por se tratar de uma oferta gratuita do que é revelado pela máquina. Se, para Bosi, ela é produto de um *"itinerarium mentis"* marcado pela luta incessante com "escolhas difíceis" e com toda "uma história de empenho sobre o real", levando à "procura, ardor, frustração, insistência, enleio, enfim rejeição", como produto de um "desengano viril", não de mero fastio, para Merquior, apesar do pessimismo, a recusa, de natureza epistemológica, é de fundo humanista, na medida em que a revelação alegórica proposta pela máquina do mundo sobreleva o físico e o metafísico sobre o humano. Em vista de sua "condição plenamente antropocêntrica, estritamente profana", o sujeito moderno "desdenha o conhecimento sobre-humano" e rejeita qualquer "auxílio superior" ou o que quer que esteja além das fronteiras de sua capacidade ou condição. Na mesma linha, Antonio Cicero argumenta que a "total explicação da vida" é inconciliável com a negatividade da filosofia e da ciência modernas, erigidas sobre a dúvida e a insustentabilidade de toda afirmação universal transcendente: se Drummond, segundo os versos, desdenha "colher a coisa oferta" pela Máquina, é porque aceitar a explicação totalizante do mundo representaria, paradoxalmente, voltar a pactuar com o "caráter essencialmente fechado – no sentido da finitude epistemológica – desse mesmo mundo. Isso, porém, exigiria que ele sacrificasse a própria razão, que pressupõe e é pressuposta pelo universo aberto à dúvida e à crítica". Dessarte, o "dom" seria "tardio não apenas em relação à idade individual do poeta, mas, principalmente, em relação à idade moderna do mundo" (CICERO, 2005, p. 90). Bischof apoia-se, teoricamente, na *Dialética do esclarecimento*, de Adorno e Horkheimer, para reconhecer no poema, em imagens como "os recursos da terra dominados" e "tudo que define o ser terrestre", uma espécie de *crítica à razão instrumental* associada à dominação da ciência e da técnica, que implica uma dimensão regressiva e remitificadora. A "total explicação da vida" aludida nos versos compreenderia, a seu ver, "desvelamento e dominação" implicado no "excessivo clareamento do mundo" por um saber tecnocrático que "não visa conceitos e imagens, nem o prazer do discernimento" (BISCHOF, 2005, pp. 121-22), mas a exploração do trabalho alienado pelo capital.

Essa síntese está longe de abarcar a grandiosidade dos versos drummondianos e seu significado último, dos quais se busca achegar um pouco mais, atentando para outros aspectos significativos de "A máquina do mundo".

No que diz respeito à linguagem e estilo do poema, chama a atenção "a escavação etimológica, a forma arcaica, a palavra desusada, bem como as fortes inversões, a posição pouco usual de adjetivos, o distanciamento entre o verbo, o sujeito e os complementos – tudo oferecendo à leitura imediata a resistência das construções linguísticas elaboradas, à margem da fluência coloquial, ou da segmentação epigramática, ou das colagens e sínteses da poesia moderna" (VILLAÇA, 2006, pp. 87-88).

Quanto aos aspectos poético-formais mais marcantes, o poema é composto de 32 tercetos em versos decassilábicos, que mimetizam a estrofe em *terza rima* e o metro dos versos da *Divina comédia*, de Dante Alighieri, ao mesmo tempo que alude à métrica de *Os Lusíadas*, de Luís de Camões, duas referências literárias decisivas para a compreensão do sentido do poema. Ocorre que, diferentemente da estrofe dantesca, Drummond não recorre à rima, rompendo, assim com o senso harmônico que esse recurso musical produz em estreita associação com o significado dos versos: o "principal efeito do retorno do verso central de cada estrofe no primeiro e terceiro versos da estrofe seguinte é o transporte contínuo da rima, que vai produzindo, sucessivamente, a imitação narrativa do movimento do personagem Dante pelos espaços do Além, sempre com expectativa do seu arremate na estrofe seguinte e a forte pontuação lógica de cada uma delas. Com os três decassílabos encadeados, Drummond faz o leitor lembrar os tercetos de Dante e os decassílabos de Camões já no primeiro verso [...]. Ao mesmo tempo, não usando rimas, faz a linguagem dos decassílabos destoar da harmonia preestabelecida pelo uso das rimas em Dante e Camões". Neles, a revelação é da ordem da transcendência, como "purificação de uma reminiscência do fundamento essencial que [...] se dá como visão extática e sem palavras de Deus. Em Drummond, diferentemente deles, a máquina começa a se revelar ao cair da noite, que não é só noite física, mas também noite existencial, noite moral, noite política, noite histórica, noite metafísica e noite do conhecimento, numa estrada pedregosa de Minas por onde vai o personagem" (HANSEN, 2018, p. 309).

No que concerne à sintaxe, "A máquina do mundo" se inicia pela conjunção coordenada aditiva "e", que indica uma ação já em processo, *in media res*. Como em Dante, o eu drummondiano encontra-se *no meio do caminho* de sua vida. Esse percurso palmilhado até um momento já avançado ou central já foi interpretado de diferentes modos, não excludentes, mas complementares. Ele pode remeter à própria trajetória existencial do eu lírico drummondiano, que, no livro de 1951, tematiza enfaticamente a questão da "madureza, essa terrível prenda" (CE, p. 18) – a aproximação, enfim, da velhice. O meio do caminho também pode indicar o ponto central de uma busca incessante por esse conhecimento totalizante, movida por uma ânsia fáustica (como na lenda recriada por Goethe) que se apresenta dramaticamente como "luta de morte" (BOSI, 2003, pp. 99-121). Associado ao percurso da existência e da busca do conhecimento que agora se oferta gratuito, levando, por isso, à recusa do eu, o meio do caminho pode ainda ser associado à própria criação, como o momento avançado na trajetória da obra poética drummondiana (BISCHOF, 2005). Uma obra que teve como marco inicial a polêmica pedra modernista, instaurando, já no livro de estreia (*Alguma poesia*, 1930), o tema que se tornará recorrente, do obstáculo que obriga o eu poético a deter o passo e a perquirir sobre a razão e a natureza do ocorrido. A atitude meditativa diante de um obstáculo culminaria em "A máquina do mundo", antecipada pelo poema em prosa "O enigma" (*Novos poemas*, 1948), poema que já no título anuncia o livro de 1951. Esses exemplos de interceptação definem um aspecto essencial ou constitutivo da obra de Drummond, "poeta do impasse, do bloqueio". Nela, a interrupção é o "princípio ético-estético, ou núcleo significante elementar, do que há de mais próprio e intenso" (STERZI, 2002, p. 50).

Em termos retóricos ou tropológicos, já se supôs que "A máquina do mundo" é construída em parte como símbolo, em parte como alegoria. Segundo Bosi, a dimensão simbólica concerne à inscrição do sujeito lírico num cenário que lhe é conatural e do qual a obra drummondiana é tributária, identificados, de imediato, pelo leitor do poeta itabirano: a estrada pedregosa e a referência mineral da província ou estado natal. O símbolo, já pela etimologia, sugere a ideia de convergência, marca ou senha de reconhecimento, encontro ou reencontro, fundamentado pela coextensividade entre o cenário mineiro e o eu poético, um espaço vivido, que lhe serve de metáfora para conotar os seus modos de ser. Por oposição ao "caráter animista" do símbolo, a alegoria remete à pura alteridade encarnada pela máquina e pela verdade que ela revela. Uma verdade traduzida em termos amplos e inespecíficos, sem qualquer ligação com o vivido pelo eu drummondiano e seu universo familiar com o qual o leitor se tornou íntimo devido à ficcionalização poética produzida ao longo da obra. A alegoria mira o conceitual e o mais alto grau de abstração ("essa total explicação da vida", "esse nexo primeiro e singular"), sem concessão ao detalhe particularizador; opera com "formas gramaticais neutras, genéricas" (*o que, tudo que*); recorre à descrição ampla "de uma sucessão de atributos que se perfilam em sua máxima generalidade", à "seriação [que] junta abstrato com abstrato", sem chegar a compor "figuração orgânica do Universo". Seu processo de enumeração cumulativo "vai submetendo à estrutura gigantesca da Coisa que, afinal, é sumariada sob a expressão lapidar de 'estranha ordem geométrica de tudo'" (BOSI, 2003, pp. 113 ss). Por figurar a total alteridade, a verdade alegórica revelada pela máquina seria, por isso mesmo, recusada pelo eu.

Pela perspectiva crítico-humanista de Bosi, endossada por intérpretes posteriores, a "alegoria desumanizada" da História "assume a proporção reificada e gigantesca da Coisa" e a grande máquina revela "uma estrutura impessoal e sem alma" (WISNIK, 2018, p. 212). Sem abandonar de todo essa "fenomenologia da alienação", Wisnik se afasta dessa interpretação, na medida em que, para ele, o "cortejo de elementos alegóricos" não é tão genérico e abstrato quanto se supôs, mas uma "cadeia includente em que todos os elementos se conjugam e se precipitam, multiplicados sob o regime da técnica, até desembocarem no 'sono rancoroso dos minérios'". O "ponto de inflexão mais fundo" dessa enumeração seria, assim, a "ferida da mineração mineira". Ou, como ainda diz o intérprete, trata-se "de uma visão articulada e nítida de um universal concreto, captado em voo rasante até o coração mineral da terra: a tecnociência contemporânea e os dispositivos de dominação e exploração do mundo agindo sobre todas as esferas objetivas e subjetivas da existência, [...] culminando na exploração mineral, com seu toque afetivo mordente e 'rancoroso'" (WISNIK, 2018, pp. 212-14).

Voltando, ainda uma vez, à questão da intertextualidade, o poema drummondiano dialoga a fundo, como já se observou, sobretudo com Camões e, mais particularmente, com a passagem do Canto X de *Os Lusíadas* em que Vasco da Gama e os nautas são recebidos e festejados por Tétis e as ninfas na paradisíaca e imaginária Ilha dos Amores, onde eles desfrutam de um lauto banquete e do consórcio amoroso com tais figuras mitológicas, como justo prêmio por suas "obras valerosas", ou seja, pelas conquistas obtidas para o império português e pela conclusão exitosa da empreitada marítima. Como prêmio maior, é concedida tão somente ao Gama, pela deusa, a oportunidade de alcançar, no topo de um monte, a visão e compreensão da totalidade do universo na forma reduzida de um globo que paira no ar. Trata-se de uma cópia em miniatura do sistema cosmológico que, por meio da écfrase (descrição literária), se apresenta como a máquina do mundo. O modelo mecânico do universo em questão corresponde, estruturalmente, à teoria geocêntrica ptolomaica, sem influência nem do antigo heliocentrismo grego, nem do copernicano. É de supor que Camões, homem letrado, conhecia o sistema copernicano, embora recente, mas o fato é que, no poema, a Terra continua a estar no centro do universo. Isso não implica atraso científico da parte do poeta, como já se chegou a supor. Especialmente quando se considera "que, depois de Galileu e Kepler, ainda Milton elegeria os sistemas teóricos ptolomaicos e copernicanos no *Paraíso perdido*" (ALVES, 2011, pp. 555-57).

No décimo canto lusíada, o globo é dividido em duas partes principais: a "etérea", onde se localizam as onze esferas ou orbes celestes, e a "elemental", composta dos quatro elementos de Empédocles: terra, água, ar e fogo. Os versos descrevem tais esferas numa ordem rigorosa, da mais periférica à mais central do globo. Ao longo da descrição, Camões explica a presença dos deuses greco-romanos em *Os Lusíadas* como alegorias teológicas, forças da Providência que "tudo manda" e a "orientação providencialista" da ação do poema. Ideologicamente, a máquina camoniana e o mundo ideal que ela sintetiza representam uma naturalização legitimadora da expansão portuguesa, fundamentando, providencialmente, a dilatação da fé e do império lusitano sobre as terras de África, Ásia e América como forma de dominação teológico-política da monarquia católica sobre regiões e religiões gentias e infiéis, e divinizando, assim, a História de Portugal (HANSEN, 2005, p. 187).

Já se rastreou a procedência do motivo, tema ou tópica da máquina do mundo não só na tradição portuguesa (Pedro Nunes e Jerónimo Corte-Real) ou mesmo ibérica (Juan de Mena, Gregório Hernandez de Velasco), mas remontando à Antiguidade latina, com Lucano (ALVES, 2011, p. 555) e, mais ainda, com o relato do *Sonho de Cipião*, por Cícero em *Da República*, que a descreve como as nove esferas que compõem o mundo, da mais celeste e numinosa, ocupada pelo "principal deus que rege todo o mundo" (CÍCERO; MAIA JÚNIOR, 2011, p. 248), ao que se subordina, nas demais, estrelas e astros e planetas, até chegar à última esfera, ocupada pelo homem, a mais perecível, exceto pela alma. Sua fabricação (lembrando que *máquina*, de *mekhané*, designa, etimologicamente, "qualquer invenção produzida com arte pela inteligência astuciosa, *métis*") deu-se de acordo com uma ciência ou matemática universal (HANSEN, 2018, pp. 296 ss).

A visão ciceroniana da máquina, com base na metafísica platônica do *Sonho de Cipião*, reaparecia depois no Paraíso da *Divina comédia*, reconfigurada pela metafísica escolástica de Dante. Ela compreende a composição e ordenação dos nove círculos ou céus, com suas hierarquias angelicais e inteligências motrizes. O mais elevado, o nono, é o *primeiro móvel* (ou o *motor imóvel* aristotélico, "aquilo que move sem ser movido"), correspondendo ao Empíreo, onde se instala Deus e outras figuras divinas ou beatíficas, envolto em pura luz, que "cega o olhar sensível e a razão humana" (HANSEN, 2018, p. 305).

No diálogo intertextual, a par do que há de comum, interessa o divergente. Nesse sentido, importa ver o que difere Drummond de seus dois grandes antecessores, para os quais "a máquina do mundo é supraceleste e se revela para a alma humana durante ou depois de uma viagem física a que corresponde a ascese de uma anamnese, a purificação de uma reminiscência do fundamento essencial que, ao ser visto pelo olho físico e contemplado pelo olho intelectual do juízo, se dá como visão extática e sem palavras de Deus" (HANSEN, 2018, p. 309). Já em Drummond, a máquina se revela ao cair de uma *noite* que não é só física, mas também existencial, moral, política, histórica, metafísica e noite do conhecimento. "A epifania como revelação luminosa de Dante e Camões é invertida na quase noite do crepúsculo mineiro que fica mais e mais escuro. A máquina promete se entreabrir, mas sem a ordem matemática da máquina de Camões e sem a luz transcendente da visão de Dante. [...] Enquanto Dante e Camões sobem e fazem o leitor subir na experiência metafísica superior, Drummond faz seu personagem permanecer no espaço apenas natural, noturno e inóspito, recusando a experiência da revelação porque, sendo revelação metafísica e superior, é radicalmente impossível no mundo determinado pela mercadoria [...]. Sua recusa é negativa, ateia e material, e implica afirmar a contingência do mundo e da vida, que são um mundo caduco e uma vida caduca, sem nenhum fundamento último para a experiência da destruição sem sentido que é a história. Negando a transcendência, Drummond afirma a mera historicidade da vida só mortal, sem sentido superior e sem sentido, a não ser o sentido contingente" (HANSEN, 2018, pp. 309-10).

A reescrita drummondiana da máquina de mundo camoniana já foi confrontada com outra grande reescrita na tradição literária brasileira anterior: a famosa cena de "O delírio" nas *Memórias póstumas de Brás Cubas*, de Machado de Assis, na qual, em versão rebaixada, o narrador-protagonista segue no lombo de um hipopótamo a contrapelo da História até a origem dos tempos, na "região dos gelos eternos" e onde se dá o encontro não com a deusa Tétis, mas com Pandora, figurada como mãe-natureza, ou melhor, assustadoramente transfigurada em madrasta má, que o conduz ao topo de uma montanha de onde ele vê, através do nevoeiro, o desfilar dos séculos relampeando numa fração do tempo. "No caso machadiano, Pandora é algo assim como a personificação ancestral da máquina do mundo que provoca irônica e causticamente o sujeito, sem contemplação nem piedade, expondo o real da morte contra o desejo sôfrego de viver e as ilusões nele implicadas. No caso de Drummond, ao contrário, a máquina do mundo torna-se, no momento em que discursa, uma Pandora contemporânea que provocasse o sujeito, sem o contraste de nenhum limite ou reserva, a assumir a vontade de potência e o real da ilusão como estado constitutivo do mundo" (WISNIK, 2018, p. 169).

Afora a recepção crítica, há também registro da recepção poética de "A máquina do mundo" drummondiana, cujo exemplo maior está representado num poema longo de Haroldo de Campos. Se, como crítico, o concretista reprovou a inflexão neoclássica de *Claro enigma*, como poeta, Campos estabeleceu, em *A máquina do mundo repensada*, um diálogo com o grande poema de Drummond e toda a linhagem que o antecede. Diálogo esse que caminha no sentido de propor "uma conciliação em que substitui a metafísica platônica e escolástica de Dante e Camões e a recusa de Drummond por uma nova metafísica, sem Deus ou fundamento essencial, a da física dos *quanta*, figurada como 'ascese da agnose'" (HANSEN, 2018, p. 313).

Além do poema, "A máquina do mundo" nomeia, também, a seção de *Claro enigma* em que o poema foi inserido, ao lado de outro, de similar corte meditativo, filosoficamente imantado: "Relógio do Rosário" (CE, p. 109). Dada essa inserção, é de supor que esse também compreende a revelação a que acede o eu meditativo de "A máquina do mundo". Os dois poemas apresentam pontos de convergências e divergências significativas, como o fato de a revelação se dar através da treva que baixa do som em meio à praça da Igreja do Relógio do Rosário de Itabira do Mato Dentro, onde se encontram enterrados os antepassados de Drummond. Trata-se de uma meditação à beira do túmulo, inspirada pelo "Cemitério marinho", de Paul Valéry, que aparece em epígrafe na abertura do livro de 1951. A sombra que baixa do som do relógio irrompe em pleno dia claro e, após o eu lírico desvelar a verdade *sombria* que se lhe revela, há o retorno à realidade diurna, acompanhado de todo um jogo de luzes e cores. Vale notar que, diferentemente de "A máquina do mundo", é o eu lírico de "Relógio do Rosário" quem decifra a verdade maior. Por isso, o poema *"encerra um ato de aceitação, entrega e identificação"*. O que se aceita "é a identidade numa dor universal, que o indistingue e o nivela aos demais homens, bichos e coisas. E justamente por se fundar na identidade é que a verdade desvelada ao eu lírico em 'Relógio do Rosário' se traduz mais em termos simbólicos, por oposição ao caráter alegórico da que é ofertada pela máquina do mundo [...]" (CAMILO, 2001a, pp. 299-301).

Para finalizar, vale registrar que leituras mais recentes têm identificado outras fontes de interlocuções presentes no grande poema drummondiano. É o caso do ensaio de Almeida (2021), que explora o suposto diálogo intertextual de "A máquina do mundo" com o poema de W. H. Auden e com a filosofia do absurdo de Albert Camus, além de ser supostamente uma resposta poética e cética de Drummond à metafísica cristã de Jorge de Lima em *O livro dos sonetos* (1949). Trata-se de contribuição relevante para os debates em torno da complexa trama intertextual com que é tecido esse poema excepcional. Entretanto, é necessário certa cautela na sobrevalorização dessas descobertas, em detrimento do que já foi explicitado, reconhecido e devidamente demonstrado – ou seja, a presença decisiva, nos versos, de Dante e Camões, que Ranieri considera mero despistamento astuciosamente armado pelo poeta, por razões que parecem, entretanto, discutíveis: "Tais intertextos visíveis, ao invés de contribuir para que os leitores pudessem decifrar os arcanos do poema, criaram uma camada superficial de sentido cujo efeito imediato fora iludir os intérpretes com a convicção de ter solucionado o significado último do texto. E assim, a astúcia drummondiana descaminhou, por anos, muitos críticos que viram Dante onde havia Auden, Camões onde estava Jorge de Lima e Drummond onde ecoava a voz de Albert Camus" (ALMEIDA, 2021, pp. 7-8).

A Revista
ver Revistas

A rosa do povo
VAGNER CAMILO

A rosa do povo (1945) é dos maiores livros de poesia participante de todos os tempos e – pode-se dizer – não só no Brasil. Certamente, não alcançou maior projeção internacional devido à barreira da língua e ao grande desafio que o gênero, em geral, impõe à tradução – apesar de poemas do livro e parte significativa da lírica drummondiana já contarem com mais de uma tradução para o inglês, francês, espanhol e outros tantos idiomas. Ainda assim, novas abordagens têm sido propostas, visando à comparação com outras obras de poetas engajados, tratem ou não especificamente da lírica de guerra. Essa comparação não se limita aos "poetas irmãos" evocados pelo próprio Drummond em "Consideração do poema": Pablo Neruda, Vinicius de Moraes, Murilo Mendes, Apollinaire e Maiakóvski (RP, p. 9).

A propósito do alcance histórico-social do livro, José Guilherme Merquior falou em "historicismo lírico", "realismo social" de Drummond e "macrorrealismo drummondiano" (MERQUIOR, 1976, pp. 78, 89, 93). Já Simon, dimensionando a importância de *A rosa do povo* da perspectiva do presente, indagava em 2015, em simpósio internacional dedicado às comemorações dos 70 anos do livro: "Como entender hoje *A rosa do povo*? Um livro cujo engajamento político-social parece ter envelhecido menos que as aspirações ideológicas do tempo que o viu nascer, as quais podem, sem afetá-lo, ter perdido em paixão e verossimilhança. Mesmo os que não se interessam pela política e pela sociedade sedimentadas nos poemas, todos reconhecem que *A rosa do povo* é uma obra-prima". E prossegue: "Como foi possível que fosse reconhecido e canonizado, à esquerda e à direita, como uma alta realização da poesia política e também como modelo de responsabilidade ética e social, em país tão conservador como o Brasil? O sempre impressionante engajamento poético de Carlos Drummond de Andrade, original como poucos, pede que situemos o seu teor de negatividade e irresolução a partir da complexidade de sua forma" (SIMON, 2015, p. 169).

Talvez um dos maiores méritos de *A rosa do povo* resida no fato de Drummond recolher aí um conjunto substancial de poemas que, sem deixar de ser um testemunho admirável sobre o contexto mais amplo da Segunda Guerra, bem como sobre a conjuntura político-social mais particular, brasileira, do Estado Novo getulista, traz uma reflexão arguta e questionadora sobre o alcance e os limites das ideologias em concurso, bem como sobre a subordinação do literário – e mais particularmente do poético – às demandas do tempo. O poeta itabirano é, nesse sentido, um mestre incomparável na problematização dessa ordem de subordinação, expondo à visada crítica os discursos ideológicos em circulação.

Com a publicação de *Sentimento do mundo* (1940), a matéria sociopolítica e ideológica – a ética do trabalho, o operariado, a alienação, a guerra, a burocracia e o regime ditatorial varguistas (CAMILO, 2020, pp. 74-94) – já ganhara forma poética, dramatizada a fundo e levando Drummond a alçar à condição de "maior poeta público" do Brasil, situado ao lado dos principais expoentes da poesia social inglesa – os *Thirties poets* W. H. Auden, Stephen Spender e Cecil Day-Lewis (CARPEAUX, 1978, p. 151). A poética social drummondiana se estendera ao livro seguinte (*José*, 1942), com o tema da alienação na grande cidade, por exemplo, desdobrando-se no sentimento da opressão e da solidão na multidão (motivo baudelairiano explorado desde o albor da lírica moderna). O coroamento dessa tendência participante está em *A rosa do povo*, não só pelo que já conquistara desde o livro de 1940, mas ainda pela riqueza sem par de formas, medidas e ritmos, bem como pela fusão extraordinária de gêneros e estilos, reconhecidas desde a primeira recepção.

A imagem da *rosa* que figura no título desde há muito se tornara símbolo socialista, da social-democracia, continuando depois com a Internacional Socialista. No livro drummondiano, a metáfora floral ora remete a essa simbologia política, ora à própria poesia e, mais particularmente, à que veicula tal ideal socialista. Assim, se a rosa pode ser vista, no livro de 1945, como uma imagem de esperança, de "completa justiça", de *superação* do nojo (uma flor "furou o asfalto, o tédio, o nojo e o ódio", em "A flor e a náusea" (RP, p. 13); como uma imagem que cifra a vitória sobre diferentes formas de horror ("Visão 1944"); como a flor que escapa ao emaranhado do "país bloqueado" ("Áporo", RP, p. 45), por outro lado, em "Anúncio da rosa", Drummond considera o momento em que isso ameaça ruir, ou seja, expõe o risco de malogro daquela busca, o esvair-se de um projeto que não encontra seu público e vê desmantelar-se a forma mesma da rosa/poesia (que se *desfolha* no confronto com os senhores *impermeáveis*) (BISCHOF, 2015).

Por sua vez, Simon diz que, no sistema do livro, a rosa do povo alude ao projeto modernista opondo-se à rosa individualista e torneada em alta ourivesaria de "Anúncio da rosa". Produto "de muito lavor e perfeição, essa rosa poética já não se endereça a ninguém, pois não tem público nem admiradores no 'começo da era difícil' em que 'a burguesia apodrece'" (RP, p. 59). O artesão-poeta se transformou, como se vê, num pregoeiro de uma rosa-problema, "que ninguém sabe avaliar nem pode pagar [...]. Obra única e aurática, a última rosa se desfolha e murcha em meio ao comércio de simulacros industrializados [...]. O desalento dessa rosa burguesa, de um criador só e comerciante, opõe-se à esperança coletivista da rosa do povo" (SIMON, 2015, p. 184).

No que concerne especificamente à expressão do título que qualifica a *rosa* como sendo *do povo*, ela só aparece expressamente nos belos e emotivos versos dedicados ao amigo Mário de Andrade, então recém-falecido, evocado no penúltimo poema do livro qual novo Orfeu, em associação com a catábase rumo ao reino dos mortos, que marca esse e outros mitos gregos: "A rosa do povo despetala-se/ ou ainda conserva o pudor da alva?" (RP, p. 153).

Mais uma vez se coloca aí a dúvida sobre a possibilidade comunicativa do poema-rosa. Em livro tão marcado pela alternância entre momentos de empolgação e – minados pela desconfiança – de desânimo, a imagem-símbolo da flor remete a essa oscilação.

Antes de tratar dos principais aspectos do livro, importa registrar que a circulação de alguns poemas centrais de *A rosa do povo* deu-se anteriormente, seja em jornais, seja em cópias mimeografadas anônimas. No caso dos periódicos, "os poemas pró-soviéticos, bem conhecidos no contexto de *A rosa do povo*, circularam amplamente ainda durante a guerra, publicados em jornais e revistas diversos: desde órgãos da grande imprensa como o *Correio da Manhã* até um suplemento literário do jornal oficial do Estado Novo, *Autores e Livros*; desde publicações do Rio de Janeiro até jornais do Norte e do Nordeste, como o *Diário de Pernambuco* e o *Estado do Pará*; desde a *Revista do Brasil* e *Clima*, até revistas diretamente comprometidas com posições pró-soviéticas, como *Leitura*" (MOREIRA, 2015).

Moreira demonstra, ademais, a rede inesperada de relações e os efeitos de sentido bem diversos produzidos por poemas como "América" e "Notícias" em função dos diferentes alinhamentos ideológicos do suporte em que foram veiculados antes da recolha em livro, "multiplicando as possibilidades de interpretação" e atestando o quanto o poeta mostrava-se "imerso em um jogo político complexo" (MOREIRA, 2015).

No caso das cópias mimeografadas, Antonio Candido (a quem é dedicado um dos poemas fortes do livro, "O medo") depõe a esse respeito, lembrando, primeiramente, o impacto que causara sobre sua geração a "tonalidade diferente" da poesia participante de Drummond inaugurada pelo livro de 1940, em que "o poeta conseguia exprimir o estado de sua alma de um jeito que importava simultaneamente em negar a ordem social dominante, não faltando poemas nos quais eram visíveis a adesão ao socialismo e a negação do sistema capitalista. [...] A impressão dominante foi de coisa nova, inclusive naquele terreno difícil onde os moços do meu tempo procuravam uma solução que convencesse, para além da geralmente fraca *poesia participante*" (CANDIDO, 2004b, p. 24).

Sobre as cópias volantes de poemas do livro de 1945, diz o crítico: "Naquele tempo Drummond difundia os seus poemas políticos impublicáveis por meio de cópias remetidas aos amigos; estes, por sua vez, as multiplicavam e elas corriam o país, datilografadas e mimeografadas. Assim se espalharam: 'Depois que Barcelona cair'; 'Carta a Stalingrado'; 'Telegrama de Moscou'; 'Com o russo em Berlim'; 'Mas viveremos'; 'Visão 1944' – recolhidos mais tarde em *A rosa do povo*, menos o primeiro. Por este meio o chefe de gabinete exercia uma atividade constante e decidida, animando muita gente com o exemplo de uma participação tão alta, naquele momento que para muitos deveria levar ao 'mundo novo' que um dos poemas queria ajudar a nascer" (CANDIDO, 2004b, pp. 25-26).

Alguns dos poemas citados pelo crítico são exemplos da chamada *lírica de guerra*, fusão paradoxal de gêneros tradicionalmente tidos como antagônicos, inconciliáveis, tais quais o lírico e o épico – este último, relido no contexto bélico e ditatorial das décadas de 1930 e 1940. A esse respeito, já dizia a voz coletiva de "Carta a Stalingrado": "A poesia fugiu dos livros, agora está nos jornais./ Os telegramas de Moscou repetem Homero./ Mas Homero é velho. Os telegramas cantam um mundo novo/ que nós, na escuridão, ignorávamos" (RP, p. 128).

A "Carta a Stalingrado" tem sido o mais comentado dos poemas de guerra pelo hibridismo não só dos dois gêneros indicados. Há, também, a interlocução com outros gêneros discursivos não estritamente literários, assim como em "Telegrama de Moscou". Na análise de ambos os poemas, inclusive em sua articulação sequencial no livro (sempre deliberadamente armada em toda obra drummondiana), Simon chama a atenção para "a importância da comunicação como fator que determina as mudanças nas relações dos diversos componentes do sistema poético, especialmente no que concerne à sintaxe, às funções da linguagem e às formas poéticas" (SIMON, 1978, p. 90).

São eles a hipotaxe predominante nas construções dos períodos e o uso abundante de vocativos e apostos; a ênfase nas funções emotiva, referencial e, sobretudo, conativa (com a presença de um "tu" muito bem marcada); a dicção epistolar e o prosaísmo da linguagem. Simon ainda chama a atenção para a disposição estratégica dos dois poemas, com o "Telegrama" sucedendo a "Carta a Stalingrado", como a sugerir "uma continuidade de comunicação, que leva a supor a destinação de uma mensagem, a do poeta, sob forma de 'carta' e o subsequente envio da resposta sob forma de 'telegrama', este partindo da fonte centralizadora dos ideais com que o poeta comunga. No primeiro poema, uma mensagem-apelo do poeta; no segundo, uma mensagem-resposta coletiva de esperança e certeza na construção da "grande Cidade de amanhã" (SIMON, 1978, p. 90).

Ainda a respeito de "Carta a Stalingrado", ela tem sido lida como prova da adesão do poeta ao sovietismo, apesar de intérpretes como Moura ponderarem que, embora seja inequívoca a presença no livro de um ideário de esquerda, "por vezes bastante próximo da ideologia comunista oficial, que se mostrava na época a alternativa mais clara", o que parece ao crítico ter criado "raízes fundas" na obra drummondiana teria sido "antes a experiência mais ampla da guerra e não tanto a ideologia em si" (MOURA, 2016, p. 136). Pode-se questionar, não obstante, se a ideologia em si não criou raízes, de fato, na obra... Afinal, a reflexão sobre ela está presente, tanto quanto a experiência de guerra.

Isso não quer dizer, entretanto, que haja o alinhamento incondicional de Drummond a essa ideologia, como podem supor alguns, a ponto de o poeta pactuar com a justificativa dada pelos partidários mais radicais, que reconheciam como inevitável o sacrifício de milhões de vida na resistência ao cerco fascista. Ora, sabe-se que Stálin considerava crucial a defesa do maior parque industrial à beira do Volga que levava seu nome, a ponto de ordenar ao major-general Chuikov que orientasse o exército soviético para resistir a todo custo e que morresse tentando fazê-lo...

Conhecendo os posicionamentos de Drummond desde o primeiro livro de orientação social, em que, apesar da inclinação à esquerda, o eu lírico sempre preservou uma margem para a reflexão crítica sobre os discursos, programas e ideologias, incluindo aquela com que mais se afinava, difícil acreditar que o poeta itabirano pactuasse integralmente com essa lógica compensatória diante do número desolador de vítimas da batalha, mesmo que chegue a enunciá-la. Seria imprudente ler os versos sem experimentar um estranhamento, misto de desconfiança e desconforto diante do inventário doloroso da barbárie promovido pela voz poética: o "miserável monte de escombros"; o "chão calcinado onde apodrecem cadáveres"; a "escada cheia de corpos"; a "bacia de criança" entre os restos... (RP, pp. 128-30). A minúcia com que ele descreve ruínas e corpos destroçados (como se mimetizasse, aliás, a estratégia com que se desenvolveu a batalha em Stalingrado, bairro a bairro, rua a rua, casa a casa) tem clara intenção de mobilizar o leitor para a dimensão aterradora da tragédia e contrasta de forma gritante com a afirmação categórica da necessidade e da compensação: "Terá custado milhares de homens, tanques e aviões, mas valeu a pena" (RP, p. 128). No mínimo, o leitor sai desconfiado, ainda mais com a perda de vidas humanas nivelada à de equipamentos ou veículos de guerra, indagando, decerto: será mesmo que alguma ideologia poderia compensar tamanho horror? A desconfiança é, ainda, alimentada pela alternância da voz poética ao longo dos versos, que passa da primeira pessoa do plural (como a exprimir o consenso partidário) à primeira pessoa de singular (do eu isolado). A ironia aparece aí, com efeito trágico, para desestabilizar a obediência cega e acrítica às convicções partidárias e dissolver os clichês da esquerda radical, formas de reificação da lógica militante e do discurso que se quer participante. Nesses recursos de desautomatização reside a força do literário, para desconstruir por dentro, aparentemente aderindo aos consensos (como o citado) e aos clichês do discurso partidário.

Essa estratégia demolidora já vinha sendo empregada por Drummond desde o livro de 1940, em poemas como "O operário do mar", expondo o caráter reificador dos discursos de esquerda e da literatura engajada que tratam do operariado, ao mesmo tempo que em "Elegia 1938", no mesmo livro, o poeta desconstrói a ética do trabalho e do esforço como forma de dignificação do indivíduo alardeada pelo Estado getulista (CAMILO, 2020, pp. 74-94). *A rosa do povo* corresponde à culminância da desconstrução desses clichês oficiais e mesmo dos da esquerda participante. Por meio dessa desconstrução, emerge a possibilidade, talvez única, de validação dos ideais que o poeta busca veicular.

Por último, vale observar a respeito da "Carta a Stalingrado" e do "Telegrama de Moscou", dos quais se pode também aproximar "Com um russo em Berlim", que eles ilustram o empenho do livro de 1945 em traçar toda uma geografia de guerra em função do alinhamento ideológico do poeta. Além das três cidades, o poeta traça um mapa simbólico, de cunho claramente político, que são como as "rotas ideológicas" descritas pelo poeta afro-americano Langston Hughes (KUTZINSKI, 2012), também militante de esquerda, mas com a diferença de elas não ocorrerem efetivamente em Drummond: são viagens imaginárias, que do Alto Araguaia – "onde se deu, em 1926, a dissolução da Coluna Prestes, a mais longa marcha política da História de que se tem notícia, superando mesmo a 'Longa Marcha' (e talvez não sejam à toa as referências aos chineses no livro de 1945...)" (CAMILO, 2020, p. 105) – alcançam Moscou. Pensando nessa cartografia poética e geopolítica, Moura nota que a Segunda Guerra pôs no mapa localidades longínquas da qual jamais se tinha ouvido falar e, "na sua internacionalização, sintonizou homens de todos os pontos da Terra numa pulsação comum" (MOURA, 2016, p. 110).

A propósito, são dignas de nota as referências constantes do eu drummondiano à ideia de circulação, caminhada, viagem, assim como aos espaços exteriores, recorrentes em *A rosa do povo*, ao contrário da tensão entre interior e exterior presente em livros anteriores, em que a realidade das ruas e bairros era flagrada por molduras ou enquadramentos, como em "Noturno à janela do apartamento": "Em *A rosa do povo*, é impressionante a ênfase dada ao espaço exterior, sobretudo a rua ou ainda a praça, e associado a ele, não só a ideia de circulação, trânsito, e a referência constante aos diversos meios de transporte, mas ainda a ação da caminhada seguida, num crescendo, pela travessia e pela viagem que, transpondo mares e grandes distâncias, ultrapassam as fronteiras não só da cidade, como do país" (CAMILO, 2020, p. 104).

As imagens do eu poético em trânsito são contínuas, desde a abertura do livro, de que é exemplo "A flor e a náusea": "Preso à minha classe e a algumas roupas,/ vou de branco pela rua cinzenta./ Melancolias, mercadorias espreitam-me./ Devo seguir até o enjoo?/ Posso, sem armas revoltar-me?" (NR, p. 106).

Sem ocultar sua origem social, buscando furtar-se ao abandono melancólico, assim como ao olhar reificador da forma-mercadoria, o poeta burguês suplanta a náusea e, mesmo sem outras armas que não a de papel, busca o centro da cidade, da rua, para acalentar o sonho do socialismo encarnado pela rosa do povo que fura "o asfalto, o tédio, o nojo e o ódio" (RP, p. 14).

Aos atributos do livro assinalados até aqui, soma-se, ademais, a escala por ele coberta, indo das dimensões verdadeiramente épicas dos grandes acontecimentos, como a guerra mundial, aos pequenos dramas anônimos, de que é exemplo "Morte do leiteiro", no qual se reconhece o gosto pela notação cotidiana, como o *fait divers* ou notícias das páginas policiais do tempo, que o primeiro Modernismo empregou como fonte do poético, embora nem sempre com a densidade social aqui explorada. Como assinala Antonio Candido, o poema ilustra, sem qualquer concessão ao pitoresco e anedótico, uma forma bastante "peculiar" da poesia social de Drummond, compreendida "não mais no sentido político, mas como discernimento da condição humana em certos dramas corriqueiros da sociedade moderna" (CANDIDO, 1970, p. 109). Em carta de agradecimento ao poeta pela remessa do livro, Otto Maria Carpeaux reconhece, sobre o final do poema – quando o sangue do jovem leiteiro morto por engano se mescla ao leite do vidro estilhaço, compondo o tom rosado associado à cor da aurora –, que "apesar de o simbolismo das cores ser algo barato [...] é uma grande visão" (apud CAMILO, 2014b, p. 30). Já Pilati viu na imagem da aurora um "lirismo exagerado", uma expressão do *kitsch* pelo seu suposto "efeitismo" que, em desacordo com o restante do poema, visaria o "consumo de sensações desproblematizadas", desviando "a reflexão sobre a luta de classes para a produção estética" e acabando por apagar "o sofrimento do personagem em nome da duvidosa beleza da metáfora" (PILATI, 2009, pp. 124-25). As soluções drummondianas abrem espaço, entretanto, para relativizações ou interpretações divergentes: "Se a aurora é, por demais sabido, um lugar comum na literatura e arte revolucionárias, recorrente em outros momentos da lírica social de Drummond (em 'A noite dissolve os homens', por exemplo) ou na dos 'poetas-irmãos' por ele evocados em 'Consideração do poema', como Maiakóvski, esse *tópos* parece aqui ser reinvestido de seu potencial revolucionário ou utópico ao figurar uma possibilidade de redimir o sangue do trabalhador humilde injustamente derramado quando mesclado ao leite, reverberando a cor da aurora socialista. Não se trata, portanto, de uma imagem poética cósmica, desinvestida de qualquer sentido político, como parece supor Pilati quando fala de uma metáfora de beleza duvidosa para consumo de sensações desproblematizadas, que acabaria por apagar o sofrimento do leiteiro. A aurora redentora é, portanto, uma convenção sim, mas da literatura e da arte participante que reafirma a crença numa nova ordem social. E Drummond trata de evidenciar que está lidando com uma convenção partilhada com a tradição da literatura participante: a expressão 'aquilo a que *chamamos* aurora' comprova isso" (CAMILO, 2014b, pp. 30-31).

Como dado estrutural do livro de 1945, Simon já demonstrou a tensão contínua entre poemas de abertura participante do discurso e de fechamento do discurso à referencialidade, tensão essa que responde pela denominada "poética do risco". Tematizando a consciência das limitações do único instrumento disponível para tomar partido em face da violência, horrores e injustiças do tempo, o poeta assume o risco de forçar os limites da poesia para acolher a "matéria impura", associada ao cotidiano e à realidade histórico-social, tema inaceitável no domínio tradicional da lírica. Nos momentos de maior tensão, o canto participante se enuncia, paradoxalmente, negando sua própria possibilidade, bem como de toda e qualquer espécie de comunicação. E ao fazê-lo, reconhecendo o perigo do fracasso, é que o poeta alcança, dialeticamente, o êxito da comunicação poético-social. Por meio do recurso paradoxal, Drummond também evitou os clichês da poesia participante de todos os tempos, sempre assertiva, sem qualquer desconfiança para as propaladas verdades e imagens convencionais repisadas sem mais e presa aos limites temporais da causa abraçada.

Como mostra ainda Simon, a tensão estabelecida entre comunicação e não comunicação, entre transitividade e intransitividade do discurso poético, já se anuncia pelos dois metapoemas na entrada do livro de 1945: "Consideração do poema" atesta a inserção do eu poético na realidade do tempo, contando e cantando indivíduo e mundo, ao passo que "Procura de poesia" parece seguir na contramão desse empenho, com a penetração surda no "reino das palavras" – mas sem que isso implique a adoção de princípios da *arte pela arte*. De acordo com Simon, na verdade, dá-se uma relação de avesso e complemento entre o "engajamento político-social" e o "engajamento com as palavras", em tensão dialética. "Tal leitura dos opostos submetidos a um princípio comum referenda a coesa concepção de conjunto que subjaz à variedade de dicções, afastando a possível ideia de arbitrariedade pela concepção de uma densa e elaborada engenharia" (RUFINONI, 2018, p. 249).

Em leitura mais recente, volta a observar Simon que a "matéria comunicativa é glosada largamente em *A rosa do povo*, ao mesmo tempo que a criação drummondiana se remorde em constatações de que o poema é solitário e incomunicável e que a transfiguração poética é imperfeita, para frisar talvez o quanto a fluência poética está socialmente travada, não obstante as frestas de esperança na transformação do mundo" (SIMON, 2015, p. 174).

No livro de 1945, há a concentração dos poemas de abertura e os de fechamento do discurso em dois grandes blocos, que, entretanto, mantêm zonas de contato e contágio, mesclas de recursos característicos de cada um deles, resultando na "heterogeneidade de formas poéticas" que sempre notabilizaram *A rosa do povo*. Além disso, a forte tensão dialética faz com que o impulso dominante de participação se afirme, paradoxalmente, como se viu, pela negação mesma de sua possibilidade, o que vale dizer, pela afirmação da autonomia do poema como objeto de palavras, portanto avesso à comunicação social ou de qualquer outra espécie. Com isso, evidenciava-se, mais uma vez, a extrema lucidez artística de Drummond, que, se optava pelo canto participante, era ao mesmo tempo consciente do risco e dos limites próprios à poesia para uma empreitada dessa ordem.

Outros poemas cuidam de reiterar essa consciência, sem prejuízo para o empenho participante, como se vê na alegoria de "O elefante", cuja fabricação desenvolve-se como "metalinguagem do processo de construção da lírica social, com todas as tensões que a percorrem" (SIMON, 2015, p. 174). O impulso básico de aproximação e comunhão com o outro move essa criação precária, "imponente e frágil", em que seu criador ama se disfarçar, quando sai às ruas em busca de amigos. Ao mesmo tempo que busca comungar com o outro e o mundo, há a atitude dubitativa de que essa comunhão se viabilize em um contexto bastante cético e enfastiado. A recusa dos homens em ver "o elefante" comprova a unilateralidade e o fracasso do gesto amistoso. A criação "imponente e frágil" e seu criador voltam da caminhada devastados por não terem encontrado "o de que carecia/ o de que carecemos,/ eu e meu elefante, em que amo disfarçar-me"; todavia, isso não resulta em desistência, pois o último verso volta a atestar a persistência em seu empenho solidário: "Amanhã recomeço" (RP, p. 83).

Pensando ainda na tensão entre abertura e fechamento do discurso poético, leituras recentes têm demonstrado que essa polarização não pode ser tomada de forma esquemática. Deve-se considerar que os poemas mais condensados e herméticos, alternados no livro de 1945 com os de versos espraiados, mais abertamente participantes, não implicam alheamento em relação à matéria histórica, como se estivessem encerrados nos procedimentos estritamente formais ou no próprio fazer poético, como seria, supostamente, característico do metapoema. Em seu aparente hermetismo há, assim, poemas que aludem, de modo sibilino, a questões políticas e projeções utópicas, como demonstrou Décio Pignatari (PIGNATARI, 2004, pp. 137-44), no caso de "Áporo", em que o verso "*presto* se desata" (NR, p. 127) traria alusão ao influente líder comunista Luís Carlos *Prestes*, que Drummond visitara no cárcere político antes de o denominado Cavaleiro da Esperança ser anistiado em 1945. Mais recentemente, Fabio Alves, em análise cerrada de "Campo, chinês e sono", traz à tona o substrato político dos condensados versos, afinados "com um momento histórico que, se por um lado requeria o alinhamento à esquerda como forma de combater o nazifascismo e a ditadura local, por outro não implicava anuência plena quanto aos caminhos traçados pelos PCs, marcados pela composição com as forças burguesas 'progressistas' tanto no Brasil quanto na China [...]. A ironia aguda de Drummond consiste, neste caso, na construção de um poema hermético e aparentemente intransitivo, que, no entanto, põe em cena *justamente* uma subjetividade situada e a necessidade da comunicação. Tal combinação sugere que o hermetismo de algumas das composições de *A rosa do povo* não corresponde à ausência das mediações históricas e não prescinde de uma abertura, ainda que cifrada, para a vida social, configurando um modo específico de comunicação e de formalização de impasses reais que nada tem a ver com absenteísmo" (ALVES, 2018, p. 203).

Há que se considerar ainda as referências – sempre encobertas, já que nada podia ser dito expressamente no contexto repressor em que "o espião janta conosco" (RP, p. 25), como se lê em "Nosso tempo" – à realidade política mais imediata do Estado Novo ditatorial. Essas menções cifradas aparecem em poemas como "Edifício São Borja", concebido ironicamente como uma oração ao santo que é, a um só tempo, nome da cidade natal do presidente gaúcho e do edifício que abrigava parte do aparelho repressor do governo varguista: o temido Departamento de Imprensa e Propaganda (DIP) (ALVES, 2017, pp. 109 ss).

Outro exemplo de poema dos "mais fechados e avessos à comunicação imediata" é "Resíduo", construído com base na vertiginosa enumeração caótica (recurso literário que, segundo Leo Spitzer, remonta às formas litúrgicas cristãs, remodeladas ao longo dos tempos, do barroco à modernidade), mimetizando o esforço da memória para reter de forma aleatória os destroços da catástrofe, como bem define Rufinoni: "Caos sem fé ordenadora que o redima. Assim as coisas, niveladas aos homens e às abstrações, assumem certa autonomia que põe o cenário do mundo contemporâneo a um passo da tópica do mundo às avessas [...]. Os objetos mais ordinários assumem proporções consideráveis, substituem os sujeitos e as grandes abstrações, é por meio desses pequenos nadas que a mensagem sobre o fim – de uma época, das ilusões, da utopia – toma forma. [...] Em 'Resíduo', após os monumentos da história (série que culmina em 'bibliotecas', 'asilos' e 'igrejas triunfantes'), ironicamente arrolados, sucede-se, finalmente, a morte – 'e sob tu mesmo e sob teus pés já duros' ecoando o verso anterior 'sob a morte escarlate' – e, após esta, curiosamente as marcas do estrato social – 'e sob os gonzos da família e da classe'. O poema termina em anticlímax – decrescendo em face do tom solene – coroamento dessa poética do insignificante, do pequeno, do inumano humanizado, pois que culmina na sobra de 'às vezes um botão, às vezes um rato'. Atente-se, porém, que, para além do desalento, do miúdo inexpressivo, emerge o liame entre botão e rosa (uma vez que pode ser o botão-objeto, mas também o botão-flor), em referência à 'rosa do povo', essa rosa da qual sempre ficará um pouco: frágil, porém resistente símbolo da utopia" (RUFINONI, 2018, pp. 253-54).

Rufinoni lê "Resíduo" em articulação com o poema que lhe sucede, a fim de evidenciar outras polarizações dominantes no livro, além do dispositivo de abertura e fechamento do discurso. Dentre a multiplicidade de formas e vozes orquestradas pelo poeta e que ressoam no livro de 1945, destaque-se a experiência com o poema dramático (espécie de peça truncada dirigida a uma audiência silenciosa, ou quase silenciada por um falso diálogo esvaziado) em "Caso do vestido", que traz uma visão ambígua e polêmica, pelo suposto conformismo que encerra. Todavia, não se pode esquecer que a voz poética é delegada à figura da mãe, de modo que a visão conformada é dela, não do poeta. Diferentemente do processo enumerativo de "Resíduo", o "Caso do vestido" se caracteriza pela linearidade narrativa, que parece emular um "causo" à maneira da tradição popular, envolvendo um episódio de "adultério, humilhação e privações, fortemente centrado na autoridade da família patriarcal", o que confere ao poema um "inequívoco lastro local" (RUFINONI, 2018, p. 261). O drama em torno do vestido pendurado atrás da porta é narrado às filhas pela mãe aos sussurros, temerosa da chegada (que só ela, e não as primeiras, reconhece como próxima) do marido opressor. Trata-se de um relato "marcado pela dor e resignação, pela violência das relações que selam os contratos de família". Composto de dísticos heptassilábicos (medida do cancioneiro popular), o poema possui estrutura regular e monocórdica e é dirigido a uma "audiência silenciosa", que "se confunde com o próprio leitor a quem o drama é relatado". Apesar da réplica das filhas, trata-se de um falso diálogo.

Rufinoni também se vale dos dois poemas confrontados para discutir a hipótese do poeta e crítico inglês Michael Hamburger, que em estudo decisivo, *A verdade da poesia*, pautado por uma concepção mais ampla e variada sobre a lírica moderna, inclui Drummond entre os poetas que integram "a nova austeridade", tendência caracterizada pelo despojamento antilírico e dessubjetivação afim à da experiência da vanguarda e da lírica de guerra, como reflexo da crise do individualismo burguês. Comentando ainda o lugar do individualismo nessa antipoesia, Hamburger fala da inevitável tensão entre a aspiração ao "anonimato" e a "necessidade de cada poeta de ser fiel a sua própria experiência, imaginação e sensibilidade" (HAMBURGER, 2007, p. 359). Quanto à consciência social dessa vertente, diz o crítico que, embora essa antipoesia "tenha uma ligação óbvia com o marxismo, certa desconfiança pelo *tropo* e pela metáfora deve ser encontrada em poetas modernos decididamente não marxistas ou antimarxistas" (HAMBURGER, 2007, p. 325).

Simon já havia se reportado ao estudo de Hamburger, mas advertindo que, em *A rosa do povo*, talvez se pudesse falar mais em poesia impura do que propriamente em "nova austeridade" (SIMON, 1978, p. 52-58), dado que as "inquietudes" de Drummond (CANDIDO, 1970) levam-no a mesclar outras tendências e a oscilar entre o eu, o mundo e a arte. Com isso, de certo modo, Simon descarta a ênfase dada à despersonalização característica da "nova austeridade". Já Rufinoni convalida essa característica ao trazer as considerações do crítico de *A verdade da poesia* para o contraponto instituído entre "Resíduo" (em que o eu lírico só "comparece em momentos pontuais", como que "esfacelado" e associado, assim, à desindividuação denunciada por Hamburger) e "Caso do vestido" (que repõe a matéria local por meio da ótica da mulher oprimida pelo jugo remanescente da velha ordem patriarcal). Observa ainda Rufinoni: "Nesse caminho, o crítico chama a atenção para o impulso impessoal que, no mundo capitalista, responde ao individualismo extremado, cujo resultado será uma poesia internacionalista e anônima; já nos países de economia planificada, o princípio pessoal será reassumido, comparecendo contra a panaceia da coletividade e da aniquilação do sujeito. O que implica dizer que cabe à sensibilidade social o modo de lidar com a tendência ao anonimato. No caso desses dois poemas de Drummond, e em muito de sua obra, os dois impulsos comparecem simultaneamente e respondem a circunstâncias históricas específicas. Sua obra também exemplifica essa oscilação entre desindividuação e apego à experiência local" (RUFINONI, 2018, p. 256).

Considerando a lógica rigorosa da sequencialidade na estruturação do livro, vale observar um de seus poemas mais instigantes, que precede "Resíduo" e "Caso do vestido": "O mito". Muito embora o poeta social de *Sentimento do mundo* alegasse, em "Congresso Internacional do Medo", que provisoriamente não cantaria o amor (SM, p. 20), esse poema, em boa medida cifrado e preterido pelo canto solidário, traz a figura de Fulana, encarnação ambígua da mulher como *femme fatale*, como ideal amoroso e poético, e quem sabe até como alegoria política... Diz o "poeta precário" sobre ela: "Sou eu, o poeta precário/ que fez de Fulana um mito,/ nutrindo-me de Petrarca,/ Ronsard, Camões e Capim;// que a sei embebida em leite,/ carne, tomate, ginástica,/ e lhe colo metafísicas,/ enigmas, causas primeiras" (RP, pp. 68-69). Como observa Merquior, Fulana é "mulher atlética e positiva. Fulana destrói o mito do amor petrarquista. Empanturrar-se de Petrarca e seus discípulos, de que o mais ilustre em português é Camões, não passa de estupidez [...] ('capim', o alimento do 'burro'), se se trata apenas de transfigurar estupidamente mulheres – porque a transfiguração em si mesma não passa de servidão ideológica" (MERQUIOR, 1976, p. 88).

Outro aspecto importante da poesia social de Drummond é a denúncia do mundo administrado, a automatização da vida moderna e a reificação dos indivíduos, de que é exemplo poemas excepcionais como o longuíssimo "Nosso tempo", com seus versos livres chegando ao limite da prosa e o ritmo acelerado, alcançado pelo emprego da enumeração, para compor o retrato da rotina e da dinâmica desse mundo. Trata-se, como diz Merquior, de um "admirável afresco da alienação contemporânea" em que "a vítima do processo social não é o proletário explorado, mas o burocrata anônimo, menos escravo do 'negócio' que da sociedade urbano-industrial, capitalista ou não" (MERQUIOR, 1976, pp. 81-82). Isso explicaria, segundo o crítico, um qualificativo como mão de papel, em clara referência ao ofício burocrático. Merquior destaca esse segmento burocrático pensando, decerto, na condição efetiva do poeta itabirano como funcionário público, tematizada ao longo de sua obra. Essa perspectiva do poeta-funcionário atrelado ao aparelho de estado getulista (cujas implicações foram exploradas por sociólogos como Sergio Miceli) comparece ainda em "Noite na repartição". Destaque-se ainda nos versos excepcionais de "Nosso tempo" (assim como em vários outros momentos do livro de 1945), a visão parcial ou fragmentada do corpo (braço, mão, boca) que reitera a reificação do trabalhador no mundo administrado. Contra essa fragmentação, o sonho futuro concebe "a cidade dos homens completos" (RP, p. 23).

Ainda que fale da perspectiva do mundo administrativo da burocracia estatal, o eu lírico drummondiano não perde de vista a totalidade social, as desigualdades e contradições de classes, também representadas nos versos de "Nosso tempo", já pelas imagens alimentares: "Há, de um lado, o ralo caldo de sopa [...] que se confunde, em sua liquidez, com as lágrimas dos que sequer comparecem personificados nos versos, mas significativamente instalados nos subterrâneos. Lágrimas, por sua vez, associadas com os 'olhos líquidos de cão através do vidro [que] devoram teu osso', sintetizando, numa mesma imagem, o desejo do animal faminto que cobiça as sobras (osso) e a comiseração ou remordimento que atormenta o eu lírico diante da fome e da miséria. De outro lado, para simbolizar a fartura, há o rio de alimentos sólidos, consistentes e nutritivos (carne, legumes e tortas vitaminosas), somado à bandeja de peixes argênteos que salta depressa do mar, tudo sugado pelas bocas dos privilegiados. O verbo *sugar* é forte pelo duplo sentido de *sorver* e *extorquir*" (CAMILO, 2014b, pp. 25-26).

Algo do mundo automatizado torna a reaparecer em "Morte no avião". Operando o desdobramento do sujeito lírico, recorrente na poesia drummondiana, o eu lírico, se por um lado descreve maquinalmente os afazeres cotidianos no dia de sua morte, por outro, revela sua consciência crítica ao ponderar sobre o sem sentido ou a ironia de tamanha pressa... Ajustado ao ritmo da grande cidade, ele pede passagem aos lentos, ignora os que perdem tempo com o prazer das anedotas durante o café e não atenta suficientemente ao muro do velho hospital em sombra, evocando a ideia de doença e de morte, que se consuma no interior da máquina para a qual caminha, no fim da tarde (e da vida), transformando-se em notícia de jornal. "Embora se considere mais um na engrenagem, o eu lírico ocupa uma posição privilegiada, que se reflete no plano da alimentação [...], ao tratar de seu derradeiro almoço. Isso não só porque o peixe é apresentado em creme e ouro, mas pela maneira como o eu poético qualifica a degustação de seu último garfo: a boca distingue, escolhe, julga antes de absorver, faculdades ou atributos da razão humana raramente conferidos aos sentidos e menos ainda àquele relegado à posição mais baixa na hierarquia estética tradicional. O refinamento do paladar não para aí, pois, com a sobremesa, 'passa música no doce, um arrepio de violino ou vento, não sei', o que, apesar da imprecisão, equipara a degustação à apreciação estética" (CAMILO, 2014b, pp. 26-27).

A contraparte desse refinamento e do privilégio de classe do eu vem representada pelo "Canto ao homem do povo Charles Chaplin", *persona* mais próxima daqueles "que não foram chamados à ceia celeste/ ou industrial" (NR, p. 201). Carlito, que era também o apelido familiar de Drummond, representa uma espécie de *alter ego* do poeta, inclusive pelo seu famoso perfil de *gauche* delineado desde a abertura de seu primeiro livro (*Alguma poesia*, 1930). Isso sem esquecer, evidentemente, que Carlito é representação do operário ou do pobre-diabo vivendo à margem nos tempos modernos, mas figurado, ao mesmo tempo, como símbolo de resistência à sociedade tecnicista e fragmentada. "No canto que dedicou a esse anti-herói multifacetado, Drummond evoca a imagem do criador dos *Tempos modernos* pela enumeração de uma série de 'sugestões alimentícias' com que fantasia sua carência de comida. [...] Os versos tomam por referência cenas antológicas da filmografia chapliniana, e mais particularmente de *The Gold Rush* (1925), como a do devaneio de Big Jim que, alucinado pela fome, vê Carlitos metamorfoseado em frango, ou ainda a cena célebre, em que este último, com ares de *grand chef* e *gourmet*, cozinha e saboreia as botinas, cujos cordões são experimentados como se fossem macarrão. Mais uma vez, enfatiza-se a ideia da alimentação convertida em bem de luxo desde sua forma de exposição como mercadoria, atrás do vidro, que instiga o apetite ao mesmo tempo que interdita o acesso a ela" (CAMILO, 2014b, pp. 28-29).

Há de se observar ainda que, embora um grande leitor de Drummond como Carpeaux dissesse em carta inédita *não* conseguir "se reconciliar" (apud CAMILO, 2014b, p. 30) com o eterno vagabundo na poesia do amigo itabirano, o fato é que a escolha feliz de Chaplin, ainda mais nessa fase de intensa militância do poeta, pode se justificar, igualmente, pela afinidade ideológica de ambos. Chaplin é figura de destaque no estudo que Michael Denning dedicou ao florescimento extraordinário das artes, do entretenimento e do pensamento a partir do amplo movimento social denominado *fronte* ou *frente popular* norte-americana das décadas de 1930 e 1940, época efervescente para a política e militância comunista, bem como para a cultura a ela alinhada. Assim, reuniram-se ao movimento operário (com suas diversas manifestações culturais: coletivos de compositores, clubes de literatura, teatros proletários etc.) não só importantes escritores e intelectuais de esquerda, como também grandes estrelas do cinema, da música (Billie Holiday, Duke Ellington, Frank Sinatra, Rita Hayworth, Anthony Quinn, Orson Welles...) e de outras artes, que se afinavam com essa orientação político-ideológica. Não obstante, fortemente apoiado pelo Partido Comunista, esse movimento revelou-se, em muitos casos, desobrigado de obedecer à orientação partidária e ao stalinismo cultural original. Welles e Chaplin foram alguns dos responsáveis por tingir Hollywood de *vermelho*, como se dizia. Segundo informa Denning, Chaplin construíra à custa do próprio estrelato uma companhia de produção cinematográfica independente, que lhe permitira produzir e estrelar, com liberdade crítica, os filmes que se tornaram os clássicos do movimento do fronte popular norte-americano: *Tempos modernos* (1936), *O grande ditador* (1940) e *Monsieur Verdoux* (1947) (DENNING, 2010, p. 92).

Ademais, "Canto ao homem do povo Charles Chaplin" exemplifica outra vertente poética presente em toda a obra drummondiana e que não poderia faltar no grande livro de 1945: a dos poemas de homenagem. Em *A rosa do povo*, eles estão em estreita relação com o ideário que norteia a concepção do livro. Há, com frequência, nos poemas que tratam da obra alheia, um duplo movimento de louvor e, por contraste, de autocrítica implacável, notório no poema dedicado a Chaplin e no que lhe antecede no fecho do livro "Mário de Andrade desce aos infernos". Já se observou em ambos a dimensão "de confiança do poeta em outros projetos de participação que não o seu", pela capacidade que têm de penetrar no "ordinário e no popular" e alcançar "a identificação com o homem comum" (SIMON, 1978, p. 142). No caso de Chaplin, como aponta Gledson: "Vindo das trevas, falando da solidão e do isolamento para os solitários e os derrotados, Chaplin estabeleceu uma linguagem que comunica a todos; vindo de um mundo alienado, domina essa alienação de dentro" (GLEDSON, 2018, p. 225). Dessa maneira, Drummond evidencia a confiança depositada na arte ou palavra poética alheia e, por oposição, a desconfiança em relação à própria poesia.

A autocrítica impiedosa faz despontar outro tema recorrente na obra do poeta: o da *culpa*, que encontra no período de sua poesia militante, no livro de 1945, manifestações mais violentas das *inquietudes* recorrentes na lírica drummondiana, por meio da automutilação redentora pelo "irmão vingador" de "Movimento de espada" (CANDIDO, 1970, p. 102; CAMILO, 2001a, pp. 242-63).

Por outro lado, a culpa perpassa também a relação conflituosa e dolorosa com o passado familiar e tudo que representa em termos de vínculos afetivos, mas também como posição de classe condenável aos olhos do descendente militante. É a lírica dos anos 1940 que inaugura o ciclo dos grandes poemas sobre o pai, cuja sombra opressora ganha dimensão fantasmática no primeiro deles: o hamletiano "Viagem na família", de *José* (GLEDSON, 2018).

A presença do tema familiar em meio à lírica ilustra bem a observação paradoxal de Antonio Candido, quando chama a atenção para o fato "curioso" de que "o maior poeta social da nossa literatura [...] seja, no mesmo tempo, o grande cantor da família como grupo e tradição" (CANDIDO, 1970, p. 110). Sobre os poemas de família recolhidos especificamente no livro de 1945, resume Simon: "Do ciclo de poemas do pai, interessa destacar 'Como um presente', em que o 'secreto latifúndio' do país dos Andrades surge em confronto explícito de pai e filho. O poema sugere que a figura e a casa paternas pertencem a uma ordem mais tranquila porque extinta, uma ordem cujo autoritarismo se fundava no não dito, na precariedade das leis, no mutismo insondável. Descobre-se que a morte afinal esculpiu uma figura completa do pai, que, em vida, pouco se dava a ver ao filho, mas cuja autoridade avultava em cada gesto, cada expressão, cada objeto pessoal, cada hábito, como se no passado houvesse moldado com seu corpo o mundo existente. [...] Ainda que haja reverência e afeto, a simpatia está excluída porque é próprio do pai submeter e aterrorizar. Mas nessa elegia à aproximação com seu fantasma o poeta propõe, ao mesmo tempo que confessa, o desejo de fugir do torrão escravizador, uma estranha forma negativa de reconciliação e amor em que o entendimento finalmente se dá *post mortem* [...]. Drummond reconcilia-se, chegando a uma forma de amar que não é uma obrigação atávica de casta, em que o eu escravizado ao outro do pai consegue afinal reconquistar e manifestar a sua autonomia, poupando-se da constante violência contra si mesmo" (SIMON, 2015, pp. 185-86).

Destaque-se, por fim, em *A rosa do povo*, as imagens da *noite*, em poemas como "Anoitecer", "Passagem da noite" e "Versos à boca da noite", que fundem a hora noturna com a noite psicológica (GLEDSON, 2018; PASINI, 2015). O noturno e soturno figuram, entre outros sentidos simbólicos, os assomos de melancolia, medo e desânimo diante do presente da guerra mundial e da ditadura varguista, que em vários momentos comprometem a perspectiva de superação. Mas logo são contrabalançados por outros versos em que irrompem com força as imagens luminosas, convencionalmente associadas ao sonho do amanhã (a utopia socialista).

A voz dos que não falam
ver Animal

Alguma poesia
EUCANAÃ FERRAZ

A caminhada de Carlos Drummond de Andrade em direção a seu primeiro livro, *Alguma poesia* (1930), foi longa e um tanto acidentada. Talvez seja possível situar o início do percurso em 1923, data anotada pelo poeta na versão datilografada de "Nota social", um dos poemas recolhidos no livro de estreia.

Em agosto de 1925, no segundo número de *A Revista* – fundada um mês antes por jovens modernistas de Belo Horizonte e dirigida por Drummond e Martins de Almeida – apareceram, enfeixados sob o título "Meus versos", três poemas do itabirano: "Coração numeroso", "Música" e "Igreja". Encerrando o conjunto, entre parênteses, um título: *Minha terra tem palmeiras*. É a primeira referência a este livro, em processo, que daria origem a *Alguma poesia*, do qual fariam parte (ligeiramente modificados) aqueles três poemas.

Em 3 de junho do ano seguinte, Drummond enviou a Mário de Andrade uma carta à qual anexou um caderno com dois conjuntos de poemas. O primeiro traz, inicialmente, segundo o remetente, "versos inferiores, até penumbristas", cujo envio valeria apenas como "documentação": "tem muita lagrimazinha besta e muito estrepe sentimental nesses papéis. Você dê o devido desconto e me queira sempre bem". Já a segunda sequência de poemas guarda, ainda nas palavras de Drummond, "o melhor": "(*Minha terra tem palmeiras*, esboço de livro que peço licença para te dedicar)" (CCM, p. 220).

O caderno compõe-se de 65 poemas, copiados à mão e agrupados em duas partes: a primeira traz aqueles "versos inferiores, até penumbristas", 29 textos ao total, que, na sua maioria, haviam aparecido no *Diário de Minas* e em revistas cariocas como *Para Todos* e *Ilustração Brasileira*, e comporiam o livro *Os 25 poemas da triste alegria*, que o poeta chegou a estruturar sem nunca publicá-lo (a edição póstuma foi organizada por Antonio Carlos Secchin – *Os 25 poemas da triste alegria* [PTA]). A segunda parte, *Minha terra tem palmeiras*, compreende 34 textos e pode ser considerada um primeiro estudo de *Alguma poesia*, já que, do conjunto, 20 poemas foram incorporados ao livro, cuja primeira edição reúne 47 poemas.

Voltando um pouco atrás no tempo: a correspondência com Mário de Andrade tivera início em 1924, logo após Drummond – com apenas 22 anos – conhecer, em Belo Horizonte, além do autor de *Pauliceia desvairada*, Tarsila do Amaral, Oswald de Andrade, o escritor franco-suíço Blaise Cendrars, Oswald de Andrade Filho, Olívia Guedes Penteado e Gofredo Telles, quando realizavam a célebre viagem por cidades históricas de Minas, em abril daquele ano. Seis meses depois, Drummond enviou para Mário uma carta cheia de entusiasmo: "eu desejo prolongar aquela fugitiva hora de convívio com seu claro espírito" (CCM, p. 40).

Numa segunda carta, datada de 22 de novembro de 1924, o jovem poeta é direto ao declarar: "Não posso deixar de confessar o muito que lhe devo, prezado Mário: permiti-me nos meus versos (quase todos inéditos), algumas audácias que só a *Pauliceia* tornou possíveis. São audácias com carteira de identificação..." (CCM, p. 60). Seguiam junto alguns poemas – "Passa uma aleijadinha", "Religião", "Orozimbo", "Construção", "Sentimental", "No meio do caminho", "Política", "Nota social" (os cinco últimos seriam recolhidos, quase todos alterados, em *Alguma poesia*) – com a observação de que seriam incluídos num livro intitulado *Minha terra tem palmeiras*, e uma solicitação: "quero a sua opinião e mesmo o seu conselho" (CCM, p. 60).

Na carta-resposta, Mário afirma sem rodeios: "Gostei. Gostei francamente, embora a sua prosa por enquanto seja mais segura que os seus versos". Além da análise, não poupou comentários e anotações à margem dos poemas. Os elogios "dividem espaço com alguns reparos, sobretudo quanto a escolhas vocabulares, de gosto duvidoso, e construções gramaticais – usos de pronomes e regência verbal – que soavam excessivamente afrancesadas ou lusitanas" (FERRAZ, 2013, p. 83). É eloquente, por exemplo, a observação acerca de "Nota social", ao destacar, no primeiro verso, o modo brasileiro de aglutinar a preposição com o artigo – "o poeta chega na estação" – em vez do cumprimento à norma portuguesa, que demandaria a forma "à estação": "gostei da regência. Bravo!" (FERRAZ, 2010a, p. 16).

O jovem poeta não estava, entretanto, preparado para o elogio. Ou melhor, aquilo que Mário identificava como adoção consciente de formas abrasileiradas não era mais que uso involuntário, o que ficaria claro na resposta que seguiu em carta de 30 de dezembro: "Você gostou da regência...

Pois eu não gostei, e agora que peguei o erro, vou emendá-lo. Isto é modo de ver pessoalíssimo: correção ou incorreção gramatical. Sou pela correção. Ainda não posso compreender os seus curiosos excessos. Aceitar tudo o que nos vem do povo é uma tolice que nos leva ao regionalismo" (CCM, p. 82).

Mário não hesitou em mostrar sua zanga diante de posição tão retrógrada. Em carta de 18 de fevereiro do ano seguinte, declara com firmeza: "Foi uma ignomínia a substituição do *na* estação por à estação só porque em Portugal paisinho desimportante pra nós diz assim. Repare que eu digo que Portugal *diz* assim e não escreve só. Em Portugal tem uma gente corajosa que em vez de ir assuntar como é que se *dizia* na Roma latina e materna, fez uma gramática pelo que se *falava* em Portugal mesmo. Mas no Brasil o senhor Carlos Drummond *diz* 'cheguei em casa' 'fui na farmácia' 'vou no cinema' e quando escreve veste um fraque debruado de galego, telefona pra Lisboa e pergunta pro ilustre [Cândido de] Figueiredo: – Como é que se está dizendo agora no Chiado: é 'chega na estação' ou 'chega à estação'? E *escreve* o que o senhor Figueiredo manda. E assim o Brasil progride com Constituição anglo-estadunidense, língua franco-lusa e outras alavancas fecundas e legítimas. Veja bem, Drummond, que eu não digo pra você que se meta na aventura que me meti de estilizar o brasileiro vulgar. Mas refugir de certas modalidades nossas e *perfeitamente humanas* como o *chegar na estação* (*aller en ville, arrivare in casa mia, andare in città*) é preconceito muito pouco viril. Quem como você mostrou a coragem de reconhecer a evolução das artes até a atualização delas põe-se com isso em manifesta contradição consigo mesmo" (CCM, p. 100).

A resposta igualmente franca de Drummond mostra um poeta consciente de seus limites, confiante nas críticas que lhe chegavam e aberto ao aprendizado: "Perdão, Mário, eu não escrevi aquele 'chega à estação' em homenagem a Camilo [Castelo Branco] e caterva. Foi um escrúpulo, sim, mas inocente. Com um pouco mais de reflexão torno a pôr 'chega na estação'. Realmente a razão está com você. Mas, compreende, essas coisas a gente faz só depois de muito observar, e com muita independência. Tímido e inexperiente como sou, acompanho com interesse as suas pesquisas e tentativas no sentido de 'estilizar o brasileiro vulgar'; não me meto nelas porque, para mim, ainda é cedo. Não fiz a volta à língua, nem me libertei de todo da carga filológica que todos nós trazemos do grupo escolar" (CCM, p. 108).

A escuta atenta de Drummond pode ser confirmada, nesse caso específico, pelo fato de que "Nota social", quando publicado pela primeira vez – no jornal carioca *A Noite*, em 21 de dezembro de 1925, na célebre seção "O mês modernista" – ostentava a forma abrasileirada "na estação", assim permanecendo quando coligido em *Alguma poesia*.

A polêmica em torno de "Nota social" é bom exemplo do quanto o livro está marcado pela estética e pelo ideário modernista dos anos 1920, particularmente pelas orientações daquele a quem o livro é dedicado – "A Mário de Andrade, meu amigo" –, e, lembremos, a quem seria dedicado ainda quando, em processo, a coletânea chamava-se *Minha terra tem palmeiras*. Outras dedicatórias, nos poemas, evidenciam a formação pessoal e intelectual de Drummond bem como parte fundamental do modernismo em Minas Gerais: a Abgar Renault ("Infância"), a Aníbal Machado ("Sabará" – parte II de "Lanterna mágica"), a Wellington Brandão ("Igreja"), a Mário Casassanta ("Política"), a Gustavo Capanema ("Jardim da Praça da Liberdade"), a Afonso Arinos de Melo Franco, sobrinho ("Papai Noel às avessas"), a Cyro dos Anjos ("O sobrevivente"), a Pedro Nava ("Música"), a Martins de Almeida ("Sesta"), a Milton Campos ("Romaria") e a dois poetas, igualmente amigos mas não integrantes do grupo mineiro, Manuel Bandeira ("Política literária") e Ribeiro Couto ("Sweet Home").

Muitos desses colegas de Belo Horizonte escreveram sobre *Alguma poesia* quando de sua publicação. Martins de Almeida, por exemplo, nas páginas de *O Jornal*, em 10 de agosto de 1930, fez um interessante quadro, no qual destaca a presença do grupo de amigos como um amálgama impossível de descolar dos poemas: "Nós outros companheiros de vida literária ou antes, de vida vivida (Emílio Moura, João Alphonsus, Pedro Nava e eu), temos de emprestar um caráter particularíssimo às poesias de Carlos Drummond. Vemos que muitas delas não param nelas mesmas continuando infinitamente para além do próprio autor. Cada um de nós tem a sua parte em várias daquelas poesias" (APUD DRUMMOND DE ANDRADE, 2010a, p. 342). Tal presença, no entanto, seria menos de natureza intelectual do que, digamos, existencial, daí a dificuldade de descrevê-la com exatidão: "Não se pode explicar uma colaboração que não consistiu absolutamente em contribuição de qualquer elemento intelectual. Talvez a força catalítica multiplicada, a ação de presença conjugada. Talvez a comunhão espiritual de nossas existências em dado momento perfeitamente articuladas umas nas outras. Também poderia ser a pressão afetiva e sentimental, o aquecimento intelectual que exercemos uns sobre os outros. Não sei. O que posso afirmar é que ao ler poesias que já sabia de cor encontrei nelas a parte inédita do Martins de Almeida" (FERRAZ, 2010a, p. 342). Ao descobrir-se nos versos do livro, o amigo encontra-se a si mesmo não como quem o faz diante da obviedade confortável do espelho, mas como quem depara com algo novo. Em seguida, Martins de Almeida complexifica o quadro ao realizar um retrato de Drummond que destaca justamente sua singularidade, ou ainda, a radical individualidade do poeta e da escrita, fundidos numa identidade compacta: "Carlos Drummond é rico em si mesmo, está dito. Há nele uma lei personalíssima de necessidade interior que regula a sua produção poética. Os seus versos são verdadeiras descargas nervosas nascendo sob pressão de uma irresistível força íntima. Tenho quase certeza que Drummond desejava não ser poeta. Os trabalhos poéticos lhe são tão fatais, tão necessários como a forma do seu nariz. Não é ele quem propriamente faz suas poesias, mas são elas que o fazem. Posso assegurar com toda convicção que Carlos Drummond é ao mesmo tempo criador e criatura de *Alguma poesia*. Na realidade, os seus versos são iguaizinhos a ele mesmo sem tirar nem pôr" (FERRAZ, 2010a, p. 343). Essa espécie de coincidência entre autor e obra demonstra, por exemplo, que *Alguma poesia* incorpora a dicção vanguardista da época, mas também que o volume, visto no conjunto e em suas peças isoladas, vai além dos clichês que se podiam flagrar nos livros mais ou menos contemporâneos a ele. Do mesmo modo, a presença imediata da realidade regional (paisagens, tipologia humana, toponímia, singularidades culturais, lampejos biográficos com certo gosto de crônica de costumes) não restringe, absolutamente, a largueza de alcance dos poemas. Minas Gerais, Belo Horizonte e Itabira estão lá do mesmo modo que Martins de Almeida e os outros camaradas do primeiro Drummond, como "pressão afetiva e sentimental".

Parece justa a avaliação de Manuel Bandeira quando no surgimento do livro afirmou no *Diário Nacional*, em 17 de maio: "Carlos Drummond de Andrade levou sobre os seus companheiros de geração a vantagem de aparecer perfeitamente assentado e amadurecido. Se tivesse surgido em livro há oito anos atrás, e já então andava empenhado na batalha modernista, apresentaria talvez as incertezas, as facilidades que degeneraram em cacoetes, enfim as presunções daquela idade ingrata, idade feliz, de transição. Como a voz dos rapazes na puberdade, a de muitos poetas daquela hora afinava e desafinava com frequência. (Alguns mesmo continuam envelhecendo assim" [DRUMMOND DE ANDRADE, 2010a, pp. 51-52]).

A definição "perfeitamente assentado e amadurecido" é corretíssima, mas não deixa de surpreender que Drummond tenha escrito grande parte dos poemas de seu livro quando era ainda, segundo ele mesmo, "tímido e inexperiente", ou quando, logo a seguir, passou para o polo oposto, já "empenhado na batalha modernista". O salto sugere um amadurecimento rápido, um salto, impossível de ser inteiramente explicado, tantos são os fatores que terão atuado no processo de criação, ainda que possamos acompanhar parte significativa dos trâmites de experimentação e aprimoramento na engenharia dos poemas em suas diferentes versões, cabendo avaliar também o que foi deixado de fora de *Alguma poesia*. Bandeira, no entanto, chama a atenção justamente para o longo tempo transcorrido desde as primeiras manifestações de Drummond na peleja dos modernistas contra o que chamavam de "passadismo" (pela sua conta, o mineiro teria entrado nela já em 1922, data da Semana de Arte Moderna, mas, sobretudo, da publicação de *Pauliceia desvairada*). O certo é que, conforme Bandeira, aquele livro de estreia apresenta um poeta "perfeitamente assentado e amadurecido", sem marcas detectáveis de sua inexperiência e, no polo oposto, sem cacoetes.

Se nos versos de *Alguma poesia* "o sentimento, os acontecimentos, o espetáculo material e espiritual do mundo são tratados como se o poeta se limitasse a registrá-los" (CANDIDO, 1970, p. 95), esse distanciamento coincide com alguma reserva em relação às molduras estéticas e ideológicas do modernismo hegemônico. O poema "Moça e soldado", por exemplo, termina com os versos "Só eu não brigo./ Só eu não namoro" (AP, p. 57). Apresenta-se aí, sem dúvida, o *gauche-voyeur* encerrado em seu canto, incapaz de realizar seus desejos ou de se resignar à uniformização. Mas podemos ver algo mais nessa humorística e melancólica confissão de incapacidade: uma inadaptação que está na raiz da originalidade da escrita de Drummond, exercendo-se como "uma irresistível força íntima" (para retomar os termos de Martins de Almeida), mesmo estando o poeta sob o impacto de vetores poderosos, a princípio externos, como as lições de Mário de Andrade.

No caso específico de *Alguma poesia*, as influências de Mário deram-se, inicialmente, como vimos, pela leitura de *Pauliceia desvairada* (ainda no início de 1923); e, a seguir, na correspondência entre os dois poetas, de 1924 a 1930, ano de publicação do livro de Drummond. Tais influências podem ser muito perceptíveis – nos traços estilísticos, por exemplo, correntes no experimentalismo de vanguarda que Mário cristalizou em *Pauliceia desvairada* e justificou em tom de manifesto pedagógico no seu "Prefácio interessantíssimo" –, ou mais sutis, porque se deram numa esfera profunda, sendo, portanto, menos flagrantes.

As controvérsias em torno da brasilidade e de uma literatura que a incorporasse estiveram presentes desde a primeira hora da correspondência entre Mário e Drummond. As posições do primeiro definiram, sem dúvida, uma resoluta mudança de mentalidade do mineiro provinciano fascinado por Anatole France. Em *Alguma poesia* toda a problemática parece resolvida, não pela sua ausência, pois, ao contrário, no início da nova década exigiam-se dos escritores e demais artistas posições ideológicas e estéticas mais refletidas do que as que se engendraram nos primeiros momentos da "batalha modernista"; sem fugir da cena, Drummond incorporou o debate com a complexidade de sua poesia naquele momento, sem teses, antes abandonando-as em favor de uma mirada individual, sem respostas exteriores a um problema vivido por dentro, não faltando a isso um quinhão de dúvidas, amarguras, desconfianças, contradições. Não evitava, com isso, uma resposta; a resposta estava nos poemas; tramada nos versos, com a liberdade da imaginação e a marca da experiência.

É exemplar o conhecidíssimo "Também já fui brasileiro", cujos versos de abertura – "Eu também já fui brasileiro/ moreno como vocês" (AP, p. 16) – instalam de imediato uma perturbação e uma provocação. Voltado para o mesmo tema, "Europa, França e Bahia" é um acerto de contas, em tom de deboche, do Drummond modernista com o Drummond europeizado. Nas palavras de Marlene de Castro Correia, "a aguda e irreverente percepção de aspectos econômicos, políticos e ideológicos da Europa de então, a visada humorística, a dissimulada e eficiente ambiguidade, os eficazes recursos de estranhamento do objeto fazem de 'Europa, França e Bahia' uma das mais bem realizadas concretizações drummondianas do projeto de dessacralização da

Europa promovida pelo modernismo" (CORREIA, 2015, p. 63).

Os dois poemas foram suprimidos de *Alguma poesia* quando o livro reapareceu, em 1942, no volume *Poesias*, que agrupa os quatro primeiros títulos de Drummond. Talvez o autor os tenha considerado, naquele momento, datados, excessivamente circunscritos à temática nacionalista das duas décadas anteriores, ou talvez julgasse que exibiam uma irrisão diante de seus temas num momento histórico inequivocamente grave. O certo é que, em *Poesias*, dois poemas foram acrescentados: "Sentimental" (publicado pela primeira vez na revista *Estética*, n. 3, abr.-jun. 1925) e "Outubro 1930" (publicado pela primeira vez no jornal *Estado de Minas* em 7 de maio 1931).

Se no primeiro poema há um retrato duro e melancólico do país – onde é "proibido sonhar" (AP, p. 35) –, não há traço de nacionalismo como recusa ou como aceitação. Realizado ainda em meados da década de 1920, é uma composição enxuta – próxima do tom de Manuel Bandeira – e uma feição crítica que aponta para a inserção do sujeito na sociedade sem os parâmetros da discussão da brasilidade. Por sua vez, "Outubro 1930" acrescenta ao conjunto de *Alguma poesia* versos que primam justamente pela circunstância – os eventos ligados à revolução de 1930, abordados de modo íntimo e imediato – e também aqui a questão da brasilidade não está em foco, ainda que em primeiro plano estejam os brasileiros e o Brasil.

Vale registrar ainda que *Alguma poesia* voltou a circular em 1948, integrado agora ao volume *Poesia até agora*, com "Também já fui brasileiro" e "Europa, França e Bahia" reincorporados; é nesse momento que o livro ganha sua forma definitiva, somando 49 poemas.

Mas o amplo problema da brasilidade aparece em outros momentos, nos quais a ironia – traço marcante do livro, como a crítica apontou tantas vezes – ergue retratos com inequívocos traços autobiográficos. "Fuga" faz uma caricatura do jovem Drummond pré-modernista: "Estou de luto por Anatole/ France, o de *Thaïs*, joia soberba./ Não há cocaína, não há morfina/ igual a essa divina/ papa-fina" (AP, p. 50). O *humour* – outro aspecto largamente examinado pela fortuna crítica drummondiana – desvia-se do julgamento austero sem incorrer na autoglorificação. Tudo se passa numa espécie de teatralidade cômica, do qual nada nem ninguém escapole, sobretudo o poeta, que se adivinha facilmente na persona poética sob muitas máscaras, algumas propendendo ao ridículo.

Sabemos que os modernistas exploraram a graça, o riso, o cômico e a zombaria no mesmo expediente de trazer a poesia para o chão do cotidiano, para a rua, cabendo à coloquialidade, em choque com as surpresas e os estranhamentos formais, traduzir a vasta e complexa vida psíquica e social do homem comum; este, conduzido aos poemas como personagem, transmudou-se em símbolo inapelável de um novo valor: o poeta, e com ele sua poesia, despia-se da antiga aura e, portanto, de toda linguagem que a sacralidade exigia. É fácil compreender que a paródia, com efeitos de *humour*, tenha se tornado procedimento recorrente entre os modernistas, numa exibição de desobediência insolente à moralidade conservadora e a seus modos de expressão. Atingiam-se com isso a lira austera dos parnasianos, mas também o senso comum à espera de sobriedade e todo um modo de vida exemplarmente golpeado pela notável "Ode ao burguês", de Mário de Andrade. Se tal síntese vale, ainda que breve e precária, para descrever alguns versos modernistas de Oswald de Andrade, Manuel Bandeira, Mário de Andrade, Murilo Mendes e outros, é certo que cada um deles utilizou-se do *humour* de um modo próprio.

Drummond insere-se em tal quadro, sem dúvida. Mas, como sabemos, seu *humour* – combinado ou não com o riso – foi bastante além da hora modernista, o que faz ver uma espécie de coincidência entre as propostas daquele momento e uma sensibilidade que perduraria associada a outras disposições de um temperamento que fez da escrita uma ação lúcida, persistente e em contínua transformação frente aos agentes externos. No caso específico de *Alguma poesia*, o *humour* equivale a uma moral. É através de sua lente que vemos, por exemplo, o tédio familiar em "Sweet Home", "Família", "Música" e "Sesta"; a impostura habitual e mundana em "Sociedade"; o pastiche, na urbanidade postiça de "Jardim da Praça da Liberdade" e no servilismo literário de "Fuga"; a mesmice provinciana em "Cidadezinha qualquer"; a hipocrisia religiosa em "Romaria"; o erotismo de "Moça e soldado" e "Iniciação amorosa", que atinge o grotesco em "Cabaré mineiro"; os quiproquós amorosos em "Quadrilha" e "Balada do amor através das idades".

O desgosto com as convenções da vida doméstica é uma constante do livro. A "vida besta" de "Cidadezinha qualquer" infiltra a intimidade, impregna a vida social, define o caráter dos sujeitos no trato com tudo e todos, inclusive consigo mesmo, produzindo um alívio alcançado pela modorra que mantém as tensões individuais e coletivas suspensas, ou ainda, que sustenta a ordem social e a vida psíquica em estado de confortável imobilidade, com papéis bem definidos, com o poder e a submissão consolidados no tabuleiro onde, digamos, o resultado do jogo é sempre o mesmo. Assim, em seus melhores momentos, *Alguma poesia* põe em cena a violência dissimulada do cotidiano, na qual a marca da brasilidade – estaria aí a mais bem acabada colaboração drummondiana ao debate modernista – não é senão um modo de os papéis sociais se perpetuarem maliciosamente. Por conseguinte, são muitos os quadros brejeiros, as crônicas melancólicas da indulgência, da violência assimilada, da disposição conveniente de regras – amorosas, familiares, estéticas etc. – que se perpetuam num gestual que os poemas revelam como um jogo de máscaras. Se não raro as imagens parecem apenas fotografias, uma apreensão superficial do mundo, são eloquentes justo por situar o psicológico e o coletivo nos enredos teatrais da aparência – residindo aí talvez a mais sólida inclinação barroca da poesia de Drummond, e não só em *Alguma poesia*.

Amor

MIRELLA MÁRCIA LONGO VIEIRA LIMA

"Que pode uma criatura senão,/ entre criaturas, amar?" (CE, p. 43). Os dois versos iniciais do poema "Amar" explicitam o lugar central que Carlos Drummond de Andrade confere ao amor, quando pensa nas relações humanas e no processo da existência. Assim, quem procura uma via de acesso a sua obra poética vasta, multifacetada e plena de modulações internas poderá achá-la mantendo os olhos fixos na temática amorosa.

Em seu enigmático poema "No meio do caminho", Drummond evoca o primeiro verso da *Divina comédia*, em cuja trama Dante, impulsionado por seu amor a Beatriz, percorre Inferno, Purgatório e Paraíso até alcançar a revelação de que o Amor move o sol e todas as estrelas. Contrapondo-se a essa perspectiva idealista, a voz que fala no poema publicado em 1928 e recebido com escândalo por grande parte da crítica brasileira permanece estagnada no ponto em que Dante inicia o seu percurso: "No meio do caminho tinha uma pedra/ tinha uma pedra no meio do caminho" (AP, p. 36). Drummond não se desloca da constatação de uma materialidade pétrea, fechada em si mesma e incapaz de revelar qualquer dimensão que a transcenda. Tal adesão à matéria reflete o compromisso do poeta com a imanência. Afinal, aquele que se disse marcado pela maldição de ser *gauche* esclarece ter sido destinado a carregar o seu estigma no campo da vida. A postura leva o poeta a olhar com suspeita expectativas idealistas que, enraizadas em várias tradições, enxergaram, no amor, um caminho para alcançar a transcendência. Ao dialogar com o verso de Dante, Drummond define uma poética desenvolvida em torno dos impactos presentes no plano do finito, da matéria e da história. Mantida ao longo de toda a sua obra, essa poética enfrenta desafios que não chegam a evanescer a presença de uma consciência lúcida.

Perpassando a vasta obra do poeta mineiro, o confronto entre a eternidade do mito e a temporalidade da experiência é ilustrado à saciedade nos poemas de amor e, neles, muito frequentemente, toma a forma de um conflito. A opção por ficar atado à história e o consequente compromisso com a lucidez sofrem seu maior desafio ante a ideia do encontro perfeito entre dois amantes, ideia que inclui a visão do amor como promessa de eternidade e harmonia. Numa passagem de *O banquete*, de Platão, o amor é descrito como uma escada que possibilita ascensão, desde uma matéria física, até uma instância essencial. Nascido da Carência e manifestando-se a partir dos corpos, o amor seria uma força suficientemente potente para conduzir os amantes além dos limites da matéria fadada ao fim. Em seu clássico ensaio sobre a história do amor no Ocidente, Denis de Rougemont liga o Eros descrito na passagem em que Sócrates evoca Diotima a um tratamento frequentemente dado à temática amorosa na cultura ocidental, cujo ponto culminante seria encontrado no Romantismo.

No centro da vertente cultural comentada por Rougemont, fica situada a imagem do encontro cuja perfeição exige a eternidade do mito e a suspensão dos limites inerentes à vida. Natural que, conformada como ciência do tempo – e, consequentemente, como visão das perdas e da morte –, a consciência lírica drummondiana tenha dificuldade em aceitar a centelha de eternidade prometida aos que amam. No entanto, lamentada como falta, ou ansiada como expectativa esperançosa, a imagem da correspondência amorosa e reveladora de transcendência não compõe apenas um legado cultural, ela insere-se nos campos da emoção e do desejo. Eis por que, no âmbito da temática amorosa, a lucidez estremece mais fortemente, de modo que os poemas de amor se tornam especialmente ilustrativos das tensões presentes na escrita do autor. Recusar a mitologia amorosa é abrir mão de um alimento implorado pela parcela emocional. Em consequência, emoção e consciência entram em choque promotor de uma cisão interna que dramatiza o discurso e dificulta ao poeta a expressão da voz íntegra e única, que Hegel esperou ouvir nas formas breves da poesia lírica. É então prudente que, ao decidir apossar-se do conjunto da obra drummondiana pela via do amor, o leitor considere dois aspectos de uma trajetória única. O primeiro concerne ao amante. Sedento de amor, e de caminhos para dar expansão ao seu erotismo, o sujeito tem a sua demanda de fusão com o ser amado interceptada pela ciência dos abismos entre indivíduos condenados a não transpor as fronteiras da própria carne. O segundo aspecto diz respeito ao poeta. Tendo a própria escrita inserida na Modernidade, Drummond é desafiado a falar de amor com uma linguagem marcada por fragmentação e dissonâncias, mesmo estando ciente de que a ideia da correspondência amorosa existe, ao longo da tradição lírica, em consonância com as harmonias e as recorrências cujo apogeu reside na canção; forma que Kayser qualifica como essência da Lírica. Desse modo, enquanto o amante busca um encontro pleno, o poeta tenta superar elementos que travam a sua canção amorosa.

Os poemas de amor que integram *Alguma poesia* (1930) e *Brejo das Almas* (1934) voltam-se principalmente para uma experiência que se insere entre as coisas do mundo; conforme evidencia um verso de "Toada do amor": "amor cachorro bandido trem" (CE, p. 18). Contrapondo-se à eternidade imageticamente representada pela noite, os dois primeiros livros falam da vivência amorosa situada no tempo. Os versos de "Não se mate" acusam incoerência e incerteza no amor que se dá a ver: "Carlos, sossegue, o amor/ é isso que você está vendo:/ hoje beija, amanhã não beija/ depois de amanhã é domingo/ e segunda-feira ninguém sabe/ o que será" (BA, p. 35). Inserida na visibilidade do tempo, a experiência amorosa distancia-se radicalmente do amor comentado nas tramas míticas que envolvem os casais Eros e Psiquê, Orfeu e Eurídice. Nos dois casos, o amor deve ficar fora do alcance da visão e da consciência lúcida. No entanto, no mesmo poema "Não se mate", a subjetividade dialoga com uma parcela de si própria atravessada pela noite e quase entregue ao desespero:

"O amor, Carlos, você telúrico,/ a noite passou em você" (BA, p. 35).

Como se vê, estando também em desconcerto com o cotidiano antilírico que abriga o amor visível, a voz poética tende a evocar motivos românticos, adotando uma postura ambígua, irônica e, simultaneamente, carregada de sentimento. O suicídio por amor é o motivo romântico evocado com maior insistência. Ao lado do escritor fadado a falar de amor em meio ao barulho do mundo, está o amante sensibilíssimo, inteligentíssimo e timidíssimo, traços que, na óptica de Mário de Andrade, não convivem sem problema e, por isso, dificultam o caráter confessional próprio à poesia lírica.

Em *Sentimento do mundo* (1940), *José* (1942) e *A rosa do povo* (1945), inicia-se a poesia do mundo grande. Poemas com temática política trazem imagens eróticas, mas, frente à urgência das questões históricas surgidas na década de 1940, os poemas de amor tornam-se menos frequentes do que nos livros anteriores. Ainda que prossiga dando espaço à expressão das próprias angústias, o sujeito vai deslocando-se para conferir dimensão coletiva às lacunas que traz na intimidade. Em *Sentimento do mundo*, a vontade de amar soa como uma nota paralisante e absurda, em tempos que pedem ação. O salto para o coletivo inicia-se com *José*, persona lírica que, dando título ao livro, vocaliza as sensações do homem comum. No deserto da grande cidade, José é o indivíduo atormentado por solidão e carência afetiva. A dimensão coletiva é finalmente conquistada em *A rosa do povo*. Em "Caso do vestido", a paixão amorosa é tratada como uma potência desagregadora, capaz de confundir os papéis sociais. No entanto, se a paixão é ameaçadora para todos, é igualmente um polo magnético que, sobre todos, exerce atração. Os aspectos infernais do amor que, em língua portuguesa, encontraram forte expressão na poesia de Almeida Garrett comparecem na letra drummondiana; fazem parte de uma imanência sem saída e, por isso, infernal em si mesma.

Nos três livros dos anos 1940, a expectativa de um amor perfeito entra em conexão com a utopia política. Em "A noite dissolve os homens", a imagem da aurora em que desponta a harmonia social é construída em estreita associação com o erotismo bíblico contido no "Cântico dos cânticos": "Minha fadiga encontrará em ti o seu termo/ minha carne estremece na certeza de tua vinda" (SM, p. 40).

Talvez o momento mais tenso do confronto entre mito e experiência esteja nos livros publicados na década de 1950. Decepcionado com a cena pública, Drummond volta-se para temas mais ligados à intimidade e consagrados pela tradição lírica. Dividido em cinco partes, o livro *Claro enigma* (1951) tem uma delas dedicada ao amor. O foco que, nos dois primeiros livros, incidia primordialmente sobre a experiência cotidiana volta-se agora para o amor comentado pelos mitos. Todavia, a cogitação acerca dos "mitos pretéritos" dá-se para que, em confronto com o espaço metafísico, a negatividade da história adquira maior nitidez. Ao contemplar as lições contidas no manancial de mitos que compõem a cultura do Ocidente,

Drummond mantém-se no campo da vida, mesmo que o conhecimento obtido nesse campo seja negativo e o deixe com as mãos vazias e pensas. Em "A máquina do mundo", o eu lírico recusa a "total explicação da vida" (CE, p. 106) e prossegue em meio a uma paisagem que, solidária ao seu ânimo, é sombria e crepuscular. Tal como aparece em *Os Lusíadas*, de Camões, a imagem da máquina possui natureza mítica. Caso aceitasse a dádiva por ela ofertada, o poeta mineiro abraçaria o mito em detrimento da sua opção pela história e, por isso, ele recusa o dom gratuito. Contudo, quando se trata do amor, a tensão assume um caráter agudo.

Em "Campos de flores", poema que também integra *Claro enigma*, o amante anuncia que, entregue à sensação de atemporalidade e à incidência da luz amorosa, está confuso e, consequentemente, apartando-se da consciência lúcida. Em contrapartida, o poeta, furtando-se a representar a confusão, decide calar-se, ciente de que a palavra o liga irremediavelmente à dimensão histórica envolta pelas sombras da chamada guerra fria: "Há que amar e calar./ Para fora do tempo arrasto meus despojos/ e estou vivo na luz que baixa e me confunde" (CE, p. 52).

Ao situar o amor no centro de suas reflexões, o poeta enfatiza um paradoxo. Embora a experiência amorosa seja irregular e assemelhe-se a uma dança onde nem sempre se formam pares, o ato de amar é regular como qualquer fatalidade. Condenados a amar, seríamos igualmente condenados a desejar uma perfeição que a vida não comporta. Há, todavia, a perfeição contida no prazer físico cujo efeito é denunciar, em sua fugacidade, as imperfeições que se seguem aos instantes de gozo. Em especial, os livros *Fazendeiro do ar* (1953) e *A vida passada a limpo* (1959) focalizam a experiência erótica como portadora da revelação de eternidade feita exclusivamente aos sentidos. O encontro erótico de dois amantes está no centro do poema "Escada", justamente considerado por José Guilherme Merquior o maior aprofundamento intelectual dos sentimentos eróticos conhecido pelas literaturas ibéricas, desde *Razón de amor*, de Salinas (MERQUIOR, 1976, p. 159). Integrando *Fazendeiro do ar*, o poema traz um tenso diálogo com Platão e encerra-se com um lamento lançado contra a fugacidade do prazer físico. A despeito da nota melancólica que alcança a fragilidade da lembrança, Drummond afirma a luminosidade do impulso erótico: "Asa que ofereceste o pouso raro/ e dançarino e rotativo, cálculo, rosa grimpante e fina/ que à terra nos prendias e furtavas [...] sem ti não somos mais o que antes éramos" (FA, p. 46). Inegavelmente, o canto ao prazer constitui vitória sobre a timidez e sobre a culpa.

Na década de 1960, surgem os livros de memória – *Boitempo*, *Menino antigo* e *Esquecer para lembrar* –, mais tarde reunidos pelo poeta sob o título *Boitempo*. As experiências sensoriais do menino antigo, persona poética que fica no centro das recordações, apresentam dubiedade. Por um lado, o contexto patriarcal da infância é marcado por insatisfação sexual promovida pela repressão; por outro lado, há, nesse contexto, um mundo de sabores e cores. Licoreiros, compoteiras, couro e outros elementos ilustram a matéria vicária que abastece os sentidos do menino. O trabalho da memória parece ajudar na distensão que, atenuando a culpa e o medo, diminui a ansiedade de decifrar o outro e faz crescer a aceitação dos limites humanos. As antigas angústias e indagações cedem espaço à aceitação do mistério, colocado como elemento principal da existência. Insinua-se uma reverência à opacidade oferecida pela pedra no caminho. Tal mudança torna-se perceptível, sobretudo, na atitude em relação à passagem do tempo, visto agora também como potência construtiva. A arte de amar passa a ser um privilégio de maduros e experientes. A maior receptividade conferida à ação do tempo abre espaço para um insistente canto das circunstâncias. Quanto ao amor, surge uma perspectiva que, pelo menos em algum grau, absorve a visão cristã, mais próxima da compaixão que da paixão inflamada. Ponto de culminância desse traço, o livro de 1984 traz, no título, um eco de Antônio Vieira: *Amar se aprende amando*.

A reverência ao mistério invade o terreno da prosa. Em 1975, Drummond publicou, em sua coluna de crônicas, um enredo epistolar que, desenvolvido ao longo de 20 cartas, mostra relações afetivas marcadas por simulação, mascaramento e banalização. O texto "História de amor em cartas" foi depois integrado ao livro *Os dias lindos* (1977). Usando o amor como instrumento para atender outros interesses, os diversos correspondentes parecem fingir paixão, assumindo posturas que, em alguma medida, lembram o comportamento das personagens do célebre romance de Laclos, traduzido por Drummond: *Ligações perigosas*. Surpreendente é o fato de que a cadeia de afetos aparentemente superficiais resulte num desfecho trágico, no qual a lembrança de Laclos é superada pela evocação de Goethe, com o seu Werther. Comentando o desfecho que inclui a morte de todos os correspondentes, o narrador questiona: "Quem sabe se as cartas, quanto mais falavam de amor, mascaravam a pungência recatada do amor que lavra sob a aparência de amores banais?" (DL, p. 62). Dispensando a resolução do enigma contido nas escritas dos amantes e em suas mortes, a voz do cronista conclui ser mais adequado "reverenciarmos o mistério como ápice de toda existência" (DL, p. 63). Sendo o amor indecifrável, a sua única definição é negativa, tal como sugere uma das cartas: "O meu amor é isso que não sei explicar e você não sabe compreender" (DL, p. 52).

As modulações surgidas nos poemas e confirmadas pela prosa não terão sido promovidas apenas pelo trabalho da memória. Em 1977, o exemplar único de *O amor natural* ilustrado por Gastão de Holanda foi confiado ao bibliófilo José Mindlin. Nessa primeira versão, constam 16 poemas. Com modificações que incidem principalmente no léxico, eles fazem parte do livro póstumo oferecido ao público em 1992. Em entrevista dada a Geneton Moraes Neto, Drummond alegou ter postergado a publicação da poesia erótica, para evitar que o seu sentido ficasse perdido em meio à onda de banalidade que ele enxergava no contexto cultural brasileiro dos anos 1970 e 1980 (MORAES NETO, 1987, p. 5).

Embora a poesia amorosa de Drummond traga sempre uma poesia dos sentidos, os textos contidos em *O amor natural* distinguem-se pela configuração de cenas que parecem inspiradas principalmente na letra de Ovídio. Nessas cenas, a carência motivada pelo vazio no plano metafísico é suplantada pela intensidade do prazer físico. Para exaltar as maravilhas da carne, Drummond recorre a imagens consagradas na poesia mística, embora não chegue a afirmar nenhuma superação do plano da natureza; esclarecedor é o último verso do poema "Mimosa boca errante": "Já sei a eternidade: é puro orgasmo" (NA, p. 33). No entanto, ao lado da celebração dos prodígios do sexo, os versos de *O amor natural* insistem em imagens sugestivas de angústia e frustração. Assinalando que a experiência erótica desperta fomes que ela própria não sacia, o poeta apresenta o corpo como espaço de confinamento impeditivo do repouso da psique. Não raramente, o derramamento de sêmen é associado à dissolução, à perda de identidade e à morte: "No mármore de tua bunda gravei o meu epitáfio" (NA, p. 37); ou então: "Pois que o espasmo coroe o instante do meu termo,/ e assim possa eu partir, em plenitude o ser,/ de sêmen aljofrando o irreparável ermo" (NA, p. 60).

As inquietudes retornam com alta intensidade em *Farewell*. A iminência da morte da filha, Maria Julieta, e também a da própria morte provavelmente trouxeram tensões a essa escrita tardia. Contudo, amor e morte apenas circundam a reflexão sobre a existência, tema axial no livro póstumo publicado em 1996. Se todo o conjunto de obra traz a intenção de analisar a condição humana, em *Farewell*, o processo analítico é feito por uma voz que já se aproxima de uma conclusão. Denunciando o sofrimento no cerne da vida, Drummond anuncia que dela começa a afastar-se sem dor. O projeto desse desligamento indolor parece dificultado pelo apego aos corpos que se oferecem aos seus sentidos e pelo amor às imagens guardadas na cultura e na própria memória. Os poemas do livro derradeiro grifam devoção à memória dos sentidos e dor pelo desaparecimento que a essa memória será imposto, em decorrência da morte. É principalmente a partir da memória lírica que o amor continua submetendo o sujeito ao seu jugo promotor de delícia e de dor: "Amor meu, punhal meu, fera miragem/ consubstanciada em vulto feminino,/ por que não me libertas do teu jugo, [...] por que preferes doer-me como chaga/ e fazer dessa chaga o meu prazer?" (F, p. 67).

Ao findar o retrato que compôs ao longo de décadas, Drummond diz adeus aos leitores, reafirmando a sua condição maldita e, simultaneamente, confirmando a sua condição de amante: "amou a mulher difícil,/ ama torto cada vez/ e ama sempre, desfalcado,/ com o punhal atravessado/ na garganta ensandecida" (F, p. 56). Nessa escrita final, a adesão à vida soa como uma nota agônica. O poeta não consegue, sem sentir pesar, ensaiar o seu "salto na bruma", justamente porque prosseguiu amando. Cumprindo um destino humano, amou sem conta.

Embora todas as questões sobre o amor já estejam presentes, ainda que de forma contraída, no primeiro livro, a trajetória de Drummond evidencia uma expansão do sujeito, amante e poeta, vitorioso sobre os próprios entraves. A permanente cogitação sobre o amor conduzida pela consciência lúcida e a confissão do amante emocionado terminam entrelaçadas, em meio ao jogo entre conceitos e imagens que, com engenho e arte admiráveis, o escritor mineiro realizou, ao longo do século XX.

Andrade, Mário de
EDUARDO JARDIM

O primeiro encontro de Mário de Andrade e Carlos Drummond de Andrade foi narrado por Pedro Nava em *Beira-mar* (1978) e, mais tarde, pelo próprio Drummond, na apresentação das cartas de Mário, no livro *A lição do amigo* (1982).

A descrição de Mário de Andrade por Nava é mais convincente do que todos os retratos do escritor feitos pelos grandes artistas do modernismo. O memorialista descreve o amigo por inteiro, tanto o lado de fora quanto o de dentro, em movimento, rindo, falando, sofrendo muitas vezes. Refere-se ainda ao momento em que Mário de Andrade, debruçado na amurada da varanda do hotel em que estava hospedado, se inspira para escrever o "Noturno de Belo Horizonte", incorporado ao livro *Clã do jabuti*, de 1927.

Mário de Andrade foi a Minas na Semana Santa de 1924, integrando um grupo do qual faziam parte D. Olívia Guedes Penteado – que de novo estaria em sua companhia na primeira viagem do "turista aprendiz", à Amazônia, em 1927 –, Oswald de Andrade, com o filho, Oswald de Andrade, filho, Tarsila do Amaral, o poeta franco-suíço Blaise Cendrars e Gofredo da Silva Telles. A "caravana paulista" já visitara Tiradentes e São João del-Rei; Belo Horizonte estava no itinerário. A ideia era apresentar a Cendrars o interior do Brasil, mas o significado desta viagem foi, sob vários aspectos, bem maior.

Àquela altura, em 1924, uma reorientação do movimento modernista estava em gestação. O modernismo dos anos 1920 teve duas fases. A primeira vai de 1917 a 1924. A segunda, de 1924 até o final da década. O objetivo dos primeiros modernistas, chamados muitas vezes, na época, de futuristas, era atualizar as manifestações artísticas do Brasil aos tempos modernos. Eles avaliavam que a arte e a literatura existentes correspondiam a uma estética do passado e, por esse motivo, as chamavam de passadistas. Para atualizar nossas manifestações artísticas era preciso incorporar as linguagens modernas em voga nos grandes centros da Europa, como Paris e Berlim. Neste período, que tem como marco a Semana de Arte Moderna, em 1922, os brasileiros se informavam sobre as publicações dos grupos vanguardistas europeus, descobriam o futurismo e o dadaísmo e, quando podiam, iam pessoalmente a Paris saber das novidades, como fizeram Oswald de Andrade, Tarsila e Villa-Lobos, entre outros.

Na segunda fase, a partir de 1924, a modernização foi concebida de outro modo. Os modernistas se deram conta de que a participação do país no concerto das nações cultas não dependia da simples incorporação das linguagens artísticas modernas, mas da criação de uma arte com fisionomia própria, isto é, nacional. Em 1924 é publicado o *Manifesto da Poesia Pau Brasil*, de Oswald de Andrade – marco dessa virada. Também da viagem dos paulistas a Minas na Semana Santa. O ano de 1925 é marcado pela polêmica de Mário de Andrade com Graça Aranha, a respeito de quem tinha formulado primeiro o ideário nacionalista.

A "caravana paulista" ocorreu nesse contexto de redescoberta do Brasil e contribuiu para direcionar o movimento para o paradigma nacionalista. Nos anos seguintes, até o final da década, deu-se um intenso debate entre as diversas orientações do movimento a respeito da definição da entidade nacional.

Quanto aos mineiros, o contato com a caravana modernista marcou seu ingresso na onda renovadora. Eles já conheciam a nova literatura feita no Rio e em São Paulo, mas até aquele momento eram apenas a juventude rebelde da província. A partir desse encontro, o grupo mineiro se organizou e, já no ano seguinte, lançou *A Revista*, com o corpo editorial composto por Drummond, Martins de Almeida, Emílio Moura e Gregoriano Canedo. *A Revista* contou com a colaboração de Mário de Andrade e de Manuel Bandeira, e se firmou como representante das posições modernistas em Minas.

O grupo modernista mineiro não acolhia só poetas, mas também a intelectualidade preocupada com a renovação cultural e política, e sua atuação foi bem além das fronteiras estaduais. Drummond, Pedro Nava, Abgar Renault, Gustavo Capanema e Rodrigo M. F. de Andrade viriam a ter, nas décadas seguintes, uma importante atuação na vida intelectual e política do país.

A história da amizade entre Carlos Drummond de Andrade e Mário de Andrade pode ser acompanhada na troca de cartas entre ambos, nos comentários feitos por cada um sobre as obras do outro e nos poemas de Drummond, dedicados ao amigo depois de sua morte.

O primeiro capítulo dessa história corresponde ao momento em que Drummond, alguns meses depois da Semana Santa, decide retomar o contato com Mário, em carta de 28 de outubro de 1924. Mário de Andrade foi um missivista compulsivo, e, sem tardar, já no início de novembro, respondeu ao novo amigo. Nesta primeira etapa, que durou até 1932, o contato entre os dois se deu exclusivamente por escrito. Uma enxurrada de cartas, precisamente 113, ao longo de oito anos, foi o alimento dessa relação.

A lição do amigo foi o título dado por Drummond ao conjunto de cartas intercambiadas com Mário de Andrade, publicado 37 anos depois da morte do escritor paulista. Certamente, tratava-se de uma amizade, mas marcada por um claro desequilíbrio. Mário era o mestre que podia dar lições, que ensinava como se iniciar na literatura e opinava sobre a vida pessoal. Esse desequilíbrio, em geral bastante presente na relação entre os dois, é mais nítido na fase inicial. Para isso contribuiu o fato de Mário já ser, àquela altura, um autor com vários livros e ser publicamente reconhecido como o "papa do Modernismo". Por sua vez, Drummond, mais jovem, teve seu primeiro livro publicado apenas em 1930. Nas primeiras cartas, Mário tentou convencer Drummond a aderir às teses nacionalistas que defendia. Drummond reagiu. Sentia-se mais francês do que brasileiro e acusava de artificial o nacionalismo dos modernistas. Reagiu também à proposta de Mário de fazer "arte interessada". Mário de Andrade achava, como afirmou em uma crônica de 1929, que era preciso cantar opinando e que havia até "muito mais nobre virilidade em se ser conscientemente besta que grande poeta da arte pura" (ANDRADE, 1976b, p. 209). Já Drummond entendia que seu individualismo jamais caberia naquele formato estreito.

As cartas relatando os dramas pessoais de Drummond – o casamento com Dolores, a morte do filho recém-nascido, o retorno à Itabira natal – apresentam intensa carga dramática. Mário se compadece do amigo e expõe longamente sua ideia de que a própria dor poderia ser uma felicidade, como haveria de dizer em um dos versos de "Rito do irmão pequeno" (ANDRADE, 2013a, p. 453).

Este foi um momento fecundo da produção dos dois autores. Mário escreveu *Macunaíma* (1928), os livros de poemas *O losango cáqui* (1926) e *Clã do jabuti* (1927), e iniciou suas pesquisas sobre folclore, na segunda viagem do turista aprendiz, ao Nordeste, em 1928-29. Forneceu a Drummond informações preciosas sobre a elaboração de *Macunaíma*, como a de que achava que apenas dois capítulos do livro eram de sua autoria, todo o resto sendo copiado das lendas indígenas. Drummond se impressionou com a força da rapsódia escrita pelo amigo e entendeu que ela ia muito além de qualquer nacionalismo.

Drummond preparava aos poucos *Alguma poesia*, lançado em 1930 e dedicado a Mário de Andrade; livro de estreia que revela um poeta já maduro. Logo na primeira página, impressiona o "Poema de sete faces", em que o autor confessa ser *gauche* na vida. *Alguma poesia* traz alguns clássicos da poesia moderna brasileira, como "No meio do caminho", "Sinal de apito", "Quadrilha" e "Sesta", entre tantos outros.

Em carta ao amigo, Mário escreve um comentário mais tarde aproveitado no artigo "A poesia em 1930", publicado em 1931 na *Revista Nova* e depois incluído em *Aspectos da literatura brasileira* (1943). O artigo trata de quatro livros de poesia lançados em 1930: além de *Alguma poesia*, *Libertinagem*, de Manuel Bandeira, *Pássaro cego*, de Augusto Frederico Schmidt, e *Poemas*, de Murilo Mendes. A parte dedicada a Drummond é certamente a mais elaborada.

Mário de Andrade destacou três aspectos de *Alguma poesia*. Primeiramente, chamou a atenção para a tensão entre timidez e inteligência que atravessa todo o livro: a seu ver, Drummond é um tímido que reage à timidez de forma inteligentíssima. O resultado é uma poesia cheia de humor, mas também de amargor, poesia que faz graça, mas "sem franqueza, nem alegria, nem saúde" (ANDRADE, 1978, p. 34). Os dois outros aspectos sublinhados dizem respeito à forma como o poeta mineiro trata do erotismo e da "vida besta" da província. Em sua abordagem psicanalítica, Mário de Andrade recorre à noção de sequestro, referindo-se, ao mesmo tempo, ao recalque e à sublimação. Quanto ao erotismo, o mestre observou que o tema se condensa nas várias menções ao corpo feminino, sobretudo às pernas das mulheres, elemento frequente em vários poemas.

O sequestro da "vida besta" resulta, para Mário, em poemas mais bem-sucedidos. Em alguns deles é possível notar a presença tanto do erotismo quanto de uma menção irônica à vida provinciana. É o caso de "Sesta", que retrata a família mineira "quentando" ao sol, sentada no chão, calada e feliz. A certa altura, a filha mais velha coça uma pereba bem acima do joelho e "A saia não esconde/ a coxa morena/ sólida construída,/ mas ninguém repara" (AP, p. 69).

As referências à política aparecem nas cartas dos dois amigos desde 1929, isto é, antes da tomada do poder por Getúlio Vargas, em outubro de 1930. Mário se surpreende com o entusiasmo de Drummond com a candidatura de Vargas. Diz que está do mesmo lado, mas sem exageros. Nos dois anos seguintes, a situação política em São Paulo fica extremamente tensa. Isso se reflete na própria família de Mário – seu irmão, que militava na oposição ao novo regime, chegou a ser preso. A Revolução Constitucionalista, deflagrada em São Paulo em 9 de julho de 1932, foi um divisor de águas. Mário e Drummond não podiam mais calar sobre os acontecimentos.

Tardiamente, em outubro, com a insurreição já debelada, Drummond tomou a iniciativa. Em carta muito breve explicou sua colaboração com o lado oposto ao de Mário – na época, Drummond era chefe de gabinete do Secretário de Educação de Minas, Gustavo Capanema. Sua adesão, ele afirmava, não se justificava por sua proximidade ao poder nem por qualquer simpatia por Getúlio, mas por suas convicções. Também indagava sobre qual teria sido a reação de Mário diante dos acontecimentos, sabendo que o amigo era capaz tanto de participar de forma ativa quanto de refletir criticamente sobre o levante.

A resposta de Mário apresenta o histórico de sua conversão à revolução paulista. De fato, ele mobilizou o Conservatório Dramático e Musical, em que era professor, em apoio ao movimento. Além disso, escreveu uma série de 11 crônicas chamadas "Folclore da Constituição" (ANDRADE, 1976a, p. 551), que claramente propagandeava a posição paulista. Também incentivou doações, inclusive de roupas, às tropas em combate.

A política foi certamente um dos motivos do afastamento dos dois amigos nos anos seguintes, até 1941. As cartas escasseiam. Tratam apenas de acusar o recebimento de livros ou abordam assuntos burocráticos. Mário enviou ao amigo uma nova edição do *Compêndio de história da música*, de 1933, chamado mais tarde de *Pequena história da música*, e a primeira edição de *Contos de Belazarte*, de 1934; Drummond enviou *Brejo das Almas*, de 1934. Drummond acompanhou Gustavo Capanema ao Rio, em 1934, para ser chefe de gabinete do novo Ministro da Educação e Saúde. Para formular e efetivar projetos nas áreas de educação e cultura, o ministro precisava contar com a colaboração de intelectuais, mesmo daqueles que sabidamente não eram favoráveis à política do governo Vargas. Drummond, com sua ampla rede de amigos, foi um colaborador valioso nessas circunstâncias.

Em 1935, o itabirano transmitiu a Mário de Andrade o convite de Capanema para ser diretor de Extensão Cultural do ministério, o que comprova o traço contraditório e nada homogêneo de sua gestão. O ministro tinha de lidar com pressões vindas de vários lados. Na área da educação, digladiavam-se os representantes da Escola Nova, progressista – como Anísio Teixeira, responsável pela criação da Universidade do Distrito Federal (UDF), no Rio de Janeiro –, e conservadores, como Alceu Amoroso Lima, que defendia a posição da Igreja católica. Na cultura chocavam-se o ponto de vista modernizador, que aparece monumentalizado no novo prédio do ministério, no centro do Rio, e um academicismo primário.

Mário não aceitou o convite. Naquele momento ele se dedicava de corpo e alma a um projeto da maior importância – a criação do Departamento Municipal de Cultura, a convite do prefeito Fábio Prado. Ele entendia que essa era a ocasião para pôr em prática as ideias sobre cultura que vinha elaborando desde os anos 1920.

Eram basicamente duas. De um lado, era preciso expandir a cultura erudita para todas as camadas da população. Neste contexto, o Theatro Municipal abriu suas portas para concertos populares, exposições foram montadas em áreas públicas e bibliotecas instaladas em caminhonetes percorriam a cidade. De outro, valorizava-se a produção artística popular. Eram feitas pesquisas – inclusive com a participação de pesquisadores estrangeiros, como Claude e Dina Lévi-Strauss – até mesmo fora do estado de São Paulo, como a expedição liderada pelo arquiteto Luís Saia ao Nordeste, em 1938. O projeto do Departamento de Cultura tinha uma consistência que o ministério, com sede no Rio de Janeiro, nunca poderia ter.

Em novembro de 1937, com a instauração do Estado Novo, mais uma vez uma reviravolta política veio afetar a vida de Mário de Andrade e sua relação com Drummond. Afastado da chefia do Departamento em maio de 1938, o paulista viu seus projetos interrompidos e avaliou que sua única saída era partir para o Rio de Janeiro.

Mário já havia colaborado com Capanema na elaboração, em 1935, do anteprojeto do Serviço do Patrimônio Histórico e Artístico Nacional. Tratava-se de uma encomenda do ministro, sem implicar qualquer vínculo com sua administração. Em 1937, a situação era diferente. Mário precisou pleitear um posto de trabalho no ministério e recorreu ao amigo Drummond. Depois de longas tratativas, Mário assumiu o cargo de diretor do Instituto de Artes da UDF e de professor de filosofia e história da arte na instituição, criada em 1935. Com o fechamento da UDF (mais um duro golpe), Mário foi transferido para o Instituto Nacional do Livro, encarregado de elaborar o projeto de uma *Enciclopédia brasileira*. Em seguida, foi trabalhar no Iphan, com outro amigo mineiro, Rodrigo M. F. de Andrade.

No período em que morou no Rio, de meados de 1938 até início de 1941, Mário de Andrade esteve, em geral, com ânimo muito abatido. Ele partira de São Paulo frustrado por não ter podido realizar seus projetos no Departamento de Cultura. Além disso, estava longe da família. Sentia falta especialmente da mãe. Na capital, com exceção do semestre em que atuara como diretor do Instituto de Artes e professor na UDF, nunca teve um emprego à sua altura. Mergulhou na depressão, disfarçada com muita bebida. As cartas para os amigos de São Paulo, sobretudo para Oneyda Alvarenga e Paulo Duarte, este exilado no exterior, dão testemunho dessa fase, que não foi de todo superada com o retorno a seu estado natal, em março de 1941.

No Rio, a relação entre Mário e Drummond foi distante, apesar da proximidade no trabalho. Na apresentação de *A lição do amigo*, Drummond explica: "Nem mesmo a partir de 1938, quando ele passou a morar no Rio de Janeiro, onde permaneceu até 1941, e onde eu já residia desde 1934, nos vimos assiduamente e menos ainda nos dedicamos à fraterna conversa, devido a esses tapumes que o trabalho (só ele?) costuma levantar entre pessoas que se estimam cordialmente: eu, na minha lida infindável de burocrata no Gabinete do nosso comum amigo Ministro Gustavo Capanema, titular da pasta da Educação; ele, embora mais livre, também engolfado em trabalho e em modo de viver que o mantinham relativamente distante de meu dia a dia" (LA, p. 10).

Em abril de 1941, depois do retorno de Mário a São Paulo, entre os dois houve algum desentendimento de que temos notícia por uma carta enviada por Mário a Murilo Miranda e por um breve comentário de Drummond na apresentação de *A lição do amigo*. É difícil saber os detalhes do que se passou, mas pelas informações disponíveis, Mário reivindicava ser o iniciador da poesia social no Brasil, título que, talvez, naquele momento, fosse atribuído pela crítica a Drummond, com a publicação de *Sentimento do mundo*, de 1940.

O conceito de arte social de Mário de Andrade sofreu várias alterações. Nos anos combativos do modernismo (década de 1920), ele queria pôr a arte a serviço da doutrina do movimento, sobretudo na fase nacionalista. Na década seguinte, o contato com a cultura popular chamou sua atenção para o fato de que toda arte é em si mesma social, pois tem por função assegurar os laços que garantem a sociabilidade, o que já aconteceria nas sociedades mais simples. A polarização política nos anos que antecederam a Segunda Guerra Mundial – período que coincidiu com a revisão, por Mário de Andrade, do movimento modernista – estimulou a proposta de uma arte militante, que, no entanto, ele próprio nunca realizou plenamente. A última definição do conceito de arte social apareceu na conferência "O movimento modernista", feita em 1942, incluída em *Aspectos da lite-*

ratura brasileira, quando Mário pregou a integração do artista às multidões em marcha, o que poderia acarretar até mesmo a anulação da arte. Em sua fala, concluiu: "Se de alguma coisa pode valer o meu desgosto, a insatisfação que eu me causo, que os outros não sentem assim na beira do caminho, espiando a multidão passar. Façam ou se recusem a fazer arte, ciências, ofícios. Mas não fiquem apenas nisto, espiões da vida, camuflados em técnicos de vida, espiando a multidão passar. Marchem com as multidões" (ANDRADE, 1972a, p. 255).

Outro ponto da polêmica, a que apenas indiretamente se tem acesso, diz respeito à importância atribuída por Mário ao apuro técnico no fazer arte. Sua defesa da conversão do artista em artesão, na aula inaugural da UDF, em 1938 – incluída em *O baile das quatro artes* (ANDRADE, 1963), e, de certa forma, também, em "Elegia de abril", ensaio publicado no primeiro número da revista *Clima*, em 1941, e retomado em *Aspectos da literatura brasileira* –, pretendia criticar o individualismo e o virtuosismo modernos e reivindicar a integração do artista ao seu meio, recuperando, de algum modo, as características do artesão medieval ou do artista primitivo.

A poesia reconciliou os amigos. A iniciativa foi de Drummond, ao comentar por carta sua emoção ao ler *Poesias* (reunião de poemas, de 1941), de Mário, apontando na missiva seu caráter ímpar na literatura brasileira. Manifestou a opinião, retomada outras vezes, de que só futuramente seria reconhecida a importância de Mário de Andrade como poeta. Acrescentou que a leitura trouxera a alegria do reencontro. Tinha encontrado no livro o Mário "dos anos 1920-30, o das cartas torrenciais, dos conselhos, das advertências sábias e afetuosas" (SANTIAGO, 2002a, p. 475).

O passo seguinte foi de Mário, ao apresentar ao amigo suas notas para um artigo que pretendia escrever sobre o livro *Sentimento do mundo*. Mário ficou extasiado com o livro. Observou que tinha sido a única coisa com que queria mesmo se extasiar naquele momento difícil da vida. Tinha compartilhado o sentimento do mundo. Mário não viu no Drummond sensível às questões de sua época um novo poeta, não identificou um perfil diferente do autor de *Alguma poesia*. O poeta não teria mudado; inclusive seu individualismo continuava presente; mas agora fora acrescido da "fecundidade da dor humana" universal.

A morte de Mário de Andrade em 25 de fevereiro de 1945 provocou espanto e comoção entre seus amigos. Os que eram poetas, como Manuel Bandeira e Drummond, logo compuseram belíssimos poemas de homenagem. Sabemos de cor a primeira estrofe de "A Mário de Andrade ausente", de Bandeira: "Anunciaram que você morreu./ Meus olhos, meus ouvidos testemunham:/ A alma profunda, não./ Por isso não sinto agora a sua falta" (BANDEIRA, 1970, p. 191).

Também Drummond precisou "tirar da boca urgente/ o canto rápido, ziguezagueante, rouco" no poema "Mário de Andrade desce aos infernos", de *A rosa do povo*, de 1945 (RP, p. 153). É um poema longo, composto de quatro partes muito diferentes. O primeiro momento é o do susto e da primeira reação à notícia da morte do amigo. O poeta se deita no chão à maneira dos desesperados; se sente escuro, rasteja entre cacos. O segundo momento traz a lembrança enternecida do amigo que era "de tal modo extraordinário" e múltiplo, que esperava por ele numa esquina e já no momento seguinte ia descendo o Amazonas. Imagina, em seguida, o ambiente da casa da rua Lopes Chaves, para onde tantas vezes tinha voado seu pensamento e de onde "vinha a palavra esperada na dúvida e no cacto". Por fim, a última estrofe contrapõe ao tom desesperado das outras partes uma promessa de permanência contida na própria obra do amigo morto: "Mas tua sombra robusta desprende-se e avança./ Desce o rio, penetra os túneis seculares/ onde o antigo marcou seus traços funerários,/ desliza na água salobra, e ficam tuas palavras/ (superamos a morte, e a palma triunfa)/ tuas palavras carbúnculo e carinhosos diamantes" (RP, p. 156).

"Mário longínquo" é dos mais belos poemas de *Lição de coisas*, de 1962. Consiste em uma indagação sobre a permanência de Mário quase 20 anos depois de sua morte. Foi feito com o "marfim de tua ausência", a uma "distância lunar". O que afinal teria permanecido? Certamente, "o ensino cantante,/ martelo/ a vibrar no verso e na carta". Mas, a distância, tensões puderam ser notadas. Os versos de Mário, "adágios paulistanos de madura melancolia", guardam ao mesmo tempo familiaridade e sigilo. Onde parecia ser possível captar só a imagem da alegria, surdamente se insinuam turvação, paciência e angústia. E o amor agora tornou-se barroco e soluçante. Mas, para concluir, algo muito maior teria se desprendido de lembrança tão mesquinha, fichada nos arquivos da saudade: "Vejo-te livre, respirando/ a fina luz do dia universal" (LC, pp. 51-52).

Animal
ELVIA BEZERRA

"Amar os animais é uma espécie de ensaio geral para nos amarmos uns aos outros", observa Drummond na crônica "Gente, bicho", publicada no *Correio da Manhã* em 30 de julho de 1954. O poeta iniciara nesse periódico a carreira de cronista regular com a publicação de "A pipa", em 9 de janeiro do mesmo ano. Do prestigioso *Correio*, ele só sairia em 1969, quando se transferiu para o *Jornal do Brasil*, onde não abandonaria a temática de animais.

Antes mesmo de ser colaborador fixo do *Correio*, ele já publicara no jornal uma reflexão importante sobre a natureza do animal. Atormentado com a forma de o homem amar o bicho, na crônica "Para quem gosta de cão", de 9 de novembro de 1947, ele questiona a amizade que se baseia na propriedade. Se ele próprio "possuía" um cão, o Puck, como podia considerá-lo seu amigo, se o tinha como patrimônio?, interroga. Tão coisa possuída quanto "chinelos ou dentaduras"? Causava-lhe desconforto esse amor feito de posse-domínio, mas era assim o sentimento que ele sabia ter, ou podia ter. O que o intrigava é que, a despeito do tratamento que recebe, o cão se dá de maneira integral: "Porque aos pés do homem, diante de suas sagradas e implacáveis plantas, é que toda a vida do cão se depõe como uma oferenda. Para dormir como para morrer, é ali perto" – escrevia ele em "Para quem goste de cão", arrematando ainda: "O cão vive, pois, sob regime de coisa possuída e até de mercadoria, mas ignora ou despreza esse regime; de qualquer modo, tolera-o, e é o amigo mais perfeito, aquele que vive em função do amigo e só por ele pode e sabe viver".

Menos de um mês depois de assumir a coluna no *Correio*, Drummond aí publicou "Os bichos", em 7 de fevereiro de 1954. Exaltava o trabalho da jornalista e protetora dos animais Lya Cavalcanti, que aos poucos abandonava o jornalismo para se dedicar exclusivamente aos bichos. Além disso, evocava a prática do escritor francês Paul Léautaud nos subúrbios de Paris "recolhendo todo gato abandonado". E finalizava assim: "dá uma bela doçura contemplar a simplicidade com que um bicho vive e morre – coisas ambas tão difíceis para nós, entes metafísicos". A crônica seria republicada em 19 de setembro de 1969, no *Jornal do Brasil*, com o título "Do amor aos bichos".

A atuação de Drummond em defesa dos animais ia além de reflexões. Contribuía para tarefas objetivas e, para isso, na década de 1950 se juntava à sua amiga Lya: ela, no programa radiofônico *Dois Dedos de Prosa*, de sete minutos, na então PRA-2, depois na Rádio Ministério da Educação, e ele, no *Correio*. Faziam parceria em prol dos bichos. É fácil identificar o apoio do cronista ao longo do ano de 1954, quando Lya Cavalcanti militou na campanha de erradicação da raiva. O poeta, na já mencionada crônica "Gente, bicho", reforçava dados que Lya transmitira no rádio. Reapresentava a estatística alarmante divulgada por ela, e arrematava, incisivo, posicionando-se contra as medidas descabidas que os órgãos públicos adotavam para conter a epidemia de raiva, dentre as quais o uso da carrocinha: "Mas o sistema não é somente impiedoso; pode também gabar-se de ser inútil. Carrocinha, depósito e eletrocussão não impedem que a estatística de hidrofobia se eleve".

No final de 1954, o problema da raiva continuava sem solução. Na crônica "Sem vacina", de 26 de novembro desse ano, Drummond questionava o caráter mais classista do que científico da campanha, e indagava se a Prefeitura da capital, impotente para debelar a doença pela vacina, ampliaria a esterilização, adotada como medida preventiva, ao *dog society* formado pelos *pointers*, *dobermans*, *poodles*, ou a restringiria aos vira-latas errantes da cidade e dos morros: "Não desejo a uns e outros a menor restrição de qualquer natureza aos direitos imemoriais da espécie, mas possibilidade de se instituir a política antigenética do vereador leva a perguntar se iremos distinguir entre cão cheiroso e cão simplesmente cão".

Não se limitou ao combate por meio de crônicas. Sua militância fundava-se em experiência pessoal, do ponto de vista social e afetivo. Em relação ao primeiro, em "Suípa", de 13 de junho de 1957, Drummond revela seu envolvimento na eleição para a nova diretoria da Sociedade União Internacional Protetora dos Animais (Suípa) para, em seguida, fazer presente seus companheiros domésticos: "Sou candidato ao Conselho Consultivo e prometo aconselhar sempre com sabedoria, prudência e justiça, depois de ouvir, é claro, meus queridos conselheiros particulares: Puck (um cãozinho velho) e Inácio (um gatinho novo)".

Puck, nome do personagem mitológico da peça de Shakespeare *A Midsummer's Night Dream*, morreria nesse mesmo ano, e Inácio teria sua fuga registrada na crônica de 30 de julho de 1959, intitulada "Inácio: onde?", republicada, com pequenas alterações, sob o nome de "Perde o gato" em *Cadeira de balanço* (CB, p. 44). Contém um perfil tão arguto quanto delicado do felino: "Se o roubaram é homenagem a seu charme pessoal, misto de circunspeção e leveza; tratem-no bem, nesse caso, para justificar o roubo, e ainda porque maltratar animais é uma forma de desonestidade. Finalmente, se tiver de voltar, gostaria que o fizesse por conta própria, com suas patas; com a altivez, a serenidade e a elegância dos gatos".

A causa dos bichos uniu Drummond e Lya Cavalcanti a tal ponto que, em 2 de junho de 1960, quando Lya, esgotada, anunciou que deixava a batalha contra a raiva, ele escreveu a crônica "L.C.": "Não é por descrença ou moleza que L.C. se afasta. É porque, realisticamente, viu que não valem argumentos nem boa vontade nem boa-fé; sobretudo a última se mostrou inoperante, quando não prejudicial, neste triste episódio da profilaxia da raiva no Rio de Janeiro".

Se Drummond já tinha defendido "vira-latas errantes", não esqueceria os burrinhos que, aos poucos, eram substituídos pelas máquinas. Para onde deveriam ir esses animais que durante anos trabalharam para o Serviço de Limpeza Urbana? Não seria justo que tivessem um salário depois de terem carregado tanto lixo, e agora se viam estropiados e sem destino?, perguntava o cronista em "Os burros", de 4 de agosto de 1961, preocupado com "os mais humildes de todos os funcionários cariocas".

Como esta, haveria muitas outras crônicas de temática animal, sobretudo relativas a problemas cotidianos que não ganhavam a atenção adequada por parte da Prefeitura. Drummond seguiria na luta até sua saída do *Jornal do Brasil*, em 29 de setembro de 1984, com a crônica "Ciao" (DRUMMOND DE ANDRADE, 1984a). E iria até mesmo além: emprestou seu nome ao jornalzinho *A Voz dos que Não Falam*, criado por Lya Cavalcanti, cujo primeiro número circulou no dia 4 de outubro de 1970, dia de São Francisco, ostentando, no alto da simplicidade de suas oito páginas de tamanho ofício, mimeografadas, os nomes dos editores: Carlos Drummond de Andrade e Lya Cavalcanti.

A criação do jornal inspirou a crônica de mesmo nome publicada por Drummond no *Jornal do Brasil* de 8 de outubro de 1970, em que o autor confessava: "Convidado a partilhar da direção do novo órgão, topei com assanhamento". Mas a falta de tempo de Lya Cavalcanti, soterrada por urgências, impediu a regularidade do *Voz*, que nasceu com o objetivo de ser publicação mensal, mas saiu apenas com alguma regularidade uma vez por ano, de 1970 a 1978. Depois, números esporádicos e precários foram publicados, já sem a participação de Drummond.

Muito do pensamento do poeta a respeito de animais pode ser lido no número 5 do *Voz*, na entrevista que ele deu à cadela Suzy, uma das divertidas, mas sérias, criações de Lya Cavalcanti. Perguntado que bicho ele gostaria de ser, a resposta é: "Eu não gostaria de ser bicho e ter de defender-me da agressividade dos não bichos". Não foi menor sua contundência quando, ao ser convidado por Suzy para ser o filósofo oficial dos bichos, aconselha: "O melhor é vocês dispensarem a filosofia e continuarem simplesmente integrados à natureza – coisa que nós, supostamente superiores, raramente sabemos fazer".

A fidelidade de Drummond aos bichos permaneceu até o fim de sua vida. Tocado com o ferimento e morte de um tucano que pertencia a seu neto Pedro, ele escreveu "Elegia a um tucano morto" em 31 de janeiro de 1987, sua última composição. Morreria em 17 de agosto daquele mesmo ano, deixando os esplêndidos versos: "Eu te celebro em vão/ como à festa colorida mas truncada,/ projeto da natureza interrompido/ ao azar de peripécias e viagens/ do Amazonas ao asfalto/ da feira de animais" (F, p. 42).

Antologia
ANTONIO CARLOS SECCHIN

Carlos Drummond de Andrade é um poeta antológico. Mas, além disso, foi antologista, e sua produção literária ganhou um sem-fim de coletâneas. Em meio à profusão de seletas, talvez conviesse estabelecer previamente uma mínima tipologia.

Nela, várias segmentações seriam possíveis: Drummond como organizador da coletânea ou como autor integrante do *corpus*; antologia de poemas, de prosa, ou mista; em português ou em língua estrangeira; *solo* ou compartilhada com outros escritores; genérica ou de recorte específico (geográfico, temático); coetâneas ou póstumas. Evidentemente, existem imbricamentos entre tais ramificações.

É o que ocorre com aquela que talvez seja, no gênero, a mais famosa publicação do poeta: sua *Antologia poética*, cuja primeira edição remonta a 1962. Nela, Drummond é simultaneamente organizador e objeto da organização, algo frequente em coletâneas poéticas. A novidade residiu na compartimentação dos textos, mediante a qual o escritor agrupou os grandes eixos temáticos que caracterizariam sua criação: "1) o indivíduo; 2) a terra natal; 3) a família; 4) amigos; 5) o choque social; 6) o conhecimento amoroso; 7) a própria poesia; 8) exercícios lúdicos; 9) uma visão, ou tentativa de, da existência" (AP3, p. 5). Ele fez questão de afirmar que a escolha não se guiou pelo critério da qualidade intrínseca do poema, mas pelo de sua representatividade no conjunto da obra. Já seis anos antes, quando publicara *50 poemas escolhidos pelo autor*, Drummond havia incidido na mesma tecla: "Poemas escolhidos não são, necessariamente, poemas preferidos [...]. Aqui se reúnem documentos ilustrativos de preocupações e processos, através [de] diferentes fases de vida" (PE, p. 1).

Vale a pena cotejar essas duas autoantologias iniciais de Drummond, tanto no que incluem, quanto no que sonegam, para vermos até que ponto as escolhas e as omissões do antologista foram tributárias da própria concepção de poesia que ele abraçava no período da seleção, por mais pretensamente "objetivo" que o poeta almejasse ter sido. O retorno à dicção mais clássica em *Claro enigma* (1951) e *Fazendeiro do ar* (1955), no contrafluxo da linguagem modernista de sua obra inicial, *Alguma poesia*, de 1930, pode ter levado o antologista Drummond a eliminar, em 1956, sua pedra que "tinha no meio do caminho", de 1930, em prol de outra pedra "que havia em meio ao caminho", do poema "Legado", de 1951. A notar que, na antologia de 1962, a opção foi oposta, motivada, talvez, pelo crescente (e polêmico) sucesso do poema do livro de 1930, a ponto de fazer o poeta organizar, em 1967, uma coletânea, com apresentação de Arnaldo Saraiva, contendo a fortuna crítica, favorável e desfavorável do famoso texto: *Uma pedra no meio do caminho: biografia de um poema*. Das 50 peças da primeira antologia, nada menos do que 12 não encontraram guarida entre as 118 da segunda; entre os excluídos, constou outro texto de grande notoriedade, "Os ombros suportam o mundo". Os eixos temáticos mais contemplados em 1962 foram "o conhecimento amoroso" e "visão, ou tentativa de, da existência", com, respectivamente, 23 e 28 poemas; no índice, tais seções intitularam-se "Amar-amaro" e "Tentativa de exploração e de interpretação do estar-no-mundo".

Seleta em prosa e verso (1971), com estudo e notas de Gilberto Mendonça Teles, foi, em ordem cronológica, a subsequente antologia organizada pelo poeta. De fins didáticos, mescla poemas, crônicas e contos, com predomínio da prosa sobre o verso.

Os poemas de circunstância enfeixados em *Viola de bolso* (primeira edição em 1952, segunda, ampliada, em 1956) foram alvo de posteriores operações seletivas por parte de Drummond. A depender da flutuação de humores do poeta, ou do espaço que as compilações de poesia completa de CDA disponibilizavam, o livro sofreu exclusões, a ponto de, na segunda edição da obra poética de Drummond *Nova reunião*, de 1985, o título *Viola de bolso* constar no sumário com o seguinte adendo: *seleção* – logo, trata-se de uma "antologia" do livro. O mesmo procedimento, nessa *Nova reunião* foi adotado em duas outras coletâneas: *Versiprosa*, de 1967, e *Discurso de primavera e algumas sombras*, de 1977.

No campo da prosa, podemos considerar que os livros drummondianos de crônicas, sejam os de autoria individual, como *Fala, amendoeira* (1957), *A bolsa & a vida* (1962), *Cadeira de balanço* (1966), *Boca de luar* (1984) e outros, sejam os de autoria coletiva, a exemplo de *Quadrante* (1962), *Quadrante II* (1963), *Vozes da cidade* (1965), *Elenco de cronistas modernos* (1971), todos eles resultaram da intervenção antologista do escritor, pescando seletivamente os textos que os integram em meio ao oceano de sua produção jornalística.

Não se limitou à própria lavra a prospecção drummondiana de material para fins de seleta. Foi coorganizador, juntamente com Manuel Bandeira, da opulenta antologia (581 páginas) *Rio de Janeiro em prosa e verso* (1965). Selecionou os textos de *Brasil, terra & alma – Minas Gerais* (1967). Na apresentação, argumenta: "Condensar Minas Gerais numa antologia não será o mesmo que prender o mar na garrafa? Ou fazer passar a Serra da Mantiqueira pelo fundo de uma agulha? Entretanto, esta é uma antologia de temas mineiros, e mineiro é seu organizador [...]. Minas vale a pena de ser redescoberta, conhecida e compreendida – e com isso não lhe estou fazendo o panegírico. Este livro é antes um convite, não uma enciclopédia nem uma louvação. Minas continua, depois da última página" (B, p. 6).

Algumas antologias póstumas foram agregadas à obra de Drummond; entre elas, *Quando é dia de futebol* (prosa e poesia, 2002) e *Declaração de amor* (poesia, 2005), ambas elaboradas por Pedro Augusto e Luis Mauricio Graña Drummond, netos do escritor; *Moda, roupa e tempo* (2004), seleção e ilustração de Ronaldo Fraga; *Menino Drummond* (2012), por Angela-Lago.

Se dirigirmos o foco não para as antologias individuais de Drummond (seja as que ele próprio elaborou, seja as organizadas por outrem), mas para as demais de que ele é apenas copartícipe, o montante seria enorme, e fastidioso de ser listado – tanto que tal informação não consta de nenhuma das bibliografias que acompanham suas obras reunidas. CDA é presença praticamente compulsória em todas as seletas dedicadas ao conjunto da poesia brasileira publicadas nas últimas seis décadas. Como registro histórico, enfatizemos o pioneirismo de Dante Milano, que, já em 1935, incluiu o escritor itabirano em sua *Antologia de poetas modernos*. Drummond, à época, era autor de somente duas pequenas coletâneas: a já referida *Alguma poesia* e *Brejo das Almas* (1934). Numa certeira intuição, entre os quatro poemas selecionados Milano incluiu "No meio do caminho". Os demais – "Infância", "Cantiga de viúvo" e "Romaria" – também integram o volume de 1930, levando a crer que Dante não tivera acesso ao volume de 1934. Todavia, a inexistência, na seleta, de qualquer referência às fontes primárias deixa a conjectura no ar.

Conciliando história e geografia, citemos, ainda, a *Antologia da poesia mineira – fase modernista*, a cargo de Alphonsus de Guimaraens Filho. No livrinho de 106 páginas, publicado em março de 1946, o organizador, após criteriosa e sucinta nota biobibliográfica, reproduz cinco poemas de Drummond, num arco estendido de *Alguma poesia* a *A rosa do povo* (1945). No prefácio, Alphonsus elege Drummond como símbolo da nova geração, declarando: "Lembre-se que um deles, e dos maiores – Carlos Drummond de Andrade –, saiu de uma poesia tímida, embora penetrada de uma sátira corrosiva (sátira de costumes, principalmente) para o sentimento do mundo, ou seja, o contato e a participação nos problemas sociais de nosso tempo [...] seus versos atuais mostram-no mais senhor de uma arte tão dele, onde o comentário irônico se funde aos gritos patéticos e o desalento à mais clara e nítida esperança" (GUIMARAENS FILHO, 1946, p. 10).

A poesia de Drummond encontra-se traduzida em 13 idiomas – ora integrando coletâneas juntamente com outros escritores, ora (na maioria dos casos) como único autor. De um ou de outro modo – pois não se trata da publicação de sua obra completa –, temos Drummond como autor "estrangeiro", em viés antológico. Dentre as traduções mais valorizadas, citemos as do alemão Curt Meyer-Clason (1965 e 1982), do argentino Manuel Graña Etcheverry (1953 e 1967), dos franceses Jean-Michel Massa (1973) e Didier Lamaison (esta, de 1990, premiada na França como melhor livro de poesia traduzida do ano), dos italianos Antonio Tabucchi (1987) e Luciana Stegagno Picchio (1996), dos norte-americanos Elizabeth Bishop, Gregory Rabassa (1986) e Richard Zenith (2015). E, na condição de poeta "estrangeiro" no próprio idioma, Drummond teve uma criteriosa *Antologia poética* (1965) editada em Portugal, sob responsabilidade de Massaud Moisés.

Por fim, para sermos fiéis ao verbete, não podemos ignorar uma de suas acepções. Recorramos ao dicionário. Nele, o sentido primeiro de "antologia" não é o que comumente lhe conferimos. Eis o que informa o *Houaiss*:
1. Rubrica: botânica: estudo das flores
2. Coleção de flores escolhidas; florilégio
3. (1858) coleção de textos em prosa e/ou em verso, ger. de autores consagrados, organizados segundo tema, época, autoria etc. (HOUAISS, 2001, p. 239).

Antes de mais nada, portanto, "antologia" significa estudo ou coleção de "flores escolhidas". Num poeta tão adicto da natureza como Drummond, seria tentador elaborar uma antologia no sentido primordial do termo, e reunir as flores que o poeta fez nascer nos jardins de seus versos. Que tal começarmos por "A flor e a náusea"? Boa colheita!

Arquivo
ver Coleção

Arte
JÚLIO CASTAÑON GUIMARÃES

Ao contrário de alguns outros poetas brasileiros aproximadamente seus contemporâneos, como Murilo Mendes, Manuel Bandeira e João Cabral de Melo Neto, Carlos Drummond de Andrade não escreveu de modo regular sobre artes plásticas. No caso dos três referidos, houve de fato um exercício de escrita crítica, mais frequente nos dois primeiros, além da presença intensa dessa vertente artística na obra poética, sobretudo em João Cabral e, muito especialmente, em Murilo Mendes. CDA escreveu esporadicamente sobre o assunto, que também surge de modo ocasional em textos voltados para temáticas distintas. Há todavia a presença das artes em sua obra poética – de um modo bem menos regular ou frequente, mas algumas vezes de modo intenso, articulador de outras questões, ganhando assim relevo em vários momentos de sua produção.

No âmbito do conhecimento que o Modernismo pretendia em relação à cultura brasileira, um foco importante de atenção foi a arquitetura e a arte coloniais. Estas estão presentes na obra de CDA seja como objeto específico de sua atenção, seja como elemento integrante da paisagem que fez parte de sua formação. Neste último caso, haverá muitas vezes não mais que meras menções; apesar disso, ainda que breves, não devem ser negligenciadas. Assim, como participantes da paisagem física e cultural do poeta, atuam de maneira efetiva na constituição de vários textos.

Na obra de CDA, são várias as ocorrências de elementos da arquitetura colonial, bem como do principal artista do período, o Aleijadinho. E isso se dá, pelo menos em parte, por causa do interesse do poeta por cidades. Já em *Alguma poesia* (1930), no conjunto de poemas intitulado "Lanterna mágica", aparecem igrejas de Sabará, a do Carmo e a Matriz, e duas vezes o nome de Aleijadinho. Referências similares ainda ocorrem, posteriormente, em *Claro enigma* (1951), em alguns dos poemas da seção "Selo de Minas". Aí se nota em especial o poema "Morte das casas de Ouro Preto", em que não aparece a arquitetura de monumentos, mas o casario da cidade numa dimensão humana: "Sobre o tempo, sobre a taipa,/ a chuva escorre. As paredes/ que viram morrer os homens,/ [...]/ já não veem. Também morrem" (CE, p. 69). Mas o poema é como que balizado por um vocabulário próprio das construções: taipa, rótula, barro, vigas, paredes, telha-vã. Além de uma breve caracterização cromática ("na sua pobreza branca,/ azul e rosa e zarcão") que estará em muitos dos poemas com referências plásticas, mas não apenas, pois esse cromatismo aparece em diferentes momentos da obra (como no final do poema "Morte do leiteiro", de *A rosa do povo*, com a formação de "um terceiro tom" a partir das "duas cores [que] se procuram" (RP, p. 86).

Em *Claro enigma*, é à sombra de uma igreja, ou melhor, ao som de seu sino, que se desenvolve um de seus mais importantes poemas, "Relógio do Rosário". Ainda que não trate da igreja, há que levar em conta seu papel desencadeador do poema – e este juntamente com o que o precede no livro, "Máquina do mundo", "são dos mais grandiosos e profundos exemplos do lirismo filosófico-existencial do poeta" (ACHCAR, 2000, p. 81). Aí está um dos melhores exemplos da presença da paisagem cultural integrada à articulação reflexiva do poeta.

Há ainda a atenção a pequenos detalhes; pequenos, mas que chegam a constituir todo um poema, como em "Pintura de forro", de *Menino antigo* (1973), que se desenvolve com a descrição de uma imagem vista em forro de igreja. Ainda no plano dos detalhes, há poemas em que se encontram menções a artistas plásticos que pouco ultrapassam a citação do nome, associado este a algum elemento próprio do trabalho do artista em questão. São pequenas referências que funcionam como elemento auxiliar da descrição. Assim, em "Ultratelex a Francisco", de *Discurso da primavera* (1977), aparece um afresco de Giotto, que se presta para a imaginação de uma cena com a presença do santo; em "O par libertado", de *A falta que ama* (1968), a escultura de Henry Moore funciona como concretização do par que mobiliza o poema; ou em "Livraria", de *As impurezas do branco* (1973), os "arabescos de Klee" (IB, p. 116) fazem parte da enumeração do que se pode encontrar na livraria, mas não sem deixar de ecoar o verso inicial "Ao termo da espiral", descrição do percurso até a livraria, entre tesouros, tramas, sentido e sem-sentido, revelações.

Na parcela da obra em que estão presentes mais ampla e intensamente a arquitetura e a arte coloniais, é em *Brejo das Almas* (1934) que se encontra um primeiro poema que se pode considerar de fato voltado para o Aleijadinho, "O voo sobre as igrejas". O título, que já serve de introdução, poderia à primeira vista indicar uma espécie de sobrevoo, um deslocar-se voando ou um pairar por cima. Logo o primeiro verso indica um caminhar, um deslocamento em direção a uma das igrejas de Ouro Preto, a Matriz de Antônio Dias. E é mesmo como que uma porta de entrada para o segundo (que não é apenas uma sequência corriqueira, mas de fato o verso inaugural): "onde repousa, pó sem esperança, pó sem lembrança, o Aleijadinho" (BA, p. 23). Aqui ainda não é o artista propriamente dito, é sua sepultura, é esse pó desprovido de esperança e lembrança. A exposição já anuncia que se trata do escultor, mas em sua condição humana, de homem criador. O terceiro verso fala de uma subida, que é ainda uma subida pela cidade, na "lenta ladeira". Adiante, essa subida prosseguirá, "deixando a terra lá embaixo". O que se tem a seguir é como uma ascensão, já acima da cidade e das igrejas, e que se faz em meio a serafins, querubins, elementos desse espaço aéreo e retrospectivo – relembra-se o escultor, assim como se descrevem elementos habituais na decoração das igrejas do período. Entra-se então no universo do escultor. O poema tem quatro partes – a primeira e a terceira em versos livres, a segunda e a quarta em versos de sete sílabas. As partes em versos livres tratam dessa subida, dessa procissão que quase alça voo, enquanto as duas outras tratam do escultor. E se ocupam dele tanto como figura humana, referindo-se a traços de sua biografia, quanto como o artista que abordou certos temas. Essa perspectiva será um marco no contato do poeta com as artes plásticas, ou melhor, com certos artistas plásticos. Não há no poema uma abordagem direta da obra do artista. No caso deste poema, há uma excelente análise feita por John Gledson (2018, pp. 115-17), na qual o dado mais saliente é a afirmação de se tratar de uma "poética oculta", na medida em que situa o artista em seu contexto social, vindo assim a se relacionar com uma das grandes linhas de reflexão dentro da obra de CDA.

Esse poema remete a um poema bem posterior, "Ataíde", do livro *Lição de coisas* (1962). O título refere o pintor colonial Manuel da Costa Ataíde, estando ainda presentes no poema outro pintor da época, Manuel Rabelo de Sousa, e o Aleijadinho. A esta altura a poesia de CDA já passou por algumas mudanças, entre as quais as mais significativas são as que se dão na passagem de *A rosa do povo* (1945) para *Claro enigma*, e depois a que ocorre em *Lição de coisas*. A retomada de um tema que vem de etapas anteriores de sua produção faz-se aqui em novos termos. Continuam presentes os dados biográficos, mas em meio a estes, o poema detém-se mais longamente numa descrição de imagens de trabalho artístico. Assim, quando o poema diz: "romperíeis o forro para a conversação radiante com Deus" (LC, p. 49), como que se retoma a imagem do voo do poema anteriormente referido. Mas o poema se aproxima de fato do trabalho de modo mais específico, sobretudo quando, por exemplo, dele é desentranhado um quase conceito de "azul-espaço", ou quando é referido o "dono da luz e do verde-veronese". Esses dados pictóricos, como já referido, são próprios também de um cromatismo explorado pelo poeta em poemas até de outra natureza sobretudo em livros posteriores.

Os poemas referidos estão ligados a preocupações de CDA de que também resultaram alguns de seus trabalhos em prosa. Estão ligados a textos como "Viagem de Sabará", do livro *Confissões de Minas* (1944), e sobretudo "Rosário dos homens pretos", "Colóquio das estátuas" e "Contemplação de Ouro Preto", integrantes de *Passeios na ilha* (1952). Em "Viagem de Sabará", publicado na imprensa em 1929 e escrito no ano anterior, há várias referências a Aleijadinho; fala-se aí do "silêncio dos arquivos de onde nada ou quase nada saiu até agora para iluminar a personalidade do artista" (CM, p. 117). A esse silêncio, ou seja, à escassa pesquisa sobre o artista, respondia o interesse de CDA, no bojo das preocupações modernistas.

Num artigo sobre *Passeios na ilha*, Sérgio Alcides sugere uma aproximação entre "a impressionante abertura de 'Colóquio das estátuas'" e "Morte das casas de Ouro Preto" (ALCIDES, 2020, p. 225). Aproximam-se um poema e um texto em prosa, de um livro que se poderia considerar de ensaios, mas "Colóquio das estátuas" distende tanto a própria noção de ensaio que pode ser considerado um poema em prosa. Publicado inicialmente em 1948, era assim posterior ao poema "O voo sobre as igrejas", publicado na imprensa em 1930, podendo ser visto como uma espécie de novo capítulo da temática explorada pelo poema. Nessa relação entre textos, outro exemplo é o detalhe, em "Contemplação de Ouro Preto", da breve referência a um painel – o "painel mulato de Manuel da Costa Ataíde resplandecia no forro" (PI, p. 64), que não apenas encerra sua dose de informação como que compactada, mas também anuncia o poema "Pintura de forro", posterior de muitos anos.

Essa prosa de natureza ensaística revela como o interesse do poeta o levou a se aprofundar no assunto. Se os textos em prosa trazem um aprofundamento explicitamente embasado, os poemas, que resultam do mesmo âmbito de interesse, também se valem do mesmo embasamento. Na edição de *Passeios na ilha* fica anotada a preparação do autor para se lançar ao assunto, preparação "amparada em dados históricos, em informações colhidas nos jornais antigos, em bibliografia especializada, em estudos teóricos como *El barroco, arte de la contrarreforma*, de Weisbach, ou *El barroco*, de Eugenio d'Ors, a par das pesquisas mais atualizadas naquela época, como as de Lourival Gomes Machado e Robert C. Smith" (PI, p. 242). Além disso, CDA trabalhou no gabinete do ministro da Educação no período em que foi criado o Instituto do Patrimônio Histórico Nacional, e posteriormente trabalhou no próprio instituto.

Outro conjunto significativo de poemas está relacionado com artistas que de algum modo seria possível ligar ao Modernismo, ou que a este sucedem – conjunto assim relacionado como que com os pares de CDA nas artes plásticas. Podem ser elencados "A noite dissolve os homens", de *Sentimento do mundo*; "A Goeldi" e "Pacto" (sobre Di Cavalcanti), de *A vida passada a limpo*; "A mão", de *Lição de coisas*; "Notícia de Segall", de *A falta que ama*; "Brasil/Tarsila" e "Quixote e Sancho, de Portinari", de *As impurezas do branco*; e "Uma flor para Di Cavalcanti" e "Lembrança de Portinari", de *Discurso de primavera*. Vale observar que não há sucessão cronológica entre este grupo de poemas e o anteriormente abordado; naturalmente os dois campos dialogam em vários níveis, tendo em vista o já mencionado interesse dos modernistas pela arte colonial, assim como a dimensão humana presente nesses poemas, o que os associa a boa parte da obra de CDA.

O poema "A noite dissolve os homens" é dedicado a Portinari, que, por sua vez, pintou o retrato de CDA (KAZ; MONTEIRO, 1989, p. 170). Não é um poema voltado diretamente para a produção do artista; mas a dedicatória é um indício da aproximação entre duas visões de mundo. Tal como "O voo sobre as igrejas", há que ser lido na condição de uma poética, aqui já não tão oculta. Como em boa parte do livro, "A noite dissolve os homens" está marcado pela situação política internacional da época – "O triste mundo fascista", como se lê no próprio poema. Nessa aproximação das visões de mundo, prenuncia-se o poema "A mão", de *Lição de coisas*. Nele, a primeira estrofe é carregada de elementos como que extraídos do trabalho do pintor – "ensaios de formas" ou "A mão sabe a cor da cor". Mas é a dimensão humana que orienta todo o poema. Assim, ainda nessa estrofe inicial, o sexto verso diz: "o que não é para ser pintado mas sofrido", enquanto o verso final estende a "sede dos companheiros" "até o limite do sentimento da Terra domicílio do homem". Nas duas estrofes seguintes, os dois temas se entrelaçam. Assim, se o primeiro verso da segunda estrofe diz "Entre o sonho e o cafezal" (o cafezal é clara referência a um tema de Portinari), o segundo ("entre guerra e paz") tem duplo alcance – tanto a situação política quanto a obra de Portinari, autor dos painéis *Guerra e paz* da sede da ONU. Seguem-se vários elementos da imagística de Portinari, ou de sua paleta, como a "memória de Giotto", o "verde-róseo" (LC, pp. 55-56). Na homenagem a Portinari – falecido no ano em que sai *Lição de coisas* – é clara a identificação do poeta com seu tema – com aquele "sentimento da Terra" que ecoa o título de seu livro *Sentimento do mundo*.

No poema "A Goeldi", identificam-se sucessões de elementos que são característicos das imagens produzidas pelo artista – seus personagens (pescadores), seu cenário (chuva incessante), seus apetrechos (guarda-chuva), seu ambiente (solidão). O poema, por esse procedimento, lembra o poema de Murilo Mendes dedicado ao artista, "Homenagem a Osvaldo Goeldi" (MENDES, 1959, p. 463). A comparação permite evidenciar o procedimento ainda aqui mais habitual em CDA. Os dois poemas coincidentemente listam, por assim dizer, quase os mesmos elementos da figuração de Goeldi. Se o poema de CDA tudo integra à "noite moral", o de Murilo Mendes o faz a um universo quase onírico, que se refere, porém, ao fazer concreto do artista – o que marca isso é principalmente a repetição ao longo do poema do verbo "gravar", presente além disso tanto no primeiro quanto no último verso, como que enquadrando o texto.

Em outro poema-homenagem de CDA, ao pintor Lasar Segall – "Notícia de Segall" –, elementos vários do trabalho plástico – imagens, cores, instrumentos – são lidos em seu sentido de interpretação do mundo. Sucedem-se preto e branco, linha pura, madeira, cobre, ácido, carvão, toda a concreção do trabalho de Segall. Mas tudo se concentra numa "gravidade do ser" de que trata o artista "aberto em confissão/ aos murmúrios da terra" (AF, p. 36) – onde talvez se possa perceber o eco dos já referidos "sentimento do mundo" e "sentimento da terra". Esses ecos, porém, desaparecem no poema consagrado a Tarsila do Amaral – "Brasil/ Tarsila" –, a começar pelos tons bem distintos. Uma sequência de quatro versos é composta de alguns desses tons: "o amarelo vivo/ o rosa violáceo/ o azul pureza/ o verde cantante", tons aqui especialmente exemplares das composições cromáticas encontradas em outros textos drummondianos. Além disso, em meio à enumeração das imagens que compõem os trabalhos da artista, o poema a integra ao projeto de conhecimento modernista ao referir, por exemplo, "as perambeiras/ da consciência rural" (IB, pp. 97-98).

Aspectos desse poema, como os versos cromáticos citados, ligam-no já a uma nova maneira de os poemas se aproximarem das artes plásticas. No livro de que ele faz parte, *Impurezas do branco*, isto fica ainda mais acentuado em outros poemas, consagrados em alguns casos a artistas posteriores aos demais já referidos ("Motivos de Bianco", "Pintura de Wega", entre outros), podendo-se considerar tais poemas como um grupo distinto. Revelam uma nova abordagem dos artistas numa nova estratégia poética. Num poema do livro, "Desabar" (que não trata de artes plásticas) encontra-se um trabalho poético visual radical do autor, em especial quando a palavra "leis" é desarticulada, como se suas letras estivessem soltas, caindo, rolando em desordem pelo ar, pela página (IB, p. 59).

Em outros poemas do livro, inclusive em "Quixote e Sancho, de Portinari" (que tem natureza peculiar, já que ligado a uma obra literária interpretada plasticamente), há organizações textuais próximas dessa, num trabalho de aproveitamento de possibilidades espaciais. A exploração delas provém de um livro anterior, *Lição de coisas*, no qual o texto de orelha da primeira edição dizia: "O poeta [...] pratica, mais do que antes, a violação e a desintegração da palavra, sem entretanto aderir a qualquer receita poética vigente" [ANÔNIMO, 1962]. Essa "violação" e "desintegração" permitem os momentos mais radicais dessa exploração, não sendo possível deixar de mencionar a ligação com o Concretismo, ou seja, a "receita poética vigente" com a qual o texto de orelha nega uma relação. John Gledson atenta para isso, para a negação e para o fato de que "um de seus líderes [do Concretismo], Haroldo de Campos, intentou anexar *Lição de coisas* ao movimento" (GLEDSON, 2018, p. 310). Lembrar esse aspecto expõe um novo olhar do poeta, que pode ser percebido em atuação em alguns dos poemas consagrados a artistas plásticos. Neles há agora uma maior atenção a aspectos concretos do trabalho dos artistas, estando menos presente elementos de suas biografias. Não se trata de uma análise das obras, mas pelo menos da busca dos componentes delas que, ao se integrarem de algum modo aos poemas, fazem destes uma leitura dessas obras.

O poema "Fayga Ostrower", de modo especial, desenvolve-se pela enumeração do que se poderia considerar procedimentos do trabalho da artista. Há alguns elementos de descrição das imagens que resultam desses procedimentos, mas não é isso que define o partido tomado pelo poema. Logo o primeiro verso diz: "Fayga faz a forma". Neste verso apenas estaria uma proposição sobre o trabalho artístico: a feitura da forma. De certo modo essa leitura seria falseadora sem pelo menos a do verso seguinte: "flutuar e florir na pauta". Este introduz uma matização importante – o trabalho faz a forma, mas a faz para que ela tenha sua vida, seu movimento. Não se pode deixar de observar a sucessão aliterativa de cinco palavras iniciadas por "f", que talvez encontre sua justificativa na palavra que a elas segue – "pauta". Trata-se de uma pauta "musicometálica", palavra que constitui o verso seguinte e que, apesar do ponto que encerra a sequência, anuncia por sua vez o próximo verso. Se "pauta musical" não oferece problema de compreensão, o termo "musicometálica" encadeia essa compreensão com "Água forte, água tinta", ou seja, com processos da gravura em metal praticada por Fayga. Adiante, o verso "Fayga exige à madeira" –, ou seja, a madeira da xilogravura também praticada pela artista – vai levar ao verso inicial da última estrofe: "Fayga é um fazer". Mas é um fazer ordenado por "estruturas", por "esquemas", por "relações", por "estatuto", outras tantas palavras que vão compondo de modo forte esse poema já agora exclusivamente plástico (IB, p. 101).

Se há uma passagem dos poemas ligados ao período colonial para aqueles ligados a artistas modernistas, e se por fim há poemas que se ocupam de artistas posteriores, essa passagem não se faz de modo direto ou sem retorno, ou ainda sem contatos entre esses três pontos. A começar pelo fato de a preocupação com o período colonial, como dito, ser uma preocupação de extrema importância para os modernistas. Assim, esse é um assunto que, ao lado dessa relação, volta como uma constante nas preocupações do poeta, até por conta de sua poética memorialística tardia. A maneira como são abordados os artistas coloniais e os modernistas insere-os nos grandes temas reflexivos e sociais do poeta. Mais circunscrita, a abordagem de artistas posteriores, ainda que já presente na forma de tratar uma artista como Tarsila, associa-se a uma nova "maneira" do poeta, fazendo mais específicos os aspectos plásticos que já vinham sendo salientados desde o começo da obra.

Associação Brasileira de Escritores (ABDE)
ver Associações de escritores

Associações de escritores
HUMBERTO WERNECK

Para um homem reservado e caseiro, alguém cuja "arte do bem viver" consistia numa "fuga relativa" e numa "não muito estouvada confraternização" (PI, p. 15), aqueles turbulentos sete anos, de 1942 a 1949, foram uma quadra fora da curva. Anos em que o "urso polar" (rótulo que ele bem mais tarde assumiria, com drummondiano sarcasmo, no poema "Apelo a meus dessemelhantes em favor da paz" [NR, p. 799]) saiu da toca e se embrenhou numa batalha na qual esteve longe de ser apenas coadjuvante, e que lhe renderia decepções vitalícias.

Também para o país, não foram tempos quaisquer, e nisso, exatamente, está a explicação para aquela fase de intensa trepidação na vida do poeta. O Brasil estava, desde novembro de 1937, sob a ditadura do Estado Novo, e, a partir de 1942, deixou de ser apenas um aflito observador da guerra mundial iniciada em setembro de 1939, para nela se engajar. Findo o namoro de Getúlio Vargas com a Alemanha de Hitler e a Itália de Mussolini, foram se criando aqui espaços cada vez mais desinibidos para a luta pelas liberdades democráticas, sufocadas havia cinco anos. Por um momento, afinal breve, direita e esquerda viveram algo como uma coexistência pacífica, ou quase.

Um dos marcos daquela abertura foi a criação, em fins de 1942, da Associação Brasileira de Escritores, a ABDE, da qual participou desde o início Carlos Drummond de Andrade, que à época ocupava ainda um posto de destaque na burocracia do Estado Novo, na condição de chefe do gabinete do ministro da Educação e Saúde Pública, seu amigo de juventude Gustavo Capanema. Lá estava desde meados de 1934, ano em que trocou Belo Horizonte pelo Rio de Janeiro, e lá permaneceria até março de 1945. Seu engajamento político de esquerda, já patente em *Sentimento do mundo*, livro lançado em 1940 com apenas 150 exemplares, vinha desde então ganhando visibilidade com os poemas que ia publicando em revistas e jornais, e que em 1945 seriam reunidos em *A rosa do povo*, para muitos o ponto mais alto de sua obra.

Nos primeiros meses daquele ano, quando já se vislumbrava o fim próximo da guerra e também do Estado Novo, Drummond passou a preocupar-se com o fato de que a ABDE, criada para cuidar dos interesses dos escritores, vinha negligenciando esse seu objetivo primordial, concentrada que estava, compreensivelmente, na luta política. Ocorreu-lhe então a ideia de criar-se outra entidade, que, voltada para essa luta, liberasse a ABDE da política. "Hoje", anotou o poeta em seu diário no dia 12 de março, "sem que eu esperasse, tomou corpo minha ideia, esboçada junto a dois ou três amigos, da criação de uma entidade de escritores, de caráter político, para aliviar a ABDE da carga ativista que ameaça esmagá-la desviando-a de seus fins específicos. A ideia foi aceita e ampliada: em vez de simples sociedade de escritores, algo que reúna também artistas, cientistas, trabalhadores intelectuais em geral. Nome proposto: União dos Trabalhadores Intelectuais Livres (Util). Um projeto de programa foi elaborado para ser discutido amanhã à tarde, na ABI [Associação Brasileira de Imprensa], depois de algumas correções do texto, de que fui incumbido" (OE, p. 34).

Horas antes de comparecer a esse encontro, no dia 13, Drummond demitiu-se do posto que ocupava no Ministério da Educação, num "desfecho natural da situação criada pela volta das atividades políticas no país" (OE, p. 34). Na reunião na ABI, pouco se resolveu além de eliminar-se o "L" da Util, por considerar-se por demais enfático o adjetivo "livre".

"Procuram aproximar-me do grupo político liderado pelo antigo Tenente Cascardo", registrou no mesmo dia, "mas sinto aversão temperamental pelo que, nas esquerdas, é desorganização, agitação e ausência de certas delicadezas e sentimentos. E me vejo perplexo no entrechoque de tendências e grupos, todos querendo salvar o Brasil e não sabendo como, ou sabendo demais" (OE, p. 34). (Em tempo: Hercolino Cascardo [1900-67] foi um oficial condenado e excluído da Marinha por haver participado do levante no couraçado *São Paulo*, que em julho de 1922 bombardeou o

Forte de Copacabana. Mais tarde, tornou-se integrante da Coluna Prestes.) Para Drummond já estava claro que, enovelada em debates inúteis, a sua ideia não iria longe. O que não impediu que ele, em maio, aceitasse convite do líder comunista Luís Carlos Prestes (que entrevistara, ainda no cárcere político, no mês anterior) para ser um dos cinco diretores da *Tribuna Popular*. O diário circularia de 22 de maio de 1945 a 28 de dezembro de 1947, data em que, tendo sido cassado o registro do PCB pelo governo do marechal Eurico Gaspar Dutra, o jornal foi fechado. Bem antes disso, em novembro de 1945, o poeta, desiludido, se afastara da publicação, de cuja decorativa codiretoria, aliás, já se havia retirado. Em agosto, recusara convite insistente para se candidatar a deputado federal, concorrendo por Minas Gerais, e não apenas porque não fosse filiado ao PCB. "Não tenho a mínima vocação para parlamentar", justificou (OE, p. 58).

A partir do momento em que se desligou da *Tribuna Popular*, Carlos Drummond de Andrade passou a ser hostilizado por militantes comunistas, que chegaram a acusá-lo de estar a soldo da embaixada dos Estados Unidos. Atritos ainda mais abertos ocorreriam por ocasião do II Congresso Brasileiro de Escritores, promovido pela ABDE em outubro de 1947. (Ao primeiro, realizado em São Paulo em janeiro de 1945, Drummond não compareceu, talvez por ser ainda chefe de gabinete do ministro da Educação, limitando-se a enviar telegrama, que foi lido em plenário.)

Reunidos em Belo Horizonte em outubro de 1947, os delegados da ABDE estiveram a um passo de ver naufragar aquele encontro. Sem terem consultado os membros da Comissão de Assuntos Políticos, da qual Carlos Drummond de Andrade fazia parte, congressistas mais à esquerda levaram ao plenário e conseguiram aprovar uma moção de protesto contra a medida que cassara o registro do Partido Comunista, e a iminente perda do mandato de seus parlamentares (entre os quais o deputado Jorge Amado e o senador Luís Carlos Prestes), que se consumaria em janeiro do ano seguinte.

Apanhados de surpresa, os integrantes da comissão decidiram abandonar os trabalhos. Um grupo de congressistas com trânsito em ambos os lados foi ter com eles, num bar a quarteirões dali. O trabalho maior foi demover o poeta de sua decisão. "Cedi aos argumentos de Júlio de Mesquita [Filho] e Afonso Arinos", lembrará ele, pois "a renúncia de um dos membros [da comissão] teria fatalmente de arrastar a dos demais, partidários do mesmo ponto de vista. [...] E lá fui, de cara amarrada. Tudo acabou em paz" (OE, pp. 93-96).

O acordo negociado no Congresso de 1947 adiou por dois anos o transbordamento ideológico que se ensaiara em Belo Horizonte. No momento em que se aproximavam novas eleições para a diretoria da ABDE, marcadas para 26 março de 1949, Carlos Drummond de Andrade ainda acreditava ser possível uma convivência sem conflitos na entidade, em cuja presidência estava então um moderado, o crítico Álvaro Lins. Tanto que o poeta aceitou participar, concorrendo ao cargo de primeiro--secretário, da chapa encabeçada por

Afonso Arinos de Melo Franco, que incluía ainda José Barreto Filho (vice), Otto Maria Carpeaux (segundo-secretário), Jayme Adour da Câmara (tesoureiro), e, para o Conselho Fiscal, um timaço: Alceu Amoroso Lima, Manuel Bandeira, Otávio Tarquínio de Sousa e Rodrigo M. F. de Andrade. A palavra de ordem escolhida por Afonso Arinos – "Por uma ABDE profissional e não política" – refletia o empenho em não permitir que os comunistas, já não dispondo de um partido em que pudessem atuar à luz do dia, tentassem fazer da entidade o seu reduto.

Composta não apenas de militantes do PCB, a começar pelo candidato à presidência, Homero Pires, a chapa adversária incluía escritores de esquerda que transitavam bem na outra ala, como Graciliano Ramos e Aníbal Machado. Reinava também alguma desinformação entre os associados – e, a julgar pelo que disse Carlos Lacerda, apoiador da chapa de Afonso Arinos, num artigo publicado às vésperas das eleições, Carlos Drummond de Andrade pagava ainda pela proximidade que tivera com o PCB ao tempo da *Tribuna Popular*: "Eu não raro tenho ouvido quem, entre as duas chapas, desconhecendo o nome dos comunistas da cédula postos na chapa Homero Pires, e sabendo que este não é do Partido, diga: 'Vou votar na chapa do Homero, que não é comunista, porque na outra está o Carlos Drummond de Andrade, que é comunista'" (LACERDA, 1949).

A ABDE tinha então 1.025 associados, e, como boa parte deles morava fora do Rio de Janeiro, as duas chapas, acatando sugestão apresentada por um dos partidários de Homero Pires, decidiram que se aceitariam votos por procuração. No dia da eleição, no entanto, apoiadores de Pires, bem mais numerosos na assembleia, reabriram a questão, e tomou horas de discussão voltar ao que havia sido acertado. Computados os votos, já na madrugada seguinte, a chapa de Afonso Arinos venceu por 478 a 378.

A posse da nova diretoria, em 7 de abril, deveria ser uma formalidade simples e rápida, a exemplo das anteriores na ABDE, mas terminou num conflito que seguiria ecoando ao longo de muitos anos, merecedor de vastos espaços na imprensa, e do qual Afonso Arinos deixou em suas memórias um relato muito vívido (MELO FRANCO, 1979).

Com a sala tomada por apoiadores da chapa vencida – muitos dos quais, dizia-se no outro lado, nem associados seriam, e vários, nem sequer escritores –, os vencedores, pouco numerosos, foram até fisicamente acuados pelos adversários. O bafafá não chegou a ser surpresa, a julgar pelo fato de que Arinos, temeroso de agressões, levou de casa um revólver, e José Lins do Rego, uma peixeira, conforme se lê no relato, por vezes também divertido, deixado pelo primeiro em suas memórias.

O grande momento foi aquele em que o romancista paraense Dalcídio Jurandir tentou arrebatar o livro de atas das mãos de Carlos Drummond de Andrade, que, na condição de primeiro-secretário, recém-empossado, era por ele responsável. "A certa altura", lembrará décadas mais tarde um dos apoiadores da chapa derrotada, Moacir Werneck de Castro, Dalcídio Jurandir e Carlos Drummond, ambos gladiadores de escassa musculatura, disputaram na força física o livro de atas, que era o pomo da discórdia, o símbolo do poder. (Quem acabou ficando com o livro foi Rubem Braga, que mais tarde o doou à Fundação Casa de Rui Barbosa [CASTRO, 1987].) O poeta, segundo Afonso Arinos, "revidou com a faiscante violência de um galo de briga" (MELO FRANCO, 1979, p. 553). "Chegaram a agredir fisicamente o sr. Carlos Drummond", titularia o *Correio da Manhã* em 8 de abril de 1949.

O episódio precipitou uma fratura cujo desfecho, sem volta, foi a decisão da nova diretoria, em 28 de abril, "por iniciativa de Drummond" (MELO FRANCO, 1979, p. 554), não só de renunciar ao comando como de se desligar da seção carioca da Associação Brasileira de Escritores. O documento, redigido pelo poeta, "admirável no seu implacável raciocínio e na sua digna compostura", justificava a saída pelo fato de que "o trabalho em defesa dos interesses e direitos do escritor brasileiro já não pode ser realizado dentro desse organismo local desviado de seus fins legítimos, e sim no âmbito de outra organização de classe, a ser fundada desde logo, com a colaboração dos escritores que, sendo-o de ofício e de coração, considerem a liberdade o bem supremo da vida" (MELO FRANCO, 1979, p. 554).

"A renúncia coletiva da Diretoria", escreveu Afonso Arinos, "completava-se com a saída de centenas de associados, praticamente de todos os escritores não comunistas que integravam a associação" (MELO FRANCO, 1979, p. 554).

Consumado o desligamento, Carlos Drummond de Andrade só voltaria ao assunto por escrito numa crônica no *Correio da Manhã*, seu balanço daquele ano de 1949, no qual um razoável naco, a quinta parte do texto, é dedicado ao episódio: "Outra política nos ocupou no começo do ano, e foi a dos escritores. A ABDE nasceu malfadada, com o destino de ser um clube inócuo ou um posto de escuta para a extrema esquerda. Quisemos tirá-la desse dilema, fazendo-a útil, prestante, indiscriminada, funcional e rica. Do outro lado, preferiram mantê-la na inoperância profissional e no engajamento político. Houve uma eleição renhida, e, por cem votos de diferença, venceu a ideia de trabalhar, em vez de politicar. [...] Esta evocação de um fato já morto será talvez imprudente, atraindo para o cronista novos ataques nos dias mais próximos – as últimas descomposturas de 1949 e as primeiras de 1950. Mas daqui lhes respondo a todas, passadas e futuras, com um vasto perdão de Natal, ungido da maior suavidade, e banhado de compreensão. Sim, afinal compreendi que a nossa luta resultou de um equívoco: a nós, só interessava a associação; aos outros, ou aos mentores deles, a associação era precisamente o que não interessava. Mas em 1950 é que não me pegam de novo. Se alguém me falar mais em ABDE – embarco para o Amapá.

"E findo o recado desta crônica, só me resta dar-vos adeus a todos, amigos e indiferentes, que inimigos não me posso permitir a despesa de cultivá-los" (DRUMMOND DE ANDRADE, 1949a).

Não deixa de ser curioso, e quem sabe significativo, o fato de que Carlos Drummond de Andrade não tenha incluído na seleta de diários *O observa-*

dor no escritório um registro sequer do ano de 1949, que foi também, aliás, o do casamento da filha, Maria Julieta, e sua mudança para Buenos Aires.

O poeta manteria a promessa de nunca mais embarcar em associações de escritores. Quando, em 1954, o colega Geir Campos quis saber, numa entrevista, o que ele pensava de entidades dessa natureza, Drummond respondeu que elas, no Brasil, haviam fracassado, por serem "demasiado ambiciosas" – e acrescentou: "Desprezando interesses profissionais, queriam converter-se em juízes do bem e do mal" (DRUMMOND DE ANDRADE, 1954).

Não havia mudado de opinião quando, quatro anos mais tarde, em 17 de janeiro de 1958, fundou-se a União Brasileira de Escritores (UBE), inicialmente fruto da fusão da seção paulista da ABDE e da Sociedade Paulista de Escritores. Instado a aderir, Carlos Drummond de Andrade não se deixou tentar, ainda que daquela vez se anunciasse uma entidade rigorosamente apolítica, voltada apenas para os interesses profissionais de seus associados. "A verdade", explicou Drummond, "é que de há muito o abaixo assinado se desinteressou desse tipo de clube, e tem boas razões para isso. A principal foi o que aconteceu na tarde de 7 de abril de 1949, quando nossos caríssimos irmãos se reuniram em sala da Casa do Estudante [...] para tomar-nos o livro de atas, chamar-nos pulhas e ladrões e sovar-nos o lombo, se reagíssemos. Não tomaram o livro nem nos surraram, mas foi uma coisa feia e tão triste, que a mim me deu enjoo, para o resto da vida, em matéria de 'associações rigorosamente apolíticas'." Foi adiante na sua argumentação: "Porque a falecida entidade era, como a fundada agora, profunda, visceral, solenemente alheia à política (assim a criamos, em 1942, no salão do Instituto Histórico), só cuidaria dos interesses profissionais do escritor, não queria saber de outra coisa, tinha horror a quem soubesse. Não obstante, era só o que ela fazia: política – e uma certa política. De tanto fazê-la esticou o cambito, entre cachações, pontapés, palavras não dicionarizadas, e muita amizade antiga desfeita para sempre. Quero conservar meus poucos e bons amigos adeptos do lema *'politique d'abord'*, e por isso não fui ao grêmio recém-nascido. Se ele se chamasse União Política dos Escritores, quem sabe? Talvez o princípio de *nonsense*, que parece reger a vida, o tornasse uma perfeita associação profissional.

"Querendo ser sincera, a entidade paulista, em que se inspirou a carioca, já fala em 'política cultural', e propugna a 'defesa intransigente do direito de greve' e de 'uma política exterior que conduza o Brasil a coexistir pacificamente com todos os povos'. Com esse vasto programa a realizar, que não lhe faltem energia e tempo para arrecadar direitos autorais, fiscalizar o 'copyright', minutar contratos editoriais, garantir aos tradutores percentagens em novas edições, criar a caixa de assistência a escritores, e outras miudezas.

"Nenhum escritor, imagino, é contra o direito de greve e a convivência internacional, mas se esses temas o seduzem, será mais prático versá-los em livro ou na imprensa, filiar-se a um partido político e candidatar-se a deputado. Levar tais preocupações para um órgão que se deseja neutro e aberto a escritores de todas as tendências, é inventar dores de cabeça. Todos estarão de acordo, menos quanto aos métodos... "– Nada de política! Não queremos saber de política! Essa palavra nos causa horror! – dizem de lá de dentro. Vai-se ver, estão políticos entre os que fazem esta pia declaração, ou que a insinuam, ou que a aprovam.

"Não ponho em dúvida a boa-fé e a lucidez dos fundadores do novo grêmio, entre os quais há confrades a quem muito estimo e muito admiro, mas, com a minha calosa experiência no assunto, e sem qualquer animosidade, prefiro ficar em meu cantinho de sócio administrado do SBAT [Sociedade Brasileira de Autores Teatrais], esta sim, uma sociedade em que gregos e troianos convizinham sem atrito e, tendo seus interesses materiais bem defendidos, veem assegurada a dignidade intelectual do ofício, que cumpre estabelecer antes de nos lançarmos à organização política do universo" (DRUMMOND DE ANDRADE, 1958).

De nada valeram crítica, argumentação e rogos de colegas como o confrade Osório Borba, que já no dia seguinte reagiu à crônica. Segundo o escritor pernambucano, "Drummond fez de passagem uma alegação que pode parecer de peso, mas inteiramente infundada na minha opinião, a de que entre os que bradam pela manutenção da UBE fora da política há alguns que são políticos. Há, sim. Há até três candidatos a vereador, inclusive eu, pertencentes, por sinal, dois a um partido e um terceiro a outro. Mas daí? São políticos no seu partido, não o serão na UBE" (BORBA, 1958).

Como era de esperar, não tardaram narizes torcidos, e até cascudos, como o do colunista José Augusto, do jornal *Última Hora*, um dos muitos que não haviam engolido o afastamento do poeta do Partido Comunista em 1945: "Muito má, nos meios literários, a repercussão de um artigo do Sr. Carlos Drummond de Andrade que teve o objetivo de torpedear a recém-criada União Brasileira de Escritores" (AUGUSTO, 1958).

Na outra banda, foi preciso resistir também à aveludada pressão de Eneida de Moraes, de quem sempre foi bem próximo. "Carlos Drummond de Andrade, meu amigo muito querido", escreveu a cronista paraense, "a quem não cesso de chamar o amigo maior [...], desde o começo resolveu não aceitar a UBE por causa da extinta ABDE. Um erro não explica outro erro: devemos aproveitar a lição da ABDE para que a UBE não caia nas mesmas asneiras" (MORAES, 1958).

Nascida em outro tempo e de outras circunstâncias, a UBE não trilhou os mesmos descaminhos da ABDE, e vem atravessando décadas. Para Carlos Drummond de Andrade, no entanto, chegou tarde demais para convencê-lo a outra vez renunciar à concha, ao aconchego de sua "não muito estouvada confraternização" (PI, p. 15).

Ateísmo
ANTONIO CICERO

Carlos Drummond de Andrade chegou a declarar não crer em Deus, isto é, ser ateu, em entrevista à sua filha, Maria Julieta (apud RIBEIRO, 2011, p. 169). Quando Geneton Moraes Neto lhe perguntou, também em entrevista, se Deus existia, ele respondeu: "A mim é que você vai perguntar? [Ri.]. O que é que eu posso dizer? Eu sei lá!". Ainda respondendo a essa pergunta, Drummond fala várias coisas, mas, adiante, finalmente confessa: "Considero-me agnóstico" (apud MORAES NETO, 2007, p. 56). Ora, como se sabe, diferentemente do ateu, que simplesmente não acredita na existência de Deus, o agnóstico é aquele que não acredita que se possa saber se Deus existe ou não. Tudo indica, portanto, que, embora pense que não se possa dizer com certeza absoluta se Deus existe ou não, Drummond não crê, no fundo, que ele exista.

Na poesia, as referências a Deus são ora simplesmente coloquiais, ora metafóricas, ora irônicas. Já no "Poema de sete faces", que é o primeiro poema de *Alguma poesia*, de 1930, seu primeiro livro, a quinta estrofe diz: "Meu Deus, por que me abandonaste/ se sabias que eu não era Deus/ se sabias que eu era fraco" (AP, p. 11).

Ou seja, invertendo o fato de que ele abandonou a crença em Deus, ele se queixa de ter sido abandonado por Deus.

A mesma inversão ocorre nos primeiros versos do poema "Um homem e seu carnaval", no segundo livro de Drummond, *Brejo das Almas*, de 1934: "Deus me abandonou/ no meio da orgia" (BA, p. 16).

No mesmo livro, a terceira estrofe do poema "Coisa miserável" já manifesta claramente o agnosticismo que Drummond viria, mais tarde, a confessar a Geneton Moraes Neto: "Mas de nada vale/ gemer ou chorar,/ de nada vale/ erguer mãos e olhos/ para um céu tão longe,/ para um deus tão longe/ ou, quem sabe? para um céu vazio" (BA, p. 32).

Esse agnosticismo se manifesta de maneira belíssima num livro posterior, *José*, de 1942, no poema "Tristeza no céu": "No céu também há uma hora melancólica./ Hora difícil, em que a dúvida penetra as almas./ Por que fiz o mundo? Deus se pergunta/ e se responde: Não sei.// Os anjos olham-no com reprovação,/ e plumas caem.// Todas as hipóteses: a graça, a eternidade, o amor/ caem, são plumas.// Outra pluma, o céu se desfaz./ Tão manso, nenhum fragor denuncia/ o momento entre tudo e nada,/ ou seja, a tristeza de Deus" (J, p. 27).

Quase dez anos depois, no livro *Claro enigma*, de 1951, já não é agnosticismo, mas ateísmo que se manifesta nos dois primeiros versos da segunda parte do poema "Estampas de Vila Rica", intitulada "São Francisco de Assis". Esses versos dizem: "Senhor, não mereço isto./ Não creio em vós para vos amar" (CE, p. 66).

Depois disso, a partir do livro *Fazendeiro do ar*, de 1954, as referências a Deus e à religião passam a ser, de maneira geral, irônicas ou satíricas. Nesse livro mesmo, no primeiro terceto do soneto "Habilitação para a noite", lê--se: "E não quero ser dobrado/ nem por astros nem por deuses,/ polícia estrita do nada" (FA, p. 9).

Em *Lição de coisas*, de 1962, o poema "A santa" diz: "Sem nariz e fazia milagres.// Levávamos alimentos esmolas/ deixávamos tudo na porta/ mirávamos/ petrificados.// Por que Deus é horrendo em seu amor?" (LC, p. 21).

Referências a Deus também pouco respeitosas encontram-se em livros posteriores, sobretudo em *A falta que ama*, de 1968, *As impurezas do branco*, de 1973, *A paixão medida*, de 1980, e *Corpo*, de 1984. Aliás, foi nesse mesmo ano que ele fez, a Maria Julieta, sua filha, que o entrevistava, declarações muito fortes sobre sua posição em relação a Deus. Creio que elas sumarizam o que ele pensava sobre esse assunto. Cito esse trecho da entrevista:

"Maria Julieta: Observo que Deus ocupa um espaço importante, atualmente, em seus versos.

"Carlos Drummond: É verdade, mas você não imagina como Deus me chateia. Não creio nele, numa organização superior que tenha esse nome. O argumento de que não existe nada sem um poder gerador não me satisfaz, porque fico matutando que, se Deus gerou o mundo, quem gerou Deus? Ele é, para mim, uma incógnita, que me preocupa no sentido poético.

"M. J.: Mas não é precisamente a poesia o veículo de suas preocupações fundamentais?

"C. D.: Incluo Deus no grande painel do mistério da vida. Misterioso não é Ele, é a vida, e eu me curvo diante desse mistério, sem adotar explicações metafísicas. Só de uma coisa estou convencido: de que morremos de verdade, morremos mortos" (apud RIBEIRO, 2011, p. 169).

B

Bandeira, Manuel
EDUARDO COELHO

A identidade problemática de Carlos Drummond de Andrade, "sempre descontente e contrafeita", foi investigada por Antonio Candido no ensaio "Inquietudes da poesia de Drummond", em que opôs a *gaucherie* do itabirano à espontaneidade de Manuel Bandeira. Sem culpa, este último tratava "de si, dos seus hábitos, amores, família, amigos, transformando qualquer assunto em poesia pelo simples fato de tocá-lo", conforme palavras do crítico. Antonio Candido ainda ponderou que o "modo espontâneo" de Manuel Bandeira "talvez fosse uma aspiração profunda de Drummond, para quem o eu é uma espécie de pecado poético inevitável, em que precisa incorrer para criar, mas que o horroriza à medida que o atrai" (CANDIDO, 1970, p. 97).

A diferença entre a "inquietude" de um e o "modo espontâneo" do outro já se fazia presente, de certa maneira, no primeiro encontro entre os dois poetas, na casa de Ribeiro Couto, que então morava em Pouso Alto. Em carta de 23 de janeiro de 1926, Manuel Bandeira anunciou a Mário de Andrade: "O Carlos Drummond acaba de telefonar de Passa Quatro que é pertinho daqui. O Couto contou que eu estou aqui e instou com ele para vir ver-nos. Ele vem jantar e dormir" (ANDRADE; BANDEIRA, 2000, p. 270).

Na carta seguinte, escrita em 29 de janeiro de 1926 ainda de Pouso Alto, Manuel Bandeira não fez qualquer comentário a respeito do que havia se passado nesse encontro. Apenas no dia 7 de fevereiro de 1926, sinalizou a Mário de Andrade suas impressões em torno do visitante, que compreendiam, sem maiores detalhes, reprovações ao comportamento do jovem poeta, circunspecto e implicante, e considerações positivas acerca de seus poemas "Ouro Preto",

"Cantiga do viúvo" e "Infância", caracterizados como "deliciosos, perfeitos, definitivos". Apesar das restrições, a conclusão não deixa qualquer dúvida sobre o interesse de Manuel Bandeira por seus versos: "O Drummond jantou aqui conosco. Feinho pra burro. Implicantinho. A gente não faz fé. Couto deu uma esfrega de verve nele. Afinal já no trole a caminho da estação ele riu. Uma semana depois ele escreveu de Belo Horizonte se rindo muito e mandando quatro poemetos, três dos quais deliciosos, perfeitos, definitivos: 'Ouro Preto', 'Cantiga do viúvo' e 'Infância'. Ele é feio mas é de fato" (ANDRADE; BANDEIRA, 2000, pp. 273-74).

No dia 31 de janeiro de 1926, tanto Ribeiro Couto quanto Drummond relataram, a correspondentes, o encontro em Pouso Alto. Ambos apresentaram explicações mais detalhadas do que havia se passado nessa visita entre poetas. Em carta a Martins de Almeida, Couto escreveu sobre a irritabilidade e rebeldia de Carlos Drummond, que aos 23 anos foi incapaz de aderir ao clima irreverente dos velhos amigos da rua do Curvelo, em Santa Teresa, onde Manuel Bandeira e Ribeiro Couto moraram em uma pensão familiar: "Ele é o tipo de poeta estupendo que morre e a gente escreve artigos e livros contando as irritações que lhe causavam os tipos prosaicos, os burgueses, os críticos literários, nós enfim. O Drummond precisava// PASSAR TRÊS MESES COMIGO E COM O MANUEL BANDEIRA// Nós dávamos nele uma surra de risadas, de pilhéria [...]. Ele ficava curado das raivinhas e [...] nunca mais seria capaz de jantar durante meia hora com dois tipos prosaicos como o Manuel Bandeira e eu sem sorrir.// Teria aprendido a// SORRIR// e principalmente a RIR RIR RIR RIR RIR RIR RIR" (CCM, p. 211, nota 37).

Nesse mesmo dia, Carlos Drummond escreveu a Mário de Andrade, deixando evidente o clima de divergências que dominou o referido encontro. Embora não tenham chegado a qualquer acordo, Drummond por fim tratou Manuel Bandeira e Ribeiro Couto como "dois camaradões", de que gostou muito: "Tendo ido a Passa Quatro buscar minha mãe, dei um pulo até Pouso Alto (é pertinho: uma hora) para abraçar o Ribeiro Couto e o Manuel. Um atraso de trem na volta me deixou jantar com eles. Que jantarzinho agradável foi esse, e que pena você não estar presente! Falamos um pouco de tudo e não chegamos a acordo sobre nada. Gostei muito deles dois, se bem que achasse o Ribeiro Couto mais expansivo que o Manuel. Este último é assim mesmo? Porém mesmo assim gostei muito dele. São dois camaradões, não há dúvida" (CCM, p. 188). Nessa ocasião, a irritabilidade de Drummond parece ter irritado Manuel Bandeira, revelando-se menos espontâneo que de costume.

No *Correio da Manhã*, em 4 de abril de 1946, comemorando os 60 anos do poeta, Carlos Drummond de Andrade retornou ao seu primeiro encontro com ele, na crônica "Manuel Bandeira: recordações avulsas", posteriormente reunida em *Passeios na ilha*, de 1952: "Éramos muito discutidores naqueles idos, e não posso lembrar-me de nossas respectivas posições no debate de Pouso Alto. Mas admito que Manuel Bandeira teria razão, a julgar pelo equilíbrio e clareza de sua concepção das correntes modernistas [...]. Outras lições lhe ficaríamos devendo, nós os assanhados de Minas, através da correspondência [...]" (PI, p. 115).

Em 1956, numa entrevista de Carlos Drummond de Andrade a Lya Cavalcanti realizada para a Rádio MEC – posteriormente reunida em *Tempo vida poesia*, de 1986 –, certas informações foram subtraídas e outras acrescentadas em torno desse encontro: "Tomei o trenzinho da Rede Mineira Viação. Lá chegando, tive um alumbramento de moço: ia conhecer não um, mas dois amigos, pois estava hospedado em casa do Couto o Manuel Bandeira, indivíduo mitológico para nós, apesar de manifestar-se em cartas aos rapazinhos de Belo Horizonte. [...] De tudo resultou um poema do Couto que não é dos mais abonadores quanto à minha sociabilidade e ao meu senso vinícula" (CCM, pp. 189-90, nota 14).

Nesse poema de Ribeiro Couto, lido por Carlos Drummond na entrevista, há referências a "discussões fortíssimas, inenarráveis/ em torno do futurismo e da vida" (CCM, p. 190, nota 14). Também menciona o motivo que provocou o seu riso tardio: "Mas no *trolley* pelo caminho da volta/ ao ritmo do cavalo chapinhando no barro vermelho/ diante da tarde azul maravilhosa,/ Carlos Drummond sorriu pela primeira vez,/ não por causa da tarde azul maravilhosa/ mas porque, para vingar-se dele nunca sorrir agradecido à vida,/ Deus mandou o cavalo atirar uma palaca de barro molhado na sua gravata nova/ e Carlos Drummond sorriu pra malícia de Deus" (CCM, p. 190, nota 14).

Talvez, a vingança divina lançada a Carlos Drummond tenha servido indiretamente à criação da "Nova poética", de Manuel Bandeira, publicado em *Belo belo*, de 1948: "Vou lançar a teoria do poeta sórdido./ Poeta sórdido:/ Aquele em cuja poesia há a marca suja da vida./ Vai um sujeito./ Sai um sujeito de casa com a roupa de brim branco muito bem engomada, e na primeira esquina passa um caminhão, salpica-lhe o paletó ou a calça de uma nódoa de lama:/ É a vida" (BANDEIRA, 1970, p. 201).

Nessa entrevista a Lya Cavalcanti, depois de comentar o "exagero" de Ribeiro Couto em torno da sua gravidade durante o jantar, Carlos Drummond afirmou que "a ocasião não deixava de intimidar". Afinal, Manuel Bandeira era um "indivíduo mitológico", o São João Batista do modernismo brasileiro, conforme se tornou conhecido. Em seguida, apontou: "Era um poeta municipal, diante de dois federais..." (CCM, p. 190, nota 14), numa evidente citação do poema "Política literária", dedicado justamente a Manuel Bandeira e publicado em seu livro de estreia, *Alguma poesia*, de 1930. Estes versos parecem estar relacionados ao primeiro encontro entre eles, em Pouso Alto: "O poeta municipal/ discute com o poeta estadual/ qual deles é capaz de bater o poeta federal.// Enquanto isso o poeta federal/ tira ouro do nariz" (AP, p. 34).

Carlos Drummond caracterizou esse primeiro encontro, ainda na entrevista a Lya Cavalcanti, como "um alumbramento de moço", valendo-se de uma palavra fundamental para a lírica de Manuel Bandeira, "alumbramento", presente em seu poema "Alumbramento", publicado em *Carnaval*, de 1919 (BANDEIRA, 1970, p. 74); numa passagem emblemática de "Evocação do Recife", de *Libertinagem*, de 1930: "Um dia eu vi uma moça nuinha no banho/ Fiquei parado o coração batendo/ Ela se riu/ Foi o meu primeiro alumbramento" (BANDEIRA, 1970, p. 116); e no seu livro de memórias, *Itinerário de Pasárgada*, de 1954: "Na minha experiência pessoal fui verificando que o meu esforço consciente só resultava em insatisfação, ao passo que o que me saía do subconsciente, numa espécie de transe ou alumbramento, tinha ao menos a virtude de me deixar aliviado de minhas angústias. Longe de me sentir humilhado, rejubilava, como se de repente me tivessem posto em estado de graça" (BANDEIRA, 1958, p. 22).

Nesse encadeamento de relatos sobre o primeiro encontro, torna-se perceptível que Carlos Drummond de Andrade dedicou uma crescente admiração e assimilação de valores bandeirianos, manifestando exercícios frequentes de aproximação tanto no campo da vida íntima quanto nas experiências criativas. Não que as diferenças se dissolvessem, mas pouco a pouco as ligações entre Drummond e Bandeira se fortaleciam. Em outras palavras, a relação entre eles não se limitou a antagonismos e diferenças.

Na correspondência que começavam a trocar em 1924, antes portanto do primeiro encontro, tornam-se claros alguns pontos de aproximação, como o "provincianismo" e a "técnica de aporrinhado". Ressaltam-se ainda os conselhos do poeta mais velho. Ainda que não tenham mantido uma regularidade frequente por meio da correspondência, Drummond afirmou, na crônica "Manuel Bandeira: recordações avulsas", que a troca epistolar não foi "sistemática e numerosa como a de Mário de Andrade, mas igualmente honesta e rica de alegre conselho" (PI, p. 115).

Em carta de 21 de outubro de 1924, Manuel Bandeira escreveu: "Obrigado pelo que diz de mim. Mostrou ter-me compreendido, o que sempre é tão reconfortante. [...]// A sua admiração nada tem de provinciana e lisonjeou-me grandemente.// Aliás sou provinciano também – um provinciano, de Pernambuco" (BANDEIRA, 1958, v. II, p. 1386). Uma prova desse comportamento em comum, provinciano, se mostra no livro de Manuel Bandeira *Crônicas da província do Brasil*, de 1936, e numa das seções de *Passeios na ilha*, intitulada "Província, minha sombra".

Já em 25 de junho de 1930, Manuel Bandeira indicou semelhanças entre suas poéticas ao escrever sobre o recém-publicado *Alguma poesia*: "Quando eu lia os seus poemas avulsos, não senti nunca o que senti agora relendo-os em livro, isto é, uma grande afinidade entre os nossos lirismos, não sei se é bem isso ou se é uma aproximação de técnica no sentido de depuração lírica. Eu não era assim mas cada vez fico mais. É uma técnica de aporrinhado, de quem não quer fazer as coisas, mas é obrigado a fazê-las e então faz com uma má vontade exata e sincera" (BANDEIRA, 1958, p. 1402).

Se há uma "técnica de aporrinhado", existem também, em suas obras, poemas aborrecidos, como "Poética", "Vou-me embora pra Pasárgada" e "Poema de finados", de *Libertinagem*; "Canção do suicida", de *Estrela da tarde*, de 1960; "Sentimental", de *Alguma poesia*; "Não se mate", de *Brejo das Almas*, de 1934; e "Oficina irritada", de *Claro enigma*, de 1951. Embora existam diferenças de fatura e de concepção de suas "aporrinhações", há, sem dúvida alguma, pontos de interseção, como o desencanto, o esgotamento e a irritabilidade, além da melancolia. Contudo, na lírica de Manuel Bandeira esta não se manifesta como um efetivo entrave à leveza de sua subjetividade, enquanto em muitos versos de Carlos Drummond a melancolia irrompe uma dinâmica dolorosíssima de autopunição e culpa.

Mesmo em relação à fatura há convergências notáveis. No caso da poesia, ambos se lançaram ao aproveitamento e atualização de formas tradicionais da lírica ocidental. Escreveram baladas, canções, cantigas, cantos, elegias, madrigais, noturnos e sonetos. Trata-se de uma característica presente do início ao fim de suas produções, entre as quais há poemas antológicos ou que têm sido frequentemente mencionados pela recepção crítica de seus livros. Na obra de Manuel Bandeira, verificam-se, entre outros, "Madrigal melancólico" em *O ritmo dissoluto*, de 1924; "Noturno da Parada Amorim" e "Noturno da rua da Lapa" em *Libertinagem*; "Canção das duas Índias", "Balada das três mulheres do sabonete Araxá" e "Cantiga" em *Estrela da manhã*, de 1936; "Soneto inglês nº 1", "Soneto inglês nº 2", "Canção do vento e da minha vida" e "Última canção do beco" em *Lira dos cinquent'anos*, de 1940; "Canto de Natal" em *Belo belo*, de 1948; "Elegia de Londres", "Primeira canção do beco" e "Segunda canção do beco" em *Estrela da tarde*, de 1960. Na obra de Carlos Drummond, encontram-se os poemas "Cantiga de viúvo" e "Balada do amor através das idades" em *Alguma poesia*; "Soneto da perdida esperança" em *Brejo das Almas*; "Canção da Moça-Fantasma de Belo Horizonte", "Madrigal lúgubre", "Elegia 1938" e "Noturno à janela do apartamento" em *Sentimento do mundo*, de 1940; "Nova canção do exílio" e "Canto ao homem do povo Charlie Chaplin" em *A rosa do povo*, de 1945; "Canção amiga" e "Canto esponjoso" em *Novos poemas*, de 1948; "Sonetilho do falso Fernando Pessoa", "Cantiga de enganar" e "Oficina irritada" (soneto) em *Claro enigma*, de 1951; "Canção de Itabira" e "Canções de alinhavo" em *Corpo*, de 1984; "Elegia a um tucano morto" no livro póstumo *Farewell*, de 1996, entre outros.

Um aspecto que também aproxima os dois autores pode ser localizado em seus versos de circunstância. No texto "Antes de querer bem", introdução ao livro póstumo *Versos de circunstância*, Marcos Antonio de Moraes destacou a influência de Manuel Bandeira sobre os poemas de Carlos Drummond de Andrade reunidos em três cadernos depositados no Arquivo-Museu de Literatura Brasileira da Fundação Casa de Rui Barbosa e publicados nesse volume organizado por Eucanaã Ferraz. O crítico ainda mencionou, em sua introdução, outras obras de Carlos Drummond de Andrade, como *Viola de bolso*: "Os três cadernos e *Viola de bolso*, afinados pelo mesmo diapasão, figuram, certamente, como reverberação literária de *Mafuá do malungo*, de Manuel Bandeira" (MORAES, 2011, p. 16), que foi lançado em 1948 por João Cabral de Melo Neto com o subtítulo *Jogos onomásticos e outros versos de circunstância*. Em relação aos referidos poemas drummondianos, Moraes ainda constatou: "Ganhava terreno a expressão poética (aparentemente) despretensiosa, evocando pessoas e situações cotidianas" (MORAES, 2011, pp. 13-14), assim como em *Mafuá do malungo*.

Nos *Versos de circunstância* de Carlos Drummond de Andrade encontram-se estas dedicatórias-poemas a Manuel Bandeira: "*A Manuel Bandeira*/ Querido Manuel, a minha/ musa de pescoço fraco,/ ao ver-te, mete a violinha/ no saco" (DRUMMOND DE ANDRADE, 2011, p. 120); "Em *Beija-flores*, de Descourtilz, a M. B.: Na estampa floral/ meu louvor entoo/ a Manuel, manual/ do mais alto voo:// 1961" (DRUMMOND DE ANDRADE, 2011, p. 170); "Dedicatória da *Antologia poética* (de Lisboa)// — Com que sonhas, Antologia?/ — Ai! Com poesia verdadeira./ — Corre então (qualquer dia é dia)/ à casa de Manuel Bandeira" (DRUMMOND DE ANDRADE, 2011, p. 227). Encontram-se ainda estes poemas de circunstância: "IV Pedi às coisas que me dessem/ uma lição, mas verdadeira./ Delas ouvi – rumores, cessem –/ que poesia é Manuel Bandeira" (DRUMMOND DE ANDRADE, 2011, p. 198) e "*A M. B.*/ Teu verso límpido, liberto/ de todo sentimento falso;/ teu verso em que Amor, soluçante,/ se retesa e contempla a morte/ com a mesma forte lucidez/ de quem soube enfrentar a vida;/ teu verso em que deslizam sombras/ que de fantasmas se tornaram/ nossas amigas sorridentes,/ teu seco, amargo, delicioso/ verso de alumbramentos sábios/ e nostalgias abissais,/ hoje é nossa comum riqueza,/ nosso pasto de sonhos e cisma:/ ele não te pertence mais./ 14.11.66" (DRUMMOND DE ANDRADE, 2011, p. 245).

A natureza dos *vers de circonstance* foi descrita por Manuel Bandeira na conferência "O centenário de Stéphane Mallarmé", realizada em 18 de abril de 1952 e publicada, dois anos depois, no volume *De poetas e de poesia*: "O austero conceito de arte a que o poeta sacrificou materialmente a sua vida, não admitiu nunca outra diversão senão aquelas deliciosas bagatelas por ele chamadas *vers de circonstance*: para celebrar festas e aniversários, para enviar um presente – flores ou frutas, ovos de Páscoa, um livro, um leque, um retrato, Mallarmé fazia-o sempre acompanhar de alguns versos onde punha a dupla delicadeza do seu afeto e da sua arte" (BANDEIRA, 1954, p. 39).

Por fim, destaca-se o caráter precursor de Manuel Bandeira referente ao desenvolvimento de uma poesia erótica marcada pela centralidade do corpo. Trata-se de um aspecto destacado por Mariana Quadros em sua tese de doutorado *Carlos Drummond de Andrade: nenhum canto radioso?*: "O erotismo participava do amplo projeto artístico em que o autor empenhara sua obra desde a juventude, quando se aproximara dos modernistas. Libertar a linguagem sobre o corpo era, inicialmente, um modo de ampliar as possibilidades poéticas tolhidas por concepções artísticas obsoletas" (QUADROS, 2014b, p. 29). Em seguida, Mariana Quadros citou um trecho da entrevista de Carlos Drummond de Andrade concedida a Gilson Rebello para o jornal *O Estado de S. Paulo* em 15 de setembro de 1984, em que a influência bandeiriana despontava claramente: "Nossos poetas jamais falavam em púbis e aquilo que Manuel Bandeira teve coragem de dizer, o 'triângulo isósceles perfeito', referindo-se à região pubiana da mulher, não deixou de ser uma inovação" (DRUMMOND DE ANDRADE, apud QUADROS, 2014b, p. 29). A tendência à valorização do corpo liberto se torna evidente sobretudo no poema "Arte de amar", de Manuel Bandeira, publicado em *Belo belo*: "Se queres sentir a felicidade de amar, esquece a tua alma,/ A alma é que estraga o amor./ [...] // Deixa o teu corpo entender-se com outro corpo./ Porque os corpos se entendem, mas as almas não" (BANDEIRA, 1970, p. 202). Na obra drummondiana, essa tendência se manifestou especialmente em *Corpo*, de 1984, e no livro póstumo *O amor natural*, de 1992.

Além da libertação do corpo, existia a libertação de palavras. Esta não se restringiu ao campo erótico, mas se estendeu a uma série de outros motivos, aproveitando-se de palavras atípicas na criação lírica, como estes exemplos tirados de *Libertinagem* e *Alguma poesia*, respectivamente: "cocaína" e "jazz-band" em "Não sei dançar"; "pipi" em "Pensão familiar"; "pneumotórax" no poema homônimo; "tabela de cossenos" em "Poética" (BANDEIRA, 1970, pp. 103, 105, 107, 108) e "forde" em "Também já fui brasileiro"; o célebre "azul de metileno" em "Casamento do céu e do inferno"; "foguete" em "Construção"; "*black-bottom*" em "O que fizeram do Natal" e "macarrão" em "Sentimental" (AP, pp. 16, 72, 17, 33). Enfim, ambos mobilizaram em seus versos um dicionário da vida cotidiana.

A prosa de Carlos Drummond e Manuel Bandeira revela aproximações igualmente evidentes, consistindo num dos índices mais importantes de interseção entre os dois autores. Em "Drummond, prosador", do livro *Recortes*, Antonio Candido observou que em seus livros de crônica há "uma série de escritos de natureza variada"; "alguns que têm características de 'estudo' e manifestam um aspecto muito próprio de Drummond: a solidez da informação, que ele atenua por meio do tom ocasional, como se aquilo estivesse brotando à medida que a pena corre. [...] É o caso da 'Carta aos nascidos em maio' (*Passeios na ilha*), onde o conhecimento quase erudito se dissolve na gratuidade coloquial" (CANDIDO, 2004a, p. 19).

Aquilo que Antonio Candido definiu como "um aspecto muito próprio de Drummond" é, antes, um aspecto muito próprio de certos textos de Manuel Bandeira publicados em *Crônicas da província do Brasil*, bem como a variedade de faturas contemplada através da designação genérica de "crônica". Isso pode ser constatado em "De Vila Rica de Albuquerque a Ouro Preto dos estudantes", "Bahia" e "O Aleijadinho". Por sinal, ambos manifestaram em suas crônicas de "província" uma aderência inestimável a escritas de cunho patrimonial, tendo os dois, inclusive, atuado no Serviço do Patrimônio Histórico e Artístico Nacional – Sphan. A antologia *Rio de Janeiro em verso e prosa*, organizada por Carlos Drummond de Andrade e Manuel Bandeira em 1965, é mais um índice desse interesse patrimonial pelas cidades e por sua cultura imaterial, um interesse que às vezes se deslocava para o campo afetivo. Na obra de Manuel Bandeira, são exemplos disso: "Camelôs", "Mangue", "Evocação do Recife" e "Profundamente", de *Libertinagem*; "Última canção do beco", de *Lira dos cinquent'anos*; "Infância", de *Belo belo*; "Passeio em São Paulo", "Recife" e "Rio de Janeiro", de *Estrela da tarde*. Na prosa, "A festa de N. S. da Glória do Oiteiro", "Recife", "A trinca do Curvelo", "Candomblé", de *Crônicas da província do Brasil*; "Os maracatus de Capiba", "Vitalino", "A antiga trinca do Curvelo", "O largo do Boticário", "Ecos do carnaval" e "Queijo-de-minas", de *Flauta de papel*, 1957, entre outros textos. Na obra de Carlos Drummond, encontram-se os poemas "Lanterna mágica" e "Jardim da praça da Liberdade", de *Alguma poesia*; "O voo sobre as igrejas", de *Brejos das almas*; "Canção da Moça-Fantasma de Belo Horizonte" e "Morro da Babilônia", de *Sentimento do mundo*; "Edifício Esplendor" e "Edifício São Borja", de *A rosa do povo*; a seção "IV Selo de Minas" e o poema "Relógio do Rosário", de *Claro enigma*, entre muitos outros poemas de *Boitempo*. Na prosa, a tendência afetivo-museológica torna-se evidente na seção "Confissões de Minas" do livro homônimo, bem como na seção "Província, minha sombra", de *Passeios na ilha*.

A respeito de *Confissões de Minas*, Milton Ohata escreveu: "Na prosa de ensaio modernista, e guardadas as diferenças, podemos considerar como parte de um mesmo ciclo obras como *Casa grande & Senzala* (1933), de Gilberto Freyre, *Raízes do Brasil* (1936), de Sérgio Buarque de Holanda, e o par mais discreto que *Crônicas da província do Brasil* (1937), de Manuel Bandeira, forma com essas *Confissões de Minas*" (OHATA, 2011, p. 297). Tratava-se de um ciclo modernista, que de acordo com Milton Ohata "buscava na herança colonial um conjunto de forças que fizesse frente ao país oficial das oligarquias e da cultura encasacada. O ponto de fuga seria uma cultura nacional sem patriotada, democrática sem folclorismos [...]" (OHATA, 2011, p. 297).

Observa-se ainda, em algumas de suas "crônicas", o que Antonio Candido designou, em relação a Carlos Drummond de Andrade, como "vocação monográfica, disfarçada às vezes pelo relato impressionista" (CANDIDO, 2004a, p. 19), mas também próxima de um caráter ensaístico, por sinal estimulado por Manuel Bandeira, como se constata na carta de 21 de setembro de 1926: "Onde tenho gostado menos de você é nas entrevistas e artiguinhos: não vale mais a pena brigar nem bancar o desprezo. [...] Preferia que você trabalhasse em algum ensaio: medite que nunca se escreveu inteligentemente sobre os nossos poetas mortos: não há um estudo bom sobre os românticos!" (BANDEIRA, 1958, v. II, p. 1394). O conselho foi seguido por Drummond, que em *Confissão de Minas* publicou a seção "Três poetas românticos". E o interesse pelo romantismo é outro ponto em comum entre os dois autores.

A presença de Manuel Bandeira na obra de Carlos Drummond de Andrade também se localiza, por fim, na "Ode no cinquentenário do poeta brasileiro", de *Sentimento do mundo*; em "O chamado", de *Claro enigma*; "Signos", de *Vila de bolso I*, de 1952; "No aniversário do poeta" e "Declaração a Manuel", de *Viola de bolso novamente encordoada*, de 1955; "Reportagem matinal" e "A. B. C. manuelino", de *Versiprosa*, de 1967; "Desligamento do poeta", de *As impurezas do branco*, de 1973; "Manuel Bandeira faz novent'anos", de *Discurso de primavera*, de 1977, bem como no "Mosaico de Manuel Bandeira", publicado em *Manuel Bandeira: fotobiografia*, que também consta em *Poesia errante*, de 1988 (cf. "Notas de edição", *Passeios na ilha*).

O poeta mineiro ainda publicou "Poética", que abre o terceiro e último número de *A Revista*, de janeiro de 1926. Desenvolveu o projeto gráfico da capa da primeira edição do *Itinerário de Pasárgada* e organizou o livro de crônicas *Andorinha, andorinha*, de 1966. Se referiu mais de uma centena de vezes a Manuel Bandeira em cartas que escreveu a diversos correspondentes. Juntos, eles traduziram o poema "Liberté", de Paul Éluard, publicado em *Poesia traduzida*, de 2011.

Se Manuel Bandeira foi se tornando cada vez mais frequente na obra de Carlos Drummond de Andrade, o mesmo pode ser observado em relação à sociabilidade entre eles, que foi se intensificando, também, através de amigos comuns, como Candido Portinari e Rodrigo M. F. de Andrade. Na crônica "Estive em casa de Candinho", publicada em *Confissões de Minas*, Drummond escreveu: "Há tanta gente na casa, e entretando a casa é um navio solitário, na noite de Laranjeiras.

Sim, efetivamente, falta Mané, Manu ou Manuel. Ele chega daí a pouco, de roupa escura, chapéu escuro, os óculos tão reluzentes. Esse senhor magro e adunco, de boca amaríssima, por que razão é tão desejado? Que poder carrega consigo? Sua calça não é fosforescente; de seus óculos não saltam pombas com letreiros dourados; a mão não traz nenhuma bengala mágica. Que é? Que não é? Sabê-lo-eis daqui a um momento. Eis que a boca amaríssima se abre, os dentes pontudos se mostram, e no sorriso desse homem há um mistério, um encanto grave, uma humildade e uma vitória sobre a doença, a tristeza, a morte. [...] O que ele disser e o que ele não disser terão o mesmo valor, porque todos o amam com adorável respeito e sentem-se intimamente orgulhosos de tê-lo perto" (CM, pp. 81--82). A intimidade entre os dois poetas se revela notável em diversas fotografias depositadas no Arquivo-Museu de Literatura Brasileira da Fundação Casa de Rui Barbosa, em que aparecem lado a lado, às vezes abraçados e sorrindo.

Nos anos 1960, essa relação de amor fraternal se manifestou como dedicação inestimável de Carlos Drummond de Andrade ao velho poeta, então doente, como nos atestam suas páginas de diário, *Uma forma de saudade: páginas de diário*, organizadas por Pedro Augusto Graña Drummond e publicadas em 2017. Nessas páginas, Carlos Drummond de Andrade registrou os "dolorosos últimos dias de Manuel" (FS, p. 109). No dia do enterro de Manuel Bandeira, Carlos Drummond recebeu telefonemas de amigos "contristados" pela sua morte: "Todos sentiram necessidade de dizer-me alguma coisa sobre a morte do poeta", escreveu em seus diários, em 14 de outubro de 1968, o que indica o reconhecimento público da profunda relação que eles estabeleceram entre si. No dia seguinte, o *Correio da Manhã* publicou "Desligamento do poeta", de Carlos Drummond de Andrade: "A arte completa,/ a vida completa,/ o poeta recolhe seus dons,/ o arsenal de sons e signos,/ o sentimento de seu pensamento.// Imobiliza-se,/ infinitamente cala-se,/ cápsula em si mesma contida.// Fica sendo o não rir/ de longos dentes,/ o não ver/ de cristais acerados,/ o não estar/ nem ter aparência./ O absoluto do não ser.// Não há invocá-lo acenar-lhe pedir-lhe.// Passa ao estranho domínio/ de deus ou pasárgada-segunda.// Onde não aflora a pergunta/ nem o tema da/ nem a hipótese do.// Sua poesia pousa no tempo./ Cada verso, com sua música/ e sua paixão, livre de dono,/ respira em flor, expande-se/ na luz amorosa.// A circulação do poema/ sem poeta: forma autônoma/ de toda circunstância,/ magia em si, prima letra/ escrita no ar, sem intermédio,/ faiscando,/ na ausência definitiva/ do corpo fatigado.// Agora Manuel Bandeira é pura/ poesia, profundamente" (DRUMMOND DE ANDRADE, 1968).

Belo Horizonte
IVAN MARQUES

Em 1920, ano em que a família de Carlos Drummond de Andrade passou a residir em Belo Horizonte, a capital mineira tinha apenas 23 anos e 55 mil habitantes. Fundada em 1897, a cidade foi a primeira a seguir no Brasil os padrões modernos da reforma urbana realizada em Paris, sob a direção de Haussmann, em meados do século XIX. O engenheiro responsável pela construção de Belo Horizonte, Aarão Reis, elaborou uma planta com ruas retas e largas, que favoreciam a circulação de veículos. Em todas as cidades que adotaram o modelo parisiense, esse traçado racional e geométrico teve como efeito a expulsão das camadas populares das áreas centrais da cidade, além de dificultar a própria interação das pessoas.

"Eu assisti começar a fazer Belo Horizonte. Isto aqui era um *far-west*, coronel!", relatou uma das personagens do romance *Totônio Pacheco*, de João Alphonsus, um dos principais integrantes do grupo modernista mineiro. "Diziam até que era o pessoal de Ouro Preto, furioso por causa da mudança da capital, que pagava os assassinos" (ALPHONSUS, 1976a, p. 90). A obra de João Alphonsus testemunhou as transformações que ocorriam na cidade. Em *Rola-moça*, o escritor ambientou a narração no morro de onde estavam sendo desalojados os moradores pobres, para higienizar a capital e lhe dar ares mais refinados (ALPHONSUS, 1976b).

Ordem, razão, ciência, progresso – tais eram os valores que faziam de Belo

Horizonte o signo de um novo tempo, em sintonia com o ideário republicano. Além de pôr fim a disputas internas entre as diversas oligarquias mineiras, eliminando forças dispersivas, a cidade aparecia como "sonho de uma ordem" (BOMENY, 1994, p. 42) também por se opor ao traçado sinuoso e barroco de Ouro Preto, símbolo da tradição colonial e de uma sociedade rural e arcaica, que pareciam estar sendo encerradas. Ao mesmo tempo, preservava-se a memória da Inconfidência, uma das bases do mito da mineiridade. A exemplo do estado de Minas, centro geográfico e imagem da unidade nacional, Belo Horizonte teria ruas, avenidas e praças batizadas com nomes de estados brasileiros, tribos indígenas, bandeirantes e poetas do século XVIII – uma espécie de síntese do Brasil. Esta foi também a imagem sugerida por Mário de Andrade no poema "Noturno de Belo Horizonte", do livro *Clã do jabuti*, no qual imaginou um congraçamento de todos os povos brasileiros.

Diversos epítetos foram atribuídos à nova capital: "cidade cartesiana", "cidade espetáculo", "cidade de Minas", "filha primogênita da República", "miradouro de uma civilização". Tal modernidade, porém, causava estranhamento aos habitantes do interior que vieram povoar a cidade, como foi o caso de Drummond e de outros escritores de sua geração. "Por que ruas tão largas?/ Por que ruas tão retas?", perguntou o poeta nascido em Itabira no poema "Ruas", de *Boitempo*, seu livro de memórias. "Meu passo torto/ foi regulado pelos becos tortos/ de onde venho./ Não sei andar na vastidão simétrica/ implacável./ Cidade grande é isso?" (NR, pp. 702-03).

Entre 1920 e 1930, a população de Belo Horizonte dobrou, passando a 116 mil habitantes. Durante muito tempo, porém, a cidade foi apenas um centro político-administrativo. Apenas nos anos 1940, quando Drummond já vivia no Rio de Janeiro, a criação da "cidade industrial" em seus arredores transformaria a capital em centro econômico do estado. Na mesma década, a construção do conjunto da Pampulha, um dos marcos iniciais da arquitetura de Oscar Niemeyer, viria reiterar o caráter inovador da cidade erguida no meio do mato, meio século antes.

Na década de 1920, segundo Drummond, a cidade de Belo Horizonte poderia ser resumida na rua da Bahia. Na parte alta, estavam situados o Bar do Ponto, o Café Estrela, a redação do *Diário de Minas*, o cinema Odeon, o Palácio do Governo. Na parte baixa, ficavam situados os bordéis, frequentados especialmente por Pedro Nava. Em sua crônica "Evocação da rua da Bahia", o memorialista discorreu sobre os hábitos de "descer" e "subir" a rua, que marcaram a sua vivência belo-horizontina. Rachel de Queiroz disse a Nava que aquela cidade não existia: era uma criação feita por ele e Drummond, "para fazer água na boca de todo mundo" (apud ANDRADE, s.d., p. 156). Antonio Candido também dizia que os escritores haviam criado um "mito de Belo Horizonte" (apud ARRUDA, 1990, p. 104), irradiando-o para outros lugares do país.

Na verdade, as representações de Belo Horizonte e de sua incipiente vida urbana que aparecem na obra drummondiana, desde a sua fase modernista, são bastante negativas. "Clamei contra ti, Belo Horizonte, em instantes de fúria triste. Destruí tuas placas, queimei tuas casas, teus bondes", escreveu o poeta numa crônica de 1957, publicada em *A bolsa & a vida*. Em "Viagem de Sabará", texto do final da década de 1920, incluído em *Confissões de Minas*, Drummond evoca o "sortilégio das cidades mortas de Minas, que são as cidades mais vivas de Minas" e deplora a jovem e incaracterística capital: "Belo Horizonte (a menos interessante das cidades mineiras; menos interessante do que qualquer estaçãozinha de estrada de ferro, perdida no mato [...]" (CM, p. 113).

À capital moderna, o poeta prefere a velha cidade colonial. O que tornava Belo Horizonte "incaracterística e fácil" é a sua ausência de passado, o seu vazio demográfico e biográfico. Aos olhos de interioranos como Drummond, a cidade parece artificial, fria e impessoal. As localidades do interior, pequenas e insignificantes como a que foi descrita no famoso poema "Cidadezinha qualquer", são vistas de modo mais afetivo, lírico e sentimental, a despeito das ironias: "Casas entre bananeiras/ mulheres entre laranjeiras/ pomar amor cantar.// [...]/ Eta vida besta, meu Deus" (AP, p. 49).

Em *Alguma poesia*, a seção "Lanterna mágica" – dedicada a diversas cidades, à imitação do "Roteiro das Minas", de Oswald de Andrade – é aberta com um breve poema intitulado "Belo Horizonte": "Meus olhos têm melancolias,/ minha boca tem rugas./ Velha cidade!/ As árvores tão repetidas.// Debaixo de cada árvore faço minha cama,/ em cada ramo dependuro meu paletó./ Lirismo./ Pelos jardins versailles/ ingenuidade de velocípedes.// E o velho fraque/ Na casinha de alpendre com duas janelas dolorosas" (AP, p. 21).

Nessa composição, deparamos com uma representação contraditória da cidade de feições afrancesadas. Apesar de contar apenas três décadas de existência, a mais nova capital do país é chamada enfaticamente de "velha cidade". Aspectos modernos e obsoletos de Belo Horizonte se misturam no poema. A novidade e o refinamento dos "jardins versailles", construído na Praça da Liberdade, sofrem a contraposição de imagens que remetem ao marasmo da "vida besta", como as árvores repetidas. No lugar dos arranha-céus, o que o cromo destaca é a "casinha de alpendre". A velocidade dos automóveis, facultada pelas vias largas, cede espaço para a "ingenuidade de velocípedes". As janelas, personificadas pelo adjetivo "dolorosas", ecoam o verso "devagar... as janelas olham", de "Cidadezinha qualquer". Em Belo Horizonte, o poeta identifica, portanto, o mesmo tédio provinciano que alimenta o seu "lirismo". Como a modernização não se consolida, é possível chamar a cidade de "velha", adjetivo que exprime também intimidade, familiaridade.

Cidade nova, mas tradicional; racionalmente planejada, mas distante do dinamismo moderno. Assim também aparece Belo Horizonte no romance *O amanuense Belmiro*, de Cyro dos Anjos. Ao chegar à cidade, o escritor ficou ofuscado pelas luzes e ruas retas, infinitas. "Largas e vazias eram as ruas da Belo Horizonte de 1923, mas tudo me parecia trepidação, formigamento, em contraste com o paradeiro que Santana me deixara na retina", relatou em suas memórias (apud ANDRADE, s.d., p. 114). A exemplo do seu amigo Drummond, Cyro também julgava a cidade artificial, sem alma, sem passado. "Do alto da colina, contemplei Belo Horizonte, que apenas despertava", anotou o funcionário público Belmiro em seu diário. "Esses palácios e jardins e a majestade das avenidas e praças situam Belo Horizonte fora dos quadros singelos de Minas. Dentro das casas mora, porém, o mesmo e venerável espírito de Sabarabuçu, Tejuco, Ouro Preto e de tantas outras vetustas cidades" (ANJOS, 2006, p. 112-13). Contra esses fantasmas também lutou, no século XIX, a cidade de Petersburgo, modernizada no século XIX, também à imitação de Paris, sem que desaparecesse o atraso da sociedade russa. Segundo Marshall Berman, ali teria emergido, pela primeira vez, o "modernismo do subdesenvolvimento" (BERMAN, 1997, p. 220).

A fachada moderna de Belo Horizonte não escondia o seu caráter de centro rural, quieto e burocrático. O projeto modernizador elaborado pelas elites mineiras era ideologicamente conservador, moralista e excludente. À semelhança da cidade, o modernismo literário que nela se desenvolveu, a despeito do seu ímpeto contestador, seria também marcado pelo tradicionalismo e pela conciliação.

Em sua análise do romance *O amanuense Belmiro*, Roberto Schwarz observou a transferência, para a burocracia da jovem cidade, dos laços pessoais e familiares provenientes dos redutos rurais. Daí teria resultado o que o crítico chamou de convivência de "inconciliáveis", como "o democratismo e o privilégio, o racionalismo e o apego à tradição" (SCHWARZ, 2008, p. 20). Entre a vida citadina e a fazenda, parece não haver diferenças. "Por ser uma extensão do privilégio rural, a sinecura é o posto menos urbano da cidade" (SCHWARZ, 2008, p. 20). *O amanuense Belmiro* é uma espécie de balanço do modernismo de Belo Horizonte, cujo tom discreto, em surdina, segundo Cyro dos Anjos, teria sido extraído desse caráter provinciano da capital mineira.

Bíblia
MARIA CLARA BINGEMER

O diálogo entre teologia e literatura é uma das interfaces do saber que mais crescem hoje em dia, apresentando inclusive nome próprio: Teopoética. Nesse diálogo – que não é confessional – a literatura como arte da palavra faz interface não apenas com uma determinada religião, mas com o divino, a transcendência e as variadas expressões que os seres humanos encontraram para expressar a experiência que os leva para além do alcançável com seus sentidos e sua razão.

Ambas as áreas se vêm entrelaçando e fazendo fecunda interface em crescente ritmo e sempre mais constitutiva forma. Vão assim ganhando espaço e encontrando nos textos literários e poéticos e igualmente nos textos sagrados mediação hermenêutica adequada e inspiradora para um diálogo que resulta em fertilidade produtiva, criação de novas linguagens, comunicação e conhecimento sempre maior da aventura humana.

Carlos Drummond de Andrade é personagem maior quando deste diálogo se trata. Sua poesia, ao longo do tempo, tem tocado e inspirado pensadores que buscam nas entranhas da transcendência a beleza e o sentido, quando não a motivação ética. Ao mesmo tempo, dificilmente poderia ser mais "estrangeiro" no terreno religioso. Drummond manteve em relação à fé uma confessada distância. Porém pesquisadores contemporâneos têm refletido e expressado que essa distância aparentemente abissal e intransponível decorre da verdade de experiências, buscas e impasses que fizeram parte de sua vida e transbordaram em sua poesia.

Em relação a Deus e à Transcendência, poucas coisas instigam mais o pesquisador da religião do que o famoso poema "No meio do caminho" (AP, p. 36). Embora não pretendamos aqui afirmar que a intencionalidade do poeta seja expressar uma crise religiosa nem que a mencionada "pedra" tenha conexão com a fé ou a falta de fé, cremos ser esta uma interpretação possível se damos crédito a estudiosos da poesia drummondiana que afirmam ser para ele poesia e biografia binômio inseparável (SANT'ANNA, 2008, p. 88). A religião – e concretamente o cristianismo católico – como discurso de sentido para a vida e apelo existencial faz parte da experiência do poeta desde sua infância, passada entre os jesuítas no Colégio Anchieta em Nova Friburgo, Rio de Janeiro.

Ali Drummond teve uma experiência de Deus quando ainda bem jovem. O que mais o fascinava era o carisma dos jesuítas, religiosos intelectuais que sempre se notabilizaram por uma vida intensa de estudos e tentativas de fazer dialogar a razão e a fé. Sua brilhante inteligência, que o fez ganhar os primeiros lugares entre os alunos, e mesmo vários prêmios, aliou-se a uma vida espiritual segundo o catolicismo dos padres, recebendo inclusive regularmente os sacramentos da confissão e da comunhão (VILLAS BOAS, 2011).

No entanto, a experiência religiosa de Drummond sofreu um rude golpe com sua expulsão do colégio por "insubordinação mental". A decepção foi dolorosa e profunda, marcando-o por toda a vida. Dito por ele mesmo: "Perdi a fé. Perdi tempo. Sobretudo, perdi a confiança na justiça dos que me julgavam" (entrevista em 1941 à *Revista Academia*). Seria essa a "pedra" que se interpôs no caminho do poeta entre sua sede de verdade e beleza, sua busca de sentido para a vida e a dificuldade de encontrá-lo na fé que fora a sua?

Tudo isso nos serve de pano de fundo para examinar a relação do poeta com as Escrituras. É evidente que Drummond não é um leitor devoto da Bíblia, ou seja, não aborda o texto escriturístico a partir da fé, nele buscando alimento para sua espiritualidade. Porém, não se pode afirmar que sua poesia seja totalmente alheia ao conteúdo sagrado desse livro que é considerado por judeus (Bíblia Hebraica) e cristãos (Bíblia Cristã) como Palavra de Deus. Tanto é assim que em alguns de seus poemas podem se encontrar alusões explícitas ao texto bíblico. A Bíblia é tema e conteúdo, com acentos por vezes negativos, mas também positivos e mesmo inspiradores para o leitor crente.

Um desses é o poema "Visões" (*Versiprosa*, 1967), em que Drummond comenta o Apocalipse, último livro da Bíblia. O poeta itabirano o atribui ao evangelista e apóstolo João, o mais jovem do grupo dos 12 apóstolos e chamado nos evangelhos de discípulo amado. Na verdade, o Apocalipse é escrito muito tempo depois da morte de Jesus, já na virada do primeiro século. Portanto as diversas correntes exegéticas não encontram consenso em afirmar se foi realmente escrito por João Evangelista. Ao longo do livro, porém, o autor – chamado segundo a teologia bíblica de Vidente de Patmos – se identifica várias vezes como "Eu, João".

A fina ironia drummondiana não pode evitar expressar-se ao comentar o texto bíblico, que é riquíssimo em imagens, hipérboles e todos os recursos literários extremos para descrever a vida dos cristãos sob a perseguição do Império Romano e a situação de perigo em que vivem. As visões ali descritas são dissecadas nos versos do poeta: "O Apóstolo São João foi realmente/ um poeta extraordinário como igual/ não houve depois –/ nem Dante/ nem Blake/ nem Lautréamont.// Teve todas as visões antes da gente./ Viu as coisas que são e as que serão/ no mais futuro dos tempos, e que resta/ a prever, a como-ver, aos repetentes míopes/ que somos e não vemos o Dragão/ e nem mesmo o besouro?// Viu animais cheios de olhos em volta e por dentro,/ glorificando Alguém no trono, semelhante/ ao jaspe e à sardônica./ Viu a mulher, sentada na besta escarlate/ de sete cabeças e dez chifres/ e na fronte da mulher leu a inscrição: Mistério./ Viu o Nome que ninguém conhece/ nem saberia inventar, pois se inventou a si mesmo./ Os surrealistas não puderam com ele./ Viu a chave do abismo/ que Mallarmé não logrou levar no bolso./ Viu tudo" (VP, p. 134).

O excesso de visão e sobretudo o excesso do que é visto e explicitado pelo autor do Apocalipse incomoda Drummond, molesta-o e o deixa desconfortável, amante que é da sobriedade e da discrição. O poeta se declara diante do estilo hiperbólico do Apocalipse e reafirma sua aliança com o mundo e a realidade. Não quer ver nem predizer o fim do mundo. É para o hoje e para o que é real que seu interesse se volta. Assim, verseja: "Não, não gostaria de predizer o fim do mundo,/ como sete taças de ouro repletas da ira de Deus/ despejando-se sobre a Terra.// Quero ver o mundo começar/ a cada 1º de janeiro,/ como o jardim começa no areal/ pela imaginação do jardineiro" (VP, pp. 134-35).

Diante de todo esse amor contido e irônico pelas coisas que são e existem, e se oferecem ao sentir e ao experimentar humanos, simplesmente o poeta se desculpa com o apóstolo e vidente: "Desculpe, São João, se meu Apocalipse/ é revelação de coisa simples/ na linha do possível". E passa a enumerar o que vê e como essa visão o move: "Anuncio uma lâmpada, não sete/ (e nenhuma trombeta)/ a clarear o rosto amante:/ são dois rostos que, se contemplando,/ um no outro se veem transmutados./ Pressinto uma alegria, miudinha, trivial, embelezando/ em plena via pública o passante/ mais feio, mais deserto/ de bens interiores.// Profetizo manhãs para os que saibam/ haurir o mel, a flor, a cor do céu./ O mar darei a todos, de presente,/ junto à praia, e o crepúsculo sinfônico/ pulsando sobre os montes. Um vestido/ estival, clarocarne, passará,/ passarinho, aqui, ali, e quantos ritmos/ um pisar de mulher irá criando/ na pauta de teu dia, meu irmão./ Oráculo paroquial, a meus amigos/ e aos amigos de outros ofereço/ o doce instante, a trégua entre cuidados,/ um brincar de meninos na varanda/ que abre para alvíssimos lugares/ onde tudo que existe existe em paz.// E mais não vejo, e calo, que as pequenas/ coisas são indizíveis se fruídas/ no intenso sentimento de uma vida/ (são 20 ou 70 anos?)/ limitada e perene em seu minuto/ de raiz, de folha dançarina e fruto" (VP, pp. 135-36).

Certamente o vidente de Patmos, que precisava escrever em código para as comunidades cristãs perseguidas pelo Império Romano a fim de protegê-las e usava imagens ruidosas e maiúsculas para expressar a gravidade do momento que viviam, encorajando seus irmãos a enfrentarem os que desejavam exterminá-los não se adequaria ao estilo discreto e realista do poeta. Carlos Drummond de Andrade, ao comentar o livro do Apocalipse, que também é chamado da Revelação, revela-se apaixonado pela terra, pela humanidade, vendo ali matéria bastante para uma profecia, uma experiência indizível e mesmo inefável, um milagre como o jardim que começa no areal pela imaginação do jardineiro. Mas isso não impede aos olhos da teologia, que o poema drummondiano seja tudo menos antirreligioso e isento de transcendência. Pelo contrário, é todo ele envolto em uma mística – sim, mística indizível, miúda, enamorada – pelo grande mistério da criação, jardim imaginado no areal, alegria trivial que o mais feio embeleza.

Impressiona ademais neste poema o conhecimento que o poeta tem da Bíblia, inclusive de um texto difícil e complexo como o Apocalipse. O poema "Visões" no mínimo revela um Drummond a quem a leitura do texto bíblico não é estranha nem deixa indiferente, mesmo que seja para ironizá-lo e criticá-lo. E que apesar de seu agnosticismo, não hesita em recorrer à Escritura para expressar sua visão de mundo e sua busca de sentido da existência. Mesmo que seja para ironizar e questionar o que está escrito.

Já no poema "Ceia em casa de Simão" (*Discurso de primavera e algumas sombras*, 1978) o poeta se debruça longamente sobre o texto de Lucas, 7:36-50, esquadrinhando sua beleza e contemplando a interação dos personagens. De novo mostra um conhecimento profundo do texto, indo muito além de uma leitura superficial. Recorda as exigências rituais judaicas presentes na casa do fariseu Simão, que convidara Jesus para cear. E afirma, com pleno conhecimento de causa, que a impureza da mulher, pecadora pública que invade o banquete, impedia totalmente a hipótese de que fosse convidada para aquele festim. Descreve com palavras belas, entre apaixonadas e compassivas, a atitude penitente e arrependida da mulher: "E divisando de Cristo/ o magro vulto sentado,/ a seus pés se joga, súbito/ no pranto mais desatado.// E o pranto, molhando as plantas/ de Cristo, não se exauria./ Era um fogo, eram um tormento/ que nele se dissolvia.// O pé esquerdo e o direito,/ já se lavam nesse orvalho,/ enquanto a mulher semelha/ pomba pedindo agasalho.// Agora os beija. E, ao beijá-los,/ neles vai depositando,/ por força de suas lágrimas,/ um peso que se faz brando.// Eis que Madalena enxuga,/ entre piedosos desvelos/ os pés de Cristo nas tranças/ de seus noturnos cabelos.// Bálsamo tira de um vaso,/ para lentamente ungi--los./ Só quando o aroma se espalha,/ seus membros quedam tranquilos" (DP, pp. 149-50).

O poeta toma a liberdade de nomear a mulher – Maria Madalena –, coisa que o evangelista Lucas não faz. No texto evangélico, trata-se apenas de uma mulher anônima e que era reconhecida como pecadora pública. Portanto estava excluída das refeições judaicas, não podendo sentar-se à mesa com os judeus piedosos: "Em casa tão pura, a impura/ mulher que a todos se dá!// Se Cafarnaum inteira/ lhe censura a vida obscena,/ de quem partira o convite/ a Maria Madalena?" (DP, p. 149).

A tradição identificou a mulher que invade o banquete do fariseu com Maria de Magdala ou Madalena, a melhor amiga de Jesus, aquela de quem expulsara sete demônios. Em nenhum momento, porém, os evangelhos – seja o de Lucas, seja qualquer dos outros – afirmam que os sete demônios que Jesus expulsou de Maria Madalena fossem relativos à sua sexualidade ou à sua vida pública de amor vendido. Nem afirma, em nenhum lugar, que a discípula mais fiel do Mestre de Nazaré fosse uma prostituta. A narrativa patriarcal construiu-se ao longo da história e fez essa identificação na tradição. Mas na verdade, as interpretações exegéticas convergem para a hipótese de que a mulher da ceia em casa do fariseu Simão é sim uma prostituta da cidade, mas não Maria Madalena, que não era pecadora pública, mas sim uma mulher que foi libertada por Jesus de seus demônios vários. Não se detalha na Bíblia quais seriam estes que atormentavam Maria de Magdala. Diz o Evangelho que uma vez liberta, dedicou a vida a seguir o Mestre e difundir sua palavra e mensagem. Não à toa é mencionada pelos evangelistas como primeira testemunha da Ressurreição, anteriormente aos próprios apóstolos.

É bastante compreensível que Drummond ignore essa imprecisão com respeito à identidade da pecadora da ceia na casa de Simão. Só recentemente os estudos bíblicos neotestamentários – em boa parte devido à crítica feminista que questionou a interpretação tradicional dada a Madalena como meretriz – passaram a assumir o distanciamento e diferenciação desta com a mulher do banquete do fariseu. Trata-se de outra mulher, que se infiltra no ritual controlado pelas prescrições judaicas e quebra os protocolos demonstrando até o extremo gestual e penitente seu amor e veneração por Jesus. Sabendo que o poeta Drummond, quando estava no colégio em Friburgo, passou pela experiência dos Exercícios Espirituais de Santo Inácio de Loyola, compreende-se que tenha nomeado a mulher que implode a refeição de Simão como Madalena. Uma das contemplações dos Exercícios – no texto de Santo Inácio no século XVI – se denomina justamente "A conversão da Madalena", e o texto proposto para a oração é a mesma passagem da qual Drummond fez poema: Lucas, 7:36-50. Drummond pode haver recordado a experiência espiritual de sua infância e juventude, e o fruto é este belíssimo poema.

Após o gesto da mulher, o poeta descreve a crise do fariseu Simão, que se questiona interiormente sobre a real condição de Jesus. Será mesmo um profeta aquele que se deixa tocar por uma pecadora, sabendo que ela o torna impuro pelo simples fato de tocar seu corpo? A interpretação drummondiana, no entanto, vai na direção do excesso do amor que atrai o excesso do perdão. Os muitos pecados dessa mulher lhe foram perdoados porque muito amou. O poeta seguramente encontra aí, na figura de Jesus que perdoa e não é inclemente com a humanidade frágil e decaída, revelação diferente do Deus sisudo e juiz que encontrou na sua infância e que lhe transmitia tristeza. Como ele mesmo afirma no poema "Deus triste" (*As impurezas do branco*, 1973): "Deus é triste.// Domingo descobri que Deus é triste/ pela semana afora e além do tempo.// A solidão de Deus é incomparável./ Deus não está diante de Deus./ Está sempre em si mesmo e cobre tudo/ tristinfinitamente.// A tristeza de Deus é como Deus: eterna" (IB, p. 66).

Esse Deus tristinfinito – monótono, tedioso e sem misericórdia – toldou de trevas sua fé, sua juventude, e o fez descrer daquele sentido transcendente que lhe parecia tão luminoso na tenra idade. Drummond se refere a esse Deus triste que permanece após o perdão dado à pecadora nas discussões arrogantes e céticas dos fariseus: "Pasmo, susto, irreprimida/ surpresa nos convidados:/ Quem é o homem estranho/ que até perdoa pecados?" (DP, p. 152). A falta de fé dos pretensos puros apegados às purezas rituais, que não hesitam em atirar sua condenação sobre os ombros dos outros é perturbada pela surpresa, a discussão e confusão: "E enquanto entre si, confusos,/ doidamente discutiam". A insânia dos incrédulos é soberanamente ignorada pelo perdão gratuitamente concedido que faz o pecado abandonar o corpo da mulher e converter-se em "fumaças no campo/ ao sol moreno de agosto/ e na boca arrependida/ ficava um divino gosto" (DP, p. 152).

Lendo o poema da "Ceia em casa de Simão", vemos que a decepção dos jovens anos de Drummond não predominou com força única e absoluta em sua vida. A quarta e última seção deste belíssimo poema bíblico traz versos de uma alegria pacífica e pura: "Esses jantares monótonos,/ em casa de fariseus!/ A festa acabou. Cansaço./ Mas uma ceia mais bela,/ de criatura e de criador,/ se desenrola no espaço,/ pela graça e amor de Deus" (DP, p. 152). A imagem da refeição, do banquete escatólico que Deus o Criador celebra com sua criatura na plenitude dos tempos foi percebida pelo olhar do poeta acontecendo naquela festa de impiedade vencida pela misericórdia na casa do fariseu. A mulher foi perdoada por sua fé publicamente testemunhada e seu excesso de amor. E o Criador que não deseja julgar e condenar, mas antes e além de tudo perdoar e salvar, celebra com a criatura a reconciliação e a salvação. Sublinhamos aqui o fato de Drummond dar nome crente a Jesus, de certa forma reconhecendo-o como Deus: o criador. O poema percebe e leva o leitor a perceber que o que é narrado no texto bíblico é festa que celebra núpcias entre o céu e a terra. O pecado não é mais forte que o amor e o perdão, os quais lavam uma multidão de faltas, abrindo o acesso à vida nova.

Na verdade, percebe-se na relação de Drummond com a Bíblia uma dicotomia. Existe uma separação entre o Deus de Israel, da Bíblia Hebraica e o Deus Pai de Jesus de Nazaré, ocasionando uma cisão que dá a suspeitar que seriam dois deuses distintos. Nessa visão, Jesus e o seu Evangelho teriam vindo fazer algo totalmente novo e dissociado da experiência de Israel. O Deus de Israel seria cruel, ciumento. Dirigiria guerras, enviaria castigos terríveis e exprimiria sua ira cada vez que o povo infiel desrespeitasse sua vontade. O Deus de Jesus, ao contrário, trataria os pecadores com ternura e os envolveria com seu perdão abrindo-lhes o acesso à salvação e à vida eterna.

O que dissemos acima pode se ver e constatar no poema "Acontecimento" (*A falta que ama*, 1968): "O sangue dos bodes e dos touros/ seca no Antigo Testamento./ O maná e a vara dentro da urna/ de ouro/ desaparecem. Na planície/ balouça unicamente/ o berço/ de feno, concha iluminada/ pelo clarão do Paracleto,/ que é justiça e consolo,/ com uma cruz dormindo entre cordeiros./ Nova palavra – Amor – é descoberta/ nas cinzas de outra igual e já sem música./ Desde então, fere mais a nostalgia/ do sempre, em nosso barro" (AF, p. 22).

Drummond inicia afirmando que a simbologia religiosa da Bíblia Hebraica secou nos sacrifícios de animais que já não são oferecidos e nos objetos rituais guardados e esquecidos. E surpreendentemente descreve o advento do cristianismo em termos trinitários: o berço de feno que porta uma cruz dormindo entre cordeiros aponta claramente para o Filho de Deus, o Verbo Encarnado que a tradição cristã proclama na pessoa de Jesus de Nazaré, o carpinteiro filho de Maria, crucificado e ressuscitado. O berço parece concha iluminada pelo clarão do Paracleto. O poeta emprega aqui o termo que o quarto evangelho, de autoria de João, usa para designar o Espírito Santo, terceira pessoa da Santíssima Trindade cuja vinda o Filho anuncia às portas de Sua Paixão, nos capítulos 14 a 17.

Esse Paracleto – palavra grega que quer dizer advogado, defensor, consolador – habitará em cada fiel, conduzindo-o a toda a verdade sobre Jesus Cristo, dando-lhe força para o testemunho e para a provação. Ele consolará a comunidade deixada órfã pela morte do Mestre e enxugará toda lágrima de seus olhos. Fará justiça a Jesus, recordando o que disse e fez e conduzirá à plenitude da verdade aqueles que por ele se deixarem guiar. A esses, consolará e animará.

Drummond identifica nesse berço da humanidade divina do Salvador iluminado pelo Espírito Divino o lugar de nascimento da palavra "amor", substituindo outra palavra, que já não tem música. O amor é o novo nome de Deus e foi proclamado e vivido por Jesus. Assim o afirma a Primeira Carta de João, capítulo 4, v. 16. O amor que perdoou pecados, curou doentes, redimiu prostitutas e publicanos, e recusou impor-se pelo poder e pela força, entregando-se ao sacrifício que lhe veio ao encontro é o novo nome, ou melhor, o verdadeiro nome de Deus.

Essa revelação que o cristianismo proclama parece ser assumida aqui pelo poeta. O acontecimento da Encarnação e da vinda do Espírito. No entanto, o último verso fala da nostalgia do sempre em nosso barro que seria ferida pelo amor, pelo Deus que é amor e que abandonou o Deus terrível do Antigo Testamento, juntamente com o sangue de bodes e cabras e os objetos rituais da Antiga Aliança que o celebrava.

Segundo Irineu, um padre da Igreja do segundo século, o Filho e o Espírito são as duas mãos do Pai que nos tocam. Drummond não parece reconhecer o Pai amoroso, o Abba de Jesus nesse Deus anunciado pela encarnação do Filho. Seu distanciamento do Deus do Judaísmo, do qual se fez uma imagem triste, cruel, distante, acaba por separá-lo do acontecimento cristão, que ele, no entanto, vislumbra na humanidade amorosa do Filho Encarnado. Chama a atenção que Drummond nomeie esse Filho sempre com seu título messiânico de glória: Cristo. Podemos constatar isso não nesse poema que agora comentamos, mas nos anteriores, também referidos ao Novo Testamento. Não chama o poeta aquele que foi reconhecido como Messias e Salvador pela primeira comunidade cristã com o nome Jesus, anunciado pelo Anjo a sua mãe Maria, mas sim por seu título, Cristo, que significa: o Ungido, o Messias.

Podemos ver uma confirmação dessa interpretação do distanciamento do Deus do Antigo Testamento neste outro poema intitulado "Remate" (*Lição de coisas*, 1962), onde se refere à conhecida parábola do evangelho de Lucas, no capítulo 15:11-32, do pai que tinha dois filhos, dos quais o mais novo pediu sua parte da herança e se foi. Dilapidou tudo que lhe fora dado e voltou arrependido. O pai o recebeu com festa e carinho, sem sequer falar na partida e na traição, provocando inclusive os ciúmes do filho maior.

O poeta faz outra interpretação, de uma orfandade às avessas, descrevendo o filho pródigo que volta a uma casa onde não está o pai, mas apenas um vazio de ausência. "Volta o filho pródigo/ à casa do pai/ e o próprio pai é morto desde Adão./ Onde havia relógio/ e cadeira de balanço/ vacas estrumam a superfície./ O filho pródigo tateia/ assobia fareja convoca/ as dezoito razões de fuga/ e nada mais vigora/ nem soluça./ Ninguém recrimina/ ou perdoa,/ ninguém recebe./ Deixa de haver o havido/ na ausência de fidelidade/ e traição./ Jogada no esterco verde/ a agulha de gramofone/

varre de ópera o vazio./ O ex-filho pródigo/ perde a razão de ser/ e cospe/ no ar estritamente seco" (LC, p. 39).

Aqui vemos, diante da famosa parábola do Filho Pródigo, sempre entendida como o perdão incondicional e amor infinito do Deus Pai, a perplexidade amarga do poeta que afirma que o próprio pai é morto desde Adão. Em Adão e no Jardim do Éden, Deus teria sido morto pelo pecado original? E assim, esse Deus que uma vez traído não ofereceria caminho de volta, fazendo com que o filho se torne ex-filho pródigo, ou seja, que em lugar de encontrar o abraço misericordioso encontre estrume, vazio, ausência e secura? Sua atitude então não seria o arrependimento redentor, mas sim o cuspe que manifesta a rejeição e o distanciamento definitivo desse pai que está morto desde Adão e não é encontrado na casa para onde volta o filho.

Se toda a revelação da Bíblia Cristã deseja apresentar, pela pessoa de Jesus, um Deus da graça e da misericórdia e não um Deus dos méritos, das rubricas e prescrições sufocantes, Drummond parece ter dificuldade em experimentá-lo. Talvez, mais precisamente, poderíamos dizer que sim, o experimenta, mas intermitentemente. Enquanto no poema da "Ceia em casa de Simão" oferece um verdadeiro canto ao perdão e ao amor entre o criador e a criatura que vence a estreiteza dos juízos humanos, aqui a solidão do pecador – ex-filho pródigo – parece irremissível.

Este percurso pela poesia de Drummond que dialoga com a Bíblia nos parece, finalmente, extremamente revelador do que foi durante a vida a relação entre o poeta e Deus. Na verdade, Drummond teve nas origens de sua fé um trauma que obstaculizou o desabrochar fecundo e maduro de sua experiência de Deus. Seria essa talvez a pedra no meio do caminho de sua existência? Ao menos cremos ser legítimo afirmar que seria uma das pedras que lhe impedia ou ao menos dificultava a caminhada. A injustiça e a incompreensão humanas golpearam de morte qualquer chance de proximidade de Deus.

No entanto, esse Deus "perdido" em certo momento jamais se ausentou da vida do poeta. Em lugar disso, recebeu outros nomes, sintonizados com as grandes experiências existenciais que se delinearam em seu horizonte e foram transbordar em seus poemas. Seriam esses nomes, por exemplo o sentido da vida, a justiça, o perdão, o amor, a alegria do mundo. E por muitas vezes a leitura das Escrituras lhe deu as palavras que se tornaram, sob sua pena, inspirados poemas. Os que aqui comentamos são apenas alguns onde o poeta diretamente dialoga com o texto bíblico. Mas toda a sua obra é um diálogo incessante com a visão de mundo que a Bíblia registra e que provém da experiência humana diante de um Deus que é palavra e pessoa.

Em vários momentos de sua vida, Drummond olha a Deus como uma ameaça a sua felicidade. Como, por exemplo, no poema "Ele" (*Boitempo*, 1979). Quem é "Ele"? Um "olho-triângulo/ devassa o país do mato-dentro" (BII, p. 294). Trata-se da tradicional representação de Deus como um olho dentro de um triângulo com a legenda "Deus me vê" que assombrou gerações em relação ao corpo e à sexualidade. Aquele olhar persegue o poeta e o faz sentir culpa como ele mesmo diz em seus versos: "No escuro me vê/ e me assusta./ No claro me deixa sozinho/ sem um sinal, um só/ que me previna.// O que faço de errado,/ principalmente o que faço/ de gostoso,/ tudo lhe merece/ a mesma indiferença/ enquanto vou fazendo./ Tarde é que ele mostra/ sua condenação" (BII, p. 294).

Sente-se perdido e sozinho e nomeia então a Ele, a esse que é fonte de sua solidão e sua culpa: "Só agora percebo/ que condenado fui/ a fazer e provar/ a pena interior.// Seu nome (e tremo) é Deus do catecismo" (BII, p. 294). Esse tremor é expressão do Deus que lhe foi apresentado no catecismo que estudou no colégio e que o espia e condena, não o fazendo experimentar perdão e consolo. E no poema "Deus e suas criaturas" o poeta continua a debater-se no aparente absurdo e angustiante silêncio no qual Deus deixa as obras de suas mãos: "Deus é assim: cruel, misericordioso, duplo./ Seus prêmios chegam tarde, em forma imperceptível./ Deus, como entendê-lo?/ Ele também não entende suas criaturas,/ condenadas previamente sem apelação a sofrimento e morte" (C, p. 37).

A esse Deus incompreensível, no entanto, Drummond se dirige muitas vezes. Como no famoso "Poema de sete faces" (*Alguma poesia*, 1930), onde mais uma vez dirige-se a Deus usando uma expressão bíblica, aquela que os evangelistas testemunham ter sido pronunciada por Jesus no momento de sua Paixão, na cruz: "Meu Deus, porque me abandonaste/ se sabias que eu não era Deus/ se sabias que eu era fraco" (AP, p. 11).

A poesia drummondiana, na verdade, é marcada por uma constante e intensa luta com Deus. Nesse combate, criatura e criador se estranham, se calam, se distanciam. Mas também discutem, se questionam, se agridem, se viram as costas. Porém, às vezes fazem festa. Se o grande legado do monoteísmo judaico e cristão foi apresentar um Deus transcendente e pessoal que dialoga com as criaturas e ouve seus clamores, Drummond é sem dúvida um representante mais que legítimo dessa tradição. No entanto, sua relação com esse Deus toma quase sempre a forma de um combate. Como ele mesmo o afirma no poema assim chamado – "Combate" (*Corpo*, 1984) – que parece evocar o magnífico texto de Gênesis 32:22-32, da luta de Jacó com o Anjo: "Nem eu posso com Deus nem pode ele comigo./ Essa peleja é vã, essa luta no escuro/ entre mim e seu nome./ Não me persegue Deus no dia claro./ Arma, à noite, emboscadas./ Enredo-me, debato-me, invectivo/ e me liberto, escalavrado./ De manhã, à hora do café, sou eu quem desafia./ Volta-me as costas, sequer me escuta,/ e o dia não é creditado a nenhum dos contendores./ Deus golpeia à traição./ Também uso para com ele táticas covardes./ E o vencedor (se vencedor houver) não sentirá prazer/ pela vitória equívoca" (C, p. 38).

Como na luta de Jacó com o mensageiro divino, na luta do poeta Carlos Drummond de Andrade, a quem foi profetizado que sua vocação era ser *gauche* na vida, não houve vencedores nem vencidos. Mas, sim, houve a benção dada e recebida – como a que Jacó recebeu – que se traduziu em poesia, em beleza que se revela nos espaços infinitos e na cotidianidade miúda; poesia que inspira porque segue o sopro e a palavra na busca por sentido que desde sempre define a condição humana.

Boitempo

SILVANA MARIA PESSÔA DE OLIVEIRA

Entre os anos de 1968 e 1979, Drummond, já sexagenário, publica uma trilogia que irá constituir, no conjunto de sua obra poética, uma ampla e bem montada revisitação de temas, motivos e questões de sua poesia, notadamente aqueles relacionados à memória.

No espaço de onze anos aparecem *Boitempo & A falta que ama* (1968, primeira edição, editora Sabiá), *Menino antigo* (1973, primeira edição, Livraria José Olympio Editora) e *Esquecer para lembrar* (1979, primeira edição, Livraria José Olympio Editora). Posteriormente, os três livros são reunidos em um único volume, *Boitempo* (Record, Nova Aguilar), como passa a ser conhecida a antiga trilogia. É de se notar que o título recupera o neologismo contido na denominação do primeiro volume e chama a atenção para a ênfase dada, pelo poeta, aos métodos de reelaboração operados pela escrita da memória, que é vista como processo similar ao lento ruminar dos herbívoros, na sua atividade de remascar e remoer o alimento.

Embora seja, por vezes, considerada "obra da velhice", os poemas que integram a trilogia denominada *Boitempo* (I, II, III), sintetizam, de modo unívoco, tanto as principais linhas de força quanto as correias de transmissão centrais da poesia drummondiana; no seu vasto conjunto de cerca de 446 peças traça um extenso, minucioso e complexo painel da cultura brasileira e de suas principais inflexões nas primeiras décadas do século XX. Em visão mais restrita, trata-se de bem-sucedida tentativa de exercitar, retrospectivamente, uma "percepção direta do mundominas" (BII, p. 92). Estruturados em vinte e duas partes, com um planejamento rigidamente calculado, em sequência aparentemente linear estas seções surgem como tentativa, à primeira vista, de organizar a experiência e o vivido, a fim de sobre eles debruçar-se. É de se reparar como a ordem de entrada das seções revela o interesse do poeta em apresentar os cenários e as personagens que contracenam com o sujeito de memória neste projeto de revisitação simbólica de lugares, tempos, enredos e personagens. Veja-se: "Caminhar de costas", "Vida paroquial", "Morar", "Bota e espora", "Notícias de clã", "Um", "Percepções", "Relações humanas", "Outras serras" (*Boitempo I*); "Pretérito mais-que-perfeito"; "Fazenda dos 12 vinténs ou do Pontal"; "Repertório Urbano", "O pequeno e os grandes" (*Boitempo II*); "Bens de raiz", "Fazenda dos 12 vinténs ou do Pontal e terras em redor", "Morar nesta casa", "Notícias de clã"; "O menino e os grandes"; "Repertório urbano"; "Primeiro colégio"; "Fria Friburgo"; "Mocidade solta" (*Boitempo III*). Tal disposição mostra como o poeta organiza a reflexão sobre certo passado (por ele encarado como "procissão de fatos"), ao mesmo tempo que o dispõe como se fosse um mapa, à maneira de um guia de viagem, onde vai destacando os principais pontos a serem visitados: a fazenda, a casa, a família, o sujeito de memória, as duas cidades onde primeiro habita: Itabira e Belo Horizonte. Trata-se, pois, de uma bem elaborada proposta de roteiro para entrada nesse universo de memória e escrita.

Com efeito, em *Boitempo*, o tempo da memória quer ser o tempo do "mundominas", tempo da infância e juventude, porém visto sob as lentes de um "depois" enunciativo isento de idealizações ou quimeras. A nota dominante de "Justificação", poema de abertura do segundo livro, *Menino antigo*, e da seção "Pretérito mais-que-perfeito" é o tom elegíaco, que parece resultar da consciência – sempre presente – da perda, e que atesta, num primeiro momento, as profundas transformações históricas às quais a velha ordem agrário-pastoril acha-se submetida. Sendo tempo de Minas, engloba tanto esta dimensão mais arcaizante dos modos de produção, representada pela pequena cidade de província que é a Itabira da infância de Drummond – e que, no entanto, está prestes a se tornar polo de exportação de minério de ferro –, quanto a esfera republicana configurada pela jovem capital mineira, planejada a régua e compasso para ser o centro do poder estadual, em substituição à antiga Ouro Preto, coração da ordem colonial mineradora e escravocrata. Neste roteiro de apresentação de uma cartografia da memória (que são as latitudes itabiranas e belo-horizontinas), os contrastes e contradições da sociedade brasileira acham-se cabalmente expostos e pensados. O sujeito de memória apresenta-se, então, marcado por esta tensão, este conflito que jamais verá atenuado, sequer apaziguado: "Não é fácil nascer novo. [...] Com esta capela por cima, esta mina por baixo./ Os liberais me empurram pra frente,/ os conservadores me dão um tranco,/ se é que todos não me atrapalham./ E as alianças de família,/ o monsenhor, a Câmara, os seleiros,/ os bezerros mugindo no clariscuro, a bota/ o chão vendido, o laço, a louça azul chinesa,/ [...]/ Nascer de novo? Tudo foi previsto/ e proibido/ no Antigo Testamento do Brasil" (BII, p. 23). Os obstáculos que se apresentam ao sujeito da escrita parecem ser análogos à dificuldade por ele assumida de voltar o olhar para o passado, de operar, criticamente, a lembrança, reprocessando-a no "pilão de pilar lembranças".

Sabe-se da obsessão de Drummond em figurar a memória como "coleção de cacos", como a atestar a sua natureza fragmentária e perecível. Como incompleta e fragmentária é a memória conforme aparece nos poemas "(In)memória", "Documentário" e "Intimação" que abrem *Boitempo I*, *Boitempo II* (*Menino antigo*) e *Boitempo III* (*Esquecer para lembrar*), os três volumes publicados pela editora José Olympio, podendo muito bem funcionar como epígrafes deste monumental projeto de escrita. Como avisos a indicar uma espécie de orientação teórica sobre a memória e como balizas a sinalizar os caminhos a serem percorridos, há, em "(In)Memória", "Documentário" e "Intimação" uma única proposição: a de que a poesia a que se vai aceder não pressupõe qualquer desejo de identificação com o mero resgate ou preservação de informações do passado. Na condição de faculdade humana, a memória caracteriza-se por seu dinamismo, por sua capacidade de atualizar e mobilizar percepções, vivências, emoções, por vezes oriundas de um tempo remoto, que são, então, postas em circulação e atualizadas no presente enunciativo. Este saber, Drummond faz questão de anunciar em "Documentário". Aí, um viajante, incógnito, erra por uma paisagem "solunar", desértica, inóspita, hostil. Como se não confiasse no que vê a olho nu (ou movido pelo desejo de tornar perenes as imagens que vê, não se sabe bem) mune-se de um dispositivo óptico, uma câmera de filmar, como a indicar a pretensão de distanciamento e de isenção neste possível "retorno" à terra natal e ao cenário da infância. Vejam-se os versos iniciais do poema: "No Hotel dos Viajantes se hospeda/ incógnito./ Lá não é ele, é um mais-tarde/ sem direito de usar a semelhança./ Não sai para rever, sai para ver/ o tempo futuro/ que secou as esponjeiras/ e ergueu pirâmides de ferro em pó/ onde uma serra, um clã, um menino/ literalmente desapareceram/ e surgem equipamentos eletrônicos./ Está filmando seu depois" (BII, p. 17). É notável como se apresentam, nos versos destacados, as coordenadas teóricas do projeto memorialístico drummondiano. Não se tem a ilusão de possibilidade de resgate do que quer que seja, tampouco o desejo de reviver artificialmente sensações e emoções pretéritas, "o enternecimento disponível na maleta". A máquina de filmar, correlato da escrita, sinaliza para a consciência de que só a arte, com seu grande olho mágico e açambarcador, pode dar conta de apresentar, ao sujeito, saídas para os impasses que lhe são impostos pela memória. A câmera, que "olha muito olha mais" é esse olho lúcido e crítico, distanciado e distanciador, capaz de bem registrar e armazenar, em um poderoso e eficiente mecanismo. Trata-se, da parte do sujeito da memória, de uma visão em preto e branco, desencantada e em franco processo de reflexão.

De forma análoga, na abertura de *Boitempo I*, o poema "(In)Memória", à maneira de uma pedra tumular, inscreve e faz retornar, novamente, o conceito que dá a tônica deste tempo de ruminação disfórica que é *Boitempo*: memória que se sabe fragmentada, não toda, e precária: "De cacos, de buracos/ de hiatos e de vácuos/ de elipses, psius/ faz-se, desfaz-se, faz-se/ uma incorpórea face/ resumo de existido" (BII, p. 19). Impossível não atentar para o jogo homonímico contido no verso "faz-se, desfaz-se, faz-se", num movimento que logra apresentar a dissolução do sujeito, neste antirretrato similar ao do poema anterior, em que a câmera consegue apenas captar, do sujeito, a "inexistência abismal/ definitiva/ infinita" (BII, p. 18).

Para quebrar o tom grave e reflexivo de "Documentário" e "(In)memória", "Intimação" propõe, de forma algo jocosa e irônica, a conjunção de presente e passado, como que a corroborar a percepção de que para o poeta não existe um passado a ser resgatado pela memória (o que poderia condenar ao fracasso qualquer tentativa de projeto de escrita de memórias); há antes um tempo a ser reencontrado e reinventado, tese que será, então, o sustentáculo do livro. Por isso, o pedido em tom de autoridade e exigência contido no diálogo simulado em "Intimação": "– Você deve calar urgentemente/ as lembranças bobocas de menino./ – Impossível. Eu conto o meu presente./ Com volúpia voltei a ser menino" (BII, p. 20).

Não se pode desconsiderar a advertência feita pelo poeta nesses três poemas: não se trata de descrever, nem sequer de interpretar o passado. Trata-se, sobretudo, de realizar, a partir dele e com ele, um gesto de invenção, de releitura muitas vezes, de desleitura outras tantas, o que não quer dizer que os acontecimentos e fatos vividos tenham perdido significado e importância. O olho que filma a paisagem procura dela manter um distanciamento confortável, para que possa captar, inclusive, o desfazimento do próprio sujeito, cujo futuro encontra-se barrado pelo horizonte finito da inexistência, portanto, da morte. Neste sentido, em *Boitempo*, Drummond constrói, proustiana e racionalmente, um monumento à memória (seja ela voluntária ou involuntária), como que a assinalar o caráter ambivalente e complexo dos mecanismos que regem o lembrar e o esquecer.

Com efeito, o movimento pendular de lembrar e esquecer, sabe-se, constitui o próprio estatuto da memória, a mais secreta lei de sua produção, tornando-se, assim, inseparável de uma reflexão acerca das três instâncias da temporalidade: passado, presente, futuro. Por sua vez, o sujeito da escrita e da memória mostra-se ambivalente em relação a estes dois fenômenos: "De um lado, o esquecimento nos amedronta. Não estamos condenados a esquecer tudo? De outro, saudamos como uma pequena felicidade o retorno de um fragmento de passado arrancado, como se diz, ao esquecimento" (RICOEUR, 2007, p. 427). Como é patente na obra poética drummondiana, a sobrevivência, na memória, de traços e restos, seja de objetos simbólicos, seja de experiências e percepções, ativa um desejo de escrita que se apresenta contra o esquecimento destruidor, em nome de um esquecimento que preserva. Está-se, então, diante de um paradoxo: é o esquecimento que torna possível a memória, que a condiciona e acondiciona. A indecidibilidade de sentido – fundante, estruturante – existente na base deste binômio é explorada magistralmente pelo poeta, que, através dela, pode vislumbrar uma similaridade de operações comuns ao "esquecer para lembrar", já que o trabalho do esquecimento caminha lado a lado com o trabalho da lembrança.

Na mesma direção segue Harald Weinrich, no seminal *Lete: arte e crítica do esquecimento*. No capítulo em que analisa a poesia de Paul Valéry, argumenta que à memória é atribuído, necessariamente, um "elemento de esquecimento", na medida em que o passado tem, ironicamente, de esquecer pelo menos que passou: "*le passé oublie qu'il est passé*" (WEINRICH, 2001, p. 204).

De fato, a consciência da perda se revela inerente ao trabalho de rememoração, o que atesta o caráter problemático do modo de permanência do passado no presente; neste sentido, o poema será uma espécie de lugar onde a linguagem se organiza (e se constrói) em torno de um passado vicário e de um presente em permanente fuga. No caso de Drummond, *Boitempo* constitui um laboratório "verbal, retórico e poético" de inegável força de teorização da memória e de apresentação de configurações culturais, onde habitam e se cruzam o histórico e o poético, em condições análogas. Por isso, na obra em pauta, não há, entre a poesia e a memória, compartimentos estanques; existe, antes, uma tensa coabitação. Resulta daí que se pode aproximar do poeta o historiador, pelo menos aquele tipo de historiador que procura compreender o passado como o lugar do "retorno" de possibilidades de sentido latentes e ocultos, à espera de serem trazidos à luz. Paul Ricoeur é um dos que concebe o historiador como alguém que "não tem apenas como contraponto mortos, para os quais ele constrói um túmulo escriturário; ele não se dedica apenas a ressuscitar viventes de outrora, que não existem mais, mas que existiram; ele se dedica a reapresentar ações e paixões" (RICOEUR, 2007, p. 396).

É curioso notar que em *A paixão medida* (1980), livro dado à estampa no ano seguinte à publicação de *Esquecer para lembrar*, Drummond retoma (como se mandasse um recado à crítica e aos leitores), de modo pungente, o tema da memória e figura o poeta como aquele que, à maneira do historiador, tem o poder e a prerrogativa de dar um passo suplementar, tornando-se também ele o homem da retrospecção tanto na matéria da História quanto na do poema: "Veio para ressuscitar o tempo/ e escalpelar os mortos,/ as condecorações, as liturgias, as espadas,/ o espectro das fazendas submergidas,/ o muro de pedra entre membros da família,/ o ardido queixume das solteironas, / os negócios de trapaça, as ilusões jamais confirmadas/ nem desfeitas./ Veio para contar/ o que não faz jus a ser glorificado/ e se deposita, grânulo,/ no poço vazio da memória. / É importuno,/ sabe-se importuno e insiste,/ rancoroso, fiel" (PM, p. 28). O poeta, ao representar o papel do historiador e a ele se comparar, não pretende, todavia, se perder no pesar e na nostalgia, muito embora, imerso na descontinuidade dos acontecimentos, tenda, frequentemente, a tomar a passagem do tempo como melancólica fratura ou atroz dilaceramento. Para tentar construir um fio de sentido que seja capaz de distribuir, a partir de um ponto de referência que é o presente (mas que explode em duas direções, reduplicando-se em passado e futuro), o poeta afigura-se como sujeito de memória, alguém pretensamente capaz de fazer falar os mortos. Em *Boitempo*, tal pretensão aparece, preferencialmente, sob a forma de certos *topoi* recorrentes: os espaços, os objetos de memória, que são tratados como verdadeiras incrustações de tempo e sentido, espirais tanto do coletivo quanto da subjetividade.

Levando-se em conta, novamente, a pista fornecida nas epígrafes (os três poemas avulsos), pode-se constatar que nos quatrocentos e tantos poemas de *Boitempo* exibe-se um rol de coisas, lugares, seres e personagens que engendram uma secreta lei interna e a condicionam à criação de uma estrutura, uma organização calculada e racional. Nada está fora de lugar, tudo se encaixa à perfeição, ao mesmo tempo em que, na esfera do vivido, tudo é perda jamais apaziguada. Assim é que no sentido mais lato, o da memória como configuração antropológica, apresenta-se um desfile de práticas culturais (festas religiosas, vida social, vida escolar, usos e costumes, fauna e flora, fatos históricos marcantes, como a eclosão da Primeira Guerra Mundial), uma galeria de personagens que, mesmo nomeadas, não escapam ao anonimato e se confundem com tipos sociais (Sá Maria, a preta velha contadora de histórias, entre outras funções; Dodona Guerra, a louca; Márgara, a mulher vestida de homem; Ambrósio Lopes, o suicida; Sofia, a mãe solteira; o santeiro Alfredo Duval, que já aparecera em "Confidência do itabirano", só para citar alguns), a que se juntam os membros do clã familiar (e os agregados) e as personalidades importantes da cidade, como o vigário, os vereadores, os comerciantes, os ingleses da mina, em um primeiro momento. Posteriormente, à medida que o mundo se amplia com a "saída da casa paterna", entram em cena os professores, os amigos, alguns dos quais passariam ao cânone da literatura brasileira (Pedro Nava, Emílio Moura, Abgar Renault, João Alphonsus) e uma nova forma de viver. Nesta segunda etapa, a da denominada "Mocidade solta", a vida, a princípio, é vivida "sob inspeção" tanto na casa paterna quanto no colégio interno; depois, à largueza das ruas da capital mineira acrescenta-se a amplidão da experiência urbana, com a ida aos bares e cafés, a frequência às salas de cinema e de concerto, a constatação do vaivém nas lojas e confeitarias. Não se pode esquecer do convívio com os colegas aspirantes a escritor, a ida à livraria Alves, única da cidade, a iniciação literária, enfim, todo um viver citadino, que tem seu ponto culminante, encenado já nos poemas finais do livro, com a formatura no galhofeiramente referenciado "cursinho físico-químico" (a evidenciar o incômodo do poeta com a profissão de farmacêutico, nunca exercida) e o emprego como redator do jornal do conservador Partido Republicano Mineiro, ofício visto pelo poeta como o da "perfeita ironia: a mão tece ditirambos/ ao partido terrível. E ele me sustenta" (BIII, p. 255).

Sob este ângulo de visão, o ter de ordenar os acontecimentos segundo a sua sucessão temporal, estabelecer a igualdade de durações síncronas, acrescentar uma duração à outra e a sua soma a uma terceira (o tempo da enunciação), dividir a duração em unidades de tempo susceptíveis de serem repetidas em qualquer intervalo temporal constituem o cerne de uma aprendizagem e uma tarefa que ocupa o sujeito de memória ao longo de todo o livro. Por outro lado, no sentido estrito de uma memória metonímica, uma profusão de objetos é exibida como em vitrine e dão a ver, em escala menor, os usos e costumes da província, aos quais o sujeito parece lançar um olhar dúbio, ao mesmo tempo pungente e irônico. Na condição de metonímias, evocam sentidos de perda e fracasso ruinoso, mantendo uma espécie de halo de finitude que envolve todo o projeto de escrita de *Boitempo*. Tais objetos, dir--se-ia, compõem um tipo de inventário de precariedades, destinado a arrolar, poeticamente, apenas as figuras ambíguas da ausência, da ruína e da morte. Veja-se o poema "Caçamba": "Caçamba/ o pé revestido de prata// caçamba/galope real selo sonoro// caçamba/ meu poder meu poder na cidade e na mata// caçamba/ vão-se glória e cavalo a um canto do *living*" (BII, p. 67).

Logo na sequência do poema "Caçamba", como a complementar o acervo de perdas, restos e vazios, "Depósito" apresenta-se impregnado destes indícios vários de decadência e finitude: "Há uma loja no sobrado/ onde não há comerciante./ Há trastes partidos na loja/ para não serem consertados./ Tamborete, marquesa, catre/ aqui jogados em outro século,/ esquecidos de humano corpo./ Selins, caçambas, embornais,/ cangalhas/ de uma tropa que não trilha mais/ nenhuma estrada do Rio Doce./ A perna de arame do avô/ baleado na eleição da Câmara./ E uma ocarina sem Pastor Fido/ que à aranha não interessa tocar,/ enorme aranha negra, proprietária/ da loja fechada" (BII, p. 90).

Por fim, neste elenco de precários objetos que se assumem como metonímias da memória, os retratos de família (pela importância da simbologia que ostentam na obra drummondiana, sobretudo em *Sentimento do mundo*, *José* e *A rosa do povo*) também têm em *Boitempo* destacada relevância. É Roland Barthes quem afirma que "o que a Fotografia reproduz ao infinito só ocorreu uma vez: ela repete mecanicamente o que nunca mais poderá repetir-se existencialmente. Nela, o acontecimento jamais se sobrepassa para outra coisa: ela reduz sempre o *corpus* de que tenho necessidade ao corpo que vejo; ela é o Particular absoluto, a Contingência soberana" (BARTHES, 1984, p. 13). Em Drummond é visível o modo como os álbuns de fotografia funcionam tanto como presença do rito familiar quanto como índices (assim também como os outros objetos) do vazio e da constatação da perda. O desejo de aprisionar o instante tal como é pressuposto nas fotos apenas revela seu caráter inexorável. Elas, portanto, atestam a presença contraditória do tempo e sinalizam para a possibilidade de, na condição ambivalente de presença-ausência, auxiliar na realização do trabalho de luto sobre as perdas. Constituem, de fato, o lugar de visibilidade dos cortes no tempo, de onde o passado parece saltar "auratizado", transformado num agora, na tentativa (fadada ao fracasso) de abolir seu caráter descontínuo. Apesar de petrificarem as coisas e os seres, as fotos podem, num duplo e ambíguo movimento, salvá-las para um sentido, que pode até mesmo ser o que aponte para uma pretensa ancoragem histórica concreta. É o que se pode ver em "Foto de 1915": "Esta família são dois jovens/ alheios a tirar retrato./ Um se remira, espelho, no outro/ e se reencontra num abraço.// [...] // A família chega ao limite/ de se sentar e recordar-se./ Já não cabe fotografia/ panorâmica: um dia coube?// De Santa Bárbara o fotógrafo/ chega em hora definitiva./ A tarde, a relva. Enquanto há sol,/ cadeiras pousam no jardim.// Esta família faz-se grupo/ imóvel mas sempre fixo./ Quanto sobrou de uma família:/ a leve escultura de um grupo" (BII, p. 149).

Vasta e grandiosa síntese do projeto memorialístico drummondiano, *Boitempo*, para além de propiciar que o território da infância e da juventude possa emergir vivo e movente, como da xícara de chá proustiana, deixa claramente visível a capacidade de montagem e reordenamento do vivido por parte de um sujeito reflexivo que expõe o seu modo de estar no mundo, no seu tempo, e com os outros.

Brasilidade
ver *Alguma poesia*

Camões
ver "A máquina do mundo"

Candido, Antonio
CELIA PEDROSA

Em 1943, Antonio Candido, que viria a se tornar o mais importante crítico literário brasileiro do século XX, era ainda um aluno da Faculdade de Filosofia da Universidade de São Paulo. Nela, tinha contato com a tradição das ciências sociais e humanas trazida por uma missão francesa que reunia Lévi-Strauss, Roger Bastide, Fernand Braudel e, em especial, o professor Jean Maügué. Deste dirá mais tarde que "a filosofia [lhe] interessava sobretudo como reflexão sobre o cotidiano, os sentimentos, a política, a arte, a literatura", marcando decisivamente sua vida e seu trabalho intelectual (CANDIDO, 1980, p. 162).

Não por outro motivo Candido se juntara dois anos antes a outros estudantes da USP para criar uma revista dedicada à crítica de literatura, cinema, música, a que deram o nome de *Clima* – declarando no *Manifesto* do primeiro número a vontade de "criar entre nós esse ambiente, esse clima de curiosidade, de interesse e de ventilação intelectual de que tanto necessitamos e que tanta falta faz" (CANDIDO, 1941, p. 3). Tal vontade decorria também de forte identificação com os rumos apontados pelo Modernismo, "sobretudo como atitude mental, ao contrário de hoje, quando interessa mais como criação de uma linguagem renovadora. Para nós, esta era veículo. Veículo das atitudes de renovação crítica do Brasil; do interesse pelos problemas sociais; do desejo de criar uma cultura local com os ingredientes tomados avidamente aos estrangeiros" (CANDIDO, 1980, p. 160).

Apenas um ano depois, a revista já publicara dez números. O acirramento de conflitos decorrente da entrada do Brasil na Segunda Guerra Mundial levava o grupo a uma maior definição político-ideológica, "no sentido de um certo radicalismo de esquerda democrática" (CANDIDO, 1980, p. 165). E foi nesse clima, no rastro dessa mudança, a partir do número 11, em 1943, que o trabalho com a revista motivou o primeiro contato pessoal de Antonio Candido e Carlos Drummond de Andrade, este já começando a ter grande reconhecimento como poeta: em 1942, publicara seu quarto livro de poemas, *José*, após *Alguma poesia* (1930), *Brejo das Almas* (1934) e *Sentimento do mundo* (1940).

Com forte tonalidade de crítica política, incompatível com a função que exercia no governo ditatorial de Getúlio Vargas e com a forte censura por este imposta, *Sentimento do mundo* teve sua primeira edição em pequena tiragem, de apenas 150 exemplares, fora de comércio, produzida pelo próprio autor e difundida de mão em mão por cópias e empréstimos entre amigos e admiradores. Entusiasmado com os poemas, o jovem crítico escreve a Drummond, solicitando contribuição para a *Clima* e recebendo como resposta uma carta de estímulo e quatro poemas inéditos. Dentre eles, escolhe "Procura da poesia", publicado no número 13 da revista, em 1944, e incluído pouco depois pelo poeta no livro *A rosa do povo*, de 1945.

Na bela crônica em que rememora esse episódio – publicada bem mais tarde, em 1982, no jornal *O Estado de S. Paulo* –, Candido considera-o "um dos poemas mais belos e importantes da literatura brasileira contemporânea" (CANDIDO, 2004b, p. 25). E no título dado a ela, "Fazia frio em São Paulo", celebra mais um desdobramento da aproximação com o poeta: refere-se ao clima chuvoso da cidade em um outro dia de 1943, marcado por grande violência da polícia ditatorial contra passeatas estudantis. O episódio é relatado em carta escrita a amigos e enviada também a Drummond; este lhe responde indiretamente em forma de poema a ele dedicado – "O medo" – e mais tarde incluído no livro de 1945, do qual a crônica reproduz pequena, mas significativa passagem: "Refugiamo-nos no amor,/ este célebre sentimento,/ e o amor faltou: chovia,/ ventava, fazia frio em S. Paulo.// Fazia frio em S. Paulo.../ Nevava" (RP, p. 20).

Percebe-se aí como Drummond aproveita o registro do dado climático, presente na carta, recontextualizando-o em sua forma narrativa através, por um lado, da intensificação hiperbólica da chuva em neve e, por outro, da associação desse excesso à falta, agora, de um sentimento comunitário – sentimento a que a atribuição dissonante de um caráter simultâneo de refúgio e celebridade vem salpicar de discreta ironia. A isso se junta a construção de versos cujo fluxo é contido e cortado pela pontuação também reflexiva e irônica, como os dois pontos que introduzem a "explicação" da falta de amor; também pela divisão que abruptamente faz o verso se resumir a uma única palavra, "Nevava", e, num golpe de ponto-final, estão as possíveis ressonâncias sensíveis provocadas pelo frio e pelas reticências, como que trazendo para dentro do poema a violência que marcara sua cena original. A leitura desse fragmento revela procedimentos presentes em toda sua poesia. No único grande – e tardio – ensaio dedicado exclusivamente à obra poética drummondiana, "Inquietudes na poesia de Drummond", Candido vai ressaltar justamente o uso da narratividade e da ironia associadas aos golpes de verso seco e antimelódico, uso submetido "a cortes que o bloqueiam, a ritmos que o destroncam, a distensões que o afogam em unidades mais amplas" (CANDIDO, 1970, p. 122). Essa escolha resulta, segundo o crítico, da força que o poeta atribui aos problemas, provocando uma violência que inclusive aproximaria sua poesia da prosa de Graciliano Ramos. Essa aproximação é exemplificada com o poema "Oficina irritada", que assim vem trazer inquietude também para o livro no qual foi incluído, *Claro enigma*, de 1951, no qual Candido aponta, embora relativizando-a pelo uso cuidadoso de modalizantes, tendência oposta para "*certa* serenidade expressa não apenas pelo significado da mensagem, mas pela regularidade crescente da forma, a que o poeta *parece* tender como fator de equilíbrio na visão do mundo" (CANDIDO, 1970, p. 120, grifos meus).

Tais procedimentos servem para encenar uma experiência dramática de tensão entre desejo de solidão e desejo de fraternidade, passado e presente, igualitarismo e aristocratismo, crença e descrença na função da poesia como instrumento de autoconhecimento, conhecimento do mundo e combate crítico. Candido já identificava essa tensão desde suas primeiras abordagens da poesia e da prosa de Drummond. É o que se constata já no primeiro texto que, no mesmo ano daquele também primeiro contato pessoal, publicara sobre o poeta, na coluna "Notas", de *Clima* – "Acanhamento e poesia". É interessante ressaltar que, nessa abordagem, Candido vai considerar, de modo bastante prematuro, e mais tarde revisto, que em *José*, após o predomínio da exposição conflitante de si mesmo, dominante nos dois primeiros livros, e do lirismo épico do terceiro, o poeta "pode voltar outra vez para dentro dele [...] com o largo equilíbrio de quem conquistou terras, e pode, por isso, constatar o seu isolamento com uma serenidade que atenua a pungência sempre presente dos seus versos" (CANDIDO, 1943, p. 127).

Essa visão evolutiva da produção do poeta já é relativizada pouco depois, no texto que publica no jornal *Folha da Manhã* (onde assinou a coluna semanal "Notas de crítica literária", entre 1943 e 1945), quando do lançamento, em 1944, de *Confissões de Minas*, livro em que o escritor reúne artigos, notas, crônicas, cenas, descrições, reflexões, estudos. Em interessante análise, que a princípio aponta um fenômeno geral da literatura brasileira – o de serem nossos romancistas maus prosadores, fora do terreno ficcional –, Candido considera, em direção contrária, que a qualidade da prosa de Drummond se origina em sua habilidade poética (como também a de Manuel Bandeira e Vinicius de Moraes, entre outros), e afirma que o problema da solidão, que tanto liberta quanto oprime, "lhe parece a mola deste livro como de toda a poesia e mesmo da personalidade literária" do escritor mineiro (CANDIDO, 2002, p. 202).

Afinal, "Procura da poesia", escrito e ofertado aos jovens naquele momento de luta, incorporado, com "O medo", no livro que desde o título, *A rosa do povo*, propõe uma relação de amor apaixonado (amor que no entanto falta) com a coletividade, aconselha a não fazer versos sobre acontecimentos e a compreender a tarefa do poeta como sendo a do enfrentamento talvez vão de palavras enigmáticas, ermas, distantes: "Chega mais perto e contempla as palavras./ Cada uma/ tem mil faces secretas sob a face neutra/ e te pergunta, sem interesse pela resposta,/ pobre ou terrível, que lhe deres:/ Trouxeste a chave?// Repara:/ ermas de melodia e conceito,/ elas se refugiaram na noite, as palavras./ Ainda úmidas e impregnadas de sono,/ rolam num rio difícil e se transformam em desprezo" (RP, p. 12).

É interessante notar como esse poema vai ecoar, três décadas depois, em outro, dessa vez não só ofertado ou dedicado ao crítico-destinatário, mas tomando-o como seu próprio tema. "Esboço de figura", que serve de abertura à coletânea de ensaios de mesmo nome, organizada por Celso Lafer em homenagem aos 60 anos de Antonio Candido, assim apresenta o crítico, incorporando, em itálico, passagens do ensaio escrito sobre suas inquietudes: "[...]/ Antonio a vislumbrar no poema/ *para além das palavras uma conquista do inexprimível*/ que elas não contêm/ e diante do qual devem capitular?/ Antonio atento às áreas de silêncio entre as palavras,/ nelas distinguindo a misteriosa ressonância/ do inexprimível afinal expressado,/ fora do poema, pelo seu rastro?" (LAFER, 1979, p. 23).

Em movimento inverso ao das perguntas endereçadas a um destinatário-leitor, poeta ou crítico, esses poemas, nunca totalmente soberanos diante dos rastros/efeitos em aberto da linguagem poética, se remetidos às circunstâncias de sua produção e oferta, podem funcionar como chave de acesso à rede de relações afetivas e intelectuais que o primeiro deles, "O medo", propõe já na dedicatória a Candido e explicita ainda mais em sua epígrafe. Pois Drummond foi buscá-la em outro texto do crítico, desta vez um depoimento dado ao inquérito "Plataforma da nova geração", proposto por Mário Neme e publicado semanalmente durante 1943 e 1944 no jornal *O Estado de S. Paulo*, ainda sob forte censura: "Porque há para todos nós um problema sério... Este problema é o do medo" (CANDIDO, 2002, pp. 249-50).

O poema, por sua vez, pode ser considerado desdobramento de outro anterior, publicado em *Sentimento do mundo*, intitulado "Congresso Internacional do Medo": "Provisoriamente não cantaremos o amor,/ que se refugiou mais abaixo dos subterrâneos./ Cantaremos o medo, que esteriliza os abraços,/ não cantaremos o ódio porque esse não existe,/ existe apenas o medo, nosso pai e nosso companheiro,/ o medo grande dos sertões, dos mares, dos desertos,/ o medo dos soldados, o medo das mães, o medo das igrejas,/ cantaremos o medo dos ditadores, o medo dos democratas,/ cantaremos o medo da morte e o medo de depois da morte,/ depois morreremos de medo/ e sobre nossos túmulos nascerão flores amarelas e medrosas" (SM, p. 20).

Aí, o medo, intensamente presente – de uma presença ao mesmo tempo negativa e produtiva –, é tomado como fundador do poema e, através deste, da própria vida, naquilo mesmo em que ela implica, justo o que se lhe opõe como problema e componente indescartável, natural, como a morte. Desde o título até o uso da primeira pessoa do plural, passando pela enumeração constituída em gesto simultaneamente esclarecedor e contraditório, o medo é alçado da condição de sensação individual à de instrumento de compreensão do comum. E esse sentimento do mundo comum, aproximando ditadores e democratas, igrejas e mares, soldados e mães, se revela então também como pai e companheiro, laço de fraternidade, na medida em que, na belamente abrupta imagem final, faz brotar flores amarelas – dos túmulos, mas ainda assim flores, como aquela que, no bem mais conhecido "A flor e a náusea", incluído também em *A rosa do povo*, Drummond fará brotar do asfalto e furar o nojo e o ódio.

Através da leitura comparada dos versos dos poemas de 1930 e 1945, vai--se ampliando assim a relação entre poeta e crítico que a epígrafe explicitara. Revisitando sua referência – o depoimento de Candido à *Plataforma da nova geração* –, constatamos que também para ele, o medo, inevitável, torna-se, quando enfrentado, motivação para a atividade intelectual, como será para a construção do poema: "Porque há para todos nós um problema sério, tão sério que nos leva às vezes a procurar meio afoitamente uma 'solução': a buscar uma regra de conduta, custe o que custar. Este problema é o do medo. Do medo que nos toma a todos, medo de estarmos sendo inferiores à nossa tarefa; ou de não conseguirmos fazer algo de definitivamente útil para o nosso tempo, como, de um modo ou de outro, fizeram os rapazes de 20. Você tem algum critério para afastar esse medo? Eu não posso bem dizer que tenha, mas confesso que esse combate a todas as formas de Reação, que eu apenas sugeri, nos ajudaria muito a ficar livres dele. E a podermos dormir em paz" (CANDIDO, 2002, pp. 249-50).

Nessa época, Candido já estava começando a desenvolver atividades políticas partidárias, filiando-se inclusive ao Partido Socialista – como Drummond, de modo mais fugaz e polêmico, ao Partido Comunista Brasileiro, em 1945 – e, mais tarde, em 1981, ao Partido dos Trabalhadores. Participava também, com os companheiros da revista *Clima*, da Associação Brasileira de Escritores, fundada em 1942 no Rio de Janeiro e cujo primeiro congresso (São Paulo, 1945) teve Declaração de Princípios redigida, entre outros, pelo poeta. Não obstante, ele vai considerar nesse depoimento que cada qual tem suas armas, e a dos de sua geração de intelectuais, "leva de espíritos críticos ou de sensibilidades votadas para a vasta problemática que o mundo moderno está abrindo para o homem" (CANDIDO, 2002, p. 241), seria a de "esclarecer o pensamento e pôr ordem nas ideias" (CANDIDO, 2002, p. 246).

"Críticos, críticos e mais críticos" – porque inspirados, por um lado, pela geração modernista de 1920, demolidora e preocupada em construir uma nova forma de arte; por outro, pela atmosfera de esforço intelectual de revisão analítica, num período de violentas contradições, como foi a dos anos 1930. É de ressaltar, no entanto, que essa avaliação propositiva do espírito diferenciadamente combativo de três gerações sucessivas convive com um outro modo de definição do momento: "Mas eis que o tempo é de inquietude e de melancolia; de entusiasmos nervosos que se gastam por nada; de desesperos bruscos que quebram uma vida. E você quer saber o que pensamos de tudo isso!" (CANDIDO, 2002, p. 238). Mostra-se assim uma outra face e outros efeitos do medo que motiva o combate intelectual ao reacionarismo. E nesse ponto, justamente, Candido considera que a melhor resposta estaria na leitura de poemas de Drummond, sobretudo uns ainda inéditos – provavelmente incluídos depois, no ano seguinte, em *A rosa do povo* –, que então ainda circulavam clandestinamente.

"Carlos Drummond de Andrade é um homem da 'outra geração', da tal que você quer que nós julguemos. No entanto, não há moço algum que possua e realize o sentido do momento como ele. Carlos Drummond representa uma coisa invejável, que é o amadurecimento paralelo aos fatos; o amadurecimento que significa riqueza progressiva, e não redução paulatina a princípios afastados do Tempo. [...] Mas Carlos Drummond é uma exceção. A sua geração foi uma geração sacrificada... por excesso de êxito. A gente de 22, que é mais ou menos a dele, prestou um grande serviço ao Brasil, tornando possível a liberdade do escritor e do artista. [...] Poucos tiveram força para arrancar sua obra ao experimentalismo hedonístico, e se perderam na piada, na virtuosidade, na ação política reacionária, isto é, o tipo de política tendente a preservar as gracinhas literárias e o exibicionismo intelectual..." (CANDIDO, 2002, pp. 238-39).

Para o crítico, então, ler a poesia de Drummond significa ainda um aprendizado de enfrentamento da inquietude e da melancolia. Tal aprendizado implica numa dialética de proximidade e de distanciamento, que coloca o poeta numa posição singular, seja em relação ao momento em que vivem – os conturbados anos 1940 –, seja em relação aos hedonísticos anos 1920. Embora trabalhe com o conceito de geração, Candido faz da poesia de Drummond um meio de avaliação histórica que relativiza suas fronteiras e com o qual constrói uma *ponte* entre momentos distintos, mostrando faces contraditórias da posição do artista e do intelectual diante do medo e da necessidade de crítica e de combate, tanto estético quanto político.

E é por isso que o sentimento de inquietude nomeia, como vimos, o principal ensaio do crítico dedicado ao poeta. Mas desde bem antes dele, em 1944, Candido já percebera o poeta dividido entre o compromisso e a solidão, como apontamos no texto sobre *Confissões de Minas*. E pouco depois do depoimento, em discurso proferido em 1948 na abertura do I Congresso Paulista de Poesia, vai considerar que a glória da poesia moderna fora incorporar "corajosamente em seu seio os movimentos inquietantes e não raro contraditórios que a cultura atual lhe deu por quinhão" (CANDIDO, 2002, p. 160).

Essa coragem vai fazer o crítico aproximar Drummond de Neruda, Alberti e Eliot, em cujo espírito e em cuja poesia a inquietação produz a convivência de diferentes atitudes. Desse modo, amplia o alcance interpretativo daquilo que, no texto referido acima, atribuíra ao que chama de "personalidade literária e humana" do poeta mineiro, dividido entre se sentir itabirano e ao mesmo tempo o plenamente humano.

A inquietude do poeta e da poesia entretece assim aspectos psicológicos, estéticos e políticos relativos à modernidade e ao modo como ela é vivida por Drummond e seus companheiros de um tempo presente, tempo partido, de homens partidos em seu sentimento do mundo, para além de uma única geração. Inquietude e sentimento de culpa face a suas limitações, que o levam inclusive à automutilação (no poema), como em "A mão suja", do livro *José*; inquietude e melancolia que geram também o investimento na memória e sua potente poesia familiar, erguida também sobre outra forma de mutilação, a da conversa-monólogo com a figura paterna e o que esta significa, afetiva e socialmente (em "A mesa", de *Claro enigma*). Para Candido, a representatividade da poesia de Drummond se deve, já vimos, à força dos problemas, à capacidade de pôr sua inteligência a serviço da emoção e da forma, mas também a uma concepção das coisas e da existência que encena toda essa inquietude advinda da consciência de seus paradoxos, contradições e lacunas. Essas características, que para Candido configuram o que considera "poesia maior", ele as identifica inicialmente, na literatura brasileira, em Castro Alves e Gonçalves Dias; e em 1944, quando publica seu primeiro texto crítico "Sobre poesia" na coluna semanal do jornal *Folha da Manhã*, também em Drummond e Mário de Andrade, dando como exemplos, respectivamente, os poemas "Os ombros suportam o mundo" e "Louvação da tarde" (CANDIDO, 2002, pp. 131-32).

Essa aproximação mais uma vez reafirma o valor atribuído ao vínculo entre poesia e vida subjetiva e social, quando elaborado de modo a evitar toda naturalidade. Isso distinguiria Carlos e Mário da "poesia menor" de um Manuel Bandeira, por exemplo, caracterizada, como a de outros grandes poetas modernos, pela fixação de lampejos do cotidiano. Candido considera não haver superioridade de um tipo sobre outro – e percebe essa mesma tendência no próprio Drummond em seus dois primeiros livros, anteriores a *Sentimento do mundo*, onde está incluído o poema acima citado, e, mais tarde, em *Boitempo* (1968) e *Menino antigo* (1973). No entanto, opta claramente pelo que assemelha a poesia dos dois Andrade, em princípio tão diferentes, como diferentes são esses poemas – a capacidade de escapar ao puro lirismo, ao choque emocional, ao prazer singular, evitando a adesão imediata ao fato e ao momento.

Anos depois, o mesmo poema de Mário será objeto de um alentado ensaio de Candido, "O poeta itinerante", no qual sublinha o contraste entre a encenação modernista da vida urbana e a meditação de cunho romântico, formatada em decassílabos, submetendo a velocidade do automóvel ao ritmo lento da paisagem natural. Em relação a essa dupla presença, o crítico nos fala da dialética como *síntese* de contrários – em termos mais amplos, da modernidade com a tradição (CANDIDO, 1993a). Quanto a Drummond, desde 1944, em texto publicado no nº 16 da revista *Clima*, intitulado "Ordem e progresso na poesia", Candido já apontava a "*síntese* magnífica obtida entre o lirismo pessoal e sentimento coletivo" (CANDIDO, 2002, pp. 145-46, grifo meu). E no ensaio "Inquietudes na poesia de Drummond", volta a ressaltar que o dado decisivo de sua expressão é efetivar a *síntese* entre preocupações individuais e sociais (CANDIDO, 1970, p. 112). Mais ainda, ao considerar que a literatura *brasileira* começara em verdade apenas em 1930, e exercitando o uso do conceito central em toda sua perspectiva histórico-crítica, o de *formação*, Candido vai enfatizar de novo essa relação entre criação e tradição apontada em Mário, ao ver essa brasilidade como decorrente da filiação de Drummond ao movimento modernista, dentro do qual seria o primeiro grande poeta nascido intelectualmente (CANDIDO, 1996, p. 80).

Essa ênfase de Candido na capacidade de síntese alcançada na *linguagem* pelos dois escritores tem sido apontada como meio de sublimar de algum modo a permanência ativa da contradição entre ideal estético-político e a vida concreta vivida por ambos. No caso de Drummond, isso se dá até mesmo pela colaboração duradoura com o governo de Getúlio Vargas, através de sua função de chefe de gabinete do ministro da Educação Gustavo Capanema, com quem consegue auxílio profissional também para Mário. Interessantes questões a esse propósito já foram colocadas, sob diferentes pontos de vista, por Sérgio Miceli (1979), Luiz Costa Lima (1981), Silviano Santiago (1989) e Roberto Said (2005). No livro que Miceli escreve sobre o tema, *Intelectuais e classe dirigente no Brasil (1920-1945)*, inclusive, é oferecido a Candido escrever o prefácio, e este o aproveita para fazer ressalvas à análise do autor, enfatizando a independência entre essa inserção institucional e a combatividade expressa na atitude propriamente intelectual e artística.

Isso comprovaria ser injusta a acusação de cooptação feita pelo sociólogo paulista, que Candido considera pouco atenta à singularidade de cada caso e, porque marcada pelo distanciamento histórico, incapaz de ver o que ele próprio teria visto, "porque me formei olhando-os na rua, nas fotografias de jornal, nas salas, no noticiário e na referência viva de terceiros. Tomei partido, julguei os seus atos em função dos meus, orientei os meus pelos deles" (CANDIDO, 1979, p. x). Por isso, provavelmente, vai se sentir motivado a escrever algum tempo depois a referida crônica "Fazia frio em São Paulo", nela lembrando que por meio de seus poemas, "o chefe de gabinete exercia uma atividade constante e decidida, animando muita gente com o exemplo de uma participação tão alta naquele momento, que para muitos deveria levar ao "'mundo novo' que um dos poemas queria ajudar a nascer" (CANDIDO, 2004b, p. 26).

Por outro lado, ainda nesse mesmo prefácio, ele considera que "neste caso o autor acaba sendo também objeto de estudo; pelo menos na medida em que pertence ao que um proustiano poderia, por extensão talvez indevida, mas sugestiva, chamar 'a grande e lamentável família' dos intelectuais, todos mais ou menos mandarins quando se relacionam com as instituições sobretudo públicas; e inoperantes se não o fazem" (CANDIDO, 1979, p. IX). De seu próprio argumento, então, pode-se concluir que Candido se torna "objeto" tanto do discurso de Drummond na dedicatória, na epígrafe e nos poemas acima comentados, como também pode ser avaliado de modo recíproco, através de suas próprias escolhas críticas, e não só sobre Drummond, naquilo que diz respeito à relação entre trabalho intelectual e vida cotidiana. É justamente nesse sentido que Celso Lafer (LAFER, 1979, p. 74) vai identificar em Candido – da mesma forma que este sempre aponta no poeta mineiro – "a inquietação constante, explicativa da coerência e da trajetória" do companheiro. Mas associando-a também a uma "dialética entre a ordem e a desordem" que o crítico identificara na ficção malandra de Manuel Antônio de Almeida (CANDIDO, 1993b) e à dialética do "a favor" e "do contra", discutida por ele face ao momento histórico vivido no Brasil em 1978 (CANDIDO, 2002).

Através dessa dialética, podemos compreender que da inserção combativa no presente à revisitação do passado, do senso crítico à consciência das "mãos sujas", poeta e crítico se aproximam numa semelhante inquietude discursiva e num mesmo sentimento de fraternidade através da *fragilidade* comum, com e apesar das pedras no meio do caminho. Candido considera essa relação entre inquietude, fraternidade e fragilidade especialmente nítida na prosa do poeta mineiro, e que lhe faz lembrar, como lhe fizera lembrar no "ato crítico" de Sérgio Milliet – no qual viu, como vira em Drummond, uma *ponte* entre os modernistas e sua geração (CANDIDO, 1989a, pp. 122-37) –, o pensamento que se ensaia em Montaigne (CANDIDO, 2002, p. 200).

Para além da capacidade de síntese, e de seu efeito muitas vezes sublimador, outra chave de leitura se oferece se retornamos então à outra *ponte* construída pelo discurso de Candido entre sua atividade crítica, a poesia de Drummond e as demandas da vida moderna e modernista. De fato, esse é o papel indiretamente atribuído a Mário de Andrade, desde sua escolha, por parte de Candido, para apresentar o primeiro número da revista *Clima*, passando pela identificação de ambos como poetas maiores, até a clara semelhança entre sua leitura do poeta mineiro e a que Mário faz de forma precursora no importante "A poesia em 1930" (ANDRADE, 1974c), apontando em Drummond o combate entre a timidez e a sensibilidade, a explosividade dos versos e, principalmente, a inteligência que o impede de aderir ao poema-piada, símbolo de uma "inteligência fatigada" do Modernismo, segundo palavras que vai buscar justo em Sérgio Milliet.

Mário escreveu para *Clima* a hoje clássica "A elegia de abril", incluída na coletânea de ensaios que publica logo depois (ANDRADE, 1974a) e que Candido vai considerar "documento importante na história intelectual do Brasil contemporâneo" (CANDIDO, 1980, p. 161). Nela, ao apresentar a nova juventude do país, Mário enfatiza também a inteligência técnica, que impediria o intelectual de se tornar conformista. Construída lentamente, "ajuntando pedra sobre pedra", ela indiretamente remete-nos desde logo a Drummond e à leitura que dele faz Candido logo depois, sobre *Confissões de Minas*, valorizando sua capacidade de controlar o derramamento de quem fala de si mesmo sem se deter ante pedra alguma (CANDIDO, 2002).

Mas Mário também enfatiza a consciência da fragilidade, que associa à preconsciência de algum crime, alguma falha enorme (ANDRADE, 1974a, pp. 191-93). Não por outro motivo sua apresentação é nomeada como *elegia*, que se reconhece incapaz de responder às angústias da juventude contemporânea. Inteligência, sensibilidade, fragilidade, angústia, em Mário, se sobrepõem sempre à capacidade de síntese, como bem revela seu manifesto-desabafo contra o movimento modernista e seu próprio passado, do qual diz não sentir mais como seu companheiro (ANDRADE, 1974a, pp. 191-93). Relendo Candido e Drummond através dessa chave elegíaca, pode-se pensar de modo mais problematizante as relações entre o intelectual, seu tempo e as demandas concretas que o instigam, mas também oprimem, colocando ao lado do sucesso da síntese expressiva ou lógica da linguagem poética e crítica a tragicidade que Mário valoriza no amigo poeta e a ele indica em carta escrita nesse tempo de inquietude e melancolia: "[...] a sua dramática capacidade de ser si mesmo e consequente solidão trágica [...] (você é o mais trágico dos nossos poetas, o único que me dá com toda a sua violência, a sensação e o sentimento do trágico), cuja leitura provoca uma delícia funda e violentamente amarga" (ANDRADE, 1982, pp. 238-39). Tragicidade que Candido indicara já, embora timidamente, naquela primeira abordagem, por um lado prematura, por outro premonitória, em que, apesar de apontar em *José* um direcionamento posterior para o equilíbrio e a atenuação, destaca em *Sentimento do mundo* justamente o poema "Dentaduras duplas", por representar "uma desconversa trágica sobre o próprio destino e sobre a vida, por parte de um homem que se sente bloqueado pelo mundo em que vive, e que procura dar uma risada diante da própria impotência" (CANDIDO, 1943, p. 126).

Capanema, Gustavo
MARCELO BORTOLOTI

Foi um político brasileiro, ministro da Educação e Saúde entre 1934 e 1945, o mais longevo a ocupar o cargo. Teve papel decisivo na carreira de Drummond como funcionário público, propiciando sua mudança de Belo Horizonte para o Rio de Janeiro, e, em alguma medida, abrindo-lhe as portas da burocracia estatal.

Capanema nasceu na cidade de Pitangui, a 130 quilômetros de Belo Horizonte, no ano de 1900. Dois anos mais velho que o poeta, estudou direito na Universidade Federal de Minas Gerais, na capital mineira, onde participava do grupo de amigos formado por Drummond, Abgar Renault, Pedro Nava, Emílio Moura, João Alphonsus e Milton Campos, conhecido como "os intelectuais da rua da Bahia". Esta juventude de elite, educada nos melhores colégios, vinha de cidades distintas do interior do estado para reunir-se na jovem capital. Talhados para assumir postos importantes na sociedade mineira, eles encontraram na Revolução de 1930, que levou Getúlio Vargas ao poder, uma oportunidade de projeção nacional.

Na área política, Capanema foi o elemento mais destacado do grupo, demonstrando desde cedo uma fina habilidade diplomática e administrativa. Eleito vereador em Pitangui aos 27 anos, logo foi nomeado Secretário do Interior no Estado e, na sequência, ao cargo equivalente a governador de Minas Gerais. Nestas funções, firmou-se como um elo entre a velha oligarquia mineira e o governo revolucionário de Vargas, mantendo-se sempre fiel a este, mesmo nos momentos de incerteza política – postura que lhe valeu o convite para ser ministro da Educação e Saúde. Ligado a Capanema por laços de amizade, o jovem Drummond o acompanhava como secretário e chefe de gabinete, ajudando-o a domar com organização e eficiência os trâmites da administração pública. Em razão de suas qualidades como burocrata, Capanema julgava impossível assumir o ministério sem ter o poeta como auxiliar (CAPANEMA, 1934).

Para Drummond, o convite significou de imediato uma ascensão na carreira. No entanto, o rumo autoritário adotado pelo novo governo o colocaria numa delicada e controversa posição. A Revolução de 1930 foi um ponto de inflexão na história da República, com perspectiva de erigir ao comando do país uma nova geração disposta a transformar a sociedade brasileira. Mas ao compor com grupos dominantes e políticos tradicionais, e assumir um ideário autoritário depois do golpe do Estado Novo, em 1937, o governo convertia a sonhada renovação política numa ditadura de moldes fascistas. Capanema, assim como Getúlio Vargas, era um homem afeito ao poder, e não teve problema em sacrificar suas posições iniciais para manter-se no cargo. Mais uma vez, Drummond o acompanhou. Segundo o poeta, por fidelidade ao amigo (E, p. 108), embora naturalmente se beneficiasse ao continuar usufruindo do emprego bem remunerado e do status de integrar a poderosa máquina do Governo Federal. Esse dilema acentuava-se gradualmente com o passar dos anos. Ao ingressar no ministério, Drummond tinha apenas dois livros publicados – *Alguma poesia* e *Brejo das Almas* – nos quais exibia uma preocupação maior com dramas pessoais do que coletivos. Na segunda metade da década de 1930, no entanto, entendeu dar uma inflexão social e participativa à sua obra, absorvendo ideias comunistas que o Estado Novo pretendia combater, e abordando grandes temas da humanidade sob um prisma adversário ao que preconizava a ditadura.

Esse conflito lhe valeu uma imagem ambígua. O sociólogo Sergio Miceli, que estudou a relação dos intelectuais com o governo de Vargas, avaliava que Drummond foi um dos escritores que aceitaram a perspectiva de produzir sua obra pessoal em troca da colaboração com o governo autoritário, silenciando quanto ao preço da obra que o Estado indiretamente subsidiava (MICELI, 1979, p. 158). Num julgamento mais brando, o crítico Antonio Candido preferia matizar a postura destes mesmos intelectuais, observando que Drummond serviu ao Estado Novo como funcionário que já era, mas não alienou por isso a menor parcela da sua dignidade ou autonomia mental. Diferente de um escritor como Cassiano Ricardo, por exemplo, que, segundo Candido, se enquadrou ideologicamente no regime porque este correspondia à sua noção de democracia autoritária (MICELI, 1979, p. 11).

As particularidades daquela ditadura ajudam a compreender melhor a posição de Drummond. Capanema, como Vargas, foi um hábil conciliador. Soube respeitar as flutuações da política e evitar posições exacerbadas, aproveitando certa abertura do governo para comportar grupos adversários. Em seu ministério, procurou cercar-se tanto de intelectuais à esquerda, a exemplo do próprio Drummond, de Manuel Bandeira e Candido Portinari, como notórios integralistas de direita, caso de Thiers Martins Moreira e San Tiago Dantas. Compondo com distintos interesses, levou adiante uma política que ficou conhecida como "modernização conservadora", ou seja, um processo que permitiu inserir elementos de modernidade e racionalidade num contexto de concentração de poder e composição com as elites tradicionais (SCHWARTZMAN et al., 2000, p. 23).

Sob seu comando, o ministério obteve importantes conquistas, como a criação da Universidade do Brasil, atual Universidade Federal do Rio de Janeiro, do Serviço Nacional de Aprendizagem Industrial (Senai), além da definição de boa parte da política educacional adotada no Brasil até os dias de hoje. Também nesta época ganhou força a defesa do patrimônio histórico com a criação do Serviço Nacional do Patrimônio, atual Instituto do Patrimônio Histórico e Artístico Nacional (Iphan), e foi construída a nova sede do Ministério da Educação e Saúde, atual Palácio Capanema, que além de sua extraordinária importância como marco cultural, aproximou a dupla Oscar Niemeyer e Lucio Costa, que mais tarde definiriam a concepção urbanística e arquitetônica da nova capital do país. Contudo,

Capanema também apoiou o golpe do Estado Novo desde o seu primeiro momento, colaborou com o expurgo de professores de alguma forma associados ao comunismo, o desmonte de instituições politicamente libertárias como a Universidade do Distrito Federal, acompanhou as diretrizes do governo que perseguiu judeus e imigrantes durante a Segunda Guerra Mundial, e produziu obras laudatórias que idealizavam a ditadura.

O ministério foi pródigo na distribuição de cargos de confiança e empregos técnicos, além de definir os livros a serem adquiridos pelo governo, os professores e inspetores das escolas, os médicos de hospitais públicos e os quadros que seriam comprados pelos museus federais. Drummond, como nenhum outro funcionário, ocupou um papel destacado de interlocutor entre o governo e os artistas modernos. Sua correspondência da época guarda uma infinidade de pedidos, das mais variadas naturezas, de personalidades à direita e à esquerda, a exemplo de Alceu Amoroso Lima, Jorge Amado, Dalcídio Jurandir, Martins de Almeida, Vinicius de Moraes, Erico Verissimo e Augusto Frederico Schmidt.

Os documentos não dão testemunho de que o poeta tivesse algum poder de decisão sobre os cargos concedidos ou favores a serem atendidos. Neste ponto, Capanema parece ter sido um chefe centralizador. Drummond foi uma espécie de intermediário entre o ministro e o público. Recebia, organizava e dava seguimento aos pedidos que vinham de fora e precisavam ou não da aprovação de Capanema, e fazia cumprir as ordens deste repassando suas determinações às instâncias competentes.

É estranho que, tendo Capanema ao seu lado uma inteligência como a de Drummond, não haja muitos registros do aproveitamento do intelectual, ou mesmo de alguma influência mais direta que tenha exercido sobre o amigo ministro. Pelo contrário, fica patente o extremo senso de hierarquia do poeta, e quase um escrúpulo em participar das decisões do poder. Num bilhete a outro amigo mineiro, Abgar Renault, então diretor do Departamento Nacional de Educação, Drummond esclarecia sua postura: "Você é bastante experiente das coisas da administração e dos homens para analisar e resolver o caso com acerto. Não quero influir em sua decisão. Você bem sabe que não é do meu feitio interferir, desse ou daquele modo, nas lógicas internas das repartições, e não seria com você ou com o Departamento que eu quebraria essa linha de conduta" (DRUMMOND DE ANDRADE, 1943c).

Nesta posição de peça funcional na engrenagem burocrática – trabalhando a serviço de um amigo de juventude – Drummond parecia querer afastar de sua consciência uma responsabilidade maior por participar de um governo contrário às suas ideias como intelectual e artista. Aquele seria apenas um ganha-pão como qualquer outro. E de fato, pode-se dizer que sua poesia revolucionária não foi contaminada por qualquer ideal do Estado Novo.

Pelo contrário, em seus versos, o trabalho de burocrata é sempre evocado como motivo de angústia. Caso, por exemplo, do poema "Elegia 1938":

"Trabalhas sem alegria para um mundo caduco,/ onde as formas e as ações não encerram nenhum exemplo" (SM, p. 44). Este conflito, no entanto, não se resolve na poesia. Em "Noite na repartição", um entristecido oficial administrativo conversa com seus papéis: "Até quando, sim, até quando/ te provarei como única ambrosia?/ Eu te amo e tu me destróis,/ abraço-te e me rasgas,/ beijo-te, amo-te, detesto-te, preciso de ti, papel, papel, papel!" (RP, p. 87). Drummond deixou o ministério quando a ditadura naufragava, em março de 1945. Falava-se já em eleições e o Partido Comunista logo sairia da ilegalidade. A esta altura, Capanema permanecia agarrado ao cargo, tentando finalizar um laudatório livro sobre as realizações do Estado Novo. Não foi um rompimento tumultuado, mas as atividades políticas subsequentes do poeta abalaram por um período a velha relação. Enquanto funcionário, Drummond não deu qualquer declaração pública contra o governo, mas, ao abandonar a função, tornou-se seu adversário feroz. Eram tempos de guerra e de militância.

O poeta participou da criação da União dos Trabalhadores Intelectuais, uma entidade comunista pouco expressiva, que nasceu com um turbulento manifesto, assinado por Drummond e dois correligionários, comparando a ditadura de Vargas à de Hitler, e advogando a extinção dos "últimos vestígios dos regimes de opressão apoiados na mentira da autopropaganda" (DRUMMOND DE ANDRADE, 1945a). Não deixava de ser uma afronta ao antigo chefe ainda envolto na confecção do livro de exaltação ao governo. No mês seguinte, escreveu uma série de artigos críticos ao regime, um deles apresentando lista de 36 livros banidos pela censura das escolas públicas do Rio de Janeiro (DRUMMOND DE ANDRADE, 1945b). Finalmente, a convite de Luís Carlos Prestes, ingressou na diretoria do jornal comunista *A Tribuna Popular*, órgão do partido.

A cordial correspondência entre os amigos ficou silenciada neste momento. Retomaram o contato já no final da década de 1940, quando Drummond, depois de romper com os comunistas, fez campanha para Capanema, então candidato a deputado federal pelo Partido Social Democrático, agremiação criada por Vargas na década de 1930. A partir daí, o poeta – que abandonou a política e passou a ser funcionário do Serviço do Patrimônio Histórico, órgão subordinado ao ministério – e o ex-ministro, eleito para sucessivos mandatos parlamentares até tornar-se senador, mantiveram uma relação de velhos confrades. Falavam-se ao telefone e trocavam missivas esporádicas, que não indicavam uma amizade assídua, mas continham demonstrações de carinho e intimidade. Capanema faleceu em 1985, dois anos antes de Drummond, que, mesmo tornando-se mais famoso e cortejado que o antigo chefe, manteve sempre, diante dele, uma postura de profundo respeito e admiração.

Carlito
MARCOS ALCONCHEL

Personagem cinematográfico criado e interpretado pelo ator, diretor, produtor e roteirista Charles Spencer Chaplin Jr., Carlitos (conforme, a partir de fins da década de 1930, passou a ser chamado no Brasil; ou Carlito, como o chamava Drummond) é protagonista de 71 comédias, lançadas entre 2 de fevereiro de 1914 (*Carlitos repórter*) e 15 de outubro de 1940 (*O grande ditador*). Figura emblemática da nova mitologia instaurada pelo cinema, esse herói moderno foi exaltado pelas vanguardas europeias (especialmente a francesa) e pelo Modernismo brasileiro como o principal representante da Sétima Arte. Sua presença na obra de Carlos Drummond de Andrade é marcante: além de se referir a ele em diversas entrevistas, o poeta mineiro escreveu quatro textos a seu respeito: dois artigos e dois poemas. Vamos comentar todos, na ordem em que foram publicados.

No dia 8 de abril de 1930, numa crônica intitulada "O outro lado de Carlito", Drummond (sob o pseudônimo de Antônio Crispim) diz aos leitores das "Notas Sociais" de um periódico de Belo Horizonte: "Vejo nos jornais que Carlito está noivo [...]. Casado duas vezes, e duas vezes infeliz, o imenso poeta da cena muda não se revolta, não se recolhe a uma ordem religiosa, não cobre a cabeça de cinza, nem se consagra ao cultivo de crisântemos: casa-se de novo" (CII, p. 36). De maneira astuta, o jovem cinéfilo de Itabira (que nunca distingue Carlito de Chaplin, tomando personagem e intérprete como uma só pessoa) aproveitou o pretexto – bastante adequado à natureza de sua coluna – para tratar de algo bem mais relevante: a arte do "imenso poeta da cena muda".

Os críticos de cinema são unânimes em afirmar que, ao longo do tempo, "Carlitos evolui bastante" (SADOUL, 1993, p. 73). Convivendo com as fitas de Chaplin pelo menos desde 1918 (JORGE, 2012, p. 80), Drummond, em 1930, já tinha domínio suficiente da obra para registar isto: "Hoje, Carlito tem um sentido de que não suspeitávamos [...] ao tempo [1914] daquelas velhas e extravagantes comédias em 1 ato da [produtora] Keystone. E se o público em geral continua a pedir-lhe apenas aquilo que é a feição superficial de sua arte, a sua macaquice silenciosa e irresistível, nós outros pedimos mais, porque queremos rever, em cada 'film' novo, o desencanto, a perplexidade, a malícia, a piedade, a tristeza e o sonho de Carlito, ou seja, o espectro de sua pantomima, o seu lado mais trágico" (CII, p. 36). Ao trazer à tona "o lado mais trágico" de Carlito (antes oculto por sua aparência burlesca), o nosso cronista antecipa, em 34 anos, uma revelação do criador desse Pierrot das telas: a certa altura de suas memórias, *Minha vida* (1964), Chaplin afirma que uma das premissas de seu trabalho sempre foi, justamente, "a combinação do trágico e do cômico" (CHAPLIN, 2015, p. 63).

Assim como o primeiro, o segundo estudo de Drummond sobre o cineasta de *Tempos modernos*, "Defesa de Carlito", dado à estampa na *Folha Carioca* de 31 de janeiro de 1944, também foi motivado por uma informação veiculada na imprensa: Chaplin havia declarado que, em seu filme seguinte (o qual viria a ser *Monsieur Verdoux*, lançado em 1947), abandonaria os elementos de sua caracterização carlitiana para dar vida a outro personagem: o assassino em série Henri Landru. A notícia aflige Drummond: "Não sei se estas preocupações são consideradas legítimas, no momento de conflagração mundial em que vivemos, e se é permitido a um humilde frequentador de cinema (ainda os há!) perder alguns minutos do seu tempo livre, que devia ser consagrado ao estudo dos problemas da segunda frente, para dedicá-los a um bigode, uma cartolinha, um pequeno paletó cintado, umas calças frouxas e longas, que ameaçam cair a todo instante, e uns sapatos compridos, precursores dos atuais sapatos de alto estilo, pela elevação do bico respectivo em relação ao solado. Se for lícito esse emprego de tempo [...], quero ser um dos que se proponham a defender [...] a cara e a roupa de Carlito, ameaçadas de aniquilamento" (DRUMMOND DE ANDRADE, 1944). Nessas linhas, como em tudo que escreveu durante a Segunda Guerra Mundial (1939-45), Drummond demonstra plena consciência de estar vivendo um período, apesar de dramático, único na história, e tal convicção implica a certeza de que é necessário concentrar-se sobre a circunstância imediata (MOURA, 2016, p. 124). Como está dito num poema dessa época: "É preciso tirar da boca urgente/ o canto rápido, ziguezagueante, rouco/ feito da impureza do minuto" (RP, p. 153). Por isso, enquanto redigia *A rosa do povo* (1942-45), o nosso poeta se ocupou de artistas tão preocupados quanto ele com os rumos do conflito global. Nesse sentido, o caso de Chaplin é exemplar: antes do aparecimento da crônica drummondiana aqui em foco, ele já havia ridicularizado, nas telas do mundo inteiro, *O grande ditador* (1940) e defendido, num discurso público (22 jul. 1942), a abertura da "segunda frente", isto é, o auxílio internacional à União Soviética na luta contra o exército de Hitler. Assim, ao contrário do que possa parecer à primeira vista, ao discorrer sobre Carlito, o nosso "humilde frequentador de cinema" não está negligenciando "o estudo dos problemas" da "conflagração mundial" iniciada em 1939, mas utilizando seu "tempo livre" para trazer aqueles acontecimentos ao centro do debate político e artístico do momento (DRUMMOND DE ANDRADE, 1944).

Em outra passagem importante de seu artigo, Drummond atribui a popularidade de Chaplin à caracterização da qual o cineasta pretende abdicar. Na ótica do colunista da *Folha Carioca*, são "os andrajos inelutáveis" de Carlito, juntamente com seu "bigode", que gravam em nossa memória "a imagem universal" do homenzinho de bengala e cartola: um "vagabundo internacional compreensível por qualquer povo do mundo" (DRUMMOND DE ANDRADE, 1944). Nesse momento, compreendemos o porquê de tão enfática "defesa" da fisionomia carlitiana: uma das virtudes de Chaplin mais admiradas por Drummond é exatamente a imensa comunicabilidade de seus filmes, os quais "sempre foram muito bem recebidos pelos adultos, brancos, negros, letrados ou iletrados. [Diante deles], os nômades do Irã, as crianças chinesas, unem-se a Élie Faure e Louis Delluc numa participação e numa compreensão, senão as mesmas, ao menos parecidas" (MORIN, 2014, p. 235). Esse talento de Carlito para superar diferenças de idade, etnia, classe social, nacionalidade e escolaridade é enfatizado em dois momentos do "Canto ao homem do povo Charlie Chaplin", último poema de *A rosa do povo* e texto mais importante da chapliniana de Drummond: "Para dizer-te como os brasileiros te amam/ e que nisso, como em tudo mais, nossa gente se parece/ com qualquer gente do mundo [...] falar assim a chinês, a maranhense,/ a russo, a negro: ser um só, de todos" (RP, pp. 157-62).

Fruto, segundo relata o próprio autor, de "duas semanas" de trabalho contínuo (RIBEIRO, 2011, p. 210), o "Canto ao homem do povo Charlie Chaplin", poema de longa-metragem (227 versos livres, divididos em 23 estrofes e espalhados por seis partes de extensão variável), impõe-se ao leitor, quando tomado em conjunto, pela evocação de cenas e sequências de diferentes películas do homenageado, selecionadas e coordenadas de modo a produzir, por montagem, uma espécie de filme dos filmes de Carlito: sinopse e interpretação global de sua obra (observação análoga encontra-se em CORREIA, 2015, pp. 71-72).

Na abertura do texto, Drummond declara-se um escritor menor, que só se destaca por ser ridicularizado: "Era preciso que um poeta brasileiro,/ não dos maiores, porém dos mais expostos à galhofa" (RP, p. 157). Tais versos têm sido interpretados em chave biográfica: alusão magoada do "poeta brasileiro" às inúmeras chacotas dirigidas, durante anos, na imprensa e nas escolas, contra sua famigerada pedra de escândalo "No meio do caminho" (HOUAISS, 1976, p. 60; GLEDSON, 2018, p. 80; CORREIA, 2015, p. 46). Entretanto, mesmo sem anular a possibilidade dessa leitura, cremos existir aqui algo mais forte: uma imagem de artista. Naturalmente, numa sociedade onde equilíbrio e clareza são atributos muito valorizados, alguém condenado, desde a abertura de seu universo lírico (que se dá com o célebre "Poema de sete faces"), por determinação de "um anjo torto/ desses que vivem na sombra", só poderia tornar-se alvo do escárnio de todos aqueles que se julgam, em relação a uma ordem convencional, corretos e esclarecidos. No fundo, ser objeto de mofa parece uma consequência da personalidade *gauche* de Drummond. Desse ponto de vista, não espanta que o autor de *A rosa do povo* celebre a figura de Carlito, personagem "mais exposto à galhofa" da história do cinema. Como também não surpreende que, ao fazê-lo, torne-se porta-voz de inúmeros outros *gauches*: "Falam por mim os abandonados de justiça, os simples de coração,/ os páreas, os falidos, os mutilados, os deficientes, os recalcados,/ os oprimidos, os solitários, os indecisos, os líricos, os cismarentos,/ os irresponsáveis, os pueris, os cariciosos, os loucos e os patéticos" – vasta galeria de "vagabundos que o mundo repeliu, mas zombam e vivem/ nos filmes" de Chaplin, dando a ver a função social de suas comédias (RP, pp. 157-58).

Ainda no início do "Canto ao homem do povo Charlie Chaplin", Drummond se confessa tributário do cineasta britânico: "girando um pouco em tua atmosfera ou nela aspirando a viver" (RP, p. 157). Se gravita na órbita do diretor de *Em busca do ouro*, é natural que o nosso poeta apresente outras características em comum com seu ídolo, além da já destacada personalidade *gauche*. Convém elencar tais afinidades, seguindo a ordem em que elas são apresentadas no poema: Primeiro, Drummond compartilha da mesma estética de Chaplin: a do lirismo que se alimenta da "poética e essencial atmosfera dos sonhos lúcidos"; segundo, os dois partilham também da mesma ética, pois suas obras se fundam na defesa dos valores democráticos: "e a opressão é detestada"; terceiro, nos filmes de um e nos livros do outro, a figura do artista é representada de modo anti-heroico: "se bem que o heroísmo se banhe em ironia"; quarto, como autênticos criadores, ambos aceitam o desafio de renovar a linguagem: "Ó palavras desmoralizadas, entretanto salvas, ditas de novo./ Poder da voz humana inventando novos vocábulos e dando sopro aos exaustos" (RP, pp. 157-64).

O verso final do "Canto ao homem do povo Charlie Chaplin" revela uma última semelhança entre Drummond e o destinatário de sua homenagem: "ó Carlito, meu e nosso amigo, teus sapatos e teu bigode caminham numa estrada de pó e esperança" (RP, p. 164). Evoca-se aqui uma das cenas mais famosas da história do cinema: em vários filmes (para citar apenas três exemplos: *O peregrino*, *O circo* e *Tempos modernos*), Carlito termina andando em direção ao horizonte (o que pode ser interpretado como uma representação cinematográfica do mito do Judeu Errante). Repetida nas telas, a imagem do vagabundo andarilho volta a aparecer também na obra de Drummond, conforme se vê em seu segundo poema "A Carlito", enfeixado em *Lição de coisas* (1962): "Ninguém para recordar/ que houve pelas estradas um errante poeta desengonçado,/ a todos resumindo em seu despojamento?" (LC, p. 54).

Como se sabe, o caminhar é também uma ação fundamental de Drummond, poeta público atraído pelo espaço social por excelência: a rua. Em sua lírica, ele está sempre "no meio do caminho". Algumas vezes, refletindo sobre a inquietante "solidão do homem na rua"; outras, fraternalmente, colocando-se "na rua, com os homens". Ora palmilhando "uma estrada de Minas"; ora cruzando a "rua cinzenta" da moderna metrópole carioca. Em certos momentos, experimenta a liberdade de atravessar "uma rua que passa em muitos países"; em vários outros, tem seu trajeto interceptado pelos mais diversos obstáculos, índices de um "país bloqueado".

Certa vez, Pedro Nava afirmou que a poesia de Drummond era "chapliniana" (NAVA, 2012c, p. 235). O memorialista de *Beira-mar* tinha plena razão. E isso nos ajuda a entender por que, ao longo de sua carreira, o poeta de *A rosa do povo* escreveu tantos textos sobre Carlito, enviando-os ao célebre homenzinho de bengala e cartola "como um ramo de flores absurdas mandado por via postal ao inventor dos jardins" (RP, p. 158).

Cartas
ver Correspondência

"Caso do vestido"
JOÃO PEDRO FAGERLANDE

Embora não tenha escrito nenhuma obra de natureza teatral (apesar de traduzir as peças *As artimanhas de Scapino*, de Molière, e *Dona Rosita, a solteira*, de García Lorca), Drummond escreveu um poema muito próximo da dramaturgia: "Caso do vestido" (RP, pp. 74-80). É nele que o autor realiza sua grande encenação, com direito a cenário, figurino, gestos, movimentação, coro, além de uma personagem que, tal uma atriz, é capaz de assumir outras vozes ao longo do texto. Antes de nos aprofundarmos na questão do teatro, façamos uma breve sinopse. "Caso do vestido" apresenta um adultério em que o marido, apaixonado pela "dona de longe", larga esposa e filhas para morar com a amante, e em seguida enjoa dela, voltando para casa. O enredo a princípio não parece inovador, mas o texto traz muito mais que um simples caso de traição. Ele se aprofunda nos efeitos da traição, em como este acontecimento é capaz de impactar a protagonista a ponto de ela pendurar o vestido da amante (que "mais mostrava que escondia/ as partes da pecadora") na parede de sua casa.

De um modo sucinto, podemos pensar numa gradação das vozes teatrais na poesia. O primeiro índice de teatralidade seria quando o eu poético se dirige a um interlocutor, construindo uma cena de conversa (como em "José") ou quando assume uma máscara (como em "Um boi vê os homens", para usarmos exemplos da poesia drummondiana). A combinação desses dois procedimentos resulta no que chamamos de *jogo teatral*: quando a voz do poema assume uma máscara (um eu reconhecidamente afastado de sua personalidade biográfica) ao mesmo tempo que se dirige a um interlocutor. Este alto grau de teatralidade pode ser observado em alguns poemas de Drummond, como "Balada do amor através das idades", "Romaria", "Desdobramento de Adalgisa", "Canção da Moça-Fantasma de Belo Horizonte", "Máquina do mundo" e "Os bens e o sangue".

"Caso do vestido" é construído inteiramente por esse mecanismo, em que duas máscaras dialogam no tempo presente (mãe e filhas), ao passo que duas vozes do passado (pai e amante) são sempre encenadas pela mãe, criando um jogo teatral muito peculiar. Trata-se de um caso raríssimo na poesia drummondiana em que uma máscara assume a voz de outra, num uso mais complexo deste recurso.

As filhas constituem-se como máscara coletiva, remetendo-nos ao coro do teatro grego tradicional. O coro era composto de cidadãos de menor status social – como o são as filhas na família patriarcal representada –, e participava dos acontecimentos como comentador, informante, conselheiro e observador (BERTHOLD, 2004, p. 114). Desempenhando o papel de observadoras, elas sinalizam um elemento estranho na casa: um vestido na parede. Numa espécie de inquérito familiar, interrogam a mãe para satisfazer sua curiosidade. Ela, porém, não quer falar sobre o assunto, tentando dissuadi-las do propósito ("Minhas filhas, mas o corpo/ ficou frio e não o veste"). A mãe usa a seu favor o argumento de o pai estar próximo, o que impediria a conversa ("Minhas filhas, boca presa./ Vosso pai evém chegando"). As filhas insistem nas perguntas e acabam vencendo a disputa, fazendo a mãe narrar o "Caso do vestido".

Podemos situar a voz da protagonista como um ponto médio entre duas forças: a das filhas, que a incitam a narrar a história do vestido, e a do pai, cuja proximidade estabelece um constrangimento, obrigando-a a permanecer em silêncio. Neste embate entre o velar e o revelar, o discurso da mãe será marcado por grande tensão, colaborando com o tom dramático do texto. A gravidade do relato também se observa no modo como ela prepara o início da narrativa: "Minhas filhas, escutai/ palavras de minha boca".

É curioso observar que a mãe, ao narrar o caso, opta por encenar as palavras que a amante teria dito para humilhá-la, em vez de simplesmente resumir o que se passou: "Eu não amo teu marido,/ me falou ela se rindo.// Mas posso ficar com ele/ se a senhora fizer gosto,// só pra lhe satisfazer,/ não por mim, não quero homem". Usando o discurso direto, a mãe presentifica a fala de sua antagonista, tornando-a mais viva, o que acaba por aumentar a tensão do relato. Embora a princípio a mãe não queira narrar o caso, o fazendo apenas por insistência das filhas, neste momento ela utiliza um procedimento altamente expressivo, reconstituindo cenicamente a experiência traumática diante das interlocutoras.

Podemos comparar essa exposição do próprio sofrimento com o gesto de pendurar o vestido no prego. Ora, a protagonista poderia muito bem ter guardado o vestido num armário, assim como poderia usar o discurso indireto para narrar o caso de traição. Mas não, nas duas situações a mãe escolhe exibir a sua dor de maneira explícita, numa teatralização do sofrimento. Há uma vocação teatral na personagem, que quer trazer para o palco sua narrativa trágica, com a qual ela se constitui duplamente: como vitoriosa e como vencida. Analogamente, o vestido no prego é também um signo duplo: uma chaga e um troféu.

O título do poema pode ser lido em diferentes sentidos, mostrando a capacidade drummondiana de explorar o potencial da palavra "caso". À primeira vista, ele pode ser um simples "causo", um acontecimento. Ao tomarmos contato com a trama, o "caso" assume o significado de adultério. Indo mais além, podemos considerar o sentido policialesco do termo, em que as filhas interrogam a mãe para desvendar um "caso". E ainda mais longe, podemos considerar a paixão como um "caso" de doença que acomete ao pai, servindo para arruinar a estrutura da família representada. A moléstia acaba por contaminar também a amante, que emprega o verbo "pegar" exatamente neste sentido, como se o amor fosse uma doença contraída: "Eu não tinha amor por ele,/ ao depois amor pegou".

O amor no poema, aliás, pode ser comparado à condição do termo grego "*phármakon*": se ingerido em dose alta, se transforma num veneno; se ingerido com parcimônia, num remédio. E é esta dose comedida de amor que traz a cura para o desespero da mãe no fim do texto, quando o marido retorna à casa e se senta prosaicamente para comer. Mas de modo algum a obra pode ser lida como um ensinamento moral sobre como lidar com a paixão – em vez de uma lição, há uma revelação, mostrando a complexidade do sentimento amoroso, ou a impossibilidade de estabelecer sua medida.

Voltando à questão da teatralidade, há uma construção cênica tão elaborada que alguns versos chegam a apresentar um efeito de rubrica teatral: "Nossa mãe, por que chorais?/ Nosso lenço vos cedemos.// Minhas filhas, vosso pai/ chega ao pátio. Disfarcemos". Embora o poema não contenha rubricas como a dramaturgia, estas informações são preenchidas pelos próprios versos, que apresentam a movimentação dos personagens no palco, o gesto de oferecer o lenço (que é também um objeto cênico), além de um esboço de cenário (pela presença do pátio). Indo um pouco adiante, podemos considerar que existe uma partitura vocal da protagonista, diminuindo a força de sua fala no final do trecho citado.

A modulação vocal da mãe é empregada em outras passagens, como no fim do texto: "O barulho da comida/ na boca, me acalentava,// me dava uma grande paz,/ um sentimento esquisito// de que tudo foi um sonho,/ vestido não há... nem nada.// Minhas filhas, eis que ouço/ vosso pai subindo a escada". Aproveitando a noção musical de *legato* (notas musicais de longa duração) e *staccato* (notas de curta duração, mais "secas"), podemos considerar que os seis primeiros versos apresentam uma performance vocal mais próxima do *legato*, contrastando com o *staccato* dos últimos dois. Este exemplo de dinâmica demonstra a consciência na representação da voz em "Caso do vestido", sendo mais uma nuance interpretativa no palco do poema.

O rigor estrutural do texto é outro ponto que merece destaque. Atentando para isso, Emanuel de Moraes (MORAES, 1978b, p. 112) estabeleceu a seguinte divisão: prólogo (9 primeiras estrofes), episódio e epílogo (10 últimas estrofes). Além disso, a dramaturgia implícita é realizada com tal precisão que fica muito nítida a mudança de uma cena para outra, não havendo espaço para ambiguidades quanto a este aspecto.

Nesta estrutura, os três personagens principais – esposa, marido e amante – atravessam o mesmo percurso, indo da destruição para ascensão, ou do caos para a harmonia. A amante é a única que começa altiva, demonstrando uma *hybris* (arrogância, orgulho) marcada pela luxúria. Mas logo ela será servida de uma dose cavalar de amor, o *phármakon*, acarretando em sua catábase, ou descida aos infernos. Ao fim do processo, ela se redime ante a mãe pedindo desculpas e entregando o vestido. Cabe sinalizar a transformação de significado por que passa o vestido, passando de um símbolo do pecado ("mais mostrava que escondia/ as partes da pecadora") para um símbolo do perdão ("recebei esse vestido/ e me dai vosso perdão"), ampliando o significado da vestimenta.

É interessante observar que "Caso do vestido" apresenta uma tensão de registros ao longo do texto, com marcas de formalidade e de regionalismo. Há um jogo de pronomes possessivos no tratamento dos personagens que sugere uma linguagem mais formal, em que as filhas chamam a protagonista de "nossa mãe", que por sua vez as chama de "minhas filhas". Ela chega a se referir ao marido como "vosso pai", assinalando um distanciamento entre as máscaras. Outra marca de formalidade é o uso frequente da segunda pessoa do plural (vós) com a devida concordância verbal ("dizei", "dai" etc.).

Por outro lado, notamos a presença de termos como "evém" – que, conforme aponta Gilberto Mendonça Teles, significa "aí vem" (TELES, 1970, p. 85) – e "quede" – aglutinação de "que é de", no sentido de "o que aconteceu com isso?" –, ambos de extração regionalista, evocando uma situação de oralidade, como sinaliza Mirella Vieira Lima (LIMA, 1995, p. 86). O fato de o poema ser escrito em redondilhas maiores também pode ser associado a um universo popular, bastando lembrar que a maior parte da literatura de cordel é escrita neste padrão métrico.

Os traços regionalistas no texto podem ser considerados resquícios longínquos da primeira fase de Drummond, mais especificamente de seu livro de estreia, *Alguma poesia*, de 1930. Sob influência de Mário de Andrade – como percebemos pela correspondência entre os dois –, um dos principais mentores da arte modernista no Brasil, o jovem Carlos publica versos que buscam se aproximar de uma fala mais popular, mais espontânea, em acordo com a primeira geração modernista.

Já o registro solene que reconhecemos no poema dialoga com uma obra posterior de Drummond, *Claro enigma*, marcada por uma classicização da linguagem (com uso inclusive da *terza rima* no poema "Máquina do mundo", um de seus textos mais conhecidos). "Caso do vestido", portanto, pode ser considerado um ponto de encontro dessas duas tessituras poéticas que marcam a obra drummondiana, uma de gosto mais popular e outra de natureza mais clássica. Talvez seja a isto que Antônio Houaiss esteja se referindo quando considera o poema "menos popular que rústico" (HOUAISS, 1976, p. 93).

Para finalizar, gostaríamos de abordar algumas relações intertextuais de "Caso do vestido" com a tradição ocidental. O discurso bíblico é algo que atravessa a poética drummondiana com muita frequência e está presente desde o primeiro poema de seu primeiro livro, quando se refere às palavras do Cristo na cruz: "Meu Deus, por que me abandonaste/ se sabias que eu não era Deus/ se sabias que eu era fraco" (AP, p. 11). Não será diferente em "Caso do vestido", em que o pensamento cristão serve de base para opor as duas mulheres, mãe e amante, como a santa e a pecadora, aquela que segue os preceitos da família tradicional e aquela que rompe com os padrões morais. O poema também pode ser lido como uma nova versão da parábola do filho pródigo – mas uma versão muito mais perturbadora, pois quem quebra a ordem familiar não é um jovem que está descobrindo o valor de sua família, e sim o patriarca, aquele que deveria zelar pela ordem moral no grupo. Outra chave de leitura importante para o texto é a relação entre o vestido e o corpo de Cristo na cruz, realçada pelo fato de a peça de roupa não estar dentro do armário, e sim pregada na parede, representando uma morte simbólica.

O poema também dialoga com outro texto muito importante da tradição ocidental, que é *Medeia*, de Eurípedes. As duas obras tratam de adultérios cometidos pelos maridos – mas há uma diferença importante a ser considerada. A traição na tragédia grega pode ser lida como uma potência afirmativa: isto é, Jasão escolhe trair Medeia para poder se casar com a filha do Rei Creonte, e em seguida a ex-esposa mata seus filhos como forma de vingança. Os dois realizam atos de sua própria vontade como forma de afirmação pessoal. Em "Caso do vestido" ocorre justamente o contrário, pois o adultério é marcado pela negatividade. O pai não escolhe uma nova mulher para ascender socialmente, como ocorre com Jasão; não, ele é vítima da paixão, ele perde sua autonomia enquanto sujeito, como um enfermo que contraiu um "caso" de doença: um desejo fulminante que o deixa transtornado e perdido. A mãe, neste processo, não se rebela como fez Medeia, mas aceita calada o adultério, inclusive auxiliando o marido a ficar com a "dona de longe", pois ele fracassa em suas investidas. Neste sentido, podemos considerar que "Caso do vestido" é uma espécie de anti-Medeia, revelando não a força daqueles que brigam e matam na arena da paixão, mas antes suas fraquezas, seus silenciamentos, suas resignações.

Chaplin
ver Carlito

Cidade
ver Metrópole

Cinema

MARLENE DE CASTRO CORREIA

São dois poemas de *Pauliceia desvairada* que introduzem o *tópos* cinema no repertório urbano da poesia modernista.

Em "A escalada", Mário de Andrade sugere uma relação entre o espaço ficcional da tela e o espaço socioeconômico da cidade, fazendo do título do filme, certamente por ele inventado, a metáfora dos métodos violentos e escusos utilizados na luta pela ascensão social indiciada no título do poema: "(Há fita de série no Colombo./ *O empurrão na escuridão*. Filme nacional.)" (PC2, p. 80). Em "Domingo" retoma esse procedimento: "Central. Drama de adultério" (PC2, p. 91), para em seguida focalizar o cinema (explicitamente o alemão...) como estímulo a fantasias eróticas das adolescentes burguesas. É na revista *Klaxon*, no entanto, que o cinema ganha foros de manifestação artística representativa da modernidade. Não é no poema de Ribeiro Couto publicado no número 6 que ocorre tal conquista, pois "Cinema de arrabalde", apesar do verso livre, do registro prosaico (quase nunca bem-sucedido), perde-se em minúcias costumbristas e pouco diz de efetivamente original e poético sobre o assunto. Mais importante para conferir ao cinema aquela verdadeira e nova significação é a seção de crítica do número 5, assinada por Mário de Andrade, o qual inicia o seu artigo com eloquente convicção: "'O GAROTO' por Charlie Chaplin é bem uma das obras-primas mais completas da modernidade para que sobre ele insista mais uma vez a irriquieta petulância de KLAXON" (*Klaxon: Mensário de Arte Moderna*. São Paulo, n. 6, p. 4, 15 out. 1922; e n. 5, p. 13, 15 set. 1922).

É, porém, o texto-manifesto do número inaugural de *Klaxon*, no segmento intitulado "Esthetica", que atribui explicitamente ao cinema o estatuto de *tópos* ou emblema privilegiado do ideário modernista: "KLAXON sabe que o cinematógrafo existe. Pérola White é preferível a Sarah Bernhardt. Sarah é tragédia, romantismo sentimental e técnico. Pérola é raciocínio, instrução, esporte, rapidez, alegria, vida. Sarah Bernhardt = século 19. Pérola White = século 20. A cinematografia é a criação artística mais representativa de nossa época. É preciso observar-lhe a lição" (*Klaxon: Mensário de Arte Moderna*. São Paulo, n. 1, p. 2).

Carlos Drummond, ainda que imprima à "Balada do amor através das idades" várias características que a tornam ímpar, mantém na última estrofe um risonho diálogo com o manifesto de *Klaxon*: "Hoje sou moço moderno,/ remo, pulo, danço, boxo,/ tenho dinheiro no banco./ Você é uma loura notável,/ boxa, dança, pula, rema./ Seu pai é que não faz gosto./ Mas depois de mil peripécias,/ eu, herói da Paramount,/ te abraço, beijo e casamos" (AP, p. 62).

Diálogo marcado por discordâncias, mas também por ressonâncias. Entre estas, a consciência do papel do cinema na construção de um novo imaginário e de novos padrões de comportamento e sensibilidade. Existe no entanto uma divergência de perspectiva entre os dois textos: em *Klaxon* faz-se a exaltação unívoca da mulher moderna representada por Pérola White; em "Balada", a atitude do sujeito poético em relação aos paradigmas de modernidade veiculados pelo cinema é marcada pela ambiguidade do humor.

Já se insinua no texto a percepção do cinema como discurso e máquina produtores de mitos, concepção que será desenvolvida e aprofundada em "O mito" de *A rosa do povo*. A significação do poema é enriquecida pelo subtexto de teor metaliterário: repetindo em todas as estrofes o mesmo esquema narrativo – amor contrariado por imposições culturais e sangrento *unhappy-end*, com exceção da última, que segue o modelo dos filmes americanos da época – Drummond dissimuladamente aponta para a vigência na literatura e na arte de um código de convenções e deixa entrever a possibilidade de deslizamento de referências do nível representativo ou imaginativo para o nível estrutural – fato do qual decorre a formalização de elementos conteudísticos, que passam a integrar uma morfologia da narrativa. O poeta desnorteia, desilude e diverte os leitores: o que eles haviam lido em seu contexto próprio (nas estórias conotadas no poema) como mensagem original não era senão código convencional.

Mário de Andrade interpreta "Balada do amor através das idades" como expressão máxima do "sequestro da vida besta" que, segundo ele, se manifesta em vários poemas de *Alguma poesia*: "E finalmente como clímax do sequestro, vem a 'Balada do amor através das idades'. Agora o caso é admiravelmente expressivo. O poeta se vinga da vida besta, botando miríficos suicídios e martírios estrondosos em casos de amor de diferentes épocas passadas. Menos na contemporânea, em que faz o amor dar em casamento, em burguesice, em... vida besta: é ele" (Referência ao verso final de "Cidadezinha qualquer", "Eta vida besta, meu Deus", [AP, p. 49]). Dos poetas modernistas – ou oriundos do Modernismo – é Drummond quem fez maior número de alusões ao cinema, o qual se destaca assim como *tópos* recorrente em sua obra. Ainda em *Alguma poesia* encontram-se mais três registros. O do poema "Sabará" é particularmente expressivo, pois mostra uma feliz tentativa de transposição para o discurso verbal de características da linguagem cinematográfica: "O presente vem de mansinho/ de repente dá um salto:/ cartaz de cinema com fita americana" (AP, p. 23).

Signo do "tempo presente", o cinema irrompe no texto com as conotações de descontinuidade, de movimentação rápida, de veloz substituição de imagens, de produção de choques e surpresas, em discurso acessível, mas sugestivo da especificidade da narrativa filmográfica e sua técnica de montagem.

Embora não faça referência explícita a cinema, o poema "Sentimental", ainda do livro de estreia, sugere uma inspiração – consciente ou inconsciente – em filmes de Chaplin: "Ponho-me a escrever teu nome, com letras de macarrão./ No prato, a sopa esfria, cheia de escamas/ e debruçados na mesa todos contemplam/ esse romântico trabalho" (AP, p. 35).

A construção do sujeito poético, particularmente no que respeita ao peculiar uso e manipulação da sopa de macarrão, evoca a persona de Carlitos, na medida em que este mantém com os objetos uma relação marcada pelo desvio de sua função originária, socialmente codificada.

Em termos precisos e poéticos, André Bazin ressalta esse traço da criatura chapliniana: "Parece que os objetos só concordam em ajudar Carlitos à margem do significado que a sociedade lhes designou. O mais belo exemplo deste deslocamento é a famosa dança dos pãezinhos, onde a cumplicidade dos objetos explode em uma gratuita coreografia" (BAZIN, 1989, p. 89).

Em "Canto ao homem do povo Charlie Chaplin" Drummond omite essa imagem paradigmática da inventividade de Carlitos, imagem que alcançou extraordinária celebridade; resgata no entanto uma cena menos notável, mas igualmente representativa do deslocamento lúdico que o personagem empresta aos objetos: "Mais uma vez jantaste: a vida é boa./ Cabe um cigarro: e o tiras/ da lata de sardinhas" (RP, p. 160).

Os versos finais de "Sentimental" completam a estilização carlitiana do sujeito poético, reiterada ainda pelo procedimento humorístico denominado por Robert Escarpit de "vingança do cego, frequente nos filmes de Chaplin" (ESCARPIT, 1967, pp. 102-06): "– Está sonhando? Olhe que a sopa esfria!// Eu estava sonhando.../ E há em todas as consciências um cartaz amarelo:/ 'Neste país é proibido sonhar'" (AP, p. 35).

O tema da dificuldade ou mesmo impossibilidade de fazer o homem sua opção amorosa, desenvolvido em vários poemas de Drummond, e que adquiriu feição emblemática em "Desdobramento de Adalgisa" (BA, p. 45), é metaforicamente concretizado nos dois cinemas de "Indecisão do Méier" (SM, p. 27) – "ambos com a melhor artista e a bilheteira mais bela" – metáfora que sinaliza para o processo de introjeção desse *tópos* na vida psíquica do homem urbano.

A obra de Drummond mostra uma indissolúvel relação amorosa com o cinema, que ele incorpora à sua experiência existencial, e que surge, quando menos se espera, no percurso do texto. Essa relação atinge o seu momento máximo em "Canto ao homem do povo Charlie Chaplin", longo e belo poema que ocupa uma situação privilegiada em *A rosa do povo*: é o último texto do livro, que assim se encerra-e-se-abre com um discurso de celebração animado pela crença na utopia, que descortina o advento de um mundo novo: "ó Carlito, meu e nosso amigo, teus sapatos e teu bigode caminham numa estrada de pó e esperança" (RP, p. 164).

O poema se inicia com uma declaração de afinidades entre a poesia de Carlos Drummond e o cinema de Chaplin: ambos gravitam "na poética e essencial atmosfera dos sonhos lúcidos"; na obra dos dois "a opressão é detestada" e nela com frequência "o heroísmo se banha em ironia" (RP, pp. 157-64).

Um dos procedimentos que de imediato chamam a atenção na estruturação do texto é a constante evocação de cenas de filmes de Carlitos. O poeta como que efetua uma montagem de sequências de películas diversas – certamente aquelas que lhe parecem compor com mais riqueza a multifacetada persona do artista homenageado, e (ou sobretudo) aquelas que farão do poema um todo coerente, convincente e comovente.

Drummond se apropria portanto da filmografia de Chaplin como se ela fosse uma obra aberta: dela recorta cenas, episódios, sequências, procede à sua montagem e encena virtualmente um filme síntese ou súmula da arte do cineasta. Esse procedimento é isomorfo da leitura que faz o poeta do personagem Carlitos: embora coisificado e fragmentado pelo trabalho alienante, e apesar de repartido em múltiplos ofícios, ele mantém íntegra a sua identidade: "És parafuso, gesto, esgar./ Recolho teus pedaços: ainda vibram,/ lagarto mutilado.// Colo teus pedaços. Unidade estranha é a tua, em mundo assim pulverizado" (RP, p. 162).

Ainda que as citações dos filmes de Chaplin sejam de natureza diversa, observa-se certa insistência nas que se referem ao motivo *comida*: "falam os tocos de vela, que comes na extrema penúria [...] e sabes a arte sutil de transformar em macarrão/ o humilde cordão de teus sapatos (RP, pp. 158-60).

Mais relevante, no entanto, do que o seu índice de ocorrência é o espaço textual que elas ocupam no poema: além de por ele se disseminarem recorrentemente, toda a parte III faz da comida seu mote exclusivo e – fato ainda mais importante – contém a metáfora alimentar de maior impacto da obra de Chaplin. Trata-se do filme *Em busca do ouro* (1925), no qual um personagem transtornado de fome vê em suas alucinações Carlitos transformado em frango, imagem tragicômica, contundente e espetacular, da qual Drummond faz uma leitura que extrai, explicita e enfatiza o seu substrato político-ideológico e à qual imprime uma dimensão utópica: "[...] Entre o frango e a fome,/ o cristal infrangível. Entre a mão e a fome,/ os valos da lei, as léguas. Então te transformas/ tu mesmo no grande frango assado que flutua/ sobre todas as fomes, no ar; frango de ouro/ e chama, comida geral/ para o dia geral, que tarda" (RP, pp. 160-61).

Drummond ressalta portanto a função social da obra do cineasta e do seu próprio poema. A sequência dos versos 29-36 reforça tal função; ela se compõe de longa enumeração referente aos seres de quem o poeta se faz porta-voz na louvação a Chaplin. Múltiplos e diversos, assemelham-se e assimilam-se, no entanto, por trazerem todos, cada qual a seu modo, a marca da exclusão da sociedade representada no poema: "Falam por mim os abandonados de justiça, os simples de coração,/ os párias, os falidos, os mutilados, os deficientes, os recalcados,/ os oprimidos, os solitários, os indecisos, os líricos, os cismarentos,/ os irresponsáveis, os pueris, os caridosos, os loucos e os patéticos" (RP, p. 158).

Alguns traços semânticos esboçam a intertextualidade dessa enumeração com o discurso do Novo Testamento; essa relação intertextual retroage sobre os versos imediatamente anteriores e os ilumina com nova luz: "Falam por mim os que estavam sujos de tristeza e feroz desgosto de tudo,/ que entraram no cinema com a aflição de ratos fugindo da vida,/ são duas horas de anestesia, ouçamos um pouco de música,/ visitemos no escuro as imagens – e te descobriram e salvaram-se" (RP, p. 158).

Situados no referido contexto, esses versos têm sua significação enriquecida, atribuindo dimensão messiânica à obra de Chaplin e caracterizando a recepção do espectador como experiência epifânica. A leitura poética da filmografia chapliniana empreendida por Drummond coincide nesse aspecto com a análise do crítico de cultura Siegfried Kracauer, que aponta traços de messianismo nos filmes do cineasta (KRACAUER, 2001, p. 515). Truffaut é enfático a esse respeito (TRUFFAUT, 1989, p. 80).

A interpretação do poeta e a investigação do crítico apresentam outro ponto de convergência: a apreensão do significado político da comédia-pastelão. Kracauer a considera um gênero portador de um antídoto popular ao sistema americano. Pondo em foco a imbricação do mundo mecânico com a vida, ela desmonta o regime imposto pela ordem econômica em "orgias de destruição, confusão e paródia". Ainda segundo Kracauer: "[...] com os filmes pastelão, os americanos criaram uma forma que serve de contrapeso à sua realidade. Se naquela realidade eles sujeitam o mundo a uma disciplina muitas vezes insuportável, o cinema, por sua vez, desmantela essa ordem autoimpositiva de modo bastante contundente" (KRACAUER, 2001, p. 513).

Walter Benjamin também atribuiu valiosa função política à comédia-pastelão, a qual foi prestigiada e exaltada ainda pela vanguarda europeia, notadamente o surrealismo. Esse coro de entusiastas foi ampliado e reforçado pela contribuição renovadora de Chaplin ao gênero.

Em sua celebração, Carlos Drummond mostra-se atento a essas várias implicações da obra de Chaplin, também detectadas por teóricos da cultura de massa. Entre seus recortes e citações da filmografia do cineasta, inclui episódios e sequências características da comédia-pastelão, e lhes dá significação política, reiterando e enfatizando o seu valor de subversão de um sistema repressivo e de uma rígida diferenciação e compartimentação de espaços e classes sociais: "Já não é o escritório de mil fichas,/ nem a garagem, a universidade, o alarme,/ é realmente a rua abolida, lojas repletas,/ e vamos contigo arrebentar vidraças,/ e vamos jogar o guarda no chão,/ e na pessoa humana vamos redescobrir/ aquele lugar – cuidado! – que atrai os pontapés: sentenças/ de uma justiça não oficial" (RP, p. 160).

Se por um lado existem diferenças irredutíveis entre os poemas "Nosso tempo" e "Canto ao homem do povo Charlie Chaplin" (ambos de *A rosa do povo*), percebe-se por outro entre eles uma rede de semelhanças derivada da convergência de perspectivas diante do capitalismo industrial e da sociedade burguesa. O dístico de abertura de "Nosso tempo" – "Este é tempo de partido,/ tempo de homens partidos" (RP, p. 23) – lança o *leitmotiv* do poema, em torno do qual gravita uma constelação de noções e significados, que irão reunir-se e concentrar-se sobretudo na parte V: à imagem de fragmentação do homem, juntam-se as de sua mecanização e coisificação, que implicam a alienação de sua condição humana.

Esses significados se imbricam no interior de "Canto ao homem do povo Charlie Chaplin": no "mundo pulverizado", Carlitos – reitere-se – é "parafuso, gesto, esgar" e "lagarto mutilado". Essa leitura de Drummond apresenta traços afins ao pensamento de Walter Benjamin sobre a comédia-pastelão, que ele – valendo-se dos conceitos de "choque" e "enervação", – focaliza em suas relações com a tecnologia. Nesse sentido, Chaplin realiza "na tecnologia da linha de montagem" uma demonstração "gestual" da descontinuidade perceptiva: "Ele faz um recorte do movimento expressivo do corpo humano em uma sequência de fugazes tensionamentos dos nervos (enervações), um procedimento que 'impõe a lei das imagens cinematográficas sobre a lei do sistema motor humano'. Ao praticar essa autofragmentação sistemática, 'ele interpreta a si próprio de forma alegórica'" (KRACAUER, 2001, p. 514).

Em "Canto ao homem do povo Charlie Chaplin", apesar de fragmentado e coisificado pela máquina alienante no trabalho industrial, Carlitos não perde a inteireza de consciência nem a unidade consigo mesmo – "apenas sempre entretanto tu mesmo" – e encarna uma humanidade exemplar de natureza utópica. A interpretação de Drummond, a de críticos da cultura, a de historiadores e especialistas do discurso cinematográfico confluem para essa configuração do personagem chapliniano (KRACAUER, 2001, p. 515).

Esses estudos especializados insistem no vínculo entre a humanidade de Carlitos e a sua popularidade mundial. Edgar Morin, para quem Chaplin representa a realização máxima do "esperanto gestual" do cinema mudo, afirma com convicção e emoção que os seus filmes "são acolhidos por adultos, negros, brancos, letrados, analfabetos. Os nômades do Irã, as crianças da China se juntam a Elie Faure e Louis Delluc em uma participação e uma compreensão, se não a mesma, pelo menos comum" (MORIN, 1977, p. 201).

Drummond confere especial relevo a essa universalidade, proclamando-a reiteradamente em dois momentos do poema: "Para dizer-te como os brasileiros te amam/ e que nisso, como em tudo mais, nossa gente se parece/ com qualquer gente do mundo [...] falar assim a chinês, a maranhense,/ a russo, a negro: ser um só, de todos,/ sem palavra, sem filtro,/ sem opala:/ há uma cidade em ti, que não sabemos" (RP, pp. 157-62).

Tanto o poema de Drummond quanto os textos teórico-críticos sobre os filmes de Chaplin creditam a sua universalidade e popularidade ao seu poder de resgatar no público a experiência da infância: "como se ao contato de tua bengala mágica voltássemos/ ao país secreto onde dormem meninos" (RP, p. 159). Para Kracauer, essa faculdade da filmografia chapliniana de transcender distinções de classe social, nacionalidade e geração implica "a possibilidade, em última análise, de uma linguagem universal de comportamento mimético que faria da cultura de massa um horizonte imaginativo e reflexivo para as pessoas que tentam viver suas vidas no terreno conflitivo da modernização" (KRACAUER, 2001, p. 515).

Voltando ao confronto entre "Nosso tempo" e "Canto ao homem do povo Charlie Chaplin", parece-nos incontestável que existe entre eles um tácito diálogo quanto à visão crítica do "mundo capitalista". Separa-os no entanto uma radical oposição de linguagem poética. Embora "Nosso tempo" não seja, em absoluto, um texto hermético, é inegável que sua leitura se caracteriza por tropeços na compreensão adequada de algumas passagens, em virtude da estrutura fragmentária do poema, de sua profusão de metáforas e de alguns "símbolos obscuros" de difícil descodificação – o que gera no leitor uma sensação de insegurança e desconforto. O percurso do poema parece concretizar um esforço e um ensaio do emissor em superar o enredamento num discurso altamente metafórico, um tanto imune à "porosidade" e pouco afeito à comunicação. A última estrofe, que destoa flagrantemente da linguagem usada até então, se investiria do valor de resultado daquele empenho em dominar a inclinação à opacidade do discurso em favor de sua transparência.

A louvação a Chaplin enfatiza, como se viu, a acessibilidade, a universalidade e o poder de comunicação do seu discurso filmográfico. Aquele embate de Drummond consigo mesmo em favor de uma dicção que concilie alto teor poético e força comunicativa talvez pulse latente na origem dos seguintes versos: "nem faço muita questão da matéria de meu canto ora em torno de ti/ como um ramo de flores absurdas mandado por via postal ao inventor dos jardins" (RP, p. 158).

Drummond assume diante da persona de Carlitos uma perspectiva pouco usual: ao invés de nela ressaltar somente os traços que a tornam paradigma do vagabundo irreverente e lírico, põe em foco igualmente os seus múltiplos ofícios. Depois de agrupá-los em longa enumeração, que dá relevo ao fator trabalho na representação do personagem, o poeta conclui: "O ofício, é o ofício/ que assim te põe no meio de nós todos,/ vagabundo entre dois horários" (RP, p. 164).

O final do poema se encaminha para a reflexão sobre o conflito entre o trabalho fracionário do capitalismo industrial, que aprisiona o operário em engrenagens mecânicas alienantes de sua integridade e individualidade, convertendo-o em minúscula peça da "Grande Máquina" ("Elegia 1938", SM, p. 44), e o trabalho lúdico e criativo, de feição artesanal, em que há uma relação próxima e humana, quase mágica, entre o trabalhador e o seu ofício: "[...] Estranho relojoeiro,/ cheiras a peça desmontada: as molas unem-se,/ o tempo anda. [...] a mão pega a ferramenta: é uma navalha,/ e ao compasso de Brahms fazes a barba/ neste salão desmemoriado no centro do mundo oprimido [...]" (RP, pp. 163-64).

Drummond individualiza assim a sua leitura de Carlitos, nela promovendo a aliança entre dois arquétipos: o do vagabundo lírico e sonhador e o do trabalhador excêntrico, poético e inventivo: "Há o trabalho em ti, mas caprichoso,/ mas benigno,/ e dele surgem artes não burguesas [...]" (RP, p. 163).

A relação da poesia drummondiana com o cinema não se esgota nessa extensa e intensa louvação à filmografia de Chaplin. O amor consistente e persistente do poeta pela nova arte do século XX se consubstancia em alusões recorrentes ao longo de sua obra, na reiteração da homenagem a Chaplin (cf. "A Carlito", LC, p. 53) e no culto ao mito Greta Garbo, glorificada em *Farewell*.

É, porém, em "Canto ao homem do povo Charlie Chaplin" que o *tópos* modernista do cinema ganha sua expressão mais notável. As qualidades que o notabilizam instigam (mais uma vez) a famigerada discussão em torno dos conceitos de Modernismo e de modernidade. Ainda que Henri Lefebvre explicite que a história do Modernismo não pode ser escrita sem a história do conceito de modernidade – e vice-versa –, ele propõe uma diferenciação entre as duas categorias: o Modernismo se peculiariza pela "consciência exaltante e exaltada do novo", pela "orgulhosa certeza" e "arrogância", por "glorificações cheias de ilusões"; a modernidade, ao contrário, tem como traços distintivos uma atitude de "interrogação e de reflexão crítica", de "incerteza inquieta" e de "temor". O espírito crítico e autocrítico da modernidade, sua tentativa de conhecimento ultrapassam a incitação da Moda e a excitação da novidade inerentes ao Modernismo. Lefebvre, porém, considera inseparáveis os referidos conceitos, que caracterizam dois aspectos complementares do mundo moderno (LEFEBVRE, 1962, p. 10).

Partindo desses pressupostos, impõe-se a conclusão de que Carlos Drummond, apropriando-se de um *tópos* originário do Modernismo, acabou por imprimir-lhe, ao longo de sua evolução poética, o selo da modernidade. Além de elaborar uma leitura lírica, mas substancial e lúcida, do mito mais universal e popular do século XX – interpretação em vários pontos coincidente com a dos teóricos e críticos da cultura de massas – e de fazer dos filmes de Chaplin uma forma de conhecimento do seu tempo histórico-social, ele compõe o seu poema-celebração como discurso de reflexão crítica sobre a situação do homem no contexto do capitalismo industrial e como construção "num todo sábio, posto que sensível" de uma imagem modelizadora do futuro utópico.

Claro enigma
SAMUEL TITAN JR.

Maduro, clássico, filosófico. Desde 1951, data da publicação original pela editora José Olympio, esses três adjetivos vêm marcando a leitura e a fortuna crítica de *Claro enigma*. O trio não é fortuito e responde por muitas vigas mestras do livro; de resto, permite imaginar em retrospecto o que terá sido a surpresa de muitos leitores ao deparar uma obra tão diversa da anterior. "Difícil de ler", nas palavras de um de seus poemas centrais, o novo livro de Carlos Drummond de Andrade parecia contrastar em tudo com os versos que recolhera em *A rosa do povo*, de 1945. (A rigor, o antecessor imediato de *Claro enigma* são os *Novos poemas*, cuja primeira edição não se deu, porém, como livro autônomo, e sim como parte final da coletânea *Poesia até agora*, publicada pela José Olympio em 1948.)

Obra luminosa e muito singular no âmbito da poesia social e política que os anos mais sombrios do século XX inspiraram a tantos autores, *A rosa do povo* lançava raízes fundas nas "inquietudes" (para retomar o termo consagrado por Antonio Candido em seu ensaio "Inquietudes na poesia de Drummond", de 1967) que o poeta cultivara desde antes, da estreia com *Alguma poesia* (1930) até *Sentimento do mundo* (1940), quando não as radicalizava. Lá está, centralmente, a percepção de um mundo caduco, precário, malfeito, ao qual corresponde (se é que o verbo cabe) o eu torto, desajeitado, recurvo de uma *persona* literária que desconfia, no próprio ato de escrever, de tudo aquilo que "na vida é porosidade e comunicação". Mas, desse movimento dolorido de introspecção, o poeta colhia símbolos de grande potência comunicativa, que, à maneira da orquídea "antieuclidiana" de "Áporo" ou da flor "ainda desbotada" de "A flor e a náusea", furavam o "país bloqueado", "o asfalto, o tédio, o nojo e o ódio". Mais ainda, para chegar a essa vibração peculiar, em que a voz interior se misturava ao anseio coletivo por liberdade, Drummond levava ao extremo o ímpeto modernista de "superação do verso" e fazia com que o resultado final dependesse da "figura total do poema, livremente construído" (CANDIDO, 1970, p. 122).

Ora, como não supor uma reviravolta quando, logo à entrada, o leitor de *Claro enigma* se via diante da epígrafe, tirada de Paul Valéry: "*Les événements m'ennuient*", "Os acontecimentos me entediam"? O que pensar dos sonetos e dos poemas metrificados que proliferam por todo o livro, a despeito da chacota modernista de que uns e outros eram objeto havia já três décadas?

E quanto ao tom grave e elevado, lapidar e até sapiencial, suposto veículo de um desengano que dava as costas às esperanças acalentadas ontem mesmo e, assim, também à história em curso? Nenhum desses elementos é menor ou marginal e, no seu conjunto, de fato levam água para a ideia de uma nova fase da obra de Drummond ou mesmo da poesia brasileira no século XX, se quisermos abrir o foco para incluir os livros mais ou menos contemporâneos de Murilo Mendes, Jorge de Lima e João Cabral de Melo Neto ou ainda, num patamar inferior de interesse, a poesia da Geração de 45.

Isso posto e assentado, o leitor de *Claro enigma* tinha e tem o direito de suspeitar dessa leitura que, sendo correta, talvez não dê conta de tudo. Se levar a desconfiança a sério, não tardará a encontrar suporte para suas dúvidas: no chão do texto, a começar do título, que não parece prometer ordem clássica e equilíbrio estoico, antes apontando, como é do feitio dos oximoros, para um sentido que nunca se perfaz nem estabiliza; mas também fora do livro, na frequentação de uma obra em que, antes e depois de 1951, "tudo acontece por conflito" (ARRIGUCCI JR., 2002, p. 15). Nessa linha de raciocínio, Antonio Candido observou que, na obra de Drummond, a força das inquietudes e dos problemas é tal que os poemas parecem "crescer e organizar-se em torno deles, como arquitetura que os projeta" (CANDIDO, 1970, p. 121). A ser assim, o leitor de *Claro enigma* pode bem se interrogar sobre a natureza das relações que sua ordem entretém com o terreno movediço da criação drummondiana –

e perceber como este livro problematiza aqueles mesmos termos (maduro, clássico, filosófico) que vêm marcando sua recepção.

O poema de abertura de *Claro enigma* põe tudo o que vem pela frente sob o signo da escuridão que cai, do apagamento das formas e, com elas, da vontade de agir no mundo. "Escurece", diz o primeiro verso de "Dissolução", soando uma nota que ecoará várias vezes ao longo de todo o livro, até a "treva" que cai do "Relógio do Rosário"; o sujeito do poema inaugural não acende "sequer uma lâmpada", não destaca a própria "pele/ da confluente escuridão", antes a aceita, de "braços cruzados" (CE, pp. 109-10) – gesto que prenuncia as "mãos pensas" do protagonista de "A máquina do mundo". A luz mortiça faz vibrar essa mesma nota dissolvente nos poemas seguintes: "nada resta" e tudo "se evapora" em "Remissão"; em "Legado", a "noite do sem-fim" não consente nenhuma "voz matinal"; e à "meia-luz" de "Confissão" empilham-se não os "tesouros", mas as partículas negativas – "não", "nem", "sem".

Esse tom crepuscular diverge da poesia de aspiração "meridiana" (a expressão é de José Guilherme Merquior em *Verso universo em Drummond* [MERQUIOR, 1976, p. 124]) de *A rosa do povo* e seu ímpeto de ação e comunicação. Visto do exterior, pelos olhos de um boi, esse ímpeto agora se afigura como "agitação incômoda" de seres frágeis ("Um boi vê os homens"); visto de dentro, o mesmo impulso recua diante da atitude desenganada de quem só almeja a "fiel indiferença" ("Aspiração"). Aos poucos, o tema da dissolução vai armando toda uma família de imagens do amorfo, do precário, do opaco e do evanescente, que ameaça dissolver tudo e todos num "charco" ("A tela contemplada"), num vazio sem luz nem substância.

Num movimento complementar, que leva o leitor para lá do penumbrismo, vários poemas de *Claro enigma* se articulam como encenações de uma ausência sem remédio. É o caso da impossível ceia familiar em "A mesa" ou do filho que não nasceu em "Ser", mas é sobretudo o caso dessa terrível elegia amorosa e fúnebre que é "Tarde de maio". Como pede o gênero, o eixo verbal do poema são apóstrofes reiteradas – aqui dirigidas a uma "tarde de maio" pretérita em que se produziu o fracasso, o desencontro amoroso. Mas, na contramão do gênero, Drummond não se permite delinear os contornos do que se perdeu – coisa, pessoa ou momento –, para então celebrá-lo e carpi-lo. Aqui, o ser amado é meramente o "rosto de alguém/ que, precisamente, volve o rosto, e passa..." e que não se evoca pelo nome próprio ou pelas feições peculiares, mas apenas indiretamente, por metonímia, por referência ao momento (a "tarde de maio") em que se ausenta e deixa o vazio em seu lugar. É agora a essa tarde perdida, a essa ausência "irreversível" que o poeta se dirige. (Como termo de comparação, veja-se como Manuel Bandeira, em "Satélite", publicado em *Estrela da tarde*, de 1963, toma uma via negativa semelhante, marcada pelos muitos prefixos negativos, para afinal chegar à lua "desmetaforizada" e portanto "nua", pronta para o encontro amoroso.) Quer carregá-la para sempre, como quem leva um amuleto ("como esses primitivos que carregam por toda parte o maxilar inferior de seus mortos"), mas um amuleto às avessas, na medida em que dele não espera "portentos": "Eu nada te peço a ti, tarde de maio,/ senão que continues, no tempo e fora dele, irreversível,/ sinal de derrota que se vai consumindo a ponto de/ converter-se em sinal de beleza no rosto de alguém/ que, precisamente, volve o rosto, e passa..." (CE, pp. 45-46).

Signo do vazio e, no limite, signo vazio, a tal "tarde de maio" é mais um dos despojos que o poderoso vetor da dissolução vai empilhando ao longo de *Claro enigma*, juntando-se ao amor, à vontade, à ação, à poesia e – como poderia ser diferente? – a toda pretensão de maturidade.

É o que se vê num poema decisivo, o soneto "A ingaia ciência", em que a "madureza" faz figura de "terrível prenda", que tira o "sabor gratuito" de toda "oferenda". Mais que irônica, a rima é cruel. Sabidamente filha do tempo, a maturidade afinal esvazia e destrói os mesmos objetos ("amores", "ócios", "quebrantos") sobre os quais devia fazer sentir sua influência; triunfante, pois que sabedora do "preço exato" de tudo, ela porém "nada pode contra sua ciência/ e nem contra si mesma"; longe de educar e reorientar os desejos, ela deixa o sujeito submetido às premências de sempre, somadas agora à iminência do malogro final.

Publicado quando o autor chegava à beira dos 50 anos e prodigalizava os gestos graves, estranhos à irreverência modernista, *Claro enigma* termina por corroer esses mesmos gestos que presidiam a sua origem. Essa poesia da maturidade – com tudo que o termo supõe de experiência, sabedoria e, ao pé da letra, frutificação – acaba por se ver exposta à suspeita de "insolvência" ("A tela contemplada"), como se as arquiteturas verbais que a custo erigiu não pudessem ocultar o "travo de angústia nos cantares" ("Remissão") e, nessa medida, não fossem mais que pretensão vã. (É justamente esse sentido estrito de "maduro" que está em jogo nos versos iniciais de "Campo de flores": "Deus me deu um amor no tempo de madureza,/ quando os frutos ou não são colhidos ou sabem a verme" [CE, p. 51]; sobre esse poema, leia-se a bela análise de João Luiz Lafetá, "Leitura de 'Campo de flores'" [LAFETÁ, 2004b]). Longe de alcançar um mirante seguro de onde ver as coisas, o Drummond de 1951 parece repor, em novo patamar e com reverberações mais tremendas, a mesma inquietude que, por duas décadas, vinha minando e semeando sua necessidade de escrever poesia.

A mesma linha de ideias pode lançar uma luz diferente sobre o corte clássico de *Claro enigma*. Suas marcas formais estão em toda parte: nos nove sonetos (seis dos quais surgem já na primeira parte); no recurso a metros tradicionais da lírica portuguesa, como a redondilha maior, o decassílabo e mesmo o alexandrino, somados a esquemas igualmente tradicionais de rima; no tom elegíaco de muitos poemas; na sintaxe e no léxico muitas vezes elevados, camonianos, quando não latinizados, e no geral distantes dos efeitos agressivos de choque estético que Drummond perseguira, por exemplo, em *Alguma poesia*. A esses elementos formais, somam-se as citações e alusões explícitas a motivos e nomes de uma mitologia poética de larguíssimo curso na tradição ocidental: o frio e a noite; Orfeu e Arcturo; o pó e o tempo; o tédio e a morte; o caminho da vida e a máquina do mundo; Dante e Camões. Tudo isso parece assinalar uma renúncia à rebeldia modernista e um *retour à l'ordre* – um entre os muitos que se produziram nas artes e nas letras quase que a partir do instante em que eclodiram as vanguardas. Contudo, os mesmos poemas de feitio clássico são os primeiros a pôr em questão a vigência da própria mitologia que convocam. Um soneto como "Legado", por exemplo, ergue-se em alexandrinos rimados (*abab//abab//cde//cde*), evoca Orfeu, fala de noite, bruma e fumo, para afinal dizer que nada disso restará, exceto "uma pedra que havia em meio do caminho" (CE, p. 19). O "havia" castiço presta homenagem, no próprio ato de depurá-lo, ao "tinha" coloquial do célebre poema de *Alguma poesia*, que se reafirma, portanto, como pedra fundamental da mitologia poética de Drummond. Outro soneto, "A tela contemplada", fala de si mesmo ao falar de formas ("arquiteturas", "plástica") que se erguem apenas para se consumir, de "mitos que sufocam", "recuam" e "no charco se constelam" (CE, p. 27). Um terceiro, "Encontro", começa de maneira ortodoxa (o primeiro quarteto rimando em *abab*), para logo deixar que o esquema se desfaça no segundo quarteto e nos dois tercetos.

Mas nenhum outro poema engrena esse duplo movimento de maneira tão vertiginosa quanto "Oficina irritada", estranho soneto *gauche*, que vibra e range ao som do "r" alveolar. Estritamente consoante com o propósito de escrever um soneto "duro", "escuro", "seco, abafado, difícil de ler", o poema martela as rimas paupérrimas em "-er" e "-uro", desdenhando a variedade musical e imprimindo um ritmo circular, obsessivo. Mais que soneto clássico, "Oficina irritada" vai tomando ares de invocação mágica, calcada na repetição encantatória daqueles mesmos "sons absurdos e agônicos" de que falava "Um boi vê os homens" (sobre essa "repetição narcótica do som", essa "vitória do som sobre o sentido" na poesia de raiz mágica e encantatória, ver o ensaio clássico de Northrop Frye, "Charms and Riddles" (FRYE, 1976, pp. 124--26). Trabalhando na mesma chave repetitiva dos primeiros versos de "Áporo", "Oficina irritada" não chega, porém, a nenhuma "orquídea", e sim ao gesto perdido, que "ninguém lembrará": "tiro no muro,/ cão mijando no caos", à luz de uma estrela que se mostra e se furta, "claro enigma" (CE, p. 38).

A entonação clássica de *Claro enigma* chega a seu lance máximo em "A máquina do mundo", poema longo, de corte épico, em que confluem as marcas formais e as alusões mitológicas das páginas anteriores – e no qual se adensa, junto com a "treva mais estrita", a suspeita de que tudo continua em desordem no universo drummondiano. (Para um comentário valioso das articulações narrativas, sintáticas e imagéticas do poema, é indispensável a leitura de Alfredo Bosi, "A máquina do mundo entre o símbolo e a alegoria".)

O poema começa por uma dupla alusão a Dante. Pela vertente narrativa, o andarilho que, "no fecho da tarde", é surpreendido a andar vagamente por "uma estrada de Minas, pedregosa" remete ao peregrino que, nos primeiros versos da *Divina comédia*, vê-se sozinho "no meio do caminho desta vida", perdido numa "selva escura". E assim como o duplo de Dante viaja pelos três reinos do além cristão rumo à visão da fatura última do mundo, também o duplo de Drummond está à beira de uma revelação comparável, a cargo da "máquina do mundo" que vem se delineando no alto dos montes. Pela vertente formal, note-se que os dois andarilhos aproximam-se desse momento culminante ao ritmo dos tercetos – com uma diferença crucial, porém. Em Dante, a *terza rima* (*aba*//*bcb*//*cdc*//*ded* etc.) trama um ímpeto contínuo para a frente, rumo à epifania final. Em Drummond, a rima se cala por inteiro e o movimento se torna mais lento, mais travado e complicado, preparando assim a fala tácita da "máquina do mundo", que se pronuncia "sem emitir um som que fosse impuro", sem que nada, "voz alguma/ ou sopro ou eco ou simples percussão", se faça ouvir (CE, pp. 105-08). (A respeito, leiam-se as muitas observações de José Guilherme Merquior em "'A máquina do mundo' de Drummond", e de Betina Bischof em *Razão da recusa*.)

Por sua vez, essa "máquina do mundo" que se oferece ao olhar do caminhante é de sabida matriz camoniana. No décimo e último canto dos *Lusíadas* (estrofes 79 e 80), a deusa Tétis propiciara a Vasco da Gama a visão de um globo "uniforme, perfeito, em si sustido", objeto que continha em si, microcosmicamente, a estrutura total do universo criado: "Vês aqui a grande máquina do Mundo,/ Etérea e elemental, que fabricada/ Assim foi do Saber, alto e profundo,/ Que é sem princípio e meta limitada./ Quem cerca em derredor este rotundo/ Globo e sua superfície tão limada,/ É Deus: mas o que é Deus, ninguém o entende,/ Que a tanto o engenho humano não se estende".

Ora, se tanto a *Comédia* como os *Lusíadas* culminam numa revelação que recolhe e justifica o périplo de seus protagonistas, as coisas se passam diferentemente em "A máquina do mundo". Aqui também a epifania é "majestosa e circunspecta", aqui também o espetáculo exibe a "estranha ordem geométrica de tudo" – mas aqui, porém, ela não cativa e fascina os olhos do andarilho "incurioso", para quem esse "dom tardio" parece não "apetecível, antes despiciendo". Por que essa revelação da "natureza mítica das coisas" não chega a reaquecer a "fé", a "esperança", as "defuntas crenças"? (CE, pp. 105-08).

Muitos leitores do poema encontraram a resposta na "neutra face" e nas "mãos pensas" de quem já gastou e exauriu as "pupilas" na "inspeção/ contínua e dolorosa do deserto" e já não se deixa mover por nada. Desengano, desesperança, acídia – seja qual for o termo atribuído, essas interpretações sublinham o gesto de desistência do sujeito "lasso", sem contudo interrogar o caráter da "coisa oferta". E contudo o próprio poema nos convida a fazê-lo, na medida em que sugere, no miúdo de seus detalhes verbais e, por assim dizer, cenográficos, uma discórdia íntima entre o caminho, o curso, enfim, a *história* do sujeito, de um lado, e o *esquema* sintético e sinóptico que, ao explicar tudo, ameaça também anular a própria dimensão em que vive o sujeito, destinatário da oferta. Se for assim, talvez haja mais altivez que desengano na recusa à máquina, à chave tirada das mitologias herdadas da antiguidade e do cristianismo, uma e outra incapazes de resolver os problemas e anseios do andarilho. (Uma exposição excelente dessa trama de detalhes encontra-se em Alcides Villaça, "O poeta, a máquina e o mundo" (VILLAÇA, 2006), que igualmente desloca o acento interpretativo do desengano para a altivez, especialmente às pp. 99-100. Em linha semelhante, J. M. Wisnik compara a máquina de Drummond ao *aleph* de Borges – cf. "Drummond e o mundo", especialmente p. 59, e volta ao tema em seu notável livro *Maquinação do mundo*. Quanto ao contexto e à possível conotação ideológica da recusa drummondiana, leia-se Vagner Camilo, *Drummond: da rosa do povo à rosa das trevas*.)

Esse elemento de altivez não tem a ver, em "A máquina do mundo", com soberba ou orgulho, e configura-se antes, no poema, como resposta à visão que, prometendo um "reino augusto", é também "gratuita", termo que compreende sentidos que vão da graça divina ao arbitrário e irrelevante (a respeito, consulte-se novamente VILLAÇA, 2006, pp. 99-100). Ao baixar os olhos, o andarilho de Drummond não está apenas ou sobretudo se humilhando diante da máquina – está, ao mesmo tempo, voltando-se para o espaço e a história que são os seus: o caminhar infinito pela estrada pedregosa de Minas; o sino rouco; a treva estrita; o som pausado e seco dos sapatos; a infinita avaliação do que se perdeu, conduzida

– *Claro enigma* é a prova – pelos meios da poesia.

São esses os objetos privilegiados de sua poesia. Certamente, Drummond não sai a campo para afirmá-los e aceitá-los de maneira positiva ou até eufórica, a certa maneira modernista – afinal de contas, "toda história é remorso" ("Estampas de Vila Rica"); mas tampouco faz de seus poemas o veículo puro e simples de uma cosmovisão pessimista e entrópica, à maneira de Schopenhauer e Leopardi. Assim, cabe nuançar a ideia de *Claro enigma* como obra "filosófica". Se não está às voltas com os "acontecimentos" do dia, como quer a epígrafe, o fato é que o livro é profundamente marcado por um *sentimento da história*, por uma noção expandida de história em que se cruzam o familiar e o público, o amoroso e o político – sempre de maneira cifrada.

Essa opção íntima (e trabalhosa) pelo espaço terreno como lugar em que, bem ou mal, se dão a vida e a poesia começa em surdina, isto é, não com uma carta a Stalingrado ou a Charles Chaplin, mas com a pergunta, formulada no primeiro poema da segunda parte do livro: "Que pode uma criatura senão,/ entre criaturas, amar?" ("Amar", CE, p. 43). O poema seguinte, o soneto "Entre o ser e as coisas", desdobra o mote: é "n'água e na pedra" que o amor grava seus "hieróglifos e mensagens", e é por isso que "a tudo me arremesso" (CE, p. 44), diz o eu lírico, num tom de erotismo rasgado que corrige a imagem onipresente das "mãos pensas".

O ato – a ata – mais cabal dessa história de fundação de um âmbito terreno em *Claro enigma* é o formidável poema "Fraga e sombra". Com brevidade elíptica, perfeitamente clássica, o soneto concentra as imagens centrais do livro: a "tarde", a "luz crepuscular", o "sino", o "sonho", a dissolução sempre iminente, no feitio "fino" de um "alfanje" que "ceifa devagar", o vazio de um "mar ausente" e de uma "abstrata serra". Mas então, quando tudo parece se desfazer no escuro da noite, começa a despontar o par amoroso que protagoniza o poema. Inicialmente, na forma de um pronome em terceira pessoa, "os dois", que só no verso seguinte recebe a conjugação na primeira pessoa, "sentimos", dobrada no terceto final com "calcamos". Estão sós diante da vertigem de um "espetáculo do mundo" que se anula, mas, apesar disso ou por isso mesmo, são capazes do gesto fundamental de adesão ao "profundo instinto de existir" e reprimem a tentação "mais pura" de "anular a criatura" (CE, p. 47) (retomando o termo-chave de "Amar", citado mais acima).

"Fraga e sombra" é, sintomaticamente, o penúltimo soneto do livro, que se abre a partir daí para muitos poemas de respiração mais longa e solta, de temática amorosa ("Tarde de maio" e "Campo de flores", por exemplo), familiar (como "A mesa") ou histórico-familiar, como na extraordinária seção IV, "Selo de Minas". Vale lembrar que não se trata, aqui, de um espaço resgatado e posto a salvo da dissolução ambiente e iminente – bem o sabem as casas de Ouro Preto, que a "chuva monorrítmica" vai crivando e destruindo ("Morte das casas de Ouro Preto"). Mais ainda: esse âmbito da criatura, do histórico e do terreno pode bem abrir abismos interiores tão ou mais terríveis que os abismos noturnos da tradição metafísica. É o que se vê em "Os bens e o sangue", um dos poemas fundamentais de *Claro enigma*, no qual Drummond transpõe para novo veio a mistura de estilos modernista, citando e fundindo prosa cartorial, poesia pau brasil, a arte coloquial de Bandeira, o registro muitas vezes coral de Mário de Andrade. O resultado é uma fantasmagoria histórica, terrível e perversa, que reduz sua própria rebeldia futura a desígnio desde sempre urdido ("Ó desejado") pelos antepassados mineiros: "Pois carecia que um de nós nos recusasse/ para melhor servir-nos". Seja como for, o fato é que, preso a essa história que é quase um pesadelo, Drummond nem por isso deixa de cantá-la e, à sua maneira, de celebrá-la, numa persistente "lavra da paciência", da memória e de seu modo singular de estar neste mundo (CE, pp. 76-81).

É nesse sentido, sem nada de ingênuo ou gratuito, que Drummond vai aos poucos se delineando para o leitor como um *poeta do mundo terreno* (para retomar termo e conceito cunhados por Erich Auerbach a propósito de Dante em seu livro *Dante como poeta do mundo terreno* [AUERBACH, 2022] e retomados no capítulo "Farinata e Cavalcante" de *Mimesis* [AUERBACH, 1970]), como um poeta daquela esfera imanente da vida em que, afinal, se produz e se destrói, se faz e se extingue tudo que interessa à criatura. Estranho à mística e desconfiado da transcendência, Drummond valeu-se de todo tipo de meio para sua "mineração" poética, e o "classicismo" de 1951 é mais um dos ângulos que ensaiou ao longo da carreira. Nele certamente entrava um elemento de desconfiança diante das esperanças coletivas e dos rumos do mundo social que se deixavam ler em *A rosa do povo*. Mas seria um equívoco supor que o Drummond de *Claro enigma* dá as costas à história e à vida terrena: uma e outra estão profundamente entranhadas nos poemas do livro, à espera de leitores que se disponham, por sua vez, a lavrá-los com paciência.

Coleção
MARIA ESTHER MACIEL

Percorrer os sentidos da ideia de coleção na obra de Carlos Drummond de Andrade não deixa de ser também um exercício de imaginação. Tendo conjugado, ao longo de sua trajetória poética, o ato de inventariar com o de inventar, ele converteu o gesto de colecionar coisas, imagens e palavras em uma prática de muitos matizes, que foi sendo solidificada ao longo dos anos.

Afeito que era aos usos líricos e irônicos dos sistemas de classificação do mundo e do conhecimento, o poeta se valeu de recorrentes listas, séries e enumerações em seus poemas, além de ter levado para sua poesia a coleção como tema.

Pode-se dizer que, por um lado, esse apreço taxonômico do poeta cumpre um propósito crítico de mostrar que tais sistemas – embora atendam à necessidade humana de dar sentido à multiplicidade e ao caos do mundo – não deixam de ser mecanismos usados para ordenar, controlar, hierarquizar e rotular nossa vida cotidiana. O que se dá a ver sobretudo nos poemas que recriam – por vias desconcertantes – inventários jurídicos, cadastros e listas administrativas, receitas e bulas de remédio, instruções para uso de produtos, apólices, classificados das páginas amarelas, levantamentos estatísticos e descrições imobiliárias, com o propósito de desestabilizar tais formas de controle pela força da poesia.

A esse uso irônico das classificações se somaria o outro, de viés lírico-afetivo, pautado no gesto inventariante de registrar/catalogar as coisas e lembranças do passado, a partir do qual o poeta construiu uma espécie de narrativa íntima de sua história pessoal e familiar. Ou, para usar as palavras de Philipp Blom, ele criou "um teatro da memória, uma dramatização e uma *mise en scène* de passados pessoais e coletivos, de uma infância relembrada e da lembrança após a morte" (BLOM, 2003, p. 219). Algo que está intrinsecamente ligado à ideia de coleção.

"Colecionar" vem do latim "*collectio*", *-onis* (coleção) + *-ar*, e significa a ação de juntar, reunir, colher, recolher, coligir. Os itens que compõem uma coleção geralmente mantêm uma relação de afinidade entre si, e os critérios que norteiam o ajuntamento variam de acordo com os sentidos e propósitos desse ato. Seja associado a recolha febril de coisas e conhecimentos – e nesse caso possui algo de enciclopédico –, seja tomado como prática individual, acomodado nos limites da intimidade e associado a diferentes motivações, como pulsão patológica, fetiche, exercício afetivo, intelectual, lúdico ou estético, o colecionismo é amplo e complexo, assumindo distintas feições.

Outro dado interessante é que a coleção tende a criar suas próprias regras e princípios de acordo com as inquietações e obsessões do colecionador, sobretudo quando o valor afetivo ou estético predomina. Dessa forma, ela adquire, como afirma Susan Stewart, "uma forma de arte como jogo", já que sua função deixa de ser "a restauração de um contexto de origem para ser a criação de um novo contexto", por um processo de deslocamento (STEWART, 1984, p. 152). Sua temporalidade fica, assim, determinada por sua espacialidade.

Os itens de uma coleção, sejam eles prosaicos, raros, estranhos, singulares ou incompreensíveis, entram em uma ordem sem serventia imediata, que já não é mais aquela que punha em destaque o seu valor utilitário. Uma ordem moldada pela subjetividade de quem os recolhe e os incorpora como seus. As coisas colecionadas perdem, assim, a sua função pragmática e adquirem uma nova existência, moldada pelo colecionador.

Um ponto de partida interessante para o enfoque dessas questões pode ser extraído de um dos versos do poema "A flor e a náusea", do próprio Drummond, no qual o poeta lança as seguintes palavras: "As coisas. Que tristes são as coisas, consideradas sem ênfase" (RP, p. 13).

Afinal, o que é dar ênfase às coisas que ocupam, anônimas, o espaço de sua funcionalidade, senão trazê-las para o espaço da subjetividade e redimensionar sua significação? Quando inúteis e descartáveis, tornam-se inevitavelmente tristes; mas quando começam a fazer parte de nossas referências particulares, elas passam a ter vida e a testemunhar nossa própria existência no mundo. E isso condiz com o gesto do colecionador que, atento à vida secreta das coisas, as insere num espaço que lhes permite sobreviver e as inscreve numa outra ordem temporal.

Walter Benjamin, ao discorrer sobre o ato de colecionar livros, atentou para essa questão, mostrando o colecionador como aquele que instaura "uma relação com as coisas que não põe em destaque o seu valor funcional ou utilitário, a sua serventia, mas que as estuda e as ama como o palco, como o cenário de seu destino" (BENJAMIN, 1987, p. 228). Nesse sentido, o filósofo reforça a potencialidade do ato de colecionar como aquele capaz de dar ênfase às coisas, salvá-las do esquecimento, imprimir nelas algo de nós e fazê-las suprir nossas perdas e carências.

Drummond assumiu, em diversos momentos, esse papel. As coisas entram em seus poemas recarregadas de vida, desprovidas de sua "tristeza" enquanto meros objetos funcionais. Se, como ainda escreveu Benjamin, a coleção tem a função inerente de desafiar o caos – "ela empreende a luta contra a dispersão" (BENJAMIN, 2006, p. 245) –, o poeta itabirano ordena poeticamente as coisas dispersas, a partir das relações que elas mantêm umas com outras, e as leva também a contar histórias de vida.

Isso se dá a ver em sua obra desde o livro *Alguma poesia*. O poema "Família", por exemplo, apresenta uma espécie de coleção de pessoas, bichos, coisas, hábitos e afazeres que compunham a vida de uma família nos tempos da infância do poeta. Um universo, hoje obviamente anacrônico, que serve de registro da vida provinciana do interior de Minas: "Três meninos e duas meninas,/ sendo uma ainda de colo./ A cozinheira preta, a copeira mulata,/ o papagaio, o gato, o cachorro,/ as galinhas gordas no palmo de horta/ e a mulher que trata de tudo.// A espreguiçadeira, a cama, a gangorra,/ o cigarro, o trabalho, a reza,/ a goiabada na sobremesa de domingo,/ o palito nos dentes contentes,/ o gramofone rouco toda a noite/ e a mulher que trata de tudo.// O agiota, o leiteiro, o turco,/ o médico uma vez por mês,/ o bilhete todas as semanas/ branco! mas a esperança sempre verde./ A mulher que trata de tudo/ e a felicidade" (AP, p. 55).

Com vigor, lirismo e algumas pitadas de ironia, o poeta não apenas resume uma casa, como também conta um pouco da história dos que nela viveram. Nesse sentido, é possível extrair desse conjunto também uma narrativa.

Em *A rosa do povo*, de 1945, o recurso da enumeração de coisas também aparece de maneira explícita no poema "Nosso tempo", em que o poeta coleta tudo o que, para ele, define o presente deste mundo de "homens partidos", embora não se valha unicamente do recurso da lista para isso. Por ser mais complexo em termos de estrutura, o poema traz esse rol de coisas disseminado ao longo de suas oito partes, sem se confinar nos limites de uma construção predominantemente paratática.

Por outras vias, a coleção de coisas também aparece no poema "Resíduo" – no qual são arrolados os traços que restam do medo, do asco, dos gritos gagos e da rosa –, assim como em "Noite na repartição", poema híbrido e insólito, voltado para seres e objetos que integram o ambiente burocrático de um escritório.

Já em *A vida passada a limpo*, de 1959, tanto o poema "Nudez" (que apresenta uma relação de coisas que o poeta não pretende cantar) quanto o extenso "A um hotel em demolição" (que inclui, em algumas passagens, coleções de coisas que compunham a vida do hotel) entram nesse registro taxonômico. Para não mencionar o poema "Isso é aquilo", de *Lição de coisas*, de 1962, que, estruturado na forma de lista, se dá a ver como uma coleção de palavras, conceitos e coisas (concretas ou abstratas), arranjada de maneira rítmica e experimental, reforçando inventivamente o próprio caráter paratático da linguagem poética. Nesse poema, a lista de coisas adquire tanto uma função lúdica, à medida que o poeta dela subtrai a dimensão meramente pragmática e a insere no espaço cambiante dos jogos da linguagem, quanto um efeito desestabilizador do próprio fluxo temporal do discurso poético, que ganha configurações notadamente assentadas no jogo continuidade/descontinuidade, sucessão/simultaneidade.

Isso se confirma nos poemas de *A falta que ama*, de 1968, livro em que a poética da coleção (em todos os sentidos apontados neste texto) se mostra de forma mais contundente. Basta citarmos o longo poema "Bens e vária fortuna do padre Manuel Rodrigues, inconfidente", que apresenta uma espécie de *assemblage* de objetos, na qual a relação dos bens materiais de um clérigo – descrito como "o inimigo da Rainha/ a perpétuo degredo condenado?" (AF, p. 28) – mantém as coisas em um estado de concretude irônica, para não dizer inusitada, como se pode ver neste recorte do segundo dos dois inventários dos bens do padre (que realmente existiu e foi degredado pelo fato de ter hospedado um inconfidente perseguido em sua fazenda do Registro Velho): "3 manustérgios/ 1 corporal/ 1 brinco com olhinhos de mosquito/ 2 sanguinhos 3 amitos/ 1 casaca de lemiste forrada de tafetá roxo/ 1 cíngulo/ 3 tomos das *Cartas* de Ganganelli/ 2 chapinhas de ouro de pescocinho/ 4 manípulos/ 2 casulas/ 1 lacinho de prata com pedras amarelas/ 1 leito grande de pau preto torneado/ 1 mantelete/ 1 bacia grande que terá peso de meia arroba/ 1 dita pequena de urinar/ 1 tomo de *Obras Poéticas* de Garção/ 1 aquífera para ofertório/ 2 tapetes de supedâneo/ 1 jaleco de cetim de flores/ 1 papa de pelo branco de lã/ 2 preguiceiros cobertos de couro/ 1 tomo de *Instruções para cultura de amoreiras*/ 4 camisas de bretanha/ 1 calção de veludo preto/ 1 chorão com seu jaleco de ganga/ 1 tomo da *Recreação Filosófica*/ 1 dito da *Arte de Navegar*/ 1 loba de gala 4 palas 1 alva/ 1 negro por nome Caetano de nação angola/ 3 breviários/ 1 óculo de papelão de ver ao longe/ o que tudo importa/ em degredo por toda a vida na Ilha do Príncipe/ aliás comutado pela clemência do Príncipe Nosso Senhor" (AF, pp. 28-29).

Vale ressaltar que a reunião dos bens do padre – em quase nada afinada com suas supostas atividades subversivas – diz mais da vida cotidiana que ele teve, de suas atividades clericais e preferências íntimas, do que de sua vida pública e sua atuação política. A seleção e a ordenação dos objetos no poema funcionam, portanto, como uma forma de arquivamento da própria existência prosaica do "personagem", visto que, como observou Philippe Artières em suas reflexões sobre a constituição de arquivos particulares, "a escolha e a classificação dos acontecimentos determinam o sentido" que se deseja dar a uma vida (ARTIÈRES, 1998, p. 3). Daí Drummond ter optado por incluir na coleção de pertences do clérigo as "armas" de que ele dispunha para enfrentar seu próprio dia a dia, contrariando a expectativa oficial. Ademais, o anacronismo das palavras que nomeiam muitos dos objetos listados acaba por funcionar como elemento de humor, capaz de abalar a função pragmática (ou burocrática) do inventário, levando-o para a esfera da invenção.

Em muitos outros textos de livros posteriores ao *A falta que ama* encontramos listas e listas de objetos, como a dos trastes "para não serem consertados" (tamborete, marquesa, catre, selins, caçambas, embornais, cangalhas etc.) de uma loja fechada, no poema "Depósito"; a longa relação de coisas (que vão de sedas a jornais e rondós parnasianos) que forma o que o poeta designa por "Império mineiro"; o conjunto de nomes das mais de 100 namoradas mortas, no poema "Retrolâmpago de amor visual"; os nomes dos bois, vacas, cavalos e burros de uma fazenda antiga, em "Nomes"; além da série de selos de uma coleção (no poema "O prazer filatélico").

Pode-se destacar, ainda, o poema "Escaparate", de *Boitempo*, de 1968, no qual uma série de objetos dispostos sobre um armário, e dentro dele, sugere toda a atmosfera de doença que predomina no quarto antigo de alguém que está para morrer: "Sobre o escaparate/ preto/ o vidro de óleo de rícino/ a caixinha de cápsulas/ o copo facetado e/ a colher inclinada.// Sobre o escaparate/ o relógio de algibeira/ o bentinho vermelho/ e o terço da aflição/ a chama/ da vela de espermacete vigiando/ no castiçal de prata.// Dentro do escaparate/ o ágate expectante do penico.// Em volta do escaparate/ a negra cólica da noite. – Estou morrendo" (BII, p. 113).

Drummond, através dessa coleção de coisas, vem atestar a vida enferma (e também a iminente morte) da pessoa que as possui ou que delas depende, reforçando, por vias poéticas, aquilo que Jean Baudrillard, em *O sistema dos objetos*, afirmou a propósito dos objetos de uma coleção: os "distintos modos como deles fazemos uso em um dado momento representam algo muito mais profundamente relacionado à subjetividade" (BAUDRILLARD, 1989, p. 94).

Outro texto emblemático de Drummond nesse campo das coleções é o já mencionado "Prazer filatélico", de *Boitempo – Menino antigo* (1973). Trata-se de um poema que tem como tema explícito o ato de colecionar e, ao mesmo tempo, encena essa prática na própria ordenação das palavras e dos versos.

Ele traz a ideia de coleção sobretudo como uma forma de conhecimento – no caso, geográfico. O imperativo do sujeito poético, "colecione selos", é a chamada a uma viagem ("[...] viaje neles/ por Luxemburgos, Índias, Quênia-Ugandas./ Com Pedr'Alvares Cabral e Wandenkolk/ aprenda História do Brasil. Colecione.") através dos pequenos ícones coletados pelo gesto solitário do colecionador obsessivo, que precisa fazer de tudo para ser "o baita colecionador da rua principal", mesmo correndo o risco da exaustão e do tédio (BII, p. 233).

Percebe-se que o colecionador evocado no poema é ainda criança (um "menino antigo") que tenta dominar, de maneira rudimentar, o mundo exterior. Afinal, como escreve Benjamin no texto "Ampliações", para a criança desordeira "cada pedra que ela encontra, cada flor colhida e cada borboleta capturada já é para ela princípio de uma coleção única" (BENJAMIN, 1987, p. 39). O que é referendado por Baudrillard quando afirma que "a fase ativa do colecionismo parece situar-se entre sete e doze anos, no período de latência entre a pré-puberdade e a puberdade" (BAUDRILLARD, 1989, p. 95), tendendo a desaparecer logo depois para ressurgir algumas vezes, logo depois. Como diz o poema: "Até que chegue o tédio de possuir,/ a tentação do fósforo e do vento,/ o gosto de perder a coleção/ para outra vez, daqui a um mês,/ recomeçar, humílimo, menor/ colecionador da rua principal" (BII, p. 233).

Outro aspecto a ser considerado quanto ao ato de colecionar é o fato de este ter também uma relação intrínseca com a memória, ao possibilitar a reconstituição (ainda que precária e insuficiente) de um passado disperso, em cacos, como um dos procedimentos plausíveis para salvar as coisas do esquecimento. É nesse sentido que a coleção, para retomar o que disse Benjamin em "O colecionador", é uma "luta contra a dispersão" (BENJAMIN, 2006, p. 245), contra o caos do infinito.

Essa questão incide explicitamente no poema drummondiano "Coleção de cacos", que em diálogo com o "O prazer filatélico" se inicia com os versos: "Já não coleciono selos. O mundo me inquiliza./ Tem países demais, geografias demais./ Desisto" (NR, p. 661). O poeta, aí, parece recusar a ordem enciclopédica para propor um outro tipo de coleção, bem mais precária: "Agora coleciono cacos de louça/ quebrada há muito tempo.// Cacos novos não servem./ Brancos também não./ Têm de ser coloridos e vetustos,/ desenterrados – faço/ questão – da horta./ Guardo uma fortuna em rosinhas estilhaçadas,/ restos de flores não conhecidas" (NR, p. 661).

Integrando o livro *Boitempo III – Esquecer para lembrar*, de 1979, esse poema confere à coleção não a função da exaustividade, mas da coleta inacabada de restos, fragmentos, ruínas de um tempo perdido. Além disso, trata-se de uma coleção que provoca ferimento, por ser feita de "vidros agressivos" que "ferem os dedos". Do que advém o desfecho: "a coleção e seu sinal de sangue;/ a coleção e seu risco de tétano;/ a coleção que nenhum outro imita" (NR, p. 662).

Colecionar, assim, torna-se um trabalho melancólico de inventariar perdas e ruínas. É também uma "forma de recordação prática", para evocar aqui a epígrafe de Benjamin, centrada na reunião (ainda que insuficiente) dos fragmentos das coisas que se perderam no espaço de intimidade do sujeito poético, passando a funcionar como o registro de um tempo irreversível e também como o atestado da existência imediata (e dolorosa) de quem a possui.

Vale fazer, ainda, algumas breves considerações sobre os espaços da coleção. Se os itens colecionados podem se circunscrever a uma caixa, um armário, uma prateleira ou à serialidade das gavetas, num jogo de dentro e fora, exposição e ocultamento, a coleção também pode se dar a ver em espaços mais amplos, como a sala, a biblioteca, o museu, o jardim. É capaz de tomar, ainda, a forma de livro. Neste caso, ela não deixa de se aproximar de um de seus sentidos dicionarizados: o de "colheita", que se estende aos de florilégio, antologia, compilação. Em resumo, a coleção tomada como uma "coleta seletiva".

Isso nos remete, por vias transversas, à seleção de poemas feita por Drummond para a sua *Antologia poética*, publicada em 1961. Uma coleção de poemas organizada pelo próprio autor que, na época, completava 30 anos de ofício literário. Com esse trabalho, ele levou para um espaço comum poemas de diferentes momentos de sua trajetória. Ou melhor, deslocou esses textos, conferindo-lhes uma nova ordem, o que reitera o que afirmou a pensadora argentina Josefina Ludmer ao discorrer sobre o ato de colecionar: "A coleção se liga ao deslocamento, pois é uma reunião de obras dispersas e seriadas em um novo conjunto, dotado de uma identidade própria" (LUDMER, 2002, p. 201).

Desse modo, ao se dedicar à seleção e organização desses poemas, o autor deu-lhes arranjo espacial e os inseriu num sistema histórico novo, no qual a temporalidade é reinventada a partir de seções temáticas que rompem com a mera cronologia para se inscreverem em uma ordenação subjetiva, moldada pelo gesto do poeta-colecionador.

Já no que tange à ideia de coleção associada à de museu e biblioteca, cabe ressaltar, por fim, o seu caráter de arquivo (pessoal ou coletivo) e, por extensão, o de acervo – este, tomado como uma coleção aberta, em contínuo movimento, voltada para a preservação da memória de alguém ou de uma coletividade.

Trata-se, nesse sentido, de uma coleção de coleções, a qual, para ser preservada enquanto um conjunto vivo de livros, objetos, catálogos, rascunhos, anotações, cadernos, fotos, documentos de um escritor ou de vários escritores, demanda uma relação ao mesmo tempo museológica e musical. Afinal, "museu" e "música" advêm da mesma palavra, "musa". E as musas são as filhas da memória.

Carlos Drummond de Andrade deixa-nos, assim, com suas coleções – nos diferentes sentidos da palavra –, um "resumo do existido", seja este o de sua própria vida, seja o que define a história (feita de cacos, buracos, hiatos, vácuos e elipses) do mundo em que viveu.

Comunismo
ver Socialismo

Conto
JOCA REINERS TERRON

Drummond, em estrito senso, publicou apenas dois volumes de contos. Tal afirmação pode ser interpretada como inexata, afinal a encarnação moderna do conto como gênero literário tem pouco ou nada de *estrita* e, dentre suas definições mais conhecidas, algumas atestam enfaticamente essa heterodoxia formal: o conto pode ser qualquer coisa, até mesmo não ser conto. Assim, considerar que o poeta itabirano publicou *apenas* a narrativa reunida em *Contos de aprendiz* (1951) e *Contos plausíveis* (1981) não corresponde à sua extensa produção em prosa de ficção breve (sem mencionar o jornalismo praticado desde a juventude na imprensa mineira), estendida ao ensaio e à crônica que o consagrou entre leitores de todas as idades, cujos títulos somados superam em número seus livros de poesia.

De fato, a dúvida se é conto ou não é conto foi manifestada pelo próprio Drummond, com sua característica mescla de modéstia e autoironia, logo no início de "Flor, telefone, moça", dentre os relatos mais inventivos do primeiro livro: "Não, não é conto. Sou apenas um sujeito que escuta algumas vezes, que outras não escuta, e vai passando" (CA, p. 61). Essa abertura traz em si toda uma poética da escuta que remete ao causo, ao boato e à fofoca, formas narrativas tão marcantes nas cidades interioranas e no início do século XX, cujo traço estilístico, fora o aspecto oral, é o de aumentar vários pontos à medida que o conto é contado. A medida, além de alargar a anedota que origina a história, desorganiza a estrutura do conto, pois adia o desfecho e releva a tensão crescente do enredo. Narra-se livremente através do acúmulo episódico, portanto, a narrativa de uma rua, de um bairro ou de uma comunidade inteira, porém sem nenhum compromisso com a conclusão.

Mas o que seria conto, então? Pouco afeita ao talhe clássico do conto, exceto talvez pelo quesito brevidade, a prosa de ficção de Drummond desobedece ou simplesmente não se importa com aquilo denominado por Edgar Allan Poe como unidade de efeito, o clímax em cuja direção todo relato deve arremeter como uma seta disparada desde a primeira frase, invariavelmente atingido no desenlace da narrativa. Ainda que tenha relação com a obra do norte-americano no aspecto da morbidez, "O gerente" – aventuras e desventuras de um pacato gerente de banco que "comia dedos de senhoras; não de senhoritas" (CA, p. 74), espécie de gentil vampiro dos salões cariocas – não investe na gravidade da tara do personagem, como Poe ou mesmo Robert Louis Stevenson o fariam, seja em aspectos psicológicos, seja em aspectos mitológicos, mais bem se beneficiando do ridículo das relações sociais da época, com mordacidade e humor, o que é insuficiente para o aumento da tensão exigida pelo conto clássico. Descoberto em sua predileção antropófaga, o gerente bancário Samuel foge para São Paulo. O esquecimento de seus crimes por parte da polícia só atesta a distância de província que a capital paulista tinha então em relação à capital federal. No retorno ao Rio, a situação se resolve com mais comicidade e anticlímax, de maneira meio relapsa, além de forte sabor de irresolução. Vale dizer que é o conto mais extenso da produção de Drummond, portanto seu conto mais *conto*.

A valorização da estrutura no conto clássico à la Poe vem de Aristóteles e sua descrição do enredo como o princípio mais importante a reger uma obra de arte. Podemos definir o que é estrutura como sendo a seleção e organização de momentos significativos do tempo. Além disso, a estrutura é duas coisas simultâneas: a ordem em que a informação é dada ao leitor, e também a própria informação. É possível ainda definir estrutura pela reunião dos elementos formais da linguagem, textura, ritmo e tom, imposta aos elementos informais, tais como ação, emoção, encenação e argumento. Em contos como "Os crimes da rua Morgue", de Edgar Allan Poe, ou em congêneres da ficção latino-americana do século XX, Horácio Quiroga, Roberto Arlt e, em certa medida, Jorge Luis Borges, preserva-se aquilo definido por Nádia Battella Gotlib como as chaves do conto, o impulso único, a tensão unitária, o efeito preciso e inesperado.

Contudo, se a grande maioria das 15 histórias de *Contos de aprendiz* e de seu sucedâneo não busca a precisão do desfecho impactante, há exemplos contrários, notadamente "A doida", bonito relato acerca da descoberta da morte e da marginalização social na infância, cujo final descortina o inesperado ao operar contrariamente à expectativa alimentada no leitor; em princípio uma narrativa sobre a delinquência e a traquinagem de três moleques à espreita da velha louca da cidade, isolada em seu casarão, com a separação da trinca no ato da invasão da residência semiarruinada, um dos meninos se depara com a doida à espera da morte, e decide permanecer a seu lado: "Não deixaria a mulher para chamar ninguém. Sabia que não poderia fazer nada para ajudá-la, a não ser sentar-se à beira da cama, pegar-lhe nas mãos e esperar o que ia acontecer" (CA, p. 35). Como se vê, ainda que se aproxime da resolução de efeito, "A doida" encerra com uma imagem lírica de tintas metafísicas e intensidade de sentido descendente, se comparada às tensas cenas da invasão que a antecedem.

Em termos gerais de organização do livro, críticos como Augusto Massi apontam o desenvolvimento das histórias a partir da vida interiorana em Itabira em direção à capital, com a mudança para o internato em Belo Horizonte e posteriormente ao Rio de Janeiro, da infância para o mundo adulto, da vida para a morte. Em "A doida", que é disposto logo no início de *Contos de aprendiz* (terceiro do volume, que reúne 15 contos no total), o pressentimento da morte, por assim afirmá-lo, antecipa outras mortes mais concretas ou anunciadas das histórias seguintes, como a do encontro do vereador Valdemar em "Câmara e cadeia" com um homicida fugitivo da prisão, que o ameaça com objeto pouco discernível e logo depois escapa pelos becos da cidade. Desde o conto de abertura desse volume, "A salvação da alma", espécie de ensaio cruel do convívio social entre irmãos no qual o caçula é alvejado pelas pancadas do primogênito, a violência é dosada em situações que se iniciam no seio familiar e se estendem ao convívio social, como o já mencionado devorador de falanges de "O gerente". Ocorre em chave insólita, ou então, como aponta Massi, autobiográfica. No entanto, a despeito da postura dubitativa de Drummond em relação à natureza dessas narrativas, se contos ou não contos, se ficção ou não ficção, mais vale ter em conta o que o próprio poeta sugere em "Poema-orelha", de *A vida passada a limpo*: "Tudo vivido? Nada./ Nada vivido? Tudo" (VPL, p. 10).

Elementos presentes em contemporâneos mineiros de Drummond, como Murilo Mendes (*A idade do serrote*, *Poliedro* e *Retratos-relâmpago*, por exemplo) e Aníbal Machado (*Cadernos de João*), praticantes de textos no limite poroso entre a narrativa ficcional e memorialista, as fartas doses de imaginação, melancolia e *nonsense* se devem por vezes à influência dos avanços praticados pelas vanguardas europeias contra a lógica aristotélica simbolizada pela valorização do enredo, e sem dúvida à filiação francesa daquela geração formada nos alvores do século XX do modernismo brasileiro. No caso do itabirano, também ao diário de Jules Renard, que inclusive despertou seu interesse em traduzi-lo, nunca satisfeito, e às traduções efetivamente realizadas de Proust, Choderlos de Laclos, François Mauriac e Balzac, por meio das quais forjou seu estilo ameno e conversacional feito um passeio na ilha. Apesar da inegável importância do insólito, porém, a força da prosa de Drummond reside no uso que faz do detalhe tocante pinçado ao cotidiano, como em "A doida", o menino que, em vez de chamar por socorro, senta-se na beira da cama e pega nas mãos da moribunda para que ela não morra na solidão que a acompanhou por toda a vida. Seus contos se beneficiam da capacidade do poeta de selecionar e organizar momentos significativos do tempo. A percepção daquilo que é significativo é uma das funções do talento, que Tchekhov definiu como a habilidade de distinguir entre o essencial e o não essencial.

Diante da soltura estrutural de boa parte dos *Contos de aprendiz*, e mais particularmente dos *Contos plausíveis*, remeter à citação de Mário de Andrade acerca da natureza polimórfica desse gênero literário, retirada do ensaio "Contos e contistas", torna-se inescapável. O segundo volume de relatos breves de Drummond foi publicado somente em 1981, exatos 30 anos após seu antecessor, e atende com rigor de encomenda à prescrição do modernista paulista: "Será conto aquilo que seu autor batizou com nome de conto" (ANDRADE, 1972b). Composto de 150 narrativas publicadas originalmente em sua coluna no *Jornal do Brasil* – desde 1969, saíam em três dias da semana, às terças, quintas e sábados, numa eloquente amostra de sua grafomania –, *Contos plausíveis* traz desde pequenas fábulas cotidianas a croniquetas líricas, parábolas pedestres, observações e elegias dedicadas a figuras femininas, além de diálogos e monólogos, quase nunca ultrapassando uma página. Graças à generosa quantidade de "estórias", palavra sempre grafada pelo poeta em sua variação sem agá, torna-se difícil manipulá-las. Têm algo da admiração infantil diante das coisas do mundo, certo tom de maravilhamento e pensamento mágico. Daí o adjetivo do título soar tão irônico, ocasionalmente, pois a plausibilidade é quase nula nesses entrechos repletos de situações insólitas.

A frase de Mário de Andrade é repisada de modo cifrado em diversas intervenções de Drummond, como na nota introdutória a *Contos plausíveis*, iniciada já com a dúvida: "Estes contos (serão contos?)". Por ser tão recorrente, tal indefinição parece resultar estratégica, e termina por dispor esses textos num espaço tão particular quanto descompromissado como o diletantismo, por exemplo, com algo de distração. "Tenho a impressão de que tudo pode mesmo acontecer em matéria de contos, ou melhor, no interior deles", afirma logo na abertura de *Contos plausíveis* ("Estes contos"). Mais adiante, no mesmo texto à guisa de apresentação, reafirma: "Duas historietas exigiram que as concluísse confessando minha incapacidade de contista. Como eu me recusasse a atendê-las, retrucaram: 'Não faz mal. Não é preciso confessar; todos sabem'" (CP, pp. 13-15).

Com isso, a ficção breve de Drummond – brevíssima, no caso de *Contos plausíveis* – funda seu lugar num terreno movediço cujo principal elemento de composição é aquilo que William Trevor definiu como a arte do vislumbre, caracterizada por seu permanente desafio à verossimilhança e ao pacto de suspensão da descrença. Nesses não contos, são frequentes as intromissões do autor, ora justificando-se ao leitor, a quem se dirige diretamente a fim de explicar algo ("Leitor irritado, não é bem isso", lemos em "O sorvete" (CA, p. 25), ou a justificar certo aspecto que o leitor bem poderia entender por outros meios, quiçá mais narrativos. A recusa, aqui, é a de atender com fidelidade às convenções da ficção realista: ao ouvir a voz que narra tais histórias, não ouvimos as personagens, e sim a voz sempre inconfundível de Carlos Drummond de Andrade no seu tom irônico, que nos diz – o tempo todo, a cada conto, e a cada não conto – que o conto não existe.

Correspondência
MARCOS ANTONIO DE MORAES

"O correio de amigos é doçura" (AA, p. 38), versos de circunstância de Carlos Drummond de Andrade, em *Amar se aprende amando* (1985), dedicados ao professor de literatura luso--brasileira Joaquim-Francisco Coelho (1938-2019), "para informá-lo de um carinhoso silêncio", perfaz uma ética/ poética relacionada a uma prática pessoal da correspondência. O soneto espelha o dinamismo da troca de cartas, propiciadora do deleite (recebê-las) e da angústia (respondê-las). A constatação da insuficiência ("empenho vão") na modelagem dos afetos em palavras, "pois que toda a finura/ do sentimento escapa à letra viva" (AA, p. 38), emperra o fluxo do diálogo, interrompendo-o. Aforismo em *O avesso das coisas* (1987) reafirma que "até mesmo as cartas extensas não dizem metade do que deixou de ser escrito" (AC, p. 41). O sujeito lírico demanda, assim, a compreensão de seu interlocutor, afinal, "o que a pena emudece por desgaste/ no coração floresce plenamente" (AA, p. 38). O elogio da amizade (ética) prende-se à valorização formal das mensagens (poética). O poema desvela linhas de força na epistolografia drummondiana, ao realçar tanto posturas do missivista, quanto caraterísticas dessa escrita da intimidade.

Drummond, em sua obra poética, tematiza cartas e correspondências, ou mesmo apropria-se do discurso epistolar. "Carta a Stalingrado" e "Telegrama de Moscou", de *A rosa do povo* (1945), "Epístola" e "Correio Municipal", de *Versiprosa* (1967), explicitam posicionamentos do poeta em face da realidade. Neste último livro, "Recado", dirigido ao comandante do navio *Aldábi*, louva, "entre os turistas" (VP, p. 191), Manuel Bandeira, em 1957, em seu reencontro com a Europa. Em torno das comunicações, vinga o anedotário; "Correio" e "Telegrama" rememoram Itabira, nas páginas de *Boitempo*. O moto epistolar também provoca o ensimesmamento;

"Carta", de *Lição de coisas* (1962), mensagem à mãe já morta, concretiza o luto inacabado e o irrecorrível sentimento da orfandade. "Carta", de *Claro enigma* (1951) debruça-se sobre a essência e substância das cartas, desvelando uma autorrepresentação ("essa minha maneira/ torcida e reticente," [CE, p. 90]), e ainda, como em "O correio de amigos é doçura", o anseio da comunicação com palavras simples e comoventes. Almeja-se a transcendência ("Bem quisera escrevê-la/ com palavras sabidas,/ as mesmas, triviais,/ embora estremecessem/ a um toque de paixão" [CE, p. 90]), quando o que se produz, ao fim e ao cabo, é apenas a imanência: "contudo, esta é uma carta" (CE, p. 91).

Engajamentos, narrativas, movimentos introspectivos, metalinguagem, exprimem percepções acerca do gênero epistolar e sua potencialidade. Claudia Mérian-Poncioni, em "*Drummond épistolier*" [Drummond epistológrafo] (2001), observa que o escritor, em numerosas crônicas na imprensa, também se valeu da estrutura das cartas, concebendo mensagens a amigos falecidos, "a uma jovem senhora" (à filha, Maria Julieta), "cartas-abertas", dirigidas a autoridades, apresentando queixas e denúncias, valendo-se da sátira, que também modula aquelas outras endereçadas, do Rio de Janeiro, "ao compadre" interiorano. Nestas, divulgadas entre 1956 e 1969, tingidas pelo humor e pelo forte senso moral, o cronista expõe desacertos observados na realidade, nos moldes das *Cartas persas* (1721), de Montesquieu. Em "Correio de imagens" (1966), Drummond toma a correspondência como reservatório do vivido: "[minhas cartas] são a melhor maneira que encontro para observar os fatos que me vão acontecendo. Se não escrevo, eles passam matreiros e não ponho reparo; as cartas me fazem destacar o acontecimento para ter o gosto de transmitir a você a impressão que ele me deixou" (MÉRIAN-PONCIONI, 2001, p. 152). Recupera-se, ainda, na crônica "Carta", no *Correio da Manhã*, em 2 de fevereiro de 1964, o conselho que o pai lhe dera para o bom uso da prática epistolar: "o essencial em duas palavras".

Para Claudia Mérian-Poncioni, a epistolografia de Drummond configura-se um "campo de estudos a explorar" (MÉRIAN-PONCIONI, 2001, p. 157), aquilatando-se a importância que ele próprio atribuiu às cartas, seja na transposição para o plano literário, seja como instrumento de sociabilidade. No *Inventário do Arquivo Carlos Drummond de Andrade* (2002), da Fundação Casa de Rui Barbosa, a rubrica arquivística "Correspondência", listando itens da correspondência pessoal do escritor, de seus familiares e de terceiros, no patrimônio da instituição federal, estende-se por quase 350 páginas das 573 do volume. Contabilizados 1.183 signatários na "Correspondência pessoal", Eliane Vasconcellos esboça, na apresentação da obra, uma segura cartografia dos assuntos veiculados nessa documentação testemunhal que se espraia dos anos de 1920 a 1987, exibindo manancial de informações biográficas dos correspondentes, bem como a riqueza de dados literários, históricos e políticos. Um olhar sobre a configuração e o funcionamento dessa vasta e complexa rede, permite constatar a relevância da atuação de Drummond no sistema literário nacional no decorrer do século XX. Escrevem-lhe – homens e mulheres de diferentes idades: escritores (iniciantes e profissionais), críticos literários, tradutores, jornalistas, leitores, editores, professores universitários, instituições de Letras, gente da área editorial e da educação. Abrem igualmente diálogo com o autor de *Sentimento do mundo* (1940), a despeito de sua propalada timidez e reserva, artistas plásticos, compositores, políticos, atores, personalidades (Evaristo Arns, Pelé, Glauber Rocha). Presos da ditadura militar, em 1979, agradecem-no pela crônica "A cor diferente do sábado"; um outro leitor, em 1955, se aborrece lendo "Papoulas, etc." e Drummond lhe responde, por via postal, que "a diversidade de opiniões é coisa muito positiva" (FUNDAÇÃO CASA DE RUI BARBOSA, 2002b, p. 345). A partir de 1962, a correspondência passará a chegar, volumosa, à rua Conselheiro Lafaiete, 60, apartamento 701, em Copacabana, Rio de Janeiro.

Se expressivo montante das mensagens recebidas por Drummond espelha a admiração devotada ao autor que, ao longo dos anos, ganhava renome, significativo número de cartas atesta a consolidação de ligações duradouras, substanciosas, mobilizadas por empuxos afetivos e intelectuais. Arquivamento pressupõe escolhas, descartes, valorização e apagamentos. Drummond preserva poucas cópias de suas próprias missivas e seguramente não todas que lhe chegaram às mãos, provenientes de tantos recantos do Brasil e de outros países da América, Caribe, Europa, África e da geografia asiática. Certos conjuntos epistolares distinguem-se como pontos de concentração na teia dos vínculos sociais, fixando contornos e dinâmicas das relações de amizade constituídas pelo criador de João Brandão. De seu diálogo com o escritor e professor mineiro Abgar Renault, amigo de Drummond desde os tempos do Café Estrela, década de 1920, na rua da Bahia, de Belo Horizonte, conservou o maço de 453 cartas, de 1926 a 1987. Em ordem decrescente, sempre nomes do círculo letrado, despontam as 138 missivas da conversa com Paulo Rónai; as 128, com Otto Lara Resende; 127, com Cyro dos Anjos; 117, com Cassiano Nunes; 110, com Rodrigo Melo Franco Andrade; 88, com o bibliófilo José Mindlin e Stefan Baciu; as 82 mensagens recebidas de Martins de Almeida e de Mário de Andrade, assim por diante. Entre as autoras, Adélia Prado endereça-lhe 104 cartas; Maria José de Queiroz, 74; Elza Beatriz, 71; Zila Mamede, 44; Henriqueta Lisboa, 40; na sequência, muitas outras de suas amigas. Para além do estrito escalonamento numérico, no conjunto documental chama a atenção a presença de Alceu Amoroso Lima, Milton Campos, Gustavo Capanema, Ribeiro Couto, Murilo Mendes, Jorge Amado, Antonio Candido, Manuel Bandeira, Luís da Câmara Cascudo, Gilberto Freyre. Drummond, em suas crônicas, não se furtou em difundir alguns desse documentos, em termos de homenagem. Em 1980, entrevistado por Leda Nagle, refere-se ao "papelório grande" que vinha conservando "por longo e longo tempo": "cartas dos meus amigos de 1925 e das quais, de vez em quando, eu publico uma. Coisas de pessoas que já morreram e que dão uma saudade" (RIBEIRO, 2011, p. 132). Em 1958, o poeta permitiu que a Editora Aguilar estampasse as cartas recebidas de Bandeira no "Epistolário", no segundo volume de *Poesia e prosa* do amigo. Em 1982, difunde, em *A lição do amigo*, livro da José Olympio, as cartas que Mário de Andrade lhe remetera, entre 1924 e 1944. Na introdução, evoca o problema "de natureza ética" (LA, p. 11), que se lhe impunha a propagação de escritos íntimos do polígrafo paulistano. No seu entendimento – o mesmo de Manuel Bandeira, em 1958, quando divulgou as missivas recebidas do criador de *Macunaíma* –, sequestrá-las do público equivaleria a "sonegação de documentos de inegável significação para a história literária" e para a compreensão de "diversos aspectos da antropologia cultural" no Brasil (LA, pp. 11-12). O próprio Drummond, aliás, em 1944, estampara longos trechos dessa interlocução em artigo na *Folha Carioca*, sem que Mário o recriminasse, "antes mostrou-se como vido" (LA, p. 12).

A epistolografia de escritores, em geral obra póstuma, resulta de exaustiva somatória de cartas de um autor endereçadas a diversos interlocutores, pontuando trajetórias biográficas e discernindo variedade de autorrepresentações. Dispersa em tantos endereços, está sujeita a percalços (extravios) e apropriações (interdições). Infensa à ideia de totalidade, repele (ou, pelo menos, dificulta) interpretações cabais. Ainda pouco da produção epistolar de Carlos Drummond de Andrade circula em livros e em periódicos. Aproximadamente cinco centenas e meia de cartas (ou trechos delas) a diferentes destinatários repartem-se em uma pequena listagem de publicações, datadas de 1982 a 2019, oferecendo amostra representativa da singularidade dessa produção, em termos temáticos, estilísticos e programáticos. Essas edições cobrem largo espectro temporal das mensagens, de 1924 a 1987, favorecendo uma análise abrangente da relação do escritor com a sua correspondência, iluminando nela movimentos de continuidades e de reconfigurações. Espelham principalmente a sociabilidade literária de Drummond, no diálogo com os companheiros do tempo modernista (Mário de Andrade, Ribeiro Couto, Pedro Nava, Alceu Amoroso Lima – o Tristão de Athayde –, Cyro dos Anjos, Henriqueta Lisboa, Vinicius de Moraes), com outras gerações do campo literário (João Cabral de Melo Neto, Murilo Rubião, Zila Mamede, Joaquim Montezuma de Carvalho, Lupe Cotrim, Hermínio Bello de Carvalho, Rumen Stoyanov, Trudi Landau, Edmílson Caminha, Nelson Tangerini), com o bibliófilo José Mindlin, com a artista plástica Anna Maria Badaró, com o fotógrafo Aléciode Andrade e com a sobrinha Flávia Andrade Goulart, a Favita, filha de Altivo. O poeta mineiro, nessas conversas, mostra-se menos assíduo que seus correspondentes, criando rarefações no andamento do diálogo. Nos volumes que trazem apenas Drummond destinatário de Manuel Bandeira, Oswald de Andrade e Elizabeth Bishop, entrevemos a sua voz e imagem social.

Drummond, examinando a vasta correspondência de Mário de Andrade, modelada como um consistente projeto intelectual, detectou nela dois assuntos recorrentes: a dificuldade financeira e a saúde precária. Na epistolografia drummondiana, atravessando-a, ganham relevo formulações que fixam a autoimagem do missivista sem disposição para sustentar diálogos postais, na chave do "canalhismo epistolar", aludido em 1927 (CCM, p. 296). Em tantas cartas para Mário, o poeta justifica os silêncios, penitencia-se, vendo-se, em 1930, como "um caso perdido" (CCM, p. 368), almeja corrigir-se; para João Cabral de Melo Neto, em 1948, constata a sua "insuficiência epistolar" (SÜSSEKIND, 2001, p. 225), embora assegure se agradar de ser lembrado pelos amigos. Essa avaliação, sem perder o tônus, perdura no tempo; em 1981, ao diplomata búlgaro Stoyanov reconhece-se como "um mau escrevedor de cartas" (STOYANOV, 2007, p. 234). Alega, em 1955, o "corre-corre diário" (MIRANDA; SAID, 2012, p. 237), em 1981, "falta de organização" nas atividades (STOYANOV, 2007, p. 234), as doenças, o desagrado de ter que transmitir notícias mofinas e do tempo que lhe rouba o jornalismo, crônica que é carta para todo mundo. Assegura, em 1932, preferir "mensagens psíquicas" (MIRANDA; SAID, p. 58), em 1979, "cartas mentais" (LANDAU, 1992, p. 31), aprendidas, segundo ele, com Aníbal Machado, outro comedido correspondente, na certeza de que o bem-querer subsistiria mesmo sem folhas escritas. Julga encontrar maior comunicabilidade escrevendo cartas a mão; e distingue sinais de proximidades, discernindo a assinatura "Drummond" (que "é rótulo"), de "Carlos, que é como eu sou para as pessoas do meu carinho", como explica a Zila Mamede, em 1976 (AQUINO, 2000, p. 55) O insistente autodesprestígio, visto em negativo, reconfigura a natureza da engrenagem epistolar. Drummond, recusando gestos protocolares de amizade, transforma a práxis da carta em tempos fortes, momentos de entrega, quando, a despeito de adversidades e impedimentos, encontra ocasião propícia para se dirigir ao outro, para a plenitude da convivência. Assim, valoriza a qualidade dos encontros e não a quantidade de cartas.

Escrita de si, a epistolografia enseja a fabricação de autoimagens. A figuração epistolar é multifária, definida em virtude da peculiaridade dos vínculos estabelecidos entre os carteadores e em razão da instabilidade dos processos subjetivos na longa duração cronológica. As autorrepresentações de Drummond, em suas cartas, revelam-se preponderantemente depreciativas: nos anos de 1920 e 1930, retrata-se como provinciano, em face de Bandeira, e, a Ribeiro Couto, em 1926, como "tímido, fraco, desesperançado" (BORTOLOTI, 2019, p.75). Viu-se, em 1929, "um pobre homem sem orientação" perante Alceu (RODRIGUES, 2014, p. 81). Diante de Mário de Andrade, em 1928, retratou-se "calado, sombrio, cheio de nuanças" (CCM, p. 328), em sua "tremenda falta de energia moral", em 1927 (CCM, p. 294), desacreditando-se de si, e em sua "grande secura interior", em 1931 (CCM, p. 407). Ensombradas percepções de si circulam no segredo dos envelopes: aquele, em 1931, sem "nenhuma cultura" (RODRIGUES, 2014, p. 104); o "ser melancólico e difícil" (BORTOLOTI, 2019, p. 131), "nascido torto e incorrigível" (RODRIGUES, 2014, p. 89), a sua "incurável timidez", em 1932 (MIRANDA; SAID, 2012, p. 45), a "vida letárgica e emburrada", em 1933 (CCM, p. 430), o seu "individualismo" e a "inabilidade social irremediável", em 1936 (CCM, p. 458), em uma vida "bastante escrota", em 1938 (MIRANDA; SAID, 2012, p. 91). A desqualificação de si perdura nas décadas seguintes, quando, a seus interlocutores se supõe "excessivamente autopunidor", em 1965 (AQUINO, 2000, p. 39), "um bugre itabirano", em 1982 (*Drummond inesgotável*, p. 140), revisitando-se, em 1972, no "*gauche* irremediável" (RODRIGUES, 2014, p. 146) do "Poema de sete faces" de *Alguma poesia* (1930). Debruçando-se sobre o próprio labor literário, desqualifica-se, em 1929: "sou apenas um vil poeta", (RODRIGUES, 2014, p. 58), "um cronista de frivolidades, que de vez em quando trata de assunto sério", e 1979 (LANDAU, 1992, p. 43), o "rabiscador contumaz", em 1982 (CARVALHO, 2011, p. 349). Nas festividades públicas de seus oitenta anos, Drummond, surpreso da alta consideração que lhe tinham, pondera, ao escrever a um jovem poeta cearense, Edmílson Caminha: "analisando-me a frio (e acho que me conheço bem, ao longo de autoconvívio de tantas décadas...) vejo que as homenagens excedem muitíssimo às dimensões do meu trabalho literário, mas se justificam na medida em que focalizam o escritor brasileiro sem poder político ou econômico, o escritor brasileiro como unidade social" (CAMINHA, 2002, p. 110). Assim, aceita as honras, insistindo, contudo, em socializar os méritos. Outra interpretação pelo avesso: longe da falsa modéstia, a figuração do desprestígio realça a autocrítica que orientava os passos Drummond em seus caminhos pessoais, literários e profissionais.

As autoimagens na correspondência, emparelhadas, mostram-se, muitas vezes, contraditórias. O Drummond de 1979, que assevera à engajada jornalista Trudi Landau ter, "como o velho Machado de Assis, 'tédio à controvérsia'" (LANDAU, 1992, p. 27), elidia, de suas missivas antigas a Ribeiro Couto, postadas em Minas, o "desejo de contestar" (TVP, p. 81), a conversação "eriçada de discordâncias" com Mário de Andrade (CM, p. 68), as suas diferenças com o líder católico Alceu Amoroso Lima. Em boa sintonia com a polida (e política) escrita epistolográfica do bruxo do Cosme Velho, Drummond preza o decoro em suas cartas, a lhaneza do trato, mesmo nas divergências. Dissenso, mas não discórdia. Contudo, ao reconhecer amadurecida cumplicidade, autoriza-se a partilha de comentários ferinos (à maneira de "relatório maligno" referido em 1954 (MIRANDA; SAID, 2012, p. 222) a respeito de terceiros e de obras literárias, postura flagrada no dilatado convívio epistolar com o "compadre" Cyro do Anjos.

Rasgadas confidências pessoais não encontram espaço propício nas cartas de Drummond. Desvelamentos biográficos e o cotidiano do funcionário público – o "trabalho burocrático de repartição", mencionado em 1954, por exemplo (MIRANDA; SAID, 2012, p. 202), são parcimoniosos. "Aprendi desde cedo a viver para dentro, construindo meu mundo porque não me adaptava ao de fora", assegura a Alceu Amoroso Lima, em 1931 (RODRIGUES, 2014, p. 101). Excepcionalmente, o escritor deu vazão ao "desabafo" (RODRIGUES, 2014, p. 101), atingindo camadas mais profundas da intimidade, em mensagens a Alceu e a Mário de Andrade, transpirando angustiosos desvelamentos. Forjava nelas a "confissão", prática excepcional para aquele que se julgava, em 1926, "pouco católico, mas muito religioso" (CCM, p. 246), em 1978, "sem fé de espécie alguma, porém de boa paz" (LANDAU, 1992, p. 23). Expõe, em 1986, a "depressão infame" (LANDAU, 1992, p. 182), a "cava depressão" (CAMINHA, 2002, p. 117) a Trudi e a Edmílson, sem, entretanto, perscrutar as raízes do sofrimento. Certa liberalidade com assuntos de "pornografia" (VASCONCELLOS; SANTOS, 2017, p. 41), veladamente, ronda o diálogo epistolar com Pedro Nava, no plano das anedotas, no interesse comum pelos poemas eróticos de Apollinaire (1974), na circulação do livro de G. Legman, aludido em 1979, trazendo "informação especializada" sobre sexo oral (VASCONCELLOS; SANTOS, 2017, p. 155).

O humor sarcástico de Drummond, notável em algumas de suas entrevistas na imprensa, não parece acomodar-se bem em suas cartas, território mais propício para encontros e congraçamentos. Expressões de sua visão de mundo radicam-se na correspondência, modificando-se pela força do amadurecimento, nas fricções com o mundo. O jovem modernista, em 1924, explodia em ceticismo, fazendo frente ao nacionalismo universalista e crítico de Mário de Andrade: "sou um exilado", "acho o Brasil infecto" (CCM, p. 56). E parecia desacreditar dos esforços de persuasão intelectual, afrontando Ribeiro Couto, em 1926: "'é impossível convencer alguém': eis uma verdade do meu uso" (BORTOLOTI, 2019, p. 71). Na maturidade, aqui e ali, o missivista torna-se sentencioso, oferecendo a seus interlocutores refúgios de compreensão. Em 1942, diluindo a ansiedade de João Cabral acerca da poesia dele, sopesa: "o essencial mesmo é viver e acreditar na força formidável da vida, que é nosso alimento e nosso material de trabalho" (SÜSSEKIND, 2001, p. 175). A Myrinha, a sobrinha-neta, em 1976, aborrecido com os desacertos governamentais, pontua: "Eu, como já atingi a idade provecta, olho filosoficamente para tudo" (DRUMMOND DE ANDRADE, 2007, p. 143). Em 1979, Trudi recupera o que lhe disse o amigo: "viver era isto: adaptar-se e entender, conservando a lucidez do julgamento e o dom da emoção contida" (LANDAU, 1992, p. 37). Em 1984, reconforta o poeta moço Tangerini, delineando uma concepção de vida: "Seria ótimo que todo mundo fosse compreensivo e cordial. Como não é, aceitemos filosoficamente as coisas e façamos aquilo que nos dá prazer, e que sentimos necessidade" (TANGERINI, 2015, p. 83). Em 1979, no escopo de suas reflexões, detém o olhar sobre a condição humana, a vivência dos animais – "mais racionais... e às vezes mais humanos" (LANDAU, 1992, p. 43), a fraternidade propiciada pela literatura, as formas de enfrentamento do luto. Teme o grandiloquente, ao sequestrar expansões, como se lê na carta a Zila Mamede, em 1981: "mas deixemos de filosofices" (AQUINO, 2000, p. 69).

Endereçando-se ao crítico literário português Joaquim de Montezuma Carvalho, Drummond, em 1956, considerava que suas "opiniões, de certo modo" materializavam-se no que escrevia "em verso ou prosa, mesmo quando aparentemente" tratassem "de coisas vagas ou distantes" (RIBEIRO; VASCONCELLOS,

2004, p. 31). Em sua correspondência, tanto rejeita estadear a intimidade, quanto a oferecer densos testemunhos de seus processos criativos, distanciando-se, assim, do morador da rua Lopes Chaves paulistana, dominado pelo desejo de compreender (e compartilhar com os destinatários) o funcionamento das engrenagens e os sentidos de suas produções. A Alceu, em 1931, Drummond oferece uma percepção geral de sua poesia, ao considerar que seus "versos são apenas a transposição de estados íntimos quase sempre dolorosos", imaginando fazer "apenas isso: confissão direta, ou quase, de mágoas, desvarios e desejos não realizados, reflexo dos fatos" de sua "vida sentimental". Arremata: "Quase não posso publicar esses versos porque isso equivaleria a me mostrar nu no meio da rua" (RODRIGUES, 2014, p. 104). Em 1973, a Stoyanov, professa idêntica percepção, afirmando ser a poesia "confissão pessoal e depoimento sobre o mundo" (STOYANOV, 2007, p. 151). Em 1944, oferecera a Vinicius de Moraes uma concentrada percepção do trabalho poético: "confesso a você que nada é mais belo para mim do que conseguir tirar todo o peso de uma palavra, torná-la aérea, diáfana" (CASTRO, 2003, p. 110). A um jovem carioca, em 1980, que lhe pedira um poema inédito, desculpa-se, já que "a poesia não tem hora para surgir, e às vezes não vem quando esperada" (TANGERINI, 2015, p. 32), transmitindo-lhe certa ideia de lirismo. Sumariamente, Drummond refere-se, em 1973, às fontes dos versos de "Anedota búlgara" ("me foi sugerida pela visita do ex-czar Ferdinando ao Brasil, na década de 20. Lembro-me que, em entrevista à imprensa do Rio, como naturalista, ele reprovou a caça às borboletas" [STOYANOV, 2007, p. 153]). A Favita, sua conexão segura com a dispersa parentela, que, em 1977, providenciara a foto de jarras antigas da família Andrade, confidencia: "agora estou na obrigação de cantá-las em versos de pé quebrado, como eu costumo fazer, na recapitulação das coisas do passado, a que dei o nome de *Boitempo* (acho que me tornei um boi ruminando as memórias da infância itabirana)" (DRUMMOND DE ANDRADE, 2007, p. 77). No trecho, a possível gênese de "Os vasos serenos", poema integrado a *Farewell* (1996). Escassos, portanto, são os depoimentos nas cartas acerca de raízes e circunstâncias da invenção. O autor pode até mesmo, com ironia, desorientar significados, aplainando-os, como o faz em relação a "No meio do caminho", quando explica a Laudionor A. Brasil, em 1944: "o poema [...] não pretende expor nenhum fato de ordem moral, psicológica ou filosófica" (DRUMMOND DE ANDRADE, 2010b, p. 241). Por enquanto, como se vê, pouco, quase nada, incluindo desencaminhamentos interpretativos, diante de uma intermitente e caudalosa produção em prosa e poesia.

Na carta a Felisbela, mulher do musicólogo carioca Efegê, cuja morte, em maio de 1987, Drummond pranteava, cumpre, obliquamente, uma lapidar autoimagem associada à sua cosmovisão: a "falta de ilusões sobre a natureza humana", a "independência de espírito", com a "possível tolerância, mas sem concessões no essencial" (CARVALHO, 2011, p. 355). A consciência de si permite lançar luz sobre a natureza de suas relações com o outro. Vale para o correspondente o que Elizabeth Bishop atribui ao cronista, a quem, em 1965, recorria para um posicionamento público: "ninguém sabe como o senhor dizer as coisas da maneira mais agradável, sem criar atritos" (GIROUX; SILVA; SALLES, 1995, p. 746). Na epistolografia drummondiana, no âmbito da sociabilidade literária, sobressai a figura do crítico requisitado por iniciantes ou camaradas de ofício. Do escritor recebem em geral avaliações condensadas, argutas e cordiais, tendo por diapasão de julgamento, as afinidades, como explicou a Mário de Andrade, em 1926: "só gosto daquilo que eu desejaria ter feito, e que portanto me pertence um pouco" (CCM, p. 189).

Com os da geração que antecedeu à sua, ao acolher seus livros novos, Drummond elogia, resguardando-se nas diferenças. Espreita o irrequieto experimentalismo de Mário de Andrade, adere com interesse e admiração, sem "ressaibo de adulação", em 1927 (CCM, p. 296), não deixando de apontar aquilo que considera descaídas estéticas nas produções recebidas. Lê Alceu, tendo-o, em 1929, na conta de "um dos raros críticos realmente severos e honestos" que conhece (RODRIGUES, 2014, p. 58), validando a consistência de seu pensamento, a qualidade das obras, mas "discordando fundamentalmente" da ideologia propagada em *O problema da burguesia*, de 1932 (RODRIGUES, 2014, p. 107), "discordando de muitas das [...] afirmações" da "indispensável" *Estética literária*, de 1945 (RODRIGUES, 2014, p. 145), e "a cada página" de *O crítico literário*, do mesmo ano, descobrindo, no plano ético e político, "motivo para controvérsia" (RODRIGUES, 2014, p. 146). Drummond, nas cartas, anima o fulgor inventivo de seus companheiros de Minas Gerais, Nava e Cyro, aplaudindo-os com efusão. Vivencia, em 1952, ao acompanhar os livros da poeta Henriqueta Lisboa, "uma fraternidade espiritual", situando-a no "mais alto" de sua "estima" e "admiração" (DUARTE, 2003, p. 54). Considerava, em 1938, que esse lirismo "de vozes surdas e tons brandos" harmonizava-se com "a parte crepuscular" de seu ser (DUARTE, 2003, p. 17). Elabora, na passagem dos anos, concentrados registros interpretativos, perenemente em tom elevado, transpirando delicadeza e afabilidade.

Aos mais jovens, reserva-lhes solícita atenção, sem nunca se estender muito nas considerações, atendo-se ao que considera fundamental. No horizonte dos juízos críticos emitidos, escuda-se, em 1931, em sua "insondável insuficiência crítica", a "incapacidade orgânica de criticar" (CCM, p. 400), tantas vezes replicada nas cartas. Apurado senso judicativo, entretanto, leva-o a sublinhar, em 1940, em poemas inéditos de João Cabral a "aguda capacidade de captar as vibrações do nosso tempo e de interpretá-las liricamente" (SÜSSEKIND, 2001, p. 159); de admirar, em 1944, a "pureza do lirismo" e a "economia e força de expressão", nas *Cinco elegias* de Vinicius de Moraes (CASTRO, 2003, p. 110); de compreender a potência do realismo fantástico dos contos de Murilo Rubião, em 1947; a beleza e a autenticidade dos versos da norte-rio-grandense Zila Mamede. A ela recomenda, em 1958, "cuidar mais do verso como verso, coisa completa e bastante que independe de sentido, metáfora etc.", desobrigando-se, todavia, de dar "conselhos", pois não acredita neles, nem os leva a sério, confiando "no trabalho de cada um, sozinho no quarto, diante do papel" (AQUINO, 2000, p. 21). Em 1972, atua como *ghostwriter* de Stoyanov em seus primeiros poemas em português, ao tomar "a liberdade" de cumprir uma revisão deles, "do ponto de vista da expressão vernácula", para que pudessem mais facilmente ser publicados (STOYANOV, 2007, p. 141). Enaltece, em 1974, a "poesia viva, comunicante, dramática" de Hermínio Bello de Carvalho (CARVALHO, 2011, p. 344). Deparava-se, amiúde, com frágeis exercícios literários, que lhe chegavam pelos Correios. A um desses jovens, em 1978, prefere, em vez do silêncio, lhe augurar "um futuro de plena realização literária" (CAMINHA, 2002, p. 77). No terreno das artes visuais, para Anna Maria Badaró, em 1986, o escritor garante que seus elogios não eram "agradinho mentiroso" (BADARÓ, 2003, p. 120), admirando nela a "capacidade de auto-exigir-se e procurar sempre novos caminhos" (BADARÓ, 2003, p. 122). Drummond oferece a sua apreciação, recusando o papel de mentor, para privilegiar as aproximações afetivas. Via-se como "o sujeito menos dotado de espírito crítico deste mundo", mas em compensação julgava possuir "uma bruta capacidade de admirar", como afiançava, em termos paradigmáticos, a Mário de Andrade, em 1928 (CCM, p. 336).

Dos embates de Drummond com a experiência histórica brasileira, as cartas preservam testemunhos vivos de uma postura autônoma e esclarecida, que repudia desigualdades sociais e mazelas políticas. Em 1931, conversando com Ribeiro Couto, reputa o país uma "calamidade", percebendo em si "um brasileiro inquieto com o rumo das coisas" (BORTOLOTI, 2019, p. 132). Em 1936, a Gustavo Capanema, amigo e ministro da educação e saúde, a quem respondia como chefe de gabinete, afirma ter "viva inclinação intelectual" pela esquerda, movido pelo "sentimento de desencanto" que lhe inspirava o desarranjado "espetáculo" nacional, às vésperas do Estado Novo (RODRIGUES, 2014, p. 255). Em novembro de 1945, quando eleições vinham colocar fim à ditadura de Getúlio Vargas, compõe um retrato degradado da política brasileira, desestabilizadora do cotidiano dos cidadãos, que sofriam "no lombo suas transformações" (MIRANDA; SAID, 2012, p. 119). De 1953 a 1955, tempos de turbulências na esfera política, fornece substanciosas "resenhas" a Cyro dos Anjos, investindo-se de seu pessimismo "profissional". Considera que "a direção política e administrativa do país" estava "cada vez mais divorciada da realidade", lamentando a "insensibilidade dos dirigentes pelo sofrimento indisfarçável do povo" (MIRANDA; SAID, 2012, pp. 185; 193). Desolado, em março de 1955, traça um diagnóstico sombrio, incontornável, da nação: "Parece que nosso destino é progredir em termos trágicos, progredir mecanicamente, pela força do crescimento, em meio às maiores batalhas de interesses pessoais e de grupos" (MIRANDA; SAID, 2012, p. 234). Em 1966, escrevendo a Zila Mamede, ajuíza a época da "demagogia janguista" e a insustentável "tutela militar" que, inviável, lhe parecia "governar no vácuo", esperançoso de que "gente nova" pudesse logo trazer "pensamentos novos, uma técnica diferente de organizar" a situação, em uma "ordem política mais razoável" (AQUINO, 2000, p. 41). Em 1976, na indefinível duração do governo militar, endereçando-se a Myrinha, reconhece o fracasso de sua geração ("os velhinhos"), sem lograr perceber no horizonte uma "saída democrática". Lastima, com espírito crítico: "O Brasil é uma nação condenada à tutela de uma classe, pela incapacidade ou abulia de todas as demais classes" (DRUMMOND DE ANDRADE, 2007, p. 145). Em 1985, contatando Favita, atento à perspectiva de redemocratização, guardava a "esperança" de que a "manifestação nacional" em torno da morte de Tancredo Neves não fosse "esquecida pelos políticos, e que a semeadura" feita por ele revertesse "em frutos para o nosso pobre país" (DRUMMOND DE ANDRADE, 2007, p. 118).

Da correspondência ativa e passiva de Carlos Drummond de Andrade, longeva e heterogênea, seus leitores conhecem apenas uma pequena parcela estampada em livros e periódicos, publicações organizadas por pesquisadores ou pelos próprios destinatários, nem sempre metodologicamente muito rigorosas, e norteadas por objetivos diversos. Os diálogos travados com Mário de Andrade, Cyro dos Anjos e Alceu Amoroso Lima validam a excepcionalidade e a importância desses escritos da vida privada, facultando, em destaque, a ampliação do conhecimento das redes de sociabilidade literária no Brasil. Essas edições permitem uma primeira abordagem compreensiva da epistolografia drummondiana, em seus principais veios temáticos, seus traços característicos. A expressão da intimidade resta decorosa. No âmbito profissional, no tempo do Ministério, a teia das comunicações discerne o funcionamento das práticas do favor. Os testemunhos da criação literária, raros. A divulgação futura de novos conjuntos de cartas (entre os quais, os esperados diálogos com Abgar Renault, com a mãe, Julieta Augusta, e com a filha Maria Julieta; estes, seguramente a sua – e nossa – *magnum opus* memorialística) poderia, eventualmente, reconfigurar ou calibrar essas interpretações preliminares. A epistolografia de Carlos Drummond de Andrade nos fornece uma singular figuração autoral (matizada pelo autodesprestígio, a ser compreendido no avesso) e o *continuum* vigoroso dos gestos de generosidade. Ele pode afirmar, em 1954, a Cyro do Anjos, ser "pessimista a respeito do gênero humano" (MIRANDA; SAID, 2012, p. 193), mas labora intensamente em sentido oposto. Em suas cartas, distinguem-se amabilidade, polidez, grandeza de alma – a "finura de sentimentos".

Crônica
SÉRGIO ALCIDES

Drummond exerceu o ofício de cronista por mais de seis décadas, em alguns dos principais jornais do país. Nos últimos 30 anos dessa atividade, o leitor se habituou a encontrar a coluna do poeta na imprensa carioca nada menos que três vezes por semana: desde janeiro de 1954 no *Correio da Manhã*, e a partir de outubro de 1969 no "Caderno B", do *Jornal do Brasil*. Em boa parte desse período, a matéria era reimpressa no dia seguinte em diários de várias outras capitais do país.

Uma presença tão assídua em pleno centro da esfera do público moderno – em seu veículo mais icônico – só foi interrompida em setembro de 1984. Já idoso, aclamado como "poeta maior", Drummond se despediu dos jornais com um simples *tchau*, fiel ao prosaísmo de cronista que cultivara por tanto tempo. E aproveitou a última coluna para, sem alterar o tom de conversação amena, esboçar algumas noções sobre sua concepção de uma forma da escrita que para ele é "território livre da imaginação, empenhada em circular entre os acontecimentos do dia, sem procurar influir neles". A crônica literária, ao contrário da política ou da esportiva, por exemplo, "não precisa entender de nada ao falar de tudo". Seu propósito é despertar o leitor para "o jogo da fantasia, o absurdo e a vadiação". Com esse fim, o cronista deve renunciar a maiores pretensões, ciente dos limites de seu "prazo de atuação": "minutos no café da manhã ou à espera do coletivo" ("Ciao", DRUMMOND DE ANDRADE, 1984a).

Fica a suspeita de que tanta afetação de modéstia possa fazer parte do jogo proposto, de maneira a ocultar um nexo muito mais estreito com a literatura em sentido pleno. Ao todo, Drummond não terá escrito menos que seis mil crônicas (TRAVANCAS, 2008, p. 125), o que faz dele um dos mais prolíficos mestres do gênero. Ainda recolheu bons punhados em 12 livros que dão uma espécie de segunda "encarnação" àquilo que de outro modo ficaria sepultado em jornais velhos. Assim ergueu um vasto painel da vida social e cultural do Brasil do século XX, muito vívido e colorido sobretudo quanto à cidade do Rio de Janeiro e seus variados tipos humanos, com a mais atenta prospecção de seus modos de viver, pensar e sentir.

Essa obra ficou impregnada de historicidade e traz a marca subjetiva de uma larga tolerância, com todo o interesse pelo outro, o diferente, a novidade e tudo o que o tempo moderno produzia diante de um olhar enviesado e agudo, porém isento, mais inclinado à compreensão do que ao juízo, ligando-se a isso a sua forte propensão ao humorismo. Serve-se cotidianamente de recursos técnicos da poesia e do conto, com a incidência às vezes mais, às vezes menos explícita de uma ficcionalidade que, de saída, atua na criação da *persona* convivial do sujeito. E está escrita com o uso mais criativo e multifacetado imaginável da linguagem coloquial, a demonstrar a ampla flexibilidade e o grande alcance do português brasileiro como língua literária. No que dá razão a um dos poucos teóricos de um gênero tão desprezado pelos acadêmicos quanto adorado pelo público: a crônica, "acusada injustamente como um desdobramento marginal ou periférico do fazer literário, é o próprio fazer literário" (PORTELLA, 1971, p. 229).

O envolvimento de Drummond com o jornalismo começou bem cedo em sua carreira. De Belo Horizonte, nos primeiros anos da década de 1920, o aspirante já enviava uma tímida colaboração a revistas do Rio como a *Ilustração Brasileira* e *Para Todos*. Mas, na capital mineira, muita prosa de Drummond chegou a ser lida bem antes da publicação de *Alguma poesia*, em 1930. Desde pelo menos 1921 o poeta escreveu regularmente no *Diário de Minas*, de que seria redator a partir de 1926. Daí a três anos viria a trabalhar também no *Minas Geraes*, órgão oficial do estado. Em ambos, exerceu a profissão de jornalista no sentido estrito, na "cozinha" das redações, mas ainda se encarregou da crônica social, que publicou sob diversos pseudônimos, sendo mais notórios os de Antônio Crispim e Barba Azul (DRUMMOND DE ANDRADE, 1984b; ver: BARBOSA, 1979, p. 3). Depois de sua mudança para o Rio, em 1934, passou a conciliar os cargos públicos e a vida de funcionário com uma intensa participação na imprensa, em colunas várias, inclusive de crônica, em jornais como *Diário Carioca*, *Tribuna da Imprensa* e *A Manhã*, além de revistas como *Leitura* e *Euclides*. E foi colaborador frequente das páginas literárias do *Correio da Manhã* desde 1945, até iniciar nesse jornal, em 1954, sua coluna trissemanal "Imagens", assinada por C.D.A.

Seus primeiros livros de prosa selecionam parte do material entregue aos jornais desde a década de 1930 até inícios dos anos 1950. Em *Confissões de Minas*, de 1944, e *Passeios na ilha*, de 1952, o jornalismo literário é mais denso, contrastando com a produção posterior, mais difundida e mais determinada pelo colunismo do autor. O texto aí se alonga até as vizinhanças do ensaio (por exemplo, em "Divagação sobre as ilhas", de *Passeios na ilha*) e da evocação poética ("Colóquio das estátuas", no mesmo volume), quando não se aguça como crítica literária (caso de vários artigos magistrais, como "Fagundes Varela, o solitário imperfeito", de *Confissão de Minas*, ou "Emílio Moura: Palma severa", do outro). Numa reedição do segundo livro, a "orelha" esclarecia que o autor ali "foge à crônica propriamente dita, como página de impressões e flagrantes do cotidiano", mas não deixa de buscar o registro informal da "conversa repousada em torno de temas variados" (ANÔNIMO, 1976). O apontamento certeiro parece corroborar uma informação de bastidores: que o próprio Drummond teria sido o redator das "orelhas" de seus livros publicados pela José Olympio entre 1951 e 1983 (MORAES NETO, 2007, p. 163). E reitera o vínculo de origem com a parte do jornal que, no século XIX, era chamada de "folhetim", dedicada a "variedades" (cf. MEYER, 1992 e 1996).

A crônica "propriamente dita", então, estaria para o poeta mais ligada à regularidade periódica da coluna e a seus limites gráficos, como espaço literário aberto em meio ao noticiário cotidiano. Em livro, os textos dessa modalidade que o autor resolveu preservar estão reunidos na série de coletâneas publicadas a partir de 1957, com *Fala, amendoeira* – à qual se seguiram: *A bolsa & a vida* (1962), *Cadeira de balanço* (1966), *Caminhos de João Brandão* (1970), *O poder ultrajovem* (1972), *De notícias & não notícias faz-se a crônica* (1974), *Os dias lindos* (1977), *Boca de luar* (1984) e *Moça deitada na grama* (1987). Junta-se a estes *Versiprosa* (1967), que tem o subtítulo de "Crônica da vida cotidiana e algumas miragens", e reúne sob esse termo inventado a poesia de circunstância publicada na coluna do autor, como crônicas que "transferem para o verso comentários e divagações da prosa" (VP, p. 13). Todos esses livros se nutrem praticamente só de matéria procedente do lugar cativo de Drummond nos jornais, onde ele também costumava apresentar em primeira mão – sem de jeito nenhum subestimar o público – seus poemas mais importantes e exigentes.

Ao término dessa produção, a crônica de Drummond se tornara um fenômeno de grande público, em escala nacional. Uma primeira etapa nesse sentido foi o salto da página impressa para as ondas radiofônicas, começando com a participação no programa "Quadrante", da Rádio MEC, entre 1961 e 1963. O ator Paulo Autran lia no ar textos de sete cronistas: Manuel Bandeira, Rubem Braga, Paulo Mendes Campos, Drummond, Cecília Meireles, Dinah Silveira de Queiroz e Fernando Sabino. Logo a recém-criada Editora do Autor lançou duas antologias: *Quadrante 1* (1962) e *Quadrante 2* (1963), com grande êxito. Em 1963 Drummond teve seu próprio programa dominical, na mesma rádio, chamado "Cadeira de balanço", que daria título a sua próxima seleta. Ainda nesse ano participou do programa "Vozes da Cidade", da Rádio Roquette-Pinto, com Cecília Meireles e outros, mais um a receber publicação em livro, em 1965, pela Record (MASSI, 2012, p. 65).

As primeiras antologias coletivas contribuíram para o aumento do interesse pela crônica não só nas bancas de jornal, mas também nas livrarias. Um marco impressionante foi o lançamento em 1977 da coleção paradidática *Para gostar de ler*, da editora Ática, cujo primeiro volume – um apanhado de crônicas de Rubem Braga, Paulo Mendes Campos, Drummond e Fernando Sabino – vendeu em seis meses nada menos que 200 mil exemplares. Em 1980, com os mesmos autores, a coleção chegaria ao quinto volume, trazendo como prefácio um artigo de Antonio Candido hoje considerado clássico, em que a celebração da "vida ao rés do chão" pela crônica brasileira é enfocada na tradição da prosa modernista, como "conversa aparentemente fiada", com o elogio depois muitas vezes repetido à "precisão" de Drummond (CANDIDO, 2004c, pp. 30, 34).

O auge da consagração viria justamente no ano da despedida, 1984, quando o autor trocou de editora e lançou pela Record os livros *Corpo*, de poemas, e *Boca de luar*, de crônicas. Este esgotou em poucos meses duas tiragens excepcionalmente numerosas, de 15 mil exemplares (XAVIER, 1984, p. 30). Nas listas de mais vendidos, deve ter divertido o poeta ver a ausência de consenso sobre a natureza do gênero: no *Jornal do Brasil* de 26 de maio ("Caderno B", p. 2), o livro chegou ao primeiro lugar na categoria de "não ficção", em disputa com *O círio perfeito*, de Pedro Nava, *Repressão sexual*, de Marilena Chauí, e *A cura popular pela comida*, de Flávio Rotman; mas, na revista *Manchete* de 4 de agosto (p. 86), os rivais eram outros: *best-sellers* de Frederick Forsyth e Gore Vidal, além do campeão *O nome da rosa*, de Umberto Eco, e outros títulos da categoria de "ficção".

De fato, a oscilação entre o real e o imaginado é o aspecto mais frisado por Drummond, sempre que se pronunciou a respeito da crônica. Ela é feita "de notícias & não notícias", como o autor assinala no título categórico que deu a uma de suas coletâneas. Na quarta capa desta, o anônimo da José Olympio explicava o "conceito de crônica" então proposto, que se dividia entre "o real comentado" e "a livre imaginação do cronista" (ANÔNIMO, 1974). A mesma ideia reaparece no texto editorial impresso na contracapa de *Os dias lindos*, cuja matéria "é e não é fábula, como a vida circulante no assumido *plaisir du texte*" (ANÔNIMO, 1977). Não por acaso, o espaço da crônica no jornal, cercado de noticiário por todos os lados, é descrito por Drummond como "um canto de página que tem alguma coisa de ilha visitável, sem acomodações de residência" ("O frívolo cronista", BL, p. 152). Trata-se da metáfora que o autor parece reservar à natureza específica da literatura na esfera pública, como "porção curta de terra", que é "quase ficção sem deixar de constituir uma realidade" ("Divagação sobre as ilhas", PI, p. 16). Ao reivindicar o exercício do livre imaginar em face das circunstâncias, a crônica participa do nexo indissolúvel, para Drummond, entre literatura, liberdade e crítica da modernidade. "A ilha", diz o poeta, é "o refúgio último da liberdade, que em toda parte se busca destruir" (PI, p. 19; ver ALCIDES, 2020, p. 231). As "imagens" da coluna já são, portanto, mais que mero reflexo do mundo, uma manifestação da liberdade do sujeito diante dele.

Entre as resenhas de *Boca de luar*, uma em particular destaca o problema – e foi publicada na própria coluna de Drummond, onde é atribuída ao "titular-substituto", João Brandão. Trata-se de personagem recorrente, já chamado de *"alter ego* de todo mundo" (PIRES, 2016, p. 183), com o qual o poeta pretende aproximar-se do cidadão comum, a quem se dirige nas crônicas. Sua opinião é severa: o "cronista mineiro-copacabânico" teria a obrigação de "registrar (e comentar) os acontecimentos públicos do dia", mas "prefere saltar de um dado positivo para outro imaginário" ("O cronista da ambiguidade", DRUMMOND DE ANDRADE, 1984c). O que o mal-humorado resenhista não percebe é que ele próprio encarna o espírito da crônica drummondiana: ao mesmo tempo retraído e aberto, observador e fantasista: é aquele que, enquanto a academia discute "que bicho é a crônica", vai vivendo "entre a rotina palpável/ e a aventura imaginária", como diz o poema que abre o livro *Caminhos de João Brandão* (CJB, p. 13).

Para o leitor contumaz da coluna de Drummond, Brandão devia ser como um velho conhecido do bairro, com quem se encontrava às vezes na padaria ou no calçadão da praia. Sujeito pacato, via-se frequentemente arrancado de sua tendência contemplativa de funcionário público por atrapalhações da vida prática ou por seus próprios "impulsos incoercíveis de resolver problemas gerais" ("Corrente da sorte", DL, p. 22). Tinha uma "alma virginal" ("Facultativo", FA2, p. 45) e era poeta "nas horas vagas" ("Musa natalina", FA2, p. 87). Seu "equilíbrio pedestre" se abalava sobretudo diante dos altos poderes de um mundo fora dos eixos, no qual podia ser confundido com certo Mr. Brandon, "procurado pela CIA" ("Comprometido em Watergate", N&N, p. 23), ou elevado a presidente pelos generais da ditadura, e "intimado a consertar os problemas do Brasil" ("História do cidadão no poder", CJB, p. 172). Espantava-se de encontrar semelhantes por toda parte, porque há "Joões Brandões para dar e vender", de maneira que qualquer leitor podia se identificar com ele, "no joãobrandonismo geral de que participamos" ("Corrente da sorte", DL, p. 30). Sua essência evocaria uma "qualqueridade" ideal ("História do cidadão no poder", CJB, p. 170) – mas isso não significa que não fosse cultivado nem conhecesse gente importante; por exemplo, era amigo de Álvaro Moreyra e leitor de Cecília Meireles ("Corrente da sorte", DL, pp. 18 e 20).

Na resenha fictícia de *Boca de luar*, Brandão se mostra tão rabugento quanto certo leitor de Mato Grosso do Norte que teria se queixado, em carta ao *Jornal do Brasil*, da frivolidade da coluna de Drummond. O poeta se defende com uma citação erudita, da *Viagem à Itália*, de Goethe, traduzida de modo jocoso: "Quem não se sentir com tutano suficiente para o necessário e útil, que se reserve em boa hora para o desnecessário e inútil" ("O frívolo cronista", BL, p. 151). Fingindo irritação, aproveita a circunstância para teorizar sobre seu ofício, no ambiente ficcional do próprio gênero. "O inútil", diz ele, "tem sua forma particular de utilidade." Como a ilha antes mencionada, em sua suposta inutilidade, a crônica é "a pausa, o descanso, o refrigério do desmedido afã de racionalizar todos os atos de nossa vida (e a do próximo), sob o critério exclusivo de eficiência, produtividade, rentabilidade e tal e coisa" ("O frívolo cronista", BL, p. 151). São "frioleiras matutinas, a serem consumidas com o primeiro café" – e é um café da manhã amargo, em frente ao jornal aberto: "sobre ele desabam todas as aflições do mundo", porque o noticiário é uma "catadupa de desastres" (BL, pp. 151-52). A passagem coincide exatamente com o que o autor declarou, na mesma época, em entrevista a Maria Julieta Drummond de Andrade, sua filha: a função do "segundo caderno" seria "corrigir o que tem no primeiro" (apud HERINGER, 2018). Com tal afirmação um tanto mirabolante, o poeta deixa exposta – talvez sem perceber – a própria "brandonidade". Mas é justo essa "pinta de loucura mansa" (CJB, p. 13) o requisito principal da crônica, segundo ele mesmo argumenta: "Não se exige do cronista geral a informação ou o comentário precisos que cobramos dos outros. O que lhe pedimos é uma espécie de loucura mansa" ("Ciao", DRUMMOND DE ANDRADE, 1984a).

Foi basicamente esta a concepção de crônica, para Drummond, desde sempre. Mais de 50 anos antes, quais foram seus interesses, como cronista social do *Minas Geraes*? Eram "estádio, flerte, *footing*, chá dançante, discurso, baratinha, concurso de *misses*". Como então os definia, sob o pseudônimo de Antônio Crispim? "Há uma palavra geral para tudo isso, tirada do vocabulário de nossos avós: frivolidade" ("Do circo de cinema"; DRUMMOND DE ANDRADE, 1984b, p. 43). Tempos depois, já no *Correio da Manhã*, C.D.A. advertia o leitor de sua coluna de que "este boletim é estritamente praiano": "nosso assunto primo é a temperatura da água" ("Gazeta praiana", BV, p. 22). Uma nota do autor segue a mesma linha de autoironia, à frente de uma coletânea de 1974: "Este livro contém histórias leves e desajuizadas opiniões sobre o desconcerto do mundo em que uns vivem e outros olham viver" (N&N, p. 13). Por tantas décadas, permanece o mesmo enganoso rebaixamento do gênero, contrastando com o afinco e a longeva dedicação do autor a ele. Até em entrevistas Drummond fazia eco a esse jogo: "Não vamos dizer que a crônica seja um gênero importante", declarou à filha, antes de caracterizar o cronista como "uma espécie de palhaço, um *jongleur*, que dá cabriolas, dá saltos, faz molecagem, para distrair um pouco o leitor comum" (apud HERINGER, 2018).

Também o jovem Machado de Assis, ao iniciar sua longa trajetória na imprensa carioca, refletiu com verve parecida sobre o ofício que tinha pela frente, no "grande veículo do espírito moderno", que é o jornal. "O folhetinista", escreveu em 1859, na revista *O Espelho*, "é a fusão admirável do útil e do fútil, o parto curioso e singular do sério consorciado com o frívolo". Quanto a cabriolas, acrescenta: "O folhetinista, na sociedade, ocupa o lugar do colibri na esfera vegetal; salta, esvoaça, brinca, tremula, paira e espaneja-se sobre todos os caules suculentos, sobre todas as seivas vigorosas", sempre a fim de atrair a "atenção pública" (ASSIS, 2013, p. 84). Essas observações confirmam o que diz uma historiadora da "ilha" oitocentista do folhetim, como "espaço geográfico do jornal, deliberadamente frívolo" (MEYER, 1996, p. 57).

É o caso de questionar, então, no que consiste a frivolidade ironicamente denunciada por Machado e Drummond. A consulta aos dicionários desanimaria os aficionados da crônica, sendo o termo derivado do adjetivo em latim "*frivolus-a-um*", de péssima reputação e muito má fortuna. Aplica-se às coisas "de pouco valor, fúteis, levianas", bem como a tudo aquilo que seria "insignificante dizer" (GAFFIOT, 1934, p. 689). A etimologia conduz ao verbo latino "*frio*": "desmorono, despedaço-me, esfarelo-me" (Wiktionary, "frio"). Em português, "frívolo" é aquilo que tem "pouca importância" ou é "inconsistente, inútil, superficial"; seus melhores antônimos são o "grave" e o "sério" (HOUAISS, 2001, "frívolo"). Uma fonte mais antiga explica melhor o sentido dessa inconsistência: "frivolidade" é "cousa frívola, vã, sem fundamento"; e o exemplo escolhido ainda lança uma boa carapuça para o cronista: "Este homem não se ocupa senão de frivolidades" (VIEIRA, 1873, p. 777).

O frívolo consiste em não ter consistência nem fundamento, por não assentar sobre nada de sólido ou permanente – no que manifesta de modo emblemático seu acordo com a modernidade. Como gênero mal fundado e incerto, quando não infundado e fictício, a crônica parece mais estreitamente assimilável ao discurso literário moderno, fruto de uma convenção precária, de "fronteiras intermináveis", "impossível de caber em conceito" (COSTA LIMA, 2006, p. 347). Sua abertura, com a qual replica a "aberturidade" da esfera do público (a *Öffentlichkeit*, em alemão), não poderia inscrever-se senão no "continente do não classificável" que forma a literatura moderna (COSTA LIMA, 2006, p. 384). A frivolidade da crônica advém da falta de fundação ou regra prévia que determine sua maneira de atrair o público. Trata-se de uma carência constitutiva, por ser *a própria* motivação da abertura para todo um universo de miudezas, costumes, modismos e bagatelas da vida ordinária que escapam à atenção das partes mais prestigiosas do jornal, mas são a própria matéria da experiência individual e coletiva, no tempo. Neste sentido, Drummond se refere ao contrário da gravidade e da seriedade que pautam o noticiário e os outros gêneros presentes na imprensa cotidiana, entre eles o artigo de opinião, que, sim, procura influir nos "acontecimentos do dia". Mas também se contrapõe à alegada objetividade que restringe as partes "úteis" ou não "fúteis" do discurso público. Por fim, acrescenta ao conceito um horizonte escatológico, para o qual se dirigem todas as páginas do jornal, mas que só pode ser apontado de propósito pelo folhetim: desde seu ângulo necessariamente subjetivo, tudo se esfarela no tempo, como o papel de má qualidade das notícias, e acaba passível da qualificação dada pelo velho (e esquecido) dicionário: "futilidade, ninharia, ridicularia" (VIEIRA, 1873).

"O tempo é a minha matéria", diz um famoso verso do poeta ("Mãos dadas", SM, p. 34), muito citado na abordagem de sua crônica – termo que vem, é claro, do grego *chrónos*, o tempo. Valeria a pena lembrar outra passagem, de poema posterior: "Minha matéria é o nada" ("Nudez", VPL, p. 11). Sempre se pode considerar a hipótese de uma mudança de orientação ou troca de programa poético (ver FRIAS, 2002, p. 35), mas ainda existe a possibilidade de uma relação complementar, em que um verso meramente ajusta e melhor circunscreve o outro. "Minha matéria", isto é: meu assunto – mas também minha substância – é o tempo, que nada é, ou leva a nada.

A ambivalência semântica da "matéria" traduz com acuidade o que em teoria da história é chamado de "temporalização", fenômeno da modernidade, quando o tempo deixa de ser mero veículo dos acontecimentos e se torna ele próprio uma força dinâmica e histórica por si só (KOSELLECK, 2004, p. 236). O conceito se ajusta bem à crônica, escrita ligada às circunstâncias, que no dia seguinte já começa a se tornar, paradoxalmente, anacrônica. Não é possível lê-la sem tocar num momento que ou está prestes a se aniquilar ou já virou farelo para sempre. Trata-se por definição de um discurso temporalizado, acerca do tempo (e do nada), feita no tempo (que passa) e *com* ele. Ou *sem*, porque a entrega tem hora marcada e as rotativas do jornal não podem esperar.

Por aí se constata como o esfarelar-se da crônica e a dissolução tantas vezes evocada na poesia são, em última análise, consubstanciais. O que não quer dizer que sejam a mesma coisa. A "loucura mansa" do cronista e a melancolia do poeta participam de uma mesma problemática, mas aquela a reflete "em estado de crônica, isto é, sem atormentar o leitor" (BV, p. 9). Na distensão da prosa, o poeta não "força o leitor a se dobrar em torno de si mesmo, como um punho" (CANDIDO, 2004a, p. 23). Rubem Braga notou a diferença bem cedo, em resenha de *Fala, amendoeira*. Com leve despeito de colega, antes de apresentar os elogios, alfinetou: "As evocações que possam doer mesmo, a angústia mais concentrada e tudo que se possa referir a amor (a não ser de avô pelos netinhos), tudo está proscrito" (BRAGA, 1957). Tempos depois, logo após a morte de Drummond, Flora Süssekind interpretou essa proscrição como "cumplicidade com o leitor", lamentando que o autor tenha por fim adotado uma "trilha preferencial de poeta-cronista", em contraste com o papel de "poeta-crítico", que seria para ela o "personagem-chave da poesia moderna" (SÜSSEKIND, 1993, p. 261). De fato, essa figura grave e seriíssima (logo, nada frívola, tal como a concebiam os vanguardistas dos anos 1950), nunca se deu bem com o "joão--brandonismo" literário. Bastaria citar as objeções de Mário Faustino ao gênero "que fez famosos os Senhores Braga, Pongetti, Sabino, mais algumas senhoras", o qual se espalhara entre os poetas como "erva daninha", contaminando até Drummond e Bandeira (FAUSTINO, 2003, p. 192).

Entretanto, o teor crítico da crônica drummondiana segue na contramão de qualquer perspectiva normativa ou dogmática. Opõe-se antes de mais nada justamente ao tipo de filosofia da história que animou o construtivismo e a suposição de "linhas evolutivas" que guiem a política, as ciências e as artes. Seu corte não é menos cético do que aquele que o autor exercita na obra poética. À ideologia do progresso, dominante na civilização técnico-industrial, a prosa de Drummond reage com negatividade: "A ilha sugere uma negação disto" ("Divagação sobre as ilhas", PI, p. 17). Ou com ácido deboche, como no episódio em que João Brandão recebe um telegrama de "frei Domingos Engels, da Igreja Progressista": "Abominável frivolidade cronista constitui pecado contra Espírito Santo" ("História do animal incômodo", CJB, p. 18). Incontáveis seriam as crônicas dedicadas a escarnecer da burocratização de tudo, conforme a racionalidade do Estado moderno e sua pretensão de regrar a vida de Joões Brandões por toda parte. Em *Os dias lindos*, toda uma seção se ocupa disso, parafraseando Jules Laforgue ("*Ah! que la Vie est quotidienne...*") com o subtítulo "Ah, como a vida é burocrática!" (DL, p. 165). Entre os temas abordados, acham-se a redução de cada indivíduo a sequências numéricas, a epopeia brandoniana para a renovação de uma apólice de seguro, a penosa consulta ao *Diário Oficial* e, por fim, as agruras póstumas previstas em "Morrer é fácil; difícil é ser enterrado" (DL, pp. 194-95). Muito fecunda, ainda, é a vertente que parodia o discurso publicitário, com seu inferno de mensagens imperativas – consuma, emagreça, economize, use, encomende etc. – como em "O que você deve fazer", de *A bolsa & a vida*, onde Drummond aproveita para zombar do jargão concretista: "Aprenda em poucos dias pelo moderno sistema verbivocovisual" (BV, p. 69).

Mas a crítica prosaica não zomba só do outro: muitas vezes volta seu humor contra o próprio sujeito, de modo a retirá-lo de seu isolamento ou expor ao ridículo a couraça com que se defende do resto do mundo. A temática explora com frequência a "impertinência do real", como já se observou sobre o repertório de *A bolsa & a vida*, incluindo "a visita do recenseamento, as urgências do imposto de renda, as interpelações da publicidade, os telefonemas dos entrevistadores" (COELHO, 2012, p. 155).

Não menos impertinente é o relógio, que leva os prazos embora, enquanto se tem a obrigação de "bater" a crônica, diante da máquina de escrever ociosa. Quando o assunto não vem, tem que ser este o assunto, conforme o precedente dado por Rubem Braga, em texto datado de 1934: "Todo cronista tem seu dia em que, não tendo nada para escrever, fala da falta de assunto" (BRAGA, 2002, p. 24). Em Drummond, essa modalidade de "metacrônica" pode então tratar de qualquer coisa, como em "Que fazer com os pelos do ouvido" (DL, pp. 203-04), e até mesmo de um recorrente inseto ("Barata", N&N, pp. 172-73; "Outra barata", pp. 174-76; "Com licença: a barata", pp. 86-87). Ou, em casos extremos, do próprio tédio, quando "Senhor dos Assuntos" perde a inspiração ("Hoje não escrevo", PU, p. 138). Um pouco do lado empírico desse problema aparece no diário do autor, como no registro de uma manhã de 1945, com "prazo marcado até 12h30", e a "nervosa elaboração de qualquer coisa para o suplemento literário do *Correio da Manhã*" (OE, p. 39).

João Brandão, o resenhista, acredita que a real vocação de Drummond seja a filosofia moral, como observador assíduo dos costumes: "nascido em outro século, se empenharia em ser moralista" ("O cronista da ambiguidade", DRUMMON DE ANDRADE, 1984c). Ele talvez tenha razão, mas, se pensamos em séculos mais remotos, podemos considerar o parentesco da crônica drummondiana com a sátira antiga. Sua "musa semanária" ("Sete dias", VP, p. 37) tem muito em comum com a "musa pedestre" de Horácio (*Sátiras*, 2, 6, v. 17) – e não nos esqueçamos do equilíbrio particular de Brandão, mencionado acima. O frescor satírico horaciano tem a ver com a capacidade de "andar a pé" pela cidade e o campo – sem elevar-se acima do rés do chão – e desse modo trazer à flor do texto, com humor e frequente autoironia, toda a riqueza do mundo comum e do cotidiano, para além do que nele houver de vicioso. O tom, por prescrição, tem que ser baixo, conversacional, por vezes dialogado como faz Drummond em tantas ocasiões, como em "Conversa na fila" (DL, pp. 109-10) ou na interpelação ao gerente de banco em "O velho" (BL, pp. 60-62). Não raro, o objeto satirizado é o próprio sujeito. Na crônica de Drummond, isso não exclui a poesia dele mesmo: "E agora, João?" ("O caso dos discos voadores no Leblon", CB, p. 197); ou, quando mencionam o verso estampado numa calça da moda ("Tinha uma pedra no meio do caminho") e respondem: "Isso já é prosa, amizade" ("Calça literária", N&N, p. 132).

A frivolidade cronista ainda possibilita uma abertura singular para o gratuito e o lúdico, notável principalmente nas crônicas mais experimentais, que brincam com a linguagem como um gato com o novelo. O critério pode ser, por exemplo, o uso da mesma conjunção em todos os períodos: "Se faço uma crônica em se, sei lá se lhe sentirão o sentido" ("O homem no condicional", DL, p. 101). Ou a obsessão classificatória: "– Uma uva. – Branca? preta? tinta? moscatel?" etc. ("A eterna imprecisão de linguagem", CJB, p. 73). Ou a "floresta de exclamações" enumeradas: "Que frio! Que vento! Que calor! Que caro! Que absurdo!" etc. ("O que se diz", PU, p. 116). Ou a criatividade dos apaixonados: "– Oi, meu berilo! – Oi, meu anjo barroco! – Minha tanajura! Minha orquestra de câmara!" ("A estranha (e eficiente) linguagem dos namorados", BL, p. 26).

Tudo isso se combina, na coluna de Drummond, com o lirismo prosaico que é mais usual na crônica, assim como com a oportunidade sempre disponível para as homenagens. O elogio de Cartola, por exemplo, saiu três dias antes da morte do grande compositor ("Cartola, no moinho do mundo", DRUMMOND DE ANDRADE, 1980b). São habituais as menções a confrades especialmente admirados, como Manuel Bandeira e "a deusa" Cecília Meireles ("Deusa em novembro", PU, p. 70). O obituário é todo um subgênero, de que podem ser destacados os de Oswald de Andrade ("O antropófago", FA2, pp. 146-47), Guignard ("Criança & poeta", DRUMMOND DE ANDRADE, 1962b) e Villa-Lobos ("O compositor e seu festival", CB, pp. 157-60). Há também intervenções políticas contundentes, em especial durante o regime militar, sobretudo contra a censura, seja pela liberação do filme *Terra em transe*, de Glauber Rocha ("Razões do censor", DRUMMOND DE ANDRADE, 1967a), seja contra o fanatismo religioso que proibiu outro, de Joaquim Pedro de Andrade ("O padre e a moça", DRUMMOND DE ANDRADE, 1966a), ou até composta em versos, para impedir a prisão de Nara Leão, por ter feito declarações contra o Exército ("Apelo", VP, pp. 161-63).

É comum dizerem que, na crônica, Drummond mostra o mesmo "sentimento do mundo" de sua poesia (ver, por exemplo, SABINO, 1962), embora não seja fácil equacionar essas duas partes de sua obra. Os nexos possíveis se esgueiram, fugindo à apreensão. No entanto, pode-se dizer que, em conjunto, a produção cronística do autor parece corresponder à segunda das duas estrofes de "Passagem da noite" – justo um poema de *Sentimento do mundo*. A primeira trata do "sono espesso e sem praia" do indivíduo, quando o vazio interior se impõe à medida que a vida ordinária se dissolve no escuro. Na outra, amanhece, e "o mundo se recompõe", com o "olhar de alegria", o "gozo na bicicleta" e a "posse das ruas". Em prosa, o poeta mostra sua face diurna, e com ela dá cumprimento às exclamações do encerramento: "Chupar o gosto do dia!/ Clara manhã, obrigado,/ o essencial é viver!". Com a "fraterna entrega do pão" mencionada nessa estrofe, vinha o jornal; dentro dele, a crônica. Até hoje o leitor morde esse pão, que continua estalando, e pode constatar que, na linguagem, pelo menos, "o tempo/ não murchou" (RP, pp. 32-33).

Dante
ver "A máquina do mundo"

Deus
ver Bíblia

Diário
PATRICK GERT BANGE

Carlos Drummond de Andrade publica, em 1985, páginas de diário em *O observador no escritório* (2020) com uma nota inicial: "Durante anos, como tanta gente, mantive um diário e, como tanta gente, acabei por abandoná-lo. Ao lado de anotações pessoais, registrava nele, com frequência irregular, fatos políticos e literários que me interessassem. Uma seleção desses registros foi publicada no *Jornal do Brasil*, em 1980-81. Reunindo-os em livro, acrescentei-lhes outros, até agora inéditos. Se os leitores encontrarem nestas páginas o eco de um tempo abolido, terei resgatado a minha nostalgia e fornecido matéria para conversa de pessoas velhas e novas" (OE, p. 11).

Ao virar a página, o que o poeta chama de seleção se traduz em outros termos: "Palavras que fui acumulando e que um dia... destruí" (OE, p. 13). A seleção, então, é forjada sob o signo de uma destruição, como o que restou do arquivo do poeta. Mais tarde, em anotação de dezembro de 1970, lemos que a destruição de papéis se dá com "prazer de rasgar", como "expurgo no papelório acumulado em anos e anos de arquivo" (OE, p. 196). Depois, em janeiro de 1976, o poeta escreve: "E vou perdendo tempo, perdendo. Conquistar o direito de perder tempo, deliberadamente, voluptuosamente [...]" (OE, p. 211).

Essas passagens mostram que o livro não é o resultado de um acúmulo de tempo vivido, mas, ao contrário, moldado a partir de muitos papéis elididos, rasgados, destruídos, esquecidos e, finalmente, perdidos. A forma que temos em mãos está nomeada pelo poeta, desde o início, na pequena nota que abre o volume, como o "eco de um tempo abolido" (OE, p. 11). O tempo abolido, assim, não é apenas a matéria das páginas do livro, mas o que o forma, pelo trabalho do tempo perdido. Trata-se de uma elaboração, ao mesmo tempo cuidadosa e prazerosa, que envolve muito tempo investido na escrita de páginas do diário e muito tempo perdido para encontrar a forma-livro, em 1985. Assim, ao leitor que tomar o volume à mão talvez ocorra, ao longo da leitura, que ele pode ser lido como um modo de escrita do tempo.

Recolho duas das muitas passagens da poesia de Drummond sobre o tempo. Primeiro, dois versos do poema "A flor e a náusea", de *A rosa do povo*, de 1945: "O tempo pobre, o poeta pobre/ fundem-se no mesmo impasse" (RP, p. 13). Depois, versos do poema "Paisagem: como se faz", de *As impurezas do branco*, de 1973: "Tudo é mais tarde./ Vinte anos depois, como nos dramas.// Por enquanto o ver não vê; o ver recolhe/ fibrilhas de caminho, de horizonte,/ e nem percebe que as recolhe/ para um dia tecer tapeçarias/ que são fotografias/ de impercebida terra visitada" (IB, p. 47). As páginas do diário de Drummond encenam uma tensão entre esses dois tempos, tanto o tempo pobre, rente ao vivido, como um tempo que só virá mais tarde, que não resolve o impasse, antes o desloca. O modo de escrita do tempo, assim, se traduz em uma pergunta: como o tempo escreve a forma do diário?

Na última entrada de *O observador no escritório*, de setembro de 1977, intitulada "Cartas do velho" (OE, p. 217), vê-se um Drummond insone, já tarde da noite, relendo as cartas do pai. Muito tempo depois de sua morte, ocorrida em 1931, algo aparece redescoberto: "Tantas coisas não escritas, que, entretanto, se mostram no escrito destas cartas. Mas só a releitura, muito tempo escoado, as torna visíveis" (OE, p. 219). Não apenas o rasgar de papéis forma o livro, mas também algo que está para além da vontade do poeta, como se, selecionando os escritos, uma mão involuntária preparasse o que ainda não está legível, mas poderá se tornar, um pouco ao acaso, numa noite em claro, em algum momento no tempo. O que pode se tornar legível, escreve Drummond, é "alguma coisa que talvez me falte, [...]. Que só se descobre a custo, e tarde. Segredo e mistério das cartas menos pretensiosas" (OE, p. 219).

Isso pode acontecer a ele, leitor de cartas que escreve em seu diário, em seu tempo presente, mas também a nós, sábios em vão, que nos tornamos, nesse meio-tempo, os destinatários do eco de antigas palavras, como se as anotações fossem fragmentos de cartas, quase-poemas, mentiras, retratos, vestígios de estranha civilização (cf. "Futuros amantes", de Chico Buarque, 1993). O poeta, na velhice, prepara este livro e contempla as palavras escritas à margem dos poemas, à margem das crônicas, dos jornais, dos contos, escutando, de dentro do escritório, o que dizem seus rumores. Essas palavras também evocam o poema "Procura da poesia", de *A rosa do povo*, porque "Cada uma/ tem mil faces secretas sob a face neutra" (RP, p. 12).

Além de *O observador no escritório*, de 1985, bem mais tarde, Pedro Augusto Graña Drummond organiza e publica, em 2017, *Uma forma de saudade: páginas de diário*, deixadas por Drummond à filha, Maria Julieta, que as guardou com a inscrição "Diário de papai/ família e amigos" (FS, p. 19). Passarei pelo primeiro livro, o mais disperso, forma própria do diário, depois pelo outro, mais coeso, porque se dedica a perscrutar a morte de familiares e de dois amigos, Manuel Bandeira e Rodrigo M. F. de Andrade.

Como se lê logo no início do primeiro diário, Drummond, "dissipando o tempo que deveria ser consagrado a viver" (OE, p. 13), posiciona seu ponto de vista em um interior voltado para o exterior, sem abrir mão de uma parcela de dúvida: "Fui, talvez, observador no escritório" (OE, p. 13). Como anunciado pelo "Poema de sete faces", de seu primeiro livro, *Alguma poesia*, de 1930, as casas olham: "As casas espiam os homens" (AP, p. 11). Assim, do escritório se espia o mundo por brechas.

Pela brecha do escritório, o leitor encontra temas diversos, como é próprio da forma do diário. Vera Lins sugere uma leitura "do diário como gênero, além de híbrido, uma espécie de ensaio. E que tem algo do ficcional também, pois o que se vive se transforma na escrita. Há uma elaboração do vivido pela linguagem, que é reflexão e imaginação. Próximo do ensaio e do fragmento, o diário tem algo de inacabado e indecidível" (LINS, 2020, p. 1). Assim, se tentarmos uma organização mínima, dentro do indecidível da forma, olhando o panorama de cima, pode-se avistar três grupos maiores, a vida pública nacional, a cena intelectual e o cotidiano, e um grupo menor, mas reluzente, em torno do tempo.

A vida pública nacional é questão central nos primeiros anos do diário, que começa em 1943. "Fala-se e respira-se política" (OE, p. 34), escreve Drummond em março de 1945, ano mais longo do diário. Nesses primeiros anos, chama a atenção a notação cuidadosa que Drummond faz das reuniões da diretoria da Associação Brasileira de Escritores, que planeja organizar um congresso. Drummond e alguns amigos sugerem a criação de "uma entidade de escritores, de caráter político para aliviar a ABDE da carga ativista que ameaça esmagá-la" (OE, p. 34), em meio à censura do Estado Novo de Getúlio Vargas.

Em meio à agitação política, Drummond, em abril de 1945, faz uma meditação sobre seu posicionamento e pergunta-se: "Sou um animal político ou apenas gostaria de ser?" (OE, p. 41). A agitação dos primeiros meses do ano, no entanto, parece ir se enfraquecendo até o fim da Segunda Guerra Mundial, quando Drummond escreve: "Meu contentamento tem origem intelectual. A capacidade de vibração está gasta" (OE, p. 56). Dois anos depois, em agosto de 1947, em carta a Milton Campos, transcrita ao diário, escreve: "Devo acrescentar, nesta confidência, que minha curta passagem pelos arraiais políticos, naquele começo alvoroçado de 1945, operou em minha sensibilidade um choque tão violento que me fez perder todo o interesse pela vida pública" (OE, p. 86).

Evidentemente, alguma distância da vida pública não transforma Drummond em um mau leitor dos acontecimentos políticos. Em dezembro de 1968, na Ditadura Militar, por ocasião do Ato Institucional nº 5, baixado pelo general Costa e Silva, o poeta escreve: "Quase sessenta anos depois, o governo de outro marechal (e na minha velhice) golpeia a Constituição que ele mesmo mandou fazer e suprime, por um 'ato institucional', todos os direitos e garantias individuais e sociais. Recomeçam as prisões, a suspensão de jornais, a censura à imprensa. Assisto com tristeza à repetição do fenômeno político crônico da vida pública brasileira, depois de tantos anos em que a violência oficial, o desprezo às normas éticas e jurídicas se manifestaram de maneira contundente, em crises repetidas e nunca assimiladas como lição" (OE, p. 189).

O segundo grupo temático do diário refere-se à cena intelectual. Drummond tem pouca paciência com "autores aspirantes de incenso" (OE, p. 72), como escreve, e, por ocasião de um almoço em comemoração ao lançamento de *Estrela da tarde*, de Manuel Bandeira, afirma: "Tudo é mais agradável quando as letras são esquecidas à entrada" (OE, p. 170). Quando se trata de ler um poeta, mais do que de uma cena intelectualoide, Drummond aponta a diferença que importa: "Amo em um poeta certa vibração que lhe é peculiar, sem inquirir se essa vibração vale mais do que a doçura particular que encontro em outro poeta, ou a musicalidade de um terceiro, a secura vigorosa de um quarto. A ficção do 'maior poeta' lembra anúncio do melhor produto – sabonete, refrigerante, calçado anatômico..." (OE, p. 136).

Finalmente, temos acontecimentos cotidianos no diário, do "varejo da vida" (OE, p. 72). Muitas miudezas nesse grupo, mas chamo a atenção para as crianças e os bichos que compõem a paisagem do livro. Em outubro de 1947, por exemplo, vemos a surpresa pretendida e falhada de uma das filhas da família Rónai. Laurinha planejava tocar um solo de flauta, no hall, quando Drummond abrisse a porta. Mas o poeta abriu antes da surpresa. Mais tarde, Drummond anotaria: "Foi a mais deliciosa visita de Natal em minha vida" (OE, p. 190).

Quanto aos bichos, eles encontram em Lya Cavalcanti sua defensora ferrenha, da qual Drummond transcreve uma fala: "– Dizem que sou boa. Não é nada disso, apenas gosto mais de cães do que de brilhantes" (OE, p. 187). Pelas páginas também surgem o cachorrinho Puck e os gatos Inácio, Crispim e Garrincha.

Quero me aproximar, como dito mais acima, da escrita do tempo em *O observador no escritório*. A propósito dele, Drummond, em janeiro de 1973, pesca uma exclamação na rua: "Ó tempo! Ó anti-Pitanguy, meu e nosso carrasco!" (OE, p. 201). Não há reparo para os efeitos da passagem do tempo sobre os corpos, sobre as coisas. Drummond, em janeiro de 1951, escreve: "Chove no passado, chove na memória. O tempo é o mais cruel dos escultores, e trabalha no barro" (OE, p. 117). Com efeito, o escultor ronda o livro e o forma com águas de estranha chuva.

Uma das anotações mais delicadas do primeiro volume dos diários abre, de certa maneira, uma passagem secreta para o segundo volume, *Uma forma de saudade: páginas de diário* (2017). Em maio de 1950, por ocasião dos 81 anos da mãe, falecida dois anos antes, o poeta escreve: "Faria 81 anos? Faz. Eles existem *mais* depois que se foram" (FS, p. 107, grifo do autor). Em meio à chuva, abre-se uma porta para o segundo livro.

Uma forma de saudade gira definitivamente em torno da morte. O título do livro e seu autor, dados comuns nas capas, vêm impressos em uma faixa de papel, que pode ser retirada (projeto gráfico de Raul Loureiro). Quando retirada, o livro não tem qualquer indicação de título, mas uma série de retratos de Drummond, que aparece representado *no tempo*. Abre-se o livro e não temos a impressão de um livro escrito, mas de um álbum de família, com retratos antigos e pedaços de papel colados pelas páginas.

O livro, salvo as fotografias e demais documentos, que também compõem sua paisagem, é dividido em duas partes. As páginas de diário, como anuncia o subtítulo, e poemas, que Pedro Augusto Graña Drummond diz serem "claramente inspirados em alguns acontecimentos narrados" (FS, p. 20). Na apresentação, também explica: "Arrancadas do diário por CDA, estas páginas abordam recordações dolorosas ocasionalmente entremeadas por algum fato corriqueiro. Foram transcritas na ordem (por data de falecimento) em que o autor as guardou, divididas em seções dedicadas aos membros de sua família (o pai, a mãe, os irmãos Rosa, Flaviano, Altivo, José e Maria, a cunhada Ita) e a dois grandes amigos (Manuel Bandeira e Rodrigo M. F. de Andrade)" (FS, p. 20).

A apresentação também informa que o título foi recolhido de uma entrevista concedida a sua filha, Maria Julieta, em 1984. Drummond lhe diz que "estes registros de família eram 'coisas muito particulares', lembranças 'como uma forma de saudade'" (FS, pp. 19-20). Essa forma não se parece com nenhum grande monumento, está antes anunciada pela epígrafe da primeira parte do livro, dedicada aos familiares. Trata-se de um trecho do poema "Os mortos de sobrecasaca", de *Sentimento do mundo*, de 1940: "Um verme principiou a roer as sobrecasacas indiferentes/ e roeu as páginas, as dedicatórias e mesmo a poeira dos retratos./ Só não roeu o imortal soluço de vida que rebentava/ que rebentava daquelas páginas" (FS, p. 29). O que se lerá nas páginas seguintes, justamente, são anotações em torno dos corpos se preparando para a morte, enfrentando o morrer e passando à decomposição. O "imortal soluço de vida" dá forma à saudade, único resto de tudo o mais.

É impressionante o estômago do poeta para descrever o morrer. Drummond conta que o irmão José, precisando da ajuda de sua mulher, Ita, para lavar a dentadura, agradece, dizendo: "Este serviço só poderia mesmo ser feito por uma pessoa como você, com amor e com estômago" (FS, p. 82). A escrita dessas páginas de diário exigiu uma demanda semelhante ao leitor.

Em uma das passagens, por ocasião da exumação dos ossos de sua mãe, em Itabira, e sua inumação junto aos ossos do pai, em Belo Horizonte, Drummond quase festeja o encontro das ossadas: "Impressão: o que estava ali, roído de vermes e sujo de terra, pouco tinha a ver com minha mãe [...]. Era quase festivo e triunfante esse encontro dos ossos, vencendo o tempo e a morte" (FS, p. 53). Por outro lado, quando é chamado para o enterro de sua cunhada, Ita, escreve: "Não me sentia com coragem para mais esse contato com a morte de uma pessoa querida" (FS, p. 68).

As páginas do diário são, em larga medida, dedicadas à escrita dos efeitos do tempo sobre um corpo que já foi uma pessoa. Sobre a morte da irmã, Rosa, Drummond escreve: "Quando cheguei, mais de 24 horas depois do passamento, o perfume derramado mal encobria o cheiro da decomposição acelerada" (FS, p. 38). Avistando os despojos do avô, Elias, quando aberto o túmulo, que receberia os restos de sua tia, Alice, Drummond nota que "Os ossos de uma perna estavam perfeitos" (FS, p. 47). E por ocasião da exumação dos ossos da mãe, o poeta descreve em seu diário a cena: "O primeiro osso a aparecer foi um maxilar, que nos pareceu não pertencer ao corpo de Mamãe, pelo fato de estar fora do caixão, mas pouco depois Ofélia conseguiu articulá-lo com a caixa craniana, que estava lá dentro, e que surgiu pesada de terra, nela se distinguindo apenas as cavidades das órbitas e o círculo da garganta" (FS, p. 52).

A morte é, assim, perscrutada de perto, insistentemente, corajosamente, sem mistificação. Um dos amigos acompanhados, Manuel Bandeira, parece ter escrito o poema sobre a tarefa que Drummond toma para si. O verso final de "Preparação para a morte" ronda as páginas do diário: "Bendita a morte, que é o fim de todos os milagres" (BANDEIRA, 1970, p. 291). Drummond não se furta a lançar os olhos ao fim de todos os milagres, quando os despojos dos corpos já estão dispensados do milagre da vida.

Alguns indícios preparam, ou anunciam a morte, como quando Drummond escreve sobre sua irmã Rosa: "Fica a impressão de que Rosa se sentiu morrer e, esmerada como sempre foi, quis preparar-se para a morte" (FS, p. 37). Por sua vez, o poeta, quando só restam ele e uma irmã vivos, também pensa em preparar-se para quando a indesejada das gentes chegar: "Dos oito, restamos dois. É tempo de ir pensando na retirada" (FS, p. 83).

Drummond acompanha a mãe aproximando-se do fim e a vê "apagando-se como um toco de vela" (FS, p. 47). Comenta, então, no diário: "É penoso assistir ao fim das criaturas" (FS, p. 47). Perscruta a mãe tornando-se ruína, ao longo das visitas em Itabira, essa cidade que iria se tornando, com as mortes se sucedendo, uma "cidade-túmulo" (FS, p. 68). Vendo o estado da mãe, Drummond escreve: "Era, nos meses mais recentes, apenas a ruína do que fora antes" (FS, p. 48). E um pouco depois: "Mamãe já não me reconheceu, e sua luta com a morte era a única atividade de um espírito já em desagregação" (FS, p. 49).

Em outra passagem, Drummond escreve sobre o irmão Altivo, quando seu corpo se encontra "já em comunhão com a morte" (FS, p. 59). A dor diante do irmão aparece tanto pela voz do poeta – "Contive a custo minha tristeza" (FS, p. 59) – como objetivada na voz da esposa do irmão, Dodora, que diz: "Morrer é muito difícil..." (FS, p. 60). Na iminência da morte de Altivo, Drummond descreve a proteção possível para os olhos infantis: "[Dodora] Procurava afastar do quarto a filha caçula, de 12 anos, para poupar-lhe o espetáculo doloroso do seu estado. Aproximando-se a morte, as mulheres iniciaram no quarto uma reza em voz alta, enquanto ele se debatia com a falta de ar" (FS, p. 62).

Chama a atenção encontrar na mesma página o modo como Drummond se refere à viagem à Itabira às vésperas da morte de Altivo: "Viagem normal" (FS, p. 62), expressão que se repete mais à frente, por ocasião da morte do irmão José, "Viagem normal" (FS, p. 81). A viagem, claro, se refere apenas ao trajeto percorrido sem maiores problemas em direção a Itabira. Mas o poema "Viagem na família" não deixa de ressoar, batendo como um sino e vibrando na segunda parte do livro. Ao fim do poema, eis que chove na memória de um pai sem palavras: "As águas cobrem o bigode,/ a família, Itabira, tudo" (FS, p. 129). Viagem normal, inelutável. "Mas como dói" (SM, p. 10), como diz o último verso do poema "Confidência do itabirano", de *Sentimento do mundo*.

É tempo de concluir. Para isso, quero destacar uma passagem de *Uma forma de saudade*. Quando Drummond vê o que tinha sido seu irmão, Altivo, escreve: "Tive uma sensação de horror, ao ver amontoado entre restos de caixão, o crânio e os ossos dispersos de meu irmão Altivo, e não podendo suportar a vista me refugiei atrás de um túmulo da vizinhança" (FS, p. 81). O que acontece nesse instante em que Drummond precisa se colocar, rapidamente, "atrás de um túmulo"? Como escreve Jeanne Marie Gagnebin, lembrando a "antiga relação entre escrita e túmulo", o "rito [de sepultamento] também permite, como aliás outras práticas de sepultamento e de luto, marcar uma separação clara entre o domínio dos mortos e o dos vivos, isto é, impedir que os mortos, invejosos, raivosos, ou somente nostálgicos, possam voltar à luz do nosso (dos vivos) dia" (GAGNEBIN, 2014, p. 29). A proximidade extrema com a morte, sobretudo a de pessoas queridas, torna periclitante essa separação entre o mundo dos vivos e o dos mortos.

Os dois livros, *O observador no escritório* e *Uma forma de saudade: páginas de diário*, cada um a seu modo, e são modos distintos, inventam um túmulo, meio de dar forma a um tempo perdido e, assim, permitir aos vivos seguir vivendo em seu mundo, com "o imortal soluço *de vida* que rebentava/ que rebentava daquelas páginas" (FS, p. 29, grifo nosso).

Essa forma é sempre depois, só se deixa ver tarde, muito tempo escoado.

A ruína da escrita diária. Antes disso, os fragmentos do passado não formam paisagem. Em maio de 1948, no aniversário da mãe, ainda viva, Drummond escreve: "Quase privado de memória, o que me resta do passado são fragmentos obscuros e incoerentes, que eu desejaria recompor e de que, ao mesmo tempo, procuro afastar-me. *Y no halló nada en qué poner los ojos/ que no fuera el recuerdo de la muerte*. Nossa morte está nas coisas, a ser decifrada" (FS, p. 46).

Dicionário
MARIA ESTHER MACIEL

O reino das palavras é o território por excelência da poesia, nos ensina Drummond em "Procura da poesia", de *A rosa do povo*. Segundo ele, "lá estão os poemas que esperam ser escritos", "sós e mudos, em estado de dicionário" (RP, p. 12). Cabe aos poetas extraí-los desse espaço de imobilidade e trazê-los, vivos, ao mundo dos acontecimentos, do corpo, das coisas e da memória.

Com esse ensinamento, o poeta itabirano põe em relevo o poder das palavras que, retiradas de suas circunscrições semânticas convencionais, são capazes de irradiar sentidos imprevistos, reinventar-se, mostrar suas "mil faces secretas sob a face neutra" (RP, p. 12), fazendo circular saberes, sensações, imagens e sonoridades diversas. Matéria-prima por excelência da poesia, são elas que trazem à tona a realidade, os sentimentos, as lembranças e os pensamentos que nos atravessam. Para isso, abandonam o que Octavio Paz chamou de "regime de pão e água" (PAZ, 1990, p. 47) a que são submetidas pelas imposições da língua, libertando-se das amarras da sintaxe e das definições estanques, numa abertura às possibilidades insuspeitadas da linguagem.

Retirar as palavras de seu "estado de dicionário" foi uma tarefa a que Drummond se dedicou ao longo de sua trajetória poética, não apenas ao sondar os múltiplos sentidos que engendram, como também ao manter uma relação lúdica com elas. Dessa forma, criou neologismos, subverteu verbetes e compôs listas insólitas em vários de seus poemas. O que nos permite dizer que o *dicionário* – como imagem, estrutura e referência – se mostra como uma das linhas de força da poesia drummondiana, sobretudo a partir de 1945, ano de publicação de *A rosa do povo*.

Se, segundo o *Aurélio*, a palavra "dicionário" significa o "conjunto de vocábulos duma língua ou de termos próprios de uma ciência ou arte, dispostos alfabeticamente, e com o respectivo significado, ou a sua versão em outra língua", o *Houaiss*, ao considerar esse sentido de "compilação completa ou parcial das unidades léxicas de uma língua (palavras, locuções, afixos etc.) ou de certas categorias específicas suas, organizadas numa ordem convencional, ger. alfabética", aponta uma outra acepção do vocábulo: "compilação de alguns dos vocábulos empregados por um indivíduo (p. ex., um escritor), um grupo de indivíduos, ou usados numa época, num movimento etc., ou ainda de informações ou referências sobre qualquer tema ou ramo do conhecimento; glossário, vocabulário".

Tais camadas semânticas que sustentam o termo permitem-nos abordá-lo neste ensaio/verbete tanto como um signo multíplice que perpassa a obra drummondiana, quanto como a combinatória dos temas, referências, nomes e coisas recorrentes no percurso literário do autor, da qual o próprio *Dicionário Drummond* se constitui.

No que toca à primeira camada de sentidos, o poema "Procura da poesia" pode ser tomado como ponto de partida para as variações do vocábulo ao longo da vasta obra do poeta, visto que ele não se furta a explorar distintas vias de abordagem. No próprio poema "Procura da poesia", Drummond recomenda: "Convive com teus poemas, antes de escrevê-los./ Tem paciência, se obscuros. Calma, se te provocam./ Espera que cada um se realize e consume/ com seu poder de palavra/ e seu poder de silêncio" (RP, p. 12).

Trata-se de uma relação ao mesmo tempo afetiva e lúcida com o exercício poético, que demanda cuidado, paciência e serenidade, sem que se sejam feitas concessões aos impulsos imediatos e circunstanciais, embora nem sempre o poeta itabirano siga à risca suas próprias recomendações, dada a sua versatilidade dentro dos domínios poéticos e sua abertura às ambiguidades, paradoxos e multiplicidades.

Pode-se dizer que o signo "dicionário", a partir desse poema, incide com várias nuanças na obra drummondiana, o que nos permite dela extrair um léxico peculiar, que foi sendo construído/reinventado ao longo do tempo, adquirindo derivações por vezes insólitas.

Sabe-se que a história dos dicionários é muito antiga e cheia de transformações, remontando aos primeiros séculos das culturas escritas, quando as listas de palavras começaram a surgir na forma de longas tiras feitas de madeira, pedra, argila, pedaços de pano ou qualquer outro material sólido, nas quais eram gravadas as palavras em série, com diferentes propósitos: desde a simples nomeação das coisas até um levantamento mais exaustivo destas. Como explica Jack Goody (GOODY, 2000, p. 81), listas administrativas, funerárias, literárias, religiosas e lexicais são encontradas em várias culturas antigas, sendo que algumas já funcionam como uma espécie de protodicionário ou enciclopédias embrionárias, como atestam documentos e pesquisas sobre as antigas civilizações da Mesopotâmia e do Egito. Assentadas no jogo continuidade/descontinuidade, podendo ser lidas em diferentes direções, muitas dessas listas cobriam um vasto campo de observações astronômicas, climáticas, medicinais. Outras, de caráter lúdico ou didático, já consistiam no levantamento de nomes de pessoas ou coisas começados com uma determinada letra do alfabeto (MACIEL, 2010, p. 29).

Os repertórios de palavras organizadas em grupos de vocábulos relacionados uns aos outros pelos sentidos por eles engendrados surgiram nesse contexto, adquirindo uma maior complexidade na Idade Média, por volta do fim do século XII, como elucida Cavigneaux (apud WELKER, 2004, p. 642). Dessa forma, as palavras passaram a ser definidas e subdivididas a partir de uma ordenação temática, à maneira das enciclopédias, ou a partir de princípios semânticos e gráficos. Sobretudo com o aumento das coleções de palavras latinas, segundo Welker, surgiu a necessidade de organizar esse material de maneira mais acessível, o que levou ao uso posterior de duas técnicas: uma, conceitual, consistia em "arranjar as palavras sistematicamente de acordo com áreas de interesse" (nomes de plantas, aves, partes do corpo etc.); a outra, de feição gráfica, acomodava tudo numa lista alfabética, o que condizia com o que chamamos de dicionário (WELKER, 2004, p. 64), ainda que, naquele contexto e na Renascença, o que proliferava eram os glossários. Estes eram compreendidos como uma reunião de palavras pouco conhecidas e/ou de anotações sobre os significados de palavras antigas, anexada no final de um manuscrito.

Se por um lado essas configurações de listas/entradas passaram a estruturar, assim, os modernos dicionários, sistematizados de forma mais rigorosa em diferentes línguas e contextos, por outro, designações como "glossário", "léxico", "léxicon" e "vocabulário" ainda são associadas à palavra "dicionário", como atestam, por exemplo, os dicionários de língua portuguesa disponíveis. No caso do *Houaiss*, esses termos aparecem enquanto sinônimos/variantes, junto a outros mais populares, como "desmancha-dúvidas", "pai dos burros", "tira-teimas", "tesouro".

Na obra de Drummond, são recorrentes as listas que lembram os "protodicionários" mencionados por Goody, assim como o uso de palavras desconhecidas, porque inventadas, que demandariam um glossário; da mesma forma é possível falar em um léxico drummondiano com palavras-chave recorrentes. E, como já foi dito, o próprio dicionário entra como imagem e referência na produção do poeta.

No mesmo ano da publicação de *A rosa do povo* (1945), o poeta se referiu algumas vezes ao tema dos dicionários no diário que escreveu entre 1943 e 1977, cujos verbetes (acrescidos de outros, inéditos) foram reunidos em 1985 no livro *O observador no escritório*. Trata-se, na verdade, de um conjunto de notas estruturadas em verbetes de diário, em que se mesclam apontamentos de ordem pessoal e registros sobre os acontecimentos políticos, sociais e culturais de interesse do autor. Como o próprio Drummond informa, uma seleção desses escritos foi publicada no *Jornal do Brasil*, entre 1980 e 1981 (OE, p. 12).

Num dos verbetes, datado de 18 de janeiro de 1953, a repetição da palavra "paciência" na primeira linha, entre exclamações, abre terreno para uma brincadeira semântica, que culmina na consulta a um dicionário. Cito: "Paciência! Paciência! O sininho interior badalando esta ordem. Eu sei que sua observância exige mais coragem do que a da revolta, ou a simples impaciência. [...] Gostaria tanto de exercê-la na acepção do *Pequeno dicionário*: 'perseverança tranquila'. Pois sim" (OE, p. 124).

Já no verbete de 5 de fevereiro de 1957, o poeta alude a Guimarães Rosa como exemplo a ser seguido pelos que consideram "esgotadas as possibilidades da poesia, tal como esta foi realizada até agora", visto que esse escritor teria efetuado "a reinvenção contínua do vocabulário português" (OE, p. 135). Um ano depois, em julho, evoca Aurélio Buarque de Holanda em um dizer divertido sobre o "vocabulário português sub-básico" (OE, p. 138), voltando a retomar a ideia de dicionário em 23 de outubro de 1961, quando fala da palavra "hélice", provocado por um telefone de Paulo Gomide, tarde da noite, "perguntando se hélice é substantivo feminino e masculino ao mesmo tempo, pois ouvira isso de um brigadeiro do ar, no aeroporto". Mas ao consultar o dicionário, descobre que "hélice é o rebordo exterior do pavilhão da orelha", algo que "nenhum de nós dois sabia" (OE, p. 155).

Novas referências ao termo "dicionário" atravessam outros livros do autor. Em *Menino antigo* (1973), por exemplo, chama a atenção um poema em que a palavra aparece no próprio título: "Andrade no dicionário". Num primeiro momento, pode-se pensar no nome próprio Andrade e em uma autorreferência do poeta. No entanto, para surpresa dos leitores, trata-se de um nome comum, percorrido semanticamente ao longo dos versos, de forma lúdica, bem-humorada e não sem ironia: "Afinal/ que é andrade? andrade é árvore/ de folhas alternas flores pálidas/ hermafroditas/ de semente grande/ andrade é córrego é arroio é riacho/ igarapé ribeirão rio corredeira/ andrade é morro/ povoado/ ilha/ perdidos na geografia, no sangue" (BII, p. 143).

O primeiro sentido, o de árvore, de fato encontra-se nos dicionários de língua portuguesa. Segundo o *Houaiss*, é um substantivo masculino que significa "árvore (*Persea venosa*) da fam. das lauráceas, nativa do Brasil (GO, MG, SP até RS), de folhas alternas, flores hermafroditas e drupas carnosas" (HOUAISS, 2001, p. 210). As outras acepções geográficas são acréscimos do poeta, levando o nome a se impregnar de água e terra, em espaços "perdidos na geografia, no sangue". Talvez Drummond se divertisse se soubesse (sabia?) que, nos dicionários de Portugal, a palavra "andrade" é usada informalmente para designar o torcedor do Futebol Clube do Porto, sendo sinônimo de "portista", de torcedor dos "azuis e brancos".

"Dicionário", como imagem ou referência, também aparece em outros poemas do autor. Em "O escritório", também de *Menino antigo*, ele é mencionado como o "livro único/ para o trato da vida" (BII, p. 92) no escritório de alguém que ele chama de "Velho", provavelmente o pai. Em "As sem-razões do amor", do livro *Corpo*, de 1984, a referência se dá por uma via bastante distinta, uma vez que se trata de um poema sobre o amor, que, como se lê na segunda estrofe, "foge a dicionários/ e a regulamentos vários" (C, p. 26). Poemas como "Falta pouco para acabar" (*A falta que ama*, 1968), "O pagamento" (*As impurezas do branco*, 1973) e "O marginal Clorindo Gato" (*A paixão medida*, 1980) também trazem a noção de "dicionário" à tona dos versos.

No que tange à relação lúdica de Drummond com as palavras não dicionarizadas – que poderiam compor um glossário fora do comum, porque à margem dos cerceamentos e regulamentos –, pode-se dizer que há muitas ocorrências ao longo de sua obra. Isso levou alguns estudiosos a demarcar um "léxico de Drummond", como a filóloga Elis de Almeida Cardoso, que analisou os neologismos fonológicos, morfológicos e semânticos, além dos empréstimos linguísticos realizados pelo poeta, os quais, segundo ela, "jamais chegarão a fazer parte do dicionário de língua". Em relação aos neologismos fonológicos, ela ressalta "a combinação inédita de fonemas", da qual surge do nada um novo significante (*ex-nihilo*), além dos que se compõem de onomatopeias (CARDOSO, 2003, p. 2). Para discorrer sobre as criações *ex-nihilo* na obra drummondiana, a estudiosa se detém no vocabulário insólito do poema "Os nomes mágicos", de *A falta que ama*. A seguir, um trecho: "sêdula syfra cynal/ çomma/ bredda kreza kressynk dekred/ ryokred/ fydex fynywest ynwesko/ horwendys/ hortek/ del-tek/ ha-les" (AF, p. 34).

Pode-se dizer que "nomes mágicos" como esses, feitos de uma combinação inédita de fonemas, se disseminam em diversos poemas drummondianos, ampliando o léxico multifacetado do autor. Um passeio pelas páginas de sua obra completa permite-nos compor um verdadeiro glossário, que poderia constituir, por sua vez um dicionário pessoal.

Alguns ainda aparecem no último poema de *A falta que ama*, "Torre sem degraus", um poema em prosa totalmente estruturado em fragmentos numerados, cada um correspondendo ao andar do prédio que nos é apresentado. É um poema-torre que funciona como um catálogo de objetos, pessoas, animais, acontecimentos, textos, documentos, entre outras coisas, aparentemente organizado pelos caracteres numéricos, mas do qual o absurdo emerge, arruinando a própria ordem da enumeração. No 20º andar do poema, ele brinca com siglas: "Cacex Otan Emfa Joc Juc Fronap FBI Usaid Cafesp Alalc Eximbank trocam de letras, viram Xfp, Jjs, IxxU e que sei mais". Já no 37º, lê-se: "a canção/ Fiorela amarlina/ louliseno i flanura/ meligírio omoldana/ plunigiário olanin" (FA, pp. 48-49).

E ainda vale mencionar o pequeno poema "Os materiais da vida" (*A vida passada a limpo*, 1958), com seu ludismo erótico: "Drls? Faço meu amor em vidrotil/ nossos coitos serão de modernfold/ até que a lança de interflex/ vipax nos separe/ em clavilux/ camabel camabel o vale ecoa/ sobre o vazio de ondalit/ a noite asfáltica/ plkx" (VPL, p. 26).

"Sexifragância", como variação de "Saxifragácea", no poema "Hortênsia", e "ferriouro", no "Jacutinga" – ambos de *Menino antigo*; "Auraciano" e "Auritabirano", na seção "A palavra e a terra" do poema "Origem" (*Lição de coisas*, 1962), e as diferentes flexões inventadas a partir do verbo impessoal "chuva", que passa a ter um sujeito, no caso uma "chuvosíssima criatura" chamada Maria, no "Canto pluvioso" (PP, pp. 980-82), são outras recorrências na poesia de Drummond. No que tange a esse último, além de "Ela chovia", "Não me chovas", "chuveirando atroz em meu caminho", as variações compõem um rol divertido que inclui "chuvadeira", "chuvinhenta", "chuvil", "chuvadonha", "chuvavam", "chuvência" e, num desvio semanticamente afim, "pluvimedonha". Nenhuma, é claro, dicionarizada, como é o caso também de "chuvilha", que aparece no poema "A um hotel em demolição", de *A vida passada a limpo* (VPL, p. 54).

Enfim, poderíamos compor uma longa lista dos vocábulos inventados por Drummond, vários oriundos de termos usuais. O que se dá a ver, inclusive, no livro *O amor natural* (1992), no qual a língua que "lambe as pétalas vermelhas/ da rosa pluriaberta" (NA, p. 31) se torna, ao lamber, "lambilonga", "lambilenta" e "lambente". Já no poema "Bundamel bundalis bundacor bundamor", do mesmo livro, abundam as derivações da palavra "bunda". Além das que figuram no título, encontram-se ainda "bundalei bundalor bundanil bundapão", seguidas de "pluribunda", "unibunda", "bundarrabil", entre outros qualificativos (NA, p. 36).

A lista, aliás, é um dos recursos caros ao poeta itabirano, movido por um extraordinário impulso taxonômico – Drummond sempre se valeu do ato de listar coisas e palavras. No próprio poema "Origem", encontramos, na parte IV, uma coleção de frutas, ervas e árvores, algumas com nomes não dicionarizados, como "cazumbra", "mumbaca", "sapopema", "morototó", "biquipi" (LC, p. 13).

Vale recobrar, neste ponto, as considerações de Jack Goody sobre os protodicionários sumérios, em que o ato de inserir palavras, objetos, animais, eventos e nomes de pessoas em listas é apontado como uma das primeiras práticas taxonômicas de que se tem notícia nas civilizações alfabetizadas, figurando como o procedimento arquivista mais elementar advindo da influência da escrita nas operações cognitivas (GOODY, 2000, p. 80).

Como já foi dito, tal recurso elementar incide de maneira recorrente na obra de Drummond. Uma de suas listas mais extensas é a que integra o poema "Jornal de serviço (Leitura em diagonal nas 'Páginas amarelas'" (*Discurso de primavera*, 1977), composto de nove séries de produtos à venda, sejam eles pessoas (a exemplo dos "peritos em exames de documentos ou em imposto de renda"), sejam condimentos, máquinas e fogos de artifício. O catálogo, de ordenação desordenada, reúne num mesmo espaço itens que ora compartilham afinidades (como as dez máquinas da primeira estrofe), ora não têm nada a ver uns com os outros, como na quinta estrofe: "papéis transparentes/ vidro fosco/ gelatina copiativa/ cursinhos/ amortecedores/ resfriamento de ar/ retificadores elétricos/ tesouras mecânicas/ ar comprimido/ cupim" (DP, p. 28).

Ao serem deslocados da ordem "comercial" das páginas amarelas para o espaço poético, tais itens adquirem uma dimensão insólita pela falta de critérios ordenadores do conjunto. Este resta como um ajuntamento meio aleatório de coisas e palavras, através do qual o poeta brinca com o verbo "classificar", exibindo os classificados como um conjunto arbitrário de coisas. Já em "Receituário sortido", do mesmo livro, é a vez das receitas médicas, com listas lúdicas e irônicas de remédios para os tensos, insones, píssicos e ansiosos do Brasil moderno. Os neologismos são numerosos, muitos derivados de palavras como "tensão", "sono", "tranquilo", modificadas pelo uso de sufixos próprios dos nomes de remédio, até que adquiram uma função ironicamente mórbida no final, como "letalex/ mortalin/ obituaran/ homicidil/ thanatex thanatil/ thanatipum!" (DP, p. 26). O poema "Diamundo – 24h de informação na vida do jornaledor" (*As impurezas do branco*), por sua vez, se apresenta com um tom pragmático, próprio dos boletins meteorológicos e estatísticos, nos quais são arrolados nomes e temperaturas de várias cidades do mundo, índices de poluição, anúncios imobiliários, indicadores econômicos, censos de casos de afogamento, previsões astrológicas.

Vale acrescentar a essa lista de poemas em listas o longo "Bens e vária fortuna do padre Manuel Rodrigues, inconfidente" (*A falta que ama*), que possui um viés crítico, mas numa direção bem distinta, por tratar de uma figura histórica da Inconfidência Mineira.

Há, ainda, o não menos extenso "Isso é aquilo", de *Lição de coisas*, que coloca em evidência a lista como um recurso estruturante, capaz de reforçar o caráter paratático da linguagem poética, jogando com experimentos visuais e sonoros. Cito a estrofe III: "o istmo o espasmo/ o ditirambo o cachimbo/ a cutícula o ventríloquo/ a lágrima o magma/ o chumbo o nelumbo/ a fórmica a fúcsia/ o bilro o pintassilgo/ o malte o gerifalte/ o crime o aneurismo/ a tâmara a Câmara" (LC, pp. 91-92).

Em todos eles, e em muitos outros não citados neste verbete, Drummond parece nos dizer: é preciso desconfiar das classificações. Sobretudo quando elas são colocadas a serviço do poder econômico e político, como os classificados de jornais e páginas amarelas, os recenseamentos, os anuários estatísticos, os informes meteorológicos e as fichas cadastrais. Com isso, o poeta desestabiliza parodicamente os discursos institucionalizados e os clichês do mundo comercial e burocrático do mundo contemporâneo.

Com esse movimento de desafiar os acomodamentos e escleroses das palavras, Drummond faz com que a linguagem se rebele e rompa "os diques da sintaxe e do dicionário" (PAZ, 1990, p. 49), produzindo-se como significação circulante na escrita. Ao mesmo tempo, oferece toda uma constelação de termos comuns e incomuns, nomes próprios e impróprios, referências recorrentes, temas, livros e poemas, os quais justificam a existência de um *Dicionário Drummond*. Um dicionário inesgotável, com verbetes que, indo de A de *Alguma poesia* a V de "velhice", passando por C de "cinema"; E de "erotismo"; J de "José"; M de "memória", "modernismo", "morte", "mineração"; P de "pai", "pedra", "política"; Q de "Quadrilha"; R de "ruína" e "rima"; S de "soneto", entre muitos outros termos e referências, interagem uns com os outros, sem se fecharem a novas inclusões, dada a prolífica imaginação do poeta itabirano.

Finalmente, cabe evocar – a título de "inconclusão" – um outro uso da palavra "dicionário" feito por Drummond no poema "A palavra" (*A paixão me-*

dida), que evidencia a sua inquietude em relação à própria matéria verbal de sua poesia. Ele, que tanto se valeu desse signo, acaba por negá-lo e ultrapassá-lo, em busca da palavra que não existe nem pode ser inventada, proclamando: "Já não quero dicionários/ consultados em vão./ quero só a palavra/ que nunca estará neles/ nem se pode inventar.// Que resumiria o mundo/ e o substituiria./ Mais sol do que o sol,/ dentro da qual vivêssemos/ todos em comunhão,/ mudos,/ saboreando-a" (PM, p. 47).

Dom Quixote
CELIA NAVARRO FLORES

Em 1972 o editor Gastão de Holanda, da Fundação Castro Maya, propôs a Carlos Drummond de Andrade a composição de poemas inspirados em 21 desenhos realizados pelo pintor paulista Candido Portinari. As ilustrações originaram-se de um convite feito pelo editor José Olympio ao pintor em 1953. Sua intenção era lançar uma tradução do livro *Dom Quixote*, do escritor espanhol Miguel de Cervantes Saavedra (1547-1616), ilustrada por um reconhecido artista brasileiro.

Portinari aceitou o convite e realizou, entre 1953 e 1956, os desenhos, em tamanho 35 cm × 50 cm, com lápis de cor, pois estava impedido, pelos médicos, de trabalhar com tintas a óleo, material tóxico por causa do chumbo, fator que o levaria, anos depois, à morte. A tradução do *Dom Quixote* ilustrada por Portinari, conforme idealizada por Olympio, nunca se concretizou, pois ele pretendia que os desenhos fossem em preto e branco, e as ilustrações de Portinari eram muito coloridas. Infelizmente, o artista não pôde concluir a obra: faleceu em 1962. A série de desenhos "Dom Quixote" foi vendida à Fundação Raymundo Ottoni de Castro Maya, cuja sede, Museu da Chácara do Céu, no Rio de Janeiro, abriga esse trabalho até nossos dias.

Em 1972, Drummond realiza um poema para cada desenho e, em 1973, ilustrações e poemas foram lançados, pela editora Diagraphis, sob forma de álbum de arte intitulado *Dom Quixote, Cervantes, Portinari, Drummond*. A série de poemas intitulada "Quixote e Sancho, de Portinari", por sua vez, também integrou o livro de Drummond *As impurezas do branco*, de 1973.

O álbum contou com algumas reedições, inclusive em outros formatos, pelas editoras Fontana, Sul-América e pelo Projeto Portinari. Destacamos aqui a edição, com tiragem de três mil exemplares, lançada no México, pela Secretaría de Educación Pública. Ela traz os poemas vertidos ao castelhano pelo poeta e diplomata Edmundo Font. Em artigo que escreveu para a revista *Vuelta*, dirigida pelo renomado escritor mexicano Octavio Paz, o tradutor nos dá detalhes sobre seus encontros com o poeta brasileiro. Conta-nos que redigiu duas ou três versões de cada poema para submetê-las a Drummond; que, em suas visitas, o poeta recorria aos muitos dicionários que possuía; e que, após vários encontros, a tradução foi autorizada. O livro foi lançado em 1985. Font entrega um exemplar a Drummond, que acaricia as folhas, cheira a tinta, *"avergonzado por no poder ocultar el placer que le provocaba el contacto con su libro, afirmó que lo consideraba el libro más bello que se había editado de su obra"* [Envergonhado por não conseguir esconder o prazer que lhe provocava o contato com seu livro, afirmou que o considerava o mais belo livro de sua obra] (FONT, 1988, p. 51).

Javier García Gilbert (1997) diz que o tom da obra cervantina é "entre triste e alegre"; a alegria chega à gargalhada, e a tristeza, em geral, tinge-se de melancolia. Essa mescla do triste com o alegre surge também em alguns momentos da obra de Drummond. Entretanto, em sua poesia, é a tristeza que se tinge de alegria. Em "Os bens e o sangue", o poeta fala de uma "tristura meio cômica" (CE, p. 78); em "Declaração em juízo", encontramos a junção dos dois sentimentos: "se é triste/cômico" (IB, p. 33).

Nos poemas dedicados ao *Dom Quixote* também há esta mescla de tristeza e alegria, a qual está expressa quer por poemas que nos remetem a canções infantis, quer pela ironia, quer pela disposição gráfica dos poemas que se vinculam à poesia concreta. O poeta "brinca" com as palavras de uma maneira bastante lúdica. Essa alegria ingênua e infantil também está presente nos desenhos de Portinari, os quais, segundo Fabris, remetem-nos ao estilo *naif* (FABRIS, 1990).

O poema "Coro dos cardadores e fabricantes de agulhas" lembra-nos uma canção infantil, entoada, geralmente, em um tipo de brincadeira na qual a criança, com as pernas abertas, senta-se no colo do adulto e o prende pela cintura; o adulto segura suas mãos e a criança joga o corpo para trás até a cabeça quase atingir o solo, e volta à posição original. Este movimento de subir e descer assemelha-se ao movimento do corpo de Sancho na manta.

Outro poema que se caracteriza por um tom alegre e irônico é "Saudação do Senado da Câmara". A ironia está presente antes no quadro de Portinari, no qual a entrega da chave de Barataria a Sancho lembra um ritual sagrado. No poema, a cerimônia de posse do governador Sancho é ironizada, a começar pela utilização da linguagem erudita para saudar o escudeiro. Sabemos da origem humilde de Sancho; no entanto, no poema, há várias alusões à nobreza do governador, retratada por meio dos termos "preclaro" e "ilustre", que significam *pessoa de origem nobre*; o pronome de tratamento formal "vós"; o título de "Dom" (IB, p. 79). Sancho é caracterizado como covarde no poema "Aventura do cavalo de pau" ("a coragem com o medo na garupa" [IB, p. 78]); no entanto, em "Saudação do Senado da Câmara", ele é ironicamente o "valente senhor".

No desenho correspondente, graças à perspectiva pela qual Sancho é representado, o observador tem a impressão de estar dentro da cena, venerando Sancho. No poema, este efeito é conseguido pela utilização do verbo "saudamos", em primeira pessoa do plural do modo indicativo, que inclui o leitor na cena.

Vejamos como o poeta trabalha ludicamente os poemas, no nível formal. Em "Um em quatro", a disposição gráfica dos versos forma o desenho da cabeça de um animal com chifres ou orelhas. Além disso, Drummond apresenta um interessante jogo com as letras AbyZ (1B, p. 70). No primeiro verso, temos uma letra "A" e uma letra "Z", maiúsculas, separadas por um grande espaço. Essas duas letras de certa forma se opõem, pois a primeira indica o início do alfabeto, enquanto a segunda, seu fim. Embora as letras sejam opostas, há um elemento que faz com que estejam em um mesmo nível hierárquico: ambas são maiúsculas. No segundo verso temos um "b" e um "y" minúsculos. Do mesmo modo que há certa simetria entre o "A" e o "Z", o mesmo ocorre entre o "b" e o "y", por representarem a segunda e a penúltima, respectivamente. Podemos dizer que as duas letras que compõem este verso estão no mesmo nível hierárquico, pois ambas são minúsculas; porém, são hierarquicamente inferiores ao "A" e ao "Z", maiúsculas.

No terceiro verso, temos a união dos dois primeiros: "A" está unido a "b" e "Z", a "y" pelo sinal "&". Neste verso, o espaço que separa os dois blocos ("A&b" e "Z&y") é menor. Há, assim, uma aproximação das letras.

No quarto verso, desaparece o símbolo "&" que unia as letras "A", "b" e "Z", "y", fazendo com que as letras componentes de cada par estejam *encostadas* umas às outras. É como se "Ab" e "yZ" fossem duas palavras, e não mais quatro letras separadas. Notemos que o "y" que se encontrava após o "Z" no verso anterior agora o precede. Chamamos a atenção para o fato de que aqui os pares estão ainda mais próximos.

No quinto verso, temos as letras "AbyZ" unidas e centralizadas, sendo que as maiúsculas estão nas extremidades e as minúsculas no interior, e estão ordenadas em sequência alfabética.

A terceira e última estrofe, no álbum original, é composta de um único verso, o 11º, formado pela frase "umcavaleiroumcavaloumjumentoumescudeiro" escrita sem espaços, dando-nos a ideia de uma só palavra. A partir deste verso podemos compreender o significado das letras da primeira estrofe.

No primeiro verso, "A" representa Dom Quixote e "Z", Sancho Pança. No segundo, "b" é Rocinante e "y" é o burro de Sancho. No terceiro, Dom Quixote ("A") está à esquerda de Rocinante ("b") e Sancho ("Z") está à esquerda de seu burro ("y"). O símbolo & poderia ser interpretado como a corda pela qual cavaleiro e escudeiro seguram suas montarias. No quarto verso, desaparece o símbolo "&" e as letras se encostam ("Ab", "yZ"); é como se cavaleiro e escudeiro estivessem ao lado de suas montarias, porém ainda distantes entre si. A cada verso, os espaços entre as letras diminuem. Há um movimento de aproximação entre os quatro elementos; inicialmente, cada homem com seu animal e, posteriormente, entre os pares homem/animal. No quinto verso, finalmente, há o encontro das quatro letras, ou seja, dos quatro personagens por elas representados. As quatro letras se aproximam ainda mais e se apresentam separadas por apenas um espaço, como se fossem os personagens em pé, lado a lado, em um mesmo nível hierárquico.

Em "O derrotado invencível", que trata do episódio dos moinhos de vento, o poema apresenta 32 versos curtos centralizados e os dois últimos (33 e 34) deslocados para a esquerda, sendo o 33 o mais longo de todos. A verticalidade do poema nos sugere a pá do moinho de vento ou, talvez, sua altura.

Em "Coro dos cardadores e fabricantes de agulhas", poema que nos remete ao episódio do manteamento de Sancho, a distribuição espacial das três estrofes forma uma parábola: movimento sugerido por um corpo que "salta e baixa".

A última estrofe de "A lã e a pedra", poema referente à luta de Dom Quixote com o exército de ovelhas, possui o primeiro verso mais longo e os demais centralizados, de modo a formar o desenho de um animal, provavelmente um carneiro, já que o poema trata da referida batalha.

Em "Esdruxularias de amor penitente", a disposição dos versos não nos remete a um desenho específico, porém, a expressão "de amor" que compõe os três últimos versos parece saltar, tal qual Dom Quixote dando cambalhotas. O mesmo ocorre em "O recado", que trata da queda de Dom Quixote. Os segundos versos dos dísticos são compostos de palavras que parecem cair do primeiro verso.

Entretanto, o poema que parece ter maior afinidade com seu quadro correspondente é "Aventura do cavalo de pau", quer pela distribuição espacial de seus versos, quer por seus enlaces fônicos.

Os quatro primeiros versos do poema diferem dos demais por apresentar palavras separadas por espaços, formando três colunas. Tal disposição gráfica permite que leiamos esses versos não apenas horizontalmente, linha a linha, mas também verticalmente, coluna a coluna, e até mesmo cruzando linhas e colunas, proporcionando liberdade na leitura do poema. As próprias palavras parecem voar nesses versos, assim como um pássaro corta-vento.

Os substantivos que formam as palavras compostas, por sua vez, estão todos dentro do mesmo campo semântico, são elementos que compõem a abóbada celeste: vento, nuvem, céu, sol, lua, estrela. Porém, notamos que há uma gradação: os substantivos do primeiro verso são mais etéreos (vento, nuvem, céu), enquanto os do segundo verso são mais concretos, são corpos celestes (sol, lua, estrela).

No terceiro verso, temos apenas a expressão "vai" repetida oito vezes ao longo do poema, que tanto pode estar conjugada na terceira pessoa do singular do modo indicativo quanto no modo imperativo. No quarto verso, temos três substantivos compostos, que diferem dos anteriores pelo fato de apresentarem, no primeiro membro, a palavra "cavalo". No segundo membro, temos "estalo", "abalo", "bala". As duas primeiras palavras parecem diferir da última porque tanto "estalo" quanto "abalo" são deverbais, enquanto "bala" não o é, o que aproxima ainda mais a palavra "cavalo-bala" das outras duas que fazem parte da mesma coluna ("beira--céu", "apaga-estrela"). As palavras "estalo" e "abalo" parecem muito próximas, não só por serem deverbais, como também pela rima em "alo". As palavras "abalo" e "bala", por sua vez, também se relacionam, não só por possuírem a raiz "bal" em comum, mas também porque "bala" se parece com "abala", que também viria do verbo "abalar", como "abalo". Por outro lado, a palavra "bala" pertence ao mesmo campo semântico da palavra "estalo". Enfim, as três palavras "cavalo-estalo", "cavalo-abalo" e "cavalo-bala" estão estreitamente conectadas, quer pelo vocábulo "cavalo", que se repete nas três palavras, quer pelas relações semânticas e sonoras existentes entre as palavras "estalo", "abalo" e "bala" acima expostas. Parece-nos que este verso divide o poema. Acima, temos palavras *voando*, isoladas por espaços em branco, e abaixo, estruturas frasais visualmente mais compactas.

Do quinto verso em diante, temos uma linguagem mais prosaica e mais próxima da realidade do falante; parece-nos que mais terrena. Poderíamos dizer que acima do quarto verso temos o cosmo e seus elementos – vento, nuvem, céu, sol, lua e estrela – e, abaixo, a Terra.

No quadro correspondente, encontramos uma estrutura idêntica; o corpo de Clavilenho divide o quadro horizontalmente em duas partes, assim como o quarto verso divide o poema. Tanto em um quanto em outro, temos, na parte superior, o Céu e, na inferior, a Terra.

Podemos observar no quadro, pela posição das patas do cavalo, que ele está em movimento e, pelo esvoaçar das barbas e chapéus, notamos que há velocidade. No poema, o movimento se dá quer por uma gradação – que parte de elementos mais etéreos: o vento, a nuvem, o céu, em direção a uma linguagem mais prosaica e um elemento mais terreno, o jardim –, quer pelos aspectos fônicos, que reproduzem o som do galope do cavalo (marcado pela aliteração de nasais e soantes cortadas por obstruentes).

Embora recursos como o ludismo e a ironia deem um tom alegre aos poemas aqui analisados, parece-nos que "entre triste e alegre" prevalece a tristeza, ou a "tristura meio cômica", para usar um termo do próprio Drummond (CE, p. 78).

As cenas ridículas e risíveis, escolhidas por Portinari, são apresentadas nos poemas, em geral, com certo tom de tristeza. Vejamos, por exemplo, "O recado", composto para o episódio do encontro de Dom Quixote e Sancho com os duques, no qual ambos caem de suas montarias. No *Dom Quixote*, a cena chega a ser cômica, pois a queda está inserida numa situação cerimoniosa. O poema, embora retrate a cena cômica, não é risível; ao contrário, ele aponta para a humilhação. No *Dom Quixote*, Sancho é o responsável pela queda do cavaleiro; entretanto, no poema, a responsabilidade da humilhação não é do escudeiro, mas do destino. Segundo o poema, esta é a mensagem do livro de Cervantes, o seu "triste recado" (IB, p. 77): cair e levantar-se diariamente, seguir em frente, apesar do sonho frustrado. Porém, não há comicidade na queda: o recado de Dom Quixote é triste.

Outro poema que aborda o risível dos protagonistas é "No verde prado", o qual se reporta ao mesmo episódio de "O recado", porém em um momento anterior, quando Dom Quixote encarrega Sancho de apresentá-lo à bela caçadora, que levava um falcão no braço, e de lhe pedir permissão para que o cavaleiro pudesse pôr-se a seu serviço. Dom Quixote adverte Sancho sobre a forma como ele vai falar, recomenda-lhe que não utilize provérbios. Sancho aproxima-se da caçadora – que depois ficamos sabendo ser a duquesa – e lhe dirige a palavra utilizando termos dos livros de cavalaria, aprendidos de Dom Quixote; porém, não deixa de se atrapalhar ao trocar "alteza" por *"altanería"*. Embora Sancho apresente, no poema, uma linguagem culta, utilizando expressões como "gentil caçadora", "Formosa Duquesa", "Dama resplendente", "Duque excelentíssimo", e o pronome de tratamento "vós", seu discurso é muito diferente do original e resume bem a estada de ambos no palácio dos duques, onde servem de bobos da corte para divertir os nobres ociosos.

A comicidade, no *Dom Quixote* de Cervantes, manifesta-se de diferentes modos: ou rimos nós, leitores, com cenas como o cavaleiro arremetendo contra os moinhos, o escudeiro sujando as calças, e tantas outras; ou riem os personagens (e nós com eles, muitas vezes), ao se divertirem com os dois loucos. A loucura, embora risível, também causa piedade, sentimento que parece alheio aos duques, impiedosos com os loucos e capazes de requintes de crueldade para se divertirem.

No poema, o riso é contundente, pois está associado ao "ferir". A função do cavaleiro e do escudeiro é unicamente servir de diversão aos duques: "Seremos jograis/ bobos de corte" em um palácio que é paraíso e ao mesmo tempo prisão: "que vosso castelo/ seja paraíso/ de grades franqueadas/ a dois vagamundos" (IB, pp. 76-77).

Embora o cavaleiro possa parecer cômico em muitas cenas, a comicidade da dupla reside principalmente no escudeiro, chamado diversas vezes, no *Dom Quixote*, de "Gracioso". Nesta série de poemas, porém, Sancho não é risível.

A tristeza, nessas composições poéticas, também nos leva à melancolia, que, como vimos, é comum tanto ao poeta *gauche* quanto a Dom Quixote e está relacionada, em ambos, ao sentimento do *desengaño*. O poema que melhor ilustra este tema é "Antefinal noturno", que trata da morte do cavaleiro. Como sabemos, a *causa mortis* de Dom Quixote é a melancolia gerada pelas perdas sofridas, principalmente a derrota contra o Cavaleiro da Branca Lua e a impossibilidade de desencantar Dulcineia.

No poema, a ideia da morte está relacionada à da noite e, consequentemente, à do sono: "Dorme, Alonso Quexana". A palavra "noturno" do título nos remete a um tipo de música melancólica; além disso, aqui estão presentes outros temas associados à melancolia, como a perda – "Pelejaste mais do que a peleja/ (e perdeste)" –, o *desengaño* – "de que valeu o tudo desse nada?"; "cavaleiro-desengano" (IB, p. 81).

A ideia do sono relacionada à morte é recorrente. Em português, são comuns as expressões "sono eterno" ou "último sono" para designar a morte. Porém, esta relação poderia ter sido sugerida pelo desenho correspondente: "Dom Quixote deitado e aldeões disputando", no qual o cavaleiro está de armadura, deitado com os olhos fechados, como se dormisse.

Outra alusão ao quadro é o trecho do poema que diz: "Vilões discutem e brigam de braço/ enquanto dormes" (IB, p. 81), que nos remete à figura dos dois homens brigando junto à Dom Quixote.

A palavra "vilões", aqui, com dois sentidos: tanto pode referir-se aos homens da vila, como pode significar "bandido", "mau-caráter", pois, uma vez morto, o cavaleiro não terá como combater os maus para proteger os bons.

Para Portinari, entretanto, Dom Quixote é o eterno cavaleiro, pois o pintor o representa morto e vestindo armadura, diferentemente da obra cervantina, na qual ele recupera a lucidez e morre em seu leito. No caso de Drummond, é interessante observar que, para ele, o cavaleiro volta a ser o fidalgo, pois, no poema, ele é tratado por seu nome, "Alonso Quexana"; ou seja, quem morre é Alonso Quexana, e não Dom Quixote. Porém, a concepção de eternidade do cavaleiro está expressa em "petrificado/ cavaleiro-desengano" (IB, p. 81), expressão na qual a pedra denota tanto a imobilidade do cavaleiro morto quanto sua perenidade.

Ainda em relação à melancolia, parece-nos interessante observar que, segundo García Gibert, embora Dom Quixote morra de melancolia, no princípio da obra ele é de temperamento colérico. Drummond parece ter apreendido esta mudança humoral da personagem, pois se compararmos os primeiros poemas da série com o último, notamos essa diferença de temperamento. O colérico é caracterizado pela veemência, pela irascibilidade, pela paixão, energia e impetuosidade, características básicas do cavaleiro apresentadas nos primeiros poemas: "vou sem destino a trovejar espantos" e "na férvida obsessão" ("Soneto da loucura" [IB, p. 67]); "é girar, girovagar, a combater [...] o mal" ("Sagração" [IB, p. 68]); "pela justiça no mundo, luto, iracundo" ("O derrotado invencível" [IB, p. 71]) e outros. No último, por sua vez, prevalece a melancolia.

Outro verso drummondiano que corrobora a ideia de que o poeta considera as personagens mais tristes que alegres é o verso de "O malvindo": "Este, o triste cavaleiro/ de tristíssima figura" (F, p. 56). A ênfase na palavra "triste", repetida em grau superlativo, sugere que o poeta vê o cavaleiro e, por conseguinte, seu escudeiro (personagem dupla) muito mais pelo viés do trágico que do cômico.

Na carta enviada à Diagraphis, Drummond propõe-se a fazer comentários poéticos aos quadros de Portinari, porém, consideramos que ele vai além dos desenhos portinarianos, apresentando-nos uma visão muito particular da obra cervantina.

Cavaleiro e escudeiro compõem "um todo dialético de sonho e pés-na-terra" (DQ, p. 5); por isso, nos poemas enfatizam-se a loucura nobre, os ideais elevados e a coragem do cavaleiro em oposição ao desejo de satisfação das necessidades básicas, à ambição e à covardia do escudeiro. Ambos são "a coragem com o medo na garupa" ou "o grosso caldo junto ao vinho fino" (DQ, p. 5). A "personagem dupla", *gauche* como o próprio poeta, assemelha-se a outros tipos igualmente *gauches*: o bobo da corte, o louco, o jogral e o truão. Dom Quixote dá o seu "triste recado", que é levantar-se sempre e continuar a luta, apesar de suas desventuras e seus desamores; embora sua amada Dulcineia seja real e ao mesmo tempo irreal, como um cristal perfeito ou apenas um eco. Sancho, por sua vez, não obstante ser o rústico camponês, é o "sábio de ignorar/ o fumo dos sonhos" (IB, p. 77).

Drummond traz para os poemas aquele tom entre triste e alegre que permeia a obra cervantina. A alegria está presente na canção que entoam os cardadores de lã, na ironia da cerimônia de posse da prometida ilha de Sancho e no lúdico desenho formado pelas palavras, graças ao recurso da poesia concreta. A tristeza, por sua vez, sobreleva-se à alegria e atinge o máximo grau da melancolia com o sono eterno do cavaleiro que, embora "despido de todo encantamento", será para sempre "petrificado/ cavaleiro-desengano" (IB, p. 81).

Dphan
ver Iphan

Erotismo
MARIANA QUADROS

O erotismo é um dos mais férteis veios da escrita de Carlos Drummond de Andrade. Quando entra em cena, esse tema evidencia os traços que deram à sua obra os contornos mais marcantes: os embates do poeta com a palavra, as angústias relativas ao confronto da poesia com o mundo, as inquietudes do sujeito *gauche* e o anseio de transcendê-las penetram o abraço dos amantes, o olhar desejante do homem frustrado. Movida pela promessa de vislumbrar a metafísica no corpo, mesmo quando presa à tristeza da carne, a escrita erótica vem a salientar a singularidade da trajetória desse autor.

A representação do desejo erótico tem tamanha importância que participou do projeto artístico no qual Carlos Drummond de Andrade empenhou sua obra desde a juventude, nos anos 1920, quando se aproximou dos modernistas. Libertar a linguagem a respeito do corpo era, inicialmente, um modo de ampliar as possibilidades poéticas tolhidas por concepções artísticas obsoletas, conforme o escritor esclareceria em uma das entrevistas concedidas nos últimos anos de sua vida: "Fui um dos primeiros a fazer poeminhas eróticos, pois sempre me impressionou a falta de consciência dos poetas parnasianos ao falarem do ato sexual" (apud REBELLO, 1984, p. 14).

A descrição das partes erógenas dos corpos integrava as batalhas modernistas pelo "imperioso dever" de desrespeitar as "falsas tradições" e "romper com os preconceitos do passado", nos termos cunhados pelo jovem intelectual ao discutir a tradição em literatura (DRUMMOND DE ANDRADE, 1925, p. 32). Os "poemas antigos" pareciam artificiais e acadêmicos. Contra esse equívoco, desde a estreia, em *Alguma poesia* (1930), o poeta multiplicou as referências a partes do corpo feminino. "Joelhos" ou "geolhos", "coxas", "pernas", "nádegas", "seios", "tetas" e "maminhas" surgem em diferentes textos do volume.

A erotização do corpo está presente até mesmo em "Poema de sete faces", considerado a certidão de nascimento do eu *gauche* drummondiano. As pernas são aí alvo de um sujeito que, isolado, não logra realizar seus impulsos eróticos: "O bonde passa cheio de pernas:/ pernas brancas pretas amarelas./ Para que tanta perna, meu Deus, pergunta meu coração./ Porém meus olhos/ não perguntam nada" (AP, p. 11). Apresenta-se pela primeira vez o amor falho e torto, reencenado em livros diversos do autor. O corpo visado se fragmenta graças à libido insaciada. A metonímia torna-se, pois, o modo predominante de figuração da avidez sexual. O eu também é cindido em decorrência da fratura entre consciência e desejo, marcada pela discordância dos olhos com o coração. Devido ao juízo culposo e à marginalização do homem ávido, as mulheres almejadas não podem ser tocadas ou fruídas.

Em consequência das frustrações do eu *gauche*, a obra de Carlos Drummond de Andrade foi marcada em seu lançamento pelo "sequestro sexual", na expressão de Mário de Andrade em carta de 1º de julho de 1930 ao amigo mineiro. O sexo, defende Mário, não é plenamente sublimado nos poemas drummondianos, como evidencia a proliferação das marcas do desejo insatisfeito: "[...] o 'sequestro sexual', que é muito mais curioso, você não conseguiu propriamente sublimar, você rompeu violentamente com suas lutas interiores, seus temores, suas dúvidas e preferiu mentir à humanidade, se escondendo dela. Virou grosseiro, virou realista, você, o suavíssimo, e encheu o livro de detalhes pornográficos à (ponhamos) francesa, como a pele picada pelos mosquitos, o dente de ouro da bailarina; ou à portuguesa com as tetas; ou, à você, e nisso está o melhor do sequestro, enchendo o livro de coxas e pernas femininas" (CCM, pp. 390-91).

Quatro anos depois do lançamento de *Alguma poesia*, de modo ainda mais radical, Drummond proporá a expansão da pornografia contra os problemas de seu tempo: "sejamos pornográficos", sugere "Em face dos últimos acontecimentos", de *Brejo das Almas* (1934). O impacto de tal proposta pode ser avaliado por meio da hostilidade suscitada pelo poema, cujo refrão tornou-se símbolo de "que a poesia moderna era uma poesia de loucos e indivíduos sem moral", conforme o escritor relatou em uma entrevista (AQUINO FILHO, 1982, p. 160). Ironicamente, os versos atacados elidem qualquer menção ao corpo. Porém, talvez apresentem uma importante chave de leitura para os diversos outros poemas do livro de 1934 em que a sexualidade ganha vulto. Em uma sociedade falsamente casta, a pornografia poderia ser uma resposta à aguda crise ideológica, dimensionada pela reiteração da temática do suicídio no volume. A pornografia é uma solução fracassada, contudo, para o eu poético drummondiano, incapaz de colher a "sombra das moças em flor" – "fruto escasso à beira da mão" ("Sombra das moças em flor", BA, p. 41).

Por sua preponderância em *Brejo das Almas*, a exposição dos impulsos sexuais –

quase sempre não consumados – constitui o símbolo privilegiado da conturbada relação do sujeito drummondiano com o mundo. Embora ele saiba que o "êxtase supremo" pode se enredar no corpo feminino, a amante que lhe foi destinada está longe e, cruel, ri da sôfrega avidez do homem, "de dorso curvo e olhar aceso", conforme lemos em "O procurador do amor" (BA, p. 29). Quando perto, a mulher cobiçada ignora a "vontade garota" do eu canhestro "de voar, de amar, de ser feliz", "de praticar libidinagens", nos termos de "O girassol" (BA, p. 31). A frustração se expande, além disso, porque o sujeito está dividido entre os anseios de gozo e a vontade de "ser infeliz e rezar", resultado da culpa resistente. Por isso, o eu é quase sempre solitário, e sua poesia, ostensivamente sensual, o reflexo ora dramático ora humorístico do desejo malogrado de comunhão com o mundo e, sobretudo, com as mulheres.

A ostentação dos corpos visados e do sexo se calaria por algumas décadas. Mesmo quando o amor foi tema de destaque, raras vezes a descrição das formas desejadas ganhou vulto nos anos seguintes. Nos livros editados na década de 1940, os poemas transitam pela "praça de convites", tornando-se mais do que nunca permeáveis aos problemas do tempo presente. Nesse contexto, o eu "todo retorcido" tenta romper sua solidão, mas em uma busca de viés menos personalista: ele quer dar as mãos a companheiros unidos pela vontade de superação das mazelas humanas. Graças a tal investimento utópico, há uma retração na lírica amorosa, pouco propícia à criação de um "mundo grande" por meio da literatura: o encontro amoroso torna-se um assunto preterido por pouco favorável à ampla transformação social almejada. Predomina a acusação contra o "amor sem uso", restrito à esfera do eu.

Em *Sentimento do mundo* (1940), esse afeto é rejeitado por ser inócuo para a construção da "vida futura": "Tempo em que não se diz mais: meu amor./ Porque o amor resultou inútil", lemos em "Os ombros suportam o mundo" (SM, p. 33). A recusa é reafirmada em "A noite dissolve os homens": "E o amor não abre caminho/ na noite" (SM, p. 39). Não obstante, o conteúdo rejeitado – subjetividade e corpo insistentes – retornam em versos dedicados a temáticas diversas. No poema que dá título ao livro, a comunicação se estabelece por meio do sexo: "e o corpo transige/ na confluência do amor" (SM, p. 9). Em "O lutador", de *José* (1942), a luta com as palavras é descrita em termos próprios da conquista amorosa. Além disso, a corrosão do amor se torna um sintoma da negatividade em tempos "de homens partidos". Quando o amor, a carne, o beijo não têm importância, também o canto se torna "indiferente", revela "Canção de berço" (SM, p. 25). A despeito da irônica descrença no poder da poesia, o poeta segue produzindo. A literatura torna-se então – conforme afirma "Congresso Internacional do Medo" (SM, p. 20) – um dos meios de criar o tempo em que o amor sairá dos "subterrâneos". Não sem conflitos.

Na poesia dos anos 1940, há um ambivalente adensamento dos laços entre o eu e o mundo: tal conquista favorece a confiança na poesia, embora frequentemente minada pela dúvida; por sua vez, expõe as cadeias de que o sujeito gostaria em vão de se libertar. De um lado, segundo "Idade madura", ele pode gritar "sempre/ que se abafe um prazer" (RP, p. 114); de outro, conforme "Nosso tempo", deve suportar, como os outros homens, o tempo "de cortinas pardas", em que a política e o comércio invadem o gozo. A corrosão atravessa até mesmo a possibilidade de o eu poético ansiar por um amor quimérico, distante dos conflitos cotidianos: "O mito", de *A rosa do povo* (1945), expõe os limites exíguos para as figuras da transcendência na modernidade lida por Carlos Drummond de Andrade. O nome da deusa adorada, Fulana, constitui a primeira marca da força centrípeta a atrair o transcendente para o convívio com a humanidade. A alcunha reproduz a dispersão do mito feminino pelas mulheres anônimas desejadas pelo eu poético. Dessa forma, dota de carnalidade o que seria por definição intangível: "Fulana às vezes existe/ demais". Assim rebaixada, a musa pode se submeter a um eu poético igualmente torturado – comunhão de seres, sem brilho, tornados "uma coisa tão diversa" do que pensavam que fossem (RP, pp. 66, 70).

Tal tensão entre o anseio de ultrapassar as agruras do tempo e a impossibilidade de superar os dramas cotidianos, fundamental em grande parte da obra de Drummond, será ainda mais relevante na poesia dos anos 1950. Está corroída a confiança do poeta na palavra, atitude que marcara – embora de forma vacilante – o canto transitivo construído em *Sentimento do mundo*, *José*, *A rosa do povo* e em parte de *Novos poemas* (1948). Desde então, a literatura de Drummond deixa de se afirmar como um meio de difundir a solidariedade entre os homens. Ao revés, já em fins dos anos 1940, ela passa a se concentrar nos dramas subjetivos. Um dos marcantes efeitos dessa guinada é o vulto assumido pelo sentimento amoroso, o qual se torna central desde *Claro enigma* (1951). Chama a atenção também a mudança no registro do amor, agora apresentado em clave distinta da que valorizava sobretudo sua face cordial e estava plasmado em formas oriundas da tradição literária, especialmente a de extração clássica.

A melhor crítica sobre o autor – em que se destacam os estudos de Vagner Camilo (CAMILO, 2001a) e Betina Bischof (BISCHOF, 2005) – tem demonstrado ser o retorno à tradição um novo impulso assumido pela escrita drummondiana rumo à formalização diversificada das preocupações sociais. A virada subjetivante do período tampouco implica o abandono do confronto entre a poesia e o mundo: o "fundo da natureza" fraterna do amor – defende Carlos Drummond de Andrade – "se nos revela tanto mais puro quanto mais despida de ênfase socializante é a sua expressão" (PI, p. 174). Nos anos 1950, o escritor abandonou a "ênfase socializante" para adensar a investigação da voragem aberta pelos embaraços no contato com o outro. O (des)encontro amoroso se torna tema basilar em tal perquirição.

Esse viés reflexivo, em que avultam as interrogações sobre a natureza do amor, determinará relevantes nuances no erotismo que começa a se delinear daí em diante. Até os anos 1950, a poesia drummondiana se singulariza principalmente por tornar o desejo sexual frustrado um importante símbolo das dificuldades não superadas pelo eu *gauche* em sua relação com o mundo. O tempo presente e as angústias do sujeito enriquecem a lírica amorosa, tradicionalmente pura, no mesmo golpe em que a maculam. Com *Claro enigma*, começa a se aprofundar o caráter especulativo da escrita de Carlos Drummond de Andrade sobre o amor, a qual assume uma densidade filosófica única em nossa literatura.

As reflexões sobre a essência desse sentimento e os problemas da existência permeiam o lirismo. Sobressai a exposição da face dilacerada desse afeto, o qual "não de confiança, de desassossego se nutre", segundo "Estâncias", de *Novos poemas* (NR, pp. 215-16). A alteridade é encontrada até mesmo no seio do sentimento amoroso: "O próprio amor se desconhece e maltrata" (CE, p. 46), lemos em "Tarde de maio", de *Claro enigma*. "Concha vazia", esse sentimento obriga os homens à trágica busca por uma saciedade impossível, em que o desacordo se revela um destino inevitável: "Amar a nossa falta mesma de amor, e na secura nossa/ amar a água implícita, e o beijo tácito, e a sede infinita", propõe "Amar", do mesmo livro (CE, p. 43).

A tragicidade se torna mais pungente porque a realidade dolorosa do amor é contraposta ao sonho de as almas se espelharem, plenas. "Ilhados", os amantes buscam o "eu imaginário/ e que, sendo outro, aplaque/ todo este ser em ser" – a destruição do ego transmutando-se idealmente em "moeda/ e resgate do eterno", de acordo com "A um varão, que acaba de nascer", também de *Claro enigma* (CE, p. 57). O erotismo promete prover a ascensão dos amantes a um espaço mítico infenso às horas e à problemática "comunhão no século", lemos em "Escada", de *Fazendeiro do ar* (1955). Trata-se de uma falsa promessa, contudo. O tempo corrói a escalada proporcionada pelo ato erótico, o esgotamento do gozo levando ao reconhecimento da inevitabilidade da queda. "Noturnos, rotos", os amantes já não são mais o que antes eram, visto que a escalada erótica os conduziu a reconhecer o alo mortífero atado ao mito, efemeramente vivido pelos enamorados. Destruído pelo desejo frustrado de transcendência – "faminta imaginação atada aos corvos" (FA, p. 46) – e pela dor advinda mesmo do abraço, o éden do gozo cede à concepção apocalíptica da existência humana. Assim, para retomarmos a reflexão de Mirella Vieira Lima, "a experiência erótica é questionada enquanto meio de ascensão possível" (LIMA, 1995, p. 182).

O investimento na inquirição dos conflitos inerentes ao amor leva ao enfraquecimento – mas não ao fim – da descrição do sexo ou das partes da anatomia cobiçadas nos anos 1950. O silenciamento permaneceria ainda por alguns anos. Em *Lição de coisas* (1962), o retrato da natureza corrosiva do amor é expandido. O amor é acre em um contexto que proíbe "passear sentimentos/ ternos ou desesperados", conforme "Amar-amaro" (LC, p. 45). Ademais, os amantes cerram-se em si mesmos ainda quando se desejam: "com se amarem tanto não se veem", afirma "Destruição" (LC, p. 43). A linguagem dedicada ao erotismo se renova, todavia. O livro é marcado pela criatividade linguística, a inovação vocabular e o estilhaçamento da morfossintaxe ajudando a problematizar o poder de representação da linguagem diante das contradições humanas e dos enigmas do amor: "o amor car(o, a) colega este não consola nunca de núncaras" (LC, p. 46).

As frustrações amorosas ganham novo retrato com a publicação, em 1968, 1973 e 1979, das memórias poéticas de Carlos Drummond de Andrade. A rememoração da infância e mocidade do escritor permite o retorno da descrição das partes da anatomia cobiçadas. Recordando a sofreguidão com que aspirava ao sexo, o "menino antigo" fica preso à "Indagação": "Como é o corpo da mulher?". Jamais reveladas, as "partes lindas" e as "maciezas/ redondas" das moças se tornam alvo de uma procura insistente pela criança. Os resultados dessas investidas, que permitem entrever fragmentos de corpos, multiplicam-se em *Boitempo*: são os "seios cuidadosamente ocultos mas arfantes" e "as pernas recatadas" com que "Passeiam [...] as belas"; são "as pernas sempre defesas/ as sempre sonhadas pernas", "pernas totais" almejadas pelo menino sob a escada; é "a florescência/ do corpo das mulheres" que nunca se devassa sob os "olhos tortos" do *voyeur*. Inalcançável, ao corpo feminino resta um "mistério radioso/ ou sombrio" (BII, pp. 240-41).

Essa frustração não assume cunho apenas individual. A violência social ronda o erotismo em *Boitempo* (1968). A trilogia relacionou muitas vezes o "sentimento de pecado" e o desejo frustrado do menino antigo à rigidez moral nas Minas Gerais de princípios do século XX. Além disso, o sexo participa da denúncia da opressão racial. Parte da seção em que Carlos Drummond de Andrade se debruça sobre o passado escravocrata de sua família mineira, "Negra" lista as atividades que fazem da mulher escravizada um ser para tudo e para todos, menos para si: às tarefas do campo e domésticas, variadas, soma-se a obrigação de "trepar" com os senhores sem que ela tire disso qualquer "proveito exclusivo" (BII, p. 30). Essa opressão perdurará. Entre os poemas dedicados à infância de Drummond, "Tentativa" recorda a perpetuação do uso do corpo da mulher negra, agora dominado pelo eu biográfico drummondiano. "Fria" e "indiferente", uma "negrinha não apetecível" serve à frustrada primeira experiência sexual do menino e de seu primo – a presença do parente confirmando a continuidade dos valores familiares naquela busca por prazer em uma jovem apática (BII, p. 243). O poema dá relevo ao fracasso, no entanto: o sujeito, inexperiente e medroso, não logra incluir-se no clã, na linhagem da barbárie consumada. Há, pois, uma nova manifestação do sujeito *gauche*, cuja inépcia expôs tantas vezes seu correlato necessário: o desconcerto do mundo.

A poesia memorialista de Carlos Drummond de Andrade não se encerra no retrato sombrio do erotismo, entretanto. Embora predomine o malogro e a repressão, *Boitempo* abre espaço para as descobertas da "mocidade solta". Em "Vigília", o jovem morador de Belo Horizonte, descrente, subverte os preceitos cristãos a seu favor: a certeza de que os padres atendem "a qualquer hora do dia ou da noite" a chamados para confissão de agonizantes limita o poder da morte e do pecado. Uma vez que, a despeito das faltas cometidas, o arrependimento na hora final permite ao homem apascentar-se na mão de Deus, a noite se torna o convite "camarada" "a pecar mais um momento, um só, bem lento" (BIII, p. 219). Estando o rapaz longe da "vida/ vivida sob inspeção" (BIII, p. 195) na escola de padres, já não lhe é tão duro "usando o corpo/ salvar a alma" (BII, p. 246).

Nos livros dos anos 1970 e 1980, quando o escritor leva adiante seus questionamentos metafísicos sobre o amor, o corpo se revela cada vez mais um caminho privilegiado para o confronto dos conflitos subjetivos. A alegria expressa nos textos acerca do sentimento amoroso ou do corpo erotizado contrasta fortemente com a negatividade dominante nos demais poemas do período. Dessa forma, ainda que a falta resista no seio da paixão e do sexo, o erotismo representa mais do que nunca uma promessa contra o caos, "essa coleção de objetos de não amor", em *As impurezas do branco* (1973). A "Criação" "vai desdobrando na mulher/ outras hipóteses de ser", conforme lemos em *A falta que ama* (AF, p. 37). Além disso, a vida "se salva/ a uma só palavra/ escrita no sangue/ desde o nascimento:/ amor, vidamor!", revela "Parolagem da vida", de *As impurezas do branco* (IB, p. 42). É o "amor unidade/ multiplicada", em *Amar se aprende amando* (1985) (AA, p. 66). Em *A paixão medida* (1980), é "a descoberta/ de sentido no absurdo de existir" (PM, p. 31). Até em *Corpo* (1984), que se singulariza no período por expor a precariedade do sentimento amoroso e sua incapacidade de perenizar a comunhão, esse afeto pode ser "da morte vencedor" ("As sem-razões do amor", C, p. 26). Por fim, em *Amar se aprende amando*, a amada permite não só que o homem descanse seu "feixe de desencontros/ e de encontros funestos" (AA, p. 15), mas também o leva à eufórica dissolução no Outro, amantes tornados "UM": o "número perfeito" ("Reconhecimento do amor", AA, p. 16). Desse modo, as angústias do eu *gauche* enfim parecem se suster.

Nas últimas obras, começa também a se fortalecer a aceitação dos limites da matéria graças à mitificação do corpo. Em "Corporal", de *A falta que ama*, ele se torna um arabesco inventivo: "o que o corpo inventa é coisa alada" (AF, p. 40). Em "A metafísica do corpo", publicado no livro de 1984, ele permite retornar ao tempo imemorial e sem contradições por que tanto ansiara o sujeito *gauche*: na "forma breve e transitiva", imprime-se a "solene marca dos deuses/ e do sonho"; além disso, o corpo, "invólucro perfeito", permite o "pensamento/ da unidade inicial do mundo" e resume "outra vida, mais florente" (C, p. 112).

Essa busca de atingir a plenitude transcendental por meio da materialidade da carne assume seu viés descritivo nos versos lascivos de Carlos Drummond de Andrade, os quais serão reunidos com a edição póstuma de *O amor natural*, em 1992. Versões de alguns desses textos já haviam sido publicadas nos anos 1970 e 1980 em edições de arte e revistas voltadas para diferentes públicos. Parte dessas versões foram unidas, em publicações na imprensa, a poemas incluídos nos últimos livros publicados por Drummond em vida. Também chama a atenção a semelhança temática e formal entre alguns versos eróticos e a lírica amorosa de *A paixão medida*, *Corpo* e *Amar se aprende amando*. Na coletânea editada postumamente, os questionamentos acerca da metafísica do corpo, que se vinham tecendo nos mais recentes livros publicados pelo autor, concretizam-se na descrição do ato erótico. Por isso, em estudo de 1987, Rita de Cássia Barbosa interrogou se alguns textos originários de *O amor natural* não teriam sido deslocados para livros das duas últimas décadas de vida do poeta.

A instabilidade temporal faz parte, com efeito, da trajetória dos poemas eróticos de Drummond. Em entrevista concedida em 1984, ele leva a crer que os versos inéditos haviam atravessado sua obra: "[...] esses poemas abrangem uma faixa muito longa de vida, não são de hoje". O adiamento da publicação parece se basear nos temores do poeta em relação à recepção de seus versos obscenos, anunciados como um segredo que ele levaria consigo ao morrer: "Antigamente não pensava em publicar o livro. Iam chamar-me de velho 'bandalho'. Mas se publicar agora a classificação é outra. Vão dizer: 'Vejam só um velho de 80 contando suas experiências eróticas'" (apud MANSUR, 1984, p. 28).

O receio de o público sobrepor biografia e lirismo, confusão sempre negada por Drummond quando o tema eram seus versos eróticos, foi apenas uma das razões declaradas de por que o escritor adiou tantas vezes a publicação do volume. Outro forte motivo, reiterado a cada declaração sobre a coletânea, relacionava-se à proximidade entre a escrita erótica e a pornográfica, que o poeta gostaria de conjurar. Ciente de que os limites entre erotismo e pornografia muitas vezes são incertos, Carlos Drummond de Andrade se esforçou por distinguir as duas manifestações: "Pornografia não é uma categoria intelectual. A pornografia é a deturpação do erotismo. O erotismo é santo, é belo" (AQUINO FILHO, 1982, p. 162). Um dos principais motivos para a degeneração do erotismo em pornografia, segundo ele, seria a degradação da linguagem, reiterada em suas avaliações da literatura erótica na segunda metade do século XX. Tudo se passa como se a arte erótica – dissociada da "procura da poesia" – tivesse perdido seu caráter transgressor. "Sem nenhuma noção de poética", muitas obras – aos olhos do escritor maduro – tornavam-se apenas mais uma mercadoria. Isto é, reforçavam o reinado do negócio, a que o poeta demonstrava radical repulsa. "Sexalegria industrializada em artigos de supermercado" ("O museu vivo", IB, p. 49), a pornografia toma conta da linguagem erótica e dela "extrai uma porcentagem" ("Nosso tempo", RP, p. 23). Talvez devido ao cenário de expansão desse "esplêndido negócio", cada declaração de Drummond acerca de seus versos obscenos previsse o fracasso contextual de uma obra que ele parece haver querido separada, tal qual seus personagens, das agruras históricas. Nessas circunstâncias, marcadas pelos temores do autor, seria possível inverter o ponto de vista adotado por Rita de Cássia Barbosa: teria o poeta direcionado sua escrita dos anos 1970 e 1980 para que o volume temido fosse mais bem assimilado (BARBOSA, 1987)?

Os receios do poeta poderiam advir não apenas dos conflitos de seu tempo, mas também do conteúdo extraordinário de *O amor natural*, o qual transtorna procedimentos de representação do erotismo recorrentes na obra do autor. Substitui-se a metonímia, outrora predominante, pela metáfora. Aquela contribuíra em grande parte dos livros de Drummond para enfatizar a intensidade do desejo barrado, que levava mulheres intocadas a serem representadas por partes de seus corpos. Agora, quando a libido está quase sempre satisfeita, predomina a figuração metafórica e nobre, a qual difunde as imagens da jubilosa comunhão dos corpos.

Esse livro dá novo matiz, ademais, à busca da plenitude transcendente na materialidade da carne, quase sempre frustrante na obra do autor publicada em vida e resistente ainda na triste despedida de *Farewell* (1996). Nos versos lascivos, como uma ilha, o sexo protege os amantes da "teia de problemas" que os ronda. Por isso, o erotismo transtorna o valor dado comumente pelo poeta aos materiais a que retornou sempre: o nada é vivido como um ansiado nirvana; o tempo se transforma em uma fração de eternidade; o fechamento subjetivo muitas vezes dá lugar à fusão dos amantes. O recinto onde se refugia o sujeito é extraordinário a tal ponto que suplanta toda forma de conflito: contra a escuridão reinante fora da alcova, o amante imediatamente pode se fechar nos prazeres do corpo; além disso, a linguagem deixa quase sempre de lavrar as contradições sociais para expressar a multiplicidade das sensações fruídas durante o ato sexual.

O livro parece desse modo se afastar do universo problemático em que a obra de Carlos Drummond de Andrade estivera imersa durante décadas. Fora do mundo, "além do irreal", o eu jubiloso experimenta na variedade das sensações a unidade perdida, "que ao número acrescenta uma nova harmonia" ("Bundamel bundalis bundacor bundamor", NA, p. 36). Enfim parecemos ter acesso ao "canto radioso" que o poeta anunciara não deixar como "Legado". Conforme não poderia deixar de ser em um poeta sensível à riqueza dos contrários, Carlos Drummond de Andrade não omitiu o negativo de sua "Oficina irritada". O canto radioso difundido em *O amor natural* expressa um outro mundo, também vigoroso, entre os muitos que nos foram legados pelo escritor.

Esquecer para lembrar
ver *Boitempo*

Estado Novo
WANDER MELO MIRANDA

Em 10 de novembro de 1937, Getúlio Vargas instaura no país o Estado Novo ou Terceira República, que irá vigorar até 31 de janeiro de 1945. Desde 1934 no Rio de Janeiro, como chefe de gabinete de Gustavo Capanema, ministro da Educação e Saúde Pública empossado em 6 de julho do mesmo ano, Carlos Drummond de Andrade continua na função, da qual se demitirá em 14 de março de 1945. Publica, no período *Sentimento do mundo* (1940), os poemas de *José*, em *Poesia* (1942) e *A rosa do povo* (1945), além do seu primeiro livro em prosa, *Confissões de Minas* (1944). Depois da saída do ministério, Augusto Meyer lhe oferece trabalho no Instituto Nacional do Livro; Capanema o quer com Rodrigo M. F. de Andrade no PHAN (depois Sphan). Mas o poeta prefere, de início, dedicar-se à difícil tarefa, quase impossível, de ser "um intelectual político sem experimentar as impurezas da ação política" (OE, p. 41), como registra nas páginas de diário em *O observador no escritório* (1985), desde o título indicador da posição desejada.

A situação tensa do poeta-funcionário-público revela "os impasses e as aberturas deflagrados pelo encontro entre o campo literário e o político, entre a arte e o poder" (SAID, 2005, p. 8) e pode ser rastreada desde o tempo em que trabalhou com o mesmo Capanema ainda em Belo Horizonte – na foto em que está com o chefe em visita às tropas do governo que lutavam contra os revoltosos de 1932, o constrangimento do poeta é visível. Incômodo maior lhe causa, certamente, a avaliação rigorosa da conjuntura por Mário de Andrade, em carta datada de 6 de novembro de 1932, na qual se dirige ao amigo mineiro de forma franca, sem rodeios: "Você, nacionalmente falando, é um inimigo meu agora. Você talvez não sinta isso, eu sinto" (SAID, 2005, p. 429).

O acirramento das tensões se dá com o golpe de 1937, "quando o falso Plano Cohen, brandido pelas autoridades com o maior despudor, serviu de pretexto para o fechamento do Congresso, a prisão e o exílio de políticos oposicionistas, a suspensão das eleições presidenciais [...]. Golpe contra golpe, portanto", nas palavras de Drummond (SAID, 2005, p. 63). Nada disso o impede, contudo, de continuar a servir o governo Vargas – tendo clara a distinção entre servir e vender, segundo Antonio Candido, para quem o poeta "'serviu' o Estado Novo como funcionário que já era antes dele, mas não alienou por isso a menor parcela da sua dignidade ou autonomia mental" (CANDIDO, 2001). Em 1944, em carta a Edgard Cavalheiro, desculpan-

do-se por não prestar o depoimento pedido, escreve que tudo que poderia dizer a respeito de si está em seus poemas, que traduzem sua experiência pessoal – "refletem a minha visão e o meu conceito do mundo, e a minha atitude (se não for pretensiosa esta explicação) diante das lutas revolucionárias do nosso tempo" (CAVALHEIRO, apud MICELI, 2001, p. 208).
A questão é delicada e complexa. É inegável que para o grupo de intelectuais mineiros atuantes no período em âmbito nacional, "o Estado Novo foi o momento consagrador, no sentido de que se constituiu em oportunidade histórica para que a primeira geração modernista mineira apresentasse ao país seu projeto político para as áreas da educação e da cultura" (BOMENY, 1994, p. 126). Para Daniel Pécaut, esse projeto não revela mera proximidade social desses intelectuais com as elites em busca de cargos públicos que compensassem a perda de status e influência das oligarquias de onde provinham. Ao contrário, deve ser considerado reação à permanência indefinida dessa influência "no quadro das transações regionais", resultando na "oligarquização" das instituições. Pergunta, então: "Entre o comportamento defensivo e as estratégias ofensivas, não seriam as últimas muito mais reveladoras da aptidão desse grupo social para impor à opinião pública uma visão do político que constata o esgotamento da República?" (PÉCAUT, 1990, pp. 21-22). A conversão à ação política resultava, nesse sentido, do desejo de organizar racionalmente a nação pelo poder centralizador.

Em *Intelectuais e classe dirigente no Brasil (1920-1945)*, Sergio Miceli põe Drummond entre os escritores que, "situados entre os objetos de devoção da crítica militante nos aparelhos de celebração que circulam entre as panelas de letrados, buscam minimizar o quanto suas obras devem aos laços clientelísticos de que são beneficiários". O poeta reage prontamente: "Simples auxiliar de confiança de Gustavo Capanema, de quem sou amigo desde os bancos escolares, exerci mera função burocrática, destituída de qualquer implicação política ou ideológica, sem vinculação direta ou indireta com Getúlio Vargas" (DRUMMOND DE ANDRADE, 1980a). Alguns meses depois desse esclarecimento, Drummond volta ao assunto, numa entrevista: "Acho primário se confundir o fato de ter trabalhado numa ditadura com ter trabalhado a serviço da ditadura. Trabalhar como trabalhei no Ministério da Educação não se confunde de maneira alguma com subordinação ao poder. Conheci Gustavo Capanema em 1916, no colégio. Éramos amigos desde então. E foi o amigo que me levou para o funcionalismo público em 1930 [Secretaria do Interior, em Minas], foi o amigo que me chamou para o Ministério da Educação em 1934 [...]. Eu não era político, era um funcionário público que, em 37, estava apenas organizando toda a estrutura burocrática do Ministério para Capanema. Nunca escrevi uma linha a favor de Getúlio na revista *Cultura Política*, que, por sinal, contou com a colaboração de vários intelectuais de esquerda" (DRUMMOND DE ANDRADE, 1980a).

Na realidade, Drummond atua de modo "a servir de ponte e filtro nos contatos entre a cultura brasileira e o ministério" (SCHWARTZMAN et al., 2000, p. 102) valendo-se da sua proximidade com os expoentes do Modernismo, a exemplo de Mário de Andrade, com quem irá compartilhar o projeto de criação do órgão responsável pela preservação do patrimônio histórico e artístico nacional. A atuação de mediador entre as duas esferas – a da cultura e a do governo – não arrefece suas convicções ideológicas, embora não partidárias situadas mais à esquerda, como demonstra o episódio da negativa de participar de conferência proferida no ministério por Alceu Amoroso Lima, líder católico da direita, a convite de Capanema e intitulada "A educação e o comunismo". Na ocasião, Drummond coloca seu cargo à disposição em carta ao ministro, que não aceita o pedido de seu chefe de gabinete, apesar da justificativa apresentada: "[...] não podendo participar de um ato público, promovido pela autoridade a que sirvo, e que visava afirmar, mais do que uma orientação doutrinária, um programa de ação do governo, eu não só deixava de servir a essa autoridade como lhe criava uma situação desagradável" (apud SCHWARTZMAN et al., 2000, p. 101).

O difícil relacionamento do ministério com os intelectuais se estende ainda "às formas de ação orientadas para o grande público, ou seja, o rádio, o cinema e a música" (ANDRADE, apud SCHWARTZMAN et al., 2000, p. 104). A ambiguidade da situação do escritor e de seus pares permanece e talvez possa ser desfeita – ou reforçada – pela leitura de seus poemas escritos e publicados durante aquele período histórico. À primeira vista parecem manifestar a divisão "esquizofrênica" entre o intelectual militante e o funcionário inserido no projeto político então em curso. Ao seguir a direção apontada pelo poeta de que seus poemas refletem seu conceito e visão de mundo não deixa de ser curioso, ou no mínimo paradoxal, que seus textos mais participantes tenham sido escritos na primeira metade dos anos 1940, no auge do Estado Novo, juntamente com seus mais significativos poemas sobre a família, sem o tom meio nostálgico, meio irônico, presente muito tempo depois na série memorialística inaugurada por *Boitempo* (1968). Pode-se ver aí a confirmação da contradição irresoluta entre o poeta participante e o inventariante das tradições da família oligárquica mineira, num ir e vir incessante entre as duas posições? Ou se trata de uma demonstração franca, até mesmo proposital, dessa contradição?

Sentimento do mundo se abre com o poema que dá título ao livro e se constrói pela constatação das agruras do presente, da solidão do poeta e da sua inépcia para a ação – "Tenho apenas duas mãos/ e o sentimento do mundo" (SM, p. 9) –, confirmadas pela observação premonitória (o poema foi publicado pela primeira vez em 26 de maio de 1935) de corpos mortos encontrados ao amanhecer, aurora que se frustra como um "amanhecer/ mais noite que a noite" (SM, p. 9). Esse desarranjo temporal o faz recuar ao passado, na síntese autobiográfica que vem a seguir em "Confidência do itabirano", misto de confissão e busca de proteção na província que se revela como falta e dor: "Itabira é apenas uma fotografia na parede./ Mas como dói!" (SM, p. 10), exclama o poeta tão pouco afeito a exclamações. Daí por diante o *sentimento do mundo* e o *sentimento itabirano* seguem de mãos dadas, se superpõem, se interpenetram, às vezes colidem, passam a existir como faces distintas do eu lírico criado pela insatisfação do poeta consigo mesmo e com o "mundo vasto mundo". Tempos depois, como a embaralhar as duas faces, a imagem da mão reaparece em "A mão suja", de *José*: "Minha mão está suja./ Preciso cortá-la" (J, p. 43); a proposição anuncia o desejo de automutilação que acentua, mais uma vez, o desconforto do poeta consigo e com a perspectiva dos novos desafios que tem pela frente, em vista da tomada de posição política demandada pela situação.

Distintas situações de exclusão e alteridade, como em "O operário no mar", "Morro da Babilônia" e "Revelação do subúrbio", se contrapõem a reminiscências do passado em "Os mortos de sobrecasaca" e "Lembrança do mundo antigo". Nos três primeiros poemas, o que está em causa é ora a "esperança de compreensão" (SM, p. 17) diante da consciência do desconhecimento mútuo entre poeta e operário, ora o ruído de "vozes que criam o terror" (SM, p. 19), mas que na verdade são de um cavaquinho que se faz ouvir como "uma gentileza do morro" (SM, p. 19), ora a invisibilidade do subúrbio que se revela de repente na noite em que só "existe a tristeza do Brasil" (SM, p. 38). As fraturas em relação ao mundo externo se somam às fraturas internas que os "mortos de sobrecasaca" vêm figurar por meio de um antigo álbum "de fotografias intoleráveis" (SM, p. 21) que tornam mais agudo o sentimento de deslocamento e fragmentação do poeta.

Esses poemas, por sua vez, como que pontuam as intervenções de poemas nitidamente participantes que buscam dar conta da condição presente ("Congresso Internacional do Medo", "Os ombros suportam o mundo", "Mãos dadas", "A noite dissolve os homens") e que parecem contradizer a intermitente rememoração em curso. "O tempo é a minha matéria, o tempo presente, os homens presentes/ a vida presente" (SM, p. 34), dizem os versos finais de "Mãos dadas", que encontram sua confirmação contundente em forma de incentivo à ação em "Elegia 1938": "Aceitas a chuva, a guerra, o desemprego e a injusta distribuição/ porque não podes, sozinho, dinamitar a ilha de Manhattan" (SM, p. 44).

As frequentes imagens de insubmissão, morte e noite são o fio condutor do livro e convergem para o choque com o "mundo grande", do poema homônimo, em diálogo com o "mundo vasto mundo/ mais vasto é o meu coração", do "Poema de sete faces" (AP, p. 11). Tomar pé na nova situação significa impor-se severa tomada de consciência de si e de seu lugar no mundo – "Não, meu coração não é maior que o mundo./ É muito menor" (SM, p. 45) –, num crescendo até o limite da própria autoanulação do indivíduo como promessa de felicidade de um novo mundo: "Entre o amor e o fogo,/ entre a vida e o fogo,/ meu coração cresce dez metros e explode./ — Ó vida futura! nós te criaremos" (SM, p. 46). Ou então, como em "A noite dissolve os homens", dedicado ao amigo Portinari, de quem será depois companheiro no PCB, "noite" e "aurora" se confrontam por meio da revivificação de imagens desgastadas poeticamente – "os dedos frios" da aurora, por exemplo –, a serviço das "tintas da antemanhã" (SM, p. 40): "sangue que escorre", como em "Morte do leiteiro" (RP, p. 84).

Para tanto é preciso também prestar contas com o passado ou com o que dele resta diante do futuro almejado – "Oh abre os vidros de loção/ e abafa/ o insuportável mau cheiro da memória" ("Resíduo", RP, p. 73) – por saber que nele deita raízes os primórdios da formação nacional, em processo de consolidação autoritária. A prestação de contas com o passado supõe em Drummond uma longa coluna de débitos do sujeito "partido" ou "cortado" ("Nosso tempo", RP, pp 23-29) que a reminiscência reitera mais do que como um "gauchismo", como insanável condição de estar-no-mundo, um mundo dilacerado por guerra íntima e geral no dia a dia em que "[...] prosperam/ os jardins da gripe,/ os bondes do tédio,/ as lojas do pranto" ("Nos áureos tempos", RP, p. 39).

A viagem na família, como o título do poema dedicado a Rodrigo M. F. de Andrade indica, transporta o poeta para o "abraço diáfano" com o pai morto numa busca de entendimento ou conciliação impossível com a origem para sempre perdida – "*Amar, depois de perder*", diz mais tarde a voz fantasmagórica do pai no final de "Perguntas", em *Claro enigma*, livro de 1951 (CE, p. 89). A voz do pai já se fizera presente, anunciada anteriormente, no fluir "no rio do sangue" que propicia o deslocamento no tempo e no espaço como "fuga e vento" ("Instante", VPL, p. 14), deslocamento impossível diante da "estranha ideia de família// viajando através da carne ("Retrato de família"; RP, p. 103). Ou da presença do "cobertor vermelho": "Adeus, vermelho/ (viajarei) cobertor do meu pai" ("No país dos Andrades", RP, p. 119), numa escala de tons – nos dois sentidos da palavra – que colore inseparavelmente passado e presente, em "país bloqueado/ enlace de noite/ raiz e minério?" ("Áporo", RP, p. 45).

Passar a vida a limpo pela memória parece ser a contraparte necessária da entrega ao empenho político-poético a favor de uma nova ordem social, resultante do embate de forças que seguem duas direções distintas, embora na mesma *rua*: a que começa em Itabira e vai dar no coração do poeta; a que vai dar "em qualquer ponto da terra" ("América", RP, p. 121), a exemplo de Stalingrado, em cujo chão de cadáveres apodrecidos "a grande Cidade de amanhã erguerá a sua Ordem" ("Carta a Stalingrado", RP, p. 130), a ser reconstruída "Pedra por pedra" ("Telegrama de Moscou", RP, p. 131).

A perspectiva localista e a perspectiva cosmopolita, enfim, se encontram. O esforço de expressão tortuosa desse encontro a rigor incompatível, não fosse a extrema destreza do poeta em deslocar-se ao mesmo tempo por espaços díspares, é tanto a metáfora mais visível do dilema incontornável vivido por Drummond à época do Estado Novo quanto a própria – ou imprópria – razão da sua poesia. Torná-la arma de luta (cf. "O lutador") lhe impôs ter olhos para ver "o mundo que se esvai em sujo e sangue" ("Visão 1944", RP, p. 138) e lhe exigiu, como poeta, a abertura aos "novos conteúdos de um presente problemático e contundente" (BOMENY, 1994, p. 101), imposto pelo excludente processo de modernização então em andamento. Daí, a urgência a favor dos "abandonados de justiça, os simples de coração,/os párias, os falidos, os mutilados, os deficientes, os recalcados,/ os oprimidos, os solitários, os indecisos, os líricos, os cismarentos,/ os irresponsáveis, os pueris, os cariciosos, os loucos, os patéticos", identificando-se com o "homem do povo Charlie Chaplin", no poema-manifesto que encerra *A rosa do povo* (RP, p. 158).

O vasto elenco de deserdados da terra acentua o dano moral decorrente do fosso intransponível entre o Estado e a nação, o cidadão e a sociedade, ao mesmo tempo que abre caminho para o mundo novo que o fim do período getulista e da guerra parece anunciar. São raros os momentos utópicos como esses na poesia de Drummond, mas significativos o suficiente para marcá-la – antes e depois – como investida problemática contra o "mundo caduco".

Fazer do ofício de poeta uma profissão de fé no futuro resultará na saída do Gabinete de Capanema e na aproximação com o PC, a partir de uma visita a Luís Carlos Prestes, então preso e surpreendentemente conciliador em relação a Getúlio, para espanto e desgosto do poeta: "Tudo isso é muito complicado e tira a minha naturalidade, a minha verdade pessoal, o meu compromisso comigo mesmo. Mas anda lá, quarentão inexperiente de política!" (OE, p. 50). A curta e atribulada passagem do poeta pelo PC e pela diretoria de seu jornal, o *Tribuna Popular*, será mais tarde objeto de renovada reflexão: "Eu achava que o Partido Comunista, que estava na ilegalidade, que era combatido das maneiras mais torpes – até com perseguição e morte –, trazia uma mensagem, uma novidade. Quando tive contato direto com eles, perdi completamente a ilusão" (DRUMMOND DE ANDRADE, 2012b, p. 35).

O "claro enigma" da poesia e da atuação políticas de Drummond está todo nesse ato paulatino de tomada de consciência das nossas desilusões históricas, num movimento de ir e vir entre passado e presente, como forma a um só tempo de ação e reflexão, de desejo impossível de voltar para Minas quando "Minas não há mais" (J, p. 38), de entregar-se atento, aos "peixes cegos do tempo" (J, p. 41).

Família

ver Mãe; Maria Julieta; Pai

Farmácia
EDUARDO COELHO

Por meio de cronologias ou linhas do tempo dedicadas ao percurso biobibliográfico de Carlos Drummond de Andrade, é possível saber que ele se tornou bacharel em farmácia na década de 1920. Quase nada se sabe a respeito disso através do próprio autor, o que é de estranhar numa obra onde são muitas as relações entre literatura e vida, como destaca a primeira estrofe de "Mundo grande", publicado em *Sentimento do mundo*, de 1940: "Não, meu coração não é maior que o mundo./ É muito menor./ Nele não cabem nem as minhas dores./ Por isso gosto tanto de me contar./ Por isso me dispo,/ por isso me grito,/ por isso frequento os jornais, me exponho/ cruamente nas livrarias:/ preciso de todos" (SM, p. 45).

Em agosto de 1938, a *Revista Acadêmica* publicou "Sorriso crispado ou o depoimento do homem de Itabira". Em 1944, ela foi incorporada ao livro *Confissões de Minas*, apresentando, porém, um novo título: "Autobiografia para uma revista". Acerca de seu percurso estudantil, Drummond mencionou uma "rápida passagem pelo Colégio Arnaldo, em Belo Horizonte", e os "Dois anos em Friburgo, com os jesuítas", no Colégio Anchieta, de que foi expulso por "insubordinação mental" (CM, p. 64).

Outro retrato de si mesmo foi publicado na revista *Leitura*, em junho de 1943, tratando-se por meio da terceira pessoa: "Não há muita coisa interessante na vida do sr. Carlos Drummond de Andrade [...]". O narrador dessa crônica, intitulada "Autorretrato", esclarece que o personagem em questão "já publicou que foi expulso pelos jesuítas de Friburgo e que não é bacharel em direito nem médico nem engenheiro; é gente, apenas" (DRUMMOND DE ANDRADE, 1943a, p. 15). É verdade que o poeta itabirano não cursou direito nem medicina e muito menos engenharia, mas omitiu o fato de ter estudado farmácia na Escola de Odontologia e Farmácia de Belo Horizonte, onde se matriculou em 1923. Formou-se em 1925 e foi escolhido orador de sua turma. No entanto, ele nunca exerceu a profissão de farmacêutico.

Ao contrário da "rápida passagem" que teve pelo Colégio Arnaldo e da sua traumática vivência no Colégio Anchieta, o percurso de Carlos Drummond de Andrade pelo curso de farmácia não mereceu sequer uma menção nas duas crônicas referidas. Por que então, numa obra em que o sujeito se *expunha cruamente* – de forma estratégica, é claro –, predominou o ocultamento de sua vida acadêmica?

Nesse sentido, torna-se importante lembrar que Drummond revelava, nos anos 1920, um misto conflituoso de vadiagem e culpa. Esse conflito se encontra retratado em versos de "A consciência suja", poema de *Boitempo III – Esquecer para lembrar*, de 1979, que talvez expliquem por que o ocultamento da sua experiência no curso de farmácia se manteve durante décadas a fio. Na seção de abertura desse poema, lemos: "Vadiar, namorar, namorar, vadiar,/ escrever sem pensar, sentir sem compreender,/ é isso a adolescência? E teu pai mourejando/ na fanada fazenda para te sustentar?" (BIII, p. 276). A repetição dos verbos "vadiar" e "namorar" intensifica a falta de compromisso do adolescente com a vida prática. No verso seguinte, as ações de "escrever" e "sentir" não foram problematizadas: afinal de contas, não há movimento reflexivo em cena ("sem pensar" e "sem compreender"), ou seja, nada era levado muito a sério pelo jovem distraído.

Nos versos iniciais desse poema, há descrições sobre um modo de vida efetivamente adolescente, em que a ideia de responsabilidade não condiz com os desejos do sujeito em questão. Porém, no meio do caminho tinha a culpa: ela parecia se firmar por intermédio de uma voz judicativa, presente em "A consciência suja" a ressaltar o contraste entre a vida do filho, sob análise depreciativa, enquanto o pai *mourejava* na dificultosa situação de uma fazenda então decadente. A última pergunta desse trecho desponta, inquestionavelmente, como uma voz acusativa: "E teu pai mourejando/ na fanada fazenda para te sustentar?". É a culpa, uma constante em sua obra desde *Alguma poesia*, seu livro de estreia, publicado em 1930.

O próprio título do poema, "A consciência suja", anuncia uma cena mental em que a culpa atua, inquietando. Conforme Antonio Candido em "Inquietudes na poesia de Drummond", "a inquietude com o eu vai desde as formas ligeiras de humor até a autonegação pelo sentimento de culpa" (CANDIDO, 1970, p. 100). Ao tratar desse problema, Candido também apontou que as "manifestações indiretas" de culpa talvez sejam "mais expressivas, como a frequência das alusões à náusea, à sujeira" (CANDIDO, 1970, p. 100). No livro *Drummond: da rosa do povo à rosa das trevas*, Vagner Camilo escreveu, a partir desse estudo de Antonio Candido, que "a primeira atitude do eu foi a de ocultar essa culpa" (CAMILO, 2001a, p. 251), como pode ser observado em relação à ausência de menções ao curso de farmácia na quase totalidade dos textos drummondianos de viés autobiográfico.

Na primeira seção de "A consciência suja", a voz de tom paternal e interpelativo insiste em desencadear a culpa, talvez com a esperança de que, em seguida, houvesse uma correção no percurso existencial do jovem desajustado: "Toma tento, rapaz. Escolhe qualquer rumo,/ vai ser isto ou aquilo, ser: não, disfarçar./ Que tal a profissão, o trabalho, o dinheiro/ ganho por teu esforço, ó meu espelho débil?" (BIII, p. 276). Por fim, a voz reflexiva – ao contrário do jovem poeta, que fazia versos "sem pensar" e "sem compreender" – se manifesta de modo impositivo: "Erras, noite a fundo, em rebanho, em revolta,/ contra teu próprio errar, sem programa de vida./ Ó vida, vida, vida, assim desperdiçada/ a cada esquina de Bahia ou Paraúna.// [...] // Então, sei lá porque, tu serás farmacêutico" (BIII, p. 276). A respeito disso, José Maria Cançado fez estas observações no livro *Os sapatos de Orfeu: biografia de Carlos Drummond de Andrade*: "Cansado da aura meio irônica de *estudante honorário*, que ele carregava consigo pelo fato de ser o único do seu grupo do Estrela que não seguia algum curso universitário, Drummond resolvera entrar para o curso de farmácia, criado há pouco, e com isso manter afastadas as investidas do pai. O curso estava de bom tamanho para ele. Não só era de curta duração, dois anos, como não exigia o diploma do colegial (coisa que, no seu caso, com a expulsão do Anchieta ficara em aberto)" (CANÇADO, 2012, p. 107).

Na segunda seção do poema, a voz mantém, mais uma vez, a sua força acusativa, ao tratar do agora estudante de farmácia. Este não apresentava qualquer mudança de comportamento referente à vadiagem e à falta de responsabilidade com a vida prática: "E você continua a perder tempo/ do Bar do Ponto à Escola de Farmácia/ sem estudar./ Da Escola de Farmácia à doce Praça/ da Liberdade/ sem trabalhar./ Da Praça novamente ao Bar do Ponto faladeiro,/ do Bar do Ponto – é noite – à casa na Floresta/ sem levar a sério o sério desta vida,/ e é só dormir e namorar e vadiar" (BIII, p. 277). A preposição "sem", repetida em três construções frasais, desmancha o *disfarce* do jovem Carlos Drummond de Andrade: "sem estudar", "sem trabalhar" e "sem levar a sério o sério desta vida". Nesses versos de "A consciência suja", a voz atua como um superego externo ao sujeito, que se torna o agente de um julgamento impiedoso afinado à sátira. É bom lembrar que a sátira tende a compreender agressividade e/ou sarcasmo, buscando, dessa maneira, que o outro se corrija em relação ao seu caráter desviante das normas.

Na dinâmica acusativa, em que parece haver um pai "contra" um filho, o dinheiro é um dos pontos centrais, como evidenciam estes versos: "Seus amigos passam de ano,/ você não passa."/ Ganham salário nas repartições,/ você não ganha nada./ O Anatole France que degustam,/ o Verlaine, o Gourmont, outras essências/ do *clair génie français* já decadente,/ compram com dinheiro de ordenado,/ não de fácil mesada./ Se dormem com a Pingo de Ouro, a Jordelina,/ pagam do próprio bolso esse prazer,/ não de bolsa paterna./ Você pretende o quê?/ Ficar nesse remanso a vida inteira?" (BIII, p. 277). Nessa oposição, há novos contrastes, agora entre o estilo de vida do jovem que não faz, que não conquista, e o de seus amigos, que assumem uma posição mais compromissada com as responsabilidades práticas impostas pela vida adulta. Não por acaso, há advérbios de negação – "você não passa", "você não ganha nada" etc. –, destacando a nulidade do sujeito.

Esta situação se mantém nos versos subsequentes, em que a voz exige, outra vez, o senso de responsabilidade prática: "O tempo vai passando, Clara Weiss/ avisa no cartaz: *Addio, giovinezza,*/ e você não vê, você não sente/ a mensagem colada ao seu nariz?/ Olhe os outros: formados, clinicando,/ soltando réus, vencendo causas gordas,/ e você aí, à porta do Giacomo/ esperando chegar o trem das 10/ com seu poeminha-em-prosa na revista,/ que ninguém lerá nem tal merece./ Quem afinal sustenta sua vida?" (BIII, p. 277). No jornal *Correio da Manhã* de 29 de abril de 1920, a coluna "Nos Theatros" dedicou uma crítica à opereta *Addio, giovinezza*, do maestro R. Petri, que descreve a reação do público como em "completo agrado com [...] aquelas cenas boêmias, de estudantes vadios, mais atirados a conquistas do amor do que a conquistas do saber" (DRUMMOND DE ANDRADE, 1921). Trata-se de uma descrição que parece reproduzir o dia a dia de Carlos Drummond de Andrade nos primeiros anos dessa década, antes e durante o curso de farmácia.

Na entrevista que consta no apêndice de *Horizontes modernistas: o jovem Drummond e seu grupo em papel jornal*, o poeta falou a Maria Zilda Ferreira Cury: "[...] a vida exigia de mim uma definição prática. O pai me sustentava, eu não trabalhava, eu era vadio, e não ganhava nada. [...] Formei-me em Farmácia. Não tendo nenhuma vocação para isso, fui para o interior para ser fazendeiro" (CURY, 1998, p. 146). Em seguida, Drummond afirmou: "Formei-me em Farmácia, embora eu fosse um péssimo aluno, e nunca me interessei por farmácia" (CURY, 1998, p. 147).

Conforme um segundo poema que trata da sua experiência no curso de farmácia, intitulado "Final de história", igualmente publicado em *Boitempo*, o autor manifestou incredulidade acerca da conclusão do seu percurso acadêmico: "Meu Deus, formei-me deveras?/ Sou eu, de beca alugada,/ uma beca só de frente,/ para uso fotográfico,/ sou eu, ao lado de mestres/ Ladeira, Laje, Roberto,/ e do ínclito diretor/ doutor Washington Pires?" (BIII, p. 282). Nos versos desse poema, a incredulidade vem acompanhada de afirmações sobre a importância da profissão e, ao mesmo tempo, da certeza de sua incompetência para assumir o ofício de farmacêutico: "Vou/ manipular as poções/ que cortam a dor do próximo/ e salvam os brasileiros/ do canguaru e do gálico?/ Não posso crer. Interrogo/ o medalhão do

Amorim:/ Companheiro, tu me salvas/ do embrulho em que me meti?/ Dou-te plenários poderes:/ em tuas farmácias Luz/ ou Santa Cecília ou Cláudia,/ faze tudo que eu devia/ fazer e que não farei/ por sabida incompetência", listando, em seguida, itens do campo farmacêutico, como "purgas, cápsulas, xaropes,/ linimentos e pomadas" (BIII, p. 283).

Em carta a Mário de Andrade, não datada, Carlos Drummond de Andrade escreveu: "Tenho uma carta de você para responder, mas cadê tempo? Tanto vadiei que ando agora apertado com umas burrices de farmacologia, bromatologia: coisas que eu nunca entendi na minha vida. Foi uma topada minha ideia de estudar farmácia. Agora será o que Deus quiser!" (CCM, p. 165). Em 20 de dezembro de 1925, escreveu outra carta ao amigo mais velho, comunicando sua formatura: "Acabei os exames e sou agora farmacêutico. Não sei bem o que é isso. Durante o curso todo nunca pensei nisso. E ainda não tive tempo de pensar" (CCM, p. 168).

Nos últimos versos de "Final de história", há uma súplica a Amorim, enfatizando o caráter imprescindível da farmacologia, que contempla outras exigências para além dos tratamentos e da cura: "aplica, meu caro, aplica/ trezentas mil injeções,/ atende, ajuda, consola/ sê enfermeiro, sê médico,/ sê padre na hora trevosa/ da morte do pobre (a roça/ exige de ti bem mais/ que o nosso curso te ensina)./ Vai, Amorim, sê por mim/ o que jurei e não cumpro./ Fico apenas na moldura/ do quadro de formatura" (PC, pp. 1177-78).

De fato, Carlos Drummond de Andrade finalizou sua carreira de farmacêutico no "quadro de formatura", se é que foi iniciada. Porém, seu principal vínculo afetivo da Escola de Odontologia e Farmácia de Belo Horizonte foi mantido através de cartas, que foram sendo guardadas na cidade de Cláudio, em Minas Gerais, por seu correspondente Antônio Martins Amorim, conforme relatado na matéria "Drummond invejava os farmacêuticos", de Carlos Henrique Santiago, publicada em 5 de julho de 1997 na *Folha de S.Paulo* (Santiago, 1997). Essas cartas foram doadas ao Centro de Memória da Faculdade de Farmácia, localizado no campus Pampulha da Universidade Federal de Minas Gerais. Elas registram o clima de camaradagem de antigos colegas de faculdade.

No artigo "Literatura, história e farmácia: um diálogo possível", publicado na revista *História, Ciências, Saúde – Manguinhos*, Irene Nogueira de Rezende nos conta que Adília, filha de Antônio Avelino Fóscolo, farmacêutico e escritor, foi uma das primeiras mulheres a se formar na Escola de Farmácia. Ela estudou com Carlos Drummond de Andrade, que escreveu o poema "Na asa do vento" no caderno de Adília, transcrito por Letícia Malard em seu livro *Hoje tem espetáculo: Avelino Fóscolo e seu romance*: "Na asa do vento/ Esta mulher não tem nome./ Esta mulher passou pelas ruas de Belo Horizonte/ como o vento passa pelas árvores./ O vento passa pelas árvores.../ Saí correndo e gritando atrás de sua sombra,/ Saí correndo e gritando.../ Nas pedras do calçamento,/ Havia uma saudade infinita do seu passo,/ e o seu passo foi mais breve que o vento./ Esta mulher tinha meu destino entre as mãos,/ e sorrindo, e fugindo, perdeu-se no verde/ da distância" (apud REZENDE, 2015, p. 820). Estes versos apresentam um jovem (agora, nada descuidado) frente ao problema do amor não correspondido.

No Centro de Memória da Faculdade de Farmácia também se encontram algumas provas realizadas por Carlos Drummond de Andrade na Escola de Odontologia e Farmácia de Belo Horizonte, como relatou Lucinéia Bicalho, curadora da exposição "Drummond: alquimia poética", realizada em 2016 na Universidade Federal de Minas Gerais: "Temos provas de todos os anos do curso e de todas as matérias, como, por exemplo uma do primeiro ano, de 'Chimica (1º ponto)', em que ele discorre sobre 'Materia, corpo e phenomenos; misturas, combinações, e suas leis; hydrogenio'; uma outra do 2º ano, de 'Pharmacologia', sobre 'Succos ácidos', e outra do 3º ano, de 'Toxicologia (1º Ponto: Etiologia)' em que fala, de forma muito interessante, sobre 'Envenenamentos criminosos, suicidas, acidentais e profissionais'", conforme a matéria "Exposição em MG traz histórias e objetos do farmacêutico Carlos Drummond de Andrade" (BICALHO, 2016). Na prova de "Chimica (1º ponto)", o poeta, então estudante de farmácia, escreveu: "Materia – Com este ponto estudamos, por assim dizer, as noções mais elementares da Chimica, as suas noções basicas. Materia é palavra que serve para definir a substancia de que são feitos todos os corpos. Houve quem definisse: 'Materia – tudo o que affecta os nossos sentidos'. Não é exacto: A sombra affecta o orgão visual, e não é materia, mas simples ausencia de luz" (BICALHO, 2016). A breve resposta não evidencia necessariamente um futuro farmacêutico, mas a desenvoltura argumentativa comprova a qualidade do escritor.

E se "De tudo ficou um pouco" (RP, p. 71), como declara o primeiro verso de "Resíduo", do livro *A rosa do povo*, de 1945, o que ficou da farmácia no estilo literário de Carlos Drummond de Andrade? Em "A doce herança de Itabira", publicada em 28 de outubro de 1972, no *Jornal do Brasil*, Paulo Mendes Campos garantiu que "a farmacopeia drummondiana não vai além de umas poucas palavras técnicas irrompidas na poesia; estacou no discurso de formatura" (CAMPOS, 1972, p. 7).

Termos técnicos, operações e produtos do campo farmacêutico podem ser constatados, entre outros, em *Alguma poesia*: "No azul do céu de metileno/ a lua irônica/ diurética/ é uma gravura de sala de jantar", do poema "Casamento do céu e do inferno" (AP, p. 14); "Estou de luto por Anatole/ France, o de *Thaïs*, joia soberba./ Não há cocaína, não há morfina/ igual a essa divina/ papa-fina", de "Fuga" (AP, p. 50); em *Brejo das Almas*, de 1934: "Deus me abandonou/ no meio do rio./ Estou me afogando/ peixes sulfúreos/ ondas de éter", de "Um homem e seu carnaval" (BA, p. 16); "Enquanto as mulheres cocoricam/ os homens engolem veneno", de "O procurador do amor" (BA, p. 30); "anúncios do melhor sabão", de "Não se mate" (BA, p. 35); em *Sentimento do mundo*, de 1940: "Poetas de camiseiro, chegou vossa hora,/ poetas de elixir de inhame e de tonofosfan", de "Brinde no juízo final" (SM, p. 22); "Os inocentes, definitivamente inocentes, tudo ignoram,/ mas a areia é quente, e há um óleo suave/ que eles passam nas costas, e esquecem", de "Inocentes do Leblon" (SM, p. 24); "és tu mesmo, é tua poesia,/ tua pungente, inefável poesia,/ ferindo as almas, sob a aparência balsâmica", de "Ode no cinquentenário do poeta brasileiro" (SM, pp. 30-32); "Imensa *berceuse* sobe dos mares,/ desce dos astros lento acalanto,/ leves narcóticos brotam da sombra,/ doces unguentos, calmos incensos", de "Madrigal lúgubre" (SM, pp. 41-42); em *José*, de 1942: "E sobre nossos corpos se avoluma/ o lago negro de não sei que infusão", de "Noturno oprimido" (J, p. 41); em *A rosa do povo*: "Ajudai-nos,/ lentos poderes do láudano", de "O medo" (RP, p. 192); "Há soluções, há bálsamos/ para cada hora e dor. Há fortes bálsamos,/ dores de classe, de sangrenta fúria/ e plácido rosto. E há mínimos/ bálsamos, recalcadas dores ignóbeis", de "Nosso tempo" (RP, p. 28); "tampouco procuras/ solução benigna/ de cristo ou arsênico", de "Uma hora e mais outra" (RP, p. 36); "E Fulana diz mistérios,/ diz marxismo, *rimmel*, gás", "Esse insuportável riso/ de Fulana de mil dentes/ (anúncio de dentifrício)/ é faca me escavacando", "E Fulana apelará/ para os frascos de perfume", de "O mito" (RP, pp. 64, 67); "O rosto no travesseiro,/ escuto o tempo fluindo/ no mais completo silêncio./ Como remédio entornado/ em camisa de doente", de "Desfile" (RP, p. 99). A partir de *Novos poemas*, lançado em 1948, os termos técnicos, operações e produtos do campo farmacêutico se tornam ainda mais raros, mantendo-se apenas diversas referências a "ácidos" e "venenos", além da ocorrência do "colubiazol" e de "antibióticos" no poema "Isso é aquilo", de *Lições de coisas*, publicado em 1962 (LC, pp. 91-94).

Em crônicas publicadas na década de 1970 e sobretudo no início dos anos 1980, Carlos Drummond de Andrade discutiu questões referentes à farmácia. Estas não foram associadas à sua experiência acadêmica, de estudante pouco dedicado da área, mas tratavam do mercado farmacêutico. Em 17 de janeiro de 1970, o *Jornal do Brasil* publicou a crônica "Adeus, Elixir de Nogueira", onde descreveu, em suas primeiras linhas, o anúncio desse produto de que a geração então "sessenta" guardou o nome por ser "pavoroso, repetido *ad nauseam* nas revistas": "O anúncio agredia: tinha o retrato de um homem sem nariz, quase diria sem rosto, de tal modo o buraco aberto na figura humana dava impressão que iria tragá-la toda. Por baixo da foto terrível, o atestado: aquele homem ficara bom, embora não lhe nascesse de novo o nariz, graças ao inigualável 'depurativo do sangue.'". Como o título anuncia, o medicamento em pauta era o "Elixir de Nogueira", "fórmula de um farmacêutico do Rio Grande do Sul", que de acordo com o cronista era "recomendada a todos os sifilíticos do Brasil – e como havia sífilis naquele tempo" (DRUMMOND DE ANDRADE, 1970).

Além do anúncio desse medicamento, Drummond também analisou uma edificação na rua da Glória, "plantada a cavaleiro do mar, no centro do Rio: uma casa feita para filial e depósito da firma de Pelotas, que produzia o elixir mágico". Segundo ele, o anúncio desse elixir e o prédio se complementavam. O edifício foi criado em "estilo *art nouveau*, florescente na Europa por volta de 1900, e decalcado com espírito brasileiro de imitação que às vezes consegue *nacionalizar* a cópia introduzindo-lhe uma pitada de tropicália"; a cópia ainda "criou um composto delirante de volumes, com esculturas se alastrando pela fachada em meio ao torcicolo geral e colorido de elementos decorativos". Não à toa, o prédio do Elixir de Nogueira *espantava*, impondo-se ao "espectador bestificado": "Era a mais curiosa, a mais imprevista, a mais sensacional construção já levantada na Guanabara, onde costumam brotar do chão coisas que vou-te-contar" (DRUMMOND DE ANDRADE, 1970).

O interesse de Carlos Drummond de Andrade pelo anúncio do elixir era tamanho que, ao se mudar para o Rio de Janeiro, ele correu à rua da Glória para ver o prédio, localizado no número 214, próximo à residência de seu amigo Pedro Nava, invejado por ter a oportunidade de, "ao sair de casa, poder lançar os olhos naquele monumento da arte contra a sífilis, também documento sociológico de uma fase da vida brasileira". Na altura em que a crônica foi escrita, Drummond não invejava mais o amigo: afinal de contas, "o *Elixir* está sendo demolido", afirmou, apontando em tom elegíaco: "Reduzem-se a cacos os colossos estatuários; a flora do estuque esfarinha-se; a espetaculosa concepção de Virzi transforma-se em simples lembrança na mente de alguns. Amanhã não restará mais nada, neste Rio convulso de especulação imobiliária, que esmaga o viver antigo com seu perfil histórico e sua herança de coisas representativas" (DRUMMOND DE ANDRADE, 1970).

No último parágrafo dessa crônica, onde Drummond se referiu ao seu frequente tom elegíaco muitas vezes dedicado a ícones arquitetônicos destruídos pelo crescimento urbano, entre outros motivos, ele afirmou que "é preciso que haja alguém para alongar os olhos até as formas caducas e evocá-las, para que não se dissolvam de todo como se jamais houvessem existido". Inscrito no Livro do Tombo do Patrimônio Histórico e Artístico Estadual, um decreto autorizou a demolição do prédio do Elixir de Nogueira com a finalidade de construir-se, em seu lugar, "um edifício de renda, onde se reservará espaço para uma biblioteca pública", conforme o cronista. Por fim, ele escreveu: "Se a biblioteca for mesmo instalada no futuro edifício que brotará de tuas ruínas, que ao menos se encontre em sua seção de periódicos uma página velha de jornal, em que teu nome ficou gravado como o de uma das coisas expressivas do Rio do começo do século, injustamente destroçadas. O progresso é às vezes uma espécie de sífilis, que corrói e mata. E contra esta o remédio de Pelotas, da Viúva Silveira & Filho, não pode" (DRUMMOND DE ANDRADE, 1970).

Outros malefícios do progresso se tornam evidentes numa série de textos de Carlos Drummond de Andrade publicados também no *Jornal do Brasil*, a começar pela crônica "O homem e o remédio: qual o problema?", de 26 de julho de 1980, em que problematizou, com ironia, a circulação de medicamentos sem finalidade, comercializados por laboratórios internacionais: "A notícia não poderia ser mais animadora. 122 remédios prejudiciais à vida humana foram condenados pela autoridade sanitária, e é de crer que deixem de ser vendidos nas farmácias e drogarias". Ainda nessa crônica, em que se declarou estar sendo um "consumidor forçado de drágeas, comprimidos, cápsulas e pomadas", ele se lançou a considerações sobre a "misteriosa relação entre a doença e o remédio": "E de experiência em experiência, de tentativa em tentativa, em vez de acertar com o remédio salvador, esbarramos é com uma nova moléstia causada ou incrementada por ele, e para debelar a qual se apresenta novo pelotão de remédios, que, por sua vez...". Dessa maneira, concluiu que o consumidor de medicamentos parecia estar "mais escravizado aos remédios do que as enfermidades", observando que o hábito de ir a farmácias substituía formas de lazer, como o cinema e o Jardim Botânico. O grande problema destacado por Carlos Drummond nessa crônica diz respeito à vida sob regulação permanente de remédios. Ao final do texto, manifestou sua confusão: "E não sei, já agora, se se deve proibir os remédios ou proibir o homem. Este planeta está meio inviável" (DRUMMOND DE ANDRADE, 1980c, p. 40).

Pouco tempo depois, em 2 de agosto de 1980, ele voltaria ao problema da oferta excessiva de medicamentos no mercado farmacêutico brasileiro, em crônica intitulada "Vou à farmácia e já volto". Levava em consideração a dependência que os doentes firmavam com os produtos farmacêuticos, alguns dos quais, naquele momento, eram proibidos pelo governo: "Não são medicamentos; são amizades, são sociedades limitadas, são pactos entre o indivíduo e a esperança de cura, que de repente desmoronam, deixando o sujeito desamparado", analisou, com humor. O apelo comercial das drogarias e o desejo que elas desencadeavam nos consumidores foram comparados ao fascínio provocado por confeitarias, recorrendo novamente à ironia e ao seu tão característico humor-crítico: "Em vez de bombons e balas, têm drágeas, cápsulas, comprimidos que atraem pela cor, pelo prateado ou dourado do envoltório, pelo ar de novidade que as doceiras sabem dar a suas composições de açúcar, chocolate e mel. As prateleiras são alegres, coloridas, chamativas. A parte reservada a produtos de beleza dá vontade de beber ou comer aquelas coisas lindas, moldadas pelo mais sugestivo *design*. Dá gosto ir à farmácia, mesmo sem necessidade: vamos provar as novidades em matéria de enfarte, sarampo, uremia, diabetes, edemas, herpes e *tutti quanti*?". Enfim, as drogarias haviam se tornado "*bonbonnières* de remédios", segundo o cronista (DRUMMOND DE ANDRADE, 1980d, p. 7).

Em 12 de abril de 1984, na crônica "Três mil remédios", Carlos Drummond de Andrade retornaria ao problema do excesso de ofertas no mercado farmacêutico. Diante da lista de remédios então divulgada pela Secretaria Especial de Abastecimento e Preços, que chegou a mais de três mil itens, ele se referiu às dúvidas dos consumidores, quase sempre sem receitas: "Oriento-me pela fórmula, que é hermética? Pela embalagem? Pelo preço? Pela indicação do balconista da farmácia, que não fez curso de medicina e parece dono de uma ciência equivalente à dos médicos, e mais rápida do que a deles, pois dispensa o exame clínico do paciente?". Outra vez recorrendo ao humor, o cronista foi relatando as dificuldades de quem se automedicava ou se valia dos balconistas das farmácias: "Pintou uma dor no baço, corremos à farmácia para adquirir o remédio 'da doutra vez', que nos fora prescrito por não sei mais qual miguel-couto do balcão. Mas este remédio não se fabrica mais. Impressionante, a rotatividade dos remédios. Eles aparecem e somem com a rapidez de baianas no *show*. [...] Levo? Não levo? São três mil marcas, três mil indecisões repetidas a todo momento" (DRUMMOND DE ANDRADE, 1984d, p. 8).

Em seguida, nessa mesma crônica, Carlos Drummond de Andrade listou outros problemas: o valor dos medicamentos, caríssimos; a multiplicação ininterrupta de remédios no mercado farmacêutico e o monopólio dos laboratórios estrangeiros. Por fim, o cronista perguntou-se: "Povo doente, o brasileiro? Ou povo irremediavelmente viciado em remédios?". A resposta se manifestou por meio de uma das mais características doenças nacionais, encerrando, assim, o seu texto: "Paro aqui, pois preciso ir à farmácia da esquina para indagar qual o novo remédio-porrete para mal-estar cívico, sintoma de doença epidêmica que no momento castiga todos os brasileiros" (DRUMMOND DE ANDRADE, 1984d, p. 8). Desta doença os brasileiros ainda sofrem, e muito!

Filha
ver Maria Julieta

Fotografia
AUGUSTO MASSI

Dentre todas as artes, a fotografia foi aquela com que Carlos Drummond de Andrade travou um diálogo mais denso, fecundo e interessante. Matéria de reflexão permanente, ela perpassa o conjunto de sua obra e o faz de modo tão significativo e intenso que seria possível organizar uma ampla antologia, revelando como a fotografia é forma e fundo de sua poética.

Desde os primeiros textos, escritos ao longo da década de 1920 e espalhados por jornais e revistas modernistas, anteriores ao livro de estreia, *Alguma poesia* (1930), Drummond aderiu às conquistas formais da vanguarda internacional, demonstrando domínio das técnicas e do reportório moderno, incorporando à sua fatura poética ritmos e imagens característicos das novas invenções: o jornal, o trem, o telefone, o cinema.

Mimetizando procedimentos de uma câmera portátil, o poeta mineiro tentava fixar o mundo em instantâneos. Tal redução estilística encontrava um correlato objetivo nos cortes experimentais da *Kodak* (1924), de Blaise Cendrars, potencializados pela poesia-manifesto de *Pau Brasil* (1925), de Oswald de Andrade, pela prosa cinematográfica de *Pathé-Baby* (1926), de Antônio de Alcântara Machado, pela coleção de postais dos *Poemas análogos* (1927), de Sérgio Milliet. Porém, acrescidos de fina ironia e farta melancolia que definem a dicção do jovem Drummond.

As paisagens captadas e fabricadas pelo olhar modernista incorporam as vertigens da velocidade, saltam da cidadezinha colonial à metrópole moderna, sempre atreladas ao ritmo dos novos meios de transporte: o bonde, o automóvel, o trem e o avião. Se individualmente os poemas funcionam como registros fotográficos, séries de poemas como "Lanterna mágica" nos conduzem à montagem cinematográfica.

Mas o poeta fia e desconfia dessas ilusões da modernidade. O caráter mesclado de roteiro sentimental do passado e ritmos sincopados do presente movimentam as sete faces da lanterna mágica de *Alguma poesia*. E, na moldura provinciana de "Girassol", de *Brejo das Almas* (1934), se entrelaçam evocação e provocação: "Aquele girassol no jardim público de Palmira./ Ias de auto para Juiz de Fora; a gasolina acabara;/ havia um salão de barbeiro; um fotógrafo; uma igreja; um menino parado;/ havia também (entre vários) um girassol. A moça passou./ Entre os seios e o girassol tua vontade ficou interdita" (BA, p. 31).

O erotismo reponta em outra passagem do poema: "vontade de tirar retrato com aquela moça, de praticar libidinagens, de ser infeliz e rezar/ muitas vontades; a moça nem desconfiou..." (BA, p. 31). Neste primeiro Drummond, lirismo e fotografia partilham de certa intimidade, como se pode comprovar em "Necrológio dos desiludidos do amor": "Do meu quarto ouço a fuzilaria/ As amadas torcem-se de gozo./ Oh quanta matéria para os jornais.// Desiludidos mas fotografados" (BA, p. 40).

Reforçando tal perspectiva, é interessante observar que nessas primeiras obras o poeta substantiva o verbo *olhar* optando com frequência por *olhos*. E, no afã de se desvincular da força do hábito, ainda recorre conscientemente a outro verbo: "as casas *espiam* os homens" (AP, p.11) ou "meus olhos *espiam* olhos ingleses vigilantes" (AP, p. 19). Dublê de detetive e fotógrafo, Drummond manifesta sua condição de intérprete da *câmara escura* e do *negativo*.

Segundo o *Dicionário histórico-fotográfico brasileiro: fotógrafos e ofício da fotografia no Brasil (1833-1910)*, organizado por Boris Kossoy (KOSSOY, 2002), na virada do século XIX para o XX, Minas Gerais possuía um número significativo de estabelecimentos e estúdios de fotógrafos profissionais, entre eles, o genial Valério Vieira, em Ouro Preto; Francisco Augusto Alkmim, o Chichico, que abriu seu primeiro estúdio em Diamantina em 1912; Brás Martins da Costa, fotógrafo de Itabira do Mato Dentro, autor do primeiro retrato do menino Drummond, aos dois anos de idade.

Nada disso passou despercebido ao jovem poeta e cronista que, morando em Belo Horizonte, manifestou interesse pelos fotógrafos seja em sua atuação jornalística, seja no colunismo social e político das "máquinas fotográficas assestadas" fixadas no poema "Nota social" (AP, p. 43) ou na croniqueta "Os fotógrafos imóveis", publicada sob pseudônimo de José Luís, no *Minas Geraes*, Belo Horizonte, em 15 fevereiro de 1932, recolhida em *Confissões de Minas* (1944), sob novo título, "Os fotógrafos vegetais": "Gosto desses fotógrafos de jardim público, que semanas e meses e anos a fio esperam por um freguês que não vem. São discretos e sérios. Tem a correção dos funcionários públicos com mais de vinte anos de serviço, e a serenidade natural que dá o contato com as árvores, as águas, e os bichos modestos. Estão há tanto tempo de pé, junto aos canteiros de grama, que podem ser classificados como elementos da paisagem" (CM, p. 193).

Vale mencionar ainda "Grayce", crônica publicada no *Minas Geraes*, Belo Horizonte, em 26 de março de 1930, sob pseudônimo de Antônio Crispim, recolhida em *Crônicas 1930-1934* (DRUMMOND DE ANDRADE, 1987a), na qual elogia a fotógrafa que assina "retratos finos e inteligentes" em seu estúdio situado na avenida Afonso Pena. Segundo o cronista, antes dessa "artista magnífica, tão pessoal e tão nova", o retrato era "uma coisa feia e ridícula, com que se ornamentavam álbuns e salas de visitas domingueiras". Esta última observação do cronista será retomada pelo poeta, cinco anos mais tarde, em "Os mortos de sobrecasaca", publicada em outubro de 1935 no *Boletim de Ariel* (SM, p. 21).

Mas, se flashes podem ser pinçados em *Alguma poesia* (1930) e *Brejo das Almas* (1934), só a partir de *Sentimento do mundo* (1940) que a fotografia passará a condição de elemento constitutivo de sua poética. Após rotinizar as experiências da vanguarda, Drummond envereda por uma reflexão pessoal e intransferível, substituindo o olho livre e solar do modernismo pelo emprego sistemático de lentes de aproximação e distanciamento, interrogando a realidade visível e sondando manifestações do invisível.

Num ensaio pioneiro, "Retratos de família na obra de Carlos Drummond de Andrade" (2002), Leyla Perrone-Moisés propõe um percurso de leitura que toma *Sentimento do mundo* (1934) como marco inicial e *Paixão medida* (1980) como um ponto de chegada (PERRONE-MOISÉS, 2002). Prolongando essa perspectiva crítica, é possível afirmar que *Sentimento do mundo* aprofunda o diálogo com a fotografia através de dois temas: o álbum de família e o retrato na parede. A força simbólica desses objetos permite ao poeta revisitar sua história familiar e os mitos de fundação de sua cidade.

"Os mortos de sobrecasaca" (SM, p. 21), poema composto por duas estrofes de quatro versos, sob o manto aparente da simetria, reabre o conflito entre os mundos dos vivos e dos mortos. Na primeira estrofe *todos* que estavam na sala se debruçaram sobre um álbum de fotografias intoleráveis. O livro dos mortos (espaço – alto de muitos metros) estimula a troça daqueles que reagem diante das visitas indesejadas (tempo – velho de infinitos minutos). Os vivos se debruçam sobre o álbum – sepultura aberta no meio da sala – e do alto de sua alegria, zombam dos mortos que repousam sob a solene roupagem das sobrecasacas.

Aliás, nos primeiros livros o poeta reiteradamente introduz trajes masculinos refinados – fraque, sobrecasaca, smoking – associados sempre aos contrastes sociais e da moda. No ensaio "A fotografia" (1927), o olhar agudo de S. Kracauer desvela esse efeito: "Trajes usados há pouco tempo adquirem um efeito cômico" (KRACAUER, 2009, p. 72).

Do ponto de vista formal, a força dessa estrofe reside no movimento sinuoso, composto de um único verso que serpenteia de alto a baixo, destilando veneno e escárnio. A segunda estrofe introduz um elemento sub-reptício, invertebrado, que sobrevive aos dois grupos ("todos" e "mortos de sobrecasaca"), um único verme escava os intestinos da imagem e da matéria: sobrecasacas, páginas, dedicatórias e a poeira dos retratos.

As possibilidades de leitura são potencializadas pela escolha aguda das palavras que sinalizam para o trânsito entre destruição e criação, entre voltar ao pó e desabrochar, roer e rebentar. Essa ambiguidade é reforçada pelas repetições do verbo, roer miúdo e contínuo do verme, matizado pela oscilação entre "roeu" e "só não roeu" que, finalmente, abre caminho para o "imortal soluço de vida". Um resíduo vital resiste à destruição do corpo. "Rebentava" contradita "roer".

O poeta recorre à repetição para reforçar as pulsões que irrompem na ambivalência do verbo "rebentava", seja como ruptura seja como nascimento. Na engenhosa caixa de ressonância, células sonoras como "só" e "soluço", guiam o leitor pela galeria subterrânea do poema. Coração delator.

As fotografias dos mortos são intoleráveis porque abalam a confiança na vida. Elas trazem à superfície tudo que é recalcado. Há uma ligação recôndita entre esses dois mundos. Para além da memória, a fotografia sempre preserva um grão da presença. Talvez, esse forte poder de pregnância do poema tenha induzido Álvaro Lins a batizar um de seus volumes de crítica *Os mortos de sobrecasaca* (1963). Em alguma medida, virou sinônimo do que sobrevive num retrato de época.

Em 1934, Drummond deixa as redações de jornal em Belo Horizonte para assumir, no Rio de janeiro, o cargo de chefe de gabinete do Ministro da Educação, Gustavo Capanema. No entanto, o salto do nível estadual para o federal não afastou o poeta da fundação mítica de Itabira. A cidade natal será objeto de longa ruminação. É o que se depreende da carta enviada ao romancista mineiro Cyro dos Anjos, em 4 de agosto de 1936: "Mas repito, a velha Itabira vai fazendo a sua obra... Tenho no meu humilde escritório da rua Salvador Corrêa (de onde lhe escrevo esta carta) um desenho a nanquim do meu conterrâneo Cornélio Pena, que representa os fundos da cadeia de Itabira, tendo a um canto, um pedaço da casa da minha família. É uma dessas coisas antigas que nos dão a impressão do trágico, de tal modo se acha ausente delas o puro elemento da beleza.

Somente o passado com a sua qualidade específica e, no caso, essa dureza bem itabirana que pesa em mim como uma disciplina inibitória. Esse quadrinho está ilustrando o ciclo atual da minha vida e é por intermédio dele que eu estou me comunicando com correntes subterrâneas e poderosas e, num certo sentido, recriando a minha vida" (MIRANDA; SAID, 2012, p. 84).

Como se pode ver, "Confidência do itabirano" foi sendo ruminado, maturado, estruturado através da ligação entre a fisionomia itabirana e "correntes subterrâneas e poderosas" do sujeito, "esse alheamento do que na vida é porosidade e comunicação". Assim como a mitologia pessoal foi recriada no intervalo que separa o desenho da fotografia na parede do escritório. O sentimento do mundo dissolve as fronteiras do tempo. E décadas depois, desloca-se do passado para reverberar na "Ilusão do migrante", do livro póstumo *Farewell* (1996): "Quando vim da minha terra,/ se é que vim da minha terra/ (não estou morto por lá?)/ [...] Que carregamos as coisas,/ moldura da nossa vida,/ rígida cerca de arame,/ na mais anônima célula/ e um chão, um riso, uma voz/ ressoam incessantemente/ em nossas fundas paredes" (F, p. 14).

"Confidência do itabirano" (SM, p. 10) reconstrói em quinze versos o registro da passagem do pequeno município para a capital federal. As três primeiras estrofes desdobram uma narrativa biográfica que, composta por várias camadas, risca a fisionomia de Itabira e molda a máscara do poeta. Nesta redução estrutural notável, o poeta desentranha do seu destino individual algumas linhas de força da história econômica, social e política do país, na qual se entrecruzam passado rural e presente citadino, artesanato e indústria, proprietário e funcionário público.

O corte narrativo da última estrofe produz uma reviravolta completa. As estrofes anteriores não preparam o leitor para a redução temporal e espacial acachapante, cuja vasta herança – mineração, pecuária, terras – é condensada no pretérito perfeito de uma narrativa de perdas. Elas irrompem logo no primeiro verso, breve, seco, tripartido: "Tive ouro,/ tive gado,/ tive fazendas". Do passado de posses resta a confidência implacável do presente: "Hoje sou funcionário público./ Itabira é apenas uma fotografia na parede./ Mas como dói!" (SM, p. 10).

O nome da cidade repetido cinco vezes (além das alusões, no título e no corpo do poema, embutidas em *itabirano*), contrasta com o uso sóbrio e parco do advérbio "apenas". A disparidade estilística evidencia a redução do horizonte político e social: de "futuro aço do Brasil" ao "é apenas uma fotografia na parede". Prensado entre a realidade e a imagem fotográfica, o verso final resulta numa tomada de consciência: "Mas como dói!" A cidade de ferro transmutada em papel.

"Os mortos de sobrecasaca" e "Confidência do itabirano", cada um ao seu modo, revelam a presença de um elemento residual, espécie de retorno do recalcado, que sobrevive de modo pungente e quase patético em jazidas imagéticas do poema que, de repente, salta das fotos e nos toma de assalto: "imortal soluço de vida" e "mas como dói".

Antes de avançarmos, é preciso lembrar que, no início da década de 1940, Drummond cultivou um diálogo estreito com o fotógrafo, pintor, tipógrafo e poeta Sylvio da Cunha (1907-1995). Desse encontro, entre outras coisas, resultou um prefácio que o poeta mineiro escreveu para *Memória da passagem do anjo* (1944) e um artigo, "O poeta e a fotografia", recolhido em *Passeios na ilha* (1952). Sylvio da Cunha, por sua vez, entre 1947 e 1948, assinou uma coluna no suplemento *Letras e Artes*, "Os pássaros do retratista", cujo título foi retirado justamente do texto em que Drummond comenta o seu trabalho de fotógrafo: "câmara escura onde adormecem os pássaros do retratista" (PI, p. 172).

A poesia de Drummond certamente se beneficiou dessa interlocução intelectual. Espécie de placa sensível da amizade. Neste laboratório de conversas e correspondências, poeta e fotógrafo souberam fabricar soluções químicas capazes de plasmar, entre muitos outros, Mallarmé, Valéry, Man Ray, Edward Weston. Por sua vez, Sylvio da Cunha, em "Retratando um poeta", nos legou um 3 × 4 instigante: "Fazendo o retrato do poeta Carlos Drummond de Andrade, não temos tempo de aludir à sua semelhança física com Maurice Ravel, também como o outro, atraído pela concisão e pela precisão de uma poesia quase em termos matemáticos. Em ambos o olhar frio e afiado como uma lâmina atravessa muros impenetráveis, cidadelas de silêncio, intimidades subterrâneas, onde há uma poesia insuspeita e rara" (CUNHA, 1948). Na fotobiografia *Drummond, frente e verso* (1989) é possível ver dois desses retratos, datados de 1947.

José (1942) representa um ponto de inflexão. É a partir deste livro que a palavra *fotografia*, estampada em "Confidência do itabirano", é substituída de forma consciente e sistemática por *retrato*. A troca de um termo genérico pelo uso recorrente de retrato, sinaliza para uma mudança de ordem conceitual. Além de reatar os vínculos com a tradição pictórica, também capta significados introduzidos pela vida moderna, cuja ampla democratização do retrato iniciada no século XIX com as *cartes de visite* culmina com as grandes tiragens das revistas ilustradas. Drummond reúne as duas pontas do gênero.

Não por acaso, a nova proposição poética irrompe em várias passagens de "Edifício Esplendor (1941)": "Há um retrato na parede", "O retrato cofiava o bigode" ou "Chora, retrato, chora./ Vai crescer a tua barba/ neste medonho edifício" (J, pp. 17-19). Também se faz presente em "Os rostos imóveis" (1942): "retrato sempre inclinado na parede" (J, p. 33); "Como um presente" (1942): "O último retrato vale para sempre" (RP, p. 107); "Onde há pouco falávamos" (1944): "Uma família, como explicar? Pessoas, animais/ objetos, modo de dobrar o linho, gosto/ de usar este raio de sol e não aquele, certo copo e não outro/ a coleção de retratos, também alguns livros" (RP, p. 146); em "Mário de Andrade desce aos infernos" (1945): "É um retrato, somente um retrato/ algo nos jornais, na lembrança" (RP, p. 156) e se estende até "Antepassado" (1980):

"Só te conheço de retrato,/ não te conheço de verdade" (PM, p. 36).

Os temas de "Os mortos de sobrecasaca" e "Confidência do itabirano" são revisitados com maior complexidade em "Viagem na família". Segundo Antonio Candido "é através do sonho que o poeta nos introduz numa outra grande manifestação de sua inquietude: a busca do passado através da família e da paisagem natal [...]. Este poema abre um ciclo anunciado por alguns poemas anteriores e desenvolvidos paralelamente à poesia social, prolongando-se todavia depois dela, num ritmo de obsessão crescente" (CANDIDO, 2004a).

Feita essa observação, passemos ao poema "Viagem na família" que fecha estrategicamente o brevíssimo volume de *José*. O território mítico ainda é Itabira. Mas, agora, a confidência abre-se ao solilóquio, o elegíaco ao dramático, o real ao onírico. A viagem, dotada de sentido metafórico e abstrato, penetra histórias familiares soterradas e inflama movimento nas imagens fixadas pelo tempo.

No poema Drummond palmilha território incógnito, que engendra uma concepção inédita de temporalidade e expande os limites do real. A mudança traz à tona uma inquietação dramática, coloca em cena uma dimensão quase teatral e convoca espectros de Shakespeare e duendes de Lorca. E como não mencionar a própria fotografia que, desde seus primórdios, desfila seus espectros e fantasmas?

Ao longo de onze estrofes, somos guiados pela voz do poeta e pela sombra paterna, arrastados pela correnteza rítmica e clara da redondilha, só represada pelo refrão: "Porém nada dizia". Ao final, rompendo os diques da "mágoa, incompreensão e mais de uma velha revolta" as imagens parecem desaguar na dissolução do conflito: "Senti que me perdoava" (J, pp. 48-49).

Dentre diferentes análises do poema que, em um raro zênite crítico, comporta várias leituras, é possível arriscar uma nova chave interpretativa, na qual as faculdades imagéticas da fotografia podem religar experiências e formas heterogêneas. A viagem de retorno ao deserto de Itabira se projeta como um sobrevoo panorâmico, onírico e dramático, pousando o olhar sobre as páginas abertas do álbum de família. Interrogando reiteradamente o retrato paterno, o poeta especula no rosto do passado as imagens espalhadas pelo tempo – "Pisando livros e cartas/ viajamos na família./ Casamentos; hipotecas;/ os primos tuberculosos;/ a tia louca; minha avó/ traída com as escravas,/ rangendo sedas na alcova" (J, p. 48) – espelhadas na própria face.

Revelação estampada no rosto do filho: "Só hoje nos conhecermos!/ Óculos, memórias, retratos/ fluem no rio do sangue./ As águas já não permitem/ distinguir seu rosto longe,/ para lá de setenta anos.../ Senti que me perdoava/ porém nada dizia" (J, p. 50). Nesta passagem, é possível aferir que as lágrimas se precipitam, correm pela face do filho (óculos, bigode), embaçam a vista (as águas já não permitem distinguir seu rosto) e cobrem os retratos: "As águas cobrem o bigode,/ a família, Itabira, tudo" (J, p. 50).

Em contraponto à imagem do verme que rói as fotografias em "Os mortos de sobrecasaca" e da pungente e férrea derrota da "Confidência do itabirano", os versos de abertura de "Viagem na família" – "No deserto de Itabira" ou "O tempo roendo os mortos" – cedem espaço às imagens do sangue e da água que assumem um caráter de libertação, purgação e catarse.

Em *A rosa do povo* (1945), Drummond avança em suas reflexões sobre a fotografia. Numa primeira leitura, "Retrato de família" – ladeado por "Como um presente" e "No país dos Andrades" – pode ser agrupado entre os poemas voltados para a crônica familiar, cujo núcleo é a figura paterna. Porém, sob determinados aspectos, também representa uma incorporação original do retrato e uma compreensão da complexidade do seu significado social para aquém e para além da história da fotografia.

É notável como ele poeta amplia o horizonte da linguagem poética e problematiza a noção de moldura do retrato. Por isso, em vez das imagens oníricas, da atmosfera dramática e da dissolução do conflito em "Viagem na família", agora, o poeta opta propositadamente por estrofes de quatro versos, reiterando os vínculos com a questão formal do enquadramento tão peculiar ao retrato.

A reflexão em torno das possibilidades abertas pela fotografia permite ao poeta expandir o campo do visível. Do início ao fim, mescla com perícia movimentos inesperados e desconcertantes. Nas quatro primeiras estrofes, a materialidade precária do retrato – empoeirado, amarelado, placas cinzentas, oceano de névoa – se funde à ausência de nitidez sobre as experiências dos antepassados: "Já não se vê no rosto do pai/ quanto dinheiro ele ganhou", "A avó ficou lisa, amarela/ sem memórias da monarquia". Porém, de repente, abandona o reino dos mortos e nos transporta para o presente: "Os meninos, como estão mudados" (RP, p. 102).

Vale observar que em "Retrato de família" Drummond rearticula uma série de temas e motivos que vinha abordando desde *Sentimento do mundo*. Por exemplo, os mortos de sobrecasaca ressurgem, agora, individualizados por seus papéis familiares: o pai, a avó etc. E o que parece ser uma inovação – de grande alcance estético – o polo da memória passa a se alternar com o da imaginação, sem deixar de sugerir novas conexões entre força sociais e forma artística.

Outros deslocamentos vão tomando o poema de assalto. Após recriar a marcação de cena neste delicado teatro de câmara – "No semicírculo das cadeiras" – reunindo os parentes imóveis posando para a foto, Drummond introduz novos personagens no palco giratório do poema, injetando maior movimento no tabuleiro familiar – "As crianças trocam de lugar". Entretanto, empregando o método brechtiano, o próprio poeta rompe com o efeito da encenação: "mas sem barulho: é um retrato" (RP, p. 102).

Confrontar o familiar e estranho configura o movimento do poema. Duas estrofes abaixo, o poeta radicaliza esse procedimento, em chave negativa, ao interrogar e desautorizar: "Esses estranhos assentados,/ meus parentes? Não acredito" (RP, p. 102). Outra ruptura, nova dissonância, feita à imagem e dessemelhança. Reforça essa leitura o fato de o sujeito lírico permanecer oculto e só assumir a primeira pessoa na sétima estrofe.

No embate das interpretações, Drummond arma e desarma o campo minado da verossimilhança. Combinando movimentos de quem examina objetivamente uma fotografia, passa os olhos sobre a planície da foto ou foca um detalhe específico. Mas o poeta não ocupa o lugar do fotógrafo. Ele revisita o que fotógrafo registrou – fragmentos retirados do tempo e do espaço – o que, agora, o mobiliza a disparar os mecanismos da memória e da imaginação.

Enquanto o mundo exterior conserva alguma predominância em "Lanterna mágica", "Os mortos de sobrecasaca" e "Confidência do itabirano", em "Retrato de família" o poeta invade o espaço da foto, espreita no claro-escuro do salão, especula sobre os personagens constelados no retrato. Tudo que gradualmente se oculta no fundo dos móveis, no bolso de velhos coletes, em inúmeras gavetas e papéis. Tudo que se revela: "um corpo é cheio de surpresas". A reflexão poética se funde com a própria fotografia. Drummond leva a especulação ao limite: "O retrato não me responde,/ ele me fita e se contempla/ nos meus olhos empoeirados./ E no cristal se multiplicam// os parentes mortos e vivos" (RP, p. 103). O poema é um carrossel de espelhamentos.

No seu constante diálogo com a fotografia, também chama a atenção que tanto em "Viagem na família" quanto em "Retrato de família" reapareçam formulações semelhantes. No primeiro, "As águas *já não permitem/ distinguir* seu rosto longe,/ para lá de setenta anos..." (J, p. 50), No segundo: "E no cristal se multiplicam/ os parentes mortos e vivos./ *Já não distingo* os que se foram/ dos que restaram" (RP, p. 103).

Não por acaso, o poeta também volta a empregar, estrategicamente, no penúltimo verso, o advérbio "apenas", como havia feito em "Confidência do itabirano": "Percebo *apenas/* a estranha ideia de família// viajando através da carne" (RP, p. 103). Em ambos, tangencia um sentido de pena, palavra derivada de *poena* e se metaforiza em castigo e punição. Sob o viés da negatividade, "Retrato de família" atinge o seu ápice quando o poeta imanta, numa só imagem, o estranho e o familiar: "Percebo apenas/ a estranha ideia da família/ viajando na carne" (RP, p. 103).

Seguindo a trilha de Walter Benjamin, se "as ideias se relacionam com as coisas como as constelações com as estrelas" (BENJAMIN, 2020) os retratos de família drummondianos também assumem uma forma constelar na qual a poesia se relaciona com a fotografia assim como os vivos com os mortos. A luz de estrelas extintas percorre o espaço sideral até penetrar nosso olhar. A viagem fotográfica permitiu ao poeta naturalizar esse "convívio". De *Claro enigma* (1951) a *Farewell* (1996) "os mortos" deixam de assombrar: "Na ambígua intimidade/ que nos concedem/ podemos andar nus/ diante de seus retratos./ Não reprovam nem sorriem/ como se neles a nudez fosse maior" (LC, p. 73).

Antes de analisar outro ponto de virada nos vínculos entre poesia e fotografia na trajetória literária de Drummond, é preciso enfatizar um aspecto profissional que tem sido relativamente descurado. Em 1945, Drummond deixa a chefia do gabinete de Gustavo Capanema e, após uma breve e frustrada passagem pela *Tribuna Popular*, jornal do Partido Comunista, é convidado por Rodrigo M. F. de Andrade a integrar os quadros do Patrimônio Histórico e Artístico Nacional, onde será chefe da Seção de História, na Divisão de Estudos e Tombamento, até sua aposentadoria em 1962.

O impacto desta mudança profissional na dicção poética drummondiana não foi devidamente avaliado pela crítica. Primeiro, maior sensibilidade para desentranhar dos documentos uma sintaxe memorialista, uma gramática cartorial das heranças e hipotecas e o miúdo comércio da decadência. Segundo, o empenho em construir uma cartografia sentimental, histórica e arquitetônica, das cidades históricas mineiras e do Rio de Janeiro. Terceiro, desvelar relações de classe calcificadas nas dramáticas volutas barrocas de *A rosa do povo* e *Claro enigma* (1952).

O diálogo reiterado com a fotografia nos permite compreender melhor sua progressiva incorporação (sempre problematizadora) da arquitetura. A exemplo dos álbuns de família, Drummond passa a explorar outro gênero fundamental para a consolidação da fotográfica, os *Álbuns comparativos de vistas das cidades*. Vertente indissociável do registro minucioso da planta urbana de Paris feito, com maestria e discrição, pelo fotógrafo Eugène Atget (1857-1927).

No Brasil, os mais representativos são *Álbum Vistas de Petrópolis e Rio de Janeiro (c.* 1885) e o álbum *Avenida Central: 8 de março de 1903 – 15 de novembro de 1906*, realizados por Marc Ferrez (1843-1923) e *Álbum Geral do Brasil*, de Augusto Malta (1864-1957), que registraram principalmente a capital federal. Podemos citar ainda o *Álbum Comparativo da Cidade de São Paulo (1862-1887)*, de Militão Augusto de Azevedo (1837-1905) ou o *Álbum Vistas de Manaus (c.* 1900), de George Huebner (1862-1935).

A história dos diferentes usos da fotografia nos abre uma possibilidade de investigar como Drummond realiza a passagem da lírica familiar para a poesia dita social. Dentre os poetas modernos, foi quem mais retratou as transformações urbanas, dedicando especial atenção às construções que moldaram nossa vertiginosa verticalização: "Edifício Esplendor" (1941), "Edifício São Borja" (1945), "A um hotel em demolição" (1958).

Paralelamente – embora distante da lanterna mágica modernista – o poeta revisita antigos sítios e paragens riscadas por cicatrizes históricas e revoltas políticas, impregnados de matéria e visualidade barroca em "Estampas de Vila Rica", "Morte das casas de Ouro Preto", "Os bens e o sangue", "Relógio do Rosário" (1951). A riqueza do léxico e das formas contrasta com as lavras e o barro da decadência.

Mas voltemos ao objeto da análise, "A um hotel em demolição", incluído em *A vida passada a limpo* (1959). Como o próprio título do livro anuncia: é tempo de balanço. Os traços biográficos, existenciais e familiares não se apagam, migram para o enorme afresco elegíaco e realista, se plasmam à memória coletiva. O Hotel Avenida representava a "vida nacional em termos de indivíduo" (VPL, p. 54).

Inaugurado em 1910, era o que havia de mais moderno no país: cinco pavimentos, 220 quartos ofereciam aos hóspedes conforto, raro e inédito, como luz elétrica, elevadores, telefones. O hotel ocupava toda a quadra. A entrada principal dava para a avenida Central (atual avenida Rio Branco) e os fundos para o Largo da Carioca, as fachadas laterais, uma dava para a rua São José e, a outra, para a rua de Santo Antônio (hoje Bittencourt da Silva).

No térreo havia uma estação com plataforma de embarque e desembarque dos bondes, sob uma marquise de ferro, famoso tabuleiro da baiana. Milhares de foliões desembarcavam na estação coberta da Galeria Cruzeiro e Mário de Andrade registrou no belíssimo "Carnaval carioca": "Embaixo do Hotel Avenida em 1923/ Na mais popular civilização do Brasil/ Os negros sambando em cadência./ Tão sublime, tão África" (ANDRADE, 1927).

A Galeria Cruzeiro – o nome remete aos dois corredores, em forma de cruz, que cortavam o andar térreo do hotel dando acesso pra rua – durante quatro décadas foi uma bússola da poesia moderna brasileira. Sob a malha arquitetônica do Hotel Avenida, a galeria era tomada por cafés, bares, restaurantes, espaços simbólicos da sociabilidade carioca: Bar Nacional, Bar e Restaurante Brahma (ou "Ao Franzisbnaner", nome da cerveja mais popular da época), Café Nice, a Leiteria Silvestre e a Mineira. O primeiro deles está enraizado na experiência lírica de Manuel Bandeira que muito embora achasse o hotel um "monstrengo que enfeava a cidade", lastimava que "demolido o velho casarão do Hotel Avenida, e erguido o belo edifício moderno que lá está não tenham voltado a ocupar os cantos térreos os grandes bares que os ocupavam no antigo prédio. [...]. No Bar Nacional me relumeou de repente a célula de muito poema de *Libertinagem* e da *Estrela da Manhã*". ("O Bar", BANDEIRA, 1958, pp. 612-13).

Na biografia *Os sapatos de Orfeu*, José Maria Cançado narra que o adolescente Carlos Drummond de Andrade viu "a fachada meio babilônica, meio babélica do Hotel Avenida", pela primeira vez, nas páginas da *Fon-Fon* (CANÇADO, 2012, p. 40). Anos depois, essa quase tópica do modernismo ressurge em *Alguma poesia* (1930), nos versos de "Coração numeroso", poema publicado no segundo número de *A Revista*, agosto de 1925: "Meus paralíticos sonhos desgosto de viver/ (a vida para mim é vontade de morrer)/ faziam de mim homem-realejo imperturbavelmente/ na Galeria Cruzeiro" (AP, p. 44).

Essas informações são fundamentais para que o leitor compreenda a centralidade do edifício no imaginário de poetas, cronistas, fotógrafos. Porém, verdade seja dita, foi Drummond quem soube capturar o *memento mori*, essa conjunção de elementos contraditórios da modernidade, mescla de memória pessoal, experiência histórica, linguagem criativa e forças sociais destrutivas. Talvez, inspirado pelos cruzamentos da galeria, o poeta reproduz, em vários níveis, o cruzamento de tempos coletivos e destinos individuais: *La forme d'une ville change plus vite, hélas! que le coeur d'un mortel*. Ao contrário dos círculos infernais da família que nos prendem à cadeia hereditária, teatro repetitivo dos costumes, circuito fechado da tradição, o hotel encarna o grau máximo de transitoriedade: "Todo hotel é fluir".

Este ícone afrancesado belle époque carioca, perpetrado pela reforma haussmannina do prefeito Pereira Passos, foi beneficiado pelo bota-abaixo. Em 1957, por ironia da história, seria demolido para dar lugar ao Edifício Avenida Central, 34 andares de aço e vidro, projetado nos padrões do *international style* pelo escritório do arquiteto Henrique Mindlin.

A história do Hotel Avenida se confunde com a do fotógrafo alagoano Augusto César Malta de Campos (1864- -1957) que, em 1888, desembarcou no Rio de Janeiro. E, por um lance de sorte, passou de fotógrafo amador a profissional, sendo contratado pelo prefeito Pereira Passos para documentar o processo de transformação urbanística. Em 1904, também foi contratado pela Light para registrar as ações modernizadoras da empresa, centradas, em especial, nos bondes elétricos e na iluminação pública. Entre 1903 e 1936, na condição de fotógrafo oficial da prefeitura, ficou encarregado de bater fotos que permitissem uma avaliação dos imóveis condenados para o cálculo das indenizações. Por isso, Augusto Malta costumava anotar escrupulosamente em suas fotos o nome da rua, do imóvel e a data em que foi tirada.

"A um hotel em demolição" presta uma dupla homenagem ao fotógrafo. Em novo cruzamento entre destino individual e coletivo, Drummond, arquivista dotado de ironia e senso histórico, demonstra que, além de conhecer os inúmeros registros fotográficos que Augusto Malta havia feito do hotel, desde a sua inauguração, também estava ciente de que o falecimento do fotógrafo havia ocorrido, em 1957, mesmo ano em que o edifício seria demolido. Não por acaso, começa o poema, "Vai, Hotel Avenida,/ vai convocar teus hóspedes/ no plano de outra vida" (VPL, p. 52).

A publicação do poema, ocupando uma página inteira do *Suplemento Literário d' O Estado de S. Paulo*, em 20 de setembro de 1958, certamente, amplifica nossa percepção visual do poema, desventrado em corredores e quartos gráficos, combinando as lições construtivas das formas inscritas no próprio ímpeto da demolição. O estilo visceralmente mesclado está ligado ao trânsito permanente entre verso livre e formas fixas, trechos em prosa e pura poesia, parnasianismo e vanguarda, justaposto ao fluxo disparatado do tempo histórico e o dos ponteiros vorazes do relógio hoteleiro. Alternando pequenos fotogramas com a visão da grande ocular, reconfigura num mosaico de códigos, o slogan publicitário "chope da Brahma louco de quem ama" e o diálogo sentimental de hóspedes vivos e mortos: "o Bar Nacional pura afetividade/ súbito ressuscita Mário de Andrade" (VPL, p. 56).

A evocação fotográfica assume a configuração estrutural do imenso edifício. Cada quadra poética remete aos cinco pavimentos do hotel: forma e fundo, significante e significado. O que vai se dispersar no pó da demolição também se integra à moldura do grande mundo. Uma babel de línguas circula pelo saguão, corredores e quartos do poema: flashes em alemão, "Stellen Sie es auf den Tisch!" [Ponha na mesa!], passagens em espanhol, colagens de Shakespeare (*Titus Andronicus*, ato V, cena III).

Deste ângulo, o poema pode ser pensado igualmente como uma gigantesca fotomontagem feita de reminiscências de hóspedes, fantasmas da imaginação, anedotas e reportagens, frames de *Grande Hotel* resgatado em "Os 27 filmes de Greta Garbo": "...disfarço-me de *groom* no Grande Hotel/ para conferi-la na intimidade sem véus de bailarina" (F, p. 64).

Num "*Vai*" e "*Vem*" incessante os versos de abertura – "Vai, Hotel Avenida,/ vai convocar teus hóspedes/ no plano de outra vida" (VPL, p. 52) – e da quinta parte do poema – "Vem, ó velho Malta/ saca-me uma foto/ pulvicinza efialta/ desse pouso ignoto" – sinalizam para a porta giratória do tempo. Por isso, Drummond convoca o fotógrafo: "Lá do assento etéreo,/ Malta, sub-reptício/ inda não te fere o/ superedifício// que deste chão surge?/ Dá--me o seu retrato/ futuro, pois urge// documentar as sucessivas posses da terra até o juízo final" (VPL, pp. 59-60).

O apelo ao fotógrafo deixa claro que documentar o processo de demolição é diferente da ruminação de uma ruína. A demolição elimina qualquer vestígio: "não espera o termo veludoso das ruínas" (VPL, p. 59). Trata-se de uma ação planejada que conduz ao desaparecimento. Na dialética negativa drummondiana, a demolição do Hotel Avenida corresponde à fotomontagem histórica de uma desmontagem: "verme roído por verme" (VPL, p. 58).

Na década de 1960, outro fotógrafo brasileiro cruza o caminho do poeta. Diferente da amizade intelectual com Sylvio da Cunha, a primeva percepção que Drummond tem do jovem poeta, exímio pianista e fotógrafo, Aléčio de Andrade (1938-2003), é de absoluta descoberta.

Em setembro de 1964, Aléčio realiza uma exposição, *Itinerário da infância*, na Petite Galerie, em Ipanema. O olhar experimentado do visitante Carlos Drummond de Andrade logo pressentiu um talento de sete faces. E decidiu fazer a apresentação do fotógrafo através do poema, "O que Aléčio vê": "A voz lhe disse (uma secreta voz):/ – Vai, Aléčio, ver./ Vê e reflete o visto, e todos captem/ por teu olhar o sentimento das formas/ que é o sentimento primeiro – e último – da vida". (AA, p. 39). O alumbramento provoca novo poema "A saudação da infância" (*Jornal do Brasil*, 27 setembro 1964).

Aléčio perseguia uma linha secreta que estruturasse a foto sem perder a naturalidade da dimensão humana. Num misto de encanto surpresa, Drummond reconheceu o frescor daquelas imagens que, filiadas à linhagem moderna, gravitavam em torno de Henri Cartier-Bresson, Brassaï e Doisneau. E não demorou para que Aléčio fosse viver em Paris, desenvolvendo uma trajetória artística e profissional bem-sucedida trabalhando como correspondente da *Manchete* (1966-73) e membro da agência Magnum (1970-76).

Entre 1964 e 1981, Drummond dedicou cinco artigos ao fotógrafo, sempre com a clara intenção de divulgar seu trabalho e sem alterar substancialmente a sua percepção crítica inicial. Em contrapartida, Alécio procurou inventar uma nova face para o poeta, ora bordejando sua delicada silhueta, entre fraga e sombra, ora libertando esse anti-narciso do antiquado figurino de ternos e gravatas. Num retrato que figura na citada fotobiografia, *Drummond, frente e verso*, este parece contemplar não a própria imagem refletida na mesa, mas seu claro enigma.

Diante da sua propalada timidez e depois de ter afirmado categoricamente em "Apelo a meus dessemelhantes em favor da paz" (1952) – "Sou contra Niépce, Daguerre, contra principalmente minha imagem. Não quero oferecer minha cara como verônica nas revistas" – Drummond se deixou fotografar, entre outros, por Grayce, Jorge de Castro, Genevieve Naylor, Sylvio da Cunha, Marcel Gautherot, Alécio de Andrade, Edu Simões, Evandro Teixeira e Rogério Reis. Os dois últimos, oriundos do fotojornalismo, foram contemplados com poemas: "Diante das fotos de Evandro Teixeira" (1982) e "A excitante fila do feijão" (1980), ambos recolhidos em *Amar se aprende amando* (AA, pp. 52, 132).

Em contraste com os raríssimos retratos realizados por pintores – Portinari, Tarsila, Ismailovitch – até que se deixou fotografar com certa frequência. Na maioria delas, o poeta parece portar uma máscara inexpressiva, quase marmórea, como se o homem atrás dos óculos e do bigode carregasse noventa por cento de ferro na face. A boca riscada por um hífen fino e cortante. Os braços cruzados forjam um escudo de retraimento. Quando pensos, paralelos ao tronco, revelam que os ombros mal suportam o mundo. Ele próprio, em abril de 1962, ao se ver na capa da revista *Visão*, ficou espantado com o rosto de "pastor protestante, calvo e anguloso".

No derradeiro ciclo criativo, Drummond dedica todas suas energias à trilogia memorialística de *Boitempo* (1968), *Menino antigo* (1973) e *Esquecer para lembrar* (1979). Na maturidade, volta a contemplar a infância à luz de um lirismo rural e provinciano. O olhar perde aquela potência corrosiva, dramática e irônica e adquire um distanciamento fruto da decantação, uma perspectiva cômica e uma sociologia lírica e, mesmo nas passagens mais violentas, pacificada. A trilogia se assemelha à tarefa de montar álbuns. Dispondo as fotos na página, como quem abre sulcos na terra ou carpe os campos da memória.

Paralelamente, Drummond foi organizando um vasto arquivo fotográfico. Para isso, mobilizou parentes, colheu informações com amigos, contou com a colaboração de leitores espalhados pelo país. Além do trabalho de pesquisa, o poeta tratou de, meticulosamente, datar todas as fotos, identificar parentes e amigos e, com algumas delas, montar um painel com vários de seus retratos, de 1920 até 1969. Parcela significativa deste material foi reaproveitado na trilogia de *Boitempo* e na fotobiografia *Drummond, frente e verso* (KAZ; MONTEIRO, 1989).

A fotografia está presente até o fim da trajetória de Carlos Drummond de Andrade. "Imagem, terra, memória", poema composto de noventa e um versos e dividido em quatro partes, foi escrito especialmente para acompanhar um conjunto de fotos do latinista e fotógrafo amador Brás Martins da Costa (1866-1937): "A fotoviagem continua/ ontem-sempre, mato a dentro/ imagem, vida última dos seres" (F, p. 50).

Tio Brás, como era conhecido na cidade, retratou a paisagem e a sociedade itabirana do final do XIX e início do século XX, entre outros, o clã Drummond. As fotos reunidas em *Retratos na parede* (Barros; Reis, 2012) soldam as duas pontas da vida do poeta.

Nele figura a foto do gauche, aos dois anos de idade, feita no ateliê do fotógrafo. O menino ocupa o centro da cena. Está vestido a caráter, de pé, à frente de um triciclo. O rosto levemente virado à esquerda. Os olhos não encaram a câmara. Nunca se esquecerá desse acontecimento na vida de suas retinas tão fatigadas.

Garbo, Greta
EUCANAÃ FERRAZ

Manuel Bandeira, em carta enviada para Mário de Andrade, datada de 14 de abril de 1931, apresenta ao amigo uma versão preliminar de sua deliciosa "Balada das três mulheres do sabonete Araxá" com os seguintes versos: "Se me perguntassem: Queres ser estrela, queres ser rei?/ Queres uma ilha no pacífico, um bangalô em Copacabana?/ Queres Greta Garbo, Anita Page, Anna May Wong? Responderia: Não quero nada disso, tetrarca! só quero as três mulheres do sabonete Araxá! O meu reino pelas três mulheres do sabonete Araxá!" (ANDRADE; BANDEIRA, 2000, p. 499). O poeta acabou por subtrair na versão final de sua balada o verso que cita as atrizes, e que no esquema triádico do poema formariam uma espécie de triângulo perfeito: a primeira representaria a beleza nórdica; a segunda, a beleza latina; a terceira, a beleza asiática. Em meio a fragmentos quase invisíveis de Shakespeare, Lamartine Babo e Olavo Bilac, as referências a Garbo, Page e May Wong decerto lançariam o poema para uma zona excessivamente demarcada – o cinema americano daqueles tempos – e adensariam a atmosfera vaga do texto em torno de mulheres poderosas demais, que, mesmo fantasiosamente preteridas pelo sujeito em favor das três mulheres do sabonete Araxá, exibiam a dupla condição de existirem de fato e de serem mitos da vida moderna. Na economia excessiva, mas bem dosada do poema, a retirada dos nomes garantiu, de fato, maior concentração na imagem das mulheres estampadas na propaganda do sabonete.

A ausência do triângulo de estrelas no poema não apaga o forte apelo dos símbolos sexuais produzidos pela cultura de massas, pois, afinal, as três mulheres do sabonete Araxá são exatamente isso.

E ainda, se criação e propagação de imagens femininas carregadas de beleza e sensualidade são fenômenos antiquíssimos, não há dúvida de que a associação da linguagem e do erotismo com a máquina, e os efeitos decorrentes da reprodução em larga escala, mostraram-se avassaladores como nunca. A imagem das mulheres do sabonete são uma versão modesta e local dos mitos do cinema americano, de modo que, mesmo não citadas, Greta Garbo, Anita Page e Anna May Wong podem ser, digamos, sentidas – ou elas sem seus nomes, ou outros nomes que instalassem a mesma mágica do belo cinematográfico.

Pode-se ver algo semelhante no extraordinário "O mito", de *A rosa do povo*. No poema, Drummond põe em cena um sujeito que, em primeira pessoa, leva-nos a conhecer sua obsessão por um estranho e vago personagem, "Fulana", cuja extravagante e avassaladora presença confunde-se com sua perturbadora distância, de modo que tal ambiguidade gera uma procura ansiosa que se faz mais burlesca quanto maior o sofrimento que põe em marcha: "Mas Fulana será gente?/ Estará somente em ópera?/ Será figura de livro?/ Será bicho? Saberei?" (RP, p. 65). O objeto do desejo concentra e personifica vários modelos do belo feminino, criados tanto pela alta literatura ("Petrarca, Ronsard, Camões") quanto pela sociedade de consumo ("anúncio de dentifrício"). "Fulana" tem os atributos da ubiquidade e da atemporalidade: "talvez dance no cassino/ ou, e será mais provável,/ talvez beije no Leblon,/ talvez se banhe na Cólquida;// talvez se pinte no espelho/ do táxi; talvez aplauda/ certa peça miserável/ num teatro barroco e louco;// talvez cruze a perna e beba;/ talvez corte figurinhas;/ talvez fume de piteira,/ talvez ria, talvez minta" (RP, pp. 66-67). Simultaneamente mulher e mito, sua presença e sua ausência alimentam uma sedução espantosa que o poema materializa em sua arquitetura fragmentária, de ritmo intenso, cortes bruscos, paradoxos, imagens contrastantes, vocabulário heteróclito e outros expedientes lúdicos. Se Fulana é "branca, intata, neutra, rara/ feita de pedra translúcida,/ de ausência e ruivos ornatos" (RP, p. 65), à maneira da estatuária clássica e em harmonia com o gosto parnasiano, é também moderna e construída em padrões tecnológicos: "Fulana é toda dinâmica,/ tem um motor na barriga./ Suas unhas são elétricas,/ seus beijos refrigerados,// desinfetados, gravados/ em máquina multilite" (RP, p. 68).

Em "O mito", estão em foco tanto o mito quanto o sujeito que o consome e os instrumentos que o produzem. As três instâncias alimentam-se umas às outras, de modo que o termo "consumir" atribuído ao sujeito deve inserir também um caráter ativo. Quanto mais é seduzido, mais lhe apetece a sedução, incluindo-se nela o sentimento de desamparo, planos de recusa e a rejeição inopinada; a vassalagem ao mito deixa ver a dinâmica subjetiva que alimenta de imagens a imagem que lhe oferecem, daí resultando um jogo em que tudo é ilusão. Drummond exibe de modo formidável a máquina de certo mundo industrial, produtor de fantasias, infortúnios, prazeres e inquietações sem fim graças à exploração libidinal do público.

O nome "Fulana" é um "não nome" que busca, sem dúvida, focalizar a generalização do fenômeno em vez da particularidade de cenários, personagens e contextos – ou seja, "Fulana" é cada uma e todas as mulheres do sabonete Araxá, bem como Greta Garbo, Anita Page, Anna May Wong; ou Jean Harlow; ou Rita Hayworth; ou qualquer outro símbolo de glamour e sensualidade criado pelo cinema. Mas uma figura singular parece adivinhar-se no poema de Drummond. Ou melhor, a sátira do arrebatamento erótico engendrado no circuito da cultura de massas – particularmente o cinema – aponta para outros momentos da obra drummondiana. E o nome que irrompe é o de Greta Garbo.

Em 18 de maio de 1930, na coluna "Sociaes" do jornal *Minas Geraes*, Drummond assina com seu mais famoso pseudônimo – Antônio Crispim – a crônica "O fenômeno Greta Garbo". Deparamos ali com uma indeterminação muito próxima daquela de "O mito". A atriz é considerada, em primeiro lugar, "feia". E ainda: "Tem um corpo de tábua de passar roupa, depositado sobre dois pés enormes, nº 41 (dizem que Isadora Duncan não os possuía menores). Um rosto que não recomenda nem pelo brilho dos olhos nem pela correção do nariz nem pela exiguidade da boca. Criatura seca, pobre de curvas, rica de ângulos, e seguramente sem nenhum desses predicados que caracterizam e dão preço às nossas belezas de trópico. Beleza, talvez, para os esquimós, se o belo para o esquimó não fosse uma autêntica esquimó, e não uma cavalheira comprida e trágica, mórbida, antipática e artificial [...]" (DRUMMOMD DE ANDRADE, 1930a). A descrição ganha em *humour* na medida em que desmonta um símbolo da beleza feminina sem nenhum embaraço, refazendo-o com traços caricaturais. No entanto, o cronista afirma, a seguir, não perder um filme da sueca, acabando por concluir que, como todos, tem a sua "máquina sentimental" desarranjada por ela.

Quatro anos mais tarde, também nas páginas do *Minas Geraes*, de 26 de maio, Drummond publicará outra crônica sobre sua musa. Numa seção jocosamente intitulada "Opiniões de Camondongo", o cronista utiliza um pseudônimo que não só alude ao nome da coluna, como exibe um cinéfilo espirituoso e sempre autoirônico: Mickey (é provável que Drummond tenha conhecido o famoso personagem criado por Walt Disney nas páginas da revista *O Tico-Tico*, que a partir de 1930 publicou as tirinhas do personagem). A crônica trata do filme *Rainha Christina*, de 1933, com direção de Rouben Mamoulian, no qual Greta Garbo é a protagonista: "[...] é um filme stendhaliano, e a Garbo, no papel da rainha sueca, é um desses seres que o autor da *Chartreuse* chamava, com admiração, de corações italianos. Não há, é certo, nenhuma semelhança formal entre os amores da duquesa de Milão e os da rainha nórdica. Mas o mesmo ardor de vida, a mesma impetuosidade sentimental procurando torcer os acontecimentos e afeiçoá-los a uma realidade interior, a mesma ausência de hipocrisia e de limitações sociais... Essa rainha Christina tem o contorno, a nitidez e a efervescência de uma personagem de Stendhal.

Rainha dos suecos, dos godos e dos vândalos... Rainha de todos nós, também". A conclusão da crônica não poderia ser mais entusiasta: "É impossível deixar de amar esse filme como um dos mais lindos espetáculos que o cinema já ofereceu à sensibilidade moderna" (DRUMMOND DE ANDRADE, 1934).

Curiosamente, outro crítico, Geraldo Ribas, em *A Luta*, jornal da cidade de Pirapora – para permanecermos em Minas – escreve a 25 de janeiro de 1934, apenas quatro meses antes, portanto, da crônica de Mickey-Drummond, texto no qual fala do exotismo no cinema como uma herança do teatro, herança de caráter "artificial, hipócrita, fantástico mesmo, como acontece com Greta Garbo". Por fim, a estrela sueca é assim definida: "invenção da objetiva e da publicidade" (RIBAS, 1934).

Enquanto isso, as reservas de Drummond, e mesmo o sarcasmo, que mal disfarçava a profunda simpatia, desapareciam para dar lugar à exaltação. Ainda que decididamente desconfiado dos mitos produzidos em série pela indústria cultural, o poeta manteve Greta Garbo resguardada da ironia de sua prosa e de seus versos. Com o tempo, a atriz passou a lhe parecer singular e humana, apesar da máscara ou exatamente por ela, como se o rosto guardasse, quanto mais se expunha, a mulher e não a máscara; como se extrapolasse a mera produção, projetando para além da tela uma verdade e um segredo que se podiam ver como uma mesma coisa, ela mesma.

Por fim, a estrela de Hollywood acabou por assumir certo *gauchismo* quando, ainda na década de 1940, abandonou o cinema e passou a fugir dos olhos de todos. O poeta não poderia deixar de admirar tal atitude, que lhe parecia confirmar o caráter particular de uma artista, ou ainda, de uma mulher, que se recusava a ser uma formidável e sórdida invenção para tornar-se apenas "Amiga" – nome dado a "Fulana" quando, ao final de "O mito", a personagem é desmontada e ressurge definitivamente humana, igual. A saída de cena e o persistente resguardo da atriz confirmavam, portanto, o que o admirador já intuía: "Greta Garbo é muito mais do que Greta Garbo, e nada tem a ver com o mito publicitário, que de resto ela abominava, e de que soube se despedir com o mais severo pudor, passando a ser a mulher feia, de capote comprido, chapelão e óculos escuros, errante pelas ruas de Nova York, indiferente ao que digam ou pensem das ruínas de sua glória" (DRUMMOND DE ANDRADE, 1965).

Voltando a Mickey e a 1934. Foi outra vez sob tal pseudônimo que no *Minas Geraes*, em 2 de junho, Drummond fez o retrato caricatural do culto a Greta Garbo, mais ou menos como se corrigisse pelo *humour* seu próprio entusiasmo e o de seus contemporâneos. A ocasião é o lançamento do filme *Rainha Christina* no Brasil e sua repercussão em Belo Horizonte. A crônica apresenta um fã que assiste à primeira e à segunda sessão do filme de Garbo e volta no dia seguinte. No domingo, vai à matinê e às duas sessões noturnas. Na segunda-feira, o cavalheiro procura pelo filme, que àquela altura saíra já de cartaz naquela sala. Na terça-feira, porém, descobre-o em outro cinema. Vai às duas sessões. A busca prossegue: na quarta-feira, assiste ao filme em outro cinema, na quinta, em outro, sempre nas duas sessões. "O cavalheiro ficou conhecido da empresa. De modo que sexta-feira, às 19 horas, quando ele apareceu à porta do Floresta, o gerente foi-lhe dizendo, com familiaridade: 'Pode entrar, dr. – Sua Majestade está lá dentro'." A crônica conclui com o final apoteótico da fita e do delírio do fã: "E, quando o filme acabou – Greta Garbo, imóvel na proa do Duque, com os olhos perdidos em não sei que nevoentos intermúndios, despedia-se ao mesmo tempo da Suécia e de Belo Horizonte – o cavalheiro subiu bruscamente na cadeira, sacou do bolso um enorme lenço de assoar, agitou os braços, murmurou: 'Uma casa sobre um penhasco... à beira-mar...'. Socorridas as senhoras que desmaiaram, e voltada a calma aos espíritos, o dr. Lopes Rodrigues, chamado a pedido da empresa, examinou o cavalheiro e declarou que infelizmente não tinha jeito mais não" (DRUMMOND DE ANDRADE, 1934).

Expurgada do ridículo, a admiração de Drummond culminará, muito mais tarde, no poema "Os 27 filmes de Greta Garbo" (F, p. 63). Mais do que isso, a presença secreta de Garbo em "O mito" parece explicitada, numa espécie de esclarecimento a que não falta o tom de confissão: "Como posso acreditar em Greta Garbo/ nas peles que elegeu/ sem nunca se oferecer de todo para mim,/ para ninguém?/ Enganou-me todo o tempo. Não era mito/ como eu pedia [...]" (F, pp. 64-65).

Vale a pena recuar no tempo para ver outro texto em prosa de Drummond – dessa vez assinado com o próprio nome – no qual trata mais uma vez da "chama viva da Suécia", como alguns tratavam a estrela nas páginas dos jornais. "Garbo: novidades" é o título da crônica, publicado na folha carioca *Correio da Manhã*, de 22 de maio de 1955, e recolhida em *Fala, amendoeira* (1957). Sem esclarecer que se trata de uma ficção, o mineiro dá a conhecer uma secreta visita de Greta Garbo a Belo Horizonte. Vale a pena a longa citação: "Um semanário francês publicou a biografia de Greta Garbo, e embora não conte nada de novo sobre esse fenômeno cinematográfico desconhecido da geração mais moça, atraiu a atenção dos leitores. A este humilde cronista, a publicação interessou sobretudo porque lhe abriu a urna das recordações; e ainda porque lhe permite desvendar um pequeno segredo velho de 26 anos, e os senhores sabem como os segredos, à força de envelhecer, perdem a significação. Passado um quarto de século, considero-me desobrigado do compromisso assumido naquela tarde de outono, no Parque Municipal de Belo Horizonte, e revelarei uma página – meia página, se tanto – da vida particular de Greta Garbo. Está dito na biografia de *Paris Match* que, depois de recusar o papel de *vamp* em *As mulheres adoram diamantes*, oferecido por Louis B. Mayer, a extraordinária atriz se fechou em copas, por cinco meses, em seus aposentos do Hotel Miramar, em Santa Mônica, até obter aumento de salário. É falso. Durante esse período, Greta viajou incógnita pela América do Sul, possuída de *tedium vitae*, e foi dar com sua angulosa e perturbadora figura na capital mineira, onde apenas três pessoas lhe conheceram aidentidade" (FA2, p. 17).

O foco do cronista recai sobre o ano de 1929, quando ele e seus amigos formavam uma turma de cinéfilos e Garbo era uma estrela maior. Entra em cena o poeta Abgar Renault, que numa manhã, bate à porta de Drummond pedindo-lhe ajuda para ciceronear uma senhora estrangeira recém-chegada a Belo Horizonte. Segue a crônica: "Tomamos providências e, à tardinha, vimos descer do carro-dormitório, dentro de um capotão cinza que lhe cobria o queixo, e por trás dos primeiros óculos pretos que uma filha de Eva usou naquelas paragens, um vulto feminino estranho e seco, pisando duro em sapatões de salto baixo. Mal franziu os lábios para cumprimentar o meu amigo, olhou-me como a um carregador, e disse-nos: '*I want to be alone*'. Depois, manifestou os dentes num largo sorriso, como a explicar: 'Mas isso não atinge a vocês'. E de fato, nos dias que se seguiram, mostrou-se cordialíssima conosco, sempre através dos conhecimentos de inglês de Abgar, já então notáveis" (FA2, p. 18).

Quem era a tal mulher? O cronista afirma que a identificou por "iluminação poética": Greta Garbo. Contou a descoberta a Abgar, e ambos guardaram o segredo. Os outros amigos – Capanema, Emílio Moura, Milton Campos, João Pinheiro Filho e mais alguns – assistindo ao estranho convívio, foram informados de que se tratava de "uma naturalista em férias, Miss Gustafson". Acrescente-se: um motorista de táxi reconheceu a atriz.

O texto conclui-se com ternura e alguma cor local: "Saímos ao entardecer para uma volta no Parque, e lá Greta Garbo, mãos nas mãos, pediu-nos que jamais lhe revelássemos a identidade. De resto, ela própria não sabia mais ao certo quem era: as personagens que interpretara se superpunham ao 'eu' original. Uma confusão... Gostaria de ficar entre vocês para sempre, tirando leite das vaquinhas num sítio em Cocais. '*That's a dream*.' Furtamos um papagaio do Parque e o oferecemos à amiga; reencontro essa ave no texto de *Paris Match*, dizendo: '*Hello, Greta*' e imitando sua risada, entre gutural e cristalina... Como a vida passa! Mas, agora, não posso calar" (FA2, p. 19).

A brincadeira final vale uma explicação. O texto que motivou a crônica de Drummond saiu, de fato, na *Paris Match* – em seu número 314, de 2-9 de abril de 1955, como matéria de capa, sob título "L'Enigme Garbo", assinado por John Bainbridge e traduzido por Martin-Chauffier. Somos informados ali que a atriz vivia em sua mansão em Beverly Hills, onde além da piscina e do banho de sol não tinha outra diversão além de brincar com um cachorro, dois gatos pretos bastardos e um papagaio a quem ela ensinara a dizer "Olá, Greta" (*Paris Match*, trad. do autor). O louro era, portanto, aquele dado de presente à diva por Drummond e Abgar Renault em Belo Horizonte.

A crônica, encantadora e fantasiosa, une o cinéfilo e o galhofeiro. Sua repercussão, quando publicada no jornal, foi imensa. Afinal, a história era verdadeira? O texto foi transcrito na íntegra pelo jornal carioca *A Noite*, na edição de 26 de maio de 1955 – apenas quatro dias após sua publicação no *Correio da Manhã* – na seção "Sociedade/ Vitrine do Mundanismo", da jornalista Pomona Politis. A crônica vem acompanhada de uma foto do amigo secreto de Garbo com a seguinte legenda: "O poeta Carlos Drummond de Andrade, que ao retificar um erro na biografia de Greta Garbo, publicada na *Paris Match*, nos revela um segredo guardado há vinte e seis anos" (POLITIS, 1955). A colunista, reconhecendo ou não a natureza ficcional do caso, ajudou a propagar o imbróglio.

Quatro dias depois, ainda em *A Noite*, o texto de Drummond voltou a ser republicado na íntegra, agora na coluna do crítico de cinema Van Jafa, com o seguinte adendo: "Transcrevemos, a pedido, o artigo de Carlos Drummond de Andrade sobre Garbo, publicado no *Correio da Manhã*, de 22 do corrente. É escusado dizer que esse artigo foi o acontecimento mais definitivo destes últimos tempos e que merece da genial sueca um telegrama de felicitações e saudade" (JAFA, 1955a).

Para entendermos o mais interessante neste novo reaparecimento da crônica, é importante voltar a ela para citar uma passagem: "À véspera da partida, nossa amiga levou-nos a jantar no Grande Hotel e – lembro-me perfeitamente – fixou os olhos na mesa vizinha, onde uma família chegada da Bahia abrangia um garotinho de cerca de dois anos. Greta mirou a testa larga do guri e disse pensativamente: 'É poeta'. Tive a curiosidade de perguntar no livro da gerência o nome da família: Amaral; e do neném: José Augusto. É hoje o poeta e crítico de cinema Van Jafa, que, decerto, ignora esse vaticínio" (*Correio da Manhã*, 22 maio 1955).

A nova transcrição de "Garbo: novidades" ocorria, portanto, pela iniciativa de um dos personagens citados por ela – Van Jafa –, o que aumentava a curiosidade em torno da misteriosa visita – verdadeira? Falsa? Ficcional? Documental? – da estrela da Metro-Goldwyn-Mayer à pacata Belo Horizonte em 1929.

Mas Jafa não parou por aí. No *Correio da Manhã*, edição de 19 de junho de 1955, publicou sob o título "Greta Garbo e eu", texto no qual rememora o dia em que ele, sua mãe e um tio jantavam no restaurante do Grande Hotel: "De repente, senti uns olhos de luar dentro de mim que se fixando nos meus perturbou-me a ponto de perguntar: mamãe quem é aquela mulher? É uma fada, respondeu minha mãe pouco fã de cinema e afeita à poesia". E, adiante: "Este foi o encontro-unidade que tive com Greta Garbo. Era a própria Suécia que me contemplava face a face". Após confirmar, portanto, os fatos narrados por Drummond, Jafa dá testemunho da repercussão de "Garbo: novidades": "Entre perplexos e surpresos, os cidadãos da grande república debatem-se sobre a veracidade do acontecimento e querem saber até onde vai a verdade e começa a ficção" (JAFA, 1955).

A situação chegou a tal ponto que o próprio Drummond precisou vir a público para dar esclarecimentos. No *Correio da Manhã*, em 26 de maio de 1955, publicou a crônica "Um sonho modesto" (recolhida, mais tarde, em *Fala, amendoeira*, 1957), na qual consigna: ninguém pôs em dúvida a veracidade de seu encontro com Greta Garbo em Belo Horizonte. E observa: "Pelo contrário, o crédito dispensado à narrativa foi unânime, e até cumprimentos recebeu o narrador, por motivos distintos. Louvaram-lhe uns o ter mantido por tantos anos o sigilo assegurado a Greta Garbo e, generosos, não exprobraram o fato de haver rompido esse silêncio, transcorrido um quarto de século. A atriz não pedira reserva por determinado período, e assim devia entender-se que a desejava para sempre; e sem consulta à Garbo, como quebrar o compromisso? 'Você foi formidável, disse-me um amigo; vinte e seis anos com um segredo desses na moita!' Aprendi com isso que, para a virtude da discrição, ou de modo geral qualquer virtude, aparecer em seu fulgor, é necessário que faltemos à sua prática. Morresse eu com o meu segredo, ninguém me acharia formidável". E, adiante, o cronista reforça o que já esclarecera: "Lamento desencantar os leitores que acharam não só plausível como até contada 'com visível fidelidade' a historinha de Greta Garbo em Minas"(FA2, pp. 20-21).

Todo o caso é exemplarmente drummondiano: pela situação cômica resultante do equívoco, na qual o cronista é tanto o falsamente virtuoso quanto o falsamente indigno, ecoando aí a instabilidade da enganosa autorrepresentação vigente em grande parte da obra de Drummond, servindo o "Poema de sete faces" como exemplo mais imediato; pelo jogo de espelhos – espécie de substrato barroco, também constante – que acabou por refletir os limites morais dos leitores, submetidos ao teste do decoro frente à curiosidade irrefreável de conhecer a intimidade alheia; pela oportunidade de algo corriqueiro – a publicação de uma crônica em jornal – servir à reflexão sintetizada em tom de máxima moral ("para a virtude da discrição, ou de modo geral qualquer virtude, aparecer em seu fulgor, é necessário que faltemos à sua prática") ao gosto de La Rochefoucauld ou de Machado de Assis, cabendo lembrar que Drummond foi um exímio autor de aforismos, publicados em *O avesso das coisas* (1987); pela ironia, portanto; pela mescla da camaradagem com o ceticismo oriundo da observação aguda de si mesmo e da sociedade; pelo que revela de pesquisa e conhecimento da escrita e dos meandros de sua recepção pública; pela revelação, desmoralizante, da autoridade da palavra veiculada pela imprensa, cabendo não esquecer que Drummond escreveu para jornais por quase toda a sua vida; pela conversão de todo o episódio em uma comédia na qual Greta Garbo acabou por atuar, ainda que involuntariamente, no papel de mito desmitificado; enfim, por envolver diretamente um amigo de geração, Abgar Renault, como se o autor de *Alguma poesia* reeditasse pela ficção disfarçada a convivência ruidosa e alegre de sua juventude.

Greta Garbo e Chaplin foram, sem dúvida, as duas paixões cinematográficas de Carlos Drummond de Andrade. E foram mais que isso: revelam traços da *persona* do criador numa obra de muitas faces.

Gauche
SÉRGIO ALCIDES

A palavra que em francês denota o lado esquerdo também contempla um sentido figurado, sem dúvida pejorativo. Designa a situação embaraçosa ou um desempenho constrangedor, assim como o indivíduo desajeitado, retraído ou tímido, pouco elegante, mal provido de talentos sociais e desfavorecido pelo amor. A acepção figurada se espalhou por outras línguas e continua a ser usada em várias. Na portuguesa, bastou um verso – "Vai, Carlos! ser *gauche* na vida" (AP, p. 11) – para o termo se tornar praticamente uma exclusividade da obra de Drummond.

É hoje impossível empregá-lo em português sem evocar o "Poema de sete faces", que abre *Alguma poesia*. Assim situado em livro de estreia, o selo de *gaucherie* do poeta se tornou a abertura da obra poética de Drummond como um todo, nas várias reuniões que dela foram feitas, desde as *Poesias*, de 1942, até a *Poesia completa*, de 2002. Na *Antologia poética*, de 1962, os poemas incluídos foram embaralhados pelo autor, numa oportunidade para cancelar os privilégios do texto inaugural; mas, não: Drummond insistiu em lhe dar a precedência de sempre, agora à frente da seção inicial do livro, "Um eu todo retorcido" – justamente intitulada, porque outro título cabível seria "Um eu *gauche*".

Desse modo, o sujeito em desajuste adquire na poesia de Drummond o valor de uma *persona* abrangente, máscara sempre disponível para caracterizar a voz poética e sua perspectiva particular. Trata-se de um ângulo oblíquo, enviesado, por meio do qual o mundo, a vida e o ser humano são enfocados sob uma mirada ambígua, às vezes torturada, às vezes cômica, porém sempre dramática e com frequência contundente. Não poderia ser maior a ambivalência desse ponto de vista; por um lado, é como se o "eu" aí se plantasse por estar excluído, como inepto: "fique torto no seu canto" ("Segredo", BA, p. 39); por outro, posto a escanteio, é daí que ele pode submeter o outro, a sociedade e até mesmo a ideia de Deus, bem como a si próprio, à força de especulação e ao gume crítico de uma subjetividade encouraçada.

O apartamento do "eu" atrai a poesia de Drummond para a esfera da melancolia, que para ela representa, muito mais que uma temática, uma espécie de "temperamento". Seu traço definidor é a identificação com a perda, que antes reforça do que atenua a irredutibilidade do sujeito, tanto menos assimilável a qualquer padrão exterior quanto mais corroído por dentro. "Amar o perdido/ deixa confundido/ este coração" – diz um de seus poemas mais indefectíveis ("Memória", CE, p. 26). Diante do "apelo do Não", que vem da experiência, cada nova subtração ao ideal é percebida ao mesmo tempo como constitutiva e apocadora do sujeito. O aturdimento força o poeta a contemplar "a distribuição", em si, "de seda e péssimo" ("Contemplação no banco", CE, p. 29). Encastelado em ruínas, ele ergue na incomodidade a sentinela de onde pode avistar a própria inconsistência, com o acesso penoso, mas franco, ao retorcimento da vida interior e da memória. Mas a propensão a autoexaminar-se logo se estende ao outro, à sociedade e ao mundo. Por vezes, manifesta-se com humor tão cortante quanto *gauche*: "Se meu verso não deu certo, foi seu ouvido que entortou" ("Explicação", AP, p. 75).

O adjetivo francês é de origem incerta: talvez venha do grego *"gausós"*, que quer dizer "torto" (NOËL; CHAPSAL, 1835, p. 439). Surgiu na baixa Idade Média, para caracterizar tudo o que apresentasse alguma forma de desvio ou se mostrasse enviesado, "de través" (REY, 2010, p. 4120). Só no século XV veio a substituir *"senestre"* para indicar o lado esquerdo. A acepção figurada existe pelo menos desde 1640, quando é registrada num vocabulário a expressão *"estre Gauche"*: *"maladroit"* ("desajeitado"; OUDIN, 1640, p. 247). O uso substantivado – que em português marca a fortuna crítica de Drummond, "o *gauche* no tempo", segundo o clássico de Affonso Romano de Sant'Anna (SANT'ANNA, 2008) – caiu em desuso na língua francesa (REY, 2010). Na inglesa, o adjetivo é empregado desde pelo menos o século XVIII, de acordo com o *Oxford English Dictionary*, que assim o define: *"itálico"* ("Falta de tato ou jeito e graça de modos, esquisito, atrapalhado"; *"gauche*, adj." OED *online*).

Em português, a presença do estrangeirismo pode ser bem mais antiga. Cândido de Figueiredo registra um vocábulo hoje desaparecido, "Gôcho", com a acepção de "desajeitado" e a dúvida assinalada: "do fr. *gauche*?". O verbete traz uma abonação que não poderia ser mais drummondiana, buscada em autor de finais do século XVI, Simão Machado: "O gôcho luta por pés". E ainda inclui o "provincianismo trasmontano" segundo o qual é gôcho na vida quem "vê pouco, precisando fechar um tanto as pálpebras, para distinguir os objetos" (talvez devido à fadiga das retinas), (FIGUEIREDO, 1899, p. 670).

No Brasil, a influência da cultura francesa ao longo do Oitocentos garantiu que o termo se difundisse amplamente, nas classes mais instruídas. A palavra se tornou corriqueira nas páginas da imprensa, nas primeiras décadas do século XX, especialmente na crônica teatral e, mais ainda, no colunismo social e no comentário da moda. Aplicava-se a imbróglios políticos, milionários de província, a uma atuação bisonha nos palcos, à mulher que não soubesse combinar as luvas com a cor da bolsa, ao rapaz incauto às voltas com a alta sociedade. Uma pesquisa rápida na Hemeroteca Digital da Biblioteca Nacional revela o curioso fenômeno: *gauche* seria o contrário de *chic*, mas era chique lançar mão do adjetivo. Um freguês constante, por exemplo, era Paulo de Gardênia (pseudônimo de Benedito dos Santos Costa), em sua coluna "O momento elegante", na *Revista da Semana*. Outro era o redator anônimo (Alberto Figueiredo Pimentel) das notas picantes da seção "Binóculo", publicada entre 1907 e 1914 na *Gazeta de Notícias*, do Rio de Janeiro.

Ainda assim, a palavra falta na compilação de galicismos organizada pelo sergipano Laudelino Freire (FREIRE, 1921) – uma *gaffe*, com certeza. Mas, como sua difusão também era ampla em Portugal, não escapou à irritação do lusitano Cândido de Figueiredo. "Usam e abusam cronistas e estilistas vários do *gauche* e da *gaucherie*, querendo depreciar ou classificar um sujeito acanhado", queixa-se o lexicógrafo, antes de sugerir: "Não são cá precisos tais monstrengos. Em vez de dizermos que o pobre rapaz é *gauche*, nada mais natural e simples do que chamar-lhe desajeitado, acanhado, lorpa, inhenho, bisonho..." (FIGUEIREDO, 1923, p. 107). O erudito demonstra a abrangência do vernáculo nessa matéria, mas não percebe que nenhuma das alternativas cumpriria, naquele período, a dupla tarefa requerida pelo mundo *chic*, de exclusão de quem é falado e autoinclusão de quem fala: preferi-las seria, simplesmente, *gauche*.

Entretanto, o sentido muda quando quem fala e quem é falado são a mesma pessoa. Lima Barreto, por exemplo, algumas vezes apontou o termo para si próprio, ainda que indiretamente, como ao se dizer "avesso ao teatro": "Para mim eu tenho que, se fosse proibido às mulheres aparecer em cena, como nos áureos tempos do teatro, ele ganharia muito em nobreza, desinteresse, pureza artística, e não assustaria aos tímidos e aos *gauches*" (BARRETO, 1961b, p. 263). Quem lê o artigo desde o início reconhece a implicação do sujeito: "visto-me mal, lamentavelmente mal, quase mendicante; nunca tenho roupas – de modo que jamais estou em estado sofrivelmente binocular" (BARRETO, 1961b, p. 263), confessa, aludindo à coluna da *Gazeta de Notícias* já mencionada, que ele tanto detestava.

Note-se que nesse autor o estrangeirismo parece especialmente ligado a dificuldades com o sexo oposto, como se observa em passagem do seu *Diário íntimo*: "Há uns tempos a esta parte, vai se dando uma curiosa coisa. Nas ruas, nos bondes, nos trens, eu me interesso por certas moças e às vezes por cinco minutos chego a amá-las. Procuro-lhes a moradia. Passo duas, três vezes pela porta timidamente, *gauchement* – onde me levará isso? Toma tento, Afonso!" (BARRETO, 1961a, p. 80). É uma passagem estranhamente "de sete faces", seja pela exclamação com o nome próprio, seja pela ambientação em bonde, o qual em Drummond também está "cheio de pernas,/ pernas brancas pretas amarelas" ("Poema de sete faces", AP, p. 11). Mas, sobretudo, avista-se aqui o mais importante: reconhecer-se *gauche* como que "empurra" o sujeito para a vida interior e a consciência íntima, onde ele se descobre repartido em vários: até sete, se não mais.

Soa assim na poesia de Drummond o adjetivo francês, em surdina, "atrás dos óculos e do bigode" (AP, p. 11), sem chegar à oralização. Contrasta com a famosa apostrofação modernista de Mário de Andrade no poema "Inspiração": "São Paulo, comoção de minha vida.../ Galicismo a berrar nos desertos da América!" (ANDRADE, 2013a, p. 77). É outro poema de abertura que lidera a marcante sequência de poesia de *Pauliceia desvairada*, logo após o "Prefácio interessantíssimo". E é mais uma imagem de circulação problemática do poeta na cidade moderna (ou quase). Contudo, o tom aqui é elevado, exclamativo, bem mais gestual. No "Poema de sete faces" também há um galicismo, só que não está "berrando".

Drummond tornou a se servir da palavra *"gauche"*, em sua obra poética, apenas uma vez mais. Dá-se em passagem nitidamente autoalusiva de *Claro enigma*, livro de sua alta maturidade, momento de balanço e ajuste de rumos. Assim como o autor relembra aí outro item bombástico de *Alguma poesia* ("De tudo quanto foi meu passo caprichoso/ na vida, restará, pois o resto se esfuma,/ uma pedra que havia em meio do caminho" ["Legado", CE, p. 19]), no poema longo "A mesa" a recorrência do adjetivo francês parece convocar o eco da então já velha sentença do "anjo torto". Mas dessa vez o contexto não é o apelo da vida social e dos desejos carnais e sim a rememoração de tensões familiares, em especial na relação com o pai severo, outra figura do Não com inicial maiúscula. O poeta se dirige à memória fantasmal do pai, chamando a atenção para si mesmo: "ali ao canto da mesa, não por humilde, talvez/ por ser o rei dos vaidosos/ e se pelar por incômodas/ posições de tipo *gauche*,/ ali me vês tu. Que tal?/ Fica tranquilo: trabalho" ("A mesa", CE, p. 95). Como numa tardia prestação de contas, o filho "difícil" apresenta ao disciplinador falhado o resultado do seu trabalho, o próprio poema, a mesa letrada junto da qual se deixa ver, em seu "canto". Porém, no trecho, o que mais interessa a quem pretende compreender bem o sentido da *gaucherie* drummondiana é a explicitação de nova ambivalência: declarar-se *gauche* não implica necessariamente autodepreciação humilde; pode antes conotar o pecado da soberba. O que não alivia o escrutínio cerrado que o poeta move contra si próprio, trocando-se a acusação: não sou *gauche* por ser um coitado, mas o sou por ter o rei na barriga.

Nas duas ocorrências, a de *Alguma poesia*, em 1930, e a de *Claro enigma*, em 1951, Drummond preferiu primeiro uma grafia aportuguesada, "goche", já registrada em outros autores, como Camilo Castelo Branco e Eça de Queiroz. A palavra estava razoavelmente dicionarizada; constava, por exemplo, de um monumental dicionário brasileiro dos tempos do Estado Novo (FREIRE, 1939-44, p. 2743). Mas o fato é que o aportuguesamento não vingou, e isso deve ter pesado para a decisão definitiva de adotar a forma original, em itálico. Quanto ao primeiro poema, a alteração é introduzida na reunião publicada em 1942 (P2, p. 11). Nas duas primeiras edições do segundo (1951a e 1951b), o autor volta atrás – mas a grafia final já aparece em *Fazendeiro do ar & Poesia até agora* (1954, p. 498). Seja qual for a razão da troca (e da hesitação ortográfica), o modo que prevaleceu sublinha o caráter estrangeiro do termo, o que acentua seu efeito autoirônico e ambíguo: como o adjetivo que lhe cabe, o indivíduo está fora do lugar, é um excêntrico – quando não uma espécie de estrangeiro, que foi desterrado. Ou arrancado dos céus, como o famoso albatroz de um autor bastante influente em Drummond: "*comme il est gauche et veule!*" ("como ele é *gauche* e frouxo!"; BAUDELAIRE, 1975-1976, p. 10).

Entretanto, por tudo isso, *gauche* não qualifica apenas o sujeito: também sua melancolia se mostra mais específica por meio dessa máscara. Manuel Bandeira foi o primeiro a perceber como o humorismo ligado ao termo refreia as tendências ao sublime e ao sentimentalismo. Em resenha publicada logo após o lançamento de *Alguma poesia*, observou com argúcia: "Carlos pode ser goche na vida: na arte é destro como um felino. Não fosse esse senso de *humour* e a poesia deste livro seria de uma melancolia intolerável, se não mortal" (BANDEIRA, 2006, p. 126). A poética é onde o gambá dá o pulo do gato, com a metamorfose do acanhamento em destreza. Tudo depende de o sujeito tomar certa distância de si, não tanto como quem não se leva a sério, mas como quem é capaz de rir da própria imagem. É uma capacidade que se preservou na obra de Drummond, de ponta a ponta; mesmo em livro sombrio como *Claro enigma*, acha-se um modo de fustigar a "tristura malincônica" da família, "meio cômica,/ dulciamara nux-vômica" ("Os bens e o sangue", CE, p. 78). A *gaucherie* parece instalar-se de través contra a inclinação melancólica às exaltações visionárias e à eloquência sublime. Com verve, o jovem Drummond associava esse desvio à condição também marginal de brasileiro: "As atitudes inefáveis,/ os exprimíveis delíquios,/ êxtases, espasmos, beatitudes/ não são possíveis no Brasil" ("Fuga", AP, p. 50). Assim, nas décadas de 1920 e 1930, ser *gauche* era também um modo particular de ser modernista.

Mas, antes que se espere da ironia autoinfligida algum alívio apaziguador, é necessário frisar que ela também está impregnada das ambivalências características da melancolia, como bem sabem os psicanalistas. Um dos sintomas desse mal é justo o aparente rebaixamento da autoestima, "que se expressa em autorrecriminações e autoinsultos, chegando até a expectativa delirante de punição" (FREUD, 2011, p. 47). Evidentemente não se trata aqui da pessoa empírica de Carlos Drummond de Andrade, com suas possíveis neuroses – e sim do modo como ele, como autor de poesias, representa o sujeito em conflito consigo mesmo e com o mundo no qual é visto à margem, estrangeirado numa espécie *gauche* de melancolia. Com frequência, nos versos drummondianos, o "eu" também se descreve como os pacientes melancólicos de Freud, dizendo-se "indigno, incapaz e moralmente desprezível" (FREUD, 2011, p. 53). São autoagressões que o criador da psicanálise interpreta como ressentimentos ligados a um objeto de amor perdido, que se voltaram contra o *ego*: para o melancólico, "queixar-se é dar queixa" (FREUD, 2011, p. 59); atacar-se é uma maneira enviesada de denúncia, que afinal trai o desejo de atacar o mundo – e, talvez, "dinamitar a ilha de Manhattan" ("Elegia 1938", SM, p. 44) ou, quem sabe, "vomitar esse tédio sobre a cidade" ("A flor e a náusea", RP, 13).

"Estúpido, ridículo e frágil é meu coração", diz o poeta em "Mundo grande" (SM, p.46). A própria poesia por vezes lhe parece inócua: "Só proferi algumas palavras,/ melodiosas, tarde, ao voltar da festa" ("Confissão", CE, p. 20). Não se trata de "modéstia afetada". Sobre os melancólicos, Freud adverte: "Tudo de autodepreciativo que dizem de si mesmos no fundo dizem de outrem". E acrescenta que eles passam bem longe "da humildade e da submissão que conviriam a pessoas tão indignas" (FREUD, 2011, pp. 59-61). Drummond vem confirmá-lo, ao se declarar "triste, orgulhoso: de ferro" ("Confidência do itabirano", SM, p. 10). O contínuo contraponto entre a autoironia e o orgulho férreo arma o cenário para a "exposição mitológica da personalidade" que, para Antonio Candido, é movida por "uma subjetividade tirânica" (CANDIDO, 1970, p. 96), cuja meta é simplesmente a "destruição ritual do ser e do mundo, para refazê-los no plano estético" (CANDIDO, 1970, p. 95).

Vem daí que não se possa compreender bem a melancolia *gauche* por meio da ênfase frequente na imagem de um "eu" cindido. Além de implicar a crença na existência (duvidosa) de algum que não o seja, essa estratégia aposta tudo na *persona* canhestra, cegando-se para a destreza do artista, exaltada por Bandeira. Outra dificuldade é a tendência a buscar na cisão interior uma causalidade, quase inevitavelmente apoiada em injunções sobre a biografia do autor, envolvendo seja o tradicionalismo da criação familiar, seja a perda da fé religiosa, ou a desilusão com a utopia comunista em meados da década de 1940. Isso embaraça o problema crítico em meio a considerações extrínsecas que podem acabar relegando a poética a um segundo plano. Como evitar a banalização, em busca de explicações causais, se o aspecto mais desnorteante da melancolia é justamente o ocultamento das causas? Um exemplo de alternativa se acha na análise de José Guilherme Merquior, para quem importa menos a suposta fragilidade interior do sujeito do que seu "individualismo coriáceo" (MERQUIOR, 1976, p. 19), que "bebe a altivez da revolta", com "o nobre orgulho do inconformista" (MERQUIOR, 1976, p. 90). Outro está no postulado de um "princípio-corrosão", por Luiz Costa Lima (COSTA LIMA, 1995a, pp. 129-96), sobre o efeito secretado por uma poética que se apresenta como "lavoura/ de sucos agressivos" ("Retorno", FA, p. 19).

Mário de Andrade, ao comentar o livro *Sentimento do mundo* em carta de 1942, espanta-se com "esse violento ódio que tem o poeta de si mesmo" (CCM, p. 480). Anos antes, em seu famoso ensaio sobre a safra poética de 1930, já tinha observado no jovem Drummond "uma vontade íntima de se aniquilar, de se esconder, de reagir [...] contra a sua inenarrável incapacidade pra viver" (ANDRADE, 1974c, p. 33). Tem-se a impressão de que Mário às vezes não distingue bem o poeta (ser letrado) da pessoa (seu amigo mineiro), confiando por demais nas inconfidências da *persona*. Apesar disso, não deixa de tocar no nervo da tirania subjetiva. Mas não há sinais de que tenha chegado a conhecer "A flor e a náusea", um poema que lhe poderia servir de resposta, publicado só pouco depois de sua morte, em *A rosa do povo*, de 1945: "Melancolias, mercadorias espreitam-me" (RP, p. 13), afirma-se na estrofe inicial, que introduz a indissociabilidade entre o desconforto íntimo e a dissidência política. Uma primeira síntese abrupta surge nesta declaração duríssima, que pode indicar a continuação em verso do diálogo epistolar com o modernista de São Paulo: "Porém meu ódio é o melhor de mim./ Com ele me salvo/ e dou a poucos uma esperança mínima" (RP, p. 14).

O áspero ressentimento subjetivo de algum modo se transmuta, na poesia de Drummond, em "sentimento do mundo", abrangente e solidário – ao preço, porém, de arrastar toda a condição humana moderna para o ângulo oblíquo, *gauche*. Mário se aproximou dessa constatação pioneiramente: "O poeta, sem nada perder do seu individualismo, além da dor do indivíduo, junto com ela, dentro dela, sofre da humana dor" (CCM, p. 483). Um documento dessa passagem do individual ao comum é a indagação cortante desferida pelo poeta a um outro indefinido, alguém "que faz versos,/ que ama, protesta" ("José", J, p. 37). "E agora?" Sem ser uma pergunta retórica, do tipo que traz embutida sua resposta, a questão não deixa de incluir afirmações implícitas – quase palpáveis, conquanto abstratas, insinuando um profundo desamparo. O momento de impasse desvela a situação que não passa, como real subjacente: "sua lavra de ouro,/ seu terno de vidro,/ sua incoerência,/ seu ódio – e agora?" (J, p. 38). Trata-se de outro *gauche*, como já foi assinalado (SANT'ANNA, 2008, p. 259; MERQUIOR, 1976, p. 52). Affonso Romano de Sant'Anna chama a atenção para o embalo desgracioso de José valsando ao ritmo ternário da versificação (que, podemos acrescentar, é irônica): "Se você gritasse,/ se você gemesse,/ se você tocasse/ a valsa vienense" (J, p. 38). Curiosamente, o pobre José se descobre sob a mesma intimidação que Drummond em poema posterior atribuiria a ninguém menos que Orfeu, "a vagar, taciturno, entre o talvez e o se" ("Legado", CE, p. 249).

Convém seguir a trilha que vai desde o Carlos das "sete faces" até José e deste até o inventor da lira. A melancolia impõe uma identificação com a perda, que o poeta exprime reiteradas vezes. Por exemplo, em *A rosa do povo*: "Perder-te seria/ perder-me a mim próprio" ("Carrego comigo", RP, p. 17); ou no emblemático "Estrambote melancólico" de *Fazendeiro do ar*: "Tenho carinho/ por toda perda minha na corrente/ que de mortos a vivos me carreia" (FA, p. 41). O sentimento de perda é vivido como empobrecimento existencial do sujeito, ou mesmo substancial. Mas, na passagem da primeira pessoa do singular para a do plural, alarga-se; com frequência o vemos associado à atualidade, em contexto historicamente dado: "Orfeu, dividido, anda à procura/ dessa unidade áurea, que perdemos" ("Canto órfico", FA, p. 51). Essa deambulação não demora a encontrar o obstáculo, a pedra no meio do caminho de todos: "Chegando ao limite/ dos tempos atuais,/ eis-nos interditos,/ enquanto prosperam/ os jardins da gripe,/ os bondes do tédio,/ as lojas do pranto" ("Nos áureos tempos", RP, p. 39). O poeta escanteado assim traz o outro e o mundo para dentro de seu ângulo antes particular, onde são também submetidos ao escrutínio ambivalente, porque afetivo, de sua "melancolia, amada e repelida" ("Versos à boca da noite", RP, p. 116).

A sensação de um ideal perdido e irresgatável perpassa desse modo a cerrada crítica do autor à modernidade. Como observa Alcides Villaça, o ressentimento drummondiano está ligado à impossibilidade dessa "ordem ampla e verdadeira", que se recorta como "contraface do modo irônico" (VILLAÇA, 2006, pp. 13-14). O bloqueio da comunicação entre o ideal e o real se verifica em numerosas passagens. Algumas apontam para o "céu vazio", o que é uma espécie de *tópos* na obra de Drummond; sua ocorrência em "Dissolução", na abertura de *Claro enigma*, é apenas uma entre várias: "Vazio de quanto amávamos,/ mais vasto é o céu" (CE, p. 15). Outro tópico recorrente, a este relacionado, é o da visão precária: com as "retinas tão fatigadas" ("No meio do caminho", AP, p. 36), as "pupilas gastas" ("A máquina do mundo", CE, p. 105) ou o edifício que "barra-me/ a vista" ("Opaco", CE, p. 39). Ambos compõem toda uma tópica do ceticismo drummondiano, com sua propensão maior à dúvida do que à credulidade, que se ergue contra os efeitos visionários da melancolia, substituindo a *manía* platônica pelo exame crítico (ALCIDES, 2002).

O *gauche* enxerga mal também por aparecer mais frequentemente à meia-luz: é criatura crepuscular, que vive "entre lobo e cão" (CE, pp. 15-40). A sentença misteriosa intitula a primeira seção de *Claro enigma*. "No meio do claro dia/ andais entre lobo e cão", escreveu o quinhentista português Francisco de Sá de Miranda, o precursor da melancolia cética (MIRANDA, 1885, p. 32). Um erudito esclarece (bem a propósito) que se trata de uma derivação, presente em várias línguas, da expressão latina "*inter canem et lupum*", voltada para o cair da tarde: "designa propriamente o intervalo que separa o momento em que o cão é posto à guarda do redil e aquele em que o lobo tira proveito da escuridão, que começa, para rondar" (QUITARD, 1842, p. 227). Mas, em Drummond, no seu modo extemporâneo de resgatar a expressão em desuso na língua portuguesa, sobressai ainda mais a ambivalência melancólica, na oscilação entre o animal doméstico e seu parente selvagem, que no intervalo do entardecer se confundem. Não por acaso o cão pertence à iconografia tradicional da melancolia (KLIBANSKY; PANOFSKY; ERWIN, 2019, pp. 318-21). É emblema ambíguo, que mescla a sensação de segurança propiciada pela cultura com o mal-estar da renúncia à voracidade liberada, mas temerária, de que o lobo ainda desfruta.

O escape do imaginário seria uma compensação para o *gauche*, se não fosse tão instável. Fechando um tanto as pálpebras, alguma visão às vezes se lhe insinua, mas logo é desmantelada: "Ai de mim! que mal sonhava" ("Sonho de um sonho", CE, p. 32). É o que acontece ao elefante fabricado em *A rosa do povo*, com seu "passo desastrado/ mas faminto e tocante" ("O elefante", RP, p. 82). No meio do caminho, "a cola se dissolve,/ e todo seu conteúdo/ de perdão, de carícia,/ de pluma, de algodão,/ jorra sobre o tapete" (RP, p. 83). Também o bicho de madeira e algodão se esborracha no *tópos* da dissolução movida pela melancolia cruzada com ceticismo. Nesse lugar, a circunstância mais recorrente é o lusco-fusco do entardecer ou propriamente o breu noturno, seja porque "a noite dissolve os homens" (SM, p. 39), seja porque estes, lá dentro, são obscuros: "Sinto que nós somos noite,/ que palpitamos no escuro,/ e em noite nos dissolvemos" ("Passagem da noite", RP, p. 32). Nessa hora dissolvente se inicia *Claro enigma*, que retorna à primeira pessoa do singular; desfeito o anagrama do título irônico, armado com as letras do nome do autor, o oximoro termina de ingressar no *chiaroscuro*: é como se o livro se chamasse, na verdade, "eu-enigma".

Para a poesia, porém, a resolução do mistério não interessa tanto quanto a indagação de suas bases. As interrogações – arte em que Drummond demonstra especial perícia – também podem adquirir o efeito dissolvente do escuro, que desmancha as visões. Por exemplo, o mito grandíloquo do Homem: "Por que morte e homem/ andam de mãos dadas// e são tão engraçadas/ as horas do homem?" ("Especulações em torno da palavra homem",). À força de uma perguntação irremissível – que lembra Emílio Moura – a criatura humana vai sendo empurrada, em "tom esconso" (ou seja, "oblíquo"; PC, p. 430), para a exposição de uma constitutiva *gaucherie*: "Que milagre é o homem?/ Que sonho, que sombra?/ Mas existe o homem?" (VPL, pp. 28-32).

Talvez não, podemos responder. Felizmente, existe o "homem do povo", Carlitos, outro "Carlos" desmazelado, especialista em desastres, *gauche* como "os pequeninos judeus/ de bengalinha e chapéu-coco, sapatos compridos, olhos melancólicos" ("Canto ao homem do povo Charlie Chaplin", RP, p. 157). Tão engraçado no traje e no gesto, ele "se parece/ com qualquer gente do mundo" (RP, p. 157). Não tem a solenidade do *desdichado* de Gérard de Nerval, que dizia: "Eu sou o Tenebroso – o Viúvo – o Inconsolado" (BUENO, 2012, p. 172). Desprovido de magníficas capitulares, é só "o tenebroso, o viúvo, o inconsolado,/ o corvo, o nunca mais, o chegado muito tarde/ a um mundo muito velho" ("Canto ao homem do povo...", RP, p. 159). E dele podemos rir, apontando o dedo: "Vai, Carlitos!". Mas, se o fazemos, é sem nenhuma frivolidade, antes com dolorosa ternura, porque a fábula é sobre nós mesmos. Atraídos para o canto de Drummond, lá nos reencontramos com tantos semelhantes, além do próprio Carlos: José, o elefante, Chaplin, Orfeu e até o mais tortuoso de nós, genericamente denominado o "humano". Todos uns desajustados, maljeitosos como a flor que, embora feia, pôde furar "o asfalto, o tédio, o nojo e o ódio" ("A flor e a náusea", RP, p. 14).

Guerra
MURILO MARCONDES DE MOURA

Nascido em 1902, Drummond cresceu com o século XX. Poeta sempre sensível à passagem do tempo, que dramatizou radicalmente em sua lírica, de diferentes ângulos, experimentou-a em sua simultaneidade de construção e de ruína. "Como adivinhar [...]/ o que cada hora traz em si de plenitude e sacrifício?" (FA, p. 56), conforme escreveu ao neto recém-nascido. O ensinamento é o de um saber sombrio, de uma consciência que se desenvolve no desgaste, e que se encontra por isso mesmo aberta a todos os paradoxos. Em relação à família, gostaria de romper a "cadeia" da "identidade do sangue" (RP, p. 108), mas é apenas impelido a reproduzi-la, e a amar intensamente e sem entrega. Com a História, o vínculo é também agônico: gostaria de aderir francamente aos movimentos sociais de grande amplitude, dos quais tem fina percepção, porém sobrevém tantas vezes a diferença individual, a permanência no "seu canto" e a paralisia na "espantosa solidão" (J, p. 10). Tudo é intenso e vigoroso nessa poesia, em que a recusa e a dúvida contumazes não desmentem o forte anseio.

Esses domínios aqui assinalados – o individual, o familiar e o histórico (e outros poderiam ser acrescentados) – deixam entrever outra aptidão de Drummond, uma das mais essenciais em qualquer lírico, a de fazer interagir planos de grandeza heterogênea. É o que ocorre jocosamente em "Política literária", entre o "poeta municipal", o "poeta estadual" e o "poeta federal" (AP, p. 34), ou então de modo mais grave na presença d'"O medo" que assombra os homens em sua expansão: "eles povoam a cidade./ Depois da cidade, o mundo./ Depois do mundo, as estrelas" (RP, p. 22), ou em "O boi", um dos muitos momentos de indignação diante do desconcerto do mundo: "A cidade é inexplicável/ e as casas não têm sentido algum" (J, p. 13). Assim, o poeta nos sensibiliza para considerar as coisas em suas relações vertiginosas, em que as paredes são derrubadas, e as idiossincrasias mais recônditas estão permeáveis aos fatos históricos e ao trivial.

Quando Drummond publicou, entre 1968 e 1979, suas memórias em verso, na série *Boitempo*, o século XX já tinha deixado atrás de si um tremendo rastro de devastação e violência, inaudito em toda história humana, e justo naquele momento a destruição total do planeta parecia terrivelmente possível e próxima, e é de supor que o desgosto dessa experiência tenha se acentuado ainda mais em meio à situação brasileira degradada. Desse lugar de ruínas acumuladas, mas também de consumada depuração artística, o sujeito retorna ao começo e duas guerras são ali inventariadas.

A primeira é a guerra russo-japonesa, da qual o menino de pouco mais de dois anos não podia ter nenhuma lembrança, mas que comparece no poema "Guerra das ruas", presente no terceiro e último volume da série (*Esquecer para lembrar*). As brigas entre a Rua de Santana e a Rua de Baixo entronizam em Itabira aquele longínquo conflito e a sua presença no livro de memórias do poeta (e ainda no setor denominado "bens de raiz"), revela o quanto pode haver de memória cultural da cidade, de "herança itabirana", naquelas reminiscências, soldando o pessoal ao coletivo, assim como o local ao internacional: "Ficaram rompidas/ as ruas rivais/ mas também ficaram/ para sempre ruas/ do mundo" (NR, p. 632). O poema, recortado quase inteiramente em redondilhas menores, pontua em paralelo o conflito entre uma rua e outra, entre um partido e outro, e o sujeito lírico discretamente se posiciona com "os daqui de Baixo" contra "lá os de Santana". Além da disposição para o "grande mundo", há outro aspecto a ser destacado nessa guerra inaugural para o poeta: a sua assimilação à luta de classes ("A Rua de Baixo/ e a de Santana/ tomaram partido/ na guerra medonha/ russo-japonesa./ Lá os de Santana/ são aristocratas,/ russófilos feros;/ os daqui de Baixo,/ povo pé-rapado, nipoesperançosos", [NR, p. 631]). Eis uma questão fundamental que vai ser potencializada durante a Guerra Civil Espanhola e a Segunda Guerra Mundial: a guerra como manifestação da luta de classes, capaz de legitimar o papel positivo da violência na história, relativizando o ideário pacifista. Isto é, Drummond, ao contrário de Cecília Meireles, por exemplo, que foi uma pacifista radical, nem sempre condenou a guerra, embora haja muitos momentos de forte repúdio em relação a ela; algumas vezes tomou partido, sempre que lhe pareceu que um dos lados defendia uma concepção justa de humanidade. É certo, porém, que no concreto da história, especialmente no século XX, as forças em conflito nem sempre se encontram assim delimitadas entre positivas e negativas e o poeta viveu em profundidade esse dilema.

Esse choque de concepções, apenas tangenciado em "Guerra das ruas", está no cerne de "1914", poema em que Drummond evoca a Primeira Guerra Mundial, de magnitude evidentemente muito maior, guerra esta que se estendeu pela primeira adolescência do poeta. O longo poema com larga dominância de versos de seis sílabas descreve em ritmo vertiginoso a penetração da guerra na vida itabirana e os seus efeitos profundos no sujeito. É sutil a mescla de particularidades ou eventos da guerra de 1914 (os explosivos, a mutilação dos soldados, os labirintos das trincheiras, as cercas de arame farpado, a menção a algumas regiões de combate, como Flandres, Verdun, Champagne) com a enumeração de aspectos e habitantes de Itabira. Imagem misteriosa é a do sujeito a ouvir a "mosca imóvel esmeralda" zumbindo "sobre o pé de camélia" (BII, p. 259), que parece condensar a atenção inquieta do menino pré-adolescente com as notícias da guerra distante. (As moscas faziam parte do cotidiano das trincheiras, devido ao acúmulo de cadáveres continuamente revolvidos pelos explosivos. Guillaume Apollinaire, poeta tão caro a Drummond, e que fora então soldado, dava notícias de "milhões de moscas azuladas" no front de Champagne, associando em um verso o zumbido das moscas às explosões dos obuses: "Rumor das moscas violentas", [APOLLINAIRE, 1956, p. 617].) O conflito foi acompanhado pelo "jornal/ ilustrado longínquo", levado a Itabira pela "mala amarela" do correio e exigiu posicionamento: essa guerra "provoca-me [...]/ e diz-me dura: 'Olha./ Olha longe e decide.'". A decisão do menino, com seu "nulo entendimento", foi a de escolher o lado germânico, e se contrapor a todos, salvo "o moço postalista/ Fernandinho". O afundamento de navios brasileiros pelos alemães "estremece a consciência/ cortada de remorsos", e o agora adolescente passa a militar contra os "boches". A lição final do episódio é de uma completa relativização: "Nunca mais reaprendo/ o que é a verdade" (BII, p. 262). Mas certamente pesou nessa revisão do passado o lastro de desencantamento do homem adulto em termos político-partidários, que assim sobrecarrega aquela escolha do "menino antigo" com os dilemas vividos ao longo do século, e que o levou a uma radical desconfiança das verdades inabaláveis ou dos dogmas.

Outra referência à Guerra de 1914--18 vai ocorrer em 1930, no poema "O sobrevivente": "Impossível compor um poema a essa altura da evolução da humanidade./ Impossível escrever um poema – uma linha que seja – de verdadeira poesia./ O último trovador morreu em 1914" (AP, p. 56). Essa abertura remete a uma questão que o século XX iria crescentemente repropor: a impossibilidade de sustentar a lírica diante da barbárie, de que as guerras são uma manifestação maior e mais estridente. Confirma também, a seu modo, algo afirmado por muitos historiadores – que o século XX nascera efetivamente com a Primeira Guerra Mundial. Em outro poema de *Boitempo*, essa transformação degradante é expressa: "Batistinha vai à Europa,/ vê Paris antes da guerra,/ vê o mundo/ e a luz que o mundo tinha" ("Coqueiro de Batistinha", NR, p. 545). Mas o pior estava por vir. "A guerra para acabar com todas as guerras", como se dizia da Guerra de 1914, não passou de um sangrento preâmbulo para coisas mais hediondas: "Os homens não melhoraram/ e matam-se como percevejos"(AP, p. 56).

Antes de adentrar essa "escuridão maior" (CE, p. 105), porém, duas breves referências. A primeira, relativa à Guerra Civil Russa ou à Revolução de 1917. Ainda que, no momento de sua eclosão, esta não pudesse ter sido inteiramente apreendida pelo adolescente de 15 anos, impôs-se a ele pela sua avassaladora irradiação ao longo do século. E em relação a seus desdobramentos, os pontos de vista do poeta foram variáveis, da derrisão à celebração heroica e ao recuo crítico. Biograficamente, por assim dizer, estamos no primeiro momento. Em "Europa, França e Bahia", ainda de *Alguma poesia*, o evento entra no rol das atrações da Europa: França, Inglaterra, Alemanha, Itália, Suíça, Turquia e, por fim, sedução maior: "Mas a Rússia tem as cores da vida./ A Rússia é vermelha e branca". Em seguida, a figuração dos bolcheviques faz pensar em imagens do cinema soviético dos anos 1920, especialmente Eisenstein, com seus bruscos enquadramentos nas expressões enérgicas dos homens, arrebatados pelo ideal revolucionário: "Sujeitos com um brilho esquisito nos olhos criam o filme bolchevista". No final, no entanto, o distanciamento zombeteiro do sujeito: "[...] no túmulo de Lênin em Moscou parece que um coração enorme está batendo, batendo/ mas não bate igual ao da gente..." (AP, pp. 19-20). No fecho do poema, o sujeito poético se censura por andar esquecido do Brasil e ensaia a ele entregar-se, mas o tom de chacota persiste, como se todas as alternativas fossem insatisfatórias. O poeta retornará à questão soviética em outros termos.

A segunda referência é um conflito brasileiro. O poema de Drummond, desde o título, explicita a circunstância: "Outubro 1930", mas está longe de ser apenas referencial e a composição é intrigante. A princípio, o poema focaliza um episódio mineiro da Revolução de 1930, para depois abrir-se para o quadro nacional. Trata-se do ataque de tropas da Força Pública do estado de Minas Gerais, "rebeldes", aos soldados do 12º Regimento de Infantaria, "legalistas", que durou da madrugada de 4 de outubro ao dia 8 do mesmo mês, encerrando-se com a rendição desses últimos. O episódio foi sangrento: dezenas de mortos, entre eles muitos civis de condição humilde, que habitavam nas cercanias do quartel e foram expostos ao fogo cruzado. Essa é uma história calada da cidade de Belo Horizonte, mas certamente mantida acesa pela imagem mais perturbadora do poema, a da negra baleada e tombando morta com os seios expostos, como se fosse uma espécie de vítima sacrificial para que surja "indeciso, da pólvora" um "novo, claro Brasil". Que essa cena venha emoldurada, antes, pela menção ao "suave temperamento" dos mineiros e, depois, pela referência ao general como o "mais doce dos seres" (AP, pp. 72-73). não deixa de corresponder a um procedimento sistemático do texto, o de aproximar coisas contraditórias, procedimento típico do Drummond daquele período, com suas "alavancas de estabilização", para lembrar Manuel Bandeira. A alternância entre verso e prosa também pode ser enquadrada no mesmo processo, assim como as diferenças entre o soldado e o poeta-funcionário. É possível, também, que o poeta tenha fundido a esse episódio algo da atmosfera sobretudo amena de Barbacena, para onde se dirigiram em seguida "as então denominadas Forças aéreas mineiras", na expectativa de operações militares de maior envergadura, mas que não foram necessárias, uma vez que o final do movimento revolucionário em todo o país foi precipitado pela deposição do então presidente Washington Luís, tendo durado ao todo cerca de um mês. As imagens religiosas que encerram o poema parecem apenas indicar que não há aqui lugar para o sagrado, e que em sua imanência os homens "brigam de novo" (AP, p. 73). No conjunto, mesmo considerando a mescla de tons, há uma tragicidade que já representa um deslocamento.

Algum tempo depois, e por efeito desses acontecimentos históricos, Drummond, que era então chefe de gabinete da Secretaria de Interior e Justiça de Minas Gerais, mudou-se para a capital do país. O poeta estadual passou a ser poeta federal; logo passaria a ser o poeta do (sentimento do) mundo.

Entrar na década de 1930 é entrar no "túnel do século", como diria Murilo Mendes, e só sair dele em agosto de 1945, após a explosão das bombas atômicas em Hiroshima e Nagasaki, que puseram fim à guerra no Oriente; no Ocidente, ela havia terminado em maio daquele ano com a destruição completa da Alemanha e de boa parte da Europa e também com a confirmação espantosa dos campos de extermínio. Ao longo dos anos 1930 houve inúmeros conflitos, locais e internacionais, decorrentes de uma crescente clivagem ideológica, mas dois deles mereceram atenção maior, do poeta e do mundo.

Em relação à Guerra Civil Espanhola, a primeira resposta do poeta foi a conferência "Morte de Federico García Lorca", pronunciada em 1937. Ao buscar definir o poeta espanhol, assassinado pelos "fascistas de Granada", Drummond acaba por definir a poesia: "[...] efusão lírica da massa concentrando-se num indivíduo e refluindo sobre a massa através dos cânticos que o indivíduo produziu sob a sua influência e seu ditado" (CM, p. 88). Essa reciprocidade entre poesia e povo, pela mediação (criadora) do poeta, terá desdobramentos fecundos em Drummond. Lembre-se do final de "Consideração do poema": "Tal uma lâmina,/ o povo, meu poema, te atravessa" (RP, p. 10).

O único poema escrito por ele durante a luta na Espanha foi "Quando Barcelona cair", datado de 1938, mas publicado apenas em 1945, na *Tribuna Popular*, e jamais em livro. Ele vale essencialmente pelo internacionalismo, que passara a ser o horizonte de eleição do poeta (o poema "Sentimento do mundo" que apresenta com clareza essa perspectiva teve sua primeira publicação em 1935, em jornal), e apresenta uma sucessão de cidades e países capazes de substituir Barcelona nessa espécie de guerra civil planetária, em que as forças internacionalistas são inumeráveis e por isso mesmo invencíveis. O verso final indica com veemência esse vigor inquebrantável da causa, já que fundado no próprio homem: "Depois que Barcelona cair, restarão os homens".

A angústia pela derrota das forças republicanas apoiadas por brigadas internacionais (estas às vezes absurdamente brigando entre si) naquela mortífera guerra permaneceria no coração do poeta, e cerca de dez anos depois ele escreve dois poemas, ambos publicados em *Novos poemas*: "Notícias de Espanha" e "A Federico García Lorca". O primeiro expressa profundo pesar pelo fechamento do país submetido à ditadura franquista. Terrivelmente ingrata a situação da Espanha, de fato, pois a derrota das forças nazifascistas no final da Segunda Guerra Mundial não alterou sua situação, em contraste completo com a euforia de outros países europeus então liberados. Comovente (e bela) é a passagem que associa impotência e indignação diante desse quadro: "O poeta,/ imóvel dentro do verso,// cansado de vã pergunta,/ farto de contemplação,/ quisera fazer do poema/ não uma flor: uma bomba/ e com essa bomba romper// o muro que envolve Espanha" (NR, p. 211). Já o poema dedicado a Lorca rememora os dez anos de seu fuzilamento, cumprindo o rito de luto – "aqui estou para depositar/ vergonha e lágrimas", assim como a promessa do não esquecimento: "para sempre viverão// os poetas martirizados". No mesmo ano, Drummond faria nova conferência sobre Lorca, por ocasião da instalação do Ateneu García Lorca. Para ele, ao matar o poeta, os fascistas quiseram matar o "próprio dom do canto": "Ele foi assassinado por causa de seus poemas, foi assassinado como poeta. É o primeiro mártir contemporâneo da poesia". Ainda na conferência, Drummond situa com precisão a Guerra Civil Espanhola como "ensaio geral da carnificina" da Segunda Guerra Mundial (DRUMMOND DE ANDRADE, 1946).

Visto em profundidade, esse internacionalismo que define muito a posição de Drummond naquele momento não era exatamente algo novo nele. É possível recuar muito, até a sua infância em Itabira, e surpreender o menino na sala de aula do 3º ano: "A aula era de geografia, e a professora escrevia no quadro-negro os nomes dos países distantes. As cidades vinham surgindo na ponte dos nomes, e Paris era uma torre ao lado de uma ponte e um rio, a Inglaterra não se enxergava bem no nevoeiro, um esquimó, um condor surgiam misteriosamente trazendo consigo países inteiros. Então eu nasci. De repente nasci, isto é, senti necessidade de escrever" (CA, p. 118). Nesse trecho do conto autobiográfico "Um escritor nasce e morre", lemos algo fundamental: o nascimento da escrita para o poeta se deu com o conhecimento do mundo, ou, para evocar sua expressão tão lapidar, com o *sentimento do mundo*.

Eric Hobsbawm, em estudo clássico sobre o século XX, afirmou que "a Segunda Guerra Mundial foi uma aula de geografia do mundo" (HOBSBAWM, 2002, p. 32). Do mesmo modo a compreendeu Drummond, atualizando aquela lição da infância, mas agora em plena maturidade: como poeta maior, isto é, capaz de ajustar seu canto a uma escala planetária.

Há muitas imagens da Segunda Guerra Mundial disseminadas em *A rosa do povo* e mesmo em *José*. Mas há sobretudo um conjunto de poemas agrupados pelo poeta no livro de 1945, que constituem um autêntico *calendário* do conflito. São eles, pela sequência, "Notícias", "Carta a Stalingrado", "Telegrama de Moscou", "Visão 1944", "Com o russo em Berlim". Eles acompanham metodicamente os acontecimentos da guerra desde 1942, com o início da batalha de Stalingrado e também com a declaração de guerra do Brasil contra as forças do Eixo, até 1945, com a tomada de Berlim pelo exército soviético. Dois deles são provavelmente os melhores "poemas de guerra" de Drummond, e estão também entre os mais importantes de sua poesia política: "Carta a Stalingrado" e "Visão 1944".

"Carta a Stalingrado" apresenta uma positividade desusada em Drummond, explicável pelo caráter decisivo da batalha ali ocorrida, que mudou inteiramente o rumo da guerra. Até então, era a fase da "guerra-relâmpago", quando o exército alemão dobrava de forma avassaladora todos os seus oponentes. Ali, houve uma retração do conflito ao espaço de uma única cidade, o espalhamento geográfico contraiu-se a um ponto no mapa, e nesse espaço diminuto o tempo da luta foi extenso, mais de cinco meses. O resultado foi a morte de cerca de 500 mil pessoas, entre militares e civis, e a completa derrota do exército invasor, da qual a Alemanha nazista nunca mais se recuperaria. Drummond inclinou-se sobre aquele ponto como poeta, isto é, sensível ao peso enorme que pode ter o pequeno, e escreveu, arrebatado, sua carta-poema. Essa interação, rara em tal plenitude, entre o íntimo e o público, o conduziu a uma expressão desmedida, afastando-o da habitual atitude irônica e negativa. Mas talvez o fracasso tenha sido bem-sucedido.

Do relativamente longo poema, é possível sublinhar um princípio construtivo. Trata-se da articulação cerrada entre as partes, a ser observada em três passagens: do verso 16 ("na tua fria vontade de *resistir*") ao 17 ("Saber que *resistes*"); do verso 31 ("Também elas podem *esperar*") ao 32 ("Stalingrado, quantas *esperanças*!"); e do verso 49, o menor de todos, mas concentrado em palavra essencial ("e *vence*") ao 50 ("As cidades podem *vencer*, Stalingrado!") (RP, pp. 128-30, grifos meus). Ao encadear esses três aspectos – a resistência, a esperança e a vitória –, o poema também sintetiza o andamento da própria Batalha de Stalingrado e seu *processo* triunfal, embora tão custoso.

Em meio a esse desenho épico, destaca-se a dimensão lírica: "A tamanha distância procuro, indago, cheiro destroços sangrentos,/ apalpo as formas desmanteladas de teu corpo,/ caminho solitariamente em tuas ruas onde há mãos soltas e relógios partidos,/ sinto-te como uma criatura humana" (RP, p. 129). A gradação diz respeito agora à esfera íntima do sujeito, que, distante, mas inteiriço em sua entrega, se "aproxima" progressivamente da cidade destruída, personificada em "criatura". Não por acaso o ápice dessa aproximação se dá com o ato de caminhar pelas ruas, uma posição fundamental do eu na poesia drummondiana.

Mas o elã individual deve dissolver-se na significação coletiva do evento, e o "sentir" cede lugar ao "pensar": "Penso no colar de cidades, que se amarão e se defenderão contra tudo" (RP, p. 130). Aquele internacionalismo socialista acalentado pelo poeta desde meados dos anos 1930 parecia ter encontrado na vitória de Stalingrado sua resolução, de modo que a "grande Cidade de amanhã" (RP, p. 130). Após tantos percalços, como a derrota na Espanha, poderia afinal surgir.

Em "Visão 1944", o propósito é outro: abarcar a multiplicidade da "guerra total". Para isso, o poeta se vale de uma estrutura regular: versos decassílabos, todos heroicos, dispostos na forma estrófica mais padronizada, a quadra, todas estas se iniciando pelo estribilho – "Meus olhos são pequenos para ver" (RP, p. 135). A pontuação também é homogênea, cada quadra tem um único ponto, sempre no final, de modo a demarcar com nitidez cada unidade. Literalmente, um "enquadramento" da guerra, em que cada estrofe apresenta uma cena completa em si mesma, como se fosse uma estampa ou uma fotografia do conflito. O resultado final desse procedimento é a representação do vasto pela justaposição cumulativa dos detalhes.

O que o poema dá a ver é a prática desenvolta da guerra (observe-se o uso de gerúndios) e o seu acervo infindável de desgraças: "países mutilados", "todos os mortos", "todos os feridos", a profanação da natureza, a degradação do amor e das mulheres ("beijo cancelado/ na produção de tanques e granadas"), a ausência da infância, as filas de fome e de morte ("a fila de judeus de roupa negra", [RP, pp. 135-38]). O estribilho justifica-se plenamente: os acontecimentos da guerra em 1944 excedem em muito a capacidade do sujeito de suportá-los, indicando também a enorme dificuldade de os figurar em linguagem. Mosaico de calamidades, o poema evoca irresistivelmente um modo de representar as "misérias" ou os "desastres" da guerra, em pequenas gravuras, de forte tradição nas artes plásticas, de Jacques Callot a Otto Dix e Oswaldo Goeldi, passando pelo maior de todos, Goya. Lembra, de modo ainda mais surpreendente, a longa série de fotoepigramas da *Cartilha de guerra* de Bertolt Brecht, editada apenas em 1955, resultantes da associação de fotografias (da ascensão do nazismo à Segunda Guerra Mundial) a uma breve inscrição (no caso, uma *quadra*). Digamos que tanto Drummond como Brecht procuraram emular, diante do horror da Guerra de 1939, aquela poderosa tradição dos gravuristas mencionados, mas Drummond buscou fazê-lo com os recursos exclusivos da linguagem poética, ainda que expandindo o tanto quanto possível suas possibilidades visuais.

A partir da 17ª estrofe o poema muda muito, o olhar se desloca das ruínas do presente imediato e se inflama com a possibilidade de testemunhar uma nova humanidade no pós-guerra. O refrão se ressignifica: os olhos são pequenos para ver não mais os desastres da guerra, mas uma espécie de celebração, cujo sujeito é o povo. A quadra final articula esses contrários numa resolução positiva na qual o eu pode afinal "baixar" os olhos, agora "deslumbrados"; a sonoridade também se acentua no poema visual, que termina quase como música: "Meus olhos são pequenos para ver/ o *mundo* que se esvai em *sujo* e sangue,/ outro *mundo* que brota, qual *nelumbo*/ – mas veem, pasmam, baixam *deslumbrados*" (RP, p. 138, grifos meus).

O término dos combates não se abriu para uma humanidade renovada. Os homens encetaram outro tipo de guerra, dita fria. Drummond, anota em seu diário que havia perdido "todo o interesse pela vida pública" (OE, p. 86); as referências à luta político-partidária são sempre negativas e ácidas. Ao evocar a gênese de *Claro enigma*, revela que então "convalescia de amarga experiência política" (OE, p. 123). Tudo sugere as retinas fatigadas e o recolhimento. O sentimento do mundo passa a ter outras aplicações. Mas isso não impede que imagens esparsas da experiência das guerras aqui e ali compareçam. Em "Elegia", por exemplo, um de seus mais belos e típicos poemas dos anos 1950, encontramos estas duas passagens: "Não me procurem, que me perdi eu mesmo/ como os homens se matam" e "eis que assisto/ a meu desmonte palmo a palmo e não me aflijo/ de me tornar planície em que já pisam/ servos e bois e militares em serviço/ da sombra" (FA, pp. 47-48. Publicado pela primeira vez em 1953, pode ser também uma alusão à Guerra da Coreia).

Mas é somente a partir de 1960 que a guerra volta a estar no horizonte de sua criação, e nisso Drummond acompanha vários outros poetas, pois é o período em que a ameaça atômica assombra toda a humanidade. Novo chamamento internacionalista, portanto. Justamente no setor "Mundo" do livro *Lição de coisas* (1962) está o poema "A bomba" (LC, pp. 83-88). Seu modo de compor é receptivo a algumas experiências com a linguagem das vanguardas do final dos anos 1950. O poema é constituído por 58 dísticos, formando cada um deles uma frase completa, sendo que os 57 primeiros repetem na primeira linha o sujeito dessa frase, "A bomba", de modo a promover o destaque visual da palavra e sua carga obsedante. As segundas linhas são caracterizações evidentemente sarcásticas e grotescas da bomba, nas quais se observa também a retomada do estilo mesclado de outros tempos. No último dístico ocorre a mudança do sujeito: desponta agora "O homem", até então apenas submisso, e o poeta intervém para declarar sua esperança de que nós possamos afinal liquidar "a bomba".

A Guerra do Vietnã já estava então em curso e ainda duraria por muitos anos, dando o que pensar ao poeta até além de seus 70 anos. Conforme se lê em "Entreato de paz" (DP, pp. 115-16), mesmo a morte estava fatigada de "ceifar de ponta a ponta essa Indochina"; e toda a gente estava "já cheia dessa estúpida novela/ de sadismo, de sangue e de balela" (DP, pp. 115-16), como está escrito em "Praia palma paz" (AA, pp. 94-96).

Assim, quase sem tréguas, Drummond vivenciou uma sucessão de conflitos, alguns deles de magnitude incomensurável. "Que século, meu Deus!", poderíamos repetir com os ratos do "Edifício Esplendor" (J, p. 22). Cada vez mais esgotaram-se as explicações ou justificativas de por que os homens se matam: "Uma lição se colhe de tudo isto,/ ou nenhuma lição:/ alcançará o homem, bicho estranho, ser,/ de si mesmo, irmão?", ainda em "Entreato de paz". Ideia que é retomada por ocasião do assassinato de Martin Luther King ("O morto de Mênfis"): "O homem não se reconhece/ no semelhante./ O homem anoitece.// [...]// Sua intenção/ é matar-se na morte/ do irmão?" (VP, pp. 200-21).

O poeta encontra não explicação, mas repouso, na observação dos "vagabundos que o mundo repeliu", como escrevera em seu "Canto para o homem do povo Charles Chaplin" (RP, pp. 157-64). No tardio poema "Os pacifistas" são os "homens malvestidos", sentados em "bancos vulgares da Cinelândia", "a ver as pombas"; em "seu tranquilo ser-existir infenso ao trágico mundo", "silenciosos e circunspectos,/ são talvez os homens melhores/ do nosso tempo assim parados [...]/ *Não transportam a guerra n'alma*" (VP, pp. 115-16, grifo meu).

Guerra Civil Espanhola
ver Guerra

H

Humor
WALNICE NOGUEIRA GALVÃO

O humor surge entranhado no projeto de toda a poesia moderna e Drummond o soube desde sempre. É com humor que se apresenta no frontispício de sua obra, ou seja, no primeiro poema do primeiro livro publicado. Assim, o "Poema de sete faces" (AP, p. 11) repousa sobre duas paródias. Na primeira, a inversão paródica comporta condensação e substituição: em lugar das benfazejas, só a fada má, no caso um anjo. Vem logo a maldição cum oráculo, que é autoirônica: "Vai, Carlos! ser *gauche* na vida". A segunda é paródia de uma *Lira* de Tomás Antônio Gonzaga: "Mundo mundo vasto mundo,/ mais vasto é meu coração". Mais tarde a alusão voltará à baila, um poeta arrependido dizendo em palinódia: "Não, meu coração não é maior que o mundo", em "Mundo grande" (SM, p. 45).

Já de saída Drummond utiliza versos de métrica tradicional, mas disfarçada, no caso deste dístico a redondilha maior. Modernista classicizante, exímio sonetista, o poeta tem talento natural para o tradicional, o clássico, o canônico, como demonstram a opulência do léxico e o uso primoroso da sintaxe mais castiça (SANTIAGO, 2000; 1976, p. 108). A partir de tais premissas, este verbete estudará as figurações do humor na obra poética mais representativa, ou seja, aquela que traça um arco que vai de *Alguma poesia* a *Lição de coisas*, deixando entre parênteses a produção posterior da lira erótica avuncular e a memorialística.

O humor que vinca a obra de Drummond é arma contra a angústia existencial, propiciando certo distanciamento, que salva seus versos da pieguice ou do sentimentalismo. Depois de parodiar o confrade da Arcádia Mineira, o poeta vai se dizer mineiro incontáveis vezes.

A verrumação do "eu retorcido", primeiro dos campos identificados por Drummond na famosa lista da *Antologia poética* (1962), não pode ser examinada em separado da identidade mineira, por ele longamente acarinhada. Construção de intelectuais (WITKOWSKI, 1995; 2013, p. 91), tal identidade surge na primeira metade do século XX, com a grande migração que retirou do estado natal a elite intelectual em peso, sendo raros os que não foram arrastados pelo êxodo (WERNECK, 1998). O destino foi o Rio de Janeiro, então capital da República e centro da vida cultural do país. Os mineiros foram ocupando postos importantes nas instituições do ramo, jornais e revistas, editoras, academias, escolas, funcionalismo público (MICELI, 2001). Inclusive o próprio Drummond. Em decorrência, durante décadas o panorama cultural seria dominado por uma vasta discussão sobre as implicações de ser mineiro, fazendo correr rios de tinta. Todo escritor mineiro dava seu palpite.

E, não menos que qualquer outro, Guimarães Rosa, em evocação lírico-sentimental minimalista: "Minas Gerais", em *Ave palavra* (ROSA, 1970, p. 245). Nesse texto, o escritor entrega-se a elucubrações de uma tal perícia estilística que o leitor acaba por sair da leitura sentindo-se ludibriado, sabendo menos sobre a definição do ser mineiro que anteriormente.

Dois traços vão tornar singular o intelectual mineiro ao tempo de Drummond: primeiro, ele é mais urbano que rural (e já o era desde os árcades); segundo, ele é municipalista – sim, ele é mais de seu município que de seu estado. Guimarães Rosa, em "Minas Gerais", qualifica-o de *municipalíssimo*. Ou, no caso de nosso poeta, ele é mais itabirano que mineiro, sem prejuízo de ser mais mineiro que brasileiro ("Também já fui brasileiro" [AP, p. 16]).

E é ainda Drummond quem, já em 1940, publica "Confidência do itabirano" (SM, p. 10), declaração ritualística de um desterrado reencenando os laços com as origens.

A sede do município costuma ser igualmente, o que é enfatizado e reiterado por nosso poeta, o baluarte ancestral do poder da família. É o que ocorre com Drummond e seus formidáveis poemas sobre o pai e o patriarcalismo. Ao poder da família é o que não só Drummond como todos os seus confrades anseiam escapar – mas ao mesmo tempo não conseguem. E, não conseguindo, afeiçoam obras literárias que celebram simultaneamente a libertação e a perda. Trata-se de um paradoxo existencial para poeta nenhum botar defeito.

O regionalismo mineiro dos expatriados no Rio surge como uma afirmação de identidade, erigida como defesa contra o anonimato na megalópole. É o que expressam, entre outros, "Prece de mineiro no Rio" (VPL, p. 35) e "Lanterna mágica" (AP, pp. 21-29), O primeiro pede socorro a uma Minas imaginária, em face da algazarra e balbúrdia do Rio de Janeiro. O segundo expressa o pavor ante os perigos metropolitanos, inclusive aludindo aos famosos "contos do vigário.../ (Este povo quer me passar a perna...)" (que, segundo o folclore carioca, visavam a vender bondes aos mineiros. Artur Azevedo, ao escrever a popularíssima comédia *A capital federal*, pôs em cena uma cândida família mineira em vilegiatura no Rio, presa de espertalhões.

Um dos principais artífices da construção do estereótipo do mineiro foi justamente Drummond. Em todo caso, nosso poeta começa postulando-se como mineiro e já no primeiro livro os poemas "Nota social", "Fuga", "Sesta" e ainda mais "Cidadezinha qualquer" – em que define a *vida besta* –, todos de humor grotesco, zombam da inanidade do ramerrão interiorano.

Posteriormente, o poeta irá expandindo e complicando a definição, sempre com uma boa dose de humor. À altura em que compõe "Confidência do itabirano", nem precisa usar o gentílico "mineiro", que é substituído pelo mais restrito e municipalista "itabirano". Uma espécie de determinismo geológico mostra-se mais decisivo que qualquer outro: não são os astros que comandam o destino do poeta mineiro, mas o solo – o poeta olha para baixo, e não para o alto, como no oximoro "fazendeiro do ar", aliás reversível. Se o leitor se detiver na insistência em ser mineiro, na reivindicação de pertencimento, no patriarcalismo e na ancestralidade, concluirá que, embora não seja de senso comum, Drummond é um poeta telúrico – com tudo o que cabe de cediço nessa categoria.

O poema é construído com humor, armado pelas figuras da contradição: o paradoxo ("E o hábito de sofrer, que tanto me diverte" [SM, p.10]), a ironia um tanto ácida, a autoderrisão que se regozija na declaração do status decaído, o tombo de classe. Em geral, "ser de ferro" é elogio. Aqui, o humor inverte a direção, e ter a alma de ferro é defeito, leva ao *alheamento*.

A certa altura, o estereótipo do mineiro estava pronto e passou a vigorar popularmente até hoje. Entretanto, sob a superfície homogênea fervilha a duplicidade, aquilo que abriga um atributo e seu contrário. O mineiro é conservador, mas amante da liberdade; modernista, mas respeitoso da tradição; individualista, mas cultor da ancestralidade; urbano precoce, mas nostálgico das origens rurais; obtuso, mas ressabiado.

Resultam daí duas máscaras, a unitária e a contraditória. Das fricções entre essas duas máscaras – uma, a própria serenidade do mineiro (discreto, reservado, calado, nada espalhafatoso, melancólico), a outra um torvelinho de emoções conflitantes – vai se plasmando a persona do poeta. Um poeta mineiro.

Os frequentes autorretratos não devem ser confundidos com as cartas de intenções, bulas ou manifestos, declarações analíticas e interpretativas sobre a própria obra, anunciando os livros. Delas ressalta quase sempre uma personalidade contraditória, mas em surdina, ou seja, avessa ao drama. São duas as figuras de retórica decorrentes (FIORIN, 2019, pp. 59 e 73). Uma é a litotes, dupla negação ou negação do contrário, figura a serviço da ironia enquanto recurso de enunciação com circunlóquio enfático. Drummond pode usar uma litotes simples, semântica ("Não sou alegre" – "Explicação", AP, p. 74), mas também uma extremamente complexa que vai se desdobrando ("Eu não disse ao senhor que não sou senão poeta?" – AP, p. 75). A outra é o oximoro, ou aproximação de opostos ("claro enigma", "fazendeiro do ar"). A notar nas duas figuras o arcabouço bimembre, portador de tensão e aberto à ironia.

O humor serve também para temperar a *arte poética*, que volta e meia reponta: perto de uma em cada livro, à maneira de plataforma ou declaração de princípios, às vezes mais de uma. Após alguns embriões, a primeira bem-acabada surge no terceiro livro, *Sentimento do mundo*, e se intitula "Mãos dadas" (SM, p. 34). É o caso de "Eterno" (FA, p. 43), que começa com um dístico célebre: "E como ficou chato ser moderno./ Agora serei eterno". E é particularmente notável "O lutador" (J, p. 23), que desvenda o corpo a corpo do poeta com as palavras.

Entre as artes poéticas são sintomáticas e típicas aquelas concebidas como negativas: "Não faças versos sobre acontecimentos" ("Procura da poesia", RP, p. 11), "Os impactos de amor não são poesia" ("Conclusão", FA, p. 21), "Não serei o poeta de um mundo caduco" ("Mãos dadas", SM, p. 34), "Não rimarei a palavra sono" ("Consideração do poema", RP, p. 9). Quase sempre o poeta se declara impotente para definir o que é poesia, desistindo da empreitada, isto é, da definição – mas não de fazer poesia.

A lira amorosa... Drummond não se furtaria a esse tema maior da poesia. Se Oswald de Andrade já chancelou o emblema *Amor*/humor, Drummond perseverou no duplo tema. Em "Entre o ser e as coisas", após o embalo da paronomásia assonante no primeiro verso ("Onda e amor, onde amor, ando indagando"), surge: "tornam amor humor." (CE, p. 44). Aguarda-nos uma grande variedade de concepções quanto aos nexos entre esses dois termos, como segue.

"O mito" (RP, p. 64) aborda a complexidade do desejo. "Quadrilha" (AP, p. 54) procede a uma alegre verificação dos desencontros do amor. "Campo de flores" (CE, p. 51) opera uma rendição incondicional ao amor, dádiva inesperada na maturidade: um hino, de versos irregulares comandados pelo impulso lírico, ao êxtase de corpo e alma. Em "Rapto" (CE, p. 50), que começa pela metamorfose de Zeus em águia descendo dos céus para arrebatar o belo efebo Ganímedes, a quem aguarda a posição de escanção no Olimpo, o mistério e o terror se adensam.

Já "O quarto em desordem" (FA, p. 17) se baseia em duas metáforas, uma inicial e outra final, de uma violência inaudita. A derrapagem e o passo do cavalo são imagens de energia e dinamismo, engendrando a incongruência das duas metáforas. Na primeira, dá-se a contaminação entre perda de controle no espaço e perda de controle na vida. Na segunda, a contaminação dá-se entre espaço externo, lugar do cavalo, e espaço interno, ou quarto/cama/peito de quem ama. Para culminar, essa violência contrasta com a forma polida e clássica do soneto. Mais uma contaminação, a da forma pelo tema, sendo o soneto entrecortado, misturando parataxe e hipotaxe, desenrolando-se por acumulação de sintagmas: já na metade do segundo verso começa uma frase que só vai receber ponto-final quando termina o soneto. Através das hipérboles da derrapagem e do cavalo, o humor resvalaria no grotesco, se não beirasse o sublime.

Ao longo da obra, o tema com frequência desemboca no humor grotesco.

O exame simultâneo de "Amar" (CE, p. 43) e "Amar-amaro" (LC, pp. 45-46) permite essas e outras ilações. O primeiro procura repassar todas as facetas possíveis do sentimento do amor, que não se reduz aos seres humanos, mas a tudo que existe, animado ou inanimado, constatando que é nosso destino amar. O segundo pertence à fase de *Lição de coisas*, de máxima invenção vocabular e transgressão do código linguístico, despojada de qualquer mácula episódica (CANDIDO, 1970, pp. 93--122). Combinando com a ausência de pontuação, traz até uma palavra de cabeça para baixo. Instilando humor abrasivo, o poema desiste de oferecer conforto aos amantes sofredores, encerrando o assunto com o veredito: "mas o amor car(o, a) colega este não consola nunca de núncaras" (LC, p. 46). A esse livro pertence um dos píncaros do estro drummondiano: "Isso é aquilo" (LC, pp. 91-95). Com base numa inspiração paronomástica desatada, prescinde de verbos, adjetivos e outros componentes essenciais ou acidentais da frase, atendo-se a substantivos ou adjetivos substantivados dispostos em pares para compor os versos. O humor comanda grande parte desses nexos aleatórios entre pares, permitindo novas combinações da ordem do grotesco, do surpreendente, ou simplesmente do inédito.

Entretanto, o humor na poesia de Drummond tem ainda outra face, mais complexa e profunda, com tintas mais carregadas (CAMILO, 2001a). Acentuam-se certas tendências no rumo de um enfarruscamento do humor, tendências que já continham laivos de especulação existencial. No espectro que extrapola dos primórdios mais ingênuos, aguarda-nos o humor negro, ou, como diriam os alquimistas, a atrabílis, ou bílis negra. Como é sabido, atribuíam-se aos humores, ou fluidos corporais, as variações no temperamento e nas emoções. E, nesse caso, o temperamento melancólico e a hipocondria decorreriam da abundância da bílis negra. Já se chamou de "quarteto metafísico" a sequência de livros em que este humor predomina: são eles *Novos poemas*, *Claro enigma*, *Fazendeiro do ar* e *A vida passada a limpo* (MERQUIOR, 1976, p. 124).

Os poemas cada vez mais longos vão se estendendo no espaço da página, até atingir o padrão da "meditação poética" de que foi mestre Mário de Andrade – é só conferir em "Noturno de Belo Horizonte" ou "Meditação sobre o Tietê". "Meditação" é o termo com que Gilda de Mello e Souza carimba esse padrão poético, desferido por uma "caminhada", em que dá o tom a potência expansiva de uma elucubração existencial (MELLO E SOUZA, 2005, p. 27).

"A máquina do mundo" (CE, p. 105) é dos mais ambiciosos desta lira, exercitando a intertextualidade com nada menos que a *Divina comédia* e *Os Lusíadas*. Deve a Camões a concepção, e até a nomeação, da máquina do mundo, afora o decassílabo, que ambos partilham com Dante. Os três poemas têm muito de revelação ou epifania, e seus autores entram na categoria dos poetas visionários.

A "caminhada" está posta já no primeiro verso, quando o poeta relata que palmilhava "vagamente/ uma estrada de Minas, pedregosa", aludindo ao mesmo tempo ao *incipit* da *Divina comédia* e à "imaginação da pedra", da Arcádia Mineira (CANDIDO, 2017, p. 88). E a localização geográfica dada pela palavra "Minas", que é uma profissão de fé poética, ocorre imediatamente, já no segundo verso, para só ser recolhida no final.

A meditação poética é dinâmica e se passa ao ar livre, tendo por base a "caminhada" ao modo romântico recomendado por Rousseau quando fala da *promenade* solitária na natureza, propícia ao ensimesmamento e ao devaneio. Assim o poeta acessa o eu, as forças vitais, as potências cósmicas, ou mesmo a poesia. Mais tarde esse passeio mudará o registro ao cobrir as ruas da metrópole e definirá a personalidade do *flâneur* urbano, que tanto concentrou as iluminações de Walter Benjamin.

Dante e Camões são demiurgos, ou poetas que criam um mundo: Dante a cavaleiro de sociedade hierarquicamente estruturada, a medieval, Camões sob quem o chão já vacila aos primeiros embates da modernidade. Com humor, e não sem malícia, Jorge Luis Borges acusou Dante de impiedade, por usurpar as prerrogativas de Deus: com que direito, antes do Juízo Final, o escritor se arroga decidir quem será salvo e quem será danado? (BORGES, 1996, p. 341).

Não só o valor atribuído à "caminhada" permite a aproximação com Benjamin. Em "Sob o signo de Saturno" (SONTAG, 1986, p. 83), Susan Sontag lembra que Benjamin se define como *maladroit*, ou seja, desajeitado ou desastrado, sinônimo de *gauche*. Descartando psicologia ou astrologia, trata-se da tentativa de fixar uma fisionomia de intelectual/artista do século XX, porta-voz do mal-estar da modernidade. A menção a Saturno remete à *Origem do drama barroco alemão*, a grande obra em que se entrecruzam as noções de alegoria, luto, melancolia e ruínas.

E Drummond conjura Saturno, padroeiro dos melancólicos, num poema em que fala de outro melancólico, Machado de Assis ("A um bruxo, com amor", VPL, p. 47). As imagens que Sontag utiliza estão em "A máquina do mundo", enfatizando que a influência de Saturno torna as pessoas "apáticas, indecisas, vagarosas", com características como "a lentidão" e "a falta de jeito" (SONTAG, 1986, p. 103). Em *Rua de mão única* Benjamin faz o elogio da ironia (BENJAMIN, 1987, p. 23): a ironia é inerente ao temperamento saturnino, em seus anseios niilistas. Susan Sontag saúda nele "o último intelectual – o herói saturnino da moderna cultura, com suas ruínas, suas visões provocadoras, seus devaneios, sua tristeza irremediável, seus olhos baixos" (SONTAG, 1986, p. 97).

Eros e Thanatos disputam a efusão lírica. No horizonte, a atração do abismo, do aniquilamento. Emblemático, o poema "José" (J, p. 37), em suas agoniadas indagações existenciais encadeadas, que se estruturam em paralelismo às vezes anafórico, termina com o protagonista marchando sem destino. E um soneto de amor, de *Claro enigma*, assim conclui: "E calcamos em nós, sob o profundo/ instinto de existir, outra mais pura/ vontade de anular a criatura" ("Fraga e sombra", CE, p. 47). "Minha matéria é o nada", diz ele em "Nudez" (VPL, p. 11). Em "Pequeno mistério policial ou a morte pela gramática", irônico desde o título, a tentação da autodestruição é mais clara, incluindo menção a uma faca pernambucana: "eis que mergulha no nirvana:/ mas o aço, intato! Que fazer?" (NR, p. 212).

Partilhando semelhanças, a preguiça, o sexto pecado capital do rol de sete sob anátema católico, é bem mais do que o substantivo implica. Mais recomendável seria o uso da palavra "*acídia*", ou "acédia", que traduz melhor o latim original. Porque não se trata só de preguiça física, mas de uma espécie de "preguiça da alma", que se expressa sobretudo na melancolia, na tristeza, na morosidade, no desleixo, no desinteresse, na inadequação, no desalento. São sintomas que hesitamos em colocar sob o rótulo da depressão, síndrome tão comum na modernidade, temendo um emprego abusivo inculcado pela moda. A acídia se encontra a meio caminho com o signo de Saturno, trafegando por sinais similares.

E Drummond é um poeta consciente desses sinais, que se reiteram. No "Estrambote melancólico", que certamente é um poema do "eu retorcido", declara ter horror de si mesmo, horror aliado à autopiedade. Afirma ser triste seu amor, que tem carinho pela perda, resumindo tudo em "minha alta ausência em meu redor" (FA, p. 41).

O peso da ancestralidade vai se fazer sentir: "Tive ouro, tive gado, tive fazendas./ Hoje sou funcionário público" ("Confidência do itabirano", SM, p. 10). Alguns de seus mais fortes poemas são dirigidos ao pai, a quem, conforme afirma, só amou depois de morto. Esse complexo Minas/família/ancestralidade/patriarcalismo é tão obsessivo que renderá, após a conclusão da obra aqui examinada, um livro em três volumes só de poesia memorialística, *Boitempo*, quando seu autor já beirava os 70 anos. Obsessão encarada com lucidez, em frequentes alusões, como em "urna eu mesmo de minhas cinzas particulares" ("Cemitérios", FA, p. 33).

Pedem destaque dois dos poemas mais estritamente versando a ancestralidade, exemplos de humor negro no tratamento do tema.

O primeiro, "Caso do vestido" (RP, p. 74), mostra que o poder discricionário do patriarca, que é por natureza impune e inimputável, comanda a desgraça de seus próximos, ou seja, os que lhe são, ou deveriam ser, mais caros. O segundo, "A mesa" (CE, p. 93), louva o cunho benfazejo da família e sua harmonia, enquanto enfatiza só vigorar no plano imaginário, quando todos já estão mortos – o que é com pungência colocado na última palavra, referida à mesa do simpósio celebratório: "vazia". Ambos são observações das mais corrosivas e lúcidas que se possam encontrar na literatura brasileira, ademais sem alarde.

O poeta moderno, como é notório, assume com frequência a persona do *eiron*, de onde deriva a palavra "ironia": na retórica clássica, é personagem marcada pela autodepreciação (FRYE, 1973, p. 360), tecla em que nosso poeta insiste. Como vimos, Drummond percorre toda a gama do humor, sabendo ir e voltar do mais ameno ao mais negro, mas sem descartá-lo como elemento que estrutura toda a sua obra.

I

Imprensa
ver Crônica

Iphan
MARIANA QUADROS

Carlos Drummond de Andrade trabalhou no Instituto do Patrimônio Histórico e Artístico Nacional entre 1945 e 1962, quando se aposentou. Esse órgão, responsável pela preservação do patrimônio cultural brasileiro, foi criado em 1937 sob o nome de Serviço do Patrimônio Histórico e Artístico Nacional (Sphan). Em 1946, a instituição passou a ser denominada Diretoria do Patrimônio Histórico e Artístico Nacional (Dphan). Em 1970, a autarquia assumiu sua atual designação.

No Iphan, Drummond encerrou uma carreira burocrática longeva, apesar de atravessada por conflitos. Em poemas, crônicas, ensaios e entrevistas, o autor enfatizou a angústia de quem se via "escravo em Papelópolis" (F, p. 44). Por vezes, menosprezou publicamente sua profissão em declarações irônicas, insinuando "que os negócios públicos caminhariam da mesma maneira ou melhor" sem ele (PY, 2018, p. 17). Em contrapartida, seus textos também anunciaram que "a carta, o ofício, o telegrama" podem ter "suas secretas consolações" (P, p. 419). Consolidaram, ainda, o "vinco burocrático" (PI, p. 144) na produção literária do "escritor-funcionário" ou "funcionário-escritor" (PI, p. 94). Carlos Drummond de Andrade é epítome do indivíduo que "sente o peso dos regulamentos" (PI, p. 92); sua obra, manifestação privilegiada de certa "tradição meditativa e irônica" surgida sob a "proteção da Ordem Burocrática" (PI, p. 94).

As relações entre o escritor e o Patrimônio Histórico e Artístico Nacional são especialmente reveladoras do engrandecimento do serviço público pelas letras e do enriquecimento das letras pelo exercício burocrático. De fato, a escrita de Drummond participou dos debates que atravessaram a prática institucional de proteção dos bens patrimoniais no Brasil; observa-se, além disso, um veio patrimonial na obra do autor. Importa, portanto, compreender os sulcos deixados pelo funcionário na literatura e o filão aberto pela literatura no funcionamento dessa repartição.

A descoberta do patrimônio por Carlos Drummond de Andrade coaduna-se com sua inserção no movimento modernista brasileiro. Em 1924, o jovem autor conhece importantes artistas da vanguarda nacional e internacional – entre eles, Blaise Cendrars, Tarsila do Amaral, Oswald de Andrade e Mário de Andrade –, em caravana pelas cidades históricas mineiras. Estimulados pela curiosidade do estrangeiro Cendrars, o grupo desbrava a paisagem colonial de Minas Gerais, tornada rico referencial para as obras de arte que eles produzirão a seguir. O barroco revela-se moderno aos olhos de nossos vanguardistas.

A contradição entre o retorno à tradição e a estética da ruptura, preceituada pelo movimento, é apenas aparente. A busca dos modernistas por fazer a arte brasileira acompanhar o compasso das inovações internacionais redunda na valorização das manifestações culturais do povo e da estética *naïve*, em uma releitura original do mergulho europeu no primitivismo. Além disso, como esclareceu Brito Broca, "o divórcio, em que a maior parte dos nossos escritores, sempre viveu, da realidade brasileira fazia com que a paisagem de Minas barroca surgisse aos olhos dos modernistas como qualquer coisa de novo e original" (BROCA, 1952, p. 4). Nesse contexto, a caravana às cidades coloniais mineiras ganhava o estatuto de experiência de conversão à brasilidade, de redescoberta do país.

À época, Carlos Drummond de Andrade vivia um aflitivo divórcio com a realidade local e nacional. O "despaisamento" do rapaz mineiro é recorrente no início da intensa correspondência trocada entre ele e Mário de Andrade depois do encontro ocorrido durante a viagem do paulista a Minas. Em carta de 22 de novembro de 1924, Drummond confessa: "O meio em que vivo me é estranho: sou um exilado" (CCM, p. 56). A despeito das exortações de Mário para que Carlos "devote-se ao Brasil" (CCM, p. 51) e goze as "terras admiráveis" em que vive (CCM, p. 48), Drummond não deixa de afirmar seu desterro: "Vejo o meu rio municipal, o Arrudas, e lembro águas heroicas que correm nas outras terras, e que estão muito mais perto da minha sensibilidade [...]" (CCM, p. 77). Segundo o jovem missivista, as exigências nacionais se submetem à liberdade de espírito: "Como dizer a um escritor: escreva brasileiro se deseja *ser*? Há mil maneiras de *ser*" (CCM, p. 77). Ele avança: "Daí amanhecer, outros dias, norueguês ou tchecoslovaco (mais frequentemente, francês). Isto é o que eu chamo de *li-*

berdade espiritual. Este, sim, o maior bem da vida. Ser. Mas ser tudo. Não somente brasileiro" (CCM, p. 79).

As primeiras publicações de Carlos Drummond de Andrade revelam sua singular leitura das possibilidades de "ser" e ser brasileiro. Com o grupo modernista, ele aprenderia a dessacralizar a Europa. Também descobriria a paisagem do Brasil e de Minas Gerais. Entretanto, a referência aos parâmetros nacionais do movimento não representou subserviência de Drummond aos artistas mais velhos ou a ausência de diferenças. Ele ressoa os parâmetros modernistas, mas em tonalidade própria. Palmilha o chão das cidades históricas, cujo valor é resgatado pelos vanguardistas; no entanto, traça trajeto único.

Essa particularidade fica bastante nítida em uma edição que reúne relevantes nomes do movimento: o número especial sobre Minas Gerais veiculado a 24 de junho de 1929 por *O Jornal*. A publicação foi promovida pelo editor do periódico: Rodrigo M. F. de Andrade, que viria a se tornar – sete anos depois – o primeiro e mais longevo diretor do Iphan. Entre os diversos textos de intelectuais ligados ao Modernismo, há ensaios de três futuros colaboradores do órgão de preservação histórica que será dirigido por Rodrigo: Mário de Andrade, Manuel Bandeira e Drummond. No ensaio publicado n'*O Jornal*, o escritor paulista dedica-se ao mais destacado artífice do barroco mineiro. Em "Aleijadinho: posição histórica", o artista-mulato torna-se um precursor da nacionalidade: "abrasileirando" "a coisa lusa" (ANDRADE, 1984b, p. 46), Antônio Francisco Lisboa descobre "a solução brasileira. É o mestiço e logicamente a independência" (ANDRADE, 1984b, p. 45). Manuel Bandeira, em "De Vila Rica de Albuquerque a Ouro Preto dos estudantes", reafirma a posição de Mário de Andrade: Aleijadinho é o "gênio mestiço da nossa gente", que soube adaptar o barroco ao "ambiente rude da capitania mineira" (BANDEIRA, 2006, p. 24). A descoberta da brasilidade se expande para a arquitetura colonial civil: "Para nós brasileiros, o que tem força de nos comover são justamente esses sobradões pesados, essas frontarias barrocas, onde alguma coisa de nosso começou a se fixar" (BANDEIRA, 2006, p. 15). Nestes e em outros textos da edição, o barroco mineiro se apresenta como origem ou parâmetro do patrimônio e da identidade nacional. Esse ideário se institucionalizará nas práticas de proteção do Sphan, que privilegiará os bens imóveis coloniais, sobretudo os de Minas Gerais, durante a gestão de Rodrigo. Por isso, conforme argumentou João Camillo Penna, é possível reconhecer na publicação "o plano--piloto do Sphan" (PENNA, 2011, p. 35).

Em "Viagem de Sabará", crônica-ensaio de Drummond publicada na edição, desponta o tom próprio com que o autor comporia sua leitura do patrimônio mineiro. Apesar das reiterações, a originalidade é patente. Aleijadinho torna a ter sua excepcionalidade aplaudida: "Lugar por onde esse homenzinho pardo e de maus bofes andou é lugar encantado" (CM, p. 118). Sob o encanto, todavia, insinua-se o "cálculo": os trabalhos do "demiurgo da plástica" (CM, p. 119) "dão lucro", associam-se ao turismo e ao "dinheiro que circula e tilinta nos bolsos" (CM, p. 118). O texto confirma a ênfase no barroco. Não obstante, a abordagem das obras do período se liberta do vínculo nacional. Quem se emociona diante dos sobradões setecentistas não somos "nós brasileiros", como quis Manuel Bandeira, mas o viajante "com os olhos ainda cheios de presente" (CM, p. 113), saturados pela visão da moderna capital vizinha.

O interesse particular do cronista por Sabará não decorre das contribuições da vila histórica para a brasilidade, mas da complexa inscrição das marcas do tempo no traçado urbano colonial, a 24 quilômetros de Belo Horizonte. A visita do morador da capital acentua a fricção entre os resíduos de diferentes camadas temporais. Sabará se torna, nesse contexto, a síntese da coexistência entre modernidade e tradição: na "cidade-presepe", em que "pululam anacronismos" (CM, p. 121), a ação do tempo é sobretudo visível e inexorável. Está por toda parte: nas igrejas barrocas, "que envelheceram caladas e orgulhosas", nas ruas "tristes e tortas por onde ninguém passa", em "muros em ruína" (CM, p. 116), mas também na presença da modernidade técnica. Sabará "não vive só de recordações da idade do ouro", anuncia o cronista: "Depois de nos mostrar as naves do século XVIII, o sabarense leva-nos à Siderúrgica Belgo-Mineira". Ele arremata: "E esta usina é como um direto no queixo do saudosista" (CM, p. 121). Carlos Drummond de Andrade ironiza a nostalgia da origem, porque não busca restaurar um passado original. Em vez disso, o narrador de "Viagem de Sabará" quer fruir a emoção estética, propiciada quando o visitante esquece a perspectiva histórica para se perder pelas marcas do tempo: "A melhor emoção, a mais cheia de pudor e a mais profunda, é para certas formas de beleza que o homem e o tempo criaram e vão destruindo de parceria" (CM, p. 116). A precariedade do monumento está no cerne da perspectiva artística delineada por Drummond: índices de um passado irrecuperável, os bens patrimoniais são essencialmente ruínas.

Em um escritor desde sempre crítico dos efeitos deletérios da modernização, o gozo do arruinamento pode causar espanto. A estranheza cresce quando comparamos o ponto de vista adotado por Drummond ao olhar de outros modernistas. No ensaio publicado n'*O Jornal* – origem do *Guia de Ouro Preto*, editado pelo Sphan –, Manuel Bandeira sugere: o estado atual da "capelinha chamada do Guaratinguetá" "é bem precário e necessita urgentemente um trabalho de reparação inteligente que resguarde todo o amorável aspecto da sua decoração interna" (BANDEIRA, 2006, p. 18). Anos antes, Mário de Andrade lamentava: "Que é da grandeza antiga? Essa dorme sono de cobra; enorme, tombando aos pedaços, apodrecida pelas goteiras, na Trindade, no Rosário, na casa de Tiradentes. É pena. Quanta obra de arte a estragar!" (ANDRADE, 1924, p. 155). Drummond evita o tom de lamento pela perda. Não que ele ignore os riscos de apagamento da história. À época, em carta enviada a Mário, Carlos se afligia com a escassez de registros acerca do patrimônio em Minas Gerais: "Estou positivamente desolado com o que acaba de suceder. Você me pede fotografias, datas de construção e mais informes sobre igrejas mineiras e eu lhe contesto com quase nada, pois quase nada me arranjaram". O resultado da pesquisa – parte do processo de elaboração dos ensaios que comporiam a edição comemorativa d'*O Jornal* – é desolador: "Acabei verificando que não havia nada, e que a tradição em Minas é uma blague (como eu já suspeitava, aliás)" (CCM, p. 341). "Resumindo, você poderá dizer em seu estudo que as igrejas tradicionais de Minas perdem-se na noite dos tempos e que é arriscado empreender uma excursão até essas épocas caliginosas" (CCM, p. 342).

A desolação expressa por Carlos na correspondência não contradiz o gozo das ruínas exposto em "Viagem de Sabará". Ao contrário, a gênese do ensaio associa-se à descoberta da insuficiência das informações documentais sobre o passado mineiro. Ao remeter o texto a Rodrigo M. F. de Andrade, a 1º de janeiro de 1929, Carlos justifica por que seu artigo resultaria frágil: faltam documentos acerca dos sítios históricos. O autor alça essa debilidade à aposta. Se a excursão empreendida por Carlos Drummond de Andrade em "Viagem de Sabará" não investe na restauração dos bens imóveis, valoriza os bens materiais impressos. Esse relevo insinua-se na transcrição de um "ex-voto comovente" (CM, p. 119) e na denúncia do "silêncio dos arquivos" acerca da "personalidade" de Aleijadinho (CM, p. 117). Note-se que, anos depois, Carlos Drummond de Andrade organizará o Arquivo Central do Iphan. A confiança na potência da linguagem para recuperar o passado não se esgota no acervo documental. Segundo o ensaio, os "sobrados decrépitos" da cidade "pareciam estar esperando a visita do desenhista Manoel Bandeira para depois cair aos pedaços" (CM, p. 114). A memória se delineia pelo traço, do artista ou do escritor, cujas mãos grafam o trabalho do tempo.

O contexto pode iluminar a posição do autor. Os anos 1920 foram atravessados por disputas em torno da construção da memória e da identidade brasileiras. Em 1922, cria-se o Museu Histórico Nacional. Seu diretor, Gustavo Barroso, propalava o "culto da saudade" desde a década anterior. Em artigo de 1912, ele denunciava o "crime imperdoável" do "descaso com nossas tradições". O barroco mineiro estava no cerne de suas inquietudes: em artigo de 1928, ele declara que o "amor de nossas coisas" o fez "pregar sempre" a necessidade de se tornar Ouro Preto "como uma cidade sagrada do Brasil, defendendo dos insultos do tempo e protegendo da tolice dos homens a soberba floração dos seus monumentos" (BARROSO, 1997, p. 32). Essa ótica conservadora é radicalmente repudiada pelos modernistas e por Drummond, que, em carta de 30 de dezembro de 1924 a Mário, toma as ideias de Barroso como exemplo de nacionalismo tacanho. O gozo das ruínas, expresso em "Viagem de Sabará", inscreve-se no âmbito da recusa à sacralização do passado.

Ao tradicionalismo de Barroso, somavam-se as orientações do movimento neocolonial, também rejeitadas pelos modernistas. José Mariano Filho, um dos principais expoentes dessa vertente, defendia que a "casa brasileira" deve exteriorizar a "própria alma da nação" (MARIANO FILHO, 1928, p. 3). Para tanto, precisa representar "a experiência das gerações anteriores", remetendo "às origens de nossa nacionalidade" (BARROSO, 1928). Mário de Andrade, defensor de propostas que atravessarão a história do Iphan, contrapõe-se de forma veemente a essa perspectiva. Ele concorda com a premência de se constituir um "estilo arquitetônico brasileiro". Por isso, admite que a atuação dos arquitetos adeptos do estilo neocolonial, ao trabalhar por "normalizar no país um estilo nacional", é "perfeitamente justificável e mesmo justa". Ele questiona, porém: "O que resta saber é si [sic] estão funcionando bem" (ANDRADE, 1928a, p. 6). A seus olhos, não estão. O articulista denuncia o que chama de "patriotada artística". Rejeita também o suposto pastiche das construções neocoloniais, "quasi [sic] tão idiotas como as Goticidades Arquitetônicas" (ANDRADE, 1924, p. 155). Refuta o pretenso caráter decorativo na apropriação dos elementos do passado pelos arquitetos neocoloniais: são "um enfeite", e não uma "parede mestra" (ANDRADE, 1929, p. 7). A arquitetura que interessa a Mário de Andrade não resgata elementos da tradição arquitetônica, mas guarda profundas afinidades conceituais com as construções do passado. Como demonstrou Guilherme Wisnik (WISNIK, 2007, p. 176), para o escritor, o "anti-individualismo uniforme e estandartizado da arquitetura moderna" abraça o "caráter anônimo e coletivo da arte popular", aí incluídas as construções barrocas dos mestres de obra setecentistas. Essa opinião é corroborada por Carlos Drummond de Andrade em "Viagem de Sabará", em que os sobrados envelhecidos se transformam em "verdadeiras máquinas de habitar como duzentos anos depois havia de querer um arquiteto maluco" (CM, p. 115). O arquiteto é o franco-suíço Le Corbusier, principal artífice da arquitetura moderna. Referindo o casario setecentista aos projetos de vanguarda, Drummond aproxima a província do mundo, associa o barroco aos projetos modernistas.

A criação do Serviço do Patrimônio Histórico e Artístico Nacional vem a consolidar a concepção do patrimônio como referência da modernidade e da projeção do futuro. Esse discurso será sustentado por intelectuais modernistas que se filiarão à instituição. Gustavo Capanema, nomeado ministro da Educação e Saúde Pública em 1934, atrai diferentes vanguardistas para o Estado. A proteção e a construção de monumentos estão no centro dessa convocação. Fazia-se necessário firmar as referências da memória nacional, além de construir os símbolos da modernização que o novo governo alegava implementar. Talvez o mais proeminente desses marcos seja o edifício do Ministério da Educação e Saúde, cujo traço modernista foi garantido pela intervenção de Capanema, graças "ao apoio decisivo" (COSTA, 2018, p. 199) de seu chefe de gabinete: Carlos Drummond de Andrade. O funcionário-escritor participa também dos trâmites para a elaboração do passado. Capanema escolhe Mário de Andrade para idealizar a proteção da arte brasileira. A 16 de dezembro desse ano, Mário escreve a Carlos: "Logo que cheguei do Rio e do nosso almoço, andei matutando um pouco no que o Capanema me pedira. Depois a vida me tomou de novo e não organizei nada. Mas me volta sempre a lembrança daquilo. Como arte é difícil de proteger e de orientar, desde que não seja proteção ditatorial e particular a artistas!" (CCM, p. 435). O plano não foi efetivado, mas, em 1936, Capanema volta a procurar Mário com um pedido de escopo mais amplo: a redação do anteprojeto de criação de um serviço dedicado à proteção da arte nacional. Drummond mais uma vez intermedeia o diálogo entre o escritor paulista e o ministro: "Peço a você comunicar ao Capanema que estou trabalhando sempre no que ele me pediu", escreve Mário a 8 de março de 1936 (CCM, p. 448). O intelectual paulista não apenas redigiria o anteprojeto do Serviço do Patrimônio Artístico Nacional; seria também responsável pela sugestão de Rodrigo M. F. de Andrade para o cargo de diretor do que viria a se chamar Serviço do Patrimônio Histórico e Artístico Nacional, constituído provisoriamente em 1936. No ano seguinte, o Sphan passa a funcionar em caráter definitivo e tem as ações de proteção ao patrimônio organizadas pelo Decreto-Lei nº 25, cujo texto é apresentado por Rodrigo.

A herança das propostas de Mário para as práticas organizadas nos primeiros anos do Sphan é alvo de debates ainda hoje (cf. SECRETARIA, 1980; GONÇALVES, 1996; FONSECA, 2005; CHUVA, 2012). A despeito da filiação desse serviço ao texto encomendado por Capanema, a noção de patrimônio predominante durante a gestão de Rodrigo privilegia menos o programa "etnográfico" de Mário de Andrade do que a "pedra e cal" dos arquitetos vanguardistas empregados na Seção Técnica. Diretor da Divisão de Estudos e Tombamentos, Lucio Costa – especialista em arquitetura colonial e já então convertido ao modernismo – torna-se um dos grandes ideólogos da originalidade e atualidade do barroco: libertos da pecha de "arte bastarda", os monumentos desse estilo são "autênticas obras de arte, que não resultaram de nenhum processo de degenerescência, mas, pelo contrário, de um legítimo processo de renovação" (COSTA, 1941, p. 11). Segundo o arquiteto, à produção moderna caberia – "estendendo a mão ao mestre de obras" do passado luso-brasileiro – resgatar essa "boa tradição" (COSTA, 1937, p. 39). Por meio do vínculo conceitual com as "boas normas" das construções coloniais, e não da cópia de seu "aspecto já morto" (COSTA, 1937, p. 33), Lucio Costa articula a modernidade ao que ele julga ser o bom "começo" da arquitetura do país (COSTA, 1937, p. 31). Esse ponto de vista se torna hegemônico no Sphan, uma vez que confirma e conforma o ideário de Rodrigo M. F. de Andrade. Com efeito, sob sua gestão, tombam-se edificações modernistas recém-construídas. Predomina, além disso, a concretização do patrimônio em monumentos, vistos como a "expressão mais genuína e impressiva" da "própria integridade do Brasil" (ANDRADE, 1987, p. 50). Entre esses bens materiais, os que teriam "feição mais expressiva" seriam as construções barrocas localizadas em Minas Gerais (ANDRADE, 1987, p. 73).

Em 1945, Carlos Drummond passa a trabalhar ao lado de Lucio Costa e Rodrigo M. F. de Andrade no Sphan. À época, o poeta compunha o grupo de intelectuais que intensificava a oposição à ditadura de Getúlio Vargas. A incompatibilidade ideológica com o regime leva o escritor a se demitir do cargo que ocupava no Ministério da Educação e Saúde, mas não a encerrar sua profunda amizade com Capanema. Desde então, segundo registra em seu diário, Carlos prestará "serviços ao PHAN" por sugestão do ministro (OE, p. 34). Em quase 17 anos de atuação nesse órgão, ele participa de mais de uma centena de processos de tombamento, praticamente todos de bens materiais do período colonial. Na função de chefe da Seção de História, Carlos Drummond de Andrade respeita estritamente os princípios institucionais: adota a "ancianidade" e a "vinculação" ao "período da formação nacional" como critério para aferir o "interesse histórico" dos bens analisados (Proc. Nº 493-T-54 e Proc. Nº 609-T-60); valoriza o caráter ilustrativo dos imóveis para "a evolução arquitetônica na região" onde se situam (Proc. Nº 586-T-58). Nesses processos, impressiona a coesão entre os pontos de vista de Carlos Drummond e os do diretor da instituição. Tamanha é a coerência dos discursos de chefe e funcionário que quase sempre as deliberações de Drummond são confirmadas no mesmo dia por Rodrigo M. F. de Andrade. Por vezes, o escritor restringe-se a remeter a terceiros as orientações ou solicitações de Rodrigo. De resto, nas aposições assinadas por "C. Drummond" nos processos, predomina o registro impessoal: "justifica-se", "sugere-se", "à consideração superior". Sob as "regras de estilo", Carlos parece apagar-se.

A abordagem pessoal e original do patrimônio por Carlos Drummond de Andrade se evidencia de fato quando recorremos a sua obra literária. A "imaginação criadora" do autor é inegavelmente estimulada pelo trabalho no Sphan. A mão do funcionário-escritor nem sempre encontra a do escritor-funcionário, entretanto: na prosa e nos versos, o patrimônio é abraçado pela singular práxis que individualiza a obra drummondiana. Ensaios de fins dos anos 1940, coligidos na seção "Província, minha sombra", de *Passeios na ilha*, consolidam o diálogo entre a sensibilidade estética e o conhecimento histórico, aprofundado pelo recurso a arquivos e à bibliografia especializada. Nesse livro, a escrita de Drummond se faz habitar pela Diretoria do Patrimônio Histórico e Artístico Nacional. "Contemplação de Ouro Preto" elogia a "recuperação minuciosa e de resultados admiráveis" (PI, p. 58) empreendida pela Diretoria do Patrimônio Histórico e Artístico na Matriz do Fundo de Ouro Preto. No entanto, os motivos do aplauso à restauração fogem à busca pela autenticidade dos "documentos de identidade da nação brasileira", para retomarmos termos adotados por Rodrigo M. F. de Andrade (ANDRADE, 1987, p. 57). Ao cronista importa a "intensidade" do jogo de luz e sombra que se desenvolve entre linhas e volumes barrocos" (ANDRADE, 1987, p. 68). Ele busca, na arte, a "'salvação' pelo humano" (ANDRADE, 1987, p. 69). A fundação da nação não está entre as preocupações de Carlos Drummond. Mesmo a tese de que "são mineiros" os profetas de Aleijadinho (ANDRADE, 1987, p. 59) – desenvolvida em "Colóquio das estátuas" e ratificada em "Contemplação de

Ouro Preto" –, está bastante distante da defesa feita por Rodrigo de que os monumentos são o meio mais eficaz "para incutir-nos a convicção da unidade e da perenidade da pátria" (ANDRADE, 1987, p. 57). Como revelam as notas da edição de *Passeios na ilha*, em que o ensaio foi editado pelo autor, a "mineiridade" das esculturas contestadoras "era parte de um contexto duplamente político, em que confluem o papel de vários mineiros na resistência ao Estado Novo e a luta contra o fascismo ibérico" (PI, p. 247).

A participação do escritor nesse contexto imprime traços de sua abordagem a respeito do patrimônio. O final dos anos 1940 é marcado pela decepção de Carlos Drummond de Andrade com o engajamento político que procurava enfrentar os problemas de seu tempo. Dessa forma, mesmo a "vocação mineira" para a liberdade – fantasiada a partir dos profetas de Aleijadinho – turva-se de cores críticas: "[...] os políticos nem sempre a interpretam, ou mesmo deturpam" (PI, p. 65); a "turbação crescente das almas" (PI, p. 50) é reprovada. A poesia amplia essa visão crítica. Nos versos dos anos 1950, o patrimônio revela sua violência. Em "Carmo", imperativos paralisantes salvaguardam o passado, à custa da vida presente – "o que está vivo/ são mortos do Carmo" (CE, p. 66). Em "Museu da Inconfidência", publicado pela primeira vez em 1951 sob pseudônimo, a acidez do autor dirige-se a um dos principais museus organizados e administrados pelo Sphan. Graças a um decreto assinado por Getúlio Vargas em 1938, o antigo prédio da Casa de Câmara e Cadeia de Vila Rica passara a salvaguardar a memória da conjuração mineira, tornada símbolo da independência nacional. Abriga-se, no edifício, o Panteão dos Inconfidentes. O Arquivo Judiciário resguarda os *Autos de Devassa*. No poema, a "memória nos autos" convive com a "macia flor do olvido" (CE, p. 68). Esse esquecimento pode ser lido à luz do "pouco" que "resta" dos vestígios da vida pretérita. A crítica parece ter escopo mais amplo, todavia. A musealização engendra o suave oblívio. "Deturpando" as "reservas de insubmissão" dos mineiros (PI, p. 65), espetacularizada e mitificada pelo Estado, a exposição museológica pode agir em prol do apagamento ao tentar aplacar a violência oficial contra os conjurados. No poema, diferentemente, "toda história é remorso" (CE, p. 68). Não há reparação possível.

Não se entenda, porém, a representação melancólica dos processos patrimoniais como desapreço pela preservação histórica. Vários gestos de Drummond confrontam qualquer hipótese de indiferença à salvaguarda da memória coletiva. Em correspondência de 17 de agosto de 1944 – antes ainda de o escritor integrar o quadro de funcionários do Iphan, portanto –, Rodrigo agradece a Carlos o envio de recorte de jornal sobre alpendres tradicionais. Em sua carta, Rodrigo registra a "bondade extrema" com que o amigo "sempre se lembra deste serviço". Em 1949, o diretor da Dphan torna a reconhecer as contribuições de Carlos. O poeta doara uma edição antiga, do século XVII, para um leilão em benefício da preservação do casario de Ouro Preto, ameaçado pelas chuvas. O pregão, organizado por Rodrigo M. F. de Andrade com a ajuda de uma comissão de voluntários da sociedade civil, compunha uma ampla campanha pela angariação de fundos privados em prol dessa causa.

A colaboração de Carlos não se reduz à oferta do livro raro. Publicando textos em jornais, diversos escritores renomados – Carlos Drummond de Andrade entre eles – envolveram-se na campanha. Raquel de Queiroz abre essa frente ao denunciar, em crônica no *Diário de Notícias*, os insuficientes recursos dotados à Dphan para a preservação de um "acúmulo prodigioso de tesouros de arte colonial" (QUEIROZ, 1949a, p. 1). Nas páginas d'*O Cruzeiro*, ela torna a convocar todos, "ricos e pobres", a auxiliar a "cidade da Inconfidência". Manuel Bandeira reitera o pedido no *Correio da Manhã*: "Meus amigos, meus inimigos/ Salvemos Ouro Preto!" (BANDEIRA, 1970, p. 216). José Lins do Rego, em artigo veiculado n'*O Globo*, adota tom condenatório ao conclamar à participação os "ricos", que "nada têm feito e dificilmente querem fazer" pela cidade ameaçada de "velhice precoce" (REGO, 1949). Após dissecar os "motivos de interesse" da cidade colonial, Murilo Mendes encerra longo ensaio sobre Ouro Preto com uma "verdade sinistra": o "monumento nacional" "ameaça ruir". Contra essa perda, "todos quanto se interessam pela coisa pública no Brasil" devem agir, sustenta o poeta n'*A Manhã* (MENDES, 1949, pp. 3-4).

Como parte desse movimento, a edição de 4 de setembro de 1949 do *Correio da Manhã* estampa "Morte das casas de Ouro Preto", de Carlos Drummond de Andrade. O poema acrescenta uma vertente reflexiva à campanha de preservação da cidade colonial. Seus versos iluminam o liame entre a materialidade das casas antigas e a memória coletiva. A "pedra e a cal" do casario são reminiscências de vidas perdidas e vestígios da história. Sua destruição implica, portanto, o apagamento do testemunho do passado: "Sobre o tempo, sobre a taipa/ a chuva escorre. E as paredes/ que viram morrer os homens,/ que viram fugir o ouro,/ que viram finar-se o reino,/ que viram, reviram, viram,/ já não veem. Também morrem", anuncia a primeira estrofe. Desde o início, o desmoronamento torna-se realidade presente, em antecipação à destruição que se anunciava de fato na cidade colonial. Conforme à melancolia predominante na poesia drummondiana do período, "Morte das casas de Ouro Preto" constrói a ruína. Os destroços tornam-se, então, matéria da pungente investigação da transitoriedade inelutável: "Nem parecia, na serra,/ que as coisas sempre cambiam/ de si, em si. Hoje, vão-se" (DRUMMOND DE ANDRADE, 1949b, p. 1). A morte difusa é apresentada como destino comum a homens e coisas. É, ademais, traço crítico do "país das remembranças", votado à lembrança das mortes que se acumulam.

Abaixo dos versos, lê-se a nota "Protejamos Ouro Preto", que explicita o fundo realista subjacente ao denso simbolismo do poema depois incluído em *Claro enigma* (1951): "Numerosas casas coloniais de Ouro Preto, a bela e gloriosa cidade mineira estão desaparecendo, sob a ação do tempo e das grandes chuvas. Construções singelas, de taipa, não resistem à ação desagregadora das águas. Faltam à cidade recursos para as obras de conservação e restauração. Por sua vez, a Diretoria do Patrimônio Histórico e Artístico Nacional, que muito vem fazendo por Ouro Preto, não dispõe de créditos orçamentários que a habilitem a tomar com urgência medidas radicais em defesa da cidade. Esta é, como se sabe, monumento nacional, devendo ser preservada em seu conjunto arquitetônico e urbanístico" (DRUMMOND DE ANDRADE, 1949b, p. 1). O texto tem um caráter informativo obviamente ausente nos versos: apresenta a comissão formada em prol da restauração e conservação do casario; detalha os meios por que os "amigos de Ouro Preto" podem enviar "donativos em dinheiro ou em livros e objetos de arte" a serem vendidos no leilão; esclarece a quem e aonde remeter quantias em dinheiro; noticia a venda de vinheta postal pelos Correios em benefício da campanha. No livro, o poema se descola do contexto. Junto a esses dados, a versão veiculada no jornal assume sua relação com o "tempo presente", nunca esquecido por Carlos Drummond de Andrade. Síntese do destino inexorável da experiência humana, o arruinamento das casas coloniais dramatiza a destruição ubíqua, contra a qual atua a Dphan. O teor trágico de "Morte das casas de Ouro Preto" pode ser lido, nessas circunstâncias, como um argumento a favor da ampla adesão da sociedade civil à campanha de preservação movida por Rodrigo M. F. de Andrade.

O episódio demonstra que as preocupações sociais não deixaram de marcar a poesia de Drummond mesmo quando ele anunciava – conforme a epígrafe de *Claro enigma* – que "os acontecimentos" o "entediam". Nos anos 1950, o lado cívico do escritor se desdobra em sua prosa nos jornais, que se rotiniza. Entre 1954 e 1969, ele passa a divulgar três crônicas por semana no *Correio da Manhã*, prestigioso jornal naquele momento. O cronista se debruça sobre as "imagens" de seu tempo, sobretudo as transformações nos costumes e na paisagem urbanas, testemunhadas pelo morador da capital. O tom íntimo e o humor desses textos não mascaram o compromisso ético assumido pelo autor. Recusando a simples "confidência", o eu serve "de espelho dos acontecimentos", conforme explicitaria uma crônica de 1962 (DRUMMOND DE ANDRADE, 1962a, p. 6).

Entre esses eventos, variados, a preservação não é um tema preferencial nos artigos publicados nos primeiros anos da coluna "Imagens". Na década de 1950, a atuação do escritor pelo patrimônio ocorria no âmbito da repartição. Ainda assim, em outubro de 1956, o problema do arruinamento das casas de Ouro Preto torna a visitar a seção assinada por C.D.A. no jornal: "[...] na sede do município, desaparecem umas 15 casas por ano. Desaparecem de velhice". A destruição do casario é sintoma do depauperamento da cidade, "cada dia mais necessitada de auxílio federal". O cronista denuncia: "O serviço oficial de proteção a bens históricos e artísticos, a Dphan, cuida carinhosamente da cidade, mas suas verbas são insuficientes para manter o conjunto arquitetônico e urbanístico numa situação estável contra a qual conspiram o tempo, a pobreza e as exigências da vida moderna" (DRUMMOND DE ANDRADE, 1956b, p. 6). Cinco anos depois, Ouro Preto provê "imagens de pânico". Desmoronara o fundo da Matriz do Pilar, abalada pelo tráfego pesado crescente. O cronista acusa: "[...] o que mais dói" é saber que o desabamento "não foi apenas obra do tempo. Foi também, e principalmente, obra dos homens" (DRUMMOND DE ANDRADE, 1956b, p. 6). Os responsáveis são nomeados: a "prefeitura do município", as "autoridades religiosas", os "serviços estaduais de trânsito e polícia", o "serviço federal de rodovias" tornam infrutíferos os esforços da Dphan e a luta de Rodrigo M. F. de Andrade para que fosse construída via alternativa à Rodovia Inconfidência. "Não é de hoje que o Patrimônio Histórico e Artístico luta contra a situação. E se agora lhe cabe remover os escombros" – afirma o texto – "não foi porque não cuidasse de prevenir a ocorrência. Cuidou, e muito" (DRUMMOND DE ANDRADE, 1956b, p. 6).

Nesses textos, o autor não afirma ser funcionário da Dphan. Tal apagamento tem origem mais complexa do que a propalada discrição de Drummond. Trata-se do programa de suas crônicas: o eu impresso nas páginas de jornal é o cidadão comum a explicitar problemas coletivos e a reivindicar ações de interesse público. Imbuído de caráter genérico, o cronista evita apresentar a vida particular, salvo quando a cargo da identificação, republicana em última análise, com os leitores. Contudo, ao se aposentar do Patrimônio Histórico e Artístico Nacional, em 1962, ele pede licença para a confidência: "[...] custa-me deixar a repartição onde, afinal, eu era feliz. Posso chamar-lhe repartição? É uma casa tão diferente do comum das repartições, pela nobreza e doçura de espírito de Mestre Rodrigo, seu diretor, e pelas afinidades culturais que aproximam seus integrantes, que melhor fora dar-lhe outro nome, não sei qual" (DRUMMOND DE ANDRADE, 1956b, p. 6).

Após a aposentadoria, as "afinidades culturais" com a preservação histórica não são esquecidas. Carlos Drummond de Andrade transfere seus serviços ao patrimônio para a coluna do jornal, cada vez mais visitada pela defesa da lição do amigo. O "execrável pronome eu" (1962) cede lugar a um protagonista: "Mestre Rodrigo" (DRUMMOND DE ANDRADE, 1973a), "herói sem dragonas" (DRUMMON DE ANDRADE, 1967b, p. 6). Na grande imprensa, C.D.A. divulga os sacrifícios pessoais de Rodrigo M. F. de Andrade em nome da coisa pública: o advogado e escritor "renunciou por assim dizer à vida particular", segundo "Na balança" (DRUMMOND DE ANDRADE, 1956a, p. 6). A precedência do chefe é tal que o cronista torna sinônimos o homem e a instituição: "[...] nem sei mais se te chamas Rodrigo ou Patrimônio Histórico e Artístico Nacional, de tal modo os dois vos identificastes", lemos em "Fala, Rodrigo" (DRUMMOND DE ANDRADE, 1961). Em 1966, nos 30 anos de aniversário da Dphan, o diretor da repartição está no centro das "Imagens a celebrar". Em vez da mais costumeira crônica em prosa, a seção imprime o poema "Velho amor" (DRUMMOND DE ANDRADE, 1966b, p. 6) depois editado em *Versiprosa* (1967). A escolha pelo verso não é ocasional. O trabalho poético e o ritmo regular ecoam a luta por eternidade de "Dom Rodrigo", transfigurado em cavaleiro sempre pronto a defender "sua amada", a Arte Antiga do Brasil. Incluído nas páginas mais duradouras do livro, o poema parece almejar a perenização a que o "Cid Campeador da arte brasileira" (1974) faria jus: "[...] amanhã,/ todo país, agradecido,/ saberá louvar, por inteiro,/ este casal Rodrigo-PHAN" (VP, p. 160). Nesse sentido, a própria escrita do poema realiza a convocação aos "mais argutos, credenciados/ companheiros para o serviço/ do seu bem". Carlos Drummond de Andrade batalha, em nova frente, pela "namorada rodriguiana" (VP, pp. 159-60).

A perda do companheiro de décadas – "dessas que se prolongam no tempo" (DRUMMOND DE ANDRADE, 1979, p. 5) – abala profundamente o escritor. Desde 1969, Rodrigo compõe o comovente "cantar de amigos" mortos entoado por Carlos em sua maturidade. "Sua mesa", poema depois intitulado "Ausência de Rodrigo" em *As impurezas do branco* (1973), é divulgado em data marcante do "calendário particular" do cronista: o amigo completaria 75 anos. A busca por indícios do homem morto é o mote de densa investigação sobre o tempo: "Procuro que não vejo/ Rodrigo míope curvado/ sobre traças esfareladas de capelas/ e fortalezas em cacos/ maquinando contornando insistindo/ provendo". Os versos são melancólicos: "As coisas que restituiu ao sol da História/ não cantam, não me contam de Rodrigo". A mesa em que o servidor dedicado trabalhava se dissolve: "na mesa em que/ na mesa/ na" (IB, pp. 88-89).

A saudade do amigo não tem sempre tom lamentoso. O espaço deixado por Rodrigo é "povoado", "ressoa", afirma crônica divulgada em 1979. Esse eco se faz sentir. CDA parece "velar" pela "obra e ideia" (DRUMMOND DE ANDRADE, 1974, p. 5), legadas pelo diretor da Dphan. Um exemplo de intervenção decisiva do cronista diz respeito à tela "A Ceia", de Manuel Francisco Ataíde. A 23 de fevereiro de 1976, tentativas de compra da pintura barroca são noticiadas no *Jornal do Brasil*, que abriga as crônicas de Drummond entre 1969 e 1984. A peça pertence aos padres lazaristas do Caraça, cujo conjunto arquitetônico e paisagístico é tombado desde 1955 em processo (Nº 407-T-49) de que Carlos participa ativamente. Três dias depois da publicação da notícia, Drummond divulga "Ataíde à venda?" (DRUMMOND DE ANDRADE, 1976a). Novamente, o cronista recorre aos versos, veiculados também em *Discurso de primavera e algumas sombras*. As redondilhas, na coluna quase sempre em prosa, singularizam o tema. Elas também contribuem ironicamente para ampliar o lastro temporal do assunto, a princípio prosaico: a contenda entre emissários paulistas, "gulosos", e padres tentados a conhecer a "vida segura". O ritmo regular recende a longevidade da "mercantil ameaça" e a permanência que a crônica espera garantir ao patrimônio mineiro. Os versos finais apontam a solução para o impasse: "Corre, corre, Aureliano,/ vai, Conselho de Cultura,/ depressa, Assembleia, vai,/ [...]/ salva o máximo tesouro,/ a riqueza que não passa:/ Cristo-Ceia do Caraça!" (DP, pp. 33-34). Difícil aferir qual a consequência da exortação às autoridades pelo poeta-cronista. De qualquer forma, o poema repercutiu. Menos de um mês depois da divulgação do poema, Dom Marcos Barbosa defendia no mesmo jornal: "Também todos os mineiros, seguindo o exemplo do mais ilustre deles, devíamos vagir em coro: 'Não se venda o Ataíde!'" (BARBOSA, 1976, p. 2). "A Ceia" não foi retirada do Caraça.

A maioria dos textos veiculados em jornal por Drummond acerca do patrimônio mantém-se inédita em livro. Importa conhecê-los, no entanto, uma vez que apresentam uma face afirmativa raras vezes observada nos livros do autor. Salvo nas coletâneas amplamente abertas às circunstâncias, o patrimônio é quase sempre permeado pela crítica. Isso ocorre mesmo na poesia tardia, quando parte das inquietudes drummondianas parecem ceder. Em *Boitempo*, em que o poeta revisita o passado colonial por meio da memória da família, a violência da preservação histórica volta a despontar: os instrumentos de "Agritortura", usados no trabalho dos escravizados, "amanhã serão graças/ de museu" (BII, p. 29). A ampla descoberta do Brasil por Carlos Drummond de Andrade culmina no retrato da barbárie brasileira. Contra a espetacularização desses vestígios históricos, sua poesia escava a memória cristalizada nos objetos.

Sem contradizer o ângulo melancólico, os textos de defesa do patrimônio assumem a perda como mote para a ação por meio da palavra. O renomado escritor ajuda, em textos como esses, a consolidar o legado "heroico" de Rodrigo, recorrente nas narrativas acerca das primeiras décadas de atuação do Iphan. Desse modo, Drummond não apenas se mostra, em seus termos, "muito metódico e fiel aos preceitos burocráticos, que põe acima dos estéticos e dos políticos" (PY, 2018, p. 17). Com as crônicas e poemas veiculados em jornais, ele contribui decisivamente para a escrita da história da instituição. Colabora, ainda, para a expansão do legado de seu antigo chefe e amigo, lida de forma bastante particular. A "formação de uma consciência nacional ciosa de seus bens ideais" não é coerente com o ceticismo de Drummond. Preocupam-no, não obstante, os "bens materiais suscetíveis de deterioração ou aniquilamento" (DRUMMOND DE ANDRADE, 1969, p. 1). A concretude das obras preservadas é o estopim da emoção estética, valorizada pelo autor; a materialidade das coisas que se conservam é suporte da memória, assunto dileto e imagem do fazer poético drummondiano.

O patrimônio concebido por Carlos Drummond de Andrade é, antes de tudo, a linguagem. Desde sua juventude, quando militava entre as hostes vanguardistas, o escritor já encontrava, no documento de arquivo, no desenho, no "vocábulo", as "riquezas" ou "reses encantadas" (PC, p. 1197) a serem apascentadas. Mas essa grei se comunica e se comuta com os objetos que resguardam o passado. Este o "museu vivo" (DRUMMOND DE ANDRADE, 1972, p. 5) sonhado pelo escritor: um legado de palavras, permeáveis aos bens patrimoniais, a tanger a memória individual e coletiva. Recobrar essa herança pode ser uma via para a compreensão mais ampla das práticas de preservação patrimonial no Brasil durante o século XX.

Ironia
MARCELO DINIZ

No livro *Margem de uma onda* (1997), de Duda Machado, um pequeno poema de título "Vida Nova" formula certa pergunta que parece pautar o dilema que representa a ironia para história da poesia e do pensamento no Ocidente: "Sim. 'A ironia domina a vida.'/ E a forma não pode desmenti-la./ Mas não faz falta uma perspectiva/ Que domine também a ironia?" (MACHADO, 1997, p. 29). Segundo Vladimir Jankélévitch, diferentemente da ironia socrática, que se descreve como argumento de contestação epistemológico, ou seja, dirigido à utilidade e à certeza dos saberes de uma ciência da natureza, a ironia romântica parece elevar a contestação ao estatuto ontológico, dirigindo não somente à ciência, mas à própria natureza (JANKÉLÉVITCH, 1997, p. 16). O domínio da ironia se expande nesse processo. De etapa metodológica, como na dialética socrática, destinada a produzir o saber simulando a própria ignorância, à expressão da condição transcendental do sujeito romântico, divinizada a título da liberdade sem limites do gênio que aniquila toda substancialidade, conforme Hegel alerta em sua crítica (HEGEL, 1996, pp. 83-89), a ironia desemboca no tédio e no niilismo moderno, esse demônio que, segundo Charles Baudelaire, com um bocejo abocanharia o mundo (BAUDELAIRE, 1985, p. 100). A extensão da ironia que se desenha nessa expansão parece conduzir à condição ontológica em que toda existência coincide com sua negatividade, ou, de novo segundo Jankélévitch, deixando de ser um procedimento heurístico, absolutiza-se como conclusão niilizante (JANKÉLÉVITCH, 1997, p. 19).

Ainda seguindo as considerações de Jankélévitch, não bastaria para o entendimento mais abrangente do procedimento da ironia sua definição mais comum e imediata como simulação *per contrarium*. Para se conceber a abrangência dialógica do recurso irônico, Jankélévitch a concebe como um dispositivo retórico de atenuação, a litotes, correspondendo a certa economia do *ego*, que a coloca como diametralmente oposta ao discurso glorioso ou à enunciação grandiloquente (JANKÉLÉVITCH, 1997, pp. 80-97). Neste capítulo, o filósofo considera a lógica operada pela ironia como pertencendo às técnicas de abreviamento, um modo da braquilogia, procedimento em que o princípio de inversão se observa em se dizer mais dizendo menos, ou ainda, em se dizer muito dizendo pouco. Não são poucos os exemplos evocados que remetem à música moderna, como Maurice Ravel, Erik Satie, Claude Debussy, Gabriel Fauré, sempre destacando a estética alusiva e reticente que deriva desse procedimento de atenuação em oposição à loquacidade e grandiloquência wagneriana. A ironia, sob esse aspecto, parece operar o enunciado segundo um regime em que a linguagem representa o dito pelo não dito, ou ainda, pelo deslocamento, sempre abaixo da expectativa elevada, o que faz dessa figura o recurso de uma situação necessariamente dialogal e interativa, em que o interlocutor se vê forçosamente implicado como agente na produção de sentido.

Se é possível considerar no livro de Jankélévicth o elogio da ironia clássica, de certo modo ativada pela ironia moderna como crítica da ironia romântica, pode-se conceber a resposta à pergunta deixada pelo poema de Duda Machado nos rastros da performatividade inerente à própria ironia. O absolutismo do domínio que a ironia romântica pretende e que desemboca na melancolia e no pessimismo absoluto, conforme descreve Hegel, parece encontrar seu limite na ironização moderna na medida em que ela se dirige ao próprio sujeito que ironiza. Nas palavras de Hegel, a ironia romântica consiste nessa posição privilegiada do eu, que "se coloca no ponto de vista da genialidade divina", "olha do alto os outros homens e acha-os limitados e vis" e que "só pode viver na felicidade que lhe oferece a fruição de si próprio" (HEGEL, 1996, p. 85); por sua vez, a autoironia moderna parece operar a crítica dessa hipérbole solipsista romântica que eleva a corrosão da ironia à tirania do olhar do gênio. É justamente este componente autoirônico, que atenua a dramaticidade da expressão do sujeito segundo certo posicionamento francamente antirromântico, que se pode observar na clave da ironia operada já no primeiro livro de Carlos Drummond de Andrade, *Alguma poesia* (1930), cujo título, observado por José Guilherme Merquior, pela "impressionante modéstia" (MERQUIOR, 1976, p. 8), sugere o gesto atenuador da ironia voltado ao próprio estatuto da poesia adjetivada pelo pronome indefinido, operando assim a inflexão menor da enunciação, distinta, portanto, da expectativa grandiloquente de tradição romântico-parnasiana. A clave que este título parece imprimir à obra corresponde a certa modalização da voz poética que, mais adiante, no poema "Legado", de *Claro enigma* (1950), com o recurso de outro pronome indefinido, desta vez em negativo, declara, em tom menor, que não há de deixar "nenhum canto radioso" (CE, p. 19).

É segundo a substituição da "idealização" e da "atmosfera trágica – tão visíveis nos românticos como Byron e Vigny, mas ainda sensíveis em Baudelaire" que Merquior interpreta a apresentação, no primeiro poema de *Alguma poesia*, de um personagem central na poesia de Drummond no que tange a descrição do sujeito lírico (MERQUIOR, 1976, p. 9). A *gaucherie* drummondiana, segundo o crítico, aponta para uma saída do *"páthos tragicizante"*, através da "paródia do *tópos*" do poeta maldito (MERQUIOR, 1976, p. 10). Esse procedimento de atenuação da dramaticidade do *tópos* romântico, que de certo modo reitera a "humildade impressionante" observada pelo crítico no título do primeiro volume, parece traduzir-se em outros procedimentos operados pelo poema, como o despojamento da pontuação e, com isso, da sintaxe, e a coloquialidade, que, embora constem do programa modernista em confronto com a retórica clássica e, sobretudo, parnasiana, insinuam uma corrosão mais ácida do humor drummondiano que há de ser desdobrado até atingir o próprio estatuto da literatura. Se por um lado, Mário de Andrade identifica nessa ironia que se dirige ao sujeito lírico o traço de certa "timidez" em sua "medida psicológica", a leitura deste primeiro livro do poeta há de notar que não são poucos os poemas de *Alguma poesia* que expandem a ironia do gauchismo à ironia relativa à própria poesia tomada segundo a perspectiva prosaica, como, entre os mais evidentes, "Também já fui brasileiro", "Europa, França e Bahia", "Política literária" e "O sobrevivente", bem como, de modo mais sutil, rastreia-se a mesma ironia dirigida aos *tópos* literários da tradição lírica. A expansão dessa tomada irônica do sujeito e da literatura talvez ganhe sua peça emblemática em "Elegia 1938", de *Sentimento do mundo* (1940), em que o gauchismo parece expandir o desajuste do sujeito poético à impotência do indivíduo diante do mundo moderno da "Grande Máquina", em que a *literatura* é despojada de qualquer valor salvífico ou civilizatório.

É nessa chave da expansão irônica que se concebe o personagem *gauche*, por Affonso Romano de Sant'Anna, em seu *Drummond: o gauche no tempo*, segundo sua etimologia de *per-sona* (SANT'ANNA, 2008, p. 45), ou seja, em sua função amplificadora, que assimila o tipo a certa tradição literária desde o picaresco ao anti-herói moderno. Segundo Sant'Anna, tal projeção do gauchismo na conformação de um personagem que representa não somente o artista como também a condição do sujeito moderno, imprime à obra poética de Drummond, predominantemente lírica, o traço pertinente do gênero dramático, nos termos em que Curtius (CURTIUS, 1996) concebe a tópica do *theatrum mundi*, em que a metáfora do teatro do mundo remonta ao procedimento retórico que remete tanto à Antiguidade pagã como atravessa a história da literatura do Ocidente, passando por nomes e momentos caros à poesia de Drummond, como Pierre de Ronsard e o barroco espanhol de Cervantes, Gracián e Calderón. Essa "estrutura dramática", conforme Sant'Anna descreve, subjacente a toda obra predominantemente lírica de Drummond, parece operar a modalização do sujeito poético, a atenuação de sua dramaticidade, como no emblemático "Não se mate", de *Brejo das Almas* (1934), no âmbito aparentemente circunscrito da lírica amorosa, mas também, de modo mais grave, contudo ainda na chave anti-heroica, no uso frequente da segunda pessoa pronominal, como no notório "Os ombros suportam o mundo", de *Sentimento do mundo* (1940). A atenuação da dramaticidade, como crítica da hipérbole sentimental romântica, e a expansão da derrisão do sujeito moderno, a ironia derivada da *persona gauche* em Drummond opera a crítica tanto do heroísmo poético quanto dos modos de representação do mundo moderno.

Em um importante estudo sobre a ironia na poesia drummondiana, Luiz Costa Lima assimila sua onipresença segundo o que o crítico nomeia como "princípio-corrosão", rastreado, neste primeiro ensaio, desde o primeiro livro do poeta até *Lição de coisas*, de 1962 (COSTA LIMA, 1995b). Segundo Costa Lima, o "princípio-corrosão" operado pela ironia é responsável pela extirpação do sentimentalismo e do "lirismo encantatório" de raiz romântica, não se confundindo assim com "uma ideia niilista do homem", oferecendo dessa forma "a armadura indispensável para que Carlos Drummond não faça poesia escapista" (COSTA LIMA, 1995b, p. 150). Segundo Costa Lima, o "princípio-corrosão" é operado no sentido de dois polos diferenciados, representados como vetores que realizariam a ironia em sentido ativo, "associado à ideia de luta", a "corrosão-escavação", e a "corrosão-opacidade", dirigida à "trituração das coisas e dos objetos" e que "revela o fundo indevassável" ou ainda "um abismo sem fundo", correspondendo assim a um alcance limite da ironia no jogo da representação da poesia drummondiana (COSTA LIMA, 1995b, p. 151). A primeira corrosão, segundo o estudo, parece predominar na poesia de Drummond de *Alguma poesia* (1927) a *A rosa do povo* (1945), perfazendo um procedimento que tanto se dirige à retórica romântica quanto se elabora na poesia de engajamento político de Drummond. Embora o crítico alerte para o fato de que os dois princípios não sejam necessariamente sucessivos, podendo ocorrer simultaneamente em diversos momentos sobretudo no que tange à tópica do tempo, é em *Claro enigma* (1951) que o vetor da "corrosão-opacidade" se apresenta de forma intensiva e encontra, ainda segundo o crítico, certa condição em que "os signos da corrosão já não trabalham, se dissipam" (COSTA LIMA, 1995b, p. 171). Segundo Costa Lima, "esta mudança corresponde a irradiação de Mallarmé", e ao modo com que o poeta mineiro concebe a presença dessa importante referência acerca da poesia reflexiva da crise do verso moderno.

Segundo Costa Lima, "Drummond abranda o curso mallarmaico" (COSTA LIMA, 1995b, p. 173). Vale aqui um breve apontamento ao modo como a poesia de Drummond lê a poesia de Mallarmé e a crise que ela elabora no contexto da poesia moderna, no sentido de se esboçar uma outra resposta para poema de Duda Machado a respeito do grave domínio da ironia. Ainda seguindo a leitura de Costa Lima, "o programa traçado e seguido por Mallarmé é menos radicalmente levado a cabo", evidenciando certa inflexão de estilo em que "nem a sintaxe chega às raias do esoterismo, nem o Nada irradia como finalidade", a "poesia de Drummond permanece impura" (COSTA LIMA, 1995b, p. 173). De fato, observa-se na poesia de Drummond o direcionamento ao e, concomitantemente, o desvio do hermetismo mallarmeano. Talvez seja sintomático desse duplo movimento a publicação que sucede a *Claro enigma*, em que mais uma vez se evidencia a presença mallarmeana, como *Viola de bolso* (1952). Aqui parece se evidenciar, além da autoironia e da reflexão da metalinguagem, certa faceta do procedimento irônico presente em Mallarmé, bem como constante na poesia de Drummond: o humor lúdico com a forma. Tomando-se como exemplo o poema "Novo apólogo", evocação do conto "Um apólogo" de Machado de Assis, bem como da novela do mesmo autor, *A mão e a luva*, o primeiro poema do livro em versos livres e brancos, formula a resposta da luva à mão: "– Tua essência, mão, está no meu invólucro" (PC, p. 311). O leitor a quem ocorra a analogia entre a luva e o poema pode concluir que tal escanção da forma lúdica em *Viola de bolso*, em lugar de encaminhar o esteticismo, elabora a concepção de certa dinâmica das formas, que não reduz nem ao "arminho" nem à "carne", mas tange a "beleza" que o poema ao final intui como sendo ao mesmo tempo "definitiva e fluida" (PC, p. 311). Definitiva e fluida, tal como dos poemas de circunstância e os jogos onomásticos de Mallarmé, em que a ironia gravita na ambiência lúdica da leveza, tão distinta do Mallarmé ativado pelas vanguardas concretistas, quanto, de certo modo, crítica tanto à dramaticidade romântica e ao hermetismo esteticista parnasiano.

Se, segundo Costa Lima, a poesia de Drummond, em seu desvio mallarmeano, "permanece impura", talvez valha como exemplificação, a consideração de certo livro posterior aos abordados pelo estudo do crítico neste primeiro ensaio e que traz em seu título os significantes evidentes dessa modulação drummondiana em relação à *poésie pure*. Trata-se de *As impurezas do branco* (1973), no qual são observados os procedimentos tanto da "corrosão-escavação" quanto da "corrosão-opacidade", operando o humor lúdico e paródico com que os poemas parecem ironizar tanto os modos herméticos quanto os modos vanguardistas da assimilação mallarmeana no contexto da poesia brasileira. "Ao deus Kom Unik Assão", "Diamundo", "Desabar", "Quixote e Sancho, de Portinari" (em especial a seção "V. Um em quatro" do poema), "Homenagem" e, definitivamente, "Vênus" elencam o neologismo, a espacialização da palavra e da letra, a enumeração caótica e a colagem em seu registro paródico e tendendo sempre ao riso leve e, em muitos desses casos, de imediata digestão, operando a banalização dos procedimentos de vanguarda derivados não somente de Mallarmé, como também de James Joyce, como a palavra-valise. A opacidade, de tom mais grave, evidencia-se nos poemas que tangem a tópica do tempo e alcançam a dicção paródica do preciosismo mallarmeano em um poema como "Verão carioca 73": "Restam, sob o massacre, esquírolas de consciência/ a implorar, sem esperança, um caneco de sombra", bem como nos temas revisitados em "O poeta irmão" e "Canto mineral". *As impurezas do branco* parece evidenciar assim, na poesia avançada da obra, neste momento posterior aos questionamentos de certa atitude demissionária da poesia de Drummond posterior a *A rosa do povo* (cf. CAMILO, 2001a), os procedimentos da ironia corrosiva nos dois sentidos apontados por Costa Lima, em sua realização ainda engajada politicamente, embora não mais pautada pela utopia revolucionária moderna, mas insinuando temas caros ao contexto político pós-utópico, como a crise ecotecnológica, que evidenciam os emblemáticos "O homem; as viagens" e "O museu vivo".

Decerto a dicção de *As impurezas do branco* evidencia a infiltração de estilo que configura boa parte da obra poética de Drummond dos anos 1970, e que traz à cena certo investimento de sua prática de escrita que remonta aos anos 1920, década em que assume a função de redator chefe do *Diário de Mi-*

nas, ou seja, a sua prosa, sobretudo no gênero da crônica. O contexto próprio do gênero, sua materialidade semanal e urgente, seu auditório ampliado, não circunscrito ao público crítico e erudito, e a comunicabilidade imediata exigida pelo meio parecem insinuar na poesia certo tratamento da palavra e da ironia que imprime a leveza e o humor do poema. Candido, em "Drummond prosador" (CANDIDO, 2004a, p. 11), remete a Michel de Montaigne o procedimento do exercício em profundidade do pensamento, a partir de motivos aparentemente fúteis ou desligados do que acaba sendo a matéria central (CANDIDO, 2004a, p. 17). Essa assimilação do "fútil" em "profundidade de pensamento" decerto desencadeia o humor irônico equilibrado entre a circunstância da efemeridade da matéria e a complexidade que a escrita elabora. Candido considera ainda "certa divisão do trabalho literário" neste jogo que corresponde a certo princípio de manutenção de "um nível de menor tensão" no tratamento da palavra que não se restringe somente à crônica, mas que se infiltra na poesia drummondiana, o que descreveria "[n]a base da personalidade literária de Drummond os poemas que recolhem a parte mais tensa, e a prosa, a parte mais distendida", sendo a "unidade básica" desses dois procedimentos a "interpenetração de poesia, crônica, ficção" assinalada pelo poeta no neologismo "'versiprosa', misturando os gêneros e jogando com a sua variada singularidade" (CANDIDO, 2004a, p. 23).

Costa Lima, em outro estudo que dá continuidade à leitura do "princípio corrosão", no livro *Aguarrás do tempo*, esboça o "leitor que Drummond tinha em mira: o leitor de suas crônicas de jornal, aquele que respondia a suas aparições semanais" (COSTA LIMA, 1989, p. 317). Segundo o crítico, "Drummond se torna uma espécie de consciência pública média" (COSTA LIMA, 1989, p. 317). O crítico elabora sua reflexão na continuidade das considerações do que Flora Süssekind acentua, descrevendo a cisão entre poeta e público decorrente da reflexividade crítica da tradição moderna, concebendo o "poeta-cronista" como aquele que "doura a pílula literária", tornando-a "de mais fácil assimilação por um leitor não especialmente interessado por poesia" (apud LIMA, 1989, p. 317). Embora para o crítico essa postura evidenciada no poema crônica denote certo recuo reflexivo e estético no estilo tardio da escrita poética de Drummond, como uma espécie de capitulação com as "preocupações ordinárias da classe média dos profissionais liberais" e de certo contentamento "com o conforto e o renome" (COSTA LIMA, 1989, p. 317), é com essa dicção do poema-crônica que se observa o direcionamento da poesia drummondiana, em que a "matéria presente", como afirma em seu notório "Mãos dadas", é elaborada segundo certa ironia crítica ativa tanto ao contexto histórico em que as utopias do século XX se encontram arruinadas pela planetarização da "Grande Máquina" do capital, quanto ao contexto propriamente literário, pois, depois de Mallarmé ter esgotado "a taça do incognoscível", como descreve na segunda seção de "Canções de alinhavo", no livro *Corpo* (1984), "Nada sobrou para nós senão o cotidiano/ que avilta, deprime" (C, p. 60). Considerando mais uma vez a indagação do poema de Duda Machado a respeito do domínio da ironia, pode-se perceber nessa declinação drummondiana da pauta moderna da reflexividade do poema de base mallarmeana uma resposta, ainda que decerto não corresponda às expectativas do crítico. Costa Lima, ele mesmo com certa ironia, descreve este último Drummond como aquele que "fala sobre isso e aquilo, sobre as mazelas de sua cidade de adoção, sobre a destruição das riquezas de Minas Gerais, sobre a linguagem dos jovens", conotando certo juízo que menoriza a matéria implicada por essa poesia que ironiza "a linguagem complicada das novas correntes intelectuais etc. etc", concluindo que o "Fausto de agora, sobretudo se do terceiro mundo, se contenta com o conforto e o renome" (COSTA LIMA, 1989, p. 318). Essa discrepância entre a expectativa do crítico e o encaminhamento que assume a escrita de Drummond na poesia e na prosa parece insinuar mais um gesto irônico, o do próprio poeta, que já não se pauta mais segundo o paradigma do crítico. Um novo gesto autoirônico parece se desdobrar nessa poesia e nessa prosa que encaminham as saídas de seu constante engajamento político, ideológico e circunstancial. Caberia aqui questionar se Drummond cede ao conforto do renome ou se sua poesia final não apostaria ainda no incômodo político, fazendo de seu reconhecimento um investimento preciso e arriscado dadas as circunstâncias históricas da ditadura militar. Vale aqui lembrar toda a estrutura irônica de um poema de Drummond que acontece justamente neste espaço entre a poesia e a crônica, em que o poema é instrumentalizado por uma causa urgente e dirigido ao centro simbólico do poder, o Marechal Humberto de Alencar Castelo Branco, então presidente do Brasil desde o Golpe de 1964, o poema "Apelo", como um exemplo do uso heurístico da ironia contra a iminente prisão da cantora Nara Leão (cf. MORAES NETO, 2007, p. 224). Vale ainda lembrar "Adeus a Sete Quedas", publicado em 9 de setembro de 1982, no "Caderno B" do *Jornal do Brasil*, na circunstância de seu alagamento para represa hidrelétrica. Seja a causa política, seja a causa ecológica, ela mesma entendida como política, as pautas escolhidas por esse estilo tardio, que resulta no que se convencionou chamar de poema-crônica, parecem propor outro paradigma, que se despede da reflexividade preconizada por certa poesia e certa crítica do século XX, evocando assuntos extremamente urgentes das crises que este mesmo século negligenciou e legou ao século vindouro.

Itabira
FELIPE CABAÑAS DA SILVA

Itabira. Itabira do Mato Dentro. Itabira que "é para Drummond o que Dublin é para Joyce" (PIGNATARI, 2004, p. 108). A essência de uma expressão. O esteio geográfico de uma poética. O chão onde pisou o menino, o chão que o poeta toca e que toca a memória do ancião.

Uma cidade? Uma ideia? Uma emoção? Uma massa inesgotável de minérios, como observara Reclus (RECLUS, 1985, p. 186)? Uma massa de ferro, "Noventa por cento de ferro nas calçadas./ Oitenta por cento de ferro nas almas" (SM, p. 10)? Uma cidade que respira, hoje, a vida e a obra de Carlos Drummond de Andrade? Uma triste e dolorosa fotografia na parede?

Itabira tem os traços de muitas cidadezinhas do interior mineiro, nascidas no período da "febre do ouro". Fundada por bandeirantes paulistas em 1720, foi elevada à categoria de arraial em 1827, pertencendo ainda ao município de Caeté (que então se chamava Vila Nova da Rainha). Em 1833, foi criado o município de Itabira do Mato Dentro, desmembrado de Caeté e com sede na vila de mesmo nome. Passou à categoria de cidade em 1848 (IBGE, 1959, pp. 240-45). Em 1902, nascia seu filho mais ilustre: Carlos Drummond de Andrade. Cidade aurífera, ferrífera, agroindustrial. Cidade onde Drummond "minera o eu" (SEFFRIN, 2006, p. 21), com a calma de um artesão e a angústia peculiar a um artista moderno.

De Itabira Drummond trouxe "este orgulho, esta cabeça baixa" (SM, p. 10), a cidade sempre ecoando as contradições do próprio sujeito: é a cidade do homem triste, mas de ferro; a cidade do homem orgulhoso, mas de cabeça baixa: esteio de uma expressão e campo de batalhas de uma alma afeita a trafegar os extremos. Que assume a revolta, nas obras do início da década de 1940, onde "declina de toda responsabilidade/ na marcha do mundo capitalista/ e com suas palavras, intuições, símbolos e outras armas/ promete ajudar/ a destruí-lo/ como uma pedreira, uma floresta,/ um verme" (RP, p. 29)

Esta é a fase em que Itabira é a triste fotografia na parede do poema "Confidência do itabirano". O poeta deixou a província e, sozinho na "cidade grande", peleja com as forças do mundo moderno. Itabira é então saudade, nostalgia e a antítese da metrópole, mas sempre elemento central do "vasto sistema de oposições" (SANT'ANNA, 2008, p. 16) em que o poeta trafega.

Não existisse Itabira, não existiria o Rio. É a constituição do itabirano "triste, orgulhoso: de ferro" que transforma o Rio em matéria poética. A lírica se faz pelo choque e pelo estranhamento. São muitos os poemas de *Sentimento do mundo* (1940), *José* (1942) e *A rosa do povo* (1945) – as obras do início da década de 1940 envoltas por um "amanhecer/ mais noite que a noite" (SM, p. 9) e marcadas pela vivência no Rio de Janeiro – que revelam o estranhamento do mundo e o choque entre este e o eu.

Não por acaso, é a fase em que o poeta mais se aproxima de uma militância política efetiva, aceitando o convite de Luís Carlos Prestes para ser coeditor do diário comunista *Tribuna Popular*, do Partido Comunista Brasileiro (PCB). A guerra, o fascismo, a encruzilhada que a civilização enfrenta nas décadas de 1930 e 1940 são, sem dúvida, componentes essenciais desse choque e desse estranhamento. Este parece ser o "sentimento do mundo", que extrai, "da mais irrestrita individuação, o universal" (ADORNO, 2003, p. 66): "Tenho apenas duas mãos/ e o sentimento do mundo,/ mas estou cheio de escravos,/ minhas lembranças escorrem/ e o corpo transige/ na confluência do amor.// Quando me levantar, o céu/ estará morto e saqueado,/ eu mesmo estarei morto,/ morto meu desejo, morto/ o pântano sem acordes.// Os camaradas não disseram/ que havia uma guerra e era necessário/ trazer fogo e alimento./ Sinto-me disperso,/ anterior a fronteiras,/ humildemente vos peço/ que me perdoeis.// Quando os corpos passarem,/ eu ficarei sozinho/ desfiando a recordação/ do sineiro, da viúva e do microscopista/ que habitavam a barraca/ e não foram encontrados/ ao amanhecer// esse amanhecer/ mais noite que a noite" (SM, p. 9).

Na sequência desse "amanhecer mais noite que a noite", vem justamente a "Confidência do itabirano", poema seminal que ecoa por toda a obra de Drummond: "Alguns anos vivi em Itabira./ Principalmente nasci em Itabira./ Por isso sou triste, orgulhoso: de ferro./ Noventa por cento de ferro nas calçadas./ Oitenta por cento de ferro nas almas./ E esse alheamento do que na vida é porosidade e comunicação.// A vontade de amar, que me paralisa o trabalho,/ vem de Itabira, de suas noites brancas, sem mulheres e sem horizontes./ E o hábito de sofrer, que tanto me diverte,/ é doce herança itabirana.// De Itabira trouxe prendas diversas que ora te ofereço:/ esta pedra de ferro, futuro aço do Brasil;/ este São Benedito do velho santeiro Alfredo Duval;/ este couro de anta, estendido no sofá da sala de visitas;/ este orgulho, esta cabeça baixa...// Tive ouro, tive gado, tive fazendas./ Hoje sou funcionário público./ Itabira é apenas uma fotografia na parede./ Mas como dói!" (SM, p. 10).

Sentimento do mundo foi publicado em 1940. O poema homônimo é o primeiro da obra e antecede a "Confidência do itabirano". Desta forma, o poema é simultaneamente a revelação de uma essência e um tipo particular de "pedido de licença". Ostentando contraditoriamente seu orgulho e sua cabeça baixa, o poeta parece, timidamente, pedir que o aceitem como itabirano "triste, orgulhoso: de ferro", sozinho na grande cidade a tentar entender esse "amanhecer mais noite que a noite", metáfora ao mesmo tempo da guerra, da "marcha do mundo capitalista" e da modernidade.

Assim, a força de Itabira, capitalizada nessa confidência, atravessa até mesmo a fase poética marcada pela vivência objetiva no Rio de Janeiro, então capital federal, cidade onde Drummond assume um cargo importante no funcionalismo público junto ao então Ministro da Educação e Saúde Pública, Gustavo Capanema. É nesse escritório que Itabira se torna "apenas uma fotografia na parede".

Não há como relacionar Itabira e Drummond sem abordar essa profunda marca na alma. Aliás, não é só Itabira que o poeta leva em sua bagagem por toda a vida: leva o "mundominas" (BII, p. 92), leva Brejo das Almas (hoje, Francisco Sá) e Mariana, Ouro Preto, Sabará, Caeté, um caleidoscópio de cidadezinhas do interior mineiro expostas em poemas como "Lanterna mágica" (*Alguma poesia*, 1930), "As namoradas mineiras" e "Girassol" (*Brejo das Almas*, 1934). Mundo-Minas, Itabira-Rio, Minas-Rio, Província-Metrópole: as contradições espaciais que são matéria da "mineração do eu" por meio da palavra.

Carlos Drummond de Andrade leva, para o Rio, Itabira na bagagem. No fundo, há uma recusa da dissolução de laços que acomete muitos migrantes que fazem o mesmo percurso, que saem da província rumo à "cidade grande". Itabira é, desta maneira, também uma forma de resistência.

É preciso compreender o processo histórico que envolve o artista moderno. É questão inequívoca que a arte e o artista sofrem os impactos da modernidade. Para Décio Pignatari, a posição do artista não é diferente da posição do artesão, vítima da crise da manufatura frente à maquinofatura. Tragado no movimento avassalador das revoluções industriais e alijado de suas funções, o artesão não encontra mais função na "sociedade utilitária" (PIGNATARI, 2004, p. 101). Deixa, por isso, de ser artesão, se proletariza e se torna um *operário*.

O artista é envolvido por um processo semelhante. A obra de arte, segundo Walter Benjamin, possui um *hic et nunc*, que é a marca de sua originalidade e autenticidade. Essa autenticidade tende a preservar sua plena autoridade, mesmo quando reproduzida por mãos humanas, o que não ocorre na reprodução técnica: "[...] diante da reprodução feita pela mão do homem, e considerada em princípio falsa, o original conserva sua plena autoridade; isso não ocorre no que respeita à reprodução técnica" (BENJAMIN, 2000, p. 225).

Ainda para Benjamin, "as mais antigas obras de arte nasceram a serviço de um ritual, inicialmente mágico, depois religioso", em que "o valor da unicidade próprio à obra de arte 'autêntica' se baseia nesse ritual que foi originariamente o suporte de seu valor de uso" (BENJAMIN, 2000, pp. 228-29, grifos do autor). De modo que a reprodução técnica, ao dissolver a aura da obra de arte, dissolve também seu valor de uso: processo típico da modernidade, que mercantiliza a necessidade e condiciona o valor de uso ao valor de troca.

Perdendo sua essência ritual e em crise de função frente às forças da modernidade, a arte se converte em forma de resistência ou, como afirma ainda Benjamin: "Em lugar de repousar sobre o ritual, ela se funda agora sobre uma outra forma da práxis: a política" (BENJAMIN, 2000, pp. 229-30). Nesse contexto, o artista não mais "consegue integrar-se, feliz, nos discursos correntes da sociedade" (BOSI, 2000, p. 165). Daí a desconstrução da forma de que é tributária a poesia moderna, sua "junção de incompreensibilidade e de fascinação" e sua "dissonância" (FRIEDRICH, 1978, p. 15).

Drummond é incontestavelmente um poeta moderno, que vive esse conjunto de contradições, e sua poesia tem as marcas da poesia moderna. Mas Drummond é também um humilde filho de Itabira, a cidade de "noites brancas, sem mulheres e sem horizontes", onde o cotidiano é banal, frugal, tradicional, clerical.

Na fase política, Itabira é a dor, a saudade, o poeta cindido de uma essência que as forças do mundo parecem querer sepultar, mas que resiste. Já na poesia memorialística, nas reminiscências da série *Boitempo*, Itabira é o cotidiano, a "mulinha do leite" (BII, p. 73), as badaladas do "sino Elias", que "transmite/ as grandes falas de Deus/ ao povo desta cidade" (BIII, p. 24), as procissões, mas também a decadência da família fazendeira, o passado coberto de mofo, pó e traças: "Café em grão enche a sala de visitas,/ os quartos – que são casas – de dormir./ Esqueletos de cadeiras sem palhinha,/ o espectro de jacarandá do marquesão/ entre selas, silhões, de couro roto./ Cabrestos, loros, barbicachos/ pendem de pregos, substituindo/ retratos a óleo de feios latifundiários./ O casão senhorial vira paiol/ depósito de trastes aleijados,/ fim de romance, *p.s.*/ de glória fazendeira" (BII, p. 64).

Itabira resiste. Levar Itabira consigo. Contrapor Itabira ao Rio. A província à metrópole. Avivar essas contradições sem pretender resolvê-las ou esgotá-las. Recordar Itabira, guardar Itabira, rememorar Itabira, pendurar Itabira numa parede de repartição e olhar para ela como dolorosa marca do passado, mas ainda olhar para ela, também são as respostas de Drummond aos dilemas do artista na modernidade.

Drummond não se furta a expressar as contradições da tradição. Não se pense que Itabira é um ideal, um espaço idílico, livre de contradições, combates e conflitos. Pelo contrário, é também através de Itabira que Drummond expressa as contradições da modernidade, como vemos já em seu primeiro livro, *Alguma poesia*, no poema "Itabira", seção IV do poema "Lanterna mágica": "Cada um de nós tem seu pedaço no pico do Cauê./ Na cidade toda de ferro/ as ferraduras batem como sinos./ Os meninos seguem para a escola./ Os homens olham para o chão./ Os ingleses compram a mina./ Só, na porta da venda, Tutu Caramujo cisma na derrota incomparável" (AP, p. 25). Em meio à banalidade do cotidiano, os ingleses vão às compras. No começo do século XX, as riquezas nacionais seguem sendo pilhadas. O ferro itabirano vai sustentar a modernidade europeia, sob o olhar atônito de Tutu Caramujo.

Drummond tem consciência, e a demonstra reiteradamente, de que Itabira não é um universo utópico, apartado da modernidade. Mas Itabira também é dotada de uma unicidade, uma autenticidade. A cidade, "texto social legível à condição que se saiba ler" (LEFEBVRE, 1968, p. 115, tradução minha); a cidade que "é obra a ser associada mais com a obra de arte do que com o simples produto material" (LEFEBVRE, 2009, p. 52); a cidade que se apodera "das significações existentes [...] para as dizer, para expô-las pela via – ou pela voz – dos edifícios, dos monumentos, e também pelas ruas e praças" (LEFEBVRE, 2009, p. 68), é também obra. Obra coletiva que revela desejos, volições, contradições, limites. Enquanto tal, também a cidade tem seu *hic et nunc*, que será tanto maior quanto maior for sua distância dos grandes centros, onde o crescimento urbano é acelerado, concentrado e estandardizado. Há um tipo particular de marginalidade na posição das cidades *afastadas, interioranas, provincianas*, às quais Drummond, como filho de Itabira – e também como crítico – irmana-se.

Itabira dá voz a Drummond. Drummond dá voz a Itabira. As fronteiras entre o poeta e a cidade se dissolvem constantemente. E não somente em Itabira. É em outra cidadezinha do interior mineiro, Brejo das Almas, que Drummond escreve talvez os versos mais melancólicos de sua obra. Título de seu segundo livro, Brejo das Almas (hoje Francisco Sá) carrega as profundas marcas de melancolia que o poeta expressa. A cidade se torna uma espécie de *alter ego* do sujeito e, através de suas ruas, de seus eventos, de suas paisagens e cenas, verbaliza o sofrimento existencial que o poeta quer expressar. O homem se expressa através da cidade; a cidade fala através do homem.

Essa dissolução de fronteiras entre ser e espaço se revela frequentemente pela prosopopeia, o poeta emprestando sentimentos, palavras e ações ao espaço "inanimado". "Carta a Stalingrado", de *A rosa do povo*, parece ser o ápice desse recurso na obra de Drummond. Stalingrado é a "criatura humana", uma "criatura que não quer morrer e combate"; com suas "ruas mortas", a cidade resiste, arqueja e ensina: "As cidades podem vencer, Stalingrado" (RP, p. 129).

Em "Lanterna mágica", de *Alguma poesia*, também é farto o uso dessa figura de linguagem. "Sabará" é a cidadezinha "calada", "entrevada", envergonhada, onde o "Rio das Velhas lambe as casas velhas" e as ruas estão "em pé". A cidade é também "teimosa", mas tem orgulho de "seus andrajos". Em "Caeté", a igreja dá as costas ao trem, há "casas torcidas" e "nuvens que são cabeças de santo". "São João Del-Rei", por sua vez, é chamada de "cidade paralítica", e "Itabira" é a "cidade toda de ferro" (AP, pp. 21-29), verso que guarda sem dúvida o duplo sentido: cidade mineradora; cidade forte.

Em *Brejo das Almas* (1934), a figura de linguagem também marca presença. No poema de abertura, "Aurora", há pensões que dormem, casas que estão bêbadas (BA, p. 11). Em *Lição de coisas*, no "Canto do Rio em sol", a Guanabara, uma "terra tão gente", tem seio, braço, frêmito, olhos, corre pela vida "como sangue, como seiva" e "dá uma cabriola" (LC, pp. 63-65). Em "O resto", de *Esquecer para lembrar*, o espaço é caracterizado com traços físicos humanos: "No alto da cidade/ a boca da mina/ a boca desdentada da mina de ouro/ onde a lagartixa herdeira única/ de nossos maiores/ grava em risco rápido/ no frio, na erva seca, no cascalho/ o epítome-epílogo/ da Grandeza" (BIII, p. 62).

A prosopopeia acompanha Drummond até 1984, na coletânea *Corpo*, em que publica o longo, fundamental e seminal poema "Favelário Nacional". Impressiona a fertilidade da poesia drummondiana. O poeta que nasceu em 1902 e lançou seu primeiro livro em 1930, em 1984 ainda está escrevendo versos seminais. Aliás, esse poema coroa o vigor da prosopopeia na obra drummondiana justamente com uma seção de título "Prosopopeia": "Quem sou eu para te cantar, favela,/ que cantas em mim e para ninguém a noite inteira de sexta/ e a noite inteira de sábado/ e nos desconheces, como igualmente não te conhecemos?" (C, p. 67).

Por muito fundir-se e confundir-se com Itabira, Drummond funde-se e confunde-se com muitas outras cidades, muitos outros espaços e paisagens. E o faz sistematicamente, reavivando a memória material e afetiva de sua terra, um dos recursos a mediar a relação entre o poeta e o mundo, como fica claro na "Confidência do itabirano". Itabira é a formação do ser, do cidadão, permanentemente carregando suas marcas impressas a ferro no corpo e na alma, mas também a formação do artista.

Há, nesse sentido, uma página muito importante da relação de Drummond com sua terra natal, que é central em sua formação de artista: sua amizade com o santeiro Alfredo Duval, também marcada na "Confidência do itabirano". Duval foi um importante artesão itabirano, especializado na produção de peças sacras. Sua casa ficava a apenas 300 metros da casa de Drummond. Pedreiro e construtor, foi "quase um *intelectual orgânico* dos trabalhadores manuais, dos escravos libertos": "Mulato desempenado, o belo bigode no rosto liso de mameluco, Alfredo Duval podia ser visto nos finais de tarde na varanda de sua casinha do Bongue (as ruas onde moravam os negros e mulatos), *agitando* e contemplando com seus discursos visões da mais larga utopia política e social. Ele só deixava os discursos para todos e para ninguém, que fazia na varanda, para debruçar-se amorosamente, todas as tardes, sobre o ombro de sua mulher, e ensiná-la a ler já na idade madura. Anticlerical feroz e ao mesmo tempo amigo do padre Olympio (o mesmo do poema 'Os dois vigários'), Alfredo Duval ficou sabendo, numa conversa com o vigário, que as procissões da Semana Santa em Itabira estavam ameaçadas: não havia nenhuma imagem que pudesse puxar o cortejo. Alfredo Duval ainda ganhava a sua vida como construtor (tinha sido dele a ideia de canalização pública da água em Itabira, e ele mesmo tinha dirigido a execução das obras), e a sua atividade de escultor começaria ali" (CANÇADO, 2012, pp. 41-42).

A "casinha do Bongue" era frequentada por Drummond. Ali, vivenciou a atmosfera de uma "arte artesã", de um artista popular. Além do trabalho de Alfredo Duval, que fazia sua casa parecer um "pátio petrificado dos milagres, cheio de peças, imagens de santos, torsos, braços avulsos, que iam sendo *tocados* simultaneamente pelo artista", atraía-o "um jeito diferente de viver que havia ali. Uma vida que parecia obedecer a outras leis, outros interesses, outras forças, um misto de necessidade e de obscura coragem, o mundo duro dos pobres" (CANÇADO, 2012, p. 44). Alfredo Duval representava a unidade entre o trabalhador, o político, o intelectual e o artista, unidade essa que Drummond também buscou ao longo da vida. É significativo que uma das prendas diversas que Drummond leva consigo de Itabira seja, entre todas as obras de Alfredo Duval, o São Benedito, o negro, o mouro, o santo descendente de escravos: o santo é, também, uma representação do santeiro.

O carinho por Alfredo Duval, a importância de sua figura em Itabira e dessa amizade na vida de *Carlito* foram eternizados nos versos "A Alfredo Duval", de *Esquecer para lembrar*: "Meu santeiro anarquista na varanda/ da casinha do Bongue, maquinando/ revoluções ao tempo em que modelas/ o Menino Jesus, a Santa Virgem/ e burrinhos de todas as lapinhas;/ aventureiro em roupa de operário/ que me levas à Ponte dos Suspiros/ e ao Pátio dos Milagres, no farrancho/ de Michel Zevaco, dos Pardaillan,/ Buridan, Triboulet (e de Nick Carter),/ ouço-te a rouca voz chamar Eurico/ de nazarena barba caprichada/ e retê-lo a posar horas e horas/ para a imagem de Cristo em que se afirme/ tua ânsia artesanal de perdurar./ Perdura, no frontispício do Teatro,/ a águia que lá fixaste sobre o globo/ azul da fama, no total desmaio/ do teu, do nosso tempo itabirano?/ Quem sabe de teus santos e teus bichos,/ de tua capa e espada imaginária,/ quando vagões e caminhões desterram/ mais que nosso minério, nossa alma?/ Eu menino, tu homem: uma aliança/ faz-se, no tempo, à custa de gravuras/ de semanais fascículos românticos..." (BIII, p. 71).

Hoje, tanto a "casinha do Bongue" quanto a casa de Drummond tornaram-se patrimônios materiais de Itabira, a "cidade toda de ferro" que também carrega as marcas de algumas das mais importantes páginas da criação artística nacional. E que sabe valorizar a sua história.

J

Jornal
ver Crônica

José
GILBERTO ARAÚJO

O livro *José*, de Carlos Drummond de Andrade, saiu em 1942, encartado ao final da coletânea *Poesias*, antecedido por *Alguma poesia* (1930), *Brejo das Almas* (1934) e *Sentimento do mundo* (1940). Apesar de símbolo do homem desamparado, o poema não nasceu em livro solitário e o nome nem sempre esteve sozinho nos versos: em versões anteriores, "José" vinha acompanhado de outros personagens. Sua primeira aparição data de 11 de janeiro de 1942, em *Autores e Livros*, prestigioso suplemento literário de *A Manhã*, no qual Drummond enfeixou alguns poemas que integrariam o volume do mesmo ano. Lá, na primeira estrofe, lia-se "E agora, Raimundo?" (DRUMMOND DE ANDRADE, 1942, p. 15). Ao migrar para *Poesias*, ainda surgiria entre José e Raimundo um "E agora, Joaquim?" (P2, p. 206). A versão hoje corrente eliminou os vizinhos, o que parece atender à vontade autoral, pois José está só, por exemplo, em *Nova reunião (19 livros de poesia)*, lançada pela Livraria José Olympio em 1983, em vida do poeta e avalizada por ele.

Diante dessa dança nominal, é válido investigar os efeitos expressivos decorrentes tanto do acréscimo de Joaquim quanto da posterior exclusão dele e de Raimundo. Conforme observa Julio Castañon Guimarães (GUIMARÃES, 2012b, p. 53), além de muito comuns no Brasil, os três nomes já tinham frequentado a poesia drummondiana. Para citarmos evidências conhecidas, Joaquim esteve em "Quadrilha", de *Alguma poesia*, onde também havia um Raimundo, rimando com "mundo" no "Poema de sete faces". "José" dera as caras em "Aurora", de *Brejo das Almas*. Não obstante a assiduidade dos outros dois, José é eleito para batizar o novo título de 1942, destronando inclusive "Carlos", assinatura maior do *gauche*.

Evidentemente, uma primeira hipótese para essa escolha é a maior carga de impessoalidade contida em José, que, ordinário em língua portuguesa, costuma ser especificado por um sobrenome capaz de individualizá-lo, ainda que minimamente, na multidão de josés. Servindo a todos e a ninguém, é menos restritivo do que Raimundo, muito associado, não raro de forma pejorativa, ao Nordeste brasileiro. Joaquim, por outro lado, evoca certo estereótipo lusitano e é bem menos frequente no Brasil. O *site* do IBGE revela que, em 1940, 40.009 brasileiros chamavam-se Joaquim, enquanto 647.405 respondiam por José. No mesmo ano, havia 79.881 Raimundos. Não afirmamos que José seja menos nordestino ou português, mas sua proliferação avantajada pelo país como que o desparticulariza, desligando-o de determinado espaço ou região, nacional e/ou estrangeiro. Drummond poderia, é claro, ter recorrido a João, com que se registraram 255.582 brasileiros em 1940, mas, até pelo quesito numérico, ele perde para José.

Se as fontes demográficas ratificam o contorno genérico, aspectos especificamente literários justificam a eleição nominal. Um deles diz respeito à extensão da palavra. Do ponto de vista métrico, e considerada a posição final no verso, "José" é tão dissílabo quanto "Raimundo" e "Joaquim", validada, neste último, a ditongação na sílaba inicial. Contudo, lexical e tipograficamente, "José" é menor, o que, mesmo em termos visuais, torna-o apequenado perante os outros dois, casando-se melhor com a temática da vulnerabilidade. Ao contrário de "João", cujo final teria uma memória algo aumentativa, "José" é costumeiramente reduzido a "Zé", indiciando a vocação subtrativa do poema, que vai progressivamente descartando saídas. Considere-se ainda que as tônicas de "Rai*mun*do" e "Joa*quim*" se acolchoam em vogais nasalizadas, enquanto o terceiro nome termina em sílaba metálica e incisiva, replicante da aspereza do poema.

Ao encurtar a mancha gráfica, "José" é, ademais, termo que enfatiza uma tendência formal do livro: a preferência por poemas longos vazados em versos curtos. Essa configuração é localizável em outras peças famosas – "O lutador" e "A mão suja" – e diagrama na espacialidade da página uma das aporias marcantes da obra, o embate entre a verticalização e a fluidez. Nesses textos magros e compridos, o grafismo perpendicular se alicerça em anáforas e repetições que repercutem o empilhamento dos homens na cidade. Rivalizando com esse plano, estão os poemas que, encharcados de metáforas líquidas e marítimas, apalpam o tempo e a vida escoando sob a padronização moderna.

Em certo grau, esse confronto anunciava-se em "Noturno à janela do apartamento", último poema de *Sentimento do mundo*, imediatamente anterior a *José*. Naquele texto, o eu lírico, de seu "silencioso cubo de trevas" (P2, p. 180), observa o "triste farol da Ilha Rasa", alto e solitário como ele no edifício. Entre ambos, a vida, "como um líquido, circula", indômita e dinâmica, qual o mar que separa as duas edificações. Espraiando-se até *José*, a água assume efeito predominantemente corrosivo, ratificado nos versos de "Viagem na família", que fecha o livro: "As águas cobrem o bigode,/ a família, Itabira, tudo" (P2, p. 216).

Essa liquefação destruidora é sintetizada em "Noturno oprimido", cujos *enjambements* delineiam a invasão da água a uma casa, desde a caixa d'água "até os cofres, os livros, as gargantas" (P2, p. 209). Ela dilui tudo o que o habitante acumulou, dos bens materiais, preservados no cofre, às palavras, estocadas em livros e gargantas. Privada de memória e linguagem, a vítima se vê destituída daquilo que lhe dignifica a existência e convoca a humanidade à autodestruição: "Oh vamos nos precipitar no rio espesso/ que derrubou a última parede/ entre os sapatos, as cruzes e os peixes cegos do tempo" (P2, p. 209). Como se vê, cabe à água, "uma coisa selvagem" (P2, p. 209), solapar a construção que ilusoriamente albergaria o ente em verdade desabrigado.

Justo por esse motivo, *José* manifesta certa antipatia pela arquitetura moderna, marcada pela verticalização (lembre-se a "torre de petróleo" em "O boi") e pela solaridade. Vagner Camilo (CAMILO, 2014a, p. 54) informa que, a despeito de o poeta trabalhar em prédio icônico da arquitetura moderna, o Ministério da Educação e Saúde, mantinha-se reticente em relação ao ideário funcionalista de seu tempo. Recordemos que, um ano antes de sair *José*, Le Corbusier, consultor do projeto do Edifício Gustavo Capanema, apregoava em *A carta de Atenas* (1941) que "introduzir o sol é o novo e o mais imperioso dever do arquiteto". Ao arrepio da recomendação, o opúsculo de Andrade investe em imagens escuras e escorregadias e, quando possível, hostiliza o empoleiramento humano, retratado no "Edifício Esplendor" (LE CORBUSIER, 1993, p. 64).

Único poema dividido em partes numeradas, como a imitar os andares do prédio, esse texto encadeia, no segmento I, quatro quadras, numa geometria que sugere o projeto de Oscar Niemeyer, mencionado na estrofe inicial. Desdobrando o choque entre contenção e derramamento, a parte II responde a essa matemática cerrada com a irregularidade estrófica e métrica, mesclando versos longos ("e um vento marítimo com cheiro de peixe, tristeza, viagens..." (P2, p. 190) e curtos ("Goiás, a extinta pureza" (P2, p. 190), dispostos em estrofes de 1 até 4 versos.

Entretanto, em *José* nada se resolve de maneira simples e não se pode reduzi-lo a um paralelismo isomórfico. Há textos, por exemplo, que encenam o contraste entre a forma esparramada e o conteúdo corrosivo, deteriorando o poema à medida que ele se expande. É o caso de "Os rostos imóveis", cujos longos versos livres atestam a impotência do indivíduo encolhido "na minha cidade natal, no meu quarto alugado,/ na minha vida, na vida de todos, na suave e profunda morte de mim e de todos" (P2, p. 205).

De fato, assim como a estrutura dos poemas não deve ser equacionada em binarismos do tipo rígido *x* fluido, vertical *x* horizontal, tampouco se pode apostar em oposições gastas entre natureza e cultura, passado e presente. Livro sem saída, *José* retira da paisagem natural e do pretérito qualquer veleidade de redenção romântica e esbate do futuro a utopia (depois reacesa em *A rosa do povo*, de 1945). Tudo é tenso e precário. Lamenta-se a vida nos edifícios, mas também se lamuria: "Ó solidão do boi no campo!" (P2, p. 186); a voz que desconfia da contemporaneidade também não se satisfaz(ia) na infância: "Oh que saudades não tenho/ de minha casa paterna" (P2, p. 191).

Vale lembrar que, no mesmo jornal em que depositou a primeira versão de "Edifício Esplendor", acompanhada de bela ilustração de J. P. Chabloz, Drummond divulgou estudos sobre poetas românticos brasileiros, posteriormente reunidos em *Confissões de Minas* (1944), seu primeiro livro em prosa. Conquanto se atenha a Casimiro de Abreu e Gonçalves Dias, é a Fagundes Varela que dedica o artigo que abre a coletânea, alcunhando-o de "solitário imperfeito" (CM, p. 19). Imperfeito porque nostálgico, inclusive da *urbs*, da qual Fagundes se evadira em refúgio natural após a morte do filho, de quem era igualmente saudoso. Para fundamentar a argumentação, o mineiro cita versos varelianos, antecedendo-os com o tipo de solidão que exemplificam ("A solidão do pássaro", "A solidão da pedra", "A solidão da alma" etc.), numa repetição paratática similar à de "José", gerando o mesmo efeito de insulamento incontornável. Opondo-se, porém, ao perfil circunstancial da solidão romântica, Drummond defende que "a solidão é niilista. Penso numa solidão total e secreta, de que a vida moderna parece guardar a fórmula, pois para senti-la não é preciso fugir para Goiás ou as cavernas" (CM, p. 29).

Daí o desterro experimentado em meio à multidão amontoada no "Edifício Esplendor": na parte IV, o "aéreo *living*" (P2, p. 192) em que o eu lírico se encastela ecoa no comprimento da composição monoestrófica de 30 versos (na primeira edição), logo estilhaçada, no segmento seguinte e derradeiro, em dísticos que, retalhando as quadras iniciais, abrem espaço aos ratos, prestes a roer o prédio.

Em direção semelhante, importa registrar que, mesmo nos poemas mais "emparedados", a mecanização não se traduz obrigatoriamente em isometria. Na verdade, os versos curtos costumam orbitar um número pequeno de sílabas (em geral, de 4 a 6), criando uma espécie de instabilidade dentro da compressão. No próprio "José", a predominância ostensiva da redondilha menor é aqui e ali desestabilizada por um hexassílabo: "já não pode beber"; "já não pode fumar"; "você marcha, José?" (P2, pp. 206-08). Essa fricção transpira a cisão entre a alteridade e o (auto)bloqueio, o anseio de evasão e a impossibilidade de fuga, o que vinha de certa forma prefigurado na "presença agitada" (P2, p. 185) do inseto em "A bruxa", não à toa o primeiro poema de *José*. Como a mariposa em torno da luz, o eu lírico debate-se à procura de alternativa (para si, para o outro e para o mundo) a que ele, coibido e inquieto como a régua silábica, tem dificuldade de alcançar. A aparente regularidade métrica de "José" é tão enganosa quanto sua feição aditiva, pois, sob a extensa sequência anafórica que parece oferecer atalhos ao sujeito, impera a potência degenerativa que vai minando caminhos até desaguar na pergunta – "José, para onde?" (J, p. 39) – que, em circularidade paralisante, retorna ao começo, agora com o vocativo no início do verso, em apelo de urgência. Ou seja, o somatório sintático é, no fundo, diminutivo.

No campo específico da linguagem, o clímax de tensão encontra-se em "O lutador", outro texto antológico da poesia drummondiana e que endossa o sucesso de *José* em lançar obras-primas. Nele, a contenda do eu lírico com a palavra não se limita à tópica do *inania verba*, segundo a qual faltariam termos para exprimir as ondulações e complexidades subjetivas. Embora o pugilista de Drummond trave luta física e erótica com o verbo, o problema central não se relaciona com a expressão. A busca não é exatamente pelo *mot juste*, capaz de flagrar determinado estado; a rigor, almeja-se fruir "de cada palavra/ a essência captada,/ o sutil queixume" (P2, p. 198). Trata-se, portanto, de escavar rumores, sons, sentidos, matizes insondados, quiçá insondáveis, inclusive dentro do amplo universo já disponível na língua. É um anseio mais arqueológico do que criador. Ao poeta caberia encontrar aquilo que Jacques Rancière designa palavra surda, "uma potência sem nome que permanece por trás de toda consciência e de todo significado, e à qual é preciso dar uma voz e um corpo, mesmo que essa voz anônima e esse corpo fantasmagórico arrastem o sujeito humano para o caminho da grande renúncia [...]" (RANCIÈRE, 2009, p. 41). Para esse Ulisses sem lenitivo ao término da jornada, a palavra é "fluido inimigo", "posse impura" que escorre por entre os versos curtos e os cavalgamentos de "O lutador". Sem lograr trazê-la "ao centro da praça" (P2, p. 195), a um ponto em que pudesse ser destrinchada pela razão, a pugna se estende às "ruas do sono", ao domínio inconsciente, onde talvez repousem nuances desconhecidas da materialidade evasiva do signo linguístico. No texto mais metalinguístico de *José*, o poeta assume sua impotência, mas nela reconhece o mote contra a inércia, revelando-se ao mesmo tempo transigente e irrealizado.

Tal impasse entre som e silêncio, protesto e resignação, permanência e esquecimento irradia-se à célula familiar, assombrada por mortes e traumas. Aí se concentra a nota memorialista de um livro em geral inclinado ao presente, tempo apreendido, é bom ressaltar, não apenas como radiografia do contemporâneo, mas sobretudo como constante universal da errância e da culpa (cf. "José" ou "A mão suja"). Numa espécie de fio subterrâneo, o memorialismo coexiste com as instalações de gás e os elevadores modernos, infiltra-se em "Os rostos imóveis" até alcançar a ribalta no último poema, "Viagem na família", reputado por José Guilherme Merquior, "o primeiro grande voo do lirismo da memória em Drummond" (MERQUIOR, 1976, p. 60), prefigurando a tônica da trilogia *Boitempo*, iniciada em 1968.

No entanto, essa regressão não constitui alternativa apaziguadora. Mesmo que ofereça algum alento ao sujeito, fá-lo de forma crítica e penosa. Por isso, o título "Viagem na família" ironiza a expressão "viagem em família", clichê da alegria compartilhada. O eu lírico é levado ao "deserto de Itabira" (P2, p. 213) pela sombra do pai, que, sem nada explicar, exuma a cidade, a rua, a casa, os parentes, os objetos e os conflitos soterrados no tempo. O silêncio paterno evidencia quanto é infrutífero o desejo de localizar ontem explicações para hoje, uma vez que a incompletude é atemporal e nem por isso menos histórica ou individualizada. E este talvez seja o maior recado transmitido pelo fantasma silente, irmanando na fragilidade pai e filho: "Só agora nos conhecermos!"; "Senti que me perdoava/ porém nada dizia" (P2, p. 216). Contudo, em jus à índole provisória de *José*, o dístico final resgata a onipotência aquática, carregando "a família, Itabira, tudo", e devolve o sujeito ao inicial, inquietante e eterno encurralamento. A cada porta fechada, salta-se de poemas mais egocêntricos e memorialísticos a outros de cariz metafísico ("Tristeza no céu") ou metalinguístico ("Palavras no mar"), em zigue-zague que empresta a *José* uma configuração helicoidal, centrada na espiral de temas e problemas que perpetuamente assolam o *gauche*.

A atmosfera sufocada e sufocante acomete a edição livresca: *José* é, como apontamos no início, o último na fila de *Poesias*. Diferente dos anteriores, o caçula nasce à sombra dos irmãos. Em 1945, o poeta publicaria *A rosa do povo*, deixando *José* mais espremido entre o novo volume e *Sentimento do mundo*. Não fosse Drummond encimar o bloco de 12 poemas na mesma tipologia dos outros títulos no índice de *Poesias*, talvez não chamássemos *José* de livro; quando muito, poderíamos supô-lo um daqueles apêndices de dispersos, esparsos ou inéditos. É bem verdade que Carlos manteve outros livros sem edição independente (GUIMARÃES, 2012b, p. 60): *Novos poemas*, por exemplo, saiu em *Poesia até agora* (1948); *A vida passada a limpo*, em *Poemas* (1959), dentre outras ocorrências. Em 1967, veio a lume *José & outros*, pioneiro em trazer o título de 1942 no frontispício, mas, ainda assim, repartido. A primeira edição integralmente individual de *José* foi publicada apenas em 2012, pela Companhia das Letras.

Apesar de extensivo a outros livros do artista, o camuflamento de *José* em *Poesias* é bastante peculiar. Afinal, o volume corresponde à estreia do mineiro na Livraria José Olympio, à época a casa editorial de maior prestígio no Brasil. Até então, Drummond aparecera em tiragens reduzidas ou em selos menos conceituados: de *Alguma poesia*, para citarmos um caso, se tiraram 500 exemplares pelas Edições Pindorama, firma fictícia idealizada pelo conterrâneo Eduardo Frieiro. Curiosamente, a entrada na José Olympio não alardeia qualquer ineditismo; na verdade, ocorre mediante título sóbrio e vago – *Poesias* –, dentro do qual se insere, sem maior destaque e ao fim da brochura, a esguia dúzia de poemas. Desse modo, a excessiva discrição editorial se reveste de força simbólica, estampando o anonimato e a obscuridade do José-ninguém, soterrado dentro de páginas em que a altura, rasgada de arranha-céus, é esvaziada de transcendência (cf. "Tristeza no céu").

Ironicamente, é com um nome próprio que se denomina um livro ameaçado pela desindividualização. De tão reproduzido, José acaba se tornando substantivo comum e, privado da companhia de Joaquim e Raimundo, deixa de ser apenas um antropônimo e passa a funcionar quase como hiperônimo, capaz de delimitar uma coletividade. Tampouco é um personagem, pois carece de características e ações que o particularizem. Nesse quesito, Drummond também inovou: se intitular obras com prenomes de protagonistas é prática recorrente na ficção, é rarefeita a presença deles nas capas de livros de versos. Salvo as mulheres à frente das coletâneas amorosas ou as epopeias e os dramas históricos ou religiosos centrados em personagens específicos, na literatura brasileira os nomes próprios no máximo encabeçam versos narrativos como *Juca Mulato*, de Menotti Del Picchia, e *Martim Cererê*, de Cassiano Ricardo. Por esse ângulo, *José* estaria mais próximo de obras pronominais como *Eu*, de Augusto dos Anjos, ou *Nós*, de Guilherme de Almeida, mas, mesmo aí, até pela natureza da classe gramatical escolhida, ainda se poderia espiar o sujeito referenciado sob o termo que o substitui. Uma alternativa seria recorrer aos adjetivos, como o *Só*, do português António Nobre; porém, o qualificativo é pouco afeito à sobriedade seca de *José*. Adotando classe substantiva, Drummond persegue a perda da substância (da memória, da subjetividade, da linguagem); contudo, não elide a contraforça que reluta em ter uma identificação nominal e não se contenta com pronomes ou adjetivos. A propósito: o José do primeiro poema de *Brejo das Almas* "colocava pronomes" (P2, p. 91), para oito anos depois, alcançando a capa, requerer sua impossível carteira de identidade. Pouco antes, em sua versão periódica no *Autores e Livros*, o José de 1942 foi retratado por Oswaldo Goeldi: a mão esquerda pensa, a direita apoiada na parede, em gesto de cansaço e desolação. No rosto, os traços agressivos do gravurista desfiguravam o semblante, numa dissolução projetada em desenho à direita da página: um amontoado disforme de linhas e curvas violentas que tornam impossível discernir um homem de um pássaro, de uma árvore ou de um rabisco.

De 1933 a 1943, coetaneamente ao poeta brasileiro, Thomas Mann publicou a tetralogia *José e seus irmãos*, recuperando a grandeza do personagem bíblico. Em Drummond, por outro lado, o homem não dispõe mais da centralidade que lhe faça valer o nome próprio e o projeto grandioso, restando-lhe um pequeno poema, um livro delgado e uma rubrica mínima, múltipla, comum.

Lição de coisas
MARCOS SISCAR

Na organização que a crítica faz da obra de Carlos Drummond de Andrade, o livro *Lição de coisas*, publicado em 1962, tende a ser visto como uma virada na produção do poeta, colocando fim à terceira fase, dita "classicizante", inaugurada por *Claro enigma* (1951).

Se a caracterização de períodos é uma operação complexa, sujeita a simplificações e variantes, é preciso começar lembrando que a iniciativa de marcar essa passagem de época parte do próprio poeta. Pelo menos, é o que leva a crer a nota de apresentação, chamada "O livro", atribuída a ele ("informa Carlos Drummond de Andrade"). Nela, se apresenta a estrutura da obra, com suas nove partes temáticas, esclarecendo a postura do autor diante "daquilo que [lhe] serviu de pretexto" para os versos. Mas a nota é sobretudo lembrada pela explicação histórica que propõe: "O poeta abandona quase completamente a forma fixa que cultivou durante certo período, voltando ao verso que tem apenas a medida e o impulso determinados pela coisa poética a exprimir. Pratica, mais do que antes, a violação e a desintegração da palavra, sem entretanto aderir a qualquer receita poética vigente. A desordem implantada em suas composições é, em consciência, aspiração a uma ordem individual" (LC, p. 120).

As referências são mais ou menos claras: a alusão à "forma fixa" define um aspecto retórico como núcleo do período *Claro enigma*, dando tal período como superado; a experimentação verbal remete à retomada do espírito de vanguarda, com o cuidado de se distanciar da "receita poética vigente" (de práticas da época como, por exemplo, a da Poesia Concreta); a ideia de "desordem", em paralelo com o suposto abandono das estruturas fixas, recupera um pensamento da forma que dá destaque à singularidade da experiência individual; a precedência da "coisa poética a exprimir" também se vincula à singularidade, isto é, à ideia do processo ativo de composição, remetendo às justificativas do verso livre.

São propostas de natureza histórica e teórica que não dizem respeito apenas ao que ocorre no livro em questão: elas explicitam determinada compreensão da poesia e a colocam em relação de contraste com a prática dos livros anteriores. Via de regra, são incorporadas pelos leitores de Drummond como *sentido* histórico do livro, isto é, como informação de realidade, mais do que como parte de um *corpus* a ser analisado.

Ora, o fato de terem feito fortuna na crítica do autor não deve deixar em segundo plano o valor específico de seu enunciado. Bastaria constatar que boa parte dos textos de *Lição de coisas* continua usando a metrificação e que há no livro até mesmo dois sonetos (forma fixa das mais reconhecíveis) para relativizar a formulação histórica proposta. Mas seria preciso questionar também a associação preliminar entre forma fixa e ausência de liberdade formal: a "aspiração a uma ordem individual" não se opõe necessariamente ao exercício da forma fixa, uma vez que a "forma" de um poema (no sentido mais amplo que o próprio autor dá a essa ideia) não se limita ao uso da métrica e da rima.

O que se pode dizer efetivamente é que há uma tentativa de qualificar e concluir uma "época" *Claro enigma*, compreendendo o próprio trabalho a partir de uma teleologia (modernista) da forma: o valor histórico de *Lição de coisas* seria o de superar um período de *inconsciência* da forma, de relação acrítica com a forma.

O que pensar sobre poemas como "Perguntas em forma de cavalo-marinho" (de *Claro enigma*)? "Que metro serve/ para medir-nos?/ Que forma é nossa/ e que conteúdo?" (CE, p. 21): o uso da forma fixa claramente não é uma solução de facilidade ou de distanciamento da interrogação poética e histórica, mas uma forma de questionar determinados consensos, de colocá-los à prova; nesse sentido, poderia perfeitamente ser visto como mais uma tomada de partido antinormativa na trajetória de Drummond. Em todo caso, pode-se dizer que *Lição de coisas* busca atenuar, ou corrigir, aquilo que passa a ser entendido (agora pelo próprio autor) como extravio em relação aos valores modernistas de rebaixamento do tom, verso livre e atenção à realidade imediata.

Antes de passar mais diretamente aos traços característicos do livro, cabe notar como a nota de apresentação se coloca em diálogo com o espaço público: não apenas com a poesia de sua época ou com a trajetória do autor, mas com sua recepção pelos leitores e pela crítica especializada. Se alguns preferem atribuir um valor histórico geral à opção da forma fixa (normalmente associada a um "pessimismo" pós-guerra que abdica das utopias sociais), é preciso lembrar que há, claramente, um diálogo com a vida literária da época. Em 1962 (ano do sexagésimo aniversário do poeta e de sua aposentadoria), a Semana de Arte Moderna faz 40 anos. Trata-se, ao que tudo indica, de proteger as conquistas modernistas de questionamentos como os da "Geração de 45", reiterando imperativos que um "retorno" à forma fixa enfraqueceria; mas também de associar o livro a uma irrupção literária singular, distinguindo-a de "qualquer receita poética vigente" – pois uma *receita* (eventualmente justificada por influxos de literatura estrangeira) seria necessariamente distinta de uma consciência situada da forma.

Renovando tomadas de partido, a nota editorial termina com esta declaração: "O autor participante de *A rosa do povo*, a quem os acontecimentos acabaram entediando, sente-se de novo ofendido por eles, e, sem motivos para esperança, usa entretanto essa extraordinária palavra, talvez para que ela não seja de todo abolida de um texto de nossa época" (LC, p. 120).

A referência aos "acontecimentos" é um tópico conhecido da poesia de Drummond e permite um passo para dentro da poética de *Lição de coisas*. Se, em "Procura da poesia" (*A rosa do povo*), já aparecem com destaque, os acontecimentos se tornam ao longo do tempo figura determinante da relação entre palavra e "realidade" (ou "mundo"). Superando o *tédio* (referência à epígrafe de *Claro enigma*, de Paul Valéry: "*Les événements m'ennuient*"), os acontecimentos voltariam a provocar o poeta. A bem dizer, em nenhuma dessas situações, a relação com o mundo é tranquila: ela é problematizada a cada passo seja pela negação irônica, seja pela generalização estratégica, seja pela nomeação compensatória. Em *Lição de coisas*, Drummond se refere novamente aos acontecimentos, procura fazer valer essa palavra, inclusive para evitar que ela se perca na nova situação poética e histórica. Ao mesmo tempo, a nota introdutória insiste em cercá-los de precauções: histórias são contadas, mas sem "o menor interesse do narrador pela fábula"; as notícias valem pelo "significado extranoticial"; pessoas e lugares se transfiguram; os "problemas de hoje" são associados ao "mundo de sempre"; as memórias pessoais só interessam como "objeto visto de relance, com o sujeito reduzido a espelho" (LC, p. 120).

No fundo, não estamos tão longe assim de Paul Valéry, quando este afirma que os acontecimentos entediam porque são a "espuma" das coisas, "mas é o mar que (me) *interessa*", isto é, a trama ou a "textura" da vida (VALÉRY, 1960, p. 1508). Se há, em *Lição de coisas*, uma preocupação renovada de evitar o equívoco da representação, é porque Drummond, dentro da tradição mallarmeana de reflexão sobre poesia, conhece bem a ilusão e os riscos do mimetismo, da generalização do *noticiário* ("universal reportagem", na expressão de Mallarmé). E o mesmo poderia ser dito da desconfiança em relação ao sujeito lírico que, embora aspire "a uma ordem individual", define-se aqui como mero "espelho" de um "objeto visto de relance".

São questões complexas e o livro não as explora diretamente. Por outro lado, cabe lembrar que seu título coloca ênfase decisiva sobre esse "objeto", essa coisa do mundo. A expressão "lição de coisas" remete a um método de alfabetização criado no final do século XIX e é o nome de um manual didático que, durante muitas décadas, ensinava a escrita por meio da referência a elementos concretos do mundo cotidiano.

O grande exemplo do aproveitamento poético dessa memória didática e infantil é a obra de Francis Ponge, autor do livro *Le Parti pris des choses* (1942). Ponge é um poeta requisitado, por exemplo, na crítica literária de Sérgio Buarque de Holanda (nos anos 1950) e enaltecido por João Cabral (em *Serial*, de 1961). Embora as propostas sejam semelhantes, não há entretanto indicação de que Drummond se refira ao livro do poeta francês. *Le Parti pris des choses* tem um aspecto didático e enciclopédico que, associado à retórica da fábula, remete a uma espécie de filosofia da natureza, em contato com a reificação capitalista do homem contemporâneo. Sem excluir o aspecto *didático* da lição pongiana, em última instância, a "tomada de partido" do título consiste em dar a palavra às coisas, em prestar ouvidos à sua lição, em conceder-lhes a iniciativa, cultivando uma perspectiva eventualmente "ética". Já em Drummond, se não é o poeta que ministra lições de acontecimentos, trata-se pelo menos de explorar o modo como o conjunto dessas coisas/acontecimentos o constituem como sujeito, o modo como (ao se transformarem em nomes) se transformam também em matéria ou em espelho para uma aspiração de poesia.

Sem cultivar ambições do ponto de vista de um pensamento da "coisa" (no sentido do *materialismo* pongiano), a lição drummondiana mostra mais urgência em pensar a acumulação e a disposição das coisas nas prateleiras da memória ou da experiência. A esse propósito, a organização do livro ganha importância. Costuma-se pensar em *Lição de coisas* como um livro arquitetado, no sentido da tradição baudelairiana do livro dividido em temas, eventualmente dispostos em percurso. Suas diversas partes, de fato, são como prateleiras que suportam determinados tipos de "coisas", modalidades de acontecimentos. De seus aparadores, as coisas espelham o poeta, mas também o espiam (como a xícara do poema "Cerâmica").

Esse tipo de organização já havia sido experimentado, por exemplo, em *Claro enigma*. Mas é nessa época que o procedimento parece se especializar. Com efeito, no mesmo ano de 1962, Drummond lançava também sua *Antologia poética*, consolidando temas e preocupações que posteriormente seriam incorporadas pela crítica como organizadores temáticos de sua produção. Há evidentes paralelos entre os dois livros, e a antologia incorpora com destaque poemas de *Lição de coisas* (como "Amar-amaro", que dá título a uma de suas seções). A terra natal, a memória familiar, a experiência social urbana, as homenagens a amigos e artistas, a passagem do tempo, o noticiário internacional e a própria poesia são percebidos como pontos de condensação do imaginário drummondiano.

Dentro do "largo armazém do factível", não são exatamente as *coisas* que se organizam em conjuntos, mas os *nomes* das coisas. Esse é talvez o centro de interesse do livro, que aproxima a questão do acontecimento a uma reflexão sobre poesia. O núcleo teórico de *Lição de coisas* é certamente, como apontado por alguns leitores, uma espécie de "nominalismo". O que está em questão na relação com o objeto é o nome, ou seja, é a linguagem, são esses *indícios* de objeto. Nesse sentido, qualquer esforço de nomeação dos acontecimentos pressupõe uma teoria da linguagem e uma poética.

Em *Lição de coisas*, a poesia dita reflexiva de Drummond flerta com experiências de linguagem que se multiplicavam na literatura da época. O jogo com o significante verbal, a ruptura da lógica sintática, a ênfase no neologismo e na paronomásia, em elementos infralexicais, aparecem em vários momentos do livro, embora formalmente não constituam a tônica geral dos textos.

Se críticos do livro expressam desconfiança em relação ao foco nos objetos e ao ataque à integridade sintática, isso se deve ao fato de que a desintegração da linguagem é entendida como abdicação do humano, como rendição ao mundo fragmentado e reificado do pós-guerra, incapaz de reagir ao absurdo e à violência das novas relações; como toda "experimentação", resultaria da impotência diante da "crise" da linguagem; ou seja, constituiria uma forma de alienação. Outra abordagem da mesma situação, pelo contrário, destaca a capacidade da poesia "objetiva" ou "substantiva" (associada à problemática de vanguarda, como propõe Haroldo de Campos; 1996, pp. 39-45) no sentido justamente de *responder* à reificação. A superação do individualismo e do subjetivismo lírico numa espécie de exteriorização do olhar é, por exemplo, um dos motes do nosso modernismo e pedra de toque da poesia de João Cabral.

Nesse sentido, o estatuto da linguagem e da comunicação passam a ser determinantes na leitura do livro. Se há um nominalismo "positivo" (MERQUIOR, 1976, pp. 198-218), em *Lição de coisas*, não é porque a preocupação com os acontecimentos esteja de volta em Drummond, mas porque, ao ser nomeado, o espectro desse acontecimento (dessa "coisa" pertencente ao campo da exterioridade) é mobilizado *poeticamente*. Estão aí, em primeiro plano, as condições da comunicação poética, isto é, as condições de *voo* da linguagem (quando esta transita a pouca altura, como a ave do poema "Pombo-correio", talvez esquecida de sua "razão").

A coisa (árvores ou pedras, por exemplo) é fechada em si mesma: o que lhe diz respeito reside em si própria, de modo profundo e inexpugnável. As coisas "polidamente" nos ignoram (diz o Drummond de *Passeios na ilha*), inclusive quando são assunto da arte, reservando para si o "privilégio do silêncio" (PI, pp. 20-21); ao homem, restaria se conformar com a mudez do mundo. Em *Lição de coisas*, não se trata de elogiar o silêncio das coisas ou de deixá-las em paz, tampouco de exprimir alguma nostalgia da "primitiva unidade" (segundo termos de *Passeio na ilha*, p. 22). Se a coisa é intransitiva, o que nos diz respeito são os nomes. A linguagem é o espaço dos nomes, e não das coisas. As coisas nos observam, pesadas; por sua vez, o nome flutua, o nome voa. Para Drummond, o nome "é mais do que" a coisa, no sentido de que se descola de sua força de gravidade, de sua mudez, de seu fechamento. O nome coloca em relação com o aberto, com os possíveis do real – mas também com o indeterminado e com o risco da falsificação.

Nesse sentido, o livro não é nem um manual de consolação em face do "inexprimível", nem exatamente uma aula de poesia. Está mais para uma especulação quanto às *condições de poesia*; sobre o modo como os nomes se articulam em *formas*, isto é, em poemas, em subjetividades, em modos de existência.

Se passarmos aos textos do livro, veremos que as nove partes temáticas são nomeadas desta maneira: "Origem", "Memória", "Ato", "Lavra", "Companhia", "Cidade", "Ser", "Mundo", "Palavra". Como no caso de *Claro enigma*, a primeira e a última seções parecem funcionar não exatamente como "molduras", mas como "formantes" ou (melhor ainda) como "margens" do conjunto. Não são exteriores à sua lógica; pelo contrário, imprimem às seções internas certo modo de leitura, um contexto de entendimento.

Na seção inicial ("Origem"), a questão da palavra está em primeiro plano, como voltará a ocorrer na seção final. Um longo poema em partes numeradas começa pela cena primitiva, estabelecendo reciprocidade entre corpo, pedra, vida e forma ("I"). Há uma realidade nas palavras que vem depois da história, e uma esperança em seus "ecos" ("II"). Ao poeta, resta "gerir o mundo no [seu] verso", suscetível à morte e aos "compêndios" ("III" Uma lista da flora local ("IV") remete aos compêndios, aludindo à dispersão das coisas e ao trabalho do esquecimento. Mais do que reatualizar a presença das coisas, a memória coloca em primeiro plano a realidade dos sons ("junco popoca/ junco popoca// biquipi biribá botão de ouro" [LC, p. 13]) de que foram feitas, assim como os afetos que mediaram seu sentido para um sujeito.

Se, por um lado, tudo o que é enunciado é possuído por aquele que fala, por outro o próprio nome "flutua,/ reparte-se em signos" (LC, p. 14); "O nome é bem mais do que nome: o além da coisa,/ coisa livre de coisa, circulando" ("V"; LC, p. 14). O nome se opõe à morte e ao esquecimento; porém, ao fazê-lo, confirma o fato de que a morte e o esquecimento são a regra. Cada palavra (por exemplo, "Brasil", "verdura", "amor"; "VI"), cada "sistema de sons", é um *eco* da coisa, e é seu túmulo (LC, p. 14).

A memória pessoal da infância, do imaginário da pequena cidade tal como se constituiu em palavras é o tema da segunda seção ("Memória"). Nomes de fazendas, de funcionários, de personagens da província, assim como os índices da santidade e da cor, em suas relações com o horror e a violência, são "miragens" que nos aproximam da realidade, na ilusão de que "pronunciar os nomes/ era tocá-las" ("Terras"; LC, p. 17).

Em "Ato", terceira seção do livro, estão em evidência narrativas associadas ao campo religioso. O longo poema "O padre, a moça" (que se tornaria um filme de Joaquim Pedro de Andrade, em 1965) consolida a ideia de que a "verdadeira notícia" (LC, p. 29) não está na imediatez dos fatos, por exemplo nos jornais ("*O Correio, Globo, Estadão, Manchete*, France-Presse"), mas em sua *fama*, isto é, na sua transformação em nome, em *pacto* com a linguagem. O poema mostra a transformação da narrativa em lenda, a transformação das ações em nome de ações, de lugares em nome de lugares. Não há divindade ou plenitude da experiência humana. A "compaixão divina" é também "divina indiferença" ("Os dois vigários", LC, p. 38). Desfeito o pacto com o nome, resta ao homem, sem o "eco/ de seu passado" (LC, p. 30), padecer a ruína da transcendência, castigar-se com a morte. Os significantes circulam sobre a violência generalizada ("Massacre"), "no ar estritamente seco", onde não há mais o que destruir, "o próprio pai é morto desde Adão" ("Remate", LC, p. 39).

Na quarta seção, "Lavra", a ruptura do pacto é visível no acontecimento amoroso, projeção narcísica que exclui a dimensão do outro e transforma a ilusão em dor ("Destruição"). Ali, a busca por decifrar o outro ("Mineração do outro") apenas redunda no "vício". "Amar--amaro" faz soar esse desequilíbrio nos ecos da linguagem fragmentada, grafada de modo inabitual (palavras espaçadas, invertidas) ou ironicamente referida ao registro burocrático.

Já em "Companhia", quinta seção do livro, Drummond faz homenagens a amigos e artistas que admira: da pintura do passado (Mestre Ataíde) e atual (Candido Portinari), da literatura (Mário de Andrade) e do cinema (Charles Chaplin). A relação com os acontecimentos soa como uma espécie de concessão à "lenda", obediência marcial ("bato continência") à fama associada a determinados nomes (LC, p. 49).

Como aponta o título ("Cidade"), a sexta seção adota o cenário do Rio de Janeiro como ponto de articulação entre os textos. O pombo-correio (assim como o poema) portador da mensagem, não traz mensagem alguma. As perguntas ficam "sem resposta", "invioláveis" como "os maiores segredos de Estado", quando se perdem (LC, p. 60). Sem o "noticiário" da mensagem, restam os sons urbanos ("Caça noturna") ou os sons dos nomes que circulam na cidade ("Rio em ol em amba em umba sobretudo em inho"; "Canto do Rio em sol", LC, p. 64), fluindo assim como os homens e "suas glórias pré-fabricadas" (LC, p. 65).

O que fazer da subjetividade de um "eu" quando este é excedido pela linguagem? Na seção "Ser", a sétima do livro, o espelho é um *retrato*, mas apenas à medida que mostra o inimigo ("O retrato malsim"), e a nudez maior é a da morte ("Os mortos"). É o próprio sujeito que caduca quando "Ficaram velhas todas as notícias" ("Carta", LC, p. 75). A "eternidade" se registra apenas no modo piegas da homenagem à mãe ("Para sempre", LC, p. 76). Impossível para si mesmo, o sujeito se reconhece em processo de consumação ("Janela") e o verso não resgata essa perda: apenas revela sua "força de esquecimento" ("Aniversário", LC, p. 74).

Se a possibilidade do "eu" depende da existência de testemunhas, de um "testemunho" ("*Science Fiction*"), é porque os limites do real coincidem com a problemática do outro. As coisas nos engolem ("O bolo"), não simplesmente porque se transformam em memória, mas porque o sujeito é constituído da voracidade pelo mundo, e essa fome nos transforma em reféns. A inversão do ponto de vista sujeito/objeto é aqui retórica, porém significativa.

O que ocorre quando a poesia é engolida pelos acontecimentos? Talvez assuma ironicamente o aspecto exterior desses acontecimentos, por exemplo retomando fragmentos do discurso jornalístico e publicitário da sociedade de consumo. É verdade que o *ready made* não chega a se consumar integralmente na poesia de Drummond, mas o princípio retórico de apropriação é frequente. Na penúltima seção do livro, justamente intitulada "Mundo", a propósito do Natal, um Deus ainda pode nascer, mas apenas "numa cantiga sem rumo, não na prece" ("Vi nascer um Deus", LC, p. 81). A enumeração anafórica de "A bomba" traz em si uma enfiada de atitudes, discursos e concepções feitas, misturados com a retórica convencional da denúncia ("A bomba/ é podre"; "A bomba/ fede", LC, pp. 86-87). Já não se trata do desejo de dinamitar o sistema (como em "Poesia 1938", de *Sentimento do mundo* [1940]), mas de reagir ao horror da destruição generalizada imposta pela Guerra Fria.

Reforçando a leitura proposta pela nota de apresentação, de um aparente humanismo crítico sem voluntarismo histórico, o poema rompe com a repetição e termina com uma nota de "esperança": "O homem/ (tenho esperança) liquidará a bomba" (LC, p. 88). O sujeito histórico "homem" faz aparição tímida, porém programática. Não resolve o impasse criado pelas oscilações na hierarquia entre acontecimentos e nomes: está ali para garantir uma espécie de horizonte de liberdade, para dar atualidade a algum tipo de utopia, embora tênue.

O mesmo se pode dizer da *positividade* do nominalismo pela qual se conclui o livro. Se desconsiderarmos "4 Poemas" (incluído em edições posteriores), a última seção se chama "Palavra". Voltamos, então, à questão do nome e da linguagem. O fluxo paronomástico de "Isso é aquilo" (um dos poemas mais citados do livro) é frustrante do ponto de vista figurativo: pares de palavras (incluindo palavras raras e estrangeirismos), compostos mais frequentemente de proximidade sonora, vão se sucedendo em blocos de dez versos. No final, os dois últimos versos, reduzidos, ecoam entre si: "o bômbix/ o ptyx" (LC, p. 94). "Bômbix" é o nome científico do bicho-da-seda; "ptyx", uma palavra inventada por Mallarmé para obter uma rima em "ix", posteriormente associada ao enigma e ao mistério.

O efeito final, se não irônico, é provocativo. Após o desconcerto causado pelo esvaziamento sintático e pela relativa arbitrariedade semântica, a conclusão de "Isso é aquilo" leva a pensar numa tessitura que não produz sentido determinado, positivo; pelo contrário, sugere sua falta. O último poema do livro ("F"), curiosamente, é o único que remete de modo mais claro à ideia de manual didático, como quem diz "f, de forma" (ou de outras palavras em "f"); o significante é diminutivo do nome (da "forma"), mas também remete a algo que, na "forma", "se esquiva". Ou seja, a identificação "F" oscila entre a palavra com conteúdo intelectual ("forma") e o fonema "f", de disseminação potencialmente incontrolável. E é exatamente nessa esquiva, segundo o poema, que a forma se mantém "viva/ no morto que a procura" (LC, p. 95).

O "desprezo" exercido pela linguagem (em "Procura da poesia", por exemplo) parece concluir *Lição de coisas*, porém em modo compensatório. Há um paralelo entre a forma e a perda da forma. Não encontrar a forma (tornada interlocutor) "é nenhum desgosto/ pois abarrotas o largo armazém do factível/ onde a realidade é maior do que a realidade". Os últimos versos do livro são ambíguos. Seria a poesia, nesse momento, uma modalidade da coisa viva ("festa/ fonte/ flama/ filme", LC, p. 95) que vem expandir o "armazém do factível" (LC, p. 95), tornar a realidade maior do que parece? Ou haveria aí – o que é mais provável – o implícito da abdicação e da impotência? Para o poeta, não há desgosto específico em perder a dimensão da forma (da poesia, de certo modo) uma vez que, como possibilidade da "ação", entre tantas outras, ela "abarrota" o depósito da realidade. Estocada nas prateleiras do possível, em relativa desordem, ela é incapaz de reorganizar o real. O real transborda, é sempre maior do que a ação que exercemos sobre ele; e a poesia, com seu voo pífio, se limita a nos espiar do aparador. Ou seja, a reificação impera, restando ao poeta organizar as prateleiras.

Em *Lição de coisas*, o real é reivindicado até o ponto em que se constata que é o nome que o retira de sua intransitividade. Entretanto, o destino do nome é chegar vazio, reapropriado pelo real – por um real acumulativo, em desordem, em excesso. Apesar disso, por mais que a linguagem venha problematizar a situação, raramente Drummond renuncia à posição "sujeito", preferindo reafirmar seu desejo ou sua frustração. O solipsismo do sujeito é relativizado pela atração ou pela repulsa, pelo amor ou pela ofensa, pela solidariedade ou pelo estranhamento impostos pelo "outro" (pessoa, objeto, acontecimento). Porém, esse outro tende a se resolver em enigma ou em desprezo, neutralizado como princípio de transformação do sujeito ou como força de negociação com a realidade.

Em suma, se *Lição de coisas* volta a reivindicar um humanismo crítico, redramatizando a articulação entre "acontecimento" e "palavra", esse projeto permanece em tensão com os impasses do sujeito, escancarando uma dificuldade sempre renovada de lidar com a instância da alteridade e com o problema da destinação.

Lya Cavalcanti
ver Animal

Machado de Assis, Joaquim Maria
MARCELO DIEGO

Por toda a vida, Carlos Drummond de Andrade cultivou a leitura de Machado de Assis. Em depoimento de 1954, Drummond conta ter chegado a Machado cedinho, pelas mãos do irmão Altivo e "pelas graças de Deus" (PS, pp. 1217-18). Foi o irmão mais velho, que cursava direito no Rio de Janeiro, quem introduziu à literatura adulta o irmão mais novo, ainda ginasiano, enviando para este, em Itabira, obras de Fialho de Almeida, Eça de Queiroz e Machado de Assis, entre outros. Pelas críticas que Drummond faria a Machado anos mais tarde, essa primeira leitura, feita na adolescência, parece ter sido mais horizontal do que vertical; na correspondência com Mário de Andrade de 1925, quando o paulista lhe pede uma opinião particular sobre o *Memorial de Aires*, o mineiro confessa precisar reler o romance para poder atender à solicitação. Já em 1984, três anos antes de sua morte e igualmente em depoimento, Drummond diz sobre Machado que "de tal maneira ele me persegue que quando estou aqui conversando, de repente há uma interrupção qualquer, por motivo de um café ou coisa que o valha, então eu mergulho na estante, pego Machado e abro em qualquer página" (apud BORTOLOTI, 2012).

Ao ingressar na vida literária, na década de 1920, Drummond empreendeu uma ofensiva contra o legado machadiano. As principais armas desse ataque foram os artigos "Sobre a tradição em literatura" (*A Revista*, Belo Horizonte, jul. 1925, ano 1, n. 1, pp. 32-33) e "T'aí!" (*A Noite*, Belo Horizonte, 29 dez. 1925, p. 1), em que o jovem modernista se insurge, iconoclasticamente, contra o clássico passadista. No primeiro deles, escreve: "Amo tal escritor patrício do século XIX, pela magia irreprimível de seu estilo e pela genuína aristocracia de seu pensamento. Mas se considerar que este escritor é um desvio na orientação que deve seguir a mentalidade de meu país, para a qual um bom estilo é o mais vicioso dos dons, e a aristocracia um refinamento ainda impossível e indesejado, que devo fazer? A resposta é clara e reta: repudiá-lo. Chamemos este escritor pelo nome: é o grande Machado de Assis" (AN, pp. 40-41).

Em tais textos, bem como na troca de cartas com companheiros de movimento, Drummond defende a necessidade de repudiar o velho mestre: "O escritor mais fino do Brasil e, ao mesmo tempo, o menos representativo de todos" (AN, pp. 40-41). Como emblema do antigo e do convencional, Machado foi rechaçado pelo movimento modernista como um todo, porém esse rechaço manifestou-se, na maior parte das vezes, na forma de simples olvido; Drummond foi dos poucos que julgaram necessário um afastamento ativo, um dissenso de manifesto. Ironicamente, seria ele quem mais intimamente se aproximaria de Machado e mais amplamente se apropriaria do seu legado: nas décadas de 1930 e 1940, Drummond reincorpora Machado ao seu cânone pessoal; e, a partir da década de 1950, dá reiteradas mostras de profunda admiração.

A relação ambivalente de Drummond com Machado – de distanciamento, em um primeiro momento, e de aproximação, em um segundo – foi estudada com particular interesse por Hélio de Seixas Guimarães, que a analisou em ensaios (GUIMARÃES, 2012a) e que organizou o volume *Amor nenhum dispensa uma gota de ácido*, reunião de escritos de Drummond sobre Machado (2019). Guimarães vale-se da grade teórica projetada por Harold Bloom, em *A angústia da influência*, para compreender essa ambivalência: em termos gerais, em uma relação entre escritores de diferentes gerações (que mimetiza, em certa medida, a relação entre pai e filho, no complexo de Édipo freudiano), o processo de revisão do mais velho pelo mais novo passaria por um primeiro estágio, de oposição frontal; um segundo momento, de construção da própria obra como contraposição, muitas vezes irônica, à obra do precursor; e finalmente uma terceira etapa, de assimilação.

Contudo, para além dessa compreensão, de matriz psicanalítica, é possível pensar em outra, de cariz sociológico: o jovem Drummond teria investido contra Machado porque a obra de Machado, em especial a sua ficção, tem como pedra angular a crítica ácida e contumaz da classe social à qual pertencia o próprio Drummond – a da ociosa elite urbana, a sociedade dos bacharéis, composta de capitalistas e, principalmente, herdeiros das oligarquias rurais. Em carta a Mário de Andrade, datada de 1º de abril de 1926, ele confessa, constrangido: "Vou contar a você a minha vida (?) atual. Sou um homem dependente da chuva e do dinheiro. Quando a chuva passar meu irmão e eu iremos combinar uma sociedade para explorar a fazenda. Um mês justo que estamos aqui e não resolvemos nada. Este negócio de fazenda é o seguinte: meu pai tinha duas, de criação e pequena cultura, que doou aos filhos (somos seis, sendo quatro homens). Depois minhas irmãs casando foram morar fora e o velho então lhes deu outros proventos e fez nova divisão das terras: uma fazenda ficou sendo minha e de meu irmão bacharel [Altivo], outra dos outros dois irmãos. Eu, estudando farmácia, nunca mexi com a minha parte. Meu mano explorava ela toda por sua conta. Agora casei e me formei, mas não tendo jeito nenhum para fabricar purgativos voltei praqui e estou esperando que a chuva passe pra que possamos fazer alguma coisa. Moro na cidade, em casa deste meu mano. Eis aí. Você compreendeu? Até hoje não ganhei um vintém com a minha mão, a não ser aquele cobre da *Noite* e um outro menor ainda em Belo Horizonte. ATÉ HOJE VIVO À CUSTA DE MEU PAI. Procure o que há de doloroso nesta confissão dum homem de 23 anos, casado" (CCM, pp. 206-07, grifo do autor).

Drummond revela, então, a consciência de estar, na pirâmide social brasileira, perigosamente próximo do despótico Bento Santiago e do narcisista Brás Cubas; de ser ele próprio uma espécie de neto espiritual do barão de Santa Pia. Todavia, ao longo dos anos, conforme o passado de ouro, gado e fazenda fosse cedendo espaço ao presente de funcionário público, o itabirano poderia ir se desidentificando das personagens de Machado de Assis e reconciliando-se com o escritor Machado de Assis.

A esse respeito, note-se a insistência com que Drummond retorna, tanto na poesia quanto na crônica, à tematização da condição de funcionário público, condição que, biograficamente, compartilhava com Machado. Casos exemplares dessa tematização são o poema "Noite na repartição", de *A rosa do povo* (1945), e a crônica "A rotina e a quimera", de 1948, em que comenta: "Observe-se que quase toda a literatura brasileira, no passado como no presente, é literatura de funcionários públicos. Nossa figura máxima, aquela que podemos mostrar ao mundo como a que mais desenganadamente aprofundou entre nós os negócios do coração humano, foi um diretor-geral de contabilidade do Ministério da Viação, Machado de Assis [...]" (AN, p. 54). Se quase toda a literatura brasileira é de funcionários públicos, poucos deles, contudo, mostraram-se tão atentos às especificidades dessa ocupação e a tematizaram tanto em suas obras, como Machado e Drummond.

Outro aspecto em que os percursos pessoais dos dois escritores convergem é o da colaboração constante e profícua com a imprensa. Nisso, também, não divergem de grande número de autores nacionais, contudo distinguem-se deles pela maneira como integraram as escritas jornalística e literária. Em outras palavras, Machado e Drummond não apenas praticaram em paralelo gêneros tipicamente jornalísticos (crônica, crítica, textos de intervenção) e eminentemente literários (prosa de ficção, poesia), como também os praticaram de modo conjugado, operando deslizamentos temáticos e formais entre eles. Diversos pesquisadores já apontaram como o autor fluminense com frequência retoma, no romance, elementos antes trabalhados no conto; e como retorna, no conto, a anedotas, citações, caracterizações e outros aspectos que havia anteriormente mobilizado em crônicas. Lúcia Granja, a partir da análise da relação do escritor com o suporte periódico, chega a identificar traços de uma voz narrativa comum machadiana que atravessa os campos da não ficção e da ficção: "É como se esses autores-narradores machadianos do jornal – o crítico, o cronista, o ficcionista e o articulista – tivessem, em um exercício de força, amalgamado-se em seus papéis e na própria relação com os veículos nos quais o exercia" (GRANJA, 2008, p. 269). E se no sentido do texto que tende mais ao efêmero para o texto que tende mais ao duradouro é possível falar de estratégias de reaproveitamento referencial e retrabalho formal, no sentido inverso há na prosa de ficção machadiana um insistente diálogo intertextual com os periódicos de seu tempo.

Quanto ao poeta itabirano, Mariana Quadros observa que "a vida dedicada em grande medida aos jornais é um dos sintomas de que há um intenso trânsito entre a escrita jornalística e a obra literária de Carlos Drummond de Andrade" (QUADROS, 2014a, p. 77) e percebe nela uma fusão das atividades de jornalista e literato. Dos muitos poemas que tematizam a linguagem e o meio da imprensa, sirvam de exemplo o "Poema do jornal", de *Alguma poesia* (1930) – livro em que John Gledson (apud QUADROS, 2014a, p. 78) identifica a presença de vários daqueles que chama de "poemas noticiários", textos curtos e de caráter denotativo, que dão notícia de um fato ou evento –, e o "Jornal de serviço", de *Discurso de primavera* (1977) – livro composto quase que inteiramente de poemas que elaboram acontecimentos do cotidiano, localizados no tempo e no espaço. Já em relação a crônicas que se valem de recursos da poesia, basta ter em mente as crônicas em verso de *Versiprosa* (1967) – termo que o próprio escritor esclarece, na breve nota de apresentação do livro: "Versiprosa, palavra não dicionarizada, como tantas outras, acudiu-me para qualificar a matéria deste livro. Nele se reúnem crônicas publicadas no *Correio da Manhã* e no *Jornal do Brasil*; umas poucas, no *Mundo Ilustrado*. Não me animo a chamá-las de poesia. Prosa, a rigor, deixaram de ser. Então, versiprosa" (VP, p. 13).

Após as má-criações da década de 1920 e da progressiva reaproximação das décadas de 1930 e 1940, a reconciliação final de Drummond com Machado – ou melhor, a consagração de Machado por Drummond – ocorre na década de 1950, quando é publicado o poema "A um Bruxo, com amor", primeiro no *Correio da Manhã*, em 1958, e no ano seguinte, com modificações, em *A vida passada a limpo* (1959) – livro em que o autor assume, como projeto, a revisão de sua trajetória. O poema assemelha-se a uma colcha de retalhos, tecida inteiramente com fragmentos machadianos ou com menções diretas à obra e à vida do escritor; desta maneira, Drummond presta homenagem a Machado dando voz ao próprio Machado. Nesse *patchwork*, muitas vezes as referências à obra emendam com as menções à vida do escritor sem que se possa notar a costura; as duas instâncias tornam-se permeáveis uma à outra e permutáveis uma pela outra, com as alusões ao homem servindo de meio para a interpelação da obra, e as citações da obra permitindo a interlocução com o homem.

As alusões pessoais a Machado, em "A um Bruxo, com amor", dão forma a uma imagem particular do escritor: a do homem discreto, outoniço, desolado pela viuvez e recolhido ao Cosme Velho. As citações machadianas contidas no poema, por sua vez, também conformam um recorte particular da obra do autor: em exame detido do poema, identificamos referências relativas somente aos romances e livros de contos publicados entre 1881 e 1906; estão ausentes, portanto, os romances e livros de contos iniciais (*Ressurreição*, *A mão e a luva*, *Helena*, *Iaiá Garcia*, *Contos fluminenses* e *Contos da meia-noite*), bem como a obra derradeira, o *Memorial de Aires*; o romance que Drummond requisita com maior frequência é *Memórias póstumas de Brás Cubas* (1881), seguido por *Dom Casmurro* (1900), *Esaú e Jacó* (1904) e *Quincas Borba* (1891); já o livro de contos convocado mais vezes é *Várias histórias* (1896) – cujos contos "Um homem célebre", "D. Paula" e "Viver!" são citados, cada um deles, duas vezes no poema, ao contrário dos demais contos citados, que o são uma única vez –, a que se seguem *Histórias sem data* (1884) *Páginas recolhidas* (1899) e *Relíquias de casa velha* (1906). Note-se, por fim, que a crônica "O velho Senado", de *Páginas recolhidas*, única representante do seu gênero presente no poema, é convocada três vezes e em passagens decisivas do poema, inclusive no seu fecho (DIEGO, 2016).

"A um Bruxo, com amor" é a um só tempo poema encomiástico e arte poética ou, ainda, profissão de fé, na medida em que aí o poeta estabelece a ascendência do homenageado sobre o seu próprio projeto poético, em que recria a imagem ideal do seu precursor. Conforme notado, nesse poema Drummond leva às últimas consequências a técnica da colagem, expediente, por sinal, bastante caro à estética modernista; não obstante, em diversos outros passos de sua obra o poeta recorta e cola – mais discretamente, mas ainda assim *ipsis litteris* – fragmentos machadianos. Exemplo bastante repisado pela crítica é o do diálogo "– O que é eterno, Iaiá Lindinha?/ – Ingrato! É o amor que te tenho", retirado do conto "Eterno!", das *Páginas recolhidas* de Machado, e inserido por Drummond no poema "Eterno", de *Fazendeiro do ar* (1953), mas utilizando a grafia *Yayá* (FA, p. 43). Exemplo menos difundido, porém notado por Marlene de Castro Correia (CORREIA, 2002, pp. 126-27), é o do lamento do sol, "– Por que não nasci eu um simples vaga-lume?", no verso final do soneto "Círculo vicioso", escrito por Machado em 1878 (publicado na *Revista Brasileira* de junho de 1879; na *Gazeta de Notícias* de 2 de janeiro de 1880; e em *Ocidentais*, dentro de *Poesia completa*, em 1901); Drummond satiriza aquilo que há de patético na questão, em seu contexto original, ao reproduzi-la no interior da fala da sarcástica aranha à queixosa porta, do poema "Noite na repartição", de *A rosa do povo*: "Chega!/ Espero que não me queiras nascer um simples vaga-lume" (RP, p. 88).

Observem-se, agora, dois casos em que, embora não seja possível afirmar tratar-se de uma apropriação intertextual deliberada, podem-se identificar ecos da ficção machadiana na poesia drummondiana, como uma espécie de memória involuntária. O primeiro é o do "antigo papel de peso, marca Bath", ao qual o conselheiro Aires faz referência na entrada de 30 de junho de 1888 do *Memorial*, único maço de folhas disponível na fazenda do barão de Santa Pia, quando Fidélia lá vai, liquidar os negócios do pai recém-falecido; o mesmo reaparece no poema "Os bens e o sangue", de *Claro enigma* (1951), poema drummondiano que mais dramaticamente encena o acerto de contas com o legado ancestral: "Por isso neste papel azul Bath escrevemos com a nossa melhor letra/ Estes nomes *q* em qualquer tempo desafiarão tramoia, trapaça e treta" (CE, p. 76). O segundo caso é um pouco mais complexo, porque envolve a lembrança, em um mesmo poema de Drummond, de memórias oriundas de duas passagens distintas da obra de Machado. Em 1872, no capítulo 11 do romance *Ressurreição*, Machado faz o covarde Félix dizer à altiva Lívia: "Fizeste brotar dentre as ruínas uma flor solitária, mas bela; única neste árido terreno do meu coração" (ASSIS, 1975a, p. 122). Anos mais tarde, no conto "Entre santos" (publicado na *Gazeta de Notícias* em 1º de janeiro de 1886 e posteriormente republicado no volume *Várias histórias*), o mesmo autor põe na boca de São Francisco de Sales, que é personagem na trama, o seguinte juízo a respeito de um sovina incorrigível, que vinha lhe oferecer todo seu dinheiro, em troca da recuperação da saúde da mulher: "[...] naquele muro aspérrimo brotou uma flor descorada e sem cheiro, mas uma flor" (ASSIS, 1975d, p. 71). O leitor da poesia de Drummond, atento, certamente escutará a ressonância de ambos os fragmentos em "A flor e a náusea", de *A rosa do povo*, em que aparecem apenas retrabalhados: "Passem de longe bondes, ônibus, rio de aço do tráfego./ Uma flor ainda desbotada/ ilude a polícia, rompe o asfalto./ [...]/ É feia. Mas é uma flor. Furou o asfalto, o tédio, o nojo e o ódio" (RP, p. 14).

Não é por meio apenas da citação literal, ou quase literal, de passagens que a obra de Machado é convocada para o interior da obra de Drummond, mas também da utilização, na escrita drummondiana, de imagens, temas e técnicas que integram o repertório machadiano. Por exemplo, a imagem de uma cadeia de pessoas, em que uma parece transmitir à seguinte o impulso recebido da anterior e que é interrompida somente pela entrada em cena de um elemento externo, figurada no poema "Quadrilha", de *Alguma poesia* – "João amava Teresa que amava Raimundo/ que amava Maria que amava Joaquim que amava Lili/ que não amava ninguém./ João foi para os Estados Unidos, Teresa para o convento,/ Raimundo morreu de desastre, Maria ficou para tia,/ Joaquim suicidou-se e Lili casou com J. Pinto Fernandes/ que não tinha entrado na história" (AP, p. 54) –, é análoga à imagem descrita no capítulo XLII, "Que escapou a Aristóteles", de *Memórias póstumas de Brás Cubas* – "Temos que Marcela, recebendo um piparote do passado rolou até tocar em Brás Cubas, o qual, cedendo à força impulsiva, entrou a rolar também até esbarrar em Virgília, que não tinha nada com a primeira bola; e eis aí como, pela simples transmissão de uma força, se tocam os extremos sociais e se estabelece uma cousa que poderemos chamar solidariedade do aborrecimento humano" (ASSIS, 1975b, p. 170). Já a imagem de difração da figura feminina, seja ela a amada ou a musa, que se divide, se multiplica e proteicamente assume novas formas, central ao poema "Desdobramento de Adalgisa", de *Brejo das Almas* (1934), guarda notável semelhança com a imagem da "fusão, difusão, confusão e transfusão, enfim" (ASSIS, 1975c, pp. 214 e 216), de Flora, nos capítulos LXXIX e LXXX, respectivamente, de *Esaú e Jacó*.

Quanto à retomada de temas, vale mencionar "A máquina do mundo" drummondiana, de *Claro enigma*, que tem como fonte não somente o canto X d'*Os Lusíadas* de Camões, mas também o capítulo VII das *Memórias póstumas de Brás Cubas*, "O delírio". A máquina do poema, como a Pandora do romance, abre o seu seio a um sujeito vacilante, a quem oferece a visão dos mais sublimes e formidáveis mistérios e verdades, que ele termina por recusar. Finalmente, quanto à recuperação, realizada por Drummond, de uma técnica encontradiça na obra de Machado, pense-se na intertextualidade intratextual, ou seja, na alusão, em determinada obra de determinado autor, a elemento que consta em outra obra do mesmo autor. A ficção machadiana pratica essa técnica, por exemplo, quando promove a imbricação de personagens e enredos, em *Memórias póstumas de Brás Cubas* e *Quincas Borba* e em *Esaú e Jacó* e *Memorial de Aires*. Já a poesia drummondiana maneja tal expediente quando a pedra de "No meio do caminho", de *Alguma poesia* é reavaliada em "Legado", de *Claro enigma*; ou quando o coração mais vasto que o mundo, do "Poema de sete faces", igualmente de *Alguma poesia*, é redimensionado em "Mundo grande", de *Sentimento do mundo* (1940); ou, ainda, quando as "Mãos dadas", de *Sentimento do mundo*, já não têm lugar no mundo de "Mas viveremos", de *A rosa do povo*.

Como uma última aproximação do significado de Machado de Assis para Carlos Drummond de Andrade, cumpre mencionar as grandes questões poéticas e existenciais que subjazem à obra de ambos os escritores. O olhar desconfiado sobre o homem e sobre a sociedade, a visão desencantada do mundo e a sublimação dessas contrariedade e contradições por meio da linguagem perpassam de tal modo a obra dos dois autores, que alguns dos termos com os quais a crítica já se referiu a um podem facilmente ser utilizados em referência ao outro: é possível flagrar o "princípio-corrosão" (COSTA LIMA, 1995) a "poética da dissipação" (MERQUIOR, 1976) e o mecanismo "palavra-puxa-palavra" (GARCIA, 1955), concebidos para descrever a poética drummondiana, em Machado; e a constituição de um homem subterrâneo (MEYER, 1952, pp. 13-20) e das estratégias de *humour* (MAYA, 1912), identificada na narrativa machadiana, em Drummond.

Segundo o princípio-corrosão proposto por Luiz Costa Lima, na poesia de Drummond o tempo atuaria sobre objetos e memórias como um ácido, corroendo-os de fora para dentro, até chegar a um núcleo duro e opaco, a experiência de que eles são portadores. Esse mesmo princípio mostra-se em ação na prosa de Machado, em passos como o do capítulo II de *Dom Casmurro*: "Em tudo, se o rosto é igual, a fisionomia é diferente. Se só me faltassem os outros, vá; um homem consola-se mais ou menos das pessoas que perde; mas falto eu mesmo, e esta lacuna é tudo" (ASSIS, 1977, p. 68). Já a poética da dissipação, que José Guilherme Merquior apreende da obra drummondiana, materializa-se na busca pela captura do instante e pela sua fixação na escrita, na celebração da impermanência e na recolha dos fragmentos da experiência. Poética semelhante parece conformar o narrador machadiano que escreve para matar o tempo, seja na eternidade (*Memórias póstumas de Brás Cubas*) ou na barca de Petrópolis (*Esaú e Jacó*), ou que, relembrando a própria juventude, sentencia: "Entre luz e fusco, tudo há de ser breve como esse instante" (*Dom Casmurro*) (ASSIS, 1977, p. 140). Por sua vez, o mecanismo "palavra puxa palavra", que Othon Moacy Garcia identifica na escrita drummondiana, consiste em jogo de associação de palavras, motivado pela semelhança formal entre elas, que enseja uma associação, por semelhança ou oposição, também entres os seus significados. Mecanismo semelhante é utilizado pelo narrador machadiano – em *Memórias póstumas de Brás Cubas*, por exemplo, tanto no encadeamento dos capítulos XXIII, "Triste, mas curto", e XXIV, "Curto, mas alegre?", quanto no quiasmo proferido pelo narrador-personagem, no capítulo XXXIII, sobre a manca Eugênia: "Por que bonita, se coxa? Por que coxa, se bonita?" (ASSIS, 1975b, p. 160).

A expressão "homem subterrâneo" foi tomada de empréstimo a Dostoiévski por Augusto Meyer para caracterizar o narrador machadiano de primeira pessoa que, por gosto ou a contragosto, dá acesso aos porões da própria consciência. Esse mesmo tipo de discurso confessional, de escavação do eu, tem lugar na poesia drummondiana, em poemas como o já mencionado "Sentimento do mundo", do livro homônimo: "Tenho apenas duas mãos/ e o sentimento do mundo,/ mas estou cheio de escravos,/ minhas lembranças escorrem/ e o corpo transige/ na confluência do amor.// [...] // Quando os corpos passarem,/ eu ficarei sozinho/ desfiando a recordação/ do sineiro, da viúva e do microscopista/ que habitavam a barraca/ e não foram encontrados/ ao amanhecer// esse amanhecer/ mais noite que a noite" (SM, p. 9). Outro conceito-chave para a compreensão da obra de Machado, requestado por Alcides Maya da crítica sterniana, é o de *humour*, que compreende a postura de observação da precariedade humana e de conversão dela em um saboroso jogo de linguagem. Os exemplos de *humour* nos escritos de Drummond são muitos, bastando lembrar aqui do poema "Consolo na praia", de *A rosa do povo*, no qual é feita referência explícita ao próprio conceito, em um exercício de autoconsciência escritural plena.

Mãe
MIRELLA MÁRCIA LONGO VIEIRA LIMA

Julieta Augusta Drummond nasceu no dia 20 de maio de 1869, em Itabira do Mato Dentro, filha de Flávia Augusta Teixeira Drummond e Antônio João de Freitas Drummond. Ao completar 15 anos, a moça que se tornaria mãe do poeta Carlos Drummond de Andrade deixou o Mosteiro de Macaúbas. Na casa de recolhimento que funcionava também como um educandário para meninas, Julieta Augusta aprendera francês, geografia, música e adquirira o hábito de ficar sentada cosendo; como aparece em duas estrofes de "Infância", poema escrito por seu filho: "Meu pai montava a cavalo, ia para o campo./ Minha mãe ficava sentada cosendo./ Meu irmão pequeno dormia./ Eu sozinho menino entre mangueiras/ lia a história de Robinson Crusoé,/ comprida história que não acaba mais.//[...]// Minha mãe ficava sentada cosendo/ olhando para mim:/ – Psiu... Não acorde o menino./ Para o berço onde pousou o mosquito./ E dava um suspiro... que fundo!" (AP, p. 13).

Depois de apresentar a si mesmo no "Poema de sete faces", o escritor desenha um quadro de sua meninice, completando os traços matriciais da personalidade autoral que cuidadosamente iria esculpir ao longo do século XX. Ao trazer um canto ao mundo perdido, "Infância" delineia uma das linhas mestras da escrita de Drummond. Princípio idealizador que preside a configuração da cena, a convivência harmoniosa entre a integridade das figuras e a sua integração à paisagem é sinalizada pelo eco de Casimiro de Abreu, audível no verso: "Eu sozinho menino entre mangueiras". O pequeno leitor é alcançado por um olhar. Inicialmente situada no seio da família, a mãe surge, em uma segunda aparição, ligada ao filho, pelo cordão invisível gerado em seus olhos. Embora o poema seja permeado por construções paralelísticas, apenas um dos versos repete-se na íntegra: "Minha mãe ficava sentada cosendo". Tal repetição parece indicativa de que a figura materna constitui a fonte do encanto presente no cenário idílico, cuja feição isenta de ironia torna-se incomum, no conjunto da obra poética drummondiana. Em reforço ao encantamento órfico, a mãe fala com a natureza: "Psiu... Não acorde o menino/ para o berço onde pousou um mosquito". O quadro idealizado de "Infância" oferece um contraponto aos diversos contextos que, corroídos pela consciência irônica, surgem na escrita do autor mineiro. Principalmente em seus dois primeiros livros, Drummond trata o conflitivo relacionamento com a mulher como desesperança de qualquer intersecção no campo dos olhares. Em *Brejo das Almas* (1934), proliferam imagens de cegueira. "Sombra das moças em flor" traz um jogo de cabra-cega; em "Um homem e seu carnaval", o eu descreve-se "sem olhos" (BA, p. 16); em "Poema patético", surge a figura de "Guiomar que tapou os olhos" (BA, p. 22) e, no texto "Em face dos últimos acontecimentos", é dito que "as mulheres podem doer/ como dói um soco no olho" (BA, p. 28). Escrita na maturidade, a poesia contida em *O amor natural* (1992) evoca o desvio dos olhares, como imagem tradutora de uma angústia sucedânea à prática do sexo: "e nunca mais, depois, nos fitamos no rosto" (NA, p. 51). Sugerindo ausência de comunicação entre dois seres, a negação do olhar ilumina o caráter matricial dos versos que anunciam um modo de entendimento exemplar e único: "Minha mãe ficava sentada cosendo/ olhando para mim".

Transcorrido cerca de um ano, desde que Julieta Augusta havia deixado o Colégio de Macaúbas, o seu pai recebeu a proposta de casamento apresentada por Elias de Paula Andrade, em nome do filho, Carlos de Paula Andrade. Aos 16 anos, Julieta Augusta casou-se com Carlos de Paula, nove anos mais velho. Os noivos eram primos, o que fica atestado no poema "Raiz": "Os pais primos-irmãos/ avós dando-se as mãos/ os mesmos bisavós" (BII, p. 148) – e também nas páginas do diário escrito pelo poeta: "A mãe de meu pai, Rosa Amélia, era irmã do pai de minha mãe, João Antônio" (FS, p. 33). O casal teve 14 filhos, ainda que Carlos, a nona criança, não tenha conhecido quatro dos irmãos mais velhos, todos mortos antes de seu nascimento. Passando por muitas perdas, Julieta Augusta manteve um temperamento firme, preservando os padrões que recebera em casa e aprimorara no lugar onde estivera recolhida, preparando-se para bem exercer o seu papel de esposa e mãe, em uma família tradicional de Minas Gerais. Nas cartas que recebeu de sua mãe, entre 1925 e 1947, Drummond destaca "a finura de suas expressões", "o subtendido discreto" de algumas, "a veemência afetiva" de outras. O poeta ainda salienta "o espírito bem formado e seguro das razões morais" marcando a escrita da mulher que, "educada apenas no humilde Colégio de Macaúbas, sabia, entretanto, dar ao seu pensamento a forma justa e impressiva". "Perdoa os erros, filhos do pouco saber...", costumava exclamar Julieta Augusta, insistindo sempre em fazer três recomendações: "1. Não guardes ódio de ninguém. 2. Compadece-te sempre dos pobres. 3. Cala os defeitos dos outros" (FS, p. 51).

Drummond construiu grande parte dos poemas de memória sobre um lastro de ambiguidades. Torcendo-se entre estranhamento e consciência de pertencimento, entre ânsia de apartar-se e culpa desencadeada por essa ânsia, entre amor e constatação de erros, o poeta falou da família com tonalidades que vão da denúncia purificadora ao doloroso luto. Se essas tensões tornam complexa a voz poética e por vezes dramatizam o discurso lírico, elas gravitam em torno da figura do pai. Em relação à mãe, há quase sempre silêncio. Abriga-se, neste quase, não apenas o fato de que, em alguns versos, a figura materna emerge acompanhada de comoção. Existe muito mais: de modo oblíquo, traços de Julieta Augusta parecem disseminados sobre as imagens que, conferindo concretude ao passado, constituem o polo magnético impeditivo de que a ruptura com o mundo do pai e dos seus ritos possa completar-se. Em "Vila de Utopia," texto que integra *Confissões de Minas* (1944), Drummond revisa criticamente a história de sua cidade, terminando por reconhecer que mantém com Itabira um vínculo de natureza emocional e afetiva que teria origem em sua mãe: "Todos cantam sua terra, mas eu não quis cantar a minha. Preferi dizer palavras que não são de louvor, mas que traem a silenciosa estima do indivíduo [...]. E afinal, eu nunca poderia dizer ao certo se culpo ou se agradeço a Itabira pela tristeza que destilou no meu ser, tristeza [...] que põe na rispidez da minha linha de Andrade o desvio flexível e amável do traço materno" (CM, pp. 111-12).

Segundo Chevalier, é bastante frequente que, no plano simbólico, a imagem da mãe traga consigo a ambivalência da terra: "nascer é sair do ventre da mãe; morrer é retornar à terra". As noções de cuidado e alimentação atam-se a essa imagem arquetípica: "A mãe é a segurança do abrigo, do calor [...] da alimentação; mesmo que, em contrapartida, haja nela o risco da opressão pela estreiteza do meio e pelo sufocamento através de um prolongamento excessivo da função de alimentadora" (CHEVALIER; GHEERBRANT, 1990, p. 580). Quando representa o contexto de sua origem, Drummond apoia-se nas lembranças e projeta, sobre um variado conjunto de coisas materiais, as dimensões positivas associadas à maternidade. Com frequência, os poemas de memória situam, ao lado da repressão, uma materialidade que, nutrindo os sentidos, exerce função materna. Assim, o passado mostra-se rico em elementos estimulantes que, atuando através de uma memória dos sentidos, ainda promovem fartas doses de satisfação. Garrafas de cristal, licoreiros, compoteiras e mais uma gama de imagens oferecem suprimento necessário para que o afeto potencialize-se, tornando-se capaz de entrar em tensão com a ironia, quando não de abafá-la. Podemos considerar que, alicerçando a adesão ao mundo concreto, essa materialidade garante o triunfo do instinto de vida. Se as prendas diversas vindas da origem cumprem um cuidado mantenedor da vida, algumas passagens da obra poética permitem afirmar que esse cuidado revela-se e condensa-se na figura da mãe. A esse respeito, é especialmente esclarecedor um dos textos escritos para marcar o aniversário do pai. Integrado ao livro *Claro enigma* (1951), o poema "A mesa" volta-se, em seus versos mais pungentes, para os atos da mãe: "Oh que ceia mais celeste/ e que gozo mais do chão!/ Quem preparou? que inconteste/ vocação de sacrifício/ pôs a mesa, teve os filhos? quem se apagou? quem pagou/ a pena deste trabalho?/ quem foi a mão invisível/ que traçou este arabesco/ de flor em torno ao pudim,/ como se traça uma auréola?" (CE, p. 101). Ao compor a figura poética de sua mãe nesses versos, Drummond destaca-lhe o papel de cuidadora, esteta e nutriz, sugerindo que, tendo dela emanado a aura que os elementos concretos obtiveram no passado, dela também emana a poesia contida na recordação. Todos os silêncios que, ao longo da obra poética, vestem a figura materna são, nesses versos, se não justificados, explicados. Situando a sua mãe no contexto patriarcal, o poeta reconhece não só a pena do trabalho doméstico, mas também o apagamento, que ele considera ter sido consentido e até mesmo escolhido. A capacidade de dispersar-se pelas coisas e de depurá-las é ligada, no poema, às ideias de sacrifício e de comunhão: "quem tem auréola? quem não/ a tem, pois que, sendo de ouro/ cuida logo em reparti-la,/ e se pensa melhor faz?" (CE, p. 101). O papel reservado à mulher na família tradicional é recuperado, sendo ainda aludida uma suposta incapacidade do pai, ante a difícil tarefa de pressupor a exacerbação dos traços característicos da mãe, a partir da viuvez e da própria morte: "quem senta do lado esquerdo,/ assim curvada? que branca,/ mas que branca mais que branca/ tarja de cabelos brancos/ retira a cor das laranjas,/ anula o pó do café,/ cassa o brilho aos serafins?/ quem é toda luz e é branca?/ Decerto não pressentias/ como o branco pode ser/ uma tinta mais diversa/ da mesma brancura... Alvura/ elaborada na ausência/ de ti, mas ficou perfeita,/ concreta, fria, lunar" (CE, p. 101).

Em seu trabalho biográfico, José Maria Cançado traça, para Julieta Augusta, o perfil de uma mulher que, com teatralidade e algumas outras estratégias, teria conseguido deslocar-se do lugar de submissão reservado às esposas no código da família patriarcal. Em relação ao filho, o poder teria sido sutilmente exercido, tomando a forma de um controle inquebrantável; nas palavras do biógrafo: "Não há razões para duvidar que era pura doação. Mas nunca deixou de ter toda a vida do filho Carlos na sua mão" (CANÇADO, 2012, p. 32). A confiança entre mãe e filho evidencia-se no episódio em que, inadaptado à disciplina do Colégio Anchieta, em Friburgo, Drummond vai passar o natal em Itabira e confidencia, apenas à mãe e ao irmão Altivo, o imenso desconforto que viria a culminar num processo de expulsão por "insubordinação mental". Essa mesma confiança teria feito com que o jovem escritor, ocasionalmente, recorresse a Julieta Augusta, em busca de auxílio financeiro.

Um dos episódios mais intrigantes em torno de Julieta Augusta envolve a ligação que Drummond, transitando entre infância e adolescência, estabeleceu com Alfredo Duval, figura citada no famoso poema "Confidência do itabirano": "De Itabira trouxe prendas diversas que ora te ofereço:/ [...]/ este São Benedito do velho santeiro Alfredo Duval" (SM, p. 10). Artista popular, construtor, leitor, orador capaz de discursar sobre política para os trabalhadores que frequentavam a sua casa situada em bairro pobre, Alfredo Duval impressionou o jovem em formação, que nele deve ter vislumbrado uma porta aberta para o conhecimento de um modo de vida diverso daquele adotado pela família. José Maria Cançado não deixa de anotar que, na cidade pequena, rumores davam conta de que o santeiro era filho de Carlos de Paula com uma mulher negra. As visitas começaram a preocupar Julieta Augusta, que passou a mandar chamar o filho, interrompendo as suas conversas com Alfredo Duval e a familiaridade que Carlos começava a estabelecer com um novo meio. Trazendo detalhes minuciosos colhidos em testemunhos – entre eles, o testemunho de Maria Duval, a filha do santeiro com idade igual à de Carlos –, o registro de José Maria Cançado deixa, contudo, lacunas ao tratar de um episódio em que Julieta Augusta provoca um encontro com Maria, a quem oferta uma peça de tecido em cor vermelha demasiadamente forte, sugerindo que a moça faça um vestido. Em depoimento dado ao biógrafo, quando já contava 99 anos, Maria Duval confessa ter sentido desconforto, ao perceber a cor do tecido, vermelho como um "sangue de boi", que prosseguiu jorrando, sempre que a cena voltava à sua lembrança. Cançado viu aí uma luta de classes (CANÇADO, 2012, p. 46); Drummond parece ter visto evidências de uma tensão desencadeada sempre que se enfrentam paixão e interdição. Ao compor "Nosso tempo" – poema que, no livro *A rosa do povo* (1945), protesta contra mazelas causadas pelo sistema capitalista –, Drummond escreveu versos que constituem pedras postas no caminho de qualquer intérprete: "Mudou-se a rua da infância./ E o vestido vermelho/ vermelho/ cobre a nudez do amor,/ ao relento, no vale" (RP, p. 24). Consciente de que, dentro da crítica ao capitalismo que marca o poema, essas imagens resistem à decifração, o escritor introduz na estrofe seguinte: "Símbolos obscuros se multiplicam" (RP, p. 24). Ao mesmo livro, pertence "Caso do vestido," poema em que duas mulheres – esposa e amante – confrontam-se, antes de reconhecerem que ambas são atingidas pela força do amor. Evidência dessa fúria, o vestido é dádiva ofertada como sinal de arrependimento por ato de soberba e desejo de impor humilhação. Em sua cena central, o poema abriga uma mãe e suas filhas curiosas para desvendar o mistério de um vestido. Pendurado num prego cravado na parede da sala, o objeto cumpre a função de totem, em torno do qual se dá a transmissão do conhecimento adquirido sobre a fragilidade das personas sociais, ante a força avassaladora das paixões. Não se pode afirmar que a cena biográfica tenha ligação direta com os dois contextos poéticos, mas é possível observar que o primeiro envolve antagonismos sociais e o segundo situa um confronto entre mulheres.

Morto o marido em 1931, Julieta Augusta passou a residir em um apartamento da Casa de Saúde São Lucas, onde contava com assistência médica e com serviço de hotelaria. Providenciado por Drummond, o arranjo contou com a interferência de José Maria Alkmin, então provedor da instituição. Ao longo de 17 anos, o escritor deslocava-se do Rio de Janeiro para Belo Horizonte, onde, pelo menos por três vezes a cada ano, encontrava a sua mãe e com ela estabelecia longas conversas; segundo os netos, frequentemente o poeta deixava a cabeça repousar no colo materno. Nos intervalos entre as visitas, mãe e filho trocavam cartas. Ao reler essa correspondência, Drummond identifica o lamento "do ser apegado à sua família por um intenso amor [...] e da criatura acometida pelos sofrimentos físicos consolados pelo sentimento religioso; a queixa pela viuvez; a saudade dos filhos distantes e o choque com aqueles que, estando perto, não se ajustam à sua extrema e delicada sensibilidade; a preocupação de todos os minutos com a saúde, o bem-estar, a felicidade e a salvação de cada um" (FS, p. 51).

Diante do livro *Claro enigma*, a crítica estremeceu. João Gaspar Simões chegou a cogitar a existência de um processo de desumanização a ameaçar a poesia de Drummond; Sebastião Uchoa Leite considerou que o livro de 1951 era o mais isolado da obra. De fato, a mudança é marcante: intensa interiorização e uso de imagens abstratas evidenciam a negatividade da história e um mundo em dissolução. Muita tinta foi gasta, na tentativa de compreender a crise do sujeito que parecia acrescentar às dores do pós-guerra, uma sensação de declínio supostamente causada pela proximidade da sua quinta década de existência. Pouco foi dito acerca do fato de que, em 29 de dezembro de 1948, o poeta perdera a sua mãe. Assim, soam excepcionais algumas observações de José Miguel Wisnik, ao comentar uma crônica publicada em outubro de 1948.

Embora já avisado de que a saúde de sua mãe apresentava forte abalo, em 1946, Drummond ainda a encontrou lúcida e capaz de lembrar fatos da monarquia, recitar versos dos pretos libertados, contar velhos casos de família. Sentindo o declínio de sua saúde em 1947, Julieta Augusta foi levada para Itabira, onde decidira viver o tempo que lhe restava. Ciente de que a situação agravava-se, em maio de 1948, Drummond fez um voo de Belo Horizonte para Itabira. Revelando a paisagem mineira, como um conjunto, a visão aérea também permitiu que o poeta constatasse a exploração mais intensificada do solo de Itabira e pressentisse a sua violenta transformação. Se as impressões do voo aparecem na crônica "Antigo," o doloroso motivo da viagem é registrado apenas na parte do diário que o escritor deixaria inédita. Debruçado sobre essa crônica mais tarde incorporada ao livro *Passeios na ilha* (1952), Wisnik considera impossível esquecer "aquilo que está silenciado no texto, e que faz com que tudo nele vibre como os harmônicos de uma nota angustiante: o agravamento da doença da mãe, que anuncia a sua lenta e dolorosa agonia" (WISNIK, 2018, pp. 124-25). O longo sofrimento de Julieta Augusta foi descrito pelo filho nas páginas do seu diário íntimo (FS, pp. 41-51).

Carlos Drummond de Andrade encontrou Julieta Augusta em Itabira, nos meses de maio, setembro e novembro de 1948. Para dar ideia da desolação presente em novembro, ele recorreu à ausência do olhar: "Fechava os olhos para não ver as pessoas". E mais adiante: "Só no dia da minha partida, 30 de novembro [...] pareceu reconhecer-me" (FS, p. 49). Em dezembro do mesmo ano, Drummond retornou novamente a Itabira, para o sepultamento da mãe e, em 1954, para a exumação de seus ossos, que foram em sequência inumados no local onde estavam os restos mortais do esposo, em Belo Horizonte. Em 20 de maio de 1969, o filho anotou em seu diário: "Dona Julieta completa cem anos. Minha grande amiga, minha mãe" (FS, p. 53).

Foi preciso algum tempo, para que a partida de Julieta Augusta assomasse aos versos do filho, explicitando-se gradativamente nos três últimos poemas da seção "Ser", no livro *Lição de coisas* (1962). Em "Aniversário", Drummond resolve fazer um verso para salvar do esquecimento a mulher que mora na "pequena caixa [...] como os mortos sabem morar" (LC, p. 74). Em "Carta", o poeta afirma que perdera, junto com a mãe, a capacidade de ter sonhos. Finalmente, em "Para sempre", o lamento liberta-se: "Por que Deus permite/ que as mães vão-se embora?" (LC, p. 76).

José Miguel Wisnik afirma que "a figura da mãe atravessa a obra de Drummond como um eco daquele suspiro ('que fundo!') no poema 'Infância'" (WISNIK, 2018, p. 135). Talvez por isso, o escritor tenha produzido um texto singular: "Desaparecimento de Luísa Porto". Com número expressivo de famílias conduzidas por mulheres, a realidade social brasileira ofereceu, aos escritores do século XX, vasta motivação para a representação de mães solitárias. No entanto, a literatura do país permaneceu mais voltada para os abalos e constante resiliência do sistema patriarcal. É nesse sentido que adquire singularidade o longo poema centrado na figura de uma mãe aflita e em busca da filha perdida. Integrando *Novos poemas* (1948), o texto ressalta a inconsistência do debate público. Acercando-se de uma tópica modernista consagrada por Bandeira em seu famoso "Poema tirado de uma notícia de jornal" – e por ele próprio em "Morte do leiteiro" –, o poeta mineiro conduziu o cotidiano, de onde parte, até o campo das cogitações sobre a atemporalidade do amor: "Já não adianta procurar/ minha querida filha Luísa/ que enquanto vagueio pelas cinzas do mundo/ com inúteis pés fixados, enquanto sofro/ e sofrendo me solto e recomponho/ e torno a viver e ando,/ está inerte/ cravada no centro da estrela invisível/ Amor" (NR, p. 210). Sem dúvida, a composição desse amor exemplar é atravessada pelo suspiro e pelo olhar de Julieta Augusta.

Maria Julieta
ANÉLIA PIETRANI

"Eu admiro profundamente minha filha. Eu acho que ela é meu melhor livro" (ANDRADE, 2020), disse um dia o pai sobre sua Juju Flor, filhinha querida, como ele a chamava em suas ternas cartas. Não haveria forma mais afim e profunda para Carlos Drummond de Andrade falar da companheira de escritas e leituras, a tão amada filha única, a escritora, tradutora e professora Maria Julieta Drummond de Andrade.

Carlos e Maria muito se enlaçam pelos livros. A começar por um dos presentes que o pai confeccionou para a filha: o álbum com a reunião de dedicatórias, desenhos, aquarelas, partituras musicais, poemas, traduções, pequenos textos de amigas e amigos recolhidos por Drummond nos anos 1940 e ofertados à jovem Maria Julieta. Encadernadas em capa preta e folhas de guarda floridas, suas páginas mostram o fragmento do capítulo 14 de *Floradas na serra* (1939), de Dinah Silveira de Queiroz; o abraço em cores do casal pintado por Oscar Niemeyer; a tradução russa do "Poema que aconteceu", transcrita por Margarida Silva; a "Andorinha", de Manuel Bandeira, em dúvida entre a vida, palavra que ele risca, e os dias passados à toa, à toa; o pássaro e o barco desenhados por Pablo Neruda; a letra firme e larga de Adalgisa Nery na frase "O que tem a alma enamorada da poesia não se cansa nem cansa ninguém"; a objetividade do dicionarista Aurélio Buarque de Holanda, que se diz incapaz até de escrever em um álbum; a assinatura de Carlos Drummond de Andrade, que transcreve a sentença de Jules Renard, "A ninguém é lícito ignorar a Lei. Há mais de duzentas mil leis"; entre tantas outras recolhas do pai à filha.

O presente, que Maria Julieta guardará por décadas, vem a público em 1989 com o título *Álbum para Maria Julieta*. Na caixa luxuosa em que repousam o fac-símile do presente do pai à filha e a coletânea, intitulada *Cantar de amigos*, de poemas e crônicas de Drummond sobre os artistas que figuram no álbum, estão estampados os retratos do pai e da filha pintados por Candido Portinari. Lado a lado na fotocomposição, destacam-se os mesmos olhinhos claros, o nariz fino, o queixo largo, o rosto sério, o traço longo, o aspecto reservado. O pai olha sem fixar, enquanto a filha dirige os olhos altivos para o lado, iluminada com seus cachinhos dourados. Tom sobre tom, as duas telas se interpõem em cor, forma e memória poetizada, lembrando as palavras do poeta em "Resíduo", de *A rosa do povo*, de 1945: "pois de tudo fica um pouco./ Fica um pouco de teu queixo/ no queixo de tua filha" (RP, p. 71). A imagem de ambos evoca "o rio de sangue, que flui de uma geração para outra", nas palavras do próprio poeta em rara entrevista, concedida a Maria Julieta Drummond de Andrade e publicada em *O Globo* de 29 de janeiro de 1984 (ANDRADE, 1984a, p. 3).

No início da década de 1940, enquanto o pai começava a recolher as dedicatórias para o *Álbum para Maria Julieta*, a menina aproveitava o verão de 1941-42 para anotar, no caderno que ganhara de presente do pai em 5 de dezembro de 1941, "os pequenos (grandes) acontecimentos de sua vida" (ANDRADE, 1985a). Ao menos é o que diz a autora, que assina Maria Julieta na apresentação do *Diário de uma garota*, publicado em 1985, sobre o diário de férias de uma mocinha na passagem dos 13 para os 14 anos. Num tom delicioso, entre o bom humor e a seriedade, ela cumpre a promessa, "se Deus ajudar", de o caderno ser feito de "uma bagunça bem bagunçada", com entradas de diário, recortes de notícias de jornal, poses de artistas, desenhos, fotografias, historinhas manuscritas em letra cursiva bem redonda e caprichada, como a utilizada para o nome da autora, que aparece na capa do diário e do livro – Maria Julieta Drummond de Andrade. No prefácio à obra de fato (ou ficto), a pretensão da narradora já está evidente. Este não será um diário espiritual, com pensamentos íntimos que só dariam em "bobagens e tolices" (ANDRADE, 1985a). Será um diário que ela poderá mostrar para todo mundo.

De fato (ou ficto), a garota privilegia a narração dos espaços externos, seja no Rio de Janeiro de um verão de sol quente, seja na Belo Horizonte das guloseimas que a menina ganha de presente e das árvores frutíferas em que se empoleira. Tudo parece prenunciar a cronista que surgirá anos depois. Dos fatos noticiados sobre a visita da senhora Darcy Vargas à Ilha de Marambaia para presentear as crianças pobres, recortada do jornal de 27 de dezembro de 1941, a testemunha ocular faz uma seleção primorosa, citando nomes que não aparecem na reportagem, destacando o embelezamento da Marambaia "pela grandiosa obra de Levi Miranda" (ANDRADE, 1985a, p. 30) e silenciando sobre fatos relatados na reportagem do jornal, certamente pouco relevantes em sua opinião, como o discurso proferido por Carlos Drummond de Andrade por ocasião da festividade política natalina, que a menina do diário caracteriza como um passeio num "dia agradabilíssimo" (ANDRADE, 1985a, p. 29).

Dos fatos cotidianos, a seleção fica por conta do humor, como nas tantas ocasiões dos muitos casamentos narrados pela garota, inclusive o de uma viúva rodeada de filhos. Sobre uma das cenas, ela anota deliciosamente que se verificou a falta da certidão de nascimento do noivo. O padre apressa-se, então, para telefonar ao arcebispo: "Mas o Arcebispo, como qualquer mortal, toma tranquilo seu banho. Que fazer? Só há uma solução: enquanto se espera que o Arcebispo possa atender, a pobre Mimi, chorando, vexadíssima, cede o lugar a Dasdores. E novamente a Marcha Nupcial é ouvida" (ANDRADE, 1985a, p. 44). Também tem lugar no diário o senso crítico, implacável, com o crivo certeiro de filmes e livros. Fantasias de Carnaval e figurinos da peça em que ela atuou como o Príncipe Ali, revezando com Dona Rosa de Linfa, fazem par com a sentença sobre o filme *Pérfida*, de William Wyler (1941): "Formidável a fita! Betty Davis está simplesmente notabilíssima!" (ANDRADE, 1985a, p. 113). Ao mesmo tempo a menina preocupa o papai e a mamãe, que têm medo de que ela acabe virando beata. Apesar disso, cumpre suas promessas indo à missa e comungando; afinal, essas promessas, afirma com veemência, foram feitas por conta dos parentes e têm que ser cumpridas. Ela tem, ao menos, que tentar cumpri-las, como no caso da véspera de seu retorno de Belo Horizonte para o Rio de Janeiro, já no fim das férias, quando recebe da madrinha um saco de balas, uma medalhinha e a incumbência de insistir com o pai para ele repetir diariamente: "São José, rogai por mim". A menina, desconfiada, registra entre parênteses: "(Duvido que papai obedeça)" (ANDRADE, 1985a, p. 105).

As histórias protagonizadas por meninas sabidas não param por aí. Publicado poucos meses antes do *Diário de uma garota*, também em 1985, e ilustrado por seu filho Pedro Augusto Graña Drummond, o livro *Loló e o computador* tem como protagonista uma menina que apresenta algumas boas diferenças com relação à garota do *Diário*, mas não é apenas a geração de uma e de outra que as separa. Maria Carlota quer um superminimicrocomputador para fazer os exercícios do colégio em que estuda. Ou melhor, para não ter que fazer os exercícios do colégio em que estuda. Aliás, ela está matriculada no colégio mais caro do Rio de Janeiro, destaca o pai Godofredo, preocupadíssimo com inflação, dinheirão no *open* ou *over*, lucro de 2.222%. O pai e a mãe não param em casa, vivem ocupados consigo mesmos, com ações financeiras, encontros com amigos no clube, depilação e cabeleireiro, enquanto Loló curte o tempo com suas três amiguinhas: a gata Féli, a coruja Jiji e a secretária eletrônica Selê. O resultado, óbvio, não poderia ser outro para essa menina "vadia mas danadinha" (ANDRADE, 1985b, p. 20), na opinião do pai.

O Professor Júnior Informático TK.5555 não resolve seus problemas. Suas notas continuam baixas. Loló, tão imaginativa, não entende que a máquina apenas repete as histórias que saem de sua "cabecinha cheia de fantasias" (ANDRADE, 1985b, p. 54), que a escola – conservadora, rígida e pautada no ensino tradicional – também não consegue, por sua vez, compreender. A diretora adverte, os pais brigam com a menina, ela cai doente. O Dr. Oto Rino entra em cena com o diagnóstico e a receita infalível, prescrita não para Loló, mas para o papai e a mamãe. A solidão infantil na família burguesa é o tema central dessa divertida e profunda incursão de Maria Julieta na literatura infantojuvenil. Em paralelo, ela discute no livro a importância da tecnologia e, a um só tempo, sua insuficiência. E ainda encontra chance de abrir uma reflexão sobre a problemática de gênero, quando as senhoras esnobes da portaria perguntam o nome do "menino tão bonitinho". Com suas "covinhas festeiras", a danadinha Loló responde bem afinada, antes de disparar dali com sua bicicleta: "Eu me chamo Garota Felicíssima, e a senhora?" (ANDRADE, 1985b, p. 57).

A bibliografia de Maria Julieta Drummond de Andrade conta também com a publicação do romance *A busca*. Publicado originalmente em 1946 pela José Olympio (ANDRADE, 1946), com prefácio de Aníbal M. Machado, o livro foi republicado em 1981 pela mesma editora, quando a autora ainda vivia em Buenos Aires, onde desempenhou importante papel na interlocução cultural entre Brasil e Argentina e na divulgação da cultura brasileira no exterior. Residindo na capital argentina desde 1949, Maria Julieta começou, em 1955, a lecionar português e literatura brasileira no Centro de Estudos Brasileiros (CEB), órgão vinculado ao Setor Cultural da Embaixada Brasileira na Argentina. Lá traduziu autores brasileiros para o espanhol e autores hispânicos para o português. Também dirigiu a cátedra de Literatura Brasileira e Portuguesa na Faculdade de Filosofia e Letras da Universidade de Buenos Aires (UBA). Em 1976, assumiu a direção do CEB e promoveu palestras e debates, entrevistas e exposições com artistas argentinos e brasileiros, além de ter criado a editora Iracema, voltada à tradução e publicação de textos de escritores brasileiros. Em 1980, recebeu o Prêmio de Personalidade do Ano, concedido pela UBA, e o Prêmio de Melhor Divulgação da Literatura Brasileira na Argentina, conferido pela Associação Paulista de Críticos da Arte, no Brasil. A terceira edição de seu único romance, republicado pela Record em 1998, teve os direitos autorais inteiramente cedidos ao Instituto Brasileiro de Controle do Câncer (IBCC), de São Paulo.

Assemelhando-se no tema ao modelo arquetípico do *Bildungsroman* (romance de formação), *A busca* pode ser considerado o romance da adolescência, não porque foi escrito por uma jovem de 17 anos, como a rara crítica sobre a autora costuma frisar, mas porque retrata os acontecimentos desse período, registrando as reações e os posicionamentos da heroína diante dos eventos externos a ela e suas transformações emocionais, psicológicas e intelectuais. O próprio título do romance é revelador nesse sentido, já que o caminho interior percorrido pela protagonista é justamente o de busca e formação da identidade, sempre analisada com a considerável distância de qualquer percepção estável. Dúvidas e ambiguidades são as palavras-chave do percurso da personagem narradora, assim como do percurso da própria narrativa, cujos capítulos, por vezes, aparecem descontínuos (embora cronológicos) pelo embaçamento provocado por fatos rememorados, que se confundem, outras vezes, com os imaginados. Para provocar esse efeito, a autora também explora o jogo de duplos como estratégia narrativa, tanto na percepção da voz da narradora acerca das personagens com quem a protagonista Maria estabelece relação na trama, quanto na própria construção dessas personagens.

Exemplos significativos desse jogo de duplos – muitas vezes especular – aparecem entre a mãe falecida, tão magra com o leite secando, e a dedicada Naná, de "blusas bem abertas" e "possante colo desabrochado"; entre Maria, "uma loba doida", e sua irmã Célia, feliz e sem preocupações, que "só lia romances que acabassem bem, não queria manchar a sua rósea paz"; entre a Mulher, que a fascinara com seus cabelos *à la homme*, e Lionardo, rapaz estranho, a começar pelo nome, que ela conhece na livraria em meio aos livros que "tinha vontade de possuir"; entre a Velha, cuja "morte acabara de matar minha infância", e o mesmo Lionardo, que "agora se foi" numa morte que pode simbolizar a morte da adolescência; entre Maria, a voz que narra, e Maria, a figura narrada, de que é significativo o trecho do romance: "Dostoiévski, Nastásia, Pedro, todos me espiavam, cheios de curiosidade. Já não existia a personagem, ali estava, finalmente, a criatura Maria, jantando na velha casa de Belo Horizonte. A situação era penosíssima: eu me sentia a mim mesma (oh, com que intensidade), e não conseguia, de modo algum, incorporar num único ser Maria e a personagem. No entanto, éramos uma só coisa, agora mais do que nunca, eu o percebia" (ANDRADE, 1998, p. 105). Todo esse jogo de duplicidade e dubiedade se fortalece pelo quiasmo, que perpassa a trama nas figuras do ausente e silencioso pai, "voltado para dentro de si mesmo", e do bêbado e atormentado tio Pedro, com seus arroubos literários, musicais, artísticos. Ambos, talvez unos, encantam e repelem a menina em moça.

Pai e filha também se enlaçam no caminho que se abre para Maria Julieta Drummond de Andrade em sua profícua escrita de crônicas. Respondendo à investida do pai, que havia publicado, sem consultá-la, páginas de seu diário de garota, ela aceita a incumbência de escrever a crônica "Meu pai" e a publica no Dossiê Drummond da revista *Veja*, em 2 de novembro de 1977, por ocasião dos 75 anos do poeta. Mesmo com o receio de aborrecer o pai, sempre tão reservado, pensou Maria Julieta que a alegria que sentira ao escrever o depoimento poderia ser compartilhada com ele no momento em que lesse sobre os fatos passados e evocados pela filha.

Em "Meu pai", Maria Julieta tem a intenção de apresentar o pai como "o homem comum", assim autodefinido pelo poeta em entrevista a Geneton Moraes Neto, a última concedida por Drummond e publicada no caderno "Ideias" do *Jornal do Brasil*, em 8 de agosto de 1987. É difícil saber se, na crônica, a filha consegue realmente convencer seus leitores de que era comum um pai como o seu. No aniversário de um aninho, ela ganhou uma vitrola manual. O velocípede mais bonito chegou no dia em que ele percebeu que as crianças da vila em que moravam no Rio de Janeiro não conversavam com a filha. Os dois passeavam no cemitério, subiam a favela, iam ao circo, inventavam palavras – *olidodojardim*, por exemplo, de claro significado segundo a cronista, havia sido inventada pela menina. Papai lhe inventou a irmã Catarina e lia histórias em voz alta no sofá da sala. Na hora de dormir, parava tudo o que estava fazendo para levar a ela bolo ou biscoito, um copo d'água e gargalhadas com a anedota preferida, um caso sem graça sobre Bismarck, com direito a sotaque alemão e tudo.

Como a própria Maria Julieta disse na crônica, o clima era especial – "sério e chaplinesco a um tempo" (ANDRADE, 2012, p. 21). E natural, é claro, para o homem comum Carlos, que repetiria as brincadeiras com os netos, mas, segundo a cronista, concedendo-lhes o privilégio de terem este pedido prontamente atendido: "Carlos, faz aquela mágica de tirar os dentes e mostrar pra gente!" (ANDRADE, 2012, p. 24).

Esse depoimento sobre o pai faz nascer a trajetória da filha cronista. Maria Julieta Drummond de Andrade passa, então, a escrever para o "Segundo Caderno" de *O Globo*, aos sábados, mantendo a atividade por dez anos, até semanas antes de sua morte. No documentário *Carlos Drummond de Andrade, testemunho da experiência humana*, de Maria de Andrade, seu filho Pedro fala da cumplicidade intelectual entre a mãe e o avô, relatando que, em certa ocasião, Maria teria escrito uma crônica por Carlos, e ele por ela, quando precisou ser internada. A compilação de seus escritos no jornal, entre crônicas e contos, lhe rendeu os livros *Um buquê de alcachofras* (1980), *O valor da vida* (1982) e *Gatos e pombos* (1986). Alguns textos foram selecionados para a coleção *Melhores Crônicas* da editora Global, sob a coordenação de Edla van Steen, e publicados em 2012.

O poeta da memória poetizada também escreveu sua Maria em poesia. Maria é um nome muito simples e bastante comum; para alguns, é divinizado e celestial; curiosamente, pode compor tanto nomes de mulheres (por exemplo, Maria José) quanto de homens (José Maria); rege nesse nome, portanto, a ideia de universalidade: é qualquer gente, muitas mulheres, todas. Escrita e inscrita em sua poesia, Maria integra a lista praticamente inumerável de nomes de amigos, familiares e lugares que compõem a poesia de Drummond. "Como esses primitivos que carregam por toda parte o maxilar inferior de seus mortos" (CE, p. 45), diz o poeta em "Tarde de maio", ele também carrega Minas Gerais, Rodrigo, Bandeira, Beethoven, Chaplin, Portinari, Noel, Orlando e Cláudio Villas-Bôas, Darcy Ribeiro, Tarsila, Fayga Ostrower, Wega, Bianco, Klee, Lorca, Adalgisa, Vinicius, Mário, Oswald, Nova Friburgo, Itabira, Pico do Amor, Minas. E Maria.

Maria – junto com estes citados e outros tantos que integram as seções "uma província: esta", "a família que me dei" e "cantar de amigos", cujos títulos foram escolhidos pelo próprio Drummond para sua *Antologia poética*, de 1962 – é exemplo de reelaboração da matéria confessional em que se ancora sua poesia, resultando no que ele mesmo tenta explicar no "Poema-orelha" de *A vida passada a limpo*, de 1959: "Aquilo que revelo/ e o mais que segue oculto/ em vítreos alçapões/ são notícias humanas,/ simples-estar-no-mundo,/ e brincos de palavra,/ um não-estar-estando,/ mas de tal jeito urdidos/ o jogo e a confissão/ que nem distingo eu mesmo/ o vivido e o inventado" (VPL, pp. 9-10). Sem deixar de ser a filha Maria, Maria é palavra poetizada e nos faz lembrar o efeito semelhante que a palavra "Minas" produz na poesia drummondiana. No poema "A palavra Minas", de *As impurezas do branco*, de 1973, Drummond contesta a perspectiva da artista plástica mineira Maria do Carmo Vivacqua Martins, destacada em epígrafe no poema: "Minas não é palavra montanhosa./ É palavra abissal. Minas é dentro/ e fundo" (IB, p. 112). Para o poeta, Minas não é espaço apenas que se vê, como não é qualquer palavra em poesia. Não está; é. Minas, Maria são dentro e fundo.

Maria é a figura central de "Aspectos de uma casa", poema que fecha o livro *As impurezas do branco*. A primeira parte do poema, "Criação", desmente o artigo indefinido do título já no primeiro verso: a casa é de Maria, que não só é a dona da casa mas sua criadora, de tal modo que os adjetivos atribuídos à casa, separados nos dois primeiros versos e abertos pela assonância em/a/ ("alta/ e clara"), se aglutinam em palavra una no som fechado /i/, formando, pela sonoridade da palavra "clarialto", a imagem da asa do pássaro e da criação imaginada. Associam-se, assim, paralelisticamente, Maria e pássaro; casa e voo. Traços, projetos, matéria e material do alicerce da casa "são circunstâncias alheias/ à criação" (IB, p. 122). Maria é pássaro; sua casa é voo de pássaro.

As peças que compõem o interior da casa entram na cena poética de sua criação. A indefinição do título começa agora a assumir certo sentido, já que os objetos também participam do processo de criação da casa; não são tão passivos assim ao ato criador; "deixam-se moldar" e até são capazes de dizer "Ajudemos Maria", o que a voz poética – não identificável e disfarçada pela supressão do eu, ao menos nesse momento – tenta explicar entre parênteses: "(dizem eles/ no dizer sem nome dos objetos)". As combinações se somam à de Maria com o pássaro: os objetos que decoram o interior da casa são o pensamento de Maria, que transforma o esboço em fixidez. A criação da casa depende ainda de outro elemento, o ponto de vista externo a ela: a cidade sobre a qual se ergue, para daí entrarem na composição "a fuligem das horas perdidas/ e a angústia dos subterrâneos transpostos". No jogo da criação dos espaços externos e internos, estes são ocupados pelos objetos-pensamento de Maria; externamente, em primeiro plano, a luz incide sobre a casa, que é "o rosto de Maria/ à luz reencontrado", dando-se a ver pelo outro (IB, p. 122).

As cinco partes seguintes recebem os nomes de cinco cômodos da casa: "O living", "O quarto dos rapazes", "O quarto de Pedro", "O quarto de Maria", "O quarto de banho". Depois da apresentação do processo de criação da casa, interna e externamente, somos conduzidos a cada um de seus cômodos, a começar por aquele que abre a casa para o mundo e com o qual estabelece relação mais direta. O *living* é apresentado como o lugar apropriado para a conversa, de que participam objetos vindos do Brasil, de outros países da América Latina e da Europa. Esses objetos – também personagens – trazem à casa sua história, sua cultura, seus afetos, seus sons, suas cores, integrando-se à mobília que, como vimos na seção anterior, são o pensamento de Maria.

O *living* é o único cômodo da casa, ou a única parte do poema, em que aparece uma voz com marca gramatical em primeira pessoa, embora "surdinada" pelo plural. Pode-se mesmo dizer que essa voz "outra", que fala sobre "outros", invade sorrateira e sutilmente a casa de Maria, compondo-lhe a cena e integrando-se com Maria no ato criador: "Portinari, Bianco, Fayga/ Baumeister/ estão conosco". Além disso, é também a parte em que mais aparecem palavras e expressões que denotam a relação com o outro: "glosa livre do mundo", "vindas de muitas partes", "participando do colóquio", "poder de integração", "coral dos livros" (IB, p. 123). Ali, no *living*, não há diferença entre "coisas e seres". Tudo, todos participam do colóquio na sala de estar. E, assim, no movimento de expansão de significado e compreensão da palavra em si mesma, o *living* deixa de ser sala de estar, como o termo é costumeiramente traduzido ao português, para ser o que o termo em inglês (de fora para dentro, portanto) traz em sua raiz. Os objetos, as coisas, os seres não apenas "estão" na sala; passam a viver ali, na "sala de viver/ na opção de viver/ a graça de viver" (IB, p. 123).

Em "O quarto dos rapazes" e "O quarto de Pedro", reinam o colorido, a confusão de sons e imagens, a fantasia, os sonhos, a imaginação, dando movimento e vida à casa, com imaginários cavalos aeromíticos e viagens interplanetárias. E dão mais vida e muito movimento também ao poema. "O quarto dos rapazes", por exemplo, exige de seu leitor uma leitura rápida, ininterrupta, com seu período único, distribuído em nove versos. "O quarto de Pedro" também é bem descritivo, mas jamais estático – o quarto flutua com seus objetos (móbiles e redes) e move o pensamento do leitor a lugares reais

(Praça General Osório), a personagens da história (General Osório, Imperador Pedro), a personagens de estórias (o imperador que coleciona tesouros de conchas, garrafas-miniatura, volante de carro, cujo império mergulha em sonho interplanetário), a personagens do real cotidiano da casa de Maria, como o menino dono do quarto, que vive entre a fantasia, o sonho e a rotina de ter que acordar para ir à escola: "o imperador calça os sapatos da rotina/ segue, vencido, para a escola" (IB, p. 124).

"O quarto de Maria" é o menor dos poemas, embora, talvez, não o menor cômodo da casa, já que é o que mais ganha em densidade em seus apenas dois versos octossílabos, simetricamente rítmicos e rímicos: "Toda a casa aqui se resume:/ a ideia torna-se perfume" (IB, p. 124). Ideia é abstração de pensamento, exige uso da razão, deseja certeza. Perfume é abstração na forma, ou na ausência de forma, por sua volatilidade, mas exige a presença corpórea, porque só é perceptível nas coisas. Nesse poema, está a síntese poética do que já se anunciara em partes anteriores. Poesia é coisas e seres. O quarto é a coisa para o ser de Maria, em ideia, em perfume. Mesmo quando não mais está, Maria é ainda presente.

Se "O quarto de Maria" é sintético e o mais denso poema, "O quarto de banho" é o mais enigmático e assume importante significado no livro que ele integra, já que encerra não só a sequência de poemas que compõem "Aspectos de uma casa" mas também a obra *As impurezas do branco*. Nele, pousada no basculante, a pomba assiste a uma cena de banho. A ave está naquele espaço limítrofe, difícil de precisar, entre o que está de fora e o que olha para o interior. Sem interferir na cena íntima, sem ser interferida pelas ações – "o esguicho das águas", "a canção das torneiras", "o glissiglissar dos sabonetes", "a purificação dos corpos" (IB, pp. 124-25) –, a pomba pousa, assiste e voa. Não há extravasamento do eu nem adjetivações, não se instaura aflição alguma nem qualquer julgamento, não se rompem as sequências de ações do banho e da pomba. A cena (do banho e da pomba) parece tranquila e harmoniosa. Assim, a contemplação externa à intimidade e a própria intimidade, de alguma forma, se completam no exercício autopoético e metapoético drummondiano.

Ainda nesse último instante poético, ou nesse último cômodo da casa de Maria, quase somos tomados pelas mitologias da água como purificação e renovação, frequentemente associadas à filosofia dos valores religiosos em sua pureza ritual, não fosse o autor do poema também o autor dos versos de "Deus triste", presentes no mesmo livro: "Deus criou triste./ Outra fonte não tem a tristeza do homem" (IB, p. 66). Maria cria feliz. Outra fonte não tem a felicidade da casa de Maria, que nasce do ludismo cotidiano da água que se esguicha zombeteira por todo canto; que modifica a ação usual da torneira, fazendo-a cantora; que inventa palavras casadas glissiglissando na imagem da espuma com seu sssssssssss borbulhante; que se renova na purificação (o que quer que seja isso), não da alma, mas do corpo – o corpo escrito, a palavra escrita, a memória escrita, a matéria escrita, o eu escrito, o não eu escrito, a confissão escrita, o jogo escrito, a Minas escrita, o Carlos escrito, a Maria escrita, uma casa escrita, a casa de Maria escrita, a casa da poesia escrita, a poesia escrita.

Sessenta anos após a morte, em 21 de março de 1927, de Carlos Flávio, seu primeiro filho, escrito por Carlos Drummond de Andrade no poema "O que viveu meia hora", de *A paixão medida* (1980), falece Maria Julieta Drummond de Andrade em 5 de agosto de 1987. "E até, filhinha querida": as palavras daquela carta de 9 de janeiro de 1950 para sua Juju flor ressoam. O pai ainda sobrevive doze dias. "A vida não é um prazer, mas uma pena" (CM, p. 111), escreveu o autor de "Vila de utopia" em suas *Confissões de Minas*.

Melancolia
ver Humor; *Gauche*

Mello e Souza, Antonio Candido de
ver Candido, Antonio

Melo Franco, Afonso Arinos de
JORGE CHALOUB

Afonso Arinos de Melo Franco viveu entre duas vocações. Autor de grande obra e político de destaque, o mineiro cultivou com frequência a imagem de intelectual-político, homem na fronteira de dois campos. Essa representação mereceu cuidadosa autoconstrução biográfica em sua obra memorialística, composta de seis livros, e por meio de um estilo de atuação política em que as ideias, e a virtude em manejá-las, buscavam ofuscar os interesses e legitimar o lugar de destaque do autor/ator.

Em texto sobre o escritor e político Domingo Faustino Sarmiento, o também escritor Ricardo Piglia vê no ex-presidente argentino as marcas da "impossibilidade de ser escritor na Argentina do século XIX" (PIGLIA, 2010, p. 9). A onipresença da política, que "invade tudo", impediria a existência de uma esfera literária autônoma. Decorreria de tal "impossibilidade", contudo, o caráter incomparável da obra de Sarmiento, pois naquele momento da história argentina só poderia existir literatura no fracasso da política. Quando seu projeto político alcança a vitória, Sarmiento abandona a escrita pública, o romance, e abraça os textos de circulação privada, como as cartas. A afirmação de Piglia poderia, de forma semelhante, tratar de alguns dos protagonistas da geração de 1870 no Brasil, como Joaquim

Nabuco ou Rui Barbosa, personagens de uma época em que a reflexão intelectual era a todo momento atravessada pelos tempos e temas da política.

Nascido em 1905, Arinos emula, décadas depois, esse modelo de intelectual. Os motivos são frequentemente relacionados a certa noção de pertencimento a uma tradição familiar, ideia explicitada, por exemplo, em seu discurso de posse na Academia Brasileira de Letras: "De velhos sangues provinciais herdei, com efeito, o duplo destino da Política e das Letras [...] bebi, desde onde alcança a minha memória, o leite da Literatura e da Política" (MELO FRANCO, 1958). A vocação de intelectual-político teria origem em "velhos sangues", herança imaterial de virtudes familiares.

As menções a essa tradição são frequentes em seus livros de memórias, textos sobre história política e, sobretudo, nas biografias sobre familiares, como a sobre o pai, *Um estadista da República: Afrânio de Melo Franco e seu tempo*, de 1955. Esse livro não apenas expõe a construção de uma imagem familiar, mas também revela o grande modelo de Arinos: Joaquim Nabuco, o intelectual "clássico" (CAVALCANTE, 2006; FELGUEIRAS, 2013) e político de ideias por excelência. Em todas as suas faces, seja como intérprete do Brasil, diplomata, político, historiador, crítico literário ou jurista, o mineiro parece emular o estilo intelectual de Nabuco, presente em ideias semelhantes sobre a realidade brasileira e em certa "sensibilidade histórica". O pernambucano e o mineiro são expoentes de um liberalismo conservador muito próximo ao de clássicos como Alexis de Tocqueville, preocupado em conjugar o reconhecimento de grandes mudanças com a conservação de valores fundamentais, frequentemente identificados, nos casos de Arinos e Nabuco, a uma tradição intelectual brasileira a ser preservada pelas elites. Esse olhar é bem descrito pelas palavras de Arinos sobre a trajetória de Rui Barbosa: "Vivemos (pelo menos é o que sinto comigo) em permanente contradição íntima: de um lado, a necessidade imperiosa de uma profunda revolução social; do outro, a dificuldade, para não dizer a impossibilidade, de levá-la a termo com o resguardo de certos princípios sem os quais não nos é possível viver" (MELO FRANCO, 2019, p. 219).

O cenário de Arinos é, todavia, muito diferente. O mineiro ingressa na política parlamentar em meio a um processo de abertura e crescente protagonismo das massas, com profundas transformações na política e na vida intelectual brasileira. Tal como o Pierre Menard de Jorge Luis Borges, Arinos se vê frustrado em sua tentativa de reproduzir fielmente modelos do passado, pois mesmo quando emula, em seus livros ou discursos, Afrânio de Melo Franco ou Nabuco, os sentidos públicos das suas falas navegam em outras direções, conduzidos pelos ventos da história e da experiência pregressa.

A imagem cuidadosamente construída nas narrativas autobiográficas ainda não se delineava com tanta clareza nas décadas de 1920 e 1930. Como um dos jovens nomes do Modernismo mineiro, Arinos então flertava com a literatura, tendo até mesmo poemas publicados na relevante *Revista Estética*, editada por Prudente de Moraes, neto e Sérgio Buarque de Holanda (MELO FRANCO, 1955). Ele ainda via seu nome ser ofuscado, no mundo intelectual da época, pelo homônimo famoso, seu tio, autor do livro de contos *Pelo sertão*, de 1898. O jovem bacharel então assinava "Afonso Arinos (sobrinho)" e era do mesmo modo conhecido. Assim, seu nome está grafado, por exemplo, na dedicatória de Carlos Drummond de Andrade para o poema "Papai Noel às avessas", publicado no livro de estreia do poeta, *Alguma poesia* (1930).

Drummond não era um completo desconhecido para Arinos. Fora seu colega por poucos meses no Colégio Arnaldo, em Belo Horizonte, mas não chegaram a cultivar grande proximidade – tinham uma pequena diferença de idade e o tempo de convívio foi curto. O mineiro de Itabira também foi seu chefe na redação do *Diário de Minas*, jornal ligado ao tradicional Partido Republicano Mineiro (PRM). O poeta sairia do posto para assumir o lugar de chefe de gabinete de outro ilustre egresso do Colégio Arnaldo, Gustavo Capanema.

Arinos se tornaria conhecido no cenário intelectual ao longo da década de 1930, quando se destacou como autor de "interpretações do Brasil", em estilo bem semelhante aos clássicos da época. Em livros como *Introdução à realidade brasileira* (1933), *Preparação ao nacionalismo* (1934), *Conceito de civilização brasileira* (1936) e *Síntese da história econômica do Brasil* (1938), o bacharel empunhava o mesmo ânimo de autores como Sérgio Buarque de Holanda e Gilberto Freyre, todos ávidos na busca por uma brasilidade modernista a partir do diálogo com os últimos produtos das ciências sociais dos centros norte-atlânticos (MORAES, 1978a). Luiz Carlos Jackson e Alejandro Blanco afirmam que os chamados "ensaios de interpretação do Brasil" da década de 1930, mesmo que influenciados pelas vanguardas artísticas europeias, demonstram maior proximidade das ciências sociais europeias e norte-americanas do que de seus congêneres argentinos, que reivindicavam uma expressão literária (BLANCO; JACKSON, 2014, pp. 37-81). A obra de Arinos reforça esse argumento. Ele então via suas obras como sociológicas e políticas, marcadas pelo interesse de expor aspectos imprevistos da realidade brasileira a partir de uma "interpretação" (MELO FRANCO, 1936, p. 156). Professor de civilização brasileira na antiga Universidade do Distrito Federal, atual Universidade do Estado do Rio de Janeiro (UERJ), desde 1936, o jurista mineiro expunha na imprensa e no meio universitário suas teses sobre o país.

Destacam-se nesses livros outros traços do estilo da época, como o lugar central da história, presente como material de análise e influente no tipo de argumentação; a busca de especificidades brasileiras, sobretudo a partir de uma análise comparativa com os países centrais; e o recurso à psicologia social. As marcas não estão apenas nos clássicos citados: despontam em grande número de escritores, dessa geração ou de anteriores, como Caio Prado Jr., Paulo Prado, Oliveira Viana, dentre outros. No caso do recurso à psicologia social, trata-se de uma marca do debate intelectual da época, com destaque para autores como Gustave Le Bon, Ortega y Gasset e Freud, mas que no cenário brasileiro se vinculava mais intensamente ao tema da raça. Arinos retoma o clássico mote das três raças responsáveis pela composição do Brasil a partir de uma distinção entre "cultura" e "civilização" fortemente inspirada em Oswald Spengler, o que levava a concluir que o país era resultado do encontro entre uma civilização, a portuguesa, e duas culturas, a negra e a indígena.

A essencialização de características raciais, sobretudo por meio da atribuição de características negativas a negros e indígenas, afasta Arinos das inovações propostas por Gilberto Freyre, que em suas obras da década de 1930 propõe um conceito de raça profundamente atravessado por características socioculturais (ARAÚJO, 1994). O mineiro, por outro lado, continua a ver em supostas marcas raciais, tomadas de forma estanque, a base dos problemas do país. Arinos é influenciado não apenas por pensadores racialistas brasileiros, como Raimundo Nina Rodrigues, mas pela ressonância de um pensamento conservador e reacionário alemão, relevante para a emergência do nazismo em suas abordagens sobre raça, história e sociedade.

A influência de vertentes fascistas, como o integralismo, é particularmente presente em *Preparação ao nacionalismo*, livro no qual Arinos reproduz análises sobre a aversão ao nacionalismo dos judeus em perspectiva muito próxima, em seu conspiracionismo, a documentos apócrifos influentes no imaginário nazista, como *Os protocolos dos sábios de Sião*. Em suas memórias, ele reconhece ter sido "um pouco envolvido por essa corrente" (MELO FRANCO, 2019, p. 454). As influências familiares e de certas amizades, sobretudo do campo literário, foram, segundo o próprio, as principais barreiras contra sua adesão ao integralismo, movimento então estimado por muitos de seus amigos. Deve-se ressaltar que, anos depois, Arinos renunciou expressamente às teses e ao estilo desses ensaios políticos de juventude. Seja quando comentou a crítica do sociólogo Guerreiro Ramos, que classificou Arinos como símbolo da decadência de uma elite letrada distante das disputas político-partidárias (RAMOS, 1944, pp. 101-12), ou quando reavaliou, em suas memórias, os livros que escreveu, o mineiro sempre retratou tais posicionamentos como fruto da imaturidade, responsável pela reprodução acrítica da cultura da época (MELO FRANCO, 2019, pp. 454-55 e 1305).

Na década de 1930, Arinos ainda reivindicava o lugar de intelectual antes comprometido com o pensamento que com a ação: "Não sugiro caminhos. Indico as causas que podem determinar a escolha deles" (FRANCO, 1934, p. 29). No primeiro volume das suas memórias, *A alma do tempo*, escrito em 1961, ele afirma que era, então, "mais escritor do que político" (FRANCO, 2019, p. 454). A política era seu tema de interesse e ele sempre se envolveu, por meio dos seus, nesse mundo, mas sua voz ressoava sobretudo no campo das ideias.

Um bom exemplo de uma das suas mais importantes reflexões da época é *O índio brasileiro e a Revolução Francesa – As origens brasileiras da teoria da bondade natural* (1937), obra de teoria política e história das ideias na qual Arinos investigou, com grande erudição, a influência da imagem do índio brasileiro no debate político francês dos séculos XVII e XVIII. No livro estão as marcas do jovem cosmopolita, cujos recursos de família permitiam estadias europeias, justificadas pela saúde e pelo interesse intelectual. Os valores clássicos são atribuídos, em obra posterior (MELO FRANCO, 1982), à influência do pai, cultor de princípios universais e que via a experiência europeia como um modo de afastar o filho do Modernismo brasileiro e mineiro.

Na década de 1930, Arinos também escreve livros de crítica literária e ensaios, como *Espelho de três faces* (1937) e *Ideia e tempo* (1939), nos quais analisava autores como Manuel Bandeira, Gilberto Freyre e Bernardo Pereira de Vasconcelos. No livro de 1937, dedica um ensaio analítico a *Alguma poesia*. Com o título "Notícia sobre Carlos Drummond de Andrade", o artigo reproduz a oposição entre a timidez do homem e a loquacidade do poeta, tão comum nos escritos sobre Drummond. O mineiro de Itabira teria um "modo esquisito de falar, rápido, baixo, enviesado, como quem fala sozinho", marca de quem vive "como que numa defesa contra todos". Havia certa inevitável distância imposta por seu temperamento de "homem fechado, meio frio, com horror a abraços, pancadinhas, pilhérias e outras vias de comunicação" (MELO FRANCO, 1937, pp. 146-48). A eventual intimidade não passava pela exibição dos seus dotes de poeta, pois ele raramente declamava em público, já não frequentava os mais conhecidos saraus literários e, mesmo entre amigos, não expunha com frequência seus poemas. Drummond, segundo Arinos, "considerava sua poesia desligada dele, autônoma, imperativa" (MELO FRANCO, 1937, p. 147), o que não o impediu de assumir a posição de "mestre" em sua geração e de "maior poeta de Minas". Arinos escreve como amigo e crítico. Expõe, por um lado, os momentos compartilhados na Rua da Bahia dos tempos do *Diário de Minas*; assume, por outro, a postura de analista da produção intelectual e literária de uma geração.

No início dos anos 1940, Arinos produz livros semelhantes aos da década anterior, sublinhando o esforço de interpretação do país, como em *Desenvolvimento da civilização material no Brasil* (1944), resultado de uma série de aulas ministradas em 1941 no Serviço do Patrimônio Histórico e Artístico Nacional (Sphan), então coordenado por seu amigo Rodrigo M. F. de Andrade. O autor também continuaria sua produção crítica, com *Mar de sargaços* (1944) e *Portulano* (1945). São igualmente importantes seus esforços no campo da literatura, numa longa introdução às *Cartas chilenas*, de Tomás Antônio Gonzaga, obra produzida por encomenda do Instituto Histórico Geográfico Brasileiro (IHGB), e em *Algunos aspectos de la literatura brasileña* (1944), resultado de um curso oferecido na Argentina que, segundo suas memórias, foi prestigiado pela imprensa portenha e por grandes nomes da literatura do país, como Jorge Luis Borges e Victoria Ocampo. A mineiridade, tema de destaque na construção de sua persona mais conhecida, é relevante não apenas em seu trabalho crítico, mas em duas investidas literárias: *Roteiro lírico de Ouro Preto* (1937) e o drama lírico *Dirceu e Marília* (1942). O prestígio de Arinos no cenário das letras pode ser medido, ainda, pelo convite para integrar, em 1944, a banca de um famoso concurso para a cátedra de Literatura Brasileira na Universidade de São Paulo, que oporia o então jovem crítico Antonio Candido ao grande escritor modernista Oswald de Andrade.

Arinos também investiu na produção historiográfica, com *História do Banco do Brasil – Primeira fase: 1808-1835* (1944), *Um soldado do Reino e do Império: vida do marechal Calado* (1942) e *Homens e temas do Brasil* (1944). Os dois últimos são bons exemplos de um estilo de produção historiográfica frequente na obra de Arinos: o perfil de grandes personalidades. O autor já o exercita em seus livros de crítica e será conhecido por seus discursos parlamentares do gênero, boa parte deles reunidos posteriormente no volume *Estudos e discursos* (1961). Nesse terreno, produziria três obras sobre nomes de sua família: além do marechal Calado, seu bisavô, e de Afrânio de Melo Franco, seu pai, também tratou do avô de sua esposa Ana, em *Rodrigues Alves: apogeu e declínio do presidencialismo* (1973). Nos três textos, Arinos reconstruía momentos históricos a partir da lente biográfica no estilo historiográfico popular do século XIX, através de figuras como Thomas Carlyle.

Os estudos sobre a mineiridade e as biografias de grandes homens são como transições para a construção da nova personalidade de Afonso Arinos. A partir de meados dos anos 1940, com a candidatura derrotada à deputado federal, a política como "choque de ideias" (MELO FRANCO, 2019, p. 298) não mais estaria desvinculada da disputa institucional na vida do bacharel. A análise da vida de homens célebres, alguns dos quais vistos como predecessores, é um passo na direção de disputas imediatas, marcadas pelo trato de questões mais concretas do que as trabalhadas nos ensaios políticos da década de 1930. Há nesses textos uma reflexão sobre o modelo de homem político e público que Arinos quer alcançar, em chave próxima da formulação de Cícero sobre a História como "mestra da vida". A "mineiridade", por sua vez, corrobora a compreensão do presente e do futuro vistos a partir de certo passado mítico, compreendido como chave de interpretação do mundo e guia de conduta. As ações passam pela naturalização do que seriam características psíquicas do mineiro, como a prudência e a moderação, transformadas, pelo discurso de alguns intelectuais, em ideais políticos (ARRUDA, 1990).

Sua entrada na vida política é acompanhada por um grande volume de livros sobre direito. Arinos escreve teses para as cátedras de direito penal e constitucional da Universidade do Estado do Rio de Janeiro e da Faculdade Nacional de Direito; publica pesquisas sobre direito constitucional e história do direito; e ministra cursos sobre os temas. Nas décadas de 1960 e 1970, se aproxima dos estudos de ciência política, interesse que resulta no livro *História e teoria dos partidos políticos no Brasil* (1978).

O bacharel mineiro com frequência ressaltava como a política adentrava todos os espaços de seu mundo doméstico, sempre iluminado pelas grandes lideranças nacionais da Primeira República (próximas ao pai) e pelos revolucionários de 1930, presentes na vida do irmão Virgílio. Sua ingressão no Parlamento não foi, portanto, uma ruptura, e sim uma inflexão importante em sua trajetória, conferindo outro sentido não apenas a seu futuro, como a seu passado.

A conjuntura política teve grande papel nesse movimento. O início dos anos 1940 foi marcado por um recrudescimento na oposição ao Estado Novo, com forte politização dos intelectuais. Mesmo apoiadores pregressos passaram a atacar o governo Vargas, em consonância com escritores, que organizavam o enfrentamento em encontros como o I Congresso Brasileiro de Escritores, realizado em janeiro de 1945. Um pouco antes, em outubro de 1943, em Minas houve um azeitamento crítico ao Estado Novo ainda maior entre intelectuais e políticos, explicitado no *Manifesto dos Mineiros*, com a participação de Arinos. Por ter assinado o manifesto, ele acabou demitido do cargo de advogado do Banco do Brasil.

Por conta dos compromissos políticos assumidos e dos vínculos familiares, a candidatura a deputado foi um caminho natural. A escolha não importou, todavia, o abandono das vestes de intelectual. Quando, em suas memórias, analisa a relação com o irmão Virgílio Melo Franco, Arinos assume a natureza de "homem do pensamento", cuja "atitude do espírito" seria "a dúvida, a comparação, a aceitação dos contrários" (MELO FRANCO, 2019, p. 366), posturas bem diversas das típicas de um "homem de ação", como Virgílio. A votação nas eleições de 1946 não lhe permitiu entrar diretamente na Câmara dos Deputados; porém, em 1947, ele assume como suplente.

A trajetória político-eleitoral de Arinos é a sua face mais conhecida. Deputado por Minas em dois mandatos, quando exerceu as lideranças da União Democrática Nacional (UDN) e da oposição; senador pelo Rio de Janeiro em outros dois, um deles após o fim da ditadura militar; ministro das Relações Exteriores responsável pela formulação, ao lado de San Tiago Dantas, da política externa independente do governo Jânio Quadros; não faltaram a Arinos postos relevantes. Seu perfil político foi delineado por certo arquétipo retórico, reverberando, como já dito, a influência de Joaquim Nabuco, modelo emulado não apenas por Arinos, como por outros companheiros seus na UDN, principal partido de oposição ao getulismo e, por consequência, a Juscelino Kubitschek e João Goulart, considerados sucessores de Vargas. Os discursos, repletos de referências eruditas e com marcas evidentes da linguagem jurídica, soavam muitas vezes deslocados em meio a um processo de massificação da política, caracterizado pelo grande aumento do número de vozes e amplo desenvolvimento de novos meios de comunicação. Nesse cenário, os bacharéis udenistas, como Arinos, não alcançavam o mesmo sucesso eleitoral e perdiam espaço, mesmo dentro do seu campo, para personagens como

Carlos Lacerda, mais versado na linguagem das multidões.

O cenário não impediu Arinos de influenciar as grandes questões políticas de então, com destaque nas disputas em torno do suicídio de Getúlio Vargas – quando fez um dos seus mais famosos discursos –, na instituição do parlamentarismo de 1961 e no Golpe de 1964. Antes do fim da democracia limitada de 1946, Arinos já tinha exposto sua clara consciência da mudança dos tempos. Em textos como "A crise do direito e o direito da crise", publicado em *Estudos e discursos* (1961) e *Evolução da crise brasileira* (1965), conjunto de suas colunas políticas no *Jornal do Brasil*, e no primeiro volume das suas já citadas memórias (*A alma do tempo*, de 1961), ele reflete sobre o novo cenário político social e seu lugar nele. Sua conversão ao parlamentarismo, exposta em *Parlamentarismo ou presidencialismo?* (1958), depois de ter defendido firmemente o presidencialismo, soa como autorreconhecimento de que era no Parlamento, onde brilhava como orador, o lugar em que poderia alcançar êxito. Deputado de maior protagonismo na tribuna do que nos projetos de lei, como ele mesmo admitiu, Arinos também entrou para a história por causa de uma das mais conhecidas leis do Parlamento brasileiro: a Lei Afonso Arinos, primeira norma brasileira sobre discriminação racial no país. Adepto de teorias racialistas na juventude, ele expõe sua mudança no projeto de lei, que alcançou grande popularidade.

Apoiador do Golpe de 1964, Arinos tentaria influenciar o regime por meio do protagonismo no Parlamento, mas se veria derrotado no debate com Francisco Campos e Carlos Medeiros, autores do Ato Institucional nº 1. O evento o convenceu a ser afastar da política institucional. Em 1967, depois de 20 anos de vida parlamentar, ele não concorre à reeleição para o Senado. Sua produção memorialística trará o sabor do ocaso, ainda suave no livro de 1961, mas cada vez mais presente em *A escalada* (1965), *Planalto* (1968), *Alto-mar maralto* (1976) e *Diário de bolso seguido de Retrato de noiva* (1979). Afastado da política, ele volta à literatura, pois, segundo sua percepção, era esse o gênero da sua memorialística: "Pretendo fazer dele, antes de tudo, uma obra de literatura. Escrito com forma literária, tanto quanto estiver ao meu alcance..." (MELO FRANCO, 2019).

Arinos ainda voltaria à política institucional na era da redemocratização, na qual outra vez atuou como voz moderada. Nesse novo contexto, ele ganharia destaque por sua atuação na imprensa e por meio da *Comissão Afonso Arinos*, que, por pedido do então presidente José Sarney, apresentou um anteprojeto de Constituição. Outra vez eleito para o Parlamento em 1987, morreria como senador, em 1990.

Em meio a essa trajetória repleta de idas e vindas, pensar as relações entre Drummond e Arinos pode iluminar dimensões dos dois personagens. Uma primeira tentação é pensá-los como opostos: o grande poeta, que apesar da carreira de Estado sempre privilegiou a literatura e detestou os holofotes da política; e o político, cultor de uma imagem em que política e literatura se mostravam indistintas, e o pensamento estava à serviço, com mais ou menos mediações, dos interesses de grupos sociais influentes. Se algo desponta dessa representação antagônica, outros aspectos importantes se perdem. A trajetória de Drummond ilumina, por exemplo, um elemento frequentemente menosprezado nas análises acadêmicas sobre o bacharel Arinos: as marcas de certo Modernismo tardio. Há em seus livros da década de 1930 um desencanto com a ordem da Primeira República que não se restringia ao campo da política, mas atravessava o Modernismo mineiro e alcançava o jovem Drummond.

As análises das primeiras cartas da correspondência entre Drummond e Mário de Andrade frequentemente retratam a relação professoral entre os dois escritores e, com isso, interpretam o poeta de Itabira pela chave da imaturidade. Drummond logo construiria um olhar mais complexo para as especificidades brasileiras, algo já explícito em seu primeiro livro, de 1930, mas em 1924 ainda revelava as marcas da crítica elitista e decadentista, característica não apenas dele, mas dos modernistas da Rua da Bahia em Belo Horizonte. A "tragédia de Nabuco" mencionada por Drummond na carta de 24 de novembro de 1924 (CCM, p. 57), e ironizada na carta posterior de Mário como "moléstia de Nabuco", expõe um veio conservador, mais forte no Modernismo mineiro do que no paulista.

Arinos carregaria as marcas de Nabuco durante toda a sua trajetória, mas a partir da década de 1940 veria os traços do Modernismo mineiro cederem lugar a uma estética clássica, tão bem representada pelo livro *Amor à Roma* (1982). Os novos tempos do mundo, com as sensíveis mudanças após a Segunda Guerra Mundial, fariam com o que seu conservadorismo se transformasse em um liberalismo conservador, mais aberto às transformações, mas ainda preocupado em evitar as rupturas e mudanças bruscas. Exemplar nesse sentido é sua representação de Minas como lugar da moderação e centro político por excelência, sítio avesso aos radicalismos da esquerda e da direita. Drummond construiria outra Minas, menos grandiloquente: seu olhar não privilegiaria os "grandes nomes", mas proporia uma visão de mundo calcada em outros traços, mais próximos da experiência cotidiana e com outro elenco.

Quando escreveu sobre Arinos, seja em seu poema "A Afonso, setentão" ou no prefácio de *Diário de bolso seguido de Retrato de noiva*, Drummond sempre ressaltou o "estadista", o "servidor do povo", o "combatente do direito e da justiça", isto é, sempre retratou o homem público, indistinto do intelectual ou do amigo.

Mesmo no Parlamento, Arinos mantém um olhar próximo ao esboçado em seu texto de 1937. Em discurso em homenagem a Drummond, proferido no Senado em 1963, ele elogia, em tom grandiloquente, o grande poeta e louva o "homem exemplar" (MELO FRANCO, 1963, p. 1301). Perdem-se as notas de bom humor do outro texto, o que é compreensível pelo ambiente de formalidades do Parlamento, mas se mantêm a dualidade entre o poeta, que "traduz a consciência tumultuosa do nosso tempo", e o homem discreto, avesso a grandes pompas. Nesse sentido, Drummond é um outro de Arinos. Enquanto o poeta sempre recusou uma cadeira na Academia Brasileira de Letras, desconfortável com o oficialismo da instituição, o bacharel logo conseguiu ser eleito, em 1958, a partir de disputa contra Guimarães Rosa. Em suas memórias, ele justifica a eleição ante o autor de *Grande sertão: veredas* com o argumento de que, para a ABL, "a experiência de vida pesa tanto quanto a experiência literária" (MELO FRANCO, 2019, p. 1039). Em outros termos, as virtudes de político tanto quanto as do escritor.

Os muitos títulos, interesses e faces de Arinos ocultam, sob a aparente multiplicidade, uma coerência decorrente da "missão" de origem familiar condensada na figura do intelectual-político.

Drummond, aos seus olhos, se distingue por sua "obstinação", distinta dos variados interesses que não permitiram a Arinos, que usa apenas protocolarmente a primeira pessoa do plural, a construção de caminho semelhante: "[...] nós, que não tivemos força para nos desinteressar do resto, e que, meio sem querer e meio de propósito, nos fomos deixando levar pela vida múltipla" (FRANCO, 1937, p. 148). O curioso é que essa obstinação, essa escolha firme por um só caminho, responsável por uma vida pública sem pompa, e pela opção da burocracia no lugar da política parlamentar, produziu, no campo da literatura, uma multiplicidade de expressões e personas literárias.

Melo Neto, João Cabral de
ANTONIO CARLOS SECCHIN

Uma faca salame. Corria à boca larga que era desse modo irônico, debochado, que Carlos Drummond de Andrade denominava o poema "Uma faca só lâmina", de João Cabral de Melo Neto, publicado no *Jornal de Letras* nº 75, de setembro de 1955. Como algumas pessoas integravam o círculo comum de amizade dos dois poetas, não é difícil inferir que tal brincadeira paródica tenha chegado ao conhecimento de Cabral. De qualquer modo, parece nítido que foi nessa década de 1950 que se encorparam as rusgas entre ambos, nunca, aliás, assumidas ou explicitadas em público. Correm versões sobre o afastamento – na fronteira do rompimento – entre dois escritores que

outrora haviam sido muito unidos, a ponto de, em 1946, Drummond ter sido padrinho de casamento de Cabral com Stella, sua primeira esposa. Uma versão infundada refere que João teria colaborado para que Maria Julieta, filha única de Carlos, obtivesse um cargo no Centro de Estudos Brasileiros de Buenos Aires, órgão da Embaixada do Brasil. Isso teria desgostado Drummond, cujo apego à Julieta era notório. Ora, à época (coincidentemente, 1955), sua filha já residia havia seis anos na capital argentina, para onde fora com o marido, o escritor Manuel Graña Etcheverry.

Em 1956, retomando a carreira diplomática – de que fora afastado por um rumoroso inquérito administrativo, sob a acusação de propagar ideias comunistas –, João Cabral foi designado para servir em Barcelona. O contato entre ele e Drummond, a partir de então, torna-se esporádico, formal e (quase) literalmente telegráfico. Mais plausível parece ser a atribuição do afastamento a um progressivo dissenso estético, apimentado, é claro, pelas facas e salames que substituíram os salamaleques de outrora. Cabral, de discípulo da poesia drummondiana, passava a ser seu contendor, com uma dicção poética em nítido contraste com a do antigo mestre.

Nos primórdios de sua escrita, e antes de conhecer pessoalmente Drummond, em 1940, Cabral já se revelava tributário e admirador do poeta itabirano, conforme revelam dois poemas de 1938, inéditos até 1990 (incluídos na coletânea *Primeiros poemas*): "C.D.A." e "O momento sem direção". Se neste último a homenagem se expressa em forma de dedicatória, no primeiro ela se efetiva no corpo do poema, por meio da alusão a algumas peças do autor mineiro: "Uma imensa ternura disfarçada/ chegara de Belo Horizonte/ pelos últimos comboios/ e os versos do poeta municipal/ que viúvos traziam entre flores/ vinham em aeroplanos/ e invadiam os arranha-céus federais" (MELO NETO, 2008, pp. 10-11). Não é difícil, na seleção vocabular, rastrear os traços de "Lanterna mágica – I Belo Horizonte", "Cantiga de viúvo" e "Política literária", do primeiro livro de Drummond, *Alguma poesia* (1930). Curiosamente, a mesma atitude de CDA – reverenciar seu mestre na dedicatória da obra de estreia – foi adotada por João. Em *Alguma poesia*, lê-se "A Mário de Andrade, meu amigo" (AP, p. 9). Cabral foi além: situou Drummond no pórtico não apenas do primeiro, mas na abertura de seus três livros iniciais. No terceiro, de 1945, *O engenheiro*, reaproveitou na totalidade, inclusive, a fórmula drummondiana de 1930: "A Carlos Drummond de Andrade, meu amigo" (MELO NETO, 2008, p. 42). Na estreia, com *Pedra do sono* (1942), a dedicatória foi compartilhada com os pais (não nomeados) de Cabral e com Willy Lewin, um dos mentores intelectuais do jovem poeta, ao lado de Joaquim Cardozo. A segunda obra (*Os três mal-amados*, 1943) não comporta dedicatória, mas Drummond se faz presente na epígrafe, extraída de seu poema "Quadrilha": "João amava Teresa que amava Raimundo/ que amava Maria que amava Joaquim que amava Lili" (AP, p. 54). O texto, de natureza dramática, desenvolve três monólogos paralelos, para os quais os versos de "Quadrilha" serviram de mote, mas nas glosas nada se percebe do humor dessentimentalizado do original. Ao contrário, o que se lê são três maneiras de se lidar com a perda amorosa, configurando-se em linguagens diversas: a onírica, de João, num prolongamento da atmosfera surrealista de *Pedra do sono*; a construtivista, de Raimundo, preparando a futura poesia engenheira de Cabral; e a romântica, de Joaquim, esta, a mais próxima da força destruidora que Drummond empresta à paixão, mesmo com viés irônico – leia-se o "Necrológio dos desiludidos do amor", de *Brejo das Almas* (1934).

No mesmo diapasão das desditas de Joaquim, localizam-se, em *O enge-

nheiro, os versos de "A Carlos Drummond de Andrade": "Não há guarda-chuva/ contra o amor/ que mastiga e cospe como qualquer boca,/ que tritura como um desastre" (MELO NETO, 2008, p. 55). Após tão intensas e reiteradas homenagens, Drummond desaparece de súbito dos 16 livros subsequentes de Cabral, qualquer que fosse a alternativa: dedicatória, epígrafe, título ou conteúdo de poema. Tal silêncio parece recíproco: na muito extensa obra drummondiana, uma única peça foi dedicada ao (então) amigo: "Campo, chinês e sono", de *A rosa do povo* (1945). Na ocasião, a poesia cabralina já começava a orientar-se para o reino solar, em busca de luz e lucidez. Não se sabe se lhe terá sido agradável ver-se associado à China e ao sono.

Documentos não publicados e atitudes de acolhimento comprovam que, apesar das divergências estéticas, os gestos de amizade prosperavam, ao menos até os primeiros anos da década de 1950. Comprova-o o poema-desabafo, datado de 29 de abril de 1943, "Difícil ser funcionário": "Difícil ser funcionário/ Nesta segunda-feira./ Eu te telefono, Carlos/ Pedindo conselho./ [...]/ E os arquivos, Carlos,/ As caixas de papéis:/ Túmulos para todos/ Os tamanhos de meu corpo./ [...]/ Carlos, dessa náusea/ Como colher a flor?/ Eu te telefono, Carlos,/ Pedindo conselho" (MELO NETO, 2008, p. 654).

No dia 9 de maio de 1948, com o pseudônimo de Policarpo Quaresma Neto, CDA publica, no suplemento "Letras e Artes", uma resenha sobre o livro cabralino *Psicologia da composição*, de 1947, impresso em Barcelona pelo próprio autor. Resguardado, talvez, pela couraça do pseudônimo, Drummond distribui afagos e desfere ressalvas na mesma proporção. No artigo, intitulado "Um poeta hermético", Policarpo considera "rebarbativo" o título do livro, e afirma que, na tentativa de dominar "a fria natureza da palavra escrita", Cabral logra êxito "as mais das vezes". Numa única frase, enlaça endosso e restrição: "Repelindo as pompas e loucainhas do adjetivo, [o autor] atém-se ao recurso elementar da comparação (há uma floresta de 'como' no livro)". A seguir, inverte o processo: formula grave crítica, logo contraposta a uma grande virtude: "E, desinteressado de música, tomba na cacofonia. Mas seus achados não lembram os de nenhum outro poeta brasileiro e são de uma potência extraordinária". Por fim, enfatiza o hermetismo "desta difícil e admirável poesia", em consonância com o que já escrevera em carta de 17 de janeiro de 1942: "É certo que sua poesia tem muito hermetismo para o leitor comum, mas v. a faz assim hermética porque não pode fazê-la de outro jeito [...], que se ofereça assim mesmo para o povo" (SÜSSEKIND, 2001, p. 174).

Anos depois, em 1953, um júri, integrado por Drummond, Antonio Candido e Paulo Mendes de Almeida, feriu a *O rio*, de João Cabral, o maior prêmio nacional de poesia, o José de Anchieta, no âmbito das comemorações do iminente transcurso da Quarto Centenário de São Paulo. O prêmio, no valor de 100 mil cruzeiros, correspondia na época a 2500 dólares, no câmbio livre, ou a 3700, no câmbio para aquisição de passagem aérea. Descontada a inflação em dólar do período, o montante equivaleria, hoje, a cerca de 24 mil dólares.

Cabral adotou para o concurso o pseudônimo de Pedro Abade, escolhido por ter sido esse frade o responsável pela única cópia conhecida de *O cantar de Mío Cid*, poema de sua enorme admiração. Superou 95 concorrentes, entre eles Ferreira Gullar, que, oculto sob o nome de José Dust, disputou o concurso com *A luta corporal*, na verdade com um fragmento, apenas, do que viria a ser o grande livro. Em carta a Cyro dos Anjos, de 6 de junho de 1953, Drummond, apesar da premiação, não se furtou a alfinetar o ex-discípulo: "Demos o prêmio [...] a João Cabral de Melo Neto. Foi justo, porque os demais candidatos não produziram coisa melhor, e me pareceu também simpático, dada a situação moral de João, perseguido no Itamaraty. Menos simpática me pareceu a atitude dele diante do prêmio. Deu umas entrevistas um tanto cheias de fumaça, gabando os defeitos do livro, que dizia intencionais" (MIRANDA; SAID, 2012, pp. 160-61). Não disse que o livro era bom: comentou que os outros eram piores, e acrescentou motivo extraliterário para reforçar a escolha. Outro havia sido o discurso do poeta no louvor ao livro imediatamente anterior de Cabral, que igualmente versa sobre o rio Capibaribe, e é assim referido em crônica no *Correio da Manhã* de 28 de janeiro de 1951: "E há também o pequeno e secreto e admirável volume de João Cabral de Melo Neto, *O cão sem plumas*, em que o poeta cria uma expressão sua para cantar o doloroso Capibaribe do seu Recife natal. Vindo de Barcelona, este livrinho tem uma essência de Brasil que muita obra pretensamente nacional não seria capaz de revelar".

Se Drummond parece não ter se empolgado com *O rio*, Cabral, por seu turno, só se encantou efetivamente pela obra poética do antigo mestre até *Brejo das Almas* vale dizer, pelo Drummond "desconstrutor", do período modernista, não pelo poeta participante de *Sentimento do mundo* (1940) e *A rosa do povo*, e menos ainda pelo poeta que, em *Claro enigma* (1951), coonesta, numa epígrafe de Paul Valéry, o desinteresse por acontecimentos. A poesia engajada, para Cabral, sofria a nefasta influência de Pablo Neruda, e o peso dessa retórica sufocaria a inventividade e a leveza do primeiro Modernismo. Em *Claro enigma*, por sua vez, o retorno às formas fixas (em especial ao soneto), aliado à recusa de temas afeitos à vida concreta, levava a um resultado em tudo avesso ao ideário cabralino. Curiosamente, quando João exibiu pendor estetizante (em *Pedra do sono*, *O engenheiro* e *Psicologia da composição*), Carlos mergulhava no social; quando no começo da década de 1950, João voltou-se para a temática social explícita, Carlos tratou de descartá-la, optando por tornar-se um "fazendeiro do ar" e aderindo, a seu modo, à estetização do verso. A consciência desse dissenso pode ser flagrada numa carta de Cabral a um poeta de quem foi amigo a vida inteira: Lêdo Ivo. Convidado, com vistas a uma publicação, a elaborar estudo introdutório de um poeta brasileiro, assim se exprimiu, em missiva londrina de 25 de junho de 1951: "É difícil dizer a quem gostaria de apresentar. Sentimentalmente, Carlos Drummond (embora pouca coisa interessante pudesse dizer sobre ele); tecnicamente, Murilo Mendes; 'filosoficamente', Vinicius ou Manuel Bandeira. Mas nenhuma das coisas que eu poderia fazer teria importância e por isso seria melhor que eu fique de fora. Sinceramente" (IVO, 2007, p. 52). Além de esquivar-se da tarefa, Cabral reduz a uma simples relação "sentimental" o que o vinculava a seu antigo mentor. Se, privadamente, confessa estar mais interessado na técnica de Murilo, em público, porém, continua a afirmar a prevalência do itabirano, como em trecho de entrevista concedida ao *Diário de Pernambuco* em 25 de outubro de 1953: "O autor brasileiro, realmente, a quem mais devo é Carlos Drummond de Andrade [...] meu poeta preferido". Os dois caminhos díspares, todavia, não deixaram de se tangenciar tematicamente no período derradeiro de suas respectivas produções, quando ambos, em linguagem bem distinta, voltaram-se ao memorialismo e ao resgate da infância, na trilogia *Boitempo*, de Drummond, entre 1968 e 1979, e em *A escola das facas* (1980), de João Cabral. Olhar mais complacente e lírico no primeiro caso, distanciado e crítico no outro.

Afastados, a partir da década de 1950, por seus projetos estéticos divergentes, por algumas estocadas pessoais de parte e outra, e pelo distanciamento geográfico decorrente das missões diplomáticas do poeta pernambucano, deixaram nítido esse progressivo esgarçamento da amizade na correspondência trocada entre 1940 e 1984 – comprovado não por aquilo que foi escrito, mas por tudo que deixou de sê-lo: o clamoroso silêncio, a frieza estampada pós-1953. No total, contabilizam-se 61 documentos epistolares até o ano de 1957; daí em diante, até a morte de Drummond, em 1987, apenas mais um, datado de 23 de abril de 1984! Ainda assim, conforme anota a pesquisadora Flora Süssekind, responsável pela publicação da correspondência, não há comprovação do envio dessa derradeira carta. Seu rascunho consta do acervo de Drummond, mas o documento supostamente expedido não foi localizado no arquivo de Cabral. O larguíssimo período, quase três décadas, do silêncio de ambos é logo evocado (e atenuado): "Meu caro João: Está comigo o exemplar especial do *Auto do frade*, com sua dedicatória cordial. Recebi-o com alegria, pois quebra um silêncio de muitos anos, para o qual não encontro outra explicação senão... a falta de explicação. Sempre estranhei e lamentei o afastamento a que nos vimos submetidos, e que não foi motivado por qualquer desentendimento ou desavença entre nós. [...] O *Auto do frade* é uma criação engenhosa, que entrelaça habilmente história e poesia" (SÜSSEKIND, 2001, p. 247). No mesmo diapasão, o de negar a ruptura, segue João Cabral, numa entrevista à *Folha de S.Paulo*, em 22 de maio de 1994: "Não houve afastamento nenhum. O que o pessoal ignora é que desde 47 eu vivi no estrangeiro [...]. Eu não sou capaz de escrever carta, mas eu continuei amigo de Carlos até ele morrer". Em termos... Embora não fosse contumaz missivista, às vezes descuidado no *timing* da resposta, Cabral escreveu, sim, muitas cartas, algumas delas endereçadas a Drummond, precisamente a partir de 1947. E, decerto, não permaneceram amigos até o fim.

A correspondência revela facetas interessantes, porém pouco aprofundadas, do temperamento de ambos. A começar pelo vocativo na abertura das cartas: algumas vezes "caro", "prezado", outras simplesmente "Carlos", "João". Numa única ocasião – em 30 de junho de 1948 –, Drummond permite-se o arroubo de "João, querido João". Nas 62 peças do intercâmbio, registram-se três poemas de Cabral, cartões comemorativos, numerosos telegramas ou cartas lacônicas (de até cinco linhas), eventualmente de natureza burocrática – ambos, em áreas diferentes, eram servidores públicos, e desse modo podiam franquear-se pequenos favores recíprocos, ou agir em prol de terceiros. As cartas um pouco mais extensas, de caráter pessoal ou literário, correspondem a cerca de metade do conjunto.

Pode-se dividir o intercâmbio epistolar em três períodos. O primeiro, com 14 cartas, se estende de 22 de fevereiro de 1940 a 15 de novembro de 1942, e corresponde à época em que João ainda morava no Recife. O segundo, que contém três poemas manuscritos (um deles, de 1942), congrega mais 25 cartas, a partir de 10 de março de 1943 a 30 de janeiro de 1947: época em que os dois poetas conviveram no Rio de Janeiro. O terceiro, com 18 cartas, entre 10 de abril de 1947 e 28 de abril de 1984 (esta, o rascunho já referido), se vincula ao período em que João Cabral se encontrava no exterior – salvo duas missivas recifenses, pois o poeta teve de retornar ao país para defender-se no processo de seu afastamento do Itamaraty. No mais, cartas provenientes da Espanha (em maioria) ou da Inglaterra.

No primeiro período, a tônica são os pedidos de ajuda a Carlos, de variada natureza: na divulgação do Congresso de Poesia do Recife; na indicação de nomes que pudessem adquirir um exemplar de luxo de *Pedra do sono*, para amortizar os custos da tiragem em papel comum; no fornecimento de endereços para a remessa de livros. Na mais longa carta dessa fase pré-carioca, de 22 de setembro de 1942, Cabral revela que fez tratamento para recobrar seu equilíbrio psíquico e insinua se o amigo poderia ajudá-lo a conseguir "uma colocação no Rio" (SÜSSEKIND, 2001, p. 181).

No segundo período, a correspondência, forçosamente, vaza-se em forma sintética e de teor predominantemente protocolar, pelo simples fato de que, morando na mesma cidade, e encontrando-se praticamente todos os dias em bares da Cinelândia, não necessitavam recorrer aos serviços do Correio para estabelecerem comunicação mais íntima. Excetua-se desse panorama – *et pour cause* – a carta de 26 de junho de 1944, quando Cabral se encontrava ausente do Rio. De Goiânia, formula uma "profissão de fé", enfatizando o poder transformador da criação literária: "Eu a uso no outro sentido, o de necessariamente a literatura ser um veículo de alegria, não morbidez. Creio que a função mais importante da literatura não é refletir a miséria que a gente está vendo, e sim dar coragem a esses que se está vendo na miséria. Manejar a melancolia e a morbidez é perigoso porque termina sendo criado um gosto por ela. Esse é um perigo que você é talvez o único autor nosso a saber evitar" (SÜSSEKIND, 2001, p. 206).

No terceiro período, ainda que de forma incidental, revelam-se alguns traços da personalidade cabralina: seu arraigado anticlericalismo e sua simpatia pelo comunismo. O trauma de sua experiência escolar em colégio marista comparece em mais de um poema de sua obra, e também em depoimentos e entrevistas, num viés irônico, quando não sarcástico. Em carta de 3 de junho de 1947, de Barcelona, registra: "E os mais jovens [poetas] estão entregues à poesia em Cristo e ao inanido ar de sacristia que se respira aqui. Este é impressionante: nunca imaginei que a Igreja brasileira fosse tão 'católica', isto é, tão universalmente imbecil. Você não pode calcular a ascendência que têm os padres na vida pública espanhola" (SÜSSEKIND, 2001, p. 221).

Quanto à sua orientação política, informa, em 9 de outubro de 1948: "Gostaria de lhe falar de um poema que estou arquitetando e que seria uma espécie de explicação de minha adesão ao comunismo" (SÜSSEKIND, 2001, p. 228). Trata-se, muito provavelmente, do embrião de *O cão sem plumas*, publicado em 1950. No ano de 1951, de Londres, em 4 de junho, tece, pela última vez, um grande elogio epistolar à arte do amigo e mestre: "Você – e isso já desde alguns anos atrás – chegou àquele ponto invejável num artista, em que é possível transformar tudo em Carlos Drummond de Andrade. Até o Código Civil, se v. o reescrevesse. É a isso que se deveria chamar estilo" (SÜSSEKIND, 2001, p. 238).

Mais tarde, na virada para a década de 1960, Cabral passou a ser entronizado como o grande poeta brasileiro, enquanto, injustamente, parte da crítica, em especial a vinculada à vanguarda concretista, depreciava a produção de Drummond, atacado pelos mesmos nomes que consagravam o afilhado. Também deve ter chegado a seu conhecimento que era ele, Drummond, o poeta ironizado por João Cabral no cáustico e cifrado poema "Retrato de escritor", de *A educação pela pedra* (1966): "Insolúvel: por muito o dissolvente;/ igual, nas gotas de um pranto ao lado,/ e nas águas do banho que o submerge,/ em beatitude, e de que emerge engasto//...// mais tarde ele se passa a limpo o que ele se escreveu da dor indonésia/ lida no Rio, num telegrama do Egito// [...] // (impresso, e tanto em livro-cisterna/ ou jornal-rio, seu diamante é líquido)" (MELO NETO, 2008, p. 336).

Houve, ainda, outro gesto de aproximação por parte de João Cabral, anterior ao envio de *Auto do frade*. Encaminhou, com dedicatória, um exemplar de *Museu de tudo* (1975) a Drummond, que não registrando o recebimento, pôde, assim, dizer que a edição de 1984 quebrava um silêncio de muitos anos, quando, a rigor, Cabral já tinha tentado quebrá-lo com o envio do *Museu*. Na dedicatória manuscrita, entre amistoso e autoirônico, escreveu o poeta: "A Carlos Drummond de Andrade, seu sempre discípulo (embora mau) João Cabral de Melo Neto" (MELO NETO, 1975, p. 1). Carlos não se limitou ao silêncio: tratou de repassar o volume a outro escritor, assinando a transferência, para deixar claro que se tratava de gesto voluntário de descarte, e não de subtração que algum amigo de livros alheios houvesse porventura efetuado em sua biblioteca, num momento de distração do proprietário.

Em 2012, a Festa Literária de Paraty (FLIP) homenageou Carlos Drummond de Andrade. Na ocasião, redigi pequeno texto, que aborda a questão aqui desenvolvida. Intitula-se "Quarteto", parodicamente associado à "Quadrilha" de Drummond, com a inclusão de Mário de Andrade e de Manuel Bandeira. A seguir o transcrevo, à guisa de conclusão.

"Mário amava Manuel que amava Carlos que amava João que não amava ninguém.

"Mário se correspondia com todos, menos com João. João, com ironia, dizia ostentar orgulhoso troféu: o de único poeta brasileiro a jamais ter recebido uma carta de Mário.

"Carlos julgava Manuel o maior, apesar de Manuel proclamar-se poeta menor.

"Carlos se afeiçoou a João, que se dizia seu aluno. O primeiro livro de João foi dedicado a Carlos. O segundo, também. Carlos consagrou apenas um pequeno poema a João, mas foi seu padrinho nas primeiras núpcias. Também integrou o júri que em 1954 concedeu a João o mais importante prêmio literário do país.

"Manuel, oriundo de Pernambuco, morou a vida quase toda no Rio de Janeiro. O paulistano Mário percorreu bastante o país, mas pouco foi ao exterior. Carlos, de Itabira do Mato Dentro, tampouco apreciava as viagens internacionais; esteve em Buenos Aires, em visita a familiares, e olhe lá. João, recifense e diplomata, correu o mundo: Europa, África, América. Mas, em sua geografia poética, sempre dava um jeito de retornar ao Nordeste e à Espanha. Não gostava do Rio, a contragosto residiu na cidade, bem diferente de Carlos, que não cessava de celebrá-la.

"Mário, o arlequim modernista, morreu desgostoso poucos dias depois do carnaval de 1945, convicto de que sua geração fracassara. Manuel viveu por 82 anos, 5 meses e 26 livros, até ir-se embora para Pasárgada, bem-amado pelo público e pela crítica. Supunha que morreria meio século antes, mas, em país como o nosso, nada chega mesmo na hora prevista. A presença de Manuel foi captada em várias sessões espirituosas nas tendas de Paraty, no ano de 2009. Carlos afastou-se de João: ex--aluno que nunca escreveu um soneto e que detestava temas abstratos, acabou criando outra escola, na qual só permitiu a entrada de bem poucas lições do antigo mestre. João decidiu especializar-se na casa de máquinas do poema. Carlos optou pelas engrenagens da máquina do mundo. As minas de João eram do mais duro minério; a Minas de Carlos, do mais puro mistério.

"Mário e Manuel acabaram solteiros. Carlos deixou viúva. E João se casou com os poetas concretos, que não tinham entrado na história" (SECCHIN, 2014, pp. 41-42).

Memória
VIVIANA BOSI

"Nunca me esquecerei desse acontecimento" ("No meio do caminho", 1930; AP, p. 36).

A memória é acorde dominante na obra de Carlos Drummond de Andrade. Se tudo se desintegra, até a "serra que não passa", verdadeira imagem do ser eterno ("A montanha pulverizada", 1973; BIII, p. 61), o poeta reconhece impregnado no próprio corpo a limalha de ferro do Pico do Cauê. Os espaços afetivos não podem ser olvidados, numa circulação que o atravessa por dentro e por fora, como o sangue das gerações da família e da paisagem mineira, "por um rio que corre o tempo inteiro/ e corre além do tempo" ("Encontro", 1951; BIII, p. 241). A pedra no caminho se impõe quando nem mais existe a montanha, feita pó, moída no almofariz do tempo.

Os singelos versos de "Memória" (1951; CE, p. 26) poderiam servir de manifesto conciso da inclinação do poeta pelo que se foi mas ainda vibra no peito, quando se propõe a "Amar o perdido", uma vez que, mesmo "insensíveis à palma da mão", as "coisas findas/ muito mais que lindas/ estas ficarão". A dissolução de tudo e de todos se transfigura em matéria de linguagem que viverá no presente imorredouro. Ao longo da obra de Drummond, lembrar torna-se um imperativo ético que consiste em manter de pé até mesmo as velhas casas e edifícios que retêm momentos de angústia ou alegria: "e onde abate o alicerce ou foge o instante/ estou comprometido para sempre" ("A um hotel em demolição", 1967; VPL, p. 52). Tal é a fé na escavação do que se extinguiu, através da lavra íntima, cujo resultado é o poema: um "supremo ofício de registro", mais duradouro que as galáxias...

Vale anotar quantas vezes o poeta organizou seus livros dividindo-os de acordo com seções temáticas, dentre as quais os poemas direcionados à memória repontam com particular relevo. A título de exemplo, distinguimos "Selo de Minas" e "Os lábios cerrados" em *Claro enigma* (1951), assim como "Origem" e "Memória" em *Lição de coisas* (1962).

Um fluxo poderoso de lembranças emerge à flor do presente em sua poesia, ramificando-se em diversos afluentes. Algumas vertentes de destaque, a se entrecruzarem: a evocação da infância e da adolescência; a viagem no passado, ora da família (e então abrangemos toda a linhagem, com o pai onipresente, e vamos descerrando as portas de um casarão de fazenda para remontar aos antepassados), ora da cidade de Itabira (vista da janela de um sobrado ou vagueando pelas ruas); a consciência da passagem do tempo embebida em reflexão existencial; a rememoração dos amigos mortos.

Os versos memorialísticos propiciam um ensejo para o "repensamento" ("Perguntas", 1951; CE, p. 87), isto é, ele tende a servir-se da "moldura biográfica" como "ponto de partida a uma particular interpretação do espetáculo do mundo" (COÊLHO, 1973, p. 206) e, avançando mais: "Conhecer é recordar, diria Platão; recordar é ressuscitar, diz-

-nos Drummond, para quem a reminiscência das coisas mortas constitui um processo especial de restaurá-las à existência" (COÊLHO, 1973, p. 189).

O anseio saudoso por simbolicamente reerguer das cinzas os que se foram percorre sua obra de ponta a ponta, pois os mortos "não vivem senão em nós" que somos, para eles, como "um vaso sagrado,/ um depósito, uma presença contínua" ("Convívio", 1951; CE, p. 85). Perduram mesmo quando não mais os relembramos, visto que "o esquecimento ainda é memória" ("Permanência", 1951; CE, p. 86) e o poema é como "a conversa [que] o[s] restaura e faz eterno[s]" ("Conversa", 1973; BII, p. 170).

Sua prodigiosa memória se estende à pré-história, trazendo à tona o passado longínquo, de eras anteriores à colonização portuguesa. Um tapir morto, cuja pele virou tapete, remete aos índios vencidos e caçados (em "Resumo", 1968; BII, p. 98). As inscrições rupestres nas lapas são a escrita mágica dos povos extintos que o fascinavam de menino: "abafado canto das origens", "É um tempo antes do tempo do relógio,/ e tudo se recusa a ser História", conforme lemos em "Inscrições rupestres no Carmo", de 1979 (BII, p. 83). O poema que abre *Lição de coisas* se interroga sobre as origens da terra e das palavras, adentrando a base mineral das gerações mais remotas. Assim, consegue mergulhar em vários estratos da vasta extensão do tempo brasileiro. Nesse sentido, pedras e grutas também podem figurar experiências de anamnese profunda.

Esse passado destruído resgatado pela evocação poética oscila entre ao menos duas atitudes sentimentais diferentes que por vezes se enlaçam. Tais variações podem ser acompanhadas pelo estilo mesclado – conforme salientou Merquior em seus estudos sobre a obra poética de Drummond, retomando a clássica definição de Auerbach – entre o sério elevado e o risível, comezinho, prosaico (MERQUIOR, 1976).

De um lado, é com nostalgia que o poeta explora sensações potentes do tempo de menino: "Guardo na boca os sabores/ da gabiroba e do jambo" ("Antologia", 1973; BII, p. 79) – o gosto da infância solta no mato, assim como as lembranças queridas de certos objetos mínimos que viram brinquedos, estão impregnados em sua memória visual, olfativa, tátil, gustativa, de criança que se entretém com os caramujos da horta, devaneia com a pombinha azul nos alfinetes do estojo de costura da mãe, sente os cheiros da roupa pra lavar. Tudo como se fosse hoje. Alcides Villaça observa, a respeito de poemas de *Boitempo*, um entrelaçamento no qual "o menino fala pelo poeta, o poeta fala pelo menino", quando tem-se a impressão de que o sujeito lírico "preservou-se em plena infância para ressurgir a cada instante" (VILLAÇA, 2006, pp. 114-15), transferindo para o presente um balanço ruminativo da vida. Entretanto, são raros os poemas de doce idealização, como é o caso de "Infância" (1930), no qual as evocações da meninice comparecem de modo sereno e harmonioso. Em geral, há um pesar pelo que se dissipou, acompanhado do compromisso de atualizar no poema as reminiscências do ausente: "me conta por que mistério/ o amor se banha na morte" ("Morte das casas de Ouro Preto", 1951; CE, p. 71).

Por outro lado, o mais disseminado na obra drummondiana são certas rememorações do passado que permanecem como algo tenso, semirrecalcado. Por exemplo, a indelével marca na escada da casa de fazenda, remanescente de sangue escravo ("Mancha", 1973; BII, p. 65). Afinal, trata-se de terrível memória recente para a família de fazendeiros de um poeta nascido no começo do século XX. Assim, também o ribeirão continua a assistir àquela mesma Joana, que "lava roupa desde o Império/ e não se alforriou desse regime/ por mais que o anil alveje a nossa vida.// Ô de casa!... Que casa? Que menino?/ Quando foi, se é que foi – era submersa/ que me torna, de velho, pequenino?" ("Repetição", 1968; BII, p. 230). Mergulha nestas águas sem jamais livrar-se da roda contínua do remoer-se, para suportar o ramerrão de uma história cansada, quando tudo se vai desgastando lentamente.

Os antepassados revivem nos sonhos, zombando das tentativas de exorcismo; mortos regressam para escarnecer do frágil descendente: "Salva-me, capitão, de um passado voraz./ Livra-me, capitão, da conjura dos mortos" ("Os bens e o sangue", 1951; CE, p. 80). Essa família mineira desaparecida volta como herança algo cruel, quando "nem anda na varanda mais ninguém/ e o parapeito é vácuo neste peito" ("Flor-de-maio", 1968; BII, p. 123).

O mundo antigo dói. Seus detritos agudos se revolvem no poeta, como cacos por vezes sujos, extraídos de fundos de quintal ou de arcas surradas. O legado não se equipara a patrimônio épico, mas a resquício doceamargo, que sabe a fruto já murcho, pungindo no âmago do corpo e da alma. Enquanto os objetos preciosos se fanaram (licoreiras, porta-cartões de seda, rendas...), um odor de assombração ronda os finados, transportados desde sempre no baú de ossos. É forçoso pilar e remoer esse peso interior, impossível de digerir, por toda a vida. Um resto acerbo vai se dissolvendo devagar: "Toda história é remorso" ("Estampas de Vila Rica", 1951; CE, p. 68).

Desejaria o poeta tanto fugir desse desfile de sombras de parentesco que o encadeiam como laços apertados, quanto retornar àquela Itabira irremediavelmente perdida, em um tipo de *ubi sunt* ambivalente. Ele se sente desde sempre já velho, acossado e exaurido pela invasão sem fim das lembranças: "Mas vêm o tempo e a ideia do passado/ visitar-te na curva de um jardim./ Vem a recordação, e te penetra/ dentro de um cinema, subitamente.// E as memórias escorrem do pescoço,/ do paletó, da guerra, do arco-íris;/ enroscam-se no sono e te perseguem,/ à busca da pupila que as reflita.// E depois das memórias vem o tempo/ trazer novo sortimento de memórias,/ até que, fatigado, te recuses/ e não saibas se a vida é ou foi" ("Versos à boca da noite", 1945; RP, p. 117).

Estas "pupilas" fatigadas precisam recompor os indícios das formas que vagueiam no tempo: um cobertor vermelho do pai terá sido furtado, corroído, assaltado por formigas? ("No país dos Andrades", 1945; RP, p. 119). O poeta suplica ao fantasma do pai para que finalmente converse com ele, depois do deserto de silêncio que atravessa a vida:

"Fala fala fala fala" ("Viagem na família", 1942; J, p. 47). Contudo, seu apelo esbarra em "lembranças violentas" destampadas por essa presença incômoda do passado que aflorou, no final recoberto pelas águas barrentas do tempo. As imagens que acorrem o torturam como espinhos de culpa sem apaziguamento. No término desse passeio patético ao lado da sombra paterna parece ocorrer uma reconciliação.

Embora tudo na vida se esfume – inclusive a sólida montanha –, pois o próprio pico de ferro foi "moído e exportado", o intento da poesia de Drummond é justamente fixar o resíduo pela memória, mesmo quando doloroso: "ficará no infinito/ seu fantasma desolado" ("O Pico de Itabirito", 1967; VP, p. 142). Obcecado por invocar as vozes quase apagadas dos que se foram, obriga-se a suportar o "travo de angústia" que emerge, sem "Remissão" (1951; CE, p. 17), do "fundo do teu ser". Todavia, embora sua obra poética constitua um monumento à memória, diferentemente de um Proust, a sensação que nos é transmitida cheira a resto dissoluto. Em "(In) memória" (1968; BII, p. 19), refere-se a "cacos", "buracos", "hiatos", "vácuos", "elipses", "psius", como o resultado do exercício de transportar para o presente o que teria sobrevivido para além do oblívio. Conclui, desencantado e irônico, sobre sua "Herança" (1968; BII, p. 146): "enterrado no poço da memória/ restou, talvez? este pigarro". O alheamento e o nada irrompem no testamento do filho pródigo, esse fazendeiro do ar que volta à casa arruinada e ao pasto abandonado para fazer o inventário. No entanto, este é seu dever. Apesar de só haverem sobrado ruínas, o poeta está cativo dessa missão aflitiva e enigmática: *"Amar, depois de perder"* ("Perguntas", 1951; CE, p. 87).

Em *Boitempo*, alentado projeto memorialístico que se realizou em três volumes (*Boitempo & A falta que ama*, 1968; *Menino antigo*, 1973; *Esquecer para lembrar*, 1979 – reestruturados pelo autor em um único livro para a sexta edição de suas obras publicadas pela editora Nova Aguilar em 1988), a consciência de que os marcos do passado foram corrompidos induz o poeta a procurar quaisquer migalhas que possam retirar do descaso pessoas e coisas antigas. Vários poemas se abrem com uma invocação para reconstituir aquele pretérito mais-que-perfeito agora estranho.

Até feras e pássaros são convocados para "restaurar em sua terra este habitante sem raízes,// que busca no vazio sem vaso os comprovantes de sua essência rupestre" ("Chamado geral", 1968; BII, p. 24). Aliás, parece uma condição espraiada na história brasileira do século XX esse quadro de mudanças tão velozes do rural para o urbano, que se perde toda referência, na paisagem e nos hábitos sociais. A mistura de nostalgia e rebeldia pelo passado ora idealizado ora desmascarado por patriarcal, autoritário, assim como a desconfiança no tocante aos supostos melhoramentos trazidos pelo progresso – tudo isso se acumula nas rememorações poéticas.

Os timbres de *Boitempo*, tão grande que na verdade é três em um, variam bastante. Quase todos os poemas se assemelham a pequenas crônicas em que são descritos cenas e personagens da infância e da adolescência, na fazenda, na cidade pacata ou no colégio interno. A maioria oferece um feitio de retrato direto e breve, como se fosse um projeto de documentário sensível, que vai revelando o léxico familiar, as lendas ancestrais, os causos sobre os diversos tipos mineiros, seja o muladeiro, o padre, o delegado, o doido, os presos na cadeia municipal... De fato, desde *Lição de coisas* (1962), em uma nota editorial de abertura, o poeta se propunha a apresentar "um tipo menos enxundioso de memórias: o objeto visto de relance, com o sujeito reduzido a espelho" (LC, p. 120), atitude que se confirma nesses livros seguintes. Ali já se anunciava o caráter de recuperação da história pregressa, que chegava a recuar até o império, como se buscasse a raiz primeva dos Andrade.

A despeito do tom por vezes leve e até cômico, a ambivalência entre amor e raiva do passado se mantém em *Boitempo*, como se os "turvos segredos familiares" guardados em baús que preservam "um não sei quê de eterno" ("As arcas e os baús", 1977; DP, p. 20) infelizmente se assemelhassem a "uma serpente/ enovelada sobre o meu destino" ("Água-desfecho", 1980; PM, p. 43), sempre pronta para dar o bote sobre o coração atual do poeta. Os livros se repartem em subtítulos que contemplam momentos sucessivos da biografia do autor, desde recordações de uma época anterior ao seu nascimento, de escravidão e monarquia, provavelmente entreouvidas pelo menino antigo. Demora-se principalmente na infância e abarca o intervalo entre a adolescência e a mocidade. Desloca-se entre a fazenda, Itabira, o colégio interno, Belo Horizonte. Acompanhamos, nessa toada, a vida interior do poeta ao lado da família, entrevendo no horizonte um panorama social de parcela representativa da história brasileira. Em todas as seções, alternam-se vestígios de alguns momentos felizes ("Hora mágica" seria um bom representante) com outros, mais comuns, que denotam exílio interior, estranhamento em relação à opinião geral, humilhação e medo por causa das proibições paternas, regras disciplinares, sensação de cativeiro no internato. Adulto, começa a frequentar os círculos literários nos cafés da capital mineira, mas ter crescido não o liberta da "alma antiga", na qual "A indelével casa" o habita, "impondo/ sua lei de defesa contra o tempo" ("A casa sem raiz", 1979; BIII, p. 202).

À infância, como mencionamos acima, devota o maior quinhão. O menino-velho imaginava que precisaria reviver posteriormente cada gesto em palavra poética? Ele parece cismar sobre o "tempo duplo" enquanto "mira o futuro" nas águas do ribeirão, desde pequeno adivinhando que "Viver é saudade/ prévia" ("Memória prévia", 1973; BII, p. 266). Essa "espécie de arqueologia personalíssima [...] é também uma atividade em que a consciência lírica acaba por enfrentar seus desejos, suas contradições íntimas, sua instabilidade histórica, sua frustrada metafísica" (VILLAÇA, 2006, p. 121), compondo, através do trabalho memorialístico a um tempo fiel e imaginativo, um "museu de sonho" ("Coleção de cacos", 1979; BII, p. 197).

Dentre os inúmeros poemas dedicados à rememoração dos amigos que se finaram, mais de um pranteia Mário de Andrade, correspondente generoso desde a primeira juventude de Drummond. Em versos escritos pouco depois da sua morte, o poeta recorda com imensa saudade as muitas facetas do amigo e desaba em desconsolo: "No chão me deito à maneira dos desesperados" ("Mário de Andrade desce aos infernos", 1945; RP, p. 153). A "ausência assimilada" o obriga a enxergar com mais acuidade, despojado de toda mediação, assim como dos olhos da carne: passa a ver e rever de fato o que se velava naquele homem extraordinário, de 100 prismas. O rito pela morte do irmão maior se estende, anos depois, a "Aniversário" (1951; CE, p. 60), ode moderna na qual relembra o riso característico de Mário, agora metamorfoseado em estrela da Ursa Maior, tal qual Macunaíma. Conforme avança a obra, intensificam-se os poemas celebratórios, reservados a delinear figuras admiradas, especialmente as que partiram. Neles, o poeta se esmera em ressaltar, até mesmo mimetizar, traços dos homenageados.

Por fim, só nos resta abordar aquela que consideramos a mais devastadora das elegias que Drummond escreveu. Evidentemente, seria bem difícil estimar qual delas ganharia a palma de mais pungente, em meio a outras igualmente tremendas. Sem excluir desta seleção os versos intensos de "Viagem na família" (1942; J, p. 47), o que este outro poema escolhido traz de inédito, dentre a profusão dos que se debruçam sobre o ato de lembrar, é a constatação trágica da desatenção e da displicência dos que nos rodeiam em relação ao mais precioso que se esvai, efêmero.

Em contraste, o poeta se encarrega das relíquias sagradas do amor e da própria vida, jamais esquecendo uma determinada "Tarde de maio" (1951): "Como esses primitivos que carregam por toda parte o maxilar inferior de seus mortos,/ assim te levo comigo, tarde de maio,/ [...]// Eu nada te peço a ti, tarde de maio,/ senão que continues, no tempo e fora dele, irreversível,/ sinal de derrota que se vai consumindo a ponto de/ converter-se em sinal de beleza no rosto de alguém/ que, precisamente, volve o rosto, e passa.../ [...]// trazendo na sombra a aderência das resinas fúnebres/ com que nos ungiram, e nas vestes a poeira do carro/ fúnebre, tarde de maio, em que desaparecemos,/ sem que ninguém, o amor inclusive, pusesse reparo./ [...]// Não há nunca testemunhas. Há desatentos. Curiosos, muitos./ [...]// E resta,/ perdida no ar, por que melhor se conserve,/ uma particular tristeza, a imprimir seu selo nas nuvens" (CE, pp. 45-46).

Uma tarde outonal é comparada a um corpo sólido e teimoso: o resistente maxilar. Só o poeta, que se apresenta como alguém que segura nas mãos o tempo que passa, se recusa a abandonar hábitos ancestrais e insiste em manter e transportar esse instante valioso, único, que se dissipará, persistindo apenas em seus versos. Nada é explicitado inteiramente: não sabemos se a tarde se refere à vida breve do próprio sujeito lírico, de todos nós, de uma pessoa amada. Fugaz e bela, a luz de maio é alçada a forma perene na memória, ainda que preceda o inverno. Algo fatídico terá acontecido naquele dia, possivelmente a perda para sempre de um ente dileto. O que singulariza este poema como extremamente penoso é a consciência de que todos, espectadores distraídos, esquecem, deixam partir o que é frágil e passageiro, sem abraçar a luz enquanto a sombra baixa, apagando cada ser vivente. Nem sequer o amor se reconhece nem se dá conta do desaparecimento do rosto querido, já se esvanecendo junto à noite que cai. O renascimento na primavera é esmaecido, até fantasioso. Apenas as nuvens parecem reter um breve sentimento de luto pelo que se esgarçou... O poeta conjuga o libelo em defesa da impossível permanência da própria vida a uma poderosa metáfora da poesia, grafada pela linguagem tornada material, instrumento que repercute como o osso dos mortos amados.

Em livro póstumo, *Farewell* (1996), Drummond reproduz o famoso verso de Camões como mote para mais uma vez repisar esse tema que lhe é tão caro: "A grande dor das cousas que passaram"... e se consagra a retomar em diversos poemas as lembranças vívidas do que aparentemente se fanou, para afirmar afinal que nada nem ninguém morre ou termina. Carta enviada para sempre, através da memória-poesia: "Nada, que eu sinta, passa realmente./ É tudo ilusão de ter passado" ("Não passou", 1996; F, p. 54).

Menino antigo
ver *Boitempo*

Metrópole
BETINA BISCHOF

O tema da metrópole na poesia de Drummond não se resume à mera notação de cenas no espaço da cidade ou à exposição de uma cartografia urbana (ruas, praças, edifícios), configurando-se, antes, como ponto em torno ao qual se articulam inflexões centrais – estéticas, formais, políticas – de sua obra.

Em *Alguma poesia* (1930), o tema da cidade já surge com força, em perspectiva que se volta aos acontecimentos de um cotidiano objetivo, plástico – de que o poema "Construção" é exemplo conhecido: "Um grito pula no ar como foguete./ Vem da paisagem de barro úmido, caliça e andaimes hirtos./ O sol cai sobre as coisas em placa fervendo./ O sorveteiro corta a rua.// E o vento brinca nos bigodes do construtor" (AP, p. 17).

O poema, inicialmente publicado na revista *Estética*, em 1925, enfoca uma cena frequente na Belo Horizonte dos anos 1920: as transformações por que passa a cidade, que ainda não completara, à época, 30 anos (a cidade, planejada, fora inaugurada em 1897). Em comparação com as cidades históricas, a capital mineira, diz Lafetá, "é jovem adolescente, modo aliás como é tratada em vários textos modernistas da mesma época" nos quais "a representação de casas e bairros novos sendo construídos ajuda a compor a atmosfera de vida moderna" (LAFETÁ, 2004a, p. 417).

Se a construção de edifícios ou bairros compõe matéria adequada à expressão moderna, isso terá influxo sobre a própria forma do poema, que acompanha as modificações e ritmos do espaço urbano. Em "Construção", por exemplo, é o despojamento do verso o que sustenta a perspectiva objetiva, avessa ao lirismo e assim alinhada à *pesquisa estética* modernista: no poema, a rua, a "paisagem de barro úmido", as "coisas", o "construtor" surgem sem hierarquia ou subordinação, a partir de uma visualidade crua, toda em primeiro plano. Fixando o impacto da cena sobre o olhar do observador, a expressão é próxima do registro, espécie de sismógrafo do movimento ("um grito *pula*"; "O sol *cai* sobre as coisas"; "O sorveteiro *corta* a rua...") que se recria nas soluções formais do poema (AP, p. 17, grifos meus).

Já nesse primeiro livro percebe-se, no entanto, que o tema da cidade se imbrica a matéria não linear (no tratamento, na tonalidade), com diferentes perspectivas e modulações das imagens urbanas, nos distintos poemas que se voltam a esse espaço.

O assunto não é novo na crítica de *Alguma poesia*. Merquior já notara, em *Verso universo em Drummond*, que "este 'lirismo da vida cotidiana' não tem sempre a neutralidade afetiva de 'Construção'" (MERQUIOR, 1976, p. 13), abrindo-se também a outras inflexões (por exemplo, na sua observação, a satírica). Lafetá, também atento às variações do livro, vê num de seus poemas (ou mais especificamente em "Belo Horizonte", parte I de "Lanterna mágica") uma tonalidade irônico sentimental, depois voltada à melancolia, que se afasta, igualmente, do despojamento e objetivação de "Construção".

Vejamos os primeiros versos do poema: "Meus olhos têm melancolias,/ minha boca tem rugas./ Velha cidade!/ As árvores tão repetidas" (AP, p. 21).

A estrofe carrega em seu início, segundo Lafetá, um caráter ambíguo, que tornaria difícil determinar quem (sujeito ou cidade) teria a disposição melancólica assinalada. A ambiguidade resolve-se, em parte, no terceiro verso, com a projeção daqueles pontos sobre o espaço urbano: "Velha cidade!". Uma velhice que, articulando-se em torno a um mesmo campo semântico (rugas, melancolia), faz eco, ainda, com a ideia de *repetição* (das árvores, no quarto verso), criando uma atmosfera de "sufocamento provinciano" (LAFETÁ, 2004a, p. 418), com desdobramentos sobre o próprio sujeito poético, para o qual refluem, sempre de novo, as inflexões e impasses da cidade.

Se essa é a atmosfera da primeira estrofe de "Belo Horizonte", a segunda introduz face diversa: "Debaixo de cada árvore faço minha cama,/ em cada ramo dependuro meu paletó./ Lirismo" (AP, p. 21).

Esses versos apresentam a cidade como um espaço de acolhimento: a sombra das árvores propicia um leito, ramos estão prontos a guardar os pertences do eu, "como se [o poeta] estivesse em casa no espaço público" (LAFETÁ, 2004a, p. 418). Há, aqui (primeiros três versos da segunda estrofe), uma espécie de imbricação harmônica entre eu e cidade (de que parece derivar o *Lirismo* apontado), que, a partir de *Brejo das Almas* desaparecerá quase que por completo, da poesia de Drummond. E que mesmo neste poema tem terreno pouco firme.

Se esta é a situação ambivalente que se desenha entre espaço e subjetividade, em "Belo Horizonte", nota-se que também os versos que neste poema se voltam a uma espécie de registro, apenas, da paisagem urbana são tomados por defasagens e tensões: "Pelos jardins versailles/ ingenuidade de velocípedes" (AP, p. 21).

No texto breve, mas agudo que escreveu sobre o poema (e que aqui acompanhamos), Lafetá aponta nesses dois versos a presença de uma ironia "contida e recolhida", que se desdobraria com mais nitidez apenas em "Jardim da praça da Liberdade" (também de *Alguma poesia*). Mesmo concordando com o fato de que em "Belo Horizonte" o que o crítico chamou de ironia é algo ainda latente, gostaria de me deter sobre esse ponto, buscando compreender seu funcionamento e implicações.

Os versos acima (*versailles*, *velocípedes*) expõem, sem alarde, uma espécie de sutil desencontro entre a dimensão ampliada dos jardins (que seguem o rebuscado modelo francês) e o aspecto diminuto, espontâneo, singelo dos veículos destinados ao passeio e à diversão das crianças. A imagem se constrói a partir do choque (ainda que matizado) entre a estrutura geométrica dos parques, que retomam o perfil igualmente geométrico da cidade – "traçada e planejada em quadras, diagonais, triângulos" (GLEDSON, 1981, p. 83) – e a matéria em franco descompasso com ela (irregular, apequenada, ingênua) dos triciclos. Reunindo essa estrofe com os outros versos aqui já vistos, nota-se, em "Belo Horizonte", a figuração do encontro – não estranho à poesia modernista brasileira – de realidades díspares, em suas várias inflexões: espontaneidade e planejamento, estrutura e linha irregular, internacional e provinciano, novo (o próprio desenho da cidade) e velho (rugas, melancolia).

O modo, no entanto, como essas oposições se articulam, é singular. Comparemos "Belo Horizonte" (para lhe delimitar a especificidade) com um poema do primeiro modernismo, "Pobre alimária", de Oswald de Andrade. Roberto Schwarz já mostrou que, no poema de Oswald, o choque entre aspectos distintos da realidade brasileira (a dimensão arcaica da carroça e o progresso do bonde) se deixa organizar por um procedimento que, retirando o peso à matéria desigual (ranços, antagonismos, diz que diz, humilhações), ergue o resultado do encontro dos dois momentos descompassados como uma espécie de alegoria de Brasil, que articula fraternal e festivamente a aproximação, na cena cotidiana, de arcaico e moderno (SCHWARZ, 2002).

Se essa é a matéria e a composição desenhadas em "Pobre alimária", percebe-se que, no poema de Drummond, o mecanismo que põe em contato as realidades díspares é singularmente diverso. "Belo Horizonte", poema escrito no ano em que a cidade "adolescente" completaria 30 anos – e reservando a ela e ao poeta (que não fizera ainda 25 anos), traços de velhice, rugas e melancolia –, se põe ironicamente na contramão de qualquer inclinação celebratória. Em sua estrofe final, o tom escurecido (das duas janelas tristes) impede cabalmente a apresentação festiva de uma convivência por assim dizer fraterna das realidades díspares (novo/velho, arcaico/moderno, planejado/irregular), registrando antes o momento em que o eu, frente à cidade, concentra *em si* (na metáfora das janelas/olhos) o peso e a atmosfera daquele espaço, que parece reverberar os impasses e desconfianças de Drummond frente ao que percebe no empenho modernizador, frente ao projeto (geométrico, racionalista) da cidade: "E o velho fraque/ na casinha de alpendre com duas janelas dolorosas" (AP, p. 21).

A diferença quanto à esfera subjetiva não poderia ser maior neste poema e em Oswald (para fechar a comparação): em "Pobre alimária", "a subjetividade toma feição de coisa por assim dizer exterior, de objeto entre os demais objetos, tão cândida e palpável como eles" (SCHWARZ, 2002, p. 20). Em "Belo Horizonte", o eu é o receptáculo onde os impasses, o peso, a melancolia se adensam e se dão a ver, também em contraste ao projeto moderno que então se ensaiava, no desenho *da cidade e do poema*. Interessante é ver que, já no primeiro livro (*Alguma poesia*), a atenção gerada pelo foco sobre os motivos urbanos faz enxergar os poemas ali enfeixados como constituintes de uma estrutura tensa, de certo modo instável, em que se chocam as perspectivas muito díspares, por exemplo, de "Belo Horizonte" e "Construção".

Se um dos poemas de *Alguma poesia* ("Belo Horizonte") indica já as inquietações do eu, ainda que de modo matizado, no próximo livro, *Brejo das Almas*, as dúvidas e perplexidades do poeta terão tom mais incisivo.

No livro de 1934, "Aurora" e "Um homem e seu carnaval" são poemas que ajudam a delimitar a relação do eu com o espaço da cidade. Veja-se a primeira estrofe de "Aurora": "O poeta ia bêbedo no bonde./ O dia nascia atrás dos quintais./ As pensões alegres dormiam tristíssimas./ As casas também iam bêbedas" (BA, p. 11).

A exemplo de "Construção", também aqui a cidade se deixa apreender por uma justaposição de cenas. Mas, se esse recurso organiza plasticamente a paisagem urbana em muitos dos poemas de *Alguma poesia*, em "Aurora" as coisas se embaralham e, ao cabo, o que surge é uma espécie de passagem fluida entre seres e espaço, entre o poeta e as construções: a embriaguez do poeta contamina também as casas, que, como ele, *vão bêbedas*.

"O poeta está bêbedo, mas/ escuta um apelo na aurora:/ Vamos todos dançar/ entre o bonde e a árvore?// Entre o bonde e a árvore/ dançai, meus irmãos!/ Embora sem música/ dançai, meus irmãos!/ Os filhos estão nascendo/ com tamanha espontaneidade./ Como é maravilhoso o amor/ (o amor e outros produtos)./ Dançai, meus irmãos!/ A morte virá depois/ como um sacramento" (terceira e quarta estrofes de "Aurora", BA, p. 11).

A figuração da cidade abre-se com bondes, quintais, pensões e casas, na primeira estrofe; mas logo se volta a um espaço lábil, entre duas realidades discrepantes (bonde e árvore), levando esse lugar – já em si instável – a ser tomado pelo enfático convite a movimento e ritmo ("dançai, meus irmãos!"), que se repete três vezes e que parece ter algo de desespero, na exortação constante ao ato (*dançai, dançai!*) a ser realizado, mesmo *sem música*, no espaço defasado (entre máquina e natureza), em que se sustentariam dança e personagens (as personagens surgem na segunda estrofe do poema), logo liquidados pela morte.

É significativo que a precipitação da vida (dança, amor, filhos, morte), seu ritmo acelerado, avassalador tenha relação com um espaço que opõe, ainda (desde *roça* e *elevador*, no poema "Explicação"), o aspecto natural e a máquina (bonde). Ou natureza e modernidade (ainda que, aqui, a dimensão natural apareça ironicamente estilizada, em uma árvore, apenas – "Vamos todos dançar/ entre o bonde e a árvore?").

Em "Aurora", esse espaço é tomado, como já visto, por um tom de crescente inquietação (*dançai, dançai!*), numa espécie de crispação rítmica, que parece ser uma sedimentação, na matéria da poesia (e mais especificamente nas imagens do espaço urbano), das tensões que se formam também a partir dos dilaceramentos do próprio poeta, no contexto brasileiro de 1934. E que, nos versos e imagens desse poema, se deixam pensar, igualmente, como uma incapacidade de conferir vertebração ou sentido a qualquer solução conjunta. Aqui, a *dança*, que deveria reunir os "irmãos", permanece pura exortação de um eu que também não pode aderir à estranha festa (à qual faltam música e convivas, restando, do que seria coletivo, somente um apelo repetitivo e sem eco).

Como já mostrou John Gledson, *Brejo das Almas* é "produto de uma crise": à época, Drummond considerava, de roldão, a psicanálise, o comunismo, o catolicismo, sem decidir-se por nenhum deles, e pensando com pessimismo e virulência as realizações de sua própria geração, até aquele momento (GLEDSON, 2018, p. 91).

Algo dessa tensão se deixa ver também em "Um homem e seu carnaval", poema no qual surgem pontos esparsos da cidade (préstitos, pneus, espaços), subordinados, agora, às impressões – caóticas, desarticuladas – que o entorno deixa sobre o eu: "Deus me abandonou/ no meio da orgia/ entre uma baiana e uma egípcia./ Estou perdido./ Sem olhos, sem boca/ sem dimensões./ As fitas, as cores, os barulhos/ passam por mim de raspão./ Pobre poesia" (primeira estrofe do poema, BA, p. 16).

Se o eu impõe a si estreitos (e conturbados) limites, em *Brejo das Almas* também em função de seus dilemas e indecisões, à época (que são pessoais, estéticos, mas também ideológicos); e se esse estreitamento tem correspondência na figuração da cidade, cujos referentes mais explícitos, quando aparecem (ruas, trânsito, moradores), se deixam submergir no fluxo muitas vezes caótico e fragmentado das imagens, impedindo perspectivas mais abertas, o próximo livro será – também se considerada a representação dos espaços urbanos – uma antítese disso.

A adesão de Drummond a um canto participante, que se inicia (ainda que com inflexões próprias) com *Sentimento do mundo*, liga-se, de modo indissociável, como notou a crítica, aos espaços da cidade grande (ou, agora, metrópole – o Rio de Janeiro, então capital do país, para onde Drummond se mudou em 1934). Em *Sentimento do mundo*, o "poeta acede à consciência de sua posição social através da articulação dos espaços materiais, promovendo um verdadeiro mapeamento lírico-social da grande cidade, além de explorar o contraponto evidente entre espaços interiores e exteriores", num contexto atravessado "por movimentos totalitários, Guerra Civil espanhola, Segunda Guerra, Estado novo" (CAMILO, 2014a, p. 35).

O foco sobre o contexto expandido (os acontecimentos, a geografia) expõe a revisão de posições que se desdobra, também, na própria reavaliação do tamanho do eu (ou do seu coração), frente ao mundo. Assim, aos versos do "Poema de sete faces", de *Alguma poesia* ("Mundo mundo vasto mundo,/ mais vasto é meu coração" [AP, p. 11]), o poeta responderá, em *Sentimento do mundo*: "Não, meu coração não é maior que o mundo./ É muito menor./ [...] Sim, meu coração é muito pequeno./ Só agora vejo que nele não cabem os homens./ Os homens estão cá fora, estão na rua./ A rua é enorme. Maior, muito maior do que eu esperava" ("Mundo grande", SM, p. 45).

Se *Sentimento do mundo* traz uma incisiva revisão de posições (ideológicas, formais) à poesia de Drummond, isso não acontece, também neste momento, sem dilaceramentos ou tensões. "O livro todo [...] apresenta imagens de um sujeito [...] que precisa pensar duramente contra si mesmo, seus hábitos mentais e sociais, além dos estéticos, para efetivar a superação da perspectiva individualista anterior" (MOURA, 2012a, p. 59).

Um dos aspectos em que tomam forma esses embates é o do ponto de vista do sujeito, cuja posição ou perspectiva se define também pelo lugar que ocupa, na cartografia urbana. Poemas como "Privilégio do mar", entre outros, "evidenciavam no livro de 1940 a moldura (mais concretamente, a janela) pela qual o sujeito lírico enquadrava a realidade urbana do Rio de Janeiro, denunciando ora sardônica, ora dolorosamente o lugar por onde a subjetividade [...] captava o espaço exterior e se punha à prova antes de sair para as ruas sob a diversidade do canto empenhado de 1945" (ALVES, 2017, p. 103).

O "momento meridiano do lirismo de Drummond, [...] o luminoso meio-dia de sua expressão", foi como Merquior saudou a publicação de *A rosa do povo* (1945) (MERQUIOR, 1976, p. 122). Drummond buscaria, no livro, "o centro mesmo da *praça de convites*, onde entoará o mais alto canto participante que a moderna lírica brasileira conheceu [...]" (CAMILO, 2014a, p. 57). Conjugam-se, em *A rosa do povo*, diz ainda Iumna Maria Simon, "o máximo empenho de participação social e a máxima liberdade de experimentação poética. [O livro] Recolhe os procedimentos dos textos anteriores; germina enigmas, ausências, sinais de menos e coisas dos textos posteriores; e inaugura o espaço desse novo canto-experimento: esse repositório de variáveis temáticas e formais" (SIMON, 1978, p. 17). Deve-se ainda apontar que expressão, temas e matéria de *A rosa do povo* têm uma derivação muito próxima (senão constitutiva) com os lugares, com o enfático alargamento da cartografia urbana, tornando possível que seus poemas fujam à clausura do espaço interior opressivo, que era ainda, em alguns momentos, a tônica de *José* (1942). Há, assim, no livro de 1945, uma ênfase sobre o espaço – ruas, praças, multidões – e, associada a isso, não apenas "a ideia de circulação e trânsito, mas ainda a ação da caminhada seguida, num crescendo, pela de travessia e de viagem que, transpondo mares e grandes distâncias, ultrapassa as fronteiras não só da cidade, mas do país, traçando o mapa de uma geografia simbólica, de cunho político-ideológico" (CAMILO, 2014a, pp. 57-58).

Se o empenho e a disposição ampliada de uma cartografia (espacial, simbólica, política) são, conjuntamente com o canto transitivo, pontos nucleares do livro, é preciso considerar que esse mesmo empenho (e sua contrapartida plástica) está também atravessado, como já mostrou Iumna Simon, por forças antagônicas. Assim, o exame constante a que é submetido o exercício poético, em *A rosa do povo*, envolve, quanto à poesia participante, "a crença na possibilidade dessa prática (transitividade do 'canto'), a descrença em sua eficácia como 'arma' (intransitividade do 'canto') e a sempre provável solução do recuo, aliadas à persistência em continuar a 'viagem mortal' (consciência do risco)" (SIMON, 1978, pp. 74-75).

Há, com efeito, enormes variações e uma constante movimentação de perspectivas, no livro, que surgem tanto no interior de um mesmo poema ("Mas viveremos" seria um dos muitos exemplos possíveis), quanto no confronto propriamente dito entre poemas distintos (abertos à utopia ou abraçando o impasse; transitivos, ou imobilizados; voltados ao coletivo ou individuais, com fôlego dilatado ou reduzido etc.).

Na breve análise que faremos, escolhemos comentar um trecho de um poema ("Nosso tempo") que é um dos contrapontos, escurecidos, negativos, à dimensão solar e aberta do livro.

O conjunto de estrofes (parte V) expõe, como um dos pontos principais de seu desenvolvimento, o tempo de um dia, na metrópole: "Escuta a hora formidável do almoço/ na cidade"; a "hora espandongada da volta"; "o horrível emprego do dia/ em todos os países de fala humana" (RP, pp. 26-27).

O transcurso das horas, a partir do momento do esvaziamento, "num passe", dos escritórios, acompanha as pausas do trabalho (para a refeição), o momento depois de cumprido o turno (a volta para casa) e, posteriormente, o tempo da intimidade ("Escuta a pequena hora noturna de compensação, leituras, apelo ao cassino, passeio na praia,/ o corpo ao lado do corpo, afinal distendido,/ com as calças despido o incômodo pensamento de escravo,/ escuta o corpo ranger, enlaçar, refluir,/ errar em objetos remotos" [RP, p. 27]).

O modo como o poema compõe a sua matéria (incômoda, crispada) é singular: o leitor deve ouvir ("escuta a hora...") a dimensão dessas imagens, que reconstroem, pelo avesso (através da pausa, do ócio, do momento privado) os modos reificantes da vida e do trabalho, que tornam indistintos o homem e sua tarefa repetitiva: "Come, braço mecânico, alimenta-te, mão de papel, é tempo de comida, mais tarde será o de amor" (RP, p. 26).

Essa matéria truncada se desenvolve, por sua vez, a partir de duas inflexões distintas: aquela que, na figuração da cidade, apresenta com clareza e variedade os seus habitantes, espaços, coisas (*bonde, escritórios, telefone, muros, roupa, cigarro, chapéu*); e – na contramão dessa disposição – uma espécie de matéria enevoada, opaca: "[...] os negócios, *forma indecisa*, evoluem./ O esplêndido negócio *insinua-se* no tráfego./ Multidões que o cruzam *não veem*. É *sem cor e sem cheiro*./ Está *dissimulado* no bonde, por trás da brisa do sul [...]" (RP, p. 26, grifos meus).

Essa indistinção termina por tomar também os homens, que, na volta para casa, não apenas confundem-se às coisas (estão – homens e coisas – submetidos a "hora espandongada"), mas constituem, com os objetos (cigarro, chapéu, roupas etc.), o próprio sujeito sintático da frase (cujo verbo é "imaginar"): "Escuta a hora [...] da volta./ Homem depois de homem, mulher, criança, homem,/ roupa, cigarro, chapéu, roupa, roupa, roupa,/ homem, homem, mulher, homem, mulher, roupa, homem/ <u>imaginam</u> esperar qualquer coisa,/ e se quedam mudos, escoam-se passo a passo, sentam-se,/ últimos servos do negócio, <u>imaginam</u> voltar para casa,/ já noite, entre muros apagados, numa suposta cidade, imaginam" (RP, p. 27).

Se há, aqui, um embaralhamento de homens *e* objetos, também os espaços da cidade perdem, quando em contato com a forma indecisa, seu perfil recortado, plástico. Assim, de par com a cadência que retira especificidade e individuação aos homens, também *os muros* ("apagados") tornam-se indistintos, esmaecidos, transformando a cidade numa cartografia meramente apenas *imaginada*.

Nesta redução da plasticidade e dos perfis da cidade, também o movimento das multidões que percorrem as ruas da metrópole se deixa figurar por estruturas sem contorno: o que caracteriza o deslocamento dos homens é o deslizamento – informe – dos líquidos ("*escoam-se* passo a passo"), que, por sua vez, tem eco em outro poema de *A rosa do povo* ("Anoitecer"), no qual as pessoas, na volta para casa, perdem também sua solidez: "É a hora em que o pássaro volta,/ mas de há muito não há pássaros;/ só multidões compactas/ escorrendo exaustas/ *como espesso óleo*/ que impregna o lajedo; desta hora tenho medo" (RP, p. 19, segunda estrofe do poema, grifo meu).

Em "Nosso tempo", essa ausência de estrutura contamina mais do que o movimento da multidão. No poema, a cidade é de tal modo presa à *forma indistinta* que em tudo se instila, de tal modo enleada à sua fantasmagoria, que o deslocamento por um espaço que deveria ser palpável realiza-se, de fato, entre muros que não mais se distinguem, numa cidade apenas "suposta", que perdeu, ante o esgarçamento que se ensaia, a sua concretude.

A própria dimensão da utopia, tão forte e presente no livro de 1945, corre aqui o risco de ser reduzida (na lucidez com que o poema enfrenta a matéria negativa e corrosiva) a uma espera sem objeto determinado e sem voz. Os homens "imaginam esperar *qualquer coisa*/ e se quedam *mudos*" (grifo meu).

Por outro lado, talvez seja a exposição sem tréguas dessa matéria um dos impulsionadores do pensamento e das imagens que se voltam à possibilidade de transformação.

Ao final de "Nosso tempo" (parte VIII do poema), Drummond expõe explicitamente o nome (ou conceito) do sistema econômico a que ele aqui dá extraordinário corpo e reverberação. O que é flagrante, no entanto, é que o fundamento do poema não está no conceito, mas em suas imagens, em cuja indeterminação – própria da expressão poética – o conceito se amplia, fermenta, iluminando, por essa via, o complexo e difícil existir do homem, nesta metrópole específica (o Rio de Janeiro, então capital do país), na década de 1940 (mas com ecos para muito além, no tempo e no espaço).

Poucos poetas, no Brasil (e também fora), expressaram a cidade, no século XX, com a nitidez e contundência desses versos. Que o mesmo espaço (a cidade) possibilite ao poeta a construção de sua utopia, tornando palpável um porvir de justiça e alegria é um dos traços que distinguem *A rosa do povo* e "seu repositório de variáveis temáticas e formais" (repetindo a definição de Iumna Maria Simon).

Um dos exemplos notáveis da abertura de horizontes, em *A rosa do povo*, está em "A flor e a náusea". Em seu início, o poema volta-se à situação degradada em que se move o eu, no cenário da metrópole ("Preso à minha classe e a algumas roupas,/ vou de branco pela rua cinzenta./ Melancolias, mercadorias espreitam-me./ Devo seguir até o enjoo?/ Posso, sem armas, revoltar-me?" [RP, p. 13]) – tendo como contraponto, ao final, a descoberta de que uma flor (uma das imagens mais pulsantes do livro de 1945) rompeu a dura camada dos materiais (*asfalto, nojo*) de que se compõe a cidade. No ritmo diverso que o surgimento da flor impõe aos versos, cabe ao poeta proteger o que ali toma *forma*: "Passem de longe, bondes, ônibus, rio de aço do tráfego". O fato, por sua vez, de que essa flor "Furou o asfalto, o tédio, o nojo e o ódio" abre singularmente as dimensões do poema, inaugurando, numa orquestração ampliada das imagens e da espacialidade, uma espécie de grande angular, em que, a partir da situação pontual do eu e da flor ("Sento-me no chão da capital do país às cinco horas da tarde/ e lentamente passo a mão nessa forma insegura" [RP, p. 14]), o próprio cenário se amplia, como *um dos* últimos *grandes horizontes urbanos* na poesia de Drummond (que logo nos próximos livros teria os seus espaços, com relação às imagens de cidade, drasticamente encurtados): "Do lado das montanhas, nuvens maciças avolumam-se./ Pequenos pontos brancos movem-se no mar, galinhas em pânico" ("A flor e a náusea", RP, p. 14).

De certo modo, os horizontes mais largos (os morros do Rio de Janeiro, o oceano, a tempestade, que se deixa anunciar nas pequenas cristas *brancas* do mar encapelado e no aspecto *maciço* das nuvens) são uma espécie de eco ou harmônico da possibilidade (sempre mediada e não isenta de risco) do surgimento da flor (com toda a carga que tem a imagem, não apenas nesse poema, mas no livro e na obra).

Em "Nosso tempo", mas também nas estrofes mais abertas de "A flor e a náusea" (ou de "Cidade prevista", entre outros exemplos possíveis), nota-se a dilatação que toma as imagens e o foco da poesia de Drummond (sobre o tempo atual, sobre um tempo ulterior, sobre as cidades e seus espaços, sobre os homens, sobre auroras, sobre os modos de produção e sistemas econômicos, sobre flores, sobre coisas) no livro de 1945, no qual o tema da metrópole – mesclado às grandes perplexidades do poeta, mas também vinculado às formas e imagens com as quais constrói o seu canto transitivo – tem papel nuclear.

O contraste entre *A rosa do povo* e os próximos livros – *Claro enigma* (1951), passando ainda pela espécie de transição que caracteriza *Novos poemas* (1948) – não poderia ser maior.

Na poética mais ensombreada e fechada que se faz notar em alguns poemas do livro de 1948, encontrando depois plena envergadura em *Claro enigma*, têm peso e relevância as mudanças que atingem a representação do espaço. Os grandes horizontes urbanos de *A rosa do povo* (as ruas, os caminhos do homem, o espaço dilatado, público) sofrem uma drástica retração. Percebe-se, especialmente no livro de 1951, um encurtamento radical das distâncias entre o observador e aquilo (edifício, construções) que ele tem diante dos olhos ("Opaco" seria um exemplo central), quando não há, de modo ainda mais incisivo, o desaparecimento de um foco voltado à apreensão do espaço a partir das lentes mais dilatadas a que o leitor de *Sentimento do mundo* e, principalmente, de *A rosa do povo* se habituara.

Se o tema da Metrópole perde envergadura, ele pode ainda ser perseguido, no entanto, nos rastros ou indícios (metonímias do espaço urbano) que se acham disseminados, aqui e ali, também nos livros do pós-guerra. "Jardim", de *Novos poemas* (NR, pp. 212-13), é um dos poemas com essa estrutura. Ele recupera (agora, no entanto, sem nitidez ou plasticidade) o tema do parque urbano, que já figurava – com outro tratamento – em *Alguma poesia*.

Nesse soneto (seguirei aqui, em muitos pontos, leitura de Ana Paula Pacheco), o próprio vocabulário é representativo do enevoamento que toma o cenário: os contornos se diluem, sobrando quase que apenas sons (e, derivadas disso, notações de espaço pouco firmes): *violas* que soam (quem as tocaria?), aliadas ainda a aspectos abstratos (o *mal da vida*, a *dispersão em ecos*). A atenção a uma tênue música (*canção*) desenha um fio condutor, mas muito vago, mantendo a indistinção (quem a produziu?). Dela pouco se sabe além do fato de que se enovela nas plantas ("uma canção envolve os ramos"). A seguir, vem um período mais longo que se inicia com uma *estátua*, que se reflete, por sua vez, *indecisa*, no lago habitado não por matéria orgânica (*putrescível*), mas por mais um elemento que se esquiva à vida e às formas constituídas (ou mesmo às suas cores): "pálidas contas de colares/ que alguém *vai desatando*, olhos vazados" (grifo meu). O poema escolheu retirar concretude aos seres e coisas mencionados, também pelo modo como nele se articulam as imagens e a organização sintática: a estátua, que em seu refletir leva o foco para o lago, que, por sua vez, conduz à menção das contas desbotadas (que o habitam a longos anos) e dessas, a quem as manuseia (desatando-as), não passa de um símile do modo pelo qual... a canção (ela mesma já inexata e pairando no ar) se enlaça aos ramos: "à toa uma canção envolve os ramos/ *como a estátua indecisa se reflete*// no lago [...]" (NR, pp. 212-13) etc.

Assim, a sequência que se esboça (envolvendo natureza, coisas, música, um ser indefinido, mãos mecânicas) e que se estende até o ponto-final, não passa de imagem da ação muito vaga, pela qual... uma canção enlaça a paisagem. A partir dessa estrutura enevoada, em que aquilo que seria concreto (coisas etc.) se vê enleado (pelo símile) ao quase abstrato desenho de uma música difusa, o poema desenha um apagamento rigoroso das especificidades, da plasticidade. Significativos, aqui, são os *olhos vazados* de um *alguém* (como se ao desfibramento dos espaços correspondesse, na imagem poética, os olhos que não veem). O que surge então, no soneto, é um conjunto de coisas e seres de perfil esmaecido, obscuro: *ecos, estátua, alguém, pálidas contas, mascarada*.

Se no poema os ritmos (do período, da sintaxe) e as imagens são tomados por dissolução, indecisão, uma pergunta se deixa, no entanto, formular:

qual seria, em "Jardim", o sentido de sua organização formal – o soneto decassílabo, com versos majoritariamente heroicos, que, pela forma fixa, se contrapõe singularmente ao esgarçamento das imagens, à sua falta de estrutura e ao desfibrar do sentido? À primeira vista, a forma fixa estaria em franco desajuste com os movimentos de dissolução, funcionando de modo dissonante frente ao conteúdo melancólico, escurecido, que recua dos gestos mais fortes (estéticos, formais, políticos) do livro anterior (*A rosa do povo*). Uma leitura mais detida, por outro lado, pode identificar no uso da forma fixa, em "Jardim", um duplo ainda de um gesto mais arquitetado, refletido. Nesse sentido, a estrutura do poema surgiria como uma espécie de eco da própria (firme) escolha do poeta com relação à elaboração peculiar dessa *canção*: canção que recua, que mergulha no indistinto e no escuro, justamente para que nesse movimento o poema diga, ainda, o sentido (também escurecido) do mundo no qual lhe coube existir. Nessa acepção, os gestos mais críticos de uma poética anterior não são apagados, mas rearticulados: melancolia, recuo seriam, aqui, posturas *necessárias*, a que a firme arquitetura do decassílabo dá respaldo e sustentação (veja-se, para uma discussão mais alongada do lugar da melancolia, nas coletâneas posteriores a *A rosa do povo*, o livro *Drummond – Da rosa do povo à rosa das trevas*, de Vagner Camilo).

A leitura que Ana Paula Pacheco faz de "Jardim" faz avançar o ponto (no que tange também à espacialidade). Em seu ensaio, aquilo que toma forma e estrutura, no poema, é justamente, ainda, uma exposição da história, sedimentada no próprio estranhamento e negatividade de imagens e ritmos. "Na lírica drummondiana posterior à Segunda Guerra Mundial, tal qual ela se apresenta em 'Jardim', [...] o poema dá forma à questão da ininteligibilidade – do mundo e do sujeito – que entra, por assim dizer, para o corpo obscuro de muitas imagens, entre outras camadas expressivas do verso" (PACHECO, 2007, p. 86).

Desse modo, em meio aos aspectos escurecidos (ausência de cor e luz) ou vagos (à toa), em que as formas se dispersam (*ecos*), seria ainda possível perceber o desenho de um contexto que, sedimentado à articulação dos versos, dá corpo à expressão do tecido corroído da vida, historicamente configurado. A diminuição ou desfibramento das imagens voltadas aos espaços mais amplos e abertos da metrópole seria um dos modos de exposição (crítica, reflexiva e *melancólica*) desse contexto.

Sobre as relações de poesia e cidade (passando também pelas variações de envergadura de foco e contexto) caberia ainda comentar outro dos grandes poemas de Drummond relacionados (direta ou obliquamente) aos espaços urbanos, que é "A um hotel em demolição" (*A vida passada a limpo*).

Comecemos – como já ensaiado no comentário de outros poemas, neste verbete – mapeando seus materiais, em sua relação com a diminuição ou ampliação do espaço ali em foco. Se no poema o hotel se configura como lugar íntimo, recuado das dimensões mais amplas da cidade (ali transcorrem muitos fragmentos de histórias particulares de hóspedes pontuais, no espaço recluso de seus quartos), ele traz também, até certo ponto, uma abertura para matéria mais ampla; pois o hotel é também lugar de passagem, ir e vir de um sem-número de pessoas e de certo modo resume, a seu modo (que cabe ainda compreender), um amplo painel da vida coletiva, no Rio de Janeiro, com ecos para o restante do Brasil, nos anos de sua existência.

Se o compararmos a poemas nos quais está implícito um desenho de cidade (ou de suas partes), na poesia de Drummond do pós-guerra ("Jardim", "Opaco") será possível perceber uma diferença flagrante no poema de *A vida passada a limpo*. Da matéria enevoada, *estranha*, de "Jardim", em *Novos poemas*, da relação truncada do eu com seu entorno em "Opaco" (sobre esse poema, cf. BISCHOF, 2005), em *Claro enigma*, passa-se a um poema ("A um hotel...") em que o mundo objetivo de novo tem contorno, plasticidade, movimento. E, no entanto, isso não leva o foco a abranger com larguza os ângulos mais marcadamente abertos da cidade (a partir de um cenário que se pudesse sustentar, e que não fosse mero relato pulverizado de momentos esparsos, cenas sem sequência, registros descontínuos etc.). A grande angular de *A rosa do povo* não retorna, ou não se sustenta, e o que se tem aqui da metrópole, a despeito da vivacidade de algumas cenas, são metonímias, partes (interior do edifício, fachada, uma ou outra incursão – em *flashes* – pelo entorno etc.).

Veja-se por exemplo o que toma forma nos seguintes versos: "O 137 está chamando/ depressa que o homem vai morrer/ é aspirina? padre que ele quer?/ Não, se ele mesmo é padre e está rezando/ por conta dos pecados deste hotel/ e de quaisquer outros hotéis pelo caminho/ que passa de um a outro homem, que em nenhum/ ponto tem princípio ou desemboque;/ e é apenas caminho e sempre sempre/ se povoa de gestos e partidas/ e chegadas e fugas e quilômetros./ Ele reza ele morre e solitária/ uma torneira/ pinga/ e o chuveiro/ chuvilha/ e a chama/ azul do gás silva no banho/ sobre o Largo da Carioca em flor ao sol" (VPL, p. 54).

Nesse trecho, o foco que escapa da intimidade do quarto (e do voo abstrato das imagens em torno à morte e à impermanência) se expande, ainda que em rápido movimento, por sobre os espaços mais amplos e concretos do plano externo – por sobre o *Largo da Carioca*, na cidade do Rio de Janeiro. É singular, porém, o modo como isso se dá: a passagem para a exterioridade (*Largo*), a partir do núcleo mais recuado (o quarto de um hóspede moribundo) não parece derivar de uma espécie de decisão em abrir os horizontes do poema (como era o caso, por exemplo, em *Sentimento do mundo* – penso, aqui, principalmente nas perspectivas mais fechadas do sujeito que o livro luta por ultrapassar), parecendo, antes, meramente escapar, por assim dizer (apoiando-se em outra matéria – a sonoridade e seu extraordinário realce, no trecho) do sentido fechado, recuado, que até ali se desenhou.

O movimento, assim, é instável: o gesto que se dirige para fora e que, evadindo-se de um cômodo de finitude e solidão, se abre à luz e às formas do Largo da Carioca, logo volta, tomando sentido oposto, para a interioridade do hotel (como se a estrutura que repentinamente inaugura uma grande angular sobre os espaços da cidade escolhesse não *se sustentar*, refluindo, então, sem se deter na cartografia urbana, para os ambientes fechados.

Talvez não se force a mão ao ver, na imagem que aqui se abre sobre "o Largo da Carioca *em flor ao sol*" (grifo meu), à revelia do sentido agudamente fechado e melancólico (o quarto, a morte) pelo qual tem início o período, uma espécie de alusão, na matéria visual (o *Largo*) e sonora (o alargamento trazido pelas assonâncias), às imagens (luz solar, flor) que, em *A rosa do povo*, estavam estritamente ligadas tanto à maior amplidão dos espaços, quanto ao canto transitivo, participante, que naquele livro se ensaiava (*rosa, aurora*).

No trecho, a densidade do som, que aqui se apura, no extraordinário jogo das aliterações e assonâncias – "Ele reza ele morre e solitária/ uma torneira/ pinga/ e o chuveiro/chuvilha/ e a chama/ azul do gás silva no banho/ sobre o Largo da Carioca em flor ao sol" (VPL, p. 54) – faz luzir (ainda que em tom menor, quase imperceptivelmente), flor e luz (o "Largo... em flor, ao sol"), dando relevo justamente a duas das imagens de maior ressonância do livro de 1945.

O que se constata, no entanto, na sequência de "A um hotel em demolição", é que o pequeno movimento de abertura sobre a cidade (*Largo da Carioca*) que escolhemos aqui comentar se configura como... movimento quase nenhum, logo desfeito. Pois de modo quase imediato o foco retorna ao interior do edifício (*hotel*), mais uma vez negando espaço às imagens ampliadas de cidade e focando-se na matéria que um de seus versos resume de modo cabal: se algo há, neste poema, de coletivo, de amplo, então isso poderá ser visto tão somente no modo pelo qual o poema singularmente encena a "vida nacional em termos de indivíduo". (Voltaremos a esse verso central mais à frente, procurando fixar-lhe o sentido no movimento geral e ambivalente do poema.) O próximo trecho de "A um hotel...", ecoando a matéria encurtada, recuada, mas também ecoando a morte, que aparecera pontualmente no período anterior, coincide com um olhar que se volta não mais para o movimento vivo e fervilhante do ir e vir dos hóspedes, no passado (imaginado), mas para o edifício que, em seu processo de demolição, está agora (no momento em que é observado pelo sujeito poético) escondido entre tapumes.

"Entre tapumes não te vejo/ roto desventrado poluído [...]."

Também esse ponto, no entanto, é instável, e logo no verso seguinte os espaços do hotel abrem-se novamente em movimento e vida, a partir do artifício da imaginação que parece querer roubar o hotel à destruição, ao devir. Pertence a este trecho o verso – notável – que acima transcrevemos (sobre o vínculo entre indivíduo e nação), e que parece funcionar como um dos pontos em torno a que a matéria – público/privado, interno/externo – se organiza: "[...] imagino-te ileso emergindo dos sambas dos dobrados da polícia militar, do coro ululante de torcedores do campeonato mundial pelo rádio/ a todos oferecendo, Hotel Avenida,/ uma palma de cor nunca esbatida.// Eras o Tempo e presidias/ ao febril reconhecimento de dedos/ amor sem pouso certo na cidade/ à trama dos vigaristas, à esperança/ dos empregos, à ferrugem dos governos/ à vida nacional em termos de indivíduo/ e a movimentos de massa que vinham espumar/ sob a arcada conventual de teus bondes" (VPL, p. 54).

A vida, reduzida e comprimida às dimensões de um hotel, pulsa com força (e é neste sentido que o eu pode imaginar o hotel, em sua recusa de morte, "emergindo dos sambas", "dos dobrados", "do coro ululante de torcedores" etc.). Há, no entanto, também, algo de pouco firme, na construção desse movimento. O que aqui se articula é matéria amorosa ("amor sem pouso certo na cidade"), política ("ferrugem dos governos"), musical (sambas, dobrados, coro), econômica, agrária ("Estavas no centro do Brasil,/ nostalgias janeiras balouçavam/ em teu regaço, capangueiros vinham/ confiar-te suas pedras, boiadeiros/ pastoreavam rebanhos no terraço/ e um açúcar de lágrimas caipiras/ era ensacado a todo instante em envelopes/ (azuis?) nos escaninhos da gerência/ e eras tanto café e alguma promissória" [VPL, p. 55]) a que no entanto falta espaço e dimensão mais alargada: a matéria que tem origem nos amplos panoramas dos pampas, plantações, fazendas, lavras apenas existe, no modo como o poema a vê, contida metonimicamente, em forma de pedras, açúcar, envelopes – entre as paredes do edifício ou, de modo ainda mais recuado, em seus móveis (*escaninhos da gerência*). Nesse movimento, o próprio hotel tende a diluir-se em alegoria – "Eras o tempo" –, que se deixa no entanto acompanhar de aspectos pontuais, específicos: "[...] eras tanto café e alguma promissória". É então, levando a extremos a drástica redução ou apagamento de um cenário mais amplo, que o trecho final (um soneto) converte toda a matéria exposta em singular metáfora da existência do próprio sujeito poético: "Já te lembrei bastante sem que amasse/ uma pedra sequer de tuas pedras/ mas teu nome — AVENIDA — caminhava/ à frente de meu verso e era mais amplo// e mais formas continha que teus cômodos/ (o tempo os degradou e a morte os salva),/ e onde abate o alicerce ou foge o instante/ estou comprometido para sempre.// Estou comprometido para sempre/ *eu que moro e desmoro* há tantos anos/ o Grande Hotel do Mundo sem gerência// em que nada existindo de concreto/ – avenida, avenida – tenazmente/de mim mesmo sou hóspede secreto" (VPL, p. 60, grifo meu).

É significativo como nesses versos toda a matéria antes apresentada se evola, perde contorno, refluindo para uma dimensão (a da interioridade) em que o hotel, depois de ter sido igualado à dimensão abstrata do transcorrer das horas e dos anos ("*eras o tempo*"), se transforma, ainda, por assim dizer, no próprio eu ("de mim mesmo sou hóspede..." [VPL, p. 60]).

Puxar para a interioridade a matéria dos amplos panoramas culturais, econômicos, existenciais, sociais, apagando-os, de certo modo tem semelhança com a decisão – que nós aqui já comentamos em função de "Jardim" – de deixar turva ou apequenada, escurecida, a matéria mais ampla da cartografia urbana (e, por meio dela, da história).

A partir da leitura de "Jardim" e de "A um hotel em demolição" (tendo no horizonte também "Opaco"), pode-se dizer que *a imagem da Metrópole*, na poesia de Drummond (descontados alguns poemas com perfil mais episódico, circunstancial), tende a um encurtamento ou recuo, nos livros posteriores a 1945, como se a matéria plástica, espacialmente configurada, que se esboçou a partir de *Sentimento do mundo* (e que teve sua culminância com *A rosa do povo*), fosse agora corroída, esvanecida, justamente porque – tal é a hipótese – o poeta duvide de que o tempo atual (refiro-me ao momento de escrita deste e de outros poemas do pós-guerra), o estado de coisas e o modo de produção atuais, o modo de vida do homem, na moderna metrópole possam ser traduzidos ou expressos por uma plasticidade ordenadamente configurada, não tomada, também ela, de inquietude, perplexidade e corrosão.

Minas Gerais
IVAN MARQUES

"Espírito de Minas, me visita,/ e sobre a confusão desta cidade,/ onde voz e buzina se confundem,/ lança teu claro raio ordenador." (VPL, p. 35). Nesses versos de abertura do poema "Prece de mineiro no Rio", de *A vida passada a limpo*, Drummond faz referência à paisagem natal que teria moldado sua personalidade e determinado seu destino como homem e poeta. "Quem me fez assim foi minha gente e minha terra" (AP, p. 75); "Por isso sou triste, orgulhoso: de ferro" (SM, p. 10) – escreveu nos poemas "Explicação" e "Confidência do itabirano", inseridos respectivamente nas coletâneas *Alguma poesia* e *Sentimento do mundo*. Dessas origens, às quais se sentia preso como por um cordão umbilical, ele jamais teria conseguido se desligar, como confessaria mais tarde no poema "A ilusão do migrante", do seu último livro, *Farewell*. Daí a necessidade permanente de assumi-las e convocá-las, no presente conturbado e caótico da cidade grande, onde o "espírito de Minas", imagem de unidade, estabilidade e equilíbrio, atuaria como "claro raio ordenador".

Localizado no centro geográfico do Brasil, numa região montanhosa e áspera, isolada das capitanias litorâneas, Minas Gerais foi o distrito que realizou, depois de dois séculos, o sonho aurífero dos colonizadores portugueses. A riqueza da mineração produziu uma intensa vida urbana, desconhecida até então na colônia. Em consequência, também floresceu ali uma civilização própria, num período de surpreendente fastígio cultural. Esgotadas as minas, já no final do século XVIII, a província entraria em decadência, predominando, a partir de então, a economia agrícola e rural. "Tive ouro, tive gado, tive fazendas./ Hoje sou funcionário público" (SM, p. 10) escreveu Drummond no mencionado poema de *Sentimento do mundo*, fazendo o seu trajeto familiar e pessoal coincidir com a própria história mineira.

Entretanto, a fase áurea jamais foi esquecida. Da memória daquela época de fulgor, restariam, eternamente vincados na cultura de Minas Gerais, traços como o espírito clássico e a tendência universalista – esta última em franca oposição à clausura das montanhas e ao temperamento acanhado e ensimesmado dos mineiros.

No livro *Mitologia da mineiridade*, Maria Arminda do Nascimento Arruda investiga a identidade cultural mineira, essa construção imaginária realizada, sobretudo, a partir do ideário da Inconfidência e exportada para o restante do país, território imenso e de feição inorgânica, como matriz para o desenvolvimento da nação. Segundo essa concepção mítica, a ideia republicana, vitoriosa no final do século XIX, estaria enraizada em Minas Gerais desde a malograda Inconfidência. Mártir da liberdade brasileira, Tiradentes encarnaria os princípios da pátria. Minas, além de centro geográfico, seria também o berço da rebelião patriótica, da unidade nacional e da organização de um país soberano – por conseguinte, coração e cerne da nacionalidade. Se Tiradentes passou a ser o símbolo da liberdade, Aleijadinho seria assimilado como o gênio artístico da nação – na opinião de Mário de Andrade, a manifestação cultural genuína da brasilidade.

À revolta diante do jugo português foi associada ainda a preocupação dos mineiros com a política, processo que envolveu uma enorme contradição. Como observou Maria Arminda, o mito de Minas ora acentua a utopia libertária, a faceta rebelde que não conhece limite ou ponderação, ora realça o caráter prático, conciliatório e realista. Em outras palavras, Minas seria, ao mesmo tempo, "a terra da ordem e da liberdade" (ARRUDA, 1990, p. 70). A despeito do decantado amor à liberdade, os mineiros, graças ao seu sentimento republicano, teriam dominado a violência das paixões. Era o que pensava João Pinheiro, para quem o principal traço da índole mineira era o equilíbrio, "o senso grave da ordem" (PINHEIRO, 1967, p. 151). Herdeiro da "razão suprema" (ARRUDA, 1990, p. 66) dos inconfidentes, o mineiro seria, por excelência, o homem do centro.

No século XVIII, Minas foi também o centro intelectual da colônia. As manifestações literárias de boa qualidade e cunho universalizante que vicejaram naquele tempo, dando início à poesia lírica e ao sentimento nativista, acrescentaram ao Estado a glória de ter sido não apenas o berço dos ideais libertários, mas também a matriz da arte literária no país. Ao perfil mitológico dos mineiros, associou-se o gosto pela cultura, que teria persistido após a decadência econômica. No século XX, a partir do Modernismo (movimento que, por sua vez, foi mais de uma vez comparado com a Inconfidência), a literatura produzida em Minas voltaria a ter evidência no plano nacional. A despeito de suas inovações, os modernistas mineiros prezariam também a fidelidade ao passado literário: "Curiosa modernidade mineira, feita com o sumo dos clássicos", escreveu Antonio Candido em um ensaio sobre a prosa drummondiana (CANDIDO, 2004a, p. 15).

A par da tendência universalista, persistiria sempre nos escritores montanheses a presença de um "espírito mineiro", manifesto na recorrência de certas características, como o gosto pela análise subjetiva, o hábito de fazer explorações na memória e o cultivo de uma rígida disciplina estilística. A obsessão com a arte de escrever – presente em autores como Godofredo Rangel, Cyro dos Anjos, Murilo Rubião, Otto Lara Resende, Paulo Mendes Campos, Fernando Sabino, Autran Dourado, Lúcio Cardoso, Pedro Nava e tantos outros – passou a ser vista como atributo essencial dessa "família exigente dos buriladores", na expressão de Antonio (CANDIDO, 1993c, p. 12).

O espectro da decadência é um tema recorrente nessa literatura. Esgotados os veios mineradores, os mineiros mergulharam numa longa estagnação. Em oposição ao dinamismo e à floração urbana do século XVIII, o que predominou ao longo do século XIX e da República Velha foram as formas primitivas e rotineiras de uma economia ruralizada, semelhante ao resto do país. No cenário das "Minas cansadas", outras imagens seriam associadas ao estado:

a paralisia, o ritmo modorrento, a temporalidade da fazenda. Entretanto, se não tinha o peso econômico do passado, por ser o estado mais populoso do país, Minas manteve no período uma posição de relevo na política.

Se o "espírito de Minas", evocado por Drummond em seu poema, parece ter sido forjado nas montanhas e na zona mineradora, a verdade é que se trata de um estado de paisagem bastante diferenciada. No seu antológico artigo "Aí está Minas: a mineiridade", Guimarães Rosa enfatizou a existência de "várias Minas". A mais divulgada, segundo o escritor, é a "Minas antiga, colonial", das velhas cidades de "chão de ferro", cobertas de nevoeiro e melancolia, marcadas por um "legado severo" de sinos, agonias, procissões e oratórios – "donde de tudo corre um hábito de irrealidade, um hálito do passado, do longe, quase um espírito de ruínas" (ROSA, 2003, p. 12). A essa Minas original, a do ouro, se juntariam, porém, outras Minas, enumeradas pelo escritor: a Mata fértil, o Sul cafeeiro, o Centro calcário, o Triângulo desenvolvido, o Norte sertanejo, o Noroeste dos chapadões.

A despeito desses contrastes, o estado teria conservado uma unidade, revelada pela existência de um tipo mineiro recorrente, ao qual foram colados um extenso rol de atributos: acanhado, afável, desconfiado, disciplinado, discreto, equilibrado, irônico, meditativo, modesto, quieto, tímido e muitos outros, que Guimarães Rosa apresenta em ordem alfabética. A despeito de se considerar um "espécime negativo" dessa "raça", o autor de *Grande sertão: veredas* termina por admitir a sua existência: "Reconheço, porém, a aura da montanha, e os patamares da montanha, de onde o mineiro enxerga. Porque, antes de mais, o mineiro é muito espectador. O mineiro é velhíssimo, é um ser reflexivo, com segundos propósitos e enrolada natureza. É uma gente imaginosa, pois que muito resistente à monotonia. E boa – porque considera este mundo como uma faisqueira, onde todos têm lugar para garimpar. Mas nunca é inocente. O mineiro traz mais individualidade que personalidade. Acha que o importante é ser, e não parecer, não aceitando cavaleiro por argueiro nem cobrindo os fatos com aparatos. Sabe que 'agitar-se não é agir'" (ROSA, 2003, p. 13).

Na construção dos viajantes, dos ensaístas e ficcionistas que discorreram sobre a "essência" do ser mineiro, pesaram tanto a paisagem de montanhas – cujos obstáculos teriam favorecido a propensão para o isolamento, a lentidão e a melancolia – como os estereótipos advindos do universo rural. Dessa semente caipira é que teria florescido a imagem dos mineiros como ladinos e astuciosos. Nas palavras de Fernando Sabino, "ser mineiro é esperar pela cor da fumaça. É dormir no chão para não cair da cama. E plantar verde para colher maduro. [...] Mineiro não prega prego sem estopa. Mineiro não dá ponto sem nó. Mineiro não perde trem. Mas compra bonde. Compra e vende pra paulista" (apud ARRUDA, 1990, p. 110).

Nas páginas dos escritores, o enigma chamado Minas – ou, simplesmente, o mito de Minas – foi decantado e propagado ao longo de décadas. A ele se refere Drummond, que figura entre os maiores representantes dessa mescla particular de ousadia e moderação, humor e desencanto, no poema "A palavra Minas", do livro *As impurezas do branco*: "Minas não é palavra montanhosa./ É palavra abissal. Minas é dentro/ e fundo.// As montanhas escondem o que é Minas./ No alto mais celeste, subterrânea,/ é galeria vertical varando o ferro/ para chegar ninguém sabe onde.// Ninguém sabe Minas. A pedra/ o buriti/ a carranca/ o nevoeiro/ o raio/ selam a verdade primeira, sepultada/ em eras geológicas de sonho.// Só mineiros sabem. E não dizem/ nem a si mesmos o irrevelável segredo/ chamado Minas" (IB, p. 112).

Mineração
JOSÉ MIGUEL WISNIK

Um dos modos pelos quais se pode interpretar a conjugação de extremo apego à província natal com sentimento cosmopolita do vasto mundo, em Drummond, é relacionando sua obra com a história da mineração em Itabira do Mato Dentro. Desde o início do século XX, a pequena povoação de origem colonial incrustrada entre imensas jazidas de ferro tornou-se o epicentro de uma acirrada disputa pelo controle da exploração ferrífera no Brasil, envolvendo a um só tempo a acanhada realidade local, o cenário político nacional e o mercado mundial de minério. O desenrolar desses acontecimentos repercute nos escritos de Drummond de maneira muitas vezes direta, outras vezes de maneira indireta e, no limite, de maneira oculta mas, afinal, óbvia, se recuperada pela perspectiva histórica.

Como se pode ler em alguns dos seus poemas, o minério de ferro fazia-se presente no chão, no horizonte, no som e na alma do itabirano ("noventa por cento de ferro nas calçadas", "oitenta por cento de ferro nas almas" ["Confidência do itabirano", SM, p. 10]). Bem à frente das janelas do casarão senhorial onde o poeta passou a infância avistava-se o pico do Cauê, dominando a paisagem com sua massa mineral de alto teor ferrífero. "Cada um de nós tem seu pedaço no pico do Cauê" ("Lanterna mágica/ Itabira", AP, p. 25), diz o primeiro verso de seu primeiro poema sobre a cidade, aludindo a um modo de posse que não se inscrevia na ordem do capital, isto é, do saque e da extração, mas que remontava a uma identidade comunitária compartilhada e imemorial. Pontuando a vida comum, ouviam-se as badaladas do poderoso sino da Matriz do Rosário, situada ao lado da casa de Drummond, que cresceu ouvindo esse som "grave como a consciência" e manteve-o ressoando a vida inteira, na sua poesia, como uma espécie de emanação aérea do ferro "que liga o passado/ ao futuro, ao mais que o tempo" (NR, p. 571). Assim, ainda que o poeta tenha vivido pouco tempo em Itabira (apenas o período da infância e da puberdade, mais um breve momento em 1926), os ecos da cidade e do ferro retornam em sua obra inteira, como um sino repercutindo as afeições e os traumas, avivando o vivido, sem correspondente cronológico contabilizável. Muito disso estará ligado à memória afetiva, à proustiana "busca do tempo perdido" ou à *durée* bergsoniana, mas também a circunstâncias que envolvem a história da mineração no século XX, e que têm um de seus nós cruciais no território de Itabira.

Em 1910, no XI Congresso Geológico e Mineralógico, em Estocolmo, evento estratégico, àquela altura, para grandes empresas siderúrgicas internacionais interessadas em fazer um balanço exaustivo das reservas de ferro existentes no mundo, a delegação brasileira apresentou um relatório no qual as jazidas mineiras, calculadas em dez bilhões de toneladas, "eram nominalmente citadas, potencialmente avaliadas e cuidadosamente localizadas no mapa de Minas Gerais" (DIAS, 1992, p. 153). Consequência imediata desse fato, o pico do Cauê, juntamente com outras jazidas itabiranas, foi comprado a preço irrisório por empresários ingleses que, associados a norte-americanos, constituíram em 1911 a Itabira Iron Ore Company, projetada para extrair e exportar minério bruto. O menino Carlos tinha de sete para oito anos, portanto, quando a "cidadezinha qualquer" do Mato Dentro entrava no mapa do mercado mundial. Em diversos poemas de *Boitempo* (NR, p. 501) são narradas, na forma de autobiografia poética, circunstâncias que envolvem a compra das terras mineráveis e a chegada de agentes da mineração internacional a Itabira.

Tal entrada no mundo se fez em paralelo com a introdução litigiosa da cidade no debate político nacional. A estratégia da delegação brasileira em Estocolmo, que literalmente entregou o mapa da mina aos interesses estrangeiros, encadeava-se com um projeto que o presidente Nilo Peçanha pusera em andamento, no ano anterior, no qual o governo brasileiro oferecia privilégios aos capitais nacionais e internacionais que estivessem dispostos a estabelecer no país uma indústria de aço de grande escala (BRAER, 1970, p. 81). Armava-se com isso um jogo cruzado em que a oferta de minério para a siderurgia internacional contracenava com a tentativa de atrair capital estrangeiro para a implantação de uma siderurgia nacional de porte.

No Brasil, o jogo cruzado logo se converteu num empatado braço de ferro entre correntes liberais e nacionalistas, que debatiam o destino do ferro de Itabira: por um lado, representantes dos interesses do mercado, favoráveis à livre exportação investida no projeto da Itabira Iron Ore; por outro, defensores do vínculo obrigatório da exploração do minério brasileiro com a implantação de uma siderurgia local e compromissada com um projeto nacional modernizante.

Em razão dessa disputa aberta e inconclusa, a ação da Itabira Iron Ore Company ficou travada dos anos 1910 ao começo dos anos 1940. Assim, a pequena cidade viveu décadas num compasso de espera entre a decadência (que remete às suas origens coloniais e a certo fastígio econômico no século XIX, já dissipado àquela altura) e a expectativa de riqueza (ligada à exploração do minério, suposto como inesgotável pelo imaginário local). De perto ou de longe, dentro de Itabira ou com Itabira dentro dele, o poeta enxergou esse período da cidade sob o signo da suspensão: bafejada por uma fortuna de aparência eterna, mas condenada à irresolução e à espera, a povoação vivia seu "destino mineral" presa "ao dorso fatigado da montanha", entre um passado morto e um futuro sempre adiado ("Vila de utopia", CM, p. 105). A crônica "Sorriso crispado ou O depoimento do homem de Itabira", publicada em 1938 na *Revista Acadêmica*, fala da conjugação esdrúxula do "lugar mais rico do mundo", pelas suas jazidas, com "a ociosidade, o vício e a miséria" que reinavam na espera do milagre que não vinha. Na mesma época, "Confidência do itabirano", em *Sentimento do mundo*, trazia um verso no qual se dizia que entre as prendas itabiranas estava "esta pedra de ferro, futuro aço do Brasil" (SM, p. 10). É um índice de que, naquele momento, Drummond alinhava-se, mesmo sabendo dos impasses e dos desnivelamentos contidos na ideia, entre os defensores da atividade mineradora a serviço da implantação de um projeto nacional de siderurgia, no qual Itabira desempenharia um papel crucial para a modernização do país.

A Segunda Guerra Mundial ofereceu ao governo varguista a ocasião política para equacionar a questão mineração-siderurgia. O nó foi desatado, após manobra diplomática, com a assinatura secreta dos Acordos de Washington, nos quais o governo britânico se comprometia a adquirir e a transferir ao governo brasileiro as jazidas de minérios de ferro pertencentes à Itabira Iron Ore Company. O governo norte-americano, por sua vez, forneceria vultoso empréstimo destinado a aparelhar as minas itabiranas, a prolongar e a restaurar a estrada de ferro entre Minas e Vitória, além de equipar o porto de Vitória, enquanto o governo brasileiro prometia extrair, transportar e exportar um milhão e meio de toneladas por ano, a serem vendidas aos britânicos e norte-americanos a um preço inferior ao de mercado.

Na divisão nacional dos papéis, acabou ficando com Volta Redonda o lugar de protagonista na implantação da siderurgia (com a criação da Companhia Siderúrgica Nacional em 1941) e a Itabira a função de fonte sem fundo da exportação mineral (com a criação da Companhia Vale do Rio Doce em 1942, empresa de economia mista controlada pelo Estado, com a finalidade expressa de extrair e exportar a hematita para suprir a indústria aliada no esforço de guerra).

Desse modo, o "sono rancoroso dos minérios" (de que fala o poema "A máquina do mundo") foi acordado do seu torpor imemorial, pode-se dizer, para ir à luta, passando por um duplo batismo de fogo – o da guerra, na linha de chegada, e o das dinamitações no pico do Cauê, na linha de partida. A montanha de ferro itabirana entrava na negociação como estoque bruto, sacável como uma espécie de capital *in natura*, ao mesmo tempo que como uma entidade simbólica a ser sacrificada. O caráter sacrificial da operação, sua parte silenciada e não contabilizada nos contratos, transparece num cartaz da Companhia Vale do Rio Doce, que exibe, à maneira de um cartão-

-postal, uma foto do pico em seu nostálgico e último esplendor, com a legenda: "O famoso pico do Cauê, em 1942, 'serro empinado' dos aborígenes, que fascinou homens de outras terras e cujo atrevido perfil já não se reconhece mais, porque de sua gigantesca mole têm sido extraídos milhares de toneladas do *melhor minério de ferro do mundo* – cumpre seu destino de dar-se, inteiro, pelo Brasil" (Anúncio da CRVD, sem data. Encartado, sem página, *in* WISNIK, 2018).

Os Acordos de Washington fazem parte das negociações que levaram o Brasil a entrar na guerra. Junto com o empenho na exploração do minério, a costura diplomática alinhou politicamente o Brasil às forças contrárias ao Eixo e, por obra de um intrigante acaso objetivo, o poeta que mais vocalizou no Brasil a experiência da Segunda Guerra, no livro *A rosa do povo*, vinha da mesma localidade que fornecia o ferro pelo qual o Brasil entrava na guerra. Redobrava-se *surdamente*, desse modo, e com grande carga dramática, a conexão entre a realidade local, o debate nacional e o embate planetário. Não deixava, também, de ter um suporte factual, mesmo que não intencionado, o famoso verso de um dos poemas *A rosa do povo*, que diz: "Uma rua começa em Itabira, que vai dar em qualquer ponto da terra" ("América", RP, p. 121).

Em 1948, Drummond viajou à cidade natal para visitar sua mãe, que tivera a saúde agravada. Embarcou de Belo Horizonte para Itabira num pequeno avião da Companhia Vale do Rio Doce, que funcionava como táxi-aéreo. Anotado brevemente num diário íntimo, o relato é expandido na crônica "Antigo" (PI, pp. 33-36), na qual lemos a visão impactante, primeira, da máquina de exploração pesada que se instalava no pico do Cauê. O momento era o do exato meio caminho entre a primeira fase da exploração da companhia, a da extração de ferro por meios rudimentares, e a da mecanização e expansão internacional. Uma injeção de recursos financeiros se fazia acompanhar, naquele ano, por um salto na quantidade produzida e exportada. O cliente principal de então eram os Estados Unidos, secundados por Canadá, Holanda e Bélgica (DIAS, 1992, pp. 198-201).

A visão da paisagem de Itabira, tal como relatada pelo poeta, apresentava evidências de uma nova marcação de território. "Casinhas catitas", enfileiradas num padrão industrial uniforme, que a companhia "fez construir para seus funcionários", ocupavam o lugar "onde até alguns anos só se erguiam pequenas construções de taipa e chão de terra batida". "Dois aviões postados no hangar como besouros" alinhavam-se no "campo de aviação, ao pé do pico venerável", como guardiões do novo estado das coisas. Mais que tudo, marcando o ritmo produtivo imprimido ao pico silencioso, a "faina" da mineração exibia caminhões apressados "que arfam contornando a montanha", "vagões que descem pesados de hematita" e "instalações de ar comprimido" prontas "para desintegrar os blocos milenários" (PI, pp. 33-36).

É como se essa viagem revelasse a dimensão completa de um mundo cuja corrosão impiedosa começava. É de supor que o sujeito se via, frente a seu maior vínculo de origem e destino (indissociável do "destino mineral" da cidade), na encruzilhada trágica entre o imperativo do progresso e a potência destruidora deste. "Como sabemos que para ele, desde muito tempo e com boas razões, Itabira é o mundo, é este que se anunciava, então, como sendo aquele que conhecemos: administrado pela técnica, movido pelo lucro e danificado até o esgotamento" (WISNIK, 2018, p. 125).

Há boas razões para acreditar que o jogo de forças envolvido nessa visão de Minas e Itabira, em 1948, tenha contribuído para o *insight*, a formulação e a elaboração lutuosa d'"A máquina do mundo", publicado um ano depois no jornal *Correio da Manhã*. Não que o episódio seja o assunto oculto do poema ou que a *máquina do mundo* seja uma espécie de metáfora da Companhia Vale do Rio Doce. No entanto, a complexidade e a riqueza do acontecimento oferecem certas pré-condições para sua transfiguração problematizadora em âmbito muito maior, já independente da restrição localista, mesmo que sem perder as marcas de sua inserção local e sem se descolar da geografia afetiva à qual pertence (como atestam "a estrada de Minas pedregosa" e o som do "sino rouco", sem falar no "sono rancoroso dos minérios", que lemos no poema [CE, pp. 105-08]). É como se a viagem desse a ver o momento em que a geografia afetiva sofria o impacto da geoeconomia política, abrindo caminho para uma densa reflexão cifrada sobre o ser e o estado do mundo, na qual se entrevê a visão de uma grande maquinação onipresente que invade e manipula todas as dimensões da existência: a máquina extrativa que toma para si o território de Itabira é também a máquina geoeconômica mundial.

Ao longo dos anos, o pico do Cauê foi pulverizado (deixando em seu lugar uma cratera, imagem invertida de sua ausência), o poderoso sino de ferro tombou após o desabamento parcial das torres e do telhado da Matriz do Rosário (no local dela, construiu-se posteriormente outra igreja) e a Vale do Rio Doce expandiu-se para muito além de Itabira, ao crescer para o mercado mundial (privatizada em 1997, a empresa riscou de seu nome o Rio Doce). Na contramão dessa trajetória de exploração mineral e expansão do capital, Drummond travou nos anos 1950 uma luta quixotesca contra a companhia, em poemas, crônicas e numerosos artigos polêmicos. Para ele, a empresa ignorava a sua dívida de origem para com o lugar que explorava, desconsiderando sistematicamente os danos provocados por ela – fundada no ferro de Itabira, como repetirá o poeta, ela é devedora de Itabira e da devastação que produzirá em Itabira.

Os atritos com a Vale começaram em 1955, quando Drummond escreveu uma série de artigos no jornal *Correio da Manhã*, e mais tarde no *Jornal do Brasil*, em que dizia que os lucros crescentes da empresa em plena expansão não retornavam minimamente em benefício da cidade; que a mineração, além de destruir modos de vida, era uma "indústria ladra" que tira sem repor, que devasta e abandona os lugares que explora, partindo sempre para novos alvos num processo incessante de destruição da terra; que os responsáveis pela destruição primavam por desconversar, quando interpelados sobre os problemas que causavam, dando lugar a uma espécie de "comédia embromatória" contínua. Com isso, o poeta granjeou na cidade natal a fama de inimigo de Itabira e avesso ao "progresso".

No meio desse embate, em 1970, um anúncio publicitário da Vale do Rio Doce, publicado no jornal *O Globo*, dava ao contraponto entre o poeta e a história da mineração uma espécie de evidência alegórica. Ao comemorar os sucessos da gigantesca empreitada mineradora – ou seja, a consumação da destruição do Cauê –, a Companhia apropriava-se da famigerada "pedra no meio do caminho" ("No meio do caminho", AP, p. 36), convertendo-a no mote de uma apologia dos seus próprios objetivos. A chamada do cartaz, em letras negritadas, transmudava o verso "no meio do caminho tinha uma pedra" em "há uma pedra no caminho do desenvolvimento brasileiro". Dizia o texto: "Nosso caminho sempre esteve cheio de pedras. Mas essa tem um significado todo particular. Com ela, alcançamos esta semana a marca de 20 milhões de toneladas de minério de ferro exportados. Nós e as companhias associadas. Mais 2,5 milhões que todo o ano passado. O que representa a entrada no país de divisas na ordem de 150 milhões de dólares. É a comprovação de que nossos objetivos de desenvolvimento estão sendo atingidos. Somos especialistas em transformar pedras em lucros para a Nação. É de mais pedras como essa que o Brasil precisa" (anúncio publicitário, 1970).

Diante do histórico dos atritos entre o poeta e a companhia, a peça publicitária soava como uma revanche, aproveitando-se de um verso que tinha se tornado lugar comum. O fato é que, sem pedir licença ao autor, em tempos de ditadura, o anúncio convertia as palavras do poema em uma apologia do lucro e da exportação pela exportação, numa total inversão do sentido poético original da pedra como tropeço no enigma. Em 1967, Drummond havia publicado *Uma pedra no meio do caminho: biografia de um poema*, livro em que reunira todas as críticas, ultrajes, elogios, referências e apropriações de que "No meio do caminho" tinha sido objeto ao longo das décadas, e que ele colecionara com paciência e minúcia (PMC, 2010). Era uma lista impressionante de exemplos que demonstravam o modo como um poema acusado inicialmente de ser ininteligível e de *não dizer nada* pôde virar expressão corrente e ser usado *para falar de tudo*, explodindo como uma bomba em estilhaços semânticos por todos os lados do espectro ideológico (citada por comunistas e católicos, Luís Carlos Prestes e Roberto Marinho, entre outros). A utilização publicitária do mote do poema pela Companhia Vale do Rio Doce, no momento em que se consumava a pulverização do Cauê, era o coroamento de todas entre as inumeráveis apropriações de "No meio do caminho". Conferia um teor explícito, além disso, à conexão difusa entre a imagem da *pedra no meio do caminho* e o universo da mineração.

A soma do poema com o anúncio produz efeito parecido com o da famosa alegoria benjaminiana sobre o anjo da história. Nesta, o anjo tem seu olhar fixado num enigmático trauma originário ("seu rosto está dirigido para o passado") de onde os acontecimentos emanam como a catástrofe única que acumula desastres.

Uma tempestade, soprando da origem, empurra avassaladoramente o anjo para o futuro ao qual ele volta as costas, mas no qual um "amontoado de ruínas" se junta até o céu. "Essa tempestade", diz Walter Benjamin, "é o que chamamos de progresso" (BENJAMIN, 1994, p. 226). No nosso caso, se o rosto do anjo torto volta-se *para trás*, fixado no acontecimento que se imprime *na vida de suas retinas tão fatigadas*, o vento da tempestade mineradora empurra-o inexoravelmente para o futuro ("20 milhões de toneladas de minério de ferro exportados", "mais 2,5 milhões que todo o ano passado" [Anúncio da CRVD, sem data. Encartado, sem página, in WISNIK, 2018]), somando às costas dele (que quer deter-se, contemplar a origem, rememorar os mortos e juntar os cacos) um "amontoado de ruínas" que, se não "cresce até o céu" (BENJAMIN, 1994, p. 226), decepa montanhas e rói o fundo da terra. O choque do arquipoema de Carlos Drummond de Andrade com a publicidade da Vale do Rio Doce está no olho desse furacão "que chamamos progresso (BENJAMIN, 1994, p. 226), manobrado por "especialistas em transformar pedras em lucros" e "reclamando por mais pedras como essa" (Anúncio da CRVD, sem data. Encartado, sem página, *in* WISNIK, 2018).

Assim, a vida e a obra de Drummond correram em paralelo com os desdobramentos da mineração em Itabira, indo da potência aparentemente indomável do Cauê quase virginal ("a boca da mina, lá longe, pequena mancha preta no dorso cinza-roxo da montanha") (CA, p. 42) até a entronização engolidora do aparato técnico-explorador que consolida o protagonismo da Companhia Vale do Rio Doce no mercado mundial. Nesse contraponto cabem os anos da infância, em que a visão do colosso de ferro se inscreve como a baliza cósmica da memória afetiva; cabe o impacto da chegada dos estrangeiros, "comprando as jazidas e dando sinais de um mundo empresarial e financeiro que passava a olhar para o pico do Cauê como sendo um imenso estoque mineral a ser consumido (*Boitempo*, 1968); cabe o nó renitente das contraditórias relações entre moderno e pré-moderno, inscrito na original contribuição mineira ao modernismo literário (*Alguma poesia*, 1930), em paralelo com os impasses que envolvem a mineração e o projeto siderúrgico-industrial até o final dos anos 1930 ('Sorriso crispado ou O depoimento do homem de Itabira'); cabe a perspectiva do desenvolvimento nacional alavancado pela contribuição itabirana ao 'futuro aço do Brasil' (*Sentimento do mundo*, 1940); cabe o batismo de fogo da guerra, que ateia o sentimento do mundo conflagrado aos poemas de *A rosa do povo* (1945) ao mesmo tempo que desencadeia as primeiras dinamitações no pico do Cauê; cabe a antevisão, no segundo pós-Guerra, de uma maquinação do mundo que invade e manipula todas as dimensões objetivas e subjetivas da existência, intuída na visão do pico do Cauê transformado, agora ostensivamente, em objeto de exploração técnico-capitalista; cabe a luta vã, com palavras, contra a exploração predadora, pela Vale do Rio Doce, das jazidas itabiranas (martelada em artigos de jornal), contra os estragos que se anunciam na geologia da Minas mercantilizada, na consumação do desmanche da 'montanha pulverizada' (intervenções várias em *Versiprosa, As impurezas do branco, Discurso da primavera* e *Boitempo*) e na consolidação da Companhia como máquina agigantada em múltiplas empresas subsidiárias, expandindo-se pelo território nacional e já em rota de fuga da cidade que a gerou, no momento em que se mostram os sinais de esgotamento dos estoques minerais itabiranos (artigos no *Jornal do Brasil* nos anos 1980)" (WISNIK, 2018, pp. 115-16).

O embate entre Drummond e a Vale ocorreu sobretudo nos anos 1950 e 1960. Depois, de certo modo, o poeta emudeceu para a questão, embora algumas vezes tenha voltado em crônicas ao tema e à elaboração do sentimento de derrota (sentimento este que estará, depois, no fundo da sua recusa a voltar a Itabira). Se o pico do Cauê é a primeira imagem gravada em seu inconsciente (CM, p. 105), seus últimos anos lembram seu personagem Tutu Caramujo: "Só, na porta da venda, Tutu Caramujo cisma na derrota incomparável" (AP, p. 25).

Falecido em 1987, Drummond não viu as catástrofes socioambientais ocorridas em Mariana (2015) e Brumadinho (2019), mas é impossível não as associar ao surdo desenrolar da mineração contido em sua poesia e aos artigos de combate com que denunciou, de maneira antecipatória e praticamente solitária, a ação da Companhia Vale do Rio Doce. São acontecimentos que envolvem a mesma região, a mesma empresa, e fazem parte da mesma história.

Modernismo
PEDRO DUARTE

Carlos Drummond de Andrade foi um poeta crucial para o movimento do Modernismo no Brasil no começo do século XX, mas, ao mesmo tempo e sobretudo, o Modernismo foi crucial para Drummond tornar-se o poeta que ele veio a ser. O jovem era muito tímido. Nascera no interior de Minas Gerais, na pequena cidade de Itabira, que ficaria famosa por meio de seus versos, escritos tardiamente já sob a sombra melancólica da memória de quem abandonou a terra natal e foi morar em um centro urbano. "Itabira é apenas uma fotografia na parede./ Mas como dói!" (SM, p. 10).

O movimento modernista foi, para o poeta mineiro, a gradual abertura de um mundo e para um mundo. Conforme ele escreveria, para um "mundo mundo vasto mundo" (AP, p. 11). Seu primeiro contato com o grupo de vanguarda foi expresso na resenha publicada em 1922, no *Diário de Minas*, sobre o romance *Os condenados*, de Oswald de Andrade, um dos líderes do movimento. Drummond destacava que vinham de São Paulo as grandes indústrias e o futurismo nacional (FERREIRA, 1998, p. 121). Valorizava a procura por novidade na literatura, bem ao estilo moderno. No entanto, o encontro decisivo para sua vida ocorreria só dois anos depois, em 1924. Oswald avisou a Drummond que ele, outros modernistas e o poeta franco-suíço Blaise Cendrars estavam a caminho de Ouro Preto, a fim de conhecer as cidades históricas. Essa caravana, no meio do caminho, pararia em Belo Horizonte e se hospedaria no Grande Hotel, onde poderiam estar pessoalmente com o grupo modernista de Minas.

Entre os outros modernistas paulistas, estava Mário de Andrade, cabeça do movimento. Foi com ele que houve um breve encontro ao vivo, mas prolongado em intensidade crescente através de uma correspondência que, iniciada por Drummond, gerou epístolas à altura de Mário. As cartas trocadas entre ambos são extraordinárias. Na época, Mário já era uma figura central da cultura brasileira, autor do livro de poemas modernos *Pauliceia desvairada*, de 1921, e o organizador do famoso evento da Semana de Arte Moderna de 1922, além de editar a revista *Klaxon*. Enfim, atuava em vários campos da cultura, movido pela intenção de modernizá-la. Drummond ainda era pouco conhecido. Nenhum livro publicado. Por isso, quando escreve a sua primeira carta a Mário, em 28 de outubro de 1924, após conhecê-lo, não o faz de igual para igual, e sim na postura quase de um aprendiz que procura alguém que o aconselhe.

Drummond temia nem mesmo ser lembrado por Mário depois do encontro e pede, em sua carta, que este o procure nas suas memórias: "um rapaz magro, que esteve consigo no Grande Hotel"; o objetivo era "prolongar aquela fugitiva hora de convívio com seu claro espírito" (CCM, p. 40). Envia, junto, um artigo seu para que o modernista dê um parecer, além de tecer elogios sobre a sua força desabusada, a verdade de suas ideias e a originalidade delirante de ser brasileiro no mundo. É uma carta curta, que revela ao mesmo tempo cerimônia e entusiasmo, talvez frutos, respectivamente, do desequilíbrio de estatura cultural àquela altura entre eles, por um lado, e da afinidade amiga e poética que os uniria depois pelo resto da vida, por outro lado.

Mário responde em uma carta impressionante, que bem poderia ser a injeção do espírito modernista em Drummond. Diz que tudo está em gostar da vida, em saber vivê-la. Confessa que aprecia tanto uma boa caminhada pela Lapa como uma tocata de Bach. O que falta "pra certos moços de tendência modernista brasileiros é isso: gostarem da vida" (CCM, p. 46). Condena o que chama de "homens de gabinete", que estariam espalhados pelo Rio de Janeiro, por Minas e pelo Norte. Reconhece, claro, que a pesquisa metódica é importante. No entanto, o que realmente quer ensinar ao jovem precocemente erudito e muito bem formado na cultura francesa é uma outra coisa, é a relevância do que chama de "gozo da ação corporal" (CCM, p. 48).

Embora Mário tenha sido um grande estudioso, sente que seu recente amigo epistolar padece de um desequilíbrio, especialmente grave pelo fato de ele ser tão jovem: erudição demais e sentimento de menos, intelecto contemplativo vasto e corpo ativo reduzido. Por isso, estimula-o a buscar o que estaria faltando: o gozo da ação corporal, exemplificado pelas experiências da cultura popular, como o Carnaval. É essa gente do povo, e não a erudição livresca, que está na fonte de sabedoria que Drummond deveria explorar. Mário conta que viu certa vez uma moça negra que dançava no Carnaval com vida, sublime, sem olhar para lado algum. Os comentários tinham, literal e metaforicamente, endereço certo. O artigo que Drummond enviara era bem pensante e refletido, tratava de Anatole France, mas era acomodado. Faltava "espírito de mocidade", era "uma sólida inteligência e já muito bem mobiliada" (CCM, p. 50). Mário preferia encontrar ali um pouco de asneiras e injustiças juvenis mais arriscadas.

Quando escreve de volta a Mário, Drummond culpa o ambiente acanhado, "cretiníssimo", em que vive. Diz se sentir um exilado. Denuncia a mediocridade da cultura brasileira da época, sem atmosfera mental. E elogia o Modernismo: "[...] aplaudir com a maior sinceridade do mundo a feição que tomou o movimento modernista nacional, nos últimos tempos: feição francamente construtora, após a fase inicial e lógica de destruição dos falsos valores" (CCM, p. 56). O poeta mineiro estava bem informado sobre o que se passava na cultura do país. Identificava dois momentos no movimento de vanguarda do Modernismo sedeado em São Paulo: o primeiro destruíra a tradição enrijecida, voltara-se contra instituições e personalidades estéticas, como Monteiro Lobato, que condenavam obras que diferiam dos padrões estabelecidos; e o segundo, creditado ao sucesso da Semana de 22, no qual era preciso construir uma arte moderna positivamente, tendo em vista a experiência do Brasil em relação ao mundo.

Historicamente, o Modernismo teria cumprido no Brasil o papel de ruptura que vanguardas desempenharam em diversos países ocidentais no começo do século XX, ao menos desde o Futurismo, em 1909. Evidentemente, já existiam obras de arte moderna no Brasil antes de 1922 e, em algumas áreas, talvez tenha sido, ao contrário, necessário aguardar ainda mais alguns anos para que elas aparecessem, pois o movimento não foi capaz de produzi-las. O que foi pioneiro no Modernismo capitaneado por Mário de Andrade era sua organização coletiva de vanguarda atuante em toda a cultura, ou seja, não se tratava apenas de fazer novas obras, mas também de brigar – por meio de manifestos, revistas, críticas e eventos, como a Semana de 22 – por seu direito de existência, isto é, por sua legitimidade estética. Drummond reconhecia esse trabalho, graças ao qual os poetas como ele podiam, por exemplo, exercitar seus versos livres, sem as exigências clássicas ou parnasianas de métricas e rimas predefinidas.

Foi nesse contexto que ele escreveu e publicou pela primeira vez, em 1928, na *Revista de Antropofagia*, de Oswald de Andrade, o poema "No meio do caminho". Sua estrutura é ao mesmo tempo livre e rigorosa, lúdica e precisa. "No meio do caminho tinha uma pedra/ tinha uma pedra no meio do caminho/ tinha uma pedra/ no meio do caminho tinha uma pedra.// Nunca me esquecerei desse acontecimento/ na vida de minhas retinas tão fatigadas./ Nunca me esquecerei que no meio do caminho/ tinha uma pedra/ tinha uma pedra no meio do caminho/ no meio do caminho tinha uma pedra" (AP, p. 36). Mário de Andrade o achava formidável.

Para Drummond, a liberdade desses versos – que depois suscitariam tanta polêmica a respeito do que é um poema – jamais teria sido alcançada sem que, antes, Mário tivesse escrito os seus. Em carta de 22 de novembro de 1924, Drummond afirma a Mário a sua relevância histórica. "Você veio dar, com seus poemas de um ritmo largo e desabusado, uma espantosa liberdade aos nossos poetas", escreve o mineiro de forma genérica, só para depois confessar o quanto lhe devia: "[...] permiti-me, nos meus versos (quase todos inéditos), algumas audácias que só a *Pauliceia* tornou possíveis" (CCM, p. 60). Para Drummond, sua audácia tinha "carteira de identificação". O papel de Mário e do Modernismo paulista, portanto, foi de liberação.

É claro que, se o encontro com o Modernismo baseado em São Paulo por meio da figura de Mário foi decisivo para Drummond, era porque o jovem de Minas já estava, a seu modo, empenhado na causa: a despeito das críticas a seu meio, ele, Pedro Nava, João Alphonsus, Emílio Moura, Martins de Almeida, Abgar Renault e outros atuavam na cultura, publicando poemas e artigos em periódicos locais e de fora. Em 1925, fundaram até o seu próprio periódico, *A Revista*. Não é o caso, portanto, de conferir a São Paulo a responsabilidade pelo impulso modernista de Minas, mas apenas de sublinhar que, a despeito do que já ocorria por lá, o contato com o Modernismo paulista de Mário foi decisivo para os anos de formação de Drummond (MARQUES, 2011).

Tanto é assim que é significativo que Drummond faça questão de situar a energia modernista em contraposição a seu meio. Havia esse anseio por atrelar a poesia à cidade, à experiência urbana. No Brasil do início do século XX, ao contrário do que ocorreria no século XXI, quando quase toda a população mora em cidades, ainda era viva e real a dualidade entre campo e urbe, entre ambiente rural lento e ruas velozes, entre as paisagens bucólicas harmoniosas e as percepções frenéticas fragmentadas. Era disso que se revestia o embate entre a arte velha e a nova, tradição e modernidade. Uma cidade como São Paulo era alardeada, por Mário de Andrade ou Oswald de Andrade, por supostamente estar em condições de empurrar a cultura nessa direção moderna, ao contrário do provincianismo do país e do aristocratismo de sua capital, o Rio de Janeiro, que, com seu aparato oficial, teria mais dificuldade para tomar a vanguarda artística contra o passadismo (mesmo que, aí, fossem desprezadas expressões artísticas como a literatura de Lima Barreto, caricaturas de J. Carlos, crônicas de João do Rio).

O Modernismo brasileiro nasce espiritual e materialmente na cidade. Sua exigência de uma arte inovadora era fundamentada pela tentativa de acompanhamento da evolução da sociedade moderna, que mudava radicalmente, anunciando no presente um futuro diferente do passado: a cidade era o coração pulsante da vida nova. Em 1921, quando Oswald chama Mário de "meu poeta futurista" em artigo publicado no

Jornal do Commercio, justifica o elogio por seu caráter urbano (PP, p. 185). Mário não endossou o epíteto "futurista" no sentido estrito que o filiaria à escola italiana de Marinetti, mas Oswald acertou no sentido amplo do termo, como oposição ao passadismo – que também Drummond criticaria. Os versos ágeis e desconcertantes anunciavam poeticamente o futuro que nascia no presente urbano, e que os passadistas recusavam a incorporar na forma estética, como ocorria com os parnasianos.

Nesse sentido, o movimento brasileiro embrenhava-se na poesia moderna, inaugurada por Charles Baudelaire no século XIX. O poeta francês propunha buscar versos para a poesia "tropeçando em palavras como nas calçadas" (BAUDELAIRE, 1985, p. 319). Esse andar – que tropeça pelas ruas e assim encontra as palavras – constituía a atividade do poeta na era moderna. Ele já está no meio da correria da multidão, do alarido das massas, e não serenamente sentado sob as sombras de uma árvore. Está submetido, conforme apontara o crítico Walter Benjamin, à experiência moderna do choque; só que, ao invés de afastá-la por horror, o poeta moderno a insere em seu trabalho artístico, mesmo que criticamente (BENJAMIN, 1989, p. 111). Foi o que o Modernismo, com todas as dificuldades e impasses, tentou fazer no Brasil.

O poema provavelmente mais conhecido de Drummond a respeito da cidade, que traz o espírito modernista, foi "A flor e a náusea". Se Baudelaire falou de "flores do mal", Drummond escrevia sobre uma flor feia, contrariando a beleza estética clássica e rejeitando o bom gosto tradicional. Essa flor não nasceu ao lado de um lago ou no topo de uma montanha. Nasceu do asfalto. "Passem de longe, bondes, ônibus, rio de aço do tráfego./ Uma flor ainda desbotada/ ilude a polícia, rompe o asfalto." Surpreendente e interessante, ela não é vista por olhos que só identificam flores quando estas são belas. "Sua cor não se percebe./ Suas pétalas não se abrem./ Seu nome não está nos livros./ É feia. Mas é realmente uma flor./ [...]/ É feia. Mas é uma flor. Furou o asfalto, o tédio, o nojo e o ódio" (RP, p. 14).

O poema corresponde ao desafio que, no *Manifesto da Poesia Pau Brasil*, de 1924, o modernista Oswald de Andrade, após declarar "nenhuma fórmula para a contemporânea expressão do mundo", lançou para a arte: "ver com os olhos livres" (ANDRADE, 1995, p. 44). Ver com os olhos livres era a única chance de reconhecer uma flor cujo nascimento não era óbvio, não era o esperado. Da quietude de seu temperamento mineiro, Drummond exercitava essa visão penetrante do mundo, sem fórmulas fixas. O poema "A flor e a náusea" foi publicado já nos anos 1940 e revela que o legado do Modernismo fora serenamente incorporado na singularidade do escritor. Entretanto, já desde os anos 1920 – quando preparava os poemas que viriam a compor seu primeiro livro, *Alguma poesia*, de 1930, dedicado a Mário de Andrade, que comentara detalhadamente o material antes –, a cidade aparecia em inúmeros versos de Drummond.

O que chama a atenção, contudo, é a ambiguidade com que a cidade figura na poesia modernista em geral e na de Drummond em particular, talvez consequência de sua demorada e contraditória implantação no Brasil, insistentemente marcado pelo passado colonial. Por um lado, a verve moderna, captada na periferia do Ocidente pelo movimento global do capitalismo e pelas vanguardas internacionais que lhe conferiam forma estética, era encampada. Por outro, a formação fora da Europa, mas em contato com ela, dava à realidade social feições singulares e às vezes aberrantes, se comparadas com o modelo de civilização ocidental. O Modernismo brasileiro trazia uma dupla novidade: primeiro, para dentro do país, a arte da cidade moderna em um contexto ainda muitas vezes rural; segundo, para fora, a convivência paradoxal de criações a um só tempo metropolitanas e provincianas. Essa dupla novidade atravessa *Alguma poesia*.

Drummond narra, em "Nota social", o cotidiano de um poeta que chega na estação, toma um auto e vai para o hotel pegar o elevador (AP, p. 43). Tudo era muito moderno. "Eu passeava na Avenida quase meia-noite", lê-se em um verso que, geograficamente, situa-se na capital, o Rio de Janeiro, no poema "Coração numeroso" (AP, p. 44). E "há máquinas terrivelmente complicadas para as necessidades mais simples", afirmava o poeta em "O sobrevivente" (AP, p. 56). O ambiente tem tecnologia, mesmo que tratada com ironia crítica, e acolhe a vida moderna contemporânea. Com senso de humor sagaz e sucinto, o poema "Cota zero" diz: "Stop./ A vida parou/ ou foi o automóvel?" (AP, p. 60).

Lendo com cuidado, porém, percebe-se que, a despeito da presença constante da cidade, ela costuma ser acompanhada por seu oposto: a província. Na organização espacial do país, por exemplo, quando Drummond, mais tarde em sua vida, vai residir no Rio, a província fica representada pelo "espírito de Minas", que o visitava na "confusão desta cidade,/ onde voz e buzina se confundem" (VPL, p. 35). Esse paradoxo da convivência entre tradição e modernidade, entre o velho e o novo, contudo, marca desde o começo a obra de Drummond, desde que morava em Minas e estava escrevendo os poemas do livro *Alguma poesia*. "Aquela casa de nove andares comerciais/ é muito interessante./ A casa colonial da fazenda também era.../ No elevador penso na roça,/ na roça penso no elevador" (AP, pp. 74-75).

Com a produção de versos assim durante a década de 1920, mesmo que só publicados posteriormente, Drummond já cerrava fileiras entre os modernistas representativos do Brasil entre 1925 e 1926. Foi convidado por Mário, então, a participar do diário *A Noite*, do Rio de Janeiro, que expunha uma coluna na primeira página com o objetivo de familiarizar os leigos com a arte futurista que se precipitava na Europa e começava a dar as caras por aqui. Revezou o espaço com o próprio Mário e com Sérgio Milliet, de São Paulo; Manuel Bandeira e Prudente de Moraes, neto, pelo Rio; e Martins de Almeida, também de Minas. Sua participação confirmava, de um lado, o pertencimento definitivo ao Modernismo e, de outro, o alinhamento com Mário, e não com Oswald – a quem faz críticas em seu texto para *A Noite*.

O alinhamento com Mário, que se tornaria amizade de uma vida, confirmava-

-se biograficamente até pelo modo como este reagia às dúvidas de Drummond sobre si. "Não me sinto capaz de grandes coisas, por isso também não sinto dificuldade em renunciar a executá-las", escrevia em carta de 1926, concluindo: "[...] não me queira mal, se um dia eu te escrever que rasguei meu caderno de versos" (CCM, p. 208). Já do outro lado, a resposta foi incisiva. "Isso você não tem o direito de fazer e seria covardia", escreveu Mário, exigindo que o amigo copiasse todos os versos e enviasse para ele o mais rápido possível (CCM, p. 215). Em uma prova de capacidade crítica para identificar o talento do poeta e de energia afetiva para estimular o amigo, Mário é categórico quanto ao compromisso de Drummond com a poesia.

Por alguns momentos, a força da personalidade de Mário ameaçou achatar a especificidade de Drummond, como observou Manuel Bandeira (BANDEIRA; ANDRADE, 2000, p. 263). No entanto, em breve, Drummond encontrou a si mesmo sem deixar resíduo de imitação. Veja-se, por exemplo, o debate modernista sobre o nacionalismo e a necessidade de abrasileirar a língua portuguesa. Drummond pondera e equilibra cada sugestão de Mário: escrever em um verso "chega à estação", de acordo com a regra lusa, ou "chega na estação", como na oralidade brasileira? Nada é aceito acriticamente, os debates se alongam, conforme descreveu Eucanaã Ferraz (FERRAZ, 2013). Drummond admite, em carta do fim de 1924," sou um com a minha gente", mas ressalva, "não chego a ser nacionalista". Ele se afastava de qualquer prescrição imperativa. Recusava a busca pela brasilidade na poesia, se esta fosse uma obrigação. É que, como concluiria, valorizando o que chama de liberdade espiritual, "este sim o maior bem da vida. Ser. Mas ser tudo" (CCM, p. 79). Nós poderíamos completar: ser modernista, sem dúvida sim, mas não só. Ser tudo. Eis a força da poesia de Drummond.

Morte

MARCELO DINIZ

Ernst Robert Curtius apresenta como título de importante capítulo de seu livro seminal a tópica recorrente na literatura ocidental: *A poesia como imortalização*. Desde Homero, passando por Ovídio, Horácio, chegando a Ariosto e Dante, Curtius ilustra essa tópica enfatizando o quanto ela corresponde ao aprofundamento e consolidação de certa consciência de classe do poeta, citando Jacob Burckhardt: "O poeta-filólogo na Itália... já tem mais plena consciência de que é o distribuidor da glória e até da imortalidade; e do esquecimento também" (BUCKHARDT, apud CURTIUS, 1996, p. 582). O contexto do Renascimento europeu parece incrementar o valor mnemônico da literatura de uma consciência salvífica, que faz dela a resposta humana à finitude e ao esquecimento. Se, por um lado, este valor sustenta as intenções épicas da poesia do XVI, que tem como exemplo a matéria do canto camoniano elaborada a partir dos feitos memoráveis daqueles que "se vão da lei da morte libertando", conforme o famoso verso d'*Os Lusíadas*, por outro lado, este valor desdobra-se articulado a outras diversas tópicas da lírica, elaborando a consciência ou a crença de que a literatura salva do esquecimento não somente os feitos e os heróis, mas o próprio poeta. O exemplo dos mais dramáticos desse segundo aspecto talvez se confirme nos seis últimos poemas de Pierre de Ronsard: seis sonetos de versos alexandrinos que foram ditados no leito de morte, nos quais, além de descrever seu padecimento físico violento decorrente da doença, firma, sobretudo em seu último soneto, a missão de fé da poesia, na certeza de que "*[s]a plume vole au ciel pour estre quelque signe* [...] *pour n'estre qu'un esprit* ([su]a pluma voa para o céu para ser algum signo [...] para ser somente um espírito) (ROUBAUD, 1990, p. 225). Neste sentido, a tópica da morte desenvolvida pelo cânone da poesia ocidental responde tanto à consciência histórica da finitude humana quanto elabora os valores de uma ética em que, diante da certeza inevitável da morte, a imortalização do nome resulta da imortalização da obra.

"Não tenho a menor pretensão de ser eterno. Pelo contrário: tenho a impressão de que daqui a vinte anos eu já estarei no Cemitério de São João Baptista. Ninguém vai falar de mim, graças a Deus. O que eu quero é paz" (entrevista para o suplemento literário *Ideias*, do *Jornal do Brasil*, 20 ago. 1987).

A tomar por essa declaração de Drummond em sua última entrevista, o paradigma da eternização como resposta à morte proposto pela tradição literária parece posto em suspenso, ou mesmo, recusado em sua *pretensão*. Quer se tome essa recusa como índice da humildade do poeta, quer se tome ainda como ironia em relação ao reconhecimento de sua obra, tanto a humildade quanto a ironia parecem resultar da recusa da eternidade. A morte, em Drummond, sugere ser pensada em outra referência temporal, distinta da temporalidade em que a tradição clássica apostou sua resposta. Se a obra imortaliza o nome, conforme a proposição da tópica clássica, em muito isso se deve à própria temporalidade ser concebida em relação com a eternidade, seja ela teológica, a eternidade do Criador face à efemeridade da criatura, seja ela cósmica, a eternidade da natureza e de suas leis, tal como concebida pela evolução da física clássica. A recusa da eternidade colhida por essa última entrevista parece indiciar a resposta à morte e à finitude, elaborada por uma temporalidade não mais pautada pela pretensa eternidade.

Silviano Santiago, em posfácio de *Farewell*, ressalta a dicção que se destaca neste livro póstumo: "A dicção poética drummondiana, em geral terra-a-terra, alimenta-se neste último livro de inesperado voo cósmico". Refere-se Silviano a certa "unidade", título do poema de abertura do livro, e que descreve a abrangência temática que "engloba tudo o que vive e existe sobre a face do planeta" (SANTIAGO, 1996, p. 119), ou como se afirma no terceiro verso do poema "a chave da unidade do mundo" (F, p. 9). Neste poema se observa o argumento hiperbólico que estende a experiência do sofrimento, do animal ao mineral: "A pedra é sofrimento/ paralítico, eterno" (F, p. 9). A eternidade, concebida segundo a onipresença do sofrer, apresenta certa configuração bem distinta da figuração estática concebida pelo mundo clássico. A eternidade é concebida segundo o paradoxo que a identifica com o seu contrário, a experiência da finitude temporal então estendida à própria estrutura da matéria. A *chave* trazida por este poema, nesse *voo cósmico* apontado por Silviano, é a eternidade concebida como irreversivelmente movente, em que a morte, a finitude e a efemeridade são onipresentes. Pode-se descrever essa mudança de valor da eternidade presente nessa concepção drummondiana como, se não decorrente, correlata a certo marco epistemológico que representa a passagem da cosmovisão mecanicista da física clássica, para a cosmovisão de um universo termodinâmico, em que, nas palavras de Ilya Prigogine e Isabelle Stengers, a eternidade se reconfigura: "[...] *au terme de ce parcours où se sont successivement brisés tant d'idéaux d'éternité, où le devenir irréversible s'est substitué à tous les niveaux à la permanence, la flèche du temps s'impose comme nouvelle pensée de l'éternité*" [ao fim deste percurso em que sucessivamente se quebram tantos ideais de eternidade, em que o devir irreversível substitui em todos os níveis a permanência, a flecha do tempo se impõe como novo pensamento da eternidade] (PRIGOGINE; STENGERS, 1992, p. 190).

Ainda no encalço dessa visada cósmica da obra de Drummond, Haroldo de Campos interpreta a famosa recusa da máquina do mundo como uma recusa epistemológica a um sistema simbólico de representação do universo. Em *A máquina do mundo repensada*, ao percorrer a linhagem da tradição poética que formula a metáfora do mundo como máquina, situa Drummond como aquele que, depois de Dante e Camões, "incurioso furtou-se e o canto-chão/ de seu trem-do-viver foi ruminando/ pela estrada de minas sóbrio chão" (CAMPOS, 2000, p. 30). Ao termo dessa primeira parte do poema, Haroldo descreve a atitude drummondiana diante da máquina do mundo como o termo de um ciclo epistemológico: "drummond minas pesando não cedeu/e o ciclo ptolomaico assim termina..." (CAMPOS, 2000, p. 13). No entanto, a poesia de Drummond pode colocar sob suspeita o adjetivo "incurioso", com que o próprio Drummond define a atitude de seu personagem diante da máquina do mundo oferta.

Se "A máquina do mundo" pode ser tomado como um poema em que se observam os índices da crise e da crítica epistemológica de uma cosmovisão de tradição clássica, não são poucos os poemas em Drummond em que se evidenciam os índices da cosmovisão termodinâmica. Não se diga *incurioso* o prazer do vernáculo astrofísico que se descreve no poema "O céu", do livro *Corpo* (1984), em que se narra o encontro com o astrônomo brasileiro Ronaldo Rogério de Freitas Mourão, descobridor de inúmeros asteroides: "O espaço dilatou-se" e "O céu, o infindo firmamento,/ girava em função do verbo solto,/ por acaso, na conversa de ignorante e de astrônomo" (C, p. 48). Destaque-se ainda "Canções de alinhavo", do mesmo livro, longo poema dividido em dez partes ou canções, em que o assunto da morte, motivado pela memória dos amigos já falecidos, assume, na décima canção, a enunciação de um desejo de dissipação cósmica em uma plenitude conciliada, coroada pela "alegria, sem este ou qualquer outro nome", em um universo de constelações, galáxias e nebulosas, no qual sua "canção de alinhavo resolve--se entre cirros" (C, p. 65). A volição de resolver-se em nuvens que se dissipam ecoa no *carpe diem* extático do último poema de *O amor natural* (1992) sugerindo, inclusive, o mesmo voo cósmico: "Pois que o espasmo coroe o instante do meu termo,/ e assim possa eu partir, em plenitude o ser,/ de sêmen aljofrando o irreparável ermo" (AN, p. 60).

O poema "Eterno" de *Fazendeiro do ar* (1954) talvez seja o que mais evidencie a paradoxologia da eternidade que parece se insinuar por toda poesia drummondiana. "A cada instante se criam novas categorias do eterno", "eterno é tudo aquilo que vive uma fração de segundo/ mas com tamanha intensidade que se petrifica e nenhuma força o resgata" (FA, p. 43): em sua identificação com seu oposto, a eternidade é ressignificada não como fora do tempo, mas produzida nele, ou ainda, por ele. A eternidade como intensidade parece conferir um estatuto à memória e à escrita bem distinto daquele pautado pela tópica clássica da imortalização pela poesia, uma vez que a eternidade, dis-

tinta das categorias da estabilidade e da identidade, é concebida segundo a dinâmica dos corpos instáveis, dissipativos, ou, como diz outro poema, de *Amar se aprende amando* (1985), "Diante das fotos de Evandro Teixeira", a respeito da fotografia: "[...] da evanescência de tudo/ edifica uma permanência,/ cristal do tempo no papel" (AA, p. 52). Ou ainda, como em *Farewell*, ao fim do poema "Imagem, terra, memória", em que a fotografia, como materialização da memória, converte-se em "fotoviagem [...]/ ontem-sempre, mato a dentro/ imagem, vida última dos seres" (F, p. 50). Em lugar de prometer o nome assinado no céu estável do cânone, a volição expressa ao final do poema "Eterno" é a de que "a precisão urgente de ser eterno boie como uma esponja no caos" (FA, p. 44). A postura do sujeito diante dessa figuração da eternidade, em lugar de se colocar à espera do reconhecimento da obra como compensação da angústia da finitude, investe na geração do equilíbrio instável a fim de que se "gere um ritmo". A poesia não imortaliza nem feitos, nem heróis, nem autores; nesta eternidade termodinâmica, a memória é concebida como movimento e materialidade, e a poesia como um modo de sua materialização, de sua colocação em movimento.

Assim como insinua a ressignificação da eternidade, da morte, o repertório discursivo que a representa na tradição literária também é explorado sob uma visada distinta. Se a tópica do *memento mori* tem larga exploração na poesia clássica, sobretudo sob a coloração dramática barroca, como expressão da efemeridade da vida face à inevitabilidade da morte, observa-se, ao se considerar os primeiros livros de Drummond, o tratamento irônico e, por assim dizer, desdramatizado da morte, concebida sob a forma da evidência do absurdo e da banalidade. Essa visada irônica e de sentido antidramático é o que conota a representação do suicídio como caricatura da atitude romântica. Destaque-se, nesse sentido, o poema "Política", de *Alguma poesia* (1930), em que, no abandono social de que padece o personagem, "Parou na ponte sobre o rio moroso,/ o rio que lá embaixo pouco se importava com ele/ e no entanto o chamava/ para misteriosos carnavais.// E teve vontade de se atirar/ (só vontade)" (AP, p. 40). A razão do esvaziamento da vida social parece reduzir o drama da morte à condição da mesma contingência com que a vida é descrita; o suicídio resultado em *só vontade*, em lugar de figurar o clímax da narrativa, revela-se como passagem, transfiguração da própria personagem, em uma espécie de passe místico: "Depois voltou para casa/ livre, sem correntes/ muito livre, infinitamente/ livre livre livre que nem uma besta/ que nem uma coisa" (FA, p. 40). A mesma diminuição do drama da morte por suicídio observa-se na notória passagem de "Não se mate", em *Brejo das Almas* (1934): "Não se mate, oh não se mate/ reserve-se todo para/ as bodas que ninguém sabe/ quando virão/ se é que virão" (BA, p. 35). O suicídio parece encenar-se em um contexto burguês, e a morte em geral é representada de modo diminuído, seja como nota ligeira do absurdo, como em "Quadrilha", "Raimundo morreu de desastre" (AP, p. 54), seja em sua cotidianidade banal do trânsito anódino e anônimo, como em "Cota zerro", "Stop./ A vida parou/ ou foi o automóvel?" (AP, p. 60). Essa diminuição do drama da morte operada por essa primeira poesia pode ser lida como deslocamento do teor metafísico e religioso que o *memento mori* possui em sua tradição, para um contexto em que banalização da própria vida é encenada pela tragicomédia moderna, o que sugere certa perspectiva social irônica com que a morte é representada.

De banalizada e desdramatizada, o que se confere num primeiro momento em *Sentimento do mundo* (1940) é que insinua-se o tema da morte e do medo em geral figurando as cenas factuais de morticínio, deflagrando uma visada histórica em que o assunto experimentado em larga escala é representado como índice da impotência indivíduo diante da guerra e do capitalismo. A morte, nesta escala histórica, ganha os contornos de uma necropolítica, emanando o medo totalitário, como em "Congresso Internacional do Medo", ou ainda no verso "Chegou um tempo em que não adianta morrer" (SM, p. 33), de "Os ombros suportam o mundo", mas, sobretudo, em "A noite dissolve os homens": "O mundo não tem remédio.../ Os suicidas tinham razão" (SM, p. 39), e ainda, "Elegia 1938": "Amas a noite pelo poder de aniquilamento que encerra/ e sabes que, dormindo, os problemas te dispensam de morrer" (SM, p. 44). Gradativa de *Sentimento do mundo* até *Rosa do povo*, pode-se tomar essa dimensão da morte em massa testemunhada como a colocação da morte em perspectiva histórica, cujas representações ressaltam a violência do século, assumindo o clímax do patético em "Visão 1944", em que a fragmentação das imagens enumeradas de corpos mortos eleva ao paroxismo a impotência do testemunho, conforme o bordão que encabeça todas as estrofes: "Meus olhos são pequenos para ver/ o mundo que se esvai em sujo e sangue,/ outro mundo que brota, qual nelumbo/ – mas veem, pasmam, baixam, deslumbrados" (RP, p. 138).

Da morte social irônica de um primeiro momento, à morte histórica e em massa que se testemunha no século, pode-se considerar o quanto a morte, de um assunto metafísico em que o humano se colocava como vítima da condição de finitude, converte-se em um assunto político no qual o humano é ao mesmo tempo testemunha e sujeito do morticínio. É o poeta de um século em que a morte em massa é explorada tecnologicamente e em escala global. Eric Hobsbawm, ao descrever o que nomeia como a "Era da Catástrofe", considera o elemento da "nova impessoalidade" que a morte assume a partir da Segunda Guerra Mundial, que a máquina de morte pondera, "não homens, mas estatísticas": "As maiores crueldades de nosso século foram crueldades impessoais decididas à distância, de sistema e rotina, sobretudo quando podiam ser justificadas como lamentáveis necessidades operacionais" (HOBSBAWM, 2002, p. 57). Da Segunda Guerra Mundial à Guerra Fria, ainda citando Hobsbawm, o tenso equilíbrio diplomático marca a segunda metade do século dada a iminência da morte total negociada sob a tensão de "um pacto suicida" (HOBSBAWM, 2002, p. 227). Segundo Jacques Le Goff: "A guerra tinha legado ao mundo em paz uma novidade assustadora: a bomba atômica. Como confiar, nestas condições, nos astrofísicos? O que Deus nunca faria, o que a Natureza não faria, o homem tornava-se capaz de o fazer: pôr fim à humanidade, ou a sua maior parte nos países 'mais civilizados'" (LE GOFF, 1996, p. 269). A morte no século XX assume a dimensão de "escala astronômica" (HOBSBAWM, 2002, p. 57) como resultado de sua história tecnológica e tecnocrática. Um paradoxo: a tecnologia que possibilita a figuração e as evidências de um universo eternamente aberto e termodinâmico que parece nortear o voo cósmico da poesia de Drummond é a mesma que realiza o pesadelo termonuclear que estende a todo planeta sua iminência fatal e total, em relação ao qual a poesia de Drummond representa sua constante crítica.

Neste contexto, o poema "A bomba", de *Lição de coisas* (1962) sugere, na estrutura anafórica exaustiva, a onipresença obsessiva da morte total, "flor de pânico apavorando todos", o artefato termonuclear como metáfora desse contexto histórico tecnológico: "A bomba/ é o produto quintessente de um laboratório falido", "A bomba/ é grotesca de tão metuenda", "A bomba/ furtou e corrompeu elementos da natureza e mais furtara e corrompera"; a bomba figura a banalização da morte e a vaidade de sua *expertise*: "A bomba/ saboreia a morte com *marshmallow*", "A bomba/ pondera com olho neocrítico o Prêmio Nobel". O poema formulado como exercício de variações sobre o tema explora referências à própria história da bomba atômica, desde a bomba de urânio ("A bomba/ oferece na bandeja de urânio puro, a título de bonificação, átomos de paz") à bomba de nêutrons, que afeta somente a matéria orgânica, deixando bens e construções intactos ("A bomba/ reduz neutros a neutrinos, e abana-se com o leque da reação em cadeia"); considera também sua tanatologia absoluta e antiecológica ("é uma inflamação no ventre da primavera"). O artefato nuclear, produto de ponta da tecnologia bélica do século, apresenta-se simultaneamente como a metonímia de seu tempo e a grande metáfora que descreve a morte tecnologizada como um modo de vida segundo o culto macabro da pulsão de morte: "A bomba/ está abusando da glória de ser bomba// A bomba/ não sabe quando, onde e por que vai explodir, mas preliba o instante inefável" (LC, pp. 83-88). A morte universalizada figura-se não como fatalidade natural e efemeridade da vida temporal, conforme ritualizava o argumento clássico e religioso da tradição do *memento mori*, mas, arte e engenho humanos sob o modo tecnocrático e necropolítico do século.

Ainda em *Lição de coisas*, o poema "Science fiction", parece descrever a perplexidade do morticínio na situação caricatural do encontro do sujeito, desta vez, não com a "máquina do mundo" e sua total explicação de tudo, mas com um marciano que "teve medo de minha impossibilidade humana": "Como pode existir, pensou consigo, um ser/ que no existir põe tamanha anulação da existência?". O marciano, "recusando o colóquio, desintegrou-se/ no ar constelado de problemas" (LC, p. 70). A frase, telepaticamente compreendida pelo humano, parece formular o niilismo ocidental segundo a evidência de uma potência aniquiladora implicada em seu processo civilizatório. O cenário de ficção científica não só releva a ironia paródica do gênero narrativo, como também representa a colocação em termos tecnológicos deste macabro paradoxo do mundo moderno. Neste sentido, a morte assume na história do humano um valor por excelência *contranatura*, evidenciando menos a clássica angústia da finitude e mais a ameaça da letalidade desta espécie mortífera. Sob a temática ecológica, a poesia de Drummond insinua constantemente este julgamento da espécie, considerando inclusive sua história colonial do genocídio indígena como em "O eco", em *Boitempo* (1968), "Todos os índios foram exterminados ou fugiram" (NR, p. 633), e o ecocídio nela implicado, como em "O céu livre da fazenda", em *O corpo* (1968), "A natureza/ recompõe seus prestígios onde o homem/ parou de depredar" (C, p. 42). Ainda neste poema de cunho francamente ecológico em que se apresenta a Fazenda da Jaguara, complexo arquitetônico legado da colônia, tombado e mantido como patrimônio do Estado, em Matozinhos (MG), pode-se rastrear uma pista para a resposta possível que a poesia de Drummond formula para o aniquilamento. Diz o poema do que veem "seus binóculos científicos", da fauna aérea de "cento e oito mais espécies que aqui vivem/ em seus ecossistemas primitivos,/ sobrantes por milagre" (C, p. 43). A natureza, em lugar da figuração clássica em geral submetida à eternidade das leis e submissa à força humana, desenha-se como frágil, decerto, mas resiliente; em ruínas, mas dotada de potência insuspeita, excedente e, ela mesma, sobrenatural.

"Sobrantes por milagre", não são poucos nem insignificantes os sinais dessa aporia com que se descreve a força natural como resposta ao morticínio com que a modernidade é apresentada na poesia de Drummond. Parece significativa a presença destes rastros em *A rosa do povo*, quase sempre conjugando uma resposta da própria poesia sob a metáfora floral, como ao final de "A flor e a náusea", em que a flor (ou o poema) é percebida como "forma insegura", sobrevivente, "É feia. Mas é uma flor. Furou o asfalto, o tédio, o nojo, o ódio" (RP, p. 14). Em "Áporo", a resposta ao "país bloqueado", desata-se na agudeza da ambivalência etimológica e entomológica do título, em que a "antieuclidiana" orquídea resulta de um inseto "que cava sem alarde". Talvez seja na última seção de "Nosso tempo" a passagem em que se explicita essa resposta como um argumento de natureza propriamente política e histórica, formulando certa missão de ofício que a poesia deva assumir diante do morticínio moderno: "O poeta/ declina de toda responsabilidade/ na marcha do mundo capitalista/ e com suas palavras, intuições, símbolos e outras armas/ promete ajudar/ a destruí-lo/ como uma pedreira, uma floresta,/ um verme" (RP, p. 29). Talvez esteja nesta potência do menor a chave para a esperança entre parênteses que encerra o poema "A bomba", de *Lição de coisas*. Em resposta ao paroxismo necropolítico do "mundo capitalista", a poesia de Drummond parece esboçar uma cosmopolítica pensada segundo a potência do frágil e do menor como possível reversão da tanatocracia megalômana da modernidade.

"Não tenho a menor pretensão de ser eterno. [...] O que eu quero é paz" (DRUMMOND DE ANDRADE, 1987b). A resposta de Drummond parece se distanciar muito da aposta simbólica na assinatura da obra tal como topicalizada pela tradição clássica. A desconfiança no valor simbólico do legado tem também seus rastros no projeto memorialístico e em todo drama familiar que a poesia de Drummond encena. Talvez seja em *Claro enigma*, no terceto final do soneto "Legado", que se apresenta essa suspeita que converte o legado simbólico da assinatura da obra em presença residual que persiste à revelia da morte: "De tudo quanto foi meu passo caprichoso/ na vida, restará, pois o resto se esfuma,/ uma pedra que havia em meio do caminho" (CE, p. 19). A mesma despretensão da eternidade que talvez já registrasse o fim do poema "Os últimos dias", também de *Rosa do povo*: "E a matéria se veja acabar: adeus, composição/ que um dia se chamou Carlos Drummond de Andrade" (RP, p. 152). Essa mesma despretensão sugere o valor do legado não mais segundo a imortalização do nome, mas sim como afirmação de certa continuidade do vivido no a viver, que parece colocar o legado em sua efetividade. Essa "vida aos outros legada", como encerra seu "Os últimos dias", parece estender sua vitalidade ao pouco que resta, como ao fim do poema "Resíduo": "fica sempre um pouco de tudo./ Às vezes um botão. Às vezes um rato" (RP, p. 73). Talvez o mesmo roedor que, ao fim do poema "Edifício Esplendor", exclama perplexo: "– Que século, meu Deus!" (J, p. 22). Ou ainda, o mesmo que, ao fim do poema "Romancetes", de *Farewell*, é personagem de uma paradoxal aventura molecular contra a morte: "A molécula da memória, extraída/ do cérebro de um rato,/ inoculada no morto/ cria nele um sistema de vivência/ que faz vibrar o cemitério" (F, pp. 71-72).

N

Nacionalismo
VAGNER CAMILO

A tópica do nacionalismo em Carlos Drummond de Andrade é deveras complexa, marcada por recusas e aceitações desconfiadas, por isso mesmo difícil de ser abordada em síntese (sobretudo quando dissociada do Modernismo, tratado aqui em outro verbete).

Sabe-se da aversão do poeta à agenda nacionalista em suas primeiras incursões literárias, anteriores mesmo à publicação de seu livro de estreia, *Alguma poesia* (1930), e à aproximação decisiva com ideias e ideais do amigo Mário de Andrade. Na verdade, foi ao longo da elaboração desse livro que se deram as trocas intensas com o amigo paulista e se promoveu o embate mais vivo e decisivo em torno da questão.

Quanto à produção poética e crítica anterior a *Alguma poesia*, só parcialmente recolhida em livro (*Os 25 poemas da triste alegria*), nela se reconhece as influências marcadamente francesas, de filiação simbolista e penumbrista, no que concerne à poesia. Isso sem falar no influxo decisivo das ideias filosóficas e estéticas, bem como da postura cética e irônica, ora amável e divertida, ora cruel, de Anatole France, já no nome, expressão acabada do *génie français*, universalmente admirado como síntese de clareza, agudeza e ironia (GLEDSON, 2018, p. 42). O próprio Drummond reconheceu essa influência em mais de um momento: "Como todos os rapazes de minha geração, devo imenso a Anatole France, que me ensinou a duvidar, a sorrir e a não ser exigente com a vida" (CCM, p. 56).

Coincidência infeliz, de todo modo emblemática neste caso, no mesmo ano em que Drummond conheceu Mário de Andrade, o escritor francês faleceu. Sobre a importância de France, o poeta itabirano escreveu um ensaio, espécie de necrológio que, uma vez publicado, enviou ao amigo paulista, completamente avesso à influência deletéria do autor de *La Révolte des anges* sobre o espírito frouxo dos jovens mineiros, representando grande empecilho à sua doutrinação em prol do empenho nacionalista.

Mário de Andrade caminhava da ironia ao deboche explícito quando se referia a esse que foi um dos principais escritores da Terceira República francesa, autoridade literária e moral de primeira ordem em seu tempo. Sempre sem meias palavras, no balanço dos *estragos* que, dizia a Drummond, essa "peste amaldiçoada" teria causado sobre a juventude intelectual, chegou às piores injúrias: "Anatole ainda ensinou a gente a ter vergonha das atitudes francas, práticas, vitais. [...] Tem tudo o que é decadência nele. Perfeição formal. Pessimismo diletante. Bondade fingida porque é desprezo, desdém ou indiferença. Dúvida passiva porque não é aquela dúvida que engendra a curiosidade e a pesquisa, mas a que pergunta: será? irônica e cruza os braços. E o que não é menos pior: é literato puro. Fez literatura e nada mais. E agiu dessa maneira com que você mesmo se confessa atingido: escangalhou os pobres moços fazendo deles uns gastos, uns frouxos, sem atitudes, sem coragem, duvidando se vale à pena qualquer coisa, duvidando da felicidade, duvidando do amor, duvidando da fé, duvidando da esperança, sem esperança nenhuma, amargos, inadaptados, horrorosos. Isso é que esse filho da puta fez" (CCM, pp. 67-68).

Por sua vez, Drummond, resistia em um primeiro momento e rebatia tais críticas; acabou por condescender frente aos argumentos expostos pelo amigo de São Paulo, inclusive justificando, sarcasticamente, que o senhor "Anatólio" foi "autor de ocasião", bom "para certas circunstâncias, como, em geral todos os produtos farmacêuticos" (CCM, p. 77).

Ainda por causa desse reconhecimento, a referência ao autor de *Thaïs* reaparece de modo ambivalente em *Alguma poesia*, pois em "Fuga", ao mesmo tempo que afirma seu luto, o eu poético volta a empregar a notação sardônica ao tratar do escritor francês, coroada pela enfiada cômica de rimas (inclusive interna) na seguinte estrofe: "Estou de luto por Anatole/ France, o de *Thaïs*, joia soberba./ Não há cocaína, não há morfina/ igual a essa divina/ papa-fina" (AP, p. 50).

Voltando, ainda uma vez, aos escritos drummondianos anteriores à conversão modernista, parte deles foi estampada em periódicos de diferentes cidades, como o semanário carioca *Para Todos*. Apesar de dedicar especial atenção ao cinema, além de notas sociais sobre a elite da então capital federal, a revista abria espaço para a publicação de uma produção literária impregnada pela "atmosfera decadente e frívola do simbolismo tardio" (GLEDSON, 1981, p. 25) adotada por seu editor, o gaúcho Álvaro Moreyra, que exerceu especial influência sobre o poeta itabirano (visível inclusive em certos poemas seus em prosa), antes de se deflagrar a afinidade eletiva, muito mais rica e decisiva com Mário de Andrade, a partir do encontro com a caravana modernista de 1924 em Minas Gerais.

Muito do posicionamento negativo de Drummond em relação à pauta nacionalista, com o qual o mentor paulista da rua Lopes Chaves teria de se haver e pelejar arduamente, comparece no ensaio "As condições atuais da poesia no Brasil", estampado em junho do mesmo ano de 1924 na *Gazeta Comercial*, de Juiz de Fora. Nele, o ensaísta identifica duas correntes poéticas então vigentes, sendo uma de *cunho nacionalista*, representada por Ronald de Carvalho e Oswald de Andrade. Sobre ela, diz ser preciso, antes de tudo, "reformar essa ideia de nacionalismo, que interpretações viciosas tanto deturparam. Ou faremos isto, ou reinará um eterno *mal-entendu*" – valendo atentar aos galicismos, tão recorrentes nos escritos dessa fase inicial de sua carreira (DRUMMOND DE ANDRADE, 1924).

Estabelecendo o confronto entre o nacionalismo literário e o político, determinante para a rejeição taxativa do conceito no correr dos anos 1930, dizia tratar-se, sempre, inclusive em suas modalidades mais amplas, de "um princípio antipático. Ele repugna aos espíritos sadios e lúcidos. Admissível na ordem política, é de todo inconveniente na ordem estética. E é um doce engano essa de que teremos uma literatura genuinamente brasileira apenas com a utilização de motivos genuinamente brasileiros. Assim, fazer poesia à outrance é um ingênuo delírio" (DRUMMOND DE ANDRADE, 1924).

Atacando expressamente as concepções do *Manifesto da Poesia Pau Brasil*, então recém-publicado, Drummond olhava "com muita desconfiança o desejo de Oswald de Andrade de voltar a um estado pré-cabralino de inocência. Oswald não é um tupi, mas um europeu supercivilizado". Em suas próprias palavras: "Este estado de inocência que o sr. Oswald de Andrade encontra em nossa condição de raça virgem não pode caracterizar a nossa poesia. Ainda uma vez somos forçados a reconhecer que a poesia é uma flor de cultura e requinte e que, enfim, a matéria poética nada representa em relação ao espírito que a modela" (DRUMMOND DE ANDRADE, 1924).

Nota Gledson que, em essência, essa "oposição teórica ao nacionalismo", tão energicamente combatido nesse artigo e em outros registros do início de sua carreira, nunca abandonaria Drummond por completo, mesmo quando, sob influxo de Mário, fora atingido pela onda de interesse geral despertado pelo Modernismo a respeito da valorização do éthos e das peculiaridades naturais e culturais brasileiros. Gledson lembra de uma entrevista de Emílio Moura na qual este afirmava que o amigo itabirano atestava, ao mesmo tempo que relativizava, essa adesão, afirmando que o amigo itabirano chegou a passar por "uma volta meio comovida, meio irônica, ao nacionalismo poético então em voga" (apud GLEDSON, 1981, p. 35).

Tal ironia se deixava flagrar, inclusive, na apropriação drummondiana de um gênero característico do Modernismo de 1922, como o "poema cartão-postal", registro condensado em palavras da paisagem física e moral, introduzido pelo poeta suíço Blaise Cendrars em sua viagem ao país, mas logo reconfigurado e explorado à exaustão por Oswald de Andrade, como retrato arguto das particularidades locais. Esse gênero comparece de forma marcante em *Alguma poesia*, sugerindo certa disposição para a interlocução com o programa pau brasil. Todavia, essa *abertura* encerra uma atitude ambivalente, pois não deixa, à sua maneira, de marcar um distanciamento mordaz em relação ao gênero no último poema da série "Lanterna mágica": "É preciso fazer um poema sobre a Bahia.../ Mas eu nunca fui lá" (AP, p. 29).

Veja-se, agora, o principal repositório para se pensar esse embate entre nacionalismo e universalismo: as cartas trocadas com Mário de Andrade, que revelam as recusas e concessões relativas à aproximação cada vez mais intensa e admirável entre os dois. Na epistolografia, talvez mereça especial destaque a carta datada de 30 de dezembro de 1924, na qual Drummond, em tom de brincadeira, embora sem esconder um fundo de verdade, confessava seu *galicismo cultural* e falava da dificuldade de "naturalizar-me Cruzeiro do Sul". Traduzindo esse francesismo inicial, entrave à adoção do nacionalismo, em termos "patológicos", reconhecia seu "mal" como "moléstia de Nabuco", e complementava, de modo expressivo: "Será incapacidade congênita, será má vontade, será hipocrisia, será estupidez, mas não sei, não posso achar o remédio no Brasil. Cheirando a nacionalismo, acabou-se: eu protesto. Devido ao mau nacionalismo, como você supõe? Não sei se haverá bom ou mau nacionalismo, principalmente em literatura. Como fazer com esta o que já se fez com a pesca: nacionalizá-la?" (CCM, pp. 77-79).

Drummond afirmava, assim, sua total aversão ao localismo como matéria e linguagem literárias. Essa ojeriza a tudo o que é nativo, a um espaço tido como culturalmente inóspito e experimentado como *exílio*, levava o poeta a repor a metáfora de *doença*, concebida, em outra passagem como um *mal contagioso*: "Pessoalmente, acho lastimável essa história de nascer entre paisagens incultas e sob céus pouco civilizados. Tenho uma estima bem medíocre pelo panorama brasileiro. Sou um mau cidadão, confesso. É que nasci em Minas, quando deveria nascer (não veja cabotinismo nesta confissão, peço-lhe!) em Paris. O meio em que vivo me é estranho: sou um exilado. E isto não acontece comigo, apenas. 'Eu sou um exilado, tu és um exilado, ele é um exilado.' Sabe de uma coisa? Acho o Brasil infecto. Perdoe-me o desabafo, que a você, inteligência clara, não causará escândalo" (CCM, p. 56). A atitude de lamento e horror, traduzida no sentimento de expatriado em meio a paisagens culturalmente inóspitas, tem antecedentes na rejeição atribuída, séculos antes, a outro grande nome de Minas: o poeta-inconfidente árcade Cláudio Manuel da Costa, cuja condição de "desterrado em sua própria terra" e as supostas figurações em seus versos foram, todavia, discutidas e problematizadas por Sérgio Buarque de Holanda em excepcional estudo (HOLANDA, 1992).

Vários momentos da correspondência com Mário de Andrade evocam, conforme se viu atrás, a referência a Joaquim Nabuco, tido como paradigma dessa recusa. Se o "espírito cosmopolita e tristonho" de Drummond é conformado, de um lado, "pelo cinismo finissecular de Anatole France", por outro, vem alinhado "pelos valores defendidos por Joaquim Nabuco" (SANTIAGO, 2002d, pp. 17-18). Ou melhor, por certa leitura arrevesada que se fez deles... O pensamento de Nabuco, "amplo e generoso na configuração de um Brasil pós-republicano, permeia – às vezes de maneira equivocada – muitos dos escritos de responsabilidade dos jovens e iconoclastas modernistas. O intelectual brasileiro, segundo Nabuco, não deveria se restringir à cartilha do nacionalismo xenófobo, defendido pelas novas forças no poder desde a proclamação da República. [...] Mário julga que tem de discutir com o jovem [Drummond] a interpretação estreita e aparentemente radical que ele e outros modernistas estão fazendo do *nacionalismo* de Nabuco, que [...] é desentranhado de uma visão responsável e universal de cultura" (SANTIAGO, 2002d p. 19). Tratando, ainda, da "tragédia de Nabuco", o poeta itabirano, ao se lastimar por ter nascido "entre paisagens incultas e sob céus pouco civilizados", está citando uma versão empobrecida da filosofia de vida e de mundo expressa em *Minha formação* (1900).

Em uma atitude elitista, Drummond chega mesmo a sustentar, abertamente nas cartas, que o "nacionalismo convém às massas, o universalismo às elites", compreendidas estas, mais especificamente, como uma casta intelectual, espécie de mandarinato ou mesmo um cenáculo tipicamente simbolista concebido como um grupo culto e isolado de artistas escolhidos, pois, conforme esclarece na sequência: "[...] estou quase a afirmar que uma certa classe de espíritos, de formação e educação nitidamente universalistas, tem solene direito de sobrepor as suas conveniências mentais às dessa confusa e anônima cambada de bestas" (CCM, p. 60).

Sempre, nas cartas, o esforço em ter de abandonar sua postura universalista e afrancesada em prol de qualquer preocupação nacionalista, como notou Santiago, é definida por Drummond em termos de *sacrifício* e *resignação*: "Agora, como acho indecente continuar a ser francês no Brasil, tenho que renunciar à única tradição verdadeiramente respeitável para mim, a tradição francesa. Tenho que resignar-me a ser indígena entre os indígenas sem ilusões. Enorme sacrifício; ainda bem que você reconhece!" (CCM, p. 59).

O fato é que, a dada altura, a militância aguerrida do amigo paulista surtiu algum efeito e a "deseducação salvadora" promovida por *suas cartas* (PP, pp. 1345-54) livrou, em dada medida, Drummond e conterrâneos literatos do peso morto do francesismo cultural, trazendo-os de volta à realidade local, não necessariamente para se pacificar com ela, mas para atentar a suas peculiaridades, mesmo que de uma perspectiva crítica. De sugestões de tema, passando por inclusões e exclusões de versos e poemas, por atitudes e configuração da voz poética, até questões do *abrasileiramento* da língua, muitas delas chegam a ser acatadas pelo poeta itabirano no livro de estreia, depois de animadas contendas epistolares. O fato é que, entusiasmado, Mário de Andrade chega a falar a Tarsila do Amaral que a poesia drummondiana está se "paubrasileirando" (CCM, p. 63), referindo-se, inclusive, ao título extraído do famoso verso reiterativo da "Canção do exílio", de Gonçalves Dias, que o poeta itabirino chegou a cogitar para seu livro de estreia, atestando, implicitamente, que a doutrinação nacionalista patrocinada pelo primeiro tivera alcançado algum êxito.

Sem dúvida, a escolha do título gonçalvino era uma maneira de confirmar, também, o fato evidente, atestado pela historiografia literária, de certo prolongamento ou retomada, sob novas roupagens e dimensões, do projeto nacionalista dos românticos pelos modernistas, guardadas as especificidades histórico-políticas e estéticas de cada movimento. Quando se lê *Alguma poesia*, percebe-se, todavia, que a doutrinação frutificou apenas em parte, pois se muito das discussões epistolares em torno do tema compareçam nesse livro, não deixa de ser permeado de ironia, relativismos e, em dados poemas, de negações. Nesse sentido, é expressivo o próprio abandono do título originalmente previsto: *Minha terra tem palmeiras*. Esse abandono revela-se, aliás, tanto mais curioso, quando se recorda o ensaio drummondiano sobre a obra gonçalvina, publicado posteriormente, mas, decerto, ainda estimulado pelas recomendações de Mário de Andrade de se revisitar o legado poético dos românticos. Seguindo à risca o conselho, Drummond dedicou ensaios a Fagundes Varela e Casimiro de Abreu, além do próprio Gonçalves Dias, todos recolhidos depois em *Confissões de Minas* (1944). Iná Camargo Costa sustenta que, sob estímulo dessa mesma recomendação, alguns poemas centrais de *Alguma poesia*, como "Infância", teriam sido concebidos em diálogo implícito com a *Lira dos vinte anos*, de Álvares de Azevedo (outro, vale lembrar, que guardava com o primeiríssimo Drummond total aversão ao nacionalismo literário e à matéria localista) (COSTA, 1995, pp. 309-18).

O interessante, entretanto, é que, no caso do ensaio sobre Gonçalves Dias, o poeta-crítico acabou por eleger para análise, não a parcela mais expressamente tida como nacionalista, representada pelas ditas "poesias americanas", que incluía, além da referida "Canção do exílio", os celebrados poemas indianistas. Em vez disso, Drummond se ocupou de modo exclusivo, no artigo "O sorriso secreto de Gonçalves Dias", das *Sextilhas de Frei Antão*, justamente a parcela da obra gonçalvina que é fonte de conflito entre os intérpretes do romântico maranhense, por ser lida como recusa do nacionalismo subjacente a seu indianismo, sem que eles tivessem atentado à ironia empregada pelo macróbio frei dominicano, que assume a voz poética nesse *monólogo dramático* ao tratar de seus "achaques de velhice" e ao louvar o passado de glórias lusitanas. *Ironia*, aliás, que Drummond – mestre ele também no manejo desse recurso literário ou discursivo – foi o primeiro a perceber e denunciar com muita propriedade (CAMILO, 1998-99).

Além da mudança do título, ainda no volume de estreia – então definitivamente denominado *Alguma poesia* –, outro momento expressivo, talvez o maior deles, do fato de que a adesão ao nacionalismo e à brasilidade nunca se deu incondicionalmente está, em especial, em "Também já fui brasileiro", tratado como modismo ou virtude esposados e logo negados: "Eu também já fui brasileiro/ moreno como vocês./ Ponteei viola, guiei forde/ e aprendi na mesa dos bares/ que o nacionalismo é uma virtude./ Mas há uma hora em que os bares se fecham/ e todas as virtudes se negam" (AP, p. 16).

Essa recusa vai se tornar ainda mais explícita em um dos poemas do livro seguinte, *Brejo das Almas* (1934): "Hino Nacional", cujos versos, do louvor e da adoração sardônicos, culminam na negação da própria existência do Brasil e dos brasileiros. Vale citar alguns momentos: "Precisamos educar o Brasil./ Compraremos professores e livros,/ assimilaremos finas culturas,/ abriremos *dancings* e subvencionaremos as elites.// [...]// Precisamos louvar o Brasil./ Não é só um país sem igual./ Nossas revoluções são bem maiores/ do que quaisquer outras; nossos erros também./ [...]// Precisamos adorar o Brasil./ Se bem que seja difícil caber tanto oceano e tanta solidão/ no pobre coração já cheio de compromissos.../ se bem que seja difícil compreender o que querem esses homens,/ por que motivo eles se ajuntaram e qual a razão de seus sofrimentos.// Precisamos, precisamos esquecer o Brasil!/ Tão majestoso, tão sem limites, tão despropositado,/ ele quer repousar de nossos terríveis carinhos./ O Brasil não nos quer! Está farto de nós!/ Nosso Brasil é no outro mundo. Este não é o Brasil./ Nenhum Brasil existe. E acaso existirão os brasileiros?" (BA, pp. 25-26).

Como lembra Antonio Candido, da valorização dialética pelos modernistas de 1922, o nacionalismo foi sendo apropriado nos anos 1930 por tendências autoritárias ou mesmo fascistas que convergiram para a ditadura estadonovista e o transformaram em "uma fórmula de salvação do *status quo*". A ideia de "brasilidade" vinha associada à de "xenofobia, patriotada, autoritarismo e saudosismo" por conservadores que pretendiam prolongar o passado e "envenenar o presente, opondo-se a concepções mais humanas, isto é, as que miravam o futuro e procuravam pensar os problemas da sociedade além do âmbito das nações, como o socialismo, mais atento ao conceito de luta das classes e da solidariedade internacional dos trabalhadores, do que os estados nacionais se afirmando com vontade de poderio" (CANDIDO, 1995, pp. 300-02). É à luz desse contexto que se deve compreender a recusa drummondiana, em "Hino Nacional", de pactuar com a ideologia nacionalista, claramente reconhecida, nos versos citados, como subordinada aos interesses de classe e do Estado.

De fato, o abandono da preocupação com o nacional em benefício do social marca o terceiro livro, *Sentimento do mundo* (1940). O exemplo mais ilustrativo, nesse sentido, pode ser encontrado em "O operário no mar", sobretudo quando se atenta, como fazem alguns intérpretes, para o diálogo intertextual que o poema comporta com "Dois poemas acreanos", de Mário de Andrade (RUFINONI, 2014, pp. 247-66). A intertextualidade justifica-se pela questão da distância entre o intelectual empenhado e o trabalhador, entre a atividade reflexiva e a física, distância essa projetada espacialmente, além do concomitante anseio do primeiro de suplantá-la pela comunhão solidária entre ambos. O ponto de divergência, entretanto, é mais expressivo: se no poema marioandradino é o anseio de pertencimento que visa suplantar a distância do intelectual de gabinete em relação ao "brasileiro que nem eu", encarnado pelo seringueiro, no poema em prosa de Drummond, o impulso solidário do eu participante não encontra vias por onde se irmanar ao operário alienado, pela consciência aguda das distâncias de classe que o separam de sua alteridade social.

A preocupação social dominante na poesia dos anos 1940, coroada pela lírica de guerra de *A rosa do povo* (1945), por seu impulso de irmanação solidária projetado em uma escala planetária (MOURA, 2016), lançou uma pá de cal sobre o debate em torno da questão nacional. Para se compreender a distância ainda maior de Drummond em relação ao tema nesse livro de 1945, vale conferir exemplos tão distintos quanto a reescritura do já citado poema de Gonçalves Dias em "Nova Canção do exílio" e, em registro bem diverso, o poema em homenagem ao grande amigo recém-falecido: "Mário de Andrade desce aos infernos".

Na poesia melancólica do desengano que marca os anos 1950, cujo maior emblema é *Claro enigma* (1951), não há nada que se aproxime de questões nacionais, nem sequer criticamente. Mesmo a retomada do gênero do poema cartão-postal passa a atender a fim diverso da afirmação identitária, que é uma reflexão filosófica ou histórica mais ampla (CAMILO, 2000).

Pensando na produção posterior, seria de se supor, com base no que foi visto até aqui, que Drummond continuou a ignorar por completo as preocupações de afirmação nacional suplantadas já havia muito tempo, depois da decidida recusa encenada pelo "Hino Nacional" de *Brejo das Almas*. Mas eis que, de modo surpreendente, elas voltam a despontar, sem mais, em um livro dos anos 1970, portanto em meio a um novo contexto ditatorial em que o regime militar tirou partido do discurso ufanista para angariar a simpatia popular. Nesse sentido, mais uma vez, Drummond teria de se haver, ideologicamente, com as apropriações conservadoras de conceitos como nacionalismo e brasilidade, às quais respondeu em versos não tão irônicos e críticos como os dos anos 1930, mas que nem por isso deixam de encerrar certas ambiguidades ou, mesmo, paradoxos.

É o que ocorre em um poema isolado de *As impurezas do branco* (1973): "Canto brasileiro". Por um lado, parece haver nele uma espécie de reconhecimento de uma brasilidade determinante, entranhada em uma sensibilidade específica, um modo de existência e uma visão de mundo particulares: "Brasil// meu modo de ser e ver e estar triste e pular/ em plena tristeza como se pula alto/ sobre água corrente" (IB, p. 104). Mesmo que não haja a lembrança ou o empenho contínuo nessa busca identitária, projetado para além de si mesmo, é o eu poético que, por vezes esquecido dessa brasilidade, acaba sendo, inversamente, abordado por ela, manifesta desde a paisagem até a linguagem: "Meu país, essa parte de mim fora de mim/ constantemente a procurar-me. Se o esqueço/ (e esqueço tantas vezes)/ volta/ em cor, em paisagem/ na polpa da goiaba na abertura/ de vogais/ no jogo divertido de esses e erres/ e sinto/ que sou mineiro carioca amazonense/ coleção de mins entrelaçados.// Sou todos eles e/ o sentimento subterrâneo/ de dores criativas e fadigas" (IB, p. 104). Síntese de diversidades regionais (que traz, talvez, alguma lembrança da lição marioandradina), essa afirmação positivadora não deixa, como se vê, de vir também marcada por um sentimento sorrateiro mais ambivalente. Essa brasilidade, por fim, não parece ser tomada como condição de origem, mas produzida, naturalizada e perpetuada na interação confiante com o *outro*: "Brasil fiquei sendo/ serei sendo nas escritas do sangue./ [...] // Brasa sem brasão brasilpaixão/ de vida popular em mundo aberto/ à confiança dos homens". Os paradoxais versos finais rompem a dimensão restritiva que toda a afirmação identitária implica, ao se abrir, inclusivamente, para algo de mais amplo e generoso: "Assim me vejo e toco: brasileiro/ sem limites traçados para o amor/ humano" (IB, p. 105).

Tendo em vista o percurso da poesia drummondiana traçado aqui, pode-se dizer, em suma, que as apropriações cautelosas, desconfianças, ou as resistências e recusas expressas em relação ao credo nacionalista, longe de limitação, sempre foram prova de lucidez extrema. Ademais, tais recusas nunca implicaram alheamento em relação à realidade local. Longe disso, Drummond talvez tenha sido, na seara da poesia, quem mais fundo mergulhou nas peculiaridades ou particularidades do processo formador do país, em suas contradições de base e em seus descompassos, reatualizados nos diversos ciclos de modernização conservadora, que ele acompanhou de perto. O poeta denunciou, como poucos, o discurso naturalizador do caráter nacional e suas contradições; expôs claramente os interesses subjacentes às apropriações conservadoras de chavões ou clichês de um patriotismo tacanho (que volta e meia retornam à baila, como a atualidade bem o comprova) e, entre outros pontos, explorou os modos de ser e agir do homem cordial identificado por Sérgio Buarque de Holanda no processo de formação social, conforme demonstrou Jerônimo Teixeira, embora reconhecendo uma suposta e discutível adesão de Drummond, em muitos momentos de sua poesia, a valores típicos, formas de sociabilidade e supremacias individuais contra os quais *Raízes do Brasil* investe duramente (TEIXEIRA, 2005).

De todo modo, não se pode negar que Drummond foi quem, na poesia modernista, mais atingiu em cheio os alicerces da *comunidade imaginada* (ANDERSON, 2008) associada ao país, consolidada, ao longo do tempo, pela literatura brasileira e outras tantas modalidades discursivas (para só ficar no plano da linguagem verbal). Na verdade, o poeta itabirano chegou ainda mais longe, na medida em que tratou de pôr em questão a que interesses de grupos e classes atendia, ideologicamente, esse imaginário nacional.

Nava, Pedro
IVAN MARQUES

Em 1952, no aniversário de 50 anos de Carlos Drummond de Andrade, o *Correio da Manhã* publicou uma crônica com redações preciosas, sob o título "Evocação da rua da Bahia". O autor do texto era um médico renomado, Pedro Nava – pintor e poeta bissexto, nascido em 5 de junho de 1903, em Juiz de Fora, que se tornara amigo do poeta desde a juventude de ambos em Belo Horizonte, quando, ao lado de outros jovens escritores e intelectuais, viveram a aventura de ter "vinte anos nos anos vinte". A crônica fez tanto sucesso que, estimulado por Fernando Sabino e Otto Lara Resende, Nava começou a escrever suas memórias e as de sua geração.

"Como foi que o danado desse homem, preso a atividades profissionais duríssimas, que lhe granjearam fama internacional, consegue ser o escritor galhardo, lépido, contundente que é?", escreveu Drummond quando apareceu no início da década de 1970 o volume *Baú de ossos*. Publicado pela editora Sabiá, o livro foi uma das maiores revelações literárias do período, tendo esgotado rapidamente duas edições e vendido, em menos de dois anos, cerca de 20 mil exemplares. Nas palavras do poeta, *Baú de ossos* era "digno de figurar entre o que de melhor produziu a memorialística em língua portuguesa" (DRUMMOND DE ANDRADE, 2012a, p. 23).

Dentre os rapazes que frequentavam o Bar do Ponto, o Café Estrela e a Livraria Alves – endereços célebres do Modernismo mineiro, todos situados na rua da Bahia –, Nava era, sem dúvida, um dos afoitos e desatinados. No exemplar de *Alguma poesia* que lhe pertencia, Drummond escreveu a seguinte a dedicatória: "Ao Nava, em lembrança dos nossos tempos de poesia e incêndio" (LIMA, 1995, p. 40). Com efeito, o estudante de medicina estava sempre disposto a aventuras urbanas, por ele chamadas de "russificações", que tivessem como objetivo protestar contra a monotonia mineira. Arrancar placas de doutores, cartazes do Teatro Municipal, e até mesmo atear fogo em bonde e em casas de família, tudo isso foi feito por Nava, Drummond e Milton Campos naquelas expedições noturnas. Mais tarde, o poeta admitiria que eram incendiários vagabundos, que recuavam ante as primeiras chamas.

Pedro Nava publicou poemas em *A Revista*, periódico do Modernismo mineiro, e atuou como representante comercial em Belo Horizonte da revista carioca *Estética*. Também manteve correspondência com Mário de Andrade e chegou a ilustrar com oito guaches o exemplar de *Macunaíma* que lhe foi enviado pelo escritor paulista com uma dedicatória provocativa: "A/ Pedro Nava,/ pouco trabalhador/ pouco trabalhador" (apud BOTELHO, 2012, p. 16). A acusação se devia ao fato de o jovem modernista jamais se assumir de verdade como escritor. Seu nome foi incluído na *Antologia dos quatro poetas mineiros*, projeto não realizado pelo grupo de Belo Horizonte. Mas a estreia literária de Nava só ocorreria mesmo, de maneira surpreendente, na década de 1970. Até lá, insistiria sempre em rotular-se como "poeta bissexto". Duas composições poéticas de sua autoria, "Mestre Aurélio entre as rosas" e "O defunto", foram incluídas por Manuel Bandeira na sua *Antologia dos poetas bissextos*, publicada em 1946. De acordo com Drummond, tratava-se de um "poeta de modulação afinadíssima, mas desinteressado de exercê-la" (DRUMMOND DE ANDRADE, 2012a, p. 22).

A escrita de *Baú de ossos*, primeiro volume da série monumental das *Memórias*, publicado em 1972, teve início em 1968, quando o escritor tinha 65 anos. Em pouco mais de uma década, Nava publicaria outros cinco livros: *Balão cativo* (1973), *Chão de ferro* (1976), *Beira-mar* (1978), *Galo das trevas* (1981) e *O círio perfeito* (1983). *Cera das almas*, o volume que daria sequência à série, foi interrompido pelo suicídio do escritor, ocorrido em 13 de maio de 1984.

Nas mãos de Nava, a "crônica individual", como observou Drummond, adquire uma abrangência enorme, que a converte em "panorama social". Foi o que Antonio Candido estudou no ensaio "Poesia e ficção na autobiografia", dedicado aos primeiros livros de Nava e também às obras memorialísticas *Boitempo* e *A idade do serrote*, publicadas no mesmo período por Drummond e Murilo Mendes. O crítico ressaltou a capacidade dos escritores mineiros de, "inserindo o eu no mundo, mostrar os aspectos mais universais nas manifestações mais particulares" (CANDIDO, 1989b, p. 53). No caso de *Baú de ossos*, a narrativa memorialística, tratada como ficção, alcançou uma dimensão épica inexistente em outros autores.

Como indica o título, o livro recua aos antepassados – os familiares paternos do Ceará e os que pertenciam ao tronco mineiro materno –, que são revividos pelo descendente. "Do baú salta a multidão antiga de vivos, pois este médico tem o dom estético de, pela escrita, ressuscitar os mortos", escreveu Drummond (DRUMMOND DE ANDRADE, 2012a, p. 21). O que se apresenta ao leitor é um rico e minucioso painel da vida brasileira dos finais do século XIX às primeiras décadas do século XX. Para descrever sua ascendência, o escritor, apaixonado por genealogia, vai até a quarta geração de antepassados. Estes saem enobrecidos da narrativa, como se por meio deles Nava buscasse reconstituir, com tintas épicas, uma grandeza perdida. O livro narra ainda a infância de Pedro Nava, vivida em Juiz de Fora e no Rio de Janeiro.

O segundo volume das *Memórias*, intitulado *Balão cativo*, alude metaforicamente aos internatos nos quais o escritor teve sua vida escolar, o Ginásio Anglo Mineiro, onde foi matriculado aos 11 anos, e o Colégio Pedro II, do qual foi aluno entre 1916 e 1920. O autor que lhe serve de referência é Raul Pompeia. Fragmentos de *O Ateneu* são mesmo incorporados na narrativa. Curiosamente, ambos os escritores gostavam de desenho e caricatura – e deram fim à própria vida. O veio temático da escola, minuciosamente explorado, prossegue no terceiro volume, *Chão de ferro*. Para narrar um único dia na vida do Pedro II, o memorialista se estende por mais de 60 páginas. *Chão de ferro* narra também a adolescência de Nava, suas conquistas e descobertas. Concluído o curso secundário no Rio, o memorialista retornou a Minas – daí o título do livro, inspirado na poesia drummondiana.

Beira-mar, a despeito do título que parece indicar o Rio de Janeiro, é inteiramente dedicado à juventude do escritor em Belo Horizonte – a formação em medicina, a vida de moço boêmio, o contato com outros escritores, enfim, sua experiência de estudante, funcionário público e militante modernista. Sugerido por Lucio Costa, o título desse quarto volume, igualmente metafórico, alude ao desejo de deixar a pacata capital mineira e atender à "atração litorânea" que sempre perseguiu os escritores nascidos nas montanhas. *Beira-mar* conta a história do Modernismo em Minas, a influência de Mário de Andrade, as atividades do chamado "Grupo do Estrela", e traz retratos das figuras que renovaram as letras mineiras na década de 1920: Drummond, Alberto Campos, Emílio Moura, Milton Campos, entre outros. A figura de Aníbal Machado é evocada com destaque. Em sua casa, Nava ouviu falar pela primeira vez em Marcel Proust, o autor de *Em busca do tempo perdido*, obra em seis volumes à qual, no futuro, suas *Memórias* estariam bastante associadas.

Foi também Aníbal Machado que o aconselhou a procurar Carlos Drummond, a quem acompanharia em tantas aventuras. Uma delas, narrada em *Beira-mar*, se tornou antológica. O jovem poeta tinha o hábito de voltar para casa, na Floresta, caminhando pelos enormes arcos de concreto do viaduto Santa Teresa, a uma altura vertiginosa. Em certa ocasião, foi interpelado por um guarda-civil. Mas teve a petulância de dizer que só aceitava a prisão se este fosse prendê-lo lá em cima. Tomado de vertigem, o guarda desistiu. "O poeta tranquilo iniciou sua descida pela outra vertente" (NAVA, 2012c, p. 39). Com tal guardador de lembranças, o grupo modernista mineiro ganhou um registro notável, que só fez aumentar a mitologia em torno da geração. Antes mesmo do aparecimento das *Memórias*, com base apenas em suas evocações da rua da Bahia, Drummond já afirmara que de Nava saíra "a melhor narração do que fomos, do que sentíamos, do que fazíamos num ambiente de travas sociais e de tédio, que transfigurávamos a nosso jeito" (TVP, p. 54).

Os quatro primeiros volumes das *Memórias*, que tratam da formação do escritor, são narrados em primeira pessoa. Nos dois últimos, *Galo das trevas* e *O círio perfeito*, Nava se ocupa de sua vida profissional como médico, contada por um narrador em terceira pessoa. A partir de *Galo das trevas*, o personagem Egon Barros da Cunha, seu *alter ego*, passa a ser o protagonista da narrativa. As caricaturas, que antes possuíam como alvo os professores do colégio, voltam com muito mais virulência nessa parte final da obra, como se nela o escritor estivesse se vingando dos seus desafetos.

Quando Pedro Nava se suicidou, aos 80 anos, Drummond publicou um artigo no *Jornal do Brasil* no qual voltou a elogiar o seu edifício memorialístico, composto "como um imenso vitral em que a vida brasileira e a vida individual apareciam tão interligadas". Seu método, de acordo com o poeta, constituía "lição e exemplo de individualismo atuante e liberto de si mesmo" (apud BOTELHO, 2012, p. 13). Na análise de Antonio Candido, o que permitia a transfiguração do dado autobiográfico era o tratamento ficcional das *Memórias*. De fato, a oscilação entre realidade e invenção percorre do começo ao fim a série monumental de Nava. Recordar, para Nava, significa, inevitavelmente, sobrepor o presente ao passado, as lembranças ao acontecimento, a imaginação à realidade. "É impossível restaurar o passado em estado de pureza", afirmou o escritor em *Balão cativo*. Nas páginas do mesmo livro, Nava definiu a escrita de memórias como a capacidade de ficcionalizar as recordações: "Para quem escreve memórias, onde acaba a lembrança, onde começa a ficção? Talvez sejam inseparáveis. Os fatos da realidade são como pedra, tijolo – argamassados, virados parede, casa, pelo saibro, pela cal, pelo reboco da verossimilhança – manipulados pela imaginação criadora" (NAVA, 2012b, p. 349).

A semelhança com a escrita de Gilberto Freyre também foi observada pela crítica. O feitio enciclopédico, o gosto pelas metáforas, a linguagem erudita e, ao mesmo tempo, coloquial, o hábito de recolher miudezas, extraídas de múltiplas fontes – livros, jornais, mapas, receitas de cozinha, álbuns de retratos etc. –, são traços que aproximam a prosa das *Memórias* da obra sociológica de Freyre. Seu estilo barroco e excessivo foi ainda comparado ao de Guimarães Rosa, igualmente afeito à monumentalidade. Conforme observou Joaquim Aguiar, "à visão épica do passado corresponde, em parte, o estilo hiperbólico de Nava" (AGUIAR, 1998, p. 30).

Antonio Candido indicou que essa "estilística da universalização" envolvia alguns procedimentos básicos, como a enumeração, que amplia significados. Nas palavras de Davi Arrigucci Jr., "a frase enumerativa de Nava é uma espécie de matriz receptiva da heterogeneidade do mundo" (ARRIGUCCI JR., 1987, p. 109). Estaria aí, segundo o crítico, um procedimento linguístico provavelmente aprendido com os modernistas, do qual um dos maiores exemplos era o próprio *Macunaíma*, ilustrado por Nava. Por meio de sua irreverência, de sua linguagem mesclada, de seus recursos estéticos, a obra de Nava trazia inscrita em sua própria construção formal o profundo enraizamento do autor na vanguarda de que fizera parte. Como escreveu José Guilherme Merquior, suas *Memórias* podem ser vistas como "uma das realizações supremas do modernismo" (MERQUIOR, 1974, p. 102).

Neologismo
JOÃO BANDEIRA

No longo tempo em que Carlos Drummond de Andrade escreveu e publicou seus poemas, não havia nem "zap" nem "vap", neologismos hoje tão comuns. Mas se então existissem, essas versões fonética e graficamente adaptadas de seus nomes comerciais, não seria difícil acabarem aparecendo em algum poema de Drummond. Quem sabe rimando num daqueles de *As impurezas do branco* ou numa das suas crônicas em versos, que ele chamou de "versiprosa", intitulando com essa palavra inventada mais uma coletânea de seus poemas. Atentos à vida cotidiana, esses livros contêm dezenas de neologismos.

Embora, entre os modernos, não seja comum considerar Drummond um escritor brasileiro típico nesse aspecto – como, na prosa, o Oswald de Andrade de *Memórias sentimentais de João Miramar*, quase todo Guimarães Rosa, e em menor grau o Mário de Andrade de *Macunaíma* ou de *Pauliceia desvairada*, na poesia –, quem procurar encontrará uma grande quantidade de neologismos de vários tipos na sua obra poética – e até na prosa, que não será abordada aqui. A começar pelos menos duráveis: palavras de outros idiomas aportuguesadas por escrito e/ou na língua oral, mas que, com o tempo, ou caem em desuso ou deixam de ser sentidas como estranhas, sendo por fim incorporadas aos dicionários. Um exemplo é aquele arquifamoso *gauche* do "Poema de sete faces" que abre *Alguma poesia*, a estreia de Drummond em livro, no ano de 1930. Grafado "goche" nesta primeira edição, constituindo um galicismo – aliás, já usado por outros escritores, entre eles Eça de Queiroz, e condenado junto a "gochemente" por insignes filólogos da língua em atividade na época, como João Ribeiro ("gallicismos intoleráveis [RIBEIRO, 1926, p. 648]) e Laudelino Freire ("incriveis reproducções das homophonas palavras francesas" [FREIRE, 1921, p. 94]) –, foi devolvido ao idioma original nas edições seguintes do livro, assim como estava na publicação anterior do poema no *Diário de Minas* (em 25 dez. 1928).

Assumir o "goche" neológico pode ter sido um gesto de certa independência do poeta no uso da língua, frente a seus guardiães. Mas pode-se pensar também que abandonar o neologismo para usar a palavra como a única na página grafada em francês (e com a diferenciação gráfica para termos estrangeiros), dava-lhe ainda mais destaque. E, por conseguinte, também ao desajeito da persona poética estampada no poema, que – irmã do albatroz *gauche* de Baudelaire, hábil no voo, desconfortável entre os homens ao res do chão – veio a tornar-se o mais consagrado epíteto do autor – e às vezes um cacoete interpretativo de sua obra poética. Se aquele "goche" tem DNA propriamente literário, "cadê", "evém", "incelência", "patropi" e muitas formas semelhantes encontráveis em livros do poeta de várias épocas bebem, por sua vez, em outra fonte: a inteligência inquieta e compartilhada da língua oral.

A noção de *neologismo*, termo técnico das ciências da linguagem – que um dia foi, ele mesmo, um neologismo – comporta mais algumas categorias. Como onomatopeias, palavras abreviadas, distorcidas, desagregadas, entre outras ocorrências, e até os que não incidem na forma da palavra, funcionando por deslocamento semântico, conforme descrevem as gramáticas da língua portuguesa. Na esfera específica do léxico, ao menos quando o foco é a literatura, talvez os neologismos poéticos genuínos (no sentido etimológico, do grego *poiesis*: processo de criar, ou apenas fazer) sejam aquelas palavras criadas por meio da chamada derivação, usando prefixos e sufixos, coisa mais ou menos comum na deriva da língua viva, ou pelos recursos um pouco menos frequentes da composição: a aglutinação, que solda numa mesma palavra outras preexistentes (dicionarizadas ou não), e a justaposição, montagem de duas ou mais palavras com o emprego do hífen. "Frufrulha", "llmn", "glissiglissando", "bis-coito", "cromossonho", "desbriga", "florival", "chuvavam", "tristinfinitamente", "sexifragância", "boitempo", "luscofúsculo", "silêncio-vaca", "perspectivo-nostálgicas", "amar-amaro", "lenta-lambente-lambilusamente" são alguns entre uma infinidade de exemplos nos livros de Drummond. Leitor de dicionários, ouvidos abertos ao coloquial, conhecedor das vanguardas e dos clássicos literários, como em tudo mais na sua poesia, ele foi intensa e extensamente inventivo também em matéria de neologismos. Mas não o tempo todo.

Publicando ao longo da década de 1920 muitos poemas, crônicas e outros textos em jornais e revistas, parte sob pseudônimos, Carlos Drummond de Andrade começou a ficar de fato conhecido com a controvérsia despertada pela publicação de "No meio do caminho", na *Revista de Antropofogia*, em 1928. Dois anos depois, quando seu primeiro livro foi lançado, o auge das batalhas dos modernistas pelo reconhecimento da literatura que faziam já havia passado. Mas não a interminável discussão sobre as diferenças do português de Portugal e do Brasil: se este deveria ser chamado de língua brasileira, sobre gramáticas e dicionários que acolhessem suas variantes, sobre suas fontes e particularidades lexicais e diversas outras questões atravessadas pelo tema do nacionalismo. E, no meio de tudo, sobre neologismos na escrita literária, desde a incorporação dos regionalismos até a pura criação vocabular. De conservadores a liberais, escritores, críticos, gramáticos e outros profissionais da língua participavam ativamente desse debate. Drummond entrou cedo na conversa, ainda no período mais quente da luta modernista. E fez isso tanto no âmbito mais pessoal (em cartas, principalmente as trocadas com Mário de Andrade, a partir de 1924), quanto no público (com artigos em jornais e revistas).

"Poesia brasileira", um de seus artigos publicados em 1924 no *Diário de Minas*, ao tratar da "necessidade de sermos brasileiros dentro do Brasil, na língua como no sangue, e na literatura como na língua", renunciando à "cópia dos figurinos franceses", afirmava que, para tanto, "dispomos de uma língua semimorta, e que só se renovará à custa de indisfarçáveis prodígios de adaptação e vivificação" (PTA, p. 144). Parece que o jovem Drummond vinha sondando esse terreno havia algum tempo, uma vez que em 1922, autor ainda de poemas em prosa à moda penumbrista salpicados de galicismos, escreveu uma resenha de *Os condenados*, de Oswald de Andrade, também no *Diário de Minas*. Ressalvando "imperfeições que o maculam" (JACKSON, 1986, p. 191), enquadrou o livro no futurismo, que definiu como "ânsia de liberdade, arrancada para o azul, guerra aos velhos processos, alma nova: – exaltação" (CURY, 1998, p. 70), ", para então classificar a obra como "grito de novidade que devemos escutar" (JACKSON, 1986, p. 191).. Naquele mesmo 1924, Manuel Bandeira agradece a Drummond o envio de textos que este "publicou em jornais de Minas acerca da poesia moderna" e que "revelam [...] o claro conhecimento do assunto" (BANDEIRA, 1958, p. 1384). E ainda nesse ano – em que Oswald de Andrade lança seu *Manifesto da Poesia Pau Brasil* – Mário refere-se a Drummond, em carta a Tarsila do Amaral, como "conquista importantíssima" para as fileiras modernistas, informando que o mineiro também está "decidido a paubrasileirar-se" (ANDRADE; AMARAL, 2001, p. 89). O que, em alguma medida, se confirma em certos poemas de seu primeiro livro, e até antes, de outra maneira, numa carta dele mesmo a Oswald, datada de um mês depois daquela de Mário a Tarsila. Dessa vez, o assunto é *Memórias sentimentais de João Miramar*, a mais radical experiência linguística do primeiro modernismo em matéria de neologismo. Drummond avalia o romance como "admirável, e mesmo o único livro de prosa verdadeiramente moderno que até hoje o Brasil produziu" (BOAVENTURA, 1995, p. 102), afirmação que ele repetiu publicamente, no início de 1925, no artigo "Nacionalismo literário" (JACKSON, 1986, pp. 192-95).

No entanto, a sua gradativa adesão ao Modernismo (no que se destaca a dedicada colaboração de Mário de Andrade), incluindo nisto a exaltação aos lances mais arrojados de Oswald, não se deu sem aquele seu enviesado característico, conforme se vê no artigo "O homem do pau brasil" – também de 1925, publicado em *O Mês Modernista*, do jornal carioca *A Noite* – no qual toca no tema dos neologismos (SENNA, 1994, p. 39). Nesse texto ardiloso, Drummond faz ao mesmo tempo elogios e críticas ao *Miramar*, ao *Manifesto da Poesia Pau Brasil* e aos poemas do livro *Pau Brasil*. E conclui afirmando sua "fé de vê-lo [Oswald] escrevendo como todos nós, nem os neologismos absurdos de *Miramar*, nem os balbuciamentos do *Pau Brasil* (SENNA, 1994, p. 41). Finalmente, "Stock", uma crônica desse primeiro Drummond, publicada um mês antes de *Alguma poesia* sair da gráfica, é toda dedicada ao tema. Em tom humorístico, o texto relata a discussão "por certa academia de letras" em torno da adoção ou não da forma aportuguesada "estoque" (DRUMMOND DE ANDRADE, 1930b, pp. 18-19). Dizendo que "no fundo de todo brasileiro há um gramático, há um troglodita", o cronista se recorda das "lutas desencadeadas por *foot ball*, detalhe, fim, golpe de vista", e mostra que, além de explorar o assunto para fazer graça, sob o pseudônimo Antônio Crispim estava de fato um autor atento a questões da língua também em relação a neologismos.

Mesmo assim, aquele "goche" que o velho Eça e outros já usavam, mais dois termos vindos do inglês ("trustes" e "craque") são alguns dos poucos neologismos presentes em *Alguma poesia*, além de um ou outro "pra" e "pro" capturados na linguagem oral, assim como Mário de Andrade fazia programaticamente – e que, vale notar, "recuam" às formas da língua padrão, "para" e "para o", em todas as reedições do livro. Nenhum, portanto, que se diria inusitado. Contudo, no meio dos seus ainda penumbristas *Os 25 poemas da triste alegria*, organizados pelo jovem poeta sob esse título em 1924, como livro ou parte de um livro jamais publicado, havia um neologismo um pouco mais ousado: "ibsenianamente", referência ao dramaturgo Henrik Ibsen, sobre quem ele já havia publicado um artigo. Talvez esse advérbio tenha se espelhado nos muitos criados por Mário de Andrade, além de outros neologismos, em *Pauliceia desvairada*. Naquele mesmo ano, numa das primeiras cartas enviadas a Mário, Drummond avisa sobre seus poemas anexados: "Permiti-me nos meus versos (quase todos inéditos) algumas audácias que só a *Pauliceia* tornou possíveis. São audácias com carteira de identificação..." (CCM, p. 60). Por sua vez, respondendo às declarações de influência do jovem autor, Mário alerta: "Se você já tem coragem de escrever 'de repentemente' tão brasileiramente, lembre que isso não é meu nem de ninguém, é brasileiro. Eu, adverbiando por demais na *Pauliceia*, inconscientemente segui uma tendência muito auriverde. 'Parisanatolefrance', não gosto. Isto sim pela extravagância pode cheirar mario-de-andrade" (CCM, p. 116).

O diálogo indica que Drummond vinha fazendo mais experiências neológicas, lidando inclusive com a aglutinação, como na fusão do nome da capital francesa e o do escritor Anatole France. Um tipo de neologismo que implica a ideia de simultaneidade, tão cara a diversas vanguardas do século XX, e com presença destacada em *A escrava que não é Isaura*, o ensaio-manifesto de Mário de Andrade por uma poesia modernista, que Drummond elogiou na sua correspondência com o autor e sobre o qual escreveu uma resenha. Outro neologismo empregado por ele nessa época, típico de modernistas, está no verso "Seu punho nervoso nocauta os padeiros atrevidos" (a partir do inglês "*knock out*"), do poema "Orozimbo" (BORTOLOTI, 2019, p. 115). Aqui também havia precedentes próximos. Como, por exemplo, "penetraríamos nos dancings a fim de fox-trotar", em *Miramar*, ou "fora os que algarismam os amanhãs!", em *Pauliceia*.

Seja como for, o fato é que mesmo atento a discussões sobre neologismos e outras questões linguísticas; mesmo declarando-se influenciado e tendo a chancela de modernistas mais velhos de peso, entre eles neologistas do calibre de Mário e Oswald; ou, ainda, apesar daquela sua antiga aposta numa renovação da língua literária brasileira "à custa de indisfarçáveis prodígios de adaptação e vivificação" (PTA). (Renovação que, sob vários pontos de vista, ele veio a praticar prodigiosamente), se Drummond fez mais experiências com criações vocabulares, ao menos durante um bom tempo elas chegaram em pequena quantidade a seus livros de poemas. Como já assinalado, *Alguma poesia* é bastante econômico nesse quesito. Excluindo os (poucos) estrangeirismos e as formas coloquiais, que não são mais do que adaptações de palavras preexistentes, para nos concentrarmos nos neologismos propriamente poéticos, será assim também com *Brejo das Almas* (1934) e *Sentimento do mundo* (1940). Daí em diante

– exceto no livro *Viola de bolso novamente encordoada* (1955), com 11 deles de mesma base, que inundam o poema "Caso pluvioso": "chuvência", "chuvadonha", "chuvil" e outros –, a baixa ocorrência de neologismos dessa categoria oscila pouco e raramente eles chegam perto de uma dezena em qualquer dos livros seguintes, embora algumas criações sejam inesquecíveis. Por exemplo, aquele verbo em "Desdobramento, de Adalgisa", de *Brejo das Almas*, poema no qual uma mulher torna-se múltipla para se dedicar a certo rei, vaticinando que, sem saída, ele se "adalgisará"; a qualidade "antieuclidiana" da orquídea única que misteriosamente floresce no e com o poema "Áporo", de *A rosa do povo* (1945); ou o super-superlativo "eternissíssimo", antecedido por "eternite", "eternaltivamente" e outras "novas categorias" do eterno, que dá título ao poema de *Fazendeiro do ar* (1954).

Isso até chegar a *A vida passada a limpo*, um inédito publicado na coletânea *Poemas* (1959), que reúne também os principais volumes anteriores do poeta. O novo livro dentro do livro novo traz apenas 22 poemas. Mas começa a mudar sensivelmente a conta geral, somando quase 30 neologismos, alguns que também merecem destaque. De saída, *A vida passada a limpo* exibe impresso nas orelhas da capa e da contracapa o "Poema-orelha", de título neológico e que diz ser "por onde o poeta escuta/ se dele falam mal/ ou se o amam". E assim fundem-se a orelha feita de papel e letras e a do poeta, que aqui comparece num "não-estar-estando", outro neologismo desse poema. O livro também tem coisas como "linpin-guapá-gempém", espécie de neologismo metalinguístico, não mais do que a palavra linguagem escandida naquela língua do P que diverte as crianças, convocada para compor um "verso/ que [...]/ pare na estrada/ e converse com a menina", no poema "Tríptico de Sônia Maria do Recife". Ou "fichchchchch", inédita onomatopeia para um escorrer das "ficha ficha ficha ficha ficha" que registraram "duzentos mil corpos", em "A um hotel em demolição". A olhos e ouvidos contemporâneos (menos os de arquitetos e engenheiros veteranos), mais um poema, "Os materiais da vida", pareceria conter palavras inventadas, como "interflex", "vipax", "ondalit", emulando o jargão tecnológico-publicitário. Todas, porém, são realmente nomes de produtos industriais, encontráveis nas páginas de anúncios do *Correio da Manhã* (jornal do qual Drummond era colaborador regular), exceto "clavilux", termo que nomeava um dispositivo especial de projeção dos anos 1920. E, considerando esse método de construção do texto por "empréstimos" e a conhecida atenção de pesquisador/arquivista do autor, até "Drls", que abre o poema, aparente jogo fonético integrado ao contexto, talvez seja uma apropriação. Nesse caso, da sigla para "daytime running lights", que designa o uso de faróis acesos durante o dia, adotado pela empresa de ônibus norte-americana Greyhound, desde fins da década de 1950. Vindas das fontes mais abundantes sob esse aspecto para a língua corrente, a área técnica e comercial, essas palavras não deixam de ser neologismos que foram "pescados" pelo poeta para invadirem a lírica amorosa, como itens *ready-made*: "nossos coitos serão de modernfold/ até que a lança de interflex/ vipax nos separe" (VPL, p. 26), diz um trecho desse poema. (Mais tarde, no livro *A falta que ama*, outro poema inverterá o processo, introduzindo criações vocabulares à base de distorções ortográficas de palavras do universo financeiro, como "syfra", "çomma", "sêdula", "ryokred", num tom igualmente irônico confirmado no restante de "Os nomes mágicos".) *A vida passada a limpo* é, portanto, um ponto de virada na quantidade e até na elaboração dos neologismos na obra de Drummond. E, nesses termos, será seguido pelo verdadeiro salto de *Lição de coisas*, publicado em 1962.

Lançado em meio ao acirramento do debate em torno das demandas do "novo" e de uma literatura "participante", envolvendo as vanguardas poéticas de então (a poesia concreta, principalmente), muito já foi dito sobre o possível débito ou a sintonia de poemas desse livro com a prática daquelas vanguardas. Sabe-se que Drummond conhecia a pauta de discussão da poesia concreta, segundo anotações de seu diário, em 1957, sobre conversas a respeito com Manuel Bandeira e Thiago de Mello. Nelas, registra um "desinteresse pela onda concretista" (OE, p. 135) e sua drástica redução dos meios poéticos, quando, diz ele, "um criador como Guimarães Rosa efetua, paralelamente, a reinvenção contínua do vocabulário português" (OE, p. 135). Sabe-se também que o lançamento de *Lição de coisas* foi saudado, entre vários outros, por Haroldo de Campos, um dos três paulistas criadores da poesia concreta, em artigo que identifica no livro a presença das "pesquisas que constituem o inventário da nova poesia [...], incorporando o visual, fragmentando a sintaxe, montando ou desarticulando vocábulos, praticando a linguagem reduzida". De qualquer forma, mais de uma vez o texto ressalta a independência de Drummond na exploração daqueles recursos. Não seria o caso de falar em "influências, mas confluências e pontos-de-encontro" (CAMPOS, 1976, p. 40). Antecipando justamente recepções críticas que sugerissem empatia com as novas vanguardas, Drummond (que, consta, redigia as orelhas de seus livros pela editora José Olympio) apresenta *Lição de coisas* avisando que "o poeta [...] pratica, mais do que antes, a violação e a desintegração da palavra, sem entretanto aderir a qualquer receita poética vigente" (LC, p. 120). Ao que se poderia acrescentar que dialogar e aderir são coisas diferentes.

De todo modo, *Lição de coisas* tem cerca do dobro de neologismos do livro anterior, e com mais diversidade ainda na criação vocabular. Mas seria um engano avaliar o aspecto específico desses neologismos como indício de atualização em relação à vanguarda poética, até porque, mesmo existentes, não tiveram nela maior relevo do que entre os modernistas. Além do que, a maioria dos neologismos, incluindo os mais inusitados, não está nos poemas de *Lição de coisas* que poderiam ser genericamente aproximados da poesia concreta e afins – por exemplo, "A bomba", "F" e o mais comentado deles, "Isso é aquilo". Este último é uma espécie de antessala da criação neológica, com pares de palavras que se defrontam em cada verso, estabelecendo as mais diversas relações, quase sempre com apoio da paronomásia. Mesmo assim, a não ser por um caso como "vêspera" (provável distorção de "véspera" para, adiantando-se no tempo, fazer um par de sentido mais perfeito com a palavra "nêspera" sua vizinha, já madura na página diante do leitor), "Isso é aquilo", com suas três ou quatro ocorrências, não é muito relevante estritamente em termos de neologia lexical. Outros poemas de *Lição de coisas* trazem criações como "luminosardentissuavimariposas", evocando um voejar sinestésico de mariposas para dar conta do "milhão de coisas" atribuíveis à cidade do Rio de Janeiro, entre elas prazeres do sexo, já que mariposa também é uma gíria para prostituta (em "Canto do Rio em Sol"). Ou "telequeremos", algo como desejamos de longe, e que dá escape a mais um neologismo referido a "mundo": "A mão [de Portinari] cresce mais e faz/ do mundo-como-se-repete o mundo que telequeremos" ("A mão"). Ou ainda um famoso neologismo de Drummond, "auritabirano", que reenvia o poeta a sua Itabira natal, originada da exploração do ouro, depois do ferro, e que, rebatido em "aurinaciano" (outra palavra do poema, significando do início da era paleolítica), liga esse poeta não só aos primórdios do desenho humano na pedra, mas, no decorrer do texto, também à "voz dispersa" no tempo que mantém "vivas as coisas nomeadas" (em "Origem"). Finalmente, há em *Lição de coisas* a presentificação onomatopaica de um ataque violento, com "rrr", "llmn e nss e yn" e outros assim (no poema "Massacre"). E ainda o que poderia ser apelidado de neologismo gráfico: o "a!mou", que insere a entonação na própria palavra, conforme o entusiasmo do amor passado ou o lamento de sua memória no presente da enunciação (em "Amar-amaro", de título também neológico); assim como, no mesmo poema, "PORQUEAMOU", que, pela composição de uma palavra-frase (somada ao efeito das maiúsculas), intensifica não só a entonação, mas a densidade do problema em questão.

Outra palavra fora dos dicionários intitula mais um livro de Drummond, o já mencionado *Versiprosa* (1967), cuja dispersão se opõe ao concentrado da linguagem e dos temas que ordenam *Lição de coisas*. E não poderia ser diferente, já que *Versiprosa* reúne crônicas em verso publicadas de 1954 até o ano de seu lançamento, fatalmente ligadas ao que se vê e se imagina na variedade da vida cotidiana acolhida no jornal – a do Rio de Janeiro e a do restante do país, e até do planeta. A dispersão se dá nos temas, no número e na extensão dos poemas, no registro mais solto e bem-humorado da língua banhada no coloquial. E, por essa via, numa espécie de maior abertura à criação vocabular, que segue o crescimento desde *A vida passada a limpo* (o triplo de neologismos deste), em palavras como "abrilmente", "prefeitural", "medalhosos", "sorvetelúnio", "bicicletando", "mini-instante", "despensar". Os assuntos do cotidiano sobressaem também em *As impurezas do branco* (1973) e *Discurso de primavera e outras sombras* (1977), ambos igualmente pródigos na criação lexical (juntos a *Versiprosa*, alcançam a casa das três centenas de neologismos). Se

Discurso de primavera e outras sombras contém vários poemas "de denúncia" (da poluição, de maus-tratos a indígenas, da miséria social, da disseminação do mercantilismo), com o apoio de "rio-despejo", "tempo-e--alma", "psicoplex", "turistas-privilégio", "monstrimultinacionais" e muitos outros neologismos, o livro de 1973, por seu turno, é em boa parte marcado pela irritação e o desalento do sujeito, sobretudo em poemas como "Ao Deus Kom Unik Assão" e "Diamundo 24h de informação na vida do jornaledor". Tendo em vista o que indicam seus títulos neológicos, há neles invenções a serviço da sátira rasgada: "beterrabos balouçantes", "salve, meio-fim/ de finrinfinfim/ plurimelodia/ distriburrida no planeta", "komunikânsia interplanetária interpatetal", "e blá/ e blé/ e blu". Ou, por outro viés da ironia, o arruinar-se de tudo – de "princípios" a "edif/ ícios" – e seu ruído: "desabadesabadesabadavam" (no poema "Desabar"). Entretanto, esse desembestar aflito dos neologismos que sacodem a linguagem para glosar aquele "deus da buzina & da morfina" e a vertigem do "jornaledor" é rebatido ao final do livro por outro tipo de proliferação entusiasmada. Quem a merece é uma "Vênus" de calça comprida, que nomeia o poema e recebe nada menos que 28 neologismos classicizantes, entre eles "calcianadiomênica", "calcibelvedérica", "calcipersefônica", "calcidedálica", "calciargonáutica", "calcihemofroidítica".

A publicação desses livros é entremeada pela de outros que formam uma série especificamente dedicada aos anos de infância do autor, e um pouco aos de sua adolescência. Em 1968, aparece *Boitempo* (no mesmo volume com *A falta que ama*), iniciando a série completada por *Menino antigo – Boitempo II* (1973) e *Esquecer para lembrar – Boitempo III* (1979). É como se o vozerio do dia a dia que preside *Versiprosa* e seus pares (embora contenham lembranças de coisas, pessoas e lugares) fosse sendo intercalado por núcleos de narrativas da memória cantada a poucas vozes, a do velho e a dele menino, em que por vezes também falam as de seus contemporâneos e antepassados. A semelhança maior entre os dois grupos de livros reside apenas no alto número de neologismos, que beiram as duas centenas na série *Boitempo*, mas agora num tipo de expansão apaziguada. Em carta a sua sobrinha Favita, Drummond diz sobre o termo que nomeia o primeiro deles: "acho que me tornei um boi ruminando as memórias da infância itabirana" (DRUMMOND DE ANDRADE, 2007, p. 77). Apesar de ecoar a expressão "bons tempos" e do que talvez se esperaria pela temática e a idade do autor, nem este nem os demais volumes investem no saudosismo, e também não perdem vigor na criação vocabular. O "verdoendo" não é de alguma dorida nostalgia do "mato-dentro", mas do recordar a bala de hortelã. E o "verde--além-do-verde" é o do "País da Cor", formado pelos frascos da farmácia. O herói da cidade retorna da Europa, onde conheceu sábios de barbas "sorbônicas". E Saint-Hilaire, o "vê-tudo", ficara "europicamente" deslumbrado com a paisagem de Minas. Outro viajante, o muladeiro, chega montado em belo animal, configurando um cobiçado "homem-centauro-cavalo-esplendor". "Elzirardente" consola o "Doutor ausente", um delegado relapso. E a língua cifrada dos turcos cria na cidade "um mundo-problema". "Agritortura" é o título do poema que abre *Esquecer para lembrar – Boitempo III*, evocando os suplícios de escravizados para que a mesa "baronal" fosse farta. E a "tristidão" é a de um deles, fugido e recapturado.

Não faltam neologismos nas últimas coletâneas inéditas de poemas, publicadas em vida por Drummond, *A paixão medida* (1980), *Corpo* (1984) e *Amar se aprende amando* (1985). Mas a quantidade significativamente decresce, comparada ao que vinha ocorrendo desde a virada dos anos 1960. Ainda assim, nesse aspecto o poeta quase ou já octagenário em muitos casos não perdeu a mão, como atestam estas criações: "bruma-sonho", "água-desfecho", "murmuralhas" (*A paixão medida*); "palavras-éter", "sentinte", "imperatriz-penúria" (*Corpo*); "graça-clarão", "seios-orquídea", "transvividos" (*Amar se aprende amando*). O mesmo acontece nos livros que deixou quase prontos, publicados postumamente, *O amor natural* (1992) e *Farewell* (1996). Vale mencionar alguns neologismos do primeiro deles, uma reunião de poemas eróticos (ao menos em parte, dos anos 1970): "abre-que-fecha-que-foge" ("A moça mostrava a coxa"), "elaeu" ("A língua girava no céu da boca"), "milvalente" ("Sugar e ser sugado pelo amor"). E, pela verve de sempre, mais alguns entre os 20 escandidos no poema intitulado "Bundamel bundalis bundacor bundamor": "pluribunda", "unibunda", "bundarrabil", "arquibunda", "girabundo", "bundilim".

Os contrastes ou oscilações em vários aspectos de realização da persona poética de Drummond foram destacados por muitos dos melhores intérpretes de sua obra, de Manuel Bandeira, que cedo viu nela "ternura e ironia", agindo "como um jogo automático de alavancas de estabilização" (BANDEIRA, 1958, p. 1292); ou Sérgio Buarque de Holanda, que, ainda em inícios dos anos 1950, apontou na sua matéria linguística a simultaneidade de "rebelião e convenção" (HOLANDA, 1977, p. 184); até, recentemente, José Miguel Wisnik, anotando "o fato de que a impossibilidade esteja no âmago mesmo da [sua] procura e que, no entanto, não iniba o seu extraordinário apetite de mundos" (WISNIK, 2018, p. 178); e Ivan Marques, ratificando que "a crítica tem reconhecido que as tensões dramáticas convivem o tempo todo na poesia dialética de Drummond" (MARQUES, 2011, p. 53). Uma tal persona poética parece ter sido feita sob medida para lidar com os princípios de ruptura e acoplamento majoritariamente implicados na criação de novas palavras, a partir de um impulso de renovação e do que a tradição tem a oferecer. Os anjos que abrem e fecham o seu primeiro livro de poemas – o bom, o mau e principalmente o torto – deviam saber disso. Talvez hoje fossem eles a insistir com o poeta para que, de alguma forma, aproveitasse num de seus poemas aqueles "zap" e "vap" que andam em todas as bocas. O aplicativo diabólico que fragmenta, metralhando mensagens, e a máquina benfazeja que regenera, lavando tudo a jato, o que multiplica objetos sem cessar e a que restitui a integridade a cada um deles poderiam, na sua banalidade, serem pensados como cifras de opostos imperfeitamente simétricos no sentido, mas reciprocamente ecoantes. Na convivência da diferença, representariam a unicidade que não esconde o extraordinário trabalho de invenção e costura realizado por Carlos Drummond de Andrade nas mais diversas dimensões dos temas, tons e formas de sua poesia – seja nos livros, numa seção de um deles, nas suas estrofes, até num único verso, ou numa nova palavra. Como aquela que ele modelou para expressar gratidão a seus leitores, no texto com que encerrou a atividade de colunista na imprensa: "palavra-tudo".

"No meio do caminho"
EDUARDO STERZI

"No meio do caminho", escrito em fins de 1924 ou inícios de 1925, foi publicado pela primeira vez em julho de 1928, no terceiro número da *Revista de Antropofagia*, mais exatamente na capa daquela edição do periódico dirigido então por Antônio de Alcântara Machado e Raul Bopp, embora bem mais identificado com Oswald de Andrade, autor do *Manifesto Antropófago*. Ao lado do poema, achava-se um texto do próprio Alcântara Machado intitulado "Carniça" (contra a persistência do positivismo comtiano no Brasil); embaixo de ambos, ocupando todo o rodapé da página, grafada totalmente em maiúsculas, uma citação de D'Alembert, extraída do *Discurso preliminar* da *Enciclopédia*: "A barbárie dura séculos. Parece que seja ela o nosso elemento: a razão e o bom-gosto não fazem senão passar" (D'ALEMBERT, 1928, p. 1).

É curioso que, nas inúmeras análises e interpretações deste que é um dos mais conhecidos poemas de Drummond (se não, de fato, o mais conhecido), não se tenha refletido a propósito da convergência, naquele momento, entre a redução da poesia – mas também da experiência do mundo nela implicada – a seus mínimos elementos em "No meio do caminho" e a positivação da "barbárie" pela Antropofagia. Essa convergência talvez se deixe compreender mais facilmente à luz de um breve ensaio de Walter Benjamin escrito cinco anos depois, mas que trata precisamente das transformações da sensibilidade histórico-estética e da produção artística entre o fim da Grande Guerra e aquele instante – e não podemos esquecer que um dos poucos acontecimentos internacionais registrados, ainda que em filigrana, em *Alguma poesia* (1930), livro que depois "No meio do caminho" viria a integrar, foi o início da guerra: "O último trovador morreu em 1914", escreve Drummond no poema "O sobrevivente" (AP, p. 56). Nesse ensaio, Benjamin identifica na arte do período a emergência de "um conceito novo e positivo de barbárie", resposta dialética à "pobreza de experiência" característica da modernidade vivida como trauma: é precisamente quando não tenta mais reatar ilusoriamente os laços com um "patrimônio cultural" que se revelou falso diante da "experiência" rebaixada e, portanto, quando assume a "miséria" como ponto de partida, que o artista – nas palavras ainda de Benjamin – sente-se impelido "a partir para a frente, a começar de novo, a contentar-se com pouco, sem olhar nem para a direita nem para a esquerda". Daí resulta "uma desilusão radical com o século e ao mesmo tempo uma total fidelidade a este século" (BENJAMIN, 1994, pp. 115-16). Em suma, um *impasse*, que o poeta, em "No meio do caminho", não tenta escamotear ou simplesmente deixar para trás, mas que, pelo contrário, converte no núcleo mesmo daquele poema inaugural e, por meio dele, em alguma medida, de toda sua poesia. Não por acaso, alguns dos mais significativos e também mais conhecidos poemas de Drummond – de "Poesia" a "Áporo", de "O enigma" a "A máquina do mundo" – retomam o esquema narrativo estabelecido em "No meio do caminho": um sujeito, que pode ser humano ou não, se desloca, de corpo inteiro, com parte dele (por exemplo, a mão que escreve) ou apenas com o olhar, por um caminho, que pode ser literal ou figurativo, quando se vê interceptado por algum objeto ou fato; decisivo em cada um desses poemas é a saída que o sujeito encontra para o impasse, a qual, no mais das vezes, comporta, mais do que um escape, um aprofundamento no próprio impasse – e neste aparente paradoxo, que é na verdade a senha de uma dialética muito própria, talvez esteja o segredo da poesia de Drummond, sua combinação improvável, mas insistente, de recusa e compromisso: na forma frequente de um despiste (recusa quando seria de se esperar compromisso, e vice-versa).

Daquela primeira publicação na *Revista de Antropofagia* em diante, até as atuais edições de *Alguma poesia*, o poema manteve-se inalterado, ao contrário de outros tantos poemas de Drummond que sofreram modificações mais ou menos significativas na passagem das primeiras impressões em jornais ou revistas para as versões em livro, ou mesmo de edição para edição de um mesmo livro (por exemplo, o "J. Pinto Fernandes" de "Quadrilha" chamava-se, na primeira edição de *Alguma poesia*, "Brederodes"). Essa preservação da forma ao longo do tempo corrobora a sensação de coisa pétrea, consolidada de uma vez por todas e isomórfica com relação ao seu tema, que o poema oferece aos leitores. Estamos, em suma, diante de um poema-pedra que nos fala de uma pedra em via de se tornar poema.

Muito se falou, nas interpretações de "No meio do caminho", de uma topada ou tropeço na pedra (cf. DRUMMOND DE ANDRADE, 2010b, pp. 33, 53, 61, 67, 186, 194, 198, 206, 210, 269, 273, 282, 288 [topada]; 59, 62, 69, 98, 117, 125, 133, 198, 204, 209, 232 [tropeço]). Essa extrapolação narrativizante, que supõe ação, ainda que mínima, ali onde o poema oferece um quadro estático, vem provavelmente da imagem bíblica da "pedra de tropeço", como recorda um intérprete, Jésu de Miranda, em 1963 (MIRANDA, 1963, p. 133). (Os passos bíblicos referidos são Rm 9: 33 e 1 Pe 2: 8.) No entanto, uma leitura desarmada revela que não há indício concreto de topada ou tropeço no poema. Toda ação se concentra na visão e na memória. Da pedra, nada se diz, a não ser sua localização, que pode ser tão figurada quanto a própria pedra ("no meio do caminho") – e também que é inesquecível. Para ser inesquecível, a pedra antes se faz "acontecimento" – mas que "acontecimento" é esse? Cada palavra é límpida e mesmo o encadeamento delas não guarda maiores entraves para o leitor, porém, no cômputo geral, temos algo como um enigma translúcido, que promete uma resposta que ali não está; enigma a que alude, aliás, a esfinge da capa da primeira edição de *Uma pedra no meio do caminho: biografia de um poema*, livro que Drummond publicou em 1967 – e anunciado, anos antes, por Rubem Braga, como *História e antologia da pedra no caminho* (BRAGA, 1954, p. 244) – reunindo tudo que se havia dito e escrito sobre o seu poema (ANDRADE, 1967, cf. FERRAZ, 2010b, p. 20). O ano de 1967 não é um ano qualquer: é precisamente aquele em que Oswald de Andrade e a Antropofagia retornam, com a força de um terremoto, à cena da cultura brasileira, por meio dos primeiros movimentos do que depois conheceríamos como Tropicália, sendo fundamental, aí, antes de tudo, a primeira montagem de *O rei da vela* pelo Teatro Oficina e a antologia preparada por Haroldo de Campos para uma coleção da editora Agir (CAMPOS, 1967). Podemos ver a passagem da noção de "história" para a de "biografia" (do poema, não do poeta) como sinalizadora da guinada cultural de que a Tropicália era a suma (e vale lembrar que esta "*bio*grafia" é condizente com a *vida* inscrita no poema: aquela das "retinas tão fatigadas"). É um livro que, ao incorporar as mais diversas vozes, com ênfase irônica naquelas mais antagônicas com relação ao poema, compartilha os gestos fundamentais comuns à Antropofagia e à Tropicália: jogar "a posse contra a propriedade" ("Só me interessa o que não é meu") e converter o "valor oposto" em "valor favorável" (a "transformação do tabu em totem") (COSTA, 1929, p. 10; ANDRADE, 1990b, p. 47; ANDRADE, 1990a, p. 101).

"No meio do caminho" encena uma descontinuidade nítida entre o poeta (com suas "retinas" e a "vida" de suas retinas e a fadiga delas e sua memória traumática) e a pedra, mas essa descontinuidade não elide a continuidade de fundo entre a instância humana – e, antes, orgânica – e a instância mineral. Podemos lembrar aqui que, num poema bem posterior, "Nosso tempo", de *A rosa do povo* (1945), Drummond escreveria: "Meu nome é tumulto, e escreve-se/ na pedra" (RP, p. 23). Nesta poesia, governada por aquele procedimento que Othon M. Garcia chamou de "jogo de palavra-puxa-palavra" (GARCIA, 1955), "tumulto" e "túmulo" são vizinhos não apenas na ordem do dicionário. Afinal, a continuidade entre homem e minério se deixa discernir mais facilmente na morte, quando se realiza aquela aspiração ao inorgânico que Freud identificou em todos os movimentos da vida (no fundo de toda pulsão de vida, há uma pulsão de morte [FREUD, 1920]). Mas que está presente, como nos lembrou recentemente o filósofo italiano Emanuele Coccia, também no começo da vida: "A vida é sempre a reencarnação do não vivo, a bricolagem do mineral, o carnaval da substância telúrica do planeta [...]" (COCCIA, 2020, p. 16). Daí que o poeta demarque sua situação já desde o título, para reiterá-la repetidas vezes no curso do poema, de modo a garantir o flagrante instantâneo desse momento de descontinuidade: "no meio do caminho". Que, como aprendemos com Dante, é o "meio do caminho de nossa vida" (nossa como indivíduos, mas também nossa como espécie e, mais amplamente, como "criação" una para além dos indivíduos: "uma criatura [...] entre criaturas", dirá Drummond em outro poema [CE, p. 43]).

Pedra é o que estava lá antes de nós e que lá permanecerá quando tivermos desaparecido, ainda que reduzida a pó ou integrada a alguma construção humana. Ela é o signo da irredutibilidade de um real sólido e tangível situado aquém e além da vida, seja esta humana ou não – e irredutível, portanto, em alguma medida, até mesmo à condição de signo. É o próprio tempo como concreção estática, fora tanto das concepções temporais lineares (da evolução, do progresso, da cronologia) quanto das concepções cíclicas (da vegetação, do mito, da religião). É produto de erosão e sedimentação. A pedra tem algo de eternidade, sem ser, porém, realmente eterna: ela também está submetida às dinâmicas da perda, da entropia geral do universo, de sua morte térmica, que ela antecipa. Se o tempo humano ocidental é o "caminho", se a estruturação recursiva do poema sugere um círculo e, portanto, um ciclo, que ganha ares de maldição, ou algo próximo a isso, com o "Nunca me esquecerei", paródia, talvez, do Eterno Retorno como imagem do Inferno (que Walter Benjamin detectou na modernidade a partir de uma leitura combinada de Baudelaire, Blanqui, Nietzsche, Strindberg e Kafka [BENJAMIN, 2006, pp. 151-55, 586-90]), a pedra, no entanto, persiste e, antes, intercepta: interrompe, em suma, tanto o caminho quanto o ciclo; ela é algo como uma catástrofe interna ao próprio poema, uma catástrofe concentrada, mas completa em si, que, a partir de um único encontro, faz antever uma "vida" de possíveis encontros, ou *encontrões* – daí que sua lembrança seja *traumática* e, por isso, persistente. O poema tem algo de alegoria meta-histórica, aludindo a uma concepção algo mítica e circular da história interceptada pelo tempo estático da pedra, em que se volta sempre à cena inaugural, mas a cada retorno como ruína cada vez mais desgastada de qualquer origem, que o "meio do caminho", absolutizando-se e ocupando presente, passado e futuro, localiza: o que coaduna com uma interpretação do Brasil como sociedade de crises cíclicas, em que toda bonança é prenúncio já de tempestade, e a esperança parece ser uma virtude inútil – noção que atravessa inúmeros poemas de Drummond, de "Hino Nacional", digamos, a "Morte das casas de Ouro Preto" e "Os bens e o sangue", deixando-se sintetizar genialmente pelo último verso do último poema ("Museu da Inconfidência") da suíte "Estampas de Vila Rica": "Toda história é remorso" (CE, p. 68).

Mas diante da pedra, no início ainda do percurso poético drummondiano, não é possível, a rigor, nem *remorder* a história sem quebrar os dentes. A pedra é imastigável. Caroço invencível, osso absoluto, ela pode ser vista, no seu contexto original de publicação, como o lado obscuro da atualização então mais recente do modernismo, que era a Antropofagia: o ponto de quebra da mordedura canibal. A Antropofagia, digamos, foi até o limite da *terra* como figura de pensamento por meio da qual se poderia renovar a visão do lugar do homem no mundo e na modernidade ("Desta terra, nesta terra, para esta terra. E já é tempo" [ANDRADE, 1990c, p. 59]); a *pedra* fica aquém e além deste limite. Ou, antes, talvez ela seja o limite. Essa presença inquietante da pedra ganha ares de ultracontemporaneidade se lembramos uma passagem recente de Achille Mbembe, no seu estudo sobre o brutalismo, quando examina a ideia de Antropoceno: "Se, de fato, a humanidade se transformou numa força geológica, então não se pode mais falar de história como tal. Toda a história é doravante, por definição, geo-história [...]" (MBEMBE, 2020, p. 9). (José Miguel Wisnik, no seu magistral estudo sobre Drummond, percebeu bem como a mineração é a forma como o que hoje chamamos de Antropoceno se inscreve no centro da obra drummondiana, determinando alguns dos seus principais desenvolvimentos [WISNIK, 2018].)

Se as vanguardas, sobretudo em suas vertentes construtivistas, tenderam a conceber a modernidade como *projeto*, isto é, como idealização e planejamento de um vetor que apontava unidirecionalmente para o futuro, na linha de um progressismo que vinha da filosofia da *Aufklärung* e dos seus desdobramentos científicos, um poeta como Drummond, em contraposição a tanto otimismo, prefere ater-se ao *impasse*, ao momento, em suma, de colapso do projeto. Daí, aliás, que, quando o projeto se apresenta de modo mais explícito na sua poesia – por exemplo, em "Hino Nacional", de *Brejo das Almas* (1934) –, é pelo filtro da ironia, isto é, vazado na própria forma retórica do impasse. Não deixa de ser curioso, ou sintomático, que Drummond, como homem de Estado que também foi, ao atuar como chefe de gabinete de Gustavo Capanema, ministro da Educação e Saúde do governo Vargas, encarnasse com tanta dedicação precisamente o projeto cujos limites, na poesia, vivia a assinalar.

Como realizar poeticamente essa tensão entre impasse e projeto? Para tentar responder a essa questão, podemos desdobrá-la em outra pergunta: por que o foco, no poema de Drummond, está nas *retinas*? "Nunca me esquecerei desse acontecimento/ na vida de minhas *retinas* tão fatigadas" (AP, p. 36). Uma hipótese: talvez haja aí uma alusão ao fenômeno da persistência retiniana das imagens, que é a condição biofísica que permitiu a invenção da mais moderna das artes, o cinema (a que Drummond retornou tantas vezes, desde *Alguma poesia*, onde a última aparição do poeta, na "Balada do amor através das idades", é como "herói da Paramount" [AP, p. 129; cf. GALDINO, 1991]). Como se sabe, o cinema só é possível porque, se projetamos mais de 16 imagens por segundo, a retina as associa sem interrupção, criando a ilusão de continuidade e movimento a partir de quadros que são, em si, estáticos. "No meio do caminho", vale frisar, nos fala justamente da persistência de um acontecimento na memória sob a forma de imagem. Além disso, já que de persistência se trata, podemos supor que interessa a Drummond, na palavra "retina", a possibilidade de motivar poeticamente, isto é, *a posteriori* e por analogia material, sua primeira sílaba: temos, então, não mais apenas uma variante da forma latina de "rede" (a retina é uma rede de vasos sanguíneos), mas uma ação na forma recursiva do *re-*; e aí vale lembrar que "retina" é também o verbo "retinir", que tem sentido de "ecoar", na primeira e na terceira pessoa do subjuntivo, assim como no imperativo. A pedra, portanto, como algo que retine, que retorna, que ressoa, que se revê nas retinas. É essa própria recorrência que está talvez na base da fadiga também registrada pelo poeta ("retinas tão fatigadas").

E "No meio do caminho" tem realmente a configuração de um estranho filme, um filme paradoxal, composto, digamos, de um único fotograma repetido potencialmente ao infinito – ou, antes, à exaustão. Um filme, porém, que não se confunde com uma simples fotografia, dado que a repetição do acontecimento-pedra na memória – que é antes sua repetição na própria estrutura paralelística e reiterativa do poema – produz a dinâmica virtual no quadro à primeira vista estático. É sempre a mesma pedra, mas não como coisa presente, e sim como coisa que retorna, espectro da experiência original, assombração. Se "No meio do caminho" fosse, de fato, um filme, estaríamos diante de um experimento de cinema lentíssimo, como em alguns artistas de vanguarda – a lembrança imediata é *Sleep*, de Andy Warhol, que flagra num plano-sequência de cinco horas e 20 minutos seu amigo John Giorno dormindo. Dormindo como uma pedra, podemos acrescentar... Porém, se fosse um filme, a diferença de "No meio do caminho" estaria em colocar o foco numa personagem não humana. Essa radicalidade experimental da persistência cinematográfica da pedra numa memória que é ela mesma figurada desde o começo como sensação e como *vida* ("na *vida* de minhas retinas tão fatigadas") é um desdobramento quase lógico de uma radicalidade anterior, que é a da própria ação inicial do poema, um drama restrito protagonizado por uma pedra e por umas retinas isoladas (mais do que propriamente por uma figura humana em qualquer completude), que lembrava já o Beckett mais extremo, aquele, por exemplo, de *Breath*, peça de pouco menos ou pouco mais de um minuto, sem nenhuma presença humana em cena, com o palco coberto de lixo sem nenhuma ordem e sobretudo sem nenhuma verticalização (um saco de lixo *de pé* já seria uma protoantropomorfização), apenas atravessado por sons humanos pré-linguísticos que podem ser tomados como sinalizações de origem ou de fim.

É revelador, quanto a isso, que Viktor Chklóvski, no seu ensaio "A arte como procedimento", escrito na Rússia no ano da Revolução Soviética invocada entusiasticamente em *Alguma poesia* (mais exatamente no poema "Europa, França e Bahia"), eleja a pedra como objeto-signo da prova do real produzida pela arte: "E eis que para devolver a sensação de vida, para sentir os objetos, *para provar que pedra é pedra*, existe o que se chama arte" (CHKLÓVSKI, 1917, p. 45, grifo meu). Note-se que a pedra, percebida novamente como pedra contra a "automatização" que engolia (Chklóvski está comentando um trecho do diário de Tolstói) "os objetos, os hábitos, os móveis, a mulher e o medo à guerra", vale não apenas como objeto em si, mas, sim, sobretudo como signo de uma reconquista da "sensação de vida" e, portanto, da própria vida. O que se segue na argumentação de Chklóvski também ilumina o lugar da pedra, concebida em termos semelhantes a esses, no poema de Drummond, como uma espécie de imagem geradora da própria forma poética: "O objetivo da arte é dar a sensação do objeto como visão e não como reconhecimento; o procedimento da arte é o procedimento da singularização dos objetos e o procedimento que consiste em obscurecer a forma, aumentar a dificuldade e a duração da percepção. O ato de percepção em arte é um fim em si mesmo e deve ser prolongado; *a arte é um meio de experimentar o devir do objeto, o que é já 'passado' não importa para a arte*" (CHKLÓVSKI, 1917, pp. 44-45, grifo meu). *Uma pedra...* (singularização) *uma pedra... uma pedra... uma pedra... uma pedra... uma pedra... uma pedra...* (duração).

Mas tão importante quanto a pedra, no poema, é o "meio do caminho", que não por acaso está no seu título, e ao qual a crítica deu muito menos atenção. É ele, porém, que ressoa, tanto quanto ou mais do que a pedra, na literatura e na cultura brasileira em geral, até porque, em alguma medida, ele mesmo já é ressonância de um traço cultural anterior, que talvez, paralelamente à fonte literária mais evidente (o *nel mezzo del cammin* de Dante, que no Brasil se fez também de Bilac, como título de um soneto), venha do próprio mito de achamento do país, este país encontrado, como a pedra drummondiana, no meio do caminho – não de uma estrada de Minas, mas de uma viagem à Índia. Evento, como se sabe, fundador de uma primeira modernidade entre nós (ainda que este *nós* só possa ser metafórico), na forma de uma invasão e, portanto, de uma catástrofe, como tal inesquecível. Daí que o meio do caminho seja, ainda em Drummond e depois, o *locus inamœnus* da experiência moderna (em contraposição ao *locus amœnus* da tradição clássica), o lugar irrequieto onde a própria modernidade se vê confrontada por tudo aquilo que não cabe nas ilusões de progresso que estão na base dessa temporalidade: a "pedra no meio do caminho" será depois "o diabo na rua no meio do redemoinho" de Guimarães Rosa; será o giro de Corisco antes da morte em *Deus e o Diabo na terra do sol* (cf. PARENTE, 2009); será a Brasília em forma de cruz e avião de Juscelino Kubitschek, Lúcio Costa e Oscar Niemeyer (na versão tropicalista de Caetano Veloso, o "monumento" monstruoso "inaugur[ado]" "no Planalto Central do país"); será a fome de simetria e de centro dos concretistas; será o sonho do padre Nando, no *Quarup* de Antonio

Callado, de reconstruir o Brasil a partir do seu centro geográfico, no qual, porém, só há um imenso formigueiro – reminiscente das saúvas de *Macunaíma*, vizinho do *Formigueiro* de Ferreira Gullar, que já é proliferação a partir do meio do caminho e, portanto, prefiguração da superação labiríntica ou rizomática da linha moderna. Outra saída desse impasse está em renomear o "meio do caminho" como "fim do caminho", tal como ocorre nas "Águas de março" de Tom Jobim; é assim que o "nunca me esquecerei" se torna "promessa de vida" e "minhas retinas" viram "meu coração".

Noite
SÉRGIO GESTEIRA

Tendo em vista que "luz e escuridão são provavelmente os termos mais fundamentais e inescapáveis, usados literal ou metaforicamente, na descrição de qualquer coisa na vida ou na literatura" (FERBER, 1999, p. 112), como fica a poesia de Drummond quanto às feições muito dessemelhantes que a imagem da noite foi adquirindo ao longo do tempo, conforme tenha sido apreciada em ótica negativa – espécie angustiante de lugar de um não lugar –, daí resultando obras saturadas de temores, de dramas, de pesadelos; ou, em visada favorável, e pelas quase mesmíssimas razões – ainda espécie de um não lugar, mas encarecida como *o* lugar –, a noite acolhida como enfática celebração do retrair-se do mundo, a ensejar a expressão do êxtase e da *hybris*?

Antes de tudo, a noite drummondiana se afasta da matriz epifânica cujo olhar se volta para o além do visível, para o *mystérion*, termo que, segundo Semerano, derivaria do acádico "*mušitū*", a significar, precisamente, "noite" (OLIVEIRA, 2014, p. 7); e assim, por sua intensa força iluminadora da interioridade lírica, ela se viu paradoxalmente convertida até em sol, o "sol da noite", com que a louvou o poeta Novalis em seus *Hinos à noite* (1800) (NOVALIS, 1977, p. 11).

Bem ao contrário da poética novalisiana do noturno, "as conotações negativas da palavra noite – angústia, opressão, morte, solidão, guerra, sofrimento – ressurgem constantemente na poesia drummondiana", como observa Marlene de Castro Correia em *A magia lúcida* (CORREIA, 2002, p. 29). Tal perfil negativo provém em parte do contexto histórico em que viveu o poeta, a ecoar a experiência trágica do nascimento e da consolidação do nazifascismo na Europa e o advento da Segunda Guerra Mundial, nesse "mosaico de calamidades" ao qual Murilo Marcondes de Moura se refere à em "Visão 1944", de *A rosa do povo*, poema que gira em torno de impactantes imagens inspiradas na guerra (MOURA, 2012b, p. 30). A essa ressonância de tempos sombrios se devem acrescentar as inquietações derivadas da Guerra Fria, como também, no espaço político brasileiro, as práticas repressivas do Estado Novo na era Vargas.

Mas a noturnidade em Drummond é igualmente resultante de sua vivência da terra itabirana, considerados o núcleo parental do poeta e as cenas da infância e da adolescência, bem como os efeitos no eu lírico de tudo que o solo de Itabira, tão rico em ferro, significou na vida de sua cidade natal pela exploração desenfreada do minério no Pico do Cauê e cercanias, conforme o viu José Miguel Wisnik em seu estudo, *Maquinação do mundo* (WISNIK, 2018).

Já em outro âmbito, tempos mais tarde, em sua condição de "filho de fazendeiro emigrado para a grande cidade, em um momento de transição da velha ordem patriarcal para a sociedade urbano-industrial" (CAMILO, 2001a, p. 208), também ensombrou sua *persona* lírica a vivência da "cidade moderna, espaço de errância do desejo" (ARRIGUCCI JR., 2002, p. 46), com a dureza de seu asfalto e a frieza de seus prédios: "o mundo é mesmo de cimento armado", queixa-se o poeta em "Privilégio do mar", de *Sentimento do mundo* (SM, p. 23). Nessa visão desiludida, "os edifícios drummondianos, monstruosos filhos da modernização das cidades, nascem diretamente ligados à ruína, ao desabamento, à demolição e outras formas de apagamento que abrem terreno para formas urbanas e/ou arquitetônicas mais 'avançadas'", como o assinala Eucanaã Ferraz em "O poeta vê a cidade" (FERRAZ, 2002, p. 31).

Por sua ampla abrangência e pelos contrastes desses cenários, a poesia de Drummond elabora uma rica e insistente imagística ancorada no motivo da noite, ou das noites, como o especifica João Adolfo Hansen quanto à "Máquina do mundo": "noite física, mas também noite existencial, noite moral, noite política, noite histórica, noite metafísica e noite do conhecimento, numa estrada pedregosa de Minas" (HANSEN, 2018, p. 309). Ainda sobre "Máquina do mundo", Alfredo Bosi refere no poema as passagens relativas a negrume como "o fecho da tarde, [...] o céu de chumbo, as formas pretas dos pássaros, a escuridão maior, vinda dos montes", além "do meu próprio ser desenganado" (BOSI, 2013, p. 107), imagens que parecem integrar o que John Gledson aponta como o "niilismo insistente", que o poeta "nunca abandona por completo" e a sua "tendência a levar-nos para um beco sem saída" (GLEDSON, 2018, p. 123). Tanta negatividade só "encontrará algum repouso nos livros da velhice", como nas páginas de *Boitempo*, embora ressurja no tom amargo de *Farewell*, "definitivo epitáfio" da obra do poeta (VILLAÇA, 2006, p. 17), e "aceno definitivo", ainda no sensível dizer de Alcides Villaça, "que nos faz Drummond, caminhante desencantado, antes de desaparecer atrás da última ladeira" (VILLAÇA, 2006, p. 138).

A imagem noturna de perfil negativo prevalente na obra do poeta, como o sublinha Antonio Candido, é "fato interior, equivalendo a um modo de ser lutuoso ou melancólico e à explosão dos fantasmas brotados na treva da alma" (CANDIDO, 1989c, p. 18), que o crítico traduziu por inquietudes, designando-a também como "emparedamento", que "chega a assumir a forma de morte antecipada" (CANDIDO, 1970, p. 100).

Desde cedo a pouca luz serviu para traduzir o destino *gauche* do eu lírico, pois: "é sob as ordens de um anjo que vivia à sombra que o personagem inicia sua trajetória", como o assinala Affonso Romano de Sant'Anna (SANT'ANNA, 2008, pp. 194-95). Já em *Alguma poesia*, em "Cantiga de viúvo", ressignificando o uso figurado do "cair da noite", o anoitecer acentua os danos afetivos no eu poético em "a noite caiu na minh'alma,/ fiquei triste sem querer" (AP, p. 32); ou, nos versos de "A noite dissolve os homens", de *Sentimento do mundo*, o acentuado *páthos*: "A noite caiu. Tremenda,/ sem esperança... [...]// A noite é mortal,/ completa, sem reticências" (SM, p. 39). E se não é ela a cair, bem pode ser algo a cair na noite, como, em "Noturno oprimido", de *José*, a expressiva personificação de todo o quadro: "A água cai na caixa com uma força,/ com uma dor! A casa não dorme, estupefata" (J, p. 41), poema que se reveste do "isomorfismo entre o elemento hídrico e a noite" (OLIVEIRA, 2014, p. 175) – água e trevas simbolizam "a fuga inexorável do tempo" (ROGER, 2011, p. 226) – e encerra imagens de aniquilamento, sobretudo em seu final agressivo, devastador: "É o sentimento de uma coisa selvagem,/ sinistra, irreparável, lamentosa./ Oh vamos nos precipitar no rio espesso/ que derrubou a última parede/ entre os sapatos, as cruzes e os peixes cegos do tempo" (J, p. 41). Ou a noite surge na construção passiva da expressão corriqueira "varar a noite", o que a converte em franca violência contra o eu enunciador em "Idade madura", de *A rosa do povo*: "Sou varado pela noite, atravesso os lagos frios" (RP, p. 113).

Na obra de Drummond, vários elementos da noite vêm marcados por uma violência que se diria congenial. Assim, a noite drummondiana se torna fonte de aparições intimidantes, como os facões de cabo curto/ cintilando no negrume/ para me matar", de "O maior pavor", de *Boitempo III* (NR, pp. 663-64); ou são os animais agressivos, como na talentosa apreensão do anoitecer mediante o uso já figurado do verbo "descer" para converter a noite em ave rapace em "Habilitação para a noite", de *Fazendeiro do ar*: "Outra noite vem descendo/ com seu bico de rapina" (FA, p. 9).

Dentro dessa marcante negatividade do noturno, as madrugadas em Drummond são o palco dileto para alusões a doenças – o dia o é pouquíssimo. Em "Escaparate", de *Boitempo I*, deplora a voz poética: "Em volta do escaparate/ a negra cólica da noite. Estou morrendo" (NR, p. 515); ou se referem os gemidos de um trabalho de parto sem decodificação precisa (duplo ônus) na queixa de um assustado menino em "Chegada": "Alguém geme, talvez. Alguém/ agora está gemendo alto,/ está gritando, abala o mundo? Horror/ na treva sem explicação" (NR, p. 652).

Radicalizando tais incidências, é também na noite que a morte encontra sua ambiência adequada. No belo poema "Morte das casas de Ouro Preto", de *Claro enigma*, "o gavião molhado" representa muito bem essa água que vem de chofre, "às canadas", sobre a terra, para matar sem remédio as casas de Ouro Preto. Como observa Sérgio Buarque de Holanda (BRAYNER, 1977, p. 190), a erosão pluvial respondendo por expressivas e lutuosas prosopopeias: "Só a chuva monorrítmica/ sobre a noite, sobre a história/ goteja. Morrem as casas./ Morrem, severas" (CE, p. 69).

Além disso, a conexão insistente com "almas-do-outro-mundo/ no coração mineiro", como em "Dois fantasmas", de *Boitempo III* (NR, p. 738), aciona micronarrativas a assombrarem a vivência infantil da madrugada: "À meia-noite, como de costume,/ passa o Cavaleiro/ todo de ferro e horror. Passa ou não passa?/ Duvido. (E tenho medo.)", lê-se em "O Cavaleiro" (NR, p. 616). Há muitos exemplos dessa espécie, vários deles em *Boitempo*, grande concentrador das menções à noite na obra do poeta, embora, em termos relativos, *Sentimento do mundo*, *A rosa do povo* e *José* apresentem maior incidência nesse aspecto, explicável pelos aludidos quadros de beligerância e de tensão na esfera internacional e doméstica, rarefazendo-se tais ocorrências em *As impurezas do branco*.

A noite é também o cenário de fantasmas tocados pelo pulsional da sexualidade, como a personagem que surge desatendida no aquém-túmulo, a buscar uma compensação tardia em "Canção da Moça-Fantasma de Belo Horizonte", de *Sentimento do mundo*, a qual é referida como "branca e longa e fria", cuja "carne é um suspiro", espectro "que espera na Rua do Chumbo/ o carro da madrugada" (SM, p. 12). Em sua condição de fantasma, e referindo-se a potenciais amantes, menciona que morreu "sem ter tido tempo/ de ser vossa, como as outras". E acrescentando "não me conformo com isso", lança-lhes a súplica, literalmente indormida: "Oh! deixai-me dormir convosco" (SM, p. 13).

Já com a mais promissora consistência dos vivos, surge em "A moça ferrada", de *Boitempo III*, outra criatura que teria tido experiências entusiásticas com viageiros, os quais lhe gabam "os espasmos secretos", tudo emoldurado em um quadrocenár religioso, eis que "sobe a moça/ a ladeira da igreja/ para a reza de todas as tardes./ De branco perfeitíssimo". Mas, em contraste com o cenário imaculado em que ela transitara e o fato de aparentar-se "superior, inabordável", "à noite é que acontecem coisas/ no quarto escuro", ouvidos depois seus "ganidos de prazer, [...]/ na rua de altas horas-muro [...]" (NR, p. 691).

O erotismo das noites drummondianas acusa as habituais frustrações que acompanham as memórias da infância e da adolescência do poeta. Nas noites sexualizadas insiste também a insônia, desde cenas que remontam à infância, como em "Passeiam as belas", de *Boitempo II*, as quais "deixam insone, a noite inteira, uma criança deslumbrada" (NR, p. 581) até, em "A consciência suja", já na figura do rapaz sonâmbulo, ressoando "o *tópos* do poeta que em sua perambulação pensativa só é acompanhado pela noite" (MORANI, 1998, p. 10), recorrente imagem literária da "solidão sem grandeza do *homo urbanus*" (MERQUIOR, 1976, p. 78): "pedestre insone, vais caminhando" (NR, p. 777) – o qual, antes, a repercutir os efeitos de Eros do primeiríssimo verso do poema ("Vadiar, namorar, namorar, vadiar"), diz a si mesmo, um tanto como se erro e errância houvessem unido seus respectivos e complementares modos de ser: "Erras, noite a fundo, em rebanho, em revolta,/ contra teu próprio errar, sem programa de vida" (NR, p. 775), na entrega ao tempo desobedecido do "racionalismo da vida cotidiana – a ética do trabalho e a lei de ferro do relógio" (KREMER; KILCHER, 2015, p. 286), ensejando a dispersão do sujeito no espaço público e em seus recintos e labirintos interiores, pois: "envolver-se com a estranheza da vida urbana noturna também significa envolver-se com a estranheza dentro de si mesmo" (BRONFEN, 2013, p. 273).

A noite drummondiana pode encarnar metaforicamente o exílio emotivo em contraste com a pujança da voz lírica, como se estampa em "A bruxa", de *José*: "Tenho tanta palavra meiga,/ conheço vozes de bichos,/ sei os beijos mais violentos,/ viajei, briguei, aprendi./ Estou cercado de olhos,/ de mãos, afetos, procuras./ Mas se tento comunicar-me,/ o que há é apenas a noite/ e uma espantosa solidão" (J, p. 10). Mas, opondo-se à clausura simbólica da noite, o que pode traduzir-se mesmo no "tédio" que "difunde sobre o cenário urbano uma melancolia quase cósmica, uma tristeza desencantada de *lacrimae rerum*" (MERQUIOR, 1976, p. 80), uma contraface positiva na paisagem noturna em Drummond se delineia no caráter pulsante do espaço urbano, como em "Assombração", de *Viola de bolso* (NR, p. 793), em que, a despeito do título, a noite é pintada generosamente, pois o fantasma, "baixando de seus mundos/ intersidéreos, vagos,/ à procura de afagos,// encontra a noite quente,/ noite aberta, carioca,/ e uma porção de gente// amando-se nos bancos,/ nas praias, nos barrancos/ e sob as amendoeiras". Pouco adiante, lê-se: "Há tanto amor no Rio,/ do Flamengo à Tijuca.../ E o pobre, na sinuca" (NR, p. 794), nessa leve pincelada do *humour* do poeta.

Em "Retrato de uma cidade", ainda em relação ao Rio, em *Discurso de primavera e algumas sombras* (DP, p. 87), o erotismo chega a abranger todo o cenário, em seres tornados indistintos ("coisas") pela impregnação amorosa do conjunto: "Aqui/ amanhece como em qualquer parte do mundo,/ mas vibra o sentimento/ de que as coisas se amaram durante a noite"; fechando-se o poema com o belo verso: "Anoitece no Rio. A noite é luz sonhando" (DP, p. 90).

Essa presença mais vibrante da noite em Drummond atenua-se na alusão a Minas Gerais, em que pese ser Minas uma fonte pródiga em registros afetuosos da parte do poeta, notadamente na série *Boitempo*. Se lermos "Prece de mineiro no Rio", de *A vida passada a limpo*, a memória afetiva de Minas responde antes por atributos de harmonia e equilíbrio, contrastantes com a referência ao Rio de Janeiro agitadiço e ruidoso (a cidade no segundo verso): "Espírito de Minas, me visita,/ e sobre a confusão desta cidade,/ onde voz e buzina se confundem,/ lança teu claro raio ordenador" (VPL, p. 35). De igual modo, os vínculos afetivos do sujeito lírico com a "Itabira de *Boitempo* são uma presença física definida, embora enroupada de magia" (CANDIDO, 1989b, p. 58). Mas, desde "Revelação do subúrbio", de *Sentimento do mundo*, o cenário noturno mineiro se marcava pela nota desalentada, pois aí "à noite só existe a tristeza do Brasil" (SM, p. 38). Quando, nessa fase da obra, o eu lírico drummondiano refere o período noturno da cidade natal, a menção volta a ser restritiva: "A vontade de amar, que me paralisa o trabalho,/ vem de Itabira, de suas noites brancas, sem mulheres e sem horizontes" (SM, p. 10). De feição oposta, já em "Vigília", de *Boitempo III*, pinta-se o proveito erótico do tempo menos conturbado de Minas Gerais, pois "a noite mineira é mais tranquila:/ convida, camarada,/ a pecar mais um momento, um só, bem lento" (NR, p. 743). Outras vezes, esse ritmo adagial converte-se naquele tempo arrastado, cuja mesmice repercute o precoce tema da "vida besta", inaugurado no "antibucólico" (ACHCAR, 2000, p. 27) "Cidadezinha qualquer", de *Alguma poesia*. Esse andamento moroso das horas noturnas pode atuar como elemento contrastivo entre o recolhido silêncio e a súbita irrupção de um "Menino chorando na noite", em *Sentimento do mundo*: "Na noite lenta e morna, morta noite sem ruído, um menino chora" (SM, p. 18).

Já a noite na cidade grande configura em Drummond um tempo vitalizado, como nas numerosas alusões a cenas e a artistas de cinema, pois desde *Alguma poesia*, a sétima arte se viu valorizada na obra do poeta, tornando-se às vezes o assunto central de vários poemas do livro. "Dos poetas modernistas – ou oriundos do modernismo – foi Drummond quem fez maior número de alusões ao cinema", conforme acentua Marlene de Castro Correia (CORREIA, 2010, p. 18).

O mesmo clima noturno animado dá-se quando a noite de luz artificial citadina emoldura um lugar de congraçamento, como em "A visita", de *A paixão medida*: "A Faculdade, a Villa Kyrial, o Vecchio Leone di Caprera/ onde à noite, pobres estudantes, artistas pobres,/ sorvíamos lendas no ouro claro da cerveja..." (PM, pp. 49-50). Outra acolhedora consideração da noite surge ainda em poucas passagens relativas à lua, desde o lapidar fecho do "Poema de sete faces" – "mas essa lua/ mas esse conhaque/ botam a gente comovido como o diabo" – até, décadas depois, em "Luar para Alphonsus", de *Versiprosa*, quando o poeta cogita a respeito da "lua mágica e pensativa", "bem simbolista bem medieval" (VP, p. 250) com que presentear a memória do ilustre poeta ouro-pretano. Já em "O enigma", de *Novos poemas*, a cena se vela, neste: "Anoitece, e o luar, modulado de dolentes canções que preexistem aos instrumentos de música, espalha no côncavo, já pleno de serras abruptas e de ignoradas jazidas, melancólica moleza" (NR, p. 217), em que a sucessão dos vocábulos com o fonema/ l/ mais acentua os traços elegíacos da paisagem.

Entre outros atributos da noite em Drummond desponta ainda o frio, memória do clima itabirano de altitude: "Erram pesadelos de caixeirinho/ na noite gelada montanhesa", como se lê em "O negócio bem sortido", de *Boitempo III* (NR, p. 671). Nos impasses de "José", do livro homônimo, tem-se em "a noite esfriou" (J, p. 37) o único verso (excetuando-se, claro, o refrão) a repetir-se em todo o poema. E a noite se converte em sinônimo de um frio adensado, na magnífica "Elegia", de *Fazendeiro do ar*: "Ganhei (perdi) meu dia./ E baixa a coisa fria/ também chamada noite, e o frio ao frio/ em bruma se entrelaça, num suspiro" (FA, p. 47).

À assimilação simbólica da noite ao frio opõe-se o prestígio redentor da aurora, luminosidade alvissareira que interrompe a catábase da quase descida ao inferno de alguns dos poemas de Drummond e, contra as sombras depressivas, impõe-se como o vigor que as assujeita. Tal mudança na paisagem sob o império da noite aparece no já referido "A noite dissolve os homens", de *Sentimento do mundo*, em "Passagem da noite", e no "Canto ao homem do povo Charlie Chaplin", ambos de *A rosa do povo*. Vejamos os dois primeiros, mais sucintos do que o belo poema dedicado a Carlito.

"A noite dissolve os homens" contém duas estrofes. Na primeira, a pintura da noite é a mais lúgubre possível, adjetivada como "tremenda" e "mortal", em quadros desoladores desde o primeiro verso, que faz suceder ao registro do noturno a nota interjetiva do impacto desse momento no sujeito: "A noite desceu. Que noite!", até o fecho da estrofe com "a noite dissolve os homens [...]/ O mundo não tem remédio.../ Os suicidas tinham razão" (SM, p. 39). A estrofe, tecida em redondilha maior, enfatiza a desolada paisagem pela reiteração da célula métrica, excetuado o último verso, apenas um pouco diferente dessa dominante, um octossílabo. A essa noite tenebrosa, a expressar o tormento de um cenário de Segunda Guerra Mundial, segue-se o verso que inaugura a segunda estrofe, um encolhido dissílabo (simplesmente, "Aurora"), potenciado pela luminosidade e o timbre aberto do /o/ da sílaba tônica do vocábulo, que mais o converte em ditoso prenúncio da luz. Por isso mesmo, ao contrário da cerrada isometria da primeira estrofe – a ostentar uma "noite mortal/ completa, sem reticências" –, na segunda a aurora esparze-se em versos generosos e dissímeis, destravados de limites, seguidos de um expansivo hendecassílabo, a que sucedem versos ainda mais largos, preditivos da redenção do mundo quanto às forças tirânicas e funestas: "adivinho-te que sobes, vapor róseo, expulsando a treva noturna./ O triste mundo fascista se decompõe ao contato de teus dedos" (SM, p. 39). Na herança da imagem homérica e anacreôntica dos dedos róseos, no pictórico do vapor que vence a escuridão, o poeta faz desfilarem cenas de um espraiar-se da luz que concretamente envolve e vivifica o corpo humano acometido pela violência bélica, quando a voz lírica, no fecho portentoso do poema, se dirige à aurora nestes termos: "teus dedos frios, que ainda se não modelaram/ mas que avançam na escuridão como um sinal verde e peremptório". Ao que acrescenta, em imagens de extremada beleza e de talento pictórico: "Minha fadiga encontrará em ti o seu termo,/ minha carne estremece na certeza de tua vinda./ [...]/ Havemos de amanhecer. O mundo/ se tinge com as tintas da antemanhã/ e o sangue que escorre é doce, de tão necessário/ para colorir tuas pálidas faces, aurora" (SM, p. 40).

Já em "Passagem da noite", uma série de juízos da voz lírica salienta a taciturnidade da noite e a confronta, novamente, com a promessa diurna. Começando com a figuração da noite interiorizada no eu lírico e apoiada também em verbos que sublinham a consistência e a integração da presença material do sujeito na noite, em: "Sinto que nós somos noite,/

que *palpitamos* no escuro/ e em noite nos *dissolvemos*" (RP, pp. 32-33, grifos nossos), o eu poético prossegue em versos que enfatizam a identificação de todo o real com essa noite irrecorrível, convertida em elemento quintessencial da negatividade, inabilitado qualquer outro ser, por mais negativo, a traduzi-la em suficiência e verdade: "É noite, não é morte, é noite/ de sono espesso e sem praia./ Não é dor, nem paz, é noite,/ é perfeitamente a noite" (RP, p. 32). Este último verso, tão manifestativo do cerne afligente do noturno, inflete em negatividade a experiência que Baldine Saint Girons denomina "noital" (*nuital*), o que implica a conjunção entre "tocar na essência da noite e de nosso destino, naquilo que chamaremos não apenas o noturno, mas o noital" (SAINT GIRONS, 2013, p. 213). O "é perfeitamente a noite!" acima significa, na voz enunciadora, intransitividade radical da noite enquanto refratária à deriva sinonímica: a noite é, portanto, a noite; e, sendo apenas isso, ela o é toda nisso em que perfeitamente é: a noite é-se. Daí por que Gledson observa: "o poeta insiste na independência da palavra 'NOITE' de toda interpretação redutiva, evitando sobretudo uma ligação estreita com a morte" (GLEDSON, 2018, p. 130). O que importa, em consequência, é que não haja hipótese que a localize fora de si mesma, – a noite é permanente esquivança, sequestro de habituados balizamentos, viabiliza-se, portanto, por ausência, mas, por sua feição desfavorável, ganha em Drummond os consagrados contornos que a figuram como doloroso fechamento em que só sobra um sujeito sem margens, sem apoios, dramático – posto que lírico.

Um sujeito de algum modo em dispersão, atordoado, "perplexo entre os escombros de sua própria e incompreensível história" (SECCHIN, 2014, p. 26), que a noite alcança representar pelo amplo envolvimento espacial do *continuum* que caracteriza o semantismo dela (o dia e sua luz territorializam, em empenhada nitidez, os seres, opondo-se às derivas; a noite borra-os e os integra em fronteiras que se esgarçam), o que gera efeitos desestabilizadores no discurso, eis que, como instigantemente diz Baldine Saint Girons, na noite "a profundidade está no alto" (SAINT GIRONS, 2013, p. 721). Os périplos interiores que resultam dessa ampla presença da noite descerram perspectivas afins do espírito da música, e, na concretude do discurso lírico, ensejam a experiência emotiva do indemarcado, "que não se deixa apreender senão por metáforas, perífrases, imprecisões e sugestões" (MONTANDON, 2015, p. 21), quando o sujeito se volta para os recessos muita vez fragilizados, mas entranhadamente seus, pois, "na medida em que a subjetividade lírica vê suas perspectivas dissolverem-se diante do real, a tendência é voltar-se para a noite *interior*, de onde, inclusive, decorrerá muito da feição hermética e paradoxal dessa poesia", a de Drummond, no caso (CAMILO, 2001a, p. 178).

É o que se pode observar nos tortuosos e aflitos versos da riquíssima "Elegia", de *Fazendeiro do ar*, obra de 1954, livro a estampar um eu anoitecido, duplamente tensionado, como pondera Antonio Carlos Secchin: "n'*A rosa do povo*, a história da guerra pública irá conviver com a história das batalhas íntimas; estas, menos ruidosas, nem por isso provocam menor dano à consciência cindida entre a imantação do futuro e o peso atávico da herança mineira [...]" (SECCHIN, 2014, pp. 25-26). Nem a esses e outros impasses que atestam na obra de Drummond a corrosão minuciosamente estudada por Costa Lima, a qual "há de ser tratada ou como escavação ou como cega destinação para um fim ignorado. Em qualquer dos dois casos [...] é algo de permanente corroer. Trituração" (COSTA LIMA, 1995b, p. 131). A essa noturnidade significativa se oporá, em "Passagem da noite", a abertura inaugural do dia, celebrável pelas "virtudes euforizantes da aurora" (LAROCHE, 2013, p. 55), força motriz a opor-se à "luz da sombra" (MARTÍNEZ, 2008), resultando em franca celebração: "Mas salve, olhar de alegria!/ E salve, dia que surge!" (RP, p. 32).

Por expressivo contraste, convém destacar, agora em *Claro enigma*, o poema "Dissolução", em que o poeta declara aceitar a noite, com o "risco" inerente à aceitação. Para além do sentido de desistência quanto ao gesto do sujeito poético, expresso no sintagma "braços cruzados", deve-se de igual modo atentar para os versos "e com ela aceito que brote/ uma ordem outra de seres/ e coisas não figuradas", condição de quem, ainda que conscienciosamente, aparenta declinar do real demasiado traduzido, possivelmente porque "o processo histórico ocidental de formulação da racionalidade moderna é tributário do acirramento das proposições iluministas e da unilateralidade assumida por esse projeto, em termos de hegemonia da razão instrumental, analítica e calculadora" (VASCONCELLOS, 2009, p. 31). Mas essa abertura concessiva à virtualidade da noite, mesmo se em momentânea trégua reflexiva, como a lidar como um "logos bloqueado pela noite", no dizer de Villaça em análise de "Áporo" (Sterzi também refere "os instrumentos costumeiros da cognição" que " fracassam frente à complexidade e inapreensibilidade do real") (STERZI, 2002, p. 58), enseja um nascer que acolhe a lição da noite que o vocábulo "conhecimento" em francês mais evidencia, como o recordam Max Milner e Claude Pichois quando ponderam que a noite "não é somente a expressão de uma infelicidade de existir, [...] é, para dizê-lo com Claudel, o instrumento de um conhecimento" (*co-naissance*, em francês) (MILNER; PICHOIS, 1996, p. 161).

Quando Drummond nos diz, acerca da noite, no referido poema: "E com ela aceito que brote/ uma ordem outra de seres/ e coisas não figuradas", valeria acentuar e observar como a noite predispõe ao brotar e, nesse brotamento, aos "saltos nos abismos da novidade e da originalidade" (ALOE, 2015, p. 11), como se o poeta trocasse, mesmo a título momentâneo, a vista (pensemos no *déjà-vu*) pela visão: é a diferença entre a vista, que se exerce em pleno dia e através da qual o mundo aparece, e a visão, o mais das vezes noturna, que revela a sintaxe imprevista das coisas (ROGER, 2011, p. 143). Ou ainda, nas palavras de Wisnik: "no sentido forte, a visão é uma evidência do invisível, do indizível e do indivizível" (WISNIK, 2018, p. 283). Aceitar a escuta da noite supõe a desistência quanto a um real sedentarizado pelo empenho de um ver desvitalizado, haja vista que "a noite retorna resilientemente das margens do mapa do cognoscível em que o iluminismo a alocou, particularmente nos textos estéticos" (BRONFEN, 2013, p. 371). Esse empenho de deslocamento encontra-se em Drummond num poema como "Fragilidade", de *A rosa do povo*: "Este verso, apenas um arabesco/ em torno do elemento essencial – inatingível.// Não mais o desejo de explicar, e múltiplas palavras em feixe/ subindo, [...]// [...] não mais que um arabesco,/ apenas um arabesco/ abraça as coisas, sem reduzi-las" (RP, p. 47).

Na poesia de Drummond o sonho contra o pesadelo se encena habitualmente no anúncio da antemanhã, pelo simbolismo da aurora, como vimos em "Passagem da noite". Essa proximidade entre noite e dia é estrutural e latente, pois "a noite é um espaço-tempo carimbado pelo selo da ambivalência" (CABANTOUS, 2013, p. 44), em que luz e sombra se solicitam, porquanto "é bem o paradoxo de todas as fronteiras o estar ao mesmo tempo dentro e fora" (LAROCHE, 2013, p. 45), o que pode favorecer trânsitos de extrema delicadeza entre a escuridão e a claridade, como em "Morte do leiteiro", de *A rosa do povo*.

Notável é o trabalho cinético e simbólico com que se fecha esse poema narrativo. O leiteiro morto por engano na noite é referido assim nos momentos finais do texto: "estatelado, ao relento,/ perdeu a pressa que tinha". Seguem-se os versos: "Da garrafa estilhaçada,/ no ladrilho já sereno/ escorre uma coisa espessa/ que é leite, sangue... não sei./ Por entre objetos confusos,/ mal redimidos da noite,/ duas cores se procuram,/ suavemente se tocam,/ amorosamente se enlaçam,/ formando um terceiro tom/ a que chamamos aurora" (RP, pp. 84-86). A superior fatura desse epílogo, que ecoa o remate de "A noite dissolve os homens", provém da mestria com que o poeta expressa a contiguidade e, em seguida, a integração plástica de leite e sangue, de um lado, e o raiar do dia, de outro. Mais, ainda: não só essa conjunção, mas o vigor e a delicadeza do encontro desses dois líquidos símbolos da vida – o leite e o sangue, conquanto vida derramada, silenciada, mas anunciadora da luz; e luz não mera e figuradamente concebida, senão transformando-se na concreta aurora que encima a todos sob o impulso de Eros, cor da manhã nova, exibindo, nessa abertura, a memória da morte que a tinha (a)tingido. Assim, pode a aurora encontrar na fácies da noite o impulso com que alçar-se em devir.

E uma ocorrência de não menor brilho, embora já em sentido contrário, surge no fecho primoroso de "Sentimento do mundo", vazado em "tom profundamente apocalíptico, considerando a catástrofe que a hiperbólica metáfora insinua: a escuridão absoluta" (SALGUEIRO, 2014, p. 63): "Quando os corpos passarem,/ eu ficarei sozinho/ desfiando a recordação/ do sineiro, da viúva e do microscopista/ que habitavam a barraca/ e não foram encontrados/ ao amanhecer// esse amanhecer/ mais noite que a noite" (SM, p. 9).

A noite aqui será como aquela "*autre nuit*" de Blanchot, que poderia também traduzir-se por uma "noite-

-outra". Diz Blanchot: "quando tudo desapareceu na noite, 'tudo desapareceu' aparece. É a *outra* noite. A noite é o aparecimento de 'tudo desapareceu'" (BLANCHOT, 2011, p. 177). Ao redundar a noturnidade deste "amanhecer mais noite que a noite", o poeta faz sobressair a dor do dia ao apoiá-la na dor da noite; esta, que já é dor em outros passos da obra, responde pela crispação da paisagem, por ser desta a marca mais habitual. Para o poeta alemão Kerner "a tonalidade fundamental da Natureza é a dor", como assinala Montandon (MONTANDON, 2015, p. 25); também, em "Relógio do Rosário", se descobre "a verdade da dor como o fundamento da existência" (CAMILO, 2001a, p. 307). E "conforme o poeta vai expandindo sua visão das coisas e da poesia, aqui e ali brilha a desconfiança quanto à inexorabilidade de nosso destino de homens fadados à iniquidade, à rotina, a julgar e agir mecanicamente, conscientes disso ou não, pouco importa" (FERRAZ, 2012, p. 131). Também Bosi acentua que "a partir de *Claro enigma*, o desencanto que sobreveio à fugaz experiência política tem ditado ao poeta os dois modos principais de compor o poema", ambos deceptivos, pois o primeiro consiste em "escavar o real mediante, de um lado, um processo de interrogações e negações que acaba revelando o vazio à espreita do homem no coração da matéria e da História" (BOSI, 2015, p. 471); e o segundo em "fazer as coisas e as palavras – nomes de coisas – boiar nesse vácuo sem bordas a que a interrogação reduziu os reinos do ser" (BOSI, 2015, p. 473).

No "mais noite que a noite", de "Sentimento do mundo", não se tem nesse verso que traduz o amanhecer, propriamente, infelicitação da segunda noite pela primeira (esta, de natureza adjetival), senão da já prévia infelicidade de ambas. E como efeito dessa requintada elaboração, o eu lírico não nos descerra, assim, apenas o raiar de manhã infeliz; mas o raiar de um dia que, por tão originariamente infeliz, parece não haver apenas nascido da noite, senão com ela – e para trazê-la consigo.

Assim, no poema, a manhã não tem como inaugurar-se em expressiva aurora de dedos róseos, nem a socorrem os dias lindos. Antes, por tão lutuosa, e por impregnação metafórica, a noite como que espalha por toda a paisagem "esta,/ Que vem cobrindo o céu, sombra funesta", como o disse, em desolado soneto, outro mineiro de tons melancólicos, Cláudio Manuel da Costa.

Desdobrando a força da noite simbólica que fecha o poema de Drummond, já é possível imaginá-la, *vê-la*: pelos desastres da véspera, é como se a noite, ao recolher penumbras à saída, largasse pelo chão suas sombras de maior pesar; destas, as mais férreas – "o pedregal da noite" – acabam por atingir a manhã nascente, afastando-lhes os tons de rosa.

Recolhamos, por fim, alguns ecos da voz lírica drummondiana que traduzem o tom dominante da presença da noite em sua obra. Acodem-nos como memória insistente de uma visão e queixa essenciais da enunciação, em fragmentos aqui dispostos sem linearidade cronológica, em disperso e tenso vozeio que nos chega da noite do poeta itabirano: "Nascemos escuro" ("O medo", RP, p. 20);

"Amas a noite pelo poder de aniquilamento" ("Elegia 1938", SM, p. 44); "Pôr fogo em tudo, inclusive em mim" ("A flor e a náusea", RP, p. 14); "Noite asfáltica", "Drls?", "Plkx" ("Os materiais da vida", VPL, p. 26); "Vomitar esse tédio sobre a cidade" ("A flor e a náusea", RP, p. 13); "Céu de chumbo" ("A máquina do mundo", CE, p. 105); "os poetas martirizados" ("A Federico García Lorca", NR, p. 212); "Os tiros na madrugada" ("Morte do leiteiro", RP, p. 85); "Cova da noite" ("Ar", VPL, p. 13); "Não foram encontrados ao amanhecer" ("Sentimento do mundo", SM, p. 9); "Dor sem nome,/ ativa mesmo se a memória some" ("Relógio do Rosário", CE, p. 109); "Me nasci votado à perda" ("Elegia", FA, p. 47); À pedra; "Minha casa infernal, feita de breu" ("Confronto", PM, p. 34); Br'eu. "A Coisa interceptante [...]. Barra o caminho e medita, obscura" ("O enigma", NR, p. 217).

Assim, cercado por ecos e cacos do noturno, só resta ao amanhecer subir – "mais noite que a noite", entre as sombras das "coisas morrentes" e as auroras exaustas e frias.

O amor natural
ver Erotismo

"O lutador"
WANDER MELO MIRANDA

Publicado em maio de 1942 na *Revista Acadêmica*, "O lutador" faz parte da coletânea *José*, inserida no livro *Poesias*, do mesmo ano. É a primeira vez que Drummond dedica um poema à luta com a palavra, fazendo dela uma fascinante e vigorosa metáfora da atividade do poeta em tempos sombrios – Estado Novo no Brasil, Segunda Guerra Mundial. Para dar conta da missão que se impõe, conjuga compromisso social e autorreflexão poética, na busca heroica da palavra que possa dar forma ao combate que se apresenta de antemão perdido – "Lutar com palavras/ é a luta mais vã./ Entanto lutamos/ mal rompe a manhã", dizem os versos iniciais (J, p. 23).

Em redondilha menor, como no poema que dá título ao conjunto, remete pela métrica a Camões e ao *Cancioneiro geral* (1516) de Garcia de Resende, aceno à tradição poética de matriz portuguesa, sem abrir mão, contudo, das conquistas modernistas que vêm desde *Alguma poesia* (1930). A regularidade métrica, com seu tanto de oralidade popular, contrasta com a batalha incessante e fora de controle que ocupa a jornada do poeta e continua noite adentro: "a luta prossegue/ nas ruas do sono" (J, p. 26), conclui o poema. Pela métrica e pela exaltação ao combate lembra ainda a "Canção do tamoio", de Gonçalves Dias – "Viver é lutar", diz o verso famoso – ou, por outras razões e anos depois, o lema rosiano de *Grande sertão: veredas*: "Viver é muito perigoso".

Já não vale mais o gauchismo anterior, que permitia a Drummond uma postura de contemplação irônica e enviesada de si mesmo e da "vida besta" ("Cidadezinha qualquer", *Alguma poesia*). Premido pela urgência da batalha, o poeta abre mão do humor de que até então se valia frente a pessoas, acontecimentos e situações, para assumir tom grave e dramático, mais condizente com seu presente, que requer constante estado de alerta em razão das circunstâncias históricas adversas ("O medo" e "Congresso Internacional do Medo", de *A rosa do povo* e *Sentimento do mundo*, respectivamente) – tempo de resistência, "em que a vida é uma ordem./ A vida apenas, sem mistificação" ("Os ombros suportam o mundo", SM, p. 33).

O embate corpo a corpo exigido pela palavra se traduz, em razão da sua vitalidade e virulência, bem como do que nela o poeta investe, por uma relação fortemente erotizada com a linguagem. Nessa relação, contudo, pouca margem de ganho cabe ao lutador, em vista das forças desiguais em confronto – as palavras são "muitas", o poeta é "pouco" –, a não ser a capacidade de entrega inexorável à luta, bem como a consciência de sua necessidade inevitável: "Mas lúcido e frio,/ apareço e tento/ apanhar algumas/ para meu sustento/ num dia de vida" (P, p. 23). O apelo à lucidez num dia a dia tão conflagrado, tendo a razão como possível arma para vencer a batalha, pouco adianta, visto que o poeta, diante do caos de que a luta se reveste, não tem o "poder de encantá-las". De nada serve o frágil e inoperante recurso, pois as palavras "Deixam-se enlaçar,/ tontas à carícia/ e súbito fogem/ e não há ameaça/ nem há sevícia/ que as traga de novo/ ao centro da praça" (P, p. 23). Promessa e negativa, próprios ao jogo erótico ou ao difícil lance de dados cujo resultado é sempre incerto.

A luta prossegue – "E já não sei se é jogo, ou se poesia" (FA, p. 49), poderia dizer como em "Elegia", de *Fazendeiro do ar* (1954). O poeta insiste, tenta persuadir as palavras, busca suborná-las, mas, impassíveis, nada respondem ao assédio infrutífero, "perpassam levíssimas/ e viram-me o rosto" (J, p. 24), diz ele. Sua exasperação e aceitação do combate diuturno revelam então o desejo não mais camuflado de posse (sexual): "Quisera possuir-te/ neste descampado,/ sem roteiro de unha/ ou marca de dente/ nessa pele clara" (J, p. 24), numa oblíqua e bela alusão à página em branco, campo da luta sem fim. Mais um negaceio, mais uma condição se impõe: "Preferes o amor/ de uma posse impura/ e que venha o gozo/ da maior tortura" (J, p. 24). Amor e dor configuram a relação erótica a que o poeta se entrega, confundidas as posições de caça e caçador, que aumentam a tensão dramática até o limite do insuportável e da completa desagregação.

O "fluido inimigo" continua a "boa peleja" – mais um paradoxo –, na voz entre irônica e prazerosa do poeta que não desiste da luta. Como "caça ao vento", a palavra se recusa à forma pretendida do poema, "ri-se das normas" que poderiam servir, inutilmente, para dar-lhe um significado, mesmo se às vezes pareça que "a entrega/ se consumará", desdobrada em múltiplos sentidos: ora as palavras se apresentam "em coro submisso", ora oferecendo "seu velho calor", sua "glória", o "mistério" que esta carrega consigo, o "desdém", o "ciúme". A aprendizagem do "sapiente amor", enfim, aparenta completar-se, mas "entre beijo e boca/ tudo se evapora", nos extraordinários versos finais da penúltima estrofe do poema (J, p. 26). Volta à estaca zero.

O dia e a peleja por ora se concluem, deixando sem solução o "inútil duelo" – a palavra então "esplende/ na curva da noite/ que toda me envolve" (J, p. 26), declara o poeta, reafirmando a circunstância tenebrosa da luta. Mas no ir e vir entre claro e escuro, posse e entrega, desejo frustração, a *poesia* da palavra acaba por escrever-se *entre* a paixão e a razão, por revelar sua força geradora pela impossibilidade mesma de a "luta mais vã" fazer algum sentido, embora o poeta pareça não acreditar em si mesmo ou numa vitória final, e continue lutando mesmo assim. Em "O elefante", de *A rosa do povo* (1945), a luta adquire nova concepção, outra forma alegórica: o frágil artefato de madeira, algodão, paina e "doçura", "massa imponente/ e frágil", está "pronto para sair/ à procura de amigos", na caminhada meio utópica em direção à "praça de convites" (como Drummond nomeia, em sua *Antologia poética*, a parte que contém seus poemas participantes). Por fim, chega em casa "fatigado", "as patas vacilantes", e se desfaz "qual mito desmontado" diante de seu criador, que não desiste do trabalho interminável: "Amanhã recomeço" (RP, pp. 81-83).

Se lido em conjunto com "O elefante" e com os dois metapoemas que abrem *A rosa do povo* – "Consideração do poema" e "Procura da poesia" –, "O lutador" se vê acrescido de significação suplementar, abrindo-se a novas possibilidades de leitura, que acentuam a maneira muito especial de Drummond fazer poesia engajada, sem render-se a argumentações politicamente panfletárias ou limitadas às circunstâncias históricas de sua elaboração – embora não negue sua atenção a elas –, num *tour de force* originalíssimo, raro na literatura brasileira. Desde *Sentimento do mundo* (1940) já se podia perceber mais nitidamente o compromisso social do poeta público que o itabirano ia assumindo, sem deixar de lado a meditação sobre o texto que ora mais, ora menos explícita, sempre fez parte da sua obra até aquele momento, como busca de compreensão de si e de seu ofício.

Torna-se mais evidente, também, embora possa soar paradoxal, uma possível semelhança com a postura mallarmeana, segundo a qual a poesia se faz com palavras, não com ideias, compartilhada por Valéry, de quem Drummond tomará emprestada a polêmica e complexa epígrafe de *Claro enigma* (1951) – "*Les événements m'ennuient*" ("Os acontecimentos me entediam") –, como se contradissesse sua postura imediatamente anterior. Pode-se notar, porém, uma diferença decisiva: em Mallarmé "há um esforço consciente de purificar a linguagem poética, de separá-la da escória que ele chama de *reportage*", ao passo que em Drummond é rejeitada a atitude purificadora, uma vez que o embate com as palavras é de "natureza impura" (GLEDSON, 2018, p. 169), levado a efeito por um "poeta precário", como se qualifica em "O mito", de *A rosa do povo*.

Vale lembrar, no caso, a relação do poeta com a história em poemas posteriores ao final da guerra e da ditadura getulista, quando Drummond já se afastara do PCB, sem perder, no entanto, o interesse pelo que ocorria no "vasto mundo" ("Poema de sete faces", *Alguma poesia*). Em "Notícias de Espanha" e "A Federico García Lorca", de *Novos poemas* (1948), por exemplo, o fascismo franquista passa a ocupar sua atenção, é motivo de preocupação e revolta, o que leva o poeta mais uma vez à convocação para a ação e, a seu modo, propor-se à luta: "farto de contemplação,/ quisera fazer do poema/ não uma flor: uma bomba/ e com essa bomba romper// o muro que envolve Espanha" (NR, p. 211). Ou então, em comovida homenagem a Lorca, quando reafirma a função heroica do poeta-lutador, "mostrando gloriosamente/ – ao canto multiplicado/ de guitarra, gitano e galo – /que para sempre viverão// os poetas martirizados" (NR, p. 212).

Antes, em "Procura da poesia", desde o título inscrita no campo do (im)possível, o ato poético se nega à expressão estrita de acontecimentos e "incidentes pessoais". O poeta passa então em revista diferentes vias de realização lírica para negá-las como "algo imprestável", que se reduz à sua dispersão: "Que se dissipou, não era poesia./ Que se partiu, cristal não era" (RP, p. 12). Ao negar-se a tematizar a natureza, o sujeito, o objeto, a dor pessoal, o poeta distancia-se da dramatização do eu lírico num processo de despersonalização que parece identificar-se com uma posição mais formalista, próxima ao ideal de poesia pura de que essa identificação se vale. Mas a insistência do embate com a materialidade do poema reafirma o labor que ele exige e a luta de ampla ressonância significante, que se revela sua meta principal: "Penetra surdamente no reino das palavras./ Lá estão os poemas que esperam ser escritos" (RP, p. 12), repete em diferença a perspectiva de "O lutador".

O uso do verbo "penetrar", na abertura de uma estrofe decisiva de "Procura da poesia", reafirma a relação erótica já ressaltada, agora investida da carga semântica do advérbio "surdamente". Mais uma vez, o impasse com a palavra se impõe e não se resolve como desejado. Em "estado de dicionário", até então como que isento de sentido, o poema aguarda que se lhe desvende "seu poder de palavra/ e seu poder de silêncio", operação que exige do poeta paciência, calma e aceitação de "sua forma definitiva e concentrada/ no espaço" (RP, p. 12) para que, afinal, possa atingi-la. Mais de perto, o poema dá a ver as "mil faces secretas sob a face neutra" (RP, p. 12) da palavra, abrindo-se à deriva do sentido que se vai traçando na escrita e à sua indecibilidade: em "Notícias de Espanha", na primeira versão em jornal, o poeta tem certeza da nulidade da poesia – "tenho apenas meu canto/ e um canto é nada" –, que se transforma, na versão definitiva do livro, em dúvida e indagação mantidas sem resposta: "tenho apenas meu canto/ e que vale um canto?" (NR, p. 211). O embate não cessa de angustiar Drummond.

O movimento de cifragem e decifragem que é próprio do canto dirige-se todo ele à pergunta, na verdade sua razão de ser, e que, enquanto artefato intencional de linguagem, se liga a uma outra: "Trouxeste a chave?". A falta de resposta – de quem escreve e de quem lê – condiz com a concepção de poesia voltada para a consumação de si mesma enquanto persistência e desistência, a um só tempo, de continuar significando. Mais uma vez, também, a imagem da *noite* desempenha papel crucial (ver "Passagem da noite", *A rosa do povo*), ao asseverar o dilema em curso: "elas se refugiaram na noite, as palavras./ Ainda úmidas e impregnadas de sono,/ rolam num rio difícil e se transformam em desprezo" (RP, p. 12). A posse tão desejada se adia mais uma vez e o poema se faz, então, como o "momento de mais profunda consciência estética" da obra de Drummond (CANDIDO, 1970, p. 117).

"Consideração do poema", *incipit* de *A rosa do povo*, completa o conjunto de poemas a um só tempo autorreflexivos e participantes ligados a "O lutador". Trata-se agora de meditação poética em forma de manifesto de poesia engajada, em tom afirmativo, bem delineadas as razões e circunstâncias de seu exercício. Incisivo, o poeta se nega a rimar "sono", palavra mobilizadora de significações negativas nos poemas anteriores, com "outono" – sugestiva da atmosfera melancólica e absenteísta que se quer evitar. Opta pela dissonância melódica e semântica de "carne" (cuja razão já sabemos), preferindo a liberdade das palavras "puras, largas, autênticas, indevassáveis", mais aptas a dar conta do caminho percorrido ou a percorrer: "Uma pedra no meio do caminho/ ou apenas um rastro, pouco importa" (RP, p. 9).

A alusão à "pedra" do poema "No meio do caminho", que no decorrer de seu acidentado percurso iria adquirir "um papel simbólico, virando parte de uma história maior" (ARRIGUCCI JR., 2002, p. 69), reforça a atitude combativa que nunca deixou de estar presente desde o início e ora se vê diante dos novos enfrentamentos e demandas com os quais o poeta se depara. Irmanado a alguns autores de eleição, como Vinicius, Murilo, Neruda, Apollinaire, torna-se a voz de "qualquer homem/ ao meio-dia em qualquer praça" (RP, p. 9) (como o José do poema homônimo), com o qual se vincula em ato de posse fraterna que é aliança – "São todos meus irmãos, não são jornais/ nem deslizar de lancha entre camélias:/ é toda a minha vida que joguei" (RP, p. 9). Atitude que mesmo tempos depois, em "A máquina do mundo", de *Claro enigma* (1951), – retomada dramática do canto X de *Os Lusíadas* (cf. SANTIAGO, 2019, p. 300) –, coloca-se como obstáculo e via a ser tomada pelo poeta que, ao topar com a iminente decifração do enigma, prefere seguir adiante, "desdenhando colher a coisa oferta" (CE, p. 108).

A exposição biográfica reafirma a disposição de combate assumida e, ao se propor como a referida aliança, libera o eu lírico de suas limitações individualistas e faz dele – "Poeta do finito e da matéria" – uma sorte de aparelho registrador de inusitadas imagens de circulação, coparticipação e resistência: "sentir que há ecos, poucos, mas cristal,/ não rocha apenas, peixes circulando/ sob o navio que leva esta mensagem,/ e aves de bico longo conferindo/ sua derrota, e dois ou três faróis,/ últimos! esperança do mar negro" (RP, p. 10). O canto, então, expressa a viagem "em meio/ a milhões e milhões de formas raras,/ secretas, duras" (RP, p. 10) – "Eu quero compor um soneto duro/ como poeta algum ousara escrever", dirá em "Oficina irritada", de *Claro enigma* (CE, p. 38). Por ser assim, procura dar outra forma à pergunta que perpassa os poemas em questão – "Trouxeste a chave?" –, convocatória à escuta que se dissemina por toda parte e todos os objetos, trazendo o leitor para o âmbito da criação compartilhada: "Tal uma lâmina,/ o povo, meu poema, te atravessa" (RP, p. 10) – uma "faca só lâmina", na voz de João Cabral, também poeta-lutador.

Em tempo de "fezes, maus poemas, alucinações e espera" ("A flor e a náusea", *A rosa do povo*) (RP, p. 13), esses textos conferem à poética de Drummond forte densidade crítica e histórica, na medida em que se inserem, ora mais, ora menos diretamente, no debate literário da época, permeado pela avaliação da função social e política do escritor, em especial do poeta, a partir da tensão imagística que perpassa seus versos e faz deles a versão mais literariamente elaborada dessa avaliação. Não por acaso, metapoesia e poesia participante, faces da mesma moeda, são produzidas no mesmo período, sobretudo na primeira metade dos anos 1940, de maneira que uma suplemente a outra e faça da palavra combustível para a inestancável e desejada explosão. O poema "Nosso tempo", em *A rosa do povo*, começa declarando: "Tenho palavras em mim buscando canal/ são roucas e duras,/ irritadas, enérgicas,/ comprimidas há tanto tempo,/ perderam o sentido, apenas querem explodir" – e conclui com uma promessa: "O poeta/ declina de toda responsabilidade/ na marcha do mundo capitalista/ e com suas palavras, intuições, símbolos e outras armas/ promete ajudar/ a destruí--lo/ como uma pedreira, uma floresta,/ um verme" (RP, pp. 23, 29).

A experiência individual só tem razão de ser quando traduzida pelos versos que vão compondo em pormenores metafóricos o raio de alcance social do trabalho poético em situação de extrema gravidade política, numa "espécie de volta ou refluxo da palavra sobre a ideia, que então ganha uma segunda natureza, uma segunda inteligibilidade" (CANDIDO, 1970, p. 118), aberta a uma nova condição sensível, "graças à palavra na qual se encarnou" (CANDIDO, 1970, p. 116). Momento alto de criação em que, de maneira pagã, o verbo se faz carne, ao juntar "o intelecto organizador e o homem sensual" (GLEDSON, 2003a, p. 145): a inflexão poética faz da palavra empenhada, paradoxalmente, uma sorte de instância autorreflexiva, inscrita no corpo do poeta e matéria privilegiada da poesia.

O problema da comunicação, tão caro a Drummond, se enuncia "com seu poder de palavra/ e seu poder de silêncio" (RP, p. 12), em nítida oposição ao estridente "Deus Kom Unik Assão" do poema que, décadas depois, em *As impurezas do branco* (1973), será abordado de maneira violentamente escarninha. Lutar *com* palavras, enfim: meditação poética e engajamento político, estreitamente unidos, configuram a partilha do sensível num dos momentos mais relevantes da obra de quem criou "novas palavras" e tornou "outras mais belas" ("Canção amiga", na voz de

Milton Nascimento). Instante de vitória, não importa se passageira, do poeta-lutador que sabe e nos ensina que a luta sempre continua.

O observador no escritório
ver Diário

Oswald de Andrade
ver Modernismo

P

Pai
LEONARDO GANDOLFI

Acompanhar o tema do pai na poesia de Drummond nos lança em um percurso infindável, dadas a constante presença da figura paterna e a forma como ela se desdobra em muitos temas, entre eles, família, terra, memória, patrimônio.

Já no primeiro livro, o patriarca surge no poema "Infância" nos versos: "Meu pai montava a cavalo, ia para o campo" (NR, p. 10) e "Lá longe meu pai campeava/ no mato sem fim da fazenda" (NR, p. 11). Nesse famoso texto, enquanto a mãe cuida do bebê no berço, o pai está no campo, distante, e o protagonista do poema, a criança, personagem do poeta, "sozinho menino entre mangueiras" (NR, p. 10), lê a história de Robinson Crusoé. Pai e filho separados por solidões bem distintas uma da outra.

No mesmo livro, no poema "Explicação", lemos: "Ah, ser filho de fazendeiro!/ [...]/ é sempre a mesma sen-si-bi-li-da-de" (NR, p. 38). E versos antes ficamos sabendo que tipo de sensibilidade é esta: "Não sou alegre. Sou até muito triste" (NR, p. 38). O texto é bem-humorado, tem muito da blague modernista, de modo que a tristeza anunciada é equacionada em movimentos que tiram seu peso: "Meu verso é minha cachaça" (NR, p. 38). Mas não deixa de chamar a atenção um tipo de determinismo que há em ser filho de "fazendeiro" e que produz um tipo de sensibilidade que marcará pela culpa seu ofício de escritor. Sentimento que se deve ao fato de o poeta ser o ponto em que a linhagem de homens fortes da terra se extingue. Encontramos isso, por exemplo, em um poema de *Boitempo – Menino antigo*, de 1973, "O viajante pedestre", um dos raros momentos em que o pai sempre silencioso consegue ter voz: "Com você, filho, começa/ a desabar a família" (NR, p. 659).

Essa descontinuidade em relação aos bens familiares aparece no famoso

"Confidência de itabirano", do livro *Sentimento do mundo*, de 1940: "Tive ouro, tive gado, tive fazendas./ Hoje sou funcionário público./ Itabira é apenas uma fotografia na parede./ Mas como dói!" (SM, p. 10). É claro que aqui a descontinuidade aparece sob o prisma da distância da infância e da terra natal. Mas vale já destacar que essa separação de determinados bens da família será, veremos, uma das tônicas da obra.

Identificação e não identificação entre pai e filho são uma espécie de figuração privilegiada do tema drummondiano da herança, como podemos ler em "Fantasma", um dos aforismos do livro *O avesso das coisas*, de 1987: "Passamos a acreditar em fantasmas quando começamos a nos parecer com eles" (AC, p. 99).

A relação que a obra de Drummond estabelece com a figura paterna, mais do que levar o leitor a uma leitura biográfica, na verdade interpela-o a pensar a poesia como dinâmica tensão entre permanência e deterioração, entre integração e desintegração. Antonio Candido escreve que é "curioso que o maior poeta social da nossa literatura seja ao mesmo tempo o grande cantor da família como grupo e tradição" (CANDIDO, 1970, p. 110). Para o crítico, em Drummond, "a condição individual e a condição social pesam sobre a personalidade e fazem-na sentir-se responsável pelo mundo mal feito, enquanto ligada a uma classe opressora" (CANDIDO, 1970, p. 105).

A partir do que diz Candido, vale recorrermos a algumas informações sobre o pai do poeta. Carlos de Paula Andrade nasceu em 1860, filho do capitão-mor Elias de Paula Andrade, um "grande latifundiário e dono de escravos" (CANÇADO, 2012, p. 23). Herdando as terras e os negócios de Elias, Carlos de Paula Andrade, ou Coronel (como era conhecido em Itabira), prosperou e "se tornou um dos maiores criadores e comerciantes de Minas Gerais" (CANÇADO, 2012, p. 29). Ele falece em 1931 aos 70 anos.

Pensando nessa cronologia, apenas o primeiro livro de Drummond foi publicado estando seu pai vivo. Em todos os outros, já está morto. Em "Edifício Esplendor" de *José*, de 1942, lemos: "Meu pai, meu avô, Alberto.../ Todos os mortos presentes.// Já não acendem a luz/ com suas mãos entrevadas.// [...]/ Os mortos olham-se e calam-se" (NR, p. 89). Como na Itabira de "Confidência do itabirano", os mortos mudos de "Edifício Esplendor" convertem-se em "retrato" descolorido na parede do apartamento.

Outro texto do livro *José* também traz a presença do pai acentuando o silêncio dos mortos. Trata-se do poema "Viagem na família", dedicado à Rodrigo M. F. de Andrade, amigo de Drummond dos tempos de escola em Belo Horizonte e diretor do Serviço do Patrimônio Histórico e Artístico Nacional (Sphan), onde Drummond trabalhará de 1945 a 1962.

A viagem do título é uma viagem conduzida pela sombra do pai, como Dante conduzido por um espectral Virgílio em sua jornada pelo inferno e purgatório. No poema, a viagem é na família, duplo de Itabira: "No deserto de Itabira/ a sombra de meu pai/ tomou-me pela mão./ Tanto tempo perdido./ Porém nada dizia./ Não era dia nem noite./ Suspiro? Voo de pássaro?/

Porém nada dizia" (NR, p. 99). Essa é a primeira estrofe do poema e quase todas as 13 estrofes seguintes terminam com esse refrão que caracteriza o pai: "Porém nada dizia".

Ao longo do poema, há "Tantos mortos amontoados", "lembranças violentas" e diversas coisas que "voltam a existir,/ irrespiráveis e súbitas", entre elas, diz o sujeito, "meu anseio de fugir" (NR, pp. 99-100). Diante de tanto silêncio, há um enfrentamento acintoso por parte do protagonista, um dos únicos momentos de toda obra no qual o filho grita com o pai: "Olhei-o nos olhos brancos. Gritei-lhe: Fala! Minha voz/ vibrou no ar um momento,/ bateu nas pedras" (NR, p. 100). E, *in absentia*, o patriarca – da mesma forma como quando estava vivo – permanece calado.

Mas o filho começa a perceber que tal silêncio era também o silêncio do avô surdo "querendo escutar as aves" e também silêncio dele mesmo, o sujeito, "a minha falta de amigos", como se se tratasse de um silêncio atávico. Buscando entender esses elos, o filho escreve: "Só hoje nos conhecermos!". E assim a poesia de Drummond inicia uma decisiva aproximação do pai: "Senti que me perdoava/ porém nada dizia" (NR, p. 101). Como diz Joaquim Francisco Coelho, trata-se, a partir de então, de uma "crença quase mística na força do sangue" (COELHO, 1973, p. 116). Aproximação do pai sob o signo da culpa e submetida a uma série de extravios: "As águas cobrem o bigode/ a família, Itabira, tudo" (NR, p. 101).

Os poemas de *A rosa do povo*, de 1945, estão em grande consonância com esse gesto na direção do pai e com essa crença – como diz o poema "Retrato de família" – de uma "estranha ideia de família// viajando através da carne" (NR, p. 165). No texto, o retrato retorna à obra como metonímia do que está perdido e, ao mesmo tempo, permanece: "Este retrato de família/ está um tanto empoeirado/ já não se vê no rosto do pai/ quanto dinheiro ele ganhou" (NR, p. 163).

Ao longo dos versos, figuras surgem para integrar o grupo familiar que se condensa no retrato. E então a foto se transforma em um interlocutor silencioso tanto quanto o pai: "O retrato não me responde,/ ele me fita e se contempla/ nos meus olhos empoeirados" (NR, p. 165). Importante notar, nesses versos, a presença da hipálage, quando um adjetivo que esperamos ser de um substantivo qualifica na verdade outro substantivo também presente. É o que acontece com "empoeirados" que se ligaria semanticamente a "retrato", mas em termos de concordância se liga aos "olhos" do sujeito. Na verdade, tal figura de linguagem ajuda a integrar o sujeito no retrato dessa família desintegrada. Ele mesmo diz em seguida: "Já não distingo os que se foram/ dos que restaram" (NR, p. 165).

Já o poema "Como um presente" é um dos mais decisivos para dar a ver as relações entre pai e filho na poesia de Drummond, equiparando-se com o poema "A mesa", de *Claro enigma* que veremos mais à frente. Com ares de elegia, ele é toda uma interpelação imediata do pai pelo filho: "Teu aniversário, no escuro,/ não se comemora" (NR, p. 167). E assim como o aniversário sem festa, o poema continua sob o signo da negatividade: "Já não tens roupa, nem precisas", "teu jantar é silêncio, tua fome não come", "Não mais te peço a mão enrugada/ para beijar-lhe as veias grossas" (NR, p. 167). O pai não mais envelhece, ao contrário do filho que caminha em direção dele no meio "da névoa, das memórias, dos baús atulhados,/ da monarquia, da escravidão, da tirania familiar" (NR, p. 168). Antonio Candido nota na poesia de Drummond tanto o funcionamento de "uma subjetividade tirânica" (CANDIDO, 1970, p. 96), quanto uma "autonegação pelo sentimento de culpa" (CANDIDO, 1970, p. 100). E talvez ambas se deem por conta da já mencionada crença determinista do poeta de que "o que existe já fora determinado desde sempre na própria natureza da família que o gerou" (CANDIDO, 1970, p. 112).

Indo na direção do pai, acentua-se a superposição entre ausência e presença paterna: "Quisera abandonar-te, negar-te, fugir-te,/ mas curioso:/ já não estás, e te sinto,/ não me falas, e te converso./ E tanto nos entendemos, no escuro,/ no pó, no sono" (NR, p. 169). José Maria Cançado chega mesmo a afirmar, em sua biografia de Drummond, que o pai exerceria, primeiro, para o poeta "o papel de força a ser vencida, princípio a ser contestado, e, depois, de permanente figura do inconsciente do poeta" (CANÇADO, 2012, p. 30). Se pensarmos "no escuro, no pó, no sono" em que ambos se entendem, tal afirmação sobre o pai como "permanente figura do inconsciente do poeta" faz sentido, ainda mais ao vermos o patriarca também como superego, força inibidora.

Nesta elegia, surge a palavra "Coronel", como vimos, alcunha do pai em Itabira, e surge também, ao fim, uma possibilidade de reconciliação: "Guardavas talvez o amor/ em tripla cerca de espinhos.// Já não precisas guardá-lo./ No escuro em que fazes anos, no escuro,/ é permitido sorrir" (NR, p. 169). O único lugar onde o filho convive com o pai e até mesmo reconhece o amor de um pelo outro é o *escuro*, elaboração do luto e espaço do poema.

Outro texto de *A rosa do povo* é "Rua da madrugada". Ele se inicia com a exumação – figurada, que seja – do pai: "A chuva pingando/ desenterrou meu pai" (NR, p. 169). Diante do corpo insepulto, o filho diz "desejar amá-lo/ sem qualquer disfarce,/ cobri-lo de beijos, flores, passarinhos,/ corrigir o tempo" (NR, p. 170). Em seguida, o desejo é de "transportá-lo/ ao velho sofá/ da antiga fazenda" (NR, p. 170). Então surge uma série de adversativas que impossibilitam a realização do encontro: "mas pingos de chuva/ mas placas de lama sob luzes vermelhas/ mas tudo que existe/ madrugada e vento/ entre um peito e outro,/ brutos trapiches,/ confissões exaustas/ e ingratidão" (NR, p. 170). Neste poema, nem no escuro o convívio, tal qual desejado, pode se dar.

Deste livro ainda vale a referência ao poema "No país dos Andrades". Na terra, feita de destroço e desaparecimento, encontramos novamente o silêncio dos que não respondem (seja o pai ou um retrato) e o escuro como lugar do poema: "No país dos Andrades, secreto latifúndio,/ a tudo pergunto e invoco; mas o escuro soprou; e ninguém me secunda" (NR, p. 175). Ao fim, encontramos um cobertor vermelho, espécie de correlativo objetivo do pai.

Temos ocasião assim para uma despedida: "Adeus, vermelho/ (viajarei) cobertor de meu pai" (NR, p. 175). Depois de tantos exemplos, podemos afirmar que a elaboração do luto configura um dos processos mais decisivos de subjetivação na poética de Drummond.

Em *A rosa do povo*, temos ainda o poema "Caso do vestido". Nele não há, como até aqui vimos, uma tentativa imediata de o filho acessar o pai. Trata-se de um texto, sobretudo, com as vozes de mãe e filhas, em que estas questionam aquela sobre o "vestido" do título dependurado na parede de casa. Então a mãe narra uma longa história que envolve a figura de um pai dono de "fazenda" e de "ouro" e que se fechou, "se perdeu tanto de nós" (NR, p. 144), diz a mãe, por conta da paixão dele por outra mulher. O patriarca vai embora, mas depois regressa dizendo apenas: "Mulher,// põe mais um prato na mesa" (NR, p. 148). A narrativa é bem mais complexa que este resumo, mas gostaríamos de nele destacar a presença de um pai, entre distante e autoritário, que motiva tais frases da mãe: "Minhas filhas, boca presa./ Vosso pai evém chegando", "Minhas filhas, vosso pai/ chega ao pátio. Disfarcemos" (NR, pp. 144-45) e "Minhas filhas, eis que ouço/ vosso pai subindo a escada" (NR, p. 148). Na casa, a figura paterna é vulto contínuo e instância opressiva que interdita, entre outras coisas, a fala das mulheres.

Em 1945, Drummond é convidado por Rodrigo M. F. de Andrade para trabalhar na diretoria do Patrimônio Histórico e Artístico Nacional (Dphan, antigo Sphan e futuro Iphan). O órgão fora criado por este último em 1939 (dentro do Ministério da Educação e Saúde, sob comando do ministro Gustavo Capanema, companheiro de juventude de Rodrigo e de Drummond) e teve um papel central sobre as políticas culturais públicas e a definição de acervo nacional. Drummond trabalhou lá até sua aposentadoria como funcionário público, em 1962. O poeta "era o terceiro ou quarto na hierarquia do Patrimônio. Formalmente seu cargo era o de chefe da Seção de História na Divisão de Estudos e Tombamentos. Mas, na prática, ele foi durante quase vinte anos chefe de arquivo" (CANÇADO, 2012, p. 224).

Pode parecer mero jogo fonético relacionar a função patrimonial e a presença paterna em sua poesia. Mas o trabalho – organizando arquivo e montando um acervo de bens culturais a partir da decisão do que deve ser ou não tombado pelo Estado – guarda uma relação direta com questões envolvendo memória, herança, permanência e deterioração. Além disso, a tensão entre integração e desintegração da família, interrupção e continuação da linhagem representaria não só algo de fórum íntimo em sua poesia, como também de aspecto amplo, na medida em que romper e ao mesmo tempo continuar com os bens familiares implica uma reflexão sobre o quanto o século XIX brasileiro e seus valores tradicionais, oligárquicos e escravistas adentram o século XX, permanecendo e se metamorfoseando. O não de Drummond ao pai é um não a esses valores. E tal negativa exige uma aproximação fantasmática desse pai e, é claro, do Brasil latifundiário. Tendo isso em vista, a ideia de tradição em sua poesia se complexifica e a relação com o pai passa a ser metonímia disso.

Ao pensar os embates entre tradição e modernidade, Mariana Quadros Pinheiro lê, na poesia de Drummond, uma "escrita patrimonial". Escreve a autora que, no poeta, "os bens históricos e artísticos estão submetidos a um processo de transformação e destruição" (PINHEIRO, 2017, pp. 579-80). Assim, em seus versos "a grafia dos bens patrimoniais deve incorporar o caráter fugidio, em decomposição, da vida dos homens, das coisas, do mundo" (PINHEIRO, 2017, pp. 579-80). Dessa forma, a partir do que diz a autora, poderíamos pensar que manutenção e desmoronamento dos bens não configurariam polos opostos na poesia de Drummond, da mesma forma que identificação e não identificação com o pai também não.

Tal complexidade patrimonial aparece com toda força num livro como *Claro enigma*, de 1951, um acerto de contas com a tradição de poesia, com o pai e com Minas. Um dos versos do poema "Estampas de Vila Rica" talvez resuma bem tal relação com a ideia de legado e tombamento poético: "Toda história é remorso" (NR, p. 245). Nesse sentido, um texto como "Os bens e o sangue" é incontornável. Nele, a partir de um registro documental, a letra da lei caminha até a letra do poema. E o lavrar é tanto sulcar a terra quanto ordenar por escrito, para assim ser decretada a perda: "E nossa rica fazenda/ já presto se desfazendo" (NR, p. 251). Então, a separação entre o poeta e os seus se anuncia de modo radical: "Os parentes que eu tenho não circulam em mim/ meu sangue é dos que não negociaram, minha alma é dos pretos" (NR, p. 253). Diante da ação de repelir sua linhagem em prol daqueles que foram explorados por ela, parece que os familiares afastados acabam se aproximando ainda mais dele. Ouçamos o que eles têm a dizer: "ó poeta de uma poesia que se furta e se expande/ à maneira de um lago de pez e resíduos letais.../ És nosso fim natural e somos teu adubo/ tua explicação e tua mais singela virtude" (NR, p. 254).

O poema "Convívio" reforça, ainda que de forma bem mais amorosa, a indistinção entre afastamento e aproximação dos mortos familiares, como se se distanciar fosse uma forma de recalque que só inscreve ainda mais esses mortos na persona do poeta: "Cada dia que passa incorporo mais esta verdade, de que eles não vivem senão em nós/ e por isso vivem tão pouco" (NR, p. 254). Versos que, por sua vez, podem nos levar ao início do poema "Tarde de maio": "Como esses primitivos que carregam por toda a parte o maxilar inferior de seus mortos,/ assim te levo comigo, tarde de maio" (NR, p. 235). Para continuar essa viagem através da carne, há o poema "Resíduo", de *A rosa do povo*, no qual o filho agora também é pai e dá sequência aos desdobramentos do sangue: "Pois de tudo fica um pouco/ Fica um pouco de teu queixo/ no queixo de tua filha" (NR, p. 142). A afirmação da paternidade do poeta não impede, porém, que ele continue a lidar com descontinuidades e interrupções da linhagem, como acontece no poema "Ser": "O filho que não fiz/ hoje ele seria homem./ Ele corre na brisa/ sem carne, sem nome" (NR, p. 225).

De volta ao tema do enfretamento e encontro com o pai morto, temos, ainda em *Claro enigma*, a elegia "Perguntas" em que o pai – que já foi sonho, sombra e corpo insepulto – é agora literalmente fantasma, confirmando a espectralidade e o caráter de assombração que sua figura representa: "Numa incerta hora fria/ perguntei ao fantasma/ que força nos prendia,/ ele a mim, que presumo/ estar livre de tudo,/ eu a ele, gasoso" (NR, p. 255). E os questionamentos do filho se sucedem até que: "perguntei-lhe por fim/ a razão sem razão/ de me inclinar aflito/ sobre restos de restos" (NR, p. 257). Depois de tanto silêncio, finalmente a aparição-pai responde ao filho: "*Amar, depois de perder*". Joaquim-Francisco Coelho vê nessa fala paterna um espelho refinado daquela fala do filho no poema "Viagem na família" do livro *José*: "Só hoje nos conhecermos!" (COELHO, 1973, p. 181).

Já que o pai, sob o signo da perda, foi capaz, afinal, de dizer "Amar", o filho consegue então assumir uma renovada possibilidade de "Encontro". É o que diz o poema com esse título: "Meu pai perdi no tempo e ganho em sonho// [...]// Está morto, que importa?" (NR, p. 258). A partir da dimensão forte de convívio, possível 20 anos depois da morte do patriarca Carlos de Paula Andrade, o filho prepara o aniversário do pai, que – diferente do poema "Como um presente", de *A rosa do povo* – agora se comemora.

É o que vemos num dos mais longos poemas de Drummond: "A mesa". Nele, temos um "grande jantar mineiro" (NR, p. 260) em que vão se juntando "catorze na mesa./ Ou trinta? serão cinquenta,/ que sei? Se chegam mais outros,/ uma carne cada dia/ multiplicada, cruzada/ a outras carnes de amor" (NR, p. 264). Esse grande desdobramento de membros do grupo familiar em que "toda a carne/ aspira à degradação" (NR, p. 260) só intensifica o *tête-à-tête* entre filho e pai naquela mesma situação escura a qual estamos acostumados quando ambos se encontram. "Escurece, e não me seduz/ tatear sequer uma lâmpada" (NR, p. 219), diz, aliás, o primeiro verso de "Dissolução", abertura de *Claro enigma* e ambientação *chiaroscuro* de todo o livro.

Na mesa – espaço do convívio com os mortos, mas também espaço de trabalho com o poema –, o filho diz ao pai fazendeiro que não vale pena "reproduzir sobre a terra/ o que a terra engolirá" (NR, p. 262), como se garantisse ser ele, filho, um fazendeiro do ar, e não da terra. Então chega o momento, ao qual já nos referirmos antes, momento em que afirmação e negação do pai coincidem: "sou teu filho/ com ser uma negativa/ maneira de te afirmar" (NR, p. 263). Esta clareza *oximórica* da frase se dá devido à certeza do trabalho do filho, quer dizer, do trabalho do poeta: "Esta é minha explicação,/ meu verso melhor ou único,/ meu tudo enchendo meu nada./ Agora a mesa repleta/ está maior do que a casa" (NR, p. 265). Neste momento, Drummond hesita pouco, é assertivo, sem espaço para autoderrisão. A mesa, ainda que dentro da casa, é maior do que ela, porque na mesa cabem mais fantasmas do que em toda casa paterna e porque ela é o espaço escolhido, sem fatalismo, pelo filho. É o espaço do poema, da obra. Por isso, depois de enfrentar e acolher o pai, o passo seguinte do poeta será, nada mais nada menos, enfrentar e acolher a língua poética como patrimônio (ou seu poeta mais forte: Camões), que é o que Drummond faz (aqui ele volta a ser hesitante) em "A máquina do mundo", poema que, em *Claro enigma*, vem imediatamente depois de "A mesa".

Segundo José Miguel Wisnik, a presença do pai na poesia de Drummond é "como morto não enterrado de um luto não feito –, para um ajuste de contas que parece destinado a não se deixar concluir pelo filho" (WISNIK, 2018, p. 64). Tal afirmação relaciona-se com aquilo que mencionamos anteriormente: a elaboração do luto paterno é um dos processos mais fortes de subjetivação em *Claro enigma*. Porém, depois do livro de 1951, o drama paterno e a escrita patrimonial, parece, ganham outras camadas, porque esses diversos processos de subjetivação na poesia de Drummond também se multiplicam e se transformam. Tal mudança talvez esteja relacionada com aquilo que Antonio Candido diz sobre o ciclo de livros *Boitempo*: passa a haver, em Drummond, "uma abdicação do individualismo extremado, em favor de uma objetividade que encara serenamente o eu como peça do mundo" (CANDIDO, 2011, p. 66).

Já antes dos três livros de *Boitempo*, Drummond passa a se referir ao grupo familiar também como "clã", mais especificamente a partir do livro *Fazendeiro do ar*, de 1954. Depois, "Notícias de Clã" será o nome de seções nos livros *Boitempo*, de 1968, e *Boitempo III*, de 1979. Tal mudança pode ser equivalente àquela notada por Candido. Em outras palavras, encarar a família como "clã" é um dos sintomas de que o protagonista pode abordar o drama familiar de forma mais desapegada, ou seja, aproximar-se dele como genealogia fabuladora, heráldica falhada, tudo pelo ponto de vista de uma "heterobiografia" (CANDIDO, 2011, p. 67). Na mesma direção, Silviano Santiago vai apontar, nesses livros, como "o patriarcalismo da família se confunde com o mandonismo na vida política local" (SANTIAGO, 2002c, p. XXXVIII).

Longe de esgotar as ocorrências do pai na poesia de Drummond, vamos a um último exemplo. Trata-se do poema "Escrituras do pai", do livro *Boitempo II – Menino antigo*, de 1973. Nele descobrimos que o patriarca – homem de negócios, administrador de fazendas – guardava um livro em que escrevia todas as "despesas da vida" geradas por seus descendentes diretos: "Cada filho e sua conta,/ em cada conta seu débito/ que um dia tem de ser pago" (NR, p. 584). Como a figura do pai está marcada pelo silêncio, é sempre muito valioso ouvi-lo falando ao filho: "Estarás sempre devendo/ tudo quanto te foi dado/ e nem pagando até o fim/ o menor vintém de amor/ jamais te verás quitado" (NR, p. 585). Sobre o poema, Silviano Santiago diz que "mal sabia a criança que [...] seu destino estava sendo escrito em silêncio pelo Pai" (SANTIAGO, 1976, p. 100). Em vez de terras, os bens herdados pelo poeta, através das "escrituras do pai", são débitos.

Talvez a obra do poeta seja toda ela uma escritura avessa a essas escrituras do pai, porque, afinal, a melhor forma de não pagar tal dívida será cantar o amor, o "amor sem conta" (NR, p. 234), como diz o filho em um poema de *Claro enigma*.

Patrimônio histórico
ver Iphan

"Poema de sete faces"
LUISA DESTRI

"Poema de sete faces", que abre o livro de estreia de Carlos Drummond de Andrade, *Alguma poesia* (1930), está entre os textos mais conhecidos do autor. Espécie de "certidão de nascimento do poeta e de sua persona lírica" (FERRAZ, 2010a, p. 9), desde o primeiro momento o poema mobilizou a crítica, tendo sido ora rechaçado como consequência de um indesejado modismo literário, ora admirado pela sensibilidade e o espírito crítico. Entre as leituras incapazes de reconhecer seu valor no calor da hora está a de Medeiros e Albuquerque, que acusa o poeta de adesão atrasada ao Futurismo e ironiza: "Por que isso se chama 'Poema de sete faces' e não 'Carneiro com batatas' ou qualquer outra coisa, à vontade do freguês?" (ALBUQUERQUE, 1930, pp. 308-12). Um ano após o lançamento do livro, em resenha quase sempre elogiosa, outro crítico cita versos do poema, dispensando a identificação por se tratar de "uma poesia que já é hoje célebre e conhecida demais para ser citada" (DELGADO, 1931, pp. 384-89). Em ensaio redigido em 1969, Antônio Houaiss atesta a presença do poema na consciência coletiva brasileira (HOUAISS, 1976, p. 61).

Formado por sete estrofes que se apresentam cada uma como uma "face" do sujeito, o poema desde o início convida à leitura autobiográfica, anunciando a narrativa de vida do eu lírico ("Quando nasci"), identificado ao próprio autor ("Vai, Carlos!"). Essa identificação foi observada e analisada por um de seus primeiros leitores, Mário de Andrade, em comentários inicialmente endereçados em carta ao autor e em seguida aproveitados no célebre artigo "A poesia em 1930" (ANDRADE, 1978, pp. 37-57). Para o crítico e amigo, a poesia de Drummond é "feita de explosões sucessivas", que resultam do encontro entre três traços psicológicos, como ilustram as três estrofes finais de "Poema de sete faces". Enquanto a antepenúltima ("Meu Deus, por que me abandonaste") revela a timidez do poeta, a penúltima ("Mundo mundo vasto mundo"), com as assonâncias, as associações de imagens e o problema da relação com o mundo, é marcada pela sensibilidade; já na quadra final explode o "diabo da inteligência", como argumenta Mário: ao fazer a confissão que arremata o poema, "o poeta pretende disfarçar o estado de sensibilidade em que está, faz uma gracinha bancando a corajosa, bem de tímido mesmo, e observa com verdade (pura inteligência, pois), as reações do ser ante o mundo exterior". Esse movimento de "reação intelectual contra a timidez", responsável por produzir uma "poesia de arranco" como em "Poema de sete faces", teria como resultado também o poema-piada, que o crítico vê como carente de valor poético e, portanto, como um defeito do livro.

Mário observa no poema ainda outro elemento de "caracterização psicológica" presente em todo o volume – o que chama de "sequestro da sexualidade", flagrado sobretudo nas imagens de pernas que se multiplicam pelos poemas, lidas como "grosseria bem comovente": "O que ele [o poeta] quis foi violentar a delicadeza inata, maltratar tudo o que tinha de mais suscetível na sensibilidade dele, dar largas às tendências sexuais, inebriar-se nelas", afirma, referindo-se não apenas à terceira das faces do poema, mas ainda a outras ocorrências que mapeia no conjunto.

"Poema de sete faces" se consolidou, a partir de sucessivas interpretações ao longo do tempo, como uma das sínteses mais exemplares da poesia drummondiana, ao menos daquela publicada até a década de 1950. Em estudo que propõe a imagem *gauche* do poeta como tópico capaz de iluminar a interpretação de todo o percurso poético de Drummond, Affonso Romano de Sant'Anna, respondendo à leitura de Mário de Andrade, toma os traços psicológicos como projeção, isto é, como características atribuídas a um personagem que organiza estética e existencialmente a obra. "Autor e personagem se alternam e se mesclam no mesmo contexto", defende o crítico. E completa: "A imagem *gauche* é crítica de si mesma, e é desse esforço para se esclarecer e se definir enquanto *gauche* [...] que nasce toda a obra" (SANT'ANNA, 2008, p. 105). Não obstante sua presença constante, o *gauche* evolui ao longo do tempo. Se em um primeiro momento, defende o crítico, trata-se de "um contemplador orgulhoso e autossuficiente", isto é, alguém que estabelece por meio sobretudo da visão o contato com o mundo, tido como menos vasto que seu próprio coração, nos livros finais se exprime um "*gauche* metafísico" – mudança evidenciada na comparação entre a sexta face do poema e, por exemplo, este verso de "Visão 1944", de *A rosa do povo* (1945): "Meus olhos são pequenos para ver", em que o sujeito, antes dotado de vasto coração, é representado como menor que o mundo.

Dedicando-se também à figura do *gauche*, José Guilherme Merquior o toma, em ensaio originalmente de 1972, como paródia do tópico do poeta maldito: "versão drummondiana do gênio incompreendido e solitário", o antidemiurgo surge como um "pobre coitado", em chave humorística grotesca cuja função, mais que fazer rir, é problematizar o mundo. Assim, a "atitude elegíaca ou angustiada" sobrepõe-se aos "elementos de conotação cômica" neste poema de contrastes, em que o eu se mostra separado do mundo: "Instala-se também, entre o riso e a preocupação, a comédia e o problema vivido, uma ambiguidade que o poema se inclina antes a explorar que a resolver" (MERQUIOR, 1976, p. 10). Seguindo pista de Mário de Andrade, Merquior mostra como a elasticidade rítmica se dá pela combinação de versos livres e metrificados, que o poeta maneja com destreza: a segunda estrofe, por exemplo, é composta de "octossílabos ortodoxos, acentuados na quinta [sílaba]" (MERQUIOR, 1976, p. 9). Além disso, o crítico destaca o aspecto fragmentário do poema, apontando a "mudança abrupta da 'cena' lírica" a cada estrofe. Em sua leitura, "Poema de sete faces" é o "equivalente literário de uma imagem cubista" (MERQUIOR, 1976, p. 11), o que não esconde, porém, o "pálido eco de um mito romântico: o mito da fantasia cosmogônica, da subjetividade repositório do belo e do verdadeiro" (MERQUIOR, 1976, p. 12) – correlato à associação entre poesia e vida. O poema inaugural seria, nesse sentido, exemplar de um traço caro ao primeiro Drummond, que procura a poesia na realidade, no acontecimento, sob um agudo "sentido da complexidade": o lirismo que, sem cultivar a "falsa inocência da escrita", "se abre à consideração crítica do mundo" (MERQUIOR, 1976, p. 26).

O caráter descontínuo de "Poema de sete faces" havia sido observado em 1947 por Antônio Houaiss em relação com a "teoria da palavra" do poeta, isto é, com a seleção vocabular típica da poesia de Carlos Drummond de Andrade: as cenas decorreriam inicialmente de um "coloquialismo vocabular realista e quase ingênuo" (HOUAISS, 1976, p. 179), depois carregado de combinações inéditas e inusitadas. Quer dizer, a composição teria como ponto de partida conversas possíveis entre pessoas comuns, as quais o poeta trabalharia em "um jogo elementar de substituições imprevistas". O efeito poético seria alcançado graças à ausência de "vinculação lógica, com quebra de transição de um grupo de associação para outro" (HOUAISS, 1976, pp. 179-80).

A presença de vocabulário coloquial no poema é lida por John Gledson como indício da adesão crítica de Drummond aos preceitos modernistas e à luz de duas modificações feitas no poema entre a primeira publicação, no jornal, e a edição em livro. Na primeira estrofe, o poeta substituiu o original "falou" por "disse"; na última, alterou "põem" para "botam". Procurando entender por que a opção foi, no primeiro caso, por uma forma menos coloquial e, no segundo, pela mais coloquial, o crítico argumenta que inicialmente o poeta fala "em tom neutro", como poeta, enquanto no segundo se confessa "num tom emprestado", sob o efeito do álcool. Tendo como horizonte a proposta modernista de aproximar a criação literária à fala brasileira corrente, o crítico conclui: "Vê-se, neste caso e noutros, que o coloquialismo foi aceito por Drummond com reservas, como coisa apropriada a certas circunstâncias, mas que normalmente tem uma função específica, dentro do poema" (GLEDSON, 2018, p. 61).

A respeito da publicação inicial em jornal – "Poema de sete faces" apareceu pela primeira vez no *Diário de Minas*, em 25 de dezembro de 1928 e sob o pseudônimo "Carlos Alberto" –, Gledson lembra ainda que o poeta talvez tenha preferido ocultar a autoria por prever que a comparação entre sujeito lírico e Jesus, feita na quinta estrofe: "Meu Deus, por que me abandonaste" (com ecos de "Deus meu, Deus meu, por que me abandonaste", de Mateus 27:46), pudesse ser interpretada como blasfematória em pleno dia de Natal.

Gledson também lê as sete faces do poema como manifestação fragmentada, por força da "técnica da perspectiva", da personalidade do poeta. Duas das sete estrofes são, na sua leitura, mais representativas da mensagem do poema: a primeira, que coloca o sujeito sob o signo da *gaucherie*, e a sexta, que problematiza a função da rima poética. Ao justapor vastidão e trivialidade, cotidiano e elevação, Drummond, afirma o crítico, "mostra o fato da desarmonia, mas também reconhece a necessidade da harmonia que a poesia representa". Essa tensão entre harmonia e desarmonia seria, no limite, responsável pela própria fragmentação do retrato: diante de um desejo de comunicação que vê como penoso, o sujeito permanece dividido, exprimindo-se por meio de "tentativas [que] se limitam a explosões definitivas mas necessariamente curtas". Vendo os poemas como "intuições súbitas", e por isso fragmentárias, Gledson toma *Alguma poesia* como concretização de uma primeira fase drummondiana, na qual o espírito do poeta se revela "zangado e rebelde" diante dos diversos constrangimentos que o impedem de manter um contato livre com o mundo (GLEDSON, 2018).

Já para Davi Arrigucci Jr., a impressão inicial de "desarmonia geral" provocada pela leitura do poema esconde a "coerência profunda" que se estabelece de modo latente entre as sete faces: "meditação do poeta sobre seu sentimento de estar no mundo" (ARRIGUCCI JR., 2002, p. 40), o poema é um poderoso exemplo daquela que, para o crítico, é uma das principais marcas da poesia drummondiana – o chiste, "procedimento de articulação no poema entre as muitas faces que constituem a pluralidade do mundo" (ARRIGUCCI JR., 2002, p. 33).

Herança romântica submetida ao espírito crítico tipicamente moderno, a lírica reflexiva do autor tem como sujeito "um inquiridor perplexo" em permanente desencontro: "O desacordo do poeta que não pode se reconciliar com o mundo dissonante em si mesmo também se defronta com o problema de dar forma ao informe, ao que infindavelmente se confronta na desarmonia". Por esse caminho, Arrigucci pretende ampliar a leitura de Mário de Andrade, compreendendo o caráter fragmentário do texto não como consequência das censuras psíquicas do autor, mas como um problema de expressão. Nesse sentido, a coerência resulta da "articulação possível do conflito" entre sentimento e reflexão. Ao mesmo tempo que realiza formalmente a necessidade de expressão, a poesia revela um sujeito em estado permanente de falta – situação vista como nuclear à poética drummondiana (ARRIGUCCI JR., 2002, pp. 48-51), tornando "Poema de sete faces" exemplar.

Considerando também a relação entre o sujeito e o mundo como um problema de expressão, José Miguel Wisnik toma o poema como síntese de um embate perene na obra de Drummond. O nascimento poético, presidido pelo "anjo torto", "configura desde o primeiro instante uma espécie de inclusão excludente do sujeito no mundo – um estigma autoassumido e forte o suficiente para permanecer como marca indelével do seu percurso". Desse modo, argumenta o crítico, nem o sujeito se inclui no mundo, nem o mundo se inclui na poesia: "Mas isso se dá antes de mais nada através de um nó provocativo disfarçado, em que se diz que a poesia não está onde se supõe estar, ao mesmo tempo que já está onde se diz expressamente não estar", argumenta. Diante desse "espelhamento negativo" entre eu e mundo, os diálogos constantes com uma segunda pessoa, como acontece aqui na última estrofe, tornam-se "um diálogo interior tendo a consciência crítica como *alter ego*".

Ao inserir o sujeito na vida urbana – em um espaço que, conforme a segunda estrofe, pode ser a cidade tanto pequena como a grande –, o poema introduz também o tema do indivíduo na metrópole, que Drummond problematizou de forma pioneira, ao inaugurar, "no Brasil, uma reflexão sobre o (não) lugar do indivíduo solitário na massa urbana, que se identifica com ela e dela se desidentifica". O sentimento de abandono em meio à procura pela totalidade une a condição do sujeito urbano ao apelo de fundo religioso na quinta estrofe e à invocação do mundo, "em registro cômico e paródico", na sexta estrofe. "Tal afirmação de potência [...] contrasta com a glosa paródica da impotência da poesia, visada aqui através de seus instrumentos mais elementares", afirma o crítico, referindo-se à associação entre "rima" e "solução" (WISNIK, 2005b).

O que outros intérpretes leram como timidez, Wisnik chama de "enorme reserva de sensibilidade que se esconde por trás da aparente, ainda que tumultuada, insensibilidade" – lendo-a não como traço psíquico, mas como posição do sujeito diante do mundo e da história: o *gauche* "funciona acintosamente com o hemisfério trocado, numa lógica diversa da pragmática do mundo produtivo", encenando, no limite, um "pensamento da história" em Carlos Drummond de Andrade, perpassado pela reflexão sobre "o (não) lugar da poesia no mundo: o mundo exclui a poesia, e a poesia insiste ainda em incluir o mundo" (WISNIK, 2005b).

Naquela que é provavelmente a leitura mais cerrada do poema, Alcides Villaça flagra o "padrão de instabilidade" gerado pela combinação de ironia, confissão, humor e gravidade – responsável pela criação de "ritmos, inflexões e imagens desnorteantes – revelações de beleza". Filiando-se à leitura de Mário de Andrade ao afirmar que "a poesia de Drummond inaugura-se dividida entre a altivez de um sujeito decididamente fincado em seu próprio posto de observação e o sentimento de desamparo do tímido que bem desejaria sair dele para realizar sem culpa os 'tantos desejos'", o crítico pondera, porém, que o *gauchismo* combina traço psicológico, estilo e lugar social, revelando o desajuste entre indivíduo e mundo: "A tarefa das imagens e dos conceitos poéticos estará em ao menos aclarar, no ritmo interno dos poemas ou na relação entre estes, os polos que constituem uma precisa discordância" (VILLAÇA, 2006, pp. 15-16).

Villaça sublinha a dimensão prosaica do poema, que determina inclusive a maneira como é retratada a fatalidade em que se vê envolvido o eu lírico. A condição trágica de seu nascimento se torna familiar pela aplicação do pronome "desses" ao anjo torto, e a frase coloquial ameniza o tom da maldição imputada ao sujeito. "A recusa à ênfase da excepcionalidade é a base do registro diminuído deste particular *gauchismo*", afirma, reiterando "a ideia da desmitificação da *queda* como evento de grandeza trágica" – o que será retomado de diferentes maneiras em outras passagens do poema. Entre a confissão que surge na quinta estrofe como interpelação a Deus e a descida de tom na sexta, com a "piada de um Raimundo que rima e não é solução", concretiza-se a queda como estilo; já a estrofe final imprime tom de proximidade ao dirigir-se com cumplicidade ao leitor ("Eu não devia te dizer") e referir-se de forma banalizada ao diabo ("comovido como o diabo"). Dissolve-se, assim, "o que rest[a] de trágico da fraqueza do abandonado, ou o que sobr[a] da gravidade formal do 'homem atrás do bigode'" (VILLAÇA, 2006, p. 33).

No fecho, o crítico vê ainda uma proposta de conciliação: após as oscilações e contradições das seis estrofes, a sétima, por meio do coloquialismo do verso final, "redimensiona toda a complexidade estética do poema e os diferentes planos existenciais do sujeito, trazendo tudo para o contexto da prosa amiga e complacente, espécie de cadinho ideológico de uma sociedade cujas antinomias buscam resgatar-se em já proverbiais 'no fim dá certo', 'é conversando que a gente se entende', 'o diabo não é tão feio quanto se pinta' etc." (VILLAÇA, 2006, pp. 36-37). Com isso, argumenta, Drummond faz dos limites do público leitor um elemento estruturador da síntese poética e existencial empreendida no poema. O sujeito *gauche*, em *Alguma poesia* caracterizado pelo imobilismo, encontrará novas formulações para suas contradições e ruminações em livros posteriores do poeta.

Poesia de circunstância
MURILO MARCONDES DE MOURA

A definição mais célebre de "Poesia de circunstância" foi formulada por Goethe em 18 de setembro de 1823, em uma de suas conversações registradas por Eckermann: "O mundo é tão vasto e rico e a vida tão multifacetada que nunca faltarão ensejos para poemas. Mas é necessário que sejam todos poemas de circunstância, isto é, a realidade deve oferecer-lhes a ocasião e a matéria. Um caso particular torna-se geral e poético justamente porque o poeta o trata. Todos os meus poemas são poemas de circunstância, são estimulados pela realidade e têm nela o seu chão e fundamento. Não tenho em alta conta poemas tirados do nada" (apud MOURA, 2016, pp. 12-13).

Mas é também a definição mais larga, no sentido de distinguir pouco, de modo que dessa perspectiva praticamente *toda* poesia poderia ser considerada de circunstância. Kierkegaard reprovava eticamente essa concepção de Goethe, por estar fundamentada, segundo ele, em uma "técnica de distanciamento": "Toda vez que alguma circunstância externa da vida de Goethe está para esmagá-lo, ele a distancia fazendo dela uma composição poética". Mas o próprio Kierkegaard considerava que "mesmo a criação mais perfeita e mais profunda pressupõe uma circunstância, que é o invisível fio de aranha ao qual o fruto está suspenso" (PAREYSON, 1966, p. 142).

Essa elasticidade do conceito goethiano de "poesia de circunstância", referendada, ainda que agonicamente, pelo filósofo dinamarquês, não deixa de se ajustar razoavelmente bem a Carlos Drummond de Andrade, "poeta do finito e da matéria" (RP, p. 10), cuja poesia sempre se quis porosa à experiência concreta.

Iniciemos esse périplo pelo pórtico de sua obra: "Poema de sete faces". Publicado originalmente em jornal em 25 de dezembro de 1928, ele poderia ser lido como "lírica de natal", no sentido de estar vinculado a uma ocasião ou a uma festa específica. A referência ao nascimento do sujeito lírico e a disseminação de imagens religiosas ao longo do poema, irônicas ou iconoclastas que sejam, atestariam essa presença da circunstância de sua produção e/ou de sua publicação. Sem pretender ser exaustivo, mas apenas indicando a extensão do problema em nosso poeta, enumeremos outros exemplos.

As datas não são incomuns na obra de Drummond, comparecendo algumas vezes desde o título, e em poemas de caráter muito diverso, do trágico ao ameno: "Outubro 1930", "Elegia 1938", "Visão 1944", "Antibucólica 1972", "Verão carioca 73". O longo intervalo entre as datas, sugerindo uma lacuna centrada nos anos 1950, momento de forte essencialização da lírica do poeta, recolhida em relação ao cotidiano imediato ou aos grandes acontecimentos históricos, aos quais esteve particularmente receptiva até os anos 1940 (sobretudo durante a Segunda Guerra Mundial, e seus "poemas de guerra" estão entre os mais fascinantes de sua poesia de circunstância), ou refratária à incorporação da matéria cronística, que será uma de suas vertentes a partir dos anos 1960, não nos deve deixar enganar: em todos os momentos a circunstância foi importante na criação poética de Drummond.

Em "Como um presente", um dos mais impressionantes poemas referentes à figura paterna, a circunstância também é patente, e se impõe já na abertura: "Teu aniversário, no escuro,/ não se comemora" (RP, p. 107). O poema está datado de 7 de dezembro de 1943, 12º aniversário da morte do pai, atestando o peso do evento em sua criação. É o caso de lembrar os vários poemas dedicados à mãe, entre outros "Aniversário", "Carta" e "Para sempre"; igualmente, poderiam ser acrescentados a essa lista os poemas de celebração dos nascimentos dos netos, "A um varão que acaba de nascer", "A Luís Maurício, infante". (Não por acaso, Drummond reconheceu e sublinhou o "intenso sentimento familiar" em Manuel Bandeira.) A presença dos amigos é ainda mais profusa, e o poema que inicia essa série interminável é justamente dedicado a Bandeira: "Ode no cinquentenário do poeta brasileiro". Muitos outros se seguiriam, homenagens, louvores, exéquias – por exemplo, a Mário de Andrade, mas também a escritores, artistas e intelectuais muito variados. A lista é inumerável: entre muitos outros, Álvaro Moreyra, Mario Quintana, Américo Facó, Jorge de Lima, Santa Rosa, Goeldi, Di Cavalcanti, Guignard, Rodrigo M. F., Machado de Assis, Alphonsus de Guimaraens, Charlie Chaplin, Federico García Lorca... Assim, o "timidíssimo" Drummond, conforme Mário de Andrade, ou "um sujeito seco, duro como osso", segundo Graciliano Ramos, fez de sua poesia um largo espaço de convívio, de vivos e mortos, brasileiros e estrangeiros, como se este convívio fosse mesmo uma das justificativas mais profundas do próprio ato de escrever.

Até aqui, praticamente mencionamos apenas poemas incluídos em seus livros "maiores". Mas, se tanta coisa pode ser considerada poesia de circunstância, como buscar alguma especificação dentro da obra de nosso poeta? José Guilherme Merquior, por exemplo, caracteriza alguns desses poemas como "odes de celebração" (MERQUIOR, 1976, p. 106); em outra parte, como "poesia leve", a que faltaria uma maior problematização existencial (MERQUIOR, 1976, p. 233). De outro ângulo, Betina Bischof, denomina de "poemas de ocasião" diversas passagens do livro *As impurezas do branco*, acrescentando que eles não apresentam "a densidade dos poemas marcados pela negatividade, ou mesmo da lírica amorosa" (BISCHOF, 2012, p. 140). Esses dois críticos, e provavelmente eles representam a grandíssima parte dos leitores do poeta, sugerem a necessidade de uma hierarquia – entre os poemas mais bem realizados de Drummond, atravessados pelo traço irônico e reflexivo, e outros em que o poeta se compraz na expressão mais gratuita dos afetos ou na fixação de alguma minúcia fugaz, "poesia errante", ou, ainda, ponto notável nessa sua poesia "menor", o apreço pelo jogo de palavras e pelos malabarismos da versificação.

Predrag Matvejevitch, em seu amplo e original estudo, distingue três tipos de poesia de circunstância: a poesia vinculada a cerimônias ou a datas fixas; outra, aderente aos acontecimentos históricos e político-sociais; uma terceira, que canta os fatos da vida privada ou subjetiva. Esta última é aquela defendida por Goethe como a poesia de circunstância por excelência, em relação a qual se observa um alto grau de implicação do poeta, transformando-a de algum modo em experiência interior e portanto receptiva à expressão poética igualmente densa e internalizada (MATVEJEVITCH, 1979).

Esse grau de implicação pode ser estreitado também nas outras formas em princípio mais "externas". Assim, do surrado dia de natal, Drummond elaborou, no "Poema de sete faces", um complexo autorretrato que continua a desafiar os mais exigentes intérpretes. Como ele próprio definiu, ao se referir à poesia de circunstância em Manuel Bandeira: "Se se incorpora à poesia, deixa de ser circunstância. Arte de transfigurar as circunstâncias, poderíamos rotular a poesia", ou ainda: "A circunstância é sempre poetizável e isso nos foi mostrado até o cansaço pelos grandes poetas de todos os tempos, sempre que um preconceito discriminatório não lhes travou o surto lírico" (PI, p. 120).

Ao considerar, talvez, essa relativa reversibilidade entre o fútil e o grave, entre o efêmero e o duradouro, e se recusando a uma demarcação demasiado estrita entre eles, pelo menos no âmbito da poesia de circunstância, assim escreveu Bandeira sobre nosso autor: "Nunca houve em Drummond compartimentos estanques de poesia de eternidade e poesia de circunstância [...]. A poesia dos bons poetas é uma só" (BANDEIRA, 1958, pp. 369-70). Mas as dificuldades e mesmo as contradições se acumulam, pois o mesmo Manuel Bandeira isolou a grande maioria de seus poemas de circunstância em volume à parte: *Mafuá do malungo*.

Essa mesma atitude Drummond passou a adotar a partir de *Viola de bolso* (1952), a primeira coletânea na qual assume em sua oficina o "meigo tom" (DRUMMOND DE ANDRADE, 1952, p. 35). O título, nesse poeta tão engenhoso quanto preciso em suas escolhas, significa muito, ao atrelar ao instrumento comum o alcance modesto. Como contraponto, é o mesmo momento em que exalta a "poesia nobre" de Américo Facó, na qual imperam "a paciência, a obstinação, a indústria" com os "vocábulos agenciados no rigor último de sua acepção" (PI, pp. 125-26), formulações que servem como uma luva para descrever o próprio fazer drummondiano daquela década.

O pequeno volume já antecipa as principais manifestações dessa escrita, em princípio fácil e despretensiosa, que irá crescer muito na produção vindoura do poeta, superando talvez em quantidade a de seus dez primeiros livros, a porção (muito justificadamente) sempre mais exaltada de sua obra, ao lado da série *Boitempo*. Mas aqui já temos algo singular, a ser assinalado: é nessa frequência modesta que o grande poeta passa a exercer seu ofício, pelo menos na maior parte do tempo. E ele vai fazê-lo com dedicação e fidelidade ímpares. E é preciso reconhecer que a integridade de sua grandeza de poeta também se deve a esse conjunto em sua maior parte negligenciado. Isto é, a leitura dessa imensa produção aprofunda a identidade literária de Drummond. Ao homenagear outros escritores; agradecer o recebimento de livros; caprichar nas dedicatórias; traçar breves perfis de pessoas de seu convívio; parabenizar pelos aniversários; celebrar nascimentos; despedir-se dos mortos; insurgir-se contra a destruição da natureza; intrometer-se na política eleitoral imediata; apelar contra a prisão de Nara Leão; meditar sobre um gato siamês solteiro em Buenos Aires; imaginar o passeio de uma solitária assombração na amorosa noite carioca; a solidão de um homem se despindo em casa após retornar do trabalho; meditar sobre como, na dança, a alma se agita sem perder a forma do corpo; celebrar a chegada do carnaval; propor um "receituário sortido" (DP, p. 24) de ansiolíticos; louvar as jogadas de Pelé e Garrincha; emular em algumas passagens os simultaneísmos vertiginosos das notícias de jornal – o que ele faz, essencialmente, é promover a própria poesia à linguagem mediadora de *todas* as relações. O que se perde em densidade ganha-se em amplitude, e nessa espécie de prontidão para os mais variados campos da experiência, e também para tonalidades muito distintas, Drummond nos fornece uma imagem rara de poeta permanente, que, na literatura brasileira, poucos, além dele (e de Manuel Bandeira), poderiam ostentar.

Retornando à primeira *Viola de bolso*, cabe observar a tendência à versificação regular, mas com variações constantes de metro (por exemplo, os cinco primeiros poemas do livro, em sua primeira edição, estão construídos, respectivamente, em redondilhas menores, redondilhas maiores, decassílabos, octossílabos e eneassílabos), observa-se também a presença generalizada da rima e dos jogos sonoros. Como afirmou Manuel Bandeira, a propósito da *Viola* em sua segunda edição (1955), ou "novamente encordoada" (como Drummond denominou com graça): "Naturalmente, essa atividade ginástica e gratuita se pode exercer com mais liberdade na poesia de circunstância", "eis Drummond desatado nas mais perigosas acrobacias, nos mais surpreendentes saltos mortais da tradição gongorina e mallarmeana" (BANDEIRA, 1958, pp. 369-70). E já que foram citados esses dois poetas, tão difíceis (mas que praticaram a poesia de circunstância), cabe acrescentar que o enigma também frequenta essa vertente da poesia drummondiana. Para citar apenas dois exemplos: "Tempo e olfato", no qual em dez dísticos heptassilábicos o sujeito, tangido pelo odor de um perfume, sente seu corpo vibrar como harpa, e entregue às sugestões mais desencontradas da memória, navega no mar do tempo feito hipocampo, explorando o duplo sentido da palavra. E o intrigante "Maralto", este acrescido em edições posteriores, certamente mais desenvolvido e também mais complexo – sete estrofes de sete versos, em redondilhas menores, com esquema rímico engenhoso e vocabulário raro. O poema-adivinha se inicia e finaliza pela interrogação, cuja resposta parece encontrar-se/esconder-se no próprio enovelado da forma, que se vale do ritmo veloz dos versos curtos para efetuar as transições mais libertas: mar, galo, torre, nuvem, tronco, flores, rosto, gêiser, pranto, sem contar as nuances de cor, e os ritmos intensos do corpo.

Além da série *Viola de bolso*, um outro (longo) conjunto pode ser associado à poesia de circunstância: *Versiprosa*. Na nota do próprio Drummond: "Crônicas que transferem para o verso comentários e divagações da prosa. Não me animo a chamá-las de poesia. Prosa, a rigor, deixaram de ser. Então, versiprosa". Consulto a edição da *Poesia completa* (2001), editada "conforme as disposições do autor", com "fixação de textos e notas" de Gilberto Mendonça Teles. Nela há textos datados entre 1954 e 1970. Alguns títulos indicam a desambição do projeto: "Lira pedestre", "Lira de jornal", e indicam sua submissão aos fatos cotidianos ou às novidades do momento, de vária ordem. Como sempre, há muita coisa engenhosa.

Por exemplo, para dar notícia de um manuscrito de Tomás Antônio Gonzaga descoberto por Rodrigues Lapa na Biblioteca Nacional do Rio de Janeiro (1958), Drummond escreve um soneto ("Encontro") em que associa o fato a dois acontecimentos simultâneos – o da "Operação Americana", sonho inocente para sanar a fome na América Latina, e o aumento de salário "com que engana/ o barnabé o choro da família". Cada uma dessas fomes ocupa um quarteto, no corte preciso proposto pelo poeta. Aos tercetos, cabe louvar, "a mais bela notícia", de que se "alimenta" o poeta: "É teu poema, a furar o esquecimento/ dos arquivos, qual flor rompendo a fraga:/ Poesia, eternidade do momento" (VP, p. 77), em que o verso final revisita uma das definições possíveis da poesia de circunstância.

Em outro momento, "A um viajante", datado de 21 de março de 1965, o poeta se dirige certamente ao cosmonauta russo Alexei Leonov, o primeiro homem a "caminhar" no espaço, fora da nave: "Eu vi você flutuando/ na avenida sidérea". O poema é longo e composto numa sequência única, que busca imitar o trajeto tranquilo e gracioso do cosmonauta, "livre/ de terrestres algemas", associando-o ora a um nadador ("sobremarino"), ora a um "acrobata humorista/ piruetando à solta", ora a um ser alado "tão mais que pássaro", ou a "uma dança [...]/ nova, de novo ritmo?". O sujeito poético se projeta na aventura: "Liberto assim me vejo/ em você, de mim mesmo". Não podia faltar a imagem recorrente da flor-poema: "cosmoflor abrindo/ as pétalas magnéticas/ acima das estrelas/ [...]/ Flor impossível". Aquele caminhar, um "ensaio indeciso" do homem, subitamente devolvido à infância de uma nova experiência (VP, pp. 137-39).

Como último exemplo dessa longa série, mencionemos o grave "O morto de Mênfis". Escrito em 12 de abril de 1968, reporta-se ao assassinato de Martin Luther King, ocorrido oito dias antes. Nele o poeta revisita, com indignação e amargura, velhas feridas acumuladas pelo século XX – a intolerância racial, o ódio e o crime, que em princípio interditam a poesia: "A arma branca/ e o alvo preto/ não cabem/ no soneto.// A mão/ que move o fuzil/ destrói o til/ da canção". A descrição do ódio ao longo da parte intermediária do poema impressiona: "Onde a vida brota/ seu talo verde,/ ele vai e corta.// Onde a vida fala/ sua esperança,/ ele crava a lança". Nesse "projeto medonho", "as artes, os sonhos dissipam-se". "Mas renascem", e as estrofes finais buscam reafirmar "o ato de amar" (VP, pp. 219-21), a fraternidade que estava no centro da mensagem de Martin Luther King ("*I have a dream*").

Como vimos, são "poemas datados", de todo contíguos à matéria cotidiana; são, também, frutos do trabalho remunerado do escritor ligado ao jornalismo. Mas não são "poemas de encomenda", e neles o poeta se encontra o mais das vezes profundamente implicado. Esse vínculo íntimo de Drummond com o jornal sempre esteve presente. Dois de seus poemas mais conhecidos, "Morte do leiteiro" e "Desaparecimento de Luísa Porto", foram criados a partir de notícias de jornal. Nos três que acabamos de comentar, e em tantos outros dessa última fase do poeta, os poemas, por assim dizer, são ou fazem a notícia.

Ainda no âmbito jornalístico, cabe mencionar "DIAMUNDO 24h de informação na vida do jornaledor", longo texto composto a partir da colagem de notícias extraídas de algumas agências, mencionadas no final. Em meio à pletora de classificados de imóveis, ofertas de empregos, informações sobre o tempo, horóscopo e notícias variadas, lê-se uma linha isolada: "Uma flauta emudece: Pixinguinha" (IB, p. 19). O poema está contido em *As impurezas do branco* (1973), que contém diversos outros que poderiam ser caracterizados como "poemas de circunstância".

O mesmo ocorre em *Discurso de primavera e algumas sombras* (1977) e *Amar se aprende amando* (1985), neste último o poeta reivindica o "real cotidiano" como "também matéria da poesia" (AA, p. 11), mas a rigor isso não é novo, e existe em sua obra desde sempre. Em ambos os livros, retorna o registro modesto, como indicam certos intertítulos: "Microlira", "Miniversos", novamente "Lira pedestre", "Textos mínimos", "Patchwork". Há poemas que hoje chamaríamos de ecológicos, sobre o São Francisco: "Está secando o velho Chico./ Está mirrando, está morrendo" (DP, p. 13), ou então aquele intitulado "Num planeta enfermo" (DP, pp. 16-18). Sempre no primeiro livro, é curiosa a série intitulada "Os marcados", em que o poeta se volta para personagens que escaparam do "quadro bitolado dos contentes" (DP, p. 42), entre várias figuras, além das já mencionadas: Helena Antipoff, Pedro Nava, Murilo Mendes, Clarice Lispector, Lúcio Cardoso. Em "Retrolâmpago de amor visual", temos a enumeração infindável das "namoradas mortas", todas atrizes de cinema da época da primeira juventude do poeta cinéfilo (DP, p. 139). No poema "Fazer 70 anos", de *Amar se aprende amando*, o poeta lamenta o crescimento dos "catálogos de esquecimentos e ruínas", mas também admite "a estranha felicidade da velhice" (AA, p.37).

De *Poesia errante. Derrames líricos. (E outros nem tanto, ou nada)*, cabe sublinhar a longa série "Mosaico de Manuel Bandeira". Mestre, cúmplice e amigo, o poeta pernambucano é aquele a quem Drummond mais dedicou poemas, que dariam para compor um opúsculo de muito interesse: além do "Mosaico", "Ode no cinquentenário do poeta brasileiro", "O chamado", "Signos", "No aniversário do poeta", "Declaração a Manuel", "ABC manuelino", "Desligamento do poeta", "Manuel Bandeira faz novent'anos" e outras breves passagens.

Transcrevamos uma das trocas de gentilezas entre os dois poetas: "O sentimento do mundo/ É amargo, ó meu poeta irmão!/ Se eu me chamasse Raimundo!.../ Não, não era a solução./ Para dizer a verdade,/ O nome que invejo a fundo/ É Carlos Drummond de Andrade" (BANDEIRA, 1970, pp. 302-03) e "Querido Manuel, a minha/ musa de pescoço fraco,/ ao ver-te, mete a violinha/ no saco" (DRUMMOND DE ANDRADE, 2011, p. 120).

Essa "poesia de cortesia" serve como passagem para o último volume drummondiano a ser mencionado nesse verbete: *Versos de circunstância*, bela edição organizada por Eucanaã Ferraz, com longo e importante estudo introdutório de Marcos Antonio de Moraes. O livro reproduz três cadernos conservados pelo autor, contendo cerca de 300 breves poemas, em geral dedicatórias, votos de boas-festas, agradecimentos e louvações. Aqui, estamos no âmbito mais estrito da poesia de circunstância, e se torna mais difícil para os leitores em geral confrontar esse conjunto com os primeiros 30 anos da obra drummondiana sem depreciá-lo como coisa menor.

Algo análogo se deu com Stéphane Mallarmé, em seus *Vers de circonstance*, e evidentemente o título dado pelo próprio Drummond ao conjunto de poemas reunidos em seus três cadernos não foi fortuito. Yves Bonnefoy, em prefácio a uma edição recente dessa produção mallarmeana, afirma como "a partir de 1886, ele [Mallarmé] multiplica esses poemas diminutos e irá compô-los até o fim de sua vida com a mais constante perseverança [...] são conhecidos mais de seiscentos distribuídos entre amigos", e mais adiante: "Os poemas de circunstância vão ser durante quinze anos uma das ocupações mais importantes de Mallarmé" (BONNEFOY, 2009, pp. 7-52). As explicações de Bonnefoy para tamanho empenho do autor de *Igitur* nesses "versos de circunstância" convergem para a "importância da forma" que essas "futilidades" paradoxalmente demandam, a necessidade de um "rigor" extremo na observação das "leis da prosódia", o encontro de "soluções impecáveis", que por vezes tangenciam a "acrobacia", e a "divertida engenhosidade". Assim, o crítico acaba por considerar "os poemas de circunstância como um projeto sério", como "ainda uma autêntica pesquisa" do grande poeta (BONNEFOY, 2009, pp. 7-52).

Essas observações recordam aspectos da fala de Manuel Bandeira em sua bela conferência "O centenário de Stéphane Mallarmé", na qual, como era de se esperar, ele não descuidou dessa produção "menor". Bandeira chama esses poemas de "deliciosas bagatelas", em cujas quadras se podem encontrar "madrigais de uma sutileza jamais excedida"; exalta a justeza e a economia de meios do poeta e seu "puro sentimento estético" (BANDEIRA, 1958, pp. 1216-32).

Há muito disso nesses cadernos de Drummond. Leia-se o agradecimento à poeta Stella Leonardos pela oferta de um doce de amêndoas: "Da vida os tristes fardos/ esqueço, ante as amêndoas,/ dom de Stella Leonardos,/ tão doces. E comendo-as,// outra maior doçura/ vem-me à lembrança: aquela/ que impregna e transfigura/ a poesia de Stella" (DRUMMOND DE ANDRADE, 2011, p. 142). Os votos de boas-festas de 1956 a João Cabral, a quem deseja "não seja a vida severina/ e lhe dê sempre um novo carme/ [...]/ E viva assim por muitos anos,/ a transformar o barro em ouro" (DRUMMOND DE ANDRADE, 2011, p. 140). A dedicatória de *Lição de coisas* ao amigo de primeira hora, Abgar Renault: "Não das coisas, da vida/ a lição a guardar:/ é conforto na lida/ ter este amigo: Abgar" (DRUMMOND DE ANDRADE, 2011, p. 198). A brincadeira com o erudito amigo Plínio Doyle, ao dedicar-lhe um exemplar de *Quadrante II*, antologia de crônicas de sete autores (na capa da edição original, o nome de Drummond vinha em primeiro lugar): "Primeiro serei, num átimo,/ embora, entre sete, sétimo,/ a dedicar – é legítimo/ a Plínio, esse amigo ótimo,/ o nosso livrinho último" (DRUMMOND DE ANDRADE, 2011, p. 217). Uma das dedicatórias mais requintadas a Manuel Bandeira, na tradução de *Beija-flores do Brasil*, de Descourtilz: "Na estampa floral/ meu louvor entoo/ a Manuel, manual/ do mais alto voo" (DRUMMOND DE ANDRADE, 2011, p. 170). O saboroso diálogo com Cleonice Berardinelli, que já havia recebido do poeta *O fazen-*

deiro do ar e lhe pede agora a dedicatória da *Obra completa*: "[...] e sem querer abusar/ de tão grande cortesia/ vem pedir ao fazendeiro/ que pendure outra oferenda/ à porta dessa fazenda/ feita de prosa e poesia" (BERARDINELLI, 2011, p. 228). A resposta-dedicatória do poeta é um elogio à professora e intelectual, que havia adaptado anos antes textos dos trovadores medievais para o português moderno: "Fazenda mais vasta e bela/ do que esta pobre chacrinha/ todos sabem ser aquela/ onde logo se adivinha/ uma riqueza de frutos/ e de flores medievais,/ com que arte transplantados/ para os tempos atuais" (BERARDINELLI, 2011, pp. 228-29). E passa a enumerar nomes de alguns trovadores reunidos pela "genuína fazendeira".

Como assinalado, nos últimos 30 anos de vida de Drummond, esses escritos de circunstância proliferaram e vieram se juntar a tantos poemas anteriores em que o "sentimento do mundo" já continha uma abertura generosa para os outros e para as circunstâncias mais heterogêneas da vida. A imagem final é a de um poeta em permanente atividade, cuja obra desmesurada representa uma radical celebração da literatura e do próprio ato de escrever.

Poética

LUIZ COSTA LIMA

Sem aqui considerar o papel dos concretos (Augusto e Haroldo de Campos, Décio Pignatari), lançados em 1953, com a revista *Noigandres*, a lírica brasileira do século XX conheceu duas realizações extremas: a poesia arquitetônica de João Cabral de Melo Neto e a da simbiose entre o subjetivo e o objetivo de Carlos Drummond de Andrade. Em João Cabral, o construtor subtrai o subjetivo de sua expressão explícita. Em Drummond, as dimensões mantidas do subjetivo descobrem um mundo doutro modo impalpável. Sua estreia se dá em 1930, com *Alguma poesia*. Era sim e apenas ainda "alguma", que assinalava sua adesão à revolta do modernismo brasileiro contra a rigidez parnasiana. De seu amigo e então mentor, Mário de Andrade, o poeta mineiro recebia a ênfase na redescoberta da terra e a desintoxicação da linguagem poética, sendo o papel de Mário contrabalançado pela influência de alguém mais verdadeiramente poeta, o também amigo Manuel Bandeira. A blague, célula básica, fazia parte da aludida desintoxicação, cumprida por liberar a poesia dos sentimentos tidos por finos – a saudade, a melancolia, a nostalgia da perda –, por sua vez formulados em uma linguagem hostil à coloquialidade cotidiana. Por exemplo, o depois famoso "No meio do caminho" foi tomado como agressão ou desrespeito de moço irreverente ante a sociedade polida.

O começo do poeta pleno só se dá em 1940, com *Sentimento do mundo*. Por que dele dizemos ser a primeira prova eloquente de um grande poeta?

Não é porque desapareça a múltipla tematização que atravessa seus dois primeiros livros: "Quem foi que apitou?/ Deixa dormir o Aleijadinho coitadinho" ("São João del-Rei", AP, p. 26); "Esqueci um ramo de flores no sobretudo" ("Nova Friburgo", AP, p. 27), que aponta para o eixo de Itabira – "Cada um de nós tem seu pedaço no pico do Cauê" ("Itabira", AP, p. 25) – senão porque ela passa a contar com um eixo de fusão. Este se manifesta na peça de abertura do *Sentimento*. A matéria de que trata já estivera nos dois primeiros livros, sem que participassem da força imagética enunciada pelos três primeiros versos do *Sentimento do mundo*: "Tenho apenas duas mãos/ e o sentimento do mundo,/ mas estou cheio de escravos". Sem tal potência, o *insight* memorialista corresponderia a linhas de uma crônica. Destaque-se a segunda estrofe: "Quando me levantar, o céu/ estará morto e saqueado,/ eu mesmo estarei morto,/ morto meu desejo, morto/ o pântano sem acordes" (SM, p. 9). A temática da guerra já se manifesta na apreensão do eu. É de sua fusão que resulta o sentimento do mundo. A vastidão do mundo é tanto maior quanto o eu é "anterior a fronteiras". De sua correlação resulta que, embora a quarta estrofe inverta as posições de mundo e eu, ressaltando o segundo, o destaque do eu é paralelo ao da guerra que grassa pelo vasto mundo.

A fusão referida assinala que nenhum de seus termos determinantes – o mundo, em seu interior, a guerra, e o eu, dentro dele, Itabira – pode ser entendido em sua acepção geográfica. A geografia é reescrita temporalmente. Em virtude da mudança, as "sete faces" do poema de abertura de *Alguma poesia* adquirem a visibilidade não confundível com a que envolve qualquer inscrição geográfica. Com isso não se insinua que a fusão se converta em um outro sinal de estabilidade, como se à mudança das peças dos dois primeiros livros correspondesse a simples passagem do espaço geográfico para o tempo histórico. Pensá-lo seria desastroso para a compreensão da poética drummondiana. Em vez de permanência e estabilidade, a passagem para a tematização do tempo provoca uma tensão constante, que subjaz à irregularidade qualitativa da obra analisada. Aponto aqui apenas o que é inestimável para que se veja a presença da tensão. É o que nos concede a leitura da segunda peça do *Sentimento do mundo*, "Confidência do itabirano". Como em continuação da quarta estrofe do primeiro poema, "Quando os corpos passarem,/ eu ficarei sozinho,/ desfiando a recordação/ do sineiro, da viúva e do microscopista", o termo "mundo" é posto em segundo plano – muito embora a continuação da leitura assinale que sua secundariedade é aparente: a guerra, que envolvia o mundo, habita uma hipotética caverna, de onde comanda a tensa permanência. Como ela se manifesta? Leia-se a estrofe final: "Tive ouro, tive gado, tive fazendas./ Hoje sou funcionário público./ Itabira é apenas uma fotografia na parede./ Mas como dói!" (SM, p. 10). É óbvio que não se fala em guerra. A transmutação de "mundo" no tempo do "eu" requer que a "guerra" encontre um análogo. É a ele que chamaremos de princípio corrosão. (Ele foi formulado inicialmente no capítulo de *Lira e antilira*

[1968] dedicado a Drummond, em desenvolvimento ainda bastante imaturo.) Sua presença nos versos transcritos está subordinada à dominância da memória de Itabira. O ter tido o que agora não tem mais, sendo o de agora bastante inferior, significa que, para o poeta, o tempo implica corrosão. O tempo não é tão só mutação, mas permanência do desgaste. Sua apreensão é mais evidente se voltarmos ao começo da "Confidência": "Alguns anos vivi em Itabira./ Principalmente nasci em Itabira./ Por isso sou triste, orgulhoso: de ferro./ Noventa por cento de ferro nas calçadas./ Oitenta por cento de ferro nas almas". O contraste de antes e aquele agora é o que marca a diferença entre seus antepassados e o poeta: fazendeiro de terras e o "fazendeiro do ar". A propriedade deste consiste nos poemas que engendre. O poema é, por conseguinte, um paradoxal bem no ar. Dito de maneira mais explícita: é um bem cultivado pela imaginação, lastreado pela memória do que foi vivido. Dissemos por isso que as "sete faces" que abriam seu primeiro livro davam lugar a uma fusão, caracterizada por seu caráter tenso. Ora, como manifestarão cabalmente os três volumes de *Boitempo* (1968, 1973, 1979), o que fora vivido pelo "menino antigo" entre Itabira e arredores era a herança do avô e do pai fazendeiros. Por mais diversa que seja a condição presente, o bem do ar, por excelência o poema, guarda consigo bastante do descendente de fazendeiros. A mudança de condição e de status não é metamorfose integral, pois a memória conserva valores que gera valores de mesma linhagem. Ressalto apenas que a expressão "fazendeiro do ar" não é tão só irônica, mas também confessional. O segundo qualificativo, "do ar", sobretudo destaca a contradição que atravessa a obra drummondiana. Ou seja, conquanto crítico do legado de exploradores de terras e de homens, o poeta não se desliga por completo da carga que nele se mantém. Por certo, a observação da permanência de valores engendrados pela posição material do sujeito não é exclusividade do poeta mineiro. Ao contrário, Drummond é a própria encarnação do que sucede com o intelectual brasileiro, cuja ocupação do "ar" torna-se possível porque legara certa disponibilidade material para dedicar-se a uma tarefa pouco rendosa. Por essa carga, o intelectual brasileiro manifesta a perduração de valores adequados aos proprietários, mesmo quando assume uma posição política avessa à deles. Esse elemento entrará nas contradições do autor, assim como na força que assume o princípio corrosão, sem que as explique. O que chamamos de corrosão-escavação corresponderá a certo momento em que a posição política do poeta se oporá flagrantemente à contradição que logo se reafirmará.

A corrosão-escavação pouco se manterá, enquanto a espécie contrária, a corrosão-opacidade, será temporalmente de atuação bem mais extensa. Antes de explorá-las, perguntemo-nos como a contradição entranhada no "fazendeiro do ar" coexiste com a perduração do sentimento de guerra, inculcado pela corrosão. Para a coexistência de um com a outra é decisiva a presença da ironia. Pois a ironia é o fermento que corrói o sentimental, sem o apagar por inteiro. Observe-se em "Os mortos de sobrecasaca" que a recusa de apreensão sentimental é resultante da ironia corrosiva: "Havia a um canto da sala um álbum de fotografias intoleráveis,/ alto de muitos metros e velho de infinitos minutos,/ em que todos se debruçavam/ na alegria de zombar dos mortos de sobrecasaca.// Um verme principiou a roer as sobrecasacas indiferentes/ e roeu as páginas, as dedicatórias e mesmo a poeira dos retratos./ Só não roeu o imortal soluço de vida que rebentava/ que rebentava daquelas páginas" (SM, p. 21).

Tão relevante como a sincronia entre o tom sentimental e a ironia corrosiva é a consciência do poeta dos limites da ironia. Ela se mostra em verso que aparentaria tratar doutro tema: "O mundo é mesmo de cimento armado" ("Privilégio do mar", SM, p. 23).

O próximo livro a ser analisado, *José* (1942), compreendia poemas compostos em 1941-42. A nova residência do poeta se anuncia na primeira estrofe da primeira peça: "Nesta cidade do Rio,/ de dois milhões de habitantes,/ estou sozinho no quarto, estou sozinho na América" ("A bruxa", J, pp. 9-11). Logo chama atenção a presença de versos quase totalmente isossilábicos e parcialmente rimados, em "O lutador". Porque oposta à norma da irregularidade do começo, a mudança poderia parecer sistemática. De fato, é contingente. Em troca, "O lutador" anuncia algo relevante, a preocupação ímpar com a linguagem: "Lutar com palavras/ é a luta mais vã./ Entanto lutamos mal rompe a manhã" (J, p. 23). Expressa pela proximidade com o isossilabismo, ela poderia ser mal-entendida como opção pelo formalismo. Na verdade, a preocupação com a linguagem é simultânea à ênfase que agora se explicita na afirmação da falta de sentido das coisas e dos acontecimentos. Ela é incontestável na abertura de "Tristeza no céu": "No céu também há uma hora melancólica./ Hora difícil, em que a dúvida penetra as almas. Por que fiz o mundo? Deus se pergunta/ e se responde: Não sei" (J, p. 27). Atenção extrema à linguagem e admissão do não sentido do mundo juntam-se a um foco decisivo: a via reflexiva. Ela conduz ao que designamos como dimensão meta – física. A estrofe final do poema que dá título ao livro torna claro por que escrevemos "meta – física": "Sozinho no escuro/ qual bicho do mato,/ sem teogonia,/ sem parede nua/ para se encostar,/ sem cavalo preto/ que fuja a galope,/ você marcha, José!/ José, para onde?". Em um autor que não se destaca por indagações filosóficas, seria estranha uma orientação propriamente metafísica. Ela não ocorre. Aprofunda-se o interesse pelo sensível, respaldado pelo sentido a que o mundo não responde, que provoca a dimensão meta – física. A concentração na ocorrência nua do sensível cobrirá desde a viagem na família até à insistência em recursos verbais, como a ironia.

A referência ao passado pessoal não se confundia com algo próximo da autobiografia. Em suma, sem estar entre suas grandes obras, *José* era local de pontos inaugurais. Dizê-lo supõe pô-lo em posição menor quanto à obra seguinte, *A rosa do povo* (1945). Nesta, a reafirmação do destaque da palavra ressalta a própria estrutura do verso: "Não rimarei a palavra sono/ com a incorrespondente palavra outono./ Rimarei com a palavra carne/ ou qualquer outra, que todas me convêm" ("Consideração do poema", RP, p. 9). Por vir de um poeta, a reflexão será decisiva para a consideração a lhe ser prestada. Ao lado do assim reiterado, em *A rosa do povo* era ainda decisiva a adesão ao outro plural, situado muito além do desdobramento da memória pessoalizada: "[...] Tal uma lâmina,/ o povo, meu poema, te atravessa" ("Consideração do poema", RP, p. 10). A lâmina aludida, conquanto de pouca duração, é tão poderosa quanto a indagação da matéria do poema.

"Procura da poesia", de imediato destacável, reitera que a disposição isossilábica ou regular são de igual oportunas: "Penetra surdamente no reino das palavras./ Lá estão os poemas que esperam ser escritos" ("Procura da poesia", RP, p. 12). Aproximar a afirmação de "Anoitecer" tem de imediato o propósito de diferençar o acontecimento do que se destaca na memória pessoal. As estrofes de "Anoitecer" aproximam o tempo de antes com o de agora. Antes, no interior mineiro, ao toque do sino correspondia o retorno dos pássaros, no anoitecer. Agora, no tempo urbano, "o corpo não pede sono, depois de tanto rodar" ("Anoitecer", RP, p. 19), com o quê, o medo, saliente pela associação com a guerra, torna a aflorar. A grande cidade então se anuncia pela quebra da antiga tranquilidade. Em consequência, a lembrança de Itabira adquire, na ambiência cotidiana, um contraste visual. Intensifica-se então o marco da contradição, que se converte, em termos da mais palpável vivência imediata.

Temos visto que a imagem da guerra avulta no poeta. Como ela não se confunde com a que se expande na Europa, em *A rosa do povo*, à sua carga se acrescenta a sensação imediata do medo. A mescla de "carteiro, ditador, soldado" ("O medo", RP, p. 20) converte a sensação de guerra em bastante concreta. A presença iminente dispara ante alguém: "Fiquei com medo de ti,/ meu companheiro moreno", cuja explicitação pela cor não se justificaria sem se recordar nossa estrutura socioeconômica, em que negros e mulatos ocupam as posições mais deploráveis. Isso os torna os agentes mais próximos do crime e da violência. O "moreno" se incorpora aos desqualificados que provocam o medo. Isso ainda explica o verso de outro modo enigmático: "Assim nos criam burgueses"; burgueses que se concretizam na antepenúltima estrofe: "O medo, com sua física,/ tanto produz: carcereiros,/ edifícios, escritores,/ este poema; outras vidas" (RP, p. 21). A exemplificação extensa confirma o que atrás chamamos de a dimensão meta – física.

A rosa do povo é o livro mais longo que Drummond publicara. Sua extensão é também o da convivência de grandes poemas com peças mal resolvidas. Típica destas é "Nosso tempo". À qualidade da apresentação sintética dos versos iniciais, "Este é tempo de partido/ tempo de homens partidos" (RP, p. 23), corresponde um vale-tudo imagético em que a lembrança de cenas dispersas da juventude mineira se combina ao salto "engagé" da última parte, bem distante da qualidade da "Elegia 1938", do *Sentimento do mundo*.

Venho aos poemas da guerra. Neles, destaca-se a pujança da corrosão-escavação. Já não é a "aurora", da "Morte do leiteiro", mas algo assemelhado à explosão do inesperado, flagrante na abertura do "Telegrama de Moscou": "Pedra por pedra reconstruiremos a cidade./ Casa e mais casa se cobrirá o chão./ Rua e mais rua o trânsito ressurgirá./ [...]/ Outros homens, em outras casas,/ continuarão a mesma certeza" (RP, p. 131). A corrosão-escavação encontrará seu ápice na "Visão 1944", que assinala a maestria alcançada em um poema longo. Mas a corrosão-escavação não se confunde com a série da guerra. A mesma energia afirmativa é reiterada na homenagem a Charles Chaplin: "Ó Carlito, meu e nosso amigo, teus sapatos e teu bigode caminham numa estrada de pó e esperança" ("Canto ao homem do povo Charlie Chaplin", RP, p. 164).

Sem seguir a ordem impressa dos poemas, destaque-se o final do poema do princípio de *A rosa do povo*, "Áporo". Apenas acrescento a observação: se o quarteto de abertura se integra à noite opaca, o terceto final responde à espécie contrária de corrosão, a corrosão-opacidade, em cujo âmbito a orquídea "em verde, sozinha" remete à beleza natural e, analogicamente, ao poema (RP, p. 45).

O livro seguinte, *Novos poemas* (1948), abre a segunda fase do grande poeta e principia com "Canção amiga". Como se assinalara em *José*, a proximidade do verso isossilábico tinha um cunho apenas relativo. Efetivo era o abandono da corrosão-escavação, ainda presente na homenagem a Lorca, o poeta espanhol morto pelo fascismo falangista. O "Desaparecimento de Luísa Porto" assinala que a dissipação do engajamento político do autor não impede a frequência da temática fundada em acidentes ocorridos no povo simples. Em troca, é manifesta a permanência da preocupação com o aspecto formal do poema, sem que isso afete a irregularidade qualitativa das peças. Não é, pois, abusivo dizer-se que o livro não faria falta na fortuna crítica de Drummond.

Em 1951, a publicação de *Claro enigma* mostra a completa cessação do entusiasmo que acendera os poemas da guerra. Ao desengano com o que fora um breve engajamento político, provocado pela divulgação do caráter ditatorial que Stálin emprestara ao socialismo soviético, era proporcional a atração do poeta pelo que reserva a noite e a escuridão. O verso, aparentemente neutro, antes declara um profundo desengano: "Pois que aprouve ao dia findar,/ aceito a noite" ("Dissolução", CE, p. 15). A estrofe seguinte, "E com ela aceito que brote/ uma ordem outra de seres/ e coisas não figuradas/ Braços cruzados", poderia sugerir que a aceitação da ordem social decorresse da indiferença com o que ocorresse no âmbito da sociedade. A leitura cuidadosa outra vez evita o engano. "Seres e coisas não figuradas" (CE, p. 15) não se conciliam com uma opção política antagônica à que provocara a corrosão-escavação. Explicitam, sim, o aprofundamento do que denominei de dimensão meta – física. Menos que oposta, tal dimensão é o prolongamento do que manifestara o mundo de Itabira, com o olhar dolorido deposto nos retratos de família, com a recordação da desavença com o pai, com os miúdos desastres urbanos: a morte do leiteiro, a morte antevista no avião, a homenagem a Lorca, a esperança contida no telegrama de Moscou etc. No reino da noite, cabe o céu despovoado de estrelas e "povoações/ [que] surgem do vácuo" ("Dissolução", CE, p. 15). Em vez da intermitência de possibilidades aberta pela claridade do dia, "A madureza vê, posto que a venda/ interrompa a surpresa da janela,/ o círculo vazio, onde se estenda, e que o mundo converte numa cela" ("A ingaia ciência", CE, p. 18). A madureza, identificada com um dos efeitos da noite, converte a ausência suportável pelo que vê, dentro do corpo. Relacionada ao ofício de exploração da palavra, ante o trânsito das coisas, palavra e noite se entrelaçam e se fazem compatíveis. O que se ouve em "Dissolução" poderia decorrer de uma dor contingente, sem que deixe de conter um corte vertical. É na madureza que se revela o preço exato da existência. Ela contém "[...] O agudo olfato,/ o agudo olhar, a mão, livre de encantos,/ se destroem no sonho da existência" ("A ingaia ciência"). O que se anunciava como pertence da noite, melhor se formula como algo sucedido ao corpo. A madureza compreende a falta de resposta passível de ser extraída dos acontecimentos, porquanto, diante do que se oferecia ao passante, "a surpresa da janela" converte-se em "cela". O encanto, ainda que ocasional e provisório, de ver, tocar e sentir se desfaz no resto da existência: "E mereço esperar mais do que os outros, eu?/ Tu não me enganas, mundo, e não te engano a ti" ("Legado", CE, p. 19). Não que pela noite seja abolido o que antes era, em ampla escala, absorvido pelos sentidos, mas que agora se acrescente a camada de melancolia. Em contraste sobretudo com *José*, os poemas são de extensão curta ou mediana, concentrados no sentimento do agente, preparatórios do intenso reflexivo que se destaca em "Ser" e na "Oficina irritada": "Eu quero compor um soneto duro/ como poeta algum ousara escrever/ Eu quero pintar um soneto escuro,/ seco, abafado, difícil de ler" (CE, p. 38). Como prova o muito que se tem escrito sobre o poeta, não é que seus poemas não provoquem prazer senão que ele não é o prazer do aprazível aos sentidos, mas o que remete à degustação reflexiva.

Se a métrica regular e total ou alternadamente rimada por vezes recai em um rígido formalismo, como em "Fraga e sombra", em troca, em "Campo de flores", ela confina com a excelência exclusiva reservada aos poetas notáveis: "Seu grão de angústia amor já me oferece/ na mão esquerda. Enquanto a outra acaricia/ os cabelos e a voz e o passo e a arquitetura/ e o mistério que além faz os seres preciosos/ à visão extasiada" ("Campo de flores", CE, p. 52).

Já dissemos que a preocupação com a palavra não alterava a tematização das "sete faces", ou seja, de aspectos dispersos, não harmonizados. Naquela pois continua a caber a constante memória de família e das cidades próximas a Itabira (ver os poemas incluídos no título geral de "Selo de Minas"). Ao vir a eles, já estamos próximos do final de *Claro enigma*. O acorde derradeiro do livro é dado por "A máquina do mundo". A opção pelo verso cuidado, oposto à anarquia, contém sua história pessoal, sem se restringir a ela. Desta maneira, o verso regular não contraria a constância das contradições. A própria corrosão encontra outra volta. Já não lhe parece bastar que, depois de sua atuação, haja um resto. No resto cabe o que apenas continua a caminhar. Daí os dois tercetos derradeiros de "A máquina do mundo": "A treva mais estrita já pousara/ sobre a estrada de Minas, pedregosa,/ e a máquina do mundo, repelida,// se foi miudamente recompondo,/ enquanto eu, avaliando o que perdera,/ seguia vagaroso, de mãos pensas" (CE, p. 108).

Como é frequente em Drummond, à extrema excelência do livro *Claro enigma*, o que se lhe segue, *O fazendeiro do ar* (1953), é pequeno e irregular. Não se exagera ao se dizer que contém mais grandeza no título geral do que nas peças que o compõem.

A irregularidade qualitativa das peças desaparece em *A vida passada a limpo* (1959). Se a corrosão-escavação havia sido de pouca dura, sua contravertente se expande por toda a obra poética do autor. O decisivo não é sua extensão, mas a tendência inequívoca para a qualidade. É por explicitá-la que a camada de melancolia se destaca em "Especulações em torno da palavra homem" (VPL, pp. 28-32), em que ressalta não haver resposta sequer para sua nomeada existência. A pergunta do primeiro terceto, "Mas que coisa é homem,/ que há sob o nome:/ uma geografia?", é reiterada no último, "Que milagre é o homem?/ Que sonho, que sombra?/ Mas existe o homem?", sem que a questão proposta pelos 36 tercetos possa ser reduzida a uma dimensão retórica. O poeta como que recolhe suas dores privadas para o questionamento de sua própria condição. Ao contrário do filósofo, coagido pela moldura (*frame*) do discurso a que pertence, pressionado a oferecer resposta, mesmo que hipotética ao que indaga, o poeta consegue radicalizar por permanecer na pergunta. Elas partem do nível mais elementar – seria o homem uma geografia? – até sua suposta função – "Para que serve o homem?/ para estrumar flores, para tecer contos?" – senão que à mais extrema pergunta: "Que milagre é o homem?/ Que sonho, que sombra?/ Mas existe o homem?" – A dimensão meta – física volta a estremecer outro grande poema: "Véspera". Na impossibilidade de desenvolvê-la, contento-me em assinalar a penúltima estrofe: "Serão cegos, autômatos, escravos/ de um deus sem caridade e sem presença?/ Mas sorriem os olhos, e que claros/ gestos de indagação, na noite densa!" (VPL, p. 46). A corrosão-opacidade, em coerência com o sempre reafirmado não sentido, implica a necessidade e a simultânea inanidade das perguntas. Sem resposta, elas são o alimento incessante da fome insaciável da poesia: "Pergunta ao que, não sendo, resta/ perfilado à porta do tempo,/ aguardando vez de possível;/ [...]/ A ti mesmo, nada perguntes" ("Inquérito", VPL, p. 51). Justamente, porque o legado da poesia não se ajusta a um propósito definido, ela é o discurso mais próximo das perguntas feitas à própria vida. Uma e outra não respondem a algum porquê.

Em 1962, Drummond publicava *Lição de coisas*. Detenho-me em "A palavra e a terra", subtítulo de "Origem". Itabira agora se incorpora às fases infindas da história do mundo. Se a pré-história era lembrada pelo termo científico "aurinaciano", expresso pelos três tercetos iniciais, o irônico-afetivo "Auritabirano" pelos vários quartetos que, de sua parte, remetem aos frutos da terra, que dirigem às perguntas associadas a "Onde é Brasil?/ Que verdura é amor? Quando te condensas, atingindo/ o ponto fora do tempo e da vida?" (LC, p. 14). Como encontrar a correspondência entre o nome e o que ele nomeia? Curiosamente, mas não com surpresa, a afirmação da palavra como arbitrária só será aceita pela linguística a partir do século XIX. Os nomes de frutas que enxameiam a parte IV do poema, por suposto desconhecidos pelo leitor, reforçam a unidade entre Itabira e as eras remotas. A estranheza dos nomes contrasta com o mais esperado: "Tudo é teu, que enuncias. Toda forma/ nasce uma segunda vez e torna/ infinitamente a nascer" (LC, p. 14). O óbice que se posta ante qualquer resposta ao que se indaga esquece limites e dá voz, no poema seguinte, "Memória", aos nomes das propriedades perdidas pelo agora "fazendeiro do ar": "Serro verde Serro Azul/ As duas fazendas de meu pai aonde nunca fui/ Miragens tão próximas/ pronunciar os nomes era tocá-las" (LC, p. 17). O legado da família se transmuda no interior da meta – física. O mais particularizado não corre risco de romper sua memória porque a palavra aqui se reduzia a seu estrito significado. Daí a peculiaridade da última peça de "Memória": o significado de cada palavra bloqueia o assédio do significante: "O frango degolado/ e sua queixa rouca,/ a rosa no ladrilho/ hidráulico, formando-se,/ o gosto ruim na boca/ e uma trova mineira/ abafando o escarlate/ esvoaçar de penugem/ saudosa de ser branca./ Pinga sangue na xícara: a morte cozinheira" ("Vermelho", LC, p. 22).

Participa das contradições, que já sabemos insolúveis, mas não lamentadas, que a presença extrema da meta – física seja seguida pelo longo "Ato", em que o poeta se permite lidar com sua pretensão novelesca (caberá ao leitor aceitar ou recusar sua coexistência).

Embora *Lição de coisas* contenha outros grandes poemas, como "O retrato malsim", não será possível aqui examiná-lo.

A velhice em Drummond acentua a dimensão contrastante. Os três volumes de *Boitempo* (1968, 1973, 1979) o concretizam, frente a *As impurezas do branco* (1973). A distinção feita pelo próprio autor entre o memorialismo patente de *Boitempo* e o não menos poemático d'*As impurezas*, editado no mesmo ano que *Boitempo II*, parece assinalar o propósito de Drummond de diferençar as duas formulações. É, no entanto, explicável que a crítica não o tenha destacado porquanto, ao longo da obra, as vertentes se emaranham. Que base então teríamos para distinguir a memória de família e a estrita pretensão poemática? Nos ultrairônicos "Diamundo" e "Ao Deus Kom Unik Assão" (IB, pp. 16 e 11), em que Drummond desenvolve sua verve contra a linguagem publicitária, é não menos evidente que o destaque da memória é proporcional ao realce do curso constantemente igual dos ponteiros de relógio. Ou seja, o tempo do relógio converte o particular em designações iguais e separadas: "Vida encarece em Betim/ com a notícia da fábrica da Fiat// [...] // Na data de hoje nenhum santo/ é comemorado pela Igreja" (IB, pp. 25-26). Ora, o privilégio da memória-relógio está no livro dos poemas, e não em algum dos volumes de *Boitempo*. Em contraste, "Cemitério do Cruzeiro" (*Boitempo I*) condensa o particular além do mecânico: "O sol incandesce/ mármores rachados./ Entre letras a luz penetra/ nossa misturada essência corporal,/ atravessando-a./ O ser banha o não ser; a terra é. Ouvimos o galo do cruzeiro/ nitidamente/ cantar a ressurreição./ Não atendemos à chamada" (NR, p. 509). O que delimita o particular referenciado do poematizável depende do desdobramento da memória uniforme do relógio em dimensão meta – física. Por esta, "O ser banha o não ser [...]". Exemplo flagrante da distinção entre os rumos memorialista e poemático mostra-se em "Liquidação": "A casa foi vendida com todas as lembranças/ todos os móveis todos os pesadelos/ todos os pecados cometidos ou em vias de cometer/ a casa foi vendida com seu bater de portas/ com seu vento encanado sua vista do mundo/ por vinte, vinte contos" (NR, p. 516). Nenhuma meta – física no absoluto particular referenciado.

Sem nos afastarmos do *Boitempo I*, assinala-se a motivação doméstica para a temática da guerra ("Gesto e palavra", NR, pp. 533-34). Os dois *Boitempo* seguintes reiteram a diferença dos veios. A independência do memorialismo não poderia ser negada ante o final de "Império mineiro": "vem 'de baixo' vem do Rio/ toda a civilização/ destinada especialmente/ a nossa vila e parentes/ e nossa mor importância./ Bem que o Rio é nosso escravo./ Somos senhores do mundo/ por via de importação" (NR, p. 568). Em suma, o destaque do veio memorialista frente ao poemático convive com a eventual presença de um ou de outro dentro da dominância do oposto. Nenhuma das duas decisões é passível de ser negada. Sua copresença é a prova terminal da contradição que subjaz à obra do poeta mineiro.

Destacam-se, em síntese, três grandes focos que atravessam a obra poética de Drummond: a memória de família, com assento em Itabira, a contradição que se consolida na cisão entre a vontade da memória e a afirmação do poemático e as espécies de corrosão – escavação e opacidade. Quando enunciamos o princípio corrosão, dissemos que seu desenvolvimento teórico se daria adiante. Ele cabe aqui. A corrosão é o reverso do "sentimento do mundo", mesmo quando o mundo é de cimento armado ("Privilégio do mar", SM, p. 23). O mundo é sua matéria. E a corrosão, a maneira como se consolida na memória do poeta. Ser do mundo, nele e só nele estar significa que a corrosão não poupa sequer o insignificante: "tudo acontece, menina,/ e não é importante, menina,/ e nada fica nos teus olhos" ("Canção do berço", SM, p. 25). A corrosão atua sob a forma de incomunicável: "Em meio a palavras melancólicas, ouve-se o surdo rumor de combates longínquos/ (cada vez mais perto, mais daqui a pouco dentro de nós)" ("Ode no cinquentenário do poeta brasileiro", SM, pp. 30-32). A contradição que a envolve: seu constante trabalho surdo e o resto que permanece visível, não impede que o tempo seja sua morada: "Não serei o poeta de um mundo caduco./ Também não cantarei o mundo futuro/ Estou preso à vida e olho meus companheiros" ("Mãos dadas", SM, p. 34). A corrosão não poupa o que pareceria sinônimo de destruição, a epidemia da guerra, e converte os suspiros em contraste positivo: "[...] Os suspiros/ acusam a presença negra/ que paralisa os guerreiros" ("A noite dissolve os homens", SM, p. 39). Pois a corrosão e suas modalidades estão de mãos dadas com o lugar que o homem ocupa no mundo.

Política
VAGNER CAMILO

A associação entre poesia e política na obra de Carlos Drummond de Andrade costuma ser circunscrita às publicações da primeira metade dos anos 1940. No entanto, essa relação se espraia para antes e depois desse marco, desde que a manifestação do *político* em sua obra seja tomada de modo mais amplo e direto.

Sem menosprezar o alcance de um poema como "Outubro 1930", que, entretanto, só foi incluído em edição posterior do livro de estreia (*Alguma poesia*, publicado originalmente em 1930), pode-se reconhecer em *Brejo das Almas* (1934) a emergência de inquietações decorrentes da exigência de participação dirigida a intelectuais e artistas nos anos 1930. A crítica concebeu este segundo livro como prolongamento do primeiro, embora já revelasse uma crise moral resultante de um "subjetivismo exacerbado", condenado pelo poeta em sua "Autobiografia para uma revista" (CM, pp. 64-65), em confronto com as referidas demandas de socialização. Drummond dá provas de extrema lucidez em face de tal exigência em entrevista concedida ao jornal *A Pátria*, ao mapear as tendências ideológicas em confronto na arena político-intelectual do momento:

"[...] uma ação católica, fascista, e organizada em 'Defesa do Ocidente' de um lado. E do outro lado o paraíso moscovita, com a sua terrível e por isso mesmo envolvente sedução. [...] Aqueles a quem o tomismo não consola, e o plano quinquenal não interessa, esses se voltam para libertação do instinto, o suprarrealismo e a explicação dos sonhos, no roteiro da psicanálise" (apud GLEDSON, 2018, pp. 92-93). Essa lucidez, contudo, não bastava, àquela altura, para o poeta definir abertamente um posicionamento político, muito embora evidenciasse certo fascínio pela solução de esquerda. Essa indecisão responde pelo conflito encenado nos principais poemas que encerram a poética do livro de 1934, como "Registro Civil" e "Segredo" (CAMILO, 2020, pp. 58-71). Nos anos seguintes, a "viva inclinação" à esquerda revelada na entrevista foi se consolidando em opção efetiva. Um episódio de 1936, em particular, comprovava o avanço nesse sentido, quando Drummond, furtando-se a uma obrigação de ofício, inclusive pondo seu cargo à disposição, recusou-se, terminantemente, a assistir à conferência anticomunista de Alceu Amoroso Lima, líder católico intransigente e porta-voz de tendências de direita.

A publicação do terceiro livro do poeta revelou que a inclinação se convertera em opção efetiva, com todos os impasses que marcariam sua poesia social, o que nunca foi uma limitação, mas expressão da consciência aguda dos riscos que cercam uma escolha literária e política dessa ordem. Como marco da inflexão social de sua poesia, *Sentimento do mundo* (1940) conferiu-lhe o estatuto de "nosso maior poeta público", alinhado aos principais nomes da poesia social inglesa dos *thirties*, como Auden, Day Lewis e Spender (CARPEAUX, 1978).

O livro de 1940 é marcado pelo impacto da transferência definitiva do poeta itabirano para a grande cidade, a convite do amigo e ministro da Educação e da Saúde, Gustavo Capanema, para assumir a função de chefe de gabinete de seu ministério. Esse impacto decorre da impressão geral de alienação, compreendida desde o sentido de alheamento ou afastamento de algo essencial, passando pela inconsciência político-social até a acepção marxista do termo. Na literatura da grande cidade, era frequente que o tema surgisse a partir de um fundamento histórico específico no contexto populista dos anos Vargas, que intensificou o princípio de mercantilização da força de trabalho e das relações sociais em geral.

A condição de alienação é denunciada em tudo e criticada no próprio *eu* que encarna, em "Confidência do itabirano", o retrato do *fazendeiro do ar* – o filho de grandes proprietários decaído à condição conflituosa de poeta-funcionário, cooptado pelo condenado Estado getulista. Essa representação constitutiva do eu lírico foi desdobrada no conjunto da obra drummondiana, o que não deixa de ter implicações sociais e, mesmo, políticas.

Ao mesmo tempo que denuncia a alienação, o eu poético recorre a uma estratégia desalienadora, por meio do mapeamento lírico da realidade urbano-industrial com que se defronta (CAMILO, 2020, pp. 74-106). Essa estratégia lhe permite aceder à consciência de sua posição social, inclusive pelo contraponto entre o espaço interior (o domínio burguês, confortável e protegido) e o exterior (o domínio das ruas, de confrontação social). A demarcação topográfica cobre a antiga capital federal de alto a baixo. Ciente de seu lugar de classe, o *eu* fala instalado, amiúde, no interior burguês, furtando-se ao embate social das ruas, mas flagrando-o de uma perspectiva mais distanciada. O último poema de *Sentimento do mundo*, "Noturno à janela do apartamento", mostra o enquadramento por onde o poeta capta a realidade exterior, observando o "triste farol da Ilha Rasa" – sede, aliás, da prisão política durante o Estado Novo. Ao lado das relações de classe, o mapeamento promovido no livro registra os indícios do avanço imperialista do capitalismo internacional, como o anúncio da gasolina norte-americana e a Light, num momento em que a agenda governamental privilegiava a nacionalização das indústrias.

Em um plano mais abstrato, o esforço desalienador se volta contra os discursos e ideologias, com o objetivo tanto de desmascarar a mística do trabalho que alicerçava o programa getulista, em "Elegia 1938", quanto de dissolver a retórica desgastada da esquerda, cuja pretensão pueril de suplantar as distâncias de classe obrigava o poeta a novo recuo para uma posição certeira, mas dura de ser mantida em vista das polarizações e radicalismos (CAMILO, 2020, pp. 85-94). Uma grande conquista da poesia social de Drummond reside nesse questionamento de seu lugar de classe e da distância que o separa daquele a quem dirige seu apelo solidário, sem nunca se pretender porta-voz da classe operária, como pregava a militância mais ingênua, por meio do realismo socialista como solução estética. É o que se dá em "O operário no mar", que ilustra a outra conquista de sua poesia participante: a exposição crítica dos chavões temerários da literatura e arte engajadas, contrariando o próprio impulso libertário. A dissolução dessas formas cristalizadas vai se intensificar a partir daí, culminando em *A rosa do povo* (1945).

A problematização de seu lugar de classe e das distâncias sociais, de igual modo, respondem pela dramatização recorrente da culpa social, levando às estratégias autopunitivas, que nem sempre garantem a esperada redenção ou expiação. Tal tema desponta em *Sentimento do mundo* desde o poema homônimo, reaparecendo em outros, como o citado "O operário no mar", para se radicalizar nos dois livros seguintes, com a autocastração punitiva de "A mão suja", de *José* (1942), e "Movimento de espada", de *A rosa do povo*.

À alienação e à culpa social somam-se, no livro de 1942, outros temas atinentes à moderna lírica da cidade inaugurada por Charles Baudelaire, que não deixa de ter um alcance mais político em Drummond, como o da solidão em meio à multidão: enquanto o primeiro "amava a solidão, mas a queria na multidão", em *José*, embora não haja a recusa da multidão, tem-se a frustração do eu que "busca canais de integração com uma realidade que o supera, que não deixa aflorar as individualidades no grupo social construído a partir da troca de experiências" (SANTOS, 2006, p. 137). São ainda o isolamento e a consequente solidão o tema de "Edifício Esplendor", cuja ação transcorre em um interior que transmite uma sensação de espaço restrito, físico e moralmente ao mesmo tempo. O título irônico exprobra o impacto da arquitetura moderna por meio da visão trágica do isolamento individual num espaço de suposta coletividade: "[...] a habitação moderna pouco tem de esplendor, e na sua clausura física, mais assombra que resplandece" (SANTOS, 2006, pp. 138-40). Pela visão negativa da arquitetura moderna, separando o homem de sua essência, contida nos versos alusivos a Oscar Niemeyer e, ainda, em "Goiás, a extinta pureza", Santos reconheceu em "Edifício Esplendor" a mesma crítica endereçada, décadas depois, ao projeto de Brasília e suas superquadras que, pela uniformização do espaço arquitetônico e pela padronização dos edifícios, despertavam em seus habitantes o sentimento de mesmice, monotonia, isolamento e perda da individualidade. Assim, se o arquiteto suíço Le Corbusier (cujas ideias influenciaram os idealizadores de Brasília) via na arquitetura uma alternativa à revolução, o poema parece demonstrar como, ao contrário, ela representa um impedimento à transformação social, por contribuir para a condição de isolamento e alienação reinantes. Além disso, a menção a Goiás pode-se justificar como crítica política às transformações profundas operadas nessa região central do país com a *Marcha para o oeste*, programa implementado pelo governo varguista como expressão do "verdadeiro sentido de brasilidade" e com o alegado intuito de promover a ocupação dos vazios demográficos, além de ser uma região tida internacionalmente como "espaço vital", o que justificava o direito de países "mais desenvolvidos" ocuparem áreas pouco exploradas dos "menos desenvolvidos" (CAMILO, 2020, pp. 94-103).

Em *José*, aflora o ciclo de poemas sobre a família, que ganha força na produção desse período pelo "aguçamento dos temas de inquietude pessoal e o aparecimento dos temas sociais", incorrendo em uma aparente contradição: a de o nosso maior poeta social brasileiro ser, "ao mesmo tempo, o grande cantor da família como grupo e tradição. Isso nos leva a pensar que talvez este ciclo represente na sua obra um encontro entre as suas inquietudes, a pessoal e a social, pois a família pode ser explicação do indivíduo por alguma coisa que o supera e contém" (CANDIDO, 1970, p. 110). Essa convergência entre o poeta social e o da família, associada a outras constantes da obra, levou intérpretes a sustentar, mais tarde, uma discutível permeabilidade de Drummond à lógica da *cordialidade* brasileira nos termos em que a concebeu Sérgio Buarque de Holanda em *Raízes do Brasil* (TEIXEIRA, 2005).

Destaque-se, ainda em *José*, o poema homônimo, que retoma e leva adiante o impasse e as contradições armadas em "Confidência do itabirano". O recurso da personificação dramática do *eu* desdobrado em um *outro* aproxima, até certo ponto, o homem comum e anônimo (o "sem nome") e o antigo filho de fazendeiro, hoje funcionário público, desbastado de seus bens, inclusive do nome de família distintivo. Sob a popularidade do nome José esconde-se, portanto, a perda de status e o anseio de comunhão social. A esse *outro* (que é ele mesmo), traduzido pelo nome comum, é endereçada a famigerada indagação ("E agora, José?"), cuja repetição assinala a busca angustiada de saída para a encruzilhada em que se encontra, ao mesmo tempo que vai expondo as razões desse impasse, que compreendem isolamento, carência afetiva e expressiva, frustração de expectativas, incluindo a da acalentada utopia. É óbvio que a referência à frustração do ideal social (ou socialista) não indica seu abandono definitivo, pois a *José* se seguiu o grande livro *engagé* de Drummond, tensionando o lírico e o épico, em que a crença na "rosa do amanhecer" reponta com força.

A rosa do povo persiste na denúncia da alienação reinante, como ilustra a dinâmica vertiginosa dos versos de "Nosso tempo", com sua visão parcial do corpo (braço, mão, boca), que reitera a reificação do trabalhador no mundo administrado. Contra essa fragmentação, o sonho futuro concebe "a cidade dos homens *completos*" (grifo meu). Merquior define o poema como "admirável afresco da alienação contemporânea" no qual "a vítima do processo social não é o proletário explorado, mas o burocrata anônimo, menos escravo do 'negócio' que da sociedade urbano-industrial, capitalista ou não" (MERQUIOR, 1976, pp. 81-82). De fato, essa perspectiva do funcionário público é marcante e comparece ainda em "Noite na repartição". Tais momentos, porém, não devem levar a supor que o poeta fale exclusivamente da perspectiva de sua classe ou instalado no mundo administrativo da burocracia estadonovista, pois, no livro de 1945, verifica-se o mesmo esforço de aproximação solidária de sua alteridade social revelado em "O operário no mar", agora transposto para o drama encenado em "Morte do leiteiro", cujo jogo de vozes opera com as diferentes perspectivas de classe diante da morte por engano, em defesa da propriedade privada. A mistura de leite e sangue simbolizando a aurora, em estreita associação com o horizonte social configurado por essa espécie de poema de *fait divers* (bastante explorado pelos modernistas), foi vista à época por Carpeaux como efeito "barato", apesar de reconhecer nela "uma grande visão". Relativizando sua crítica, Pilati definiu, depois, essa imagem final como *kitsch*, por seu suposto "efeitismo", desviando a atenção da luta de classes e do sofrimento do trabalhador anônimo em favor de uma metáfora de beleza duvidosa (PILATI, 2009, pp. 124-25). É questionável que a imagem final funcione como solvente do conflito social, pois se sabe que a aurora é um lugar comum na literatura e arte revolucionárias, presente em outros momentos da lírica social de Drummond (PEDROSA, 2011) ou na lírica de "poetas-irmãos" evocados em "Consideração do poema", como Maiakovski, que não teve o alcance de seus poemas comprometido pelo emprego da mesma metáfora utópica. Em "Morte do leiteiro", não parece se tratar, portanto, de uma imagem poética cósmica desinvestida de qualquer sentido político. O *tópos* é reinvestido de seu potencial utópico ao figurar uma possibilidade de redimir o sangue do trabalhador humilde injustamente derramado, quando mesclado ao leite, reverberando a cor da aurora socialista. Sem esquecer que Drummond indica para seu leitor que está lidando com uma *convenção* – e, enquanto tal, *partilhada* – ao empregar a aurora como projeção da crença numa nova ordem social, pois ele não evoca tão somente a imagem redentora, mas diz, sim, daquilo "a que chamamos" aurora.

A alteridade social e os confrontos de classe reaparecem em outros momentos de *A rosa do povo*. Mesmo "Nosso tempo" explora as desigualdades sociais por vários ângulos, inclusive o das metáforas alimentares (CAMILO, 2014b, pp. 22-47): o "ralo caldo de sopa" que se confunde, em sua liquidez, com as lágrimas dos que nem sequer comparecem personificados nos versos, porque instalados nos "subterrâneos"; e a fartura do rio de alimentos sólidos, consistentes e nutritivos, somado à bandeja de peixes argênteos que salta depressa do mar, tudo "sugado" (no duplo sentido de *sorver* e *extorquir*) pelas bocas dos privilegiados. O contraponto entre o presente desigual, desumano e injusto, e o sonho do amanhã se dá pela oposição estabelecida nos versos finais entre a "comida" (atendendo às necessidades básicas) e o "amor" (a utopia da comunhão futura). O alimento como privilégio de classe, presente em diversos poemas, reaparece em "Canto ao homem do povo Charlie Chaplin", que se aproxima da perspectiva dos "que não foram chamados à ceia celeste/ ou industrial" (RP, p. 160), denunciando, assim, a equivalência entre religião e capital. *Alter ego* do poeta, Carlitos estabelece a conexão, por sua aura de estranhamento e desajuste em relação ao meio social, com o perfil *gauche* do eu drummondiano, ao mesmo tempo que representa o operário ou pobre-diabo à margem nos *tempos modernos*, o que faz do eterno vagabundo figura simbólica da resistência aos rumos da sociedade tecnicista e fragmentada. Quando supõe certo romantismo social ingênuo, de consumo fácil, da figura do próprio Carlitos e na sua eleição como "homem do povo", a crítica drummondiana tende a ignorar a militância de Chaplin, que, como Orson Welles e diversos artistas, músicos e escritores norte-americanos, se alinhou ao *cultural front* norte-americano, o movimento político-cultural de massa da classe trabalhadora que, durante a Grande Depressão e mesmo depois, fez "tingir de vermelho" até os bastidores de Hollywood (DENNING, 1996).

As imagens alimentares voltam a comparecer na configuração sobredeterminada (inclusive no sentido políticoideológico) de Fulana em "O mito", encarnação ambígua da mulher como *femme fatale*, como ideal amoroso e poético, e como alegoria. Essa figura enigmática subverte a convenção petrarquista e o *eterno feminino*. "Empanturrar-se de Petrarca e seus discípulos, de que o mais ilustre em português é Camões, não passa de estupidez [...], se se trata apenas de transfigurar estupidamente mulheres – porque a transfiguração em si mesma não passa de servidão ideológica" (MERQUIOR, 1976, p. 88).

Pensando no movimento geral de *A rosa do povo* em conexão com os anteriores, a tensão entre espaços interiores e exteriores parece aqui reconfigurada, na medida em que o "poeta precário" (como ele mesmo se denomina em mais de um momento), impulsionado por um novo alento, buscará o centro mesmo da "praça de convites", onde entoou o mais alto canto participante que a moderna lírica brasileira conheceu, numa *flânerie* que, ao contrário da baudelairiana, não visava flertar com o mercado (BENJAMIN, 1988), mas, antes, furtar-se ao olhar *medusante* da forma-mercadoria, como diz em "A flor e a náusea".

É grande a ênfase dada ao espaço exterior, à rua ou ainda à ideia de circulação, de trânsito, bem como a referência constante aos diversos meios de transporte e à caminhada, à travessia e a viagens que, transpondo mares e grandes distâncias, ultrapassam as fronteiras não só da cidade, mas do país. Não há dúvida de que continua a haver poemas que remetem a espaços fechados, não apenas o interior burguês ou do "casarão azul" patriarcal, como também outros domínios opressivos, pelo tipo de atividade que nele se desenvolve, como o trabalho (fábricas, escritórios e repartições) e a sede do poder ditatorial estadonovista em "Edifício São Borja" (ALVES, 2017, pp. 102-18). Mas em oposição aos interiores, abundam as referências aos espaços exteriores para os quais acede, em constante deslocamento, o eu participante e solidário, inclusive sob disfarces múltiplos, como em "O elefante". Descreve, assim, a rota por uma geografia simbólica, de cunho claramente político-ideológico. Do Rio, alcança o Pará, o Amazonas e outros pontos estratégicos do país, sempre carregados de conotações políticas, como, de novo, o Alto Araguaia, onde se deu a dissolução da Coluna Prestes em 1926, a mais longa marcha política da história de que se tem notícia, superando mesmo a "Longa Marcha" de Mao Tsé-tung (e talvez não sejam casuais as referências aos chineses no livro) (CAMILO, 2020, p. 105; ALVES, 2018, pp. 190-207). É como se o eu participante, em sua caminhada incessante e nas rotas infindáveis traçadas em *A rosa do povo* buscasse refazer, em nível imaginário, indo além das fronteiras nacionais, a marcha do Cavaleiro da Esperança, seguindo para além de seu término. O mesmo Prestes que compareceria alusivamente em *A rosa do povo* – "presto se desatando" nos cifrados versos de "Áporo" (PIGNATARI, 2004, pp. 137-44) –, a quem o poeta chegou a visitar nas prisões do Estado Novo. Em sua marcha imaginária, o eu drummondiano, vencendo as fronteiras, segue pela América e pela Europa, alcança Moscou e Stalingrado, esta devastada pelo cerco fascista, mas vitoriosa, até poder entrar um dia, "ponta de lança,/ com o russo em Berlim" (RP, p. 139). Há toda uma geografia de guerra traçada no livro em função do alinhamento ideológico do poeta. Como nota Moura, a Segunda Guerra pôs no mapa localidades longínquas das quais jamais se tinha ouvido falar (muitas delas referidas por Drummond) e, em sua internacionalização, sintonizou homens de todos os pontos da Terra numa pulsação comum. Assim, é como se aquele "mapeamento cognitivo" que o poeta-funcionário recém-chegado de Minas promove em *Sentimento do mundo*, quando do confronto com a grande cidade, viesse a se ampliar agora em escala nacional e, mais ainda, planetária, numa estratégia radical de desalienação, para traduzir concretamente, em termos geopolíticos, a totalidade social em que ele se mostra inscrito (CAMILO, 2020, pp. 74-94).

O ano de publicação de *A rosa do povo* coincide com o fim da guerra e do Estado Novo. Drummond abandonara o ofício burocrático para ter maior liberdade de sustentar sua militância e passou a colaborar com periódicos, inclusive da imprensa pecebista. Logo, porém, vieram as desavenças e desacordos com as orientações partidárias, dado o radicalismo ideológico da política cultural adotada pelo PCB no pós-guerra que, segundo Dênis de Moraes, devia ser visto em sintonia com uma tendência maior ao endurecimento político da URSS, em resposta ao bloqueio econômico imposto pelo capitalismo internacional; sem falar na bem-sucedida propaganda anticomunista difundida pela indústria cultural norte-americana. A isso, acrescentavam-se ainda as vicissitudes locais dos comunistas brasileiros, marcadas pelas perseguições aviltantes, o isolamento e a campanha difamatória promovida pelo governo Dutra, que os colocou na clandestinidade, resultando em amargo sentimento de derrota, o que contribuiu ainda mais para o processo de radicalização ideológico-partidária.

Nessa radicalização, várias foram as táticas coercitivas empregadas pelos estalinistas para a implantação do dogma jdanovista, como bem demonstram sua ação lastimável no Congresso de Escritores, num verdadeiro corpo a corpo pelo controle da Associação Brasileira de Escritores; ou ainda a selvageria de suas investidas críticas por meio dos vários órgãos de imprensa do partido contra os que, mesmo favoráveis ao socialismo, não aprovavam o rebaixamento da literatura e da arte ao nível do panfleto. Drummond foi um alvo dileto dos comunistas, que não aceitavam sua ruptura com o partido, nem o abandono da editoria da *Tribuna Popular*, um dos jornais vinculados ao PCB.

Drummond registrou em seu diário, *O observador no escritório*, em suas correspondências e crônicas, a desilusão com os rumos tomados pelo comunismo soviético, com as denúncias dos expurgos stalinistas e dos processos de Moscou, além do sectarismo partidário local. Um bom exemplo está em "Reflexões sobre o fanatismo", crônica de *Passeios na ilha* (1952), que sintetiza as estratégias empregadas pela ortodoxia partidária em comparação com os concílios e tribunais da Inquisição. "Divagações sobre as ilhas", no mesmo volume, também registra algo nesse sentido, ao tratar do engajamento dos "contemptor[es] do mundo burguês" (PI, p. 15). No caso do diário, vale o registro sobre as condições em que concebeu seu grande livro de 1951, *Claro enigma*, quando ainda "convalescia" de amarga experiência política e desejava que seus versos se mantivessem o mais distante possível de qualquer ressentimento ou temor de desagradar os passionais da "poesia social". Essa distância é ratificada pelo modo como a poética de *Claro enigma* instala-se nas antípodas do realismo socialista, defendido pelo PCB (CAMILO, 2001a, pp. 73-77).

A mudança de inflexão desse período é anunciada em *Novos poemas* (1948), espécie de síntese e transição entre a poesia social anterior e o pessimismo neoclássico que vai se consolidar no livro de 1951, estendendo-se aos dois seguintes. Ao contrário do que parece supor certa leitura bastante discutível de *Claro enigma* desde a primeira recepção, essa conversão neoclássica não implicou total alheamento histórico e político. Em seu pessimismo e melancolia, a poesia drummondiana do período operava uma retirada estratégica, tomando os próprios ideais perdidos como matéria de reflexão na forma de um trabalho de luto que repunha o contexto sociopolítico da época pelo avesso ou pela negativa – lembrando a força literariamente produtiva da melancolia, como forma de resistência e crítica. À frustração da militância, soma-se a do próprio projeto modernista, com a rotinização crescente das experimentações vanguardistas (CANDIDO, 1970, pp. 161-62) e a perda de seu potencial utópico, no intuito de aproximar Arte e vida contra a Instituição arte (BÜRGER, 2008). Drummond se vale de retomada das formas clássicas e acadêmicas para criticar o desgaste implicado na dita rotinização, o que não deixa de ser uma estratégia política em arte.

Nessa poesia noturna, disfórica ou distópica, o social e o político se revelam, porém, de forma oblíqua. A "paz destroçada" dos versos inaugurais de "Dissolução" podem muito bem sintetizar, criticamente, o espírito dominante no contexto da Guerra Fria e responder pela inversão, em "Contemplação no banco", da situação paradigmática de "A flor e a náusea", agora pesarosamente *mentada* no refúgio de uma alameda, entoando uma flor "abstrata e nua" para o "homem que não serei", símbolo da utopia distante, improvável. Ligam-se, ainda, a essa melancolia dominante ou *desengaño*, poemas como "Cantiga de enganar" e "Sonho de um sonho".

A culpa social perde a dimensão redentora de poemas anteriores em "Confissão", forma arrevesada do *mea-culpa* imposto pela militância comunista para a "conversão" a todo custo do intelectual burguês. Em *Claro enigma*, a culpa irreparável se projeta numa dimensão histórica mais ampla nos versos de "Museu da inconfidência" ("toda história é remorso", CE, p. 68), alegoria de tudo o que na história é malogro, dor e sofrimento, tudo o que não se deixa redimir à custa de celebrações e glórias póstumas.

Costumeiramente, a crítica drummondiana supõe um abandono ainda maior das preocupações político-sociais do poeta em sua produção posterior aos anos 1960. No entanto, trabalhos recentes têm sugerido que não houve esse total silenciamento, nem mesmo durante a vigência do regime repressivo instaurado com o golpe de 1964. Ainda que não assuma a explicitação e o empenho "corrosivo" (COSTA LIMA, 1995a pp. 129-96) de sua lírica de guerra dos anos 1940, Drummond não deixou, por isso, de registrar seu testemunho poético-literário nem nos anos de chumbo, sem se limitar ao apelo, tido como isolado e frágil, "em defesa de Nara Leão". É o que revela Fabio Alves em ensaio que articula um poema e uma crônica de meados dos anos 1970: a "Fala de Chico Rei" (*Discurso de primavera e algumas sombras*, 1977) e "Elegia do Guandu" (*Os dias lindos*, 1977), local de desova dos presos políticos da ditadura militar (ALVES, 2020). Um ensaio como esse é inspirador para uma revisão mais cautelosa dessa produção posterior do grande poeta itabirano.

Portinari
ver Arte; *Dom Quixote*

Primeira Guerra Mundial
ver Guerra

"Procura da poesia"
WELLINGTON DE ALMEIDA SANTOS

O poema "Procura da poesia" foi publicado pela primeira vez no livro *A rosa do povo* (1945), obra que consagrou Drummond como a maior voz da poesia social na época. Conforme registro da própria editora, nos dados finais da edição, foi composto e impresso "em dezembro de 1945". Em edições posteriores, consta que os poemas foram escritos entre 1943 e 1945.

Nos cinco primeiros anos da década de 1940, Drummond participou ativamente, com relativa regularidade, da vida brasileira, seja como poeta, seja como cidadão. O período, considerado historicamente, engloba uma intensa e variada gama de acontecimentos: ditadura de Vargas, Segunda Guerra Mundial, morte de Mário de Andrade, realização do Congresso Internacional de Escritores, no plano geral; no plano individual, Drummond filia-se ao Partido Comunista Brasileiro, continua a ser chefe de gabinete do ministro da Educação, Gustavo Capanema, escreve artigos para jornais de esquerda (*Tribuna Popular*), suplementos literários (*A Manhã* e *Correio da Manhã*), além de publicar três livros de poesia e dois de prosa (um deles é a tradução de *Thérèse Desqueyroux*, de François Mauriac). De forma direta ou indireta, esses elementos repercutirão na produção poética drummondiana, desde a publicação de *Sentimento do mundo* (1940), passando por *José* (incluído nas *Poesias*, 1942) e culminam com *A rosa do povo*.

Com a explícita adesão política a um partido que combatia fortemente a doméstica ditadura de Getúlio Vargas e o nazismo hitlerista em âmbito internacional, Drummond, prudentemente, abre *A rosa do povo*, que reúne um considerável número de poemas de forte teor político e social, com dois metapoemas: "Consideração do poema" e "Procura da poesia". Parece, com essa iniciativa, antecipar-se a um possível questionamento ideológico que pudesse ser formulado acerca da qualidade estética e literária dos demais poemas organizados no livro, julgamento certeiro, porquanto Álvaro Lins, um dos primeiros críticos a manifestar-se publicamente na época de seu lançamento, o fez de modo favorável, e acentuou que a preocupação social e a fatura poética "procuram aqui um plano de harmonia e ajustamento" (LINS, 1979, p. 41). Percebe-se, na leitura atenta dos dois metapoemas, sobretudo a do segundo, certo cuidado na preservação do sentido mais alto do significado estrito do que seja poesia, embora em carta a Mário de Andrade parecesse manifestar ideia contrária. Diz ele ao amigo, opinando sobre a crise social e política que atingia tanto o Brasil quanto o mundo, que era preciso ser um incansável combatente das injustiças sociais, "tão polêmica é a nossa época, e precisamos nos resignar a ser menos poetas que homens" (CCM, p. 507). Em outro contexto, atenuou o arroubo, considerando que a poesia poderia ser um instrumento de luta, mas não deveria ser transformada num objeto panfletário, de simples e reles propaganda política. Essa opinião pode ser rastreada numa resenha que escreveu sobre a tradução brasileira de um livro que reunia colaborações de pensadores ligados à ideologia comunista opinando sobre a função da literatura na sociedade. Destaca na coletânea que os autores selecionados (Marx, Engels, Lênin e Stálin) compreendem a importância da doutrina marxista para servir de suporte à criação literária, porquanto essa atividade, embora possa "requerer os recursos da imaginação mais livre", nem por isso "pode prescindir de uma base rigorosa no real" e que "a aplicação desse critério ideológico consequentemente aos fatos da literatura e da arte não golpeia em nada a espontaneidade da criação nem escraviza o artista" (apud CANÇADO, 2012, p. 212). Mais tarde, decepcionou-se quando descobriu que o Partido censurava e modificava não somente seus textos, mas também os de outros escritores. Tal constatação provocou seu desligamento do Partido Comunista do Brasil.

Algum tempo depois, ao publicar um livro de crônicas sobre "a vida literária e outras divagações", *Passeios na ilha* (1952), dá conta de que reuniu material para uma "antologia brasileira de poesia social", mas reconheceu que se tratava de uma vertente bastante precária em termos de qualidade. Desistiu da empreitada, inclusive minimizando sua própria contribuição no assunto, dizendo que "nem a poesia de carácter social me parece a melhor de nossa tradição [...], nem esse gênero de poesia hoje me interessa muito" (PP, p. 999).

Expôs de maneira clara e objetiva, num esboço de autobiografia, o pensamento que deveria prevalecer em definitivo acerca de sua reflexão sobre poesia: "Entendo que poesia é negócio de grande responsabilidade, e não considero honesto rotular-se de poeta quem apenas verseje por dor de cotovelo, falta de dinheiro ou momentânea tomada de contato com as forças líricas do mundo, sem se entregar aos trabalhos cotidianos e secretos da técnica, da leitura, da contemplação e mesmo da ação" (PP, p. 929). Mas é na própria elaboração do fazer poético que Drummond melhor se debruça para meditar na perquirição de um conceito funcional, de arcabouço estético, que sirva de paradigma para a criação poética, conforme notou Antonio Candido, em estudo exemplar: "A sua poesia é em boa parte uma indagação sobre o problema da poesia" (CANDIDO, 1970, p. 113).

Não tem outro sentido o verso inicial de "Procura da poesia", "Não faças versos sobre acontecimentos", em tensão com aqueles dois outros com que abre a quinta estrofe ("Penetra surdamente no reino das palavras./ Lá estão os poemas que esperam ser escritos" [RP, p. 12]).

Drummond bem sabia que a poesia deveria ser livre para transcender o real imediato, ainda que mantivesse vínculo estreito com a vida cotidiana, pública e privada, e que o poeta é uma criação, tanto quanto o poema que ele produz, obediente ao preceito eliotiano de que a emoção que interessa à arte literária "tem vida no poema e não na história do poeta" (ELIOT, s.d., p. 35).

Eis a versão definitiva de "Procura da poesia", ligeiramente diversa da que aparece na edição *princeps* (1945), atualizada ortograficamente: "Não faças versos sobre acontecimentos./ Não há criação nem morte perante a poesia./ Diante dela a vida é um sol estático,/ não aquece nem ilumina./ As afinidades, os aniversários, os incidentes pessoais não contam./ Não faças poesia com o corpo,/ esse excelente, completo e confortável corpo, tão infenso à efusão lírica./ Tua gota de bile, tua careta de gozo ou de dor no escuro/ são indiferentes./ Nem me reveles teus sentimentos,/ que se prevalecem do equívoco e tentam a longa viagem./ O que pensas e sentes, isso ainda não é poesia.// Não cantes tua cidade, deixa-a em paz./ O canto não é o movimento das máquinas nem o segredo das casas./ Não é música ouvida de passagem; rumor do mar nas ruas junto à linha de espuma./ O canto não é a natureza/ nem os homens em sociedade./ Para ele, chuva e noite, fadiga e esperança nada significam./ A poesia (não tires poesia das coisas)/ elide sujeito e objeto.// Não dramatizes, não invoques,/ não indagues. Não percas tempo em mentir./ Não te aborreças./ Teu iate de marfim, teu sapato de diamante,/ vossas mazurcas e abusões, vossos esqueletos de família/ desapareçam na curva do tempo, é algo imprestável.// Não recomponhas/ tua sepultada e merencória infância./ Não oscíles entre o espelho e a/ memória em dissipação./ Que se dissipou, não era poesia./ Que se partiu, cristal não era.// Penetra surdamente no reino das palavras./ Lá estão os poemas que esperam ser escritos./ Estão paralisados, mas não há desespero,/ há calma e frescura na superfície intacta./ Ei-los sós e mudos, em estado de dicionário./ Convive com teus poemas, antes de escrevê-los./ Tem paciência, se obscuros. Calma, se te provocam./ Espera que cada um se realize e consume/ com seu poder de palavra/ e seu poder de silêncio./ Não forces o poema a desprender-se do limbo./ Não colhas no chão o poema que se perdeu./ Não adules o poema. Aceita-o/ como ele aceitará sua forma definitiva e concentrada/ no espaço.// Chega mais perto e contempla as palavras./ Cada uma/ tem mil faces secretas sob a face neutra/ e te pergunta, sem interesse pela resposta,/ pobre ou terrível, que lhe deres:/ Trouxeste a chave?// Repara:/ ermas de melodia e conceito,/ elas se refugiaram na noite, as palavras./ Ainda úmidas e impregnadas de sono,/ rolam num rio difícil e se transformam em desprezo" (RP, pp. 11-12).

O leitor interessado em peculiaridades bibliográficas encontrará no confronto entre a escrita original e a redação definitiva, respeitada a vontade autoral, elementos para o estudo de variantes do poema. Uma observação mais cuidadosa evidencia que o trabalho de revisão ultrapassou os limites da mera curiosidade. No caso presente, Drummond suprimiu palavras, a maioria por excesso de informação ou modulação semântica. No resultado final, mais do que a depuração do texto, houve mudança significativa no contexto dos versos alterados. Para conferir objetividade à leitura, transcreve-se apenas o fragmento, tal como aparece na primeira edição (1945), acompanhado do respectivo comentário acerca do resultado obtido com a revisão: 1) "O que pensas e o que sentes" (primeira estrofe, último verso): supressão dos pronomes que antecedem o segundo verbo, evitando-se uma possível repetição de termos, cuja permanência é meramente acessória; 2) "a música", "o rumor do mar" (segunda estrofe, verso 3): supressão dos artigos definidos (o, a). Aqui, o corte das palavras matiza o conteúdo semântico dos substantivos a que se referem. O sentido preciso e individualizado de música e rumor é substituído por um tom mais abrangente, coerente com o contexto do verso inteiro, o qual associa música a uma percepção transitória ("ouvida de passagem") e rumor a um espaço físico em permanente movimento ("mar") que se dissolve ("linha de espuma"), em contato com outro fixo ("ruas"). A captação do que é mutável e transitório ganha amplitude com a retirada dos artigos; 3) "se são obscuros" (quinta estrofe, verso 7): eliminação do verbo "ser". Verbo de pura definição, pode ser dispensado, sem prejuízo sintático ou semântico; 4) "Chega mais para perto" (sexta estrofe, primeiro verso). Retirada da preposição. Outro exemplo de uso desnecessário de palavra. O sintagma resultante "Chega mais perto" já indica aproximação a um objeto ou pessoa; 5) "e pergunta" (sexta estrofe, verso 4): única passagem em que há acréscimo. Explicita o uso da segunda pessoa, em harmonia com o tratamento dispensado ao longo de todo o poema, reforçando a natureza dramática de sua estrutura; 6) "trouxeste a chave?" (sexta estrofe, último verso): troca de minúscula por maiúscula. Uma possibilidade de explicação para a troca é que se imbricam, na estrofe em que se formula a indagação, duas segundas pessoas. Uma que se apresenta desde o início do poema, e outra, introduzida por esse tu inicial, de identificação quase imperceptível. No exemplo em destaque, não há ambiguidade de vozes, mas superposição de pessoas de idêntica indicação pronominal (tu). Lida com a devida atenção, a autoria da pergunta é atribuída às palavras. A mudança de interlocutor necessitou de uma solução gramatical implícita no uso da maiúscula, além de estabelecer relações de conformidade e harmonia com o acréscimo assinalado no item anterior ("e te pergunta").

O poema é estruturado em dois grandes blocos, com nítida demarcação entre eles. O primeiro bloco compreende quatro estrofes, com número variável de versos. Os versos possuem metro e ritmo diferentes entre si. O segundo bloco se desenvolve em três estrofes, com variedade de número de versos, unidades métrica e rítmica semelhantes ao conjunto do primeiro bloco.

O primeiro verso do primeiro bloco – "Não faças versos sobre acontecimentos" – recorda, enfático e imperioso, um postulado aristotélico, o qual consiste no reconhecimento de que fazer versos não torna obrigatoriamente nenhuma pessoa poeta, embora, bem entendido, o poema tenha como unidade justamente o verso. Na *Poética*, Aristóteles, com fundamentação pertinente, apresentou a suposição de que "se alguém compuser um tratado de Medicina ou de Física, esse será vulgarmente chamado 'poeta'; na verdade, porém, nada há de comum entre Homero e Empédocles, a não ser a metrificação: aquele merece o nome de 'poeta', e este, o de 'fisiólogo', mais que o de poeta" (ARISTÓTELES, 1966, p. 69).

E, como constatou José Guilherme Merquior, a propósito daquele primeiro verso, Drummond "faz versos sobre acontecimentos (os da guerra, por exemplo)", em *A rosa do povo* ("Telegrama de Moscou", "Com o russo em Berlim", entre outros). E compreende que "proibida é apenas a abordagem dos assuntos através de uma atitude ingênua, no que diz respeito ao discurso" (MERQUIOR, 1976, p. 77).

Com outro tipo de argumentação, mas seguindo raciocínio semelhante, Marlene de Castro Correia, no brilhante trabalho que dedicou à obra de Drummond, referindo-se particularmente à escrita de "Procura da poesia", diz que o texto "se destaca como o metapoema que expõe de forma mais incisiva a tensão entre os dois níveis da poesia: o da representação (de seres, ideias, emoções, coisas etc.) e o da estruturação" (CORREIA, 2002, p. 118).

Esses dois níveis da poesia constituem um universo coeso e exemplar na análise constitutiva dos dois metapoemas, "Consideração do poema" e "Procura da poesia", construídos ambos de modo a oferecer uma dupla face, porquanto falam de um mesmo e único objeto, enquanto estrutura e representação, e se organizam segundo uma relação especular. Observe-se que "Consideração do poema", a partir do título, desdobra-se ambiguamente em dois sentidos. "Consideração" é, ao mesmo tempo, respeito ao poema e reflexão sobre sua estrutura. Aqui, o objeto pronto e acabado que merece atenção e interpretação acerca de seus postulados mais pertinentes, a rima por exemplo e sua surpreendente solução formal ("Não rimarei a palavra sono/ com a incorrespondente palavra outono./ Rimarei com a palavra carne/ ou qualquer outra, que todas me convêm"). Lembra, por aproximação, os conhecidos versos do "Poema de sete faces" com que evidenciava ironicamente o uso convencional da rima ("Mundo mundo vasto mundo,/ se eu me chamasse Raimundo/ seria uma rima, não seria uma solução"[AP, p. 11]). Drummond busca a rima funcional, sobretudo quando ela contribui para a organização das unidades rítmicas do verso livre, como acontece com a maioria dos versos de "Procura da poesia".

Por outro lado, "Procura da poesia" também oferece duplo sentido a partir do título. O termo "procura" tanto pode ser a busca do poeta por seu objeto, quanto pode ser a poesia em busca do sujeito poético. Afinal, "A poesia [...]/ elide sujeito e objeto" (RP, p. 11), consubstanciando na sua própria estrutura a sua correspondente representação. Observe-se que as cinco primeiras estrofes (primeiro bloco) são estruturadas, verticalmente, pela sequência anafórica do "não", uma forma não convencional de rima, entendida esta, de acordo com a tradição retórica, como retorno sonoro, em geral no fim do verso. Aqui, a partícula "não" dilui-se em versos esparsos, espalhado também na horizontal, como a representar funcionalmente o carácter aleatório do que é informe. Nesse sentido, é exemplar o uso do *rejet* nos versos "Não osciles entre o espelho e a/ memória em dissipação". O corte no fim do verso, recaindo sobre o artigo "a", pela estrutura, mostra o que as palavras representam. A repetição enfática da negativa irmana os versos, inclusive em sua forma aditiva, "nem". Esta, a poesia, materializa-se, ironicamente, com evidência do termo "poema", matéria do metapoema anterior que assim retorna como fecho de uma reflexão mais abrangente. Poesia e poema, ainda que conceitualmente diferentes, intercambiam-se numa relação de reciprocidade. No autorizado dizer de Octavio Paz, "Poema é um organismo verbal que contém, suscita ou emite poesia. Forma e substância são a mesma coisa" (PAZ, 2012, p. 22). Manuel Bandeira emite de modo categórico a certeza de que "em literatura a poesia está nas palavras, se faz com palavras e não com ideias e sentimentos, muito embora, bem entendido, seja pela força do sentimento ou pela tensão do espírito que acodem ao poeta as combinações de palavras onde há carga de poesia. Coisa que descobri nos lapsos de memória ou no exame de variantes" (BANDEIRA, 1958, pp. 22-23).

Embora Drummond, ao longo de sua trajetória literária, tenha ratificado essa natureza autotélica que caracteriza a força expressiva da poesia, preconizada por Manuel Bandeira e outros grandes poetas, talvez seja lícito aproveitar as expressões "força do sentimento" e "tensão do espírito" para introduzir ilações acerca das motivações existenciais que levaram Drummond a elaborar os versos de "Procura da poesia".

É sabido que Drummond considerava Mário de Andrade, além de grande amigo, seu mentor intelectual, afirmação confirmada pela correspondência mantida entre os dois, iniciada em 1924, só interrompida pela morte de Mário em 1945, ano de publicação de *A rosa do povo*.

Desse conjunto epistolar, destaca-se a longa carta, seguida de dois apêndices, datada de 23 de julho de 1944, em que Mário, como de hábito, derrama-se em confissão apaixonada sobre a angústia causada pela criação literária, principalmente a feitura de poemas. E ilustra a explanação com exemplos concretos, grifando: "Posso até forçar que o poema chegue, pelos processos psicológicos e físicos existentes pra isso, mas sou incapaz de sentar e escrever coisa nenhuma (em poesia) sem já estar fatalizado pra isso" (CCM, p. 517). Coincidência ou não, observa-se um ar de parentesco entre esse pequeno discurso e os versos "Não forces o poema a desprender-se do limbo./ Não colhas no chão o poema que se perdeu./ Não adules o poema. Aceita-o/ como ele aceitará sua forma definitiva e concentrada no espaço" (RP, p. 12), de "Procura da poesia".

Na resposta a essa carta, quase um mês depois (17 ago. 1944), Drummond reitera sua condição de "aluno", aceitando e absorvendo a "lição do amigo": "O certo é que li sua carta com um interesse danado, que a vivi intensamente, que tornei a lê-la muitas vezes [...] considero sua carta muito mais importante do que qualquer poética ou tentativa de explicação e interpretação de poesia" (CCM, p. 522).

No ano seguinte, quando recebe a notícia da morte de Mário de Andrade, Drummond registra com estupefação em seu diário: "Esta morte é estúpida, mais do que qualquer outra" (OE, p. 22).

Ainda sob o impacto do trágico acontecimento, escreve um pungente poema, em que ratifica a admiração e o sentimento de fraterna amizade que os unia. E, homenagem maior, o título do livro em que publicou "Procura da poesia" sai dos versos deste poema ("Mário de Andrade desce aos infernos"): "A rosa do povo despetala-se,/ ou ainda conserva o pudor da alva?" (NR, p. 197). E promete escrever um outro poema para celebrar o amigo, no futuro: "Daqui a vinte anos farei teu poema/ e te cantarei com tal suspiro/ que as flores pasmarão e as abelhas,/ confundidas, esvairão seu mel" (NR, p. 196).

Quase 20 anos depois, cumpre a promessa. Escreve o poema "Mário longínquo" e inclui num livro que, sintomaticamente, intitula-se *Lição de coisas* (1962): "No marfim de tua ausência/ persevera o ensino cantante,/ martelo/ a vibrar no verso e na carta" (LC, p. 51).

Com a publicação de *A rosa do povo*, alguns fatos, acontecimentos e experiências pessoais vividos ou testemunhados por Drummond terminaram no mesmo ano: a Segunda Guerra Mundial, a ditadura de Vargas, desligamento do Partido Comunista, demissão, a pedido, da chefia de gabinete do ministro Gustavo Capanema, a expectativa de fracasso do Primeiro Congresso Brasileiro de Escritores e a morte de Mário de Andrade.

Mas a procura da poesia permaneceu com a lembrança monumental de Mário de Andrade.

Pseudônimo
ROBERTO SAID

Em carta enviada a Mário de Andrade, em outubro de 1929, Drummond solicita apoio ao amigo para publicar seu livro de versos, depois de várias tentativas frustradas de botá-lo na rua, ao longo de um decênio de experimentações. O pedido vem acompanhado de uma mescla de justificativa e confissão: "Essa poesia interior, que não se realiza, tem qualquer coisa de grave e trágico" (CCM, p. 196). De fato, antes da publicação de seu livro de estreia, *Alguma poesia* (1930), diferentes projetos literários organizados pelo poeta haviam malogrado. O primeiro deles, *Teia de aranha*, reunião de pequenos textos e poemas em prosa, foi enviado à Livraria Leite Ribeiro, mas não vingou. *Os 25 poemas da triste alegria*, a coletânea seguinte, foi entregue a Rodrigo M. F. de Andrade, que o emprestou a alguém e não mais o viu. Veio a lume, recentemente, quase um século depois, em edição luxuosa (org. de Antonio Carlos Secchin, PTA). Há ainda referências vagas ao livro *Preguiça*, igualmente desaparecido, além de a *Minha terra tem palmeiras*, organizado por Drummond durante seu retiro em Itabira, em 1926, e enviado ao poeta da Pauliceia, em caderno copiado à mão, que também permaneceu inédito, embora muitos dos poemas ali anotados fossem selecionados para a publicação de 1930. Têm-se ainda o registro de um último projeto antes da estreia, intitulado *Pipiripau*, com o qual o desejo de se tornar um "cidadão impresso" recebia, com a nova compilação de poemas, outra roupagem.

No curso dos fervorosos anos 1920, vivendo em Belo Horizonte, Drummond podia ser considerado, não obstante sua intensa produção literária, um escritor sem obra, mas em cujo horizonte estava sempre presente um livro por vir. Como no verso de Dante, segundo o qual "o artista/ aquém, no hábito d'arte, treme a mão" (apud AGAMBEM, 2018, p. 34), o jovem itabirano parecia oscilar entre um poderoso ímpeto criativo e uma implacável resistência crítica.

Foi na capital mineira, primeira utopia urbana da nação brasileira, que o jovem escritor cumpriu sua formação intelectual, artística e literária, tendo produzido, além de poemas em prosa e em verso, um conjunto considerável de textos, ramificado em diversos gêneros críticos e literários: crônicas, resenhas e ensaios, artigos sobre cinema, contos e aforismos. Esses textos circularam em jornais e periódicos de diferentes cidades brasileiras, participando da década heroica do modernismo, mas permanecendo majoritariamente inéditos em livros.

Nessa primeira fornada de escritos, o jovem escritor parecia realmente se interessar por tudo, de modo a encarnar o desejo de expansão ilimitada da subjetividade moderna, não obstante a atmosfera provinciana e a poeira avermelhada que pairavam sobre as ruas de Belo Horizonte. Com sua mirada caleidoscópica, Drummond entrecruzava discursos clássicos e modernos, deslizava da notação banal ao debate maior, tecendo ensaios ou poemas híbridos nos quais o comentário estético justapunha-se a tiradas humorísticas, análises e indagações existenciais. Em meio ao tom irônico, à sagacidade crítica e à erudição precoce que alinhavavam esses textos, verifica-se ainda um agudo acento reflexivo, com veio cosmopolita e ares de inquirição filosófica. Pois, não raro, os debates passavam das inquietudes estéticas para as vivenciais, embaralhando-as no mesmo exercício de linguagem.

Sagacidade crítica, hibridismo, diversidade, interesse cosmopolita, todos esses traços presentes na primeira produção de Drummond ganham novo acento se considerarmos o intrigante e continuado jogo autoral que a envolvia, dado que o jovem se multiplicava em pseudônimos e em outras variadas *personae* para assiná-la. Não sendo incomum na tradição literária moderna, incluindo a brasileira – e as pesquisas e polêmicas recentes sobre o espólio e a identificação de crônicas machadianas bem o demonstram –, a prática do nome falso encontra, todavia, em Drummond uma escala surpreendente. Fernando Py, principal referência e compilador dos escritos inéditos do poeta, elenca mais de 60 pseudônimos por ele utilizados. Pesquisas acadêmicas recentes têm encontrado novos textos e/ou novas assinaturas. A maior parte foi criada na juventude, embora alguns tenham sobrevivido anos a fio, diluídos na longeva produção drummondiana, enquanto outros só tenham dado o ar da graça quando o poeta já estava consagrado nacionalmente. Aluízio Fontes, Antônio Crispim ou A.C., Artur Cajazeiras, Artur L. Gomes, Barba Azul ou B.A., El Caballero Sentimental, Gastão Mendes, Gato Felix, Inocêncio Raposo, Januário Bueno, José Joaquim, José Luis, José Maria, Júlio Azevedo, Manuel Fernandes da Rocha, Manoel R. Garcia, Mickey, Raulino Feijó, Rodrigo Tostes e Silva Duarte são, por exemplo, nomes autorais inventados no período belo-horizontino. Eles participaram fantasmaticamente da vida intelectual da cidade, em alguns casos, sustentaram amizades entre si ou debates encenados em periódicos, referindo-se uns a outros. Lançaram-se como autores de poemas pós-simbolistas ou se encarnavam como aprendizes do Futurismo, assinavam crônicas ou se colocavam como comentadores de literatura, arte e costumes, percorrendo o vasto campo de interesses de Drummond.

Alcindo Braga, Aldo Mendes, Aloísio Goulart, Djalma Nobre, Domingos Brandão, Hugo de Figueiredo, Fernando Serpa Moreira, J. Dionísio, Leandro Saboia, Ivo Serra, Mário Teófilo, Ney Miranda, O leitor Y, Ruy Santana e Y. são alguns dos pseudônimos utilizados por Drummond na segunda metade do século XX, em diferentes gêneros: poemas, reportagens, crônicas, artigos e resenhas. Serra, por exemplo, subscreve uma longa matéria sobre Ouro Preto, já Hugo de Figueiredo assina resenhas e poemas traduzidos. E essas personalidades autorais não se limitaram a textos controversos ou menores dentro da obra, haja vista aparecerem também em peças consagradas pela fortuna crítica drummondiana como, por exemplo, "Campos de Flores" e "Estampas de Vila Rica", compiladas em *Claro enigma* (1951), e "Brindes no banquete das musas", publicada em *Fazendeiro do ar* (1954).

Há, nessa extensa lista de nomes inventados, "existências" curiosas. Antônio Crispim é o pseudônimo mais frequente da juventude e talvez seja o mais intrigante dessa trama autoral. Ao se apresentar em uma nota autobiográfica como pertencente à geração de 1885, essa figura autoral assina uma série de poemas ao longo dos anos 1920, sendo que seis deles seriam inseridos em *Alguma poesia*. A ele foi dedicado o compósito poema "Lanterna mágica", quando de sua primeira aparição, no *Diário de Minas*, em 1927; poema, por sua vez, assinado por nome igualmente fictício, Constantino Serpa. Crispim firma também textos críticos e crônicas, algumas delas reunidas no volume *Crônicas 1930-1934*, além de aparecer como personagem da crônica "Manhã como as outras" (1961), na qual se confunde com o próprio Drummond, num típico jogo do duplo, ao ser tratado por repórteres numa entrevista como escritor e mestre. Seu primeiro texto é uma resenha do livro *Folhas que o vento leva*, publicada no *Diário de Minas* em 1923, mas sua história inicia-se, pelo menos em parte, como personagem em uma narrativa ficcional de Drummond, intitulada "Rosarita" e publicada em 1921 na revista da Faculdade de Medicina, *Radium*. Nesse conto, tecido com ironia e mordacidade à maneira de Oscar Wilde, Crispim é um jovem negro e pobre cuja história ganha relevo após estuprar a indefesa filha de uma doméstica, na casa onde também ele se empregava. No desfecho da trama, após um périplo de iniquidades e injustiças, ele se tornaria o cafetão da moça violentada em um prestigiado bordel belo-horizontino. A breve história, concisa e provocadora na mesma medida, reúne em seu enredo toda sorte de podridão e impostura social, trazendo à tona o que a sociedade local fingia não ver. Como se o escritor ou sua *persona*, cujo nome passaria a frequentar jornais locais, desejasse, com sua pena afiada, interpelar o ethos conservador e autoritário cultuado na cidade pretensamente moderna.

Belmiro Borba, outro pseudônimo com fortuna, foi criado por Cyro dos Anjos para as crônicas publicadas em *A Tribuna*, entre 1933 e 1935, mas foi também utilizado por Drummond, para cobrir a ausência do titular da coluna, servindo também para nomear o protagonista do romance de estreia de Cyro: *O amanuense Belmiro* (1936). Em movimento invertido, Gato Felix foi assinatura criada por Drummond, mas assumida por amigos, quando de sua partida para o Rio de Janeiro, em 1934. Outro desdobramento do autor seria João Brandão (algumas vezes, Quinca Brandão), que não se apresenta exatamente como pseudônimo, mas como uma espécie de personagem-interlocutor, uma espécie de *alter ego*, recorrente em suas crônicas, a partir dos anos 1960. João Brandão, cujas iniciais coincidem com as do jornal em que era publicado, encarna traços e aspirações do homem comum brasileiro, como se o "João" das crônicas fosse uma versão prosaica e menos dramática de "José", outra imagem do homem-qualquer, a quem se dirige o poeta em conhecido poema, publicado em livro homônimo.

A pluralidade e a recorrência dos pseudônimos e afins, bem como a engenhosidade dos jogos com eles estabelecidos por Drummond, parecem naturalmente aproximar-se da heteronímia de Fernando Pessoa, em cuja obra constam, conforme levantamento recente, mas não definitivo, de Jerónimo Pizarro, 136 nomes autorais. Certamente, o poeta itabirano poderia dizer, como Álvaro de Campos, "eu que me aguente comigo e com os comigos de mim" (CAMPOS, 2013, p. 88), dado à multiplicidade de *eus* que ele também coloca em movimento. Entretanto, os pseudônimos drummondianos, embora extrapolem o uso corrente, não constroem e perpetuam uma alteridade na tessitura da escrita, como na heteronímia pessoana. O pseudônimo oculta e disfarça o nome do autor, mas mantém inalterado o estatuto do sujeito como fonte da enunciação. Conforme esclarece o próprio poeta português, uma "obra pseudônima é do autor em sua pessoa, salvo no nome que assina", enquanto a obra heterônima "é do autor fora da sua pessoa, é de uma individualidade completa fabricada por ele" (CAMPOS, 2013, p. 88).

Ainda que Manuel da Rocha Fernandes subscreva sob a tutela de Drummond, em 1923 e 1924, quatro poemas penumbristas, criando um pequeno conjunto com estilo e imagens concordantes que passam ideia de unidade; ainda que Carlos tenha assinado apenas poemas em prosa e Mickey tenha sido criado exclusivamente para uma série de resenhas cinematográficas; ou mesmo que um desses tantos "nomes de gente" tenha recebido traços biográficos, não se depreende da trama autoral drummondiana um projeto de escrita em que a despersonalização do autor assumisse e se sobrepusesse a contornos estéticos determinados. A crítica assinada pelo "O Observador Literário", figura inventada em 1941 para a coluna Conversa de Livraria, não diverge teórica ou estilisticamente das que foram elaboradas e assinadas por Drummond no mesmo período, para trazer mais um exemplo.

Conforme definido pela fortuna crítica pessoana, a atribuição de um ou outro verso a um heterônimo tem implicações em sua interpretação, como se texto e autor se constituíssem mutuamente, instituindo um modo singular de existir pela linguagem. O drama subjetivo confabulado por Pessoa, ao projetar a ficcionalização de sujeitos autorais, incorpora inextricavelmente a reflexão acerca das possibilidades da forma poética, colocando em marcha o processo de criação literária do qual resulta cada heterônimo, com suas particularidades, além de definir os contornos de um "sistema" remissivo, ainda que instável e fragmentado, em que todos os heterônimos não podem existir senão dialogicamente, na condição de leitores críticos uns dos outros. É nesse sentido que cada heterônimo produz, conforme observação de José Gil (GIL, 1987), um dispositivo específico de sensações literárias e promove, na rede dialógica, a multiplicação dessas sensações. A heteronímia afeta e condiciona o sentido da obra pessoana, tomada em sua inacabada totalidade, e se afirma como um tipo especial de escrita que, pela via da alteridade ficcional do *um*, coloca em suspeição a inteireza do ato autoral e sobredetermina tudo o que por ela se enuncia.

A criação de pseudônimos de Drummond não realiza, nem almeja esse dispositivo de escrita. Ela deve ser entendida, antes, como parte do penoso processo, "grave e trágico", a partir do qual o itabirano engendra um modo e um lugar singulares de enunciação poética que, carregada de historicidade, decodifica e recodifica as linguagens estéticas e sociais presentes na experiência do modernismo brasileiro e, num campo mais amplo, repensa em fronte própria os impasses da poesia moderna. Ou, pelo menos, o que pode ou não ser tomado como poesia, "a essa altura da evolução da humanidade", tendo em vista que "o último trovador morreu em 1914", como se lê em "O sobrevivente" (AP, p. 56). Diante da pluralidade de caminhos, em que diversos e contraditórios valores se afirmam, o recurso contumaz ao nome falso para assinar seus primeiros escritos encena dramaticamente o movimento experimental e oscilante do sujeito na construção de sua identidade literária, bem como os conflitos daí resultantes, além de lhe propiciar um abrigo ou um disfarce, ainda que provisório, em sua pequena sociedade conservadora e vigilante.

A camuflagem oferecida pelos pseudônimos propicia, de um lado, uma maneira de o poeta atravessar os estratos discursivos e circular em um meio hostil, moldado sob as leis da família mineira e do poder do partido único, de questionar as práticas sociais corriqueiras, de se indispor com a fantasiosa *belle époque* belo-horizontina, em sua pretensão de modernidade e cosmopolitismo, simulados não apenas no traçado urbano, mas também na cópia de hábitos e comportamentos europeus, a partir dos quais a aristocracia aburguesada da cidade imaginava assegurar seu pertencimento à mais nobre civilização ocidental. Com essas figuras inventadas, o jovem ganhava relativa liberdade e proteção em seus textos para se contrapor aos padrões artísticos hegemônicos da cidade que, sob o fascínio da tradição clássica, propagavam uma cultura ornamental e ostentatória, devota do beletrismo como forma de elegância e distinção social. De outro lado, os pseudônimos encenam dramaticamente a fragmentação ou a despersonalização do sujeito em sua complexa *recherche* artística. Isso porque a primeira escrita drummondiana moveu-se hesitante, realizando operações rizomáticas de apropriações e desleituras da modernidade poética e literária, a fim de se situar diante das diferentes modulações e registros em voga e em disputa, na busca de uma identidade autoral – um nome, uma firma.

Não por acaso a divertida operação de encobrimento e despersonalização empreendida com os pseudônimos se multiplicava com a profusão de iniciais, acrografias e variações do nome próprio, utilizadas pelo escritor para firmar, titubeante, a página impressa: C., C.D., C.D.A., CÊDÊÁ, Cê Dê Á, Drummond, C. Drummond, Carlos Drummond, além de A., C., D., C.D., A.C., A. P., I., L., T., X. e até mesmo Y. A definição do nome do autor constitui um capítulo à parte nesse jogo autoral, pois somente em 1927 temos o primeiro registro da assinatura Carlos Drummond de Andrade, com a inclusão do sobrenome paterno, antes praticamente ignorado, e somente a partir da publicação do primeiro livro ela se estabiliza – tendo ainda em vista que seu nome de batismo não inclui a preposição "de". Esse nome não se refere exatamente ao estado civil, não diz respeito simplesmente a um suposto e natural amadurecimento artístico, e tampouco à indicação empírica de uma individualidade. A experiência autoral em seu vir a ser dá forma a um nome ou a uma assinatura, ou melhor, encerra um sujeito sob um nome, com os rastros visíveis e invisíveis que lhe dão forma.

Foi necessária, então, longa jornada até que ele pudesse firmar o nome completo, materno e paterno, estampado na capa do livro que parece reunir os diversos pedaços que compõem esse nome, as diversas faces do nomeado, embora, paradoxalmente, sujeito, paisagem e o próprio poema apareçam ali despedaçados. Tal como se lê no portal do livro, o "Poema de sete faces", em que o *eu* em questão oscila sem encontrar senão a forma disjuntiva do mosaico com a qual pode se enunciar em breves explosões estético-biográficas.

Alguma poesia pode ser entendido como o resultado de uma travessia, na medida em que revela os descaminhos de seu autor por entre os debates estéticos e políticos travados à sua volta no correr da década de 1920, durante a qual sua escrita perambulou empenhada, mas sem rumo certo, até que conseguisse colocar o desajuste em perspectiva, tornando-o a própria condição de uma mirada excêntrica ou, para ser mais apropriado, *gauche*. Unificado pela dispersão, ancorado num eixo de tensões, o livro institui-se um modo próprio de o sujeito-do-poema acompanhar seu escrito, um modo de o autor circular por esse *corpus*, de se postar em seu texto e de se endereçar a seu leitor. Todos os nomes falsos podem se encontrar naquelas páginas, sem resultarem em um *eu* uno, sem que todos formem *um* ou se reduzam a uma face.

Ideias, imagens e poemas ali deflagrados não se encerram em uma linha programática e fazem da instabilidade a sua marca, já que o poeta resiste tanto à imersão formalista quanto à saída nacionalista, tanto à estética evasiva quanto à participante, lançando a experiência da poesia modernista brasileira a outras paragens. Trata-se de um mecanismo de escrita que busca alinhavar o eu e o outro, a experiência do mundo e a do local, e, sobretudo, os desvãos existentes entre as opções aí colocadas. O que se configura é uma paradoxal conjunção de um sujeito fraturado, estabelecida nos interstícios entre a "a roça e o elevador", entre a vontade de erigir o nacional e a desconfiança cética que a esmorecia, entre a experiência de urbanização modernizadora e a herança de um passado escravista e colonial, entre uma "voz que aprendeu/ a ninar nos longes da senzala" e a rua que "acordou mudada", enfim, entre o "vasto mundo" e (uns) Carlos (AP, pp. 11, 13, 30). Um arranjo entre o elemento biográfico, a experiência do local e a do universal que lhe confere desde então uma posição específica de enunciação, na qual a presença espectral de um *eu*, com seu desejo genealógico, segue acompanhando o dito, dando forma ao desajuste estético e existencial do sujeito em seu mundo. Não por acaso, a impossibilidade fundamenta, como uma espécie de operador da escrita, a primeira poesia drummondiana, e encontrará novos caminhos para se manifestar no restante da obra. Os dilemas do sujeito aparecem como condicionantes de sua obra: melancolia, tédio, desajuste, dispersão e ironia são os signos dessa produção. Imagens e signos derivados, sem dúvida, da modernidade europeia, mas que já se apresentam em sua experiência poética rasurados e deslocados pela vivência do local. Como observa Silviano Santiago (SANTIAGO, 2002a), a condição provinciana é revirada para se tornar a garantia de uma poesia cosmopolita. O sinal de menos assinalado na margem mineira será assim convertido em positividade, à medida que o poeta se inclina a explorar o estatuto especial de seu paradoxal lugar de enunciação, empreendendo uma espécie de ressignificação valorativa de sua condição periférica.

A exploração consciente desse impasse fundamental entre o sujeito e o mundo pode ser também notada, embora com outra angulação, nas inquirições do poeta lisboeta. Enquanto Caeiro lançava seus poemas inconjuntos na *Revista Athena*, em 1925, nos quais se pode ler "Sei que o mundo existe, mas não sei se existo" ("Seja o que for que esteja no centro do mundo", [PESSOA, 1993, p. 85]), o jovem mineiro afirmava, em "Segredo", alguns anos mais tarde, "Tudo é possível, só eu impossível" (BA, p. 39).

O que parece aproximar, de fato, os dois grandes poetas da língua portuguesa do século XX é a complexa indagação que lançam, em suas respectivas poéticas, sobre a identidade moderna, sobre a possibilidade de se encontrar como unidade, mais especificamente, sobre a possibilidade de conceber um sujeito unitário, centrado em uma presença original e definida de antemão. Ambos colocam em xeque a ideia de um sujeito *a priori* cuja identidade seria anterior à linguagem e sua representação possível de ser alcançada ou reconstituída com a poesia lírica.

A esse respeito, não causa estranhamento que a trajetória da poesia drummondiana tenha justamente no elemento autobiográfico um de seus *topoi* privilegiados. De uma extremidade a outra da obra, o movimento da escrita se dá sob a vigência de uma genealogia, com a qual o poeta fabula sua própria história, individual e familiar. No entanto, o movimento é paradoxal posto que o dado da vida lançado no poema não desencadeia senão a vertiginosa espiral de desconstrução do sujeito autobiografado. Em nenhuma das vias poéticas traçadas, no curso de sua produção, o gesto autobiográfico se realiza de modo transparente. O que prevalece, em quaisquer das formas de evocação de si mesmo, é a desestabilização desse "si" que se deixa ver ou falar na poesia.

Toda a insistente genealogia drummondiana, vertida em poemas da memória, confissão, infância, autorretrato etc., inscreve-se no campo das práticas e das formações discursivas da modernidade, pautado pela crítica da subjetividade e pelo questionamento das categorias relativas ao sujeito e à sua interioridade. Para o poeta formado nas páginas da modernidade literária europeia, a concepção do sujeito moderno como um ser cindido e fraturado irá se impor como uma espécie de axioma, desde o duro aprendizado da juventude do qual se desprende o recurso aos nomes falsos e aos jogos autorais.

O problema colocado pelo poeta não é o de buscar a forma mais legítima ou a mais verdadeira de expressão ou de representação de si. Ao contrário, sua escrita vale-se de uma estratégia desidealizante ou desidentificadora de expressão lírica do eu. Toda a sua poesia, desde o início uma poesia de "homens partidos", revela uma aguda consciência crítica nessa direção. Talvez, por isso, o mecanismo dos pseudônimos nunca tenha se desarmado completamente. As aparições intermitentes de outros-eus assinando textos em jornais e revistas na segunda metade do século XX coadunam-se com uma prática poética carregada de subjetivação, mas que não reclama um fundamento originário atestando a presença anterior do ser ou mesmo a sua significação primeira. Ao contrário, o que se tem é uma poesia cujo sujeito revela-se desalojado, despossuído de si mesmo: "De mim mesmo sou hóspede secreto" ("A um hotel em demolição", VPL, p. 60). Ou que, como no verso de "Elegia", "Não me procurem que me perdi eu mesmo" (FA, p. 48), coloca à própria procura de si sob suspeita, à medida que a instância "responsável" pelo discurso também se confessa perdida. Trata-se, portanto, de um exercício de despersonalização com o qual o poeta abre-se, ao se recusar às formas estratificadas e assujeitadas de individuação, à multiplicidade de outras individuações possíveis, mas reunidas no instável sujeito do poema, diferentemente do que ocorre em Pessoa.

Vale notar que o questionamento do ideal de um sujeito constituinte e de sua alegada capacidade de se autorrepresentar não significa a inexistência ou a desconsideração do sujeito, nem mesmo a defesa de uma abstração metafísica em prol de uma subjetividade pura, mas a problematização crítica aos postulados idealistas da representação, no contexto de discussões acerca da crise do sujeito moderno, da instabilidade de suas representações e da impossibilidade de estabilizá-las. Essa aguda consciência do poeta instaura em sua escrita um dispositivo do pensamento, criando eixos e orientações com os quais o sujeito poético se desenvolve e se abre ao mundo. Ao abordar a sua própria existência, formal e tematicamente, sob a turbulência de um problema, de uma reflexão inquieta, o poeta, essa "composição/ que um dia se chamou Carlos Drummond de Andrade" ("Os últimos dias", RP, p. 152), não estaria buscando uma forma própria de assinar o mundo que lhe coube viver?

Q

"Quadrilha"
BRUNO COSENTINO

"João amava Teresa que amava Raimundo/ que amava Maria que amava Joaquim que amava Lili/ que não amava ninguém./ João foi pra os Estados Unidos, Teresa para o convento,/ Raimundo morreu de desastre, Maria ficou para tia,/ Joaquim suicidou-se e Lili casou com J. Pinto Fernandes/ que não tinha entrado na história" (AP, p. 54).

O poema "Quadrilha", citado acima na íntegra, foi publicado no primeiro livro de Carlos Drummond de Andrade, *Alguma poesia*, em 1930. Podemos dizer que é composto de dois movimentos: o primeiro, formado pelos três versos iniciais, põe a questão, ou seja, os amores não correspondidos; o segundo, a solução (ou a falta de), com os destinos imprevistos de cinco personagens em oposição ao arranjo convencional de outros dois.

O primeiro movimento é marcado pela repetição do pronome relativo "que", sem vírgulas, que encadeia as orações subordinadas adjetivas restritivas, e funciona como elos da corrente amorosa, qualificando os personagens: Teresa, Raimundo, Maria e Joaquim passam a ser "Teresa que amava", "Raimundo que amava", "Maria que amava" e "Joaquim que amava", personagens assinalados, portanto, pelo destino de amar (a exceção sintática ocorre com João, pois dá início à corrente). A repetição do sintagma "que amava", ouvido como marcador rítmico "quiamá", emula o pulso da contradança, que deu origem à quadrilha.

O ritmo é da maior importância, aqui. Em bela passagem do livro *O arco e a lira*, o poeta e ensaísta mexicano Octávio Paz o definiu, em termos gerais, do seguinte modo: "[...] algo mais que tempo dividido em porções, a sucessão de golpes e pausas revela certa intencionalidade, algo assim como uma direção.

O ritmo provoca uma espera, suscita um desejar" (PAZ, 2012, pp. 63-64). Assim, tal qual o amor que define os personagens de "Quadrilha", o ritmo, de acordo com Paz, é inseparável da condição humana, ou seja, torna concreta a falta do outro que nos constitui. À sua observação, acrescento que desde a quinta semana de gestação, quando o embrião tem aproximadamente o tamanho de um gergelim, ele já é um coração a 100 batimentos por minuto, ou seja, é ritmo. Não apenas o coração, mas também a respiração marca o pulso do corpo, mesmo quando parado (as diversas técnicas de meditação exploram esse ritmo da inspiração/expiração que põe em marcha a troca entre o ar de dentro e o de fora do corpo); em movimento, quando caminhamos ou fazemos trabalhos mecânicos, nossas atividades são igualmente cadenciadas.

Desse modo, voltando ao poeta mexicano, o ritmo "é a manifestação mais simples, permanente e antiga do fato decisivo que nos faz ser homens: ser temporais, ser mortais e sempre lançados em direção a 'algo', ao 'outro': a morte, Deus, a amada, nossos semelhantes" (PAZ, 2012, p. 67). Para entender melhor a sugestão de Paz, basta colocarmo-nos na posição de alguém que ouve inadvertidamente uma batida percussiva. A repetição que se cristaliza cria um padrão e com ele uma expectativa; corpo e mente se colocam à espera ou da manutenção da célula rítmica ou de sua quebra inesperada, no limite, de sua interrupção – porque em algum momento terá necessariamente que cessar, assim como nosso coração um dia deixará de bater. Em uma dimensão existencial, podemos dizer que o corpo, com seus ritmos, divisa a morte ou suas metáforas, como *la petite mort* do orgasmo ou a despersonalização no ato amoroso.

A incompletude do sujeito (ou "a falta que ama", para citar o nome do livro publicado por Drummond em 1968) é a base da caracterização "Teresa que amava" etc., em sua forma conjugada, pois, ontologicamente, é como se não fosse possível haver, *tout court*, Teresa. Determinismo semelhante aparece no poema "Amar", de *Claro enigma* (1951): "Que pode uma criatura senão,/ entre criaturas, amar?". Com as batidas de pé no chão que quase se pode dar a cada "quiamá" repetido, também o leitor, desejoso e esperançoso, se coloca em estado de espera, para quem sabe na próxima troca de pares da quadrilha testemunhar a formação do casal cujo sentimento enfim será recíproco. Mas o coração (metáfora para o amor) também pode parar de bater antes da morte biológica: quando a vida adulta se curva docilmente às exigências das convenções morais que tolhem a impetuosidade destrutiva do sentimento amoroso em favor de uma moderação racional e calculada da existência. É o que ocorre com Lili, no caminho da qual o poeta antepõe o "não" ao "amava". A negativa desloca o acento do "quiamá" para um tempo à frente, "quinãoamá", e, com isso, quebra o compasso, estanca o pulso e põe termo ao período – "que *não* amava ninguém" (grifo meu). Esse é o desfecho do primeiro movimento.

Lemos nos versos de "Quadrilha" que o amor pessoal – aquele que é tradicionalmente vivido a dois – está desde o início fadado ao fracasso. A dança popular em que os pares se alternam em roda é metáfora da quimera amorosa, jogo do acaso que sabota o ideal romântico, para o qual deve haver na vida de cada pessoa uma alma gêmea. Esse modelo tem origem no mito do andrógino, contado por Aristófanes n'*O banquete*, de Platão, livro fundador da concepção de amor no Ocidente. No início, diz o dramaturgo grego, havia os andróginos, seres muito fortes, compostos do sexo feminino e masculino, com duas cabeças, quatro braços, quatro pernas, e que, redondos, se locomoviam dando cambalhotas. Certo dia, resolveram desafiar os deuses. Zeus ficou sabendo da afronta e como castigo, para enfraquecê-los, cortou-os ao meio e os separou em mulher e homem. A partir de então, as metades passaram a se buscar, nostálgicas da unidade perdida. Esse desejo de restituição da totalidade original serviu de inspiração aos românticos alemães no século XVIII, que empreenderam interpretações do mito na alquimia, na Cabala e, especialmente, na história de Adão e Eva contada no Gênesis (ELIADE, 1999, p. 104).

Em muitas cosmogonias e mitos de origem, essa totalidade é simbolizada pelo círculo, unidade na qual há uma coincidência de opostos, e que, apenas com o advento da criação, seria seccionada em bem e mal, claro e escuro, céu e terra, masculino e feminino etc. (ELIADE, 1999, p. 119). No poema, as possibilidades amorosas são circundadas por esse absoluto que parece querer se restaurar a todo momento. A roda da dança assemelha-se a um hipotético tabuleiro de jogo da memória ancestral, no qual as metades separadas são peças que, depois de misturadas ao sabor do acaso, poderão ou não encontrar a sua parte correspondente.

Nos versos de outro poema, "Sombra das moças em flor", de *Brejo das Almas* (1934), a roda novamente figura o espaço onde se encena o desencontro amoroso: "No meio da praça, no meio da roda/ há um cego querendo pegar um braço,/ todos os braços formam um laço [...]" (BA, p. 41). Mas aqui, repara Marlene de Castro Correia, outro jogo serve de metáfora para o dilema amoroso: a "brincadeira infantil da cabra-cega, na qual uma criança com venda nos olhos deve escolher outra que a substituirá no meio da roda"; na imagem, entrelaçam-se "associações com a iconografia medieval, que representa Cupido com a venda nos olhos, e ressonâncias de frases-clichês do tipo *o amor é cego* e *cego de desejo*" (CORREIA, 2015, p. 180). Tal qual em "Quadrilha", o poeta se decide pela frustração amorosa: "[...] e todos os desejos morrem na sombra [...]" (BA, p. 41). A correspondência no amor será "aleatória, fruto do acaso ou de lances de sorte ou azar no jogo da cabra-cega... Jogo que não tem final feliz..." (CORREIA, 2015, p. 180).

Mas em "Quadrilha" o mal-entendido é maior. Se o amor a dois é encenado como jogo de azar, tampouco é viável a promessa da realização de um amor no coletivo, que ecoa na repetição "[...] Teresa que amava Raimundo/ que amava Maria que amava Joaquim que amava Lili". O ritmo que eleia o sentimento amoroso tende ou ao círculo aberto da espiral – em que um ama o próximo em movimento ascendente –, ou ao fechamento do círculo – caso em que o último personagem amado por alguém porventura amasse o primeiro; é o que aconteceria, por exemplo, se Lili amasse João. Já sabemos que ambas as sugestões serão malogradas; mas perscrutando-as conseguiremos avaliar melhor o efeito humorístico criado por Drummond para o desfecho do poema.

O compositor Chico Buarque parece ter desejado seguir a sugestão da espiral quando incluiu uma glosa dos versos de "Quadrilha" em sua canção "Flor da idade", ouvida pela primeira vez no filme *Vai trabalhar, vagabundo!*, de Hugo Carvana, em 1973, e gravada dois anos depois no álbum *Chico Buarque e Maria Bethânia – Ao vivo*. No fim da canção, o artista canta a fórmula drummondiana "que amava" no ritmo da leitura, sem quase acrescentar-lhe melodia; porém, troca os nomes dos personagens, incluindo o nome de batismo do poeta, Carlos, a exemplo do próprio, que usou amiúde o recurso, como no célebre verso de "Poema de sete faces": "Vai, Carlos! ser *gauche* na vida" (AP, p. 11). Diferentemente de Drummond, Chico não opta pelo "não" antes de "amava" e com isso as frases melódicas aspiram uma duração indefinida e, por isso mesmo, impraticável. Suspende-as então como se as pontuasse com reticências e, após retomá-las repetidas vezes, finaliza o período saindo do esquema proposto pelo poeta. Insere na letra relações de parentesco e o nome do coletivo que dá título ao poema: "que amava tanto que amava a filha que amava Carlos que amava Dora que amava toda a quadrilha". Forçosamente, decide-se pelo fechamento do círculo, mas, em vez do último personagem formar par com o primeiro, aquele dirige o sentimento amoroso para "toda a quadrilha", fazendo-o reverberar no interior do círculo, que, tal qual em uma mandala, circunscreve um espaço mágico de proteção (JUNG, 2013, p. 41).

Nesse sentido, a função das subordinadas adjetivas vai além da tipificação dos personagens como indivíduos que amam. A repetição em cadeia cumula qualidades ao sujeito. Faz com que, primeiro, Teresa seja "Teresa que amava"; em seguida, "Teresa que amava Raimundo"; e na sequência, "Teresa que amava Raimundo/ que amava Maria que amava Joaquim que amava Lili [...]". Teresa passa, desse modo, a estar ligada não apenas a Raimundo, que é quem ela ama, mas também a Maria, porque a pessoa que ela ama, Raimundo, ama Maria; e passa a estar ligada indiretamente a Joaquim, porque Joaquim é amado por Maria, que é amada por Raimundo, por sua vez, amor de Teresa etc. Cada personagem é, portanto, definido também empaticamente, como uma pessoa que ama pessoas que amam outras pessoas. Passado como corrente, o amor pulsa com unidade na roda, lugar onde se amplia essa falta constitutiva do ser humano. Outros versos do poema já citado "Amar" ajudam a ilustrar a ideia: "Que pode, pergunto, o ser amoroso,/ sozinho, em rotação universal,/ senão rodar também, e amar? [...]/ Amar a nossa falta mesma de amor,/ e na secura nossa/ amar a água implícita, e o beijo tácito, e a sede infinita"

(CE, pp. 42-43). Contudo, como vimos, mesmo a esse amor não correspondido, que parece durar como "sede infinita" nos amantes de "Quadrilha", antepôs-se o "não" – Lili resta como fio solto.

No segundo movimento do poema, ao contrário do primeiro, a leitura terá um ritmo interrompido. As vírgulas que separam as orações coordenadas individualizarão os (des)caminhos dos personagens. João, Teresa, Raimundo, Maria e Joaquim têm seus destinos marcados ou pela morte – Raimundo, de desastre, Joaquim, suicídio – ou pela solidão celibatária – Teresa foi para o convento, Maria ficou para tia – ou, no caso de João, por outro tipo de solidão, pois, ainda que o texto não seja explícito, a tirada sarcástica do poeta – ir para os Estados Unidos não é solução para o desejo de amor insatisfeito – equipara, na sequência de infortúnios, o futuro amoroso de João ao de Teresa e Maria. Além disso, as sortes de Maria, que ficou para tia, e de João parecem guardar outro traço em comum; ambos compartilham a vida amena e sem paixões que o acaso lhes reservou, decorrência quiçá de um recalque da violência destrutiva do sentimento amoroso, que Raimundo, Joaquim e Teresa, por sua vez, levaram a termo mirando as setas de seus desejos para outros absolutos (redentores, diga-se): a morte e Deus. Lili, que era "Lili que não amava ninguém", foi a única que se casou, "com J. Pinto Fernandes/ que não tinha entrado na história".

O poema termina com essa *boutade*, expediente caro ao poeta, que dominava o *"timing* humorístico" (CORREIA, 2015, p. 164). Estruturalmente, o anticlímax acontece também no fim do primeiro movimento. A repetição do modelo sintático "João amava Teresa que amava Raimundo/ que amava Maria que amava Joaquim que amava Lili" cria uma expectativa – reiterada pela ligação do último verso ao anterior por *enjambement* – que é frustrada: "que não amava ninguém". No segundo movimento, o mesmo recurso formal traz ainda a sugestão velada de que o casamento de Lili e J. Pinto Fernandes é um desfecho tão frustrado como os dos outros personagens, pois acompanhado no mesmo verso do suicídio de Joaquim e, lido na sequência, semelhante aos destinos desafortunados que o antecederam: "João foi pra os Estados Unidos, Teresa para o convento,/ Raimundo morreu de desastre, Maria ficou para tia,/ Joaquim suicidou-se e Lili casou com J. Pinto Fernandes". Mas o humor é extraído da quebra de expectativa produzida pelo verso final, em tom de revelação: "que não tinha entrado na história". Ao leitor é permitido entrever o deleite do poeta-demiurgo que, a exemplo dos autores de novelas, inventa com desfaçatez um novo personagem para o cínico *happy end*.

Algumas conclusões são inequívocas. A despeito do senso comum, amor e casamento, no poema, são termos incompatíveis, pois enquanto todos os "que amavam" tiveram um fim trágico ou frustrado, casar-se foi o destino da única personagem "que não amava ninguém". Não apenas isso. Seu marido não tem o primeiro nome; Lili, um apelido, também não. J. Pinto Fernandes, mais que abreviação e sobrenomes, soa como uma marca impessoal, espécie de brasão de família, que revela a relação estritamente contratual do matrimônio. Seu nome, inclusive, assemelha-se ao de um escritório de advocacia; lembra igualmente um empreendimento empresarial, sugerindo tradição e respeitabilidade, além de opulência material. Curioso observar que na versão publicada na primeira edição de *Alguma poesia*, pela editora Pindorama, de Belo Horizonte, no lugar de J. Pinto Fernandes constava o nome Brederodes (P, p. 116), que significa em linguagem popular palhaço ou pessoa sem credibilidade.

Há uma diferença notória entre os nomes do casal e dos amantes. Lili e J. Pinto Fernandes não portam seus nomes de batismo. Se apenas pronunciados, o apelido dela sugere intimidade e proximidade afetiva; os sobrenomes dele, observância à autoridade da instituição familiar. O casal junta de modo discrepante o mais coloquial e pessoal ao mais formal e impessoal. Por outro lado, João, Teresa, Raimundo, Maria e Joaquim têm em comum o fato de serem nomes populares, aos quais se torna difícil atribuir qualidades *a priori*, pois, para isso, seria necessário o conhecimento da singularidade de cada vida por detrás deles. Drummond tira proveito do caráter ordinário dos nomes – uma vez que sob eles muitas vidas anônimas podem caber – para subsumi-los, pela capacidade compartilhada de amar, na coletividade.

O casamento, principal evento na dança de quadrilha, finaliza o poema. O tema é descortinado em sua qualidade mercantil em outro poema, "Aurora", de *Brejo das Almas*: "Como é maravilhoso o amor/ (o amor e outros produtos)". Em "Quadrilha", podemos dizer que o casamento entre Lili e J. Pinto Fernandes é esse amor como produto, pois destituído de subjetividade, da angústia que lhe é intrínseca. A conveniência do arranjo matrimonial também ressoa em "Balada do amor através das idades", de *Alguma poesia* (AP, pp. 159-60); após listar algumas desventuras amorosas, o poeta conclui: "Hoje sou moço moderno,/ remo, pulo, danço, boxo,/ tenho dinheiro no banco./ Você é uma loura notável,/ boxa, dança, pula, rema./ Seu pai é que não faz gosto./ Mas depois de mil peripécias,/ eu, herói da Paramount,/ te abraço, beijo e casamos" (AP, p. 63). Segundo observação do amigo Mário de Andrade, quando Drummond "faz o amor dar em casamento, em burguesice", transforma-o em objeto de "sequestro da vida besta" (apud CORREIA, 2015, p. 186).

Contudo, o embargo do amor e a impostura das convenções também podem ser tratados por Drummond com gravidade e desilusão arrasadora, como no poema "Os ombros suportam o mundo", do livro *Sentimento do mundo*, de 1940: "Chega um tempo em que não se diz mais: meu Deus./ Tempo de absoluta depuração./ Tempo em que não se diz mais: meu amor./ Porque o amor resultou inútil./ [...] // As guerras, as fomes, as discussões dentro dos edifícios/ provam apenas que a vida prossegue/ e nem todos se libertaram ainda./ Alguns, achando bárbaro o espetáculo,/ prefeririam (os delicados) morrer" (SM, p. 33). O mesmo tema pode ser tratado ora com sobriedade, ora com ironia; é difícil, por vezes, discernir entre uma e outra no interior do próprio poema, o que revela a sutileza com que a matéria humorística é manipulada pelo poeta. Quando lemos "prefeririam (os delicados) morrer", há sarcasmo em chamar os suicidas de delicados?

O humor, para além de artifício caro ao projeto modernista de dessacralização da poesia, é recurso valioso para Drummond: serve de emplastro contra o sofrimento da participação impotente no canto coletivo, pois cria distanciamento emocional entre o poeta e o objeto, e, como observa mais uma vez, com acuidade, Marlene de Castro Correia, "consubstancia a afirmação vitoriosa do *eu*, que se recusa, por meio dele, a deixar-se sucumbir, abatido pelos traumas que o mundo lhe produz. [...] Semelhante atitude implica não somente o triunfo narcísico do *eu*, que se enaltece ao proclamar-se invulnerável aos ataques do mundo, como também o triunfo do princípio de prazer, que encontra um meio de manifestar-se apesar da realidade desfavorável" (CORREIA, 2015, pp. 159-60).

Vimos que o amor pode ser tratado com declarado investimento emocional do poeta por seu objeto. Nesse caso, admite-se a angústia inerente à falta (que ama) constitutiva do sujeito e assume-se uma postura de resignação niilista diante da vida. Não é o caso de "Quadrilha", poema no qual prevalece a derrisão. Consciente de que não há solução para o entrevero amoroso, Drummond negaceia frente à realidade; é antissentimental, faz, impiedosamente, troça do amor – goza a vida na poesia, contra a morte, Deus e a moral.

R

Repetição
MARCELO DINIZ

"Repito aqui – repetição/ é meu forte ou meu fraco – tudo/ que floresce em admiração/ no itabirano peito rudo" (TELES, 1976, p. 198). Esses quatro versos que iniciam o poema-dedicatória a Gilberto Mendonça Teles podem servir como chave para a reflexão de pertinentes aspectos a respeito da repetição implicados na poesia de Carlos Drummond de Andrade. A começar por serem eles de um poema cuja circunstancialidade enuncia a recepção do próprio poeta a respeito do estudo mais minucioso e então recente sobre o tema da repetição elaborado por sua fortuna crítica. O poema se encontra na folha de rosto da primeira edição da obra completa de Drummond, lançada pela Aguilar em 1970, mesmo ano em que se lançou o estudo *Drummond: a estilística da repetição*, pela Livraria José Olympio Editora. O livro de Gilberto Mendonça Teles tem sua segunda edição, pela mesma editora, com o acréscimo de um importante "Apêndice" de título "Repetição ou redundância?", em que, além do poema-dedicatória, podem-se ler os trechos de uma carta, datada de 1º de janeiro de 1970, em que Drummond agradece o estudo: "Aprendi muita coisa de meus 'segredos' lendo seu belo estudo... É o que posso dizer de melhor, para significar quanto ele me interessou e impressionou" (TELES, 1976, p. 198). É provável que o gesto que abre o poema-dedicatória no verso "Repito aqui – repetição" indicie o poema como um segundo gesto de agradecimento reiterado, posterior ao da carta.

O poema-dedicatória seria, portanto, a repetição em ato de um gesto de agradecimento ao crítico, não sem deixar certo traço da ironia, que parece fazer da repetição algo além da mera reiteração. O que releva em ambos, carta e poema-dedicatória, além de performarem a repetição de um gesto, é a resposta ao mesmo tempo humilde e lúdica do poeta diante do crítico, operando certo deslocamento de sua própria figura. No caso da carta, o protocolo da humildade parece se concentrar no verbo "Aprendi" que tem como complemento "de meus 'segredos'". A humildade, assim, parece formular o paradoxo de um autor que *aprende* sobre si mesmo, com seu crítico. O autor parece acusar certa consciência da própria obra, que lhe advém do trabalho crítico. O estudo estilístico da repetição em sua obra, o estudo que pretende a análise de seus procedimentos no sentido hermenêutico de denotar deles um sujeito, ou seja, um estilo, parece sutilmente tocado por esse gesto de humildade. Afinal, ao que parece, trata-se do que é segredo inclusive para ele, o poeta, que passa a conceber sua obra como um objeto que lhe reflete não somente o que conheça de si, como o que ainda desconheça. Gilberto Mendonça Teles define o objetivo de seu estudo partindo da premissa "de que o lirismo tem por base a expressão de estados psicológicos através de uma linguagem especial" (TELES, 1976, p. 170), o que concebe o estudo analítico do estilo segundo a hermenêutica do sujeito, segundo a chave expressionista da linguagem. A obra poética de Drummond, na conclusão de seu exaustivo estudo, configura um sujeito segundo o sintoma de uma *angústia*: "o poeta moderno é também um angustiado" (TELES, 1976, p. 171). O modo com que a repetição se repete na obra drummondiana seria, segundo o crítico, o vestígio de um sujeito marcado pela *angústia* que o estudo conclui fazendo-se valer das próprias palavras do poeta, "toda sua poesia se projeta como resultante daquela luta com a palavra, a que o poeta se refere" (TELES, 1976, p. 172). O procedimento do crítico se dirige ao que o estilo indicia, a expressão compreendida como o resultado de uma *luta* entre o poeta e a linguagem. E, como "[o] poeta sente mais do que pode realmente exprimir", a leitura estilística ofereceria a oportunidade de acessar suas "mais secretas razões psicológicas" (TELES, 1976, p. 171). "Aprendi muita coisa de meus 'segredos' lendo seu belo estudo [...]": as aspas sobre *segredos* indiciam certa ironia furtiva em que o poeta parece incluir as pretensões psicológicas do crítico.

Esse "apêndice" da segunda edição do estudo de Gilberto Mendonça Teles é relevante também por apresentar certo contexto epistemológico em que seu estudo vem à publicação. Ao descrever o contexto então contemporâneo de debates sobre o assunto da repetição, elaborando o argumento de sua postura científica segundo o método estilístico, o crítico descreve uma interessante cartografia emergente nos campos da antropologia (Claude Lévi-Strauss), da linguística (Jacques Dubois, Oswald Ducrot), da semiologia (Roman Jakobson, Roland Barthes) e da filosofia (Gilles Deleuze, Jacques Derrida). A predominância dos nomes franceses em muito se deve ao contexto da emergência do estruturalismo e pós-estruturalismo francês nos anos 1970 no Brasil. Trata-se de um contexto epistemológico em que a repetição encontraria um espaço de pesquisa aberto, heterogêneo e em franca expansão, desdobrando o seu conceito em parâmetros bem singulares em relação à tradição. Ao referir-se ao livro *Différence et répétition* (1968) de Deleuze, Teles aponta a sintonia de seu estudo com a tese deleuzeana que concebe a repetição como produção da diferença, afinal, segundo o crítico, para Deleuze "a repetição é a força da linguagem e é por intermédio dela que se cria a diferença" (TELES, 1976, p. 187). Referindo-se ao *L'Écriture et la différence* de Derrida (1967), Teles destaca a desconstrução da repetição implicada em uma origem anterior à própria repetição, pois, "para Derrida não existe origem fixa", identificando a repetição como *traço* que, "se é traço, é sempre já repetição" (TELES, 1976, p. 188).

A repetição como produção da diferença, a repetição como desconstrução da origem e deslocamento de um traço desde sempre repetição. Ora, a repetição, de fato, pode ser conferida não somente como técnica de estruturação na produção da singularidade do poema, como também pode ser tomada como procedimento de desdobramento das formas e dos assuntos da tradição poética. A repetição pode ser descrita como um fenômeno do poema, denotando a singularidade de um estilo, bem como descreve os desdobramentos e a continuidade histórica que assumem formas e temas da tradição literária. A literatura repete para variar, para se singularizar, para diferenciar; e, sob essa perspectiva, a repetição é a errância de um traço desprovido da ancoragem da origem. Na "Estilística da fala", seção que compõe o segundo capítulo de seu estudo, Teles apresenta uma interessante deriva do status da repetição, que vai da preceptística clássica (Aristóteles, Cícero, Quintiliano), em que a repetição é tomada como ornato, à experimentação expressiva moderna, em que a repetição, "na ânsia de expressar o inefável e tendo que recriar continuamente a linguagem", investe-se do valor ontológico da própria linguagem, "um poder dinamizador e ao mesmo tempo um meio para sugerir mais além do que podem comportar as estruturas do idioma" (TELES, 1976, p. 46). A *angústia* moderna, a *luta com palavras*, que identifica a figura do poeta, segundo Teles, parece corresponder àquela que se esboça na aporia do segundo verso do poema-dedicatória "é meu forte ou meu fraco – tudo": a repetição é sua força e sua tentação, sua disposição ativa e sua condição sintomática, sua potência e sua impotência no que tange a experiência da linguagem expressa pelo que *floresce* na pedra do "itabirano peito rudo".

O poema dedicatória parece reconhecer essa figuração do *Lutador*, tal como se desenha no estudo de Teles desde o título de seu primeiro capítulo. O que *floresce* no *rudo* é justamente uma imagem que parece reiterar a aporia da repetição concebida dentro da tópica do indizível, que Teles colhe em Curtius. Os *topoi do Indizível*, segundo Curtius, se denominariam pela "acentuação da incapacidade de dominar o assunto" (CURTIUS, 1996, pp. 213-16). Trata-se, em retórica, de uma das tópicas do panegírico, a formulação de enaltecimento do objeto como inumerável e indescritível, elevando a hipérbole do elogio ao paroxismo. Segundo Teles, estes *topoi do inexprimível*, "que Curtius estuda na poesia medieval", na modernidade estariam investidos de "outra dimensão", oferecendo a leitura das raízes "mais secretas e psicológicas" do poeta moderno. Ou seja, o indizível, que compunha no panegírico antigo o papel ornamental do argumento, transfigura-se, no poema moderno, como drama ontológico da linguagem diante do que seria irrepresentável. A figura do *Lutador*, anunciada no primeiro capítulo, resulta, na conclusão de seu estudo, na representação do poeta como aquele que, com "ânsia de originalidade, [...] se atira contra as fronteiras do idioma, ampliando-as, tornando-as maleáveis..." (TELES, 1976, p. 171). É nessa figura do *Lutador*, como aquele que habita a aporia da repetição como fuga da linguagem diante do indizível, que Teles enxerga uma outra repetição, a que remete à tradição moderna da poesia de invenção: "Todo grande poeta 'inventa' a sua linguagem, como Dante, Camões, Góngora, Byron, Baudelaire, Rimbaud, Mallarmé e Drummond. E isso se deu toda vez que a poesia ocidental teve que ser atualizada e resolvida dentro de novas coordenadas líricas, como a dos séculos XIV, XVI, XVII, XIX, XX" (TELES, 1976, p. 171). Decerto, no segundo verso do poema-dedicatória, o adjetivo "rudo", em sua forma antiga, além da solução de rima com o termo "tudo" em suspenso no verso anterior, oferece-se como um achado em que se condensa a consciência histórica dessa tradição moderna colocada como tensão entre o dizível e o indizível.

O estudo estilístico de Gilberto Mendonça Teles acompanha a progressão da poesia drummondiana, observando a repetição desde seus primeiros livros, fase em que se observa o que o crítico denomina como "renovação silenciosa", em que a poesia da segunda geração modernista "começa a navegar por outras águas, menos superficiais e menos polêmicas, mais construtivas e, sob diversos aspectos, mais autênticas, mais conforme à realidade brasileira" (TELES, 1976, p. 10). Essa *renovação silenciosa*, que corresponderia à "consolidação do Modernismo", é compreendida pelo crítico como *transição*, "no sentido de que as obras que nela se publicaram tiveram o mérito de solidificar os postulados modernistas e engendrar refinamento expressivo, submetendo o poema a uma firme elaboração da inteligência" (TELES, 1976, pp. 10-11). O *Lutador*, portanto, é desenhado segundo uma linha histórica de questões estéticas da poesia brasileira, que, desde o Modernismo, passando por Drummond e chegando a João Cabral de Melo Neto, "ganha [...] finalmente a consciência de que o denominador comum da poesia é a linguagem" (TELES, 1976, p. 12). Segundo Teles, "Luta-se contra a retórica e procura-se a medula da linguagem" (TELES, 1976, p. 12). O trabalho da repetição na poesia de Drummond, expressando essa consciência ontológica da linguagem, será tomado pelo estudo segundo a intenção de responder a três perguntas, formuladas pelo crítico, que colocam o objeto sob a perspectiva histórica de sua geração, de sua cultura e traço estilístico de desvio derivado de sua expressão: "Assim, ocorrem de imediato as seguintes perguntas: até que ponto a repetição na poesia de Drummond se deve a influências estético-estilísticas do Modernismo, através de suas três ou quatro fases ou gerações? Até que ponto se trata de um processo comum à linguagem literária ou coloquial? E até que ponto constitui um modo pessoal, um 'desvio' do idioma, típico de um temperamento em fase de expressão?" (TELES, 1976, p. 52). É em relação a essas perguntas que o estudo ressalta, analisando comparativamente a outros poetas de relevo, a repetição ternária na obra de Drummond com quantidade discrepante, conotando "um traço individual fortemente caracterizador de seu estilo" (TELES, 1976, p. 60). Enquanto a repetição binária corresponderia à tendência à coloquialidade própria do projeto modernista e calcada em um princípio já inerente ao idioma, o que de certo modo responde às duas primeiras perguntas formuladas, a repetição ternária seria aquele traço distintivo do estilo drummondiano por excelência, derivado da luta própria com a linguagem, respondendo assim à terceira pergunta formulada pela pesquisa estilística. Essa marca do procedimento da repetição, sobretudo da epizeuxe, a repetição sequencial de termos, faz o crítico chegar à conclusão "de que toda poesia de CDA se projeta como resultado de uma luta contínua para exprimir mais e mais, sendo que a repetição parece ter origem nesta ânsia de superação do indizível. O próprio poeta deixa entrever os seus problemas expressionais, a sua metalinguagem" (TELES, 1976, p. 179).

Teles descreve a pluralidade de modos em que se confere a repetição em Drummond: além da epizeuxe, a anáfora, o quiasmo, a epanalepse, bem como explora a polissemia que sugere cada tipo de repetição. Nessa polissemia, além de prismar os valores de intensidade, cinetismo, obsessão e sobretudo o da experiência do indizível, o crítico também considera o humor e a ironia aqueles que talvez sejam os que melhor descrevem o tom que se observa no poema-dedicatória do poeta ao crítico, "o celebrado sentimento de humor e ironia que matiza indelevelmente todo o material poético mobilizado" (TELES, 1976, p. 63). Segundo o estudo, assim se resumiria *todo o complexo problema da repetição drummondiana*: de um lado, a luta com a expressão "consciente e nobre contra as limitações idiomáticas" e, concomitantemente, do outro lado, "um fundo psicológico especial", que é a ironia sob o modo mais específico do chiste, que, segundo Teles, nutre-se do mesmo *subsolo*, abaixo do ideal de beleza, que seria o humor (TELES, 1976, p. 63). O poema-dedicatória, sem conter nenhuma das repetições relevantes elencadas pelo crítico, ainda assim repete, como seu gesto chistoso, esse elemento onipresente na obra drummondiana. Repete-o no gesto, no jogo de cena proposto, o que oferece a imagem do poeta em um outro desenho, que parece borrar a figuração do *Lutador angustiado*. Fosse possível estimar em que livro de Drummond se poderia encontrar este poema-dedicatória, que é ostentado na folha de rosto da primeira edição de suas obras completas, inevitável pensar em *Viola de bolso* (1952), livro de teor comemorativo do reconhecimento público do poeta, composto em boa parte de versos de circunstância, dedicatórias e homenagens, sempre no estilo que tende ao satírico leve, em que se pode flagrar a gestualidade pública do poeta em cena.

Assim, o poema-dedicatória como gênero operado pela obra parece confirmar certa repetição especial na poesia de Drummond, que não se dá tanto pela evidência lexical como a analisada por Teles, mas que melhor conferiria a natureza do traço derridiano da repetição como deslocamento do sentido e desmistificação da origem. Nesse gênero, flagra-se Drummond repetindo seus temas, repisando seu vocabulário-chave e insinuando sutis variações sempre no humor celebrativo inerente ao poema de circunstância. Comparando com as categorias dos jogos propostas por Roger Caillois (1967), esses poemas parecem evidenciar não a repetição do *agon*, ou dos jogos de disputa, ou ainda, da luta angustiada com as palavras; mas sim a repetição do *mimicry*, dos jogos da encenação, da máscara e da vertigem, em que, nas palavras do próprio Drummond colhidas em Paul Valéry para o título de seu artigo sobre o livro *Mafuá do malungo* de Manuel Bandeira, "o poeta se diverte" (PI, pp. 118-23). Nesse artigo à ocasião do lançamento do livro de Bandeira, Drummond se pergunta e responde acerca do poema de circunstância e o define segundo a *transfiguração* operada pela poesia: "Mas que é circunstância, neste particular de versos? Se se incorpora à poesia, deixa de ser circunstância. Arte de transfigurar as circunstâncias, poderíamos rotular a poesia" (DRUMMOND DE ANDRADE, apud BANDEIRA, 1986, pp. 360-61).

Ainda nesse artigo, Drummond, referindo-se aos versos de circunstância de Bandeira, parece descrever a distinção do poema de circunstância de modo análogo ao que distingue o *agon*, o que se evidencia como a angústia do virtuosismo, e o princípio de prazer, implicado no *mimicry* da circunstância: "Com igual domínio de forma que não se confunde com virtuosismo, pois este se compraz em vencer a dificuldade para mostrar que venceu, ao passo que, no verso de Bandeira, o leitor em geral não percebe o salto mortal, todo entregue ao prazer que ele suscita" (DRUMMOND DE ANDRADE, apud BANDEIRA, 1986, p. 361).

Teles, considerando ainda a ironia e o humor em Drummond, descreve a comicidade como "beleza às avessas" que "ilude e desconcerta nosso conhecimento de poesia", concluindo a respeito do aspecto da *luta* com a linguagem operada neste plano: "Pode-se dizer que toda sua poesia é o resultado de uma luta entre a forma e o conteúdo, mas de uma forma às avessas – a ironia; e de um conteúdo de revés – o humor" (TELES, 1976, p. 64). O exemplo apresentado pelo crítico, na sequência desse argumento, é o que elabora o cômico na chave do "automático", a repetição mecânica, que, para o crítico, ilustra o "relacionamento do erudito com o vulgar", plasmado nos versos "hoje beija, amanhã não beija,/ depois de amanhã é domingo" (BA, p. 35). Com essa mesma descrição do equilíbrio no manejo entre o erudito e o vulgar, talvez seja possível ler a repetição de um poema do último livro de

Drummond, *O amor natural* (1992), obviamente não contemplado pela análise de Teles. Trata-se do poema cujo título já deflagra o procedimento da repetição que predomina por todo o argumento: "Bundamel bundalis bundacor bundamor" (NA, p. 36). O termo se repete 30 vezes por 24 versos em um panegírico sem pontuação. "Bunda" ora aparece como unidade léxica, ora como radical de 17 neologismos, além de uma incidência sugestiva em homofonia, em "girabundo". É possível observar nesse poema a retórica do inumerável, do indescritível, tal como formulada pelos *topoi* do indizível de Curtius, no entanto, operando outros humores que não o da angústia do poeta moderno, tampouco o riso promovido pelo automatismo, mas sim promovendo os humores do riso franco, que culmina no último verso: "bundamor bundamor bundamor bundamor" (NA, p. 36) cuja repetição, não em dois tempos, nem em três, mas em quatro tempos, sugere que o indizível pode ser traduzido no infinito de um mais-dizer.

Revistas
IVAN MARQUES

Ao fazer o balanço crítico de sua geração na célebre conferência "O movimento modernista", de 1942, Mário de Andrade praticamente ignorou a existência dos periódicos literários. "E vivemos uns oito anos, até perto de 1930, na maior orgia intelectual que a história artística do país registra", afirmou o escritor (ANDRADE, 1974b, p. 238). Os termos "destruição" e "festa" foram quase usados como sinônimos: "Todo esse tempo destruidor do movimento modernista foi pra nós tempo de festa, de cultivo imoderado do prazer" (ANDRADE, 1974b, p. 241). Drummond, que desde o princípio considerou muito severa a autocrítica de Mário, não deixaria de ecoar suas palavras em um comentário famoso: "Era tão gostoso brincar de modernismo..." (TVP, p. 42).

Entretanto, a organização da batalha modernista na década de 1920 teve como principal veículo os periódicos literários. A leitura das revistas não revela pândega, festa ou brincadeira, mas, ao contrário, a tentativa de superar o "trabalho leviano" de quem se contenta em quebrar janelas, sem *refletir*, sem *esclarecer*, sem *construir* – objetivos da revista *Klaxon*, o primeiro periódico modernista, surgido em maio de 1922. O espírito construtor teve depois continuidade nas demais publicações. Juntas, elas se esforçaram por realizar – pela discussão de dois tópicos fundamentais, a modernidade e a brasilidade –, a paulatina clarificação do conceito de modernismo e de sua especificidade na situação periférica do país.

Tais revistas não estampavam apenas manifestos, sátiras, provocações – numa palavra, a ação demolidora dos vanguardistas. Elas constituíam, sobretudo, um espaço de reflexão sobre as novidades. Foram elas que forneceram estrutura ao movimento, servindo tanto aos objetivos de difusão e arregimentação, quanto ao trabalho crítico e teórico. Além de representar o suporte material para a divulgação de ideias, elas deram corpo à sociabilidade e à vivência gregária da arte e da literatura, tão características daquela época.

Em diferentes estados, pipocaram ao longo da década periódicos modernistas, comprovando a rápida difusão do movimento. Entre os títulos mais importantes, estão *Klaxon* (São Paulo, 1922-23), *Estética* (Rio de Janeiro, 1924-25), *A Revista* (Belo Horizonte, 1925-26), *Terra Roxa e Outras Terras* (São Paulo, 1926), *Verde* (Cataguases, 1927-28; segunda fase em 1929); *Festa* (Rio de Janeiro, 1927-28; segunda fase em 1934-35) e *Revista de Antropofagia* (1928; segunda fase em 1929). Além da curta existência de cada revista, a sucessão de datas revela a continuidade que se estabeleceu entre elas ao longo do tempo. Embora representassem grupos específicos e apresentassem às vezes pontos de vista contraditórios, essas publicações mantiveram entre si um forte entrelaçamento, como se pode constatar pela reiteração do mesmo elenco de colaboradores.

A impressão que temos hoje é de que existiu na verdade uma única revista, desdobrada numa sequência em que apenas os títulos mudavam. Entre as redações, a solidariedade se manifestava tanto nos serviços que prestavam umas às outras, como no hábito que tinham de elogiar-se, recomendar-se e mesmo criticar-se. Salvo na segunda dentição da *Revista de Antropofagia*, praticamente não houve ataques ou conflitos sérios. Contemporâneas, *Verde* e *Festa* chegaram a trocar algumas farpas. O que predominou, portanto, foi o congraçamento, interrompido aqui e ali por escaramuças e pequenas dissensões.

A precariedade salta aos olhos em todas as publicações modernistas. Na apresentação de *A Revista*, já nas primeiras linhas deparamos com a queixa bem humorada de Drummond: "[...] faltam-nos desde a tipografia até o leitor. Quanto a escritores, oh! Isso temos de sobra. (Assim Deus Nosso Senhor mandasse uma epidemia que os reduzisse à metade!)" (DRUMMOND DE ANDRADE et al., 1925a, p. 11).

A despeito das dificuldades, as revistas exibiram em primeira mão textos fundamentais da história do Modernismo: fragmentos do *Clã do jabuti* e de *Macunaíma*, de Mário de Andrade; poemas de *Libertinagem*, de Manuel Bandeira, e de *Alguma poesia*, de Drummond, livros que só seriam publicados em 1930; contos inovadores de Aníbal Machado, João Alphonsus e Prudente de Moraes, neto, num momento em que o gênero ainda não tinha se firmado no Modernismo – para citar só alguns exemplos.

Para alguns poetas, como Pedro Nava, que não chegaram a publicar livros na ocasião, as revistas constituíram o espaço único para a divulgação de suas produções. Merece destaque o caso de Luís Aranha, um dos maiores representantes da chamada "geração futurista", que desapareceu do panorama literário depois de ter sido uma presença marcante nas páginas de *Klaxon*. Como escreveria Sérgio Milliet, o caso de Luís Aranha fazia lembrar o de Rimbaud: "Apareceu com a Semana de Arte Moderna./ Viveu em KLAXON./ E nunca mais" (MILLIET, 1926, p. 5).

O próprio Drummond, durante um tempo que a seus companheiros pareceu interminável, existiu apenas como poeta de revista. Sua entrada em cena ocorreu nas páginas de *Estética*, que publicou os poemas "Construção", "Sentimental" e "Raízes e caramujos" – os dois primeiros foram incluídos posteriormente em *Alguma poesia*; o terceiro não voltaria a ser publicado. Na *Revista de Antropofagia* ocorreria a primeira divulgação do célebre poema "No meio do caminho", considerado a peça mais escandalosa do Modernismo.

Ao comentar seu livro de estreia em carta de 1930, Mário de Andrade escreveu: "Sempre me doía ver as coisas de você ao léu das revistas e da fadiga esquecedeira dos homens" (apud FERRAZ, 2010, p. 49). E Manuel Bandeira acrescentou em artigo sobre *Alguma poesia* publicado no jornal *A Província*, de Pernambuco: "Sem livro até agora, o seu nome não aparecera senão nas revistinhas efêmeras de vanguarda, que não chegam ao conhecimento do grande público" (apud FERRAZ, 2010a, p. 54). Com efeito, ao longo de toda a década de 1920 sua obra circulou apenas em jornais e revistas – o que foi suficiente para consagrá-lo como um dos maiores poetas do seu tempo.

A criação de *A Revista* ocorreu depois da passagem por Belo Horizonte da caravana de paulistas que foi visitar as cidades históricas mineiras, em companhia do poeta franco-suíço Blaise Cendrars. Tanto Mário de Andrade como Manuel Bandeira recomendaram ao grupo que realizasse com prudência a empreitada. "Aconselho diplomacia nas relações com o passadismo mineiro. Aproximação e sova por meio da prosa raciocinadora. Porrada só como revide" (apud DOYLE, 1976, p. 86), aconselhou Bandeira em carta a Drummond. Mário foi mais longe, insistindo que a revista deveria ser franqueada aos adversários, "sem ficar igrejinha como *Klaxon*", pois isso seria contraproducente: "Botem bem misturados o modernismo bonito de vocês com o passadismo dos outros. Misturem o mais possível" (apud DOYLE, 1976, p. 88).

O periódico mineiro durou apenas seis meses, entre julho de 1925 e janeiro de 1926. Seguiu de perto o modelo discreto de *Estética*, a quem atribuía "uma compreensão perfeita do espírito moderno na sua fase construtiva". As duas publicações eram muito parecidas, mas a despeito de tanta seriedade e diplomacia curiosamente nenhuma delas escapou de ser "morta do mal de três números", conforme exprimiu Manuel Bandeira, ao passo que revistas mais agressivas como *Klaxon*, *Verde* e a *Revista de Antropofagia* revelariam mais fôlego, imprimindo um volume maior de edições.

Drummond e Martins de Almeida eram os diretores de *A Revista*, tendo escrito, sem assinar, os textos de apresentação do primeiro e do segundo número, que figuram como os dois principais manifestos do grupo. O "programa", conforme o artigo "Para os céticos", de autoria de Drummond, "resume-se numa palavra: Ação. Ação quer dizer obrigação, luta, esforço construtor, vida" (DRUMMOND DE ANDRADE et al., 1925a, p. 11). Drummond e seus companheiros se orgulhavam de ser "tradicionalistas", como reitera Martins de Almeida no texto "Para os espíritos criadores": "Não queremos atirar pedras no passado" (DRUMMOND DE ANDRADE et al., 1925b, p. 11). Desejavam a preservação do patrimônio histórico e o respeito às tradições literárias, particularmente aos autores simbolistas. Mas a nota principal do texto de Martins de Almeida está na "criação de um espírito nacional", em sintonia com a preocupação de "dar uma alma ao Brasil", reiterada sempre por Mário de Andrade.

Em *A Revista*, indo além das fronteiras de seu meio ainda mais acanhado e tradicional, Drummond não hesita em considerar o Brasil um "país de crítica pobre e mal aparelhada". Para o poeta vanguardista, cheio de intenções, e também de fundamento e erudição – que declara, por exemplo, conhecer, entre velharias e novidades, toda a fortuna crítica de Verlaine e Rimbaud –, não haveria saída, portanto, a não ser dobrar as mangas e realizar a crítica de si mesmo e de seus companheiros.

Da natureza programática e circunstancial desses textos, sempre fiéis a um "projeto", resulta a disposição para os juízos despudorados. Frequentemente os modernos são confusos ou não conseguem pôr suas ideias ao alcance de todos, pois elas não surgem nítidas, "vão se definindo aos poucos", conforme justificam os diretores de *Estética*. Além de polêmico e combativo, esse "pensamento de artista" – expressão usada por Gilda de Mello e Souza num depoimento sobre Mário de Andrade – costuma ser "assistemático e de certo modo selvagem" (MELLO E SOUZA, 1980, p. 42). Trata-se de um "julgamento de valor transitório", voltado para "os problemas em marcha" – o que não impede que muitas das análises, mesmo com o passar do tempo, permaneçam relevantes e muitas vezes surpreendentes.

Rima
MARCELO DINIZ

"*Le poème – cette hésitation prolongée entre le son et le sens*" [O poema – essa hesitação prolongada entre o som e o sentido] (VALÉRY, 1943, p. 79). Essa famosa definição de Paul Valéry parece definir o cerne do expediente da rima. O poema opera a palavra segundo um regime de *hesitação*, o que torna a operação distinta de seu uso ordinário. Se no uso ordinário predomina o que se pode chamar de primado do significado ou, ainda, de subordinação do significante ao significado, a rima é um procedimento que opera a inversão dessa hegemonia, performando a palavra segundo o regime da consonância sonora, sistematizando o primado do significante. Decerto, a graça imanente e sutil que a rima proporciona é a de que as palavras, naquele discurso cuja estrutura é tramada por sua expectativa, informam algo além de seu significado e operam, no plano da sensibilidade, a hesitação da atenção, seu deslocamento constante do plano intelectual do significado para o plano sensível do significante. No caso específico da rima, observa-se que o discurso não precisa ser somente entendido, ele precisa ser ouvido. Hesitação *prolongada*, o poema opera certa duração dessa experiência sensível; propõe, portanto, certa temporalidade em que essa hesitação se sustenta. A ocorrência sistemática da rima, sobretudo nas estruturas poemáticas de larga tradição, como a quadra, a sextilha, a oitava, a décima, a canção, o rondó ou o soneto, é um dispositivo que realiza essa temporalidade interna do poema. A rima se encontra, assim, associada à estrutura rítmica e sonora do poema, operando a sustentação da trama estrófica e sua solução.

Embora o fenômeno da rima extrapole o universo da poesia, ocorrendo com abundância em parlendas, ditos populares e canções, talvez seja um dos procedimentos que mais caracterizam a estrutura poemática aos olhos e aos ouvidos do senso comum. É nesse sentido que a consonância indicia a vizinhança do poema com os procedimentos populares anônimos e mesmo com a origem cancioneira. É nesse sentido ainda que as polêmicas históricas que envolvem esse recurso medem as intenções de recusa ou de sofisticação de seu uso, estabelecendo hierarquias quanto aos tipos de rima (rima pobre/rima rica/rima rara etc.), definindo assim princípios estéticos normativos que buscam reger a economia de seu uso. Pode-se dizer que o universo literário se apropria desse fenômeno e lhe imprime um esquema de valores em geral normativos e de forte tradição na história da poesia ocidental, sendo a escola parnasiana um dos mais recentes exemplos da ritualização deste cânone. No dito anônimo, na arte popular, na arte erudita, a rima perfaz um prisma heterogêneo de valores que indiciam sua extração, os territórios sociais de seu uso. Decerto, a presença dela na obra de um autor, sobretudo se ele for moderno, indicia suas escolhas e recusas, o que dota de presença de valor expressivo singular aquela obra específica.

A respeito do uso da consonância na obra poética drummondiana, é inevitável a referência ao mais completo e refinado estudo sobre a matéria, *A rima na poesia de Carlos Drummond de Andrade*, de Hélcio Martins, publicado em 1968 pela Livraria José Olympio Editora. Nesse estudo encontramos justamente essa atenção aos "procedimentos intencionais e sistemáticos, em que se manifesta clara a consciência de que a rima tem uma função, ou uma gama de funções que não se reduzem às mais elementares e comuns, de assinalar ritmicamente o término dos versos, de estruturar os versos em estrofes e as estrofes em poemas, não poucas vezes ela é, ao lado disso, muito mais que isso" (MARTINS, 2005, p. 64). E, seguindo a premissa de explorar o valor propriamente expressivo que a rima assume, Hélcio Martins conclui seu estudo observando que a poesia de Drummond, ao integrar-se "às melhores correntes estéticas do pensamento" (MARTINS, 2005, p. 158), assimila a rima segundo o entendimento da expressividade, ou seja, "quando atua sobre o significante", estreita "o vínculo com o significado" (MARTINS, 2005, p. 158). A rima, na poesia de Drummond, portanto, assumiria o que o crítico reitera como caráter "utilitário" e "expressivo" (MARTINS, 2005, p. 159); o que por sua vez chama atenção para as tensões que se estabelecem entre o som e o sentido, compreendendo nessas tensões a particularidade expressiva do uso.

Hélcio Martins descreve a presença da rima na poesia de Drummond segundo um paradoxo muito pertinente: embora se trate de uma obra predominantemente constituída de versos brancos, a presença "parcimoniosa, discreta e seletiva" (MARTINS, 2005, p. 158) da rima faz da poesia de Drummond um laboratório extenso de exploração dos matizes da consonância. O estudo observa com minúcia as nuances da experimentação da rima na insistência do desvio do que ele denomina como *função essencial*, que é "a de sustentar o ritmo do verso [...], a de sustentar o ritmo das estrofes" (MARTINS, 2005, p. 86). A rima drummondiana é descrita, portanto, segundo "a intenção de abafar a intensidade das rimas" (MARTINS, 2005, p. 95), como "rima obscura, escondida" (MARTINS, 2005, p. 108), ou ainda "disfarçada" (MARTINS, 2005, p. 113), "assurdinada, crepusculina, ensurdecida" (MARTINS, 2005, p. 117), todo um tesouro de adjetivos que descrevem a "matização dos timbres" (MARTINS, 2005, p. 127) que performam certo "gosto de desconcertar" acionado pelos esquemas assistemáticos. Pode-se dizer, portanto, mantendo-se no nível do paradoxo em que a rima é flagrada na poesia de Drummond, que essa presença discreta sempre se dirige a certo uso dissonante ou, ainda, no oximoro formulado pelo filólogo, extraído do próprio poeta, ao uso "incorrespondente da rima" (MARTINS, 2005 p. 158).

Um exemplo emblemático de uso experimental da rima seria o poema "Tempo e olfato", do livro *Viola de bolso* (1952), que, segundo o próprio Hélcio Martins, foi a peça que "despertou" sua atenção para a raridade que é o uso da rima na poesia do poeta mineiro (MARTINS, 2005, p. 111). O poema, composto em nove dísticos que sistematizam um esquema de rimas, ou seja, das consonâncias finais dos versos, segundo um princípio atento, não ao núcleo atômico da sílaba, a vogal tônica, mas às semelhanças de seus elementos adjuntos, átonos ou consonantais, estruturando um sistema que se sustenta "em mínimas correspondências segmentais que elidiam, todas, a vogal tônica – todas, menos a do quarto dístico, que por isso mesmo, e também por ser a única esdrúxula, havia parecido tão insólita". Transcritas aqui em itálico, essas associações "parciais, quase todas átonas, acusticamente abafadas, e anárquicas em seu conjunto" (MARTINS, 2005, p. 113) são os seguintes pares: perfu*me*/no*me*; nari*na*/nove*na*; co*rpo*/ha*rpa*; *pretérito*/*quimérico*; esva*ía*/sent*ídos*; salta*va*/lasci*vo*; ima*gem*/ori*gem*; ca*sa*/ro*sa*; hipoca*mpo*/te*mpo*. Se vale a analogia da vogal tônica como núcleo atômico da sílaba e da rima, o poema de Drummond parece insistir nas unidades mais discretas da estrutura sonora, explorando a dimensão quântica da acústica da palavra, insistindo na sutileza da escuta e elidindo sistematicamente a consonância vocálica em sua forma mais costumeira.

Ainda sobre o poema "Tempo e olfato", vale notar a que expressão serve tal jogo quântico das rimas. Afinal, se, conforme o crítico, a *rareza* da rima em sua poesia é marcada sempre por esse aspecto *utilitário* e *expressivo*, é interessante conjecturar as possíveis associações sugeridas entre esse esquema de consonância disfarçada de sons e seus possíveis sentidos no tratamento do tema. O próprio Hélcio Martins aponta o uso da desfiguração da rima como expressão da "perecibilidade e dissolução da vida, que enuncia a consciência da vulnerabilidade dos esquemas da vida e da fugacidade dos bens humanos" (MARTINS, 2005, p. 126), referindo-se ao esquema das rimas presentes no poema "Aniversário". Compreendendo esse uso da consonância, "desfigurando a rima sem eliminá-la" (MARTINS, p. 125), pode-se conceber no esquema desviante do poema "Tempo e olfato" a sugestão de um regime de tensão e dissolução que descreve a própria dissipação do aroma no tempo e no espaço, em uma dinâmica durativa em que a faculdade da memória está implicada no pormenor das moléculas e das associações que o aroma proporciona, insinuado pelo seu esquema de associações sonoras, por que não dizer, com o perdão do neologismo, *infrassilábicas*. No entanto, essa estrutura sutil das rimas, em lugar de figurar a pura dissolução ou fugacidade dos esquemas, mais parece voltada à sustentação de um estado delicado, cuja dinâmica é de constante tensão, o estado próprio do poema.

Vale ainda notar a presença da anfibologia observada por Hélcio Martins, citando Antônio Houaiss, como um traço singular da polissemia da poesia drummondiana, que incide sobre o último termo do poema: hipocampo. Se a anfibologia consiste em *hermetismo poético* que não se dá por *obscuridade*, mas sim pela possibilidade de múltiplas significações que o poema sustenta (MARTINS, 2005, p. 132), ao final de "Tempo e olfato", o termo " hipocampo" conjuga o sentido *quimérico* de cavalo-marinho, que se expande no sentido da anatomia do cérebro, a estrutura de lóbulos que recebe tal nome devido a seu formato similar ao do animal aquático e cuja função é de armazenamento da memória de longo prazo, sugerindo ainda a figuração dos sinais de interrogação, que se repetem na estrofe anterior. Nesse sentido, a rima sutil t*empo*/hipoc*ampo*, além de reiterar o par *pretérito*/*quimérico*, que estrutura a quarta estrofe do poema, insinua a associação entre tempo e memória, acionada pelo aroma e sustentada pelo poema.

O estudo de Hélcio Martins observa ainda certa evolução do uso da rima na poesia de Drummond: "É instrutivo observar que de *Alguma poesia* a *Claro enigma* há uma lenta e progressiva ampliação do número e variedade desse uso" (MARTINS, 2005, p. 144). De fato, na poesia dos primeiros livros do poeta, a rima, "sempre de maneira mais ou menos acidental" (MARTINS, 2005, p. 72), mais parece atender a um efeito paródico e crítico do próprio uso, na chave burlesca e metalinguística da primeira incidência, na famosa sexta estrofe do "Poema de sete faces", que abre *Alguma poesia*. Ainda segundo Hélcio Martins, essa operação casual que propõe rima em um gesto de derrisão do próprio recurso é "fortalecida pelo preconceito estético dos modernistas da época", em crítica ao uso ornamental preconizado "que dela diziam e faziam os poetas parnasianos" (MARTINS, 2005, pp. 71-72).

Se decerto esse aspecto crítico do uso da rima se faz evidente como resposta modernista ao sistema normativo e pomposo que operava a poesia parnasiana, por outro lado, a rima na poesia de Drummond não se restringe a esse viés reativo. Pelo contrário, como bem observa Hélcio Martins, "o caráter seletivo de seu uso [...] experimentou progressos técnicos", sempre insinuando o modo assurdinado em sua riqueza "disfarçadora", por vezes irônico, por vezes de agudeza sutil, explorando um virtuosismo do uso que tende ao que o filólogo descreve como "preciosismo filigranado" (MARTINS, 2005, pp. 144, 146), que se observa, sobretudo a partir de *Claro enigma*.

É nesse sentido de operar a rima para além do uso reativo e crítico de alinhamento modernista, que Hélcio Martins, na conclusão de seu estudo, atribui a Drummond a dupla atitude de "dois poetas, um que investiga e descobre, e outro que logo utiliza seu achado", figurando sua poesia dotada de uma "contraposição essencial", cuja "face vitoriosa é a dessa contradição permanente" (MARTINS, 2005, p. 159). O filólogo atribui à poesia do autor, no que tange ao uso das rimas, o pertencimento a certa "tradição de negligência em face da rigidez das normas preestabelecidas" (MARTINS, 2005, p. 157), tradição da "consciente retomada dos velhos usos ou, o que nos parece mais certo, reinvenção autônoma deles, de remissão mais remota da poesia portuguesa, irmanada, nesse particular, com as demais literaturas da Península" (MARTINS, 2005, p. 156). Segundo o filólogo, trata-se de uma tradição comprometida sempre com a "grande vitalidade desses procedimentos, que se retomam em sua inteira eficácia e se renovam ante a diversa feição do poema que os rebusca e reabilita, ou que redescobrem depois de tantos séculos exauridos" (MARTINS, 2005, p. 156). Ou seja, não somente se desviando do cânone parnasiano que hierarquiza e normatiza o código das rimas, e distinguindo-se da atitude reativa e crítica de seu uso pelo *preconceito* modernista, a poesia de Drummond, em sua *rareza*, que então significa precisão, faz da rima a oportunidade de uma exploração que conjuga a tradição e o experimento, remetendo a uma tradição da rima anterior à formulação dos modelos e codificações hierarquizantes que perfazem as poéticas desde o Renascimento na poesia ocidental, remontando assim às práticas da poesia trovadoresca e à inventividade medieval. A *rareza* da rima em Drummond parece expressar mais a economia de sua prática, sua necessidade precisa, do que a oportunidade de ritualização de tabus e normas de um cânone fixo. A rima é operada de modo agudo e sutil, sistematicamente tendendo ao desvio dos sistemas, chamando a atenção do ouvido a associações inusitadas de consonâncias por vezes menores da estrutura silábica, por vezes insólitas e irônicas quanto à associação de sentido; enfim, esse paradoxo da rima com *semblant* de negligência parece constituir a oportunidade de seu faiscamento, de sua vitalidade, de sua positividade extraída no poema em ato, na liberdade circunstancial e oportuna de seu achado.

Essa riqueza do uso variado e pontual da rima de Drummond estudado por Hélcio Martins já era indicada por outro estudo a respeito da consonância, o tratado *Rima e poesia*, de Mello Nóbrega, publicado em 1965 pelo Instituto Nacional do Livro. O volume que abarca o estudo teórico e histórico da rima em uma abrangência linguística significativa, além de apresentar a longa tradição das polêmicas que envolvem o recurso na poesia ocidental, oferece ao leitor um vasto leque de abonações no tesouro de várias línguas, bem como dos mais variados tipos de rima que são considerados. Em seu índice onomástico, Carlos Drummond de Andrade corresponde a 12 ocorrências, seis delas exemplificando casos distintos e não ortodoxos do uso da rima: o caso da "consonância composta ou partida" (NÓBREGA, 1965, p. 22) com as rimas *Argentina/Joaquim Na*[buco] e *Gávea/suave a*, ambas de *Viola de bolso*; o caso das "rimas hipermétricas" (NÓBREGA, 1965, p. 60) com *insinua-se/nuas* e *Luís/uísque*, também de *Viola de bolso*; o caso das "rimas de fundo consonântico" com as rimas de *Tempo e olfato*; o caso da "rima atenuada" com *rádio/arcádia, consumo/alguma, pega/cego*, de *Versiprosa*; o caso da rima "valendo-se de [...] acrografias" (NÓBREGA, 1965, p. 282) com *U.D.N./perene*; o caso das "correspondência parafônicas", o que o autor do tratado define como "verdadeiro pedal de surdina das conformidades rímicas" (NÓBREGA, 1965, p. 486) com *sonham/conhecem, aproximas/semelhas, éter/flúor, forte/inerte, disfarce/descalços* e *namorados/astrolábios*.

O tratado de Mello Nóbrega também confirma a riqueza da tradição experimental do uso da rima em Drummond, uma vez que essas abonações correspondem em alguns casos a uma lista de outras referências que remetem à poesia galego-portuguesa medieval, como Dom Dinis, aos trovadores provençais, como Bernard de Ventadorn e mesmo ao que Mello Nóbrega descreve como "o apogeu da crise rimomaníaca" (NÓBREGA, 1965, p. 200), a geração dos *Grands Rhétoriqueurs* no Quatrocentos e primeira metade do Quinhentos na França.

Segundo Hélcio Martins, o poema em que mais se evidencia o laboratório da rima de Drummond seria "Isso é aquilo", de *Lição de coisas* (1962). Segundo o próprio Drummond ao apresentar este livro no *Correio da Manhã* em 1962, a passagem da crônica é muito significativa para a figuração do poeta entre o estudo e o experimento, como aquele que "explora a palavra como som e como signo, em aproximações, contrastes, esfoliações, distorções e interpenetrações endiabradas" (MARTINS, 2005, p. 149). De fato, "Isso é aquilo" é um poema que elabora a vertigem da enumeração que essa passagem descreve: disposto em dez partes enumeradas e compostas de dez versos de estrutura paratática, o poema propõe pares de palavras que sugerem inúmeras e variadas associações provindas da multiplicidade *endiabrada* que o jogo entre som e sentido assume. A repetição, a economia sintática da parataxe e o verso como charada parecem informar o sistema interno que rege o poema e sugerir sua continuação *ad infinitum*. O poema inteiro oscila a atenção, ora para o sentido que torne possível aquela aproximação de termos proposta pelos versos, às vezes na chave do humor trocadilhesco, às vezes com cintilações epifânicas, ora para a própria operação das palavras, sua dimensão propriamente metalinguística. Ao fim, a rima entre os termos *bômbix/ptyx* parece informar justamente esse princípio *ad infinitum* da rima. A famosa palavra do notório "Soneto em yx" ("*Ses purs ongles très haut dédiant leur onyx* [...] ... *ptyx/ Aboli bibelot d'inanité sonore*" ["Puras unhas no alto ar dedicando seus ônix/ [...] ptyx/ Falido bibelô de inanição sonora" [CAMPOS et al., 1991]) possui essa consistência de palavra inventada pelo amor à rima, em sua gratuidade, como descreve Mallarmé em carta à Lefébure, datada de 3 de maio de 1868: "[...] *le sens réel du mot ptyx: on m'assure qu'il n'existe dans aucune langue, ce que je préférerais de beaucoup à fin de me donner le charme de le créer par la magie de la rime*" ([...] o sentido real da palavra "ptyx": assegura-se que ela não existe em língua alguma, o que eu muito preferiria, a fim de me dar o encanto de criá-la pela magia da rima) (MALLARMÉ, 1945,

p. 1488). A palavra de origem erudita de raiz grega, no entanto acionada pela razão gratuita da *magia da rima*, no poema de Drummond rima, ao modo átono, com termo também científico erudito "bômbix", o bicho da seda, o bicho têxtil que entrama a filigrana infinita de seu casulo. Para evocar outra expressão de Mallarmé, "Isso é aquilo" parece acionar "*le démon de l'analogie*" [*o demônio da analogia*] por meio do uso *endiabrado* da consonância, em uma estrutura em que o *nonsense* se oferece como eclosão da multiplicidade dos sentidos.

Sob a forma do minimalismo sintático e pela apreensão da palavra em sua consistência de coisa, "Isso é aquilo" enuncia o diálogo antenado de Drummond com a emergência das vanguardas na poesia brasileira da segunda metade do século XX e, não por acaso, recebe, no ano em que foi lançado em livro, a descrição elogiosa de Haroldo de Campos: "[...] poema-dicionário dos acasos da composição, a girar sobre si mesmo num eixo mallarmaico, sem dúvida alguma um dos pontos mais altos da atual poesia brasileira" (CAMPOS, 1976, pp. 42-43). Esse *ponto alto* que observa Haroldo pode insinuar a experiência de uma extrapolação do uso da rima, para além de sua função essencial de estruturação das estrofes e do ritmo do poema, para além ainda da função utilitária expressiva, preconizada por Hélcio Martins. A rima operada na vertigem do poema parece renovar uma função também ancestral e fenomênica da rima, a interatividade do receptor, que opera o sentido segundo um sistema de correspondências que ora som, ora significado o mantém em aberto, suspenso, mas não de todo aleatório e disperso. Aqui, a rima opera não somente pela fixidez da forma nem apenas pela expressão lírica de um sujeito e seu estilo, mas pela multiplicação dos sentidos e pelo exercício de partilhar a sutileza e a agudeza das possíveis associações.

Hélcio Martins extrai o adjetivo "incorrespondente", com que descreve o uso da consonância, da própria obra de Drummond: "Não rimarei a palavra sono/ com a incorrespondente palavra outono" (RP, p. 9). Se é possível perceber nesses dois versos, que abrem "Consideração do poema", primeiro poema do livro *A rosa do povo* (1945), o princípio estético que mobiliza a rima na poesia de Drummond, importante atentar para o humor que se insinua na contradição entre o enunciado e sua efetivação. Essa rima é operada, como descreve Hélcio Martins, segundo "o gosto de desconcertar" (MARTINS, 2005, p. 126), à revelia do enunciado que postula sua negação, o que faz sua presença insólita, autoironia do poema, rindo ao mesmo tempo da previsibilidade de seus recursos e de sua possibilidade pontual, sua ocasião oportuna despojada das pretensões que os sistemas poéticos condicionam. É nesse sentido que se confirma todo o repertório variado e erudito das rimas drummondianas, não raro associado ao uso irônico por vezes e extremamente desenvolto em obra menor, como os poemas de circunstância de *Viola de bolso* ou, como no tom paródico do poema "Ao Deus Kom Unik Assão", em *Impurezas do branco* (1973), a rima como um dispositivo de humor crítico às pretensões da modernidade. O virtuosismo da rima assumido por essa presença discreta, mas sempre aguda, em lugar da estetização e sacralização de seu uso, aponta para seu valor lúdico e desmistificador. O humor parece ser imanente à dinâmica que esse aspecto lúdico implica, derivado justamente da hesitação prolongada entre o som e o sentido operada pela rima. A rima aponta, inalienavelmente, para a dimensão imediata do poema, sua efetivação no jogo do significante, em apelo físico e instantâneo do ouvido, sustentando, nessa temporalidade, o prazer do próprio poema. Esse humor diz respeito à natureza verbal do poema, à colocação do poema em jogo, explorando o prazer quase gratuito da materialidade da palavra, essa dimensão em que, à revelia do que afirma a famosa e emblemática consonância do poeta – *Mundo/Raimundo*, a rima se apresenta como uma solução.

Rio de Janeiro
RACHEL VALENÇA

Os quase 85 anos de vida de Carlos Drummond de Andrade foram passados principalmente na cidade do Rio de Janeiro. O poeta viveu em terras cariocas de 1934 até sua morte, em 1987, perfazendo um total de mais de

50 anos. Itabira, sua cidade natal, Belo Horizonte e Nova Friburgo, onde estudou interno por dois anos, completam o rol de seus endereços de moradia.

Entretanto, é a cidade natal que parece, segundo testemunho do poeta em sua "Confidência do itabirano", ter forjado sua maneira de ser: "triste, orgulhoso: de ferro" (SM, p. 10), como se autodefine no poema.

Seus dois primeiros livros, *Alguma poesia* (1930) e *Brejo das Almas* (1934), são impregnados dessas características. Neles o Rio de Janeiro aparece – quando aparece – sempre ligado a um misto de fascínio e temor. No poema "Lanterna mágica", por exemplo, a parte VII, dedicada ao Rio de Janeiro, após menção a "impudor violento", "fútil", "pedante", "assassinatos", "adultérios", explicita o temor e a desconfiança do mineiro inseguro: "E tantos, tantíssimos contos do vigário.../ (Este povo quer me passar a perna.)// Meu coração vai molemente dentro do táxi" (AP, p. 28).

Essa mistura de desconfiança e fascinação é reiterada no poema "Coração numeroso", que se inicia com o verso "Foi no Rio", em que, em ambiente onírico, ventos de Minas se misturam às sensações de atração e volúpia, terminando em "a cidade sou eu/ sou eu a cidade/ meu amor" (AP, p. 44).

Sentimento do mundo, publicado em 1940, já revela o impacto da mudança do poeta para o Rio de Janeiro, seis anos antes. Em "Confidência do itabirano", já mencionado acima, aparece quase como justificativa a sua maneira de ser, que tão pouco se assemelha à dos cariocas: "E esse alheamento do que na vida é porosidade e comunicação", "a vontade de amar, que me paralisa o trabalho", "o hábito de sofrer, que tanto me diverte", tudo resumido em "doce herança itabirana". Itabira, reduzida agora a "uma fotografia na parede", ainda lhe dói, como confessa no verso final (SM, p. 10).

Bem mais adiante, em 1968, quando publica *Boitempo & A falta que ama*, retoma o tema das reminiscências da cidade natal, já sem esse amargor, sem comparações entre os dois mundos em que lhe foi dado viver. A descrição de lugares, personagens e acontecimentos, ainda reveladora de emoções, permite observar envolvimento bem menor, revisitar o passado com a possível objetividade.

A aclimatação à cidade do Rio de Janeiro, responsável, tal como o passar do tempo, por essa mudança de tom, não foi, no entanto, rápida e indolor. No poema "A bruxa", os versos iniciais traduzem essa dificuldade: "Nesta cidade do Rio,/ de dois milhões de habitantes,/ estou sozinho no quarto,/ estou sozinho na América.// [...]// De dois milhões de habitantes!/ E nem precisava tanto.../ Precisava de um amigo,/ desses calados, distantes" (J, p. 9).

A solidão é também o tema de "O boi", que se segue ao poema acima no livro *José*: "Ó solidão do boi no campo,/ ó solidão do homem na rua!/ Entre carros, trens, telefones,/ entre gritos, o ermo profundo" (J, p. 13). E em versos de "Edifício Esplendor" rememora: "Há um retrato na parede/ um espinho no coração" (J, p. 18).

Nostalgia inevitável, que mescla saudades da terra natal e estranheza diante de um mundo novo, hostil e digno de desconfiança e temores. O tempo, no entanto, vai atuando para que o fascínio exercido pela nova cidade se transforme em algo mais do que admiração e deslumbramento diante do mar, cuja vista "é privilégio dos edifícios" ("Privilégio do mar", SM, p. 23). A geografia afetiva começa a se delinear, e os poemas dão testemunho de que os encantos da cidade já não são indiferentes aos olhos do novo morador.

O encanto não está apenas nas belezas naturais, tão próximas do território que ocupa, entre Copacabana e Ipanema, como atesta o endereço completo que faz questão de fornecer: "Ó esplêndida lua, debruçada/ sobre Joaquim Nabuco, 81./ Tu não banhas apenas a fachada/ e o quarto de dormir, prenda comum.// Baixas a um vago em mim, onde nenhum/ halo humano ou divino fez pousada" (VPL, p. 19).

Também a gente que habita esses espaços privilegiados pela natureza começa a merecer sua atenção, como em "Verão": "[...] o mar, que é puro e bom,/ os inocentes banha, no Leblon" (VP, p. 26). Atenta também para a evolução dos costumes, como o advento do biquíni, que registra em "Dominicália": "Tanta menina em flor hoje no Leme/ arquiva o seu maiô..." (VP, p. 67).

Outros espaços menos nobres da cidade merecem considerações argutas, fruto de uma sensibilidade ímpar. No poema "Morro da Babilônia", por exemplo, a percepção do poeta vai além do lúgubre e do aterrorizante e detecta que "há mesmo um cavaquinho bem afinado" que "desce até nós, modesto e recreativo,/ como uma gentileza do morro" (SM, p. 19). Inúmeras são as passagens em que fica claro que

a percepção vai muito além dos lugares que o cercam e contempla, por exemplo, a Lapa de Manuel Bandeira ("Ode ao cinquentenário do poeta brasileiro"), o Cosme Velho de Machado de Assis ("A um bruxo, com amor") e até espaços distantes de seu universo de atuação à época. "Indecisão do Méier", "Revelação do subúrbio", "Morte do leiteiro", com citação à distante Vila Valqueire, "Pombo-correio", que celebra a Vila Isabel de Noel Rosa, "onde um talo de samba viça no calçamento" (LC, p. 59), mostram o interesse do poeta por regiões distantes daquela que elegera como moradia.

O centro da cidade, que, por ser seu local de trabalho, dividia com Copacabana e Ipanema sua maior atenção, era também, nessa época, o cenário em que se desenrolava a vida literária do Rio de Janeiro: livrarias, cafés, a Academia Brasileira de Letras, a Biblioteca Nacional e pontos de encontro como o famoso consultório médico do poeta Jorge de Lima, onde após o último paciente a intelectualidade se reunia para troca de ideias e que Drummond descreve tão bem em "Conhecimento de Jorge de Lima".

Mas as ruas e logradouros do Centro, seus personagens e sua vida até então pacata não fogem do olhar atento do poeta, que observa, por exemplo, que "Na Cinelândia, aves e homens/ descobrem a paz, em vida" ("Os pacifistas", VP, p. 116) ou conclui que "Resta-nos chupar jabuticaba,/ das fresquinhas! no Largo da Carioca", em "Tripé" (VP, p. 45).

É talvez no poema "Boato da primavera": "[...] Tudo é amor/ no Méier e na rua do Ouvidor,/ no Country, no boteco, Lapa e Urca" (PU, p. 148), que aparece mais clara a aceitação e até a admiração pelos fortes contrastes que a cidade abriga e tenta fazer conviver em harmonia.

Essa transição entre desconfiança e aceitação, entre temor e admiração, não se dá, é claro, sem conflitos internos. "Estou na cidade grande e sou um homem/ na engrenagem", constata em "Morte no avião" (RP, p. 95). E sem dúvida o passado ainda se faz lembrar e se opõe simetricamente ao presente em poemas como "Anoitecer": "É a hora em que o sino toca,/ mas aqui não há sinos;/ há somente buzinas,/ sirenes roucas, apitos/ [...]// É a hora em que o pássaro volta,/ mas de há muito não há pássaros;/ só multidões compactas/ [...]// É antes a hora dos corvos,/ bicando em mim meu passado,/ meu futuro, meu degredo" (RP, p. 19).

A transformação da desconfiança de antes em explícita admiração redunda, também, em conflito interior. Como abandonar, de uma hora para outra, certezas arraigadas em tantos anos de prudência e prevenção? À medida que avança a adaptação à nova geografia, acarretando mudança de estilo de vida e modo de encarar o mundo, talvez fosse aconselhável invocar aquilo que denominou "espírito de Minas", no emblemático poema "Prece de mineiro no Rio", para que lance seu "claro raio ordenador" não apenas sobre a confusão da cidade, mas sobretudo na recuperação de "ao menos a metade/ do que fui de nascença e a vida esgarça" (VPL, p. 35).

Felizmente, o pobre "raio ordenador" parece não ter sido totalmente bem-sucedido ("Por vezes emudeces") na tarefa de interferir na relação de amor que se estabelecia entre o poeta e sua cidade de eleição. O sóbrio mineiro vai dando lugar a um carioca discreto, sensível não apenas às belezas, mas também à desordem criativa de sua nova cidade. O poema "Canto do Rio em sol" de *Lição de coisas*, publicado no final da década de 1950, quando o Rio de Janeiro estava prestes a perder sua condição de capital da República, é um hino de amor a uma cidade que Drummond fora capaz, acima de tudo, de entender; o que nem sempre é fácil.

Amor, aliás, reconhecido e correspondido. Um exemplo aparentemente banal: Drummond tinha mesa cativa no salão de consultas da Biblioteca Nacional, a de número 4, deferência concedida a poucos. E, apesar de seu temperamento discreto e recluso, era identificado e cumprimentado nas ruas com respeito e carinho. Em 1980, seu poema "Sonho de um sonho" foi escolhido como enredo para a escola de samba Unidos de Vila Isabel, que se sagrou vice-campeã do carnaval carioca. Trata-se de um poema hermético, nada banal, que foi, no entanto, compreendido e apreciado pelo contingente da escola de samba, formado, à época, majoritariamente por pessoas de escolaridade baixa.

A capacidade de entender a profunda ligação da cidade com o Carnaval, quando parte da elite teimava em considerar a festa algo que, vindo da classe popular, deveria ser desestimulado e até reprimido, coloca Drummond em posição de vantagem para assumir a posição de carioca autêntico, que se dá o direito até mesmo de tecer críticas a quem não é capaz da mesma percepção, como faz no poema "Ao sol da praia", uma divertida resposta a certa Anália, personagem de um samba de Dorival Caymmi, "Maracangalha": "Carioca mofino é aquele/ que a farra fáustica não ama./ Do Carnaval não fujas: [...]// Meu coração, vasco, se estende/ por maracanãs e piscinas/ [...]// Não, Anália, eu sou é do Rio.../ Sem chapéu de palha e uniforme,/ sem água, na glória do estio,/ meu amor pousa aqui, enorme" (VP, p. 56).

A sensação de que para ser carioca de corpo e alma era preciso entender em profundidade o que o Carnaval representa para a cidade o leva a ocupar-se habitualmente do tema, como que para compensar sua falta de disposição para participar dos folguedos. É recorrente, em sua obra de poeta e cronista, a descrição comentada de bailes, blocos, escolas de samba, seus enredos, sua produção musical, sempre a lhe despertar a curiosa atenção. A ponto de oferecer anualmente uma espécie de resenha do desfile das escolas de samba, seja em forma de crônica, como em "Patucumbum Prugurundum", publicada no *Jornal do Brasil* em 18 de fevereiro de 1982, seja em poema, como em "Alegria, entre Cinzas", que comenta em versos o Carnaval de 1974, ou ainda em "A festa", parte "II – Carnaval 1970", incluído em *Versiprosa II*: "O Carnaval é sempre o mesmo e sempre novo/ [...]/ máquina de alegria montada desmontada,/ sempre o mesmo, sempre novo/ no infantasiado coração do povo" (VP, p. 229).

Até mesmo para fazer críticas à empoada tradição do uso do fardão pelos imortais da Academia Brasileira de Letras, à qual nunca pretendeu pertencer, faz uso, no poema "Brinquedos", de uma comparação do universo do carnaval: "E esse outro brinquedo ameaçado,/ o fardão diplomático? pomposa/ fantasia fugida à passarela/ — diz Vasconcelos Torres no Senado —,/ carece ser guardada no baú do Império Serrano/ e ser usada uma só vez por ano" (VP, p. 141).

Mas nem só de carnaval e alegrias se faz uma cidade. E Drummond vai registrando em poesia assuntos de interesse do cidadão carioca, desde críticas à qualidade dos serviços prestados na cidade até a importante tomada de posição em relação à acelerada transformação urbana, como se pode ver em "Balanço de agosto": "Vai abaixo o Hotel Avenida,/ a Brasileira vira banco./ Esfarinha-se o Rio de ontem,/ num solavanco" (VP, p. 42).

A polêmica remoção de favelas da Zona Sul, assunto candente na virada dos anos 1950 para os 1960, feita de forma cruel a partir de um incêndio criminoso na favela do Pinto, às margens da Lagoa Rodrigo de Freitas, ganha sua velada, mas contundente crítica em "Relatório": "Um clarão nas favelas: lá no Pinto,/ o fogo é urbanista, em dor e espanto,/ e o que a gente não soube ainda fazer/ a labareda faz, mas aonde ir/ o morador humilde e seus tarecos,/ na civilização feita de cacos?" (VP, p. 39).

Registra-se ainda em sua obra a descrição das periódicas enchentes que enlutam a cidade, como em "Crônica de janeiro", datada de 30 de janeiro de 1966, poema em que louva o espírito de solidariedade que descobre no carioca diante da tragédia daquele ano: "Quisera ter uma voz/ mui alta, mui sonorosa/ para exaltar deste povo/ que tem fama de leviano/ a força maravilhosa/ posta em seu gesto de ajuda" (VP, p. 150).

O sentimento forte de pertinência à cidade, se antes poderia apresentar-se difuso e pouco explícito, transborda na "Canção do Fico", motivada pela transferência da capital do país para Brasília, em 1960. Já no primeiro verso do poema, "Minha cidade do Rio", e em todos os seus versos, transborda um sentimento forte de amor e gratidão, que culmina na última estrofe: "Rio antigo, Rio eterno,/ Rio-oceano, Rio amigo,/ o Governo vai-se? Vá-se!/ Tu ficarás, e eu contigo" (VP, p. 195).

Alguns anos após a transferência da capital, mais exatamente em 1965, o Rio de Janeiro completou seu quarto centenário de fundação. Uma das mais importantes comemorações foi a publicação, pela tradicional editora José Olympio, de uma coleção intitulada Rio 4 Séculos, composta de seis volumes, em que vários aspectos da história da cidade são abordados. Drummond é convidado para organizar, junto com Manuel Bandeira, o volume 5, uma antologia de textos literários, *Rio de Janeiro em prosa & verso*. É uma coletânea fundamental para conhecer e entender a cidade e não admira que tenha sido organizada por dois cariocas adotivos (Bandeira nasceu em Recife): no Rio de Janeiro, cidade cosmopolita, não se faz distinção entre os que têm a cidade em sua certidão de nascimento e aqueles que chegaram e se tornaram autênticos cariocas.

Na década seguinte, Drummond comemoraria seus 40 anos de cidadania carioca ao iniciar o poema "Elegia carioca" com essa declaração: "Nesta cidade vivo há 40 anos/ há 40 anos vivo esta cidade/ a cidade me vive há 40 anos" (DP, p. 91).

Não há mais pudor em declarar que as barreiras de desconfiança e temor caíram por terra: o amor incondicional irrompe em inúmeros arroubos de poesia dissonantes do discreto discurso do mineiro que ali chegara na década de 1930 e que observa não só a natureza bela, mas a peculiaridade de formas de viver inusitadas e de uma riqueza cultural que abrange até o emprego da língua: "Pula/ do cofre da gíria uma riqueza,/ do Rio apenas, de mais nenhum Brasil" ("Retrato de uma cidade", DP, p. 89).

Em 2002, ano em que se comemorou o centenário de seu nascimento, a cidade lhe prestou inúmeras homenagens, a mais significativa das quais foi a inauguração da estátua na avenida Atlântica, em que aparece de costas para o mar, voltado para a paisagem humana que se desenrola diante de seus olhos. Inspirada em uma fotografia de Rogério Reis, a pose se justifica pela inscrição de um verso: "No mar estava escrita uma cidade" – do poema "Mas viveremos" (RP, p. 132). A legenda escolhida para a estátua dialoga com o fascínio e a paixão que o mar, tão distante em sua juventude itabirana, exerceu sobre ele, marcando presença constante em sua poesia. Mas o fato de dar as costas a ele e preferir apreciar as pessoas que por ali passam, esportistas, vendedores ambulantes, mães com seus bebês, jovens saudáveis e até mesmo malfeitores (que tantas vezes lhe roubaram os óculos!), parece mais de acordo com aquilo que Drummond descobriu, amou e cantou na cidade: o ser humano, a vida que pulsa.

Meses antes de nos deixar, ele foi informado de que, no Carnaval de 1987, seria enredo da Estação Primeira de Mangueira, a mais popular das escolas de samba do Brasil. Não aceitou o convite para desfilar, mas pôde ver o enredo "No Reino das Palavras, Carlos Drummond de Andrade" garantir à escola, num desfile inesquecível, o almejado campeonato. Não é qualquer carioca que mereceria tal homenagem. Nem todo carioca seria capaz de aquilatar o seu significado. Mas o samba-enredo, dos compositores populares Rody, Verinha e Bira do Ponto, cantado pelo imortal Mestre Jamelão, citava um verso do já mencionado "Retrato de uma cidade": "O Rio toma forma de sambista" (DP, p. 88). Como o artista imaginou.

O artista da palavra tem nessa vitória consagradora a retribuição por ter valorizado e amado na cidade do Rio de Janeiro o que, acima da beleza natural, de fato mais importa: sua gente alegre e criativa.

Rodrigo M. F. de Andrade
ver Iphan

Ruína
MARIANA QUADROS

Carlos Drummond de Andrade explora os diferentes significados da palavra "ruína" em sua obra. Nela proliferam as imagens da degradação ou da devastação. O tempo arruína o corpo, a carne – "envilecida" (F, p. 10). A decadência familiar se expressa por meio da dissipação da herança e da desintegração do clã. A catástrofe permeia a representação da contraditória modernização das cidades brasileiras, cuja "ordem definitiva" é o acúmulo de escombros (IB, p. 59). O rosto pungente da história expõe-se na trituração – o mundo revelado um "palácio em ruínas" (SM, p. 42).

O esfacelamento é tão crucial para a cosmovisão de Carlos Drummond de Andrade que o autor já foi descrito como um "colecionador de ruínas" (PENNA, 2011, p. 88). O trabalho de linguagem de que se faz a escrita do poeta guarda de fato importantes analogias com a "Coleção de cacos", título de um dos poemas de *Boitempo*. Lavrando "com mãos impacientes" os estilhaços encontrados em si e no mundo, o sujeito *gauche* compõe uma obra similar ao "museu de sonho" criado pelo "menino antigo": ao instaurar uma nova ordem entre os cacos tornados matéria literária, a palavra pode ser instrumento de percepção renovada do mundo. A mineração e a composição de escombros constituem um princípio de elaboração da obra do escritor.

A ruína não participa apenas dos mecanismos estruturais de compreensão poética do real adotada por Drummond. Ela é uma imagem recorrente, que revela a complexidade de dois dos eixos temáticos mais caros ao autor: a passagem do tempo e a memória. Mesmo quando não é assunto direto de seus poemas ou de sua prosa, o tempo engendra a percepção crítica do passado e do presente. Esse tema se entremeia também a indagações de caráter existencial e metafísico. As ruínas figuram nos dois veios da abordagem do tempo: são os rastros da história e o estopim de questionamentos acerca do incessante fluxo da existência. Além disso, ao cristalizar os efeitos da ação humana e da natureza, elas favorecem a escavação arqueológica da experiência pela memória – pessoal e social.

Essa dupla chave de leitura das ruínas – manifestação do tempo e "resumo de existido" – atravessa a obra do escritor. Desde os anos 1920, quando o jovem cronista e poeta envolve-se nos esforços de modernização literária, os destroços integram o embate entre ruptura e preservação a partir do qual Drummond elaborou o ideário modernista. Sob a figura dos "andrajos", os resíduos degradados do passado colonial mineiro surgem em "Sabará", cuja primeira versão veio a público em 1925. No poema, a vila colonial se torna o espaço do enfrentamento entre o avanço e a paralisia, a modernidade e o atraso. À primeira vista, Sabará atrai principalmente os significantes do passado. Ante a mobilidade do presente, a "cidadezinha" mostra-se "calada", "entrevada". Às figuras da estagnação, acrescentam-se os signos do envelhecimento e da decadência, que irmanam moradores e paisagem urbana. Também a história colonial se tece às imagens da extenuação, revelando-se "coisas mortas/ muito mortas", aparentemente incapaz de dialogar com o agora (AP, p. 22).

Os "andrajos" partilham o retrato da deterioração. Tudo "é inexoravelmente colonial", lemos no poema: as igrejas, o casario, os objetos ("bancos janelas fechaduras lampiões" [AP, p. 23], aproximados pela ausência modernista de pontuação). Contudo, a solidez dos bens históricos – de "pedra" e "ouro" – rende-se ao efeito corrosivo do tempo. Os resíduos da história colonial são farrapos: "Sabará veste com orgulho seus andrajos…" (AP, p. 23). O verso surpreende em um contexto dedicado aos bens históricos, cuja solidez é resumida pela "pedra" e pelo "ouro". Os andrajos figurariam o anacronismo das construções promovidas pelo poderio econômico passado, tornadas roupas de luxo envelhecidas em um cenário de depauperamento? Nesse caso, a ruína se aproxima da falência. Resumiriam eles a deterioração dos bens históricos? Trata-se, então, do desmanche do que era sólido, das ruínas entendidas como escombros. Uma e outra possibilidade de leitura convivem com a exclamação conotadora do *páthos* de quem apoia a cidade em processo inacabado de destruição: "Faz muito bem, cidade teimosa!". Esses aplausos ressoam no contexto da luta entre a "modorra de Sabará-buçu" e o avanço de "forde", "Central" ferroviária e "Siderúrgica" (AP, p. 23). Confrontam-se o passado colonial e o presente, marcados ambos pela mineração. Os signos do contemporâneo não logram suplantar a história colonial. Tampouco o novo pode apagar a atração do presente pelo passado. Dessa forma, tradição e modernidade são lidas ambas de forma crítica, na fronteira entre utopia modernizante e decomposição. Entre a iconoclastia e a resistência às forças deletérias, o poema aclama a exibição da ruína.

A relevância e a originalidade desse ponto de vista são ratificadas quando recordamos o contexto das diferentes publicações de "Sabará". Em *Alguma poesia* (1930), o texto foi incluído na série "Lanterna mágica", dedicada à exibição poética de algumas cidades. Como o antigo projetor que amplificava imagens pintadas sobre vidro, o olhar de Drummond projeta a subjetividade *gauche* sobre o traçado das cidades apresentadas. Além disso, a referência à máquina já defasada explicita a inserção irônica da obra de Carlos Drummond de Andrade nos acirrados debates acerca da renovação artística travados pelos movimentos de vanguarda à época.

"Sabará" faz parte da polêmica. Esse poema foi escolhido por Drummond para compor uma de suas publicações no "Mês modernista", seção do jornal *A Noite* cedida de 12 de dezembro de 1925 a 12 de janeiro de 1926 a alguns de nossos vanguardistas, escolhidos por Mário de Andrade. Mário e Sérgio Milliet, de São Paulo, Manuel Bandeira e Prudente de Moraes, neto, do Rio de Janeiro, Martins de Almeida e Drummond, de Minas Gerais, revezaram-se diariamente na primeira página do periódico. Com essa amostra, o "Mês" ajudou a revelar a variedade da nova produção poética e a difusão do movimento por diferentes estados brasileiros. Além disso, a série de textos – anunciada ironicamente como "O mês modernista que ia ser futurista" – foi fundamental para a consolidação da recusa à escola de Marinetti pelos vanguardistas brasileiros. Os escritores convidados "repeliram energicamente" o qualificativo. Há diferentes razões para esse repúdio. Não só o futurismo estava associado a "tudo quanto é extravagante", nos termos sarcásticos do editor do vespertino: nossos modernistas também "desejavam preservar a própria personalidade para a construção de seu destino literário", segundo Mário da Silva Brito (BRITO, 1978, p. 247). Fazia parte dessa identidade "o acomodamento da nossa sensibilidade nacional com a realidade brasileira", segundo Mário de Andrade na entrevista que inaugurou o "Mês" (ANDRADE, 1925a). Tal "acomodação" – em vez de recusar a história em nome de qualquer "futurismo" – passava pela releitura crítica do passado brasileiro.

A publicação de "Sabará" no "Mês modernista" corrobora o projeto de renovação das artes e das mentalidades por meio da investigação da história nacional. Contra a expectativa de uma arte de vanguarda "futurista", radicalmente contraposta aos signos do passado, Carlos Drummond de Andrade apresenta a projeção cinematográfica de uma cidade colonial. A escolha do tema é exemplar: para nossos mais destacados vanguardistas, o barroco mineiro revelou-se a síntese dos traços valorizados no Brasil – ao mesmo tempo primitivo e original, tradicional e renovador. A adesão aos valores do grupo não representou, porém, subserviência da escrita do jovem poeta às correntes majoritárias do movimento. É importante lembrar que na série "Roteiro das Minas", de *Pau Brasil*, Oswald de Andrade (ANDRADE, 1925b, p. 98) não deixou de aderir ao vocabulário do "abandono" quando retratou os monumentos e a paisagem das cidades históricas mineiras. Por sua vez, Mário de Andrade (ANDRADE, 2005, p. 178), no "Noturno de Belo Horizonte", registra o "tanto esquecimento da verdade" no progresso de Minas. Diferentemente, em "Sabará", de Drummond, a manifesta destruição é motivo de euforia para o sujeito poético. Nesse sentido, o poema amplia e enriquece o "discurso da tradição", "ativado pelos primeiros modernistas" – conforme o ensaio incontornável de Silviano Santiago (SANTIAGO, 2000, p. 112).

A visão extraordinária de Carlos Drummond de Andrade sobre o arruinamento do legado histórico é ampliada em uma crônica-ensaio: "Viagem de Sabará", escrita em 1928 e publicada no ano seguinte em uma edição d'*O jornal* dedicada a Minas Gerais. Organizado por Rodrigo M. F. de Andrade, o especial trazia textos acerca das cidades tradicionais mineiras assinados por renomados modernistas, como Manuel Bandeira, Mário de Andrade, João Alphonsus, Paulo Prado, Aníbal Machado. A tônica predominante é a revelação da originalidade e da brasilidade da arte colonial, além da denúncia da deterioração dos bens públicos. Prenunciam-se, dessa forma, as preocupações e valorações que dominariam o Serviço do Patrimônio Histórico e Artístico Nacional, fundado em 1937, sob a gestão de Rodrigo M. F. Mais uma vez, Drummond marca sua singularidade. Em seu texto, o jovem escritor passa ao largo do caráter simbólico, fundacional para a nação, reconhecido por outros modernistas nas cidades mineiras. Em vez de transitar por signos identitários, ele aprecia o laço entre construção e destruição nos signos patrimoniais. Os resíduos da ação do tempo são valorizados por favorecer a "melhor emoção" estética – aquela despertada por "certas formas de beleza que o homem e o tempo criaram e vão destruindo de parceria" (CM, p. 116). Há um contexto ideal para que essa emoção aflore: a proximidade da modernidade planificadora observada na vizinha Belo Horizonte, "a menos interessante das cidades mineiras" (CM, p. 113). O contraste ilumina a ação do tempo, dando a ver o que em Sabará "é arte": "certas igrejas que envelheceram caladas e orgulhosas em seu incomparável silêncio; certos becos; certas ruas tristes e tortas por onde ninguém passa, nem a saudade; este chafariz, com uma cruz e uma data, como um túmulo; a sucessão dos Passos; muros em ruína mesmo, sem literatura, inteiramente acabados; tudo que no passado não é nem epopeia nem romance nem anedota" (CM, p. 116).

A engenhosidade do argumento salta aos olhos: as ruínas, "sem literatura", são a matéria de um dos momentos mais claramente literários da crônica. Além disso, a ruína se torna uma imagem da operação de salvaguarda do tempo pela literatura, segundo explicitou o autor na introdução de *Confissões de Minas*, em que "Viagem de Sabará" seria incluído:

"Mas a verdade é que se a poesia é a linguagem de certos instantes, e sem dúvida os mais densos e importantes da existência, a prosa é a linguagem de todos os instantes, e há uma necessidade humana de que não somente se faça boa prosa como também de que nela se incorpore o tempo, e com isto se salve esse último". A estética da ruína condensa essas duas possibilidades de relação da linguagem com o tempo. Por reunir registros de diferentes momentos históricos, é a "linguagem de todos os instantes" (CM, p. 13). Por recusar narrativas – epopeia, romance ou anedota –, assume a intensidade da poesia. Também o cronista realiza essa dupla escrita do tempo: apresenta os escombros em sua fricção histórica com o presente, mas os resguarda da submissão à história por aproximá-los do sublime.

Tal ponto de vista, em que sobressai a vitalidade do arruinamento, não se circunscreve aos primeiros textos de Carlos Drummond de Andrade. Em sua obra, o aplauso aos andrajos da paisagem urbana abafa muitas vezes o lamento pela transformação das cidades. Essa perspectiva enriquece-se pelas variações de sua prosa e poesia, repleta de faces do autor. Nos anos 1920 e 1930, o prazer diante dos despojos do tempo abraça o individualismo marcante nas publicações de juventude de Drummond. Contudo, subjaz a essa "deleitação" "com o próprio indivíduo" (CM, p. 65) a reflexão sobre os fluxos da história, cujo caráter crítico se aprofundaria a seguir.

Nos anos 1940, quando Drummond engaja sua pena em um canto participativo, o desejo de mudança social dará corpo ao investimento na potência utópica das ruínas. A fragmentação ganha centralidade com o avanço da modernização catastrófica, a instalação do Estado Novo e o desenrolar da Segunda Guerra Mundial: "Este é tempo de divisas,/ tempo de gente cortada./ De mãos viajando sem braços,/ obscenos gestos avulsos", lemos em "Nosso tempo", de *A rosa do povo* (RP, p. 24). Também o sujeito *gauche* se fragmenta em "tempo de homens partidos". O "eu todo retorcido" reconhece em si faltas insuperáveis, apequena-se, degrada-se, dando a ver seus culposos "dedos sujos". A saída para o impasse – sempre temporária – é o sacrifício do sujeito, ritual sintetizado pelo gesto de decepar a mão faltosa: "Depressa cortá-la,/ fazê-la em pedaços/ e jogá-la ao mar!", proclama "A mão suja", de *José* (J, p. 45). "Movimento da espada", publicado em *A rosa do povo*, completaria o rito sacrificial: "Estamos quites, irmão vingador./ Desceu a espada/ e cortou o braço./ Cá está ele, molhado em rubro./ Dói o ombro, mas sobre o ombro/ tua justiça resplandece" (RP, p. 55). Ao mutilar-se, o sujeito visa a saldar a dívida que reconhece ter com os outros homens. Oferecendo seu corpo aos desígnios vingadores de seu companheiro ou irmão, pode encontrar a redenção de sua culpa e a ordem perdida na história.

Essa "precária síntese" a partir das ruínas também é vislumbrada na ação coletiva, como anuncia "Carta a Stalingrado", de *A rosa do povo*: "O mundo não acabou, pois que entre as ruínas/ outros homens surgem, a face negra de pó e de pólvora,/ e o hálito selvagem da liberdade/ dilata os seus peitos, Stalingrado" (RP, p. 128). O arruinamento se delineia como uma etapa para a superação dos conflitos públicos. A poesia participa igualmente da redentora destruição do mundo: "cansado de vã pergunta/ farto de contemplação", o eu poético "quisera fazer do poema/ não uma flor: uma bomba", segundo "Notícias de Espanha", de *Novos poemas* (NR, p. 211). "Palavras, intuições, símbolos" são "armas" que visam a exceder o plano estético: "querem explodir", romper os muros e ajudar a dinamitar o "mundo capitalista" (RP, p. 23).

Tal convicção vem, entretanto, acompanhada da descrença na instrumentalização da poesia como *arma*. Confiança e ceticismo travam exasperada luta. Essa ambiguidade, constitutiva, viria a se acentuar após a tumultuada tentativa de aproximação do escritor à militância do PCB nos anos 1940. Desde então, as inquietudes de Drummond corroem sua já tíbia confiança no papel transformador da literatura. "Poucas ilusões resistem", alerta o escritor em *Passeios na ilha*, de 1952 (PI, p. 11). No final dos anos 1940 e na década de 1950, revelam-se ilusórias as tentativas de fazer a poesia e o engajamento apaziguarem a irresolúvel culpabilidade social manifesta pelo eu drummondiano. Nesse contexto, interrompem-se os aplausos à exposição das ruínas. Em alguns textos de *Novos poemas*, de 1948, os fragmentos e os destroços já não permitem divisar qualquer unidade em "um mundo assim pulverizado": "o pó das demolições de tudo" "atravanca o disforme país futuro" (NR, p. 213). O arruinamento inviabiliza, portanto, a construção da "grande Cidade de amanhã", antes imaginada a partir do "chão calcinado" (RP, p. 130).

Essa mudança não se relaciona apenas à decepção do escritor com a ação política e às suas desconfianças com a poesia pública. Ela se funda na melancolia, que sempre esteve à espreita, mas se tornou imperante na escrita madura do autor. Nos textos do período, sobressai a consciência lutuosa a reconhecer a ação erosiva do tempo na superfície das coisas. Em 22 de janeiro de 1951, o escritor registra em seu diário: "Tarde de chuva fina, no centro. Junto à livraria, observo minuciosamente as ruínas do tempo, que me sorriem. Para não sofrer com o espetáculo, preferia fechar os olhos. Eles, porém, inspecionam por conta própria, máquina fotográfica a funcionar independente de mim. Chove no passado, chove na memória. O tempo é o mais cruel dos escultores, e trabalha no barro" (PS, p. 1035). O sentimento aflitivo da transitoriedade domina o sujeito melancólico, que observa inapelavelmente a "antiescultura" destrutiva do tempo espraiar-se pela solidez das ruas, pelas lembranças, pelo passado.

O caráter corrosivo do tempo transborda para a memória coletiva. Em "Morte das casas de Ouro Preto", de *Claro enigma* (1951), a chuva mais uma vez concretiza a percepção da perda: "E cai a chuva/ sobre rótula e portão.// Vai-se a rótula crivando/ como a renda consumida/ de um vestido funerário./ E ruindo se vai a porta./ Só a chuva monorrítmica/ sobre a noite, sobre a história/ goteja. Morrem as casas" (CE, p. 69). Os versos – monorrítmicos – espelham no cenário desolador o "agudo olhar afiado/ de quem é douto no assunto" (CE, p. 71). Em tudo – "casas", "homens", "ouro", "reino" –, o sujeito reconhece o mesmo irrevogável destino natural: a morte, mil mortes, "à nossa roda/ no chão" (CE, p. 71). Com a dissolução do barro das casas, esvaem-se os rastros das vidas nelas transcorridas. A possibilidade de elaboração da memória – individual e social – fica barrada, dessa forma. Daí este ser o "país das remembranças" (CE, p. 70): da morte da memória e da memória dos mortos, tecida pelo poema.

Memorialista, o escritor busca "vestígio de presença humana" na matéria decomposta em escombros. Melancólico, encontra sobretudo o rastro da morte. Em "Contemplação de Ouro Preto", crônica-ensaio publicada em *Passeios na ilha*, Drummond detém--se sobre os "ermos frios" do morro da Queimada. O trecho se desenvolve por provocações e recusas: afirma que o cenário levará a "imaginação histórica" a reconstituir uma "tragédia política", mencionada mas não apresentada; anuncia que, para a "imaginação literária", os escombros serão o ponto de partida de "pungente meditação sobre a poesia das ruínas", porém frustra a expectativa de desenvolvê-la. Sem a "doçura um pouco vaporosa das ruínas românticas", as do morro da Queimada são "ásperas, cruéis". Com sua "monumentalidade negra", contrastam com as "formas compostas" da cidade. Tornam-se, assim, o símbolo da vitória das forças naturais sobre a empresa humana. A essa compreensão trágica da existência, soma-se a leitura crítica da história: no sopé do morro, o "barranco abre-se em bocas de minas, abandonadas, e junto a elas a pobreza vai desfilando com seus feixes de lenha". As ruínas da mineração prolongam no presente o peso da violência do passado, que "nos oprime" (PI, p. 61).

Há uma notável transformação quando comparamos as ruínas de "Viagem de Sabará" às apresentadas em "Contemplação de Ouro Preto". No texto dos anos 1920, o escritor rende--se à estética das ruínas, transitando por paisagens pitorescas de tom romântico. Nos anos 1950, caminha por ruínas "ásperas, cruéis". Essa mudança acompanha o aprofundamento da reflexão do autor sobre a história. Na juventude de Drummond, a passagem do tempo é caracterizada pela fluidez da "água que não para nunca de correr"; a história, pela permanência sob a "água suja, barrenta". Em profundidade, a ação humana compõe o bafio que turva os séculos. Na superfície, todavia, ela "deixa um sulco logo apagado", como lemos em "Sabará" (AP, p. 22). Na maturidade do poeta, a face visível das coisas expõe os resíduos da barbárie. Não há mais a hipótese de isolar as ruínas da violência histórica, portanto: os olhos inevitavelmente reconhecem na ruinaria a evidência da catástrofe. Tal visão é sintetizada de forma aguda pelo verso final de "Museu da Inconfidência", de *Claro enigma*: "Toda história é remorso" (CE, p. 68).

Esse adensamento da concepção crítica do passado e do contemporâneo coincide com a ampliação da participação de Carlos Drummond de Andrade na imprensa. Um dos temas recorrentes dos textos publicados por ele em periódicos são as transformações urbanas. A "ânsia de acabar", que caracteriza a modernização à brasileira, é registrada em prosa e versos. Antes que chegue "o termo veludoso das ruínas" (VPL, p. 59), demolem-se os edifícios, esfarelam-se os sítios naturais. O escritor faz um retrato multifacetado desse processo. Ora aceita a "permanência na transformação" (FA2, p. 35), compreendendo a demolição como um "resgate de formas cansadas, sentença de liberdade" (FA2, p. 194) e abertura para o surgimento de "formas novas, mais claras" (PS, p. 490). Ora denuncia a "psicose grupal", que leva os moradores a consentirem com a destruição de "algo fundamental, como é a casa em que vivemos" (FA2, p. 43). Os destroços evitam qualquer "ilusão de permanência" (FA2, p. 194): são a concretização de "uma ordem, um estatuto", o do trabalho do tempo. São, ao mesmo tempo, o princípio da redução da paisagem urbana a uma "anticidade" (AA, p. 142). Essas duas posições – a princípio antagônicas – refletem o convívio da aguda escrita da história com o pendor reflexivo em seus textos veiculados em jornais.

A sobreposição dos embates com o infatigável progresso às reflexões acerca do tempo e da memória assume contorno ímpar quando participa de uma das mais importantes faces da obra de Drummond: os textos sobre sua terra de origem. Ocorre que a história de Itabira é atravessada pela ruína. Os três ciclos econômicos da região – do ouro, da agropecuária e do ferro – encerram-se no esgotamento. Drummond, menino, testemunha a decadência das lavras e, quando adulto, da capital, acompanha atentamente os efeitos nocivos da extração do ferro. Em 1942, a Companhia Vale do Rio Doce se instala em Itabira para extrair as riquíssimas jazidas de minério de ferro encontradas no pico do Cauê, "assombro da paisagem" itabirana (VP, p. 142). A serra é "britada em bilhões de lascas" e escoada pelo "trem maior do mundo" (BIII, p. 61), sem que Itabira receba os recursos que a tirem da pobreza. Trata-se, portanto, de dupla ruína: condenados à decadência, os itabiranos veem frustrados todos os planos de gozar as riquezas oriundas da venda das terras e da mineração – arruínam-se; pulverizada, a montanha dá lugar à cicatriz aberta pela extração – torna-se menos do que destroços.

Escritor renomado, Carlos Drummond de Andrade se insurge contra a expropriação da pequena cidade pelos "tentáculos do capital mais colonizador" (PI, p. 33). No *Correio da Manhã*, em 12 de outubro de 1955, seu "Correio municipal" denuncia: "vai-se a cova aprofundando/ pelas entranhas do vale" (PC, p. 514). Em 17 de abril do mesmo ano, o cronista cobra a dívida do país com o município do interior "que nos fornece maior quantidade de divisas", mas "se vê exaurindo e empobrecendo sem um mínimo de benefícios compensadores". Já então ele antevia o arruinamento total da cidade pela mineração: "Quando o ouro desapareceu de nossas cidades coloniais, restou-lhes, pelo menos, o aparato barroco das igrejas, com as pinturas e talhas douradas, hoje suas maiores riquezas; no dia em que o ferro escassear em Itabira, ficarão apenas ruínas e lembranças", sentencia "Longe das Minas", veiculado no *Correio da Manhã*. Em 1975, a "derrota incomparável" é certa: "E o pico de Itabirito/ Será moído, exportado./ Só quedará, no infinito,/ Seu fantasma desolado" (VP, p. 144).

O arruinamento se enraíza, haja vista que a mineração compõe uma "inscrição funda, inapagável" na escrita de Drummond, como demonstrou José Miguel Wisnik (WISNIK, 2018, p. 166) em seu estudo acerca das relações entre a poética do autor e a história econômica itabirana. Subjetividade e paisagem natal estão atreladas na obra de Carlos Drummond de Andrade: "Cada um de nós tem seu pedaço no pico do Cauê", afirma "Itabira", de *Alguma poesia* (AP, p. 25). Trata-se de uma extraordinária dádiva: "inconsciente, calmo", o pico lega aos itabiranos uma lição de força e permanência, conforme defende "Vila de Utopia", escrito em 1933 e depois incluído em *Confissões de Minas* (CM, p. 105). A "pedra natal" cobra seu preço, no entanto. Presa ao "dorso fatigado da montanha", a cidade escurece o olhar dos "filhos da mineração", melancólicos e "vacilantes" quando saem "da escura galeria" de sua terra "para o dia claro" (CM, p. 111). Com o avanço da destruição do pico do Cauê pela Companhia Vale do Rio Doce, Itabira mostra-se cada vez menos "indene" ao tempo e à "humana contingência", nos termos de "Antigo", de *Passeios na ilha* (PI, p. 34). Nesse ensaio, publicado pela primeira vez em 1948, Carlos Drummond de Andrade contrapõe o mundo de sua infância aos vagões, aos caminhões e ao "rego de cimento" que invadiram a cidade, dominada pela CVRD. A memória e a "via poética" ainda protegem a paisagem do passado, em fins dos anos 1940. Nas décadas seguintes, a destruição se mostra ubíqua: a geotécnica corrói o presente e reduz a pó os referentes diletos da memória do autor. Seus efeitos catastróficos reverberam o amálgama de "tempo e desgaste" que dominaria o olhar melancólico de Carlos Drummond de Andrade. Refletem, além disso, o arruinamento de sua família, vivido como um drama dilacerante: o eu *gauche* nega "os bens e o sangue" do clã e é por eles deserdado; contudo, também se identifica com a sorte da oligarquia, "que de nobre se humilha" (CE, p. 78) por meio do "destino mineral" de suas terras, volvidas "a nada" (CM, p. 111). O trabalhoso rompimento com a origem de classe, a difícil "viagem na família" itabirana se expõem em meio a imagens ruinosas. Se uma "canção de Itabira" pode por vezes vencer o "tempo que já se estira" (C, p. 44), prevalecem as "cinzas" na "casa do tempo perdido" (F, p. 11).

O arruinamento observado na cidade natal se difunde: a partir e além dela, Drummond divisa "um mundo em que o mundo vai engolindo o mundo", para retomarmos a formulação de Wisnik (WISNIK, 2018, p. 19). Ao delinear esse universo em cacos, lascas e andrajos, a obra de Carlos Drummond de Andrade ilumina a compreensão de nosso tempo. Firma-se como "teimoso lume aceso/ mesmo sob cinza" (IB, p. 110).

S

Sabadoyle
ELVIA BEZERRA

Na falta de uma classificação precisa, o sabadoyle entrou para a história intelectual do Rio de Janeiro como salão literário. Conservou, no entanto, durante os 34 anos de existência, características que o singularizaram dentre outras iniciativas do gênero. Na origem mais remota do *sabadoyle* está o advogado Plínio Doyle, leitor vitalício de Machado de Assis que, ao encontrar em um dos textos do escritor carioca referência à peça de José de Alencar intitulada *Mãe*, deu início à procura da obra. A busca por esse drama em quatro atos levou-o aos sebos do Rio de Janeiro, cidade onde nasceu em 7 de junho de 1906, e dali a um hábito e gosto pela leitura e por edições especiais ou raras. Não tardou que ao advogado bem-sucedido se somasse o bibliófilo voraz, convertido em referência indispensável a pesquisadores brasileiros e estrangeiros que buscavam sua biblioteca, abundante em periódicos.

Bom leitor desde a juventude, Doyle juntava-se a escritores que, desde a década de 1940, se reuniam na Livraria José Olympio, localizada inicialmente no lendário endereço da rua do Ouvidor, 110, e depois na rua Marquês de Olinda, em Botafogo. Ali, como nos sebos cariocas, se encontravam os amantes da leitura e aficionados dos livros, conhecedores das aquisições bibliofílicas de Plínio Doyle, que se alegrava em compartilhá-las.

No meio da tarde de 25 de dezembro de 1964, dia de Natal que caiu em um sábado, Plínio Doyle recebeu Carlos Drummond de Andrade, que precisou fazer uma consulta em sua biblioteca. No sábado seguinte, à mesma hora, o poeta voltou à casa da rua Barão de Jaguaripe, 62, em Ipanema, para mais uma consulta. A ele foram se juntando outros escritores, seduzidos pelos mesmos atrativos: os livros, a boa conversa e o carisma do anfitrião. As reuniões, despretensiosas e informais, continuaram a se realizar invariavelmente todos os sábados. Eram até então apenas as "reuniões na casa do Plínio", até que, dez anos depois, o poeta Raul Bopp cunhou o neologismo "sabadoyle" para designar os encontros, aos sábados, na casa de Plínio Doyle. O salão nasceu, portanto, de um acaso, contrariamente ao formalismo vaidoso em que costumam se alicerçar agremiações dessa natureza.

Ali foram assíduos, além de Drummond, Pedro Nava, Mário da Silva Brito, Paulo Berger, Homero Senna, Cyro dos Anjos, Homero Homem, Américo Jacobina Lacombe, Alvarus, além dos bissextos Di Cavalcanti, Rachel de Queiroz, Mario Quintana e dos visitantes estrangeiros, que lotavam a casa 62.

Desde o início, não faltou aos sabadoylianos o desejo de definir a natureza das reuniões. O historiador do movimento modernista pernambucano Joaquim Inojosa chamou-as Pasárgada Literária. *Cercle choisi* foi como as nomeou o professor Mario Carelli. Para o crítico literário Wilson Martins, o encanto do *sabadoyle* estava "na sua absoluta espontaneidade e na ausência completa de pedantismo". No artigo "De Madame de Rambouillet ao Sabadoyle", publicado no *Jornal do Brasil* em 16 de agosto de 1980, Pedro Nava pergunta: "Que nós? Esse grupo. E o que é esse grupo? Um clube? Uma *coterie* literária? Um arremedo de academia? de grêmio, de instituto, centro? um sindicato? uma irmandade? Nada disto. Apenas um grupo de pessoas que se estimam, que querem se ver, trocar informações, bulir em papelada velha e falar de tudo – até de literatura" (NAVA, 1975, apud SENNA, 2000, p. 17).

Depois de oito anos do primeiro encontro, Plínio Doyle, amante do documento e devotado colecionador de manuscritos, instituiu uma ata para cada sessão. Destinava-se antes a homenagear um autor ou uma obra, ou ainda registrar uma efeméride, do que a fazer síntese da reunião. A prática, em geral insípida e burocrática em outras agremiações, ali ganhou a marca do talento de seus participantes. Os registros, feitos a mão, em folhas sem pauta de livros grandes, de capa branca, feitos sob encomenda ao encadernador Ernesto Berger, seguiram implacáveis por toda a existência do *sabadoyle*, e guardam autógrafos de grandes nomes da literatura brasileira.

Coube ao poeta Alphonsus de Guimaraens redigir a primeira ata, em 11 de novembro de 1972. Em versos, inicia-se assim: "Livro destinado a ser/ De presença, necessário/ é – somente para ter/ o destino de um arquivo". No Natal desse mesmo ano, foi Drummond o incumbido de redigir a ata, o que fez também em versos: "Dezembro, 23. Pelas estantes/ Flui um rumor de vozes dialogantes./ Esta, indecisa, em tom desconfiado,/ é, vê-se logo, do bruxo Machado:/ 'Mudaria o Natal ou mudei eu?'/ 'Não sei, Mestre, responde-lhe Dirceu/ (o de Marília). Vale perguntar/ ao nosso prezadíssimo Alencar.'/ 'Também não sei. Vidrado em Iracema,/ só penso nela, que é o maior poema.'/ 'Perdão', protesta Rosa, 'pois enfim/ joia, mas joia mesmo, é Diadorim.'/ [...]/ Mas tenho que concluir a versalhada/ antes que soe a hora da consoada,/ pois é Natal, ou quase, nestas salas/ em que os livros, amados, formam alas,/ agradecendo, num carinho mudo,/ o que por eles faz o Plínio: tudo/ que se chame cuidado, zelo, amor/ de desvelado colecionador,/ e os convivas, em roda, tecem loas,/ por todas essas coisas muito boas,/ ao amigo leal, firme, sem balda,/ junto à doce presença de Esmeralda".

Os "ateiros", como eram chamados os redatores das atas, eram nomeados pelo anfitrião, que gostava de aceitar as sugestões de sua mulher, Esmeralda Doyle, entusiasta dos encontros e provedora dos biscoitos e cafezinhos servidos durante as reuniões.

Para garantir mais conforto aos *sabadoylianos*, que já se espremiam na casa 62 da rua Barão de Jaguaripe, o anfitrião comprou o apartamento do segundo andar do edifício número 74, na mesma rua, em um prédio ainda em construção. Para lá mudaram-se os anfitriões e, em 1974, os *sabadoyles* já se realizavam no novo endereço, mas com o mesmo espírito, como se vê na primeira ata de 1976, escrita pelo jornalista e escritor Homero Senna: "Queremos apenas conviver, ficar por dentro das coisas, folhear semanalmente, naquela estante perto da janela, os últimos livros aparecidos, trocar informações e pequenos serviços e, entre uma anedota do Alvarus e uma observação do Mário da Silva Brito, sorver o cafezinho da Idalina".

Sem ser imune a tristezas, o *sabadoyle* de 1981 ficou marcado pela morte de Esmeralda Doyle, lembrada por Drummond com esta quadra: "Alguém se foi ou não se foi da Terra?/ Certa presença, em seda de lembrança,/ nesta sala mantém viva Esmeralda/ numa amplidão que a vista não alcança".

É certo que, em observância ao fluxo da vida, as homenagens também celebravam a existência, como ocorreria no ano seguinte, quando, em 31 de outubro, Drummond fez 80 anos. Avesso a louvações, o poeta deixou Pedro Nava constrangido para escrever a ata comemorativa de seu aniversário. Nava, em respeito à atitude reservada do aniversariante, encerra o texto com uma dura mas pacificadora reflexão sobre a solidão: "Repitamos: a solidão é nosso destino. Precisamos nos preparar maduramente para que ela, na velhice, nos seja – não inimiga, mas a amiga e o bálsamo, não o castigo, mas a exaltação e a liberdade".

Quando, em 22 de janeiro de 1983, chegou o sábado de se fazer a ata número 500, Plínio Doyle e Drummond assumiram a autoria. O anfitrião apresentou uma bem-humorada estatística do número de biscoitos e cafezinhos consumidos até ali, e o segundo, mais uma ata-poema: "500 tardes... Plínio recebendo/ com o mesmo jeitão paciente gregos e goianos:/ o vasto bigodudo que vem da Bahia,/ o douto sociólogo que vem de Brasília,/ o vago poetinha que vem de Deus-me-Livre/ e traz na algibeira um infame poema/ que não ousa mostrar [...]".

A certa altura, o poeta voltava a fazer mais uma tentativa de caracterização do *sabadoyle*: "[...]/ É regra da casa, jamais transgredida:/ Quem vai conversar não leve obras-primas/ de seu próprio fabrico para receber/ aplausos e louros como passaporte/ para a Academia do dr. Ataíde [...]".

Em dezembro de 1985, o jornalista e escritor Homero Senna resumiu os primeiros vinte anos dessa "curiosa confraria", como a chamou Plínio Doyle, em *História de uma confraria literária: o sabadoyle*, reeditada pela Casa da Palavra, em 2000, com pequena alteração no título: *Sabadoyle: histórias de uma confraria literária*.

Se Drummond é o fundador involuntário do *sabadoyle*, seria ainda ele, em parceria com Doyle, corresponsável por uma outra iniciativa, essa de caráter verdadeiramente institucional. Desde 11 de julho de 1971, quando publicou a crônica "Museu: fantasia?", no *Jornal do Brasil*, o poeta-cronista semeou nacionalmente a ideia de um Museu de Literatura: "Temos museus de arte, história, ciências naturais, carpologia, caça e pesca, anatomia, patologia, imprensa, folclore, teatro, imagem e som, moedas, armas, índio, república, de literatura não temos..." – escrevia ele.

Essas palavras não mais deixaram de ecoar no coração de Plínio Doyle, que, no mesmo ano de 1971, estimulado pelo romancista Adonias Filho, criou duas instituições: a Associação de Escritores e o Sindicato dos Escritores. Mas a ideia de um museu, lançada por Drummond, fermentava. Depois de uma tentativa fracassada junto ao editor José Olympio, que acolhera a ideia de uma fundação com o seu nome para abrigar acervos, Plínio Doyle dirigiu-se ao historiador Américo Jacobina Lacombe, então presidente da Fundação Casa de Rui Barbosa, com a proposta de criação de um Museu de Literatura. Ao lado de Irapoan Cavalcanti de Lyra, diretor executivo da Fundação, e de Maximiano de Carvalho e Silva, chefe do Centro de Pesquisas, em 28 de dezembro de 1972 oficializaram e instalaram o Arquivo--Museu de Literatura da Fundação Casa de Rui Barbosa (AMLB da FCRB), sob a direção de Plínio Doyle, que esteve no cargo de 1972 a 1990.

Menciona-se aqui a criação do Arquivo-Museu por considerá-la, de certo modo, extensão do *sabadoyle*. Embora não haja um vínculo direto entre a confraria e o AMLB, constata-se que o segundo nasceu da mesma natureza do primeiro: o amor ao documento e à sua preservação para servir à pesquisa e à memória literária.

A criação do AMLB em nada alterou a regularidade do *sabadoyle*. Corria o ano de 1974 quando Drummond, encarregado de redigir a última ata do ano, a 52ª, finalizou-a assim: "Tudo sanado, pergunta-se: mas por que as atas, se não existe associação? E explica-se: a ata não tem valor documental ou histórico; é apenas lembrete de horas amenas, em que se esquecem preocupações e tédios, no exercício desta coisa que se vai tornando rara ou impossível na cidade de hoje: a conversa – a pura, simples, fantasista, descompromissada conversa entre amigos e desconhecidos ou mal-conhecidos, que se tornam amigos por força das aproximações aqui estabelecidas. O *sabadoyle* afinal é isto; e acaso precisaria ser mais alguma coisa, se já é tanto para o espírito e o coração de todos nós? Já escrevi demais e encerro a ata antes que me mandem parar".

Em 1988, quando sua biblioteca chegou aos 25 mil volumes, Plínio Doyle decidiu vendê-la à Fundação

Casa de Rui Barbosa. Sem a biblioteca e sem Esmeralda, o apartamento da Barão de Jaguaripe mostrou-se grande, e ele, então, mudou-se para o primeiro andar de um prédio na av. Epitácio Pessoa, 344, onde as reuniões continuaram exatamente como no início.

A rotina de Doyle, porém, seguia. Ele ia diariamente ao AMLB, onde era carinhosamente saudado pelas arquivistas como "O Poderoso". Procurado por um pesquisador, tomava como sua a pesquisa; envolvia-se, saía à cata da informação. Caso lembrasse de um dado extra, telefonava imediatamente ao visitante para comunicar-lhe o achado. E era de uma objetividade valiosa ao pesquisador, quase sempre atrelado a prazos curtos.

Verdadeiro *homo cordialis*, ao mesmo tempo que se revelava pródigo para com os que o procuravam, mostrou-se nobre a seus pares, com os quais dialogava com bondade, inteligência e, sobretudo, amor aos livros.

Foram essas as características que reconheci nele quando, em 1991, cheguei ao Arquivo-Museu de Literatura para fazer pesquisa sobre o poeta santista e romancista de *Cabocla*, Rui Ribeiro Couto, cujo arquivo havia sido coletado por Francisco de Assis Barbosa e confiado ao AMLB. No entanto, ainda com organização preliminar, não se encontrava disponível para consulta, até que, um ano depois, Doyle permitiu que eu examinasse os documentos do modo como estavam. Em 1993, ele me convidou para ir ao *sabadoyle* e fazer a ata em homenagem aos 30 anos da morte de Couto, em 30 de maio. Tornei-me *sabadoyliana*.

Lá encontrei a atmosfera fraterna descrita no livro de Homero Senna. Os convidados começavam a chegar às três da tarde. As reuniões eram marcadas por um respeito alegre, dinâmico, destemido. Plínio Doyle, sentado em uma cadeira de braços no círculo de assentos composto de sofá e poltronas, imprimia uma autoridade fraterna. A bengala, que passara a usar depois de um acidente vascular cerebral, não lhe diminuía a força da presença. Pelo contrário, compunha-lhe a figura de patriarca, de "Patriarca em flor", na expressão feliz de Antonio Carlos Villaça. Muitos quiseram classificá-lo: Plínio, o Jovem, disse um; Plínio, o Bom, chamou outro; Abade da confraria, ensaiou alguém; Pedro Nava nomeou-o *Bâtonnier*; e houve até mesmo quem o chamasse de Babalorixá.

Preservada a espontaneidade, havia um ritual que se desenrolava sob o olhar zeloso do anfitrião. Às cinco da tarde, muito atento, Plínio Doyle ouvia a leitura das atas, precedida do cafezinho e biscoitos, já cantados em prosa e verso. A troca que se fazia entre os *sabadoylianos* era divertida e rica, e o despojamento, uma marca vigorosa do salão. As vaidades individuais encolhiam-se por falta de plateia. Reinava um espírito singularíssimo. Conversava-se sobre qualquer assunto, em grupos de três, quatro pessoas que se aproximavam pelas afinidades naturais.

Naturalmente os mais assíduos tiveram oportunidade de presenciar situações curiosas. Uma delas foi quando, na reunião em que se homenageou o jornalista e político brasileiro San Tiago Dantas, esteve presente a viúva, Edméia San Tiago Dantas. Sentada perto de mim, ela esperava, solene, o início da programação. Como as pessoas chegassem descontraídas e começassem a conversar dentro da mais absoluta espontaneidade sobre os assuntos mais diversos, a senhora inclinou-se para o meu lado e sussurrou: "Que horas começa esse negócio aqui?". Voltando-me para ela, respondi, no mesmo tom: "Esse negócio aqui já está começado". Ela riu.

Situação atípica aconteceu, certa vez, com a visita do editor Massao Ohno, que, chegando de São Paulo, seguiu direto para a casa de Plínio Doyle. Ao entrar, e depois de cumprimentá-lo, dirigiu-se ao escritório, sala menor e mais íntima da casa. Sentou-se à escrivaninha do amigo, abriu a bolsa de viagem, tirou uma garrafinha de uísque e convidou mais uns três amigos que estavam na mesma sala para acompanhá-lo.

Como perfeito anfitrião, Plínio Doyle deixou que os visitantes permanecessem em seu escritório, mas notei-lhe a preocupação. Ele preferia ver todos no salão onde costumava receber os visitantes. Mas o amigo tinha decidido permanecer na outra sala... Paciência!

Por volta das sete e meia da noite, quando a maioria dos presentes já tinha ido embora, Massao voltou à sala de visitas, sentou-se na cadeira ao lado do anfitrião e deu-lhe um afetuoso e estalado beijo na face. Plínio Doyle, circunspecto, inclinou a cabeça para a frente e pronunciou um educadíssimo "muito obrigado".

Por mais que esse tipo de demonstração afetiva lhe fosse incomum, recebeu-a com a sua insuperável capacidade de entender os amigos. Compreendeu a espontaneidade do gesto amoroso. Olhou Massao com doçura. Sua fisionomia era toda compreensão, amizade. Havia uma ternura imensa no olhar de Plínio Doyle. Aceitava a amizade e também entendia – é preciso que se diga – o efeito do uísque.

Massao, então, levantou-se e permaneceu alguns minutos de pé. Olhou o amigo de frente, enquadrou-lhe o rosto com as mãos, como se o estivesse dispondo no visor de uma câmera fotográfica. Observava a beleza de sua ternura, nos seus 91 anos: – Eu amo esse homem – disse Massao Ohno, segurando a cabeça de Plínio Doyle. Mais um beijo, despediu-se e saiu.

Em 26 de dezembro de 1998, Plínio Doyle redigiu a última ata do ano, e com ela encerrou as 1.708 sessões do *sabadoyle*. Morreu em 26 de novembro de 2000, aos 94 anos.

Segunda Guerra Mundial
ver Guerra

Sentimento do mundo
CRIS PAGOTO

Sentimento do mundo (1940), terceiro livro publicado pelo poeta Carlos Drummond de Andrade, anuncia desde o seu título uma tensão entre a expressão lírica de caráter pessoal e a tendência para abarcar os acontecimentos coletivos e históricos. Tensão evidente na própria organização estrutural do livro, que se inicia com um poema disposto a uma abertura para o vasto mundo e suas problemáticas e, logo depois, no segundo poema apresentado, parece se fechar com um retrato intimista em "Confidência do itabirano". O livro desvela-se, assim, em "trocas entranháveis" (SANTIAGO, 2002c, p. IV) entre os acontecimentos históricos e públicos e o comezinho da vida pessoal, traçando um trajeto lírico dialético, inclinado ao equilíbrio entre um e outro tema.

A constatação de que o mundo é grande, o desejo de participação e o olhar voltado para o presente afastam o poeta de "um mundo caduco", de um "mundo futuro" e de "ilhas"; o poeta tampouco será "o cantor de uma mulher", dos "suspiros ao anoitecer", ou da "paisagem vista da janela", como diz em "Mãos dadas" (SM, p. 34). A recusa persistente, nesse poema, de cantar o passado ou as emotividades pessoais – a anáfora presente nos quatro primeiros versos revela a insistência negativa – direciona o olhar para "o tempo presente, os homens presentes,/ a vida presente" (SM, p. 34). A busca de uma ressignificação para si mesmo em contato com o outro e com o seu tempo histórico predispõe a poesia drummondiana para um sentido romântico e utópico: ela se torna mediadora entre os homens, meio de comunhão, de comunicação e de transformação social. Por isso o poema "Mãos dadas" pode ser lido como um "ato", conforme definiu Octavio Paz: "O poema não é apenas uma realidade verbal: também é um ato. O poeta diz e, ao dizer, faz. Esse fazer é antes de mais nada um fazer a si mesmo: a poesia não é só autoconhecimento, mas também autocriação" (PAZ, 2013, pp. 68-69). E o convite do eu lírico para caminhar juntos, de mãos dadas, coloca o leitor como partícipe da luta por uma sociedade mais solidária e justa. Por isso o poema é um ato transformador. E comunitário, pois o contexto histórico permeado por guerras e autoritarismos, revelador da situação temporal e da injustiça humana, é representado liricamente pelo uso de expressões que contêm as ideias de atar, de elo e de ligação – "preso à vida", "vamos de mãos dadas" –, porque "o complexo de prender não passa, assim, de uma espécie de arquétipo da própria situação do homem no mundo" (DURAND, 2012, p. 168).

A exortação ao leitor-companheiro, aliada ao desejo de cantar o presente, institui um elo entre lírica e sociedade, fazendo com que *Sentimento do mundo* encontre a história ou, nas palavras de Paz, "para ser presente, o poema precisa estar presente entre os homens, encarnar-se na história" (PAZ, 2012, p. 193). O eu lírico, distanciado dos rumos políticos nos livros anteriores, procura poeticamente convocar a sociedade para uma disposição participativa: "não nos afastemos muito" (SM, p. 34). Entretanto, permanece a angústia frente à irrealização de épica tarefa, da sensação de impotência e paralisação.

A fusão entre o individual e o universal revela que o poema é um "fator social" e as emoções e experiências individuais expressas nele, ao tomar forma poética, adquirem "participação do universal". Assim, de um dado especificamente individual, a lírica extrai o universal e o social. Importa verificar, ainda no rastro teórico de Adorno, "como o *Todo* de uma sociedade aparece na obra de arte" (ADORNO, 1980, p. 194), como os dados objetivos, históricos e sociais estão presentes no emaranhamento textual e fora dele.

Ao fundo, o poeta contempla amargamente os fatos históricos: os conturbados anos da Segunda Guerra Mundial, a Guerra Civil Espanhola, o nazifascismo e o embate ideológico entre as forças capitalistas e socialistas. É nesse sentido que *Sentimento do mundo* instaura uma nova percepção de tempo e espaço, e redefine o estar e o ser do sujeito lírico diante do "mundo grande" e dos acontecimentos presentes. Esta ressignificação poética não está somente anunciada no título – *Sentimento do mundo* opõe-se ao personalismo, ao registro fragmentário e irônico de *Alguma poesia* (1930) e à reclusão tímida e fechada sugerida em *Brejo das Almas* (1934) –, inscreve-se também na tessitura formal e temática.

Os 28 poemas que compõem *Sentimento do mundo* revelam, no plano estrutural, uma clara mudança em relação aos poemas publicados anteriormente, inclinados ao poema-piada, ao poema curto e aos versos lapidares. Agora, os poemas avizinham-se da prosa, tornam-se mais discursivos, mais longos. A distensão da expressão poética revela a postura do sujeito lírico, também disposto a alargar sua visão de mundo e sua comunicação, como se a observação perante os acontecimentos do mundo e do presente exigisse uma maior lucidez e atenção.

Tal mudança de perspectiva pode ser vislumbrada na grande quantidade de vezes em que aparecem os verbos "ver" ou "olhar" no livro. Como observou Affonso Romano de Sant'Anna, nos dois livros publicados anteriormente nota-se a forte presença do vocábulo "espiar", sugerindo um modo de ver mais superficial e distante do mundo, como se o poeta estivesse apenas assistindo aos acontecimentos, o que se pode verificar nos seguintes versos de *Alguma poesia*: "As casas espiam os homens", "Meus olhos espiam olhos ingleses", "a cidade paralítica/ no sol/ espiando a sombra", "Meus olhos espiam/ a rua que passa" (AP, pp. 11, 19, 26, 57). O reconhecimento do tempo histórico e dos fatos presentes exige uma postura expressiva mais participativa, e se o *olhar* ainda sugere contemplação – em "Noturno à janela do apartamento" o poeta diz: "Somente a contemplação/ de um mundo enorme e parado" (SM, p. 47) –, no ato de ver não deixa de estar inscrita uma vontade de participação. Acompanhemos alguns exemplos presentes em *Sentimento do mundo*: "vejo que o operário está cansado", "vejo a mão que levanta a colher", "Neste terraço mediocremente confortável,/ bebemos cerveja e olhamos o mar", "Estou preso à vida e olho meus companheiros", "Só agora vejo que nele não cabem os homens" (SM, pp. 16, 18, 23, 34, 45).

A substituição de "espiar" por "ver/olhar" sugere esta perspectiva espacial e temporal do sujeito lírico mais inclinado para observar criticamente o vasto mundo. Tal postura não está simplesmente associada à mudança do poeta de Minas Gerais para o Rio de Janeiro, à saída de um ambiente mais provinciano para uma metrópole cosmopolita, mas à transformação mesmo da maneira de ver, que abandona o viés subjetivista em direção a um ponto de vista mais objetivo e lúcido, substituindo o *ponto de ver* por uma "maneira de ver", como notou Silviano Santiago: "A maneira de ver é hermenêutica. Graças a ela os objetos e acontecimentos, ao ganharem densidade pela palavra, recobrem-se de sentido. [...] Interpretação, compreensão e conhecimento se somam em sistema em que se integram responsabilidade ética, inteligência e lucidez ideológica" (SANTIAGO, 2002C, p. XXV).

O poeta está mais atento aos eventos históricos do tempo presente, está interessado num espaço fora de si, não simplesmente como aquilo que o projeta para fora do seu eu, mas como um componente que amplia e define o seu ser. Por isso é possível pensar no espaçamento do sujeito presente em *Sentimento do mundo* como revelador de um "projeto, que o faz *ek-sistere* fora de si" (cf. COLLOT, 2013). A projeção para o mundo grande e o olhar mais questionador sugerem o movimento de ser lançado para fora de si, mas que paradoxalmente define sua nova condição e existência, pois regressa a si mesmo. Ao abandonar sua identidade fechada, a timidez e a pessoalidade dos dois primeiros volumes, Drummond revela que a visão do mundo grande não pode ser reduzida a puro espetáculo, mas a paisagem que agora lhe é familiar "não apenas dá a ver, mas também a sentir e ressentir" (COLLOT, 2013, p. 51). Institui-se, assim, em *Sentimento do mundo* um novo modo de pensar e de exercer a expressividade lírica.

Outro polo correspondente do "espiar/ver" pode ser lido na dualidade instaurada entre "janela" e "rua". O ponto de contato entre o eu e o mundo era, no início, a janela, como exemplificam os seguintes versos: "onde há velhas nas janelas", "Devagar... as janelas olham", de *Alguma poesia* (AP, p. 22, 49); ou o fechamento do sujeito lírico, como sugerem as expressões "A rua é inútil", "[É melhor] ficar fechado/ entre duas paredes" e "Fique torto no seu canto", de *Brejo das Almas* (BA, pp. 32, 39). A paisagem tranquila que se vê da janela, a rua monótona da cidadezinha e o isolamento são substituídos pelo movimento, pela presença de uma multidão e pela rua. Vejamos: "Na rua passa um operário", "atrás da rua,/ longe um menino chora", "As outras ruas são muito estreitas", "nas ruas onde se combate". Mas o poeta descobre que "também a rua não cabe todos os homens" (SM, pp. 16, 18, 22, 39, 45). O mundo é maior que a rua.

Em "Mãos dadas", há mesmo um verso que parece negar as cenas antes vistas da janela. O poeta diz: "Não serei o cantor de uma mulher, de uma história,/ não direi suspiros ao anoitecer, a paisagem vista da janela" (SM, p. 34). Nega-se a cantar à distância e prefere estar dentro da cena, dela participando. Se antes era apenas observador, como os termos *"espiar"* e *"janela"* sugeriam, agora além de observar nasce-lhe o desejo de participação, de engajamento na vida fora das quatro paredes e fora de si mesmo. Conforme Sant'Anna, quando "os limites que o cerceavam se eliminam, e, passando da janela à rua, com os homens, [o poeta] descobre que o 'mundo é grande'. *Espectador* e *viajante*, como duas faces da consciência, têm em comum o fato de verem o mundo sempre como espetáculo. O primeiro tinha um ponto fixo no tempo e espaço, vivia naquele *canto, imóvel* e *escuro*. O segundo muda constantemente sua perspectiva diante da cena até atingir um relativismo absoluto: 'todo lugar é ponto de ver e não ser'" (SANT'ANNA, 1992, p. 132, grifos do autor).

Com *Sentimento do mundo,* "o *eu* do poema chega ao *nós* da solidariedade" (SANTIAGO, 2002, p. VII). O eu-*gauche*, antes preso quase exclusivamente ao seu tempo e canto individuais – "É melhor sorrir/ (sorrir gravemente)/ e ficar calado/ e ficar fechado/ entre duas paredes" (BA, p. 32), diz em "Coisa miserável" –, abre-se, então, para o vasto mundo, para o sentimento do mundo, embora não abandone completamente sua posição solitária e altiva. Mas se antes, com *Alguma poesia* e *Brejo das Almas* a solidão e a reclusão ao canto faziam-se sentir pela ironia ou por certo isolamento orgulhoso, agora o eu-*gauche* deixa transparecer um desconforto,

uma angústia entre o desejo de ação e a sua realização plena. A solidão e a reclusão advêm do reconhecimento da dureza do real e do sofrimento do outro, e diante dela o sujeito lírico vê-se impotente. Como participar ativamente dos rumos históricos se o sentimento é maior que a ação: "tenho apenas duas mãos" (SM, p. 9)?

Neste percurso dramático, entre o desejo de mudança e sua impossibilidade, o poeta diz em "Elegia 1938": "Coração orgulhoso, tens pressa de confessar tua derrota/ e adiar para outro século a felicidade coletiva./ Aceitas a chuva, a guerra, o desemprego e a injusta distribuição/ porque não podes, sozinho, dinamitar a ilha de Manhattan" (SM, p. 44). E, assim, o eu oscila entre a vontade de mudar e certo desconforto gerado por sua impotência, resultando numa tensão melancólica e trágica.

A constatação desse distanciamento entre o "sentir/pensar" e o "fazer" faz surgir a figura de um *gauche* em *Sentimento do mundo* distante da realização épica. Ele não é um herói clássico, é sim um sujeito à margem, que caminha num mundo imperfeito e inacabado. Sant'Anna define o *gauche* drummondiano como aquele que explica a sociedade moderna, tal como o herói clássico explicava o mundo antigo (SANT'ANNA, 2008). O *gauchismo* expresso em *Sentimento do mundo* revela um eu que se define por aquilo que ele é e não por aquilo que deveria ser. Longe do destino épico e de sua realização, ele se vê de mãos atadas, imóvel e em desassossego. Conflito que pode representar a continuidade do legado baudelairiano e da poesia moderna: se para Baudelaire a poesia constituía uma tensão entre o *spleen* e o ideal, para Drummond ela constitui a desarmonia entre o que é e o que deseja ser, entre a vontade de ação e a consciência de sua pequenez e impotência, cujo resultado é a personagem *gauche*. De acordo com Santiago, "Drummond não quer passar ao leitor uma versão dos fatos pessoais ou históricos da perspectiva de heróis. Interessa-lhe tudo aquilo – o quase nada e o tudo da história cotidiana – que escapa ao olhar dos heróis" (SANTIAGO, 2002c, p. IX). Uma postura humilde e que funda uma irmandade com o leitor, colocando-se ambos como comuns, sujeitos a pensamentos elevados e banais, ações grandiosas e medíocres. É assim que, seguindo os versos de "Mãos dadas", que expressam a alta tarefa poética – "Estou preso à vida e olho meus companheiros./ Estão taciturnos mas nutrem grandes esperanças./ Entre eles, considero a enorme realidade./ O presente é tão grande, não nos afastemos./ Não nos afastemos muito, vamos de mãos dadas" (SM, p. 34) –, seguem-se os versos de "Dentaduras duplas": "Dentaduras duplas!/ Inda não sou bem velho/ para merecer-vos.../ Há que contentar-me/ com uma ponte móvel/ e esparsas coroas" (SM, p. 35).

Nesse sentido, a angústia da ação aproxima-se do *spleen* de Baudelaire que "sabia que o seu sofrer, o *spleen*, o *taedium vitae*, é ancestral" e, dessa maneira, podia dar ao seu sofrimento uma característica individual, identificando o *spleen* ao "sentimento que corresponde à catástrofe em permanência" (BENJAMIN, 1989, pp. 152-54). Atávico é o sentimento expresso em "Confidência do itabirano", outro retrato do *gauche*, com suas expressões vitais, "*Principalmente nasci* em Itabira./ Por isso *sou* triste, orgulhoso: de ferro./ Noventa por cento de ferro nas calçadas./ Oitenta por cento de ferro *nas almas*" (SM, p. 10, grifos meus); e a sensação de um tédio vital pode ser vislumbrada no poema "Os ombros suportam o mundo": "Chega um tempo em que não se diz mais: meu Deus./ Tempo de absoluta depuração./ Tempo em que não se diz mais: meu amor./ Porque o amor resultou inútil./ E os olhos não choram./ E as mãos tecem apenas o rude trabalho./ E o coração está seco" (SM, p. 33). E, mais que tudo, estar "preso à vida" constitui também um momento revelador do *spleen* baudelairiano.

Outra face do seu *gauchismo* em *Sentimento do mundo* vem da vivência na metrópole e do sentimento de solidão que dela emana. Se antes a solidão nascia do isolamento geográfico, da tranquilidade e monotonia das cidadezinhas mineiras, agora ela nasce do espaço urbano cosmopolita. O contato com o mundo grande transforma a solidão robinsoniana dos primeiro livros – o indivíduo só em seu canto, ilha ou margem – em solidão baudelairiana: estar só no meio da multidão em solidão baudelairiana: estar só no meio da multidão. É a solidão moderna de "indivíduos perdidos na massa", como diz em "Canção de berço" (SM, p. 25).

Embora o poeta, em "Mãos dadas", convide os homens, os companheiros, a caminharem juntos, "Não nos afastemos muito, vamos de mãos dadas", os tempos são difíceis, tempos da Segunda Grande Guerra, da Guerra Civil

Espanhola, do nazifascismo, e o poeta só enxerga a noite: "esse amanhecer/ mais que a noite", ou "A noite desceu. Nas casas,/ nas ruas onde se combate,/ nos campos desfalecidos,/ a noite espalhou o medo/ e a total incompreensão", diz em "A noite dissolve os homens" (SM, p. 39).

O sentimento de que o mundo é grande e habitado por milhões de pessoas igualmente solitárias, acentua ainda mais o isolamento do poeta. Não podemos deixar de associar os sentimentos de pequenez, impotência e imobilidade sentidos pelo sujeito lírico no ambiente da metrópole como coincidente da mudança de Drummond para o Rio de Janeiro. Nesse ambiente, o concreto, o edifício, a circulação de carros e de gente a transitar interruptamente exerce sobre a sensibilidade do sujeito um poder, talvez mesmo uma violência simbólica. Pois na cidade carioca, as "águas mansas circundantes realmente isolam o homem e o tornam o solitário perfeito" (MORAES, 1972, p. 10). Depois de sentir a solidão robinsoniana, Drummond descobre ser solitário também na metrópole. A tentativa de fugir da solidão pelo retrato de Itabira na parede revela-se vã, pois provoca dor; a fuga para ilhas também é inútil, porque "Ilhas perdem o homem" (SM, p. 46). Resta-lhe, portanto enfrentar a solidão naquilo que ela tem de solidariedade e de sociabilidade (cf. SANTIAGO, 2002c). A solidão, um dado da modernidade, não afasta nem o eu lírico nem o leitor do convívio social. Ela descreve um componente existencial do sujeito moderno, capaz de promover uma identificação entre poeta e leitor, e mais:

é a solidão que constrói a possibilidade de revolta: "(Na solidão de indivíduo/ desaprendi a linguagem/ com que homens se comunicam.)" (SM, p. 46), por isso depois o coração cresce, explode e funda a "vida futura", como anunciado em "Mundo grande".

O poeta descobrindo o mundo grande e "as diferentes cores dos homens,/ as diferentes dores dos homens" (SM, p. 45), vê que não pode ignorar o presente, a guerra e a desigualdade. Ele sente que não pode mais ficar refugiado em si mesmo ou em uma ilha. Nesse momento faz-se necessário a comunicação. É preciso esquecer a voz daquele "anjo torto" e escutar "voz de gente". É preciso estar no mundo e vivenciá-lo. Na antepenúltima estrofe, o poeta fala da solidão e do ilhamento do passado: "Outrora viajei/ países imaginários, fáceis de habitar,/ ilhas sem problemas" (SM, p. 46). No entanto, "Ilhas perdem o homem" e, no presente, deve-se participar do mundo, do seu amor e do seu fogo, pois a partir da imersão no presente e na vida dos homens presentes é possível criar o futuro. O poema evoca o desejo de uma sociedade justa, distante do passado, do "mundo caduco" e inauguradora de um novo começo: "vida futura".

O desejo de transformar o mundo, como observou Candido, "é também uma esperança de promover a modificação do próprio ser, de encontrar uma desculpa para si mesmo" (CANDIDO, 1970, pp. 107-08). Nesse caminho, portanto, o poeta busca falar de todos, mas ao falar de todos também fala de si, tenta encontrar-se e se conhecer.

O desejo de ação convive com a desilusão, a contemplação parece exigir uma ação que não se realiza, daí as imagens de distanciamento e de imobilidade presentes no livro. Vejamos alguns exemplos:

Em "Operário do mar", poema em prosa que confirma o alargamento textual presente em *Sentimento do mundo*, percebe-se a angústia provocada pela impossibilidade de unir duas classes que historicamente são inconciliáveis: a burguesia intelectual, representada pelo eu lírico, e o operário. De um lado os rumos capitalistas instaurados na sociedade, que promovem a exclusão e a divisão de classes; de outro os sentimentos fraterno e igualitário, ainda que utópicos, postulados pelo socialismo. O distanciamento entre o sujeito lírico e o operário manifesta-se pela visão ao longe do poeta que está confortavelmente instalado em seu apartamento à beira-mar. Há o desejo de familiarizar-se com ele, chamá-lo de irmão e instaurar, assim, o elo comunitário e fraterno perdido nos tempos capitalistas modernos. Contudo, o desejo de aproximação vem acompanhado da desilusão e da constatação da diferença social entre os dois. "Teria vergonha de chamá-lo meu irmão. Ele sabe que não é, nunca foi meu irmão, que não nos entenderemos nunca" (SM, p. 16). À imobilidade do eu lírico sugerida pelo espaço que ocupa, a "terra firme", e pela contemplação distante, alia-se à incomunicabilidade entre os dois: o "sorriso úmido" por sua natureza líquida não chega a concretizar uma comunicação. A pergunta que encerra o texto, "quem sabe se um dia o compreenderei?" (SM, p. 17), demonstra que entre o poeta intelectual burguês e o operário

existe um abismo que não se constrói apenas "pelas circunstâncias atmosféricas", a chegada da noite, ou pela diferença de espaços ocupados – "terra firme" e "meio do mar" –, mas sim pelo não entendimento da alteridade do operário.

No "conto, no drama, no discurso político" (SM, p. 16) a dor do operário é passível de compaixão, embora ironicamente sua existência seja descrita superficialmente, a partir da sua blusa azul e do seu corpo, construindo uma aproximação ilusória e apenas digna de propaganda discursiva retórica e vazia, pois os discursos populistas e ditatoriais transformam o operário num trabalhador escravizado que é conduzido tanto em suas ações – os passos firmes e em marcha – como em seus pensamentos – "O operário não lhe sobra tempo de perceber" e "apenas repara que ali corre água, que mais adiante faz calor" (SM, p. 16). Como destacou Santiago "entre a ignorância de um e a lucidez do outro, entre a classe social de um e a do outro, sobressai a diferença irreconciliável" (SANTIAGO, 2002c, p. XI). Para o sujeito instalado confortavelmente no seu edifício beira-mar o operário não é nem nunca será o seu irmão. Ele apenas tem consciência de que está "cheio de escravos" e humildemente pede perdão.

Também nos poemas "Privilégio do mar" e "Inocentes do Leblon" a distância segura e confortável transmuta-se em desconforto e individualismo. No primeiro, a analogia entre o edifício sólido e o mundo de "cimento armado" e a sensação de segurança e solidez que sugere é, no entanto, falsa, pois a ironia atravessa todo o poema. Se verdadeira, tampouco é afirmativa de um altruísmo ou solidariedade, pois a solidez do edifício é também a representação imagética do ilhamento do sujeito lírico. No outro poema, "Inocentes do Leblon", a inocência está aliada à indiferença, o não ver o que os navios trazem, demarca a ausência de um olhar mais solidário e participativo, mais preocupado egoisticamente com o "óleo suave/ que eles passam nas costas" (SM, p. 24).

Nos poemas mencionados, o *tópos* de solidez convive com o *tópos* da fluidez, como bem observou Alcides Villaça (VILLAÇA, 2020). Os passos firmes do operário contrastam com seu caminho fluido, aquático, com seu sorriso úmido; o edifício sólido, o mundo de cimento armado, a esquadra cordial opõem-se à liquidez da cerveja, das águas tranquilas; os inocentes do Leblon esquecem a solidez da vida concentrados egoisticamente no "óleo suave".

Outro exemplo da solidez e da fluidez que atravessam o livro está no poema "Menino chorando na noite". Imagens fluidas estão no "rumor da gota de remédio caindo na colher", no "fio oleoso que escorre pelo queixo do menino" (SM, p. 18) e que depois se expande pela cidade toda até tornar-se um fio único e indelével até aquele menino doente transformar-se no mundo. Enquanto isso o eu lírico está a ver "atrás da parede", "atrás da vidraça", longe, mas observa atentamente. São poemas que exemplificam, mas não esgotam, alguns dos temas presentes em *Sentimento do mundo*, conforme definidos por Villaça (VILLAÇA, 2020, p. 139): "angústia no autocentramento, abafamento psicológico, insuficiência na comunicação".

Temas que parecem contrastar com a grande presença de "símbolos coletivos": camaradas/companheiros, rua, congresso, mar, mundo grande. Porém, ao lado destes erguem-se "símbolos da individualidade" (cf. CARPEAUX, apud VILLAÇA, 2020), como retrato, noite e jardim, reafirmando a tensão sugerida no título entre expressão lírica individual e coletiva.

A partir de *Sentimento do mundo*, Drummond descobre o presente: "O tempo é a minha matéria, o tempo presente, os homens presentes,/ a vida presente" ("Mãos dadas", SM, p. 34). A descoberta deste, inseparável do conhecimento do "mundo grande", da vivência na cidade, lugar onde o tempo se materializa e torna-se visível, traz consigo uma outra revelação: o passado. Descobrir o presente é, assim, ter consciência do passado. Por essa perspectiva, o retrato constitui um símbolo do já vivido, explicando a grande referência a retratos ou fotografias a partir de *Sentimento do mundo*. Está presente, por exemplo, em "Mortos de sobrecasaca": "álbum de fotografias intoleráveis" e "a poeira dos retratos, que evidenciam o caráter negativo ou triste dos retratos, a dor ou a presença incômoda (SM, p. 21). Um verso de "Edifício esplendor", do livro *José* (1942), evoca esse sentimento desencadeado pela fotografia na parede: "Há um retrato na parede,/ um espinho no coração" (J, p. 18).

A grande presença de vocábulos referentes à noite, a partir de *Sentimento do mundo*, desvela o caminho do *gauche* drummondiano, "mais habituado ao escuro desde suas origens. É sob as ordens de um anjo que vivia à sombra que o personagem inicia sua trajetória. O tom escuro é desde o princípio componente de sua estrutura" (SANT'ANNA, 2008, p. 195). Mas se nos dois volumes anteriores ele fazia parte da natureza constitutiva do sujeito lírico, agora, os vocábulos alusivos à noite expandem-se para além do ser, reafirmando a tensão equilibrante entre o mundo exterior e o interior. A noite continua a ser identificada como correspondente da sua natureza íntima, de sua solidão e de sua angústia, porém ela se projeta para fora de si, transformando-se em aparições fantasmagóricas, como no poema "Canção da Moça-Fantasma de Belo Horizonte" ou na própria substância corrosiva do tempo, ou seja, como metáfora para a "tragédia universal" (cf. SANTIAGO, 2002c, p. XXXV), como em "A noite dissolve os homens": "A noite é mortal/ completa, sem reticências" (SM, p. 39). Ela representa a "grande epifania imaginária da angústia humana, diante da temporalidade" (DURAND, 2012, p. 111), seja essa angústia representada pela solidão da Moça-Fantasma "Que-Morreu-Antes" e que imaginariamente reúne todas as mortes antecipadas – "Sou a vossa namorada/ que morreu de apendicite,/ no desastre de automóvel/ ou suicidou-se na praia" (SM, p. 12); ou aquela representada pela temporalidade: os tempos sombrios da guerra e do acirramento do capitalismo, tempos irracionais e desumanos que se assemelham à escuridão da noite, por isso pouco adianta amanhecer porque ele é "mais noite que a noite", como diz em "Sentimento do mundo" (SM, p. 9). Neste, a chegada do amanhecer não traz a luz metafórica capaz de instaurar liberdade e esperança, mas sim é a luz necessária que torna mais visível e clara a escuridão que rege o dia. O mal e a morte presentes na claridade do dia fazem deste um isomorfismo da angústia noturna.

Seguindo a linha da tensão complementar presente em *Sentimento do mundo*, as imagens noturnas surgem como antessala do dia. Exemplo claro disso é o poema "A noite dissolve os homens" que em suas duas estrofes demarcam espacial e temporalmente a noite e a aurora. O poema inicia-se com a chegada da noite que desce e é "densa" – pois nela não se enxergam os companheiros – e silenciosa – porque os rumores de outrora já não mais perturbam. Ela vai tornando-se mais assustadora à medida que se expande no tempo: "A noite caiu. Tremenda,/ sem esperança", depois "é mortal" e, por fim, é a noite anoitecida (SM, pp. 39-40). Toda essa atmosfera noturna perturbadora é expressa em versos curtos, rápidos, porém angustiantes. Poderia ser uma tentativa de encurtar os poderes noturnos maléficos, iludindo a noite com a sensação de limitações de seu poder. Embora mortal, paralisante e apavorante, a expressão lírica escolhida pelo poeta contrasta com os versos mais longos e discursivos da segunda estrofe que apresenta o irromper da aurora. Esta, embora tímida e inexperiente, tinge de esperança o dia, o amanhã e o sujeito lírico. Uma correlação entre paisagem, pensamento e olhar define a aurora como o futuro deslumbrado, como horizonte possível de acontecer, daí a afirmação "Havemos de amanhecer" (SM, p. 40) que traduz não apenas a vitória do dia sobre a noite, mas põe termo à fadiga vivenciada pelo sujeito lírico, por isso definida como "advento" e "símbolo revolucionário" por Villaça (VILLAÇA, 2020) e por "utopia" por Santiago (SANTIAGO, 2002c).

Num e noutro caso, o poeta não se ilude nem ilude o seu leitor, porque ambos sabem que a noite guarda um "poder de aniquilamento" e que o amanhecer, embora proclamado como revolução ou como utopia, nada mais é que um terrível despertar da consciência: "Mas o terrível despertar prova a existência da Grande Máquina/ e te repõe, pequenino, em face de indecifráveis palmeiras", diz em "Elegia 1938" (SM, p. 44).

Já no poema "Lembrança do mundo antigo" as imagens diurnas – Clara, jardim, céu verde, águas douradas, pássaro – nostalgicamente lembram o passado, quando "o mundo inteiro, a Alemanha, a China, tudo era tranquilo" (SM, p. 43) e havia jardins e manhãs, porque ao contrário do "amanhecer/ mais noite que a noite" (SM, p. 9), as manhãs de Clara não são noturnas. Num primeiro momento o poema parece arrancar o leitor do tempo presente e levá-lo nostalgicamente para um passado idílico e límpido, mas a representação desse passado é o que mais contundentemente traz o leitor para o presente, pois como afirma Adorno, a "palavra virginal" ou o anúncio de reencontros com os mitos perdidos é o que, paradoxalmente, torna a lírica como um fato social: "exatamente o não social no poema lírico seria agora seu social" (ADORNO, 1980, p. 197). O passado diurno e luminoso de Clara opõe-se ao presente escuro e, ao realizar essa oposição, ergue-se um contraste definidor de mundos.

Entre a noite devoradora e a aurora promissora, entre o desejo de participação coletiva e a reclusão, entre a individualidade e coletividade, entre o grandioso e a pequenez, atravessa em *Sentimento do mundo* a vida "sem mistificação", atravessa um grito silencioso – "O grito mais alto ainda é suspiro" (SM, p. 25).

Socialismo
MARCELO BORTOLOTI

Nos anos 1930, o Brasil e o mundo experimentaram um momento de intensa polarização e luta política no qual intelectuais e artistas foram instigados a tomar parte. A crise do capitalismo que se seguiu à quebra da bolsa de valores de Nova York, em 1929, estimulou a busca por modelos políticos e econômicos de menor desigualdade social. Ganhavam vigor as ideias de gestão coletiva dos meios de produção, defendidas por Karl Marx e Friedrich Engels um século antes e materializadas no governo da União Soviética, país que passara praticamente incólume à crise.

A quebra da hegemonia capitalista, com a emersão de um modelo que muitos consideravam como alternativa mais justa, favoreceu o choque ideológico entre grupos com visões distintas da sociedade. Em simultâneo, a consolidação de regimes totalitários na Europa, com um radicalismo político incomum, contribuiu de forma mais violenta para o embate. O fascismo na Itália e mais notadamente o nazismo na Alemanha, advogando a superioridade de povos e raças, ajudaram a trazer a luta política para um campo social e cultural. Seu polo oposto, o antifascismo, estava intimamente ligado às ideias de emancipação popular e igualdade social.

A literatura da época foi tocada por esse contexto de alta tensão ideológica. Uma nova corrente propunha que o artista fosse, além de espectador da sociedade, um agente de sua transformação. Assim, um grande número de escritores aderiu à dupla bandeira, socialista de um lado e antifascista do outro. Movidos por tal espírito participativo, conclamados a descer de sua "torre de marfim", reuniram-se em associações, congressos e redigiram manifestos na luta contra um inimigo comum.

No Brasil, essa tendência influiu tanto os escritores como o mercado editorial. Na primeira metade dos anos 1930, ocorreu uma notável multiplicação de títulos com orientação marxista e surgiram várias editoras voltadas para esse segmento (CARONE, 1986, p. 79). Foi o período em que o escritor Oswald de Andrade se filiou ao Partido Comunista, e outros, como Jorge Amado e Aníbal Machado, criaram o Clube de Cultura Moderna. Moviam-se em torno da Aliança Nacional Libertadora, frente de esquerda que pretendia combater o fascismo no país. Em 1935, acreditando haver simpatia suficiente na sociedade brasileira para acolher um modelo socialista, Luiz Carlos Prestes comandou uma fracassada tentativa de tomar o poder, conhecida como Intentona Comunista.

Refletindo o cenário político mundial da época, Drummond vivia uma transição ideológica. Sua poesia passou a incorporar temas comuns a um tipo de literatura de esquerda, a exemplo da ideia de pátria sem fronteiras, da união entre os homens, contra a injustiça social, denunciando a alienação pela sociedade de consumo e confirmando a crença num amanhã melhor. Esse complexo temático aparece na produção do poeta que vai de 1935 a 1945, ocupando lugar nos livros *Sentimento do mundo* (1940), *José* (1942) e *A rosa do povo* (1945), algumas vezes como leve inflexão social, outras como declarada militância política – caso, por exemplo, do poema "Mas viveremos", a propósito da extinção da Internacional Comunista, organização soviética que reunia os partidos de esquerda pelo mundo.

Um engajamento tão orgânico foi postura rara entre poetas brasileiros. Por esse motivo é difícil encontrar similitudes entre a produção de Drummond desse período e a de seus contemporâneos de geração. No âmbito internacional, no entanto, a companhia é numerosa. A produção mais aguerrida do mineiro coincide, alguma vezes na temática, na inspiração ou no tom, com a de poetas como os chilenos Pablo Neruda e Vicente Huidobro, os espanhóis Miguel Hernández e Rafael Alberti, os franceses Paul Éluard e Louis Aragon, o russo Vladimir Maiakovski, o argentino Raúl González Tuñón e boa parte dos poetas do neorrealismo português, a exemplo de Joaquim Namorado e Mário Dionísio. Foram todos esses escritores tocados, em alguma medida, pelos ideais socialistas. O mineiro se aproxima deles, mas ao mesmo tempo se distancia, por uma postura ambígua, que muitas vezes confunde ou esconde sua natureza engajada. Um dos componentes dessa confusão é biográfico. Enquanto seus colegas estrangeiros estavam nas trincheiras contra a ascensão fascista de Hitler e Mussolini, alguns participando efetivamente da luta armada, Drummond era funcionário da ditadura de Getúlio Vargas, eminentemente anticomunista, em flagrante desacordo com o tipo de literatura que perpetrava. Como comenta o crítico Antonio Candido: "O chefe de gabinete do ministro da Educação viveu, no exercício das funções, a fase mais ativa de sua militância intelectual de poeta comprometido com ideias de esquerda" (CANDIDO, 2004b, p. 23).

Outro componente tem relação com a natureza de sua poesia, que se alimenta da insegurança do "eu" no mundo e da negação das próprias afirmativas. Este é um ponto exaustivamente apontado pela crítica. A autoconfiança dos poemas mais inflamados de Drummond não rejeita o ceticismo e a ironia congênitos de sua obra (GLEDSON, 2018, p. 92). Ele mal expressa uma opinião, e já está pronto para contestá-la (CORREIA, 2002, p. 124). Sua temática abriga uma tensão dialética, alternando o presente e as preocupações coletivas, com o passado e os problemas familiares (SIMON, 1978, p. 136). A ambivalência da obra de Drummond, portanto, dilui a contundência de seus versos mais políticos, ainda que a mensagem permaneça lá.

É possível considerar o ano de 1935 como o início de sua "virada ideológica", porque são desta época os primeiros poemas de conteúdo inequivocamente social, publicados na imprensa carioca: "Poema da necessidade", "Sentimento do mundo" e "O operário no mar". Ele acabava de mudar-se para o Rio de Janeiro e, convivendo em um ambiente menos provinciano que as ruas de Belo Horizonte, procurava dar um sentido mais abrangente à sua obra, incorporando a temática que vinha dos jornais estrangeiros.

No cenário mundial, o que movia os escritores naquele momento era a Guerra Civil Espanhola (1936-39). O conflito foi fundamental para organizar os sentimentos em torno da luta ideológica que se travava, pois, antes da Segunda Guerra Mundial, materializou o embate ao colocar os fascistas de um lado e os comunistas do outro. Foi uma guerra e uma fracassada tentativa de revolução comunista que, embora em território espanhol, contou com voluntários de diversos países, incluindo intelectuais que pegaram em armas. E foi, sobretudo, uma "guerra de poetas", visto o avassalador número de poemas escritos a propósito do conflito por autores de diversas nações, calculado em mais de 20 mil (HANREZ, 1977, p. 143). A poesia foi alçada à condição de arma de guerra, servindo para estimular os combatentes ou manter o ânimo da população na retaguarda.

O tipo de literatura que surgiu no ambiente da Guerra Civil Espanhola, a um só tempo bélica e ideologicamente comprometida, ajuda a compreender a natureza da poesia social que Drummond reivindicava naquela época. Quando, em 1940, ele publicou o livro *Sentimento do mundo*, já tinha atrás de si um modelo de poesia revolucionária e socialista decantado e reinventado em torno do conflito espanhol. Ao recorrer, por exemplo, a um jargão de esquerda no poema "Mãos dadas" ("Não nos afastemos muito, vamos de mãos dadas" [NR, p. 75]), ele se insere na mesma tradição que atravessa a obra do espanhol Miguel Hernández (*"Alzad, moved las manos en un gran oleaje, / Hombres de mi simiente"* [HERNANDEZ, 1982, p. 350]), do chileno Vicente Huidobro (*"El buen sentido de las manos unidas como flores poderosas"* [HUIDOBRO, 2003, p. 1155]), e do português Mário Dionísio ("Vamos, deem as mãos.// Por que esse ar de desconfiança?" [apud TORRES, 1977, p. 150]).

Na voz de Drummond, entretanto, mesmo as palavras de ordem mais contundentes parecem abafadas. O livro *Sentimento do mundo*, carregado de referências comunistas, precisa ser lido com minúcia para se identificar a veia revolucionária. Observando o mundo da janela do seu escritório, o poeta dialogava com as correntes estrangeiras e procurava incorporar à sua obra a ideia utópica de transformar o mundo, ainda que por vezes duvidasse dela. Não tinha atingido ainda o ponto máximo de sua militância, materializada em *A rosa do povo*, de 1945.

Entre o final dos anos 1930 e início da década de 1940, os versos de Drummond responderam ao cenário bélico europeu, palco em que a bandeira comunista foi tantas vezes hasteada.

A derrota na Guerra Civil Espanhola, a ascensão do nazismo e o espúrio pacto de não agressão entre a União Soviética e a Alemanha levou muitos poetas militantes a abandonarem a causa ou produzirem um tipo de literatura evasiva e pessimista. Publicado em 1942, o livro *José* estava em sintonia com o mesmo espírito. A situação se inverteu em 1943, com a vitória na Batalha de Stalingrado, que marcou não apenas o ingresso da União Soviética na guerra, mas sua superioridade militar sobre os nazistas e a nova possibilidade de difusão dos ideais comunistas no Ocidente. É o exato momento em que a poesia do mineiro volta a ganhar ânimo.

Drummond escreveu sobre Stalingrado e, posteriormente, sobre outros feitos soviéticos na guerra, o que se revela com força em poemas como "Telegrama de Moscou" e "Com o russo em Berlim", textos de uma beligerância pouco adocicada, na qual o sacrifício humano poderia ser visto como uma consequência necessária: "Terá custado milhares de homens, tanques e aviões, mas valeu a pena" ("Carta a Stalingrado", NR, p. 181). Nada diferente de uma extensa tradição revolucionária que podemos exemplificar nos versos do inglês George Barker: "Esta flor, a liberdade, precisa de sangue em suas raízes" (apud RORIGUEZ, 1986, p. 22).

Até então, Drummond mandava seus poemas mais vermelhos a amigos, em cópias datilografadas, pedindo que rasgassem depois de lidos. Em 1945, quando a ditadura do Estado Novo naufragava, o poeta deixou seu cargo no ministério e entregou-se à luta política com um singular sentimento de urgência. Visitou o líder Luís Carlos Prestes na cadeia e aceitou integrar a direção da *Tribuna Popular*, jornal oficial do Partido Comunista. Teve o nome cotado para se candidatar a deputado federal, mas recusou o convite. Nessa época, pronunciava conferências sobre a poesia de caráter social, tradição que ia do russo Maiakovski ao cubano José Martí, e que considerava rara, mas necessária ao Brasil. Tencionou organizar uma antologia desse gênero, projeto que lhe custou muito trabalho e acabou inconcluso: "É uma poesia de sentido popular, coletivizante, tendendo à descrição e interpretação dos movimentos de massa [...]. Digamos numa palavra justa porque não há outra: uma poesia revolucionária" (DRUMMOND DE ANDRADE, 1944). Defendeu, em artigo de jornal, a adequação dessa mesma poesia aos momentos históricos em que o mundo precisava ser transformado: "Assim, temos uma linguagem despojada, incisiva, direta, para a transmissão de mensagens urgentes e perigosas entre os homens em conflito; e uma linguagem ataviada, complexa, pretensiosa e matizada para servir aos jogos intelectuais e aos excedentes de finura, próprios do ambiente pacificado" (DRUMMOND DE ANDRADE, 1945c).

No auge do calor político, lançou o livro *A rosa do povo*. Título de grande coloração ideológica, trazendo na capa a imagem da rosa, "flor do socialismo", conforme definira o português Eça de Queiroz (apud SIMON, 1978, p. 125). Dialogava com o francês Paul Éluard, que em 1934 publicou o livro *La Rose publique*, e com o argentino Raúl González Tuñon, que em 1936 publicou *La rosa blindada*. Um livro que, em certa medida, não fugiu ao espírito do poeta, mais matizado que direto, atormentado consigo mesmo, alternando o particular e o coletivo, a viagem no mundo e a viagem em seu próprio quarto (SIMON, 1978, p. 136). Estão aí, contudo, sob o signo da guerra e do socialismo, suas páginas mais autoconfiantes.

Em pelo menos uma dezena de poemas, aparece sem cerimônias um homem positivo, que tem mais afirmações que perguntas, e anuncia sua esperança no dia que vai nascer. Nestes versos, o poeta taciturno veste-se com o mesmo otimismo que está na identidade de toda poesia social de caráter revolucionário. Esperança sem limites, que já valeu ao gênero o epíteto de poesia dos "amanhãs cantantes". É com esse espírito que Drummond, por exemplo, anima seus companheiros diante do fim da Internacional Comunista: "Pouco importa que dedos se desliguem/ e não se escrevam cartas nem se façam/ sinais da praia ao rubro couraçado./ Ele chegará, ele viaja o mundo" (NR, p. 184). Jorra então da sua pena a mesma confiança utópica que alimentou tantos simpatizantes da causa e que encontramos nos versos de "Cidade prevista": "Irmãos, cantai esse mundo/ que não verei, mas virá/ um dia, dentro em mil anos,/ talvez mais... não tenho pressa./ Um mundo enfim ordenado,/ uma pátria sem fronteiras" (NR, p. 180). Ou em poemas relacionados à Segunda Guerra Mundial, a exemplo de "Com o russo em Berlim": "Olha a esperança à frente dos exércitos,/ olha a certeza. Nunca assim tão forte./ Nós que tanto esperamos, nós a temos/ com o russo em Berlim" (NR, p. 188).

Estava-se naturalmente em um contexto de guerra, cujas paixões só podemos adivinhar na distância do tempo. Importa realçar, contudo, que o caráter épico que movia esses poemas relacionava-se diretamente à luta pela coletividade. Mesma linha da literatura socialista, em que a guerra não era um embate entre países, mas um enfrentamento das forças do Bem contra o Mal. Vencida a batalha, o próximo passo seria a revolução. Nota-se a proximidade do sentimento bélico com a ideia política de solidariedade. O poeta dispunha-se a corrigir a sociedade, tendo consciência de que tal objetivo dependia da somatória dos impulsos individuais. Assim Drummond encerra, sem qualquer subterfúgio, o poema "Nosso tempo": "O poeta/ declina de toda responsabilidade/ na marcha do mundo capitalista/ e com suas palavras, intuições, símbolos e outras armas/ promete ajudar/ a destruí-lo/ como uma pedreira, uma floresta/ um verme" (NR, p. 117).

Outro aspecto que talvez singularize Drummond é o fato de ele não ter fracassado diante de uma proposta que gerou tanta má poesia ao redor do planeta. Mesmo seus poemas de maior voltagem política não ficaram completamente datados, pois o poeta conseguiu, na maioria dos casos, imprimir o lirismo e a densidade necessários para ir além da orientação ideológica desses versos e sua temática imediatista.

Não conseguiu, no entanto, satisfazer seus colegas de partido, seja porque a linguagem complexa de sua poesia não era o que esperavam para a transformação da sociedade, seja porque ao lado das preocupações coletivas ele sempre foi movido por interesses outros, mais "mesquinhos e fluidos", como apontou em carta a Fernando Sabino (DRUMMOND DE ANDRADE, 1943b), e que nunca lhe permitiram tornar-se um militante integral.

O relacionamento com o Partido Comunista foi breve e teve um violento desfecho. Começava a Guerra Fria, o partido entrou para a clandestinidade no Brasil, e o sonho de transformar o mundo cedeu espaço para uma luta comezinha na política local. Talvez porque o cenário do pós-guerra tenha se mostrado desfavorável à revolução, ou porque o poeta tenha descoberto que a literatura como instrumento político nunca rendeu suas melhores páginas, Drummond foi acometido de gradual desinteresse pela participação social. Chegou a ser chamado de traidor pela imprensa comunista e desenvolveu tamanha resistência ao partido que foi um dos líderes da campanha para defenestrá-lo da Associação Brasileira de Escritores, ocasião em que enfrentou fisicamente alguns militantes. No livro *Novos poemas*, publicado em 1948, o poeta esquecia a coletividade para mergulhar outra vez em dramas particulares. O feroz individualismo suplantou a tentativa, talvez ingênua, de transformar o mundo em um lugar mais justo.

Soneto
MARCELO DINIZ

O substantivo "soneto", que pode ser traduzido como *pequena canção*, descrevia a forma fixa da letra de canção, cujos 14 versos se dividiriam em estrofes de uma oitava e dois tercetos, perfazendo determinado esquema de rimas. Criado na corte de Frederico II, na Sicília do século XIII, essa forma se expandiu pela Europa justamente no período histórico em que as línguas europeias se transformam de língua antiga e predominantemente oral e dialetal em língua moderna, gramaticalizada e que cada vez mais ganha a forma escrita.

É nesse contexto de importação e exportação do soneto italiano para as demais línguas modernas da Europa que a forma se estabiliza na configuração em que se tornou mais conhecida, em estrofes de dois quartetos e dois tercetos. Esse contexto de origem, expansão e oficialização das línguas modernas, de certo modo, pode sinalizar a razão de o soneto ser dotado de certa excepcionalidade e mistério entre as formas fixas, fazendo dele, ao mesmo tempo, um cânone do rigor e da emulação da língua, bem como uma força atrativa e multiplicadora que atravessa as antologias da poesia ocidental. É, portanto, segundo o legado estético do cânone e segundo o legado tecnológico da expressividade da língua que se propõe a leitura do sonetário apresentado na obra de Carlos Drummond de Andrade.

É como cânone a ser ironizado que o soneto é percebido e assumido pelo primeiro registro na obra de Drummond. A julgar pelo primeiro soneto publicado em *Brejo das Almas* de 1934, o "Soneto da perdida esperança", marcado pela imprecisão métrica, versos brancos e enjambements, que tencionam a forma versificada por meio da sintaxe da prosa, fica claro o posicionamento do poeta quanto ao legado estético do gênero. Trata-se de um soneto desestetizado, ou seja, na contramão da transcendência da forma tão preconizada pela poesia parnasiana. Pode-se identificar nesse procedimento desestetizante uma chave que aponta tanto para a crítica estética do cânone como para a possibilidade expressiva do soneto moderno. Drummond, na crônica "Apontamentos literários", em sua coluna no *Correio da Manhã*, aponta com fino humor esse papel parnasiante de aperfeiçoamento da forma clássica do soneto: "Fazia sonetos tão lindos, que ninguém percebia que não eram sonetos" (PP, p. 1422). Os sonetos de Drummond insistem na operação inversa da observação irônica dessa passagem: parecem voltados para o disfarce da forma, a atenuação de sua melopeia canônica, da qual poderia se dizer: fez sonetos tão lindos que, por vezes, ninguém percebe que são sonetos.

É o que também sugerem as escolhas métricas dos sonetos posteriores. A redondilha menor e o verso branco perfazem os sonetos "Áporo" e "O poeta escolhe seu túmulo", que compõem *A rosa do povo*, de 1945. A presença tímida do gênero neste primeiro momento da obra drummondiana reflete decerto o tabu modernista contra a *máquina de fazer versos*, como descrevera Oswald de Andrade no *Manifesto da Poesia Pau Brasil*, referindo-se ao poeta parnasiano, cujo registro culto e classista era caricaturado pelo olhar modernista como automatismo retórico, pomposo, com alexandrinos e decassílabos em rimário precioso. Muito provavelmente a recusa do paradigma ornamental parnasiano que tanto marca a agressividade e irreverência da primeira geração modernista é responsável por essa timidez da incidência do soneto em obras relevantes da segunda geração, como se confirma em Murilo Mendes: há apenas um soneto, e ainda assim de versos brancos e paródico, o "Soneto do dia 15", em *História do Brasil*, de 1932, seu terceiro livro de poemas. No entanto, os três sonetos drummondianos dessa primeira produção poética, além de insinuarem a crítica ao modelo parnasiano, já exploram certos procedimentos do uso da forma fixa que correspondem à possibilidade do soneto moderno, ou seja, a sobrevivência e potencialização da forma clássica segundo outro paradigma que não o classicizante, bem como apontam para certa tradição, também ela propriamente moderna, a que pertence sua experiência.

Vale aqui deter a leitura nos procedimentos adotados em "Áporo", pois parecem ser emblemáticos tanto da operação poética do soneto drummondiano como da relação com a tradição explorada pelo poeta. O uso da redondilha menor e dos enjambements, além da pontuação flutuante sobretudo no primeiro quarteto, denota o torneio sintático em que o soneto se aventura em uma dicção bem distinta daquela que fez da forma fixa um cânone da poesia clássica. Se o "inseto" pode ser lido como alegoria do próprio poeta, observe-se seu trabalho discreto, "sem alarme", e em um meio adverso, "país bloqueado", em que o termo título do poema atualiza seu duplo sentido: o entomológico de "inseto" e o etimológico de "sem saída" (RP, p. 45). Pode-se conceber o gênero referindo-se ao poeta, conforme explora a análise na fortuna crítica dedicada a esse pequeno texto, mas também se referindo à forma soneto, saturada pela tradição e que o insistente trabalho do poeta moderno busca renovar-lhe as forças, dar-lhe saída. O desdobramento dos tercetos revela o resultado do esforço, e atualiza um terceiro sentido para o título do poema, a "orquídea" que se forma sendo o soneto que se realiza. Seguindo essa leitura, "Áporo" se configura como um metapoema, ou ainda, mais especificamente, um metassoneto, um soneto em que se descreve a aventura da criação do próprio soneto.

Quanto ao diálogo com a tradição à que remetem os procedimentos adotados no soneto de Drummond, é interessante aqui contar de novo com sua prosa. Em seu livro *Contos plausíveis*, lê-se em "O rei e o poeta" a pequena narrativa ocorrida em um reino cuja realeza não defecava. É desafiando "tal privilégio" que um poeta vindo de longe declarou na praça que também gozava da mesma distinção da realeza, pois declarou que "sua comida virava poesia". E ao mastigar um pedaço de pão, provou sua proeza compondo um soneto "negando a existência de sangue azul". E assim dizia seu último verso: "Azul, só mesmo o azul de Mallarmé" (CP, p. 133).

Se é possível conceber o diálogo do sonetário de Drummond em correspondência histórica próxima, muito provavelmente diz respeito aos modos e ao humor destilados da poética de Stéphane Mallarmé. O poeta francês, que fora tomado como o exemplo de hermetismo e estetização parnasianos para a primeira geração de modernistas brasileiros, nessa narrativa é lembrado por meio da ambivalência entre a reverência e a irreverência a um só tempo, o que sugere não somente uma leitura singular da poesia drummondiana, mas sobretudo a escolha de uma referência que não tome o soneto segundo o paradigma do perfeccionismo parnasiano, e sim segundo as tensões que a forma possa assumir quando operada pelo poeta moderno.

Mallarmé, tomado pela *boutade* do conto de Drummond, não é o parnasiano ou o simbolista hermético interpretado e criticado por Mário de Andrade em seu *A escrava que não é Isaura*, nem é o proclamado precursor da vanguarda como faria dele o Concretismo em seu momento heroico. Mallarmé é figurado, ironicamente, justo no limite impossível do formalismo poético e, insidiosamente, retomado como procedimento em seu trabalho discreto. O verso menor, o enjambement tensionando a forma fixa, a ausência de pontuação, o torneio sintático, enfim, os procedimentos característicos dos sonetos de Mallarmé são acionados pelos sonetos drummondianos como possibilidade do soneto moderno distinto do pendor classicizante parnasiano. O "Áporo", o trabalho discreto da forma que se desvia da estruturação canônica, o pequeno soneto sobre si mesmo, que reflete acerca dos dilemas da forma, seus limites e suas possibilidades, parece ser a clave da safra de sonetos que apresenta o importante livro de Drummond, *Claro enigma*, de 1951, cujo título é extraído de um soneto emblemático desse percurso, "Oficina irritada".

No poema, Drummond parece reiterar o procedimento em negativo dos usos que perfazem a estética do soneto observada em "Áporo". Se o soneto se canoniza em sua forma clássica variando sua métrica entre o decassílabo heroico (acentuado na sexta e décima sílabas) e o sáfico (acentuado na quarta, oitava e décima sílabas), a gama de decassílabos prismada em "Oficina irritada" parece a todo momento tensionar os metros convencionais com que o soneto difunde sua tradição. Glauco Mattoso, no "Soneto do Drummond Maior [1586]", descreve esse prisma de decassílabos mobilizados, justamente destacando a tensão que ele promove com a tradição camoniana: "Heroico, provençal, martelo, sáfico:/ tetrâmetro, seu deca foge ao gráfico/ traçado pelo cânone camônico" (MATTOSO, 2008, p. 61). Outro procedimento que concorre com esse princípio de efeito em negativo exposto no primeiro quarteto é o uso incomum também à estética clássica do esquema birrímico, estruturado pela alternância de duas rimas em -*uro* e -*er*. As escolhas métricas e rímicas parecem reiterar a proposição do soneto duro, escuro, difícil de ler. Importante observar que, malgrado a proposição da dificuldade, a sintaxe em ordem direta formula um fraseado claro e direto, como que em contradição com a própria proposição. O hermetismo prometido parece reservado aos tercetos, onde as imagens tanto de referência erudita quanto escatológica estabelecem a tensão da clareza. Assim como em "Áporo" se obtém a inesperada "orquídea antieuclidiana" extraída do "país bloqueado", em "Oficina irritada", o "claro enigma" é surpreendido ao final de um soneto que se quer "abafado" e "escuro", sob o signo da estrela de Arcturo, que extrema a constelação de Boieiro, segundo a astronomia. O signo de Arcturo ao final do soneto, decerto, remete ao ponto de chegada do fazer poético, entre a gratuidade e a grandeza, fruto do esforço duro votado ao esquecimento – "Ninguém o lembrará: tiro no muro/ cão mijando no caos" (CE, p. 38) – e resultando na eternidade figurada na constelação surpreendida. Dentre as imagens presentes nos tercetos, insinua-se certa vizinhança sugerida pela possível intertextualidade. A primeira delas pode remeter ao soneto "Vénus Anadyomène", de Arthur Rimbaud, em que o *tropos* clássico do nascimento de Afrodite recebe o tratamento dessacralizador da descrição de certa Vênus dotada de falta de beleza surgindo de uma banheira e revelando uma úlcera no ânus. Uma segunda evidente intertextualidade se dá com o famoso soneto de Mallarmé, "*Ses purs ongles très haut dédiant leur onyx*", também birrímico, alternando as rimas *-or* e *-yx*, cifrado no hermetismo imagético do interior de um ambiente vazio no qual um espelho reflete, no último verso do soneto, a constelação do *septuor*, a Ursa Maior, vizinha à constelação de Boieiro.

Da reflexão sobre a própria poesia, passando pela indagação existencial e pela expressão memorialística, chegando à lírica amorosa, a variação temática dos sonetos presentes em *Claro enigma* configura a forma fixa na função de pequena síntese ou sinopse dos grandes temas que atravessam a obra drummondiana. Esse aspecto parece confirmar, no livro, a deflagração da assinatura que Drummond imprime ao soneto, com dicção muito própria. O tratamento aparentemente despojado do cânone, a enunciação de estilo dissonante ao tratamento pomposo, a sintaxe e o enjambement tensionando o esqueleto da forma, a coloquialidade e, por vezes, a matéria prosaica sempre prismada pelo humor irônico e mesmo autoirônico, seriam esses os procedimentos da elaboração dessa fórmula sugerida anteriormente: sonetos tão belos por justamente não parecerem ser sonetos. É de observar essa apropriação do gênero remetendo à dinâmica do pastiche irônico, em que a metalinguagem, longe de figurar a idealidade da forma, investe-se de certo papel desmistificador, sempre insinuando a dimensão lúdica em que o soneto é concebido no *hic et nunc*, seja de sua fatura, seja de sua leitura.

É na enunciação do aqui e agora do poema que o soneto parece ser a oportunidade de a poética de Drummond insinuar certa saída para antigos dilemas da tradição lírica ocidental. Pode-se descrever essa saída como a formulação do *hic et nunc* do poema segundo o argumento recorrente do *carpe diem*. Dois sonetos que elaboram essa tópica, o "Soneto da buquinagem", de *Viola de bolso* (1952), e o último poema de *O amor natural* (1992), "Para o sexo a expirar", merecem especial atenção no que tange à convergência da temática amorosa e do metapoema.

No primeiro, o *carpe diem* proposto é o aproveitamento, no caso, não da natureza, conforme a tradição do lirismo bucólico, mas da segunda natureza, a dos livros de sebo, entre esquecidos e conservados para o prazer da futura leitura; *en mise-en-abîme*, a celebração do soneto circunstancial, de humor sugestivo e despretensioso, denotando a leveza como resposta à gravidade da finitude. O poema explicita sua linhagem. O materialismo de Lucrécio e a menção de Villon remetem o sonetário de Drummond a uma tradição anterior na qual o próprio Mallarmé pode ser inscrito: a combinação entre leveza e gravidade nos leva à dicção do Renascimento e sobretudo a Pierre Ronsard. É seu nome que encabeça as epígrafes de *O amor natural*: "*Vivre sans volupté c'est vivre sous la terre*" ["Viver sem volúpia é somente viver sob a terra"] extraído dos *Sonnets pour Hélène*. A referência ao soneto específico de Ronsard reitera o tema celebrativo: trata-se de um brinde, *un salut* do vinho, da experiência amorosa e do próprio poema, bem expressiva do lirismo dionisíaco e epicurista do francês. *O amor natural* é também um livro singular quanto ao uso da forma fixa segundo certa tradição dissonante: a tradição fescenina, cuja referência inevitável é, decerto, o renascentista Pietro Aretino. Ao fim deste livro póstumo, o soneto "Para o sexo expirar" desenvolve, no andamento solene do alexandrino, a confirmação da tese apresentada pela epígrafe de Ronsard ao início do livro: a citação de uma vida sem volúpia como uma vida sem sentido. O verso de Drummond confirma: "que me dá, pelo orgasmo, a explicação do mundo" (NA, p. 60). O gozo é revelador, a ponto de ser escolhido como o coroamento da finitude: "Pois que o espasmo coroe o instante do meu termo". O soneto escolhido para o termo da obra, aquele que coroa o prazer sexual como a resposta à finitude, é o que se compreende a um só tempo como registro do vivido e do semear, o poema como objeto que celebra a vida ao celebrar a si mesmo; e, ao celebrar-se, brinda a vida vindoura.

Sphan
ver Iphan

Surrealismo
MARIA SILVA PRADO LESSA

"O surrealismo incorpora à consciência a negação da consciência" (AC, p. 245). Esta é a definição para o termo "surrealismo" formulada por Carlos Drummond de Andrade, em *O avesso das coisas: aforismos*. Por oposição à ideia de *máximas*, o autor reúne ali "mínimas" que enveredam "de modo canhestro" por um caminho inesperado, descobrindo outros modos de pensar as coisas do mundo. A proposição é já reveladora do procedimento que adota: em lugar de apresentar uma fórmula que definiria o surrealismo por meio daquilo que é, recorre ao que *faz*, identificando uma das suas ações.

A comparação da mínima com outra definição de "surrealismo", cujo objetivo é elucidar definitivamente o seu significado, revela como o título do livro de Drummond joga com uma percepção *ao* avesso, isto é, com uma espécie de inversão dos conceitos apresentados. Redigida pelo seu mais destacado formulador e praticante, André Breton, no *Manifesto do Surrealismo* (1924), a proposição se apresenta em forma de entrada de enciclopédia: "ENCICL. *Filos*. O surrealismo assenta sobre a crença na realidade superior de certas formas de associação, negligenciadas até ele, na onipotência do sonho, no jogo desinteressado do pensamento. Tende a arruinar definitivamente todos os mecanismos psíquicos e a substituir-se a eles na resolução dos principais problemas da vida" (BRETON, 1971, pp. 37-38). De partida, percebe-se a força do ímpeto destrutivo das palavras de Breton, cujo alvo certeiro é aquela consciência que, da perspectiva do autor de *Claro enigma*, se expande de modo a incorporar mesmo a sua negação.

Uma segunda leitura da definição enciclopédica revela, porém, o terreno instável em que se move a filosofia surrealista. A precariedade da base sobre a qual assenta é revelada por operadores como as ideias de "crença" e de "tendência" evocadas na passagem. Em outros momentos, será associada à certeza da impossibilidade de concretização do projeto. Trata-se, assim, não tanto de inverter a hierarquia entre o pensamento consciente e os processos oníricos, mas de aprofundar e alargar os limites da experiência humana no mundo, recusando-se a julgar algo que se faz em sonho como de "menor importância do que se faz acordado" (BRETON, 1971, p. 82), como dirá o *Segundo Manifesto do Surrealismo* (1930).

A defesa surrealista do sonho, da imaginação e do acaso vai além da criação de imagens insólitas, sendo, principalmente, um modo de romper a censura do pensamento lógico. Está fundamentalmente ligada à crítica ao uso cotidiano das palavras que, em última instância, corresponde à reafirmação constante da mediocridade da realidade. Perspectiva similar pode ser distinguida na obra do escritor mineiro, desde a observação dos modos como se articula na expressão poética uma atitude diante da vida marcada pela acusação do estado "caduco" do mundo, até o jogo de montagem e desmontagem das expressões idiomáticas e lugares comuns em que lembrança, sonho e desejo se cruzam com a realidade observada, sendo, assim, alargada ou perfurada.

A dimensão onírica, bem como a ligação entre o acontecimento que é visto ao acaso e o campo das memórias infantis ou afetivas na sua obra expressam certo surrealismo que se liga, com frequência, ao imaginário mineiro. Em "Ilhas de Minas, no voo das palavras", registra: "Minas é surrealista, concordo, mas sem exagero; conservo a justa medida das coisas, até no absurdo" (BL, p. 45). Como sucede em "Encontro", de *Boitempo III – Esquecer para lembrar*), diante da visão fortuita de uma cena na rua, será o "espírito de Minas" o responsável pela criação da "dupla imagem", resultado da fusão entre o que se vê no plano real e as impressões da memória. Relacionando-se por vezes à pintura de um Salvador Dalí, um Max Ernst, ou à montagem cinematográfica de um Buñuel, a obtenção da duplicidade dinâmica própria das imagens surrealistas parece ser realizada pelo poeta por meio do "detalhismo simuladamente realista, que lhe empresta valor de verossimilhança, ainda que falsa", como apontou Marlene de Castro Correia (CORREIA, 2009, p. 82), a propósito de "Nosso tempo", de *A rosa do povo*. Em alguns poemas desse e de outros livros, tem-se a impressão de que um elemento estranho foi inserido por colagem ou de que se trata de um jogo de *cadavre exquis*, como na sequência em "Equívoco", cujo título já evoca muito do efeito de leitura provocado pelas associações inesperadas: "Na noite sem lua perdi o chapéu./ O chapéu era branco e dele passarinhos/ saíam para a glória, transportando-me ao céu.// A neblina gelou-me até os nervos e as tias" (NR, p. 131).

Octavio Paz, cuja afinidade com o movimento se destaca no cenário latino-americano, sublinha a capacidade do surrealismo de atravessar o significado de diversas obras, uma vez que não se trata de uma escola artística, uma poética, uma religião ou um partido político, mas de "uma atitude do espírito humano" (PAZ, 1980, p. 31). Sua recusa de uma solução redentora à degradação do mundo e a valorização do acontecimento banal não traduzem uma atitude resignada diante do absurdo da vida, mas uma vontade de "aprofundamento do real, de uma tomada de consciência sempre mais nítida e simultaneamente mais apaixonada do mundo sensível", como propusera Breton (BRETON, [1934] 1986, p. 11).

Num livro como *A rosa do povo*, é sintomático desse desejo de aprofundamento o fato de a articulação possível entre a angústia pessoal e o engajamento social passar em primeiro lugar sobre a palavra poética, manifestando-se nos seus dois poemas de abertura. Na composição seguinte, "A flor e a náusea", a possibilidade da poesia de irromper e furar "o asfalto, o tédio, o nojo e o ódio" se liga tanto à flor que nasce na rua, quanto à inesperada referência a um elemento estranho ao universo semântico relacionado à "capital do país às cinco horas da tarde": as "galinhas em pânico" em que se convertem os "pequenos pontos brancos [que] movem-se no mar" (RP, p. 14).

A imagem provoca uma fratura na repetição mecânica da rotina não apenas pela surpreendente inserção das galinhas, mas pelo choque provocado no encontro entre elas, o *mar*, a *capital do país* e o *pânico* latente, próprio da violência do estado do mundo e que subitamente irrompe. A "essencial atmosfera dos sonhos lúcidos" (RP, p. 157), como em "Canto ao homem do povo Charlie Chaplin", é também a "feição onírica" de pesadelo com que Correia (CORREIA, 2009, p. 82) identifica muitas imagens da publicação de 1945 – tocando, assim, no emparedamento físico e mental no "tempo de gente cortada" (RP, p. 24), cujos corpos fragmentados e mutilados se assemelham a figuras em quadros surrealistas, como já assinalara Antonio Candido (CANDIDO, 1970, pp. 93-122) a propósito de "A mão suja", de *José*.

Ver o surrealismo desde o *avesso* é também – e sobretudo – entrar em contato com uma dimensão que se oculta sob a aparência harmônica do anverso de sua costura, como um chamado para que se veja a forma de elaboração das coisas, uma aprendizagem ponto a ponto de um modo de fazer. Portanto, é necessário ter atenção à ambivalência dos seus aforismos: a um tempo avessos às definições mais célebres das expressões recolhidas e reveladores das suas maquinações internas. Definir em que medida a sua obra convoca uma leitura surrealista é não só ir à procura de concordâncias ou desacordos com os traços mais característicos do movimento e da maneira como se posicionou diante da chegada deste ao Brasil. Deve-se, principalmente, tentar compreender o modo como sua poética se encaminha para a incorporação à consciência da sua própria negação – aceitando, assim, a sua concepção idiossincrática e a polivalência que aí adquire.

Apesar de ter assumido a forma de grupo com práticas coletivas apenas nos anos 1960, localiza-se no começo da década de 1920 o contato dos artistas brasileiros com o surrealismo, conforme destacam Gilberto Mendonça Teles (TELES, 1991), Sergio Lima (LIMA, 2002) e Robert Ponge (PONGE, 2004). Desde Murilo Mendes e Ismael Nery, até Prudente de Moraes, neto, Sérgio Buarque de Holanda e Tristão de Athayde, passando por Oswald de Andrade, Tarsila do Amaral, Raul Bopp e Mário de Andrade, são diversos os artistas e escritores cujos trabalhos documentam o entusiasmo sentido nesse contato de primeira hora. Drummond, porém, parece não compartilhar desse espírito.

O panorama da recepção do surrealismo no Brasil mostra que a relação estabelecida na década de 1920 com o movimento foi, sobretudo, a de uma simpatia ou, talvez, de leve influência – por vezes, nem sequer nominalmente declarada, como é o caso flagrante da "declaração dos direitos do Sonho" (HOLANDA, 1974, p. 273) de Sérgio Buarque de Holanda, na revista *Estética* (1925). Foi característica desse primeiro contato a ampla recusa do automatismo psíquico, um dos postulados mais distintos do movimento, referido pelos seus praticantes na França como sinônimo de surrealismo e visto como uma das chaves principais de acesso ao "real funcionamento do pensamento".

Por não apresentar qualquer finalidade ou preocupação estética e não obedecer a limitações morais, o procedimento foi frequentemente visto como prática dispensável e mesmo indesejável no domínio da criação poética pelos artistas e críticos. Exceções à tônica do período são dois textos automáticos de Prudente de Moraes, neto, publicados em 1925 e 1927, mas que não significaram um emprego continuado da prática. Outras vezes, ela foi apontada como motor inicial para a produção, que deveria ser remendada e revista posteriormente, como se percebe no "Prefácio interessantíssimo" de Mário de Andrade ([1922], 2013, n.p.), em que parece se referir ao método adotado pelos franceses desde 1919: "Quando sinto a impulsão lírica escrevo sem pensar tudo o que meu inconsciente me grita. Penso depois: não só para corrigir, como para justificar o que escrevi".

Em 1929, marca-se uma entrada quase oficial do movimento no Brasil na figura de Benjamin Péret, poeta de destaque no núcleo francês e ex-editor da revista *La Révolution Surréaliste*. Sua vinda é energicamente celebrada por Oswald de Andrade (sob o nome Cunhambebinho) na *Revista de Antropofagia*. Na nota que publica na ocasião, é louvada a "liberação do homem" promovida pelo surrealismo como "um dos mais empolgantes espetáculos para qualquer coração antropófago que nestes últimos anos tem acompanhado o desespero do civilizado" (ANDRADE, 1976c, p. 6). A simpatia pelo movimento nesse meio já podia ser vista desde o *Manifesto Antropófago* (1928), em que Oswald não apenas apontara a "Revolução surrealista" como uma das suas "filiações", mas localizara o surrealismo na língua da "idade de ouro" americana (ANDRADE, 1976b, p. 3).

Para o jovem Drummond, contudo, a contribuição de Péret no periódico de São Paulo representou um dos motivos que o levaram a romper com a revista e com a antropofagia. Na carta que enviou a Oswald, impressa na revista em junho de 1929, o poeta itabirano escreve, não sem ironia, que não podia acreditar num movimento que "ainda não jantou Benjamin Péret" e, justifica, "por ser sobre-realista e francez. Ora, por muito menos o índio jantava um portuga" (DRUMMOND DE ANDRADE, 1976b, p. 12). A nota registra uma mudança de tom relativamente ao "supra-realismo" sobre o qual havia dito, alguns anos antes, tratar-se de "novo rótulo que faz pensar" (DRUMMOND DE ANDRADE, 1925, p. 33). Agora, a sua carta ecoa a avaliação que Prudente de Moraes, neto, fizera em texto de 1925 sobre o surrealismo, no qual sublinhara a distinção entre os processos de desenvolvimento cultural e literário francês e brasileiro. Para Prudente, "tratamos de formar uma literatura", enquanto "eles tratam de re-formar a sua" (MORAES, NETO, 1974, p. 164). Já o poeta de "No meio do caminho" dá dois passos a mais, não só porque diz que a antropofagia perde sua credibilidade ao deixar intacto o surrealismo importado, mas por apontar ao próprio "super-realismo" a sua mira, atitude que o distancia daqueles que reagiram com entusiasmo ou curiosidade a algumas de suas propostas. No entanto, não tardará até que se diga, do próprio Drummond, que "está apenas a dois passos do sobrerrealismo" (ANDRADE, 2015, p. 232).

Ao comentar o livro *Alguma poesia* em carta a Drummond de 1930, foi Mário de Andrade quem ligou explicitamente essa obra ao "sobrerrealismo", quiçá pela primeira vez na sua fortuna crítica. Para o autor de *Macunaíma*, a espontaneidade da dicção drummondiana se liga ao descontrole da inteligência e ao momento em que "surgem as associações subconscientes" (ANDRADE, 2015, p. 231). E escreve: "[...] parece mesmo que você está apenas a dois passos do sobrerrealismo, ou pelo menos daquele lirismo alucinante, livre da inteligência, em que palavras e frases vivem duma vida sem dicionário quase, por assim dizer ininteligível, mas profunda, do mais íntimo do nosso ser, penetrando por assim dizer o impenetrável, a subconsciência, ou a inconsciência duma vez" (ANDRADE, 2015, p. 232). A comparação com o surrealismo se baseia, aí, na identificação de uma experiência verbal propulsora de uma faísca para o desencadeamento de um fluxo imaginativo, tomado como potência de libertação da "inteligência".

Apesar da incontornável sensação de que se está diante de imagens obtidas por associações múltiplas, sem lógica e livres da atenção do pensamento consciente, e por mais que, na leitura, crie-se um efeito em que se passa da *articulação* à *alucinação* semelhante ao experimentado diante de uma produção fruto do automatismo, a obra de Drummond toma distância em relação à escrita automática. Para Mário, trata-se de uma insistente vigília da inteligência que se manifesta, no livro de estreia, num individualismo em excesso.

O posicionamento se traduz, igualmente, na defesa de que a poesia deve ser um trabalho apurado e cotidiano, conforme registra em "Autobiografia para uma revista". No texto, Drummond avalia negativamente aqueles que versejam por "momentânea tomada de contato com as forças líricas do mundo", sendo preciso "se entregar aos trabalhos quotidianos e secretos da técnica, da leitura, da contemplação e mesmo da ação" (CF, p. 65). Com os olhos no aforismo de 1987 e na defesa do trabalho e da técnica como contrapontos de uma prática como a do automatismo, pode-se compreender a medida do seu flerte com o surrealismo, apontado em poemas mencionados anteriormente. Convivem, portanto, as associações alucinatórias celebradas por Mário de Andrade, o controle do pensamento consciente e o extremo apuro formal que preside a escrita.

No estudo do método de composição das associações drummondianas, Othon Moacyr Garcia (GARCIA, 1955, p. 22) sublinhou que, mesmo que pareçam ilógicas, arbitrárias e gratuitas, as articulações nos poemas são realizadas sobre uma "estrutura íntima absolutamente lógica". O efeito é tanto mais potente quanto mais prosaica a sua sintaxe e mais concretos os substantivos utilizados. Tais elementos contribuem para a formação plástica da imagem poética que, devido à intensa movimentação provocada pelas cadeias associativas, não se fixa, passando por um constante processo de transformação. Ao primeiro contato com um poema como "O procurador do amor", de *Brejo das Almas* surpreendem as imagens moventes a cada verso, cujo grau de imprevisibilidade atinge o seu ápice no último elo da cadeia associativa das três estrofes finais, em que se lê: "Desiludido ainda me iludo./ Namoro a plumagem do galo/ no ouro pérfido do coquetel./ Enquanto as mulheres cocoricam/ os homens engolem veneno.// E faço este verso perverso,/ inútil, capenga e lúbrico./ É possível que neste momento/ ela se ria de mim/ aqui, ali ou em Peiping.// Ora viva o amendoim" (BA, pp. 29-30). Pode-se, entretanto, retraçar o caminho das associações aparentemente fortuitas – em especial no último verso, talvez o mais arbitrário de todos. Na procura dos nexos que ligam uma palavra a outra, destaca-se a cadeia "coquetel"--"veneno"-"amendoim", obtida a partir do desmembramento de "coquetel" em "cock-tail", isto é, "rabo de galo". A expressão leva tanto à associação com o ímpeto sexual masculino representado pelo galo (confundido com a atitude das mulheres que, como galos, "cocoricam"), com o ambiente do bar ou do restaurante onde se bebe o coquetel e se instaura uma atmosfera de conquista fracassada (em que "os homens engolem veneno"), e com o amendoim, petisco que frequentemente acompanha a bebida e recupera também seu caráter afrodisíaco no poema. O verso final vem muito a propósito: louvor à potência sexual que proporciona e modo de apontar que o amendoim é a única coisa que, afinal, será comida pelo sujeito do poema que namora apenas "a plumagem do galo". Seguindo esse caminho de leitura, percebe-se como, sob a aparência ilógica do poema, há uma estrutura "rígida e ordenada", pois "a lógica do poeta não é a da língua gramaticalizada, é a da intuição, é a lógica das imagens" (GARCIA, 1955, p. 28).

Ainda que o processo de escrita dos poemas se faça sob o controle da consciência, o encontro com muitos deles pode representar uma experiência surrealista, como ocorre com "Isso é aquilo", por exemplo. O efeito vai além da construção de imagens insólitas, da referência a sonhos ou à memória, e não se liga apenas ao cruzamento entre os planos real e imaginário. O encadeamento por afinidade semântica e a articulação vocabular por aliteração ou por assonância, bem como o contraste de ideias e a substituição de uma palavra esperada por outra homofônica são processos de composição poética em que se valoriza o lampejo, ou o relâmpago, produzido pelo encontro entre elementos aparentemente contraditórios, sem relações imediatas e de difícil recuperação, mas de inegável potência alucinatória. Por essa via, incorpora-se aquilo que irrompe de maneira espontânea e em forma de lapso que se realiza na linguagem, seja por excesso de cadeias associativas, seja pela surpreendente frustração destas. Se, para Breton, na experiência surrealista com a linguagem, "as palavras fazem amor" (BRETON, 1922, p. 15), na poesia de Drummond, as palavras resistem insubmissas à conquista do poeta-lutador, já que "não nascem amarradas,/ elas saltam, se beijam, se dissolvem" (NR, p. 103). Desse modo, valoriza-se o descompasso entre a expectativa da palavra ou da ideia seguinte e aquilo que de fato se apresenta no verso, entre as palavras que estão presentes no texto e as que dele foram retiradas. Ocorre, portanto, algo similar ao que sucede no encontro com a imagem surrealista que, "graças ao excesso de luz da explosão que provoca, ofusca no momento exato em que dá a ver, como se fosse um buraco negro devorando a luz das estrelas", como propõe Joana Matos Frias (FRIAS, 2019, p. 112). "Sonhava que estava alerta/ e mais do que alerta, lúdico", lê-se em "Sonho de um sonho", de *Claro enigma* (CE, p. 32). Nos dois curtos versos, comparece aquilo que Davi Arrigucci Jr. caracterizou como o chiste drummondiano. A partir da ideia de Friedrich Schlegel de que o chiste é "o relâmpago exterior da fantasia", o crítico o define como aquilo que provoca um efeito de clarão obtido pelo choque de elementos contraditórios, formulação que dialoga intimamente com a faísca da imagem poética surrealista, como descrita no manifesto de 1924 (ARRIGUCCI JR., 2002). Nos pequenos versos de "Sonho de um sonho" acima, o atrito faiscante se dá não só na ruptura da progressão semântica entre os adjetivos "alerta" e "lúdico", aparentemente contraditórios, mas pela expectativa frustrada do termo ausente, e que comparece como um fantasma: *lúcido*. O efeito provocado poderia ser descrito pela leitora da seguinte maneira: quando leio os versos "sonhava que estava alerta, e mais do que alerta, lú-", imagino que a palavra seguinte seja "lúcido"; ao completar a leitura da palavra final, descubro "lúdico" e tropeço, gaguejo; instantaneamente, associo a ideia de *lucidez* à de *ludicidade*, percebendo não apenas suas semelhanças sonoras, mas semânticas; num curto circuito, também as ideias de *atenção* e *ludicidade* se sobrepuseram: foram invocadas, assim, as relações entre jogo e atenção, entre a liberdade imaginativa lúdica e a atenta consciência vigilante. Se o poema-sonho alucina na sobreposição de sons e sentidos, ele também aponta à leitora a matéria de que é feito, mostrando-se como um artifício de linguagem. Para uma grande leitora dessa obra, se respeitar as regras do seu jogo, "o leitor ao mesmo tempo esquece-lembra que está lendo poesia" (CORREIA, 2015, p. 241). O processo equivale a uma rápida incorporação à consciência da negação da consciência, isto é, de sonho lúcido-lúdico, ou de *surrealismo drummondiano*. É assim que, à frente, poderá ler: "Sonhei que o sonho se forma/ não do que desejaríamos/ ou de quanto silenciamos/ em meio a ervas crescidas,/ mas do que vigia e fulge/ em cada ardente palavra/ proferida sem malícia,/ aberta como uma flor/ se entreabre: radiosamente" (NR, p. 229).

Tempo

IVONE DARÉ RABELLO

A poesia de Carlos Drummond de Andrade, ao longo de uma extensa produção, pode ser apreendida sob vários aspectos, tanto temáticos como técnico-formais, bem como sob o viés das transformações da subjetividade lírica. Justamente porque ela elabora traços decisivos de momentos críticos de nossa história, o tempo a atravessa e constitui um eixo para investigá-la, nos múltiplos assuntos que enfrenta: a relação do eu consigo mesmo, a relação com o outro, com a poesia, com o curso da vida, com as perspectivas de transformações, com desejos e frustrações.

É possível apreender a experiência do sujeito poético diretamente relacionada a um fluxo temporal, mesmo que de início o eu não tenha plena consciência dele. Disso decorre o percurso das mudanças da subjetividade em confronto com o mundo histórico de que participa, bem como a apropriação dos materiais e das formas estéticas a partir de uma perspectiva que, sendo particular, atinge universalidade ao revelar aspectos substantivos da realidade sob a ótica do intelectual burguês e brasileiro.

Em "A rua diferente", de *Alguma poesia* (1930), o eu não apenas registra a incipiente modernização da cidade, como também a relutância conservadora dos vizinhos e a aceitação do novo pela filha. Nos detalhes do flagrante, podem-se apreender momentos do final dos anos 1920, na Belo Horizonte ainda provinciana, e também a posição do eu diante das transformações trazidas pela modernidade, tão desigual no Brasil: nem está com seus vizinhos, nem com a filha. Constata as transformações históricas, mas chama-as de "exigências brutas" da vida, ironizando a naturalização da vida social (AP, p. 30). Decerto essa perspectiva se altera à medida que as dimensões histórico-sociais se modificam e amplia-se a experiência subjetiva para configurá-la poeticamente.

Assim, no Rio de Janeiro dos anos 1940, o eu, oprimido diante do conflito entre a produção social da vida e a alienação dos homens, contempla e medita sobre a cidade: "Na areia da praia/ Oscar risca o projeto./ Salta o edifício/ da areia da praia.// No cimento, nem traço/ da *pena dos homens*./ As famílias se fecham/ em células estanques.// O elevador *sem ternura/ expele, absorve/* num ranger monótono/ *substância humana.//* Entretanto há muito/ se acabaram os homens./ Ficaram apenas/ *tristes moradores*", dizem os versos de "Edifício Esplendor", parte I de *José*, de 1942 (J, p. 17, grifos meus). A posição do sujeito lírico se mostra sem hesitações nas imagens que figuram os homens como "substância" expelida e absorvida pela máquina, que sobre eles triunfa: a modernização da cidade, a técnica e mesmo a arte (menciona-se a arquitetura de Niemeyer) acabam por servir à desumanização.

O crítico e poeta Mário Faustino (1930-62), ao comentar no *Jornal do Brasil*, de 21 de abril de 1957, a publicação de *50 poemas escolhidos pelo autor: Carlos Drummond de Andrade*, afirma que sua poesia "é documento crítico de um país e de uma época (no futuro, quem quiser conhecer o Geist [espírito] brasileiro, pelo menos de entre 1930 e 1945, terá de recorrer muito mais a Drummond que a certos historiadores, sociólogos, antropólogos e 'filósofos' nossos..." (FAUSTINO, 1978, p. 90). À parte certa acidez no comentário, Faustino vai à raiz da importância da obra: sua força em dar forma poética a momentos decisivos do espírito de um tempo. Não se trata, porém, do espírito "brasileiro", como ele afirma genericamente, mas sim do espírito de uma importante parcela da sociedade na vida da nação: os intelectuais que pensam o país e sua inserção no cenário internacional, num momento histórico de transformações decisivas.

No plano da cultura, desde 1922 o Modernismo alterara as concepções sobre a arte, negando o academicismo e a mera imitação das inovações europeias, e passara a investigar em profundidade a realidade do país – com procedimentos da arte avançada, de padrão europeu, e materiais do particularismo brasileiro (CANDIDO, 1965, p. 134). Além disso, a Revolução de 1930 tornou-se um eixo em torno do qual girou a cultura brasileira e gerou um movimento de unificação cultural que trouxe certa normalização de aspirações culturais e "uma surpreendente tomada de consciência ideológica de intelectuais e artistas" (CANDIDO, 1989d, p. 198).

Posteriormente, a turbulência do período da ditadura getulista e da Segunda Guerra exigiu posicionamento político, à direita e à esquerda, e os intelectuais, bem como setores progressistas da sociedade, nutriram esperanças de que um "mundo novo" pudesse nascer depois dos conflitos e da luta contra os fascismos (DRUMMOND DE ANDRADE, 1978, pp. 31-32), aderindo a uma concepção teleológica da História.

É então que Drummond reavalia sua produção. Considera que, em *Sentimento do mundo* (1940), talvez tivesse resolvido as contradições elementares de sua poesia, antes marcadas pela "deleitação ingênua com o próprio indivíduo" em *Alguma poesia*, e, em *Brejo das Almas* pela consciência da precariedade de um individualismo ainda mais exacerbado, mas com a desaprovação a respeito da conduta, ou falta dela, por parte do autor (CM, p. 65). Com a tomada de consciência de classe e a intervenção política e social por via da atividade poética, distancia-se da posição individualista, sem, no entanto, afastar-se dos assuntos familiares e pessoais, sob viés crítico e autocrítico. A articulação entre temas existenciais e sociais, ambos referidos à questão decisiva da expressão e com alto grau de consciência estética, vai constituir a grandeza da obra do autor que, bem mais que testemunho, elabora aspectos da matéria brasileira, desde os temas das relações entre campo e cidade – cruciais na experiência e cultura brasileiras –, o legado da família patriarcal, a consciência dos privilégios pessoais e a situação de desigualdade social do país, até o lugar da poesia num mundo infenso a ela. É o tempo das grandes "inquietudes", termo com o qual Candido analisa a torção do sujeito, núcleo temático da poesia drummondiana até *Lição de coisas* (1962) (CANDIDO, 1970, pp. 93-122).

Ao longo dos anos que se seguem ao fim da Segunda Guerra e da ditadura getulista, as inquietudes se intensificam. O Drummond engajado no ideário socialista dos anos 1940 – embora nunca tenha se filiado a nenhum partido político – desilude-se com o mundo que permanece o mesmo após o final da guerra, com o triunfo dos interesses capitalistas, e perde esperanças quanto ao projeto socialista, não apenas pelas imposições estéticas no jdanovismo. Não transige e dá voz à negatividade, como se lê na imagem do "barro, sem esperança de escultura" ("Composição", *Novos poemas* [NR, p. 214]). *Claro enigma* (1951), antecedido de alguns dos poemas de *Novos poemas* (1948), assim como *Fazendeiro do ar* (1954) e *A vida passada a limpo* (1959), marca essa nova perspectiva diante da história, do lugar da poesia e das desilusões e fracassos do sujeito. O tempo passa a ser radicalmente apreendido como movimento que destrói e aniquila.

Em *Lição de coisas*, *As impurezas do branco* (1973), *A falta que ama* (1968) e *Boitempo* (inicialmente publicado em três volumes: *Boitempo*, de 1968, *Menino antigo*, de 1973, e *Esquecer para lembrar*, de 1979), o poeta altera seu processo poético e suas escolhas estéticas novamente, concentrando-se na investigação da permanência do tempo na memória – com a superação daquele individualismo que marcara o início de sua obra – e confiante na força representativa da palavra poética bem como na expressão do espetáculo de um tempo que, perdido, permanece presente na poesia. Diante do cenário conflagrado sob o nome de "paz", o avanço do capitalismo que ameaça o fim do mundo (cf. ANDERS, 2013) e reduz o homem a coisas, a luta do poeta parece indicar a necessidade de uma lírica que reinvoque o poder da poesia para denunciar o estado de coisas. Nos livros que se seguiram, e em alguns publicados entre essas datas, a força da experiência com o tempo se dilui – e se consagram poemas a outros assuntos e temas; por isso não serão comentados aqui.

Esta síntese, rápida, reitera de que maneira o tempo se constitui importante eixo de interpretação para o conjunto mais significativo da obra. O primeiro crítico a enfrentar a questão foi Affonso Romano de Sant'Anna, em seu *Drummond: o gauche no tempo* (4ª ed., 1992). Publicado em 1972, abrange, assim, até o primeiro *Boitempo*. Para Sant'Anna, a dimensão temporal reagencia os tópicos da poesia de Drummond, organizados pelo crítico em três fases, determinadas pela variável do tempo-espaço (eu maior que o mundo; eu menor que o mundo; eu igual ao mundo). Concebida como *continuum*, essa dimensão vai da constatação do presente com humor e ironia, à descoberta e conquista do tempo presente, passado e futuro, à concepção do tempo como destruição, até a reconstrução poética do Ser além-do-tempo. A análise, pioneira, toma progressivamente o caminho da interpretação por via da filosofia heideggeriana.

Aqui, porém, o caminho crítico é diverso. Trata-se de buscar os fundamentos histórico-sociais dessa poética do tempo, tal como é apreendido pelo sujeito lírico.

Em *Alguma poesia*, a posição de *gauche* lhe permite olhar irônica e distanciadamente para si e para o mundo, registrando-os à maneira dos modernistas, deles se diferenciando, porém, com a injeção da fantasia nas coisas banais, de maneira que se chega a "uma espécie de discreta epopeia da vida contemporânea" (CANDIDO, 1970, p. 109), especialmente no quadro da "vida besta" ("Cidadezinha qualquer", "Sesta") e na sátira à imitação europeia ("Jardim da Praça da Liberdade"). Também a sexualidade é núcleo temático de *Alguma poesia* e ganha conotações de classe. Na contramão da vigilância e autovigilância moral, presente na província, em "Cidadezinha qualquer" ("Devagar... as janelas olham", diz um de seus versos [AP, p. 49]), e na cidade, em "Poema de sete faces", em "Iniciação amorosa", o filho do fazendeiro pode divertir-se namorando com os olhos "as pernas *morenas* da *lavadeira*" (AP, p. 61, grifos meus, para ressaltar a alusão às funções subalternas de descendentes dos escravizados). Mais ainda, vivencia a liberação do desejo graças à iniciativa da moça. Após o fato consumado, porém, advém o pesadelo: "A rede virou,/ o mundo afundou.// Depois fui para a cama/ febre 40 graus febre.// Uma lavadeira imensa, com duas tetas imensas, girava no espaço verde" (AP, p. 61).

Em *Brejo das Almas* o quadro se complexifica. A mudança para o Rio de Janeiro e, na nova conjuntura do país, a necessidade da participação dos intelectuais na atividade política configuram uma situação dilemática para o poeta. Os anos 1930, analisados por Antonio Candido no plano da cultura (CANDIDO, 1989d, pp. 181-98), aguçaram a polarização ideológica entre catolicismo e correntes de esquerda. Em entrevista a *A Pátria*, em maio de 1931, Drummond afirma que sua geração "está diante de três rumos, ou de três soluções – Deus, Freud e o comunismo. A bem dizer, os rumos são dois apenas: uma ação católica, fascista, e organizada em 'Defesa do Ocidente' de um lado. E do outro lado o paraíso moscovita, com a sua terrível e por isso envolvente sedução" (GLEDSON, 2018, p. 93). Mas não diz qual o rumo por ele escolhido.

É na sua poesia que esse rumo será expresso. Esses anos trouxeram o dilaceramento da consciência estética, a progressiva percepção da necessidade de tomar partido e o "sequestro" da atitude participante, que Vagner Camilo designa como "uma poética da indecisão" (CAMILO, 2000). Em "A poesia em 1930", Mário de Andrade já notara o que chamava de "sequestro" (entendido como recalque ou sublimação) em *Alguma poesia*, tanto com relação à "vida besta" da província quanto à sexualidade (ANDRADE, 1974c, pp. 35-37). Em *Brejo das Almas* porém, o sequestro ganha outra função: o deslocamento para os temas do desejo e da sexualidade do eu, sempre em fracasso amoroso, com imagens de viés surrealista ("Registro civil", "Sombra das moças em flor"). Além disso, nos poemas em que, com relativo distanciamento, o eu trata do "poeta", uma de suas *personae*, ele está sempre "entre": "entre o bonde e a árvore" ("Aurora"), "entre uma baiana e uma egípcia" ("Um homem e seu carnaval"), "entre os seios e o girassol" ("Girassol"). A crise existencial é figurada, com extrema elaboração formal, como profunda divisão interna do eu, num momento que exige tomada de posição.

Em *Brejo das Almas* também se inaugura um dos núcleos constantes da poesia posterior, o sentimento de culpa, em imagens indecifráveis para o próprio eu ("Coisa miserável"), a que às vezes se responde com *humour* patético ("Convite triste"). Posteriormente, os fundamentos psíquico-sociais de tal sentimento vão se tornando mais explícitos.

Quanto à poética, a própria poesia surge para esse eu vacilante como incomunicável e irredutível a qualquer concessão ("Segredo"), sem a confiança no instante poético que invade o sujeito ("Poema que aconteceu", de *Alguma poesia*). A síntese desse estado psíquico, diretamente articulado a um tempo histórico bem como às questões de classe (o filho de fazendeiro que, deslocado da província, se torna funcionário público), é um dos versos de "Soneto da perdida esperança": "Perdi o bonde e a esperança" (BA, p. 14).

Em 1940, com a publicação de *Sentimento do mundo*, as contradições ficam expostas e um novo estilo se apresenta, depurado do humor e dos "sequestros". O sentimento de culpa se acirra: é tempo de guerra, mas o eu sabe-se impotente, determinado por suas origens de classe, que o impedem de se sentir livre ("estou cheio de escravos"), e pela condescendência aos prazeres ("e o corpo transige/ na confluência do amor") (SM, p. 9). Declarado o individualismo, o eu também reconhece a falácia da ilusão da autonomia.

O eu poético já sabe que seu coração não é "maior que o mundo" (como dissera em "Poema de sete faces", de *Alguma poesia*) e se corrige em "Mundo grande", último poema do livro. Sabe que o momento histórico pode ensiná-lo a ampliar sua capacidade de sentir e dar expressão ao mundo, e que à poesia é dada a possibilidade de contribuir para a criação da "vida futura". O anseio é o da poesia épica, feita por homens novos num tempo novo que, porém, ainda não chegou.

Ao drama público com que o eu está comprometido, acrescenta-se o peso inelutável do atavismo itabirano que configura o seu caráter: "Tive ouro, tive gado, tive fazendas./ Hoje sou funcionário público./ Itabira é apenas uma fotografia na parede./ Mas como dói!" ("Confidência do itabirano" [SM, p. 10]).

Conhecendo dores e sofrimentos devidos à diferença social ("Menino chorando na noite" e "Morro da Babilônia", em que denuncia como as classes média e alta, que sentem medo dos moradores da favela, usufruem confortavelmente da música do morro), o eu expõe sem complacência as fronteiras de classe, que limitam a realização do encontro fraternal. Em "O operário no mar", poema em prosa, o eu, ao ver passar um operário – homem comum, distante dos estereótipos criados pelo nacionalismo getulista ou pela esquerda (CAMILO, 2001b) –, gostaria de saber seu destino, mas admite que não o conhece. Teme que o operário o despreze, mas se corrige: "talvez seja eu próprio que me desprezo a seus olhos" (SM, p. 16). Numa viravolta fantástica, o operário caminha sobre o mar e, na fantasia do eu, envia-lhe um sorriso que, transformado em beijo, traz uma "esperança de compreensão" (SM, p. 17).

Atento aos problemas sociais, o poeta não está alheio às questões individuais, de maneira que à percepção cada vez mais aguda dos dilemas subjetivos parece corresponder a solidariedade com os homens e a necessidade de denunciar um mundo governado pelo medo ("Congresso Internacional do Medo"). A poesia delata privilégios e alienação ("Privilégio do mar", "Inocentes do Leblon") e convoca à participação no tempo presente ("Os ombros suportam o mundo").

Essa poesia, socialmente comprometida e com confiança na possibilidade de transformação, exige nova poética, já não mais a do flagrante lírico nem da ironia – a não ser quando voltada para os dilemas do ciclo da natureza atuando no corpo do eu ("Dentaduras duplas"). Exige um anseio pela voz coletiva, que legitima o eu e o faz desprezar o "mundo caduco", bem como o "mundo futuro". "O tempo é a minha matéria, o tempo presente, os homens presentes,/ a vida presente", afirma o sujeito poético em "Mãos dadas" (SM, p. 34).

O mundo do "agora", metaforizado na imagem da "noite", naturaliza o tempo político da guerra mundial e a ditadura getulista. Com símbolos do ciclo do tempo da natureza (noite/aurora/dia), o eu naturaliza também o futuro, como na imagem da aurora que libertará "o triste mundo fascista" ("A noite dissolve os homens" [SM, p. 39]). A confiança na transformação traz para a poética drummondiana a ilusão objetiva que envolvia homens progressistas; para os seus versos, traz também a positividade – na certeza de uma "aurora" que permaneceria para sempre, numa definitiva Idade de Ouro. A escolha estético-política, com sua alta cota de esperança, está determinada pelo compromisso com a mudança histórica.

O eu que anseia, porém, tem consciência dos limites de sua ação. Em "Elegia 1938", o diálogo com um "tu" (máscara do eu), retomando imagens de "Mãos dadas", figura o trabalho alienado ("Trabalhas sem alegria para um mundo caduco,/ onde as formas e as ações não encerram nenhum exemplo" [SM, p. 44]). Os desejos, limitados a instintos, incluem ironicamente o dinheiro como necessidade natural ("sentes calor e frio, *falta de dinheiro*, fome e desejo sexual", grifos meus [SM, p. 44]). A verdadeira aspiração do "tu" é mudar o mundo injusto, mas sabe que essa luta não pode ser individual: "Aceitas a chuva, a guerra, o desemprego e a injusta distribuição/ porque não podes, sozinho, dinamitar a ilha de Manhattan" (SM, p. 44). A grande máquina do Capital é a causa do estado de penúria, injustiça e guerra.

Diante da impotência, não é casual que *Sentimento do mundo* se encerre com um convite ao suicídio. Em "Noturno à janela do apartamento", o eu frágil de *Sentimento do mundo* medita sobre o significado da vida constatando que "A soma da vida é nula./ Mas a vida tem tal poder:/ na escuridão absoluta,/ como líquido, circula" (SM, p. 47). E persiste.

De fato, a vida e as tristezas que circulam ativam a poética de *José*, para revelar a solidão do homem na cidade ("A bruxa") e a sua resistência diante de todas as dificuldades ("José", cujo verso "E agora, José?" incorporou-se à linguagem comum). Também para revelar a faceta alienada do homem urbano, regido pelos avanços técnicos e pelo regime da produção capitalista ("O boi" e "Edifício Esplendor"). Na contraposição de *Sentimento do mundo*, em que os poemas tematizam questões sociais e políticas, aqui as existenciais ganham o primeiro plano. Mas não há incoerência de percurso poético; antes, o entrelaçamento das perspectivas sociais e existenciais é o ponto de partida para uma possível superação. A vida de cada um é a face privada de determinações sociais e históricas.

O eu de *José* dilacera-se e a culpa se intensifica, no impulso da automutilação como possibilidade de tornar-se um novo homem: "Inútil reter/ a ignóbil mão suja/ posta sobre a mesa./ Depressa, cortá-la,/ fazê-la em pedaços/ e jogá-la ao mar!/ Com o tempo, a esperança/ e seus maquinismos,/ outra mão virá/ pura – transparente –/ colar-se a meu braço" ("A mão suja", J, p. 45). Permanece, obsessivo, o tema de Itabira, em busca do perdão e da superação de uma culpa cuja causa não se explicita. Em "Viagem na família", viagem fantástica em que o pai morto reaparece como sombra ("a sombra de meu pai/ tomou-me pela mão" [J, p. 47]), o eu anseia que ele fale, mas o patriarca persiste em seu silêncio tirânico. Numa mudança brusca, porém, a sombra, já se desfazendo em barro, abraça o filho: "Senti que me perdoava/ porém nada dizia" (J, p. 50). A necessidade da reconciliação com sua vida familiar avança mais um passo.

Também nova poética se constrói em *José*: a poesia, que quer ajudar a mudar o mundo, exige buscar as palavras, mesmo que muitas vezes o trabalho não chegue a bom termo: "Cerradas as portas,/ a luta prossegue/ nas ruas do sono" ("O lutador", J, p. 26).

Em *A rosa do povo* – síntese do percurso anterior e ponto alto da produção drummondiana –, todas as "inquietudes" se concentram neste que é, ao mesmo tempo, o momento máximo da poesia participante, da poesia das questões da subjetividade, da poesia utópica e da poética avançada. Em "O mundo em chamas e o país inconcluso", Iumna Simon analisa o livro e revela como nele reverberam e se alteram tópicos, materiais e formas presentes nas poéticas das obras anteriores, reinterpretadas, porém, pelas solicitações políticas do grave momento histórico: política e lirismo, desengano e promessas de libertação, nova dimensão da história e exame comovido do passado – quase ausentes a ironia e o *humour* (SIMON, 2015). O tema da memória persegue o autoexame rigoroso da subjetividade e do fardo da herança como condição necessária à remissão do sujeito e à emancipação humana (SIMON, 2015, pp. 169-91), como se lê em "Carrego comigo", "Movimento da espada", "A flor e a náusea". A guerra é acompanhada à distância pelo eu, mas sua posição é inequívoca. Num dos quatro poemas de guerra, "Carta a Stalingrado", cidade-símbolo da resistência ao fascismo, o eu que viaja imaginariamente pelas ruas sente-a como "Uma criatura que não quer morrer e combate,/ contra o céu, a água, o metal, a criatura combate,/ contra milhões de braços e engenhos mecânicos a criatura combate,/ contra o frio, a fome, a noite, contra a morte a criatura combate,/ e vence" (RP, p. 129).

Em "Nosso tempo", longo poema meditativo (que, embora se refira aos anos 1940, entre a Segunda Guerra e a ditadura brasileira, mantém plena atualidade), o eu identifica o nosso como "tempo de partido/ tempo de homens partidos", "tempo de divisas,/ tempo de gente cortada", "tempo de muletas", "tempo de meio silêncio" (RP, pp. 23-25). Os homens, alienados pelo trabalho e pelas falsas compensações; a imprensa, mentirosa; os negócios, donos da vida. Ao final, o poeta "declina de toda responsabilidade/ na marcha do mundo capitalista/ e com suas palavras, intuições, símbolos e outras armas/ promete ajudar/ a destruí-lo/ como uma pedreira, uma floresta,/ um verme" (RP, p. 29). Ao se pensar na trajetória do ex-fazendeiro à condição do intelectual burguês, comove a força de seu manifesto engajamento na luta anticapitalista no momento histórico em que se vive a ditadura getulista no Brasil, mobilizando outros intelectuais (CANDIDO, 1970, pp. 20-22).

É do enorme sofrimento e do medo universal advindos de "nosso tempo" ("O medo") que o eu poético constrói um imaginário de certezas e esperanças, mais uma vez (como em *Sentimento do mundo*) naturalizando a história: à noite, tremenda, se seguirá a aurora ("Passagem da noite"). E a confiança no futuro, mesmo que distante, é inarredável ("Cidade prevista").

A subjetividade, o amor, a família, a vida moderna, a nação e a própria poesia são compreendidas historicamente, na sociedade em que patriarcalismo e modernidade se dão as mãos. Assim, o amor pode levar à absoluta humilhação e ainda ser capaz de perdão ("O caso do vestido"). A família patriarcal, enraizada na memória, gera amor e culpa ("Retrato de família", "Como um presente"); a vida moderna faz criar o temor e o assassínio ("Morte do leiteiro"). A nação desejada não é o Brasil, mas o mundo americano ("América") ou a cidade que haverá de vir ("Cidade prevista").

O eu aberto à participação, mas conhecedor de seus limites e potência, muitos dos quais derivados de sua origem de classe, continua a dilacerar-se ("A flor e a náusea", "Consolo na praia"). Para ele, o resultado da ação do tempo passa a ser concebido como matéria insolúvel e arbitrária – coleção ruinosa –, mas que, mesmo assim, persiste ("Resíduo"). O eu reflete poeticamente sobre esse tempo que origina e mata ("Tudo foi prêmio do tempo/ e no tempo se converte" [RP, p. 100]) e prepara-se para a perspectiva da morte ("Desfile") que, não obstante, não encerrará a luta coletiva ("Idade madura").

A poesia – resultado do trabalho não alienado do eu, que se reconhece no que produz – insiste em se comunicar com os homens que, no entanto, ignoram-na "pois só ousam mostrar-se/ sob a paz das cortinas/à pálpebra cerrada" ("O elefante", RP, p. 83). A poética de *A rosa do povo*, com dicção ampla, estilos e temas diversos, não é porém assemelhada à poesia político-partidária, que tende a sobrestimar o assunto e subestimar a forma. Trata-se de uma poesia em que os assuntos são subsumidos ao trabalho com as palavras e às opções do poeta ("Procura da poesia", "Consideração do poema"). Mas a perspectiva de que o povo é o destinatário dela (como se conota no título do livro) começa a desencantar-se ("A rosa do povo despetala-se,/ ou ainda conserva o pudor da alva?", de "Mário de Andrade desce aos infernos" [RP, p. 154]).

Essa oscilação entre confiança e descrédito fica nítida em *Novos poemas*. Persiste a denúncia dos crimes fascistas ("Notícias de Espanha", "A Federico García Lorca") e o anseio de a poesia se comunicar com todos os homens, despertando-os da alienação ("Canção amiga"). Mas avança, poderosamente, a percepção aguda de um tempo sem esperanças, destinado à destruição ou à vida em condições insuportáveis ("Composição", "Jardim", "O enigma").

Por isso, fica nítido que *Claro enigma* não rompe a trajetória da leitura do tempo na poética drummondiana. Embora condenado pelos setores progressistas, por causa da retomada das formas tradicionais (sem que percebessem tratar-se de uma retomada não tradicional) e sobretudo pelo que foi considerado absenteísmo e abandono pelo poeta da "praça de convites", num momento em que a esquerda defendia o realismo socialista ao modelo jdanovista (CAMILO, 2001b, pp. 49-96), a obra é o outro ponto alto na produção de Drummond. Rigorosamente arquitetada, retoma temas e os põe em perspectiva de maneira lúcida e dilacerada. Assim, na primeira das seções, "Entre lobo e cão", a noite se abate sobre o eu, que despreza a imaginação ("falsa demente", em "Dissolução", CE, p. 15), mas, no poema seguinte ("Remissão"), admite o "contentamento de escrever" (CE, p. 17). Culpa-se ("Confissão") e, diante da contemplação do alheamento, deseja ainda entoar uma flor e anseia pelo novo homem, mesmo admitindo a quimera ("Contemplação no banco").

Outros núcleos temáticos persistem. O tempo da natureza desfaz ilusões: a madureza é a proximidade da morte e traz a inútil lucidez ("A ingaia ciência", CE, p. 18). A poesia agora se destina a ferir os homens, tirá-los de seu estado de comodismo e alienação ("Oficina irritada"). O amor é destino e inevitabilidade cujo resultado é a insaciedade ("Amar"). Mas a vida teima em persistir ("Fraga e sombra"), em apresentar doces armadilhas ("Campo de flores"), e o eu continua a buscar apaziguamento com a família ("A mesa").

Reativando a memória de Minas Gerais, o eu desarma a concepção corrente de que a história é progresso e perspectiva de transformação: "Toda história é remorso" ("Museu da inconfidência", CE, p. 68). Domina a visão negativa de que a história é destruição ("Morte das casas de Ouro Preto") e, na própria trajetória individual, revela-se que a autonomia é ilusória: o eu *gauche* reaparece, na narrativa de seus ancestrais, como aquele que cumpriu um destino previsto por seus antepassados – e assim talvez se explicite e se consuma o sentimento de culpa com relação à família ("Os bens e o sangue").

Ao se encerrar o livro, com "A máquina do mundo" e "Relógio do rosário", poemas que se complementam, o eu, "incurioso", na estrada pedregosa de Minas, recusa a oferta da Máquina que se abre a ele. A revelação dos segredos da História não vem do que lhe foi ofertado, mas da contemplação do Relógio do Rosário, em que as trevas já não anunciam nenhuma aurora, mas trazem a meditação sobre a "dor individual", a "dor de tudo e de todos", e em que a câmara dos mortos talvez permita a transformação do cinza em "azul, risco de pombas" (CE, pp. 109-10).

A poética da negatividade que domina *Claro enigma* não supõe metafísica abstrata sobre a humanidade, tampouco aderência a este ou àquele filósofo, ou explicações da poesia *através* da filosofia. Trata-se de uma leitura radical do tempo presente que, em Drummond, desde o final da Segunda Guerra, vê a história como sucessão de catástrofes.

Nos livros posteriores – *Fazendeiro do ar* e *A vida passada a limpo* –, o núcleo temático dominante é a revisitação do próprio eu e de sua poesia. Em *Fazendeiro do ar*, a concepção do tempo como destruição toma forma nas questões existenciais, a morte dos amigos e de si mesmo. Em "Canto órfico", porém, da constatação a respeito do "mundo desintegrado", surge o apelo para que Orfeu reintegre-se, reúna "teus dispersos/ e comovidos membros naturais" e reinaugure o tempo do "novo homem" (FA, p. 52). O apelo mítico é, simultaneamente, confiança numa nova poesia e desconfiança dos rumos da História como progresso. Mas, em "Nudez", de *A vida passada a limpo*, o dilaceramento quanto à validade da sua própria poesia atinge alta expressividade e, em "Ar", a "rosa" é mencionada como *passado*. É então que morte e amor novamente se conjugam, na avaliação da própria vida ("A vida passada a limpo") e do que, antes, era encanto e deslumbramento ("A um hotel em demolição"). A contemplação das gravuras de

Goeldi ("A Goeldi") homenageia-o, e o eu poético admira aquele que, como ele talvez, é "pesquisador da noite moral sob a noite física" (VPL, p. 33). A noite, agora sem lugar para a aurora, é também o espaço-tempo em que o amor se esconde ("Os poderes infernais"). *Lição de coisas* é uma obra arquitetada em dez seções. Na primeira, "Origem", o poeta parece reconciliar-se com a validade da palavra que recupera as raízes áureas do passado. Cataloga nomes para "gerir o mundo no meu verso" (LC, p. 12). Liberta da corrosão do tempo, a palavra permanece, é "coisa livre de coisa" ("A palavra e a terra" [LC, p. 14]). Então, em "Memória", a segunda seção, em todos os poemas renasce poeticamente o que já não há. O presente do eu é pressentimento da morte, que o separa do ciclo eterno da natureza ("Janela"). A terceira, "Ato", constituída de lendas e fatos, que, assim, dão nova vida ao que está morto (como em "A origem"), finaliza com "Remate", em que o filho pródigo volta a casa e constata sua inexistência e a falta de sentido do retorno. Quanto ao amor, que ocupa a seção "Lavra", os poemas meditam sobre o sentimento que, "puro fantasma" ("Destruição", LC, p. 43), nunca se realiza, "não consola nunca de núncaras" ("Amar-amaro", LC, p. 46). Nessa obra em que, em seções como "Companhia" e "Cidade", os temas retornam sem a agudeza de antes, a seção mais contundente é "Ser", em que a verdade do tempo natural se impõe implacavelmente ao eu. Na seção "Mundo", o poema "A bomba" revela a acuidade do poeta que sabe ter chegado "o tempo do fim", tal como formulado por Gunther Anders (ANDERS, 2013), e, ao final, ainda espera redenção: "A bomba/ não destruirá a vida.// O homem/ (tenho esperança) liquidará a bomba" (LC, p. 88).

As experiências linguísticas – que, para evitar equívocos, o poeta se obrigou a declarar não serem influência do Concretismo – presentes em "Amar-amaro" e "Isso é aquilo", de *Lição de coisas* – reaparecem em "Os nomes mágicos" (de *A falta que ama*). Nesse livro, porém, o tema que domina é o tempo em seu aspecto destruidor ("Falta pouco") e, na contramão, o desejo pela eternidade, que em *Lição de coisas* o poeta declarava ser possível pela palavra ("A palavra e a terra"). Assim, não é fortuito que haja várias homenagens a artistas já mortos.

Em *As impurezas do branco* – num título que talvez ironize o anseio pela poesia pura – o poeta se volta para o cotidiano do Brasil e do mundo, com uma linguagem mais agressiva e, ao mesmo tempo, mais fácil na sua ironia ("Ao Deus Kom Unik Assão") e na sua comunicabilidade. Nesse livro – menos significativo que outros –, formula-se, porém, uma nova poética que guiará o ciclo de *Boitempo*. "Paisagem: como se faz" tem o estatuto dos grandes poemas drummondianos e atua no conjunto de sua obra como o resultado do percurso do poeta no fluxo do tempo: o presente é o momento que precisa ser guardado para tornar-se o fundamento do que se constituirá eterno, memória em palavras. O homem, antes comprometido com a transformação do presente, agora definitivamente se recolhe ao campo da arte, para criar poesia e ser por ela devo-

rado: "Esta paisagem? Não existe. Existe espaço/ vacante, a semear/ de paisagem retrospectiva.// [...] Paisagem, país/ feito de pensamento da paisagem,/ na criativa distância espacitempo,/ à margem de gravuras, documentos,/ quando as coisas existem com violência/ mais do que existimos: nos povoam/ e nos olham, nos fixam. Contemplados,/ submissos, delas somos pasto,/ somos a paisagem da paisagem" (IB, pp. 47-48).
Boitempo realiza o propósito artístico de "Paisagem: como se faz". Em seus mais de 400 pequenos poemas, compõe a rapsódia de uma vida que formou o eu poético e se constitui como parte decisiva da experiência de uma nação, com episódios pitorescos, com injustiças e privilégios – definitivamente perdida, mas eternizada nas palavras: "De cacos, de buracos/ de hiatos e de vácuos/ de elipses, psius/, faz-se, desfaz-se, faz-se/ uma incorpórea face,/ resumo do existido" ("(In) Memória", BII, p. 19). Com o retorno, principalmente nessa obra, à mescla estilística inaugurada em *Alguma poesia* e *Brejo das Almas* segundo Merquior (MERQUIOR, 1976), a revisitação e a presentificação do tempo pretérito têm forte presença autobiográfica – que inclui a infância, o passado de sua família, da sua cultura e da sua cidade. A "experiência individual se confunde com a observação do mundo e a autobiografia se torna heterobiografia, história simultânea dos outros e da sociedade; sem sacrificar o cunho individual, filtro de tudo, o Narrador poético dá existência ao mundo de Minas no começo do século" (CANDIDO, 1989b, p. 56).

O poeta do "tempo presente" entrega a nós, seus leitores, o período em que se formaram suas inquietudes e contra o qual lutou com a poesia mais importante de sua época. Ela continua a nos falar de muito perto, já que as contradições do nosso "tempo presente" permanecem sem esperança de superação.

Tradução
JÚLIO CASTAÑON GUIMARÃES

Carlos Drummond de Andrade dedicou-se à tradução praticamente ao longo de toda sua carreira, ainda que não de forma regular. Seus trabalhos nessa área podem ser divididos em dois conjuntos. Em primeiro lugar, está a tradução de livros, trabalho no mais das vezes solicitado por alguma editora ou órgão editorial; há uns poucos trabalhos sugeridos pelo próprio tradutor à editora, bem como trabalhos solicitados para encenação teatral. São na maioria obras de ficção, mas há também obras teatrais e um texto de natureza científica. Nesse grupo pode-se incluir ainda a tradução de textos em prosa, de ficção ou não, publicados esparsamente em periódicos. Em segundo lugar, agrupam-se as traduções de poemas, publicadas praticamente na totalidade de forma esparsa em periódicos e nunca reunidas em volume pelo tradutor.

CDA traduziu os seguintes livros: *Uma gota de veneno* (*Thérèse Desqueyroux*), de François Mauriac (Rio de Janeiro: Pongetti, 1943); *As relações perigosas* (*Les Liaisons dangereuses*), de Choderlos de Laclos (Porto Alegre: Globo, 1947); *Os camponeses* (*Les Paysans*), de Honoré de Balzac (Porto Alegre: Globo, 1954); *A fugitiva* (*Albertine disparue*), de Marcel Proust (Porto Alegre: Globo, 1957); *Dona Rosita, a solteira* (*Doña Rosita, la soltera*), de Federico García Lorca (Rio de Janeiro: Agir, 1959); *Beija-flores do Brasil* (*Oiseaux-mouches ornithorynques du Brésil*), de J. Th. Descourtilz (Rio de Janeiro: Biblioteca Nacional, 1960); *O pássaro azul* (*L'Oiseau bleu*), de Maurice Maeterlinck (Rio de Janeiro: Delta, 1962); *Artimanhas de Scapino* (*Les Fourberies de Scapin*), de Molière (Rio de Janeiro: Serviço de Documentação do MEC, 1962); *Fome* (*Sult*), de Knut Hamsun (Rio de Janeiro: Delta, 1963). Com exceção de *Fome*, traduzido não do original norueguês, mas a partir da tradução francesa, todos os demais foram traduzidos das línguas originais (francês e espanhol).

A antiga editora gaúcha Globo foi durante décadas uma das mais importantes do país, tendo publicado regularmente grandes obras literárias. A tradução de *A fugitiva* fazia parte da edição integral de *Em busca do tempo perdido*, sob a responsabilidade de vários tradutores, entre os quais, além de CDA, Manuel Bandeira e Mario Quintana. O livro de Balzac também fazia parte de um projeto mais amplo, a publicação integral da obra *A comédia humana*, realizada sob a supervisão de Paulo Rónai e contando com a participação de vários tradutores.

A tradução de *Dona Rosita* saiu numa coleção da editora Agir, Teatro Moderno, que publicou ainda outros títulos de García Lorca, como *Yerma* e *Bodas de sangue*, ambos em tradução de Cecília Meireles. Os dois livros traduzidos para a editora Delta faziam parte da coleção Nobel, que publicava as obras dos ganhadores do prêmio. A tradução da peça de Molière foi encomendada para a montagem da peça (fato relatado pelo próprio CDA, como adiante se verá), havendo indícios de ter sido também este o motivo da tradução da peça de Lorca.

Sobre a tradução de alguns desses livros, CDA deixou breves comentários. Trata-se sobretudo de relatos sobre a situação em que foram feitos os trabalhos. Dois desses comentários estão em textos manuscritos em exemplares dos livros traduzidos, e só foram reproduzidos postumamente no catálogo de uma exposição, *Drummond, uma visita* (FUNDAÇÃO CASA DE RUI BARBOSA, 2002a, p. 58).

No texto em exemplar de *Uma gota de veneno*, CDA relata ter traduzido esse livro por estar necessitado de dinheiro, tendo pedido a Marques Rebelo que a incluísse numa coleção de romances dirigida por esse escritor na editora Pongetti. Ao dar o valor da remuneração, indica referir-se este ao trabalho de tradução e ao prefácio. Informa ainda, ironicamente, o tempo que levou para fazer o trabalho e a destinação da remuneração: "Dei conta do recado em 15 dias, apanhei uma gripe daquelas, e o dinheirinho chegou na hora: paguei com ele o médico e a farmácia".

Em exemplar de *As relações perigosas*, sob o título "Pequena história de uma tradução", CDA informa que se decidiu a fazê-la "sem encomenda de qualquer editor" – fez porque se interessara muito pelo livro. Pronta a tradução, e – mais uma vez – necessitado de algum dinheiro, ofereceu-a à editora Globo, que decidiu publicá-la. CDA refere o valor pago, especificando que nada recebeu pelo prefácio de sua autoria. Refere ainda que na mesma época saiu outra tradução do mesmo livro, por outra editora; que na sua tradução havia erros de revisão; e que ela fora republicada, sem seu conhecimento, pelas Edições de Ouro, já que a Globo havia cedido os direitos para essa outra editora.

Ressalte-se que as referências à remuneração e às condições de trabalho, bem como de edição, são exemplos de uma preocupação constante de CDA, que, por exemplo, está presente em boa parte da correspondência trocada com editoras e periódicos, do Brasil e do exterior, o que se pode verificar a partir do inventário de seu arquivo (FUNDAÇÃO CASA DE RUI BARBOSA, 2002b). Trata-se de sua atenção à busca de profissionalização de atividades por ele desempenhadas. Nesse âmbito, integrou o conselho consultivo da Associação Brasileira de Tradutores, em seus primórdios, assim como, de diferentes formas, esteve ligado a outras entidades, como a Associação Brasileira de Escritores, a Sociedade Brasileira de Autores Teatrais, a Associação Brasileira de Imprensa.

Sobre a tradução de *Artimanhas de Scapino*, CDA deixou breve comentário (acompanhado de publicação de trecho da peça) em "Molière vivo", estampado no *Jornal do Brasil*, de 22 de fevereiro de 1973: "Então me lembrei de que, em 1957, traduzi uma de suas [de Molière] peças, a convite de um diretor francês que trabalhava no Teatro Brasileiro de Comédia de São Paulo. Concluído o serviço no prazo combinado, o diretor bateu as suas asas para Paris, o TBC acabou cerrando as portas e a versão brasileira de *Les Fourberies de Scapin* foi dormir na gaveta. Quatro anos depois, Cláudio Corrêa e Castro, com bravura, mas sem que a sorte sorrisse ao espetáculo, levou o Escapino (sic) nacional ao Teatro da Praça" (CDA aí talvez se refira ao diretor belga Maurice Vaneau). A montagem pela Companhia Teatro da Praça (Rio de Janeiro), sob a direção de Roberto de Cleto (com figurinos de Marie Louise Nery, cenografia de Dirceu Nery e tendo Cláudio Corrêa e Castro como um dos atores), estreou em janeiro de 1962, ano em que a tradução saiu em livro.

Em relação à tradução de *Dona Rosita*, a crítica teatral Barbara Heliodora, em sua coluna "Teatro" do *Jornal do Brasil* de 18 de novembro de 1959, por ocasião da publicação em livro, refere o fato de esse trabalho de CDA ter estado em projetos do Teatro Tablado e do Teatro Cacilda Becker, ambos do Rio de Janeiro. Pequeno trecho da peça, a cena "O primo despede-se de Rosita" saiu no *Correio da Manhã* de 7 de novembro de 1959. No ano seguinte, houve de fato a montagem da peça, na tradução de CDA, pelo Tablado, com direção de Sérgio Viotti, música de Edino Krieger, cenografia de Bellá Paes Leme, tendo como atores Isolda Cresta, Rosita Thomaz Lopes e Maria Clara Machado, entre outros, tendo sido o cartaz do espetáculo desenhado por Bea Feitler.

Em relação a outro livro traduzido por CDA, *A fugitiva*, há algum material, não diretamente ligado à tradução, mas sobre a aproximação entre CDA e Proust. Entre as razões do interesse desse material, além de um exemplo das atenções literárias de CDA e da presença de Proust em sua obra, está o fato de CDA ocasionalmente fazer menções à escolha de autores a traduzir, ainda que neste caso muito provavelmente a proposta da tradução terá partido da editora, visto até que se tratou de um projeto envolvendo vários tradutores. Já em agosto de 1925, no número 2 de *A Revista*, CDA escreveu: "Eu também tenho uma opinião sobre Proust. Dois pontos: é o autor mais difícil do século 20. Não que ele seja obscuro, malarmêsco, isso não. Mas escreve mal. Os períodos não acabam nunca; arrastam-se por entre um cipoal de conjunções preposições pronomes pessoais o diabo. Vocês já leram *À l'Ombre des jeunes filles en fleurs*? Um sacrifício. O resultado paga o sacrifício. Mas em si é duro. Se nesse artigo salienta a dificuldade de leitura, salienta também seu proveito. E um pouco antes, em artigo saído no *Diário de Minas*, em 12 de outubro de 1924, sobre Anatole France, CDA já incluía Proust entre autores que "estão mais perto de nós, mais vivos – em suma, mais especificamente 1924". Estão aí traços da recepção da obra de Proust, que terá um momento significativo com a tradução de *Em busca do tempo perdido*, e de que haverá sinais na obra de CDA, como quando, alguns anos depois, um dos poemas de *Brejo das Almas* (1934) receberia o título de "Sombra das moças em flor", para não falar de sua poesia memorialística mais tardia.

Além dos livros, CDA traduziu com frequência para publicação na imprensa. A maioria dessas traduções é de poemas, mas uma parte é constituída ou por pequenos textos ou por fragmentos de textos em prosa. Vejam-se a seguir alguns exemplos: logo no início de sua atividade literária, CDA publicou sob o título de "Judas" a tradução de um trecho de *Le Jardin d'Épicure*, de Anatole France, no *Diário de Minas* de 14 de abril de 1927; o conto de Jules Supervielle, "O boi e o burro na manjedoura", em tradução de CDA, foi publicado no *Correio da Manhã* de 22 de dezembro de 1946; na crônica "Pensar nos mortos" (*Correio da Manhã*, 2 nov. 1960) CDA publicou a tradução de um pequeno texto do ensaísta francês Alain; com o título "Sabedoria sensorial", publicou no *Jornal do Brasil* de 13 de fevereiro de 1973 um conjunto de pequenos textos – aforismos, pensamentos – de Malcolm de Chazal – só indicando a autoria no final: "Gostaram? Sinto muito, pois não é meu. Tudo é de Malcolm de Chazal" (que CDA identifica como francês, quando na verdade era mauriciano de expressão francesa).

CDA traduziu poesia com regularidade. No entanto esse conjunto de traduções recebeu tratamento diferente daquele dado, por exemplo, por Manuel Bandeira às suas traduções de poesia. Bandeira as reuniu em volume, que por sua vez foi incorporado ao conjunto de sua obra. As de CDA ficaram esparsas, ou seja, não somente não foram reunidas em volume, como muito menos se integraram a sua obra, só vindo a ter reunião no volume póstumo de título *Poesia traduzida* (2011). Desse modo, o trabalho de CDA nem sempre pôde receber a apreciação devida. Ele, todavia, chegou a planejar a reunião dessas traduções. Houve não só o projeto de um livro, mas seu anúncio. O volume seria intitulado *Poesia errante*, título que foi, postumamente, adotado para uma coletânea de textos em prosa de CDA saída em 1988. Foi assim anunciado na lista de obras de CDA estampada na primeira edição de *Claro enigma* (1951): "*Poesia errante* (traduções). No prelo".

Além disso, cerca de quatro anos depois, houve menção à projetada publicação numa nota na imprensa, no jornal carioca *A Tribuna da Imprensa*, de 29 de janeiro de 1955. A nota dizia que a editora José Olympio anunciava a publicação dos poemas traduzidos por CDA, com o título já referido.

CDA começou a publicar suas traduções de poesia aproximadamente na época em que também seus textos começaram a sair na imprensa. Já em 1924, na revista *Fon-Fon*, de 30 de agosto, seis anos portanto antes do primeiro livro, publicou a tradução de um poema do suíço Henry Spiess. O trabalho foi assinado por um dos vários pseudônimos que CDA utilizou, Antonio Crispim (PY, 2002, p. 49). As traduções saíram em numerosos periódicos: *Correio da Manhã*, *Literatura*, *Tribuna Popular*, *Jornal de Letras*, *Diário de Minas*, *Minas Gerais*, *Autores e Livros* (suplemento de *A Manhã*), *Folha de Minas*, *Jornal do Brasil*, *Letras e Artes*, *O Jornal*, *Seleções do Reader's Digest*, *Mensagem*, *Jornal de Notícias*, *Diário Carioca*, *Leitura*, *Folha do Norte* (de Belém), *Aspectos*, *Anuário Brasileiro de Literatura*, *Jornal do Commercio* (de Recife), *Esfera*, *Revista Branca*, *Revista Acadêmica*.

Foram traduzidos poemas escritos originalmente em várias línguas, em especial do francês, do inglês e do espanhol. No caso dessas línguas, os poemas foram traduzidos diretamente do original – ainda que haja, num caso de tradução a partir do inglês, indício de ter sido utilizada versão em outra língua, como foi o caso para a tradução do poema "Eros e Psiquê", de Coventry Patmore, em que o tradutor teria se valido da tradução para o francês feita por Paul Claudel (PT, p. 418). Para os poemas em outras línguas (alemão, norueguês, polonês e dinamarquês), CDA faz referência à tradução que foi utilizada como base para o seu trabalho ou até mesmo faz referência a alguma pessoa conhecedora da língua do poema que o auxiliou. Assim, no caso dos poemas do alemão Kästner, CDA indica ter sido ajudado por Otto Maria Carpeaux.

O volume *Poesia traduzida* reuniu trabalhos de 44 poetas, entre os quais Vicente Aleixandre, Guillaume Apollinaire, Bertolt Brecht, Aimé Césaire, Paul Claudel, Léon-Paul Fargue, Nicolás Guillén, Heinrich Heine, Juan Ramón Jiménez, Federico García Lorca, Jacques Prévert, Pedro Salinas, Jules Supervielle, André Verdet e Charles Vildrac. Desses trabalhos, houve um que foi feito em conjunto, sendo assinado por CDA e Manuel Bandeira – a tradução do poema "Liberdade" de

Paul Éluard. E um único poema saiu inicialmente em livro de autor do poema traduzido, o poema de Arturo Torres-Rioseco, incluído no volume *Poesias*, publicado pela editora Globo em 1945, com poemas traduzidos por diversos tradutores, entre os quais, além de CDA, Cecília Meireles, Jorge de Lima, Manuel Bandeira, Mário de Andrade, Murilo Mendes, Oswald de Andrade, Vinicius de Moraes.

Além dos poemas integrais, CDA também fez traduções de pequenos trechos, de versos isolados, trabalhos também publicados na imprensa, muitas vezes associados à sua atuação como cronista. Um exemplo desse caso encontra-se na crônica "Grinalda de poesia em torno de um berço" (assinada pelo pseudônimo Antônio Crispim e publicada no *Correio da Manhã* de 20 de dezembro de 1952) em que são apresentadas e comentadas passagens de poemas que têm como tema o nascimento de Cristo – há autores de língua portuguesa e de outras línguas, traduzidos por diferentes tradutores, entre os quais o próprio CDA, que se incumbiu de pequenas passagens de poemas de Verlaine, Apollinaire e Francis Jammes. Um caso peculiar, e à parte, é o de uma tradução de letras de música, trabalho também saído na imprensa. CDA publicou, no número de março de 1969 da revista *Realidade*, dentro de uma reportagem sobre o conjunto musical, a tradução de seis letras de músicas dos Beatles: "Ob-la-di, Ob-la-da", "Piggies", "I Will", "Blackbird", "Happiness Is a Warm Gun", "Why don't We do It in the Road".

No caso de um poeta que traduz poesia, é plausível que se indague sobre alguma possível relação entre as duas atividades, ou seja, entre sua criação e sua recriação. Todavia, tendo em vista o grande número de autores traduzidos, é de supor que essa possibilidade se limite a alguns casos. Há mesmo exemplos de situação oposta – de Paul Valéry, reconhecidamente importante para CDA, este nada teria traduzido, até onde se sabe. Mas se traduziu apenas um poema de Supervielle ("Figures" – "Rostos"), CDA traduziu prosa do autor, como anteriormente referido, e escreveu mais de uma vez sobre ele (como "De Paris a Ouro Preto", saído na revista *Belo Horizonte*, em 1936). John Gledson fala a propósito da influência, literalmente, exercida pelo poeta sobre CDA e a examina em detalhe (GLEDSON, 2003b, p. 92). Não exatamente no mesmo plano, está Apollinaire, de que CDA traduziu dois poemas, mas não seria o caso de falar de modo similar em influência. O que há é a significação do poeta francês para a poesia do século XX, e para, em termos mais gerais, uma compreensão das possibilidades poéticas. E CDA escreveu sobre isso numa crônica ("O pó das vanguardas", *Jornal do Brasil*, 30 mar. 1976) em que ressalta a significação de Apollinaire para si próprio. Outras aproximações já foram sugeridas em relação a poetas por ele traduzidos, como a que fez Raimundo Magalhães Júnior entre a poesia de CDA e a de Verdet, ou a feita por Mário de Andrade entre CDA e Vildrac, conforme assinalado na introdução ao volume *Poesia traduzida* (PT, p. 26).

O trabalho de tradução realizado por CDA sempre teve seu valor reconhecido, sendo ele tido como no mí-

nimo extremamente competente. De um modo imediato, há exemplos de traduções de poemas repetidamente retrabalhadas por CDA, como é o caso do poema "O crucifixo", de Paul Claudel (PT, p. 396). Mas, indo além da competência, realizou traduções inventivas, graças a soluções adotadas com a liberdade de quem tinha não só conhecimento da obra original, mas mestria para a produção de um novo texto em português. Em muito de seu trabalho verifica-se o que talvez se possa perceber como sua compreensão daquilo que Philippe Jaccottet (na sua experiência de poeta tradutor de poetas) refere como "transparência": "servir o texto original sem interferir", enfatizando a seguir que isso é uma ilusão, e que a voz do tradutor inevitavelmente se faz ouvir (JACCOTTET, 1997, p. 15). Talvez isso se verificasse de modo mais evidente naquelas traduções em que há maior proximidade entre o tradutor e o autor. Todavia, no caso de CDA, há exemplos em várias situações. E exemplos dignos de nota são suas traduções de peças de Molière e de García Lorca. No caso deste último autor, é de ressaltar que se trata de um texto que conjuga teatro e poesia. As duas traduções foram recebidas com efusão. O crítico Van Jaffa, na coluna "Teatro" do *Correio da Manhã* de 12 de outubro de 1960, escreveu: "Se é bela a peça de García Lorca, não menos bela é a tradução com que Drummond de Andrade a vestiu com nosso vernáculo. De tão expressiva e dentro da linha de criação do poeta, a peça não parece traduzida e sim como se escrita tivesse sido em português".
Já a propósito da tradução de Molière, a crítica Barbara Heliodora, em "Molière na praça: (1) o texto", no *Jornal do Brasil* de 16 de janeiro de 1962, escreveu: "[...] tradução definitiva de Carlos Drummond de Andrade. Não cessam de nos deixar deliciados os trabalhos desse emérito tradutor que, com seu magistral sentido da linguagem falada, sua riqueza e variedade de vocabulário (sem recurso a termo pomposos ou despropositadamente eruditos) [...] entre suas muitas qualidades, tem aquela raríssima, de levar em conta o andamento da trama: o enredo pede velocidade e o que Carlos Drummond de Andrade escreve pode ser dito rapidamente sem por isso se tornar difícil de entender".

De fato, pode-se tomar a tradução da peça de Molière como um grande exemplo do trabalho de CDA, aliando competência e criatividade, e demonstrando compreensão tanto do texto a ser traduzido quanto do que deve vir a ser o texto em português. Ainda que não tenha se expressado sobre tradução num plano mais amplo, ficando longe de formular conceitos a respeito do assunto, na realização de seu trabalho fica clara no mínimo uma posição, uma tomada de partido, que deixa entrever por fim uma concepção do trabalho. Os poucos detalhes referidos por Barbara Heliodora dão disso pelo menos uma ideia.

Todavia, de modo ocasional, escreveu sobre o assunto, sem demonstrar que tivesse interesse em se estender a respeito. Assim, em junho de 1945, publicou em *Rio Magazine* o artigo "O mau tradutor, fenômeno reflexo", em que parte de um comentário sobre artigos publicados por Agenor Soares de

Moura no *Diário de Notícias*, na coluna "À margem das traduções" (artigos reunidos postumamente na coletânea de mesmo título organizada por Ivo Barroso e publicada em 2001). CDA aborda a tradução no âmbito mais abrangente da escrita em geral. Não se trata aí de uma abordagem teórica ou crítica da tradução; o que é enfocado é a prática. CDA relaciona o mau trabalho de tradução à ausência de condições, ausência esta devida a problemas educacionais e culturais. Assim, pelo menos sinaliza aquilo que considera como basicamente necessário para a atividade do tradutor – não apenas conhecimento das línguas, mas acesso a bibliotecas e a dicionários, a existência de uma crítica literária que se dedique também a examinar traduções. Refere como um ideal a ampliação dos cursos de letras, mas insiste na necessidade de uma espécie de percepção da "arte literária", não como uma entidade, mas resultante de efetivo conhecimento da língua e reconhecimento das qualidades ou não encontradas. Chega por fim a lembrar a necessidade do ensino universal como caminho fundamental para a mudança da situação: "Queres combater as más traduções? Combate o analfabetismo".

Anos depois, no artigo "Como se fosse uma carta" (assinado com o pseudônimo Hugo de Figueiredo), estampado em 26 de julho de 1952 no *Correio da Manhã*, comenta alguns livros, fazendo observações sobre a prática da tradução: "A porfia dos tradutores sempre revelou a ânsia muito humana de atingir a um resultado inatingível. Esse ofício é ao mesmo tempo criminoso e nobre, e felizmente vão. As palavras não são apenas símbolos de coisas, são também coisas elas próprias, com a forma, a cor, a densidade, o peso, a essência peculiar a cada qual. O tradutor tenta o milagre de encontrar, em duas línguas, palavras-coisas que se correspondam exatamente. Não há. Muitas aproximações, entretanto, são felizes: nesse caso, o tradutor do poema escreveu um novo poema". De certo modo, é o que já havia dito, mais brevemente, numa curta introdução ao volume de traduções de Abgar Renault, *Poemas ingleses de guerra* (1942): "Rigorosamente, Abgar não traduziu os poemas, fê-los de novo. Têm a serenidade, a compassada beleza, o sentimento sutil da língua, que há na poesia do nosso caro e esquivo poeta. Entretanto, são também ingleses, e são principalmente poesia, isto é, mensagem de homem para homens". Se não se estende sobre o assunto, vez ou outra a ele se refere de modo entre humorístico e irônico, o que não é de surpreender em CDA. Assim, por exemplo, no texto "Para um dicionário de literatura carioca", saído no *Correio da Manhã* de 25 de dezembro de 1953, apresenta esta definição de "tradutor": "Indivíduo paciente, que manipula duas ou mais línguas para não ser autor em nenhuma". Apesar do tom, a definição, no fim das contas, talvez não esteja tão distante do que ele diz sobre a tradução dos poetas ingleses.

Nos textos que escreveu para acompanharem romances que traduziu, CDA não faz referência ao trabalho de tradução. No entanto, sobre *As relações perigosas*, de Choderlos de Laclos, publicou também um artigo na *Revista*

Acadêmica, de novembro de 1946. Aí faz algumas considerações sobre o trabalho: "Nunca fui amante de traduções por falta de habilitação e de paciência. É esse ofício de traduzir, alguma coisa como a navegação por mares nevoentos, em que você tanto pode salvar-se como topar com um recife, a proa de outro barco, o peixe-fantasma, a mina flutuante e o raio. Às vezes imaginamos que estamos traduzindo e estamos simplesmente falsificando: culpa da cerração no mar das línguas, senão da própria irredutibilidade do texto literário". A ausência de algo como uma efetiva definição (a não ser como ironia) do traduzir corresponderia assim à afirmação de uma prática criativa.

No sentido inverso, a obra de CDA, tanto prosa quanto poesia, tem sido traduzida para diversas línguas – espanhol (Cuba, Argentina, Chile, Espanha), inglês (Estados Unidos, Inglaterra), francês, alemão, búlgaro, tcheco, sueco, holandês, húngaro etc. O maior número de traduções é o das que se fizeram para o espanhol. Há casos tanto de traduções de livros integrais, quanto de seleção de textos, bem como, além das traduções em livro, inúmeras outras incluídas em periódicos ou em antologias. Entre seus tradutores estão alguns renomados, como o alemão Curt Meyer-Clason, o escritor italiano Antonio Tabucchi, a poeta norte-americana Elizabeth Bishop. E há tradutores persistentes, como August Willemsen, que já cuidou da edição de quatro livros em holandês. Não raro, ocorreram retraduções – poemas que já receberam mais de uma tradução na mesma língua por diferentes tradutores.

Há um significativo conjunto de cartas dirigidas a CDA para tratar de tradução de seus textos. São cartas enviadas por editoras, por tradutores, por diretores de publicações periódicas. Além da mera solicitação para publicação dos textos, com frequência a correspondência se estende sobre as condições relativas à remuneração ou a direitos autorais. Mas há cartas ligadas mais diretamente ao possível resultado das traduções. Assim, em cartas de 18 de março de 1960 e 4 de novembro do mesmo ano, ambas enviadas de Roma, Murilo Mendes tece comentários sobre o tradutor, Anton Angelo Chiocchio, que estava preparando um volume com poemas de CDA, fazendo mesmo uma advertência a este sobre a qualidade nem sempre aceitável das traduções. Encontram-se as referências dessa correspondência no catálogo do arquivo de CDA (FUNDAÇÃO CASA DE RUI BARBOSA, 2002b).

Tomando-se a situação para a língua francesa, encontram-se, entre outras edições, a de uma seleção de poemas traduzida por Jean-Michel Massa, *Réunion*, publicada em 1973; a seleção de prosa *Conversation extraordinaire avec une dame de ma connaissane et autres nouvelles*, em 1985, em tradução de Mario Carelli, Geneviève Leibrich e Inès Oseki-Depré; a seleção de poemas traduzidos por Didier Lamaison, *Poésie*, que saiu em 1990 na importante coleção Poésie du Monde Entier, da editora francesa Gallimard; a republicação deste último trabalho em 2005, com o título *La Machine du monde et autres poèmes*, que saiu na coleção de bolso Poésie/Gallimard.

É naturalmente difícil avaliar tanto o resultado qualitativo de traduções para tantas e diferentes línguas, quanto o resultado em termos de recepção. No entanto, num caso como o da tradução de Didier Lamaison não há como não levar em conta o fato de se tratar de trabalho publicado e republicado por uma das mais importantes editoras francesas, primeiro numa coleção prestigiosa e depois em bolso, o que implica sem dúvida um notável reconhecimento, como há reconhecimento do alto nível da tradução.

Sobre algumas das traduções há comentários que vão do exame de detalhes a uma abordagem mais ampla. Paulo Rónai refere como problemática em certas situações, por exemplo, a não tradução das rimas nos poemas que Massa traduziu para a coletânea francesa *Réunion/Reunião*, apesar de seu "máximo de fidelidade" (RÓNAI, 1981, p. 136). Em outro texto, Rónai compara traduções de um mesmo poema, "José", para três diferentes línguas – francês, na tradução de Massa; alemão, em tradução de Curt Meyer Clason; e inglês, em tradução de Jean R. Longland (RÓNAI, 2020, pp. 175-82). As dificuldades, às vezes bem distintas, nos três idiomas não apenas exemplificam questões de tradução, mas contribuem para uma análise do próprio poema. Assim, o resultado de um trabalho de tradução nem sempre apresenta dificuldade pelo trabalho em si, que, sendo eficaz, traduzirá as dificuldades da obra original, o que poderá constituir algum problema para a recepção. Didier Lamaison na introdução de seu livro faz o seguinte comentário (aqui traduzido): "Muito pouco preocupado com os tormentos posteriores de seu tradutor, inquieto por se ver censurado pelas 'gaucheries' [desajeitamentos] de tradução ali onde apenas se refletem as 'gaucheries' elaboradas de um malicioso poeta aplicado a 'gauchir' [desajeitar] os registros da língua" (LAMAISON, 2005, p. 12). Aí, na identificação de um traço importante da escrita drummondiana, o tradutor identifica um desafio para as soluções adotadas na tradução e sua consequente recepção.

No caso de traduções para o inglês, o crítico John Gledson tem, no mínimo, muitas reservas, embora saliente que "há boas razões para pensar que a poesia de Drummond poderia ter uma boa recepção entre os leitores de língua inglesa" (GLEDSON, 2003b, p. 281). Observe-se que se fala de "recepção" entre os leitores, mas, como o crítico mostrou, daí a um bom resultado nas traduções vai uma grande distância. Menciona certas características da poesia de CDA que permitiriam a suposição: "Refiro-me antes ao estilo, ao tom, à linguagem de sua poesia, que eram novos em português, pelo menos num poeta tão dono de um estilo quanto Drummond" (GLEDSON, 2003b, p. 281). Ao fazer um exame das traduções, Gledson mostra que à expectativa não corresponderam bons resultados. Analisa traduções feitas por John Nist (*In the Middle of the Road*, 1965), por Virginia de Araujo (*The Minus Sign*, 1981) e por Thomas Colchie e Mark Strand, com participação de Elizabeth Bishop e Gregory Rabassa (*Travelling in the Family*, 1986). Analisando vários aspectos do trabalho desenvolvido nessas traduções (escolha dos textos, afinidade entre tradutores e os textos, problemas vocabulares etc.), Gledson chega a um comentário peremptório sobre os dois primeiros: "atraiçoam seriamente o poeta" (GLEDSON, 2003b, p. 294). Salienta, porém, as várias qualidades da última publicação. Chama atenção para o fato de pelo menos em parte o bom resultado dever-se ao trabalho conjunto. A essa observação soma-se outra que continuaria a apontar na mesma direção. Referindo-se ao percurso de análise das traduções, diz: "Felizmente, essa história tem um *'happy end'* [fim feliz] – espero, antes, que seja um *'happy beginning'* [começo feliz]" (GLEDSON, 2003b, p. 296), referindo-se a uma possível continuidade desse trabalho, mas trazendo de algum modo a sugestão de como a obra muitas vezes leva tempo e trabalho para subsistir em outras línguas.

Uma forma de saudade
ver Diário

União Brasileira de Escritores
ver Associações de escritores

União Soviética
ver Socialismo

Vargas, Getúlio
ver Estado Novo

Velhice
NOEMI JAFFE

"No meio do caminho tinha uma pedra/ tinha uma pedra no meio do caminho/ tinha uma pedra/ no meio do caminho tinha uma pedra.// Nunca me esquecerei desse acontecimento/ na vida de minhas retinas tão fatigadas./ Nunca me esquecerei que no meio do caminho/ tinha uma pedra/ tinha uma pedra no meio do caminho/ no meio do caminho tinha uma pedra" (AP, p. 36).

Alguém que, por um lance do acaso ou da circunstância, não conheça esse poema, pensará que ele pode ter sido escrito por alguém já velho, experiente e entediado. Seria como a avaliação geral, aos olhos de quem se aproxima do fim da vida, de que ela foi não mais do que tropeços e adversidades. "Nunca me esquecerei desse acontecimento/ na vida de minhas retinas tão fatigadas", dando a entender que o acontecimento ocorreu há muito tempo ou que se repetiu indefinidamente, além do pretérito imperfeito "tinha", repetido sete vezes no poema, anunciando um passado distante e um acontecimento processual, cuja frequência só varia de posição na frase, mas nunca de sentido.

Qual não seria o susto desse leitor inocente ao descobrir que o poema foi escrito por um poeta de menos de 30 anos, em seu primeiro livro publicado, *Alguma poesia*? É quase o mesmo susto que nós, leitores mais conscientes do homem e da obra, levamos continuamente, com o choque invariável que esse poema misterioso provoca.

Acontece que para tratar do tema da velhice na obra de Carlos Drummond de Andrade seria preciso escrever sobre praticamente todos os seus poemas, com a sensação, para quem lê a obra completa, de que a velhice e seus temas afins aparecem ainda mais intensamente nos períodos anteriores a sua maturidade cronológica.

Embora escrito em uma etapa posterior, com o poeta já na faixa dos 40 anos e num período histórico mais carregado do que o de *Alguma poesia*, em "Versos à boca da noite", do livro *A rosa do povo* (1945), o poeta declara: "há muito suspeitei o velho em mim" (RP, p. 116). Ou seja, o velho já frequentava o poeta e sua poesia desde sua juventude – na medida em que seja admissível usar esse termo para se referir a Drummond.

Velhice é, antes de tudo, idade avançada, uma categoria temporal e biológica. O critério sobre a idade que corresponde à velhice varia de acordo com a época, o local e as condições de vida e; atualmente, o consenso sobre a velhice, no Brasil, gira em torno de 75 a 80 anos. Mas já houve épocas em que um homem de 50 anos era considerado velho. Ao longo da maior parte do século XX, ou melhor, de 1902 até 1987, durante o seu tempo de vida, Drummond passou por várias "velhices", podendo ser considerado "velho" diversas vezes, já que esse critério se alterou bastante num período tão extenso. É só pensar, por exemplo, que a vacina contra a tuberculose foi aplicada pela primeira vez em 1927, que a penicilina foi descoberta em 1928 e que a febre amarela urbana só foi erradicada em 1966.

Velhice também é antiguidade, termo que não se usa para se referir a pessoas, e sim a lugares, objetos e épocas. Da mesma forma que a velhice física, não só a própria, mas a de amigos e parentes, também a antiguidade das cidades, das casas e das coisas comparece abundantemente na poesia de Drummond. E velhice, por associações mais objetivas ou subjetivas, também remete a rabugice, tédio e apatia, atributos que, como dito, habitam sua poesia do começo ao fim.

A recusa ou a lamentação sobre novidades tecnológicas que, por razões diferentes, esvaziam e empobrecem as relações, assim como a recusa igualmente intensa de alguma saudade que enobreça uma pureza passada, ambas percorrendo toda a poesia de Drummond, fazem dela uma obra que pode ser chamada de "velha", no sentido da velhice rabugenta, renegadora e, principalmente, no da velhice desencantada. Não é no passado idílico que se localiza a consolação para essa recusa de certas novidades, mas em algo que não está nem esteve, talvez nunca estará.

"Há máquinas terrivelmente complicadas para as necessidades mais simples./ Se quer fumar charuto aperte um botão./ [...] Os homens não melhoraram/ e matam-se como percevejos" ("O sobrevivente", AP, p. 56); "Melancolias, mercadorias espreitam-me/ [...] Todos os homens voltam para casa./ Estão menos livres mas levam jornais/ e soletram o mundo, sabendo que o perdem" ("A flor e a náusea", RP, p. 13); "Noite. Certo/ muitos são os astros./ Mas o edifício/ barra-me a vista" ("Opaco", CE, p. 39);

"Menino, peço-te a graça/ de não fazer mais poema de Natal./ Uns dois ou três, inda passa.../ Industrializar o tema,/ eis o mal" ("Conversa informal com o menino", VP, p. 51); "São José, no centro da cidade,/ explora estacionamentos de automóveis./ [...] Nossa Senhora das Dores/ [...] abre caderneta de poupança" ("Triste horizonte", DP, pp. 21-22). Esses são alguns exemplos esparsos de uma crítica ao novo que, desde jovem, ocupa os versos de Drummond. Mas é em "A máquina do mundo", poema de *Claro enigma*, livro localizado bem no meio de sua vida e obra – 1951 –, que a negativa a uma máquina totalizadora e totalizante aparece com uma força que corta qualquer possibilidade de uma aceitação aberta da novidade. A importância representativa desse poema na obra de Drummond foi explorada magistralmente em *Maquinação do mundo: Drummond e a mineração*, livro de José Miguel Wisnik. É como se a poesia anterior a esse poema já se preparasse para sua chegada e, da mesma forma, como se a poesia posterior reafirmasse, em ressaca, sua composição. Nele, o poeta perdeu sentidos e intuições e não deseja recobrá-los, e tendo repetido "os mesmos sem roteiro tristes périplos", "a fé se abrandara", a face é neutra e seus olhos baixam, incuriosos, lassos, "desdenhando colher a coisa oferta" (CE, pp. 106-08). Desde *Alguma poesia* e passando por todos os outros livros que precedem *Claro enigma*, pode-se ler a preparação lenta desse desdém por uma oferta unificadora do mundo: "Os séculos cheiram a mofo/ e a história é cheia de teias de aranha" ("Sabará", AP, p. 22), "Quando me levantar, o céu/ estará morto e saqueado,/ eu mesmo estarei morto,/ morto meu desejo" ("Sentimento do mundo", SM, p. 9); "Quarenta anos e nenhum problema/ resolvido, sequer colocado" ("A flor e a náusea", RP, p. 13). E nos livros posteriores, "E já não enfrentamos a morte, de sempre trazê-la conosco" ("Convívio", CE, p. 85), "Orfeu dividido, anda à procura/ dessa unidade áurea, que perdemos" ("Canto órfico", FA, p. 51), "Os dias consumidos em sua lavra/ significam o mesmo que estar morto" ("Mineração do outro", LC, p. 44). Ou ainda, em "Fonte grega", poema em prosa de *A paixão medida*, um de seus últimos livros, no qual a visão de uma deusa de cuja efígie jorra uma fonte, comparada a um mijo eterno, que tem por destino mijar "sem remissão, corpo indiferente e exposto" que "mija nos séculos" (PM, p. 23), como se aquela máquina do mundo, de quase 40 anos antes, semelhante a uma deusa, tivesse agora se convertido em fonte mijadora, ela mesma indiferente, de tanto ser desdenhada. Finalmente, em "Falta um disco", poema do livro *Versiprosa*, de 1967, numa espécie de autoparódia intertextual da "Máquina do mundo", um disco voador que a todos aparece, menos ao poeta, chega a pousar perto dele, de onde desce um "sujeitinho furta-cor gentil" que o puxa pelo braço, dizendo "Vamos (ou: plnx)". Mas, "chamado não chamado/ insensível e cego sem ouvidos", ele deixa passar a sua vez (VP, pp. 231-32).

Da mesma forma e com bem maior regularidade e contundência, a ausência de uma nostalgia idílica do passado, tanto individual como coletivo, perpassa essa poesia de cabo a rabo, marcando-a como uma voz constitutivamente entediada. Ao contrário do que o senso comum costuma atribuir aos velhos – uma comparação permanente do presente com um passado supostamente mais autêntico e puro, essa poesia não encontra raiz nem conforto no que passou, desde aquela velhice precoce de Drummond em seus primeiros livros até a velhice cronológica dos últimos. É especialmente nos três livros da série *Boitempo*, iniciada em 1968, que as recordações aparecem com maior frequência e intensidade, tanto de cenas, como de pessoas e lugares. Mas muito pouco ali alimenta algum consolo possível. São "cacos", "buracos", "hiatos" e "vácuos" que constituem um "resumo de existido", é somente um "pigarro" que resta no "poço da memória" e, num lance de profunda melancolia, o mesmo menino que, em *Alguma poesia*, é ainda mais feliz do que Robinson Crusoé, aqui aparece, no poema "Fim", como "mais sozinho que Robinson, com lágrimas/ desbotando a cor das gravuras do *Tico-Tico*" (BII, pp. 19, 146, 228).

Um poema mais tardio, "A corrente" (de *A paixão medida*), quando a velhice existencial coincide com a velhice cronológica, merece ser transcrito por inteiro, pela brevidade sintética com que expõe as relações entre passado, presente e futuro na poesia de Drummond: "Sente raiva do passado/ que o mantém acorrentado./ Sente raiva da corrente/ a puxá-lo para a frente/ e a fazer do seu futuro/ o retorno ao chão escuro/ onde jaz envilecida/ certa promessa de vida/ de onde brotam cogumelos/ venenosos, amarelos,/ e encaracoladas lesmas/ deglutindo-se a si mesmas" (PM, p. 38).

Entretanto, o leitor vai encontrar, aqui e ali em todos os livros do poeta, também certo frescor escapadiço, como que fazendo sombra (ou fazendo luz) à atmosfera praticamente geral de vetustez e cansaço. São lampejos de esperança, a convicção de que o amor é o único e mais certo motivo pelo qual se vive e a apreensão, mesmo que fugaz (ou porque fugaz) de inocências presentes – a miniblusa, uma tarde de maio, uma rolinha visitando a janela –, além do erotismo mais explícito que começa a surgir já na velhice cronológica, que, por vezes, rejuvenescem e dialetizam o humor geral de desengano. Junto a esses lampejos, que, por exemplo, aparecem em um livro imerso em tédio e desprezo pelos acontecimentos históricos, como *A rosa do povo*, na forma de uma "flor feia" ("A flor e a náusea") ou de uma orquídea ("Áporo"), também o *humour* drummondiano precisa ser contraposto à atmosfera geral de *ennui*. Não se pode denominar essa velhice subjetiva, entranhada em sua poesia, de depressiva ou deprimente. Nem ela perde o viço de sua dicção, em nenhum momento da obra e nem o leitor se sente desinteressado dela. A presença permanente da autoironia, de imagens cômicas ou ridículas, de versos livres que desafiam as expectativas, de um apequenamento de si e do mundo, entre outros recursos, tornam esse um velho que, embora desencantado, cansado e por vezes rabugento, não tem pena alguma de si. Não lamenta o que não pode ser e muito menos responsabiliza o outro. Trata-se de um velho resguardado e sem ênfase ou transbordamento, que muitas vezes ri do próprio desespero.

Entretanto, um tipo específico de desencanto com a humanidade e o humano, traduzidos em tédio e cansaço, são marcas da velhice nesses poemas. Se uma ideia arquetípica da poesia a relaciona à noção de encantamento, é cedo que a dicção drummondiana, em mais um dos paradoxos que envolvem seus poemas, se encanta com o próprio desencantamento. Não é que falte o espanto que, desde "Poema de sete faces", se encontra por toda parte. Mas é a forma como esse espanto se agarra intrinsecamente ao seu oposto que torna a poesia de Drummond tão singular e enigmaticamente clara.

Se a poesia é enigma, o homem, criatura destrutiva, também o é, especialmente quando posto em perspectiva pelo olhar de criaturas pertencentes a outros reinos, por exemplo o animal – um boi – e o mineral – as pedras.

Num poema em prosa de *Novos poemas*, de 1959, justamente intitulado "O enigma", Drummond realiza uma espécie de inversão do talvez mais famoso de seus poemas, "No meio do caminho", fazendo do homem um impedimento no trajeto das pedras, como se dizendo "No meio do caminho havia um homem", conforme estes versos: "As pedras caminhavam pela estrada. Eis que uma forma obscura lhes barra o caminho. [...] Esse travou o avanço das pedras, rebanho desprevenido, e amanhã fixará por igual as árvores, enquanto não chega o dia dos ventos, e o dos pássaros, e o do ar pululante de insetos e vibrações, e o de toda vida" (NR, pp. 216-17). Já em "Um boi vê os homens", o boi, ao chamar os homens de "coitados", diz que eles "não escutam/ nem o canto do ar nem os segredos do feno", e que, ficando tristes, "chegam à crueldade" e tantas outras coisas ruins e difíceis, com apenas um parco instante de graça (assim como na própria poesia de Drummond), o que torna difícil, para os mesmos bois, ruminarem sua verdade (CE, p. 25).

Quanto à rabugice – não tão assídua quanto o desencanto, mas como que se escondendo por entre os versos entediados –, esta como que explode num poema escrito aos 53 anos, "Apelo aos meus dessemelhantes em favor da paz". Em versos ditos por um autor não tão velho, o que o poema oferece ao leitor é um susto, dada a agressividade com que ele reclama de tudo: "Ah, não me tragam originais/ para ler, para corrigir, para louvar/, sobretudo para louvar"; "Sou o Velho Cansado que adora o seu cansaço e não o quer/ submisso ao vão comércio da palavra"; "Sinto estátuas futuras se moldando/ sem precisão de mim/ que quando jovem (fui-o a.C. *believe or not*)"; "Não exijam prefácios e posfácios/ ao ancião que mais fala quando cala"; "o cacto de Manuel/ é uma suavidade perto dele" (NR, pp. 799-800) – e seria preciso transcrever o poema inteiro para exemplificar a revolta dominante. As maiúsculas de Velho Cansado o transformam praticamente em um epíteto definitivo, como se este passasse a ser seu verdadeiro nome, assumindo aqui tudo o que se costuma atribuir aos velhos: rabugice e reclamação infinda. E há ainda a partícula "tá", repetida duas vezes no poema, como a calar tudo o que possam responder e contemporizar, calando até mesmo o próprio poema que se está a escrever.

É possível que, por trás do desencanto, alinhavando toda sua poesia – com significativas exceções –, por trás da contenção que o tédio sustenta, viesse se acumulando também a raiva, sentimento inabitual nessa poesia. Dessa forma, quando ela surge, é com uma força disruptiva, para novamente se calar dali em diante. Como se um recado do Velho Cansado tivesse sido dado para quem o quisesse escutar. A partir daí, ele pode voltar para seu velho conhecido, o tédio habitual, agora já no caminho da velhice biológica.

Até aqui, foram salientados alguns valores, atribuições e até preconceitos e estereótipos geralmente relacionados à noção de velhice, como o cansaço, o tédio, o desencanto e a rabugice, figurativizados por imagens que se poderia até chamar de *tropos* na poesia de Drummond, como a noite e suas variações, conforme mostra muito bem o livro *Drummond: da rosa do povo à rosa das trevas*, de Vagner Camilo, sobre *Claro enigma*. Mas, além da noite, há também as casas velhas, o medo, a viagem, o eco, a manhã e a tarde, além da noite, a mão e ainda outros. A partir de *Claro enigma*, contudo, a velhice, digamos, conceitual, passa a se integrar à velhice propriamente biológica, o que processa certas alterações tanto nas imagens, como na própria dicção, especialmente quando os livros vão se aproximando do fim da vida [do poeta].

Em "Fraga e sombra", poema de *Claro enigma*, escrito na forma do soneto – forma que, juntamente com outras de caráter fixo, vai frequentar cada vez mais sua poesia – a "vontade de anular a criatura" é calcada, na forma pessoal do verbo – "E calcamos em nós" – "sob o profundo/ instinto de existir" (CE, p. 47). Essa força anuladora, se contrapondo a uma vontade vital que persistia até aqui, muitas vezes apesar da própria voz do poema, começa a recrudescer e a se intensificar.

Em "Claro enigma", o poeta assume prioritariamente a forma clássica, que perduraria na obra ainda por algum tempo, despertando a pergunta sobre em que medida essa "segunda maturidade", conforme José Guilherme Merquior denomina essa fase, se liga à opção pela forma mais fixa e antiga. É bem provável que, com as decepções políticas de Drummond, a aproximação de seus 50 anos de idade e sua inclinação já marcada pelo desencanto, também um questionamento sobre as formas livres viesse a ocupar seus versos, agora sob a face de certo classicismo. O mesmo Merquior atribui a essa assim chamada terceira fase do poeta um viés filosófico/metafísico, próprio dessa idade, em que o olhar, de observador, passa a contemplativo e reflexivo (MERQUIOR, 1976, p. 192).

"Retorno", de *Fazendeiro do ar* (1954), pergunta "Que face antiga já se não descora/ lendo a efígie do corvo na da aurora?" (FA, p. 19), efígie mortal que se confirma em outros poemas do mesmo livro, como "O enterrado vivo", "Cemitérios IV", "Estrambote melancólico" e "Eterno", cujos versos "E como ficou chato ser moderno./ Agora serei eterno" (FA, p. 43) se tornaram famosos, reiterando não somente o tema da morte, mas também, como dito, certa autocrítica metalinguística.

"O inimigo maduro [...] Instalou-se, a mesa é sua/ cada vinco e reflexão madura ele é quem porta, [...] todas as flagelações, o riso mau,/ o desejo de terra destinada/ e o estar ausente em qualquer terra. [...] No espelho ele se faz a barba amarga", é o que diz o poema significativamente intitulado "O retrato malsim", de *Lição de coisas* (1962), quando o eu lírico vê, confrontado no espelho, a mocidade que o desertou. Quem devolve seu olhar é um inimigo finalmente assumido e instalado: o rosto velho, aquele que se ocultava já na poesia anterior, nas "horas de tenência orgulhosa,/ no morrer em pensamento quando a vida queria viver" (LC, p. 69). É como se aquela velhice referida e conceitualizada nos primeiros livros da obra, aqui se desocultasse física e concretamente, abrindo caminho para aquilo que hostiliza o eu lírico, mas que mora dentro dele. No estranho "diálogo monológico" e irônico de "Diálogo", um velho quer conversar, mas acaba mesmo por conversar com ele mesmo, e ele próprio se torna um banco de jardim, "mas em jardim nenhum" (AF, p. 16). A flor o desertou e nem os cachorrinhos lhe servem mais de exemplo para o cenário de uma conversa impossível. Lentamente, no círculo de "todos os seus mortos", também o poeta vai ocupando um "lugar vazio na roda", "parado, suspenso no salão, objeto/ denso e tranquilo", como parece sonhar o poema "Comunhão", e que o poeta comunga de forma laica, nesse caso, não *pela* vida, mas *com* a morte (AF, p. 27).

As mortes que passam a acompanhar a vida e a poesia da velhice vão sobrecarregando uns ombros já cansados e comparecem com frequência cada vez mais intensa. Num poema de "As impurezas do branco" (1973), "Declaração em juízo", o poeta afirma estar "sobre-vivente" e pede desculpas por sê-lo, "não por longo tempo, é claro" e, que se é "triste/cômico/ ficar sentado na plateia/ quando o espetáculo acabou [...]/ mais triste/grotesco/ é permanecer no palco,/ [...] quando o público já virou as costas/ e somente baratas/ circulam no farelo" (IB, p. 33).

A sequência cronológica dos livros "Boitempo" I, II e III (*Boitempo, Menino antigo* e *Esquecer para lembrar*) é uma série de três estágios, compostos principalmente de lembranças pessoais, onde, aqui e ali, surgem objetos e lugares tocados por alguma nostalgia, mas em que prepondera uma visada do velho sobre uma infância "enterrado no poço da memória" ("Herança", BII, p. 146), como que captando "a inexistência abismal/ definitiva/infinita" ("Documentário", BII, p. 18). "Que noite mais comprida desde que nasci./ Viajando parado. O escuro me leva/ sem nunca chegar" (BII, p. 268). Esses poemas pendulam entre uma ânsia desesperançosa pelo que se perdeu com a juventude e um aceno quase esperançoso e sem nunca perder o *humour*, para o consolo da morte.

A partir dos 70 anos, idade decididamente velha para as décadas de 1970 e 80, no momento do crepúsculo ecoico, seus últimos livros, *A paixão medida, Amar se aprende amando, Corpo* e *Farewell*, apresentam poemas mais marcadamente filosóficos, em que o poeta se pergunta ontologicamente sobre os significados da vida e da morte e também sobre o da própria e individual existência. No poema "A suposta existência", de *A paixão medida*, uma espécie de guerra especular e especulante é travada entre o eu e as coisas circunstantes, em nome de uma possível soberania indecidível. Ao final dessa luta invisível, permanece a interrogação para "saber/ se existe o inimigo, se existimos/ ou somos todos uma hipótese/ de luta/ ao sol do dia curto em que lutamos" (PM, p. 14). Vista da perspectiva de quem se aproxima do fim, a vida inteira e a poesia inteira soam breves e fugazes e resta uma pergunta sem resposta.

No livro significativamente intitulado *Farewell*, deixado pronto por Drummond e publicado após sua morte, uma ausência, que já vinha se delineando havia algum tempo, se define peremptoriamente: é a ausência de si mesmo. Como se a morte física operasse um processo de escavamento do eu que, por mais que tivesse se relacionado ao tédio, ao cansaço e à própria morte ao longo de toda a obra, muitas vezes soube encontrar frestas dinâmicas e vitais, especialmente no amor, mas também no humor e na ironia. Nesse volume, lemos "O pássaro é livre/ na prisão do ar./ O espírito é livre/ na prisão do corpo./ Mas livre, bem livre,/ é mesmo estar morto" (F, p. 52), como também, em voz decididamente desconsolada, "O amor, o pobre amor estava putrefato./ Bateu, bateu à velha porta, inutilmente./ Não pude agasalhá-lo: ofendia-me o olfato./ Muito embora o escutasse, eu de mim era ausente" (F, p. 70).

Numa espécie de "constipação ontológica", em "O ano passado", que faz parte do livro *Corpo*, de 1984, o poeta reitera oito vezes, ao longo desse poema curto, como ele se encontra "cheio" do passado, sem conseguir livrar-se e mostra como tudo o que pudesse ser novo ou diferente se torna (ou melhor: é) imediatamente passado. O ano, as ruas, as pessoas, o céu, o medo, o pão, as libélulas e até mesmo os mortos já sepultos "sepultam-se todos os dias". Ao final, sem conseguir "evacuar/ o ano passado", o poeta sabe que "será sempre assim daqui por diante" (C, p. 47).

Esse vaticínio não demoraria a se cumprir. Dali a três anos, em 1987, aos 85 anos, morre Drummond, dias depois da perda de sua filha Julieta. O passado teria finalmente passado para esse homem agora decididamente velho.

Felizmente para nós, não se pode dizer o mesmo de sua poesia. Velha, jovem, inteira, quebrada, sonhada e verdadeira, é ela que se renova a cada leitura, escapando-nos mesmo quando a compreendemos, cada vez mais distante mesmo quando próxima, e vice-versa. Carlos Drummond de Andrade é um poeta velho cujo frescor nos desafia e, pelo mesmo turno, também nos consola, em nossa descrença cada vez maior nos rumos da humanidade e do país.

Viola de bolso
ver Poesia de circunstância

Referências bibliográficas

ACHCAR, 2000. Achcar, Francisco. *Carlos Drummond de Andrade*. São Paulo: Publifolha, 2000.

ADORNO, 1980. Adorno, T. W. "Lírica e sociedade". *In:* Benjamin, W. et al. *Textos escolhidos*. Tradução de José Lino Grünnewald e outros. São Paulo: Abril Cultural, 1980.

ADORNO, 2003. Adorno, T. W. *Notas de literatura I*. São Paulo: Duas Cidades: Editora 34, 2003.

ADORNO, s.d. Adorno, T. W. *Teoria estética*. Tradução de Artur Morão. Lisboa: Edições 70, s.d.

AGAMBEN, 2007. Agamben, Giorgio. "O autor como gesto". *In: Profanações*. São Paulo: Boitempo, 2007.

AGAMBEN, 2018. Agamben, Giorgio. *O fogo e o relato*: ensaios sobre criação, escrita, arte e livros. Tradução de Andrea Santurbano e Patricia Peterle. São Paulo: Boitempo, 2018.

AGUIAR, 1998. Aguiar, Joaquim Alves de. *Espaços da memória*: um estudo sobre Pedro Nava. São Paulo: Edusp: Fapesp, 1998.

ALBUQUERQUE, 1930. Albuquerque, Medeiros e. "Notas literárias". *Jornal do Commercio*, 08.06.1930. Reproduzido em: Drummond de Andrade, Carlos. *Alguma poesia*: o livro em seu tempo. Organização de Eucanaã Ferraz. São Paulo: IMS, 2010.

ALCIDES, 2002. Alcides, Sérgio. "Melancolia *gauche* na vida". *In:* Damázio, Reynaldo (Org.). *Drummond revisitado*. São Paulo: UniMarco, 2002.

ALCIDES, 2020. Alcides, Sérgio. "Drummond a passeio". *In:* Drummond de Andrade, Carlos. *Passeios na ilha. Divagações sobre a vida literária e outras matérias*. São Paulo: Companhia das Letras, 2020.

ALMEIDA, 2021. Almeida, Cleber Ranieri Ribas de. "A 'Máquina do mundo' em 3D: Drummond, leitor de W. H. Auden". *O eixo e a roda*, Belo Horizonte, v. 30, n. 2, 2021.

ALOE, 2015. Aloe, Stefano (Org.). *La Notte romantica*. Verona: Università di Verona, 2015.

ALPHONSUS, 1976a. Alphonsus, João. *Totônio Pacheco*. Rio de Janeiro: Imago; Brasília: INL, 1976.

ALPHONSUS, 1976b. Alphonsus, João. *Rola-moça*. Rio de Janeiro: Imago, 1976.

ALVES, 2017. Alves, Fabio Cesar. "Drummond, a arquitetura em ruínas". *Luso-Brazilian Review*, v. 54, jun. 2017.

ALVES, 2018. Alves, Fabio Cesar. "O poeta insone". *Revista Gragoatá*, Niterói, v. 23, n. 45, jan.-abr. 2018.

ALVES, 2020. Alves, Fabio Cesar. "'Em cinza enxovalhada': Drummond e a ditadura militar". *In:* Pilati, Alexandre et al. (Org.). *Monólogo dramático e outras formas de ficcionalização da voz poética*. Brasília: Editora UnB: Pontes, 2020.

ALVES, 2011. Alves, Hélio J. S. "Máquina do Mundo n'*Os Lusíadas*". *In:* Silva, Vítor Aguiar

e (Coord.). *Dicionário de Luís de Camões*. São Paulo: Leya, 2011.
ANDERS, 2013. Anders, Gunther. "Teses sobre a bomba atômica". *Sopro 87* [revista online], abr. 2013. Disponível em: <http://culturaebarbarie.org/sopro/n87.html#.X1ZiFXlKjIU> Acesso em: 7 set. 2020.
ANDERSON, 2008. Anderson, Benedict. *Comunidades imaginadas. Reflexões sobre a origem e a difusão do nacionalismo*. Tradução de Denise Bottmann. São Paulo: Companhia das Letras, 2008.
ANDRADE, 1984a. Andrade, Maria Julieta Drummond de. "Carlos Drummond de Andrade fala a Maria Julieta Drummond de Andrade". Entrevista de Carlos Drummond de Andrade a Maria Julieta Drummond de Andrade. *O Globo*, Caderno Domingo, Rio de Janeiro, 29.01.1984.
ANDRADE, 1985a. Andrade, Maria Julieta Drummond de. *Diário de uma garota*. Rio de Janeiro: Record, 1985.
ANDRADE, 1985b. Andrade, Maria Julieta Drummond de. *Loló e o computador*. São Paulo: Editora Nacional, 1985.
ANDRADE, 1998. Andrade, Maria Julieta Drummond de. *A busca*. 3ª ed. Rio de Janeiro: Record. 1998.
ANDRADE, 2012. Andrade, Maria Julieta Drummond de. *Melhores crônicas*. Seleção e prefácio de Marcos Pasche. São Paulo: Global, 2012.
ANDRADE, 1924. Andrade, Mário de. "Crônicas de Malazarte VIII". *América Brasileira*, Rio de Janeiro, n. 29, maio 1924.
ANDRADE, 1925a. Andrade, Mário de. "Assim falou o papa do futurismo". *A Noite*, Rio de Janeiro, 12.12.1925.
ANDRADE, 1927. Andrade, Mário de. *Clã do Jabuti*. São Paulo: Cupolo, 1927.
ANDRADE, 1928a. Andrade, Mário de. "Arquitetura colonial III". *Diário Nacional*, São Paulo, 25.08.1928.
ANDRADE, 1928b. Andrade, Mário de. "Arquitetura colonial IV". *Diário Nacional*, São Paulo, 26.08.1928.
ANDRADE, 1929. Andrade, Mário de. "Villa Lobos". *Diário Nacional*, São Paulo, 29.09.1929.
ANDRADE, 1963. Andrade, Mário de. *O baile das quatro artes*. São Paulo: Martins, 1963.
ANDRADE, 1972a. Andrade, Mário de. *Aspectos da literatura brasileira*. São Paulo: Livraria Martins Editora, 1972.
ANDRADE, 1972b. Andrade, Mário de. "Contos e contistas". *In: O empalhador de passarinho*. São Paulo: Martins; Brasília: Instituto Nacional do Livro, 1972.
ANDRADE, 1974a. Andrade, Mário de. "A elegia de abril". *In: Aspectos da literatura brasileira*. 5ª ed. São Paulo: Martins Fontes, 1974.
ANDRADE, 1974b. Andrade, Mário de. "O movimento modernista". *In: Aspectos da literatura brasileira*. 5ª ed. São Paulo: Martins Fontes, 1974.
ANDRADE, 1974c. Andrade, Mário de. "A poesia em 1930". *In: Aspectos da literatura brasileira*. 5ª ed. São Paulo: Martins Fontes, 1974.
ANDRADE, 1976a. Andrade, Mário de. *Os filhos da Candinha*. São Paulo: Martins Editora, 1976.
ANDRADE, 1976b. Andrade, Mário de. *Táxi e crônicas no Diário Nacional*. São Paulo: Duas Cidades, 1976.
ANDRADE, 1978. Andrade, Mário de. "A poesia em 1930". *In: Aspectos da literatura brasileira*. 5ª ed. São Paulo: Martins Fontes, 1978.
ANDRADE, 1982. Andrade, Mário de. *A lição do amigo. Cartas de Mário de Andrade a Carlos Drummond de Andrade*. Rio de Janeiro: José Olympio, 1982.
ANDRADE, 1984b. Andrade, Mário de. *Aspectos das artes plásticas no Brasil*. 3ª ed. Belo Horizonte: Itatiaia, 1984.
ANDRADE, 2005. Andrade, Mário de. *Poesias completas*. Belo Horizonte: Itatiaia, 2005.
ANDRADE, 2013a. Andrade, Mário de. *Poesias completas*. Edição preparada por Tatiana Longo Figueiredo e Telê Ancona Lopez. Rio de Janeiro: Nova Fronteira, 2013. 2 v.
ANDRADE, 2013b. Andrade, Mário de. "Pauliceia desvairada". *In: Poesias completas*. Edição de texto apurado, anotada e acrescida de documentos por Tatiana Longo Figueiredo e Telê Ancona Lopez. Rio de Janeiro: Nova Fronteira, 2013. v. 1. E-book.
ANDRADE, 2015. Andrade, Mário de. *A lição do amigo*: cartas de Mário de Andrade a Carlos Drummond de Andrade anotadas pelo

destinatário. Posfácio de André Botelho. 1ª ed. São Paulo: Companhia das Letras, 2015.
ANDRADE, 2020. Andrade, Maria de. *Carlos Drummond de Andrade*. Testemunho da experiência humana. Disponível em: <https://www.youtube.com/watch?v=Oo4QSmooohw>. Acesso em: 13 maio 2020.
ANDRADE, 1925b. Andrade, Oswald. *Pau Brasil*. Ed. fac-sim. Paris: Sans Pareil, 1925.
ANDRADE, 1976c. Andrade, Oswald de (Cunhambebinho). "Péret". *Revista de Antropofagia*. Introdução de Augusto de Campos. São Paulo: Ciclo do Livro, 1976. Edição fac-similar, 2ª dentição, n. 1, 17 mar. 1929.
ANDRADE, 1990a. Andrade, Oswald de. "A crise da filosofia messiânica" (1950). *In: A utopia antropofágica*. São Paulo: Globo e Secretaria de Estado da Cultura, 1990.
ANDRADE, 1990b. Andrade, Oswald de. "Manifesto antropófago" (1928). *In: A utopia antropofágica*. São Paulo: Globo e Secretaria de Estado da Cultura, 1990.
ANDRADE, 1990c. Andrade, Oswald de. "Meu testamento" (1944). *In: A utopia antropofágica*. São Paulo: Globo e Secretaria de Estado da Cultura, 1990.
ANDRADE, 1992. Andrade, Oswald de. *Estética e política*. São Paulo: Globo, 1992.
ANDRADE, 1995. Andrade, Oswald de. *A utopia antropofágica*. São Paulo: Globo, 1995.
ANDRADE, 1987. Andrade, Rodrigo M. F. de. *Rodrigo e o Sphan*. Rio de Janeiro: Pró-Memória, 1987.
ANDRADE, s.d. Andrade, Luciana Teixeira de. *Representações ambivalentes da cidade moderna*: a Belo Horizonte dos modernistas. Tese (Doutorado) – Iuperj, Rio de Janeiro, s.d.
ANDRADE; AMARAL, 2001. Andrade, Mário; Amaral, Tarsila do. *Correspondência*. São Paulo: Edusp: IEB-USP, 2001.
ANDRADE; BANDEIRA, 2000. Andrade, Mário; Bandeira, Manuel. *Correspondência*. São Paulo: Edusp: IEB-USP, 2000.
ANJOS, 2006. Anjos, Cyro dos. *O amanuense Belmiro*. São Paulo: Globo, 2006.
ANÔNIMO, 1962. Texto editorial. *In:* Drummond de Andrade, Carlos. *Lição de coisas*. 1ª ed. Rio de Janeiro: Livraria José Olympio Editora, 1962.

ANÔNIMO, 1974. Texto editorial. *In:* Drummond de Andrade, Carlos. *De notícias & não notícias faz-se a crônica. Histórias – diálogos – divagações*. Rio de Janeiro: José Olympio, 1974.
ANÔNIMO, 1976. Texto editorial. *In:* Drummond de Andrade, Carlos. *Passeios na ilha. Divagações sobre a vida literária e outras matérias*. 2ª ed. Rio de Janeiro: José Olympio, 1976.
ANÔNIMO 1977. Texto editorial. *In:* Drummond de Andrade, Carlos. *Os dias lindos*. Rio de Janeiro: José Olympio, 1977.
APOLLINAIRE, 1956. Apolinnaire, Guillaume. *Oeuvres poétiques*. Paris: Gallimard, 1956.
AQUINO, 2000. Aquino, Graça (Org. e intr.). *Carta de Drummond a Zila Mamede*. Natal: Sebo Vermelho, 2000.
AQUINO FILHO, 1982. Aquino Filho, Jorge de. "Drummond: o verso é o meu sofá". Entrevista. *Manchete,* Rio de Janeiro, n. 1.594, 06.11.1982.
ARAÚJO, 1994. Araújo, Ricardo Benzaquen. *Guerra e Paz*: Casa-Grande & Senzala e a obra de Gilberto Freyre nos anos 30. São Paulo: Editora 34, 1994.
ARISTÓTELES, 1966. Aristóteles. *Poética*. Porto Alegre: Globo, 1966.
ARRIGUCCI JR., 1987. Arrigucci Jr., Davi. "Móbile da memória". *In: Enigma e comentário*: ensaios sobre literatura e experiência. São Paulo: Companhia das Letras, 1987.
ARRIGUCCI JR., 2002. Arrigucci Jr., Davi. *Coração partido*: uma análise da poesia reflexiva de Drummond. São Paulo: Cosac Naify, 2002.
ARRUDA, 1990. Arruda, Maria Arminda do Nascimento. *Mitologia da mineiridade*: o imaginário mineiro na vida política e cultural do Brasil. São Paulo: Brasiliense, 1990.
ARTIÈRES, 1998. Artières, Philippe. "Arquivar a própria vida". *Estudos Históricos. Arquivos Pessoais,* Rio de Janeiro, v. 11, n. 21, 1998.
ASSIS, 1975a. Assis, J. M. Machado de. *Ressurreição*. Edições críticas de obras de Machado de Assis, v. 8. Rio de Janeiro: Civilização Brasileira; Brasília: INL, 1975.
ASSIS, 1975b. Assis, J. M. Machado de. *Memórias póstumas de Brás Cubas*. Edições críticas de obras de Machado de Assis, v. 13.

Rio de Janeiro: Civilização Brasileira; Brasília: INL, 1975.
ASSIS, 1975c. Assis, J. M. Machado de. *Esaú e Jacó*. Edições críticas de obras de Machado de Assis, v. 15. Rio de Janeiro: Civilização Brasileira; Brasília: INL, 1975.
ASSIS, 1975d. Assis, J. M. Machado de. *Várias histórias*. Edições críticas de obras de Machado de Assis, v. 9. Rio de Janeiro: Civilização Brasileira; Brasília: INL, 1975.
ASSIS, 1977. Assis, J. M. Machado de. *Dom Casmurro*. Edições críticas de obras de Machado de Assis, v. 12. Rio de Janeiro: Civilização Brasileira; Brasília: INL, 1977.
ASSIS, 2013. Assis, J. M. Machado de. "O folhetinista". In: *Crítica literária e textos diversos*. Organização de Sílvia Maria Azevedo, Adriana Dusilek e Daniela Mantarro Callipo. São Paulo: Editora Unesp, 2013.
AUERBACH, 1970. Auerbach, Erich. "Farinata e Cavalcante". In: *Mimesis*. São Paulo: Perspectiva, 1970.
AUERBACH, 2022. Auerbach, Erich. *Dante como poeta do mundo terreno*. Tradução de Lenin Bicudo Bárbara. São Paulo: Editora 34, 2022.
AUGUSTO, 1958. Augusto, José. Nota (sem título). *Última Hora*, Coluna "Na hora H", Rio de Janeiro, 04.09.1958.
BADARÓ, 2003. Badaró, Anna Maria. *Drummond inesgotável*. Campinas: Komedi, 2003.
BANDEIRA, 1949. Bandeira, Manuel. "Minha gente, salvemos Ouro Preto!". *Correio da Manhã*, Terceira Seção, Rio de Janeiro, 11.09.1949.
BANDEIRA, 1954. Bandeira, Manuel. "O centenário de Stéphane Mallarmé". *De poetas e de poesia*. Rio de Janeiro: Ministério da Educação e Cultura, 1954.
BANDEIRA, 1958. Bandeira, Manuel. *Poesia e prosa*. Organização de Afrânio Coutinho. Introdução geral por Sérgio Buarque de Holanda e Francisco de Assis Barbosa. Rio de Janeiro: José Aguilar, 1958. v. I e II.
BANDEIRA, 1970. Bandeira, Manuel. *Estrela da vida inteira:* poesias reunidas. 2ª ed. Rio de Janeiro: Livraria José Olympio Editora/ INL, 1970.
BANDEIRA, 2006. Bandeira, Manuel. *Crônicas da província do Brasil*. Edição preparada por Júlio Castañon Guimarães. São Paulo: Cosac Naify, 2006.
BANDEIRA, ANDRADE, 2000. Bandeira, Manuel; Andrade, Mário de. *Correspondência Mário de Andrade & Manuel Bandeira*. Organização, introdução e notas de Marcos Antonio de Moraes. São Paulo: Edusp; Instituto de Estudos Brasileiros, Universidade de São Paulo, 2000. Coleção Correspondência de Mário de Andrade, n. 1.
BARBOSA, 1976. Barbosa, Dom Marcos. "Tudo, no coração, é ceia". *Jornal do Brasil*, Caderno B, Rio de Janeiro, 12.03.1976.
BARBOSA, 1979. Barbosa, Rita de Cássia. "Carlos Drummond de Andrade: homem de jornal". *O Estado de S. Paulo*, Suplemento Cultural, 02.12.1979.
BARBOSA, 1987. Barbosa, Rita de Cássia. *Poemas eróticos de Carlos Drummond de Andrade*. São Paulo: Ática, 1987.
BARRETO, 1961a. Barreto, Afonso Henriques de Lima. *Diário íntimo. Memórias*. Obras de Lima Barreto, v. 14. Edição preparada por Francisco de Assis Barbosa. São Paulo: Brasiliense, 1961.
BARRETO, 1961b. Barreto, Afonso Henriques de Lima. *Impressões de leitura. Crítica*. Obras de Lima Barreto, v. 13. Edição preparada por Francisco de Assis Barbosa. São Paulo: Brasiliense, 1961.
BARROS; REIS, 2012. Barros, Altamir José; Reis, Robinson Damasceno dos. *Retratos na parede*. Belo Horizonte: Autêntica, 2012.
BARROSO, 1928. Barroso, Gustavo. "Cidades mortas do sertão". *Fon-Fon*, Rio de Janeiro, não paginado, 07.01.1928.
BARROSO, 1997. Barroso, Gustavo. "O culto da saudade". *Anais do Museu Histórico Nacional*, Rio de Janeiro, v. 29, 1997.
BARTHES, 1984. Barthes, Roland. *A câmara clara*. Tradução de Júlio Castañon Guimarães. Rio de Janeiro: Nova Fronteira, 1984.
BAUDELAIRE, 1975-1976. Baudelaire, Charles. *Oeuvres completes*. Edição preparada por Claude Pichois. Paris: Gallimard, "Bibliothèque de la Pléiade", 1975-1976. 2 v.
BAUDELAIRE, 1985. Baudelaire, Charles. *As flores do mal*. Rio de Janeiro: Nova Fronteira, 1985.

BAUDRILLARD, 1989. Baudrillard, Jean. *O sistema dos objetos*. Tradução de Zulmira Ribeiro Tavares. São Paulo: Perspectiva, 1989.

BAZIN, 1989. Bazin, André apud Truffaut, François. *Os filmes de minha vida*. 2ª ed. Rio de Janeiro: Nova Fronteira, 1989.

BAZIN, 1989. Bazin, André. *Charles Chaplin*. Tradução de Luiz C. V. dos Santos. São Paulo: Marigo, 1989.

BENJAMIN, 1980. Benjamin, Walter. "O surrealismo. O mais recente instantâneo da inteligência europeia". *In:* Benjamin, W. et al. *Textos escolhidos*. Tradução de José Lino Grünnewald e outros. São Paulo: Abril Cultural, 1980.

BENJAMIN, 1985. Benjamin, Walter. *Magia e técnica, arte e política. Ensaios sobre literatura e história da cultura*. Tradução de Sérgio Paulo Rouanet. São Paulo: Brasiliense, 1985.

BENJAMIN, 1987. Benjamin, Walter. *Desempacotando minha biblioteca. Obras escolhidas II – Rua de mão única*. Tradução de Rubens Rodrigues Torres Filho. São Paulo: Brasiliense, 1987.

BENJAMIN, 1988. Benjamin, Walter. "A Paris do Segundo Império em Baudelaire". *In: Walter Benjamin*. Tradução de Flávio Kothe, Aldo Onesti e Amélia Cohn. São Paulo: Ática, 1988.

BENJAMIN, 1989. Benjamin, Walter. "Sobre alguns temas em Baudelaire". *In: Charles Baudelaire*: um lírico no auge do capitalismo. Tradução de José Carlos Martins Barbosa e Hemerson Alves Baptista. São Paulo: Brasiliense, 1989.

BENJAMIN, 1994. Benjamin, Walter. "Sobre o conceito da história" e "Experiência e pobreza". *In: Magia e técnica, arte e política:* ensaios sobre literatura e história da cultura. Tradução de Sérgio Paulo Rouanet. 7ª ed. São Paulo: Brasiliense, 1994.

BENJAMIN, 2000. Benjamin, Walter. "A obra de arte na época de sua reprodutibilidade técnica". *In:* Lima, Luiz Costa. *Teoria da cultura de massa*. São Paulo: Paz e Terra, 2000.

BENJAMIN, 2006. Benjamin, Walter. *Passagens*. Tradução de Irene Aron (alemão) e Cleonice Paes Barreto Mourão (francês). Organização e posfácio de Willi Bolle e Olgária Chain Féres Matos. Belo Horizonte: Editora UFMG; São Paulo: Imprensa Oficial, 2006.

BENJAMIN, 2020. Benjamin, Walter. "Carta Parisiense II – Pintura e fotografia" [1936]. *In: Diário parisiense e outros escritos*. Organização e tradução de Carla Milani Damião e Pedro Hussak. São Paulo: Hedra, 2020.

BERARDINELLI, 2011. Berardinelli, Cleonice. "De Cleonice Berardinelli a C.D.A." *In:* Drummond de Andrade, Carlos. *Versos de circunstância*. Organização de Eucanaã Ferraz. São Paulo: IMS, 2011.

BERMAN, 1997. Berman, Marshall. *Tudo que é sólido desmancha no ar*. Tradução de Carlos Felipe Moisés. São Paulo: Companhia das Letras, 1997.

BERTHOLD, 2004. Berthold, Margot. *História mundial do teatro*. São Paulo: Perspectiva, 2004.

BICALHO, 2016. Bicalho, Lucinéia, apud "Exposição em MG traz histórias e objetos do farmacêutico Carlos Drummond de Andrade". *CRFRJ*, 16.02.2016. Disponível em: <https://www.crf-rj.org.br/noticias/1851-exposicao-em-mg-traz-historias-e-objetos-do-farmaceutico-carlos-drummond-de-andrade.html>. Acesso em: 20 dez. 2021.

BISCHOF, 2005. Bischof, Betina. *Razão da recusa*: um estudo da poesia de Carlos Drummond de Andrade. São Paulo: Nankin, 2005.

BISCHOF, 2012. Bischof, Betina. "Os impasses do tempo". Posfácio a *As impurezas do branco*. São Paulo: Companhia das Letras, 2012.

BISCHOF, 2015. Bischof, Betina. "A face opaca da rosa". Comunicação apresentada no Simpósio Internacional *Poetry, War, and Citizenship: 70th Anniversary of Carlos Drummond de Andrade's* A Rosa do Povo. Princeton University/Universidade de São Paulo (USP). Disponível em: <https://poetry.princeton.edu/event/poetry-war-and-citizenship-the-70th-anniversary-of-carlos-drummond-de-andrades-a-rosa-do-povo/>.

BLANCHOT, 2011. Blanchot, Maurice. *O espaço literário*. Tradução de Álvaro Cabral. Rio de Janeiro: Rocco, 2011.

BLANCO; JACKSON, 2014. Blanco, Alejandro; Jackson, Luís Carlos. *Sociologia no espelho*.

Ensaístas, cientistas sociais e críticos literários no Brasil e na Argentina (1930-1970). São Paulo: Editora 34, 2014.
BLOM, 2003. Blom, Philipp. *Ter e manter – uma história íntima de colecionadores e coleções.* Tradução de Berilo Vargas. Rio de Janeiro: Record, 2003.
BOAVENTURA, 1995. Boaventura, Maria Eugenia. *O salão e a selva*: uma biografia ilustrada de Oswald de Andrade. Campinas: Unicamp; São Paulo: Ex-Libris, 1995.
BOMENY, 1994. Bomeny, Helena. *Guardiães da razão*: modernistas mineiros. Rio de Janeiro: Editora UFRJ, Tempo Brasileiro, 1994.
BONNEFOY, 2009. Bonnefoy, Yves. "L'Or du futile". *In*: Mallarmé, Stéphane. *Vers de circonstance.* Paris: Gallimard, 2009.
BORBA, 1958. Borba, Osório. "ABDE E UBE". *Diário de Notícias*, 03.09.1958.
BORGES, 1996. Borges, Jorge Luis. "Nueve ensayos dantescos". *In*: *Obras Completas.* Barcelona: Emecê, 1996. v. III.
BORTOLOTI, 2012. Bortoloti, Marcelo. "A voz do poeta: erotismo, poesia e psicanálise em entrevista inédita de Drummond". *Folha de S.Paulo*, 08.07.2012. Disponível em: <https://m.folha.uol.com.br/ilustrissima/2012/07/1116430-erotismo-poesia-e-psicanalise-em-entrevista-inedita-de-drummond.shtml>. Acesso em: 01 ago. 2020.
BORTOLOTI, 2019. Bortoloti, Marcelo (Org.). *Correspondência Carlos Drummond de Andrade e Ribeiro Couto.* São Paulo: Editora Unesp; Imprensa Oficial, 2019.
BOSI, 2000. Bosi, Alfredo. *O ser e o tempo da poesia.* São Paulo: Companhia das Letras, 2000.
BOSI, 2003. Bosi, Alfredo. "A máquina do mundo entre símbolo e alegoria". *In*: *Céu, Inferno.* São Paulo: Duas Cidades; Editora 34, 2003.
BOSI, 2013. Bosi, Alfredo. *Céu, Inferno.* São Paulo: Duas Cidades; Editora 34, 2013.
BOSI, 2015. Bosi, Alfredo. "Carlos Drummond de Andrade". *In*: *História concisa da literatura brasileira.* 50ª ed. São Paulo: Cultrix, 2015.
BOSI, 2017. Bosi, Alfredo. *Três leituras.* São Paulo: Editora 34, 2017.

BOTELHO, 2012. Botelho, André. "As memórias de Pedro Nava: autorretrato e interpretação do Brasil". *In*: Nava, Pedro. *Baú de ossos.* São Paulo: Companhia das Letras, 2012.
BRAER, 1970. Braer, Werner. *Siderurgia e desenvolvimento brasileiro.* Tradução de Wando Pereira Borges. Rio de Janeiro: Zahar, 1970.
BRAGA, 1954. Braga, Rubem. "Gente da cidade. Carlos Drummond de Andrade poeta". *Manchete*, 23.01.1954 apud Drummond de Andrade, Carlos (Seleção e montagem). *Uma pedra no meio do caminho: biografia de um poema* (1967). 2ª ed. ampl. Organização de Eucanaã Ferraz. São Paulo: IMS, 2010.
BRAGA, 1957. Braga, Rubem. "Fala, amendoeira". *Diário de Notícias*, Rio de Janeiro, 19.09.1957.
BRAGA, 2002. Braga, Rubem. *O conde e o passarinho & Morro do isolamento.* Rio de Janeiro: Record, 2002.
BRAYNER, 1977. Brayner, Sônia (Org.). *Carlos Drummond de Andrade.* Coleção Fortuna Crítica. Rio de Janeiro; Brasília: Civilização Brasileira; INL, 1977.
BRAYNER, 1978. Brayner, Sônia (Org.). *Carlos Drummond de Andrade.* Coleção Fortuna Crítica. Rio de Janeiro: Civilização Brasileira, 1978.
BRETON, 1922. Breton, André. "Les mots sans rides". *Littérature*, Paris, Nouvelle Série, n. 7, dez. 1922. Disponível em: <http://melusine-surrealisme.fr/site/Litterature/litt_NS_7-8.htm#LittNS7>. Acesso em: 10 set. 2020.
BRETON, 1971. Breton, André. *Manifestes du surréalisme.* Paris: NRF: Gallimard, 1971.
BRETON, 1986. Breton, André. *Qu'est-ce que le surréalisme?* Paris: Le temps qu'il fait, 1986.
BRITO, 1972. Brito, Mário da Silva. "O alegre combate de *Klaxon*". *In*: *Klaxon.* Ed. fac-sim. São Paulo: Secretaria de Estado de Cultura, Esportes e Turismo: Martins Fontes, 1972.
BRITO, 1978. Brito, Mário da Silva. *História do modernismo brasileiro 1*: Antecedentes da Semana de Arte Moderna. 5ª ed. Rio de Janeiro: Civilização Brasileira, 1978.
BROCA, 1952. Broca, Brito. "Blaise Cendrars no Brasil, em 1924". *A manhã*, Suplemento Letras e Artes, Rio de Janeiro, 04.05.1952.

BRONFEN, 2013. Bronfen, Elisabeth. *Night Passages*: Philosophy, Literature and Film. Nova York: Columbia University Press, 2013.
BUENO, 2012. Bueno, Alexei. "Traduzindo Nerval". *Estudos Avançados*, v. 26, n. 76, 2012.
BÜRGER, 2008. Bürger, Peter. *Teoria da vanguarda*. Tradução de José Pedro Antunes. São Paulo: Cosac Naify, 2008.
CABANTOUS, 2013. Cabantous, Alain. "La nuit entre histoire et littérature France-Angleterre (fin XVIe-début XIXe siècle)". *Ateliers d'Anthropologie – Laboratoire d'Ethnologie et Sociologie Comparative*, n. 48, 2020. *Alors vint la nuit...* Disponível em: <https://journals.openedition.org/ateliers/13579?lang=en>. Acesso em: 20 fev. 2021.
CAILLOIS, 1967. Caillois, Roger. *Les Jeux et les hommes*: le masque et le vertige. Paris: Gallimard, 1967.
CAMILO, 1998-99. Camilo, Vagner. "Nos tempos de Antão: considerações sobre as *Sextilhas*, de Gonçalves Dias". *Revista USP*, São Paulo, n. 40, dez.-fev. 1998-99.
CAMILO, 2000. Camilo, Vagner. "Uma poética da indecisão: *Brejo das almas*". *Novos Estudos Cebrap*. São Paulo, n. 57, jul. 2000.
CAMILO, 2001b. Camilo, Vagner. "Figurações do trabalho em *Sentimento do mundo* (1940)". *Remate de Males*, Campinas, n. 20, 2001.
CAMILO, 2001a. Camilo, Vagner. *Drummond*: da rosa do povo à rosa das trevas. Cotia: Ateliê Editorial, 2001.
CAMILO, 2004. Camilo, Vagner. "O fazendeiro do ar e o legado da culpa". *In*: Penjon, Jacqueline; Pasta Jr., José Antônio (Orgs.). *Littérature et modernisation au Brésil*. Paris: Presses Sorbonne Nouvelle, 2004.
CAMILO, 2014a. Camilo, Vagner. "Figurações espaciais e mapeamentos na lírica social de Drummond". *Redobra*, n. 13, 2014.
CAMILO, 2014b. Camilo, Vagner. "Antes e depois de 'o grande jantar mineiro': em torno de algumas imagens da alimentação e da comensalidade na lírica drummondiana". *In*: Scramin, Susana; Leone, Luciana di. *Ler Drummond hoje*. São Paulo: Rafael Copetti, 2014.
CAMILO, 2020. Camilo, Vagner. *A modernidade entre tapumes*: da lírica social à conversão neoclássica na poesia brasileira moderna. Cotia/São Paulo: Ateliê Editorial: Fapesp, 2020.
CAMINHA, 2002. Caminha, Edmílson. *Drummond*: a lição do poeta. Teresina: Corisco, 2002.
CAMPOS, 2013. Campos, Álvaro de. "Contudo". *In*: Pessoa, Fernando. *Poemas completos de Álvaro de Campos*. São Paulo: Ática, 2013.
CAMPOS, 1967. Campos, Haroldo de (Org.). *Oswald de Andrade – Trechos escolhidos*. Rio de Janeiro: Agir, 1967.
CAMPOS, 1976. Campos, Haroldo de. "Drummond, mestre de coisas". *In*: *Metalinguagem e outras metas*. São Paulo: Cultrix, 1976.
CAMPOS, 2000. Campos, Haroldo de. *A máquina do mundo repensada*. Cotia: Ateliê Editorial, 2000.
CAMPOS, 1972. Campos, Paulo Mendes. "A doce herança de Itabira". *Jornal do Brasil*, "Bibliografia seleta", Rio de Janeiro, 28.10.1972.
CAMPOS et al., 1991. Campos, Augusto; Campos, Haroldo; Pignatari, Décio. *Mallarmé*. São Paulo, Perspectiva: 1991.
CANÇADO, 2012. Cançado, José Maria. *Os sapatos de Orfeu*: biografia de Carlos Drummond de Andrade. São Paulo: Globo, 2012.
CANDIDO, 1941. Candido, Antonio. "Manifesto". *Clima*, São Paulo, n. 1, maio 1941.
CANDIDO, 1943. Candido, Antonio. "Acanhamento e poesia". *Clima*, São Paulo, n. 12, abr. 1943.
CANDIDO, 1965. Candido, Antonio. "Literatura e cultura de 1900 a 1945". *In*: *Literatura e sociedade*. São Paulo: Companhia Editora Nacional, 1965.
CANDIDO, 1970. Candido, Antonio. *Vários escritos*. São Paulo: Duas Cidades, 1970.
CANDIDO, 1979. Candido, Antonio. "Prefácio". *In*: Miceli, Sérgio. *Intelectuais e classe dirigente no Brasil (1920-1945)*. São Paulo: Difel, 1979.
CANDIDO, 1980. Candido, Antonio. "Clima". *In*: *Teresina etc.* Rio de Janeiro: Paz e Terra, 1980.
CANDIDO, 1985. Candido, Antonio. "Literatura e cultura de 1900 a 1945". *Literatura e Sociedade*. São Paulo: Editora Nacional, 1985.
CANDIDO, 1988. Candido, Antonio. "Drummond prosador". *In*: Drummond de

Andrade, Carlos. *Poesia e prosa*. Rio de Janeiro: Nova Aguilar, 1988.
CANDIDO, 1989a. Candido, Antonio. "O ato crítico". *In: A educação pela noite*. São Paulo: Ática, 1989.
CANDIDO, 1989b. Candido, Antonio. "Poesia e ficção na autobiografia". *In: A educação pela noite e outros ensaios*. 2ª ed. São Paulo: Ática, 1989.
CANDIDO, 1989c. Candido, Antonio. "A educação pela noite". *In: A educação pela noite e outros ensaios*. 2ª ed. São Paulo: Ática, 1989.
CANDIDO, 1989d. Candido, Antonio. "A revolução de 1930 e a cultura". *In: A educação pela noite e outros ensaios*. 2ª ed. São Paulo: Ática, 1989.
CANDIDO, 1993a. Candido, Antonio. "O poeta itinerante". *In: O discurso e a cidade*. São Paulo: Duas Cidades, 1993.
CANDIDO, 1993b. Candido, Antonio. "Dialética da malandragem". *In: O discurso e a cidade*. São Paulo: Duas Cidades, 1993.
CANDIDO, 1995. Candido, Antonio. "Uma palavra instável". *In: Vários escritos*. Edição revista e ampliada. São Paulo: Duas Cidades, 1995.
CANDIDO, 1996. Candido, Antonio. *Iniciação à literatura brasileira. Resumo para principiantes*. São Paulo: Humanitas, 1996.
CANDIDO, 2001. Candido, Antonio. "Intelectuais e classe dirigente no Brasil (1920-1945)". Prefácio a Miceli, Sergio. *In: Intelectuais à brasileira*. São Paulo: Companhia das Letras, 2001.
CANDIDO, 2002. Candido, Antonio. "Confissões de Minas", "Plataforma da nova geração", "Discurso num congresso de poetas", "Sobre poesia", "Ordem e progresso na poesia", "O tempo do contra". *In:* Dantas, Vinícius (Seleção, apresentação e notas). *Antonio Candido. Textos de intervenção*. São Paulo: Duas Cidades: Editora 34, 2002.
CANDIDO, 2004a. Candido, Antonio. "Drummond, prosador". *In: Recortes*. Rio de Janeiro: Ouro sobre Azul, 2004.
CANDIDO, 2004b. Candido, Antonio. "Fazia frio em São Paulo...", *in: Recortes*. Rio de Janeiro: Ouro sobre Azul, 2004.
CANDIDO, 2004c. Candido, Antonio. "A vida ao rés do chão". *In: Recortes*. 3ª ed. Rio de Janeiro: Ouro Sobre Azul, 2004.

CANDIDO, 2011. Candido, Antonio. *A educação pela noite*. 6ª ed. Rio de Janeiro: Ouro Sobre Azul, 2011.
CANDIDO, 2017. Candido, Antonio. *Formação da literatura brasileira*. 16ª ed. São Paulo: Fapesp; Rio de Janeiro: Ouro Sobre Azul, 2017.
CAPANEMA, 1934. Capanema, Gustavo. [Correspondência]. Destinatário: Carlos Drummond de Andrade. Rio de Janeiro, 23 jul. 1934. Arquivo Fundação Casa de Rui Barbosa.
CARDOSO, 2003. Cardoso, Elis de Almeida. "O léxico de Drummond". *In: Estudos Linguísticos XXXII*. São Paulo: FFLCH-USP, 2003. CD-ROM. Disponível em: <http://dlcv.fflch.usp.br/sites/dlcv.fflch.usp.br/files/eliso04.pdf>.
CARONE, 1986. Carone, Edgard. *O marxismo no Brasil*. Rio de Janeiro: Dois Pontos, 1986.
CARPEAUX, 1976. Carpeaux, Otto Maria. [Carta]. 8 jun. 1946. Depositado no acervo de Drummond, no Arquivo-Museu de Literatura Brasileira da Fundação Casa de Rui Barbosa.
CARPEAUX, 1978. Carpeaux, Otto Maria. "Fragmento sobre Carlos Drummond de Andrade". *In:* Brayner, Sônia (Org.). *Carlos Drummond de Andrade*. Coleção Fortuna Crítica. Rio de Janeiro: Civilização Brasileira, 1978.
CARVALHO, 2011. Carvalho, Hermínio Bello de. *Áporo itabirano*: epistolografia à beira do acaso. Hermínio Bello de Carvalho e Carlos Drummond de Andrade. São Paulo: Imprensa Oficial, 2011.
CARVALHO, 2007. Carvalho, Marco Antonio de. *Rubem Braga*: um cigano fazendeiro do ar. São Paulo: Globo, 2007.
CASTRO, 1987. Castro, Moacir Werneck de. "Éramos assim em 1949". *Jornal do Brasil*, Rio de Janeiro, 22.08.1987.
CASTRO, 2003. Castro, Ruy (seleção, org. e notas). *Querido poeta: correspondência de Vinicius de Moraes*. São Paulo: Companhia das Letras, 2003.
CAVALCANTE, 2006. Cavalcante, Berenice. *Passaporte para o futuro*: Afonso Arinos de Melo Franco, um ensaísta da República. Rio de Janeiro: Vieira & Lent, 2006.
CHAPLIN, 2015. Chaplin, Charles. *Minha vida*. Tradução de Rachel de Queiroz, R. Magalhães

Júnior e Genolino Amado. Rio de Janeiro: José Olympio, 2015.
CHEVALIER; GHEERBRANT, 1990. Chevalier, Jean; Gheerbrant, Alain. *Dicionário de símbolos*. Rio de Janeiro: José Olympio, 1990.
CHKLÓVSKI, 1917. Chklóvski, Viktor. "A arte como procedimento" (1917). *In:* Toledo, Dionísio de Oliveira (Org.). *Teoria da literatura: formalistas russos*. Tradução de Ana Mariza Ribeiro Filipouski, Maria Aparecida Pereira, Regina L. Zilberman e Antônio Carlos Holfeldt. Porto Alegre: Globo, 1973.
CHUVA, 2012. Chuva, Márcia. "Por uma história da noção de patrimônio". *Revista do Patrimônio*, Rio de Janeiro, n. 34, 2012.
CÍCERO, 1999. Cicero, Marco Túlio. *Saber envelhecer* seguido de *A amizade*. Tradução de Paulo Neves. Porto Alegre: L&PM, 1999.
CICERO, 2005. Cicero, Antonio. "Drummond e a modernidade". *Finalidades sem fim*: ensaios sobre poesia e arte. São Paulo: Companhia das Letras, 2005.
CÍCERO; MAIA JÚNIOR, 2011. Cícero, Marco Túlio; Maia Júnior, Juvino Alves. "O sonho de Cipião no *De Re Publica*, de Cícero". *Scientia Traductionis*, n.10, 2011.
COCCIA, 2020. Coccia, Emanuele. *Metamorfoses*. Tradução de Madeleine Deschamps e Victoria Mouawad. Rio de Janeiro: Dantes, 2020.
COELHO, 1973. Coelho, J. F. *Terra e família na poesia de Carlos Drummond de Andrade*. Belém: Universidade Federal do Pará, 1973.
COELHO, 2012. Coelho, Marcelo. "Dualidades, duplicações". *In:* Drummond de Andrade, Carlos. *A bolsa & a vida*. São Paulo: Companhia das Letras, 2012.
COLLOT, 2013. Collot, Michel. *Poética e filosofia da paisagem*. Rio de Janeiro: Editora Oficina Raquel, 2013.
COMBE, 2010. Combe, Dominique. "A referência desdobrada: O sujeito lírico entre a ficção e a autobiografia". Tradução de Vagner Camilo e Iside Mesquita. *Revista USP*, São Paulo, n. 84, 2010. Disponível em: <https://doi.org/10.11606/issn.2316-9036.v0i84p113-128>.
CORREIA, 2002. Correia, Marlene de Castro. *Drummond, a magia lúcida*. Rio de Janeiro: Zahar, 2002.

CORREIA, 2009. Correia, Marlene de Castro. "Como Drummond constrói 'Nosso tempo'". *Alea*, Rio de Janeiro, v. 11, n. 1, jan.-jun. 2009. Disponível em: <https://www.scielo.br/pdf/alea/v11n1/v11n1a07.pdf>. Acesso em: 21 jun. 2020.
CORREIA, 2010. Correia, Marlene de Castro. *Poesia de dois Andrades (e outros temas)*. Rio de Janeiro: Azougue, 2010.
CORREIA, 2015. Correia, Marlene de Castro. *Drummond*: jogo e confissão. Organização de Eucanaã Ferraz. São Paulo: IMS, 2015.
COSTA, 1929. Costa, Oswaldo. "Da Antropofagia". *Revista de Antropofagia*, 2ª dentição, n. 9, suplemento ao *Diário de S. Paulo*, 15.05.1929.
COSTA, 1937. Costa, Lucio. "Documentação necessária". *Revista do Patrimônio*, Rio de Janeiro, n. 1, 1937.
COSTA, 1941. Costa, Lucio. "A arte dos jesuítas no Brasil". *Revista do Patrimônio*, Rio de Janeiro, n. 5, 1941.
COSTA, 1995. Costa, Iná Camargo. "A herança modernista nas mãos do primeiro Drummond". *In:* Pizarro, Ana (Org.). *América Latina*: palavra, literatura e cultura. Campinas: Unicamp; São Paulo: Memorial, 1995. v. 3.
COSTA, 2018. Costa, Lucio. *Registro de uma vivência*. 3ª ed. São Paulo: Editora 34: Sesc, 2018.
COSTA LIMA, 1989. Costa Lima, Luiz. "Drummond: as metamorfoses da corrosão". *In: A aguarrás do tempo*. Rio de Janeiro: Rocco, 1989.
COSTA LIMA, 1995a. Costa Lima, Luiz. *Lira e antilira*: Mario, Drummond, Cabral. Rio de Janeiro: Topbooks, 1995.
COSTA LIMA, 1995b. Costa Lima, Luiz. "O princípio-corrosão na poesia de Carlos Drummond de Andrade". *In: Lira e antilira*: Mario, Drummond, Cabral. Rio de Janeiro: Topbooks, 1995.
COSTA LIMA, 2006. Costa Lima, Luiz. *História. Ficção. Literatura*. São Paulo: Companhia das Letras, 2006.
CUNHA, 1948. Cunha, Sylvio da. "Os pássaros do retratista". *A Manhã*, Letras e Artes, Rio de Janeiro, n. 89, 20.06.1948.
CURTIUS, 1996. Curtius, Ernst Robert.

Literatura Europeia e Idade Média Latina. São Paulo: Edusp, 1996.

CURY, 1998. Cury, Maria Zilda Ferreira. *Horizontes modernistas*: o jovem Drummond e seu grupo em papel jornal. Belo Horizonte: Autêntica, 1998.

D'ALEMBERT, 1928. D'Alembert, Jean Le Rond. "Discurso preliminar da enciclopédia". In: *Revista de Antropofagia*, n. 3, jul. 1928. Ed. fac-similar de *Revistas do modernismo 1922-1929*. Organização de Pedro Puntoni e Samuel Titan Jr. São Paulo: Imprensa Oficial; Biblioteca Brasiliana Guita e José Mindlin, Biblioteca Mário de Andrade, 2014.

DELGADO, 1931. Delgado, Luiz. "Da terra dos livros". *Diário de Pernambuco*, 1931. Reproduzido em: Drummond de Andrade, Carlos. *Alguma poesia*: o livro em seu tempo. Organização de Eucanaã Ferraz. São Paulo: IMS, 2010.

DENNING, 1996. Denning, Michael. *The Cultural Front*: The Laboring of American Culture in the Twentieth Century. Nova York: Verso, 1996.

DIAS, 1992. Dias, Renato Feliciano (Coord. geral). CVRD. *A mineração no Brasil e a Companhia Vale do Rio Doce*. Rio de Janeiro, 1992.

DIEGO, 2016. Diego, Marcelo. "Conversações do papel e para o papel: ressonâncias machadianas na obra de Carlos Drummond de Andrade". *Journal of Lusophone Studies*, Stanford, n. 1.2, 2016. Disponível em: <https://jls.apsa.us/index.php/jls/article/view/63>. Acesso em: 01 ago. 2020.

DOYLE, 1976. Doyle, Plínio. *História de revistas e jornais literários*. Rio de Janeiro: Ministério da Educação e Cultura: Fundação Casa de Rui Barbosa, 1976.

DRUMMOND DE ANDRADE, 1921. Drummond de Andrade, Carlos. "NOS THEATROS", "Addio, giovinezza". *Correio da Manhã*, Rio de Janeiro, 19.02.1921. Disponível em: <http://memoria.bn.br/DocReader/DocReader.aspx?bib=089842_03&Pesq=%22Clara%20Weiss%22%20+%20%22Addio,%20giovinezza%22&pagfis=5209>. Acesso em: 10 out. 2021.

DRUMMOND DE ANDRADE, 1924. Drummond de Andrade, Carlos. "As condições atuais da poesia no Brasil". *Gazeta Comercial*, Juiz de Fora, 20 e 22.06.

DRUMMOND DE ANDRADE, 1925. Drummond de Andrade, Carlos. "Sobre a tradição em literatura". *A Revista*, Belo Horizonte, n. 1, jul. 1925.

DRUMMOND DE ANDRADE, 1930a. Drummond de Andrade, Carlos. "O fenômeno Greta Garbo". *Minas Geraes*, Belo Horizonte, 18.05.1930.

DRUMMOND DE ANDRADE, 1930b. Drummond de Andrade, Carlos. "Stock". *Minas Geraes*, Belo Horizonte, 30.03.1930. Reproduzido em *Revista do Arquivo Público Mineiro*. Ano XXXV. Belo Horizonte: Arquivo Público Mineiro, 1984.

DRUMMOND DE ANDRADE, 1934. Drummond de Andrade, Carlos. "Opiniões de camondongo". *Minas Geraes*, Belo Horizonte, 26.05.1934.

DRUMMOND DE ANDRADE, 1942. Drummond de Andrade, Carlos. "José". *A Manhã*, Autores e Livros: Suplemento Literário, Rio de Janeiro, 11.01.1942. Disponível em: <http://memoria.bn.br/DocReader/docreader.aspx?bib=066559&pasta=ano%20194&pesq=%22drummond%22&pagfis=495>. Acesso em: 15 ago. 2020.

DRUMMOND DE ANDRADE, 1943a. Drummond de Andrade, Carlos. "Autorretrato". *Leitura*, jun. 1943.

DRUMMOND DE ANDRADE, 1943b. Drummond de Andrade, Carlos. [Correspondência]. Destinatário: Fernando Sabino. Rio de Janeiro, 8 dez. 1943. Carta. Arquivo Fundação Casa de Rui Barbosa.

DRUMMOND DE ANDRADE, 1943c. Drummond de Andrade, Carlos. [Correspondência]. Destinatário: Abgar Renault. Rio de Janeiro, 15 jul. 1943. Carta. Arquivo Fundação Casa de Rui Barbosa.

DRUMMOND DE ANDRADE, 1944. Drummond de Andrade, Carlos. "Poesia social I – Definição". *Folha Carioca*, Rio de Janeiro, 10.04.1944.

DRUMMOND DE ANDRADE, 1945a. Drummond de Andrade, Carlos. "Manifesto da União dos Trabalhadores Intelectuais". *Correio da Manhã*, Rio de Janeiro, 04.04.1945.

DRUMMOND DE ANDRADE, 1945b. Drummond de Andrade, Carlos. "Livros Assassinados". *O Globo*, Rio de Janeiro, maio 1945.

DRUMMOND DE ANDRADE, 1945c. Drummond de Andrade, Carlos. "*Poesia, Tempo, Linguagem*". *Folha Carioca*, Rio de Janeiro, 26.2.1945.

DRUMMOND DE ANDRADE, 1946. Drummond de Andrade, Carlos. "García Lorca e a Cultura Espanhola". *Correio da manhã*, Rio de Janeiro, 06.10.1946.

DRUMMOND DE ANDRADE, 1949a. Drummond de Andrade, Carlos. "Adeus". *Correio da Manhã*, Rio de Janeiro, 25.12.1949.

DRUMMOND DE ANDRADE, 1949b. Drummond de Andrade, Carlos. "Morte das casas de Ouro Preto. Protejamos Ouro Preto". *Correio da Manhã*, Terceira Seção, Rio de Janeiro, 04.09.1949.

DRUMMOND DE ANDRADE, 1952. Drummond de Andrade, Carlos. *Viola de bolso*. Rio de Janeiro: MEC, 1952.

DRUMMOND DE ANDRADE, 1954. Drummond de Andrade, Carlos. Entrevista a Geir Campos. *Revista da Semana*, set. 1954.

DRUMMOND DE ANDRADE, 1956a. Drummond de Andrade, Carlos. "Na balança". *Correio da Manhã*, Primeiro Caderno, Rio de Janeiro, 22.04.1956.

DRUMMOND DE ANDRADE, 1956b. Drummond de Andrade, Carlos. "Ouro Preto, valor econômico". *Correio da Manhã*, Primeiro Caderno, Rio de Janeiro, 25.10.1956.

DRUMMOND DE ANDRADE, 1958. Drummond de Andrade, Carlos. "Nada de política, hein!". *Correio da Manhã*, Rio de Janeiro, 2.9.1958.

DRUMMOND DE ANDRADE, 1961. Drummond de Andrade, Carlos. "Fala, Rodrigo". *Correio da Manhã*, Primeiro Caderno, Rio de Janeiro, 29.08.1961.

DRUMMOND DE ANDRADE, 1962a. Drummond de Andrade, Carlos. "Aposentado". *Correio da Manhã*, Primeiro Caderno, Rio de Janeiro, 02.02.1962.

DRUMMOND DE ANDRADE, 1962b. Drummond de Andrade, Carlos. "Criança & poeta". *Correio da Manhã*, Rio de Janeiro, 27.06.1962.

DRUMMOND DE ANDRADE, 1965. Drummond de Andrade, Carlos. "Aniversário". *Correio da Manhã*, Rio de Janeiro, 17.09.1965.

DRUMMOND DE ANDRADE, 1966a. Drummond de Andrade, Carlos. "O padre e a moça". *Correio da Manhã*, Rio de Janeiro, 05.06.1966.

DRUMMOND DE ANDRADE, 1966b. Drummond de Andrade, Carlos. "Velho amor". *Correio da Manhã*, Primeiro Caderno, Rio de Janeiro, 24.04.1966.

DRUMMOND DE ANDRADE, 1967a. Drummond de Andrade, Carlos. "Razões do censor". *Correio da Manhã*, Rio de Janeiro, 21.04.1967.

DRUMMOND DE ANDRADE, 1967b. Drummond de Andrade, Carlos. "Rendição de guarda". *Correio da Manhã*, Primeiro Caderno, Rio de Janeiro, 28.06.1967.

DRUMMOND DE ANDRADE, 1968. Drummond de Andrade, Carlos. "Desligamento do poeta", *Correio da Manhã*, Rio de Janeiro, 15.10.1968. Disponível em: <http://memoria.bn.br/DocReader/docreader.aspx?bib=089842_07&pasta=ano%20196&pesq=%22Manuel%20Bandeira%22%20%22Carlos%20Drummond%22&pagfis=96444>. Acesso em 25 mar. 2021.

DRUMMOND DE ANDRADE, 1969. Drummond de Andrade, Carlos. "Lição de bem morrer". *Correio da Manhã*, Segundo Caderno, Rio de Janeiro, 13.05.1969.

DRUMMOND DE ANDRADE, 1970. Drummond de Andrade, Carlos. "Adeus, Elixir de Nogueira". *Jornal do Brasil*, Rio de Janeiro, 17.01.1970.

DRUMMOND DE ANDRADE, 1972. Drummond de Andrade, Carlos. "Museu: fantasia?" *Jornal do Brasil*, Caderno B, Rio de Janeiro, 11.07.1972.

DRUMMOND DE ANDRADE, 1973a. Drummond de Andrade, Carlos. "De Mestre Rodrigo". *Jornal do Brasil*, Caderno B, Rio de Janeiro, 18.08.1973.

DRUMMOND DE ANDRADE, 1973b. Drummond de Andrade, Carlos. "O Quixote de Portinari". *Jornal do Brasil*, Caderno B, Rio de Janeiro, 17.03.73.

DRUMMOND DE ANDRADE, 1974. Drummond de Andrade, Carlos. "Nossa riqueza por aí". *Jornal do Brasil*, Caderno B, Rio de Janeiro, 12.10.1974.

DRUMMOND DE ANDRADE, 1976a. Drummond de Andrade, Carlos. "Ataíde à venda?" *Jornal do Brasil*, Caderno B, Rio de Janeiro, 26.02.1976.

DRUMMOND DE ANDRADE, 1976b. Drummond de Andrade, Carlos. "Cartas na mesa: os Andrades se dividem [Carta de Carlos Drummond de Andrade a Oswald de Andrade]". *Revista de Antropofagia*. Introdução de Augusto de Campos. São Paulo: Ciclo do Livro, 1976. Edição fac-similar, 2ª dentição n. 11, 19.06.1929.

DRUMMOND DE ANDRADE, 1978. Drummond de Andrade, Carlos. O mundo de após-guerra". *In*: Brayner, Sônia (Org.). *Carlos Drummond de Andrade*. Coleção Fortuna Crítica. Rio de Janeiro: Civilização Brasileira, 1978.

DRUMMOND DE ANDRADE, 1979. Drummond de Andrade, Carlos. "Foi assim a semana". *Jornal do Brasil*, Caderno B, Rio de Janeiro, 14.07.1979.

DRUMMOND DE ANDRADE, 1980a. Drummond de Andrade, Carlos. "Cinquenta anos de poesia brasileira nas veias de Drummond". Entrevista a Cremilda Medina. *O Estado de S. Paulo*, 01.04.1980.

DRUMMOND DE ANDRADE, 1980b. Drummond de Andrade, Carlos. "Cartola, no moinho do mundo". *Jornal do Brasil*, 27.11.1980.

DRUMMOND DE ANDRADE, 1980c. Drummond de Andrade, Carlos. "O homem e o remédio: qual o problema?". *Jornal do Brasil*, Rio de Janeiro, 26.07.1980.

DRUMMOND DE ANDRADE, 1980d. Drummond de Andrade, Carlos. "Vou à farmácia e já volto". *Jornal do Brasil*, Rio de Janeiro, 02.08.1980.

DRUMMOND DE ANDRADE, 1984a. Drummond de Andrade, Carlos. "Ciao". *Jornal do Brasil*, Caderno B, Rio de Janeiro, 29.09.1984.

DRUMMOND DE ANDRADE, 1984b. Drummond de Andrade, Carlos. "Crônicas de Carlos Drummond de Andrade sob pseudônimo". *Revista do Arquivo Público Mineiro*, n. 35, 1984.

DRUMMOND DE ANDRADE, 1984c. Drummond de Andrade, Carlos. "O cronista da ambiguidade". *Jornal do Brasil*, Caderno B, Rio de Janeiro, 08.05.1984.

DRUMMOND DE ANDRADE, 1984d. Drummond de Andrade, Carlos. "Três mil remédios". *Jornal do Brasil*, Rio de Janeiro, 12.04.1984.

DRUMMOND DE ANDRADE, 1987a. Drummond de Andrade, Carlos. "Grayce", *In*: *Crônicas 1930-1934*. Belo Horizonte: Secretaria de Estado da Cultura de Minas Gerais, 1987.

DRUMMOND DE ANDRADE, 1987b. Drummond de Andrade, Carlos. Entrevista para o suplemento literário "Ideias". *Jornal do Brasil*, Rio de Janeiro, 20.08.1987.

DRUMMOND DE ANDRADE, 2007. Drummond de Andrade, Carlos. *Querida Favita: cartas inéditas*. Organização de Flávio A. de Andrade Goulart e Myriam Goulart de Oliveira. Uberlândia: Edufu, 2007.

DRUMMOND DE ANDRADE, 2010a. Drummond de Andrade, Carlos. *Alguma poesia*: o livro em seu tempo. Organização de Eucanaã Ferraz. São Paulo: IMS, 2010.

DRUMMOND DE ANDRADE, 2010b. Drummond de Andrade, Carlos. (Seleção e montagem). *Uma pedra no meio do caminho: biografia de um poema* (1967). 2ª ed. ampl. Organização de Eucanaã Ferraz. São Paulo: IMS, 2010.

DRUMMOND DE ANDRADE, 2011. Drummond de Andrade, Carlos. *Versos de circunstância*. Organização de Eucanaã Ferraz. São Paulo: IMS, São Paulo: IMS, 2011.

DRUMMOND DE ANDRADE, 2012a. Drummond de Andrade, Carlos. "Baú de surpresas". *In*: Nava, Pedro. *Baú de ossos*. São Paulo: Companhia das Letras, 2012.

DRUMMOND DE ANDRADE, 2012b. Drummond de Andrade, Carlos "Drummond por ele mesmo". *Cadernos de Literatura Brasileira*, São Paulo, n. 27, out. 2012.

DRUMMOND DE ANDRADE et al., 1925a. Drummond de Andrade, Carlos. "Para os céticos". *In*: *A Revista*, Belo Horizonte, n. 1, jul. 1925. Ed. fac-similar de *Revistas do modernismo 1922-1929*. Organização de Pedro Puntoni e Samuel Titan Jr. São Paulo: Imprensa Oficial; Biblioteca Brasiliana Guita e José Mindlin, Biblioteca Mário de Andrade, 2014.

DRUMMOND DE ANDRADE, et al., 1925b. Drummond de Andrade, Carlos. "Para os espíritos criadores". *In: A Revista*, Belo Horizonte, n. 2, ago. 1925. Ed. fac-similar de *Revistas do modernismo 1922-1929*. Organização de Pedro Puntoni e Samuel Titan Jr. São Paulo: Imprensa Oficial; Biblioteca Brasiliana Guita e José Mindlin, Biblioteca Mário de Andrade, 2014.

DUARTE, 2003. Duarte, Constância Lima (Org. e notas). "Drummond e Henriqueta, afeto e admiração". *Remate de Males*, Campinas, n. 23, 2003.

DURAND, 2012. Durand, Gilbert. *As estruturas antropológicas do imaginário*: introdução à arquetipologia geral. 4ª ed. São Paulo: WMF Martins Fontes, 2012.

ELIADE, 1999. Eliade, Mircea. *Mefistófeles e o andrógino*: comportamentos religiosos e valores espirituais não-europeus. São Paulo: Martins Fontes, 1999.

ELIOT, s.d. Eliot, T. S. "A tradição e o talento individual". *In: Ensaios de doutrina crítica*. Lisboa: Guimarães Editores, s.d.

ESCARPIT, 1967. Escarpit, Robert. *L'Humour*. Presses universitaires de France, 1967.

FABRIS, 1990. Fabris, Annateresa. *Portinari. Pintor social*. São Paulo: Perspectiva, 1990.

FAUSTINO, 1978. Faustino, Mário. "Poesia--experiência". *In*: Brayner, Sônia (Org.). *Carlos Drummond de Andrade*. Coleção Fortuna Crítica. Rio de Janeiro: Civilização Brasileira, 1978.

FAUSTINO, 2003. Faustino, Mário. "Victor Hugo brasileiro". *In: De Anchieta aos concretos. Poesia brasileira no jornal*. Organização de Maria Eugênia Boaventura. São Paulo: Companhia das Letras, 2003.

FELGUEIRAS, 2013. Felgueiras, Carmem. "Lua e estrela: experiência e universalidade nas viagens de Afonso Arinos de Melo Franco". *Sociologia & Antropologia*, Rio de Janeiro, v. 3, n. 6, nov. 2013.

FERBER, 1999. Ferber, Michael. *A Dictionary of Literary Symbols*. Cambridge: Cambridge University Press, 1999.

FERRAZ, 2002. Ferraz, Eucanaã. "O poeta vê a cidade". *Poesia Sempre*, Rio de Janeiro, n. 16, out. 2002.

FERRAZ, 2010a. Ferraz, Eucanaã. "Apresentação". *In*: Drummond de Andrade, Carlos. *Alguma poesia: o livro em seu tempo*. Organização de Eucanaã Ferraz. São Paulo: IMS, 2010.

FERRAZ, 2010b. Ferraz, Eucanaã. "Nota para um livro divertidíssimo". *In:* Drummond de Andrade, Carlos (Seleção e montagem). *Uma pedra no meio do caminho: biografia de um poema* (1967). 2ª ed. ampl. Organização de Eucanaã Ferraz. São Paulo: IMS, 2010.

FERRAZ, 2012. Ferraz, Eucanaã. "Modos de morrer". *Cadernos de literatura brasileira*, n. 27, dedicado a Drummond. Instituto Moreira Salles, 2012.

FERRAZ, 2013. Ferraz, Eucanaã. "Alguma cambalhota". Posfácio a *Alguma poesia*. São Paulo: Companhia das Letras, 2013.

FERREIRA, 1998. Ferreira, Maria Zilda. *Horizontes modernistas*: o jovem Drummond e seu grupo em papel-jornal. Belo Horizonte: Autêntica, 1998.

FIGUEIREDO, 1899. Figueiredo, Cândido de. *Novo dicionário da língua portuguesa*. Lisboa: Tavares Cardoso & Irmão, 1899. 2 v.

FIGUEIREDO, 1923. Figueiredo, Cândido de. *Os estrangeirismos*. Lisboa: Livraria Clássica, 1923. v. 1.

FIORIN, 2019. Fiorin, José Luis. *Figuras de retórica*. São Paulo: Contexto, 2019.

FONSECA, 2005. Fonseca, Maria Cecília Londres. *O patrimônio em processo*: trajetória da política federal de preservação no Brasil. 2ª ed. Rio de Janeiro: UFRJ: MinC: Iphan, 2005.

FONT, 1988. Font, Edmundo. "O Rio está como o diabo gosta". *Vuelta*, ano XII, n. 136, mar. 1988.

FREIRE, 1921. Freire, Laudelino. *Galicismos*. Rio de Janeiro: S. A. Litotipografia Fluminense, 1921.

FREIRE, 1939-44. Freire, Laudelino. *Grande e novíssimo dicionário da língua portuguesa*. Rio de Janeiro: A Noite, 1939-1944. 5 v.

FREUD, 1920. Freud, Sigmund. "Além do princípio do prazer" (1920). *In: Obras completas. v. 14: História de uma neurose infantil ("O homem dos lobos"), Além do princípio do prazer e outros textos* (1917-1920). Tradução de Paulo César de Souza. São Paulo: Companhia das Letras, 2010.

FREUD, 2011. Freud, Sigmund. *Luto e melancolia*. Tradução, introdução e notas de Marilene Carone. São Paulo: Cosac Naify, 2011.

FRIAS, 2019. Frias, Joana Matos. *O murmúrio das imagens I*: poéticas da evidência. Porto: Edições Afrontamento, 2019.

FRIAS, 2002. Frias, Joana Matos. "Nudez". *Inimigo Rumor*, n. 13, 2º semestre 2002.

FRIEDRICH, 1978. Friedrich, Hugo. *Estrutura da lírica moderna*: da metade do século XIX a meados do século XX. São Paulo: Duas Cidades, 1978.

FRYE, 1973. Frye, Northrop. *Anatomia da crítica*. Tradução de Péricles Eugênio da Silva Ramos. São Paulo: Cultrix, 1973.

FRYE, 1976. Frye, Northrop. "Charms and riddles". *In: Spiritus mundi*. Bloomington: Indiana University Press, 1976.

FUNDAÇÃO CASA DE RUI BARBOSA, 2002a. *Drummond, uma visita*: exposição comemorativa do centenário de Carlos Drummond de Andrade. Rio de Janeiro: Fundação Casa de Rui Barbosa, 2002a.

FUNDAÇÃO CASA DE RUI BARBOSA, 2002b. *Inventário do arquivo Carlos Drummond de Andrade*. 2ª ed. Rio de Janeiro: Fundação Casa de Rui Barbosa, 2002b.

GAFFIOT, 1934. Gaffiot, Félix. *Dictionnaire illustré latin-français*. Paris: Hachette, 1934.

GAGNEBIN, 2014. Gagnebin, Jeanne Marie. *Limiar, aura e rememoração*: ensaios sobre Walter Benjamin. São Paulo: Editora 34, 2014.

GALDINO, 1991. Galdino, Márcio da Rocha. *O cinéfilo anarquista. Carlos Drummond de Andrade e o cinema*. Belo Horizonte: BDMG, 1991.

GARCIA, 1955. Garcia, Othon Moacyr. *Esfinge clara*: palavra-puxa-palavra em Carlos Drummond de Andrade. Rio de Janeiro: Livraria São José, 1955.

GIL, 1987. Gil, José. *Fernando Pessoa ou a metafísica das sensações*. Lisboa: Relógio D'água, 1987.

GILBERT, 1997. Gilbert, Javier García. *Cervantes y la melancolía. Ensayos sobre el tono y la actitud cervantinos*. Valencia: Ediciones Alfons el Magnánim, 1997.

GIROUX; SILVA; SALLES, 1995. Giroux, Roberto (Seleção e organização, edição americana); Silva, Carlos Eduardo Lins da; Salles, João Moreira (Seleção a partir da edição americana). *Uma arte*: as cartas de Elizabeth Bishop. Tradução de Paulo Henriques Britto. São Paulo: Companhia das Letras, 1995.

GLEDSON, 2003a. Gledson, John. "Drummond e Valéry". *In: Influências e impasses*: Drummond e alguns contemporâneos. São Paulo: Companhia das Letras, 2003.

GLEDSON, 2003b. Gledson, John. *Influências e impasses*: Drummond e alguns contemporâneos. Tradução de Frederico Dentello. São Paulo: Companhia das Letras, 2003.

GLEDSON, 2018. Gledson, John. *Poesia e poética em Carlos Drummond de Andrade*. 2ª ed. São Paulo: E-Galáxia, 2018. *E-book*.

GONÇALVES, 1996. Gonçalves, José Reginaldo. *A retórica da perda*: os discursos do patrimônio cultural no Brasil. Rio de Janeiro: Editora UFRJ: Iphan, 1996.

GOODY, 2000. Goody, Jack. *The Domestication of the Savage Mind*. Cambridge: Cambridge University Press, 2000.

GRANJA, 2008. Granja, Lúcia. "Domínio da boa prosa: narradores e leitores na obra do cronista". *Cadernos de Literatura Brasileira*, São Paulo, n. 23 e 24, 2008.

GUIMARAENS FILHO, 1946. Guimaraens Filho, Alphonsus de. *Antologia da poesia mineira – fase modernista*. Belo Horizonte: Livraria Cultura Brasileira, 1946.

GUIMARÃES, 2012a. Guimarães, Hélio de Seixas. "Drummond se rende a Machado". *Valor Econômico*, 14.09.2012. Disponível em: <https://valor.globo.com/eu-e/noticia/2012/09/14/drummond-se-rende-a-machado.ghtml>. Acesso em: 01 ago. 2020.

GUIMARÃES, 2012b. Guimarães, Júlio Castañon. "José e algumas de suas histórias". *In*: Drummond de Andrade, Carlos. *José*. São Paulo: Companhia das Letras, 2012.

HAMBURGER, 2007. Hamburger, Michael. *A verdade da poesia*: tensões na poesia modernista desde Baudelaire. Tradução de Alípio Correia de Franca Neto. São Paulo: Cosac Naify, 2007.

HANREZ, 1977. Hanrez, Marc (Org.). *Los escritores y la guerra de España*. Barcelona: Libros de Monte Avila, 1977.

HANSEN, 2005. Hansen, João Adolfo. "A máquina do mundo (Camões)". *In:* Novaes, Adauto (Org.). *Poetas que pensaram o mundo*. São Paulo: Companhia das Letras, 2005.

HANSEN, 2018. Hansen, João Adolfo. "Máquina do mundo". *Teresa, revista de literatura brasileira*, São Paulo, n. 14, 2018.

HEGEL, 1996. Hegel, Friedrich. "Ironia e romantismo". *In: O belo na Arte*. São Paulo: Martins Fontes, 1996.

HERINGER, 2018. Heringer, Victor. "Maria Julieta, 90 anos". *Por Dentro dos Acervos*, Rio de Janeiro, 02.03.2018; entrevista de Carlos Drummond de Andrade a sua filha. Áudio disponível em: <https://ims.com.br/por-dentro-acervos/maria-julieta-90-anos/>. Acesso em: jul. 2022. Ver edição impressa em *O Globo*, Domingo, Rio de Janeiro, 29.01.1984 ("Carlos Drummond de Andrade fala a Maria Julieta Drummond de Andrade").

HERNANDEZ, 1982. Hernandez, Miguel. *Obra poética completa*. Madri: Alianza, 1982.

HOBSBAWM, 2002. Hobsbawm, Eric. *A era dos extremos*: o breve século XX. São Paulo: Companhia das Letras, 2002.

HOLANDA, 1974. Holanda, Sérgio Buarque de. "Perspectivas". *Estética*: 1924/1925. Apresentação de Pedro Dantas. Rio de Janeiro: Gernasa, 1974. Edição fac-similar, n. 3, abr.-jun. 1925.

HOLANDA, 1977. Holanda, Sérgio Buarque de. "Rebelião e convenção". *In:* Brayner, Sônia (Org.). *Carlos Drummond de Andrade*. Rio de Janeiro: Civilização Brasileira; Brasília: INL, 1977.

HOLANDA, 1992. Holanda, Sérgio Buarque de. *Capítulos de literatura colonial*. São Paulo: Brasiliense, 1992.

HOUAISS, 1976. Houaiss, Antônio. *Drummond mais seis poetas e um problema*. Rio de Janeiro: Imago, 1976.

HOUAISS, 2001. Houaiss, Antônio et al. *Dicionário Houaiss da língua portuguesa*. Rio de Janeiro: Objetiva, 2001.

HUIDOBRO, 2003. Huidobro, Vicente. *Obra poética*. Madri: ALLCA XX, 2003.

IBGE, 1959. IBGE. Instituto Brasileiro de Geografia e Estatística. *Enciclopédia dos municípios brasileiros*. Volume XXV. Rio de Janeiro: 1959

IVO, 2007. Ivo, Lêdo. *E agora adeus*. São Paulo: IMS, 2007.

JACCOTTET, 1997. Jaccottet, Philippe. "Préface". *In: D'une lyre à cinq cordes*. Traductions. Paris: Gallimard, 1997.

JACKSON, 1986. Jackson, Kenneth David. "Carlos Drummond: sua crítica de Oswald". *In:* Williams, Frederick G.; Pachá, Sergio. *Carlos Drummond de Andrade and his generation*. Santa Barbara: University of California: Bandanna Books, 1986.

JAFA, 1955a. Jafa, Van. "Cinema". *A Noite*, Rio de Janeiro, 30.05.1955.

JAFA, 1955b. Jafa, Van. "Greta Garbo e eu". *Correio da Manhã*, Rio de Janeiro, 19.06.1955.

JANKÉLÉVTCH, 1977. Jankélévitch, Vladimir. *La Mort*. Paris: Flammarion, 1977.

JANKÉLÉVITCH, 1997. Jankélévitch, Vladimir. *L'Ironie*. Paris: Champs Flammarion, 1997.

JORGE, 2012. Jorge, Fernando. *Drummond e o elefante Geraldão*. São Paulo: Novo Século, 2012.

JUNG, 2013. Jung, Carl Gustav. *O segredo da flor de ouro*: um livro de vida chinês. Petrópolis: Vozes, 2013.

KAYSER, 1968. Kayser, Wolfgang. *Análise e interpretação da obra literária*. Coimbra: Armênio-Amado, 1968.

KAZ; MONTEIRO, 1989. Kas, Leonel; Monteiro, Salvador (Orgs.). *Drummond frente e verso. Fotobiografia de Carlos Drummond de Andrade*. Rio de Janeiro: Alumbramento, 1989.

KLIBANSKY; PANOFSKY; ERWIN, 2019. Klibansky, Raymond; Panofsky, Erwin; Saxl, Fritz. *Saturn and Melancholy. Studies in the History of Natural Philosophy, Religion, and Art*. Montreal: McGill-Queen's UP, 2019.

KOSELLECK, 2004. Koselleck, Reinhart. *Futures Past. On the Semantics of Historical Time*. Tradução de Keith Tribe. Nova York: Columbia UP, 2004.

KOSSOY, 2002. Kossoy, Boris (Org.). *Dicionário histórico-fotográfico brasileiro*: fotógrafos e ofício da fotografia no Brasil (1833-1910). São Paulo: IMS, 2002.

KRACAUER, 2001. Kracauer, Siegfried apud Charney, Leo; Schwartz, Vanessa R. (Orgs.). *O cinema e a invenção da vida moderna*. São Paulo: Cosac Naify, 2001.

KRACAUER, 2009. Kracauer, Siegfried. *Ornamento da massa*. Tradução de Carlos Eduardo J. Machado e Marlene Holzhausen. São Paulo: Cosac Naify, 2009.

KREMER; KILCHER, 2015. Kremer, Detlef; Kilcher, Andreas B. *Romantik. Lehrbuch Germanistik*. Stuttgart: Spriger: J. Metzler Verlag, 2015.

KUTZINSKI, 2012. Kutzinski, Vera M. *The Worlds of Langston Hughes*: Modernism and Translation in the Americas. Nova York: Cornell University Press, 2012.

LACERDA, 1949. Lacerda, Carlos. "Uma eleição de escritores (Entre o comunismo e a democracia)". *Correio da Manhã*, Rio de Janeiro, 20.03.1949.

LAFER, 1979. Lafer, Celso (Org.). "Antonio Candido". *In: Esboço de figura. Homenagem a Antonio Candido*. São Paulo: Duas Cidades, 1979.

LAFETÁ, 2004a. Lafetá, João Luiz. "Duas janelas dolorosas. O motivo do olhar em *Alguma poesia* e *Brejo das almas*". *In: A dimensão da noite*. São Paulo: Duas Cidades: Editora 34, 2004.

LAFETÁ, 2004b. Lafetá, João Luiz. "Leitura de *Campo de flores*". *In: A dimensão da noite*. São Paulo: Duas Cidades: Editora 34, 2004.

LAMAISON, 2005. Lamaison, Didier. "Introduction". *In*: Drummond de Andrade, Carlos. *La Machine du monde et autres poèmes*. Tradução de Didier Lamaison. Paris: Gallimard, 2005.

LANDAU, 1992. Landau, Trudi. *Carlinhos querido*: a amizade postal entre o poeta Carlos Drummond de Andrade e a escritora Trudi Landau. São Paulo: Keila & Rosenfeld, 1992.

LAROCHE, 2013. Laroche, Hughes. "Aurore". *In*: Montandon, Alain. *Dictionnaire littéraire de la nuit*. Paris: Honoré-Champion, 2013.

LE CORBUSIER, 1993. Le Corbusier. *A carta de Atenas*. Tradução de Rebecca Scherer. São Paulo: Hucitec: Edusp, 1993.

LE GOFF, 1996. Le Goff, Jacques. *História e memória*, 4ª ed. Campinas: Unicamp, 1996.

LEFEBVRE, 1962. Lefebvre, Henri. *Introduction à la Modernité*. Paris: Éditions de Minuit, 1962.

LEFEBVRE, 1968. Lefebvre, Henri. *La Vie quotidienne dans le monde moderne*. Paris: Gallimard, 1968.

LEFEBVRE, 2009. Lefebvre, Henri. *O direito à cidade*. São Paulo: Centauro, 2009.

LIMA, 1995. Lima, Mirella Márcia Longo Vieira. *Confidência mineira*: o amor na poesia de Carlos Drummond de Andrade. São Paulo: Edusp; Campinas: Pontes, 1995.

LIMA, 2002. Lima, Sergio. "Notas acerca do movimento surrealista no Brasil (da década de 1920 aos dias de hoje)". *In*: Löwy, Michael. *A estrela da manhã*: surrealismo e marxismo. Tradução de Eliana Aguiar. Rio de Janeiro: Civilização Brasileira, 2002.

LINS, 1979. Lins, Álvaro. "A rosa do povo". *In*: Drummond de Andrade, Carlos. *Poesia e prosa*. 5ª ed. Rio de Janeiro: Aguilar, 1979.

LINS, 2020. Lins, Vera. "O diário como gênero intranquilo". *Revista Z Cultural*, Rio de Janeiro, ano XV, n. 3, 2020.

LUDMER, 2002. Ludmer, Josefina. *O corpo do delito. Um manual*. Tradução de Maria Antonieta Pereira. Belo Horizonte: Editora UFMG, 2002.

MACHADO, 1997. Machado, Duda. *Margem de uma onda*. São Paulo: Editora 34, 1997.

MACIEL, 2010. Maciel, Maria Esther. *As ironias da ordem*. Belo Horizonte: Editora UFMG, 2010.

MALLARMÉ, 1945. Mallarmé, Stéphane. *Oeuvres complètes*. Paris: Gallimard, 1945.

MALLARMÉ, 2009. Mallarmé, Stéphane. *Vers de circonstance*. Paris: Gallimard, 2009.

MANSUR, 1984. Mansur, Gilberto. "Um encontro de *Status* com gente muito importante". Entrevista. *Status*, n. 120, jul. 1984.

MARIANO FILHO, 1928. Mariano Filho, José. "Da arquitetura, como fator de nacionalização". *O Estado de S. Paulo*, 17.11.1928.

MARQUES, 2011. Marques, Ivan. *Cenas de um modernismo de província*: Drummond e outros rapazes de Belo Horizonte. São Paulo: Editora 34, 2011.

MARTÍNEZ, 2008. Martinez, José Alberto Sanchez. "El sueño de la palavra: Xavier Villarrutia y la noche". *In: Espéculo*. *Revista de estúdios literários*, n. 37. Madri; Universidad Complutense de Madrid, 2008.

MARTINS, 2005. Martins, Hélcio. *A rima na poesia de Carlos Drummond de Andrade*

& *outros ensaios*. Rio de Janeiro: Academia Brasileira de Letra: TopBooks, 2005.
MASSI, 2012. Massi, Augusto. "A prosa de Carlos Drummond de Andrade". *In: Caderno de leituras Carlos Drummond de Andrade*: orientação para o trabalho em sala de aula. São Paulo: Companhia das Letras, 2012.
MATTOSO, 2008. Mattoso, Glauco. *As mil e uma línguas*. São Paulo: Dix Editorial, 2008.
MATVEJEVITCH, 1979. Matvejevitch, Predrag. *Pour une poétique de l'événement*. Paris: 10/18, 1979.
MAYA, 1912. Maya, Alcides. *Machado de Assis (algumas notas sobre o humour)*. Rio de Janeiro: Silva, 1912.
MBEMBE, 2020. Mbembe, Achille. *Brutalisme*. Paris: La Découverte, 2020.
MELLO E SOUZA, 1980. Mello e Souza, Gilda de. "O banquete". *In: Exercícios de leitura*. São Paulo: Duas Cidades, 1980.
MELLO E SOUZA, 2005. Mello e Souza, Gilda de. "A poesia de Mário de Andrade". *In: A ideia e o figurado*. São Paulo: Duas Cidades, 2005.
MELO FRANCO, 1934. Melo Franco, Afonso Arinos de. *Preparação ao nacionalismo*. Rio de Janeiro: Civilização Brasileira, 1934.
MELO FRANCO, 1936. Melo Franco, Afonso Arinos de. *Conceito de civilização brasileira*. São Paulo: Companhia Editora Nacional, 1936.
MELO FRANCO, 1937. Melo Franco, Afonso Arinos de. "Notícia de Carlos Drummond de Andrade". *In: Espelho de três faces*. São Paulo: Edições e Publicações Brasil, 1937.
MELO FRANCO, 1955. Melo Franco, Afonso Arinos de. *Barra do dia. Poesias (1924-1937)*. Edição manual de Silvio da Cunha. Petrópolis, 1955.
MELO FRANCO, 1958. Melo Franco, Afonso Arinos de. Discurso de Posse na Academia Brasileira de Letras proferido em 19.07.1958. Disponível em: <https://www.academia.org.br/academicos/afonso-arinos-de-melo-franco/discurso-de-posse>.
MELO FRANCO, 1963. Melo Franco, Afonso Arinos de. Discurso proferido em 19.06.1963. Disponível em: <https://legis.senado.leg.br/diarios/ver/10529?sequencia=11&sequencia Final=20#search=carlos%20drummond%20de%20andrade%20>.

MELO FRANCO, 1979. Melo Franco, Afonso Arinos de. *A alma do tempo*. São Paulo: José Olympio, 1979.
MELO FRANCO, 1982. Melo Franco, Afonso Arinos de. *Amor à Roma*. Rio de Janeiro: Nova Fronteira, 1982.
MELO FRANCO, 2019. Melo Franco, Afonso Arinos de. *A alma do Tempo*. Rio de Janeiro: Topbooks, 2019.
MELO NETO, 1975. Melo Neto, João Cabral de. *Museu de tudo*. Rio de Janeiro: José Olympio, 1975.
MELO NETO, 2008. Melo Neto, João Cabral de. *Poesia completa e prosa*. Rio de Janeiro: Nova Aguilar, 2008.
MENDES, 1949. Mendes, Murilo. "Ouro Preto ameaçada". *A Manhã*, Vida Literária, Rio de Janeiro, 21.08.1949.
MENDES, 1959. Mendes, Murilo. *Poesias*. Rio de Janeiro: José Olympio, 1959.
MÉRIAN-PONCIONI, 2001. Mérian-Poncioni, Claudia. "Drummond épistolier". *In: Quint, Anne-Marie (Org.). Le Conte et la lettre dans l'espace lusophone*. Centre de Recherches sur les Pays Lusophones (CREPAL), Cahier n. 8. Paris: Presses de la Sorbonne Nouvelle, 2001.
MERQUIOR, 1974. Merquior, José Guilherme. "A estética do modernismo do ponto de vista da história da cultura". *In: Formalismo e tradição moderna*: o problema da arte na crise da cultura, parte II. Rio de Janeiro: Forense Universitária; São Paulo: Edusp, 1974.
MERQUIOR, 1976. Merquior, José Guilherme. *Verso universo em Drummond*. Rio de Janeiro: José Olympio, 1976.
MERQUIOR, 1978. Merquior, José Guilherme. "Notas em função de *Boitempo I*". *In: Brayner, Sônia (Org.). Carlos Drummond de Andrade*. Coleção Fortuna Crítica. Rio de Janeiro: Civilização Brasileira, 1978.
MEYER, 1952. Meyer, Augusto. "O homem subterrâneo". *In: Machado de Assis*. 2ª ed. Rio de Janeiro: Organização Simões, 1952.
MEYER, 1992. Meyer, Marlyse. "Voláteis e versáteis. De variedade e folhetins se fez a chronica". *In: Candido, A. et al. A crônica. O gênero, sua fixação e suas transformações no Brasil*. Rio de Janeiro: Fundação Casa de Rui Barbosa; Campinas: Unicamp, 1992.

MEYER, 1996. Meyer, Marlyse. *Folhetim. Uma história*. São Paulo: Companhia das Letras, 1996.
MICELI, 1979. Miceli, Sergio. *Intelectuais e classe dirigente no Brasil (1920-1945)*. São Paulo: Difel, 1979.
MICELI, 2001. Miceli, Sergio. *Intelectuais à brasileira*. São Paulo: Companhia das Letras, 2001.
MILLIET, 1926. Milliet, Sérgio. "Poesia". *Terra roxa e outras terras*, n. 5, 27.04.1926.
MILNER; PICHOIS, 1996. Milner, Max; Pichois, Claude. *Histoire de la littérature française de Chateaubriand à Baudelaire*. Paris: Flammarion, 1996.
MIRANDA, 1885. Miranda, Francisco de Sá de. *Poesias de...* Edição preparada por Carolina Michaëlis de Vasconcelos. Halle: Max Niemeyer, 1885.
MIRANDA, 1963. Miranda, Jésu de. "A pedra no caminho é da Bíblia". *In: A vida é um plágio*. Belo Horizonte: Bernardo Álvares, 1963 apud Drummond de Andrade, Carlos (Seleção e montagem). *Uma pedra no meio do caminho: biografia de um poema* (1967). 2ª ed. ampl. Organização de Eucanaã Ferraz. São Paulo: IMS, 2010.
MIRANDA; SAID, 2012. Miranda, Wander Melo; Said, Roberto (Org., prefácio e notas). *Cyro & Drummond*: correspondência de Cyro dos Anjos e Carlos Drummond de Andrade. São Paulo: Globo, 2012.
MONTANDON, 2015. Montandon, Alain. "De la musicalité de la nuit". *In*: Aloe, Stefano (Org.). *La Notte romantica*. Verona: Università di Verona, 2015.
MONTEIRO; KAZ, 1989. Monteiro, Salvador; Kaz, Leonel. *Drummond, frente e verso*. São Paulo: Edições Alumbramento, 1989.
MORAES, 1978a. Moraes, Eduardo Jardim de. *A brasilidade modernista*: sua dimensão filosófica. Rio de Janeiro: Graal, 1978.
MORAES, 1972. Moraes, Emanuel de. *Drummond rima Itabira mundo*. Rio de Janeiro: José Olympio, 1972.
MORAES, 1978b. Moraes, Emanuel de. "As várias faces de uma poesia". *In*: Brayner, Sônia (Org.). *Carlos Drummond de Andrade*. Coleção Fortuna Crítica. Rio de Janeiro: Civilização Brasileira, 1978.
MORAES, 1958. Moraes, Eneida de. "União Brasileira de Escritores". *Diário de Notícias*, 07.09.1958.
MORAES, 2011. Moraes, Marcos Antonio de. "Artes de querer bem". *In*: Drummond de Andrade, Carlos. *Versos de circunstância*. Rio de Janeiro: IMS, 2011.
MORAES NETO, 1987. Moraes Neto, Geneton. "Vivo em paz com a minha consciência" (entrevista integral). *Jornal de Letras*, Lisboa, 1987. Arquivo do Centro de Documentação Alexandre Eulálio. Campinas: IEL: Unicamp.
MORAES NETO, 2007. Moraes Neto, Geneton. *Dossiê Drummond*. 2ª ed. rev. e ampl. São Paulo: Globo, 2007.
MORAES, NETO, 1974. Moraes Neto, Prudente de. "Sobre a sinceridade". *Estética*: 1924/1925. Apresentação de Pedro Dantas. Rio de Janeiro: Gernasa, 1974. Edição fac-similar, n. 2, jan.-mar. 1925.
MORANI, 1998. Morani, Moreno (Ed.). "Il tema della notte nella letteratura europea". *Il tema del noturno. Zetesis, Rivista di cultura greca e latina*, n. 98.1, 1998. Disponível em: <https://www.rivistazetesis.it/Notturno/Italia_ ed_Europa.htm>. "Il tema della notte nella letteratura europea". Acesso em: 06 jan. 2022.
MOREIRA, 2015. Moreira, Luiza Franco, "'Tantas notícias': poemas de *A Rosa do Povo* na imprensa dos anos 1940". Simpósio Internacional *Poetry, War, and Citizenship: 70th Anniversary of Carlos Drummond de Andrade's* A Rosa do Povo. Princeton University/ Universidade de São Paulo (Organização de Pedro Meira Monteiro e Vagner Camilo). Disponível em: <https://poetry.princeton.edu/event/poetry-war-and-citizenship-the-70th-anniversary-of-carlos-drummond-de-andrades-a-rosa-do-povo/>.
MORIN, 1977. Morin, Edgar. *Le Cinéma ou l'homme imaginaire. Essai d'anthropologie*. Paris: Minuit, 1977.
MORIN, 2014. Morin, Edgar. *O cinema ou o homem imaginário*: ensaio de antropologia sociológica. Tradução de Luciano Loprete. São Paulo: É Realizações, 2014.
MOURA, 2012a. Moura, Murilo Marcondes de. "Posfácio". *In*: Drummond de Andrade, Carlos. *Sentimento do mundo*. São Paulo: Companhia das Letras, 2012.

MOURA, 2012b. Moura, Murilo Marcondes de (Coord.). "Carlos Drummond de Andrade e o sentimento do mundo". *In:* Drummond de Andrade, Carlos. *Caderno de Leituras.* São Paulo: Companhia das Letras, 2012.

MOURA, 2016. Moura, Murilo Marcondes de. *O mundo sitiado. A poesia brasileira e a Segunda Guerra Mundial.* São Paulo: Editora 34, Capes (Proex), 2016.

NAVA, 2012a. Nava, Pedro. *Baú de ossos.* São Paulo: Companhia das Letras, 2012.

NAVA, 2012b. Nava, Pedro. *Balão cativo.* São Paulo: Companhia das Letras, 2012.

NAVA, 2012c. Nava, Pedro. *Beira-mar.* São Paulo: Companhia das Letras, 2012.

NÓBREGA, 1965. Nóbrega, Mello. *Rima e poesia.* Rio de Janeiro: Instituto Nacional do Livro: Ministério da Educação e Cultura, 1965.

NOËL; CHAPSAL, 1835. Noël, François; Chapsal, Charles-Pierre. *Nouveau dictionnaire de la langue française.* Bruxelas: Meline, 1835.

NOVALIS, 1977. Novalis, Friedrich Freiherr von. *Hymnen an die Nacht.* Munique: Goldmann, 1977.

NOVALIS, 2016. Novalis, Friedrich Freiherr von. *Gesammelte Werke.* Braunschweig: Ideenbr¨cke, 2016.

OHATA, 2011. Ohata, Milton. "Um livro único". *In:* Drummond de Andrade, Carlos. *Confissões de Minas.* São Paulo: Cosac Naify, 2011.

OLIVEIRA, 2014. Oliveira, Claudio Salgado Gontijo. *O motivo da noite*: da esterilidade indizível à musicalidade inefável. 2014. Tese (Doutorado) – Facultad de Artes, Universidad de Chile, Santiago de Chile, 2014.

OTSUKA, 2021. Otsuka, Edu Teruki. "Consciência reflexiva, tempo presente, cidade futura: sobre *A rosa do povo*, de Carlos Drummond de Andrade". *Literatura e Sociedade,* n. 34, jul.-dez. 2021.

OUDIN, 1640. Oudin, Antoine. *Curiositez françoises, pour supplement aux dictionnaires.* Paris: Antoine de Sommaville, 1640.

PACHECO, 2007. Pacheco, Ana Paula. "Jardim estranho". *Literatura e Sociedade,* n. 10, 2007. Disponível em: <https://www.revistas.usp.br/ls/article/view/23612>. Acesso em: 20 ago. 2022.

PARENTE, 2009. Parente, André. "Tudo gira". In: CALDAS, Paulo; BONITO, Eduardo; e LEVY, Regina (Orgs.). *A dança na tela.* Rio de Janeiro: Contra Capa e Oi Futuro, 2009.

PAREYSON, 1966. Pareyson, Luigi. "Kierkegaard e la poesia d'occasione". *In: Conversazioni di estetica.* Milano: Mursia, 1966.

PASINI, 2015. Pasini, Leandro. "O processo expiatório de *A rosa do povo*, de Carlos Drummond de Andrade". *Literatura e Sociedade,* v. 20, n. 21, 2015.

PAZ, 1980. Paz, Octavio. *La búsqueda del comienzo (Escritos sobre el surrealismo).* 2ª ed. Introdução de Diego Martínez Torrón. Madrid: Editorial Fundamentos, 1980.

PAZ, 1990. Paz, Octavio. *El mono gramático.* Barcelona: Editorial Seix Barral, 1990.

PAZ, 2012. Paz, Octavio. *O arco e a lira.* São Paulo: Cosac Naify, 2012.

PAZ, 2013. Paz, Octavio. *Os filhos do barro*: do romantismo à vanguarda. São Paulo: Cosac Naify, 2013.

PÉCAUT, 1990. Pécaut, Daniel. *Intelectuais e a política no Brasil*: entre o povo e a nação. São Paulo: Ática, 1990.

PEDROSA, 1994. Pedrosa, Celia. *Antonio Candido*: a palavra empenhada. São Paulo: Edusp; Rio de Janeiro: EDUFF, 1994.

PEDROSA, 2011. Pedrosa, Celia. "Reapresentação da aurora. Poesia e história em Carlos Drummond de Andrade". *In: Ensaios sobre poesia e contemporaneidade.* Niterói: EDUFF, 2011.

PENNA, 2011. Penna, João Camillo. *Drummond, testemunho da experiência humana.* Brasília: Abravídeo, 2011.

PERRONE-MOISÉS, 2002. Perrone-Moisés, Leyla. "Retratos de família na obra de Carlos Drummond de Andrade". *Revista da Biblioteca Mário de Andrade,* São Paulo, n. 60/61, jan./dez. 2002/2003.

PESSOA, 1993. Pessoa, Fernando. "Poemas inconjuntos". *In: Poemas de Alberto Caeiro.* Nota explicativa e notas de João Gaspar Simões e Luiz de Montalvor. Lisboa: Ática, 1993.

PIGLIA, 2010. Piglia, Ricardo. "Sarmiento, escritor". *In: Facundo ou civilização e barbárie.* São Paulo: Cosac Naify, 2010.

PIGNATARI, 2004. Pignatari, Décio. "Áporo". *In: Contracomunicação.* Cotia: Ateliê Editorial, 2004.

PILATI, 2009. Pilati, Alexandre. *A nação drummondiana*: quatro estudos sobre a presença do Brasil na poesia de Carlos Drummond de Andrade. Rio de Janeiro: 7Letras, 2009.

PINHEIRO, 1967. Pinheiro, João. "O senso grave da ordem". *In*: *Minas Gerais*. Drummond de Andrade, Carlos (Org.) Col. Brasil, Terra & Alma. Rio de Janeiro: Editora do Autor, 1967.

PINHEIRO, 2017. Pinheiro, Mariana Quadros. "O trem e os andrajos". *Revista ALEA*, Rio de Janeiro, v. 19/3, set-dez. 2017. Disponível em: <https://doi.org/10.1590/1517-106x/2017193571587>. Acesso em: 30 out. 2020.

PIRES, 2016. Pires, Paulo Roberto. "O alter ego de todo mundo". *In*: Drummond de Andrade, Carlos. *Caminhos de João Brandão*. São Paulo: Companhia das Letras, 2016.

POLITIS, 1955. Politis, Pomona. "Sociedade/Vitrine do Mundanismo". *A Noite*, Rio de Janeiro, 26.05.1955.

PONGE, 2004. Ponge, Robert. "Notas sobre a recepção e a presença do surrealismo no Brasil nos anos 1920-1950". *Alea*, Rio de Janeiro, v. 6, n. 1, jan.-jun. 2004. Disponível em: <https://www.scielo.br/pdf/alea/v6n1/a05v06n1.pdf>. Acesso em: 30 jul. 2020.

PORTELLA, 1971. Portella, Eduardo. "Visão prospectiva da literatura no Brasil". *In*: Coutinho, A. *A literatura no Brasil*. Rio de Janeiro: Sul Americana, 1971. v. 6.

PRIGOGINE; STENGERS, 1992. Prigogine, Ilya; Stengers, Isabelle. *Entre le temps et l'éternité*. Paris: Flammarion, 1992.

PRIGOGINE; STENGERS, 1997. Prigogine, Ilya; Stengers, Isabelle. *A nova aliança*, 3ª ed. Brasília: Editora UnB, 1997.

PY, 2002. Py, Fernando. *Bibliografia comentada de Carlos Drummond de Andrade*.1918-1934. 2ª ed. Rio de Janeiro: Fundação Casa de Rui Barbosa, 2002.

PY, 2018. Py, Fernando (Org.). "Carlos Drummond de Andrade". *In*: *Autorretrato e outras crônicas*. Rio de Janeiro: Record, 2018.

QUADROS, 2014a. Quadros, Mariana. "Drummond, jornalista". *Terra roxa e outras terras. Revista de estudos literários*, Londrina, v. 28, dez. 2014. Disponível em: <http://www.uel.br/revistas/uel/index.php/terraroxa/article/view/25199>. Acesso em: 01 ago. 2020.

QUADROS, 2014b. Quadros, Mariana. *Carlos Drummond de Andrade*: nenhum canto radioso? 2014. Tese (Doutorado) – Faculdade de Letras, Universidade Federal do Rio de Janeiro, Rio de Janeiro, 2014.

QUEIROZ, 1949a. Queiroz, Rachel de. "Aqui D'El Rey por Ouro Preto". *Diário de Notícias*, Quarta Seção, Rio de Janeiro, 04.08.1949.

QUEIROZ, 1949b. Queiroz, Rachel de. "Ouro Preto". *O Cruzeiro*, Rio de Janeiro, 24.09.1949.

QUITARD, 1842. Quitard, Pierre-Marie. *Dictionnaire étymologique, historique et anecdotique des proverbes et des locutions proverbiales de la langue française*. Paris: Bertrand, 1842.

RAMOS, 1944. Ramos, Alberto Guerreiro. "A ideologia da *jeunesse dorée*". *Cadernos do Nosso Tempo*, n. 4, 1944.

RANCIÈRE, 2009. Rancière, Jacques. *O inconsciente estético*. Tradução de Mônica Costa Netto. São Paulo: Editora 34, 2009.

REBELLO, 1984. Rebello, Gilson. "Drummond, carícias do amor pleno". *O Estado de S. Paulo*, 15.09.1984.

RECLUS, 1985. Reclus, Élisée. *Coleção grandes cientistas sociais*. São Paulo: Ática, 1985.

REGO, 1949. Rego, José Lins do. "Os ricos e Ouro Preto". *O Globo*, Rio de Janeiro, 14.10.1949.

REY, 2010. Rey, Alain (Org.). *Dictionnaire historique de la langue française*. Paris: Le Robert, 2010.

REZENDE, 2015. Rezende, Irene Nogueira de. "Literatura, história e farmácia: um diálogo possível". *História, Ciências, Saúde – Manguinhos*, Rio de Janeiro, v. 22, n. 3, jul.-set. 2015.

RIBAS, 1934. Ribas, Geraldo. "Exotismo!" *A Luta*, Pirapora, 25.01.1934.

RIBEIRO, 1926. Ribeiro, João. *Novo diccionario encyclopedico illustrado da lingua portugueza*. Rio de Janeiro: Livraria Garnier, 1926.

RIBEIRO, 2011. Ribeiro, Larissa Pinho Alves (Org.). *Encontros*: Carlos Drummond de Andrade. Rio de Janeiro: Beco do Azougue, 2011.

RIBEIRO; VASCONCELLOS, 2004. Ribeiro, Maria Aparecida; Vasconcellos, Eliane (Orgs.). *Drummond e os portugueses*: Drummon(d)tezuma: correspondência entre Carlos Drummond de Andrade e Joaquim Montezuma de Carvalho. Coimbra: Estudos da Fluc, 2004.

RICOEUR, 2007. Ricoeur, Paul. *A memória, a história, o esquecimento*. Tradução de Alain François et al. Campinas: Editora Unicamp, 2007.

RODRIGUES, 2014. Rodrigues, Leandro Garcia (Org., introdução e notas). *Correspondência Carlos Drummond de Andrade & Alceu Amoroso Lima*. Belo Horizonte: Editora UFMG, 2014.

RODRIGUEZ, 1986. Rodriguez, Roman Alvarez. *Poesia anglo-norteamericana de la Guerra Civil española*. Salamanca: Junta de Castilla y León, Consejería de Educación y Cultura, 1986.

ROGER, 2011. Roger, Mathias. *De l'imaginaire nocturne aux musiques de la nuit. L'Exemple de la France autor de 1900*. Tese (Doutorado) – Université Paris-Sorbonne, Paris, 2011.

RÓNAI, 1981. Rónai, Paulo. *A tradução vivida*. 2ª ed. Rio de Janeiro: Nova Fronteira, 1981.

RÓNAI, 2020. Rónai, Paulo. *Escola de tradutores*. 8ª ed. Rio de Janeiro: José Olympio, 2020.

ROSA, 1970. Rosa, João Guimarães. "Minas Gerais". *In: Ave, palavra*. 2ª ed. Rio de Janeiro: José Olympio, 1970.

ROSA, 2003. Rosa, João Guimarães. "Aí está Minas: a mineiridade". *Suplemento Literário do Minas Gerais*, Belo Horizonte, n. 1260. 29.03.2003.

ROUBAUD, 1990. Roubaud, Jacques (Org.). *Soleil du soleil: Anthologie du sonnet français de Marot à Malherbe*. Paris: Gallimard, 1990.

RUFINONI, 2014. Rufinoni, Simone R. "Mário e Drummond: nacionalismo, alteridade, arte". *Estudos Avançados*, São Paulo, v. 28, n. 80, 2014.

RUFINONI, 2018. Rufinoni, Simone Rossinetti. "De 'Resíduo' a 'Caso do vestido': formas da memória entre o contemporâneo e o arcaico". *Estudos Avançados*, v. 32, n. 92, 2018.

SABINO, 1962. Sabino, Fernando. "Sobre livros e hortaliças". *Manchete*, Rio de Janeiro, 08.12.1962.

SADOUL, 1993. Sadoul, Georges. *Dicionário de filmes*. Tradução de Marcos Santarrita e Alda Porto. Porto Alegre: L&PM, 1993.

SAID, 2005. Said, Roberto. *A Angústia da ação. Poesia e política em Drummond*. Curitiba: UFPR; Belo Horizonte: UFMG, 2005.

SAINT GIRONS, 2013. Saint Girons, Baldine. "Marges". *In*: Montandon, Alain. *Dictionnaire littéraire de la nuit*. Paris: Honoré-Champion, 2013.

SALGUEIRO, 2014. Salgueiro, Wilberth Claython F. "Sentimento do mundo: movimentos e armadilhas de um livro-farol." *In*: Pires, Antônio Donizeti; Andrade, Alexandre de Melo (Orgs.). *No pomar de Drummond*. Série Estudos Literários n. 14. São Paulo: Cultura Acadêmica, 2014.

SANT'ANNA, 2008. Sant'anna, Affonso Romano de. *Drummond*: o gauche no tempo. Rio de Janeiro: Record, 2008.

SANTIAGO, 1997. Santiago, Carlos Henrique. "Drummond invejava os farmacêuticos". *Folha de S.Paulo*, Ilustrada, 05.07.1997.

SANTIAGO, 1976. Santiago, Silviano. *Carlos Drummond de Andrade*. Petrópolis: Vozes, 1976.

SANTIAGO, 1978. Santiago, Silviano. *Uma literatura nos trópicos*: ensaios sobre dependência cultural. São Paulo: Perspectiva, 1978.

SANTIAGO, 1996. Santiago, Silviano, "A simplicidade da poesia de Carlos Drummond de Andrade". *In*: Drummond de Andrade, Carlos, *Farewell*. Rio de Janeiro: Record, 1996.

SANTIAGO, 2019. Santiago, Silviano. "Camões e Drummond: a máquina do mundo". *In*: *Uma literatura nos trópicos*. Ed. ampliada. Recife: Cepe, 2019.

SANTIAGO, 2000a. Santiago, Silviano. "A permanência do discurso da tradição no modernismo". *In: Nas malhas da letra*. Rio de Janeiro: Rocco, 2000.

SANTIAGO, 2002b. Santiago, Silviano. "Camões e Drummond: a máquina do mundo". *Drummond, poesia e experiência*. Belo Horizonte: Autêntica, 2002.

SANTIAGO, 2002c. Santiago, Silviano. "Introdução à leitura dos poemas de Carlos Drummond de Andrade. *In*: Drummond de

Andrade, Carlos. *Poesia completa*. Rio de Janeiro: Nova Aguilar, 2002.
SANTIAGO, 2002d. Santiago, Silviano. "Suas cartas, nossas cartas". *In:* Santiago, Silviano (Prefácio e notas); Frota, Lélia Coelho (Org. e pesquisa iconográfica). *Carlos & Mário*: correspondência completa entre Carlos Drummond de Andrade (inédita) e Mário de Andrade. Rio de Janeiro: Bem-Te-Vi, 2002.
SANTIAGO, 2019. Santiago, Silviano. "Camões e Drummond: a máquina do mundo". *In: Uma literatura nos trópicos*. Ed. ampliada. Recife: Cepe, 2019.
SANTOS, 2006. Santos, Vivaldo A. dos. *O trem do corpo*: estudo da poesia de Carlos Drummond de Andrade. São Paulo: Nankin, 2006.
SCHWARTZMAN et al., 2000. Schwartzman, Simon et al. *Tempos de Capanema*. São Paulo: Paz e Terra; Fundação Getulio Vargas, 2000.
SCHWARZ, 2002. Schwarz, Roberto. "A carroça, o bonde e o poeta modernista". *In: Que horas são?* São Paulo: Companhia das Letras, 2002.
SCHWARZ, 2008. Schwarz, Roberto. "Sobre *O amanuense Belmiro*". *In: O pai de família e outros estudos*. São Paulo: Companhia das Letras, 2008.
SECCHIN, 2014. Secchin, Antonio Carlos. *Papéis de poesia. [Drummond & mais]*. Goiânia: Martelo Casa Editorial, 2014.
SECRETARIA, 1980. Secretaria do Patrimônio Histórico e Artístico Nacional/Fundação Pró-Memória. *Proteção e revitalização do patrimônio cultural no Brasil*. Brasília: Sphan/ Pró-Memória, 1980.
SEFFRIN, 2006. Seffrin, André. "Esquecer para lembrar". *In:* Drummond de Andrade, Carlos. *Boitempo – Menino Antigo*. Rio de Janeiro: Record, 2006.
SENNA, 1994. Senna, Homero (Org.). *O mês modernista*: Carlos Drummond, Sérgio Milliet, Manuel Bandeira, Martins de Almeida, Mário de Andrade, Prudente de Morais Neto. Rio de Janeiro: Fundação Casa de Rui Barbosa, 1994.
SENNA, 2000. Senna, Homero. *Sabadoyle*: história de uma confraria literária. Rio de Janeiro: Casa da Palavra, 2000.

SIMON, 1978. Simon, Iumna M. *Drummond*: uma poética do risco. São Paulo: Ática, 1978.
SIMON, 2015. Simon, Iumna Maria. "O mundo em chamas e o país inconcluso". *Novos Estudos Cebrap*, n. 103, 2015.
SONTAG, 1986. Sontag, Susan. "Sob o signo de Saturno". *In: Sob o signo de Saturno*. Tradução de Ana Maria Capovilla. São Paulo: L&PM, 1986.
STERZI, 2002. Sterzi, Eduardo. "Drummond e a poética da interrupção". *In:* Damazio, Reynaldo (Org.). *Drummond revisitado*. São Paulo: Unimarco, 2002.
STEWART, 1984. Stewart, Susan. *On Longing Narratives of the Miniature, the Gigantic, the Souvenir, the Collection*. Baltimore: John Hopkins, 1984.
STOYANOV, 2007. Stoyanov, Rumen. *Drummond e a Bulgária*. Brasília: Editora UnB, 2007.
SÜSSEKIND, 1993. Süssekind, Flora. "Um poeta invade a crônica". *In: Papéis colados*. Rio de Janeiro: Editora UFRJ, 1993.
SÜSSEKIND, 2001. Süssekind, Flora (Org., apresentação e notas). *Correspondência de Cabral com Bandeira e Drummond*. Rio de Janeiro: Nova Fronteira/Fundação Casa de Rui Barbosa, 2001.
TANGERINI, 2015. Tangerini, Nelson Marzullo. *O professor e o poeta*: cartas de Carlos Drummond de Andrade a Nelson Marzullo Tangerini. Rio de Janeiro: Autografia, 2015.
TEIXEIRA, 2005. Teixeira, Jerônimo. *Drummond cordial*. São Paulo: Nankin, 2005.
TELES, 1970. Teles, Gilberto Mendonça. *Drummond*: a estilística da repetição. Rio de Janeiro: José Olympio, 1970.
TELES, 1976. Teles, Gilberto Mendonça. *Drummond*: a estilística da repetição. 2ª ed. Rio de Janeiro: José Olympio,1976.
TELES, 1991. Teles, Gilberto Mendonça. "O Surrealismo na literatura brasileira". *Signótica*, Goiânia, v. 3, n. 1, jan.-dez. 1991. Disponível em: <https://www.revistas.ufg.br/sig/article/view/7237/5127>. Acesso em: 02 jul. 2020.
TORRES, 1977. Torres, Alexandre Pinheiro. *O neorrealismo literário português*. Lisboa: Moraes Editores, 1977.
TRAVANCAS, 2008. Travancas, Isabel. "Drummond na imprensa: algumas

crônicas das décadas de 1940 e 1950". *Intercom. Revista Brasileira de Ciências da Comunicação*, v. 31, n. 2, jul.-dez. 2008.

TRUFFAUT, 1989. Truffaut, François. *Os filmes de minha vida*. 2ª ed. Rio de Janeiro: Nova Fronteira, 1989.

VALÉRY, 1943. Valéry, Paul. *Tel Quel*: Rhumbs. Paris: Gallimard, 1943.

VALÉRY, 1960. Valéry, Paul. *Œuvres, II*. Paris: Gallimard, 1960.

VASCONCELLOS, 2009. Vasconcellos, Viviane Madureira Zica. *Melancolia e crítica em Carlos Drummond de Andrade*. 2009. Tese (Doutorado) – Universidade Federal de Minas Gerais, Belo Horizonte, 2009.

VASCONCELLOS; SANTOS, 2017. Vasconcellos, Eliane; Santos, Matildes Demetrio dos (Org. e notas). *Descendo a rua da Bahia. A correspondência entre Pedro Nava e Carlos Drummond de Andrade*. Rio de Janeiro: Bazar do Tempo, 2017.

VIEIRA, 1873. Vieira, Fr. Domingos. *Tesouro da língua portuguesa*. Porto: Chardron & Moraes, 1873. 5 v.

VILLAÇA, 2006. Villaça, Alcides. *Passos de Drummond*. São Paulo: Cosac Naify, 2006.

VILLAÇA, 2020. Villaça, Alcides. "Um certo sentimento do mundo". *Teresa*, v. 1, n. 20, 2020. Disponível em: <http://www.revistas.usp.br/teresa/article/view/156334>. Acesso em: 15 out. 2020.

VILLAS BOAS, 2011. Villas Boas, A. *Drummond e a ressignificação de Deus na poesia*. Instituto Humanitas Unisinos, 2011. Disponível em: <https://www.ihu.unisinos.br/159-noticias/entrevistas/46798-drummond-e-a-resignificacao-de-deus-na-poesia-entrevista-especial-com-alex-villas-boas>.

WEINRICH, 2001. Weinrich, Harald. *Lete*: arte e crítica do esquecimento. Tradução de Lya Luft. Rio de Janeiro: Civilização Brasileira, 2001.

WELKER, 2004. Welker, Hebert Andreas. *Dicionários*: uma pequena introdução à lexicografia. Brasília: Thesaurus, 2004.

WERNECK, 1998. Werneck, Humberto. *O desatino da rapaziada*. São Paulo: Companhia das Letras, 1998.

WISNIK, 2005a. Wisnik, José Miguel. "Drummond e o mundo". *In:* Novaes, Adauto (Org.). *Poetas que pensaram o mundo*. São Paulo: Companhia das Letras, 2005.

WISNIK, 2005b. Wisnik, José Miguel. "Drummond e o mundo". *Artepensamento*: ensaios filosóficos e políticos. Instituto Moreira Salles. Disponível em: <https://artepensamento.com.br/item/drummond-e-o-mundo-drummond/#_ednref26>. Acesso em: 13 set. 2021.

WISNIK, 2007. Wisnik, Guilherme. "Plástica e anonimato: modernidade e tradição em Lucio Costa e Mário de Andrade". *Novos Estudos Cebrap*, n. 79, nov. 2007.

WISNIK, 2018. Wisnik, José Miguel. *Maquinação do mundo*: Drummond e a mineração. São Paulo: Companhia das Letras, 2018.

WITKOWSKI, 1995. Witkowski, Ariane M. *Naître et grandir dans le Minas Gerais*: étude de sept récits d'enfance autobiographiques (XXe. siècle). 1995. Tese (Doutorado) – Université de la Sorbonne Nouvelle, Paris, 1995.

WITKOWSKI, 2013. Witkowski, Ariane M. "L'Identité mineira en question". *In: Brésil*: lire et écouter – Essais sur la littérature et la musique. Paris: Chandeige, 2013.

XAVIER, 1984. Xavier, Leonor. "Drummond exclusivo" (entrevista). *Manchete*, Rio de Janeiro, 27.10.1984.

Lista de autores

Anélia Pietrani | UFRJ
Antonio Carlos Secchin | UFRJ, ABL
Antonio Cicero | ABL
Augusto Massi | USP
Betina Bischof | USP
Bruno Cosentino | IMS
Celia Navarro Flores | UFS
Célia Pedrosa | UFF
Cris Pagoto | UNESPAR
Eduardo Coelho | UFRJ
Eduardo Jardim | PUC-Rio
Eduardo Sterzi | UNICAMP
Elvia Bezerra | IMS
Eucanaã Ferraz | UFRJ
Felipe Cabañas da Silva | Doutor em Letras, USP
Gilberto Araújo | UFRJ
Humberto Werneck | Escritor e jornalista
Ivan Marques | USP
Ivone Daré Rabello | USP
João Bandeira | Escritor
João Pedro Fagerlande | Doutor em Letras, UFRJ
Joca Reiners Terron | Escritor
Jorge Chaloub | UFJF
José Miguel Wisnik | USP
Júlio Castañon Guimarães | Fundação Casa de Rui Barbosa
Leonardo Gandolfi | UNIFESP
Luisa Destri | Doutora em Letras, USP
Luiz Costa Lima | PUC-Rio
Marcelo Bortoloti | MAC USP
Marcelo Diego | UFRJ
Marcelo Diniz | UFRJ
Marcos Alconchel | Doutor em Letras, USP
Marcos Antonio Moraes | USP
Marcos Siscar | UNICAMP
Maria Clara Bingemer | PUC-Rio
Maria Esther Maciel | UFMG
Maria Silva Prado Lessa | Doutora em Letras, UFRJ
Mariana Quadros | Colégio Pedro II
Mirella Márcia Longo Vieira Lima | UFBA
Murilo Marcondes de Moura | USP
Noemi Jaffe | Escritora
Patrick Gert Bange | Doutor em Letras, UFRJ
Pedro Duarte | PUC-Rio
Rachel Valença | Fundação Casa de Rui Barbosa, IMS
Roberto Said | UFMG
Samuel Titan Jr. | USP
Sérgio Alcides | UFMG
Sérgio Gesteira | UFRJ
Silvana Maria Pessôa de Oliveira | UFMG
Vagner Camilo | USP
Viviana Bosi | USP
Walnice Nogueira Galvão | USP
Wander Melo Miranda | UFMG
Wellington de Almeida Santos | UFRJ

IMS INSTITUTO MOREIRA SALLES

Walther Moreira Salles
(1912-2001)
Fundador

CONSELHO
João Moreira Salles
Presidente
Fernando Moreira Salles
Vice-presidente
Pedro Moreira Salles
Conselheiro
Walther Moreira Salles Jr
Conselheiro

DIRETORIA
Marcelo Mattos Araujo
Diretor-geral
João Fernandes
Diretor artístico
Jânio Francisco Ferrugem Gomes
Diretor executivo

BIBLIOTECA DE FOTOGRAFIA
Miguel Del Castillo (Coordenação), Vania Aparecida de Jesus dos Santos (Supervisão), Bruna Acylina Gallo, Bruna Pacheco Marques, Danny Mathias Lins, Leonardo Vieira

CENTRO CULTURAL IMS PAULISTA & PLANEJAMENTO DE PROGRAMAÇÃO E EVENTOS
Joana Reiss Fernandes (Coordenação), Daniela Viegas Marcondes, Raquel Monteiro Lehn Hashimoto, Roberta Costa Val (Supervisão), Celina Yamauchi, Juliano Matteo Gentile (Consultoria), Amanda Cristina Tamborim, Amaré Indio do Brasil, Ana Clara da Costa, Ariadne Moraes Silva, Bárbara Helen Pereira, Beatriz Matuck, Bruna Lisboa de Sousa Oliveira, Bruno Galindo Gonçalves, Cícero Marcos do Nascimento, Carla Aparecida Carretoni Brandão da Silva, Cecília Siqueira Araújo, Cindy Jesus Silva da Cruz, Dani Dos Anjos, Diana Gomes Gonçalves Braga, Elio Buoso Cones, Elton Virginio da Costa Silva, Fabiana Martins Amorim, Gabriela Lima da Silva, Giovane Medeiros da Silva, Iara Cristina da Silva Castro, Jackson Santos Pereira, Jéssica Biondi Inácio, Julie Leite Pereira, Lívia Spósito Biancalana, Luis Miguel Conteras Padron, Marcos de Almeida Messias, Monique Hellen Alves da Silva, Natália de Jesus Santiago, Núbia Narciso de Azevedo, Raimundo Hermínio dos Santos, Sabrine Fernanda Karolline Ferreira, Sebastião Ribeiro da Silva, Stefanni Melanie Silva, Wilson Roberto Lopes dos Santos

CENTRO CULTURAL IMS POÇOS
Haroldo Paes Gessoni (Coordenação), Teodoro Stein Carvalho Dias (Consultoria), Cláudia Maria Cabral, Cristiane Loiola Zanette, Gilmar Tavares, Marcelo Alexandre Faria Leme, Vivaldi Bertozzi

CENTRO CULTURAL IMS RIO
Elizabeth Pessoa Teixeira (Coordenação), Lúbia Maria de Souza, Luiz Fernando da Silva Machado, Maria Azevedo Moretto, Vagner Frasão da Silva (Supervisão), Adriano Brito dos Santos, Alain Setúbal Manso, Alexsandro Almeida da Silva, Amanda Fernandes de Barcellos, Bianca Vieira Beserra, Carla de Melo Torres, Carlos Augusto Ferreira de Lima, Cícero Teixeira dos Santos, Davi Barbosa Izidro, Edmar dos Santos de Brito, Eliana Lúcia de Souza, Irinea Aparecida Pires de Brito, Jairo Soares da Silva, Lucas Souza dos Santos, Rafaela Soares de Lima, Reginaldo Pereira do Nascimento, Renata Barcellos de Paula, Robert Gomes Pinto, Rosana Inácio Carneiro Tavares, Tereza Cristina Maximiano Nascimento

CINEMA
Kleber Mendonça Filho (Coordenação), Lucas Gonçalves de Souza, Márcia Vaz, Quesia Silva do Carmo, Thiago Gallego Cunha

COMUNICAÇÃO E MARKETING
Marília Scalzo (Coordenação), Gustavo de Gouveia Basso, Marcela Antunes de Souza, Marcell Carrasco David, Mariana Mendonça Tessitore, Robson Figueiredo da Silva

CONTROLADORIA
Fernando Malics (Coordenação), Adriana Rosa da Silva Rufino, Arnaldo Santana de Almeida, Cecília Ribeiro de Carvalho, Rogério Cossero

EDITORIAL
Samuel de Vasconcelos Titan Jr. (Coordenação), Acássia Valéria Correia da Silva (Supervisão), Denise Cristina de Pádua, Flávio Cintra do Amaral

EDUCAÇÃO
Renata Bittencourt (Coordenação), Janis Pérez Clémen, Jorge Freire, Maria Emília Tagliari Santos (Supervisão), André Luiz dos Santos Bispo, Anna Clara Monteiro Hokama, Beatriz Abade, Felipe José Ferraro, Isabela Magalhães Santos Brasileiro, Jhonny Medeiros Miranda, José Adilson Rodrigues dos Santos Júnior, Leandro Mizael Duarte Gonçalves, Letícia Pereira de Souza, Rafael Braga Lino dos Santos, Luanda da Silva

FINANCEIRO
Antônio Carlos Mezzovilla Gonçalves (Coordenação), Fernando Garcia dos Santos de Paula, Marcos Pereira da Silva, Sergio Luiz Arantes, Silvana Aparecida dos Santos

FOTOGRAFIA
Sergio Burgi (Coordenação), Cassio Loredano (Consultoria), Aílton Alexandre da Silva, Alessandra Coutinho Campos, Alexandre Delarue Lopes, Andrea Câmara Tenório Wanderley, Ileana Pradilla Ceron, Joanna Barbosa Balabram, Josiene Dias Cunha, Mariana Newlands Silveira, Martim Passos, Pâmela de Oliveira Pereira, Rachel Rezende Miranda, Thaiane do Nascimento Koppe

FOTOGRAFIA CONTEMPORÂNEA & REVISTA ZUM
Thyago Nogueira (Coordenação), Ângelo Augusto Manjabosco, Carlos Eduardo Sampaio Franco, Daniele Queiroz, Rony Maltz

GESTÃO DE ACERVOS
Millard Wesley Long Schisler (Coordenação), Fabiana Costa Dias, Maria Silvia Pereira Lavieri Gomes

NÚCLEO DIGITAL
Joanna Americano Castilho (Coordenação)

Equipe de Digitalização e Processamento de Arquivos
Marcele de Oliveira Gonçalves e Wallace Amaral Primo Correa

Equipe de Tratamento de Imagem e Impressão Digital
Carolina Filippo do Nascimento, Daniel Sias Veloso, Guilherme Gomes Guimarães, Marcelo Hein de Andrade e Silva, Nrishinro Vallabha das Mahe e Thais Maciel Berlinsky

Equipe de Preservação Digital
Anna Carolina Pereira Rocha e Reginaldo Carvalho da Silva Júnior

NÚCLEO DE CATALOGAÇÃO E INDEXAÇÃO
Roberta Mociaro Zanatta (Supervisão), Ana Clara Ribeiro Campos Maio, Charlyne Scaldini, Vanessa Matheus Cavalcante

NÚCLEO DE PRESERVAÇÃO E CONSERVAÇÃO
Maria Clara Ribeiro Mosciaro (Supervisão), Edna Kátia Gaiardoni, Guilherme Zozimo Teixeira Dias, Jessica Maria da Silva, João Gabriel Reis Lemos, Luiz Henrique da Silva Soares, Marina de Castro Novena Correa, Mayra Cristina Lopes Cortes e Tatiana Novás de Souza Carvalho

ICONOGRAFIA
Julia Kovensky (Coordenação), Gustavo Aquino dos Reis, Jovita Santos de Mendonça

INCLUSÃO E DIVERSIDADE
Viviana Santiago (Coordenação)

INTERNET
Alfredo Ribeiro (Coordenação), Alana Moreira, Anna Paula de Carvalho Ibrahim, Daniel Pellizzari, Fabio Montarroios, Fernanda Pereira, Laura Klemz, Laura Liuzzi, Maria Clara Villas, Nani Rubin, Sendy Lago Araújo

JURÍDICO
Ji Hyun Kim (Coordenação), Thais Yamamoto

LITERATURA
Rachel Valença (Coordenação), Eucanaã Ferraz (Consultoria), Bruno Cosentino, Elizama Almeida de Oliveira, Jane Leite Conceição Silva, Kátya de Sá Leitão Pires de Moraes, Manoela Purcell Daudt D'Oliveira

LOGÍSTICA, EMPRÉSTIMOS E LICENCIAMENTOS
Bianca Mandarino da Costa Tibúrcio (Supervisão), Cauê Guimarães Nascimento, Marina Marchesan Gonçalves Barbosa, Nadja dos Santos Silva, Vera Lúcia Ferreira da Silva Nascimento

MÚSICA
Bia Campello Paes Leme (Coordenação), Miguel Angelo de Azevedo "Nirez" (Consultoria), Elias Silva Leite, Euler Picanço de Araújo Gouvea, Fernando Lyra Krieger, Isadora Cirne

PRODUÇÃO DE EXPOSIÇÕES
Camila Goulart (Coordenação), Lívia Ferraz, Marcele Vargas, Maria Paula Ribeiro Bueno, Ricardo Elias Militão

RÁDIO BATUTA
Luiz Fernando Rezende Vianna (Coordenação), Joaquim Ferreira dos Santos (Consultoria), Filipe Di Castro, Mário Luiz de Souza Tavares

RECURSOS HUMANOS
Sirlei Marinho Paulino (Coordenação), Raquel Aparecida Barbosa Santos Correa, Sandra Carvalho

REVISTA *SERROTE*
Paulo Roberto Pires (Coordenação), Guilherme Freitas

TECNOLOGIA DA INFORMAÇÃO
Eliane de Castro Lima (Coordenação), André Roberto Felipe, Maurício Adriano Oliveira dos Santos

ESTÁGIO
Beatriz Carvalho Schreiner, Danilo de Oliveira Bresciani, Diego Velasco Coelho, Letícia da Paz Maia, Simone Pereira Santos, Luara Macari Nogueira, Guilherme Fonseca Oliveira, Amanda do Nascimento Pereira, Fábio Ferreira Alencar

© Instituto Moreira Salles, 2022

ORGANIZADORES
Eucanaã Ferraz e
Bruno Cosentino

PRODUÇÃO EDITORIAL
Núcleo Editorial IMS

EDITORA-ASSISTENTE
Andressa Veronesi

PROJETO GRÁFICO
Bloco Gráfico,
Stephanie Y. Shu (Assistente)

PREPARAÇÃO E
REVISÃO DE TEXTOS
Alexandre Carvalho,
Andressa Veronesi,
Huendel Viana,
Lia Fugita,
Livia Deorsola,
Rafaela Biff Cera e
Tomoe Moroizumi

D542

Dicionário Drummond: Eucanaã
Ferraz, Bruno Cosentino [orgs.]
São Paulo: IMS, 2022. 672 p.

ISBN 978-65-88251-09-6

1. Andrade, Carlos Drummond
de (1902-1987). 2. Escritores
brasileiros – Dicionário.
3. Literatura brasileira. I. Ferraz,
Eucanaã (org.). II. Cosentino,
Bruno (org.).

CDD 869.903

Bibliotecária responsável:
Katya de Sá Leitão Pires de Moraes
– CRB7-6143

FONTE Heldane
PAPEL Offset 75 g/m^2
IMPRESSÃO Ipsis